Verlag BERNHARD THUM

Bernhard Thum
Topoführer Nördlicher Frankenjura
7. Auflage, 2003
ISBN 3–932064-02-X
Freising, Verlag Bernhard Thum, 2003

www.bernhardthum.de
www.frankenjura.de

Alle Fotos ohne Bildnachweis sind von Bernhard Thum.

Titelbild
Nadja Büchner im „Entsafter“ (8+)
am Weißenstein
Foto: Bernhard Thum

TOPOFÜHRER

NÖRDLICHER FRANKENJURA

das Original von **BERNHARD THUM**

VORWORT

Endlich fertig – im August 2003 konnte die lange erwartete 7. Auflage dieses Kletterführers in den Druck gehen. Eine kaum für möglich gehaltene Erschließungswelle hatte immer wieder Aktualisierungen nötig gemacht und das Erscheinen verzögert. Im Juli 2003 wurde ein Schlussstrich gezogen. Nach Erscheinen des immer noch einbändigen Werks werden kostenlose Aktualisierungen über das Internet angeboten *(www.frankenjura.de)*, um die Leser in Zukunft bereits vor der nächsten Auflage regelmäßig auf dem laufenden zu halten.

So vielfältig wie die Sportart Klettern ist auch der Charakter der neu erschlossenen Gebiete und Routen. Die Entwicklung zum Trend- und Modesport, der zu einem guten Teil in der Halle durchgeführt wird, spiegelt sich wider in der Erschließung entsprechend gesicherter »Plaisirgebiete«. Diese sind natürlich gerade bei wenig geübten Kletterern recht beliebt. Ebenso werden aber auch viele Wege im klassischen *(freieren)* Stil eingerichtet. Dem »Oberpfälzer Urgestein« und Haupterschließer Stefan Löw gelingt es immer noch, großzügige Linien sowohl an bereits bekannten als auch an neuen Felsen zu realisieren. Gleiches gilt für Jürgen Kollert, Helmut Andelt und noch viele andere. Oft muss man zu den neu erschlossenen Gebieten etwas länger laufen und manchmal muss auch erst der Bruch abgeklettert werden. Man möge sich aber vor Augen halten, dass die Püttlacher Wand vor 20 Jahren noch ähnlich brüchigen Fels vorwies wie heute die soeben wieder entdeckte Hohe Nase. Auf potenzielle Konflikte durch sogenannte *Resterschließungen* wird bei Spielregeln unter »Neutourenappell«, »Routendichte« und »Sanierungsappell« eingegangen. Letztendlich soll dieser Führer für alle da sein, deshalb werden auch alle Felsen beschrieben bis auf solche, die klettersportlich völlig unbedeutend oder von einer Sperrung bedroht sind.

Im Vorwort der 6. Auflage wurde die Frage aufgeworfen, ob wir mit Erscheinen der 7. Auflage neue Toprouten sehen werden. Die Antwort lautet „Ja, aber...". *Ja*, weil vor allem der ungeheuer leistungsstarke Franke Markus Bock als Erstbegeher von 15 Wegen des elften Grades in der »Top 100«-Liste steht. Dabei gehen 4 von 5 Routen der Schwierigkeit 11-/11 auf sein Konto. *Aber* die schwierigste Tour und somit der einzige *»glatte Elfer«* ist immer noch »Action Directe« aus dem Jahr 1991 von Wolfgang Güllich. Leider können wir aufgrund seines viel zu frühen Todes nur darüber mutmaßen, welche Horizonte er uns noch aufgezeigt hätte. Unabhängig von der absoluten Spitze ist der Leistungsstand vieler junger Kletterer, aber auch einiger alter Haudegen so hoch, dass die »Top 100-Liste« heute nicht mehr alle glatten Zehner berücksichtigen kann. Alle, die als »ein wenig weicher« gelten, mussten den härteren Wegen weichen. Das hindert starke Frauen wie Nicola Hager, Sarah Seger, Damaris Knorr und Simone Kuly nicht daran, auch in diese Bereiche vorzustoßen.

Der hohe Leistungsstand drückt sich auch bei den vielen schweren Boulderproblemen aus. Von einer detaillierten Dokumentation wurde in diesem Führer Abstand genommen, um eine Verschärfung von Problemen mit Anliegern und Grundstückseigentümern sowie mögliche Sperrungen zu vermeiden. Die in der 6. Auflage aufgeführten Bouldergebiete sind auch hier enthalten. Hinweise auf die Lage von Boulderblöcken werden bei einzelnen Felsen gegeben, für genauere Informationen über Namen und Schwierigkeit einzelner Probleme sollte man sich in der einschlägigen Szene erkundigen.

Zur besseren Orientierung wurde dieser Führer mit einem komplett neuen Layout gestaltet. Die Navigation findet grundsätzlich oben statt, hier findet man die Bezeichnung des Gebietes, den Namen der Felsen, die Seitenzahl *(kursiv)*, Felsnummer, Höhe, Ausrichtung und wichtige Symbole.

Die Felsnummern sind immer in weißer Schrift in schwarzem Rechteck gehalten, auch im Inhalt und den Lageskizzen *(Ausnahme: Übersichtskarten)*. Die Symbole beziehen sich auf »Schattig«, »Sonnig« und »Regengeschützt«, neu hinzugekommen sind »Gut mit Kindern« und »Schlecht mit Kindern«. Genauere Informationen zum Charakter von Felsen oder zur Umgebung erhält man unter dem Punkt »Besonderheit«. Dort werden auch Erstbegeher bedeutsamer Routen oder Haupterschließer einer Wand genannt. Auf jeder Doppelseite gibt es eine Lageskizze. Hinzugekommen sind größere Skizzen und »Gebietsübersichten« für Regionen mit besonders vielen Felsen zur besseren Orientierung. Bei jeder Lageskizze wird auf die Seitenzahl der zugehörigen Übersichtskarte und ggf. Gebietsübersicht hingewiesen. Die Zugangsbeschreibungen wurden komplett überarbeitet und, wo nötig, an veränderte Gegebenheiten angepasst. Besonders lohnende Klettertouren erhalten die bewährte »Bierkrug-Bewertung«. Im Sinne einer besseren Erkennbarkeit werden nun 1-3 »Seidla« anstelle der Höhe der Schaumkrone verwendet. Das Risikopotenzial spärlich gesicherter Wege wird durch eine erstmals in Franken verwendete »e-Bewertung« erfasst.

Auch die 7. Auflage wurde reichlich bebildert. Zu sehen sind neben hervorragenden Fotografien, die mir Matthias Keller, Thomas Ballenberger und andere zur Verfügung stellten, die Höhepunkte meiner fotografischen Tätigkeit der letzten Jahre. 2 Bilderserien greifen das Thema »Sturz« *(S. 38-42)* und »Fränkische Landschaft« *(ab S. 614)* auf.

Für die Meldung von Erstbegehungen (Name; Schwierigkeit; Haken etc.) bin ich sehr dankbar. Leider gibt es immer noch zu viele Fragezeichen bei den Routennamen in diesem Führer. Bitte sendet Eure Informationen an folgende Adresse:

Bernhard Thum
Leobschützer Str. 32
90473 Nürnberg
e-mail: info@bernhardthum.de oder info@frankenjura.de

Abschließend hoffe ich, dass sich das lange Warten auf die neue Auflage gelohnt hat und wünsche allen Kletterern viel Spaß im schönen Frankenland. Besonders wünsche ich mir, dass sich genug Sinn für die Toleranz unterschiedlicher Stilrichtungen entwickelt, so dass *Hakenkriege* zwischen »Nordwandgesichtern« und »Plaisirkletterern« vermieden werden können. Franken war nie Elbsandstein und wird auch nie Arco sein. Die Vielfalt im Charakter der Routen hat hier Tradition und ermöglicht die Koexistenz von kühnen und gut gesicherten Wegen. Respekt vor bestehenden Touren war immer eine Sebstverständlichkeit, das sollte auch so bleiben.

Bedanken möchte ich mich bei allen, die durch ihre Informationen und Korrekturen zum Gelingen beigetragen haben, insbesondere bei Stefan Löw, Jürgen Kollert, Jan Luft, Burkhard Müller, Markus Bock, Helmut Andelt, Eric Barnert, Michael Mürschberger, Heiner Bartoszek, Joshi Schulz und Uwe Gellersen. Vielen Dank auch an Stephanie Schaller, die mit unermüdlichem Eifer und viel Geduld bei den Layoutarbeiten geholfen und damit das Erscheinen des Buches zum August 2003 ermöglicht hat.

Nürnberg, den 2.8.2003
Bernhard Thum

INHALT

ALLGEMEINE INFORMATION

HERSBRUCKER ALB

INHALT

INHALT

INHALT

INHALT

Nördlicher Frankenjura

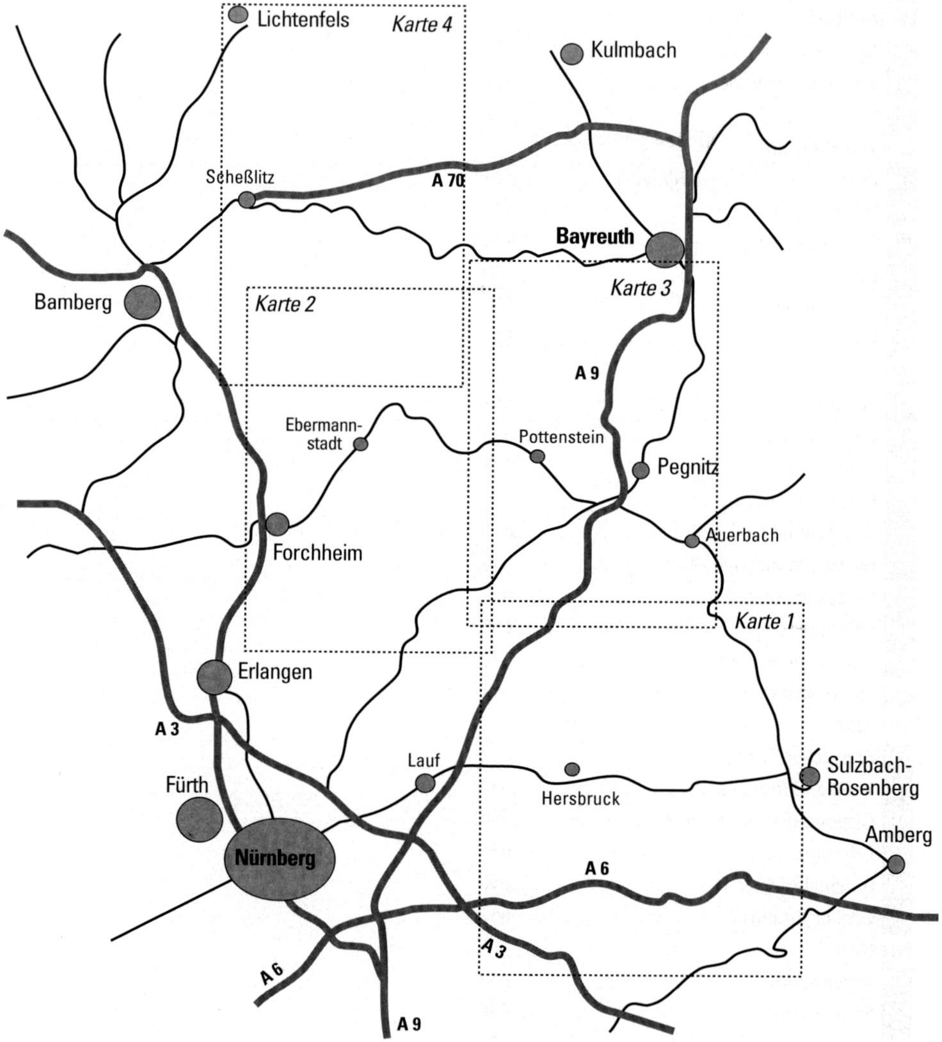

Hersbrucker Alb

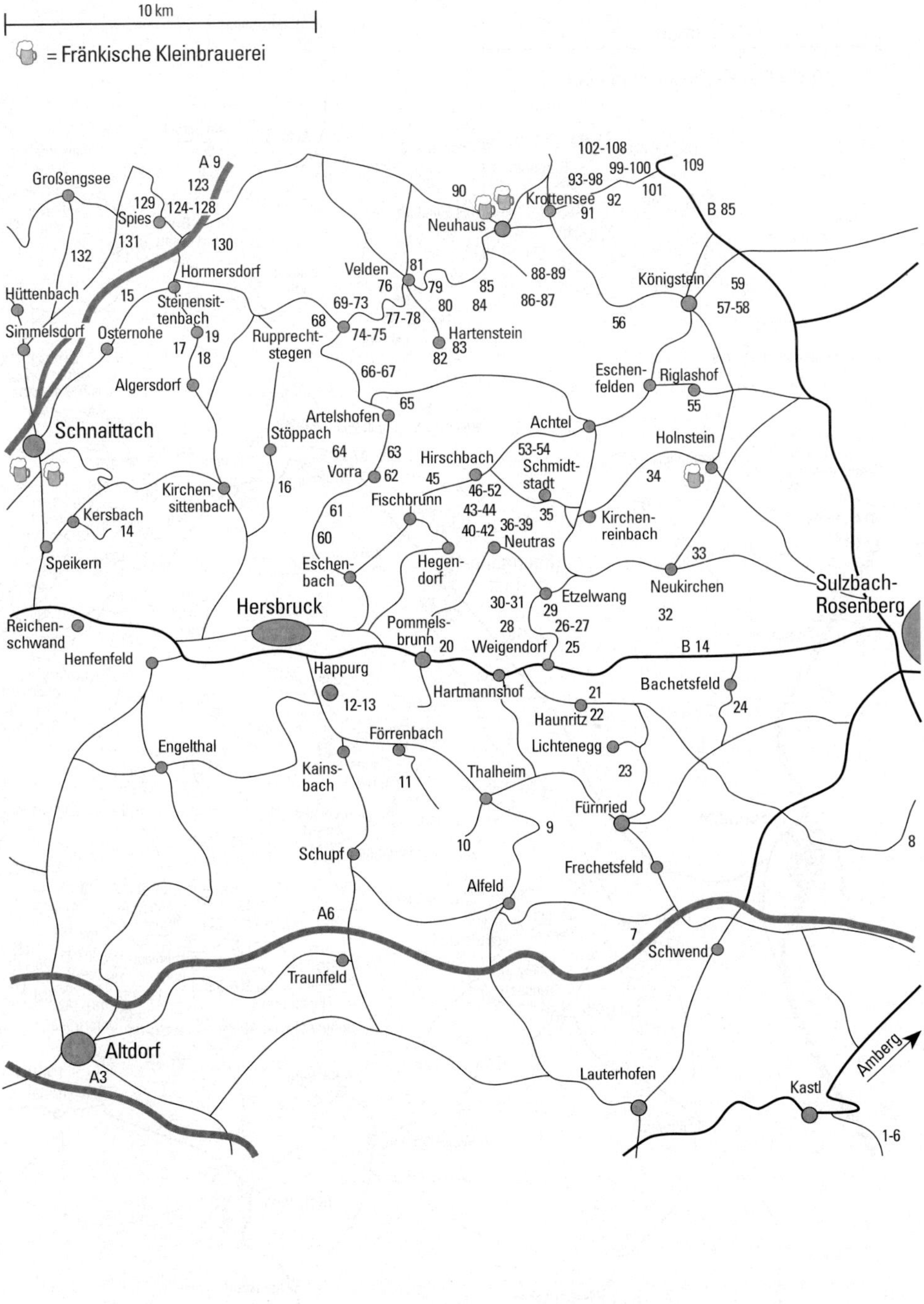

Fränkische Schweiz West

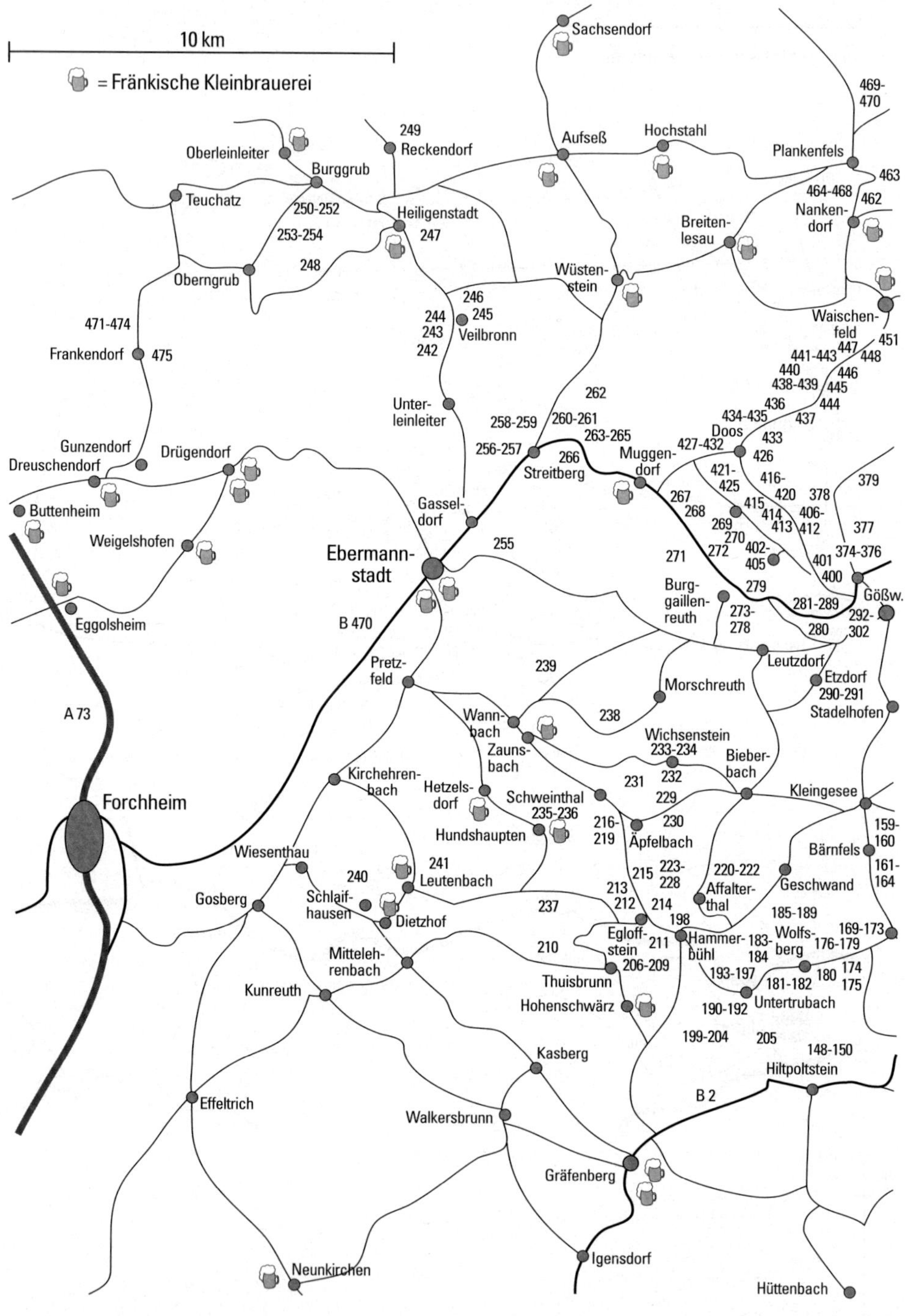

Fränkische Schweiz Ost

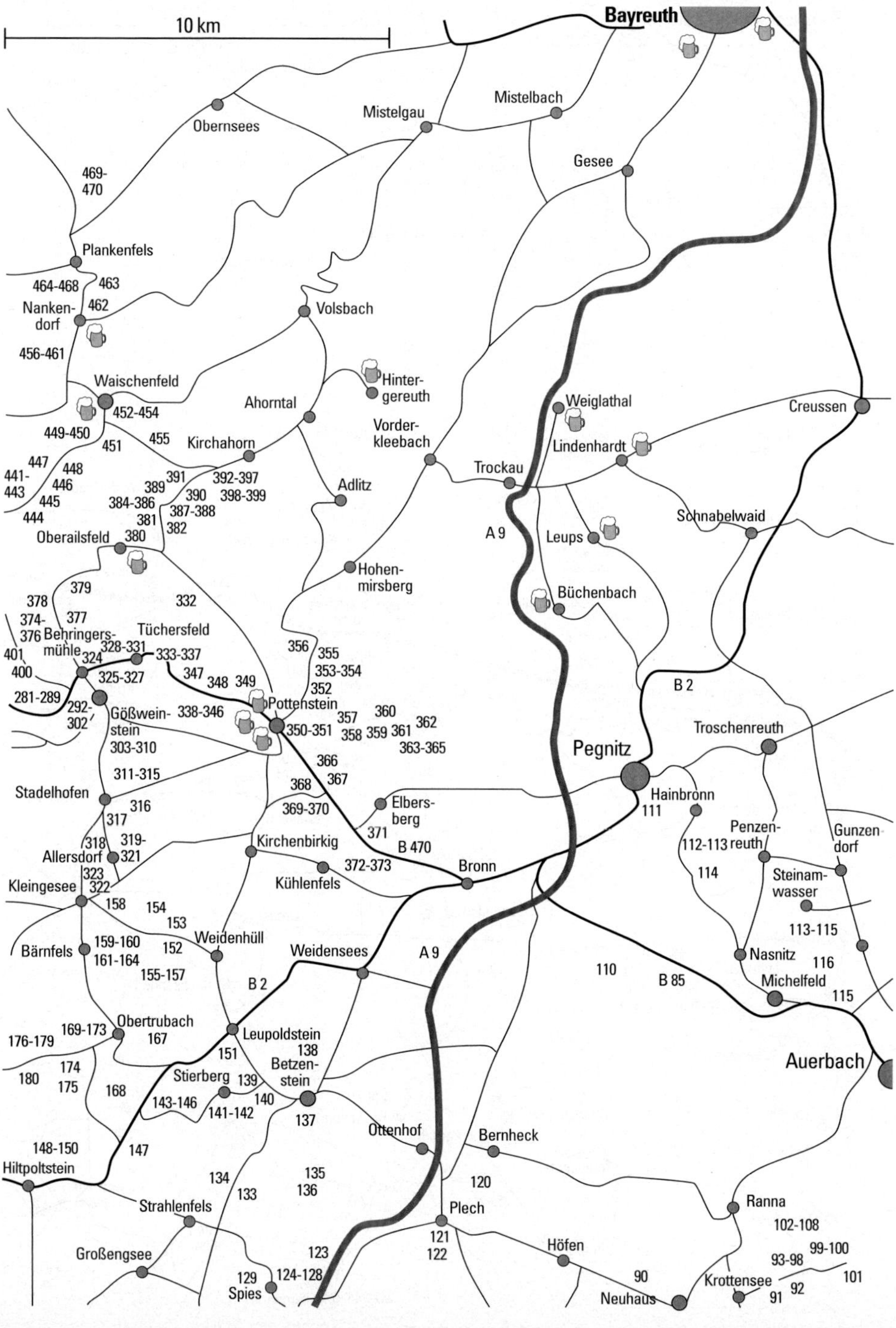

Bamberger Gebiete

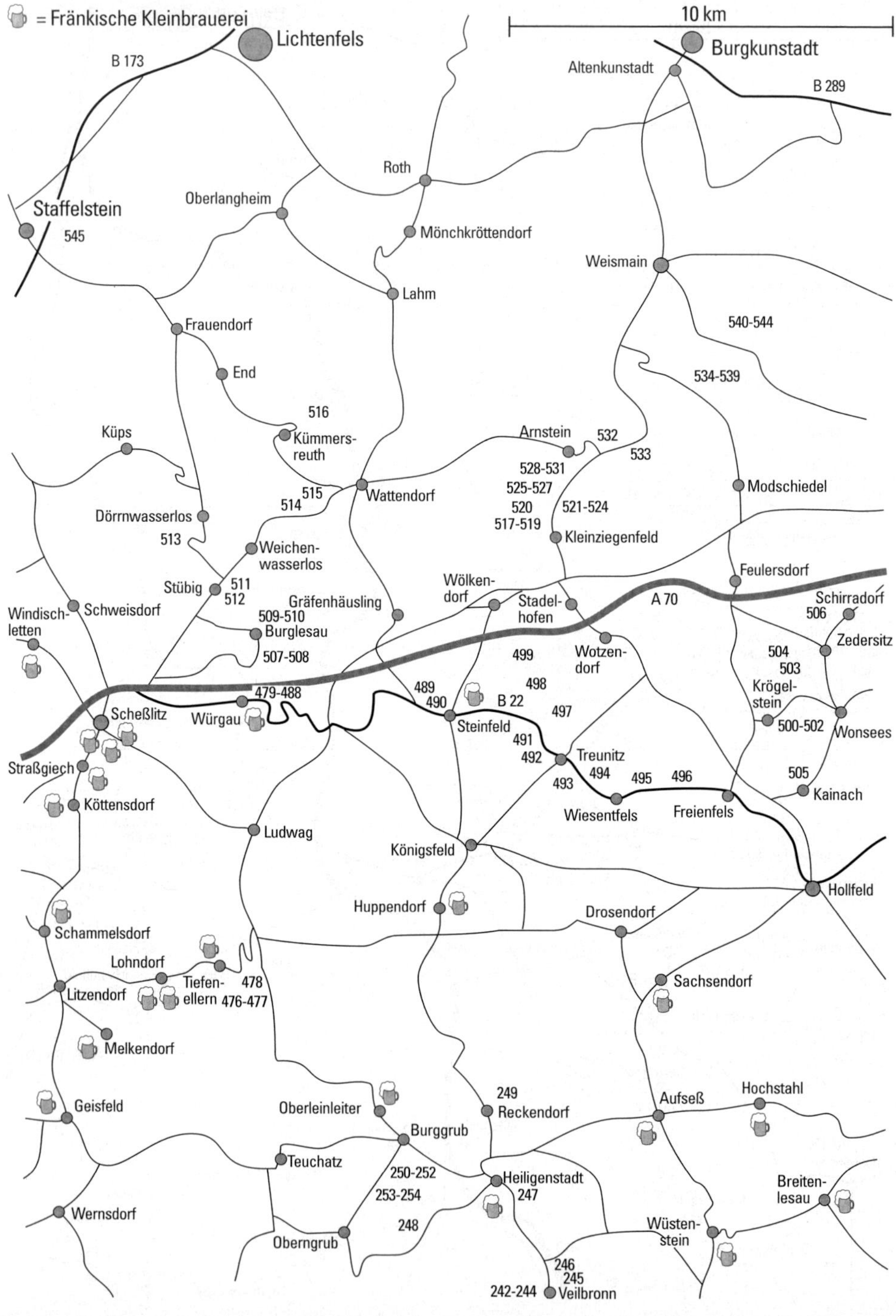

Begehungsstile

Teils in Vergessenheit geraten ist beim schweren Klettern der in Franken geborene *»Rotpunkt«* - Stil, da oft der französische Stil *(»en libre«)* praktiziert wird. Dabei kann die Rotpunkt-Begehung einer schweren Route eine sehr interessante Herausforderung darstellen. Im folgenden werden bereits bekannte Arten der Begehung sowie neu entwickelte, kreative Modifikationen vorgestellt.

Anerkannte Begehungsstile

Solo: Alleinbegehung ggf. mit Selbstsicherung und Hakenhilfe

Free Solo: Freie Alleinbegehung ohne Sicherung und entsprechende Nothilfen

Rotpunkt: Freie Vorstiegsbegehung ohne Sturz und Ausruhen, Schlingen/Karabiner werden aus der Kletterposition eingehängt

En libre = Pink Point: Freie Vorstiegsbegehung ohne Sturz und Ausruhen, Schlingen/Karabiner sind bereits eingehängt

Rotkreis: Vorstiegsbegehung ohne Sturz und Ausruhen, Schlingen/Karabiner werden aus der Kletterposition eingehängt. Nach einem Sturz darf das Seil hängen gelassen werden. Der nächste Versuch beginnt vom Boden oder vom letzten *»No-hand-rest«*. Gewinnt heute unbewusst bei den kreativen Stilrichtungen wieder an Bedeutung.

Toprope = Rotkreuz: Im Gegensatz zu den kreativen Stilrichtungen ehrliche Durchstiegsbegehung, die von oben gesichert wird.

af (alles frei): Vorstiegsbegehung, bei der alle Einzelstellen ohne künstliche Hilfsmittel geklettert werden, jedoch im Seil oder am Haken geruht wird. Vorstufe einer richtigen freien Begehung.

On sight: Vorstieg im *»Rotpunkt«* - oder *»En libre«* - Stil im 1. Versuch. Die Route wurde zuvor nicht versucht und es wurden keine Informationen anderer Kletterer verwendet, erst recht kein Ansagen von Bewegungsabfolgen. Griffe und Tritte waren nicht zusätzlich durch Magnesiastriche, Tape oder vergleichbare Hilfsmittel markiert.

Flash: Vorstieg im *»Rotpunkt«* - oder *»En libre«* - Stil im 1. Versuch, bei dem die Verwendung sämtlicher bei *»On sight«* ausgeschlossenen Informationen über die Route zulässig ist.

Clean: Freie Begehung nur mit mobile Sicherungsmitteln *(Klemmkeile, Schlingen)*.

Neue kreative Begehungsstile

Waschlappen: Der oder die erste(n) Haken werden mit Clipstick oder technisch eingehängt. Die Begehung wird als *»en libre«* verkauft.

Angsthase: Runouts und anstrengende Einhängepositionen werden durch verlängerte Schlingen entschärft. Die Begehung wird als *»en libre«* verkauft.

Märchenonkel/-tante: Trotz Vorhandenseins eines eindeutigen Ausstiegshenkels wird die (ggf. verlängerte) Schlinge, die sich im Umlenkhaken befindet, als Griff benutzt oder angesprungen. Die Begehung wird als Durchstieg verkauft.

Natürlich gibt es Routen, bei denen ein 1. Haken vor einem schweren Zug so ungünstig gesetzt ist, dass sehr kleine Kletterer kaum eine Chance haben, ihn einzuhängen (z.B. Ekel). Hier sollte man einfach zugeben, wenn man den Haken aus Gründen der Sicherheit vorgehängt hat.

Künstliche Griffe

Leider tauchen in letzter Zeit in neuen Routen öfter künstliche Griffe auf. Damit wird gegen den Grundgedanken der Rotpunktbewegung und des Freikletterns verstoßen: Fortbewegung nur mit Hilfe natürlicher Haltepunkte. Meist hört man Ausreden, dass es sich nur um die Befestigung eines brüchigen Griffes handeln soll, in einigen Fällen wird dies aber offensichtlich zur Verbesserung der Struktur missbraucht. Unter den Kletterern in Franken konnte ein Konsens erzielt werden, dass Routenmanipulationen abzulehnen sind und nur ein Unterstützen eines brüchigen Griffes als Ausnahme geduldet wird. Keiner, der einen künstlichen Griff in einer Neutour schafft, muss sich darüber wundern, wenn diese Route geächtet oder sogar wieder entfernt wird.

Neutouren

Die rasante Entwicklung des Klettersports hat auch eine enorme Erschließungstätigkeit nach sich gezogen. Zunehmende Konflikte mit dem Naturschutz sind eine Folge. Da ein lebendiger Klettersport nicht auf Erstbegehungen verzichten kann, wurde nach Kompromisslösungen gesucht. Zu diesem Zweck haben sich im Sommer 1994 verschiedene Erschließer und Spitzenkletterer sowie IG Klettern- und DAV-Mitglieder in Morschreuth zusammengefunden und einen gemeinsamen Appell verfasst. Danach sollten in Zukunft bei Erschließungen folgende Punkte beachtet werden:

Neutourenappell

1. Umlenkhaken: Jeder Neutourenerschließer sollte Umlenkhaken anbringen, um ein Aussteigen in sensible Felskopfvegetationszonen zu vermeiden.

2. Information: Vor der Erschließung einer Neutour soll ein Vertreter der Kletterverbände telefonisch über das Vorhaben informiert werden. Im Frankenjura sind das Günther Bram / DAV (09131 / 33818) oder Stefan Haase / IG- Klettern (09156 /1730) und Dr. Jürgen Kollert/ IG-Klettern (0171 / 3261680). Der Erschließer wird informiert, ob sein Projekt in einem kritischen Bereich liegt, oder nicht. Gegebenenfalls kann auch der Kontakt zu den zuständigen Behörden vermittelt werden.

3. Vegetationsputzen: Das Putzen von zusammenhängenden Vegetationszonen zur Errichtung einer Neutour soll unterbleiben. In einem solchen Fall sollte von der Neutour abgesehen werden.

4. Auswahl: Die Erschließung von Felsen geringer Höhe soll unterbleiben. *(Bouldern bliebt hiervon unberührt, siehe Boulderappell).*

Werden diese Punkte entsprechend beachtet, so steigen zumindest die Chancen, daß unser Sport im Frankenjura nicht aufgrund umfassender Reglementierungen zur Stagnation verdammt wird.

Routendichte

Ungeachtet der Naturschutzproblematik ist im Zeitalter der *»Resterschließungen«* häufig das Problem extrem eng benachbarter Routen aufgetreten. Einige neue Kreationen wurden von den Erstbegehern bestehender Wege bereits abgebaut, weil sie deren Charakter zu stark veränderten. Grundsätzlich sollte eine neue Route den Charakter älterer Wege nicht beeinflussen *(auch die Entschärfung eines Runouts durch einen gemeinsamen Haken verändert die Anforderungen einer Klettertour)*. Manchmal ist weniger wirklich mehr und ein logisch erschlossenes Massiv reizvoller als ein Fels, der derart zugenagelt wurde, dass niemand mehr genau weiß, wo er klettern soll. Im Zweifelsfall sollte vor der dem Griff zur Bohrmaschine Kontakt zu den Erstbegehern bestehender Wege oder zur IG Klettern aufgenommen werden, um mögliche Konflikte und einen daraus resultierenden *»Hakenkrieg«* zu vermeiden.

Der Erhalt des sportlichen Charakters bestehender Wege hat in Franken eine lange Tradition. Dass diese Kletterethik nicht nur durch die Zustimmung »der Alten«, sondern einer breiten Mehrheit der ganzen Kletterszene getragen wird, wurde bei der gut besuchten Diskussion zum Thema »Sanierungen« im Herbst 2002 eindrucksvoll deutlich *(siehe auch Sanierungsappell)*.

Projekte

Was *Projekte* betrifft, so hat sich der Brauch eingebürgert, diese durch ein in den 1. Haken geknüpftes Schlinglein zu kennzeichnen. Damit soll deutlich gemacht werden, daß der Erschließer weiter an seinem Vorhaben arbeitet, es aber noch nicht verwirklichen konnte. Es wird darum gebeten, dies zu berücksichtigen; auch wenn man das Projekt ohne weiteres klettern könnte.
Allerdings sollten auch Erstbegeher die eingebohrten Projekte nicht jahrelang als »Hakenfriedhöfe« stehen lassen. In solchen Fällen darf man sich jedenfalls nicht wundern, wenn von Seite anderer Anwärter keine Rücksicht mehr genommen wird.

Boulderappell

Die zunehmende Popularität des Boulderns im Nördlichen Frankenjura hat in letzter Zeit zu heftiger Kritik v.a. von Jagd- und Forstwirtschaft, aber auch von Grundstückbesitzern und Behörden geführt. Um einer drohenden Fehlentwicklung, sprich behördlichen Reglementierung vorzubeugen, hatte die IG Klettern am 21.11.1998 die führenden Vertreter der Boulderszene zu einem Treffen nach Morschreuth eingeladen.
Nach einer ausgiebigen Diskussion einigten sich die Aktivisten der Szene auf einen Empfehlungskatalog für das Bouldern Im Nördlichen Frankenjura, ähnlich dem bekannten Neutourenappell. Es bleibt zu hoffen, daß sich alle Aktiven, auch die die nicht anwesend waren, in Zukunft an die vereinbarten Spielregeln halten.

1. Neue Bouldergebiete mit Landratsamt und Privatbesitzer abklären.

2. Keine Erschließung von stark bewachsenen Felsen. Keine Gehölze ohne Einwilligung des Besitzers entfernen.

3. Eine Stunde vor Dunkelheit in geschlossenen Waldgebieten nicht mehr die Wege verlassen.

4. Keine gesperrten Wege mit PKW befahren, rücksichtsvoll parken.

5. Keine Veröffentlichung von Bouldergebieten.

Sanierungsappell

Die Praxis des Sanierens bestehender Klettertouren verbindet im Frankenjura jeder mit Oskar Bühler, der als Erfinder des *»Bühlerhakens«* wesentlich dazu beigetragen hat, dass die fränkischen Klettergebiete mit zu den sichersten der Welt zählen. Leider wurde in den letzten Jahren immer häufiger von einem Grundsatz abgewichen, der untrennbar mit dem Gedanken des Sanierens in Franken verbunden ist: dem Erhalt des Charakters der Wege. In zunehmendem Ausmaß blitzten zusätzlich gesetzte Haken in alten Klassikern, die den vermeintlichen Sanierern wohl im ursprünglichen Zustand als zu furchterregend erschienen. Nachdem die ersten Fälle noch als vereinzelte Übergriffe wahrgenommen und nicht stärker beachtet wurden, eskalierte die Situation mit dem willkürlichen Setzen von ca. 40 zusätzlichen Haken am Kühlochfels sowie den öffentlich verkündeten Absichtserklärungen einzelner Plaisirkletterer, ihnen zu gefährlich erscheinende Routen mit zusätzlichen Haken zu versehen. Nach intensiven und teils leidenschaftlich geführten Diskussionen im Internet und der Entfernung der zusätzlichen Haken durch einheimische Kletterer wurde von IG Klettern und DAV eine groß angelegte Diskussionsrunde im Herbst 2002 in Kalchreuth einberufen, um die Stimmungslage im Klettervolk zu erkunden und eine Regelung zu finden, die ein friedliches Miteinander von Kletterern traditioneller Richtung und der neuen »Plaisirgeneration« erlaubt. Diese wurde zu später Stunde als *Sanierungsappell* mit großer Mehrheit verabschiedet.

Gemeinsames Sanierungsstatement der IG Klettern Frankenjura und des DAV

1. Die gewachsene klettersportliche Tradition des Frankenjura soll erhalten bleiben. Diese Tradition beinhaltet auch eine Vielfalt der Stile. Diese Vielfalt soll bestehen bleiben, ohne eine Weiterentwicklung zu hemmen. Jeder Kletterer muss eigenverantwortlich entscheiden, ob er den Gesamtanforderungen einer Route gewachsen ist und diese begehen kann.

2. Jeder Erstbegeher darf die Hakendichte in seinen Routen nach seinen Bedürfnissen festlegen. Dabei ist auf eine optimale Einhängepositionen zu achten und der Neutourenappell von IG-Klettern und DAV zu beachten. Durch das Einrichten einer Kletterroute erwirbt der Erstbegeher ein gewisses Recht an seiner Kreation. Gegen den Willen des Erstbegehers soll der Charakter einer Kletterroute nicht verändert werden. Setzen von zusätzlichen Haken und Entfernen von vorhandenen Haken darf nur nach Rücksprache mit dem Erstbegeher bzw. den Kletterverbänden erfolgen.

3. Nach Rücksprache mit dem Erstbegeher können »verbohrte« Haken umgesetzt werden. Gleiches gilt für das Anbringen zusätzlicher Haken an Kletterstellen oder in Routen, deren Charakter sich im Laufe der Zeit z. B. durch Griffausbruch entscheidend verändert hat.

4. Kann die Meinung des Erstbegehers nicht eingeholt werden, sollen Vertreter der örtlichen Kletterverbände eine Entscheidung treffen. Bei dieser Entscheidung sollen die natürlichen Gegebenheiten, die klettersportliche Bedeutung und der Gesamtcharakter der Route berücksichtigt werden.

5. Routen bzw. Passagen von Routen, die mit mobilen Sicherungsmitteln erstbegangen wurden, sollen nicht mit Haken nachgerüstet werden. Ein Ersetzen von Sanduhren durch Bohrhaken soll nur in begründeten Ausnahmefällen erfolgen.

6. Die Schwierigkeit einer Kletterroute darf sich durch die Sanierung nicht verändern, d. h. technisch erstbegangene Routen sollen weiterhin technisch begehbar bleiben.

7. Das Entfernen von Haken darf nur in Rücksprache mit dem Erstbegeher der nachsanierten Tour oder den Kletterverbänden erfolgen.

8. Zur Sanierung und Einrichtung von Neutouren sollte nur Material verwendet werden, das den gängigen Normen entspricht. Die Sanierung muss fachgerecht ausgeführt werden.

Zonen

Zonenregelung

Die IG Klettern und der DAV haben in Zusammenarbeit mit den zuständigen Behörden in den meisten Gebieten *Zonierungskonzepte* erarbeitet, welche die Ausübung des Klettersports dort weiterhin ermöglichen. Dies setzt allerdings voraus, daß jene Konzepte auch strikt befolgt werden!
Einige dieser Konzepte liegen auch in gedruckter Form vor *(z.B. Pegnitztal-Konzept)*.
Bei der Überarbeitung dieses Führers wurden alle zum gegenwärtigen Zeitpunkt bekannten Zonierungen mit eingearbeitet. Es ist aber sinnvoll, sich über die Organe von IG Klettern und DAV oder die Kletter-Zeitschriften über kommende Regelungen zu informieren.

Die Zonenregelung im einzelnen:
Zone 1 = Kletterverbot
Es dürfen weder Neutouren eröffnet noch alte Wege beklettert oder saniert werden.
Zone 2 = Status Quo
Klettern ist im bisherigen Umfang bis zum Umlenkhaken erlaubt, aber keine Erstbegehungen.
Zone 3 = Freie Zone
Erstbegehungen mit Umlenkhaken außerhalb der Vegetationszone möglich.

Bislang noch nicht bekletterte Felsen innerhalb des zonierten Gebietes gehören zur Zone 1.
Die Zonenregelung wird vor Ort auf entsprechenden Hinweistafeln erläutert. Zusätzlich existieren folgende Schilder:

Zugang
Zustieg
bekletterbarer Felsbereich
Abseilen

kein Durchgang
gesperrter Felsbereich
Ruhezone

Eine weitere Besonderheit wird durch das Schild rechts zum Ausdruck gebracht:
Es besagt, daß als Alternative zu behördlich verfügten Sperrungen IG KLettern und DAV im Falle einer Brutansiedelung durch das Anbringen dieser Schilder den Schutz der bedrohten Vogelarten gewährleisten. Das funktioniert selbstverständlich auch nur unter der Voraussetzung der Mitarbeit aller Kletterer. Die IG Klettern und der DAV stehen andererseits dafür gerade, daß die Schilder nur in begründeten Fällen angebracht werden.

Flora und Fauna in fränkischen Klettergebieten *(Günther Bram)*

Felsen sind ein so prägender Bestandteil des Nördlichen Frankenjura, daß sie ihm zum Namen »Fränkische Schweiz« verhalfen. In unserer dicht besiedelten Kulturlandschaft sind sie aber auch noch letzte Reste nahezu unberührter Natur. Weil wirtschaftlich nicht nutzbar, konnten sich in den ökologischen Nischen der vielfältig strukturierten Felsen über Jahrtausende hinweg Planzen vom Menschen unbeeinflusst entwickeln. Von besonderer Bedeutung sind die Felsbänder und Felsköpfe der die umgebende Vegetation überragenden Felsmassive. Hier existiert auf einer dünnen und lückenhaften Humusdecke eine speziell angepasste Flora mit bundesweit gefährdeten Pflanzenarten, die das lebensfeindliche Mikroklima dieser Standorte ertragen können. Habichtskraut, Immergrünes Felsenblümchen, Pfingstnelke und vieles mehr halten trotz Temperaturen von bis zu 60° C im Sommer und -40° C im Winter und trotz austrocknender Winde mit ihren Wurzeln die kargen Erdschichten fest. Ist diese Pflanzendecke einmal zertreten, werden die wenigen Zentimeter Erde von Wind und Regen rasch verweht und weggespült. Der Aufbau neuer Humusschichten an diesen exponierten Stellen dauert Jahrzehnte. Viele dieser Pflanzen wachsen hier seit der letzten Eiszeit vor etwa 8000 Jahren (Eiszeitreliktflora), als die Alpen eisbedeckt waren und sich alpine Pflanzen auf die unvergletscherte Alb zurückzogen. Sie können an einzelnen Felsen durchaus in großer Anzahl vorhanden sein, aber die entsprechenden Felsstandorte selbst sind selten und weit verstreut. Sind Pflanzen an einem Felsen einmal verschwunden, werden sie sich dort nur sehr langsam oder gar nicht mehr ansiedeln.

Nicht nur Pflanzen, auch Tiere haben sich auf das Leben an Felsen spezialisiert. So sind beispielsweise die Larven zweier Schmetterlingsarten auf ganz bestimmte Pflanzen angewiesen, die nur an Felsen vorkommen. Der Apollofalter ernährt sich ausschließlich vom Weißen Mauerpfeffer, einer Pflanze der Felsköpfe und der Schwalbenschwanz ist ständig auf der Suche nach Doldengewächsen. Schnecken sind auf den Kalk (Bausubstanz für das Gehäuse) und Algen und Flechten als Futter angewiesen. Einige Spinnen halten sich fast das ganze Jahr über nur an Felsen auf.

Neben diesen Lebenskünstlern benötigen Vögel die Felsen als Brutplätze. Dort sind die Jungtiere sicher vor Beutegreifern wie Fuchs und Marder, die sich nur am Boden bewegen können. Zu den bekanntesten Felsbrütern zählt der Wanderfalke, der an den Felsen der Mittelgebirge seine einzige Brutmöglichkeiten außerhalb der Alpen findet. Er bevorzugt hohe Felsen mit Nischen und weitem Blick ins Land um von dort aus mit Geschwindigkeiten von bis zu 200 km/h auf Jagd nach anderen Vögeln zu gehen. Der Uhu sucht nicht unbedingt die ganz hohen und exponierten Felsen als Horstplatz, macht sie aber dennoch dem Wanderfalken als Rupfplätze streitig. Im Gegensatz zum Wanderfalken wird der Uhu im Nördlichen Frankenjura häufiger angetroffen. Störungen während der Horstsuche, Balz und Bruttätigkeit können zur Aufgabe des Horstes, zum Erkalten des Geleges oder zum Verlust der wehrlosen Jungvögel durch natürliche Feinde führen.

Außer diesen beiden bekannten Vogelarten finden auch unbekanntere Tierarten wie Dohle und Hohltaube, Kautz und Fledermaus, Siebenschläfer und Schlingnatter oder Insekten, z. B. der Ameisenlöwe gerade unter den extremen Lebensbedingungen der Felslandschaft einen Lebensraum.

Zum Schutz und Erhalt der fränkischen Felsbiotope müssen menschliche Einflüsse eingeschränkt werden. Die empfindlichen Pflanzenstandorte sind nur zu erhalten, wenn sie möglichst wenig betreten werden. Dies ist durch konsequentes Benutzen von Umlenkhaken zu erreichen. Kleinräumige Lösungen ermöglichen hier bei Beachtung der entsprechenden Regelungen ein direktes Nebeneinander von Klettern und Naturschutz. Vögel hingegen brauchen während der Brut- und Aufzuchtzeit zeitlich befristet relativ großräumige Ruhezonen. Sperrungen müssen ggf. von Anfang Februar bis Ende Juli ausgesprochen werden. In begründeten Einzelfällen kann eine prophylaktische Sperrung möglicher Brutfelsen sinnvoll sein.

Gesperrte Felsen *(Stand: Juli 2003)*

Ganzjährig per Verordnung:
Hohenstädter Block*
Leitenbergwände*
Teufelsfinger / Alfaltergrat*
Artelshofener Platte*
Tischfels*
Schlanke Agnes*
Neuhauser Turm*
Zeckenstein*
Hainkirche*
Neue Stadeltenne*
Zwei Schwestern*
Johannesburg*
Teufelskanzel*
Wachfelsen*
Kapuzinersessel*
Walberla (Ausnahme Rodenstein)
Fischbrunner Wand *
Staffelberg (Ausnahme für die hier beschriebenen Routen)
Breitenstein bei Hundshaupten *
Rittlerkante*
Dorlstein *
Tafelwand*
Gasseldorfer Wände*
Schießenfels *
Kleines Schwalbenloch*
Ameisenhaufen*

1.2.-30. 6. per Verordnung:
Dohlenwand
Heinrichsgrotte = Heidenkirche
Hammerschmiedturm
Hohe Wand (Ziegenfeld) *
Kaiserbachtaler Wand

1.2.-15. 7. per Verordnung:
Röthelfels Teil 6 (Weiße Wand)
Matterhornwand
Richard Vogel Ged.-Wand
Freundschaftsturm
Holzgauer Wand (linker Teil)
Geckofels

1.2.-31. 7. per Verordnung:
Sprungstein
Uhustein

Freiwilliger Kletterverzicht im Zuge des Konzeptes Eibenwände/Wiesenttal:
Untere Gößweinsteiner Wände (einzelne Routen)
Lichtenfelser Wand *
Comici Ged.-Wand *, Fürther Wand *, Erlanger Wand *, Champion *, Pascha *, Hollerstein *
Grottenwand*
Pfister Ged.-Wand*
Sachsenturm (rechter Teil)
Forchheimer Hauswand*

Grundsätzlich in diesem Bereich keine Neutouren!

Kurzfristige Sperrung wegen Vogelschutz im Zeitraum 1.1.-31.7. möglich:
Roter Fels
Folterkammer
Moskitorock
Heinrichsgrotte = Heidenkirche
Röthelfels (Teilbereiche)

Klettern auf Antrag beim Landratsamt erlaubt:
Hunnenstein
Dülfer Ged.-Wand

** nicht in diesem Führer beschrieben*

Wichtige Adressen

Rufnummern Rettungsleitstellen

Nürnberg ....0911 / 19222
Forchheim ....09191 / 19222
Bamberg ....0951 / 19222
Bayreuth ....0921 / 19222
Feuerwehr 112
Polizei 110

Von Feuerwehr und Polizei wird ein Notruf an die nächste Rettungsleitstelle weiter geleitet.

Rufnummern Bergwacht

Bereitschaft Nürnberg ....0911 / 574681
Bereitschaft Frankenjura ......0911 / 579190

Bergwachtposten

- Kersbach (BW-Hütte)
- Schermshöhe
- Oed (BW-Hütte)
- Unterhirschbach (BW-Hütte)
- Schwarzer Brand (Prellstein; BW-Hütte)
- Alfalter
- Enzendorf (BW-Hütte)
- Untertrubach (BW-Hütte)
- Walberla (BW-Hütte)
- Veilbronn (BW-Hütte)
- Stempfermühle (BW-Hütte)
- Pottenstein (BW-Hütte)
- Frankendorf (BW-Hütte)
- Burglesau (BW-Hütte)
- Würgau (BW-Hütte)
- Kleinziegenfeld

Campingplätze

- Camping »Frankenalb«; Etzelwang (Tel.: 09663 / 815)
- Gasthof Eichler; Wolfsberg 43; 91286 Obertrubach (Tel. 09245 / 383; Fax 09245 / 9116)
- Camping »Kormershof«; Allersdorf (Tel.: 09242 / 1042)
- Camping »Bärenschlucht«; Pottenstein (Tel.: 09243 / 206)
- Camping »Betzenstein«; Hauptstr. 69 Betzenstein (Tel.: 09244 / 7305)
- Camping »Bieger«; Rothenbühl bei Ebermannstadt (Tel.: 09194 / 9534)
- Camping »Moritz«; Moritz (Tel.: 09242 / 359)
- Camping »Fränkische Schweiz«; Tüchersfeld (Tel.: 09242 / 440 bzw 1788)
- Camping »Jurahöhe«; Kleinlesau (Tel.: 09243 / 9173)
- Camping »Steinerner Beutel«; Waischenfeld (Tel.: 09202 / 359)
- Camping »Waldmühle«; Freienfels (Tel.: 09274 / 255)
- »Schloßcampingplatz«; Kleinziegenfeld (Tel.: 09504 / 269)

Matratzenlager

- Gasthof Kroder; Schlaifhausen am Walberla; Lager und Zimmer (Tel.: 09199/416)
- Gasthaus »Zur guten Einkehr«; Morschreuth; Lager und Zimmer (Tel.: 09194/9140)
- Gasthof Eichler; Wolfsberg 43; 91286 Obertrubach(Tel.: 09245/383 Fax: 9116)
- Camping »Betzenstein«; Hauptstr. 69 Betzenstein (Tel.: 09244/7305)
- Landgasthof Fischer; Stierberg 25 91282 Betzenstein (Tel.: 09244/384)

DAV-Hütten

Diese Hütten sind nicht ständig bewirtschaftet und meist von der betreffenden Sektion belegt: Thuisbrunn; Egloffstein; Thalheim; Gasseldorf; Streitberg; Almos; Rabeneck; Würgau

Naturfreundehäuser

Diese sind der Allgemeinheit zugänglich, wobei den Mitgliedern der »Naturfrunde« Vergünstigungen gewährt werden. Es empfiehlt sich in jedem Fall, sich über die jeweiligen Öffnungszeiten zu informieren.

- NFH Nürnberg-Mitte; Adolf-Braun-Str. 40; Nürnberg
- NFH Eibach; Castellstr. 99; Nürnberg
- NFH Fürth-West; Adalbert-Stifter-Str. 37; Fürth
- NFH Erlangen Regnitzstuben; Wöhrmühle 6; Erlangen (Tel.: 09131 / 25303)
- NFH Rothenberghaus; Markt Schnaittach (Tel.: 09153 / 4365)
- NFH Am Hohen Kreuz; Zum Hohen Kreuz; Schnaittach (Tel.: 09153 / 8983)
- NFH Ernhüll; Ernhüll über Weigendorf (Tel.: 09661 / 4788)
- NFH Pommelsbrunn; Wied 3; Pommelsbrunn (Tel.: 09154 / 8555)
- NFH Falkenberg; Artelshofen, Haus Nr. 69 (Tel.: 09152 / 8771)
- NFH Am Kreuzfelsen; AM Kreuzfelsen 4; Ortsteil Großengsee; Simmelsdorf
- NFH Flembachhütte; Auerbach
- NFH Forchheim; Auf den Kellern 12; Forchheim
- NFH Veilbronn; Veilbronn Nr. 17; Heiligenstadt i. Ofr. (Tel.: 09198 / 234)
- NFH Bamberg; Am Kellerberg; Scheßlitz/ Demmelsdorf (Tel.: 09542 / 8776)
- NFH Stadtheim Staffelstein; Angerstr. 57; Staffelstein (Tel.: 09573 / 5733)
- NFH Kulmbach; Mangersreuther Str. 43; Kulmbach (Tel.: 09221 / 7243)

Jugendherbergen

- Nürnberg (an der Burg)
- Hartenstein (bei der Hartensteiner Wand)
- Gößweinstein
- Streitberg (beim Streitberger Schild)

Touristeninformation

Verkehrsamt Ebermannstadt (Tel.: 09194 / 9040)
Verkehrsamt Gößweinstein (Tel.: 09242 / 456)
Stadtverwaltung Pottenstein (Tel.: 09243 / 70842)
Verkehrsamt Waischenfeld (Tel.: 09202 / 1548)
Fremdenverkehrsamt Hollfeld (Tel.: 09274 / 9800)

IG Klettern

Georg-Strobel-Str. 73; 90489 Nürnberg
1. Vorsitzender:
Dr. Jürgen Kollert
(Tel.: 0171 / 3261680)

DAV Klettern und Naturschutz

Beauftragter für Nordbayern:
Günther Bram; Friedrich-Bauer-Str. 14;
91058 Erlangen (Tel.: 09131/33818)

Kletterhallen

- Power Tower; Fürther Str. 212 Nürnberg; (Tel.: 0911 / 9390800) Betreiber der Kletterwand: Kletterschule Frankenjura; (Tel.: 0911 / 499320)
- Sportzentrum Nürnberg; Schüblerstr. 15 Nürnberg; (Tel.: 0911 / 544911)
- Hanne-Jung-Halle; Alfr.-Wegener-Str. 1; Erlangen (Tel.: 09131 / 208667)
- Matchpoint; Schulstr. 14; Altdorf (Tel.: 09187 / 95260)
- Eibtaler Hof; Spies (Tel.: 09244 / 363)

Bademöglichkeiten (Freibäder)

- Auerbach
- Bamberger Baggerseen
- Betzenstein
- Egloffstein
- Etzelwang
- Forchheim
- Gräfenberg
- Gößweinstein
- Happurg
- Hersbruck (Baggersee und Freibad)
- Hirschbach
- Königstein
- Muggendorf
- Pegnitz
- Schnaittach
- Streitberg

Ausrichtung der Felsen

In diesem Führer ist bei jeder Felsüberschrift ein entsprechendes Symbol plaziert, falls ein Massiv besonders *sonnig*, *schattig* oder *regengeschützt* ist. Die Abgrenzung ist hier allerdings oft schwierig. Ein im Frühjahr oder Herbst sonniger Fels entwickelt sich schnell zum Schattenloch, wenn das Laub auf den Bäumen ist. Dazu muß bemerkt werden, daß die allermeisten fränkischen Felsen im Wald stehen und der Kletterer auch in mancher Südwand die Sonne erst an der Umlenkung erblickt.

Abgesehen davon ist der verwöhnte Sportkletterer selten Frühaufsteher und wird somit eine Westwand meist als sonnig, eine Ostwand hingegen meist als schattig erleben, da er gewöhnlich nicht vor Mittag am Fels ist. Diesem Umstand wurde bei der Einteilung Rechnung getragen.

Auch der Begriff »regengeschützt« ist relativ: Einen kurzen Schauer verträgt fast jeder Fels, da sie alle relativ steil sind. Bei längerem Schlechtwetter läuft aber bald das Wasser in die meisten Wände oder drückt aus den Löchern heraus. Andererseits können exponierte Wände auch schnell wieder abtrocknen. Deshalb seien hier nur einige typische Beispiele für den schnellen Überblick erwähnt. Schattige Felsen werden nicht extra aufgeführt, da dies für den größten Teil der fränkischen Massive zutrifft. Bei den Überschriften über den Topos findet man aber immer das entsprechende Symbol. Kein Symbol wird vergeben, wenn es nicht eindeutig zuzuordnen ist (z. B. je nach Jahreszeit).

Sonnig

Hersbrucker Alb:

Lauterachtal (fast alle Felsen); Kirchtalwände; Hohler Fels; Glatzenstein; Weiße Wand; Mittelbergwand; Riffler; Düsselbacher Wand; Kleine Wacht; Student; Freudenmauer; Weißenstein; Maximilianswand; Rabenfels; Felslandl; Hohe Reute; Stierberger Gemsenwand

Trubachtal und Seitentäler:

Wolfstein (z.T.); Schlöttermühle; Dachlwand; Richard-Wagner-Fels; Zehnerstein; Klagemauer; Haselstaudener Wände; Brüchige Wand; Egloffsteiner Gemsenwand; Balkenstein; Mostvieler Tal (fast alle Felsen); Röthelfels

Wiesenttal und Seitentäler:

Rodenstein; Leutenbacher Kreuzfelsen; Veilbronner Wand; Fürther Wand; Traindorfer Wand; Krankenhaus, Hunnenstein; Dülfer Ged.-Wand; Streitberger Schild; Glatte Wand, Brocksfels; Matterhornwand; Eichner Ged.-Wand; Graue Wand und Turm; Hanni Kerschbaum Ged.-Wand; Sachsenmühler Südwand; Knochenwand; Anna Fritz Ged.-Wand; Norisbabawand; Sachsenturm; Weiße Wand; Behringer Ged.-Wand; Napoleon (Westseite); Gernerfels; Breitenberg Südwand; Föhrenstein (z.T.); Geißleinwand; Tüchersfelder Wand; Toni Rockstroh Ged.-Wand; Ringlerwand (früh); Bärenschluchtwände; Warmduscher's neue Heimat; Predigtstuhl; Glawe-Wand; Hohe Nase; Solarium (früh); Dromedar (z.T.); Schüttersmühler Wand; Edelsteine; Oberailsfelder Boulderblock; Rabenstein; Witchcraft; Aschenbrenner Wand; Walter Schell Ged.-Wand; Brüderwand; Schottertaler Wand; Jonny Cash-Wand; Karwendelturm; Magdalenenwand; Wintergarten; Schottersmühler Wand; Abendleite; Jubiläumswand; Morgenleite; Anderland; Aufseßtal Südwand; Höllenstein; Schwarze Wand (früh); Bandstein (früh); Zwergenschloß; Hacke Ged.-Wand; Bayreuther Riß; Jungfernriss (früh); Gockerlwand; Kindergarten; Waischenfelder Turm; Clubbwall (früh); Zellwand; Terrarium; Geckofels; Aalkorber Wände (»Freudenhaus«)

Bamberger Gebiete:

Annastein (z.T.); Annasteinseite; Landrichterseite; Eulenwand; Würgauer Gebiet (zum größten Teil nachmittags sonnig); Steinfelder Turm und Wand; Steinfelder Wändchen; Treunitzer Klettergarten; Kuhkirchner Wand; Dachstein; Wüstenstein (z.T.); Dohlenstein; Kainachtaler Riesenüberhang;

Kuhleutner Wand; Schwalbenstein; Burglesauer Gebiet; Katzenbuckel; Alpenvereinswand; Kemitzenstein; Ziegenfelder Wände (früh); Geierwand; Rote Wand; Altbabawand; Rolandfels; Weihersmühler Wand; Wunkendorfer Eck; Diagonalriß; Kraftriß; Felsentor (z.T.); Bärentalwächter; Regenwand; Sonnenwand; Niestener Wand; Efeuwand; Höhlenwand; Staffelberg (z.T.)

Regengeschützt

Hersbrucker Alb:
Kuhfels; Breitenstein; Student; Roter Fels; Ankatalwand (SO); Stadeltenne; Weißenstein; Pölze; Krottenseer Turm; Welle; Plecher Wand; Hohe Reute

Trubachtal und Seitentäler:
Eldorado (wenn trocken); Dachlwand; Rumpelkammer und Auenland; Richard-Wagner-Fels; Wolfsberger Grotte; Endorama; Klagemauer; Nagelstudio; Rondell; Grüne Hölle; Bahnhof; Röthelfels (z.T.)

Wiesenttal und Seitentäler:
Matterhornwand; Schlossbergwand (z.T.); Heinrichsgrotte (z.T.); Steinerne Welle; Gernerfels; Planetarium; Rammstein; Tüchersfelder Wand; Eliade; Pferdsloch; Püttlacher Wand (z.T.); Bärenschluchtwände; Dohlenloch; Marientaler Wand (z.T.); Jules-Verne-Massiv; Schüttersmühler Wand; Amphitheater; Terminatordach; Winterleite; Gerüchteküche; Power (z.T.); Pornowand; Rabenstein (z.T.); Witchcraft; Boy's Tempel; Zauppenberger Wand; Hardcore-Wändchen; Wolkensteiner Wand; Megalumania; Bandstein; Zwergenschloss; Clubbwall; Nankendorfer Block (z.T.); Spasswand

Bamberger Gebiete:
Allgemein regenempfindlicher, trocknen aber auch schnell wieder ab!
Dohlenstein; Kainachtaler Riesenüberhang; Torbogen; Schwalbenstein; Burglesauer Block; Rolandfels (z.T.); Diebesloch; Holzgauer Wand

Verwendete Symbole

Die folgenden Symbole werden in diesem Führer verwendet, um die Topos und den Charakter von Felsen und Routen zu illustrieren.

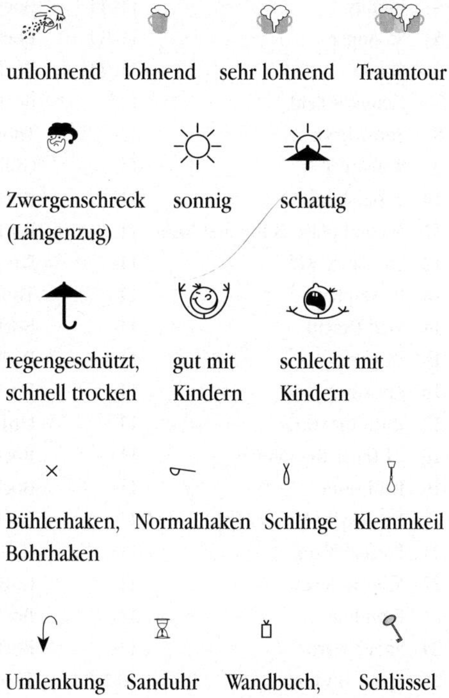

1 - 39

Bitte beachten: Schwierigkeitsbewertungen sind meist subjektiv, auch wenn man versucht, sich auf einen Konsens zu einigen. Insofern sollte man bei Routen mit identischen Bewertungen diese Liste nicht als absolut gültige Rangfolge verstehen!

1	Action Directe	11	Güllich 91	Waldkopf
2	Shan-gri-la	11-/11	Köstermeyer 95	Schlaraffenland
3	Unplugged	11-/11	Bock 03	Hardcorewändchen
4	Infinity	11-/11	Bock 03	Eldorado
5	St. Anger	11-/11	Bock 03	Alter Freund
6	Sniper	11-/11	Bock 02	Steinerne Stadt
7	Geteiltes Leid	11-	Bock 99	Luisenwand
8	Showdown	11-	Thon 94	Trautner Ged.-Wand
9	Wallstreet	11-	Güllich 87	Krottenseer Turm
10	Superskunk	11-	Bock 02	Rotenstein
11	Second place is the first loser	11-	Bock 03	Hardcorewändchen
12	Sundance Kid	11-	Windisch 00	Glocke
13	Powerplay	11-	Thon 96	Zwergenschloss
14	Vlad Dracul	11-	Bock 01	Projektwand
15	Downset	11-	Bock 00	Klumpertal
16	Armstrong	11-	Bock 01	Steinerne Stadt
17	Burn for you	11-	Ordnung 93	Burn for you
18	21 times tha pain 1)	11-	Bock 02	Krottensee
19	Raubritter	11-	Bock 00	Eldorado
20	Dr. Jekyll / Mister Hyde	11-	Bock 98	Bärenschlucht
21	Eternal black	11-	C. Bindhammer 98	Grundfels
22	Monsterlevel	11-	C. Bindhammer 01	Klagemauer
23	Frontline	11-	Bock 02	Neudorf
24	Sheer Terror	11-	Bock 99	Spaßwand
25	Space Invader	10+/11-	Thon 92	Kleinziegenfelder Wände
26	Drive by shooting	10+/11-	Ordnung 95	Bärenschluchtwände
27	Hasenmonster	10+/11-	Thon 02	Amphitheater
28	Headcrash 3)	10+/11-	Thon 93 *(10+)*; Christoph 01	Wasserstein
29	Level 52	10+	Güllich 87	Klagemauer
30	Raise the Roof	10+	Elsässer 98	Kleinziegenfelder Wände
31	Trailer 2)	10+	Thon 97	Großer Lochstein
32	Smalltalk	10+	Thon 94	Bärenschluchtwände
33	Oshoween 2)	10+	Adler 93	Kleines Schwalbenloch
34	Stonelove	10+	Moffat 88	Eldorado
35	Desmos	10+	Köstermeyer 94	Holzgauer Wand
36	Desaster 3)	10+	Eichhorn 90 *(10)*; Böhme 01	Bärenschluchtwände
37	Fred Feuerstein	10+	Windisch 96	Kanzelfels
38	Jagdfieber	10+	Windisch 96	Folterkammer
39	Wüsterman	10+	Wüstermann 89	Krottenseer Turm

40 - 82

40	Back to nature	10+	Köstermeyer 94	Kainacht. Riesenüberhang
41	Straight Edge	10+	Bock 99	Maximilianswand
42	Fairy Ultra	10+	Bock 98	Schlossbergwand
43	Lost and found	10+	Bock 01	Pornowand
44	Sequoia	10+	Bock 02	Kolosseum
45	Smith & Wesson	10+	Bock 03	Hungenberger Wand
46	The Angry Inch	10+	Bock 03	Zwergenschloss
47	Sonic Excess in its purest form	10+	Bock 03	Trockauer Wand
48	Spine of God	10+	Bock 03	Trockauer Wand
49	Trinity	10+	Warda 01	Magdalenenwand
50	Hot Knifes	10+	Gräbner 94	Bärenschluchtwände
51	Siebzehn und Vier	10 +	Schlotter 02	Wüstenstein
52	Der Thon macht die Musik	10/10+	C. Bindhammer 98	Grundfels
53	Deadline	10/10+	Güllich 86	Klagemauer
54	Friends like you	10/10+	Bock 00	Schlaraffenland
55	Leon	10/10+	Thon 98	Kainacht. Riesenüberhang
56	Apollofalter	10/10+	Bock 98	Holzgauer Wand
57	Flat Eric	10/10+	Biere 00	Folterkammer
58	Land of confusion	10/10+	Thum 90	Emporwand
59	Kassiopeia	10/10+	Warda 02	Clubbwall
60	Drecksack	10/10+	Elsässer 97	Sprungstein
61	Linie 1	10/10+	Sykora 96	Zwergenschloß
62	Queel disch, du Sau	10/10+	Cron 01	Erinnerungswand
63	Ring frei	10/10+	Meier 92	Grundfels
64	Lila Eule	10/10+	Seidel C. 93	Kainacht. Riesenüberhang
65	Ghettoblaster	10	Güllich 86	Rabenfels
66	Underdog	10	Windisch 96	Pölze
67	Highlight	10	Güllich 90	Hängender Block
68	Donnerkuppel	10	Röker 98	Schlossbergwand
69	Nightmare	10	Thon 90	Eldorado
70	Pharao	10	Schlotter 93	Bärenschluchtwände
71	Kamasutra 218	10	Güllich 86	Luisenwand
72	Subway	10	Ordnung 90	Bärenschluchtwände
73	Primeur de Luxe	10	Bock 00	Kuhkichner Wand
74	Bladerunner	10	Windisch 98	Bladerunner-Wand
75	Killer	10	Güllich 87	Schüttersmühler Wand
76	Stradivari	10	Sykora 00	Jungfernriss
77	Morlock Shocker	10	Dimmler 95	Schlaraffenland
78	Hänsel ohne Gretel	10	Cron 01	Holzgauer Wand
79	Soulless	10	Ordnung 95	Predigtstuhl
80	Momento Mori	10	Windisch 98	Bladerunner-Wand
81	Meteor	10	Röker 99	Planetarium
82	Drecksteil	10	Elsässer 96	Sprungstein

83 - 100 | Tabelle

83	Planet der Affen	10	Meier 92	Grundfels
84	Mikrowelle	10	Güllich 91	Glawewand
85	Syphon	10	Güllich 90	Hängender Block
86	Monster Magnet	10	Biere 01	Schlossbergwand
87	Schnulleralarm	10	Korb 01	Pornowand
88	Black Flag	10	Windisch 98	Grundfels
89	Ring frei	10	Meier 92	Grundfels
90	Nebenbuhler 3)	10	Hoffmann 89 *(10-)*; Bock 98	Burggruber Block
91	Castor	10	Schlotter 97	Klagemauer
92	Nosegrind	10	Biere 02	Wüstenstein
93	Clockwork Orange	10	Falkner 00	Jules-Verne-Massiv
94	Feuerball	10	Warda 00	Kuhkirchner Wand
95	Mit stählerner Faust	10	Häusler 01	Kolosseum
96	Neun Leben	10	Bock 02	Trautner Ged.-Wand
97	Plan B	10	Schulz 03	Zwergenschloss
98	Adrenalin	10	Güllich 85	Burggruber Block
99	Halloween 2)	10	Sykora 90	Kleines Schwalbenloch
100	Fülle des Lebens... 1)	10	Häusler 00	Oberes Püttlachtal

1) wegen Sperrungsgefahr nicht beschrieben 2) wegen Sperrung nicht beschrieben
3) Route durch Griffausbruch verändert und neu begangen *(Angabe beider Begeher)*

Schwierigkeitsskala nach UIAA

Da in Europa neben der UIAA-Skala auch die französischen Bewertungen verwendet werden, soll diese Tabelle Anhaltspunkte für einen Vergleich bieten. Wer selbst schon einmal verschiedene südeuropäische Klettergebiete bereist hat, dem dürfte klar sein, daß es sich hier nur um Richtwerte handeln kann. Die Bewertung ist gewöhnlich gebietsspezifisch strenger oder weicher, allerdings darf man davon ausgehen, dass bei der fränkischen Bewertung keine elfter Grad verschenkt wird.

UIAA	Französisch
11	9a
11-/11	8c+
11-	8c/8c+
10+/11-	8c
10+	8b+
10/10+	8b/8b+
10	8b
10-/10	8a+/8b
10-	8a+
9+/10-	8a
9+	7c+/8a
9/9+	7c+
9	7c
9-	7b+
8+/9-	7b
8+	7a+
8	7a
8-	6c+
7+	6c
7	6b+
7-	6b
6+	6a+
6	6a
6-	5c
5+	5b
5	5a

e-Bewertung

In diesem Führer wird zusätzlich zur optionalen a-Bewertung (»a« für artificial = technische Kletterei) erstmals eine zusätzliche e-Bewertung für besonders ernsthafte fränkische Routen vorgenommen (»e« für Ernsthaftigkeit). Diese muss deutlich von der E-Bewertung in England abgegrenzt werden. Die englischen E-Grade beinhalten sowohl die Ernsthaftigkeit als auch die Ausdauerbelastung. Da letztere bereits in der UIAA-Bewertung enthalten ist, wird bei der hier verwendeten e-Skala nur das Risikopotenzial erfasst. Dabei müssen sowohl die durch Hakenabstände und das Fluggelände festgelegte Verletzungsgefahr bei Stürzen als auch die Schwierigkeiten beim Anbringen mobiler Sicherungsmittel (Klemmkeile, Schlingen) berücksichtigt werden. *Eine Route, in der aus bequemen Positionen heraus Klemmkeile gelegt oder Schlingen gefädelt werden können, bekommt keine e-Bewertung!*

Leichte Wege sind in Franken oft spärlich gesichert, weil zum einen meist vielfältige Möglichkeiten für mobile Sicherungsmittel bestehen (Risse, Sanduhren) und zum anderen das leichte Gelände selten sturzfreundlich ist und somit sicheres Klettern im Vorstieg voraussetzt. Wer einen Anfänger mit Bohrhakenleitern im leichten Gelände verwöhnen will, findet trotzdem in zahlreichen neu erschlossenen »Plaisirgebieten« diese Möglichkeit. Ob das der Schulung des Kletterkönnens dient, ist eine andere Frage.
Die Skala der e-Bewertungen wurde vorerst wie folgt definiert:

e1 Es sind weite, aber bei optimaler Sicherung ungefährliche Stürze möglich. Sollte der Einsatz mobiler Sicherungsmittel nötig sein, so sind diese nicht ohne zusätzlichen Kraftaufwand (Ausdauer) zu legen, befinden sich dann aber in verläßlichen Positionen. Der Fels ist im allgemeinen fest.
Beispiel: Rauchende Bolts e1/9 (Bärenschluchtwände): 10-Meter-Stürze in überhängendem Gelände möglich.

e2 Es sind weite und auch verletzungsträchtige Stürze möglich. Das Risiko kann durch einen sehr aufmerksamen und geübten Sicherungspartner vermindert werden. Sollte der Einsatz mobiler Sicherungsmittel nötig sein, so sind diese nur durch erhöhten Kraftaufwand (Ausdauer) zu legen und befinden sich nicht immer in sicheren Positionen. Brüchiger Fels kann das Risiko erhöhen.
Beispiel: Katapult e2/9 (Gößweinsteiner Wände): 8-Meter-Sturz aus leicht überhängendem Gelände in senkrechte Platte möglich, erhebliches Verletzungsrisiko durch sehr weiche Sicherung zu vermindern

e3 Es sind weite Stürze bis zum Boden möglich. Das Risiko kann in Teilen der Route auch durch optimale Sicherung nicht vermindert werden. Sollte der Einsatz mobiler Sicherungsmittel nötig sein, so sind diese nur durch erhöhten Kraftaufwand (Ausdauer) zu legen und befinden sich in sehr unsicheren Positionen. Brüchiger Fels kann das Risiko erhöhen.
Beispiel: Fuchurs Flug e3/7+ (Wachbergfelsen): 12-Meter-Sturz auf den Boden möglich; im Ausstieg aus wackligem Aufrichter sehr ungünstiger 7-Meter-Sturz in die Platte möglich; Klemmkeile in kleinen Löchern halten wahrscheinlich nicht.

Nahrungsangebot im Frankenjura

Auch in einer Zeit, in der sich der 11. Grad etabliert, besteht kein Anlass, der fränkischen Küche den Rücken zu kehren. Der Gewissenskonflikt zwischen optimalem Gewicht und einem Mindestmaß an Genuss und Lebensfreude wird wohl für den Hochleistungssportler immer bestehen.

Wer nicht ganz oben dabei sein muss, kann es schon etwas lockerer angehen. Aber auch für Spitzensportler dürften die neuesten wissenschaftlichen Erkenntnisse interessant sein.

Kein Zweifel dürfte an dem hohen Wert der hervorragenden Kuchen aus den kleinen Bäckereien bestehen. Im Gegensatz zu fetten Torten liefern sie wichtige Kohlenhydrate in Form von einem geringeren Anteil an schnell verwertbarem Zucker und einem höheren Anteil der länger vorhaltenden Stärke. Käsekuchen kann zusätzlich einen Teil des Eiweißbedarfs decken. Abseits der reinen Energiebilanz ist auch der Genusswert durchaus geeignet, das Gemüt wieder ins Gleichgewicht zu bringen.

Aber auch das fränkische Bier ist für die Kletterer

von hohem Wert. Neben den wichtigen Mineralstoffen haben zahlreiche antioxidativ wirksame Substanzen eine günstige Wirkung auf den Organismus. Durch das Abfangen freier Radikale sollen Polyphenole und Reduktone sogar die Entstehung ernsthafter Krankheiten verhindern. Hopfenbetonte Biere üben eine beruhigende Wirkung auf Sportler aus, deren Nerven durch Touren mit e-Bewertung gestresst wurden. Die bekannte Wirkung des Ethanols unterstützt dies, wenn auch kleinere Dosen eher anregend sind.

Der Proteinbedarf wird in Franken gewöhnlich durch Fleisch gedeckt. Hierbei bieten sich verschiedene Wurstsorten und Schinken sowie die Spezialitäten der warmen Küche (Braten vom Schwein, Rind und verschiedenen Wildsorten) an.

Die beliebten rohen (Kartoffel-) Klöße ergänzen die Mahlzeit hinsichtlich der Zufuhr von Kohlenhydraten. Sehr beliebt sind Schäuferle, ein Schulterblatt vom Schwein mit einer leckeren Kruste und einer herzhaften Soße, wobei rohe Klöße zwingend dazu gehören.

Zur optimalen Versorgung der Kletterer mit lebenswichtigen Speisen und Getränken wird bei den einzelnen Gebieten unter »Besonderheit« und »Kulinarisches« auf empfehlenswerte Wirtschaften hingewiesen.

Staatl. gepr. Lebensmittelchemiker Dr. B. Thum

Bild S. 35:
Gunn Kvivik im »Direkten Bergvagabundenweg« (7+); Mittelbergwand
Foto: Bernhard Thum

1 Lauterachfelsen

| 15 m | SW

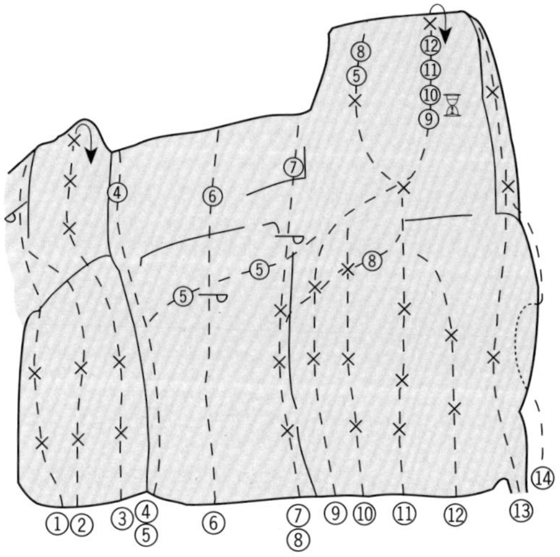

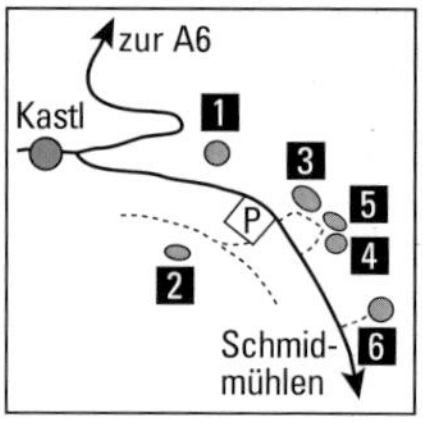

Lauterachtal
1 Lauterachfels
2 Brennessel
3 Dachlwand
4 Welzenbach Ged.-Wand
5 Kleine Wand
6 Ransbacher Block
Übersichtskarte 1 *(S. 15)*

①	Obelix	7-
②	Idefix	6+
③	Asterix	6+
④	Kleiner Kamin	3
⑤	Diagonalweg	5+
⑥	Klettern Verboten	5+
⑦	Kamin	4+
⑧	Lauterachweg	6
⑨	Vergessene Kante	7
⑩	Ikarus	7-
⑪	Donhauser Weg	6
⑫	Dadälus	6+
⑬	Direkter Einstieg	6+
⑭	Schleierkante	4+

Zugang

Von Kastl Richtung Schmidmühlen. 1,4 km nach Ortsausgangsschild Kastl ist links oben der Lauterachfels sichtbar (Parkmöglichkeit).
Nach weiteren 1,3 km (2 km von Kastl) kommt rechts ein Parkplatz, von dem man weitere Felsen erreicht:
Zur Brennessel geht man auf einer Fuhre über ein Brücklein auf die andere Seite des Baches und nach 100 m scharf rechts. Nach weiteren 100 m folgt man links einer verwchsenen Fuhre in den Wald, parallel zur Einzäunung. Nach 40 m endet die Einzäunung am Vorblock der Wand. Über diesen gelangt man zu den Einstiegen.
Zur Dachlwand folgt man der Straße 150 m weiter in Richtung Schmidmühlen und geht links auf einem Pfad im Wald hoch zu den Felsen. 100 m weiter stehen Kleine Wand und Welzenbach Ged.-Wand.

Besonderheit

Sonnige Genussrouten in meist rauem Fels.

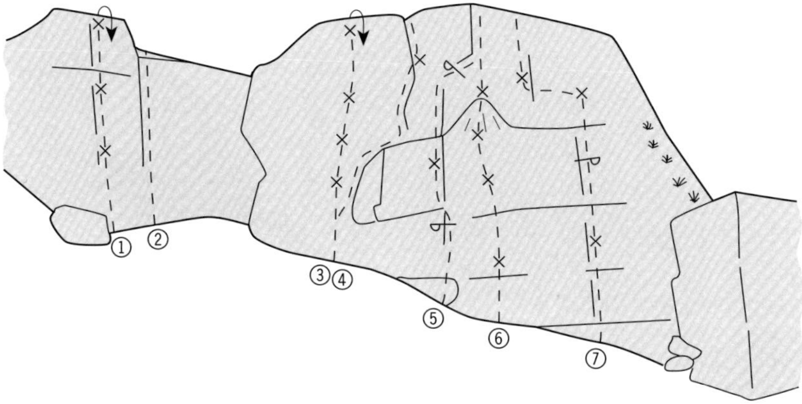

① Neuer Weg	6
② Kleiner Riss	3
③ Wand	6+
④ Verschneidung	4+
⑤ Dachumgehung	5
⑥ Dach	6+
⑦ Nesselweg	5

Besonderheit
Der Fels ist an diesem etwas in Vergessenheit geratenen Massiv zwar leicht staubig, aber sehr rau und griffig.
Kühle, im Wald gelegene Nordwand.

Bilderserie zum Thema »Sturz« (S. 38 - 42)
Bild S. 38: Markus Meyer in »Simon« (10-); Student; *Foto: Matthias Keller*
Bild S. 39: Manfred Eichhorn in »Drive by Shooting« (10+/11-); Bärenschlucht; *Foto: Bernhard Thum*
Bild S. 40: Helmut Andelt in »Imer der Nase nach« (9); Rote Wand/Kleinziegenfeld; *Foto: Bernhard Thum*
Bild S. 41: Stefan Löw in »Mikrochips« (9/9+); Rabenstein/Ailsbachtal; *Foto: Bernhard Thum*
Bild S. 42: Damaris Knorr in »Clockwork Orange« (10); Jules Verne Massiv; *Foto: Bernhard Thum*
Bild S. 43: Lisa Weisensee in »Merengue« (8-); Mittelbergwand; *Foto: Bernhard Thum*

34

3 Dachlwand

☼ | 10 m | SW

Linker Teil | 8 m | SW

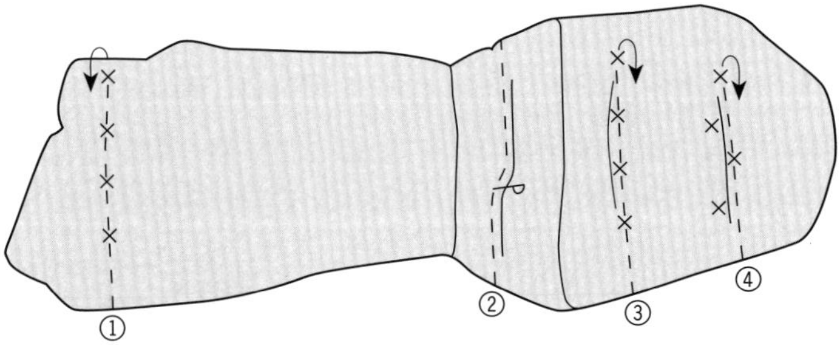

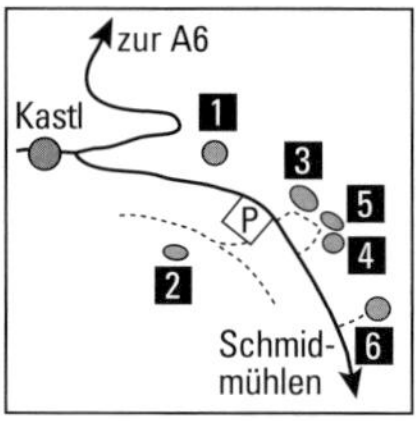

Lauterachtal
1 Lauterachfels
2 Brennessel
3 Dachlwand
4 Welzenbach Ged.-Wand
5 Kleine Wand
6 Ransbacher Block
Übersichtskarte 1 *(S. 15)*

Rechter Teil | 10 m | SW

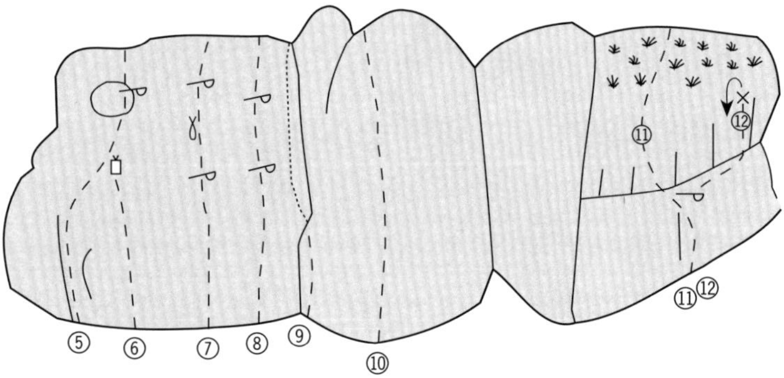

①	Happy Hippo	4
②	Oimara	7-
③	?	4+
④	?	5-
⑤	Höhlenweg	5-
⑥	Schleichweg	6-
⑦	Linker Weg	5+
⑧	Rechter Weg	5+
⑨	Verschneidung	2
⑩	Pfeiler	5+
⑪	Linkes Dach	5+
⑫	Rechtes Dach	7+

Zugang

Von Kastl Richtung Schmidmühlen. 1,4 km nach Ortsausgangsschild Kastl ist links oben der Lauterachfels sichtbar (Parkmöglichkeit).
Nach weiteren 1,3 km (2 km von Kastl) kommt rechts ein Parkplatz, von dem man weitere Felsen erreicht:
Zur Brennessel siehe dort.
Zur Dachlwand folgt man der Straße 150 m weiter in Richtung Schmidmühlen und geht links auf einem Pfad im Wald hoch zu den Felsen.
100 m weiter stehen Kleine Wand und Welzenbach Ged.-Wand.
Vom Parkplatz 1,3 km talabwärts, ebenfalls auf der linken Talseite, liegt der Ransbacher Block. Parken 150 m nach dem rot/weißen Kurvenschild, auf der Straße zurück und 10 m nach dem Schild rechts auf Pfad hoch zu den Felsen.

Welzenbach Ged.-Wand

| 17 m | N + W | 4

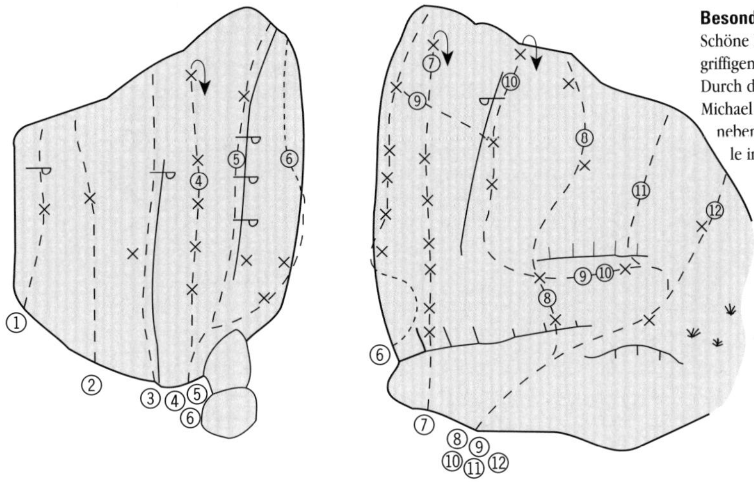

Besonderheit

Schöne Klettereien in rauem und griffigen Fels.
Durch die neuen Routen von Michael Mürschberger gibt es nun neben der »Nose« 2 weitere Ziele im 9. Grad.

① Linke Nordwand	8 -	⑦ Spaßbremse	9
② Nordplatte	6	⑧ EBOC-Weg	7 +
③ Nordwand	6	⑨ Orion	7
④ Ein bisschen Spaß muss sein	9 -	⑩ S-Weg	7 -
⑤ Eishakenweg	7 -	⑪ Dach	6
⑥ Nose	9	⑫ Rechter Weg	6

Kleine Wand

| 10 m | SW | 5

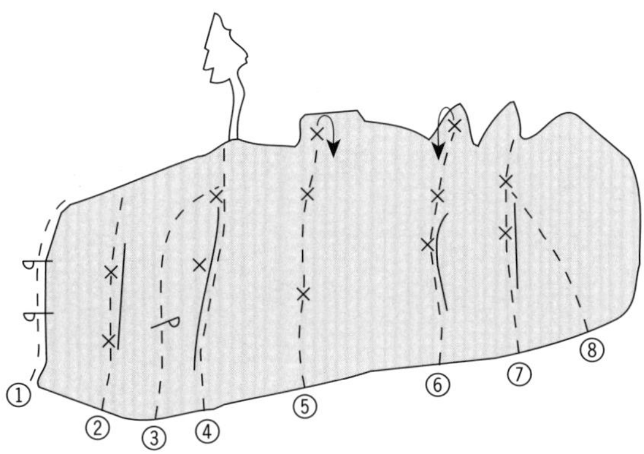

Besonderheit

Nette, kurze Wandklettereien gleich neben der Welzenbach Ged.-Wand.

① Südwestkante	6 +	⑤ Calf	7 -
② Linker Weg	5	⑥ Rechter Weg	5
③ Shuttle Pfeiler	5 +	⑦ Uhuriss	5
④ Mittlerer Weg	5 +	⑧ Rote Wand	7

6 Ransbacher Block

☼ | 23 m | SW

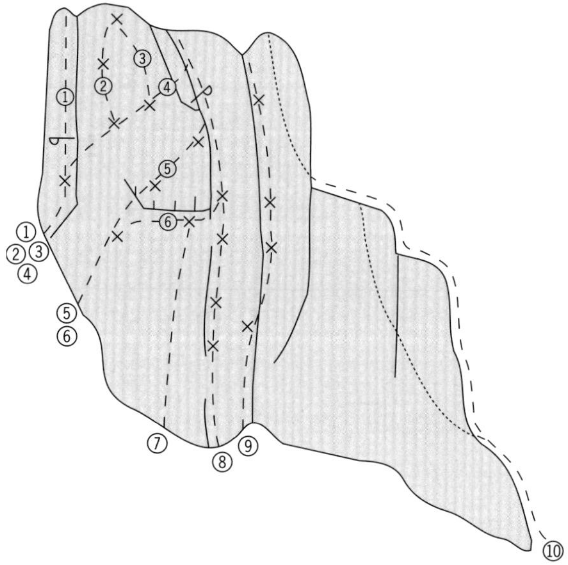

① Direkter Schräger Riss	5	
② Fingerbrecher	8+	
③ Variante	e1/7-	
④ Schräger Riss	4	
⑤ Dachl	5+	🍺
⑥ Westkante	5+	
⑦ Christakante	6+	
⑧ Direkte Westkante	6	
⑨ Westriss	5+	
⑩ Südrisse	3	

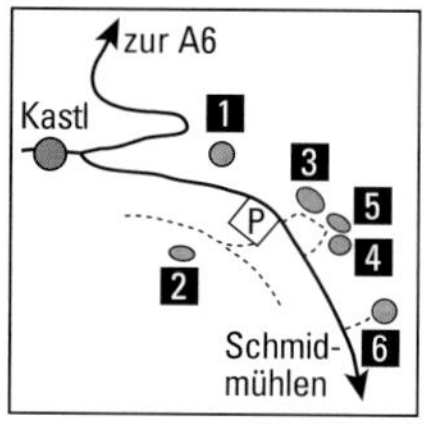

Lauterachtal
1 Lauterachfels
2 Brennessel
3 Dachlwand
4 Welzenbach Ged.-Wand
5 Kleine Wand
6 Ransbacher Block
Übersichtskarte 1 *(S. 15)*

Zugang

Von Kastl Richtung Schmidmühlen. 1,4 km nach Ortsausgangsschild Kastl ist links oben der Lauterachfels sichtbar (Parkmöglichkeit).
Nach weiteren 1,3 km (2 km von Kastl) kommt rechts ein Parkplatz, von dem man weitere Felsen erreicht:
Zur Brennessel siehe dort.
Zur Dachlwand folgt man der Straße 150 m weiter in Richtung Schmidmühlen und geht links auf einem Pfad im Wald hoch zu den Felsen. 100 m weiter stehen Kleine Wand und Welzenbach Ged.-Wand.
Vom Parkplatz 1,3 km talabwärts, ebenfalls auf der linken Talseite, liegt der Ransbacher Block. Parken 150 m nach dem rot/weißen Kurvenschild, auf der Straße zurück und 10 m nach dem Schild rechts auf Pfad hoch zu den Felsen.

Besonderheit

Etwas längere Routen im typisch rauen Lauterachtalfels. Sehr sonnig.

Schwender Wand

8 - 15 m | S

Nebenmassiv | 8 m

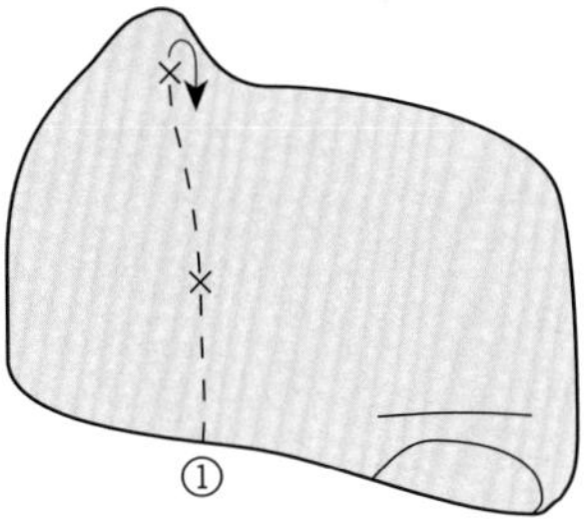

Hauptmassiv | 15 m

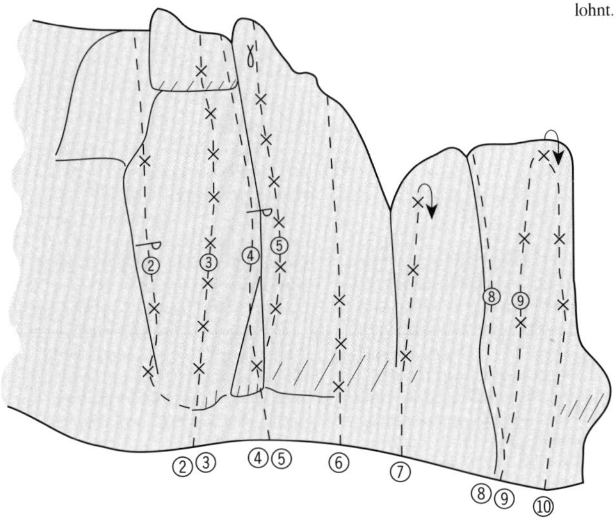

① ? *(moosig)* 5
② Big Foot 7-
③ Wandtanz 8-
④ Südverschneidung. a2/5
⑤ Eva is the best 8
⑥ *Projekt* . . . .
⑦ ? 7-
⑧ Parallelriss. 5
⑨ Duck Tales. . . . . 6+
⑩ Nasenkante 6

Zugang

Auf der Autobahn Nürnberg-Amberg bis Ausfahrt Schwend fahren, weiter Richtung Schwend, dann rechts abbiegen in Richtung Frechetsfeld. Vor der Autobahn-Unterführung rechts parken (Parkplatz). Gegenüber auf Feldweg in den Wald hinein, dann gleich rechts gut markiertem Wanderweg (Nr. 6) folgen. Auf der Anhöhe in felsigem Gelände ca. 500 m auf und ab. Bevor der Weg wieder absteigt, lichtet sich der Wald etwas. Hier steigt man links hinab zu den Felsen. Das Nebenmassiv befindet sich 50 m links des Hauptmassivs.

Besonderheit

Durch den Wald wird es in der Südostwand im Sommer nicht allzu heiß. Der längere Zustieg wird durch die schöne und ruhige Lage belohnt.

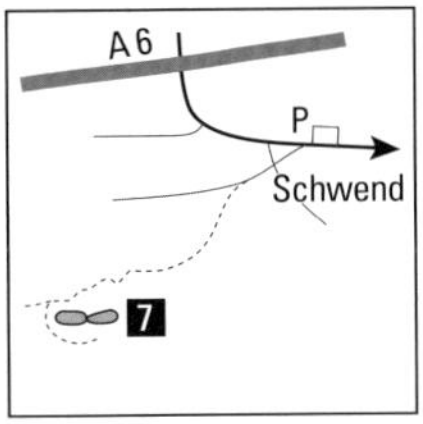

Schwender Wand
Übersichtskarte 1 *(S. 15)*

8 Rote Wand

| 16 m | SW

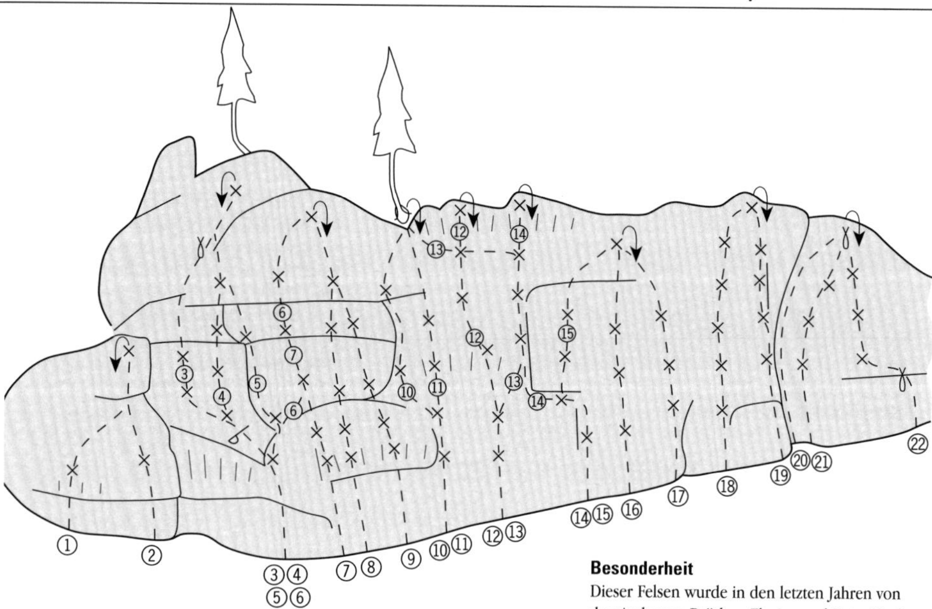

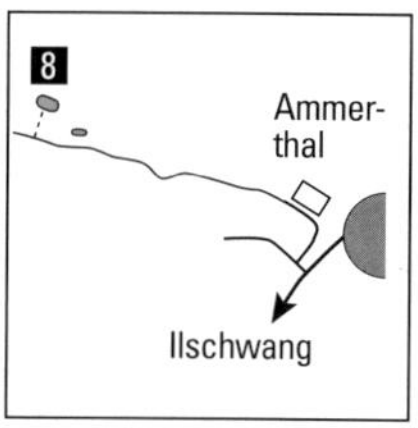

Rote Wand (Ammerthal)
Übersichtskarte 1 *(S. 15)*

Zugang

Von der Ausfahrt Amberg-West (A6) nach Ursensollen und dort rechts ab nach Weiherzant. In Weiherzant biegt man in einer Rechtskurve nach Viehberg ab und fährt weiter nach Ammerthal. Im Tal links und am Ortsende in Richtung Pürschlag abbiegen und gleich wieder rechts in den Pürschlager Weg, dort parken. Auf dem Feldweg 1 km das Tal hinauf. Rechts steht eine kleine Felsgruppe. Kurz danach zwischen 2 Feldern auf die andere Talseite und in wenigen Schritten zu dem Fels im Wald.

Besonderheit

Dieser Felsen wurde in den letzten Jahren von den Amberger Brüdern Florian und Peter Haubner und Freunden erschlossen.
Wie in vielen Oberpfälzer Gebieten herrscht fester, kompakter Fels vor. Die schweren Routen hängen ganz nett über, oberpfälzische Maximalkraft schadet sicher nicht!
Die Route »Mr. Clean« lässt sich mit einem guten Klemmkeilsortiment einwandfrei absichern.
Durch die senkrechten Ausstiege sind auch die schweren Routen nicht richtig regensicher, trocknen aber schnell wieder ab. Durch den dichten Wald kommt die Sonne nur in den oberen Teil der Wand.
In der Umgebung gibt es noch einige Bouldermöglichkeiten.

① Finger's Fool	7 -
② Fresh and Funky	6 +
③ Asahi super dry	8 +
③ Desperados	7+/8 -
③ Touchdown	8/8 +
⑥ Kombination	8
⑦ *Projekt*	
⑧ Endspiel	9 -
⑨ Undertaker	8 +
⑩ Keine Ahnung	7 -
⑪ Big in Japan '02.	7
⑫ Senkrechtstarter	7 +
⑬ Normalweg	6
⑭ Warm up	6 +
⑮ Stuka.	7/7 +
⑯ Doppelficker	8 -
⑰ Káck Attáck	7 +
⑱ Hey Ho Let's Go	5 -
⑲ Crazy.	6 -
⑳ Mr. Clean *(Keile)*	5 -
㉑ Can't touch this '02.	4 +
㉒ Fat boy rolling on	5

Bild S. 49: Lisa Weisensee in »Direkter Kletterboumweg« (7-); Mittelbergwand; *Foto: Bernhard Thum*

9 Kirchtalwände

☼ | 17 m | S + W

Linke Wand | 17 m | S

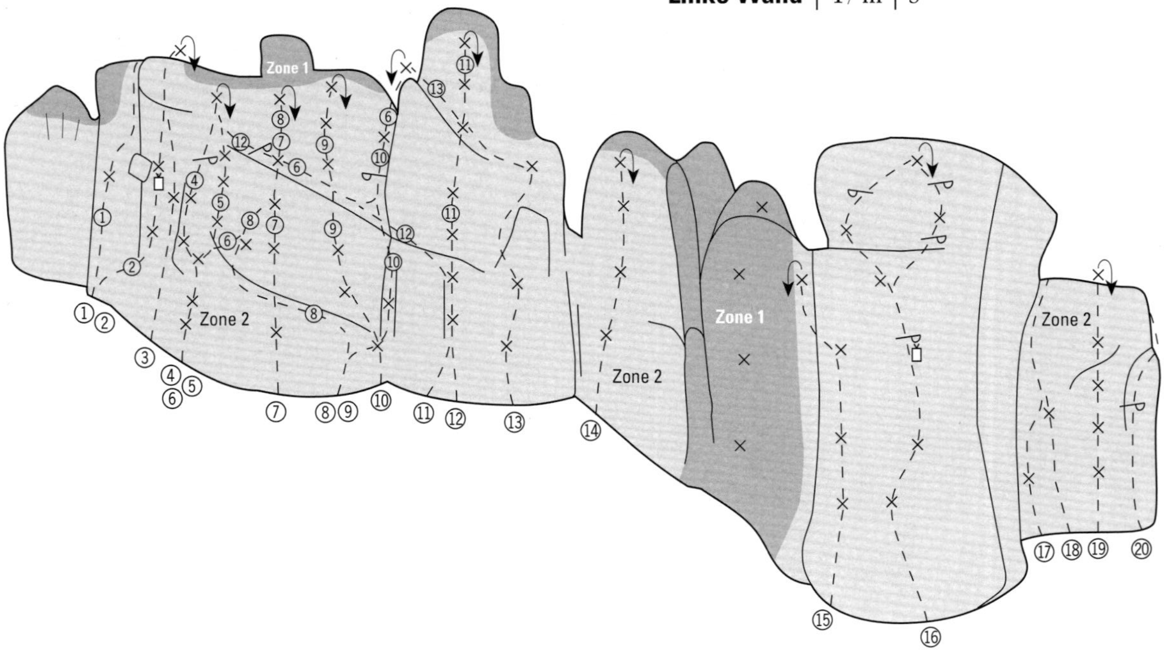

① R 1 *(Klemmkeil möglich)*	4	⑧ Dachlwand	7-	⑮ Beerenweg	6
② R 2 = B.- und W.-Weg	5	⑨ Black + White	7	⑯ Röthenbacher Weg (2 Ausstiege)	8+
③ R 2a	7-	⑩ Vertikalriss	7	⑰ Verschneidung	4
④ Holzkeilkante (R 2b)	7	⑪ Sonnenturm	7+/8-	⑱ Riss	6-
⑤ Schindelschwinger (R 3 links)	7	⑫ R 4	7	⑲ Andromeda	7-
⑥ Diagonalwand (R3 rechts)	7-	⑬ Sylvesterweg	5+	⑳ Südostkante	6-
⑦ Muttersöhne	7+	⑭ Doppelriss	4		

Linke Wand | Bergseite | 8 m | O

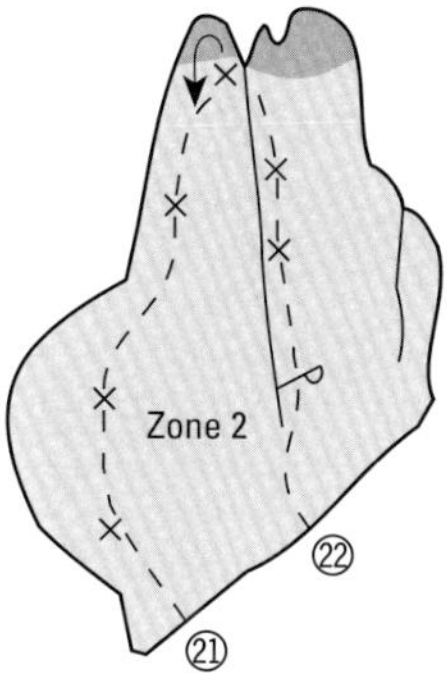

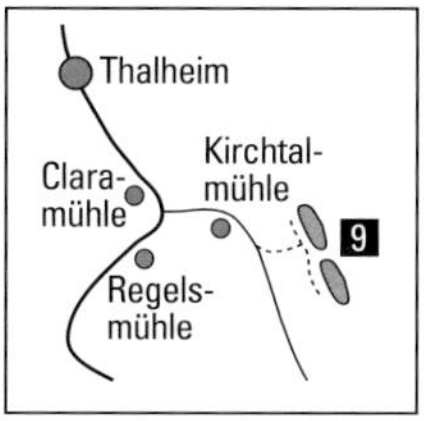

Kirchtalwände
Übersichtskarte 1 *(S. 15)*

Zugang
Bei der Claramühle abbiegen zur Kirchtalmühle; spätestens hier parken. Auf Wanderweg weiter ins Tal hinein und nach 100 m links einem Trampelpfad folgen, der durch den Wald hinauf zu den Felsen führt.

Besonderheit
Landschaftlich reizvoll gelegenes Gebiet in einem ruhigen Tal. Fast alle Routen sind sehr sonnig. Es handelt sich um Wandkletterei in für die Gegend typischem weißen, eher kleingriffigen Gestein. Empfehlenswert ist auch eine Einkehr in der Kirchthalmühle.

Rechte Wand | 16 m | W

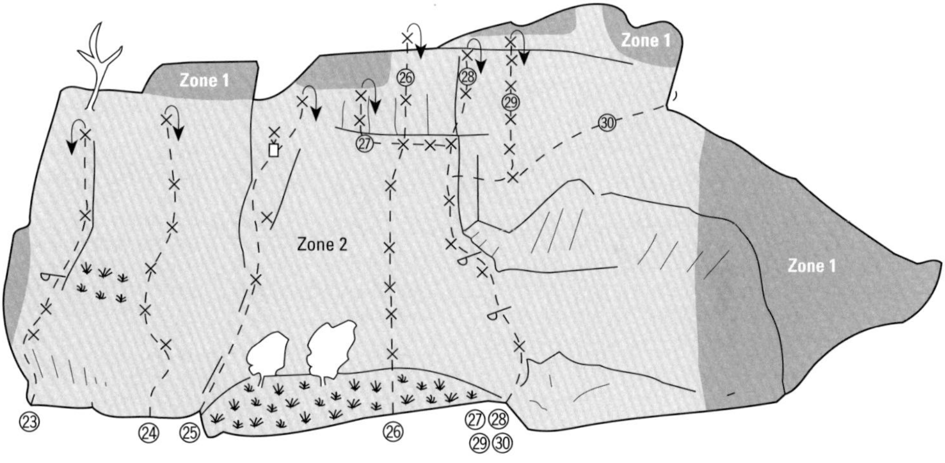

㉑	Linke Backe	5+
㉒	Bobo-Riss	6+
㉓	Günther Messner Ged.-Weg	7
㉔	Mühlengeist	10-
㉕	Alfelder Riss	6+
㉖	Erogene Zone	9
㉗	Schwarzes Dach	6+
㉘	Alfelder Wand	7
㉙	Nürnberger Weg	7+
㉚	Rechter Ausstieg	6+

10 Gotzenberger Wand | 12 m | N

Gotzenberger Turm | 12 m | N

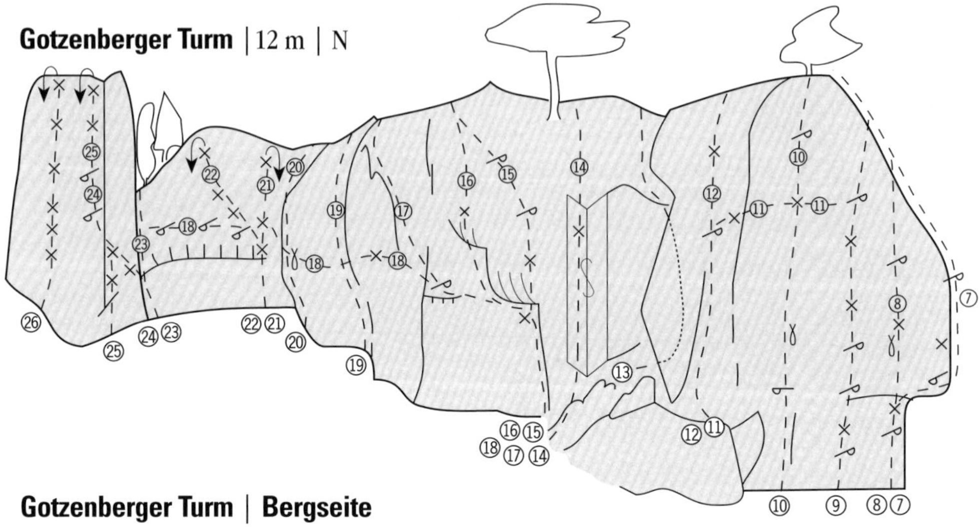

Gotzenberger Turm | Bergseite

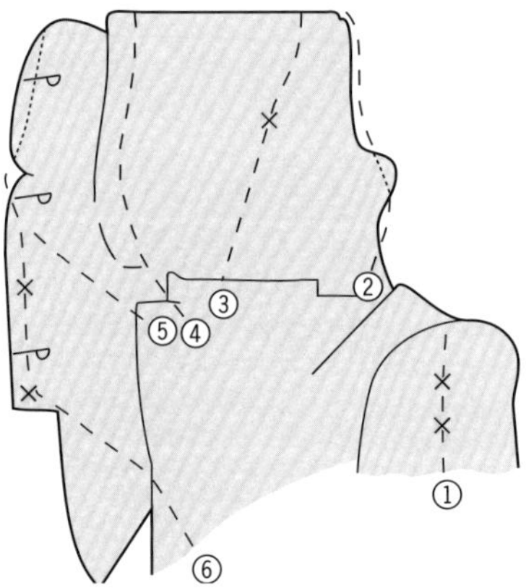

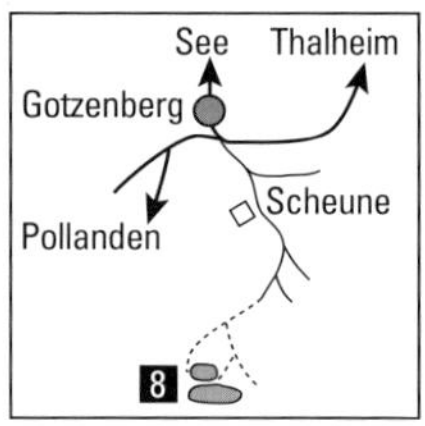

Gotzenberger Wand + Turm
Übersichtskarte 1 *(S. 15)*

Zugang
Parken in Gotzenberg. Nach Ortsausgang (Richtung Thalheim) ist eine scharfe Kurve. In der Kurve rechts ab und auf schmaler Straße an einer Scheune vorbei in Richtung Süden. Wo der Asphalt endet, gabelt sich der Feldweg. Auf dem rechten Ast bis zum Waldrand und auf »Grünstrich« markiertem Wanderweg im Wald immer den Berg hinauf zu den Felsen.

Besonderheit
Ideales Sommergebiet im kühlen Wald, sehr ruhig. Fester, z.T. kleingriffiger Fels.

①	Süßling	7-
②	Ostkante	4+
③	Bergseite	5+
④	Linke Bergseite	5+
⑤	Kratzerquergang	5+
⑥	Brilluskante	7+
⑦	Nasenkante	9-
⑧	Nasenkante direkt	9-/9
⑨	Neue Talwand	7
⑩	Altdorfer Weg	7+
⑪	Talquerung	5
⑫	Alte Talwand	5
⑬	Einserriss	1
⑭	Piaz-Verschneidung	5
⑮	Ha-He-Verschneidung	5+
⑯	Überhang	5+
⑰	Hangel-Platte	5
⑱	Große Querung	a2/5+
⑲	Dreier-Riß	3
⑳	Höhlen-Riß	5+
㉑	Let it be	8-
㉒	Just do it	8
㉓	Moosiger Riss	5
㉔	Nassauer Pfeiler	7-
㉕	The Fall Guy	8-
㉖	Pik Ass	6

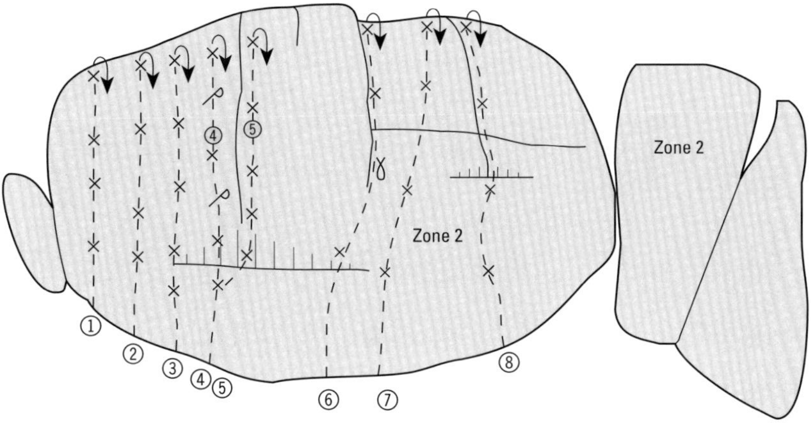

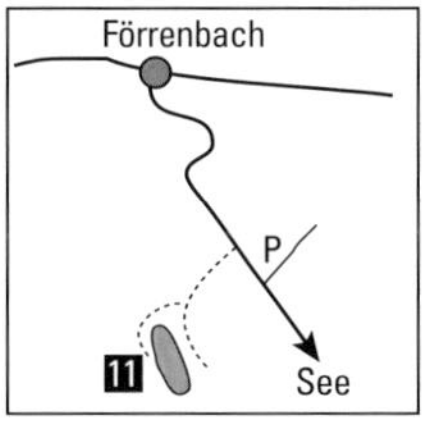

Kanzelfels
Übersichtskarte 1 *(S. 15)*

Zugang
Von Förrenbach Richtung See, auf Kuppe parken (links Schild: »Rundweg nach See«). Auf der Straße 50 m zurück und links abbiegen auf Feldweg. Nach 3 min erreicht man eine naturkundliche Tafel. Rechts unterhalb befindet sich der Kanzelfels.

Besonderheit
Senkrechte, kleingriffige Wandkletterei in festem, weißen Kalk mit eingebackenen Kristallen. Die meisten Wege sind von Albert Gilgenrainer und Jan Luft.

① Schaunerhie	8-	★
② Mogs'd des. do hosd des, oho	8+	★
③ Warzenschwein	9-	★
④ Franz Diewald Ged.-Weg	8+	★
⑤ Größenwahn	8	★
⑥ Hersbrucker Weg	6-	
⑦ Herbstwind	6+	
⑧ Gstelltenweg	7+	

Hohler Fels

Zugang
Von Arzlohe Richtung Reckenberg fahren, bis auf einer Kuppe die ersten Häuser sichtbar werden. Hier parken und links dem Wanderweg (Blaupunkt) folgen. An vielen Abzweigungen vorbei bis zu einer Kreuzung mit den Schildern »Arzlohe« und »Förrenbach«. Hier rechts dem Grünstrich/kreuz folgen bis zur Abzweigung mit dem Schild »Hohler Fels«. Von hier in 5 min zu den Felsen (20 min vom Parkplatz).

Besonderheit
Längerer Zustieg, dafür landschaftlich sehr schön und sonnig.
Kleingriffiger, weißer Fels.
Viele Touren neueren Datums wurden von Albert Gilgenrainer und Jan Luft erschlossen.

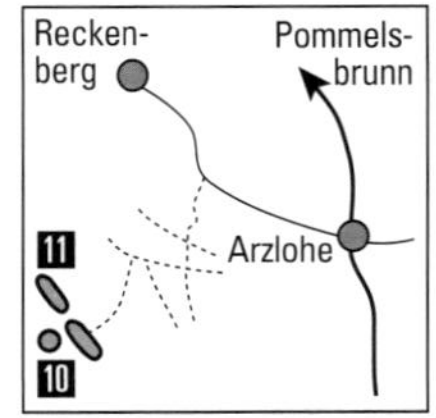

Hohler Fels
10 Hohler Fels
11 Happburger Wand
Übersichtskarte 1 *(S. 15)*

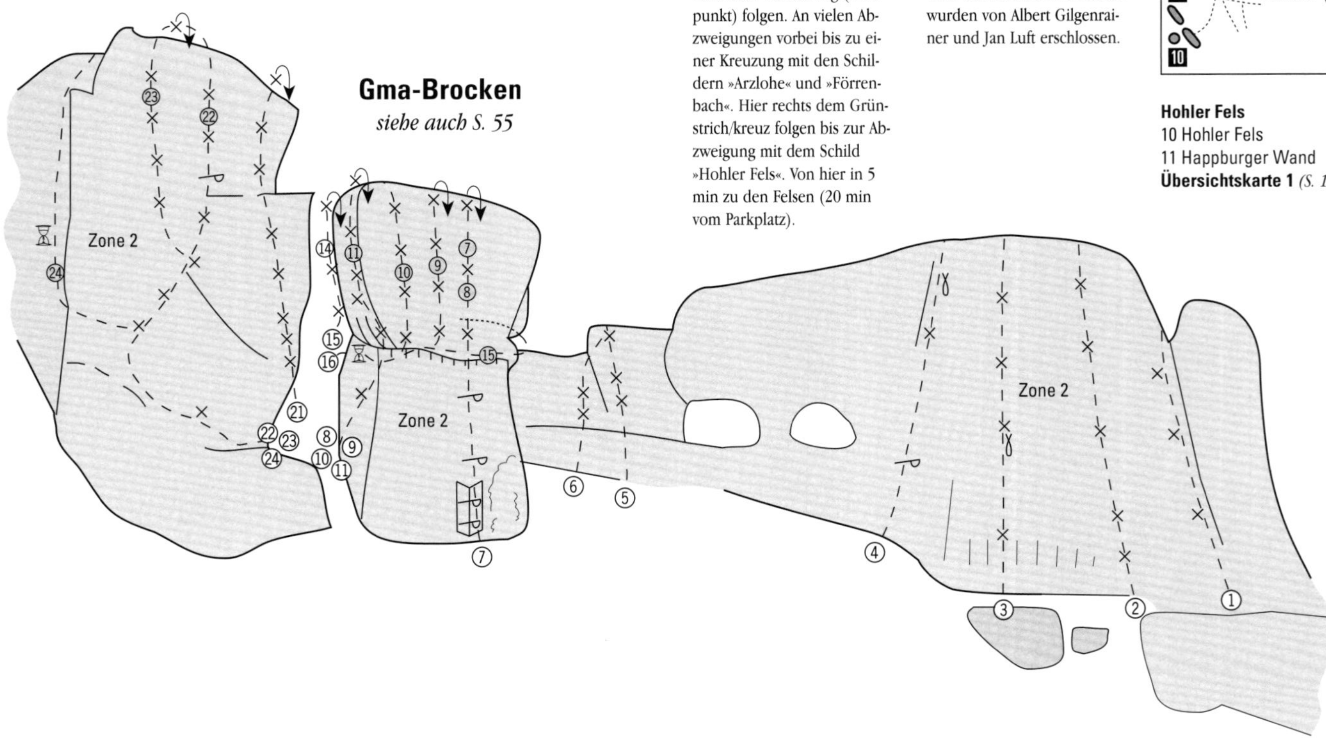

Gma-Brocken | Hohler Fels

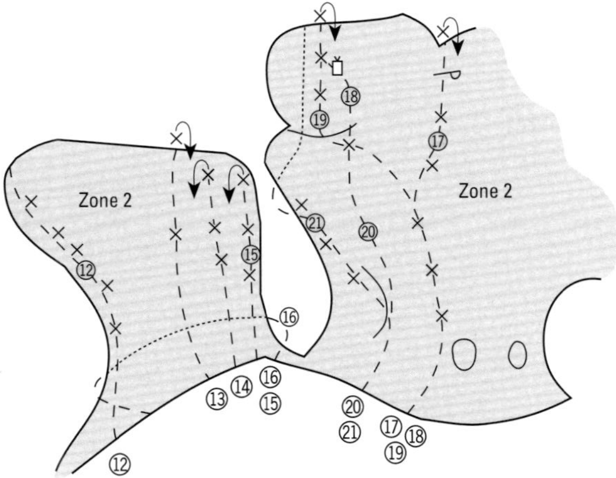

Happurger Wand

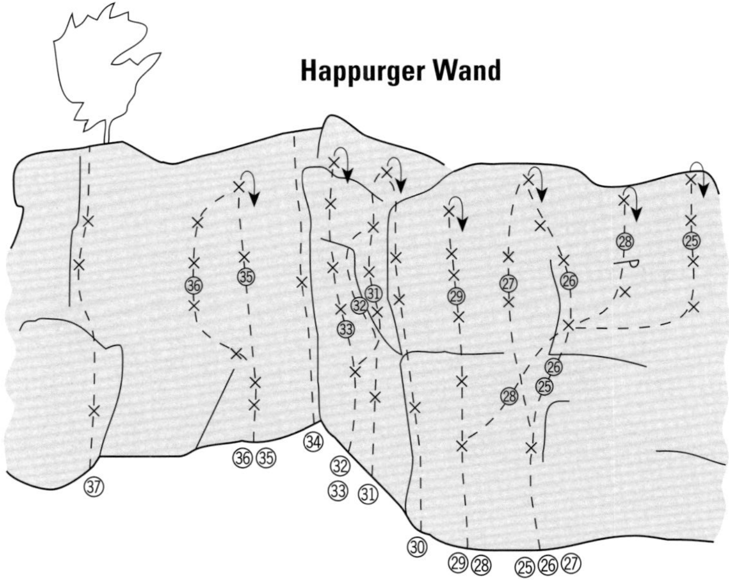

① Teufelskante	a0/5	
② Piranha	8+	🍺
③ Barrakuda	8	🍺
④ Felsentorweg	4	
⑤ Bellas Artes	7	
⑥ Räucherkammer	7-	
⑦ Alte Talseite	a1/5	
⑧ Neue Talseite	8	🍺
⑨ Feuer im Bauch	8/8+	🍺
⑩ Ameisen im Blut	8/8+	🍺
⑪ Tarzan	9-	🍺🍺
⑫ *Projekt*		
⑬ Bergseite	5-	
⑭ Zwergenaufstand	8-	
⑮ Westkante	7-	🍺🍺
⑯ Halskrause	5+	
⑰ Direkter Ausstieg	7+	🍺
⑱ Direkter Korkenzieherweg	7+	🍺
⑲ Variante	8	🍺
⑳ *Projekt*		
㉑ Hermann Buhl Ged.-Weg	9	🍺🍺
㉒ Südwand	7	🍺🍺
㉓ Frauen über 30	7	🍺
㉔ Südwestkante	4	🍺
㉕ Posen	7+	
㉖ Goude Haud	6	🍺
㉗ Zwischendurch	6+	
㉘ Trauriger Zopf	6	
㉙ Nachtgeselle	7-	🍺
㉚ Scharfmacher	8	🍺
㉛ Angsthase	7-	🍺
㉜ Variante	7-	
㉝ Rock am See	8-	🍺
㉞ Happurger Kamin	4	
㉟ Johannes I.	6+	
㊱ Unten pfui, oben hui	7+	
㊲ Luftriss	4+	

14 Glatzenstein

☼ | 35 m | W

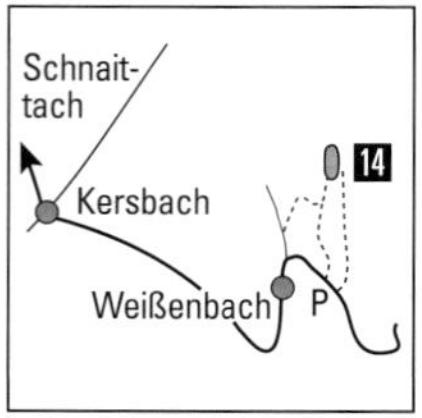

Glatzenstein
Übersichtskarte 1 *(S. 15)*

Zugang
Markante Wand oberhalb von Weißenbach (bereits von Kersbach aus gut sichtbar). Parken an der Straße ca. 100 m nach der Rechtskurve am Ortsausgang von Weißenbach. Den 1. Weg links (unterhalb des Wanderwegs zum Glatzenstein, der zum Aussichtspunkt führt) in ca. 10 min zum Fels.

Besonderheit
Technisch anspruchsvolle Kletterei an Platten und Rissen.

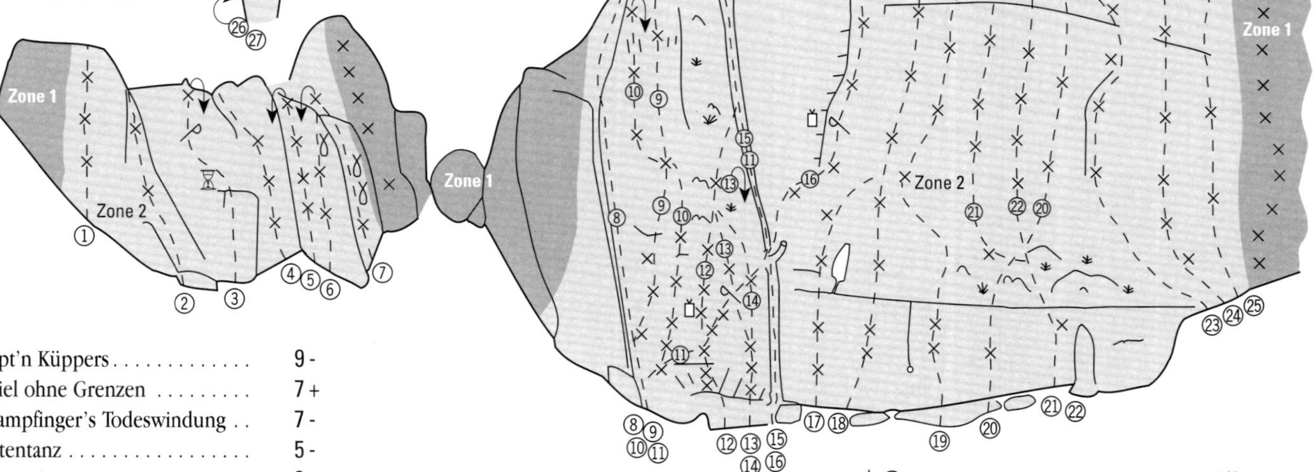

① Käpt'n Küppers	9-	
② Spiel ohne Grenzen	7+	
③ Krampfinger's Todeswindung	7-	
④ Ententanz	5-	
⑤ Fingerziager	8+	
⑥ Ignaz Wurm	8-	
⑦ ?	6-	
⑧ Vollratriss	5	🍺
⑨ Fernweh	8-	
⑩ Nix fiehr verwehnde Bubis	9-/9	
⑪ Naturfreundevariante	6	
⑫ Franz Brenner Ged.-Weg	8	🍺
⑬ Unschuldsengel	8-/8	
⑭ Variante	8-	
⑮ Glatzensteinkamin	4	🍺
⑯ Tausendpfundweg	6-	🍺🍺
⑰ Variante	7+	
⑱ Sintflut	8-	
⑲ Heimatlos	7	🍺🍺
⑳ ?	e1/6+	
㉑ Gaffende Proleten	7+	🍺
㉒ Weißenbacher Weg	6	🍺🍺
㉓ Purtscheller Ged.-Weg	6-	🍺🍺
㉔ Heimspiel	6+	
㉕ Weißenbacher Backers	6-	🍺🍺
㉖ Südwand	4+	
㉗ Ostkante	6	

Talseite | 20 m | S + W

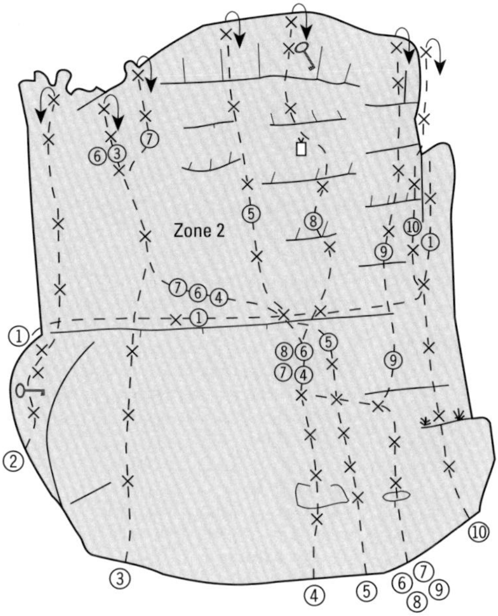

①	Schluchtweg	3
②	Wasserfallkante	7
③	Rübezahlstiege	8
④	Magische Linie	8+
⑤	Donnerdach	7+
⑥	Variante	6+
⑦	Haidlinger Weg	7-
⑧	Schonungslose	9-
⑨	Schonungsvolle	8+
⑩	Bäuchling	7
⑪	Nordostkante	5+
⑫	Direkte Nordostkante	6-
⑬	Fürther Weg	7
⑭	Nürnberger Weg	6+
⑮	Spaziergang	5
⑯	Glockenriss	6
⑰	Krümel	5+
⑱	Purzelbaum	3
⑲	Bergseite	2

Bergseite | 8-18 m | N + O

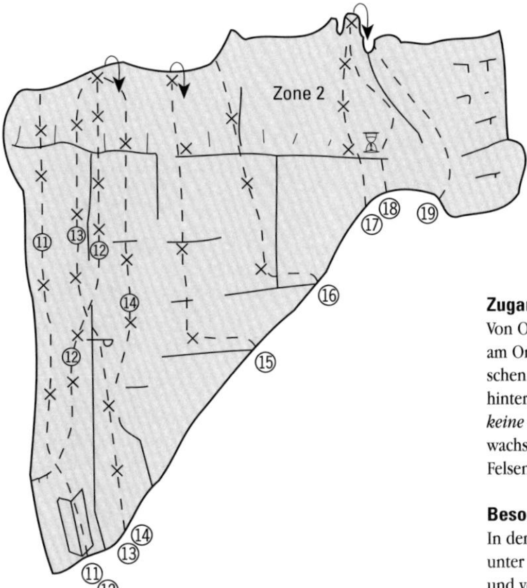

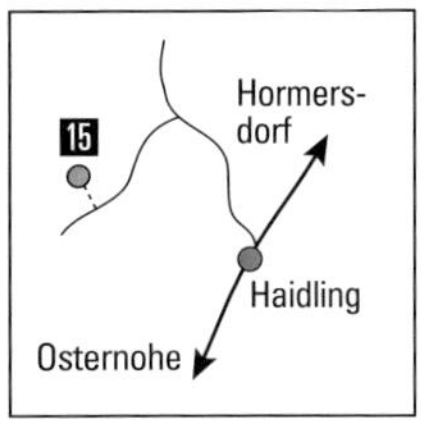

Rabenstein
Übersichtskarte 1 *(S. 15)*

Zugang

Von Osternohe in Richtung Hormersdorf nach Haidling und dort am Ortseingang auf dem Grünstreifen vor dem Trafoturm zwischen Bach und Straße parken. Auf der Ortsstraße weiter und hinter dem Haus Nr. 17 links einem Feldweg bergauf folgen *(hier keine Parkmöglichkeit!)*. Nach 150 m links in einen leicht verwachsenen Feldweg abbiegen. Nach weiteren 150 m stehen die Felsen rechts oberhalb des Weges.

Besonderheit

In der Talseite finden sich überhängende athletische Routen, darunter der Klassiker »Schonungslose« (früher technisch begangen und von Martin Scheel erstmals im Jahre 1986 Rotpunkt geklettert).

16 Grauer Fels

18 m | S + W

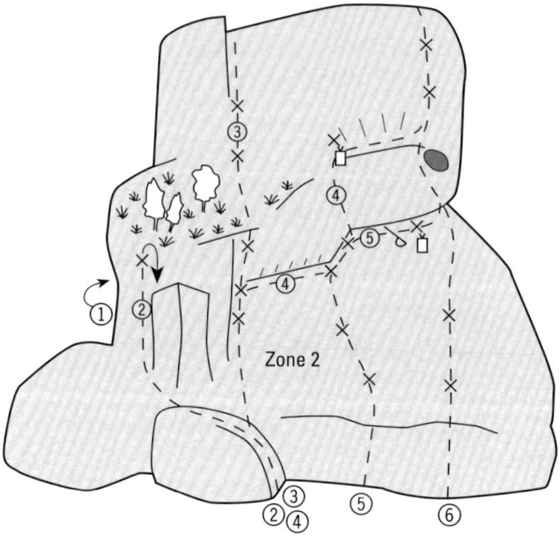

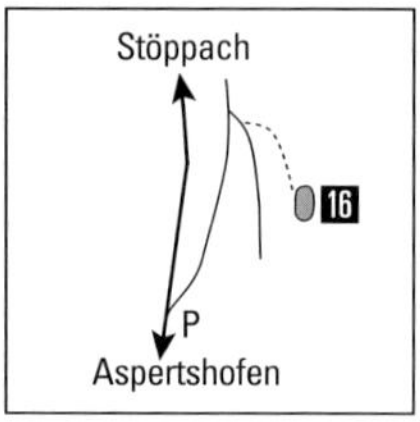

①	Bergseite	4
②	Die Graue *(Ausstieg verwachsen)*	4
③	Franz Diewald Ged.-Weg	7 -
④	Junggesellenvariante	7 -
⑤	Hersbrucker Weg	7
⑥	Boris Becker	8 -

Grauer Fels
Übersichtskarte 1 *(S. 15)*

Zugang
Zwischen Hersbruck und Kirchensittenbach liegt Aspertshofen. Dort fährt man in Richtung Stöppach und parkt 1,5 km nach der Abzweigung auf der rechten Seite. Man folgt einer Fuhre, die parallel zur Straße verläuft. Nach 300 m biegt man scharf rechts ab und folgt sofort wieder links einem Trampelpfad, der nach 150 m zur Wand führt.

Besonderheit
Schönes, großes Massiv, das ziemlich in Vergessenheit geraten ist, weshalb manche Routen recht verwachsen sind.
Da der Fels im Wald steht, kommt die Sonne nur teilweise durch die Bäume.

17 Algersdorfer Schattenwand

| 10 m | NO

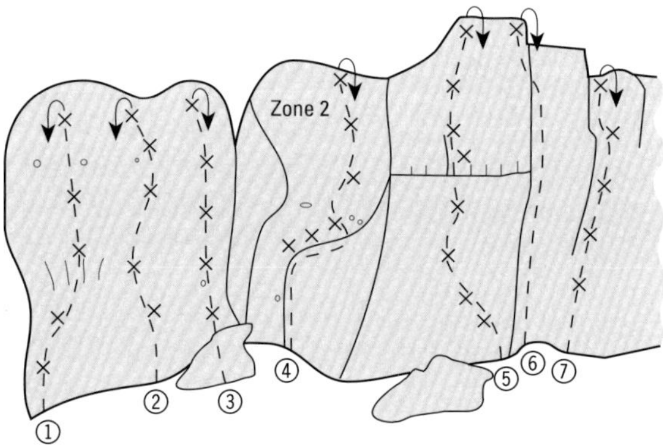

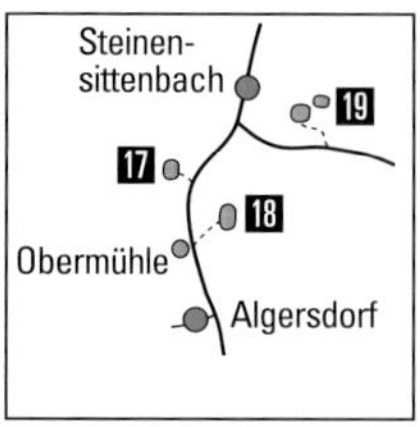

①	Schleichweg	8
②	Crying Girl	7
③	*Projekt*	
④	Orpheus	7
⑤	Lucky Guys	7 +
⑥	Hakenlose *(Keile)*	6 +
⑦	Außenseiter	6 -

Zugang
Siehe Algersdorfer Wand *(S. 59)*.

Sittenbachtal
17 Algersdorfer Wand
18 Algersd. Schattenwand
19 Bolzenstein
Übersichtskarte 1 *(S. 15)*

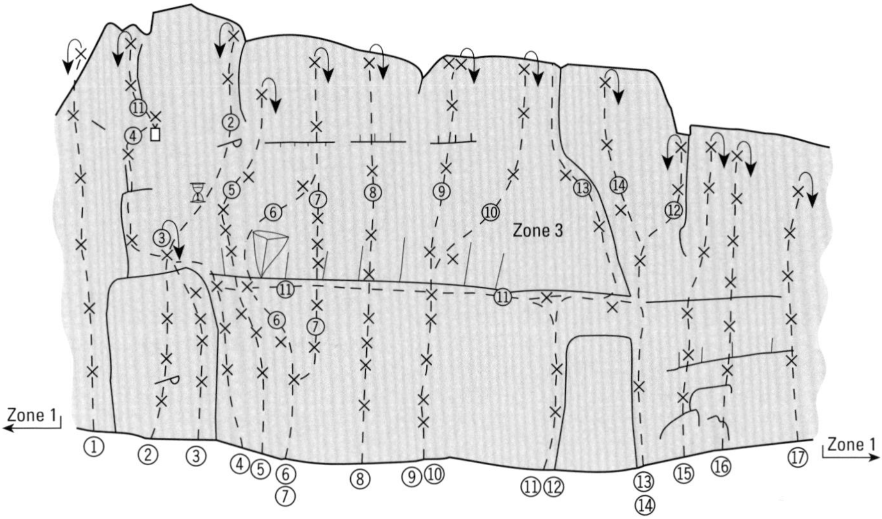

①	Flora Soft	6
②	Streiflicht	7-
③	Petit Fleur	7/7+
④	Paul Preuß Ged.-Weg	6-
⑤	Polyphem	8-/8
⑥	Haasenhochzeit	8-
⑦	Dynamo	9-
⑧	Brent Spar	9-
⑨	Brennpunkt direkt	9
⑩	Brennpunkt	8/8+
⑪	Hinterstoisser Quergang	7+
⑫	Pfeilerweg	5+
⑬	Aufreißer	6+
⑭	Spontan	8-/8
⑮	Robontop	8-
⑯	Limbus Enterprise	8
⑰	Frevel	8

Zugang

Parken bei Obermühle. Die Algersdorfer Wand befindet sich gegenüber bei km 20,5 im Wald. Zur Algersdorfer Schattenwand geht man 500 m talaufwärts, bei der Abzweigung zu den Fischweihern links runter und auf Steigspuren den Hang hoch zur bereits sichtbaren kleinen Felsgruppe.

Besonderheit

Die Algersdorfer Schattenwand wurde 2002 durch den Erschließer Armin Wilfert saniert und teilweise mit zusätzlichen Haken versehen, so dass hier »Plaisirklettern« möglich ist. Eine Ausnahme bildet die Route »Hakenlose«, die aber sehr gut mit Klemmkeilen abgesichert werden kann.

An der Algersdorfer Wand findet man neben den ganz alten Linien fränkische Klassiker aus den Neunzigern mit den Schlüsselpassagen im ausgeprägten Überhang des oberen Wandteils. Nichts mit fränkischem Kletterstil zu tun hat die Entstehungsgeschichte einiger Griffe in der Route »Frevel«.

Durch den Wald ist die Algersdorfer Wand nur in der kalten Jahreszeit einigermaßen sonnig.

19 Bolzenstein

| 8 - 14 m

Südseite | bis 14 m

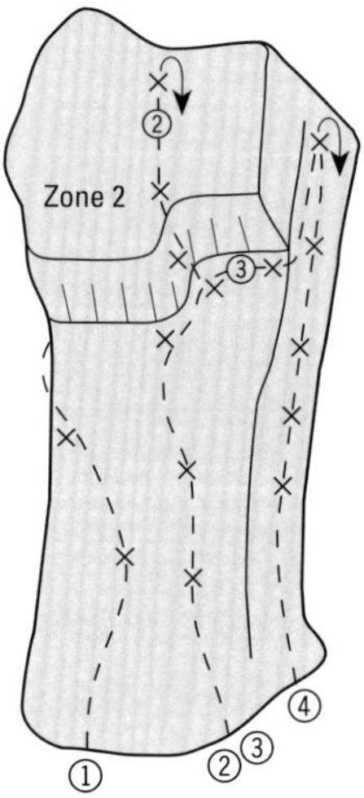

Nordseite | bis 10 m

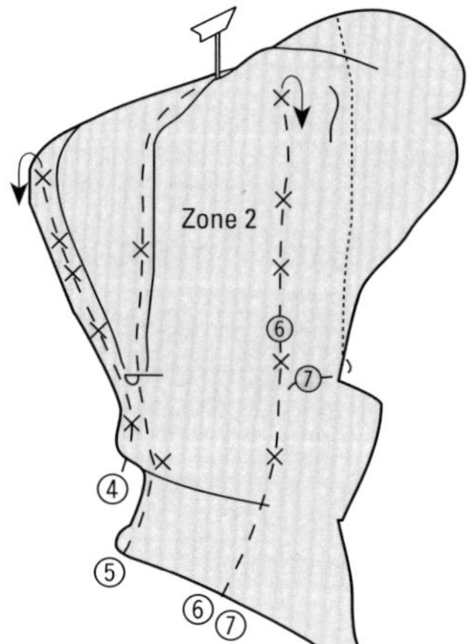

Hohensteiner Kletterblock

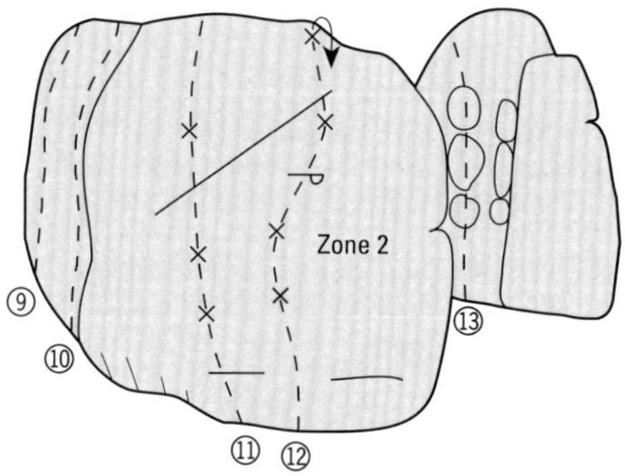

Westseite | bis 12 m

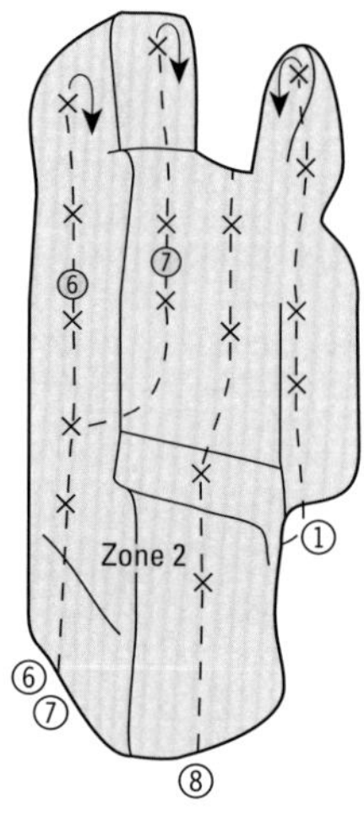

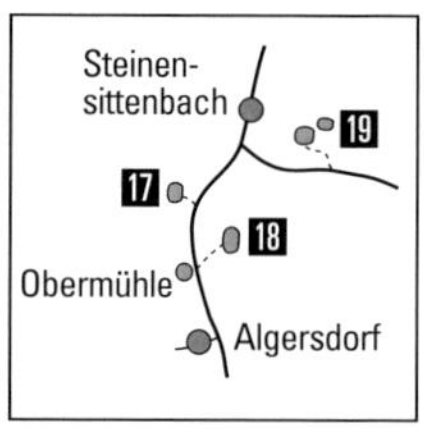

Sittenbachtal
17 Algersdorfer Wand
18 Algersd. Schattenwand
19 Bolzenstein
Übersichtskarte 1 *(S. 15)*

①	Günther Notdurft Ged.-Weg	8
②	Franz Mayer Ged.-Weg	8 +
③	Stefano Longhi Ged.-Weg	8 -
④	Gargamel	9 -
⑤	Bergseite	7 +
⑥	Irrweg	8 -
⑦	Die Unwiderstehliche	8 +
⑧	Fingerhakler	8 -
⑨	?	8/8 +
⑩	Westriss *(Keile)*	9 -
⑪	?	8 +
⑫	?	7 -
⑬	Südwestverschneidung	4 +

Zugang
Parken in Steinensittenbach. Weiter talabwärts und am Ortsende links eine gesperrte Straße hoch; nach 400 m scharf links einem Feldweg folgen; nach 250 m stehen rechts davon die Felsen.

Besonderheit
Kleines Gebiet in herrlicher Lage. Auf den Bolzenstein gibt es keinen Weg, der leichter als 7+ ist.

Bergseite | 10 m | N

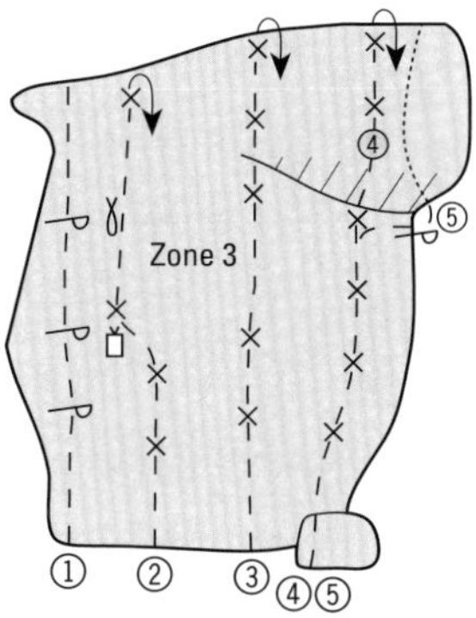

Westseite | 12 m

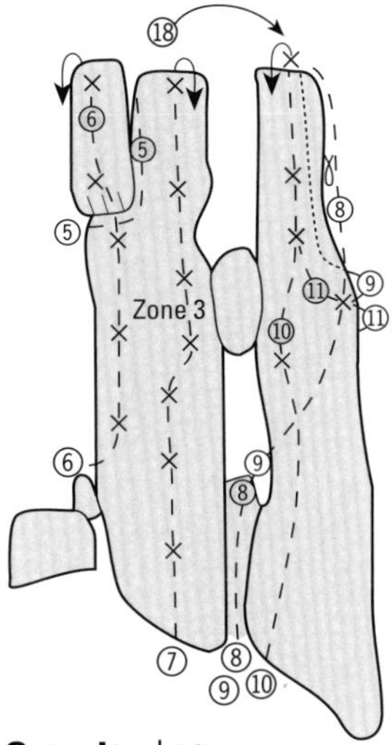

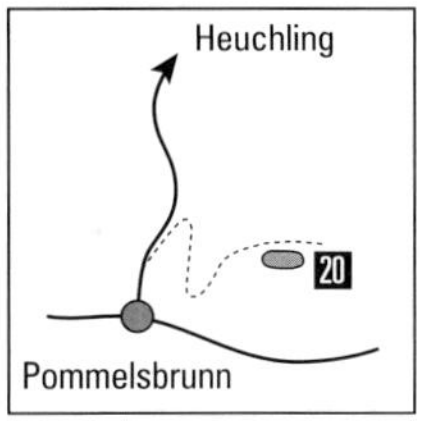

Zankelstein
Übersichtskarte 1 *(S. 15)*

Zugang
In Pommelsbrunn Richtung Heuchling fahren, kurz vor Ende der Ortschaft parken. Bei »Felsenweg« rechts bezeichnetem Wanderweg folgen. Nach einigen 100 m zweigt rechts ein mit »Z« markierter Weg ab, der direkt zum Zankelstein führt (15 min).

Besonderheit
Technisch anspruchsvolle Kletterei in kompaktem Plattenkalk. Besonders interessant ist der kühne Zankelsteinsprung, der von Karl Thon erstmals im Jahr 1953 durchgeführt wurde.
Der Fels liegt sehr schön hoch oben am Hang über Pommelsbrunn, durch den etwas längeren Zustieg wird es kaum zu voll.

Talseite | 16 m | S

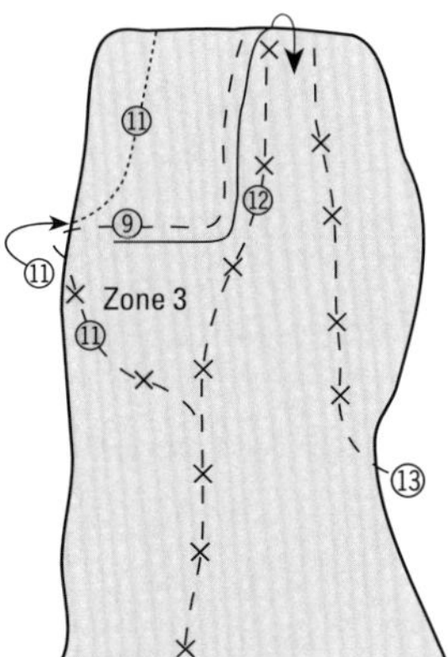

Ostseite | 12 m

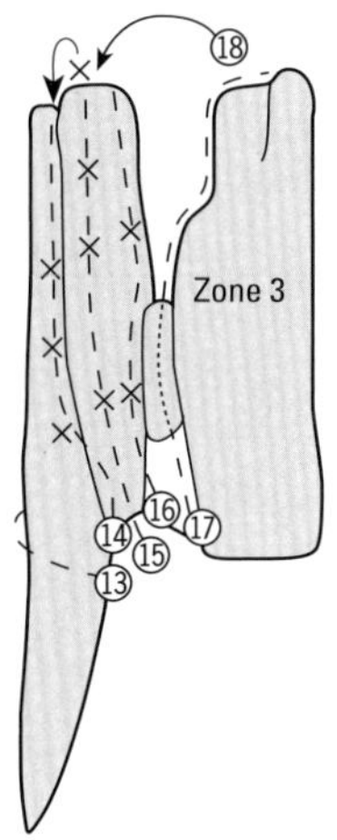

① Z. D. a1/5
② Fürther Weg .... 7+
③ Spieglein, Spieglein an der Wand 9
④ Zankapfel 9-
⑤ Nordwand .... 7+
⑥ Drachentöter .... 8+
⑦ Weiße Spinne 7
⑧ Westkante e1/5-
⑨ Westwand 4
⑩ Ithaker-Pfeiler 7-
⑪ Kurva Nemec 7
⑫ Direkte Talseite 8-
⑬ Talseite 7
⑭ Ostkante .... 6+
⑮ Tabaluga .... 8/8+
⑯ Kaminwand .... 6+
⑰ Kamin 3
⑱ Zankelsteinsprung (3 m) .. e2

21 Alter Fritz

25 m

Südwestseite | 25 m

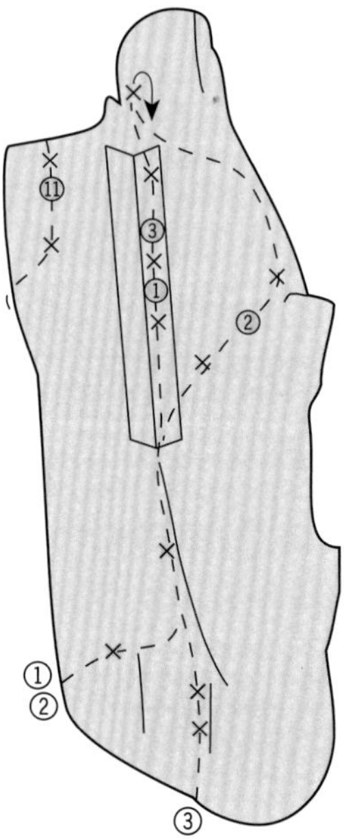

Südostseite | 25 m

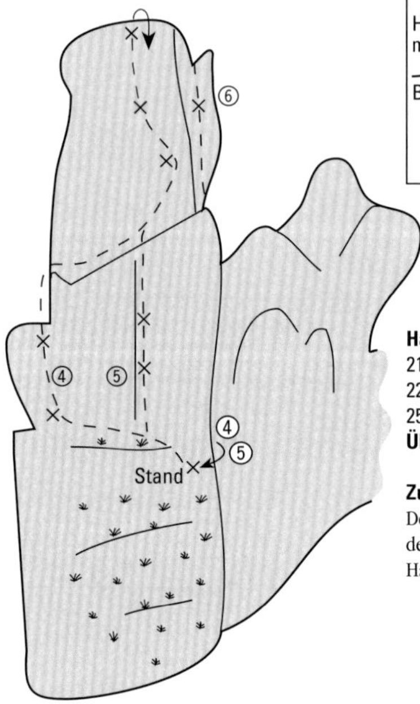

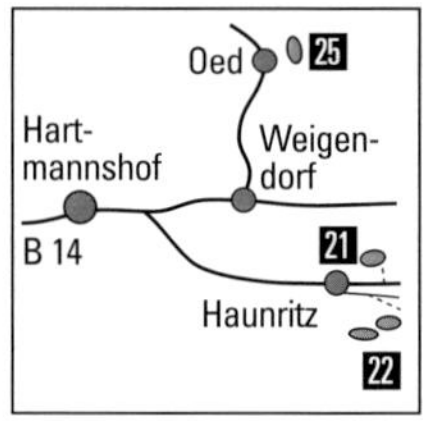

Haunritz/Weigendorf
21 Alter Fritz
22 Haunritzer Wand
25 Dohlenwand
Übersichtskarte 1 *(S. 15)*

Zugang

Der Alte Fritz steht direkt über dem östlichen Ortsende von Haunritz.

Bergseite | 15 m | NW

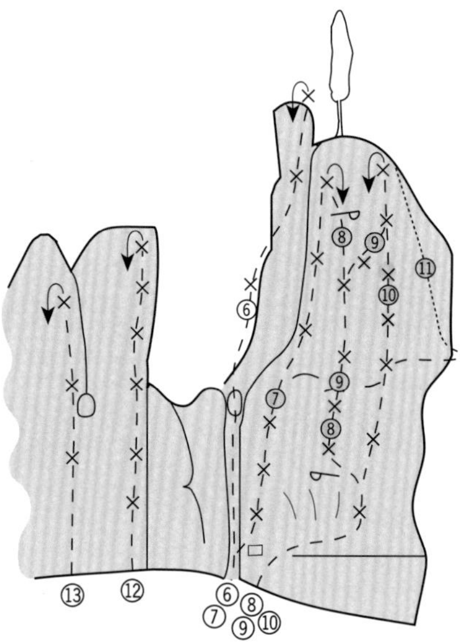

Besonderheit

Durch die Talseite führt die »Bayerländer Verschneidung«, ein langer, freier Klassiker. An der Bergseite gibt es einige neue, sehr gut gesicherte Sportkletterrouten.
Für Herbstweg und Fingerriss wurde ein Stand eingerichtet, der von der Bergseite her erreicht wird und den verwachsenen Zustieg von unten unnötig macht.
Zum Einkehren bietet sich die Wirtschaft »Alter Fritz« in Haunritz an (eigene Metzgerei).

① Bayerländer Verschneidung	6
② Talweg	5
③ Direkter Einstieg	6
④ Herbstweg	7
⑤ Fingerriss	7-
⑥ Alter Weg	4+
⑦ Pommes Fritz	7
⑧ Fluchtweg	7-
⑨ Dieter Dörrer Ged.-Weg	8-
⑩ Pfeil	8+
⑪ Glück auf Weg	8
⑫ Glücksritter	7-
⑬ Durchblick	5

Linke Wand | 12 m

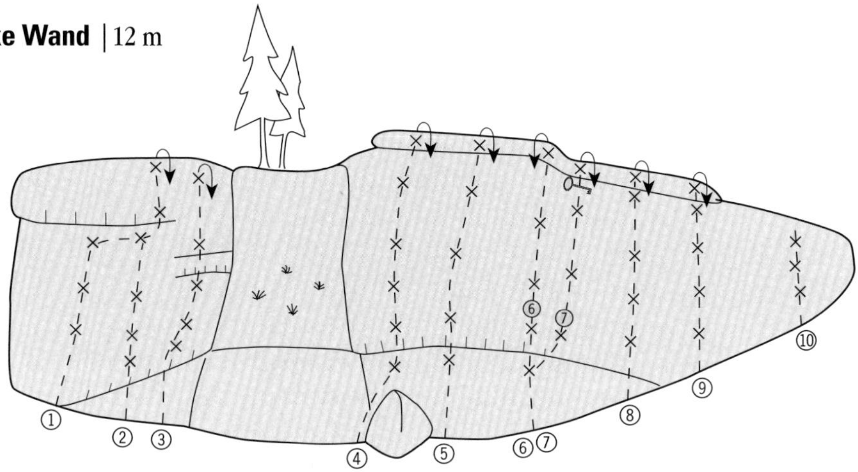

Zugang
Gegenüber dem Gasthof »Alter Fritz« über den Bach und gleich am Dorfplatz parken. Zuerst die Straße 40 m weiter gehen, dann links abbiegen und kurz steil den Berg hoch. Nun nicht den schmalen Wanderweg weiter hoch, sondern dem breiten und ebenen Weg entlang einer Tierkoppel in Richtung Högen folgen. Nachdem man steil bergab die Wiesen am Bach erreicht, folgt man rechts einem Pfad hoch zur linken Wand.

Besonderheit
Die Haunritzer Wand ist eine idealer Sommerwand (sowohl nordseitig als auch im Wald gelegen). Es überwiegt fester, plattiger Fels.
Zum Einkehren bietet sich die Wirtschaft »Alter Fritz« in Haunritz an (eigene Metzgerei und verschiedene Biere vom Fass). Biergarten ist nur am 1. Sonntag im Juli (Kirchweih), sonst gibt es nur Tische vor dem Haus.

① Miss Sophie	7 -
② Meister Lücke	8
③ Rumpelstilzchen	8 +
④ Pudding oder Schmalz	7 +
⑤ Max und Moritz.	7 -
⑥ Biene Maja	7
⑦ Herzklopfen	7 -
⑧ Benjamin Blümchen	7 +
⑨ Gemeinsame Sache	7 -
⑩ *Projekt*	

22 Haunritzer Wand

| 12 - 18 m | N

Rechte Wand | 18 m

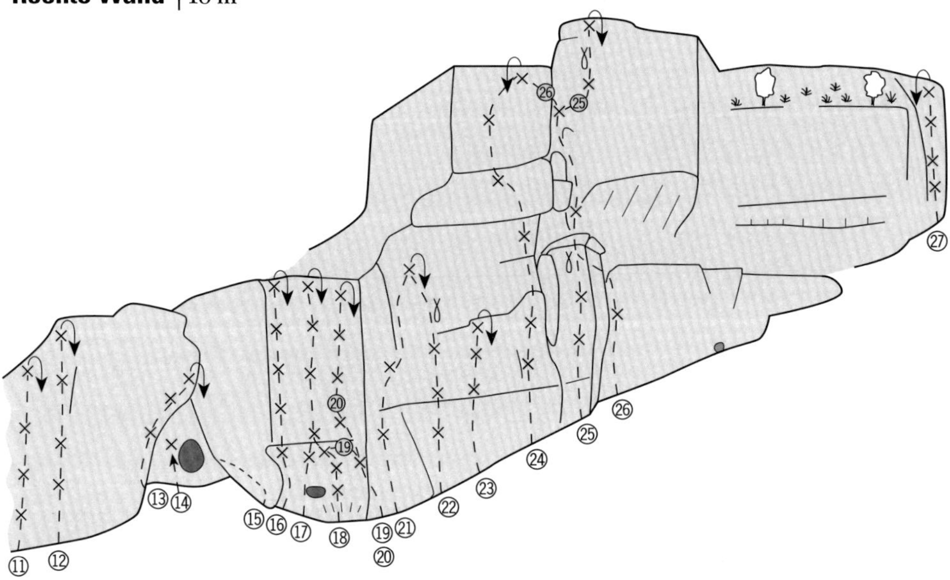

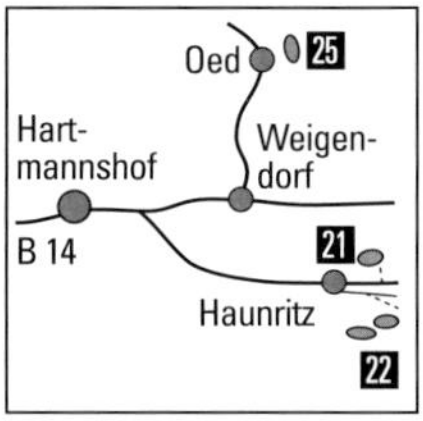

Haunritz/Weigendorf
21 Alter Fritz
22 Haunritzer Wand
25 Dohlenwand
Übersichtskarte 1 *(S. 15)*

⑪ Socke	6 -
⑫ Laufmasche	7
⑬ Prismatologe	8+/9 -
⑭ Afrika (Projekt)	
⑮ Jo	7
⑯ Lochzauber	7 -
⑰ Schlüsselloch linker Einstieg	7 -
⑱ Schlüsselbein	8 -
⑲ Schlüsselloch	7 -
⑳ Nordkante	7 -
㉑ Alter Weg	5
㉒ Alte Hack'n	5 +
㉓ Lakai	6 -
㉔ Knoflhex	6 -
㉕ Hüttenpfeiler	5 +
㉖ Luitpoldriss	3 +
㉗ Kommunikant	6 +

Zugang

Gegenüber dem Gasthof »Alter Fritz« über den Bach und gleich am Dorfplatz parken. Zuerst die Straße 40 m weiter gehen, dann links abbiegen und kurz steil den Berg hoch. Nun nicht den schmalen Wanderweg weiter hoch, sondern dem breiten und ebenen Weg entlang einer Tierkoppel in Richtung Högen folgen. Nachdem man steil bergab die Wiesen am Bach erreicht, folgt man rechts einem Pfad hoch zur linken Wand.

Besonderheit

Die Haunritzer Wand ist eie idealer Sommerwand (sowohl nordseitig als auch im Wald gelegen). Es überwiegt fester, plattiger Fels.
Zum Einkehren bietet sich die Wirtschaft »Alter Fritz« in Haunritz an (eigene Metzgerei und verschiedene Biere vom Fass). Biergarten ist nur am 1. Sonntag im Juli (Kirchweih), sonst gibt es nur Tische vor dem Haus.

Hoher Fels

8 - 10 m | 23

Turm | Nordseite

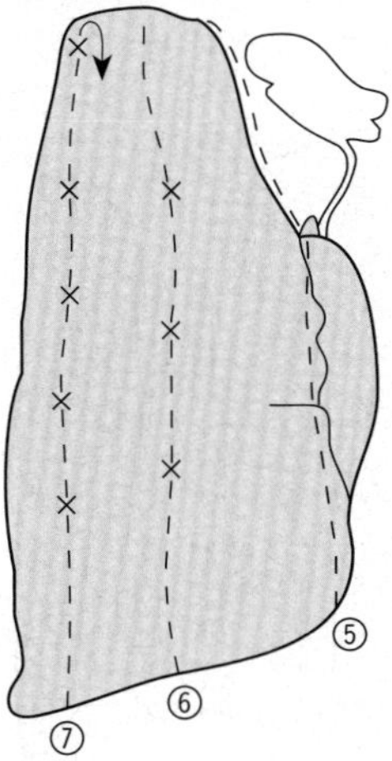

Massiv | Nordwestseite

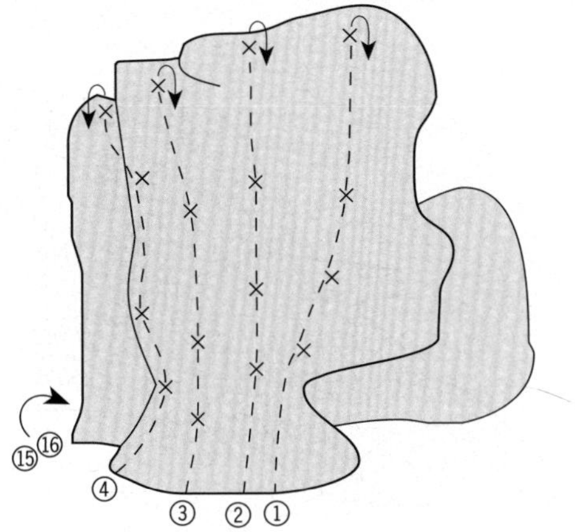

Massiv | Südostseite

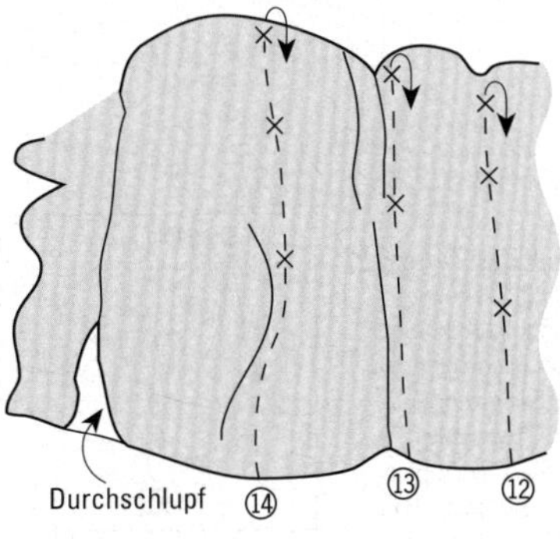

Turm | Ostwand

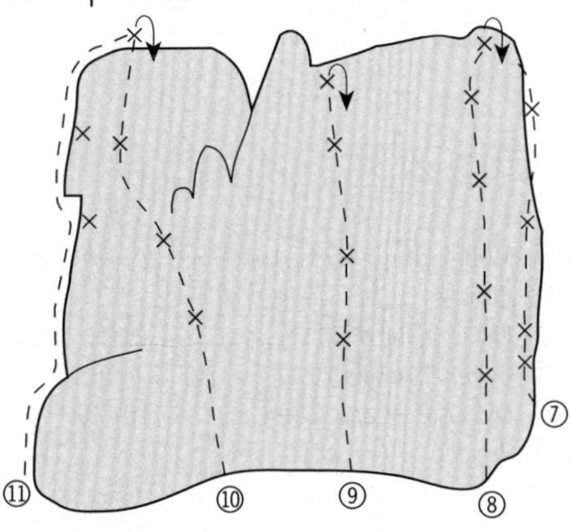

① Rechte Nordostwand	7-
② Nordwestwand	6-
③ Kursidee	6+
④ Nordriss	6-
⑤ Westwand	2+
⑥ Nordwand	5
⑦ Rote Spur	6
⑧ Moritzbergfreundeweg	6+
⑨ Föhrenweg	5+
⑩ Holzhackerverschneidung	4+
⑪ Wacholdersteig	5
⑫ Kronenpfeiler	6-
⑬ Südostverschneidung	4
⑭ Südostwand	5-
⑮ Benjamin Blümchen	6
⑯ Sternentier	5-

Zugang

Parken in Lichtenegg. Die Felsen sind 1 km südlich. Auf »34« markiertem Wanderweg (beginnt bei Verteilerhäuschen) in gut 10 min zu den Felsen.

Besonderheit

Die geringe Wandhöhe wird durch schöne Klettereien in festem Fels und ruhiger Lage ausgeglichen.

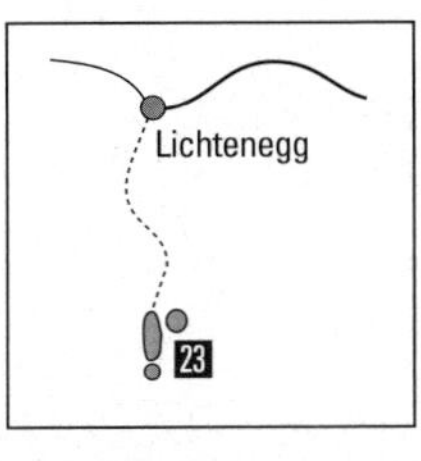

Hoher Fels
Übersichtskarte 1 *(S. 15)*

24 Kuhfels

| 14 m | N

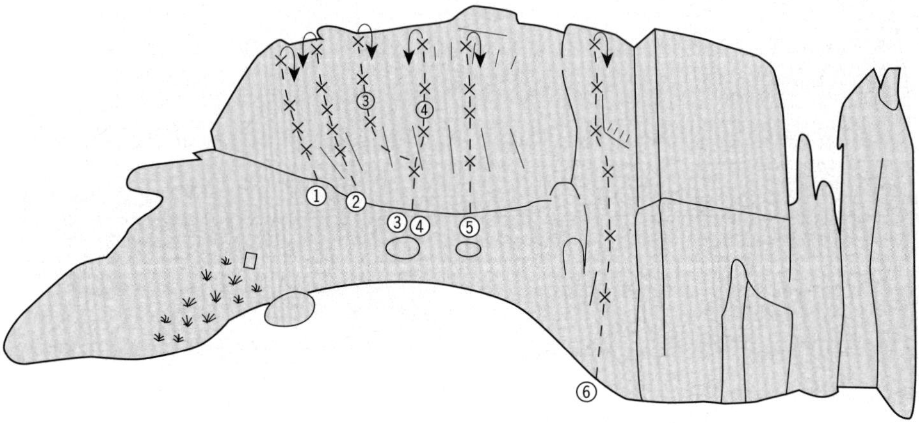

① Muh 8-
② *Projekt* ....
③ Riskier's Baby.............. 9+/10-
④ Gorilla Biscuits 10-
⑤ Die Liste ist das Leben 10-/10
⑥ *Projekt* ....

Zugang
Parken am südlichen Ortsende von Bachetsfeld (Richtung Höfling). Man folgt links einer Teerstraße, bis nach 200 m rechts ein Feldweg zum Kuhfels abzweigt (Wegweiser). Nach 400 m führt der Weg in den Wald (Gabelungen). Man folgt der 1. Abzweigung nach rechts und dann einem Pfad links hoch zum bereits sichtbaren Felsen.

Besonderheit
Stark überhängende Kletterei, für die Oberpfälzer Urkraft, wie sie der Erstbegeher von ③+④ (Markus Windisch) besitzt, von Vorteil ist.

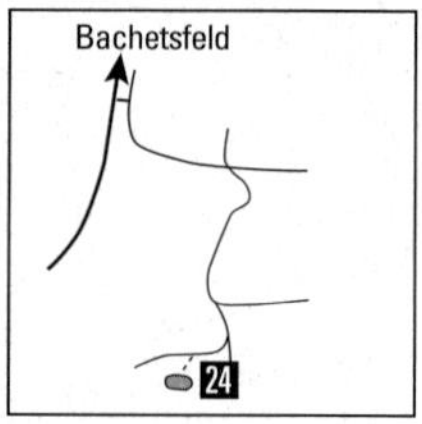

Kuhfels
Übersichtskarte 1 *(S. 15)*

Dohlenwand

14 m | W **25**

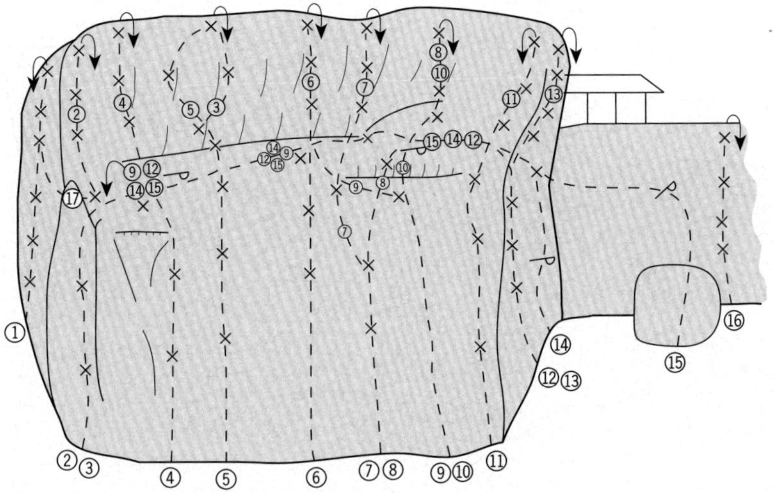

①	Futter für die Seele	6+
②	Spinne	8+
③	Direkte Westwand	8
④	Ritter Sport	9
⑤	Alpia	7+
⑥	Gorilla	7+
⑦	Totenkopfäffchen	8+
⑧	Halb und halb	8-
⑨	Kanteneinstieg	6-
⑩	Via Claudia	7
⑪	Gib alles	8+
⑫	Variante	a1/5
⑬	Feuer frei!	9-
⑭	Quergang	6-
⑮	Türmcheneinstieg	5
⑯	Narziss	7+
⑰	Rissausstieg	5

Zugang
In Oed beim »Heuweg« parken (bei der Eisenbahnunterführung). Dem Heuweg 15 m folgen, dann scharf links und nach 100 m rechts Pfad hoch zu den Felsen.

Besonderheit
Durch den dichten Wald kommt die Sonne nur in der kalten Jahreszeit am Nachmittag in die Wand.

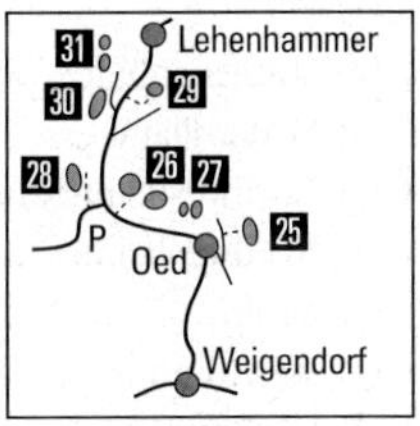

Lehenhammertal
25 Dohlenwand
26 Oeder Wand und Brosinnadel
27 Oeder Schlucht
28 Lehenstein
30 Hammertalwand
31 Lehenhammertalwände
Übersichtskarte 1 *(S. 15)*

26 Oeder Wand und Brosinnadel

☼ | 16 - 20 m | SW

Oeder Wand | 16 m

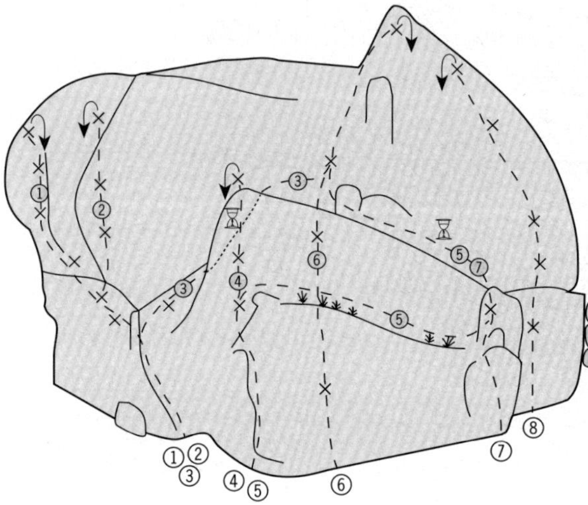

Brosinnadel | 20 m

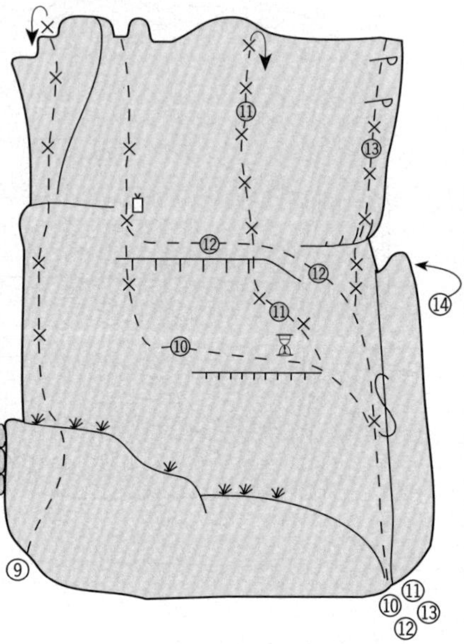

①	K 2	8+
②	Sonnenanbeter	7+
③	Oeder Platte	5+
④	Nordwestkante direkt	6-
⑤	Nordwestkante	6-
⑥	Spoirè	7+
⑦	Westwand	4+
⑧	Streitpunkt	7
⑨	Nordkante	6+
⑩	Alte Talseite	5-
⑪	Willkommen im Club der Versager	9+
⑫	Gemsenweg	5+
⑬	Sonnwendkante	8-
⑭	Bergseite	2
⑮	Morbus Hodgkin	8

Oeder Fels | 9 m

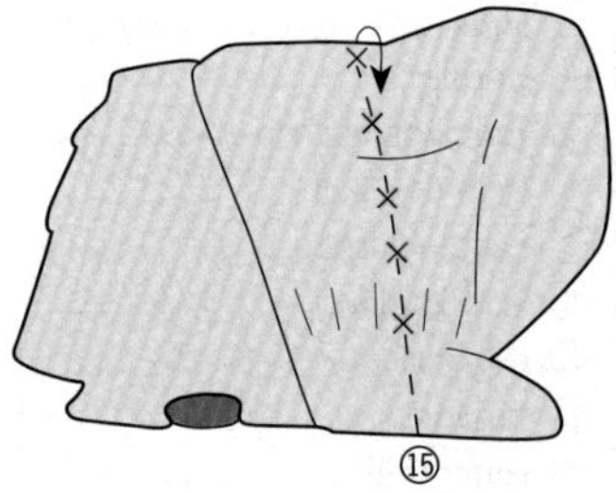

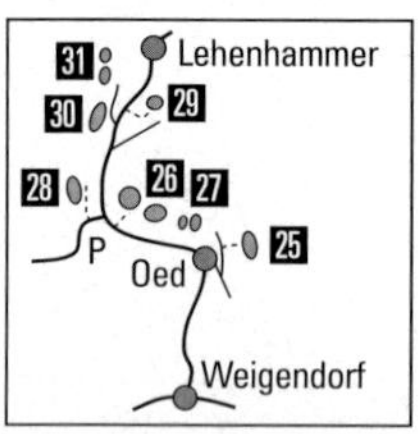

Lehenhammertal
25 Dohlenwand
26 Oeder Wand und Brosinnadel
27 Oeder Schlucht
28 Lehenstein
30 Hammertalwand
31 Lehenhammertalwände
Übersichtskarte 1 *(S. 15)*

Zugang
Von Weigendorf Richtung Etzelwang. Bei der Abzweigung nach Deinsdorf parken (die Felsen sind bereits sichtbar). Wieder zurück zur Hauptstraße und auf Pfad links hoch zu den Felsen. Der Oeder Fels steht unterhalb der Oeder Wand.

Besonderheit
Sonnige Südwestwände mit vorwiegend klassischen Touren.

Linke Wand | 10 m | S

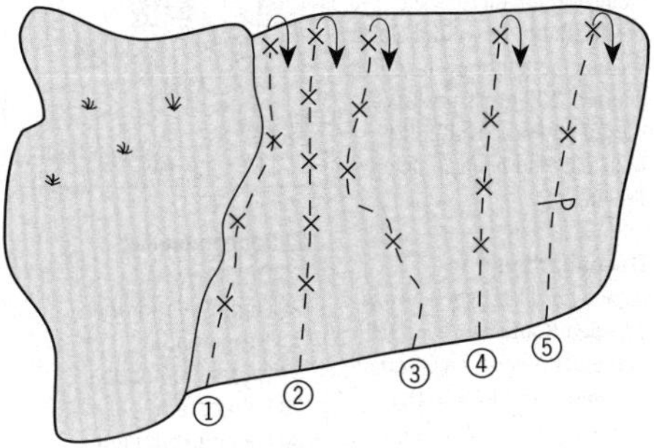

Rechte Wand | 10 m | N

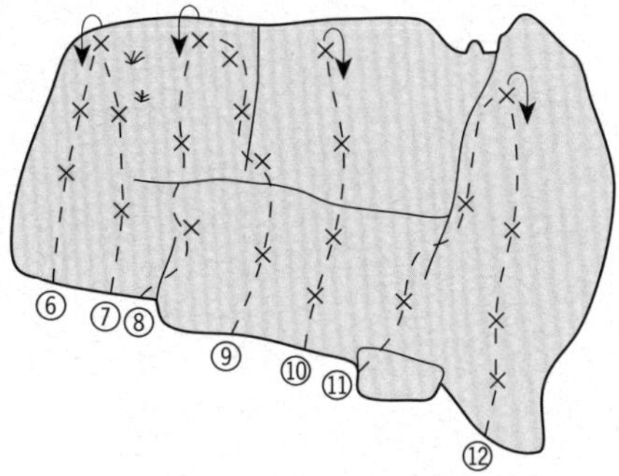

①	Quernhölerriss	7-
②	Right now	8+
③	Alzheimer Ged.-Weg	8
④	Spiegelsaal	9-/9
⑤	?	8+
⑥	Pat	6+
⑦	Patachon	6-
⑧	Bayrischer Johann	7-
⑨	Geier	7+
⑩	Jump	7+
⑪	Leberkäs Hawai	7
⑫	Olympiade	8+

Zugang

Von Weigendorf Richtung Etzelwang. Bei der Abzweigung nach Deinsdorf parken (Oeder Wand und Brosinnadel sind bereits sichtbar). Wieder zurück zur Hauptstraße und auf Pfad links hoch zu Oeder Wand und Brosinnadel und von dort 100 m talabwärts zur Oeder Schlucht (Steigspuren).

Besonderheit

Durch die Schlucht ist es generell schattig. Es überwiegt feingriffige Plattenkletterei.

Für die Felsen des Lehenhammertals bietet sich am Wochenende zum Einkehren die DAV-Hütte der Sektion Röthenbach/Pegnitz an. Sie liegt genau oberhalb von Lehenhammer (nördlich). *Zufahrt:* In Lehendorf links abbiegen in Richtung Neutras. Gleich nach dem Ortausgang wieder links und auf schmaler Straße zu Parkplatz (500 m). Von dort auf Schotterweg zur Hütte. Es gibt auch eine sehr schöne Zeltwiese mit Feuerstelle.

28 Lehenstein

18 m | O

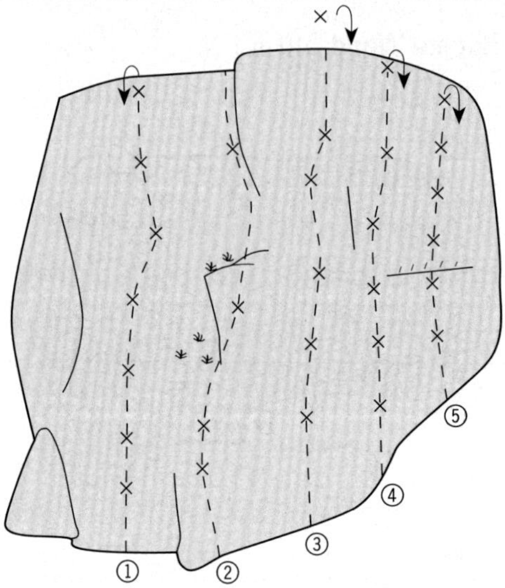

Zugang

Zwischen Oed und Lehenhammer zweigt die Straße nach Deinsdorf ab, hier parken. Unter der Bahn durch und gleich rechts eine Fuhre hoch zu den Gleisen. 100 m talaufwärts an diesen entlang, dann führt links ein Pfad hoch zu den Felsen.

Besonderheit

Neben der klassischen, etwas grasigen Route hat Albert Gilgenrainer 4 neue, eigenständige Linien erschlossen. Der Fels war lange Zeit in Vergessenheit geraten. Früh kommt die Sonne in die Wand.

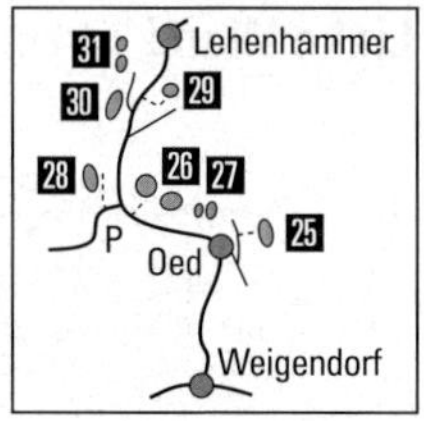

Lehenhammertal
25 Dohlenwand
26 Oeder Wand und Brosinnadel
27 Oeder Schlucht
28 Lehenstein
30 Hammertalwand
31 Lehenhammertalwände
Übersichtskarte 1 *(S. 15)*

①	Mein Herz brennt	8+
②	Alter Weg	6
③	Ich will Dich	7
④	Spiel mit mir	7-
⑤	Fürchtet Euch nicht	7

29 Riesturm

| 12 m | SO + NW

Nordwestseite

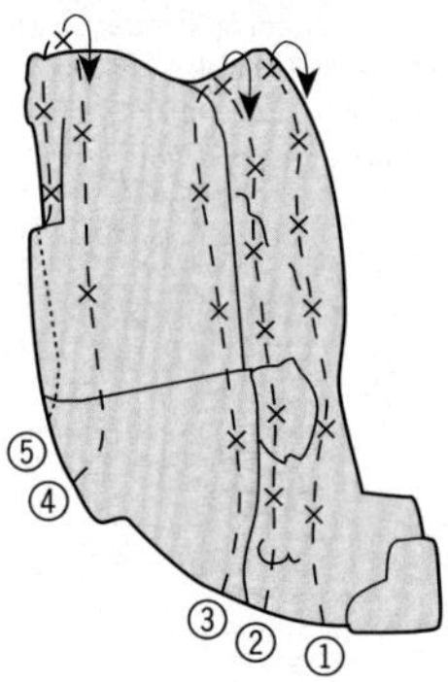

Bergseite

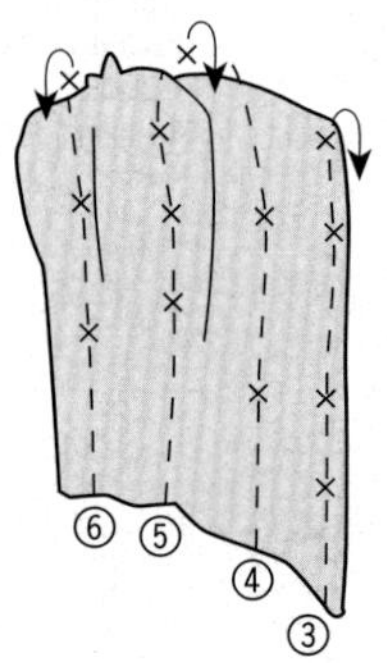

Südostseite

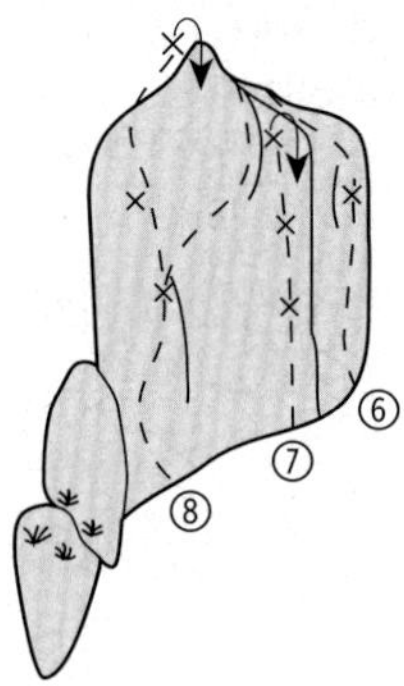

①	Rechte Talseite	6+
②	Linke Talseite	7-
③	Rechte Nordwand	6+
④	Linke Nordwand	6+
⑤	Nordostkante	5+
⑥	Ostwand	5+
⑦	Youngster	7
⑧	Südwand (2 Ausstiege)	4

Zugang

Von Weigendorf in Richtung Etzelwang bei der Abzweigung zur Kläranlage unter der Bahn durch und parken. Auf der Straße 40 m zurück (talabwärts) und auf Steigspuren den Steilhang hoch zu Schotterstraße (auch von der Straße weiter talabwärts erreichbar; weiter, aber bequemer). Nach links zum Riesturm.

Besonderheit

Freistehender Turm mit gutem, griffigen Fels.

Hammertalwand

Zugang
Auf der Straße von Weigendorf nach Etzelwang biegt man gegenüber des Steinbruchs (Abzweigung Kläranlage) links ab und parkt nach der Unterführung. Links oberhalb stehen die Felsen.

Besonderheit
An der Hammertalwand überwiegt technisch anspruchsvolle, kleingriffige Plattenkletterei in dunkelgrauem, festen Fels. Einige relativ kühn gesicherte Wege aus dem Jahr 1937 gehen auf das Konto des Autors.
Der Wandererweg ist die schwerste Route der Wand und wurde früher hakentechnisch begangen.

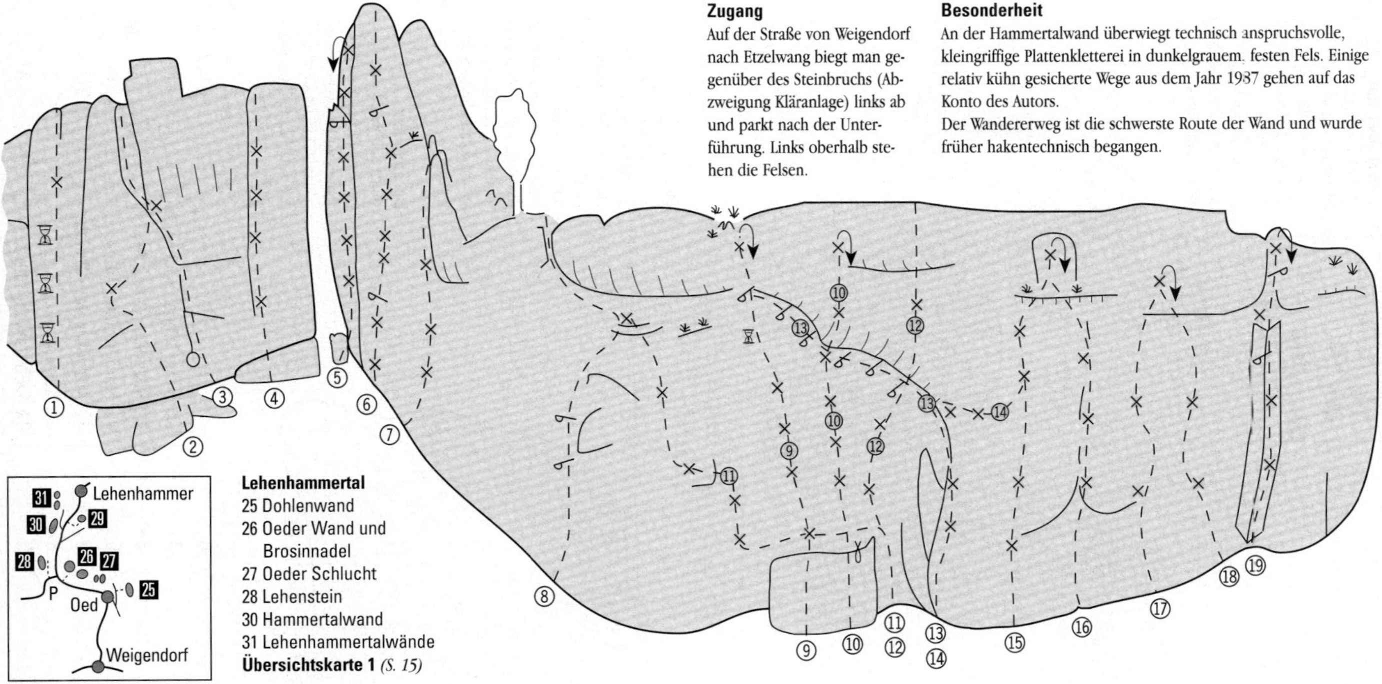

Lehenhammertal
25 Dohlenwand
26 Oeder Wand und Brosinnadel
27 Oeder Schlucht
28 Lehenstein
30 Hammertalwand
31 Lehenhammertalwände
Übersichtskarte 1 *(S. 15)*

① Südostkante	4+
② Siebenschläfer	5
③ Nordostverschneidung	5
④ Leo Rittler Ged.-Weg	6+
⑤ Berggeistweg	8-
⑥ Wandererweg	9+/10-
⑦ ?	9
⑧ Direkter Einstieg	6+
⑨ Affentanz	8+
⑩ Freigeist	7
⑪ Kuhblumenweg	7
⑫ *Projekt*	
⑬ Türkensäbel	a2/5
⑭ Engelhardt Ged.-Weg	8-
⑮ Papa Legba	e2/9
⑯ Feiste Faxen	9+
⑰ True Stories	e2/9
⑱ Dream Operator	e2/9-
⑲ Schwarze Verschneidung	6+

31 Lehenhammertalwände

| 12 - 14 m | O

Linke Wand | 12 m

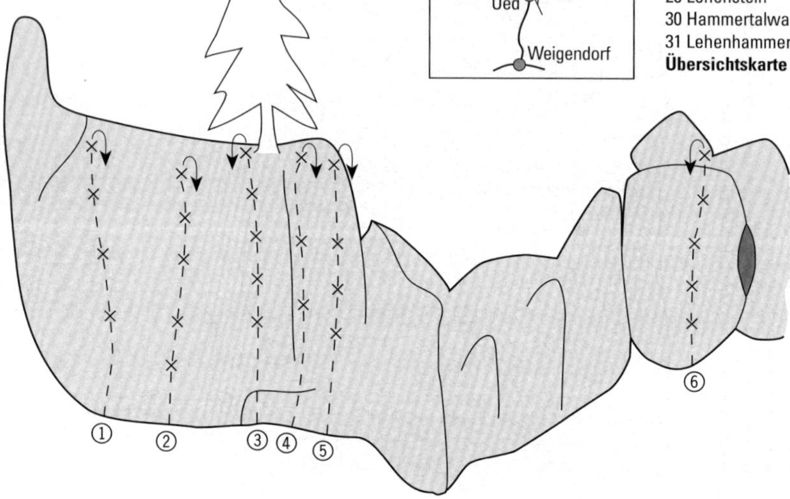

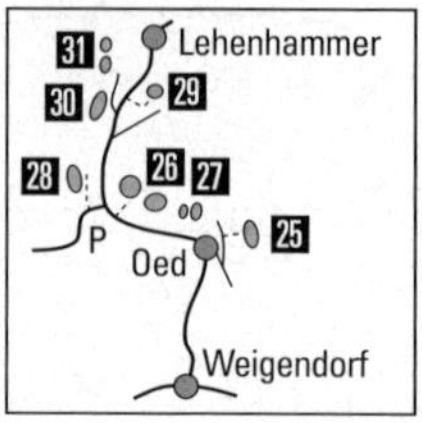

Lehenhammertal
25 Dohlenwand
26 Oeder Wand und Brosinnadel
27 Oeder Schlucht
28 Lehenstein
30 Hammertalwand
31 Lehenhammertalwände
Übersichtskarte 1 *(S. 15)*

Rechte Wand | 14 m

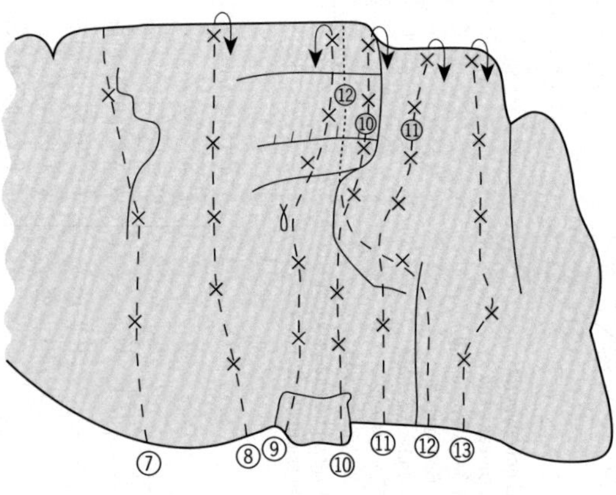

Zugang
Von Weigendorf Richtung Etzelwang. Gegenüber vom Steinbruch links abbiegen, durch die Unterführung hindurch und parken. Links oben steht die Hammertalwand. Am Klärwerk vorbei 200 m weiter talaufwärts. Bei einer Bank stehen rechts oberhalb die Felsen.

Besonderheit
Durch den Wald bleibt die Ostwand recht schattig. Die Touren sind teilweise etwas steiler und löchriger als an der banachbarten Hammertalwand.

① Pokemon 6
② Altes Europa 8
③ Sitting in a box . . . . . . 8+
④ Rio kaputt . . . . 6+
⑤ Seitensprung 8
⑥ Therapie . . . . 8+
⑦ Alter Weg 5

⑧ Neue Liebe, neues Glück . . . . . 8+
⑨ Abschied von Sylvia 9-
⑩ Szenen einer Ehe 9
⑪ Auf rosaroten Wolken . . . . . . 9/9+
⑫ Kaminweg 5-
⑬ Liebe macht blind 8

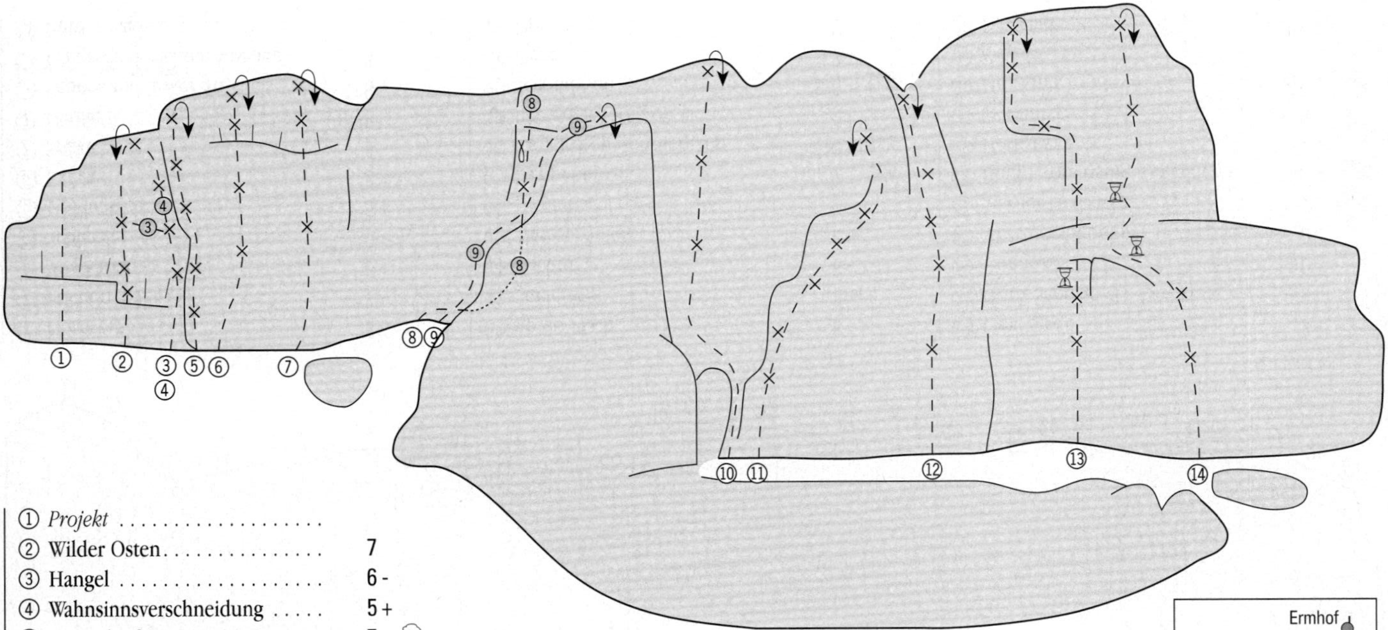

① *Projekt*		
② Wilder Osten	7	
③ Hangel	6 -	
④ Wahnsinnsverschneidung	5 +	
⑤ Haarscharf	7	🍺
⑥ Linke Route	7 -	🍺
⑦ Rechte Route	7	
⑧ Laura	4	
⑨ Vorturm Ostkante	3	
⑩ Schlaumeier	5	
⑪ Schinderhannes	7 -	🍺
⑫ Ach Vadder	5 +	
⑬ Kleiner Mann	6	
⑭ Zappelphilipp	6 -	

Zugang

Parken am Ortsausgang Ermhof (Richtung B14). Man folgt rechts einem Feldweg, von dem eine Fuhre rechts abzweigt. Dieser folgt man, sie verläuft sich gleich. Am Waldrand entlang weiter (rechts steht eine Bank) und geradeaus in den Wald hinein (nicht nach links abbiegen!). Dort trifft man auf einen Wanderweg. Nach 50 m zweigt scharf links ein weiterer Weg ab (Holzstiegen, Markierung 4, Rotstrich, Grünpunkt), dem man auf den Höhenrücken folgt. Nach ca. 5 min erreicht man den höchsten Punkt (rechts steht ein Felsen). Man folgt dem Weg weiter, bis er wieder absteigt. Noch an einigen Felsblöcken vorbei und in einer Scharte rechts absteigen zur Wand.

Besonderheit

Idealer Sommerfels für gemäßigte Schwierigkeitsgrade.

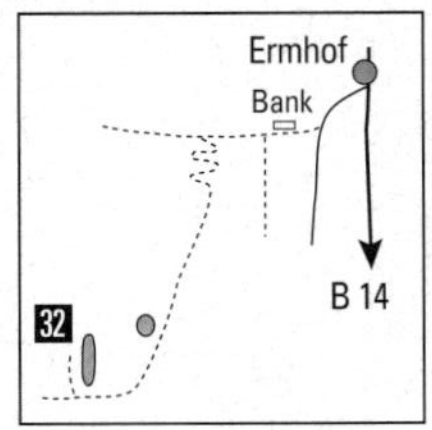

Buchenstein
Übersichtskarte 1 *(S. 15)*

Linker Wandteil | 15 m | N

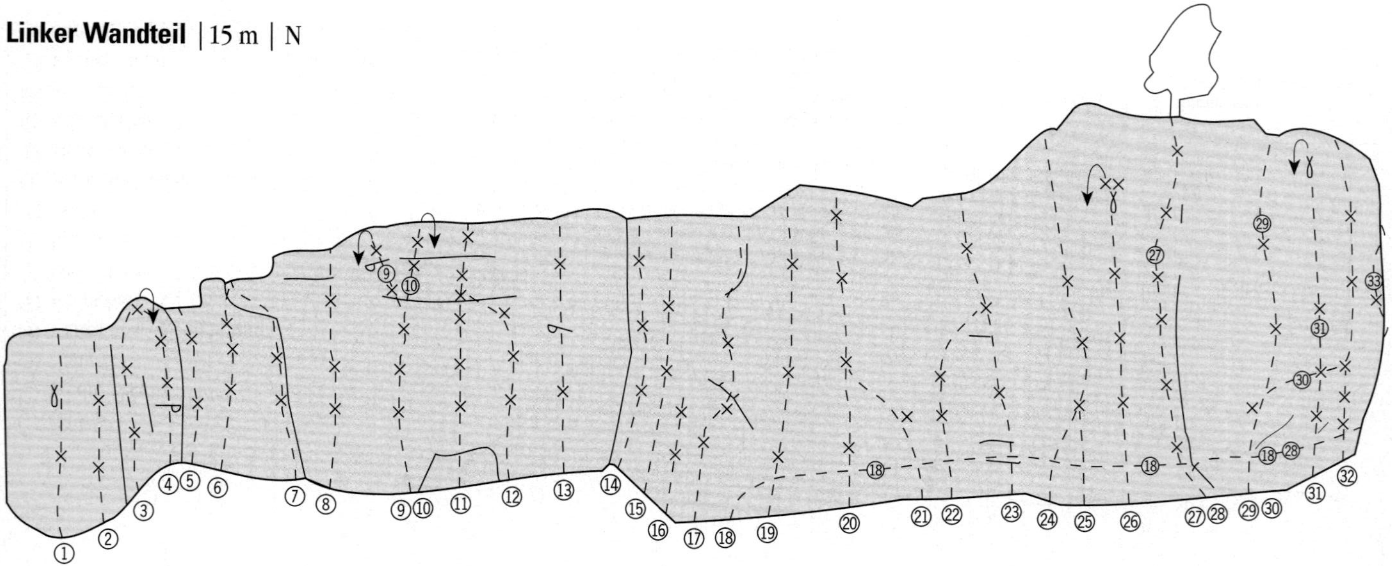

① Nordwand	6-	
② Friction *(toprope)*	7-	
③ Westkante	6+	
④ Schlecker	6	
⑤ Höhlenweg	5+	
⑥ Extase	8-	
⑦ Snake	8	
⑧ Gäufer	8-/8	
⑨ Feuerwand linker Ausstieg	8+	
⑩ Feuerwand rechter Ausstieg	8	
⑪ Immer nass	8+	
⑫ Ab du Fisch	8	
⑬ Stiefelweg	8+	
⑭ Trichter	6+	
⑮ Affenschaukel	8+	
⑯ *Projekt*		
⑰ Deppenmove	7	
⑱ Langer Boulderquergang	10	
⑲ It's to hard for you	9-	
⑳ Second Sun	8/8+	
㉑ Fight	7+	
㉒ Opa Move	8	
㉓ Oma Move	7	
㉔ Black Sabbath (H. Lewis)	9	
㉕ Paranoid	10-	
㉖ Wer zuerst kommt	9	
㉗ Marner Ged.-Weg	7	
㉘ Boulderquergang *(markiert)*	9/9+	
㉙ Herbstweg	7+	
㉚ Sylvanien	8	
㉛ Hot Knife	9/9+	
㉜ *Projekt*		
㉝ Härtefall	8+	

Rechter Wandteil | 16 m | W

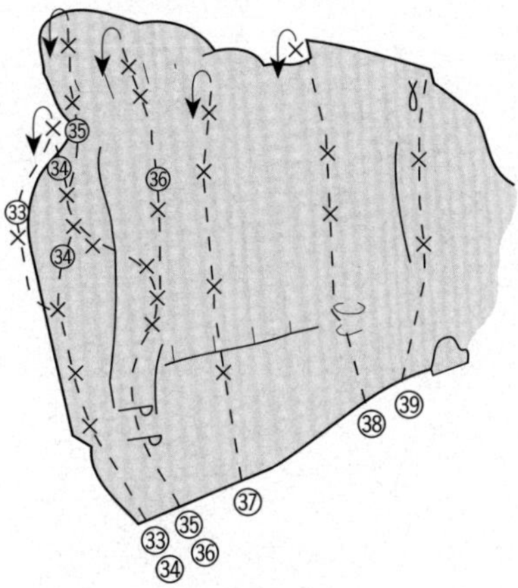

Zugang
Am Ortsende Neukirchen (Richtung Sulzbach) parken. Von dort führt links ein beschilderter Weg zum Hartenfels.

Besonderheit
Man könnte schon sagen »Nomen est Omen«! Am Hartenfels wird nichts hergeschenkt, die Bewertungen sind hart. Da es sich aber oft um Einzelstellen handelt, erscheint dies auch gerechtfertigt. Es dominiert kleingriffige Kletterei, meist an Leisten.
Guter Sommerfels, da größtenteils sehr schattig.

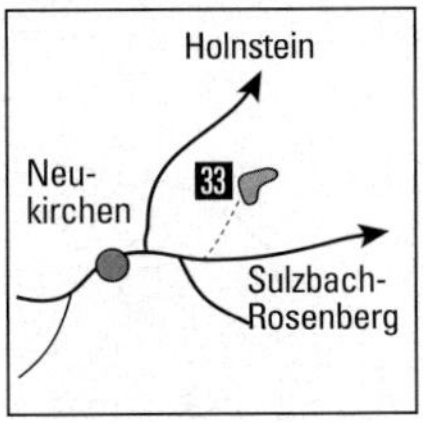

Hartenfels
Übersichtskarte 1 *(S. 15)*

㉝	Härtefall	8+
㉞	Out of Control	8-
㉟	Alter Talweg	7+
㊱	Direkter Talweg	7
㊲	Firestone	7-
㊳	Sunshine Reaggae	6-
㊴	Stachelbeere	5-

34 Grundfels | 25 m | NO

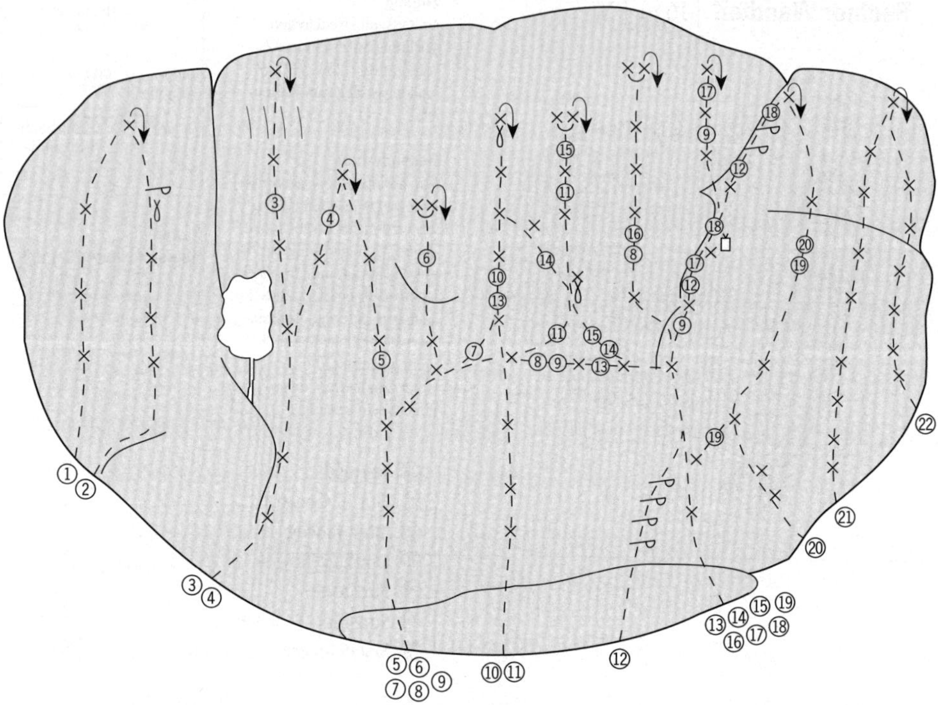

Zugang
Von Kirchenreinbach Richtung Gaisheim, gut 500 m nach Abzweigung »Rittmannshof« steht rechts oben der Grundfels. Etwas weitern vorne bei Feldweg parken, diesen rechts hinein und am Waldrand nochmals rechts auf Pfad zum Grundfels.

Besonderheit
Kraftraubende, überhängende Kletterei in solidem Fels. An den Einstiegen ⑤ bis ⑪ sind geschlagene Griffe, was gewöhnlich in Franken nicht toleriert wird (hier wurde aus gegebenem Anlass eine Ausnahme gemacht).

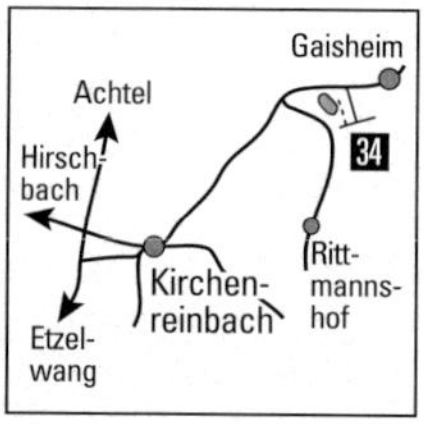

Grundfels
Übersichtskarte 1 *(S. 15)*

① Haberland 8-
② Alte Tour 7
③ Against all Otts 8
④ Via Carmen . . . . 8+
⑤ Mein Hund frisst Schappi . . . . . 9+/10-
⑥ *Projekt* . . . .
⑦ Planet der Affen. 10
⑧ Eternal Black. 11-
⑨ Ring frei *(besser 2 Seile)* . . . . . . 10/10+
⑩ Ordnung ist das halbe Leben *(Proj.)*
⑪ Der Thon macht die Musik . . . . 10/10+
⑫ Direkter Oachkatzlschwoaf . . . . 9+
⑬ Bizeps von Beruf. 10-
⑭ Diagonale 10-
⑮ Short Drive to Buoux 10
⑯ Black Flag 10
⑰ A Million Miles away . . . . 9/9+
⑱ Oachkatzlschwoaf 9-
⑲ Swept away 9
⑳ Swept away direkt . . . . 9+
㉑ Planet Radio . . . . 9+/10-
㉒ Der Angriff der Killertomaten . . 10-

Schmidtstadter Wand *(„Rohrbergwand")*

| 18 m | N **35**

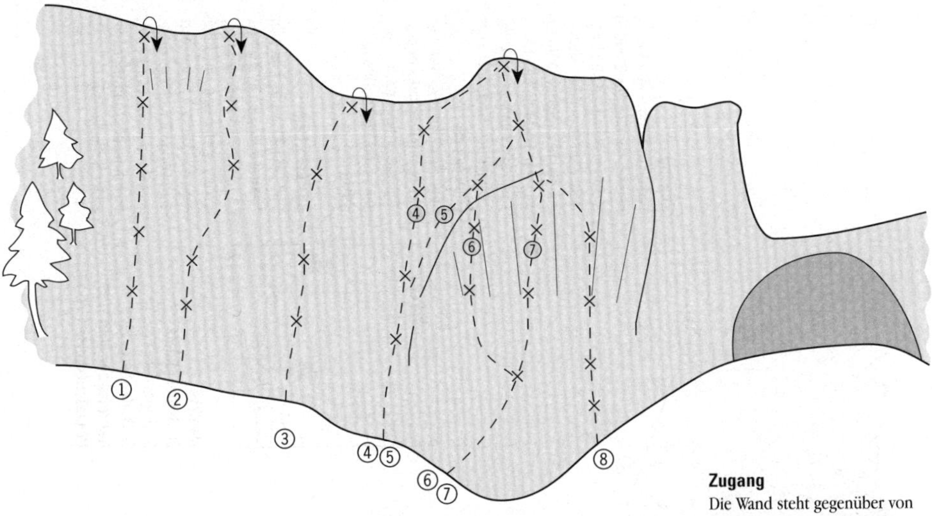

① Kanaan	6+	
② Genezareth	7+	
③ Plastic Fantastic	8-	
④ Galiläa	7	
⑤ Alter Weg	7-	
⑥ Joker	8+	
⑦ Batman	8	
⑧ Red Sonja	8+	

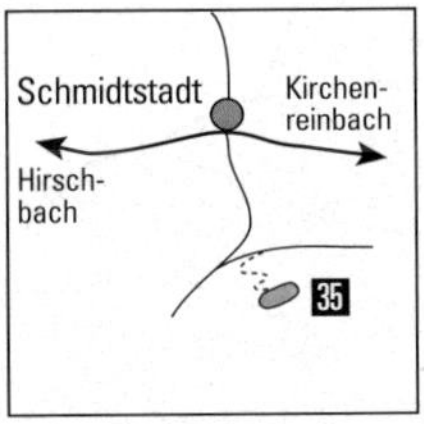

Schmidtstadter Wand
Übersichtskarte 1 *(S. 15)*

Zugang
Die Wand steht gegenüber von Schmidtstadt im Wald. Parken am Ortseingang von Schmidtstadt. In nördlicher Richtung wieder über die Hauptstraße, auf Schotterweg weiter und scharf links auf Fuhre im Wald. Oberhalb der Fuhre befindet sich die Wand.

Besonderheit
Sehr schöne, leicht überhängende Lochklettereien.

Gemeindefels

| 10 m | S **36**

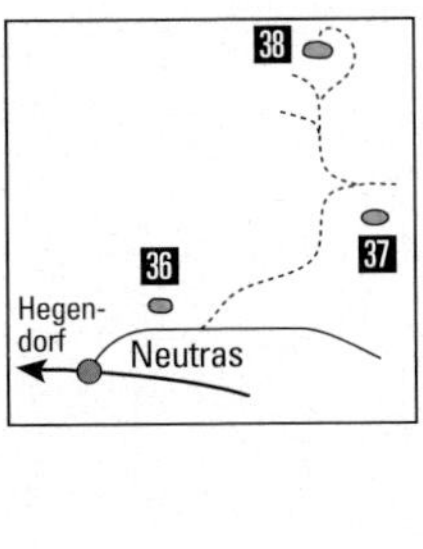

Neutras
36 Gemeindefels
37 Starenfels
38 Bodenbergwand
Gebietsübersicht *S. 87*
Übersichtskarte 1 *(S. 15)*

Zugang
Parken in Neutras. Auf Wanderweg (Markierung 2 und 3) Richtung Schmidtstadt (Wegweiser am Ortsende). Nach gut 300 m zweigt der Wanderweg vom Feldweg links ab. Kurz vorher gelangt man weglos links den Hang hoch zum Gemeindefels.

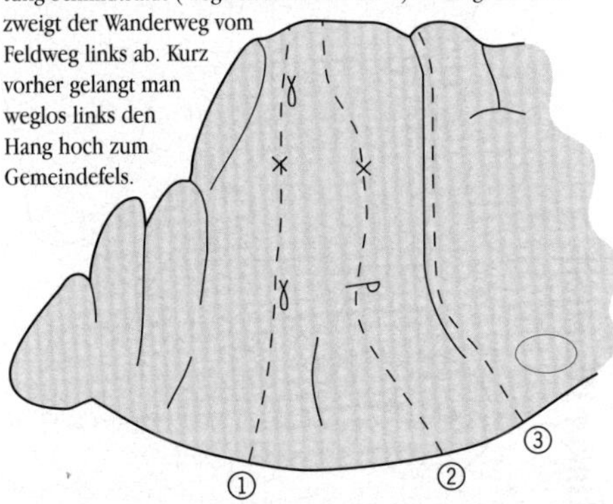

① Däumling	6-	
② Zugvogel	7-	
③ Stuka	6+	

Linker Wandteil

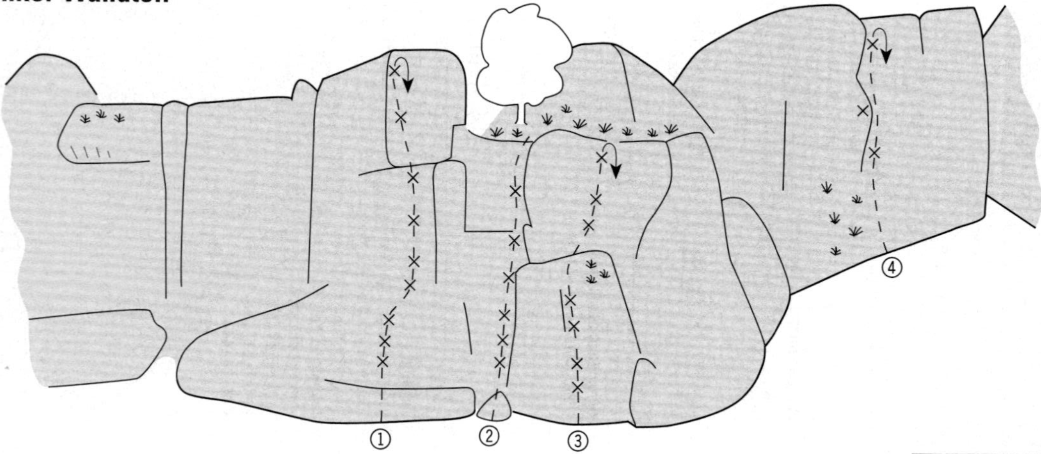

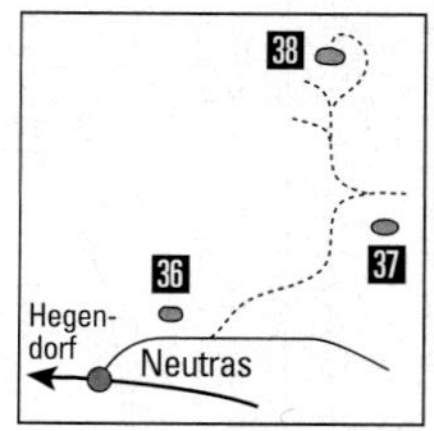

Neutras
36 Gemeindefels
37 Starenfels
38 Bodenbergwand
Gebietsübersicht *S. 87*
Übersichtskarte 1 *(S. 15)*

Zugang
Parken in Neutras. Auf Wanderweg (Markierung 2 und 3) Richtung Schmidtstadt (Wegweiser am Ortsende). Nach gut 300 m zweigt der Wanderweg vom Feldweg links ab. Kurz vorher gelangt man weglos links den Hang hoch zum Gemeindefels.
Zum Starenfels folgt man immer dem mit 3 markiertem Weg, dieser führt nach 7 - 8 min unterhalb des Felsens vorbei.

Besonderheit
Am Starenfels wurden im Jahr 2000 viele Routen in leichten bis mittleren Schwierigkeitsgraden erschlossen, die durchwegs im Plaisirstil abgesichert sind. Dadurch wird die kühle, im Wald stehende Nordwand ein lohnendes Genussklettergebiet für heiße Tage.

Mittlerer und rechter Wandteil

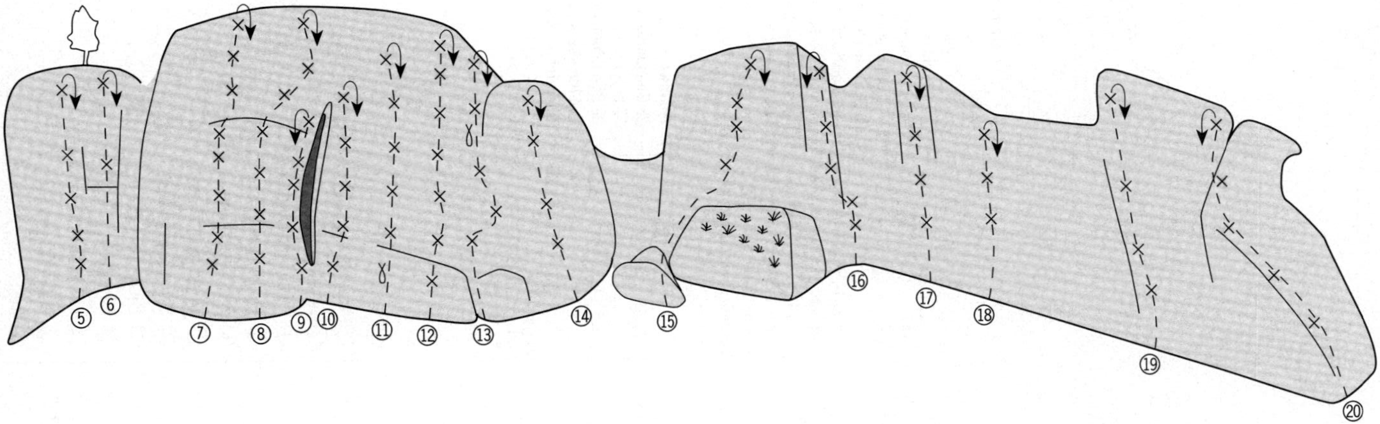

① Prince of Bel Air	7-	
② Happy Day	6+	
③ Stairway to heaven	7-	
④ ?	7-	
⑤ The way you love me	8-	
⑥ Kampf den Träumen	7-	🍺
⑦ Thermik	6+	
⑧ Love of my Life	8-	
⑨ Stargate	5+	
⑩ Graf Dracula	6	
⑪ Licht	7	🍺🍺
⑫ Knockin' on Heaven's Door	7+	
⑬ Schatten	6	
⑭ Rotrunner	6+	
⑮ Hinkelstein	6-	
⑯ Büßerecke	6-	
⑰ ?	7-	
⑱ Quicky	6	
⑲ Meet ze Monster	6+	
⑳ Sterbender Schwan	7-	

Rechter Wandteil | 20 m | NO

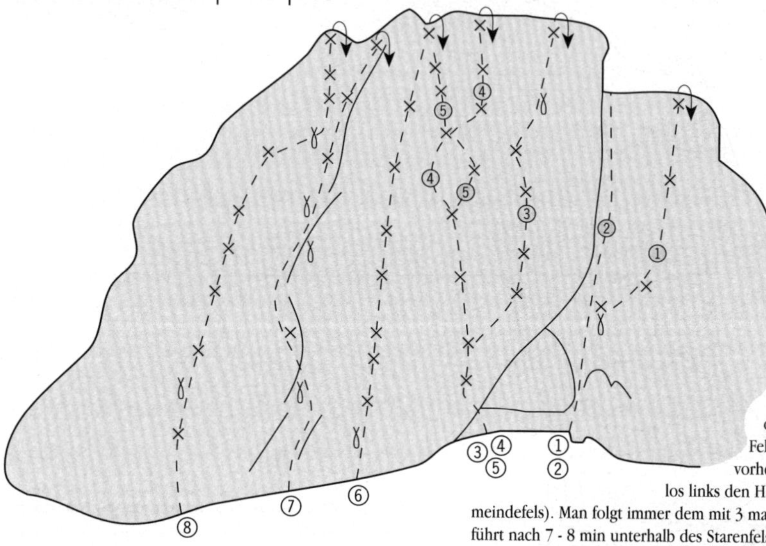

Zugang

Parken in Neutras. Auf Wanderweg (Markierung 2 und 3) in Richtung Schmidtstadt (Wegweiser am Ortsende). Nach gut 300 m zweigt der Wanderweg vom Feldweg links ab (kurz vorher gelangt man weglos links den Hang hoch zum Gemeindefels). Man folgt immer dem mit 3 markiertem Weg, dieser führt nach 7 - 8 min unterhalb des Starenfels vorbei. Hier hält man sich bei der Gabelung scharf links (Markierung 2, Blaukreuz). An Wiese entlang, bei Wildfütterung rechts (Markierung 3) in den Wald. Man sieht oben die Rückseite des Felsens. Rechts haltend aufwärts zur Nordostwand.

Linker Wandteil | 16 m | NO

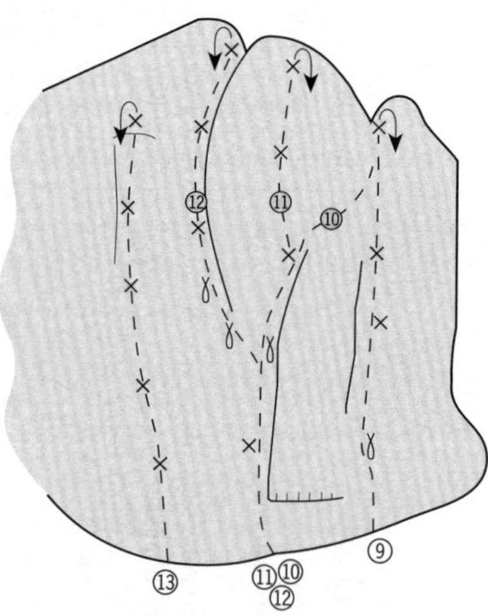

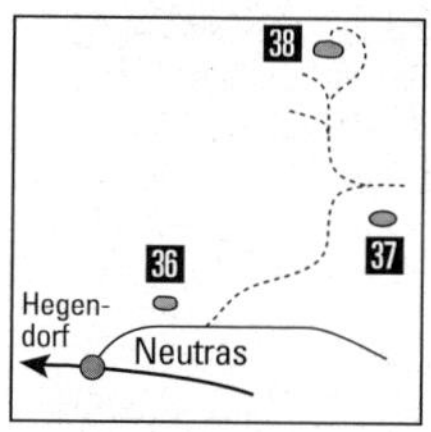

Neutras
36 Gemeindefels
37 Starenfels
38 Bodenbergwand
Gebietsübersicht *S. 87*
Übersichtskarte 1 *(S. 15)*

①	?	6+
②	Vergiss mein *(große Keile)*	6+
③	All you need	8-
④	Diakonenexamen	7+/8-
⑤	Diakonisse	8+
⑥	End of Dreams	8
⑦	Vergessener Riss	6+
⑧	Schauermärchen	7-
⑨	Dicke Backe	6
⑩	Rampe	5+
⑪	Für Janina	6+
⑫	Alter Weg	5
⑬	Resi	6+

Besonderheit

Auch hier wurden neue, sehr gut gesicherte Routen erstbegangen und die alten Wege saniert. Die ruhige Lage verdient man sich durch den etwas längeren Zustieg. Idealer Sommerfels.

Schwarzbrennerei und Nischenwand | 10 - 18 m | N

Rechter Wandteil | 12 m | N

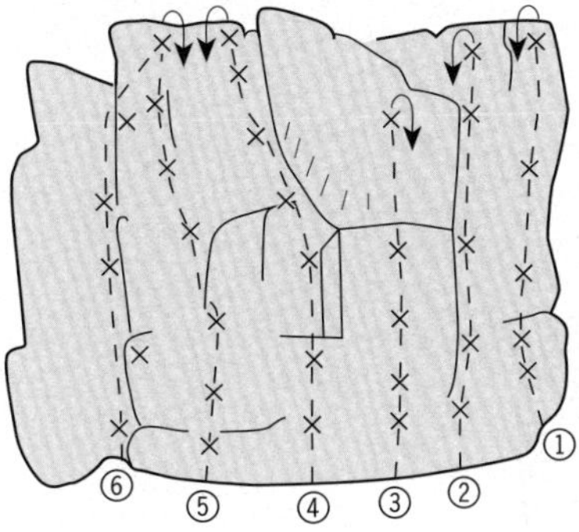

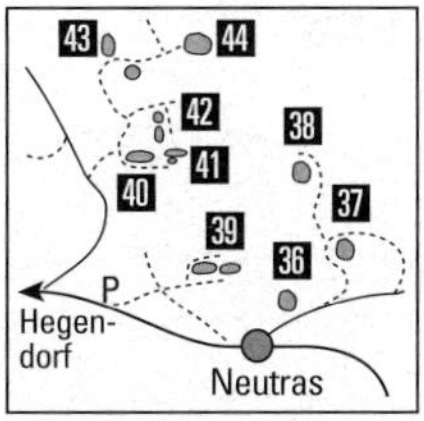

Schwarzer Brand
36 Gemeindefels
37 Starenfels
38 Bodenbergwand
39 Schwarzbrennerei und Nischenwand
40 Weiße Wand
41 Röthenbacher Wand
42 Drachenburg
43 Sepp Bader-Ged.-Wand und Lug ins Land
44 Prellstein
Gebietsübersicht *S. 87*
Übersichtskarte 1 *(S. 15)*

Zugang
Parken zwischen Hegendorf und Neutras am Waldrand (in Richtung Neutras führt die Straße in den Wald). Einem Waldweg in östlicher Richtung schräg den Hang hinauf folgen. Bei einem Bauwagen noch 80 m weiter, links oben ist die Rückseite der Felsen bereits sichtbar. Auf Pfad hinauf zum Kamm und auf der anderen Seite kurz links absteigen zur Schwarzbrennerei oder kurz rechts absteigen zur Nischenwand. Das Nebenmassiv steht 20 m links der Route »Al Capone«.
Man gelangt auch von der Schwarzbrennerei zur Nischenwand, indem man 100 m leicht absteigt, den Grünstrich-Wanderweg quert und weitere 100 m wieder leicht ansteigt.

Besonderheit
Die klassische Schwarzbrennerei wurde in den Jahren 99-01 von Uli Röker und Karsten Oelze erschlossen. Jan Luft wurde im Jahr 03 weiter links fündig und richtete an der Nischenwand 2 richtig steile Wege ein.
Das Hauptmassiv ist zwar nicht allzu hoch, bietet aber schöne Lochklettereien in sehr ruhiger Lage.

Linker Wandteil | 10 m | N

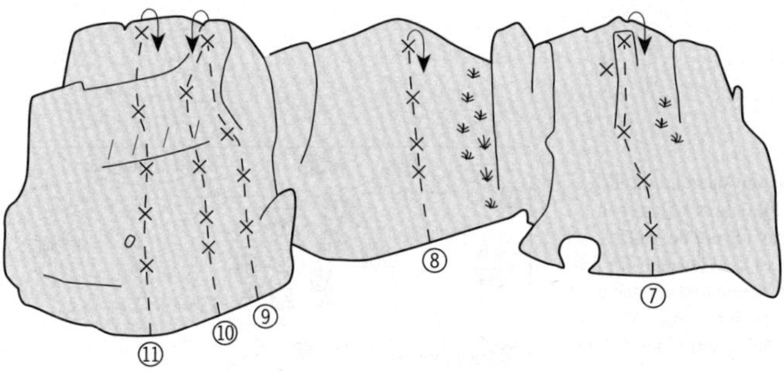

Nebenmassiv | 10 m | O

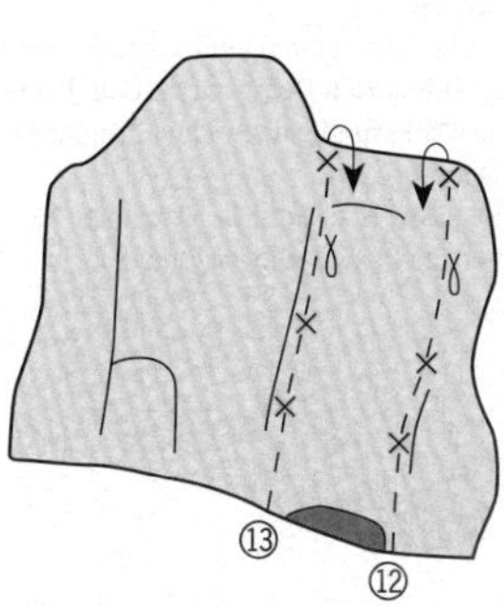

①	Gärprozess	7
②	Jim Beam me	6+
③	Galama	7
④	Kümmerling	6+
⑤	T. W. Justice	5
⑥	Gator	5-
⑦	Prost Mahlzeit	7-
⑧	Kleiner Feigling	7+
⑨	Super Bleifrei	7
⑩	Diesel mit Schuss	8
⑪	Al Capone	7+
⑫	Grappatoni	6-
⑬	Rumrosine	6

39 Schwarzbrennerei und Nischenwand | 10 - 18 m | N

Nischenwand | 18 m | NW

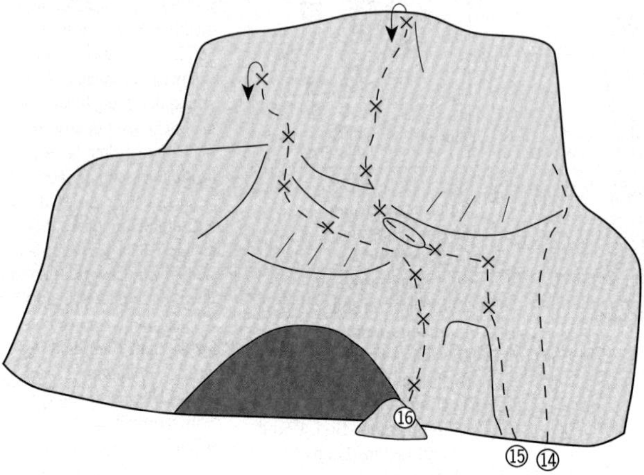

⑭ Projekt		
⑮ Venga	8	
⑯ Comme ci - comme ca	7	

Zugang
Parken zwischen Hegendorf und Neutras am Waldrand (in Richtung Neutras führt die Straße in den Wald). Einem Waldweg in östlicher Richtung schräg den Hang hinauf folgen. Bei einem Bauwagen noch 80 m weiter, links oben ist die Rückseite der Felsen bereits sichtbar. Auf Pfad hinauf zum Kamm und auf der anderen Seite kurz links absteigen zur Schwarzbrennerei oder kurz rechts absteigen zur Nischenwand. Das Nebenmassiv steht 20 m links der Route »Al Capone«.
Man gelangt auch von der Schwarzbrennerei zur Nischenwand, indem man 100 m leicht absteigt, den Grünstrich-Wanderweg quert und weitere 100 m wieder leicht ansteigt.

Besonderheit
Die klassische Schwarzbrennerei wurde in den Jahren 99-01 von Uli Röker und Karsten Oelze erschlossen. Jan Luft wurde im Jahr 2003 weiter links fündig und richtete an der Nischenwand 2 richtig steile Wege ein.
Das Hauptmassiv ist zwar nicht allzu hoch, bietet aber schöne Lochklettereien in sehr ruhiger Lage.

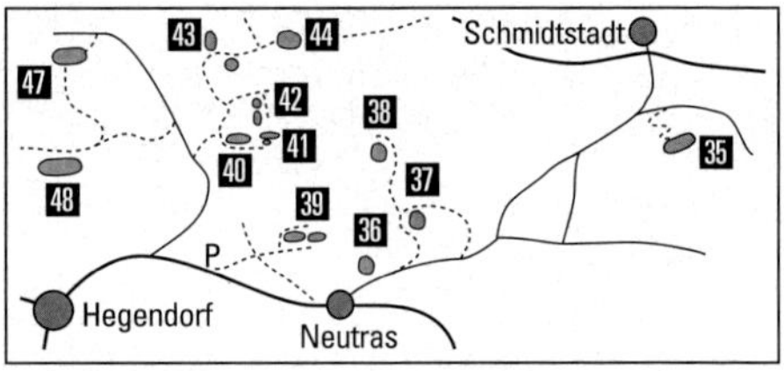

Übersicht Schwarzer Brand
35 Schmidtstadter Wand
36 Gemeindefels
37 Starenfels
38 Bodenbergwand
39 Schwarzbrennerei und Nischenwand
40 Weiße Wand
41 Röthenbacher Wand
42 Drachenburg
43 Sepp Bader-Ged.-Wand und Lug ins Land
44 Prellstein
47 Castellwand
48 Norisbrettl
Gebietsübersicht *S. 87*
Übersichtskarte 1 *(S. 15)*

Linker Wandteil | 8 - 16 m | NW

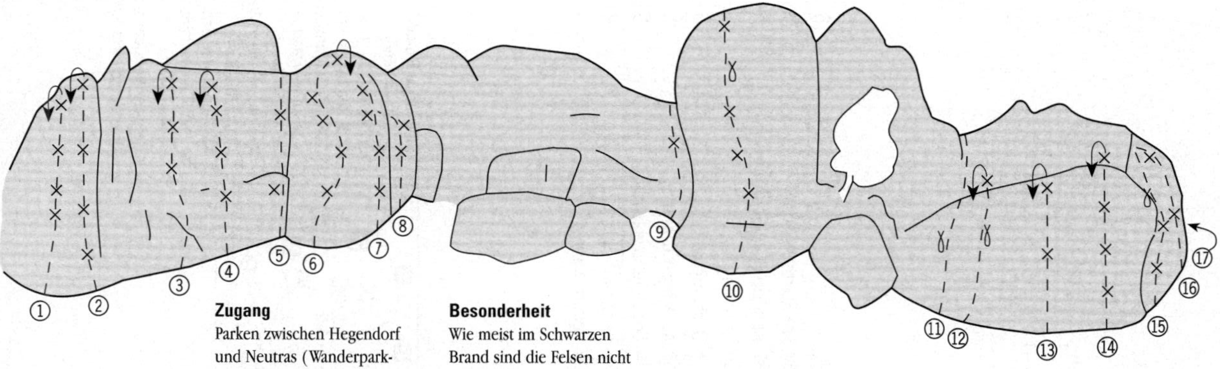

Zugang
Parken zwischen Hegendorf und Neutras (Wanderparkplatz); links dem Wanderweg nach Hirschbach folgen und am Waldrand die 2. Abzweigung nach rechts zum Höhenglücksteig. Bei der großen Hinweistafel rechts haltend auf dem Grasrücken über Steigspuren zur Wand.

Besonderheit
Wie meist im Schwarzen Brand sind die Felsen nicht allzu hoch, bieten aber lohnende Lochklettereien in einer schönen Umgebung. Man findet sowohl Schatten- (linker Wandteil) als auch Sonnenseiten (rechter Wandteil).

① Moosbüffel	6	
② Auf lange Zeit	6 -	
③ Tänzerin	5 -	
④ Docteur Fromage	6	
⑤ Ritzn	6 -	
⑥ Lilliputs	7	
⑦ Direkte Sachsen-Franken	7	🍺
⑧ Startbahn West	6	
⑨ Schiefe Bahn	5	

⑩ Preußenschreck	6 +	🍺
⑪ Einstiegsschrofen	5 -	
⑫ Gehgelände	5	
⑬ Cherry	7 -	
⑭ Billy Boy	6	
⑮ Lucky Luke	6 +	
⑯ Platzangst	5	
⑰ Onkel Willi	2	

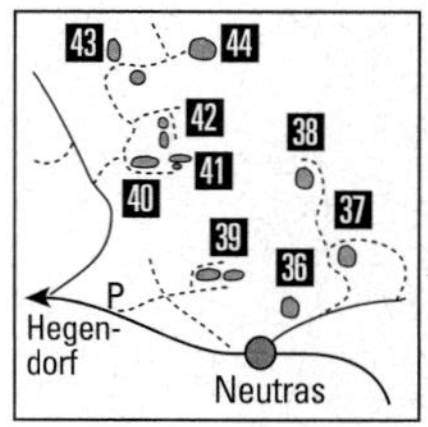

Schwarzer Brand
36 Gemeindefels
37 Starenfels
38 Bodenbergwand
39 Schwarzbrennerei und Nischenwand
40 Weiße Wand
41 Röthenbacher Wand
42 Drachenburg
43 Sepp Bader-Ged.-Wand und Lug ins Land
44 Prellstein
Gebietsübersicht *S. 87*
Übersichtskarte 1 *(S. 15)*

40 Weiße Wand | 8 - 16 m | NW + S

Rechter Wandteil | 12 m | S

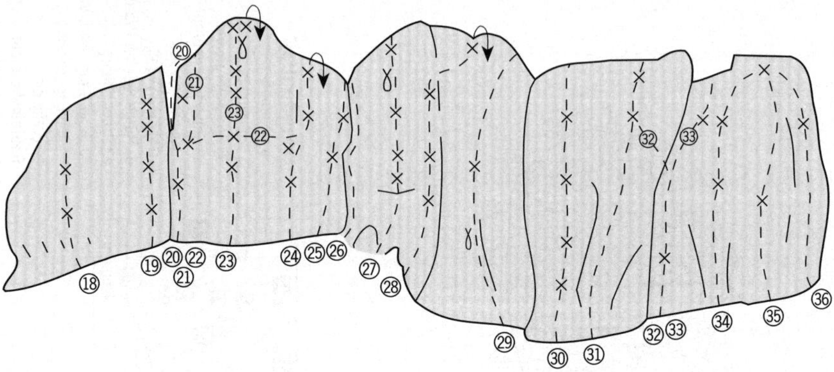

⑱	Wulst	6
⑲	Hard's Weckla	7 -
⑳	Linker Kamin	4
㉑	Fairplay	7 -
㉒	Weiße Wand	7 +
㉓	Lady Domina	7
㉔	Direkteinstieg	7 -
㉕	Engel	4
㉖	Rechter Kamin	3
㉗	Bauchtanz	6
㉘	?	5
㉙	Do Ruznych Stran	6 +
㉚	Kiefernverschneidung	6 -
㉛	Boulder	7 -
㉜	Barbarariss	6 -
㉝	Ausstiegsvariante	6
㉞	Frühlingserwachen	5 +
㉟	Jung und Alt	4
㊱	Rechte Kante	5

Zugang

Parken zwischen Hegendorf und Neutras (Wanderparkplatz), links dem Wanderweg nach Hirschbach folgen und am Waldrand die 2. Abzweigung nach rechts zum Höhenglücksteig. Bei der großen Hinweistafel rechts haltend auf dem Grasrücken über Pfad zur Weißen Wand.

Besonderheit

Wie meist im Schwarzen Brand sind die Felsen nicht allzu hoch, bieten aber lohnende Lochklettereien in einer schönen Umgebung. Man findet sowohl Schatten- (linker Wandteil) als auch Sonnenseiten (rechter Wandteil).
Zwischen den beiden Wandteilen gibt es noch 2 kurze, nicht im Topo erfasste Routen (Schlumpf 4+ und Käpt'n Blaubär 4+).

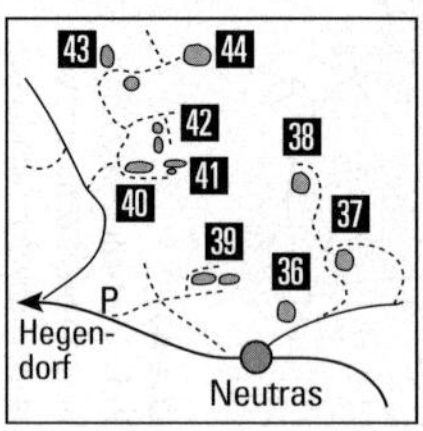

Schwarzer Brand
36 Gemeindefels
37 Starenfels
38 Bodenbergwand
39 Schwarzbrennerei und Nischenwand
40 Weiße Wand
41 Röthenbacher Wand
42 Drachenburg
43 Sepp Bader-Ged.-Wand und Lug ins Land
44 Prellstein
Gebietsübersicht *S. 87*
Übersichtskarte 1 *(S. 15)*

Röthenbacher Turm | SW-Seite | 10 m

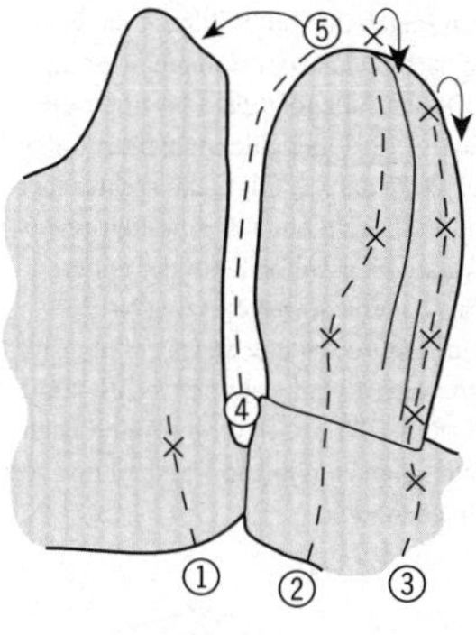

Zugang
Parken zwischen Hegendorf und Neutras (Wanderparkplatz), links dem Wanderweg nach Hirschbach folgen und am Waldrand die 2. Abzweigung nach rechts zum Höhenglücksteig. Bei der großen Hinweistafel rechts haltend auf dem Grasrücken über Pfad zur Weißen Wand. An ihrem Wandfuß rechts haltend weiter und auf Steigspuren in östlicher Richtung weiter zum Röthenbacher Turm und der dahinter gelegenen Röthenbacher Wand.

Besonderheit
Kleines, idyllisch gelegenes Gebiet in der Nähe der Weißen Wand. Oberhalb der Felsen befindet sich eine private Hütte, deshalb bitte Rücksicht nehmen und keinen unnötigen Lärm verursachen!
An der Wand gab es schon lange einige klassische Wege, nun wird sie nach Sanierungen und der Erschließung neuer Wege durch Jan Luft wieder mehr besucht. Der Fels ist teilweise recht kleingriffig.
Recht originell ist die für Franken nicht alltägliche Risskletterei »Wie du mir, so ich dir«.

Röthenbacher Turm | Röthenbacher Wand | 8 - 14 m

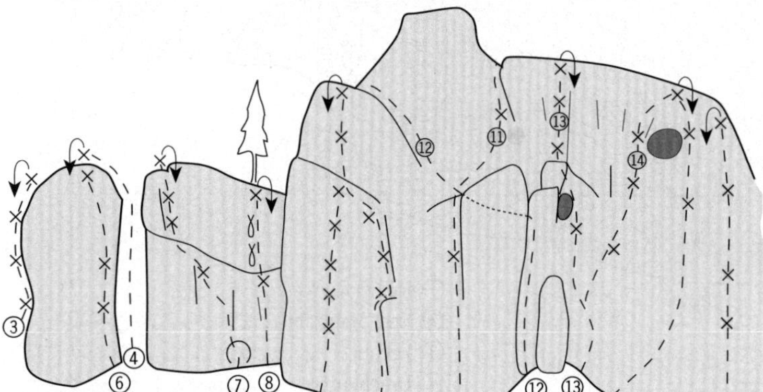

① *Projekt*	
② Afric Pepperbird	7
③ Talseite	7+
④ Bergseite (Spreizkamin)	e2/4+
⑤ Spreizschritt (klass. Abstieg)	
⑥ Denkste	6
⑦ Felsenfestweg	7+
⑧ ?	6+

⑨ *Projekt*	
⑩ Georg Meier Ged.-Weg	7-
⑪ Grottenriss	4+
⑫ Eva's Sündenfall	3+
⑬ Wie du mir, so ich dir	7
⑭ Teufelstanz	8-
⑮ Höhlenknarf	6+
⑯ Dicke Liese	5+

42 Drachenburg

| 12 - 15 m | N

Rechter Wandteil | 12 m | N

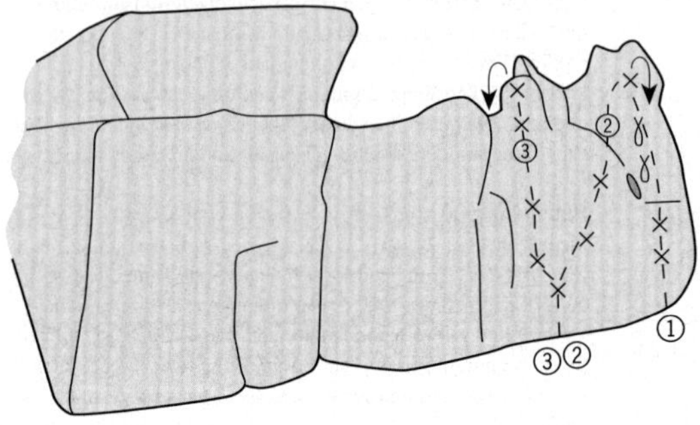

Zugang

Parken zwischen Hegendorf und Neutras (Wanderparkplatz); links dem Wanderweg nach Hirschbach folgen und am Waldrand die 2. Abzweigung nach rechts zum Höhenglücksteig (Schild). Diesem Weg folgt man bis unter die Weiße Wand. Der Höhenglücksteig führt unter ihr vorbei, 20 m danach folgt man rechts einer Fuhre und nach weiteren 120 m wieder rechts einem Weg auf eine Anhöhe. Auf der anderen Seite rechts haltend absteigen (Weg Nr. 2). Nach 50 m steht rechts des Weges ein moosiges Türmchen. Nach 100 m steht der rechte Wandteil oberhalb des Weges. Unter der Wand nach links gelangt man zum linken Wandteil und weiter zur Drachenhöhle.

Linker Wandteil | 14 m | N

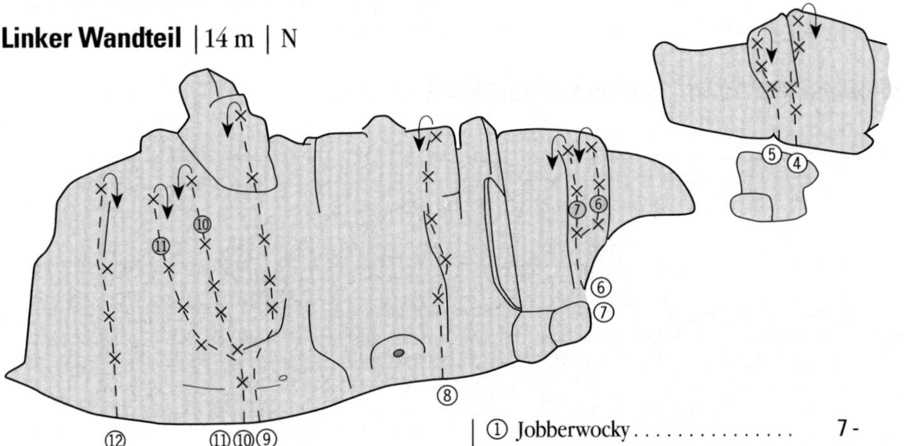

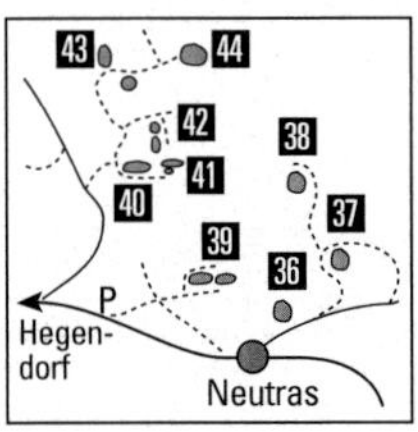

Besonderheit

Die Drachenburg ist ein idealer Sommerfels im kühlen Wald, der löchrige, leicht überhängende Klettereien bietet. Noch steiler und henkeliger geht es in der neu erschlossenen Drachenhöhle ganz links zu.

Schwarzer Brand
36 Gemeindefels
37 Starenfels
38 Bodenbergwand
39 Schwarzbrennerei und Nischenwand
40 Weiße Wand
41 Röthenbacher Wand
42 Drachenburg
43 Sepp Bader-Ged.-Wand und Lug ins Land
44 Prellstein
Gebietsübersicht *S. 87*
Übersichtskarte 1 *(S. 15)*

①	Jobberwocky	7-
②	Frau Mahlzahn	6+
③	Fuchur	7
④	Drachenriss	6
⑤	Fumé	7+
⑥	Flammenwerfer	9
⑦	Slotmachine	9+/10-
⑧	Grisu	6+
⑨	Drachentanz	8+/9-
⑩	Im Auge des Drachen	9-
⑪	Drachenkönig	10-/10
⑫	Markor	7
⑬	Drachenschlund	5
⑭	Flugmonster	8
⑮	Opferlamm	7+
⑯	Ritter Gnadenlos	7+
⑰	Schabernack	6
⑱	Feuerspucker	6+
⑲	Zahmer Drache	4+

Drachenhöhle | 15 m | N

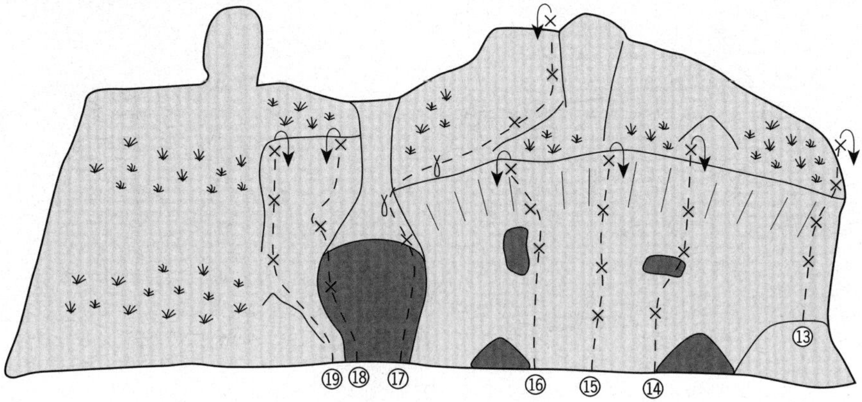

Gebietsübersicht

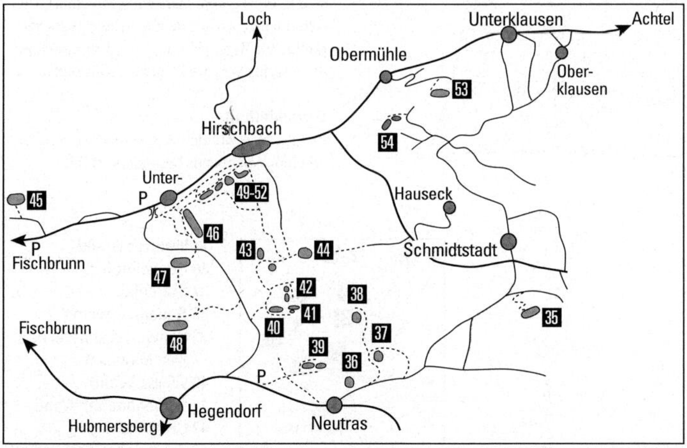

Schwarzer Brand/Hirschbachtal

35 Schmidtstadter Wand
36 Gemeindefels
37 Starenfels
38 Bodenbergwand
39 Schwarzbrennerei und Nischenwand
40 Weiße Wand
41 Röthenbacher Wand
42 Drachenburg
43 Sepp Bader-Ged.-Wand und Lug ins Land
44 Prellstein
45 Sprungstein
46 Mittelbergwand
47 Castellwand
48 Norisbrettl
49-52 Schlaraffenland
49 Teufelsrissmassiv
50Hirschbacher Wand
51 Rabensteiner Wand
52 Schmidbergwand
53 Klausener Wand
54 Habichtstein
Übersichtskarte 1 *(S. 15)*

Kulinarisches

Im Hirschbachtel kann man vielerorts gut und preiswert essen. Die Gasthöfe in Hirschbach bieten eine gute Auswahl zu mittleren Preisen und frische Forellen und Karpfen. Einfacher, aber gut und billig ist das Angebot in Unterhirschbach *(Zur Mittelbergwand)* und in Fischbrunn *(Zum Hirschbachtal; Montag und Dienstag Ruhetag)*, letzterer hat vor allem gute Brotzeiten aus eigener Metzgerei und Hersbrucker und Etzelwanger Biere vom Fass.

Im Schwarzen Brand kann man in Neutras *(»Zum Neutrasfelsen«; Dienstag Ruhetag)* gut essen und das Holnsteiner Bier genießen. Der Gasthof hat eine schöne Terasse.

43 Lug ins Land

10 - 12 m | NO + SW

Lug ins Land | 10 m | NO

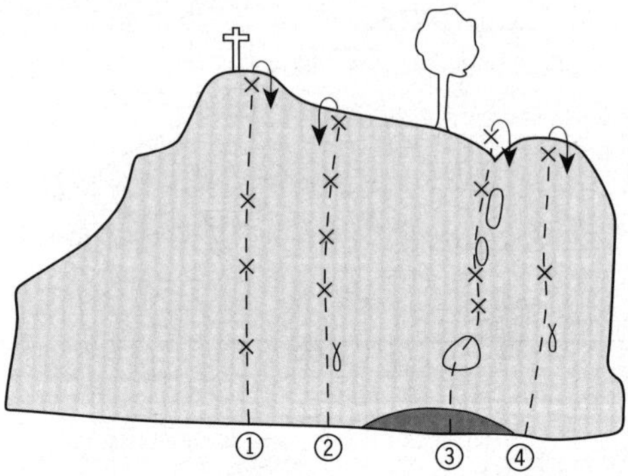

Nebenmassiv | 10 m | SW

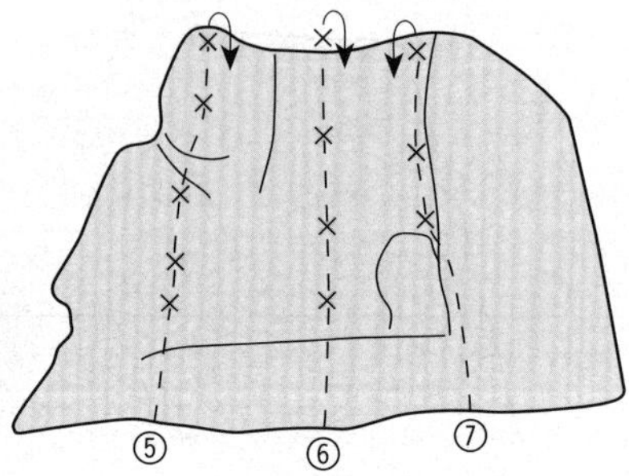

Untere Wand | 12 m | W

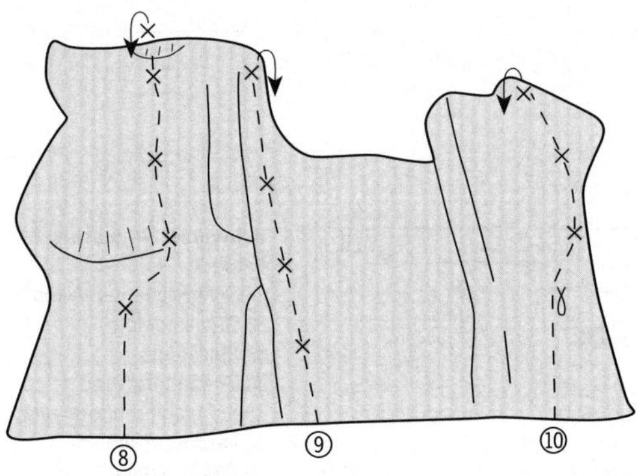

Zugang
Parken zwischen Hegendorf und Neutras (Wanderparkplatz); links dem Wanderweg nach Hirschbach folgen und am Waldrand die 2. Abzweigung nach rechts zum Höhenglücksteig (Schild). Diesem Weg folgt man bis unter die Weiße Wand. Der Höhenglücksteig führt unter ihr vorbei. Man folgt ihm weiter nordwestlich, bleibt aber auf dem Wanderweg unterhalb der Felsen, wo der Klettersteig nach oben führt. Der Weg führt zu einem markanten Einschnitt. Hier steht man genau vor dem beliebten Aussichtspunkt. Zur Wand geht man aus dem Einschnitt 30 m rechts herum (15-20 min ab Parkplatz).

Besonderheit
Kleines, aber wunderbar gelegenes Gebiet. Die Stimmung ist abends besonders schön.

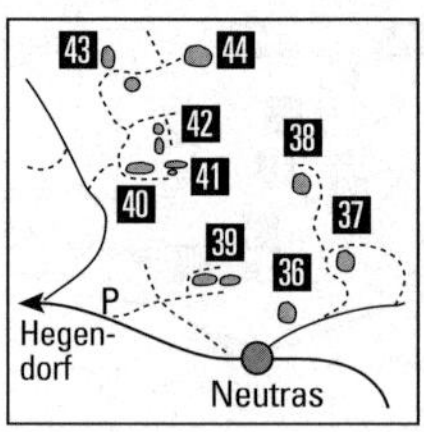

Schwarzer Brand
36 Gemeindefels
37 Starenfels
38 Bodenbergwand
39 Schwarzbrennerei und Nischenwand
40 Weiße Wand
41 Röthenbacher Wand
42 Drachenburg
43 Sepp Bader-Ged.-Wand und Lug ins Land
44 Prellstein
Gebietsübersicht *S. 87*
Übersichtskarte 1 *(S. 15)*

①	Quietschentchen	6-
②	Sid Vicious Ged.-Weg	7-
③	Valerie on my mind	6
④	Susi Sorglos	6+
⑤	Retourkutsche	7
⑥	Landpomeranze	5-
⑦	Theresa	6+
⑧	Glöckli	8
⑨	Wilde Amelie	6
⑩	Ossi Bühler-Gedenkpfeiler	6

Prellstein und Sepp Bader Ged.-Wand | 12 - 18 m | N + W

Prellstein | Westwand | 18 m

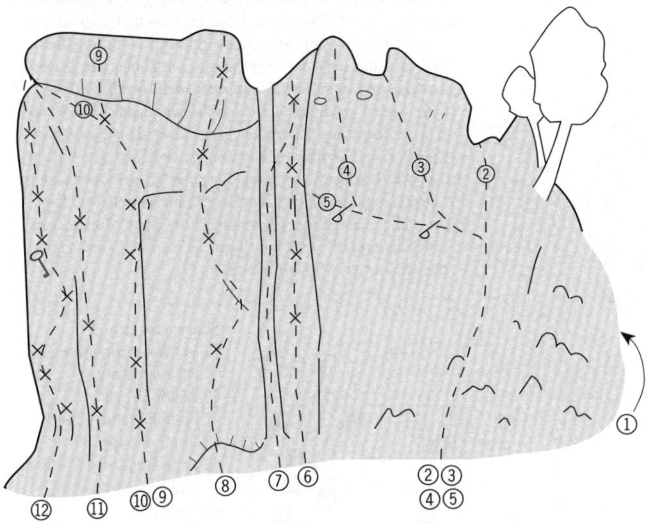

Zugang
In Hirschbach bei Telefonzelle parken und gegenüber Straße hinauf (»beim Schmiedberg«). Bei Gabelung links und nach Rechtskurve weiter den Hang hoch (Straße geht in Schotterweg über). Nach gut 5 min bei einer Rechtsbiegung auf Wanderweg weiter geradeaus und in weiteren 5 min zum bereits sichtbaren Prellstein. Gegenüber im Wald steht sich die Sepp Bader Ged.-Wand.

Besonderheit
Längerer Zustieg, landschaftlich schön, tolle Aussicht. Teils technische, kleingriffige Kletterei.

Prellstein | Nordwand | 18 m

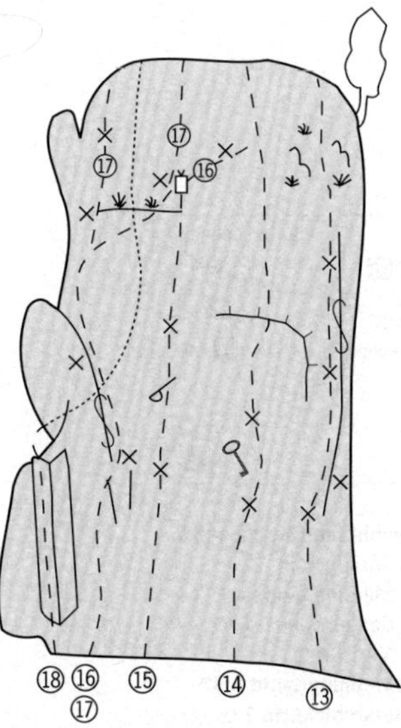

① Normalweg	1
② Westwand	3
③ Direkter Nürnberger Weg	6 -
④ Fliegender Aachener	e1/6 +
⑤ Nürnberger Weg	6 +
⑥ Aspekt	7 -
⑦ Westkamin	6 +
⑧ Akzeptiert mich	7 +
⑨ Jumpin' Jack Flash	7 +
⑩ Laufer Weg	7 +
⑪ Emanzenpreller	8 +
⑫ Koch Ged.-Weg	9 -
⑬ Teufelsriss	6
⑭ Via Carla	e1/8 +
⑮ Geprellt *(Ausstieg beliebig)*	8 +
⑯ Jubiläumsweg	6
⑰ Direkte Ausstiege	6
⑱ Nordverschneidung	4

44 Prellstein und Sepp Bader Ged.-Wand | 12 - 18 m | N + W

Sepp Bader Ged.-Wand | 12 m | NO

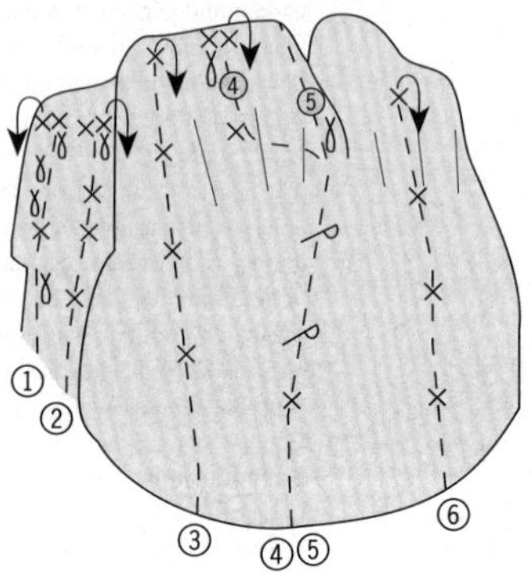

①	?	7 -
②	?	7
③	Amok	10 -
④	Platzpatrone	8 +
⑤	Sepp Bader Ged.-Weg	8 -
⑥	Stiftung Routentest	8

Zugang
In Hirschbach bei Telefonzelle parken und gegenüber Straße hinauf (»beim Schmiedberg«). Bei Gabelung links und nach Rechtskurve weiter den Hang hoch (Straße geht in Schotterweg über). Nach gut 5 min bei einer Rechtsbiegung auf Wanderweg weiter geradeaus und in weiteren 5 min zum bereits sichtbaren Prellstein. Gegenüber im Wald steht sich die Sepp Bader Ged.-Wand.

Die beiden Felsen können auch von dem Parkplatz zwischen Hegendorf und Neutras erreicht werden. Man folgt dem Wanderweg nach Hirschbach (ausgeschildert) und biegt am Waldrand die 2. Abzweigung nach rechts zum Höhenglücksteig ab. Nun folgt man immer dem Wanderweg unterhalb des drahtseilgesicherten Steiges bis zum Lug ins Land. Hier steigt man am Osthang ab zu Sepp- Bader Ged.-Wand und Prellstein.

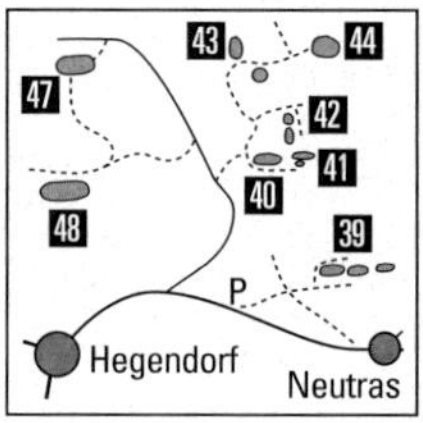

Schwarzer Brand
39 Schwarzbrennerei und Nischenwand
40 Weiße Wand
41 Röthenbacher Wand
42 Drachenburg
43 Sepp Bader-Ged.-Wand und Lug ins Land
44 Prellstein
47 Castellwand
48 Norisbrettl
Gebietsübersicht *S. 87*
Übersichtskarte 1 *(S. 15)*

45 Sprungstein | 25 - 30 m | S + N

Bergseite | 25 m | N

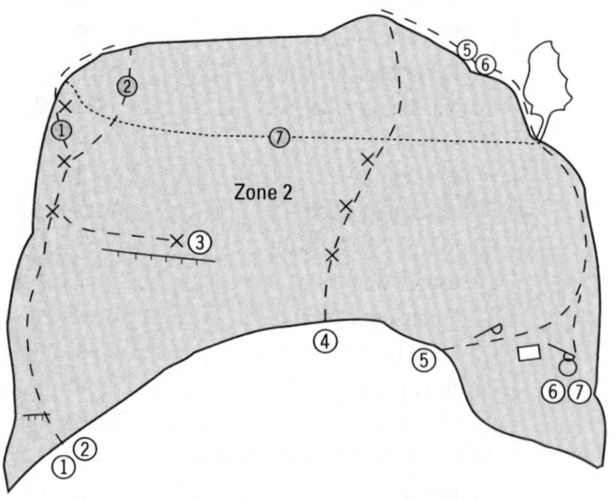

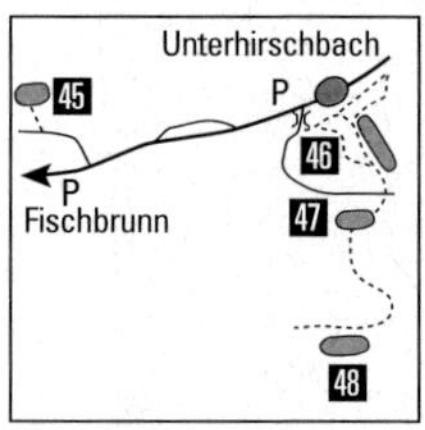

Fischbrunn/Hirschbach
45 Sprungstein
46 Mittelbergwand
47 Castellwand
48 Norisbrettl
Gebietsübersicht *S. 87*
Übersichtskarte 1 *(S. 15)*

Talseite | 30 m | S

Sperrung
Bei Brutansiedelung von 1.2. - 31.7.

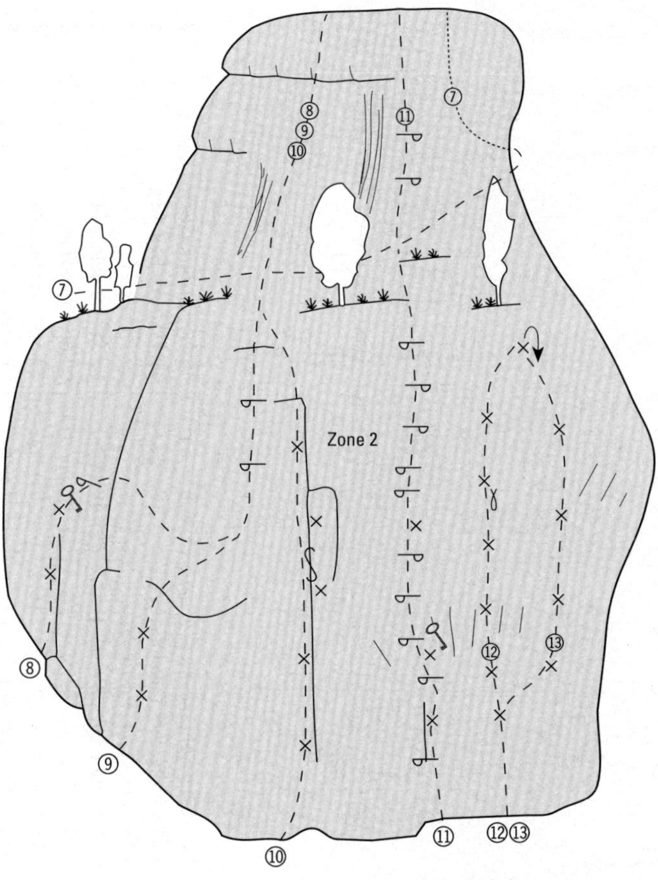

Zugang
Der Sprungstein ist bereits von der Fischbrunner Kurve aus sichtbar. Vom Parkplatz zwischen Fischbrunn und Hirschbach führt ein Pfad zum Felsen.

Besonderheit
Die früher technisch begangene Direttissima wurde 1986 von Wolfgang Güllich Rotpunkt begangen. In den Jahren 1995 und 1997 eröffnete Martin Elsässer 2 weitere schwierige Wege mit den schönen Namen Drecksteil und Drecksack.
Aber auch für Genusskletterer lohnt sich der Weg zum Sprungstein, die leichten Wege bieten schöne Henkelkletterei. Zu dem 1. Haken der Routen ①, ② und ③ gelangt man durch Überfall oder Sprung vom Massiv zum Turm. Daher hat der Fels seinen Namen.
Durch die Lage im Wald ist auch die Talseite im Sommer erst im oberen Teil sonnig.
Angrenzende Felsbereiche liegen in Zone 1.

① Südostkante	5
② Ostwand	5
③ Freispitzlerweg	5
④ Bergseite	5+
⑤ Quergang	5
⑥ Westkante	4
⑦ Südwestwand	4
⑧ Neue Talseite	8+
⑨ *Projekt*	
⑩ Alte Talseite	7
⑪ Direttissima	10-
⑫ Drecksteil	10
⑬ Drecksack	10/10+

46 Mittelbergwand

☼ | 30 m | SW

Linker bis mittlerer Wandteil

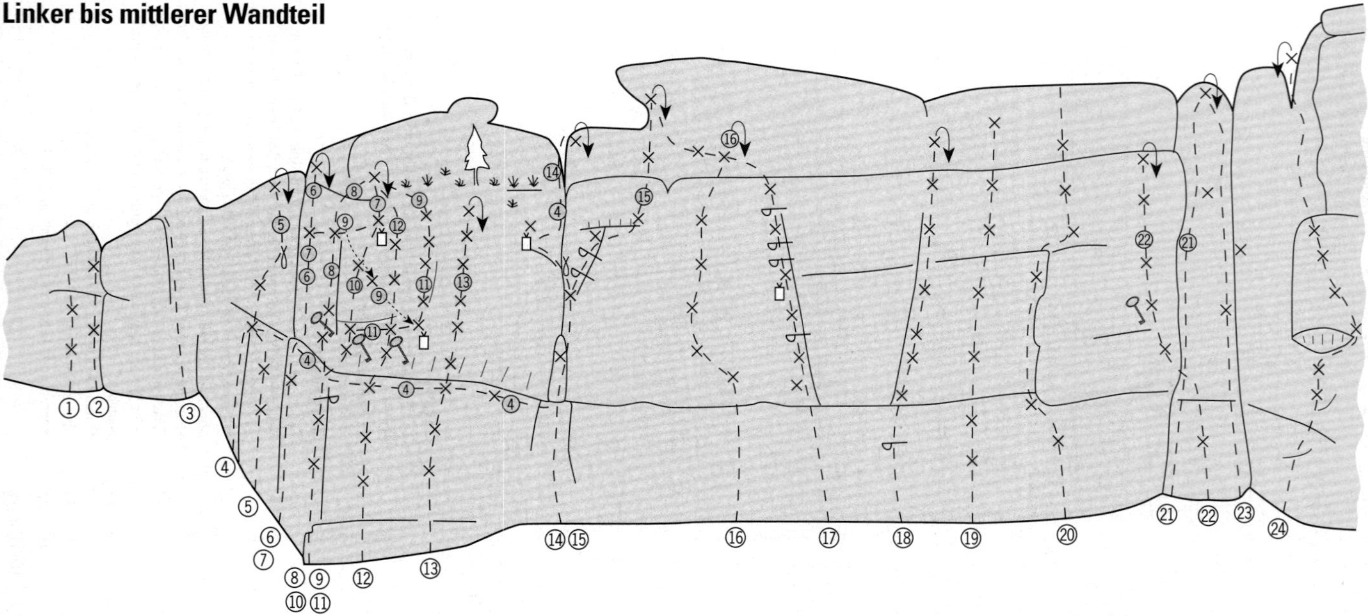

① Clawfinger	
② Satansbraten	6+
③ Parallelrisse *(Keile)*	6
④ Comici Ged-Weg	a1/5
⑤ Sirene	7
⑥ Nordverschneidung	5
⑦ Paidar Ged.-Weg	6+
⑧ Direkter Bergvagabundenweg	e2/7+
⑨ Bergvagabundenweg	a3/6
⑩ Cubanischer Volkssport	9-
⑪ *Rutensanierer (Projekt)*	
⑫ Position 69	10-
⑬ *Projekt*	
⑭ Seifertriss *(ggf. Keile)*	6-
⑮ Nürnberger Weg	7+
⑯ *Projekt*	
⑰ Heckmann Ged.-Weg	8
⑱ Kasparek Ged.-Weg	8+
⑲ *Projekt*	
⑳ Buchensteiner Weg	8+
㉑ Schinderkamin	4
㉒ Schwanndsgsichd	8+
㉓ Armriss	5+
㉔ Teufelskrallenweg	7+

Mittlerer bis rechter Wandteil

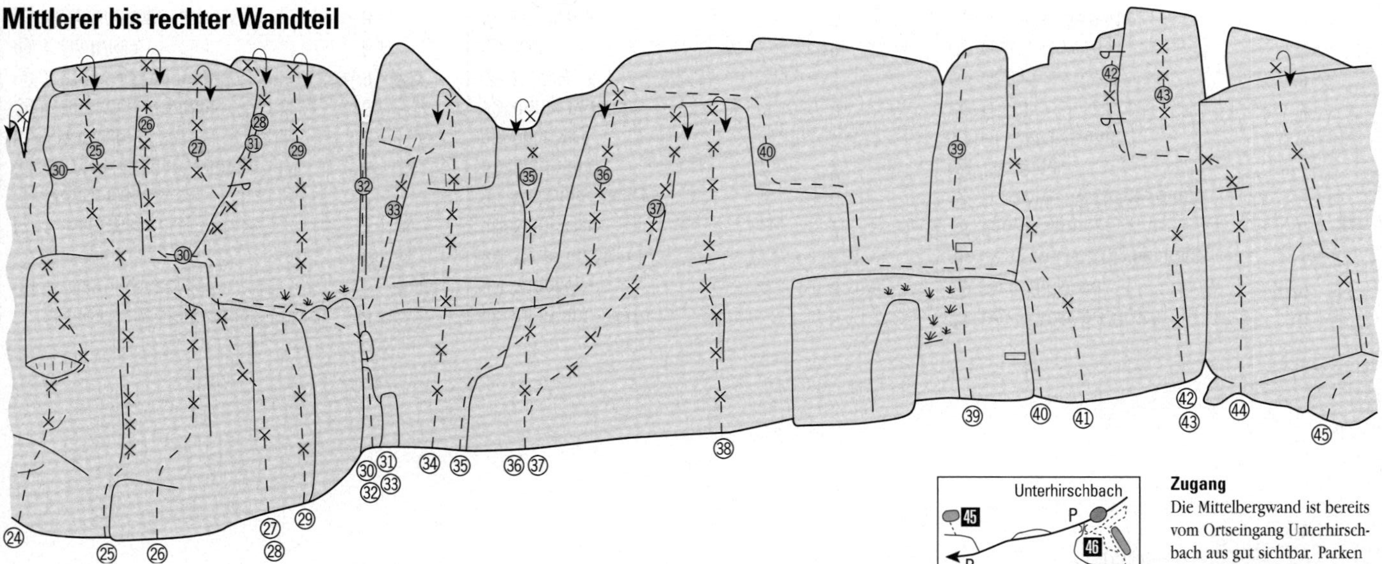

㉔ Teufelskrallenweg	7 +	
㉕ Zaubermaus	8	
㉖ Direkter Kletterboumweg	7 -	
㉗ Buschkönig@frankenjura.com	8	
㉘ Direkter Schwabacher Weg	6 +	
㉙ Son Cubano	8	
㉚ Kletterboumweg	5 +	
㉛ Schwabacher Weg	6 +	
㉜ Mittelbergkamin	4	
㉝ Norispfeiler	5 -	
㉞ Merengue	7+/8 -	
㉟ Y-Weg	6 -	
㊱ Tembleque	7 -	
㊲ Kurt Günther Ged.-Weg	7 +	
㊳ *Ntyilo Ntyilo (Projekt)*		
㊴ Blues zum Gruß *(ggf. Keile)*	5 +	
㊵ Norissteig *(drahtseilges. Steig)*	2	
㊶ Spätzünder	5 +	
㊷ Bergwachtverschneidung	6 +	
㊸ Variante	6 +	
㊹ ? *(definiert)*	8 +	
㊺ Sepuco	6 -	

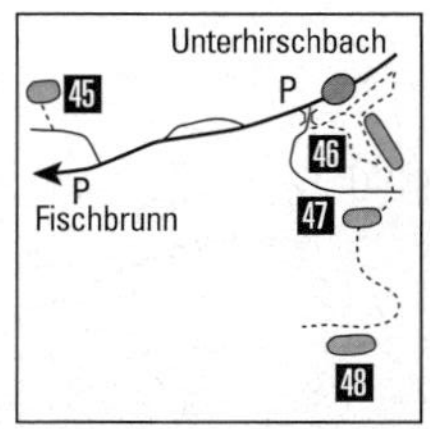

Fischbrunn/Hirschbach
45 Sprungstein
46 Mittelbergwand
47 Castellwand
48 Norisbrettl
Gebietsübersicht *S. 87*
Übersichtskarte 1 *(S. 15)*

Zugang
Die Mittelbergwand ist bereits vom Ortseingang Unterhirschbach aus gut sichtbar. Parken am großen Parkplatz 200 m talabwärts von Unterhirschbach. Auf der Straße talaufwärts, 50 m vor Ortseingangschild rechts gesperrte Straße hoch. Nach 100 m bei Holzbank links, nach 10 m wieder rechts und hoch zur Wand.

Besonderheit
Technisch anspruchsvolle Routen in sehr sonniger Wand. Neben plattigen Leistenklettereien gibt es auch charaktervolle Risse. Komplett saniert.

Linker Wandteil

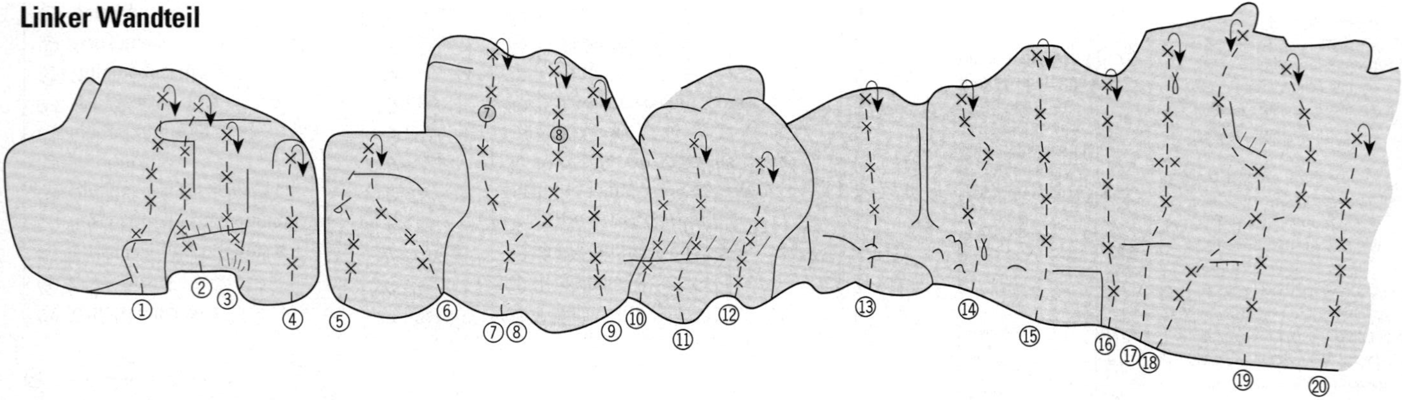

Nr.	Route	Grad
①	Eschenbacher Bauerntanz	8+
②	Tyroler Jägersteig	9-
③	Pfundig	8
④	Carlamaris	7-
⑤	Monster Bettes	7-
⑥	Grüner Ehrlein Ged.-Weg	6
⑦	Kärwazeit	7-
⑧	Heavy Metal Landler	8
⑨	Anderl	9-/9
⑩	Castellriss	6+
⑪	Auge um Auge	8
⑫	Zahn um Zahn	8
⑬	Minerales	8
⑭	Mann im Mond	6+
⑮	Rainy Days	7
⑯	Fleischige Snacks	6
⑰	Baldrian	7
⑱	50er Weg	7+
⑲	Ruhig Blut	8+
⑳	*Projekt*	
㉑	XXL	10-
㉒	Lila Pause	9-
㉓	Letzte Ausfahrt Bruck	10-
㉔	Niemandsland	9-/9
㉕	Deutsch-Österriecher Weg	7+
㉖	Kauperkante	6+
㉗	Hirschbachverschneidung	5
㉘	The Blues	7-
㉙	Hirschbachkamin	3
㉚	David	7-
㉛	Goliath	8-
㉜	Esra	7+
㉝	Hirschbachwändle	6

Rechter Wandteil

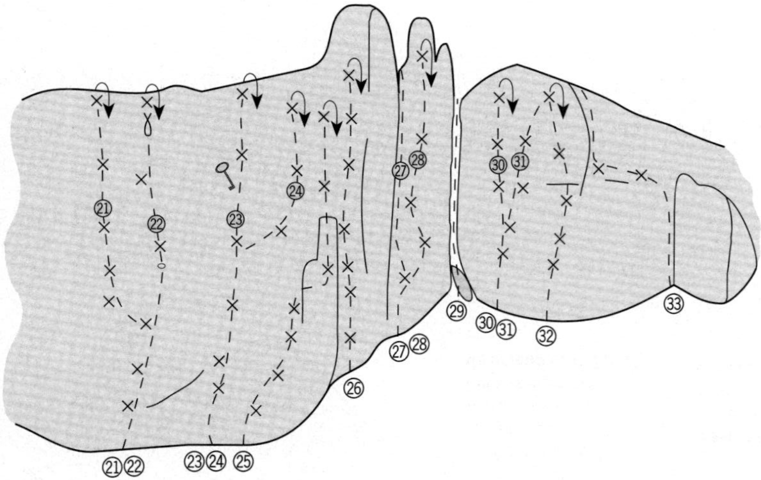

Zugang
Parken 200 talabwärts von Unterhirschbach (großer Parkplatz). Auf der Straße talaufwärts, 50 m vor Ortseingangschild rechts gesperrte Straße hoch und dieser folgen bis in den Wald (ca. 5 min). Wo der Wanderweg links von der Mittelbergwand her einmündet, rechts im Wald hinauf zu den Felsen.

Besonderheit
Idealer Sommerfels, der sowohl nordseitig als auch im kühlen Wald liegt. Zur Abkühlung bietet sich das nahe gelegene Freibad an.
Besonders originelle Kletterei bietet der 86 von Kurt Albert frei begangene Klassiker »Tyroler Jägersteig«. Bei den anderen Wegen handelt es sich um senkrechte bis überhängende Wandklettereien.

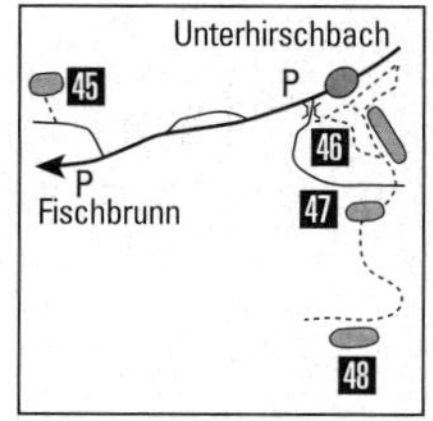

Fischbrunn/Hirschbach
45 Sprungstein
46 Mittelbergwand
47 Castellwand
48 Norisbrettl
Gebietsübersicht *S. 87*
Übersichtskarte 1 *(S. 15)*

Ganz links

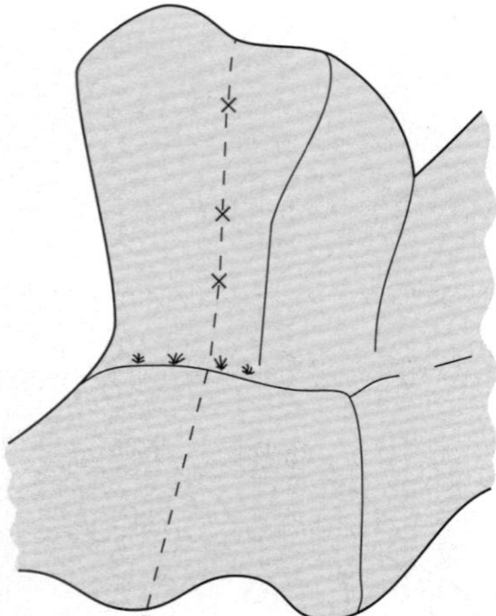

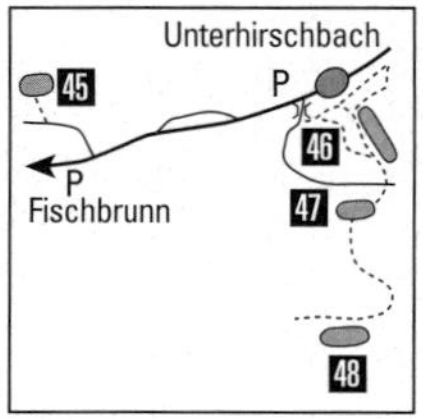

Fischbrunn/Hirschbach
45 Sprungstein
46 Mittelbergwand
47 Castellwand
48 Norisbrettl
Gebietsübersicht *S. 87*
Übersichtskarte 1 *(S. 15)*

Zugang

- *Vom Hirschbachtal:* Parken 200 talabwärts von Unterhirschbach (großer Parkplatz). Auf der Straße talaufwärts, 50 m vor Ortseingangschild rechts gesperrte Straße hoch und dieser folgen bis in den Wald (ca. 5 min). Wo der Wanderweg links von der Mittelbergwand her einmündet, rechts im Wald hinauf zur Castellwand. Weiter dem markierten Norissteig folgen und in weiteren 10 min zum Norisbrettl.
- *Vom Schwarzen Brand:* Vom Parkplatz zwischen Hegendorf und Neutras auf dem Wanderweg nach Hirschbach, an der Abzweigung Höhenglücksteig vorbei und im Wald die nächste Abzweigung links zum Norisbrettl.

Besonderheit

Wie die Castellwand ist das Norisbrettl ein idealer, kühler Sommerfels. Der Betrieb ist aber aufgrund des längeren Zustiegs viel geringer.

Linker Wandteil

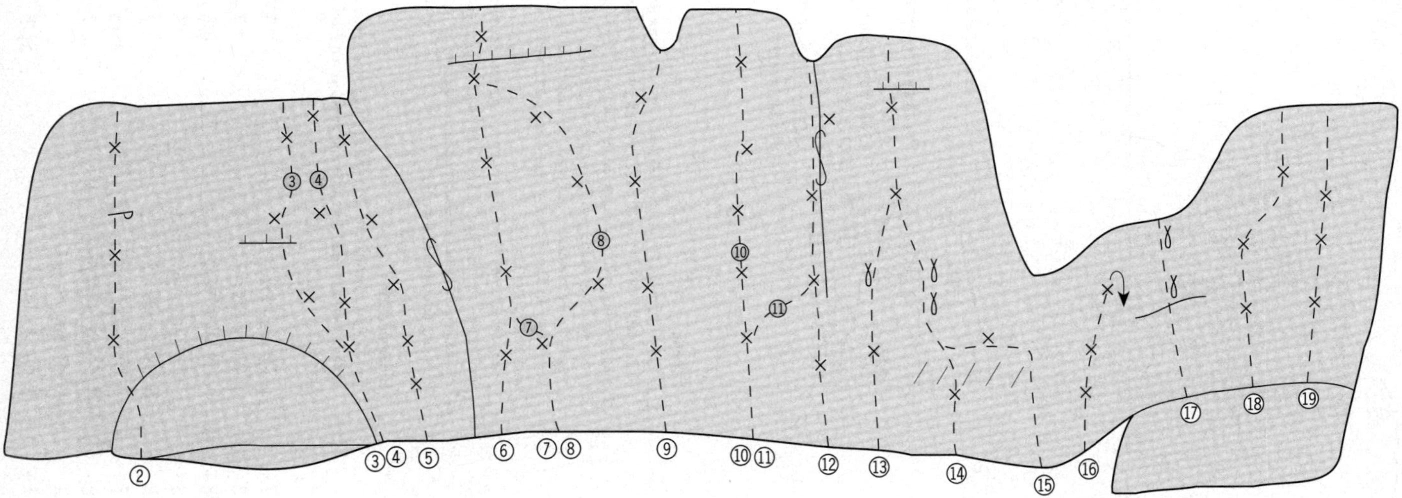

①	Modern Art	7+/8-
②	Yo-ho	9-
③	*Projekt*	
④	Chelsea Monday	9+
⑤	Django	9
⑥	Bloody Mary	9+
⑦	TDW	8+
⑧	Letzte Ehre	8
⑨	Malcom X	8+
⑩	Coup d' Etat	9+
⑪	Myth of Sysiphos	8/8+
⑫	Null Erotik	9-
⑬	Tank Girl	9-
⑭	Mad Max II	7+/8-
⑮	Mad Max I	7
⑯	Stirb langsam	9-
⑰	Mother's Finest	8-
⑱	Megalomania	8
⑲	Judgement Day	9+

48 Norisbrettl

18 m | N

Rechter Wandteil

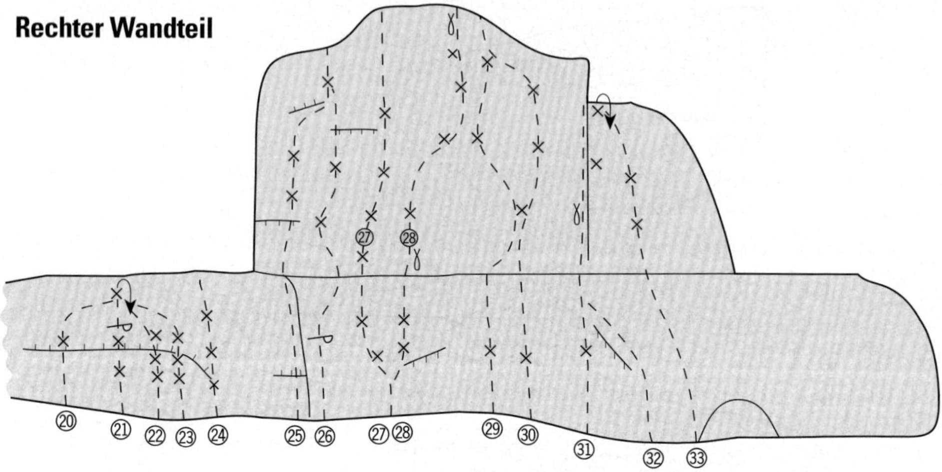

Ganz rechts

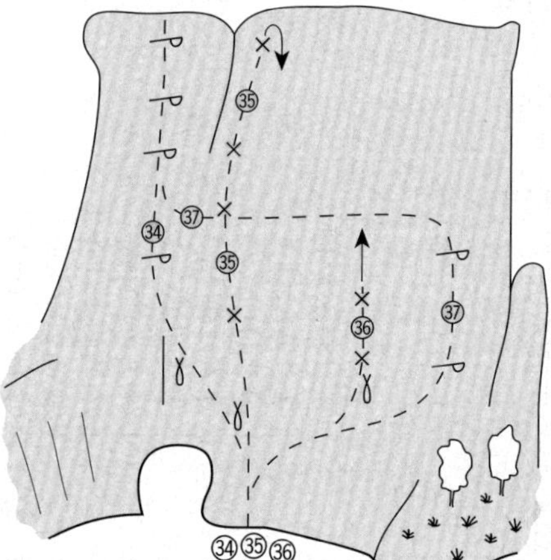

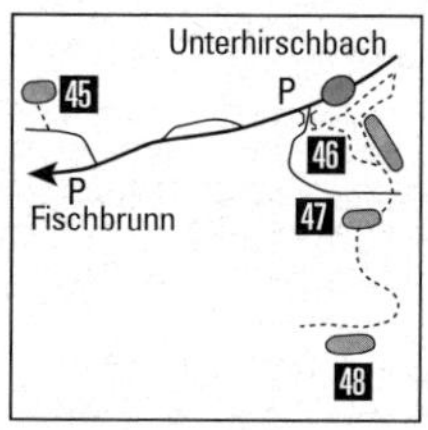

Fischbrunn/Hirschbach
45 Sprungstein
46 Mittelbergwand
47 Castellwand
48 Norisbrettl
Gebietsübersicht *S. 87*
Übersichtskarte 1 *(S. 15)*

Zugang

• *Vom Hirschbachtal:* Parken 200 talabwärts von Unterhirschbach (großer Parkplatz). Auf der Straße talaufwärts, 50 m vor Ortseingangschild rechts gesperrte Straße hoch und dieser folgen bis in den Wald (ca. 5 min). Wo der Wanderweg links von der Mittelbergwand her einmündet, rechts im Wald hinauf zur Castellwand. Weiter dem markierten Norissteig folgen und in weiteren 10 min zum Norisbrettl.

• *Vom Schwarzen Brand:* Vom Parkplatz zwischen Hegendorf und Neutras auf dem Wanderweg nach Hirschbach, an der Abzweigung Höhenglücksteig vorbei und im Wald die nächste Abzweigung links zum Norisbrettl.

Besonderheit

Wie die Castellwand ist das Norisbrettl ein idealer, kühler Sommerfels. Der Betrieb ist aber aufgrund des längeren Zustiegs viel geringer.

⑳ Bärli . . . . 7+
㉑ Pogo in La Palud 8-
㉒ Fritz the Cat . . . . 8/8+
㉓ Von Mädchen und Drachen 9-
㉔ Twix . . . . 7+/8-
㉕ Bauernfänger 7-
㉖ Dorftrottel . . . . 7+/8-
㉗ Prost Mahlzeit 8-
㉘ Teacher's Pet . . . . 7+

㉙ Bulldozer 7-
㉚ Chypsy . . . . 7+
㉛ Blöd-Mann . . . . 6/6+
㉜ Einstiegsvariante 4-
㉝ Robin 7-
㉞ Alter Weg . . . . a1/5+
㉟ Neue Form . . . . 7+
㊱ *Projekt* . . . .
㊲ Variante a1/5

Rechter Wandteil

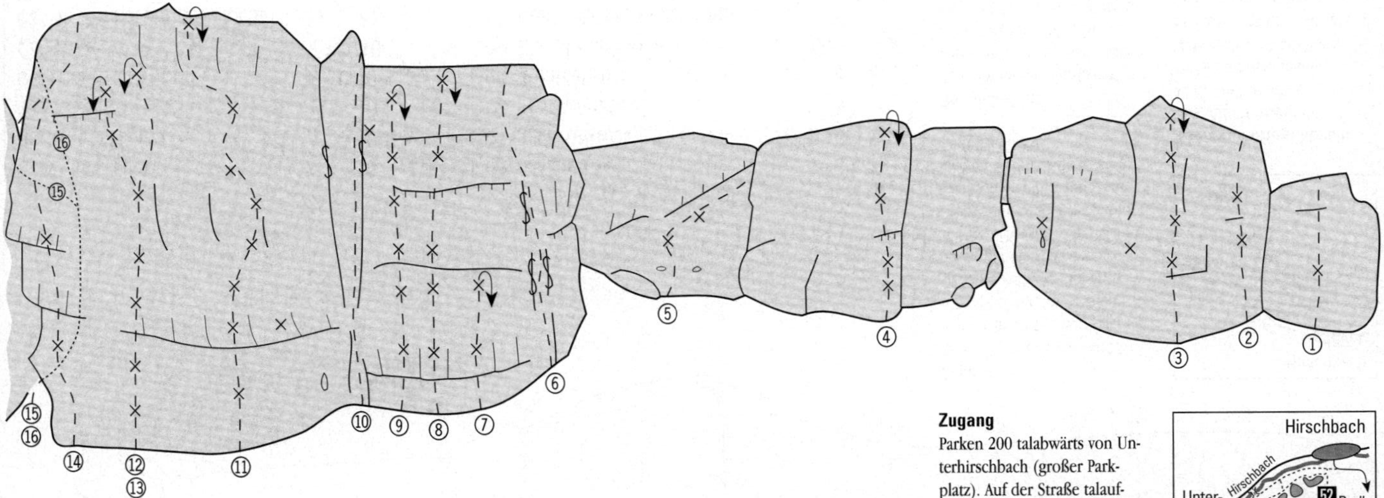

①	Aperitif	8+
②	Ernst ist tot	5
③	Croissant	6+
④	Delikatesse	7
⑤	*Projekt*	
⑥	Körnerfresser *(Keile)*	7
⑦	Belegtes Brötchen	8
⑧	Asi mit Niveau	8-
⑨	Ton Steine Scherben	8
⑩	Teufelsriss	6
⑪	Shangrila	11-/11
⑫	Morlock Shocker	10
⑬	Softshocker	10-
⑭	Troops of Tomorrow	8-
⑮	Kaminkante	5+
⑯	Dunkelkammerkamin	3

Zugang
Parken 200 talabwärts von Unterhirschbach (großer Parkplatz). Auf der Straße talaufwärts bis zum Gasthof Mittelbergwand, nach weiteren 100 m rechts über eine kleine Brücke zum Wanderweg und nach wenigen Schritten einen kleinen Pfad links hoch zum Teufelsrißmassiv.

Besonderheit
Shangrila von Guido Köstermeyer aus dem Jahr 95 ist sein Meisterstück in Franken und immer noch ganz oben auf der Liste der schwersten Touren *(siehe Top 100)*.

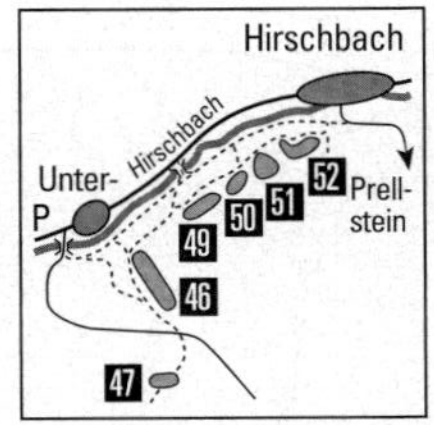

Fischbrunn/Hirschbach
46 Mittelbergwand
47 Castellwand
49 Teufelsrissmassiv
50 Hirschbacher Wand
51 Rabensteiner Wand
52 Schmidbergwand
Gebietsübersicht *S. 87*
Übersichtskarte 1 *(S. 15)*

Linker Wandteil

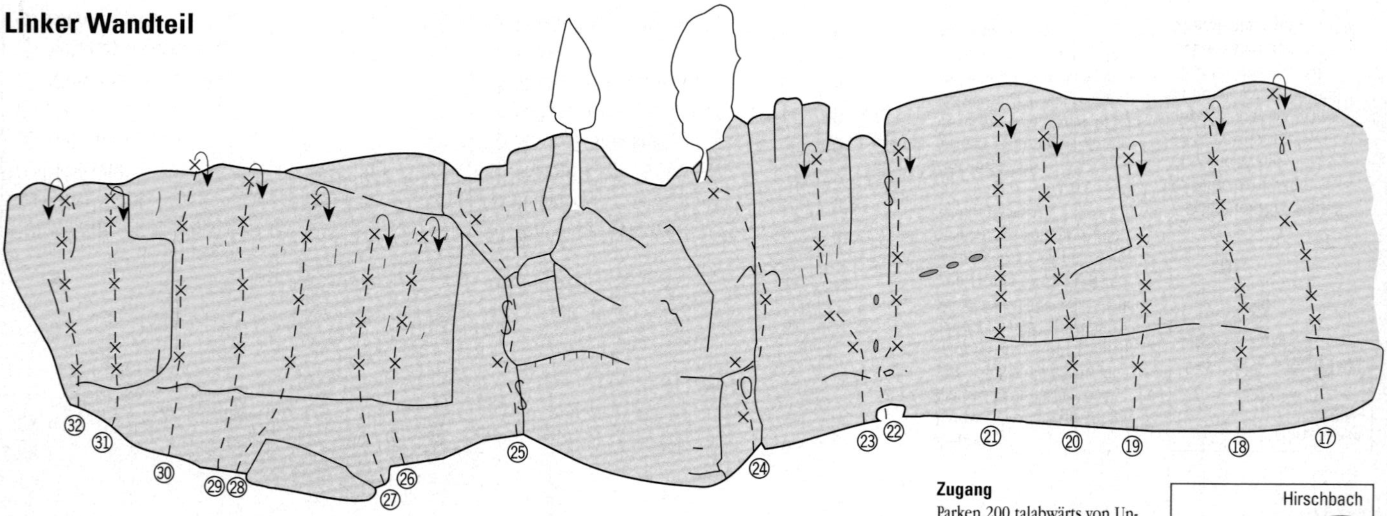

⑰	Odin's Tafel	10
⑱	Thor's Hammer	10 -
⑲	T-Rex	10 -
⑳	Friends like you	10/10 +
㉑	Akira	10-/10
㉒	Dr. Kimbel auf der Flucht	10 -
㉓	Hobo	9 +
㉔	Zum Höhlenloch	6
㉕	Schattenriss	6 -
㉖	Sektfrühstück	8-/8
㉗	Seniorenteller	8
㉘	Rumblefish	8 +
㉙	Klimakatastrophe	e2/9
㉚	Heiße Nächte in Palermo	8
㉛	Repoman	9 +
㉜	Nie Diät	9 -

Zugang
Parken 200 talabwärts von Unterhirschbach (großer Parkplatz). Auf der Straße talaufwärts bis zum Gasthof Mittelbergwand, nach weiteren 100 m rechts über eine kleine Brücke zum Wanderweg und nach wenigen Schritten einen kleinen Pfad links hoch zum Teufelsrißmassiv.

Besonderheit
Dieser Wandteil wurde in den Jahren 99/00 um etliche Routen im 10. Grad bereichert . Das Teufelsrissmassiv ist damit noch ein attraktiveres Ziel für Spitzenkletterer geworden.

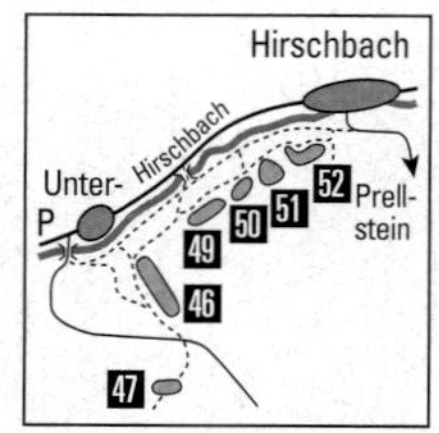

Fischbrunn/Hirschbach
46 Mittelbergwand
47 Castellwand
49 Teufelsrissmassiv
50 Hirschbacher Wand
51 Rabensteiner Wand
52 Schmidbergwand
Gebietsübersicht *S. 87*
Übersichtskarte 1 *(S. 15)*

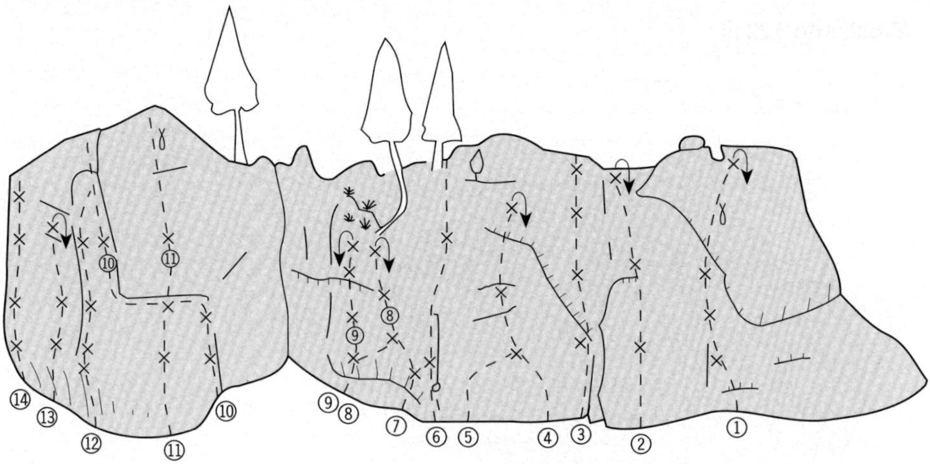

Ganz links

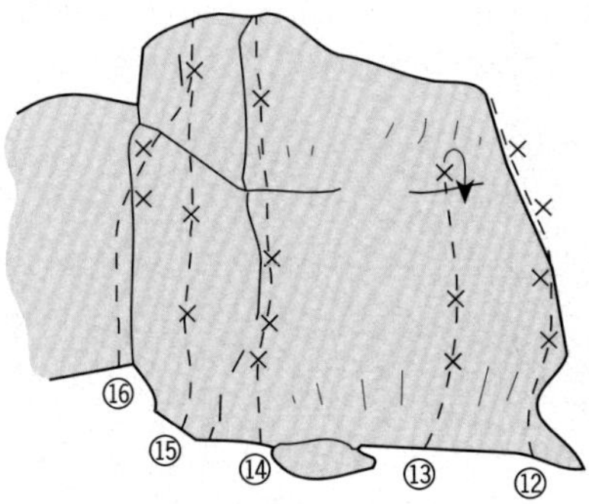

Zugang
Parken 200 talabwärts von Unterhirschbach (großer Parkplatz). Auf der Straße talaufwärts bis zum Gasthof Mittelbergwand, nach weiteren 100 m rechts über eine kleine Brücke zum Wanderweg. Hier links und einige Minuten talaufwärts, bei Holzzaun rechts Pfad hinauf zur Hirschbacher Wand.
Man gelangt auch zur Wand, indem man dem Wanderweg unterhalb des Teufelsrissmassivs nach links (talaufwärts) folgt.

Besonderheit
Die Hirschbacher Wand ist ideal für Kletterer, welche die mittleren Schwierigkeitsgrade bevorzugen. Der Fels ist sehr fest und rau.

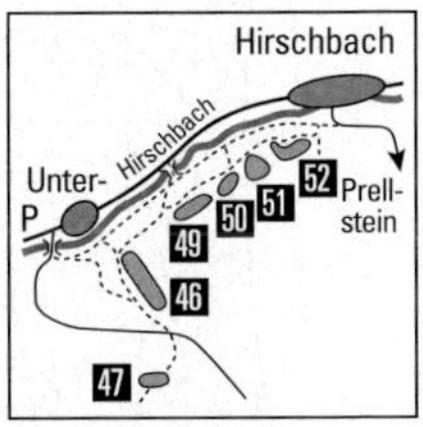

Fischbrunn/Hirschbach
46 Mittelbergwand
47 Castellwand
49 Teufelsrissmassiv
50 Hirschbacher Wand
51 Rabensteiner Wand
52 Schmidbergwand
Gebietsübersicht *S. 87*
Übersichtskarte 1 *(S. 15)*

① Dessert 8-
② Saure Zipfel................. 8-
③ Birdy...................... 7+
④ Vom Feinsten 8-
⑤ Ich und die Wirklichkeit 8-
⑥ Pastis 52 .... 7+
⑦ Mousse au Chocolatte........ 8-
⑧ Kakao mit Sahne............ 8+
⑨ Männer haben Erfolg......... 9
⑩ Nordwestwand 6
⑪ Pommes mit Majo 7-
⑫ Pennerglück 9-
⑬ *Projekt* ....
⑭ Beaujolais Primeur 9-
⑮ Geistesblitz................ 7+
⑯ Alter Weg.................. 5+

51 Schlaraffenland | Rabensteiner Wand | 22 - 24 m | W + NO

Westseite | 22 m

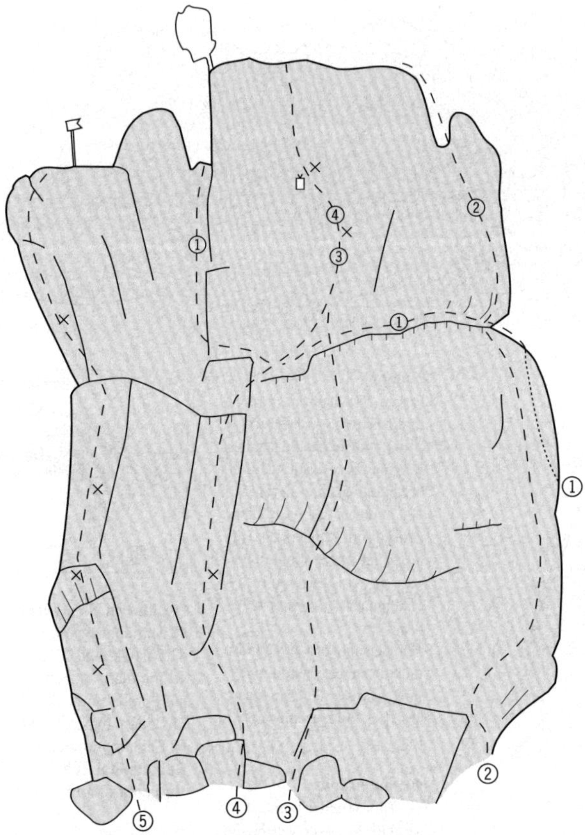

① Südwestquerung	3 +
② Cappucino clean *(Keile)*	e1/6 +
③ Rissüberhang *(Keile)*	e1/6 +
④ Westverschneidung	6 +
⑤ Private Dancer	8 -
⑥ Im Taumel der Triebe	e1/8
⑦ Nordriss	6
⑧ Wörner goes to Washington	8 -
⑨ Ostwand	8 -
⑩ Rosa Zeiten	7 -

Nordostseite | 24 m

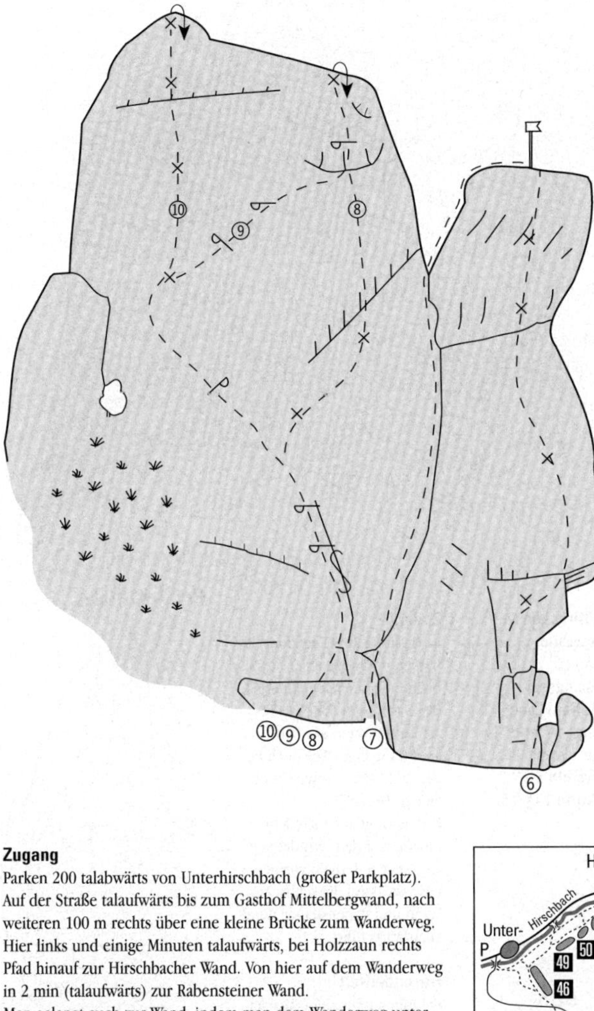

Zugang

Parken 200 talabwärts von Unterhirschbach (großer Parkplatz). Auf der Straße talaufwärts bis zum Gasthof Mittelbergwand, nach weiteren 100 m rechts über eine kleine Brücke zum Wanderweg. Hier links und einige Minuten talaufwärts, bei Holzzaun rechts Pfad hinauf zur Hirschbacher Wand. Von hier auf dem Wanderweg in 2 min (talaufwärts) zur Rabensteiner Wand.
Man gelangt auch zur Wand, indem man dem Wanderweg unterhalb des Teufelsrissmassivs, vorbei an der Hirschbacher Wand nach links (talaufwärts) folgt.

Besonderheit

An der Rabensteiner Wand findet man lohnende Wege im klassischen Stil. Ein Satz Klemmkeile schadet für einige der Touren sicher nicht.
In die Westseite kommt nachmittags die Sonne.

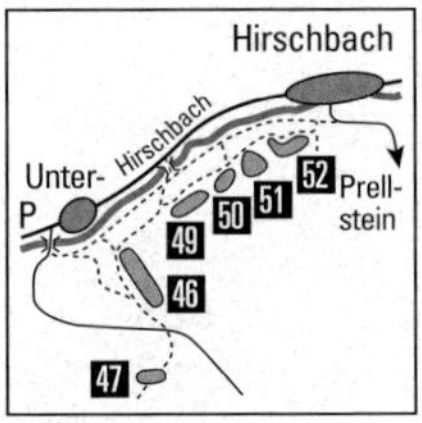

Fischbrunn/Hirschbach
46 Mittelbergwand
47 Castellwand
49 Teufelsrissmassiv
50 Hirschbacher Wand
51 Rabensteiner Wand
52 Schmidbergwand
Gebietsübersicht *S. 87*
Übersichtskarte 1 *(S. 15)*

52 Schlaraffenland | Schmidbergwand

| 24 m | NW

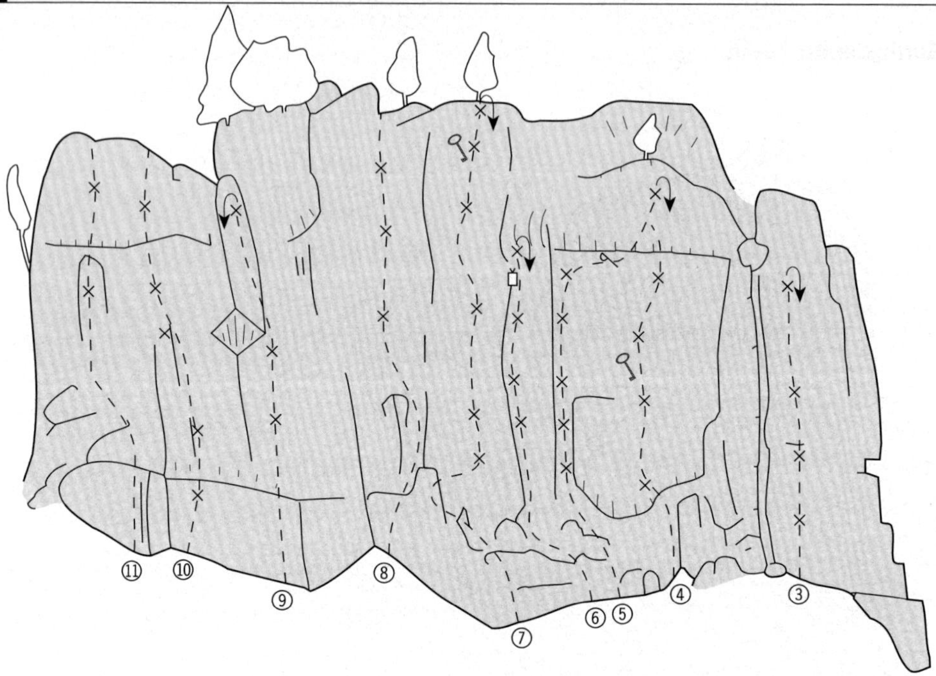

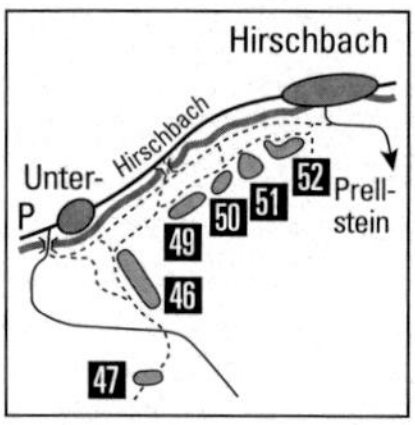

Fischbrunn/Hirschbach
46 Mittelbergwand
47 Castellwand
49 Teufelsrissmassiv
50 Hirschbacher Wand
51 Rabensteiner Wand
52 Schmidbergwand
Gebietsübersicht *S. 87*
Übersichtskarte 1 *(S. 15)*

Zugang

In Hirschbach bei Telefonzelle parken und gegenüber Straße hinauf (»beim Schmiedberg«). Bei Gabelung rechts (»Haus Nr. 18; 20«) und am Ende der Teerstraße links Weg hoch in den Wald (Pfeil, roter Punkt) zu den Felsen.
Man gelangt auch zur Wand, indem man dem Wanderweg folgt, der unterhalb von Teufelsrissmassivs, Hirschbacher Wand und Rabensteiner Wand talaufwärts führt.

Besonderheit

Freunden lohnender Rissklettereien seien Wellenkamp Ged.-Weg und Jungmannenweg ans Herz gelegt. In den schweren Routen dominiert kleingriffige Kletterei in leicht überhängendem Gelände. Die Götterhämmerung ist die längste und vielleicht auch schönste Route.

Rechts unten

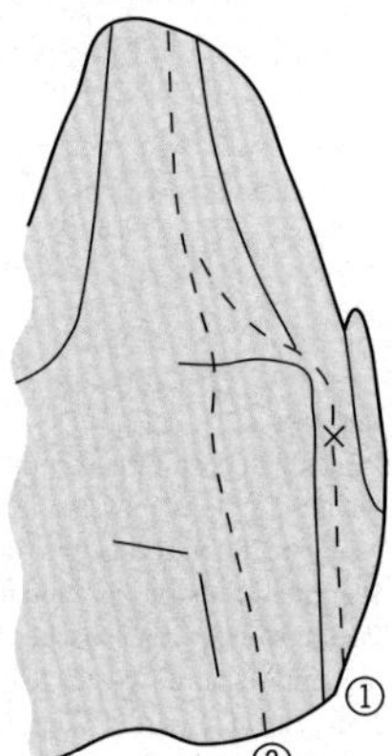

①	Westkante	3
②	Beouf au vin *(Keile)*	e2/5 -
③	Stinker	7 +
④	Commander Superfinger	9 -
⑤	Wellenkamp Ged.-Weg	7 -
⑥	Jungmannenweg	7
⑦	Götterhämmerung	9/9 +
⑧	Zwischen Rhein und Aufruhr	7 +
⑨	Hüttenzauber	7 +
⑩	Moralelastix	e1/8 +
⑪	Keule	6

Klausener Wand

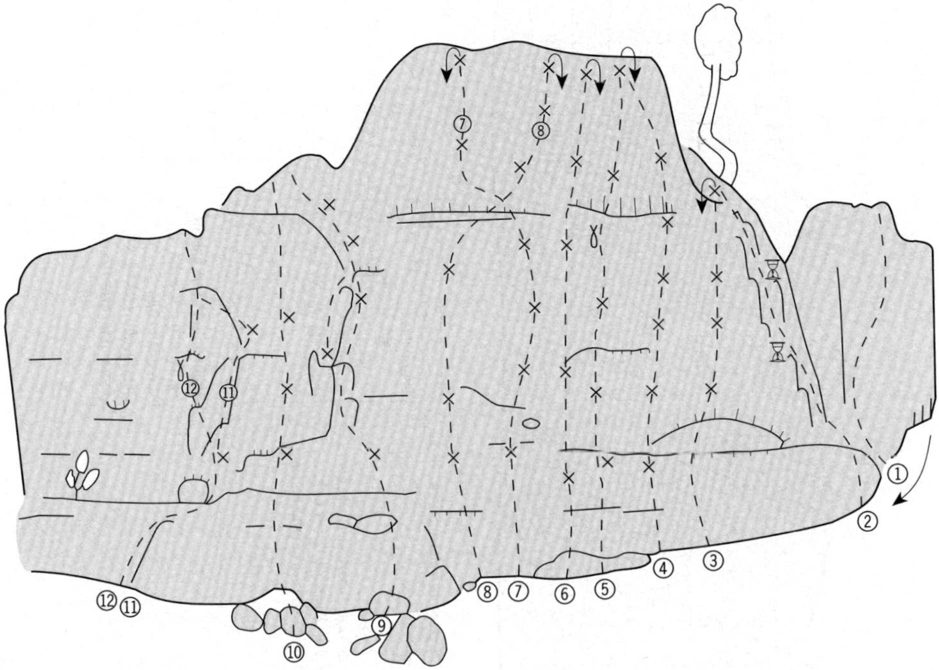

① Schleimkudderlä	6-	
② Geile Götter	3+	
③ Gwalidädswoa vou Franggn	7	
④ Liebe auf den 2-ten Blick	8	
⑤ Manche mögens heiß	8	
⑥ Zwiespalt	8-	
⑦ Nur Fliegen ist schöner	8+	
⑧ Lichtblick	8+	
⑨ Obermühlriss	6+	
⑩ Zum Warmmachen	7	
⑪ Nordwestverschneidung	6-	
⑫ Jacques Gelee	7+	

Zugang
Zwischen Hirschbach und Unterklausen beim Schild »Obermühle« parken; zwischen den beiden Häusern geht ein Weg links hoch. Diesem folgt man, bis er nach einer Rechts-Links-Schleife in den Wald führt. Hier rechts hoch zu den Felsen.

Besonderheit
An der Klausener Wand finden sich schöne Lochklettereien in leicht überhängendem, griffigen Fels. Die Routendichte ist aber mittlerweilen schon sehr hoch.

Obermühle/Unterklausen
53 Klausener Wand
54 Habichtstein
Gebietsübersicht *S. 87*
Übersichtskarte 1 *(S. 15)*

54 Habichtstein

☼ | 18 m | S + W

Linker Wandteil | 18 m

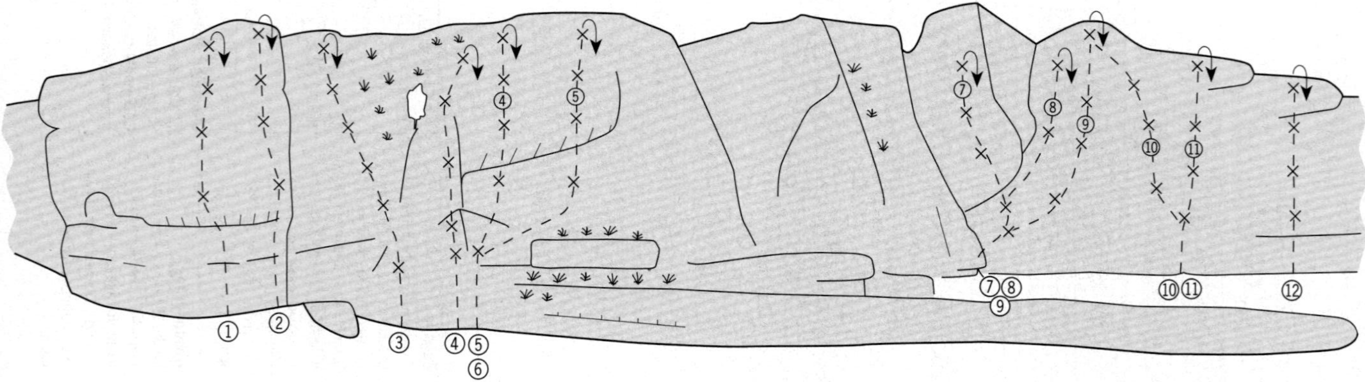

Zugang

• *Von Hirschbach:* Nach Unterklausen fahren und dort rechts abbiegen (Haus Nr. 1-9). Die schmale Straße führt auf eine Anhöhe, spätestens dort parken. Hierher auch von Oberklausen: zwischen den Häusern rechts haltend durch und dem 1. Feldweg rechts folgen bis zur Anhöhe. Nun immer geradeaus hoch, bis man nach 10 min einen Sattel am Waldrand erreicht. Hier geht man auf dem »Grünpunkt« markierten Wanderweg nach rechts bis zu einer Gabelung, hier wieder rechts abbiegen (Futterkrippe). Noch 200 m weiter (rechts des Wegs stehen kleine Felsen), dann nach links absteigen zu den Felsen.

• *Von Schmidtstadt:* Von Schmidtstadt nach Oberschmidtstadt und auf der anderen Seite des Berges wieder runter. Wo die Hauptstraße abbiegt geradeaus weiter und einen Feldweg hinter bis zum Wald, spätestens dort parken. Auf Weg geradeaus in den Wald (leichter Bogen) und nach ca. 300 m bei Kreuzung links. Hier geht man auf dem »Grünpunkt« markierten Wanderweg weiter bis zu einer Gabelung, hier rechts abbiegen (Futterkrippe). Noch 200 m weiter (rechts des Weges stehen kleine Felsen), dann nach links absteigen zu den Felsen.

Besonderheit

Langer Zustieg, dafür wunderbare Lage. Die im Wald gelegene Wand ist ideal für den Sommer, nach Regenfällen aber nicht gleich trocken. Die schönsten Linien finden sich rechts in dem hohen Wandteil.

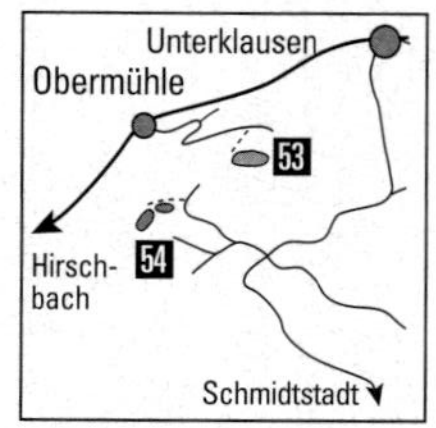

Obermühle/Unterklausen
53 Klausener Wand
54 Habichtstein
Gebietsübersicht *S. 87*
Übersichtskarte 1 *(S. 15)*

Rechter Wandteil | 16 m

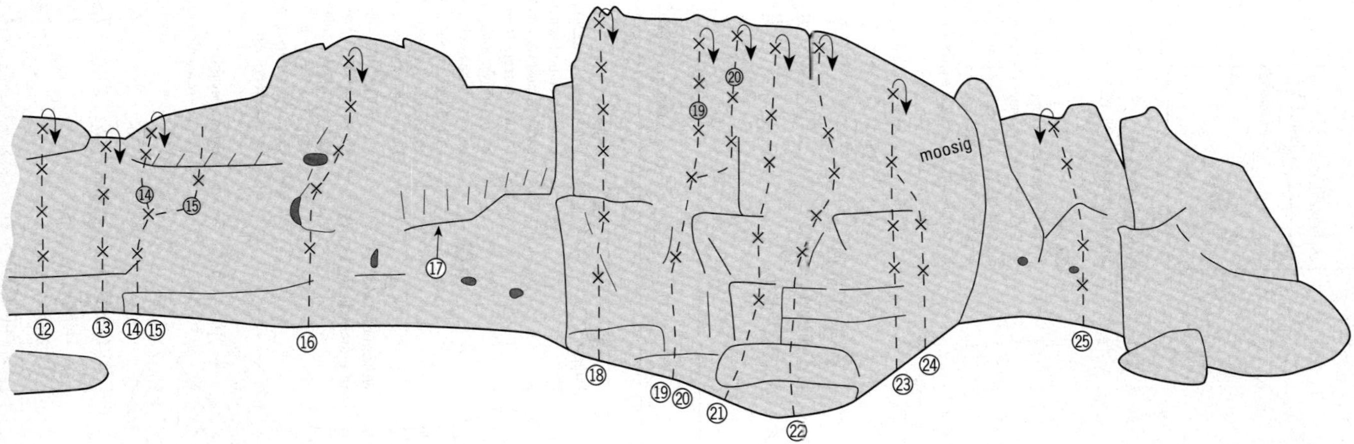

① Pfeilerwand	7-	
② Pfeilerkante	6	
③ Laange Wand	6+	
④ Habichtschrei	5+	
⑤ Vergebung	8-	
⑥ Erlösung	8-	
⑦ Kurschatten	8-	
⑧ Reha	7-	
⑨ Rosskur	9-	
⑩ Tagträumer	8+	
⑪ Traumfänger	8	
⑫ Übermut tut selten gut	8	
⑬ Stinkefinger	9-	
⑭ Adios	8+	
⑮ *Projekt*		
⑯ Boandlkrama	8-	
⑰ *Projekt*		
⑱ Herz Ass	7	🍺
⑲ Karo Ass	7	🍺
⑳ Pik Ass	7+	🍺
㉑ Una bella Signorina	8-	🍺
㉒ Abzweiger	7+	🍺
㉓ Schattenspiel direkt	7-	
㉔ Schattenspiel	5	
㉕ Hoffnung	6-	

55 Riglashofer Wand

15 m | O

Besonderheit
Schöne Wandklettereien in festem, kleingriffigen Gestein.

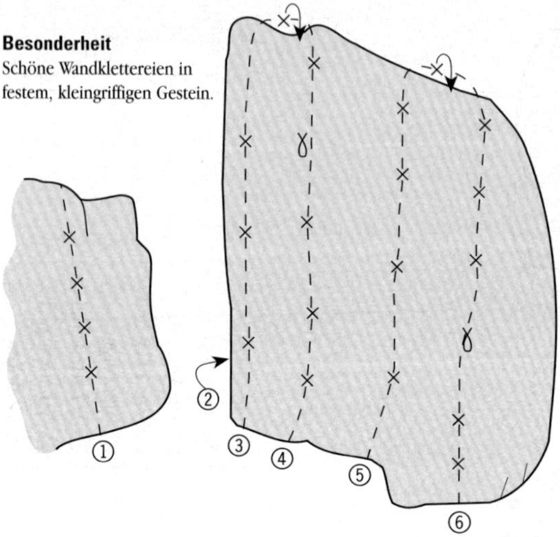

Riglashofer Wand
Übersichtskarte 1 *(S. 15)*

Zugang
In Riglashof gegenüber vom Gasthof »Zant« kleine Straße rein, die bei einer Gasverteilerstation endet. Hier ist bereits rechts oben die Gipfelfahne zu erkennen. Durch den Wald zu den Felsen. *Bitte nicht durch die Wiese weiter links laufen!*

① Feuer und Flamme 7
② Südriss 4
③ Katerfrühstück.............. 7
④ Think flink 8-
⑤ Patazonia................... 8-
⑥ 3 mal 8 8-

56 Nussbergwand

16 m | N

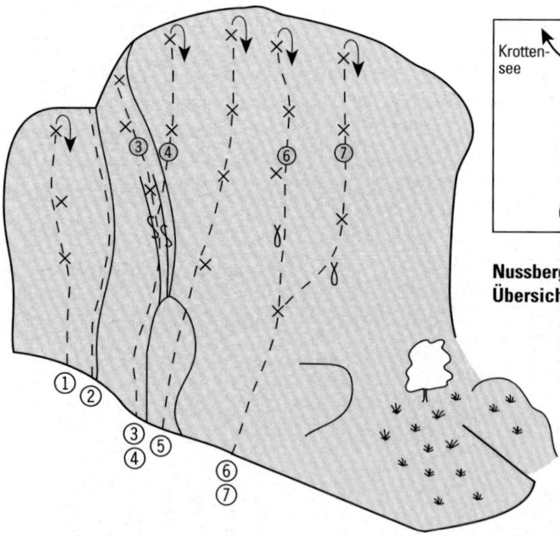

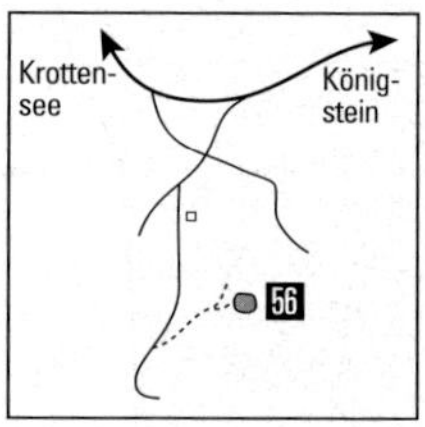

Nussbergwand
Übersichtskarte 1 *(S. 15)*

Zugang
Von Königstein Richtung Neuhaus fahren und genau 1,5 km nach Ortsausgangsschild bei Feldweg parken. Diesen weiter, bei Abzweigung »Ossinger« geradeaus weiter und nach insgesamt 500 m links auf kleinen Feldweg abbiegen. Dieser führt an einem Hochsitz (Schild: Nussberg) und einer eingezäunten Aufforstung vorbei. Nach der Aufforstung scharf links und auf »5« markiertem Wanderweg in 5 min zur Nussbergwand.

Besonderheit
Schöne Lochkletterei.

① Kauz 7-
② Nordostkamin.............. 3+
③ Rippenkramer.............. 7-
④ Genuss zum Schluss 7-
⑤ Hektik...................... 7
⑥ Nerv .... 7+
⑦ Zupfer raus 7

Breitenstein | 15 m | N — 57

Besonderheit
Im Hauptmassiv sehr lohnende Klassiker von Stefan Löw. Ganz rechts typische Resterschliessungen.

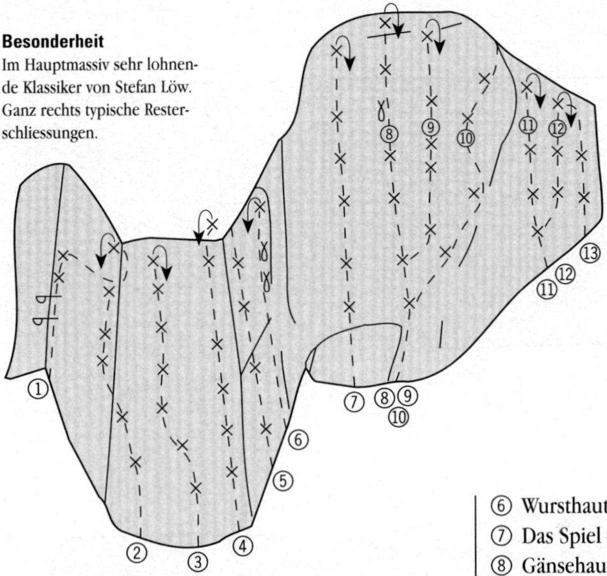

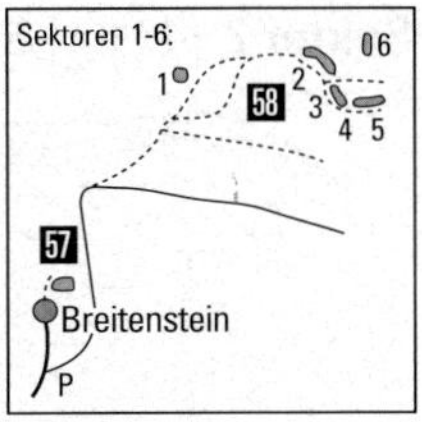

Breitenstein
57 Breitenstein
58 Steinberg
Übersichtskarte 1 *(S. 15)*

Zugang
Am Ortseingang Breitenstein parken. Der Fels befindet sich direkt hinter der Kapelle.

- ① Alteisen . . . . 8 -
- ② Espresso . . . . 8 +
- ③ Capuccino 9
- ④ Zur schönen Aussicht 7
- ⑤ Lifting . . . . 6 -
- ⑥ Wursthaut . . . . 6 -
- ⑦ Das Spiel ist aus . . . . 9/9 +
- ⑧ Gänsehaut . . . . 8 +
- ⑨ Königszug 9
- ⑩ Breitendach 8
- ⑪ Volle Membranfläche . . . . 7 -
- ⑫ Nicht geschenkt . . . . 6 +
- ⑬ www.scheisse.de . . . . 5 -
  (nomen est omen)

Steinberg | 12 - 18 m — 58

Sektor 1 | 12 m | O

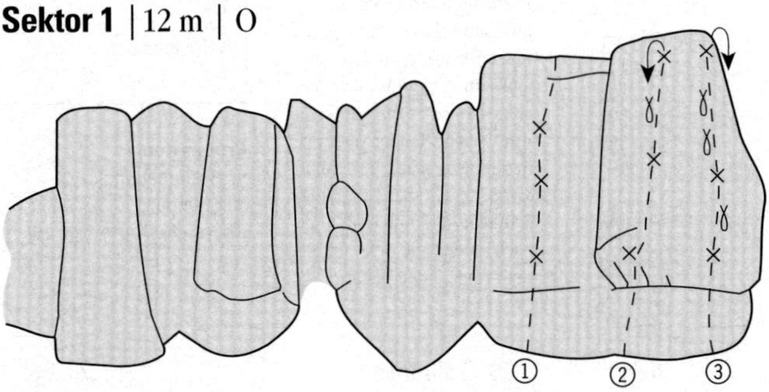

Zugang
Am Ortseingang von Breitenstein parken und rechts auf betonierter Straße weiter bis zu scharfer Kurve. Beim Schild »Namsreuth/Eschenfelden« links auf Feldweg (an Einzäunung entlang) bis in den Wald. Links oben befindet sich der Sektor 1.

Besonderheit
Kleingriffige Wandkletterei; etwas mehlig.

- ① Schnapszahl . . . . 7 +
- ② Dunkle Geschäfte . . . . 8 -
- ③ Schwarzer Donner 7

58 Steinberg 12 - 18 m

Sektor 2 | 12 m | SW

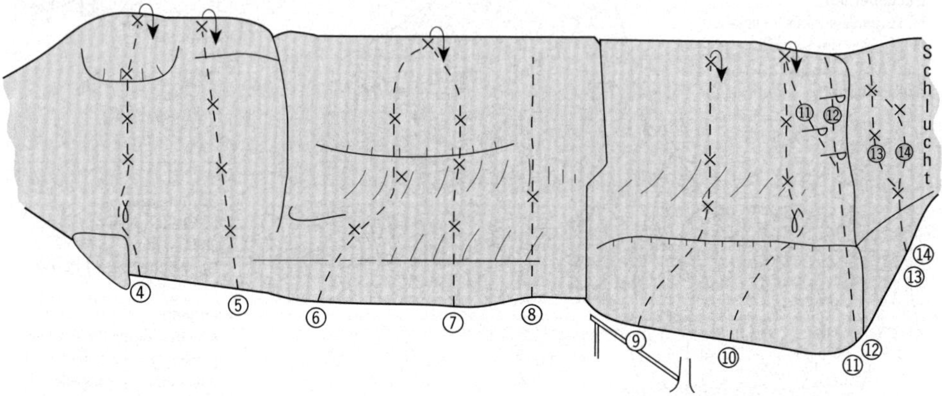

Sektor 3 | 12 m | W

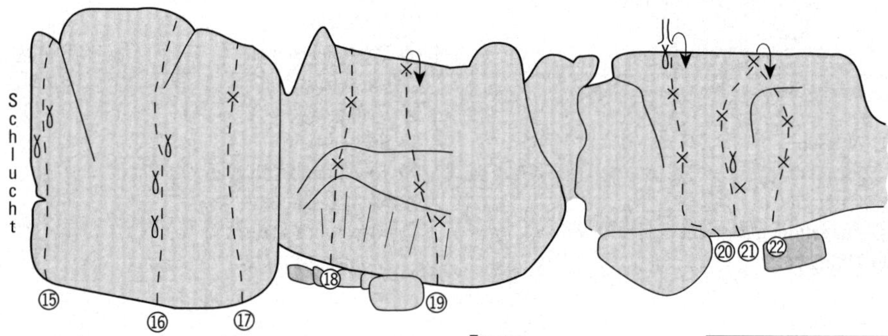

Besonderheit
Je nach Belaubung und Ausrichtung der Wände ist es am Steinberg eher sonnig oder schattig. Kräftige Klettereien.

Zugang
Am Ortseingang von Breitenstein parken und rechts auf betonierter Straße weiter bis zu scharfer Kurve. Beim Schild »Namsreuth/Eschenfelden« links auf Feldweg (an Einzäunung entlang) bis in den Wald. Links oben befindet sich der Sektor 1. Unten auf »Rotkreis« markiertem Wanderweg weiter in 5 min zu Sektor 2-5. Zum Sektor 6 geht man durch die Schlucht hindurch und 20 m nach einer Bank links auf einem Pfad zu den Felsen.

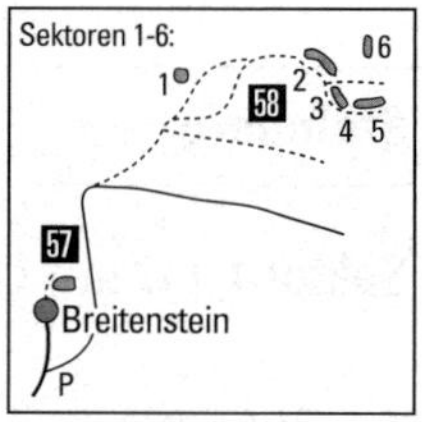

Breitenstein
57 Breitenstein
58 Steinberg
Übersichtskarte 1 *(S. 15)*

④ Die Kunst des Pirschens . . . . . . 7 -
⑤ Geisterfänger. . . . . 8 -
⑥ Wenn der Himmel brennt 8
⑦ Rock gegen Rechts 9
⑧ *Projekt* . . . .
⑨ Energiekrise . . . . 8 +
⑩ Sonnenkraft . . . . 8 -
⑪ Variante. . . . . 7 -
⑫ Kante . . . . 7 -
⑬ Linke Schluchtwand . . . . 8 -
⑭ Rechte Schluchtwand . . . . 8 -
⑮ ? . . . . 5 +
⑯ ? . . . . 5 -
⑰ ? . . . . 5 +

⑱ L' allpinist . . . . 7 -
⑲ Stolperstein. . . . . 8 -
⑳ Simsalabim . . . . 6 +
㉑ Hokus Pokus. . . . . 6 -
㉒ Abrakadabra 5

Sektor 4 | 18 m | S

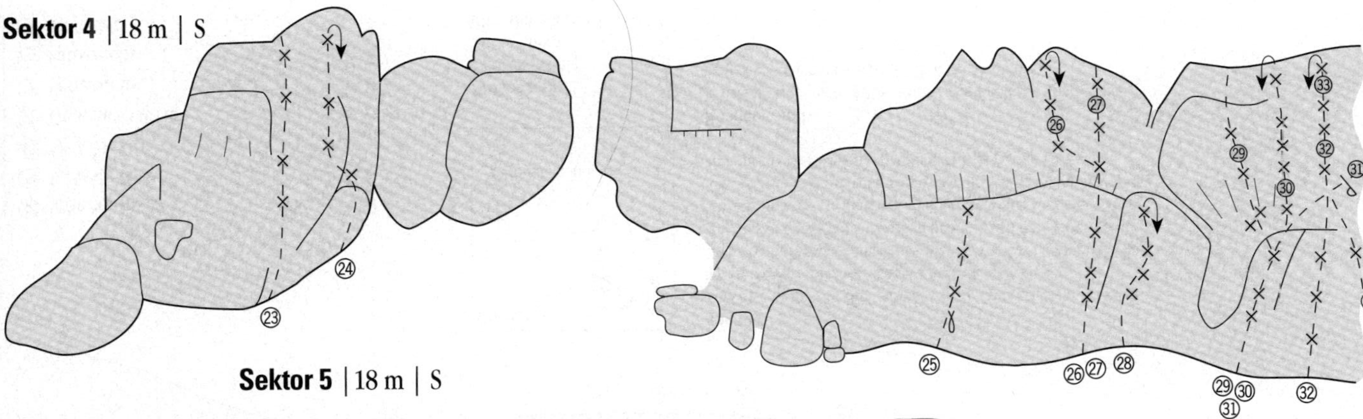

Sektor 5 | 18 m | S

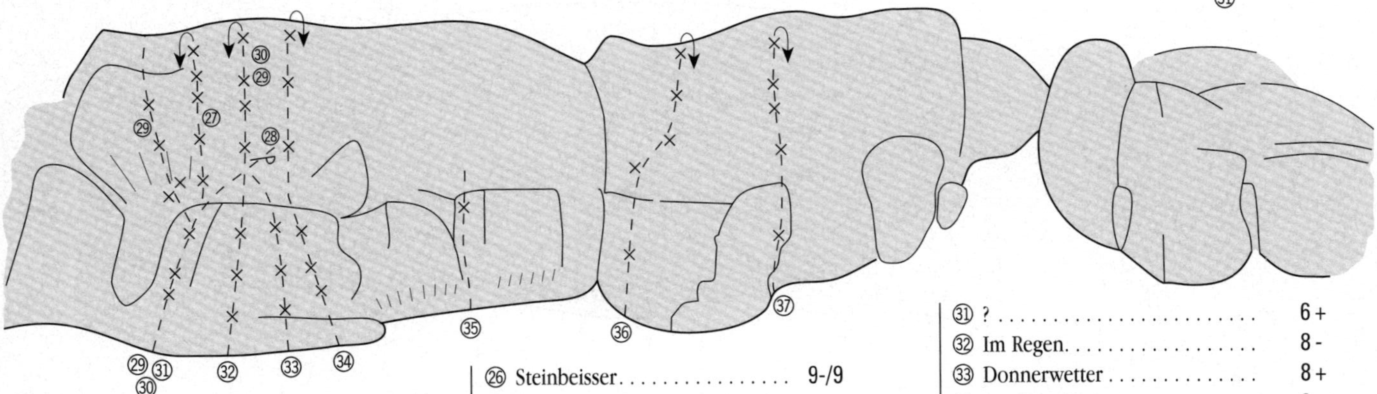

㉓	Powerplay	9
㉔	Steinzwerck	8
㉕	*Projekt*	
㉖	Steinbeisser	9-/9
㉗	*Projekt*	
㉘	*Projekt*	
㉙	*Projekt*	
㉚	?	8+/9 -
㉛	?	6 +
㉜	Im Regen	8 -
㉝	Donnerwetter	8 +
㉞	Staubtrocken	8 -
㉟	*Projekt*	
㊱	Fieberkurve	8
㊲	*Projekt*	

Sektor 6 | 16 m | SO

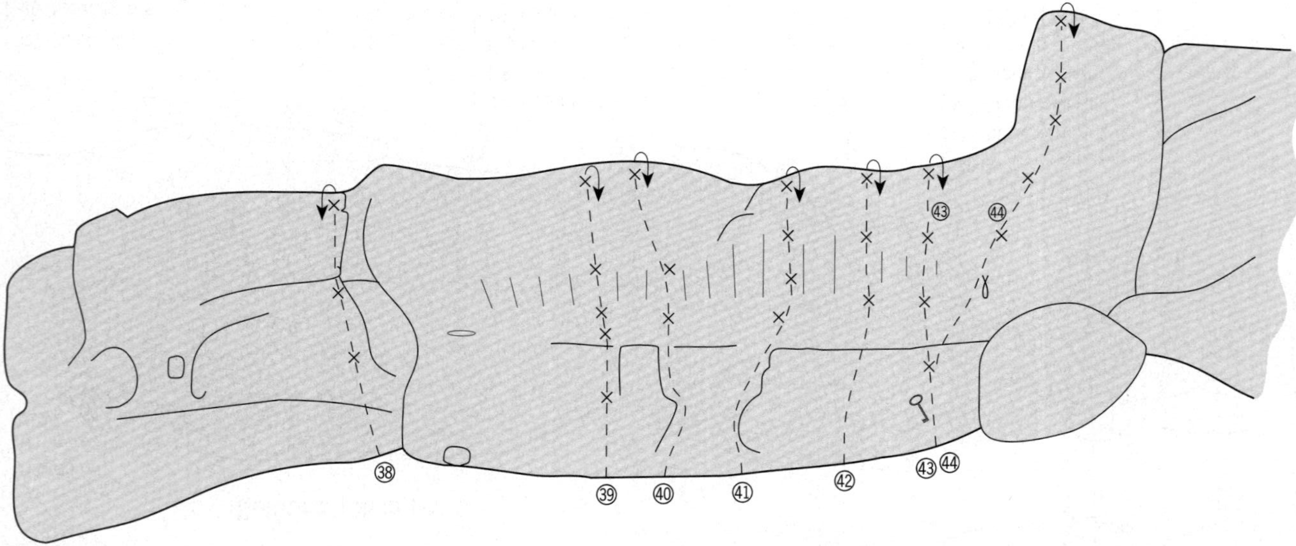

38	Stonemonkey	9-
39	Jurassic Park	8
40	*Projekt*	
41	Dynamo Saurus	8+
42	Feuerstein	8+
43	Faustrecht	8-
44	Steinzeit	8-

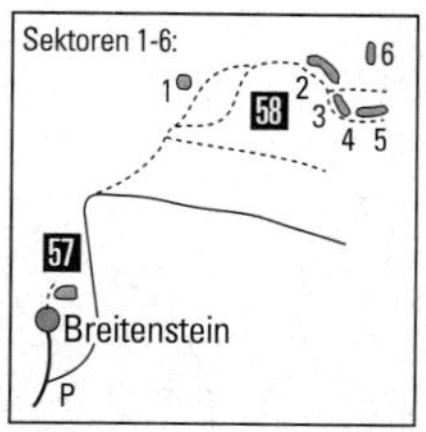

Breitenstein
57 Breitenstein
58 Steinberg
Übersichtskarte 1 *(S. 15)*

Zugang
Am Ortseingang von Breitenstein parken und rechts auf betonierter Straße weiter bis zu scharfer Kurve. Beim Schild »Namsreuth/Eschenfelden« links auf Feldweg (an Einzäunung entlang) bis in den Wald. Links oben befindet sich der Sektor 1. Unten auf »Rotkreis« markiertem Wanderweg weiter in 5 min zu Sektor 2-5. Zum Sektor 6 geht man durch die Schlucht hindurch und 20 m nach einer Bank links auf einem Pfad zu den Felsen.

Besonderheit
Je nach Belaubung und Ausrichtung der Wände ist es am Steinberg eher sonnig oder schattig. Kräftige Klettereien.

Amberger Wand

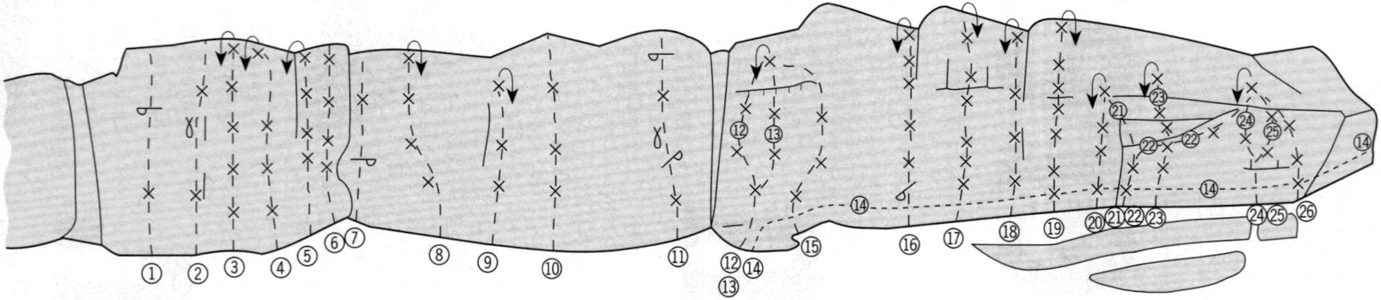

Mittelbergwand

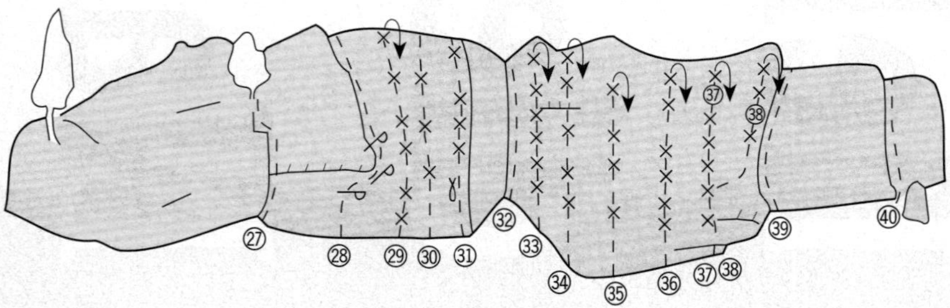

Zugang
Von Königstein in Richtung B85 über Mitteldorf nach Loch, dort parken. Gegenüber der Bushaltestelle rechts in den Feldweg abbiegen. Diesem immer geradeaus folgen bis zum Waldrand. Dann links schmalem Wanderweg bergauf ca 150 m folgen und links unterhalb der ersten Felsen entlang, bis nach weiteren 100 m das Hauptmassiv rechts sichtbar wird.

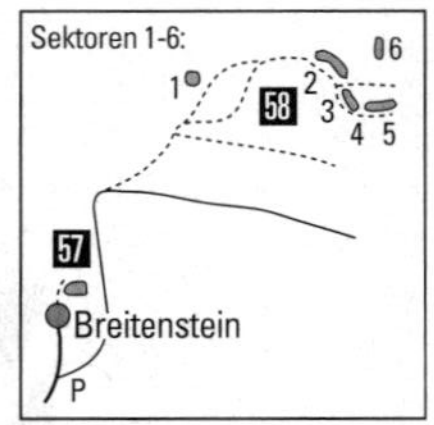

Breitenstein
57 Breitenstein
58 Steinberg
Übersichtskarte 1 *(S. 15)*

① Fahnerl im Wind	7+	
② Putzteufel	7+	
③ Kondensstreifen	8+	
④ Die Insel	8+	
⑤ Falscher Hase	7	
⑥ Demian	7	
⑦ Kurzer Weg	7	
⑧ Reise nach Indien	8-	
⑨ Reif für die Insel	8	
⑩ Baum im Rücken	e1/8	
⑪ Bärbel war gut	8+	
⑫ Die Katze	8+	
⑬ Tour der Leiden	8+	
⑭ Quergang	10-	
⑮ Fegefeuer	8	
⑯ Ab geht die Post	8+	
⑰ Sommernachtstraum	9-	
⑱ Loch Ness	8-	
⑲ Finger in Harmonie	9-/9	
⑳ Fingerkabinett	9-	
㉑ Amberger Dach	7	
㉒ Drecksdach	7	
㉓ Steffi und Boris	9	
㉔ Linkes Trumm	9+	
㉕ Bunte Trümmer	9-/9	
㉖ Rechtes Trumm	9-/9	
㉗ Mittelbergkamin	3	
㉘ Amberger Riss	a1/5	
㉙ Dougadougdou	8+	
㉚ Paris Texas	8+	
㉛ Vaterschaftstest	7+	
㉜ Erweiterter Riss	a1/5	
㉝ Mutterschutz	7+	
㉞ Gartenparty	8-/8	
㉟ King Kühloch	8	
㊱ Bikini	8-	
㊲ Peddy Perfect	7+	
㊳ Thomas in pink	8-	
㊴ Moosige Verschneidung	3	
㊵ Schräger Riss	5	

Besonderheit

Der Kühlochfels ist für seine freien und eher hart bewerteten Klettereien bekannt. Wer Bohrhakenleitern zum Vorstieg braucht ist hier falsch am Platz. Das heißt nicht, dass die meisten Wege gefährlich sind, es sind aber weitere Stürze möglich.

Dieser Charakter hat wohl dazu geführt, dass der Konflikt zwischen traditionellen Kletterern und Plaisirgeneration hier seinen Höhepunkt fand. Nachdem ca. 40 zusätzliche Haken ohne Einverständnis der Erstbegeher gesetzt wurden, entfernten einheimische Kletterer sie wieder. Die Verunstaltung klassischer Wege in diesem Ausmaß wurde auch von vielen Plaisirkletterern abgelehnt. Nach langer Diskussion aller Beteiligten wurde ein gemeinsames Statement verabschiedet *(siehe auch Spielregeln S. 21f)*. Karl Daut aus Hüttenbach hat dazu folgenden Beitrag verfasst.

BSE im Frankenjura

(Blamable Securitaphile Enzephalopathie)

Das BSE-Virus grassiert unter einzelnen Kletterern der Fränkischen. Dies wiederum macht einen großen Teil der anderen wahnsinnig.

Ich würde mir wünschen, jemand mit dem Charisma eines Wolfgang Güllich würde die leidige Debatte über das nachträgliche Anbringen von Haken in bestehenden Routen mit der Sachlichkeit, die auf diesem Gebiet wohl nur er hatte, beenden. Da es sich aber offensichtlich schon um BSE im Endstadium handelt, wenn man am Kühloch bestehende Linien durch Hakenleitern zerstört, bedarf es auch keines Veterinärs mehr. Hier kann nur noch der Metzgermeister helfen.

Man stelle sich vor: der Höllenhund Talweg 8a mit Haken versehen! Degradiert zur durchschnittlichen Kletterei im 7. Grad! Die Elbsandsteiner Kletterer würden dieses Vergehen mit Seilverbrennung und Zwangsarbeit in Sibirien ahnden.

Seperate Reality im Yosemite zur Hakenleiter gebohrt würde Lynchjustiz im Camp 4 zur Folge haben. Master's Edge im Grit geboltet: man kann sich vorstellen, wen die Engländer in Stonehenge opfern würden! Diese Liste lässt sich beliebig fortführen.

Warum fällt es bestimmten Leuten nur so schwer, auch der Fränkischen eine gewisse Kletterethik zuzugestehen? Angst?

Für mich hat Klettern auch immer etwas mit der Überwindung meiner Angst durch Konzentration und das Vertrauen in die eigenen Fähigkeiten zu tun. Wenn die Angst zu groß oder die Route zu schwer ist, kann man ja immer noch toprope klettern.

Aktionen wie die am Kühloch zeigen mir den Zeitgeist dieser Tage: fun um jeden Preis - Abenteuer und Adrenalinkick! Aber bitte nur mit 100%-iger Sicherheit, unter Ausschluß des Restrisikos und mit Erfolgsgarantie.

So mancher Kleingeist unserer Zeit kann seine individuellen Grenzen nicht akzeptieren. Statt Kletterkultur zu achten und Klassiker zu respektieren werden die Gegebenheiten rücksichtlos dem eigenen physischen und mentalen Niveau angepasst. Frei nach dem Motto: »Nichts ist unmöglich!«.

Wir werden die Routen zurückbauen!

Mit einem Zitat von Kurt Albert »ohne Angst kein Hochgefühl! Und gerade solche Hochgefühle sind die Sternstunden beim Klettern, Erlebnisse, an die man gerne zurückdenkt« verbleibe ich

Euer Metzgermeister Kalle

60 **Riffler** | 8 - 30 m

Talseite | 30 m | W

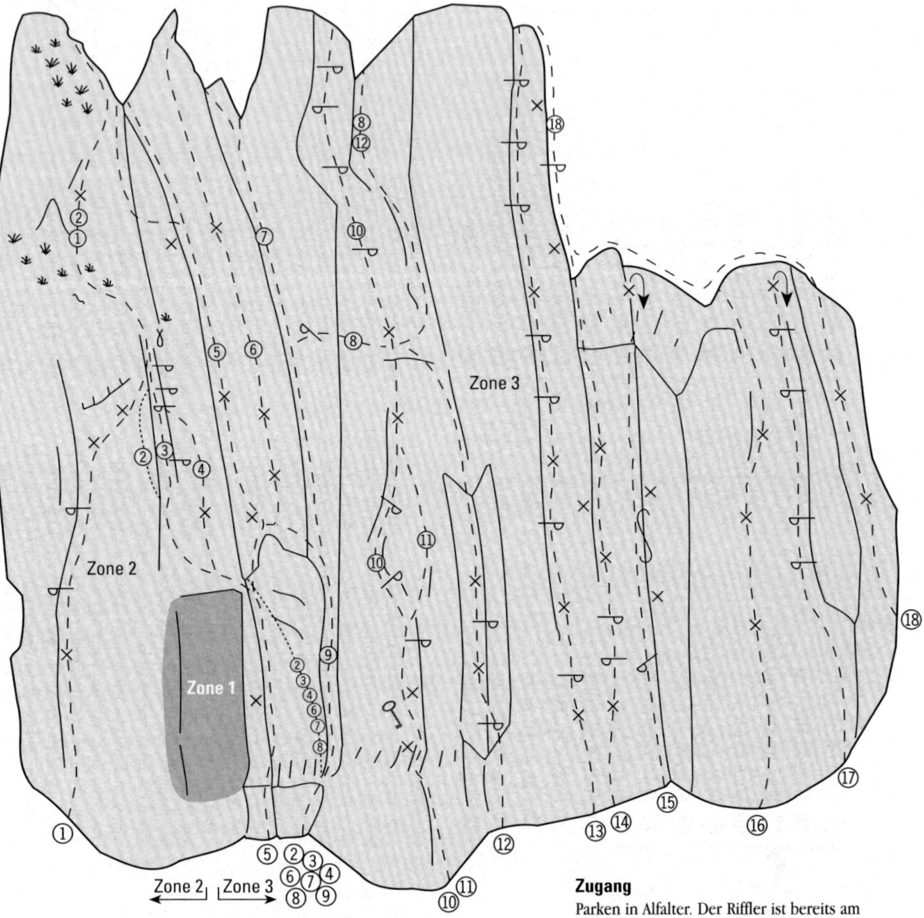

Zugang

Parken in Alfalter. Der Riffler ist bereits am Westhang sichtbar. Auf Schotterstraße über die Pegnitz und die Eisenbahn. Auf Wanderweg etwas talaufwärts, dann rechts hinauf zum Felsen. Übersichtskarte: 1 (Seite15)

Besonderheit

Sperrgefahr wegen Pflanzenschutz!
Großteils sonnig. Der Fels ist etwas aus der Mode geraten, weil er dem Geschmack der von Henkeln verwöhnten Plastikkletterer nicht so recht entspricht. Man trifft auf recht glatte Platten, fast wie im Altmühltal, aber auch auf Riss-Klassiker wie den obligatorischen »Vollratriß«. Ehemalige Technorouten wie »Dachrinne« oder »Graue Kante« bieten lohnende Fingerrissklettereien im achten Grad.
Eine der schönsten Felsgestalten des Frankens.

Riffler

8 - 30 m | 60

Bergseite | 8 - 18 m | O

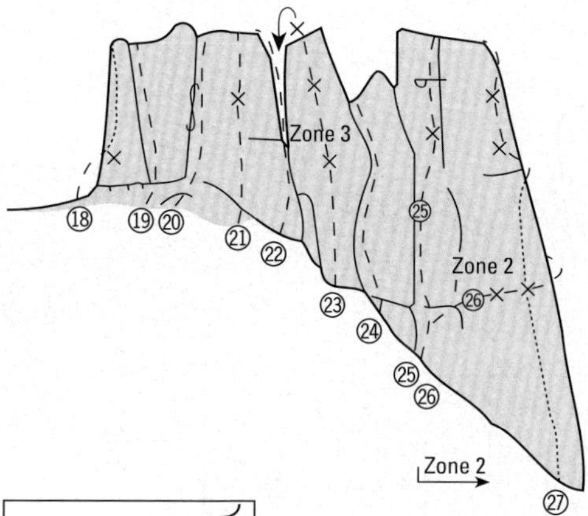

Nordwand | 20 m

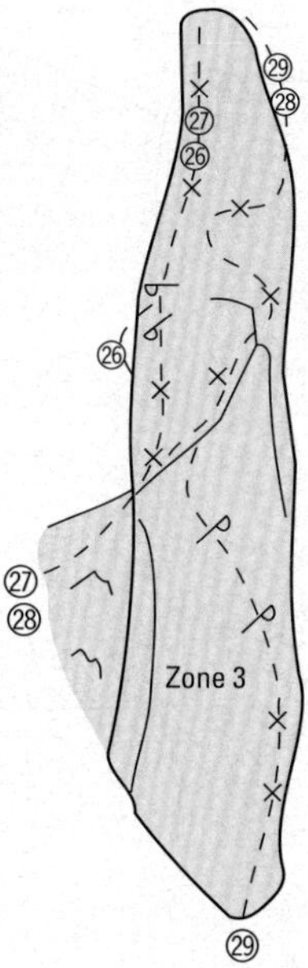

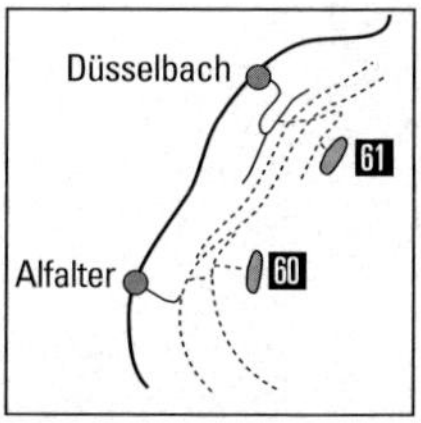

Alfalter/Düsselbach
60 Riffler
61 Düsselbacher Wand
Übersichtskarte 1 *(S. 15)*

① Sturi Ged.-Weg	6+	⑯ ?	7
② Bäumlesweg	4+	⑰ Südwestkante	7-
③ Josef Buchner Ged.-Weg	a1/5	⑱ Südkante	5
④ Clensi	8+	⑲ Tölzer Riss	5
⑤ Vollratriss *(2 Ausstiege möglich)*	6	⑳ Marmorriss	5
⑥ Gazastreifen	8	㉑ Weiße Stille	7+
⑦ Talkamin	5	㉒ Mittelkamin	4
⑧ Rauer Kamin	5	㉓ Klappmesser	8-
⑨ BGA-Riss *(Ausstiege beliebig)*	6-	㉔ Nordgipfel	4
⑩ Graue Kante	8	㉕ Trance Formation	8+
⑪ Direkte Graue Kante *(Keile)*	e2/8	㉖ Hassfurter Kante	8
⑫ Dolomitverschneidung	7-	㉗ Nordkante	7
⑬ Dachrinne	8	㉘ Nordwand	6-
⑭ Jakl Nähr Ged.-Weg	8-	㉙ Ulrikenpfeiler	7-
⑮ U-Weg	6-		

61 Düsselbacher Wand

-☼- | 14 - 30 m | W + NO

Talseite | 30 m | W

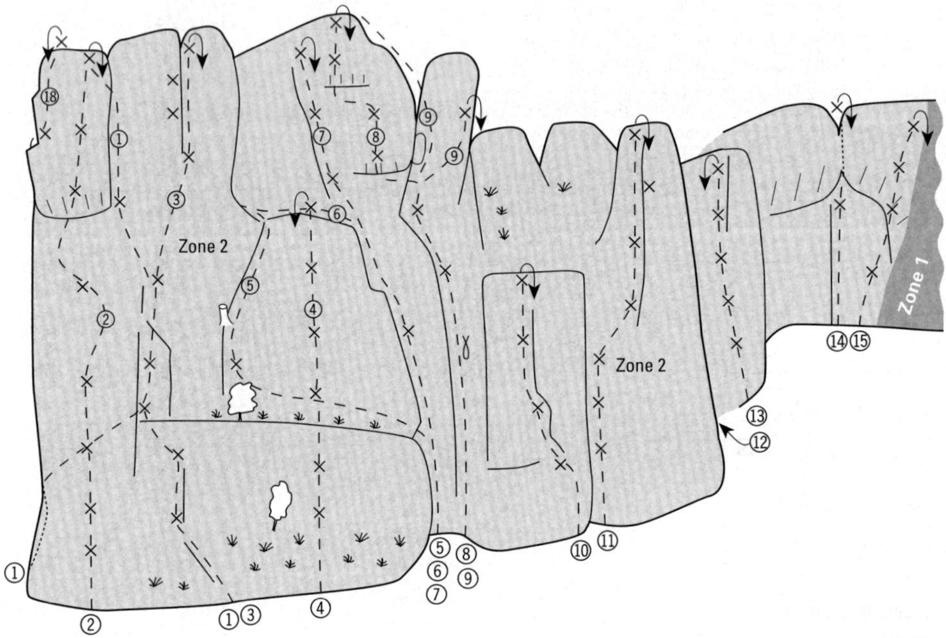

① Seifertweg *(2 Einstiege möglich)*	6	🍺
② Lissypfeiler	7 -	🍺
③ Baumannriss	6	🍺🍺
④ Überlebt	6 +	🍺
⑤ Bäumlesweg	4 +	
⑥ Alte Westwand	4 -	
⑦ Direkte Westwand	5	
⑧ Tschechensack	6 +	
⑨ Höhlenriss *(ggf. Keile)*	4 +	
⑩ Janosch	6	
⑪ Siglriss	6 +	
⑫ Mausbär	7 -	🍺
⑬ Südpfeiler	7	
⑭ Westkamin	4	
⑮ Flugzeuge im Bauch	6 -	🍺
⑯ Nordkamin	5 +	
⑰ Schartenweg	4 -	
⑱ Jubiläumsweg	6 -	
⑲ Karwendelschreck	6	

Massiv | 14 m | W

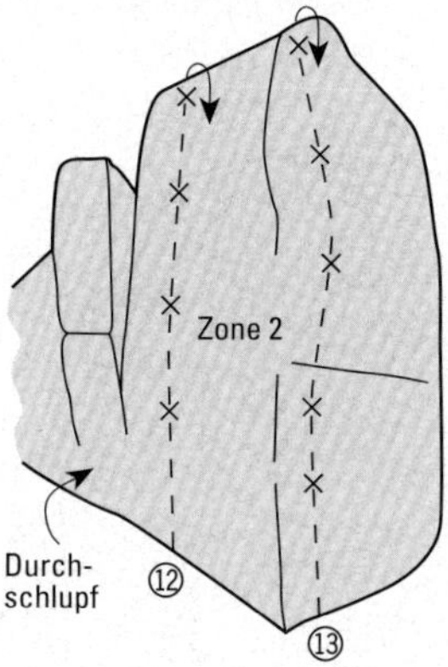

Bergseite | 8 - 20 m | NO

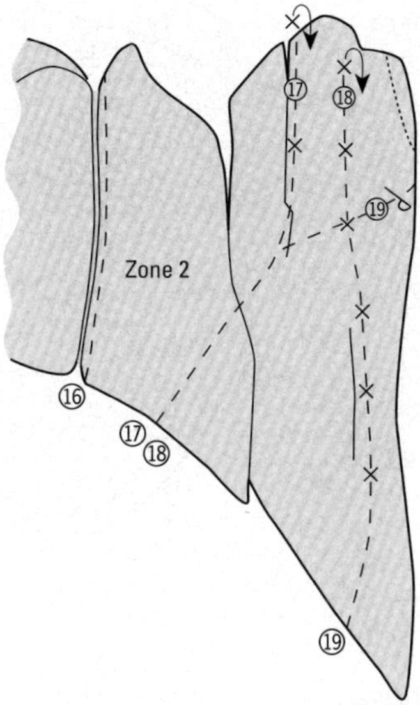

Zugang

Parken in Düsselbach. Gegenüber dem Gasthof »Zur Linde« Sträßchen hinein, daß in einen Feldweg mündet. Nach der Eisenbahnbrücke links und gleich wieder rechts hoch *(ab hier beschildert)*. Auf Pfad und Forstwegen den Schildern entlang zur Wand.

Besonderheit

Weißer, kompakter Plattenkalk, der eine gute Technik verlangt. Die klassischen Linien verlaufen aufgrund der Geschlossenheit des Gesteins oft an Rissen.
Sperrgefahr wegen Pflanzenschutz!
Der bisher bekletterte Bereich gilt als Zone 2, alle anderen Bereiche sowie die Felsköpfe sind in Zone 1!

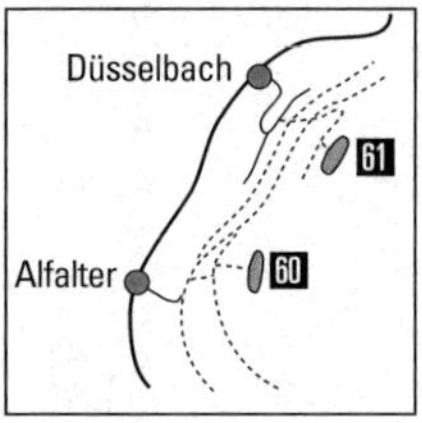

Alfalter/Düsselbach
60 Riffler
61 Düsselbacher Wand
Übersichtskarte 1 *(S. 15)*

62 Kleine Wacht

☼ | 16 m | W

Rechter Wandteil

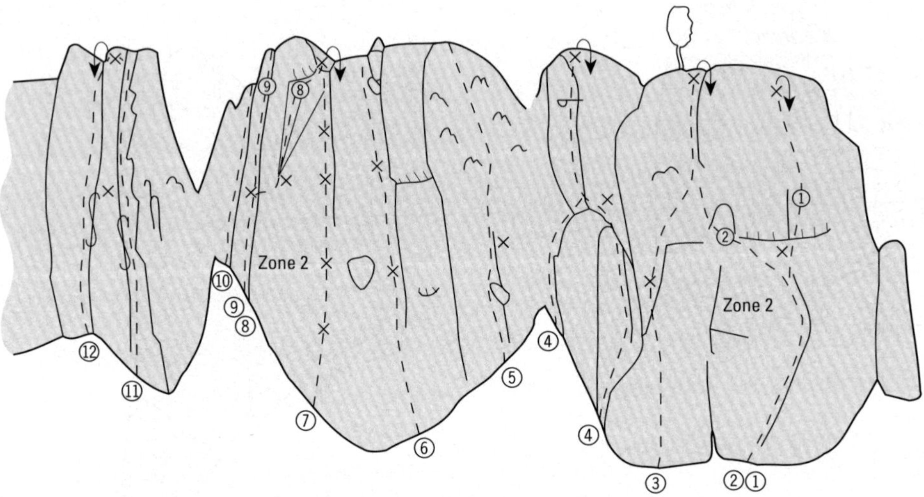

①	Rissüberhang	4+
②	Quergang	3
③	Geheimweg	5
④	Piazriss	5-
⑤	Schluchtweg	5
⑥	Westverschneidung	6-
⑦	Standing Ovations	7-
⑧	Wachtverschneidung	6-
⑨	Erdbeerriss *(Keile)*	6+
⑩	Schiefer Kamin	3
⑪	Rechter Fichtenriss	4+
⑫	Linker Fichtenriss	4
⑬	Ritterboumweg	6
⑭	General Bööt	7-
⑮	Wildpflaume	7-
⑯	Albertinaweg	6-
⑰	Rechter Wachtkamin	2
⑱	Hans Scharrer Ged.-Weg	5+
⑲	Dächlesweg	5+
⑳	Linker Wachtkamin	3
㉑	Vagabundenpfeiler *(2 Ausstiege)*	6-
㉒	Holzhackerriss	4-
㉓	Ostermarsch	4
㉔	Plattensprint	5+
㉕	Muskelmacher	7
㉖	Direkteinstieg zu ㉗	6
㉗	Steinmetz Ged.-Weg *(2 Varianten)*	7-
㉘	Abkürzer	6+
㉙	Abplatzer	7-
㉚	Nordkante	5+
㉛	Langer Riss	5+
㉜	Muffige Schuppe	5+
㉝	Brüchig und genehmigt	6+
㉞	Bergzigeunerweg	6

Kleine Wacht

16 m | W

Linker Wandteil

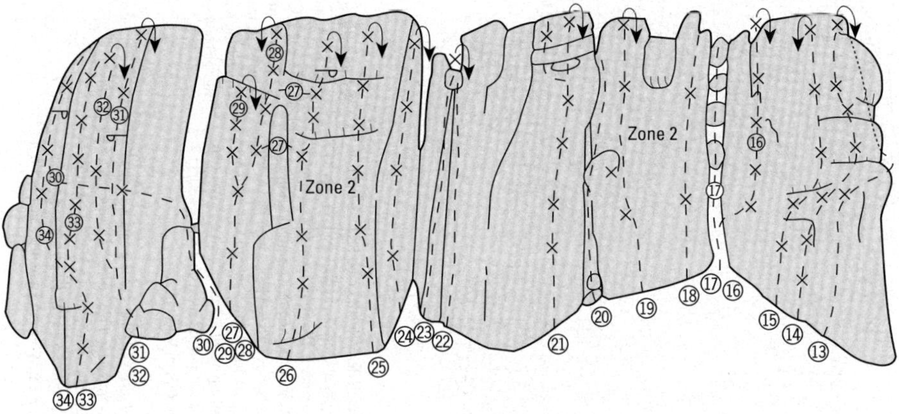

Zugang

In Vorra in der S-Kurve in die Hirschbacher Straße abbiegen. Diese geht über in die Raiffeisenstraße, spätestens bei Gesperrt-Schild parken. 60 m nach dem Schild links rein (»Oberer Höhenweg«); nach 70 m bei Gabelung links. 160 m nach der Gabelung ist eine Bank. Nach weiteren 20 m führt rechts ein Pfad zu den Felsen.

Besonderheit

Die Kleine Wacht ist das ideale Gebiet für alle, die leichtere Routen in sonnigem Fels suchen. Das Gestein ist eher glatt, aber der Fels ziemlich zergliedert und dadurch griffig.

Sperrgefahr wegen Pflanzenschutz!

Der gesamte Felsen gilt als Zone 2, die Felsköpfe sind Zone 1!

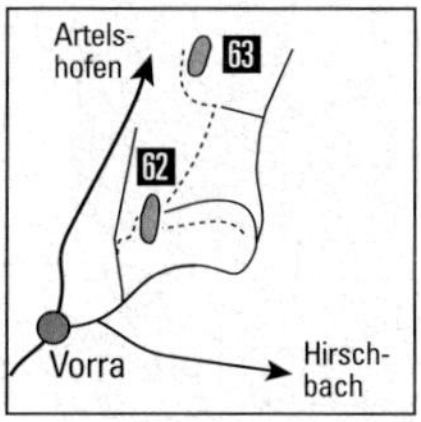

Vorra
62 Kleine Wacht
63 Große Wacht
Übersichtskarte 1 *(S. 15)*

63 Große Wacht

☼ | 18 m | W

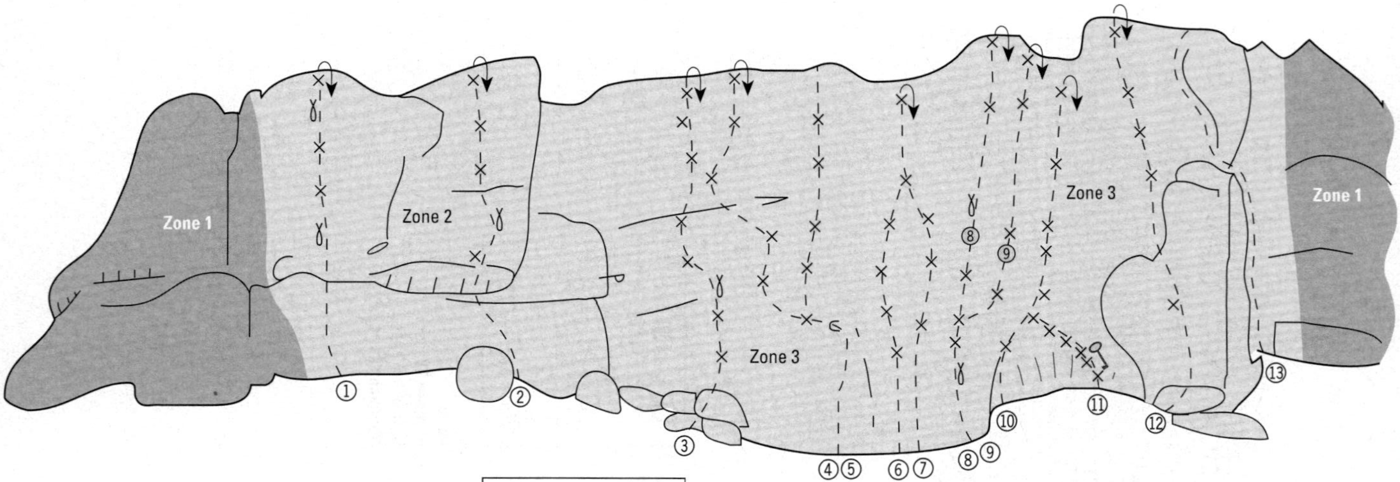

① ?	7-	
② Vergissmeinnicht	8	
③ ?	8-	
④ Life in the balance	8+	
⑤ Gleichgewichtsstörung	9-	
⑥ Spätzünder	9+	
⑦ ?	9	🍺
⑧ Anna Karenina	9-	
⑨ Abgestaubt	8+/9-	
⑩ Krieg und Frieden	9-	
⑪ Caveman	9/9+	🍺🍺
⑫ Sportflieger	7	🍺
⑬ Moser Ged.-Weg	a1/5	

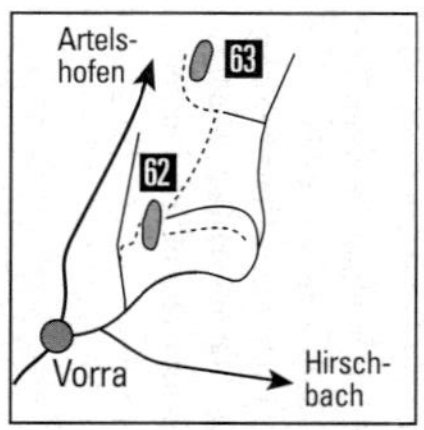

Vorra
62 Kleine Wacht
63 Große Wacht
Übersichtskarte 1 *(S. 15)*

Zugang

• *Von Vorra aus:* In Vorra in der S-Kurve in die Hirschbacher Straße abbiegen. Diese geht über in die Raiffeisenstraße, spätestens bei Gesperrt-Schild parken. Die Straße geht über in einen Feldweg, diesem nach Wandermarkierung »Grünpunkt« folgen. Nach gut 5 min sind rechts zwei kleine Häuser. 50 m danach folgt man links einem Feldweg. Zwischen zwei Waldstücken sieht man eine Wiese, an dieser entlang bis zu ihrem rechten oberen Ende und nach rechts in den Wald zu den Felsen. Zur Wiese gelangt man auch direkt von der Kleinen Wacht aus.

• *Von der Kleinen Wacht aus:* Oberhalb der Felsen am Turm vorbei aus dem Wald heraus und dann links, zuerst am Waldrand, dann an einem Zaun entlang nördlich auf ein größeres Waldstück zu. Davor ist eine Wiese. An dieser entlang Richtung Pegnitztal (Westen) gehen bis zum rechten oberen Ende und nach rechts in den Wald zu den Felsen.

Besonderheit

Kräftige Touren in überhängender, löchriger Wand. Da die Wand im dichten Wald steht, ist sie trotz westseitiger Ausrichtung schattig.
Die Felsköpfe sind Zone 1!

Langenstein

Nordostseite

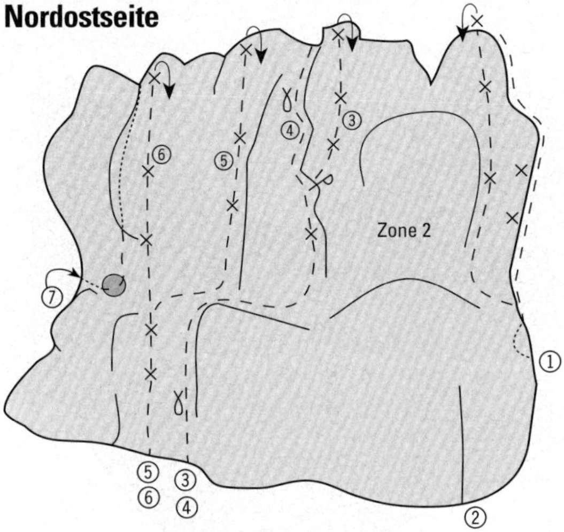

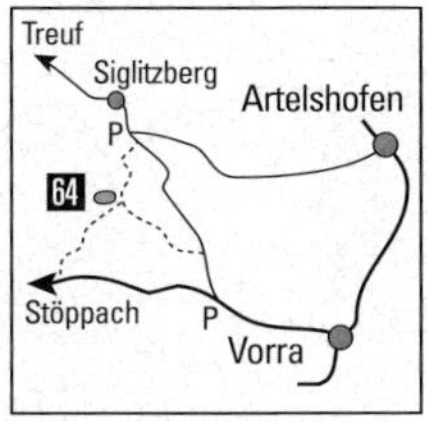

Langenstein
Übersichtskarte 1 *(S. 15)*

Südwestseite

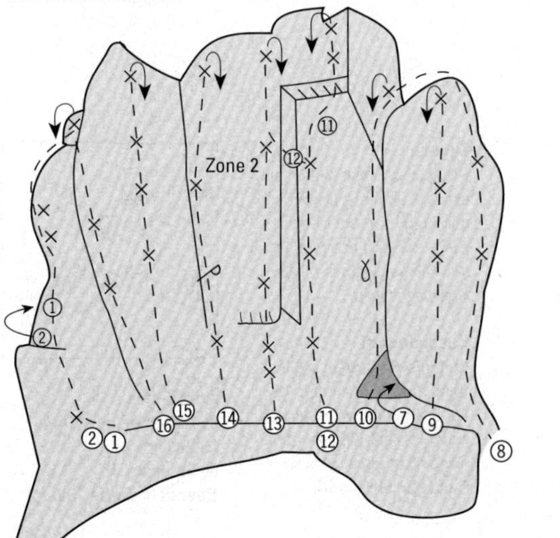

Zugang

• *Von Treuf:* Von Treuf nach Siglitzberg und nach dem Ort bei der 1. Abzweigung rechts und parken. Wieder rechts und auf markiertem Wanderweg (Blaukreuz, Blaupunkt, Gelbstrich) zum Langenstein (10 min).

• *Von Vorra:* In Richtung Stöppach fahren und dort, wo der Schotterweg nach Siglitzberg abzweigt parken. Hier zweigt auch der mit Blaukreuz markierte Wanderweg zum Langenstein ab. Diesem folgt man zu den Felsen (20 min).

Besonderheit

Längerer Zustieg, landschaftlich sehr schön und ruhig.
Zur Einkehr empfiehlt sich der Gasthof »Zum Pechwirt« in Artelshofen mit Biergarten und typisch fränkischer Küche.

① Nordkante	7
② Nordwand	6 -
③ Buchner-Pfeiler	6 +
④ Nach'm Regen *(Keile)*	4 +
⑤ Müller Pietsch Ged.-Weg	6
⑥ Haraldpfeiler	6
⑦ Ostverschneidung *(Keile)*	2
⑧ Südkante	5 +
⑨ Westwand	6 -
⑩ Westriss	4
⑪ Flockentanz	6 +
⑫ Fluchtweg	6 +
⑬ Fluchtweg direkt	7 +
⑭ Abendverschneidung *(Keile)*	5
⑮ Leoni	7
⑯ Dornröschen	5

65 Artelshofener Wand

| 18 m | N

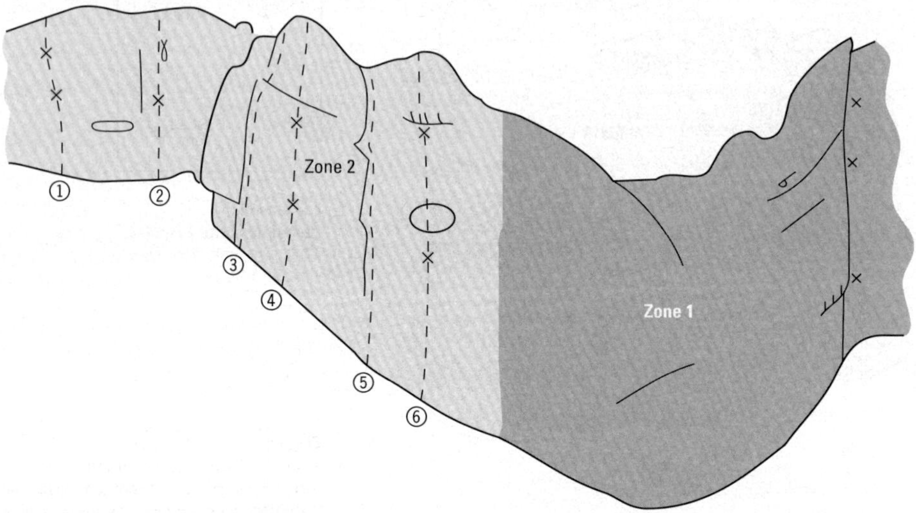

①	?	7+
②	?	7-
③	Riss	5
④	Für Burkhard	6
⑤	Verschneidung	5+
⑥	Halb so wild	6

Zugang

Die Artelshofener Wand befindet sich 50 m rechts oberhalb der Straße von Artelshofen nach Großmeinfeld *(300 m nach Ortsausgangsschild, Parkmöglichkeit)*.

Besonderheit

Leider ist der größte Teil der Wand Zone 1 geworden. Die Routen im linken Teil weisen guten Fels auf, sind aber teilweise recht dreckig, da sie kaum geklettert werden.

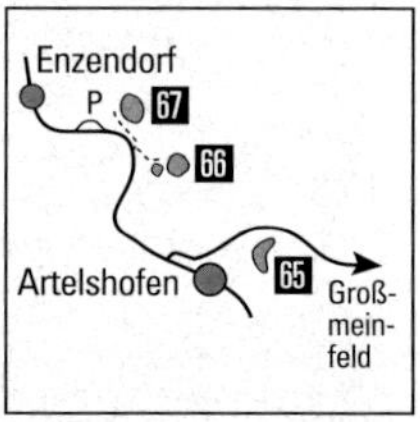

Artelshofen

65 Artelshofener Wand

66 Pavian

66 Student

Übersichtskarte 1 *(S. 15)*

Pavian

| 27 - 35 m | S + W

Talseite | 35 m | W

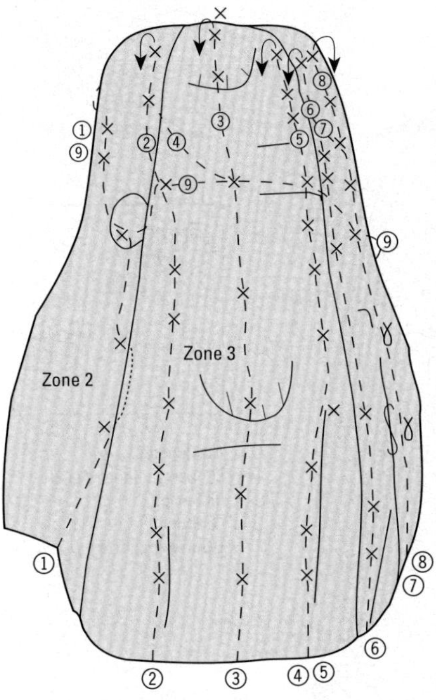

Südseite | 27 m

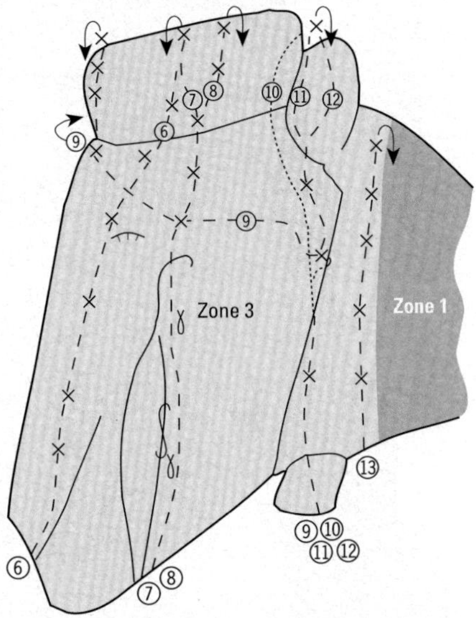

Enzendorfer Nadel | 8 m

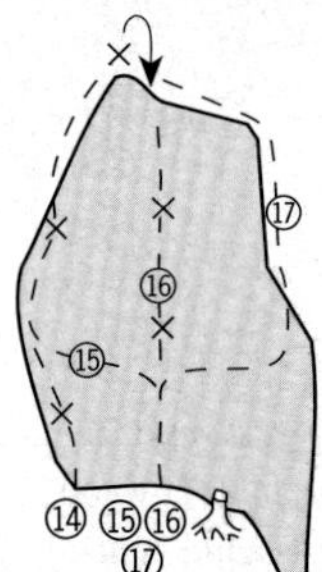

1 Nordwand	4
2 Linke Talwand	6
3 Vorstiegsmaschine	8 -
4 Rechte Talwand	6 +
5 Rechte Talwand direkt	7 -
6 Don Filipo	6
7 Südriss	5 +
8 Südriss direkt	6 -
9 Koffka-Traverse	4 +
10 Stemmkamin	4
11 Werner-Weg	7 +
12 Südschlucht	3 +
13 Schlapper Seppl	5
14 Direkte Südkante	5
15 Südkante	4
16 Bergseite	6 +
17 Nordkante	4

Zugang

Zwischen Artelshofen und Enzendorf steht oberhalb einer weiten Rechtskurve der gut sichtbare Student. Etwas talaufwärts befindet sich ein Parkplatz. Von diesem wieder kurz talabwärts und links kurze Fuhre hoch. Nach rechts führt ein Pfad durch den Wald zum Pavian. Gegenüber von dessen Talseite steht die kleine »Enzendorfer Nadel«.

Besonderheit

Auch der Pavian hat den für das untere Pegnitztal typischen hellen, etwas glatten Fels. Die Auswahl ist aber vielseitig: Risse, Plattenstellen und gutgriffige Klassiker wie die beiden Talwände lohnen einen Besuch.

67 Student

16 - 35 m | SW + N

Talseite | 35 m | SW

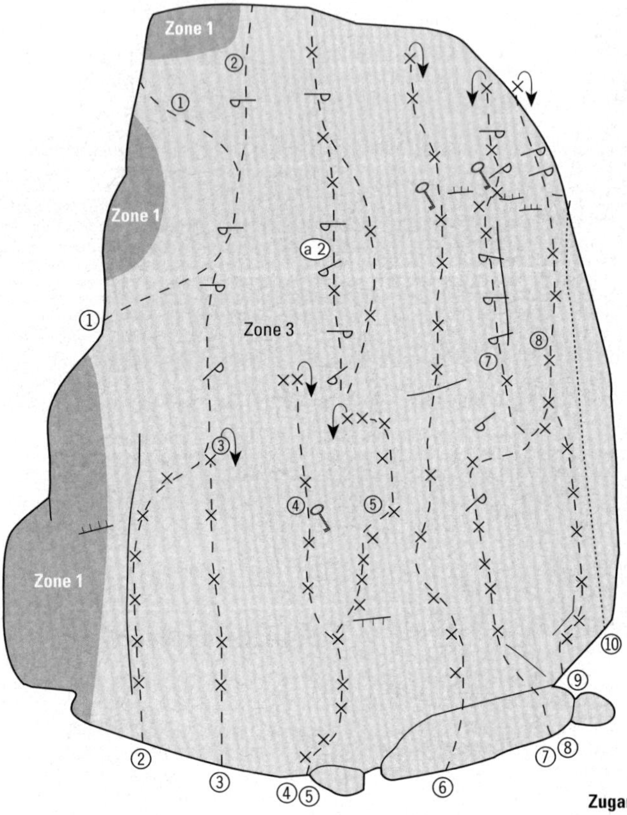

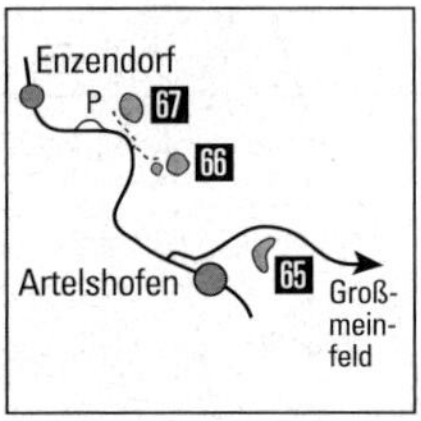

Artelshofen
65 Artelshofener Wand
66 Pavian
66 Student
Übersichtskarte 1 *(S. 15)*

① Westwand .... 5+
② Linke Talwand.............. 8
③ Leichte Acht 8
④ Simon.................... 10-
⑤ Georg Ehmann Ged.-Weg 9
(1. SL 9; 2. SL Rechtsvariante 9-)
⑥ Hart Neun 10-/10
⑦ Heiße Finger *(Wallner Ged.-Weg)* 9
⑧ Schwere Geburt 8
⑨ Rayando el sol.............. 8
⑩ Uhuweg.................. a2/5
⑪ Südriss 6
⑫ Nordverschneidung.......... 6+
⑬ Matt in drei Zügen 9-
⑭ Nordwestkante 3

Zugang

Zwischen Artelshofen und Enzendorf steht oberhalb einer weiten Rechtskurve der gut sichtbare Student. Etwas talaufwärts befindet sich ein Parkplatz. Von diesem wieder kurz talabwärts und links kurze Fuhre hoch. Wieder links und auf Pfad zum Felsen.

Besonderheit

Für den Nördlichen Frankenjura etwas ungewöhnlicher Fels (teils recht wasserzerfressen). Legendärer Ausdauer-KLassiker im 9. Grad: der von Wolfgang Güllich 1982 frei begangene und in »Heiße Finger« umgetaufte »Dieter Wallner Ged.-Weg«.
Auch der »Simon« muß inzwischen bereits zu den Klassikern gezählt werden und hat diverse Damenbegehungen, darunter einen »Flash«! (Lynn Hill). Altmeister Rudi Borschert hat im Alter von 54 Jahren mit »Hart Neun« eine Tour erschlossen, die eher Richtung Zehn tendiert.
Die Felsköpfe sowie Talseite rechts von ⑨ sind Zone 1!

Student

| 16 - 35 m | SW + N | 67

Bergseite | 16 m | N

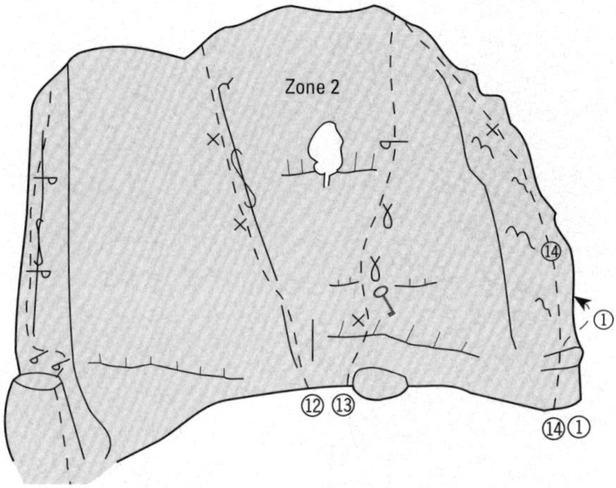

Freudenmauer

| 6 m | S | 68

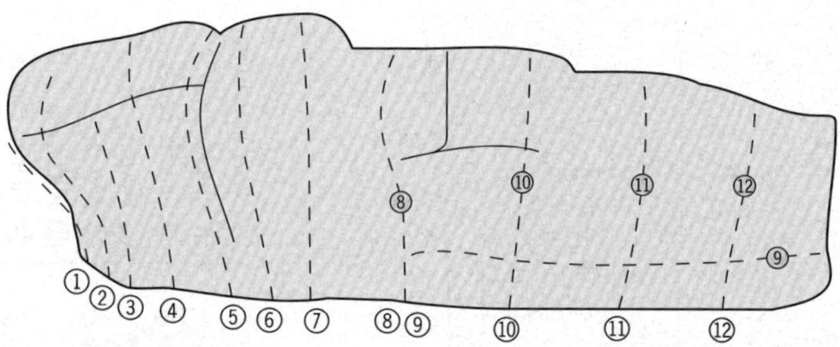

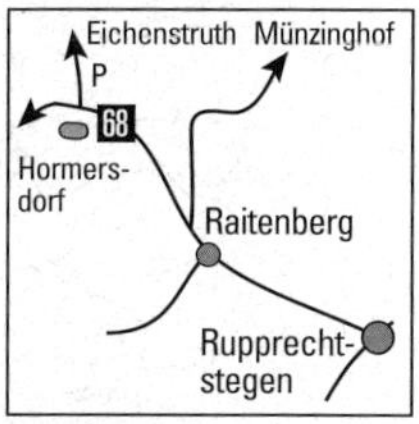

Freudenmauer
Übersichtskarte 1 *(S. 15)*

Zugang
Zwischen Raitenberg und Wallsdorf zweigt eine Straße nach Eichenstruth ab, hier parken. Auf der anderen Seite der Hauptstraße befindet sich das Massiv (in der Wiese).

Besonderheit
Kleines, sonniges Boulderwandl.

① B1	8
② Schnellkraft	8 -
③ Begegnung	9 +
④ Stonefeeling	8
⑤ Surrealis	7 +
⑥ Oi	7 +
⑦ Tappes	8
⑧ Fingerhorror	8 +
⑨ Quergang	6 +
⑩ Kombreha	7 +
⑪ Stachelschwein	7 -
⑫ Sandmann	6 +

Südwestwand | 23 m

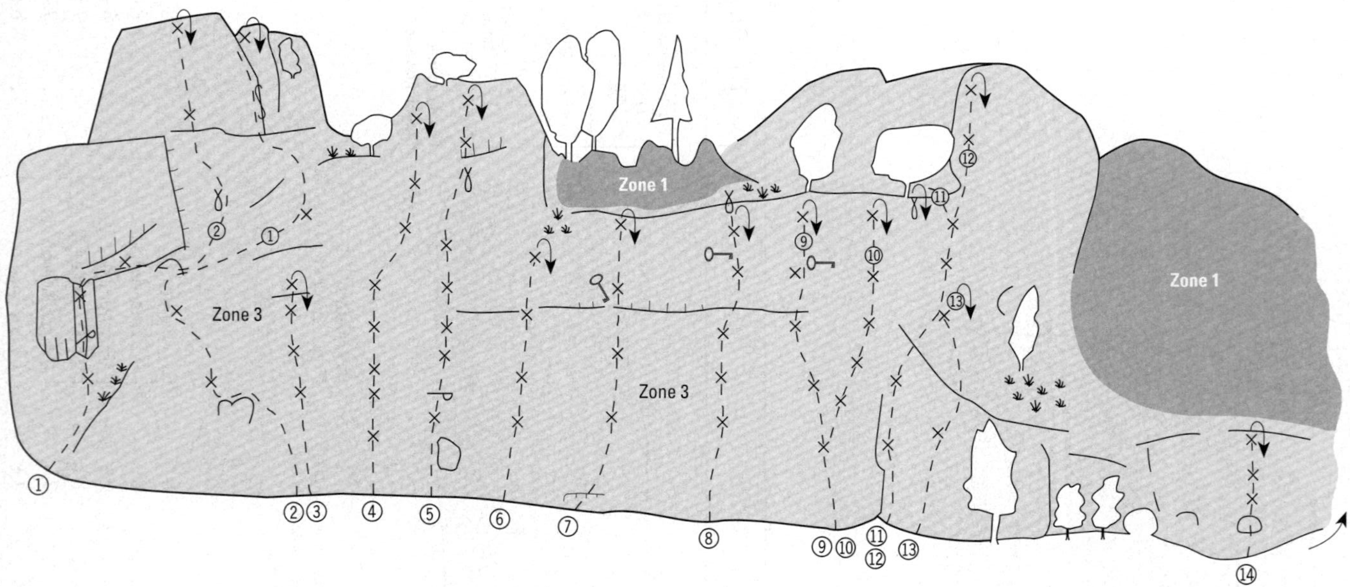

① Seelmacher Ged.-Weg	7-	
② Maria Hilf	e2/7+	
③ Hohl	9-	
④ Internet	9-	
⑤ Computerspiele	8	
⑥ Tod des Softie	8+/9-	
⑦ Copliot	9-	
⑧ New Dimensions	8+	
⑨ Flugkontrolle	e1/9+	
⑩ Omaha Beach	9+	
⑪ Herpes	8+	
⑫ Zovirax	8+	
⑬ Blitzkrieg	9	
⑭ Kleiner Traum	8-	

Ankatalwand | 25 m | SW + SO

Südostwand | 25 m

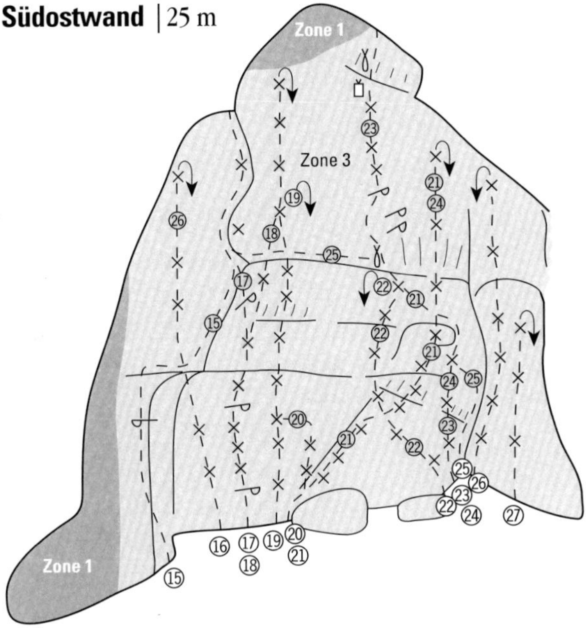

Nebenmassiv | 12 m

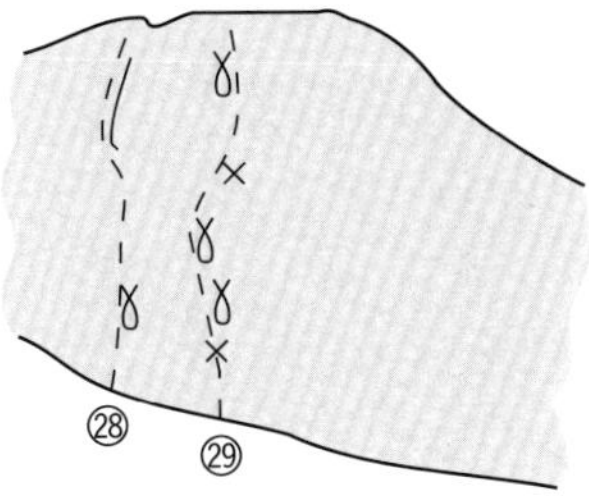

⑮	Haumtaucherriss	6 +
⑯	Gmaade Wiesn	9 -
⑰	Direkteinstieg	a2/5
⑱	Cafe Grande	9
⑲	Cafe Kraft	9
⑳	Purple Haze *(reingepresst)*	9
㉑	Due Expressi	9 -
㉒	Cafe au lait	7 +
㉓	Reinhard Holz Ged.-Weg	8
㉔	Rick's Cafe	8
㉕	Genitheim Ged.-Weg	6 +
㉖	Dirty Dancing	6 +
㉗	Fruchtzwerg	5 +
㉘	Schnelle Nummer	6 -
㉙	Eremit	7

Zugang

Am Ortausgang Rupprechtstegen (Richtung Velden) ist rechts ein Parkplatz. Gegenüber von ihm mündet das Ankatal. Im Talgrund kommt man nach 50 m zur Südwestwand; die Südostwand liegt direkt gegenüber vom Parkplatz (30 m oberhalb einer Bank). Rechts oberhalb befindet sich das Nebenmassiv.

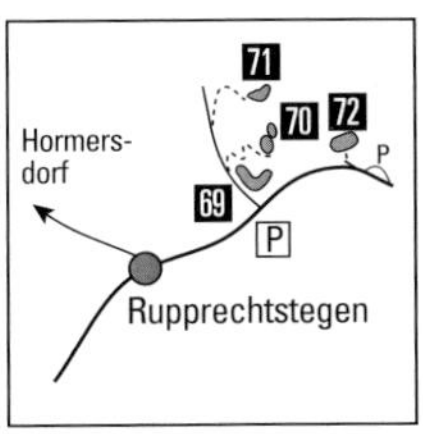

Ankatal

69 Ankatalwand
70 Big Mushroom
71 Ochsenstein
72 Brückenwand
Übersichtskarte 1 *(S. 15)*

Besonderheit

Ob Sonne in die Wand kommt, hängt von der Tageszeit und Belaubung (SW-Wand) ab.
In der Südwestwand dominiert kleingriffige, senkrechte Wandkletterei, vorwiegend an Leisten. Die Südostwand bietet auch athletische Routen in steilem Löcherfels.
Extremklassiker: »New Dimensions«, ehemals von Wolfgang (»Flipper«) Fietz ausgebouldert; durch Wolfgang Güllich 1981 im Vorstieg erstbegangen. Ebenfalls klassisch: Die kühne Route »Maria Hilf« von Kurt Albert.
Möglicherweise wird die zu eng gebohrte Route »Purple Haze« vom Erstbegeher wieder abgebaut.
Außerhalb der erschlossenen Bereiche gilt Zone 1!

70 Big Mushroom

15 m | SO

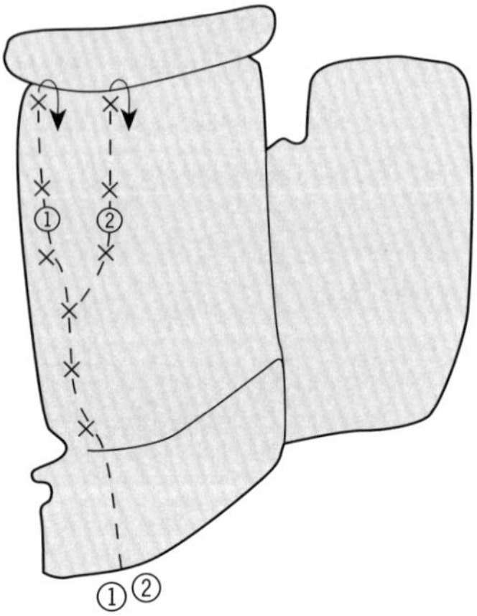

Zugang
Am Ortausgang Rupprechtstegen (Richtung Velden) ist rechts ein Parkplatz. Gegenüber von ihm mündet das Ankatal. Im Talgrund kommt man nach 50 m zur Südwestwand der Ankatalwand. 30 m nach ihrem linken Ende rechts auf Pfad 200 m steil aufwärts zu den Felsen.

Besonderheit
Bei Belaubung kommt wenig Sonne durch.
Der Fels befindet sich eine Etage oberhalb der Ankatalwand. Ein Pfad führt nach vorne auf
deren grasigen Gipfelaufbau (schöner Platz).

①	Magic Mushroom	8+
②	Fly Agaric	9-

71 Ochsenstein

| 15 m | S + O

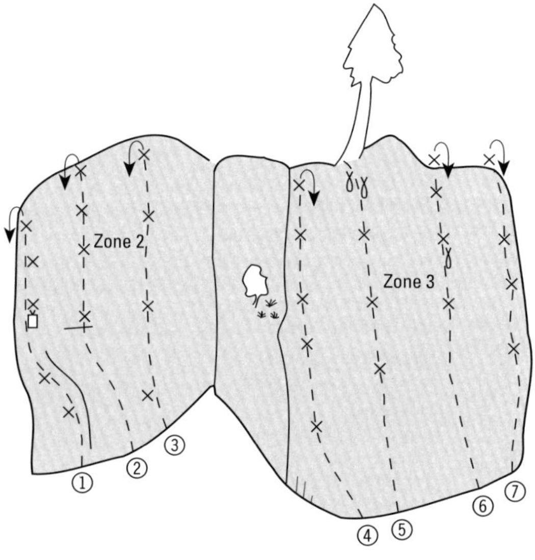

①	Hans Brehm Ged.-Weg	6+
②	Waldläuferschreck	7+
③	Leistungstief	7+
④	Südostkante	8+/9-
⑤	Black Spirit	8-
⑥	John Zorn	8
⑦	Schwank	7+

Zugang
Am Ortausgang Rupprechtstegen (Richtung Velden) ist rechts ein Parkplatz. Gegenüber von ihm mündet das Ankatal. Dieses 400 m hochlaufen, bis links eine plattige Wand zu sehen ist. Hier rechts Weg hoch (links oben sind zwei Wände zu sehen) und in einer Rechtsschleife zum Ochsenstein.

Besonderheit
Kleiner, ruhig gelegener Felsen. Durch den Wald eher schattig.
Außerhalb des erschlossenen Bereichs gilt Zone 1!

Brückenwand

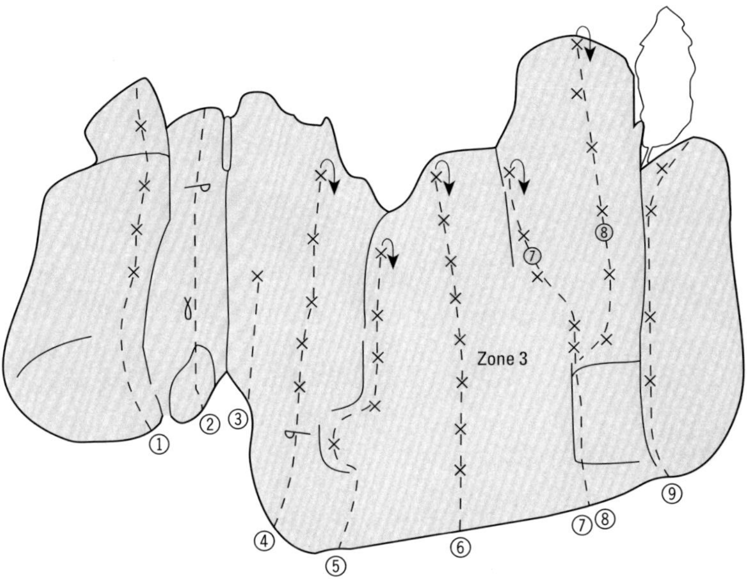

Zugang

Von Rupprechtstegen 500 m talaufwärts fahren und nach der Eisenbahnbrücke parken. Wieder zurück, unter der Brücke durch und nach 50 m rechts hoch zu den Felsen.

Besonderheit

In den schweren Routen herrscht senkrechte bis überhängende, kleingriffige Wandkletterei vor. Aber auch der klassische Südwandriss ist durchaus empfehlenswert.

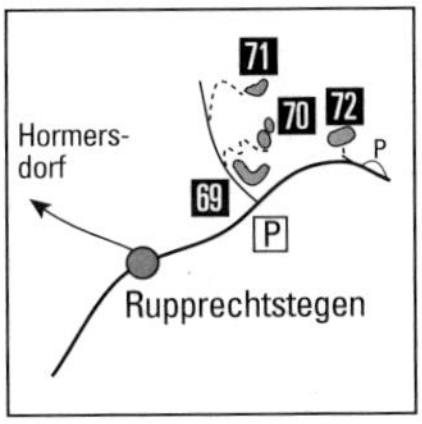

Ankatal
69 Ankatalwand
70 Big Mushroom
71 Ochsenstein
72 Brückenwand
Übersichtskarte 1 *(S. 15)*

①	Ceincaled	8+
②	Wandl	5+
③	*Projekt*	
④	Destillers	10- 🍺
⑤	Südwestkante	8
⑥	*Projekt*	
⑦	Fianna	9- 🍺
⑧	Neuanfang	9- 🍺
⑨	Südwandriss	6- 🍺

Kulinarisches

Für alle Felsen um Rupprechtstegen ist das Cafe Kraft ideal gelegen. Die hervorragenden Kuchen geben den Kletterern tagsüber die nötige Energie. Aber auch die warme Küche ist empfehlenswert, eine Spezialität sind Forelle und Karpfen im Bierteig.

Roter Fels

☼ | 20 - 40 m | S + O

Linker Teil | 27 m | SO

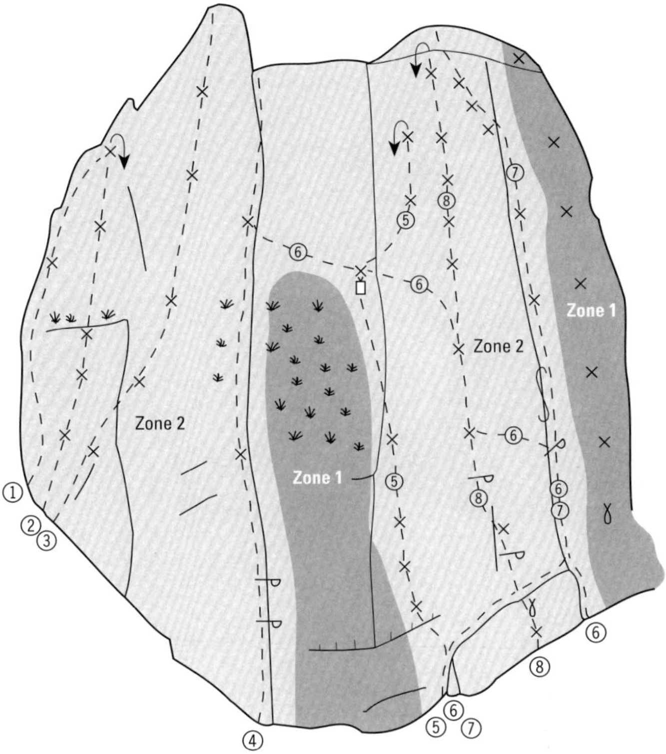

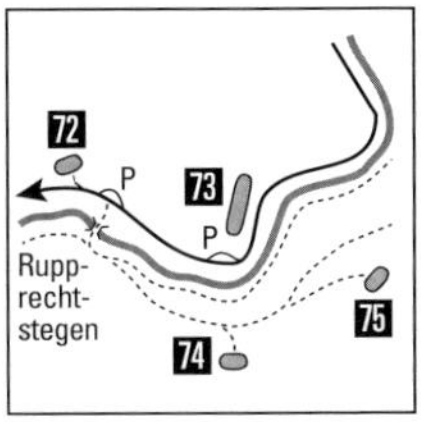

Rupprechtstegen
72 Brückenwand
73 Roter Fels
74 Emporwand
75 Zsigmondy Ged.-Wand
Übersichtskarte 1 *(S. 15)*

① Hersbrucker Weg . . . . 5+
② W 57 6
③ Armin Weich Ged.-Weg 6
④ Langer Riss 5
⑤ Pessimist 8-
⑥ Mittelweg . . . . 5+
⑦ Dülferriss *(2 Einstiege möglich)* 6+
⑧ Optimist . . . . 7+

Zugang

Von Rupprechtstegen in Richtung Velden; nach 600 m parken. 200 m talaufwärts befindet sich der Rote Fels. Zu den 3 Wandteilen führen jeweils Pfade hinauf.

Besonderheit

Am Roten Fels ist die Kletterei deutlich griffiger und löchriger als im unteren Pegnitztal. Der linke Wandteil hat etwas länger Sonne als das ostseitig ausgerichtete Hauptmassiv, insbesondere die leichten Routen links.
Felsen außerhalb des erschlossenen Bereiches sowie die Felsköpfe gelten als Zone 1!

Bild S. 132: Sven Patton in »Computerspiele« (8); Ankatalwand
Foto: Matthias Keller
Bild S. 134: Bettina Ritter in »Luftikus« (8); Roter Fels
Foto: Bernhard Thum

Roter Fels

| 20 - 40 m | S + O | 73

Mittlerer Wandteil | 40 m | O

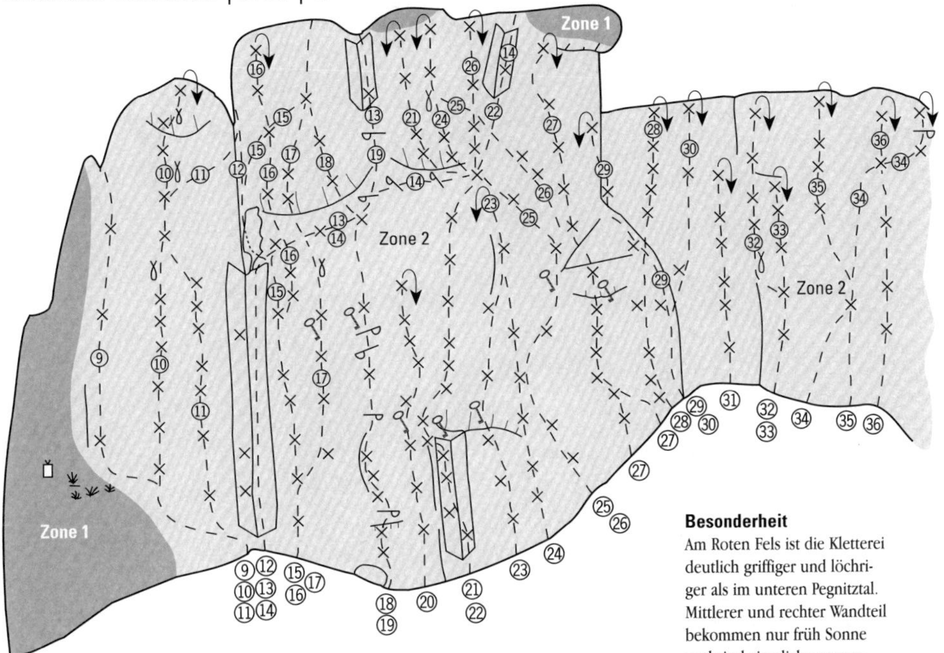

Besonderheit
Am Roten Fels ist die Kletterei deutlich griffiger und löchriger als im unteren Pegnitztal. Mittlerer und rechter Wandteil bekommen nur früh Sonne und sind ziemlich regengeschützt. Die Auswahl an lohneden Klassikern sucht ihresgleichen.
Bei den langen Routen wird es auch mit einem 70 m-Seil beim Ablassen sehr knapp!
Felsen außerhalb des erschlossenen Bereiches sowie die Felsköpfe gelten als Zone 1!

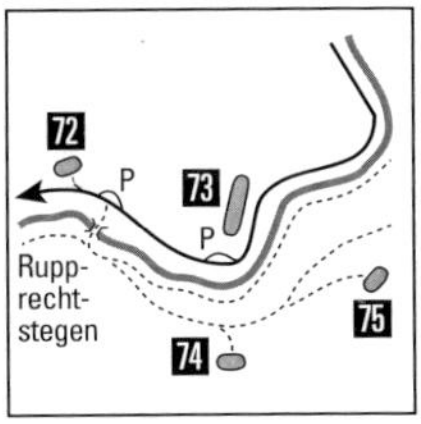

Rupprechtstegen
72 Brückenwand
73 Roter Fels
74 Emporwand
75 Zsigmondy Ged.-Wand
Übersichtskarte 1 *(S. 15)*

Zugang
Von Rupprechtstegen in Richtung Velden; nach 600 m parken. 200 m talaufwärts befindet sich der Rote Fels. Zu den 3 Wandteilen führen jeweils Pfade hinauf.

Nr.	Route	Grad
⑨	Dolomitweg	6
⑩	Schaumschläger	7 -
⑪	Frühlingsweg	6 +
⑫	Bieringerverschneidung	6 -
⑬	Sackwand	7
⑭	Sackquergang	7
⑮	Luftige Wand	7 +
⑯	Luftige Wand direkt	8 -
⑰	Schweinebär	9
⑱	Luftikus	8
⑲	Hannig-Mayer Ged.-Weg	8 -
⑳	Ringe der Idioten	8 +
㉑	Bella Additione	8 +
㉒	Jean Couzy Ged.-Weg	8
㉓	Lustikus	9 -
㉔	Fuckin' Bush	8 -
㉕	Kunstflug	e1/7
㉖	Der Neger mit dem Knackarsch	7 +
㉗	Feuervogel *(2 Einstiege)*	e1/8 +
㉘	Für Conny	7
㉙	Purtscheller Ged.-Weg	6 +
㉚	Weg der roten Ringhaken	6
㉛	Harter Hund	7 -
㉜	Steppenwolf	7 +
㉝	Softmover	5
㉞	Pegnitztalwand	7 -
㉟	Hardmover	7 +
㊱	Captain Cook	7

Rechter Wandteil | 30 m | O

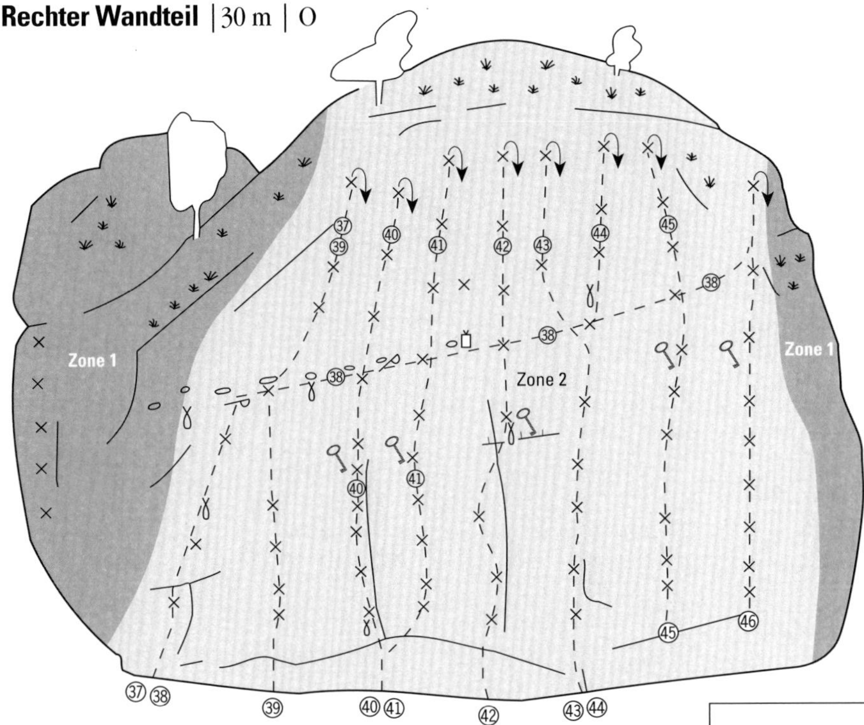

㊲	Kilomanie	7 +
㊳	Löchlesquergang	7 +
㊴	Carrigan-Route	9 -
㊵	Zeitmaschine	9 -
㊶	Minus 11	9
㊷	Bergfix	9 -
㊸	Hessisch Roulette	8
㊹	Rechter Ausstieg	8 +
㊺	Big Brother	8
㊻	Löchlesweg	7 +

Zugang
Von Rupprechtstegen in Richtung Velden; nach 600 m parken. 200 m talaufwärts befindet sich der Rote Fels. Zu den 3 Wandteilen führen jeweils Pfade hinauf.

Besonderheit
Am Roten Fels ist die Kletterei deutlich griffiger und löchriger als im unteren Pegnitztal. Mittlerer und rechter Wandteil bekommen nur früh Sonne und sind ziemlich regengeschützt. Die Auswahl an lohneden Klassikern sucht ihresgleichen.
Felsen außerhalb des erschlossenen Bereiches sowie die Felsköpfe gelten als Zone 1!

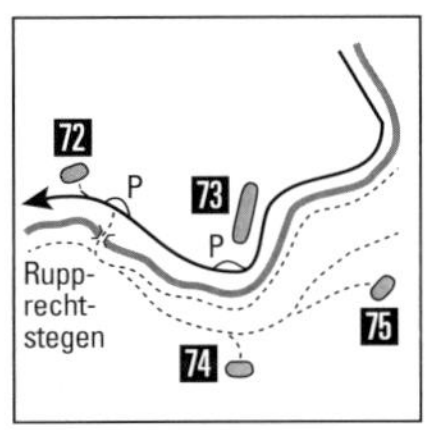

Rupprechtstegen
72 Brückenwand
73 Roter Fels
74 Emporwand
75 Zsigmondy Ged.-Wand
Übersichtskarte 1 *(S. 15)*

Bild S. 136: Britta Broermann in »Waldrausch« (7); Katzenlöcher
Foto: Matthias Keller

74 Emporwand

| 28 m | N

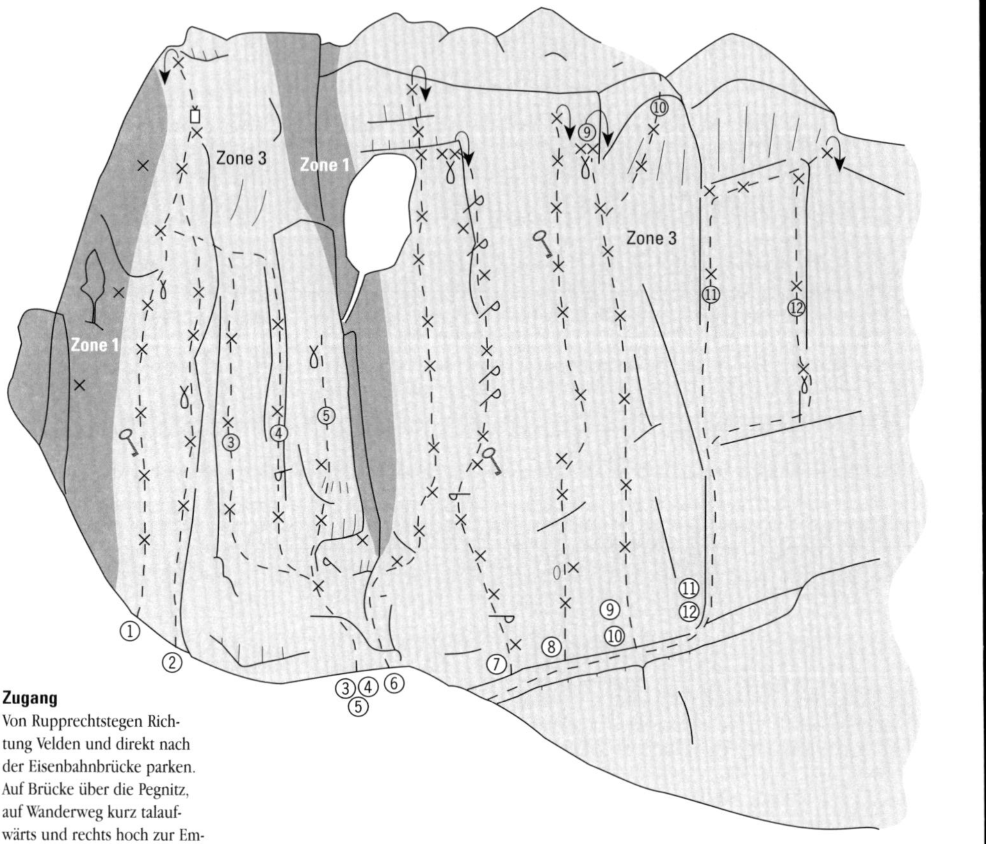

Zugang

Von Rupprechtstegen Richtung Velden und direkt nach der Eisenbahnbrücke parken. Auf Brücke über die Pegnitz, auf Wanderweg kurz talaufwärts und rechts hoch zur Emporwand.

① Grundkurs	9 -	
② Glasperlenspiel	8	
③ Emporweg	6 +	
④ Helmut Kramer Ged.-Weg	7	
⑤ *Projekt*		
⑥ *Projekt*		
⑦ Dirty Work *(Hakenweg)*	10 -	
⑧ Land of Confusion	10/10 +	
⑨ Lust und Spiele	9-/9	
⑩ *Projekt*		
⑪ Eitrobieweg	6 +	
⑫ Direkteinstieg zu ⑪ *(Keile)*	e1/9 -	

Besonderheit

Das Gestein ist wesentlich glatter als am gegenüber liegenden Roten Fels. Die schweren Routen erfordern v.a. Fingerkraft und eine gute Technik.

Land of Confusion (Bernhard Thum 1990) ist für einen fränkischen Zehner sehr lang und ausdauernd. Die Route erhielt 2 Damenbegehungen durch Simone Kuly und Nicola Hager.

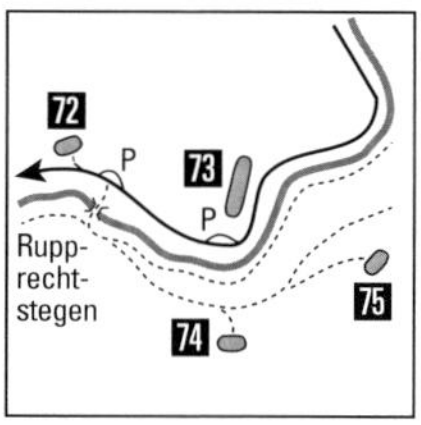

Rupprechtstegen
72 Brückenwand
73 Roter Fels
74 Emporwand
75 Zsigmondy Ged.-Wand
Übersichtskarte 1 *(S. 15)*

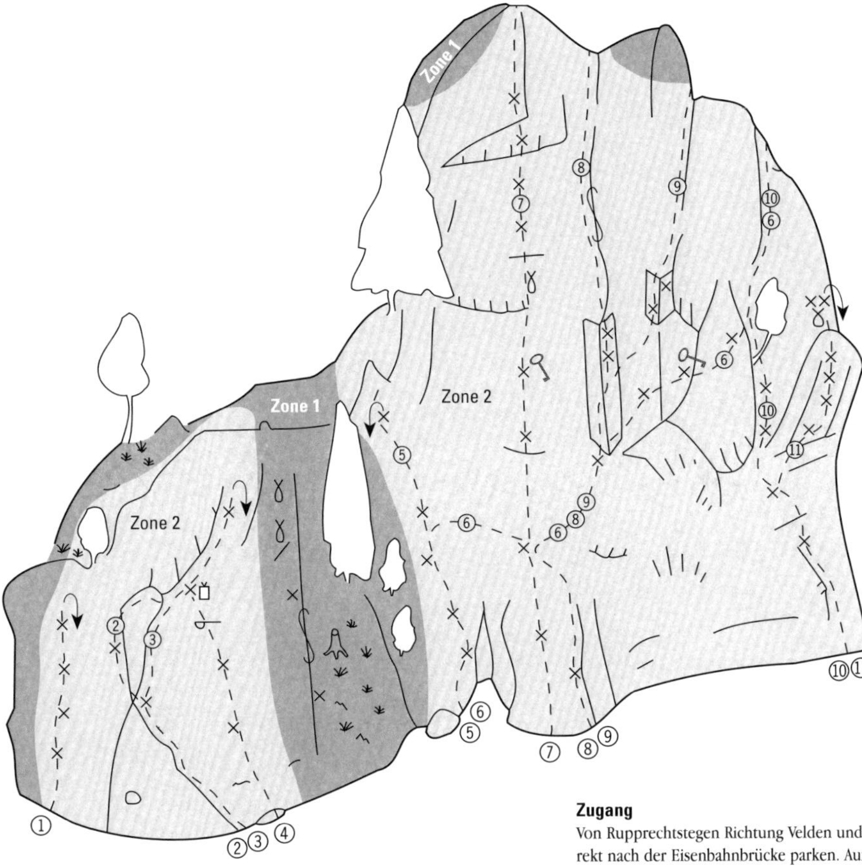

Zugang

Von Rupprechtstegen Richtung Velden und direkt nach der Eisenbahnbrücke parken. Auf Brücke über die Pegnitz und auf Wanderweg talaufwärts. Rechts oben steht die Emporwand. Noch 200 m weiter und auf Pfad hinauf zur Zsigmondy Ged.-Wand.

Besonderheit

Wer im leichten Gelände nicht sicher unterwegs ist, sollte für die klassischen Rissklettereien im rechten Wandteil ein paar Keile mitnehmen. Die beiden schweren Routen sind sehr unterschiedlich: Dachkletterei bei Idi Amin und kleingriffige Wand bei Johnny Controletti. Durch die hohen Bäume bekommt die Wand nur im obersten Teil richtig Sonne.
Da an diesem Massiv seltene Pflanzenarten (z.B. Habichtskraut) wachsen, ist es dringend notwendig, auf den bestehenden Wegen zu bleiben. Besonders gefährdet ist die Vegetation im Bereich des rechten Wandfusses, deshalb bitte nicht vom Weg abgehen!
Außerhalb des erschlossenen Bereiches gilt Zone 1!

①	Attention Percussion	6+
②	Schiefer Riss	6
③	Variante	6-
④	Platte	7
⑤	Direkter Rosengartenweg	6
⑥	Rosengartenweg	8
⑦	Johnny Controletti	9+
⑧	Harlinriss	7-
⑨	Zsigmondyweg	7-
⑩	Sollederweg	7
⑪	Idi Amin	9/9+

76 Immer Höher-Turm

12 - 14 m | S + N

Nordseite | 14 m

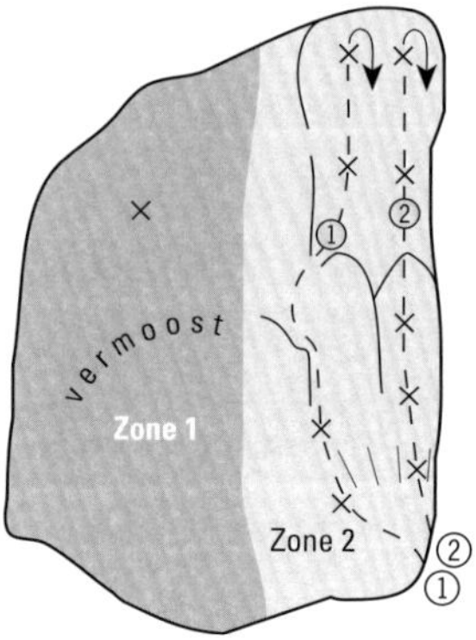

Südseite | 12 m

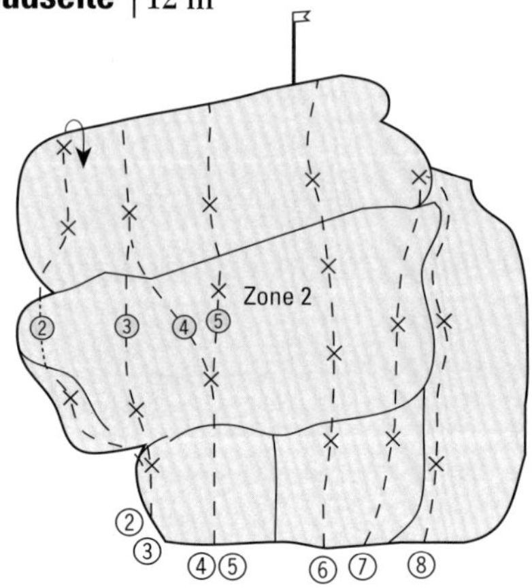

① Lungsdorfer Urschotter . . . . 7+
② Werner Brösel . . . . 7+
③ Baum . . . . 4+
④ Südwand 5
⑤ Sei mutisch 7-
⑥ Trebbla 6-
⑦ Aller Anfang ist schwer 6
⑧ Südostwand 3

Zugang
In Lungsdorf bei scharfer Kurve abbiegen (von Rupprechtstegen kommend links) und auf Straße kurz nach Nordwesten, dann links um den Hang herum wieder nach Süden. Der Fels befindet sich oberhalb des verfallenen Hauses im Wald.

Besonderheit
Allzu groß ist die Auswahl an Touren an dem kleinen Turm nicht, dafür ist es sonnig und kaum überlaufen.

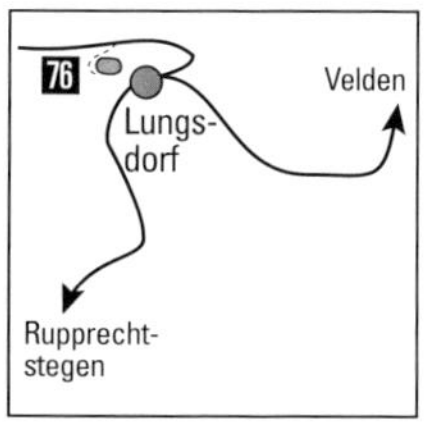

Immer Höher-Turm
Übersichtskarte 1 *(S. 15)*

Bild S. 141: Evelyn Fleckenstein in »Stadeltenne« (8-); Stadeltenne
Foto: Matthias Keller

77 Löwenstein

| 25 - 45 m | O + N

Ostwand | 25 m

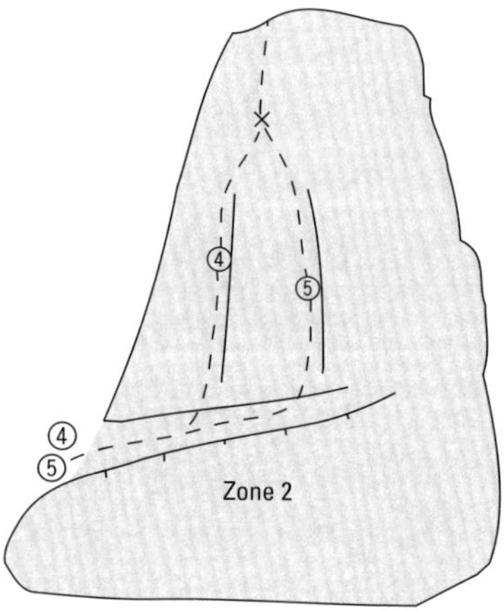

Nordwand | 45 m

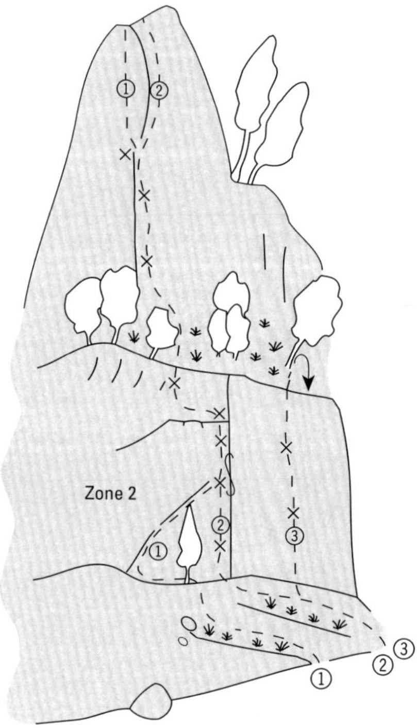

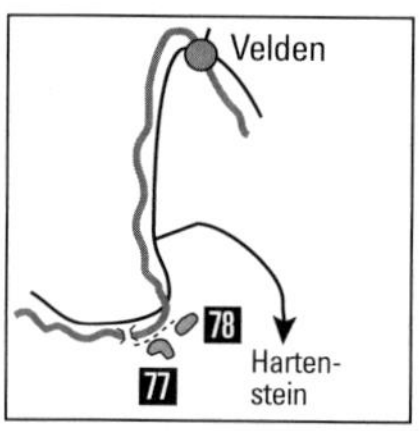

Velden Süd
77 Löwenstein
78 Hängender Stein
Übersichtskarte 1 *(S. 15)*

①	Affen-Junk *(Keile)*	6+
②	Norisweg	6-
③	Infusion	7-
④	Keilerei *(Keile)*	6+
⑤	Löwenzahn *(Keile)*	6+

Zugang

Am Ortsausgang von Velden (Richtung Hersbruck) steht ein bronzener Hirsch. Einige 100 m talabwärts führt eine Brücke über die Pegnitz, dort parken. Über die Brücke und links (wieder flussaufwärts) zur Nordwand des Löwensteins. An deren linken Ende durch kurze, dreckige Verschneidung 5 m empor und hoch zur Ostwand.

Besonderheit

Die alpinen und teilweise selbst abzusichernden Routen am Löwenstein sind ein optimales Übungsgelände für das Gebirge. Auch wer ins Allgäu zum Grasklettern möchte, ist hier gut aufgehoben. Die abenteuerlichen Wege dürften zwar nicht dem Geschmack der Masse entsprechen, sind aber nicht ohne Reiz.

Bild S. 143: Bettina Ritter in »Panische Zeiten« (7+); Weißenstein
Foto: Bernhard Thum

Hängender Stein

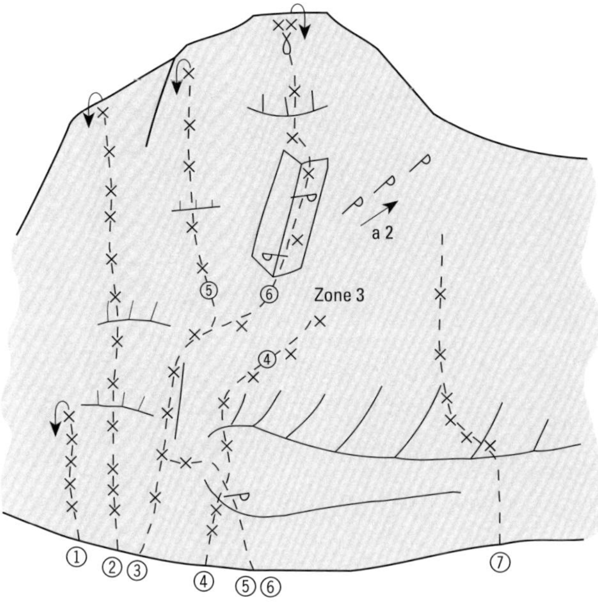

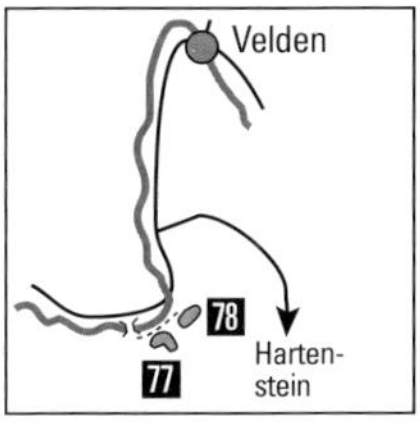

Velden Süd
77 Löwenstein
78 Hängender Stein
Übersichtskarte 1 *(S. 15)*

① Fotzenbauer	8-	
② Merci Beaucoup	9	
③ Todesverschneidung direkt	e2/9	
④ *Projekt*		
⑤ ?	8+	
⑥ Todesverschneidung	9	🍺
⑦ *Projekt*		

Zugang

Am Ortsausgang von Velden (Richtung Hersbruck) steht ein bronzener Hirsch. Einige 100 m talabwärts führt eine Brücke über die Pegnitz, dort parken. Über die Brücke und links (wieder flussaufwärts) zur Nordwand des Löwensteins. An deren linken Ende durch kurze, dreckige Verschneidung 5 m empor und links haltend weiter zum Hängenden Stein.

Besonderheit

Die Todesverschneidung ist sicher keine reine Genusskletterei, aber ein großzügiger Weg mit 2 schweren Passagen. Man kann in der großen Verschneidung für einen besseren Seilverlauf Zwischenstand machen, das Gelände ist dort leicht.
Abends lohnt ein Besuch der Pizzeria in Velden.

Bild S. 144: Sarah Seger in »Slimline« (10-); Waldkopf
Foto: Christian Neiger

79 Veldener Turm

| 18 m | N + SW

Talseite | 18 m | N

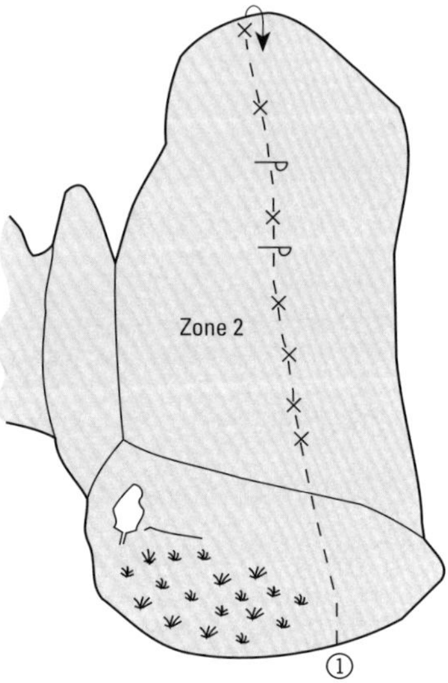

Bergseite | 18 m | S

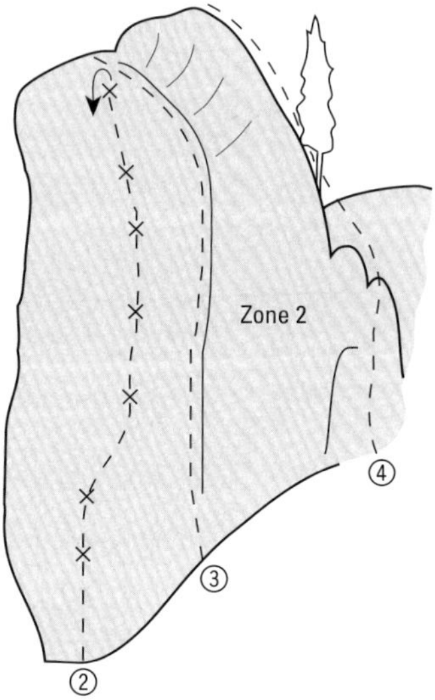

Nebenmassiv | 12 m | W

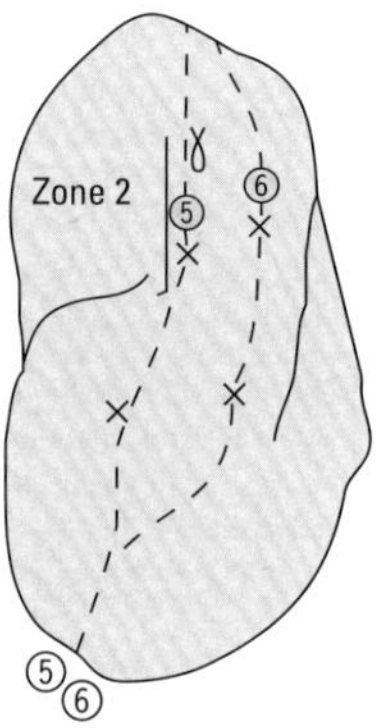

Zugang

• Am nördlichen Ortsausgang von Velden auf einer Brücke über die Pegnitz und rechts auf Weg weiter, bis links der Panoramaweg abzweigt, welchem man folgt. Wo man unterhalb ein grünes Gewächshaus sieht, kann man oben den Felsen erkennen; nach weiteren 50 m links hoch zum Veldener Turm.

• Von Velden in Richtung Hartenstein. Beim großen Parkplatz »Eckart-Werke« (Straße Richtung Hartenstein) links abbiegen in Richtung Heinz-Neidhart-Ring. Den Berg hinauf und wieder nach Velden hinein. Dort, wo links die Einbahnstraße abbiegt, parken. 40 m unterhalb befinden sich die Felsen (von der Straße aus sichtbar).
Das Nebenmassiv liegt gegenüber der Bergseite des Veldener Turms.

Besonderheit

In den beiden schweren Routen (Stefan Löw 1990) ist kleingriffige Wandkletterei angesagt.

① Neue Welt	8-
② An der Müllkippe	8+
③ Bergriss *(Keile)*	6
④ Bergseite	3
⑤ Linke Wand	6
⑥ Rechte Wand	6+

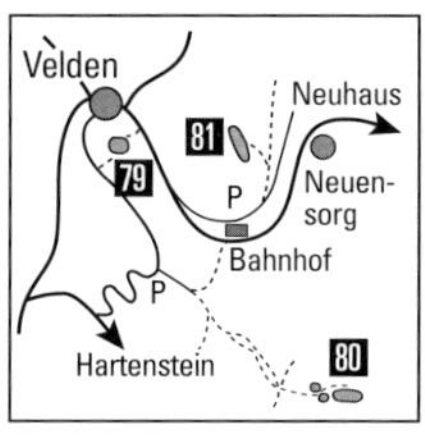

Velden
79 Veldener Turm
80 Gotthardskirche
81 Veldener Wand
Übersichtskarte 1 *(S. 15)*

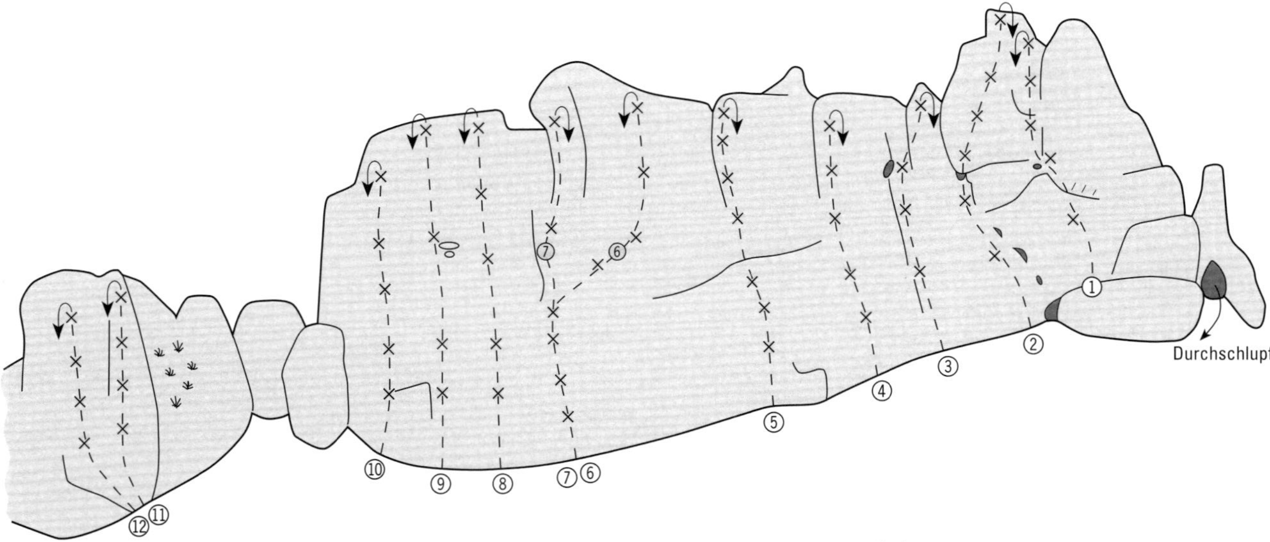

①	Feuersalamander	7+
②	Admiral	8-
③	Rotfuchs	8-
④	Pfauenauge	8-
⑤	Kommodowaran	9+
⑥	Hammerhai	9+
⑦	Seepferdchen	9/9+
⑧	*Projekt*	
⑨	?	7/7+
⑩	Siebenschläfer	7-
⑪	Haselmaus	6+
⑫	Eichhörnchen	7-

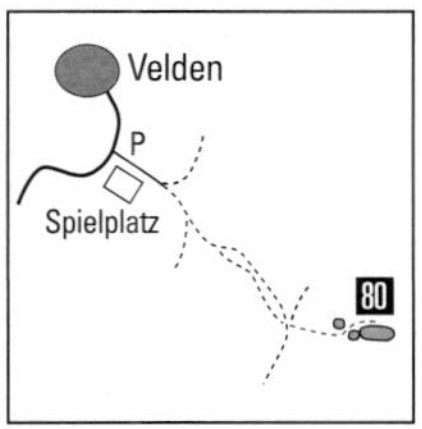

Gotthardskirche
Übersichtskarte 1 *(S. 15)*

Zugang

Von Velden in Richtung Hartenstein. Beim großen Parkplatz »Eckart-Werke« (Straße Richtung Hartenstein) links abbiegen in Richtung Heinz-Neidhart-Ring. Den Berg hinauf und 30 m vor Ortsschild rechts bei Spielplatz parken. Hier dem Schotterweg in südöstlicher Richtung folgen. Nach 100 m zweigt links der Weg zum Bahnhof ab. Geradeaus weiter in Richtung Hartenstein/Petershöhle (Markierung Blaustrich/Grünstrich/Gelbkreuz) und dem markierten Wanderweg 500 m folgen bis zu einer Kreuzung mit Wegweisern und Bänken (links Steinbruch). Hinter der Bank mit den Wegweisern ist ein bewaldeter Hang. Diesen weglos hinauf und zuletzt an Blöcken vorbei bis zum höchsten Punkt. Auf ihm steht ein Block. 10 m vorher links zwischen 2 Blöcken durch und durch einen Höhlendurchgang zur Wand.

Besonderheit

Senkrechte bis leicht überhängende Routen an Löchern und Leisten.

Sehr ruhige Lage im kühlen Wald.

81 Veldener Wand

15 m | N

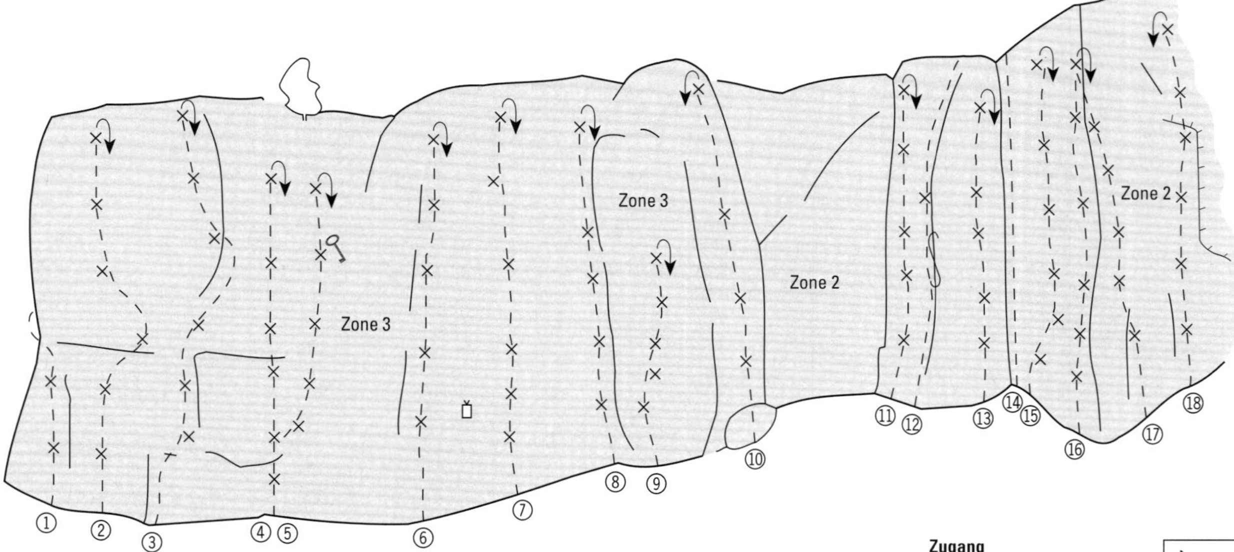

① Alter Weg	6+	
② Tanz der Vampire	9-	
③ Schieber	8	
④ Bürgerfest	9-/9	
⑤ Trainspotting	10-	
⑥ Doppelbruch	8+/9-	
⑦ TNT	9-	
⑧ Ostriss	7	
⑨ Ikarus	9-	
⑩ Klein und gemein	8+/9-	
⑪ ?	7-	
⑫ Respekt	6	
⑬ Pendolino	7-	
⑭ Schlund	5	
⑮ Der letzte Tanz	9-	
⑯ Daily Terror	9	
⑰ ?	7-	
⑱ ?	7-	

Zugang
Parken beim Bahnhof Velden. Auf Schotterweg talaufwärts, nach 40 m links ab und nach weiteren 60 m links hoch zur Wand.

Besonderheit
Kleingriffige Plattenkletterei in schattiger Wand. Der Felsen ist ideal mit der Bahn erreichbar. Außerhalb des bereits erschlossenen Bereiches gilt Zone 1!

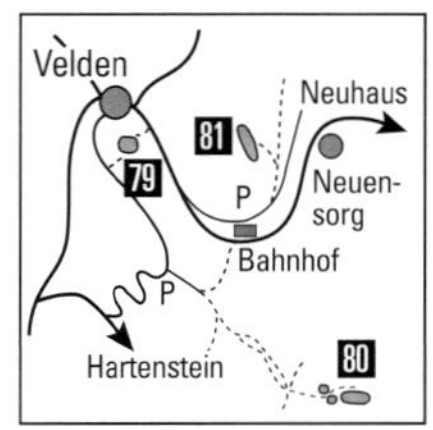

Velden
79 Veldener Turm
80 Gotthardskirche
81 Veldener Wand
Übersichtskarte 1 *(S. 15)*

Zugang
In Hartenstein zum Friedhof (ausgeschildert); links oben im Wald stehen die Felsen. Nicht in der Wiese gegenüber dem Friedhof parken! Parkplätze für Besucher freilassen! Gute Parkmöglichkeiten gibt es beim Sportplatz (ausgeschildert).

Besonderheit
Griffige Klettereien in kühler, im Wald gelegener Nordwand.

Hartenstein
82 Hartensteiner Wand
83 Rabesberger Wand
84 Zimmerbergwände
Übersichtskarte 1 *(S. 15)*

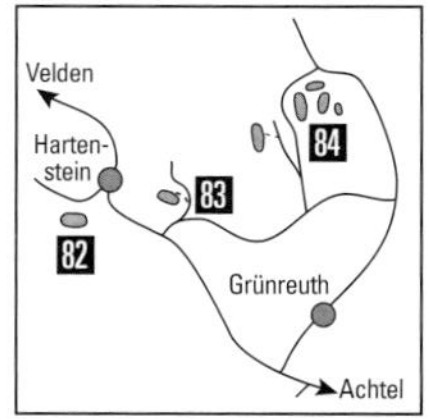

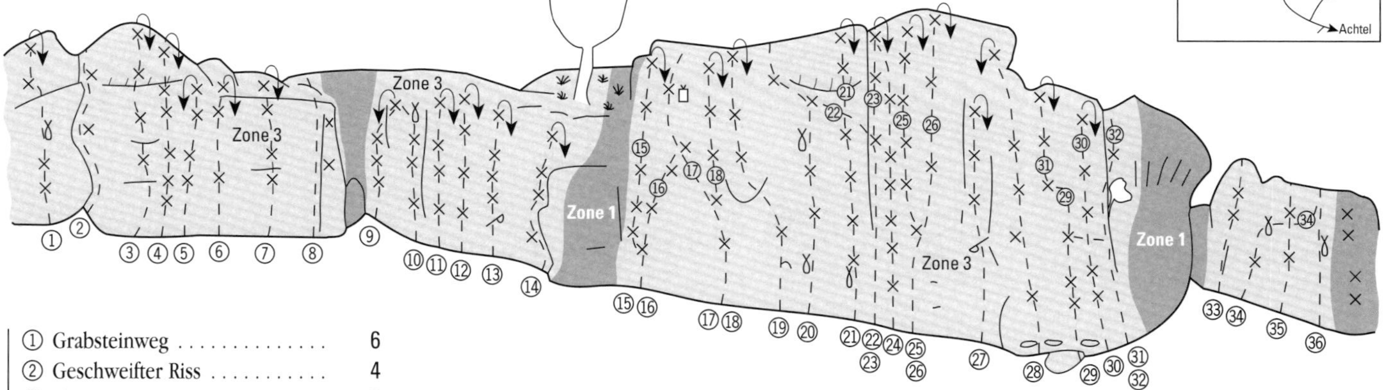

①	Grabsteinweg	6
②	Geschweifter Riss	4
③	Flop	7
④	Fünf vor Zwölf	8-
⑤	Aprilscherz	7-
⑥	Hummelstaner Weg	5+
⑦	Ziech oder Fliech	6
⑧	Kurzer Riss	4
⑨	Blue Bolt	7+
⑩	Pimpanella	7+
⑪	Norem	8+
⑫	Mann oder Memme	8-
⑬	Pleasure Line	8-
⑭	Riss	6+
⑮	Knapp daneben	7-
⑯	Die Hunderteinjährige	7
⑰	Die Hundertjährige	6-
⑱	Tante Gretl	6+
⑲	Igor	6
⑳	Abkürzer	6
㉑	Donnerwetter	7+
㉒	Variante	6
㉓	Nordriss	5+
㉔	Vierzigjährigen-Riss	6
㉕	Surprise	7+
㉖	Trimmpfad	e1/6+
㉗	Mama's Boy	7
㉘	Grufty	7
㉙	Ein Stein zu viel	8-
㉚	Sunset Boulevard	7-
㉛	Nordwestkante	6+
㉜	Westriss	5
㉝	Seientsfiktschn	7-
㉞	?	7-
㉟	Stübelallee	6
㊱	Nordfriedhof	4+

83 Rabesberger Wand

| 10 m | N

Ganz links | 7 m

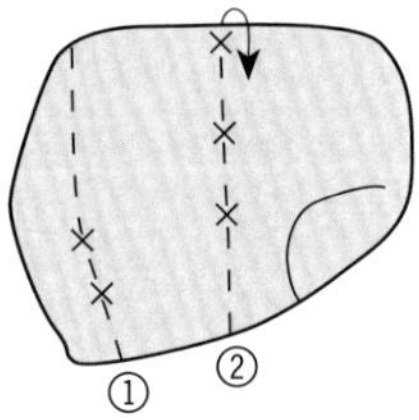

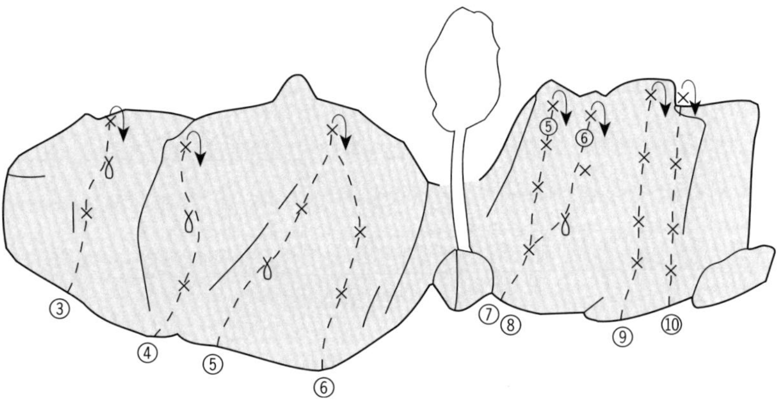

Zugang

Von Hartenstein Richtung Achtel, links ab (»Rinnenbrunn«), gleich wieder links (»Velden, Kreuzweg«); vorher parken. Nach 50 m kommen links oben die Felsen.

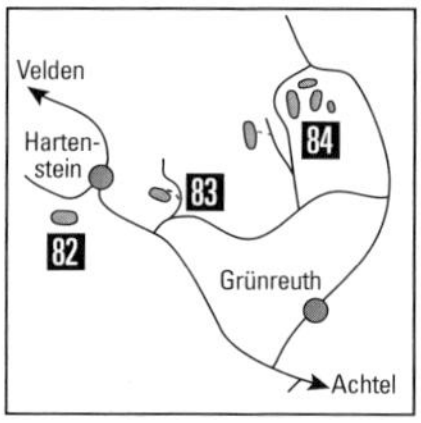

Hartenstein
82 Hartensteiner Wand
83 Rabesberger Wand
84 Zimmerbergwände
Übersichtskarte 1 *(S. 15)*

①	*Projekt*	
②	Stars	6+
③	Zum Anfangen	5
④	Zum Weitermachen	6+
⑤	Rabesberger Weg	7-
⑥	Ostkante	7-
⑦	El Chico	7
⑧	Sardegna	7-
⑨	Dickes Ei	7+
⑩	Für immer	7

Bild S. 151: Johanne Leidenfrost in »Westwand« (8-); Krottenseer Turm
Foto: Bernhard Thum
Bild S. 152: Barbara Mittelmeier in »Robert Lukas Ged.-Weg« (6+); Rabenfels
Foto: Bernhard Thum
Bild S. 153: Barbara Mittelmeier in »Katalysator« (8-); Rabenfels
Foto: Bernhard Thum

Rechter Wandteil | 8 - 20 m | W

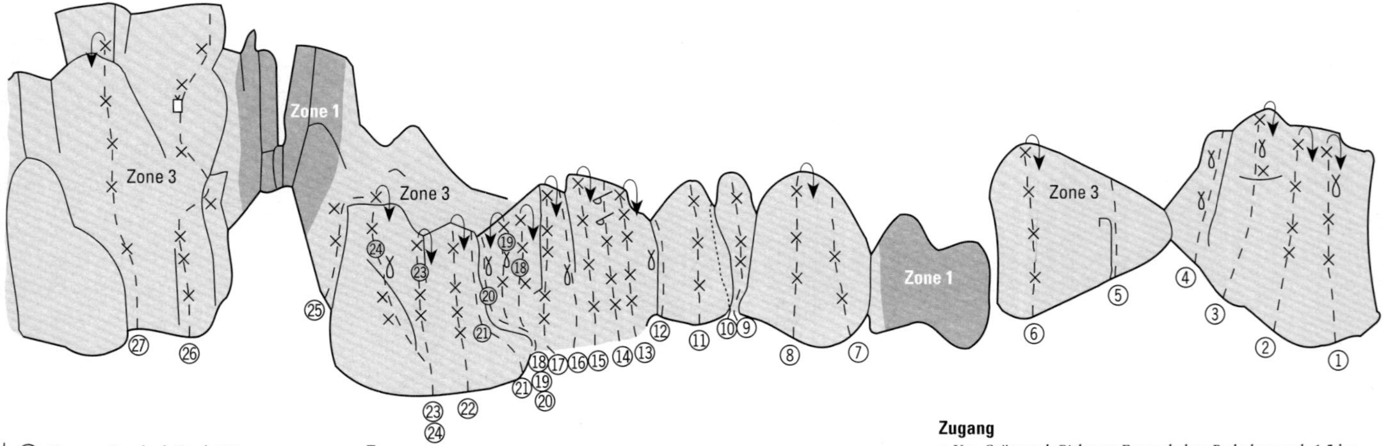

①	Georg Strobel Ged.-Weg	7+
②	Jäger und Sammler	7-
③	Babsi in Lummerland	7
④	?	5
⑤	Toni ist da *(Keile)*	6
⑥	König Ludwig Superstar	7
⑦	?	7-
⑧	Beziehungskiste	7
⑨	?	7-
⑩	So nicht	3
⑪	Nail	8+
⑫	Faustrecht	6-
⑬	Bierwampe	7-
⑭	Dou kriegst fei ka Krämpfla	8+
⑮	Tanz der Vampire	8+
⑯	O wie Oben	6-
⑰	Bauchtanz	8
⑱	Tango Korrupti	8+
⑲	Samba Party	7+
⑳	Schlickauf	4+
㉑	Maiglöckchen *(Keile)*	6+
㉒	Dienstweg	7
㉓	Ostermarsch	8-
㉔	Nebel	7
㉕	Nordkante	4+
㉖	Hersbrucker Weg	7
㉗	Hey Cinasky	7+

Zugang

- Von Grünreuth Richtung Engenthal zu Parkplatz nach 1,5 km. Kurz auf der Schotterstraße weiter und links in den Wald hoch zum linken Teil der Zimmerbergwände und zur »Kleinen Wand«.

- Von Engenthal Richtung Grünreuth. Nach 1,6 km mündet rechts eine Forststraße ein. Diese reinfahren und parken. Man sieht bereits oben am Hang den rechten Teil der Zimmerbergwände.

Der linke und der rechte Teil sind über einen Pfad vom jeweils anderen Teil zu erreichen, der in halber Höhe am Hang entlang führt. Die »Kleine Wand« steht oben gegenüber vom linken Teil.

Besonderheit

Sehr viele, wenn auch meist recht kurze Routen in den unteren bis mittleren Schwierigkeitsgraden. Zur Stärkung empfehlen sich der Gasthof »Burgblick« in Hartenstein oder das gemütliche Wirtshaus in Grünreuth (gute Biere, Fleisch- und Fischgerichte).

Linker Wandteil | 12 m | O

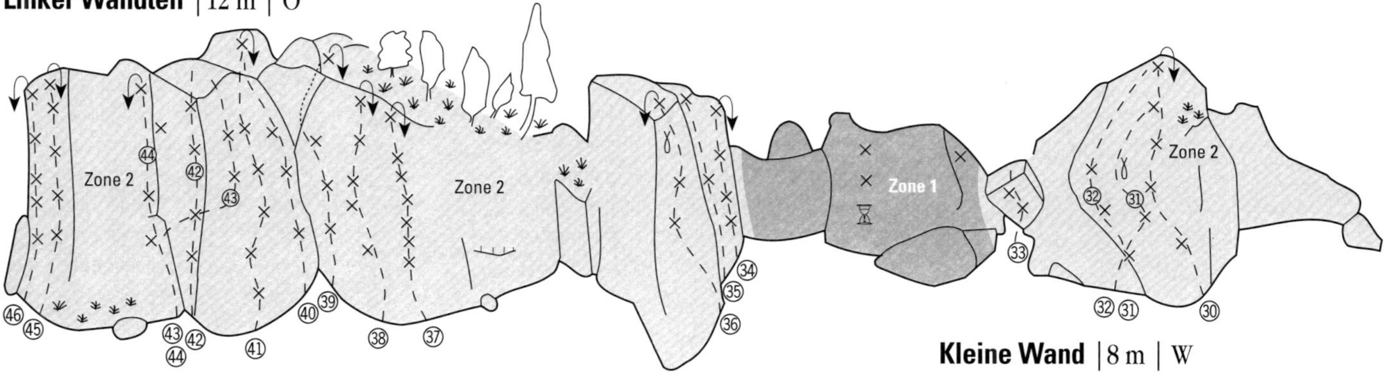

Kleine Wand | 8 m | W

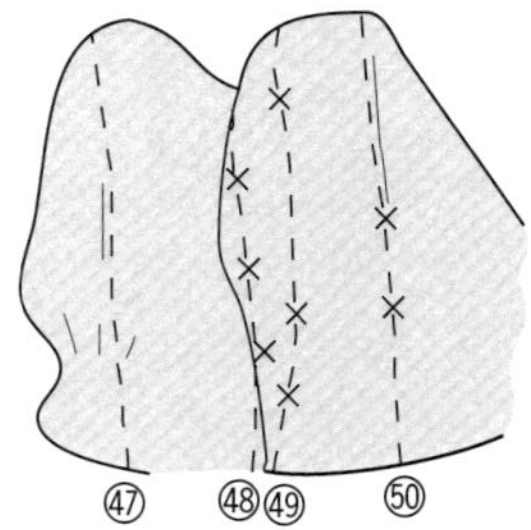

㉘ MM-Weg *(kein Topo, s. Skizze!)*	6+	
㉙ Fisch *(kein Topo, s. Skizze!)*	7-	
㉚ Konrad Oed Ged.-Weg	5	
㉛ Trabant	5	
㉜ ?	6	
㉝ Rolling Stone	8	
㉞ Lot's Weib	7-	
㉟ Nordwestkante	4	
㊱ Starfighter Kandidatenweg	7+	
㊲ Freundschaft	7-	
㊳ Murmeltier	7	🍺
㊴ Herz Ass	5+	
㊵ Sachsenpfeiler	6+	
㊶ Armin Weich Ged.-Weg	5	
㊷ Gemeinsam	6+	
㊸ Zufall	7-	

Zimmerbergwände Übersicht

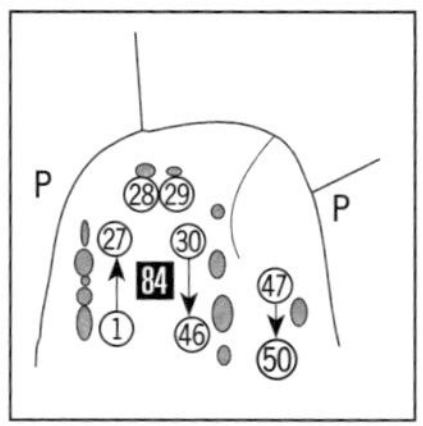

㊹ Höhlenrisse	5+	🍺
㊺ Trivialitätenkabinett	6+	
㊻ Faule Kalorie	6+	
㊼ Heimweh	6	
㊽ Hard Rock	7+	
㊾ Fußnote	7	
㊿ ?	6+	

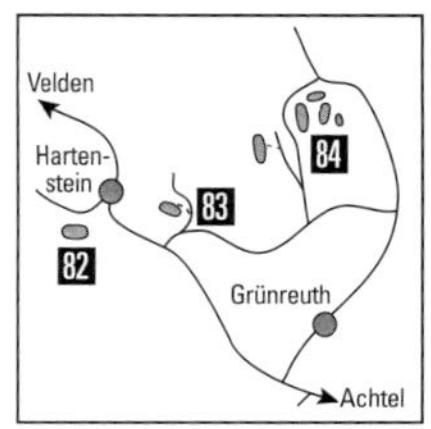

Hartenstein
82 Hartensteiner Wand
83 Rabesberger Wand
84 Zimmerbergwände
Übersichtskarte 1 *(S. 15)*

85 Stadeltenne

18 m | N + W

Nordseite | 18 m

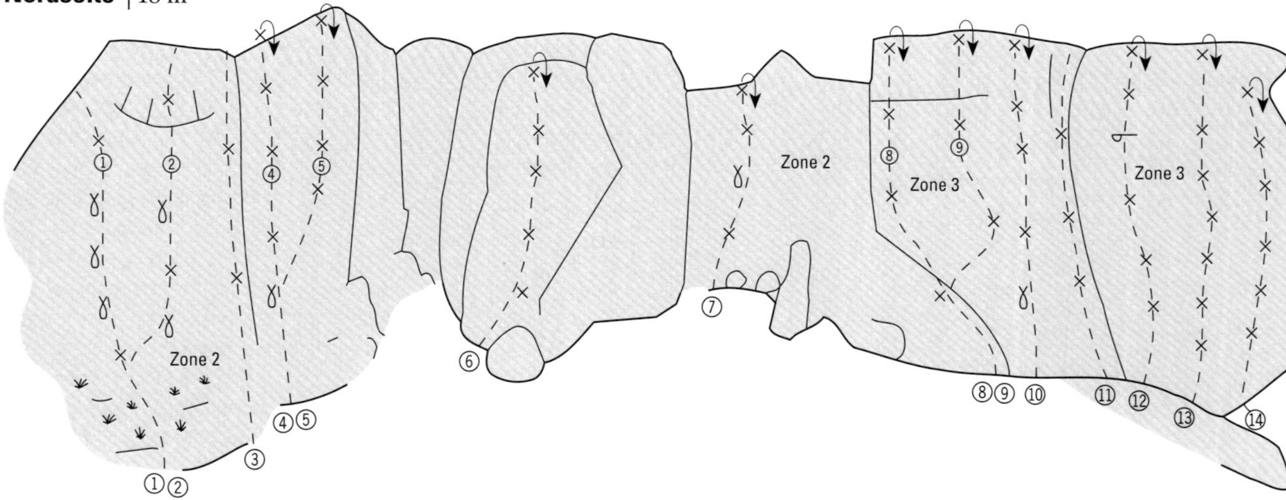

① Linker Quickie	6+	
② Rechter Quickie	7-	
③ Nordkamin	4+	
④ Lokomotive	7	
⑤ Verkrampf di net	7	
⑥ Kind im Gnack	7	
⑦ I'm on Dope	9-	
⑧ Türkomat	7+	
⑨ Zwischenhoch	7+	
⑩ Station 52	7	
⑪ Nordriss	6	
⑫ Stadeltenne	8-	
⑬ Maßarbeit	9-	
⑭ Zugabe	9-	
⑮ Wieder daheim	9-	
⑯ Optimum	9-/9	
⑰ Frankenstein	9+	
⑱ Fingerbeißer	8+	
⑲ Alltag in Franken	7+	
⑳ Sonntagsspaziergang	8-	
㉑ Nachschlag	7+	
㉒ Mittelmeertief	7-	

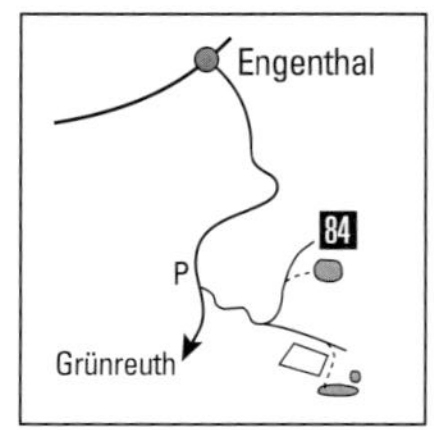

Stadeltenne
Übersichtskarte 1 *(S. 15)*

18 m | N + W

Westseite | 18 m

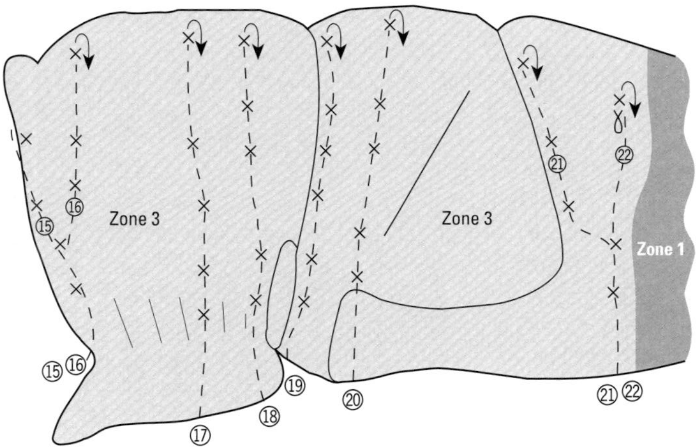

Zugang
Von Engenthal Richtung Grünreuth fahren. Nach 1 km zweigt links ein Forstweg ab; hier parken. Den Forstweg hoch und 200 m nach scharfer Linkskurve rechts einem kleinen Trampelpfad folgen zu den Felsen.

Besonderheit
Der Fels an der Stadeltenne ist sehr fest. Meist wird an kleinen Löchern und Leisten geklettert. Die sehr beliebten klassischen Routen wurden großteils von Stefan Löw erschlossen. Die überhängenden Wege sind auch bei Regen meist trocken. Außerdem trocknet der Fels durch die exponierte Lage schnell ab. Außerhalb der bereits erschlossenen Bereiche gilt Zone 1.

Kommunenbrauerei
Ist man in der Gegend um Neuhaus an der Pegnitz unterwegs, so empfiehlt es sich, in Neuhaus nach dem Stern der Kommunenbrauerei Ausschau zu halten. Hängt dieser Stern an einem der Häuser nach außen, so wird hier gerade Kommunenbier ausgeschenkt. Dieses Bier wird von der Familie, die ein Braurecht hat, in der gemeinsamen (Kommunen-) Braustätte hergestellt. Kenner schätzen diese Spezialität und die dazu gereichten Hausmacher Brotzeiten. Da dieses frische Bier sehr süffig ist, reist man vorzugsweise mit dem Zug an. In einer der Brauereien findet sich das hier abgedruckte Abendgebet, dass die Stimmung dort recht treffend beschreibt.

Abendgebet für anständige Schluckspechte

(gefunden im Neuhauser Kommunenbräu)

Bier unser,
das du bist im Glase.
Gesegnet werde dein Erfinder.
Mein Rausch komme,
dein Wille geschehe
wie Zuhause,
so auch in der Kneipe.
Und vergib uns unsere Schulden,
denn auch wir vergeben unseren Gläubigern.
Und führe uns nicht in die Milchbar,
sondern gib uns die Kraft
zum Weitertrinken.
Denn dein ist der Durst,
der Rausch und die Seligkeit.
In Ewigkeit,
Prost!

86 Katzenlöcher | Fer-May-Wand und SASN-Wand | 8 - 20 m | N

Fer-May-Wand | 12 m | N

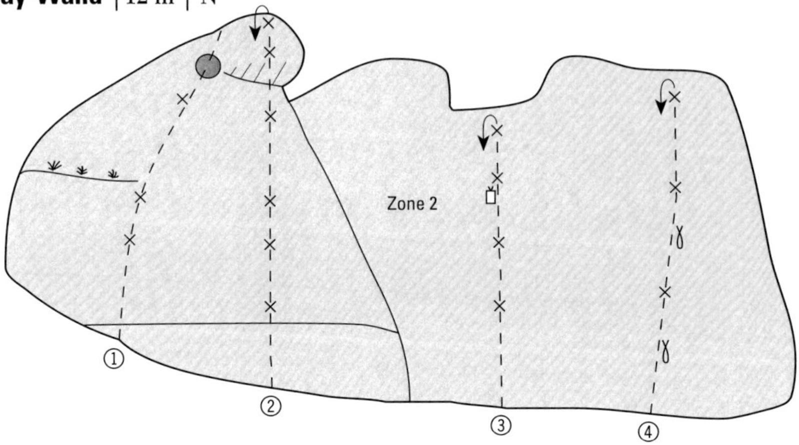

SASN-Wand und Noristurm | 8 - 20 m | N

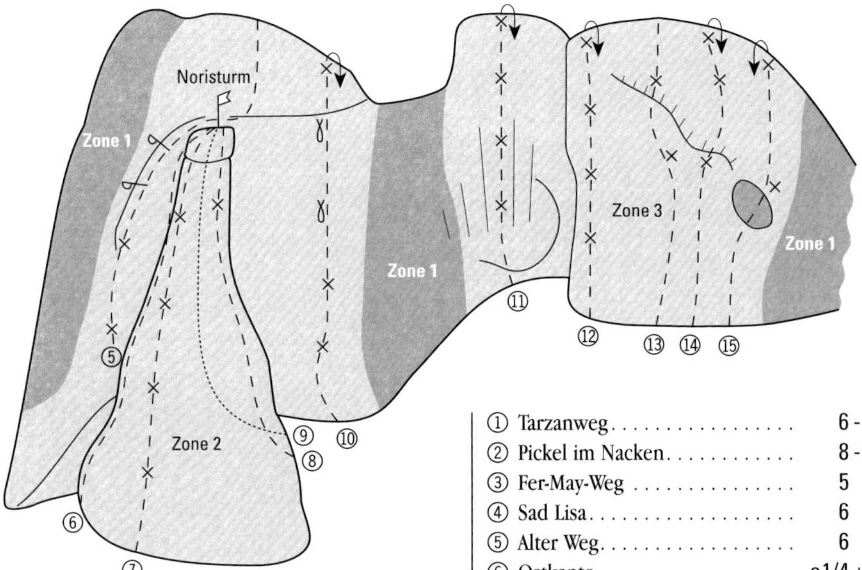

①	Tarzanweg	6 -
②	Pickel im Nacken	8 -
③	Fer-May-Weg	5
④	Sad Lisa	6
⑤	Alter Weg	6
⑥	Ostkante	a1/4 +
⑦	Talseite	6 -
⑧	Westkante	5 +
⑨	Bergseite	5 +
⑩	Karaffe	7 -
⑪	Reinkarnierende Bratwurstsemmel	8 +
⑫	Katzenklo	8
⑬	Give Blood	8 -
⑭	Happy Hippo Snack	9 -
⑮	Gruppentherapie	8 -

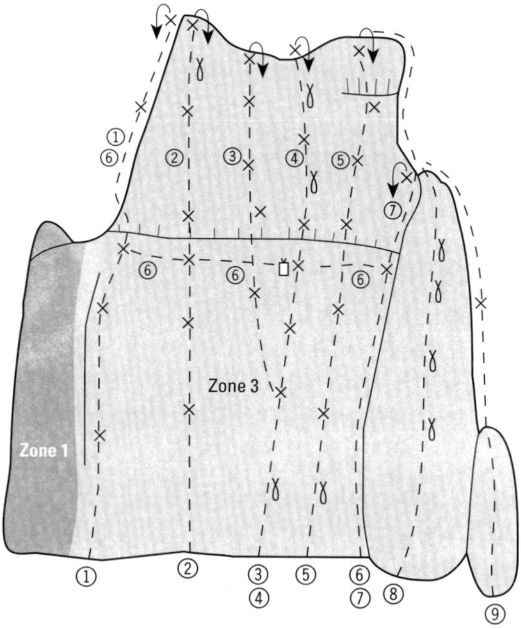

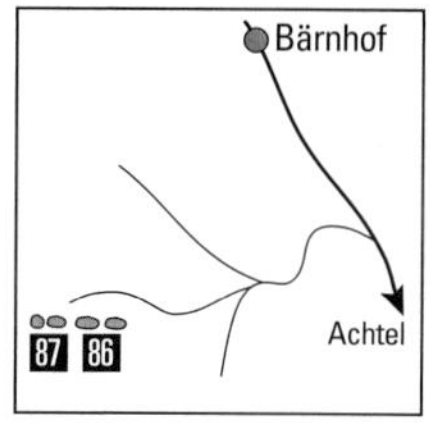

Katzenlöcher
86 Fer-May-Wand und SASN-Wand
87 Bärnhofer Wand
Übersichtskarte 1 *(S. 15)*

Zugang

Von Bärnhof in Richtung Achtel fahren, nach 700 m scharf rechts ab und nach 200 m bei Gesperrt-Schild parken. 200 m weiter gabelt sich die Forststraße, auf rechtem Ast weiter und in 7 min zu den Felsen (die Katzenlöcher befinden sich direkt oberhalb am Ende der Forststraße).

Rechte Nordwand

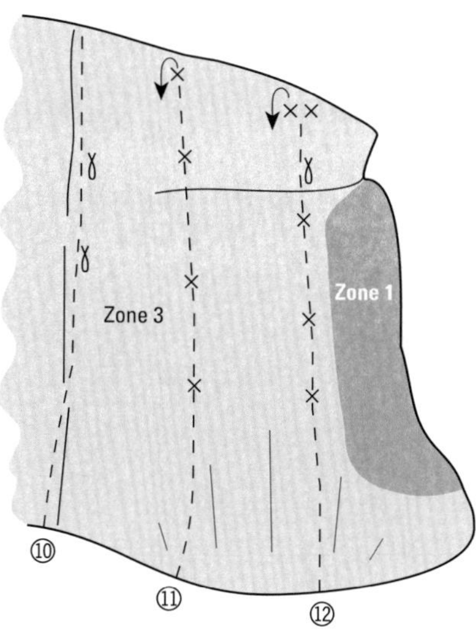

Besonderheit

Der ehemals sehr kühnen Route »Moralapostel« wurde durch einige zusätzliche Haken die Schärfe genommen, so dass der Name nicht mehr für den Charakter der Tour steht.
Der Bärnhofer Wand ist ein kleiner Block vorgelagert. An diesem sowie an der rechten Nordwand finden sich einige Boulder.
Bisher nicht erschlossene Bereiche sind Zone 1.

① Frost-Fertinger-Weg	5+
② Waldrausch	
③ Gummi-Twist mit dem Antichrist	7
④ Nürnberger Weg	6+
⑤ Moralapostel	7
⑥ Quergang	5
⑦ Direktausstieg	5-
⑧ Veldener Weg	5
⑨ Bärnhofer Kante	3+
⑩ Rechte Nordwand	5
⑪ Moni und kein Ende	7
⑫ Gruppenzwang	8+

88 Sulzfels | Stefansturm

| 12 - 20 m | N + SO

Talseite | 20 m | N

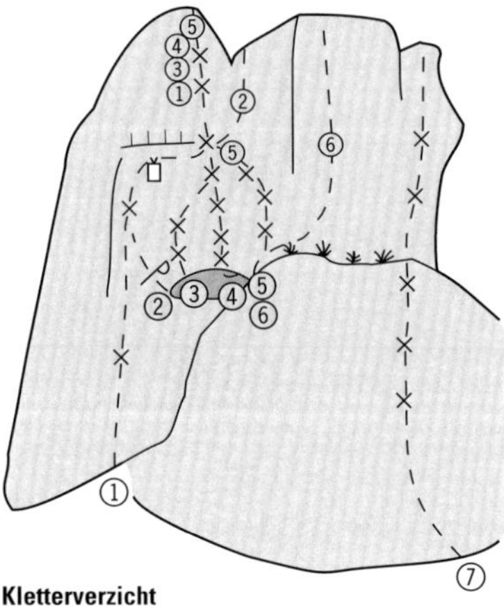

Bergseite | 12 m | SO

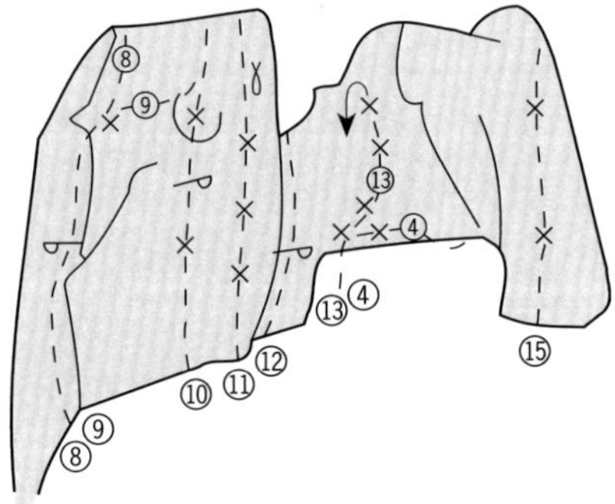

Kletterverzicht

Vom 1.2. - 31.7. wegen Greifvogelschutz!

Zugang

Von Bärnhof Richtung Königstein. 300 m nach Bärnhof sieht man rechts oben die Talseite des Stefanturms. In 2 min zu den Felsen. Zu den Routen ② und ③ gelangt man von der Bergseite aus über das Felsentor.

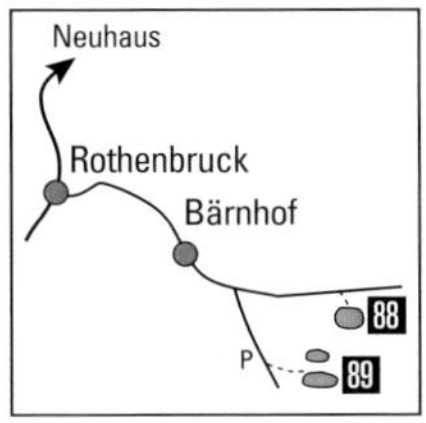

①	Ostervariante	7 -
②	Alter Weg	6 -
③	Torre Grande	7 +
④	Erto *(Einstieg SO-Seite)*	9 +
⑤	Windschatten	7
⑥	Nordriss	4
⑦	Talseite	7
⑧	Neue Südwand	5 +
⑨	Alte Südwand	5 -
⑩	Karies	6 -
⑪	Aisha	7 -
⑫	Südriss	5 -
⑬	?	7
⑭	Karli	7 -
⑮	Karli direkt	7 +

Besonderheit

Zu den Routen im leichten und mittleren Schwierigkeitsbereich hat sich mit »Erto« eine extreme Dachkletterei gesellt.
Der Kletterverzicht während der Brutzeit ist freiwillig, und soll eine Sperrung überflüssig machen.

Sulzfels
88 Stefansturm
89 Vödereuther Wand
Übersichtskarte 1 *(S. 15)*

Sulzfels | Vödereuther Wand

| 15 m | N | 89

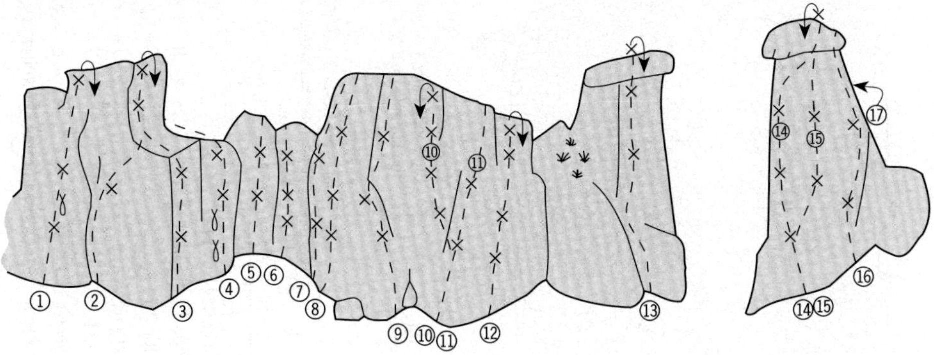

Vordere Wand | 14 m

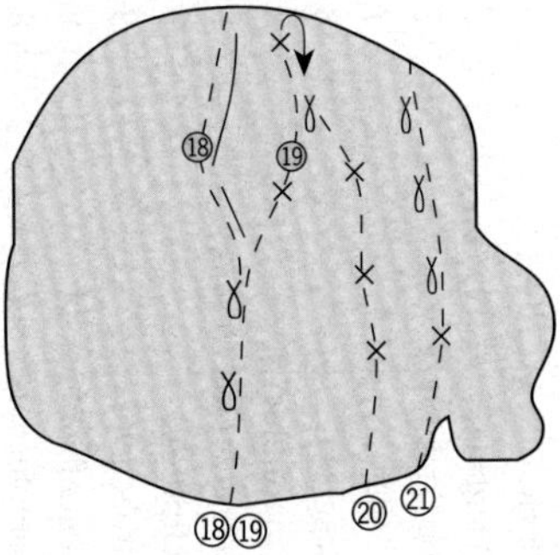

Zugang

Von Rothenbruck nach Bärnhof. Nach Bärnhof rechts und parken beim Schild »Vödereuth«. Links hoch zu den Felsen. Die Vordere Wand steht 50 m nördlich davon.

Besonderheit

Der Sommerfelsen bietet eine gute Auswahl an Wegen im 6. und 7. Grad.

① November-Perle	5
② Mehl	6+
③ Dotsch	7-
④ Jodelkönig	6
⑤ Odelkönig	6-
⑥ Zwitterriss	6-
⑦ Mr. Valentin *(Don Carlos)*	6
⑧ Weißbier	6+
⑨ Haut voll rein	7+
⑩ Zwischendurch	7
⑪ Schnarcher	6+
⑫ Hasenfuß	5+
⑬ Nordriss	6+
⑭ Westkante	6
⑮ Steuerfrei fliegen	6+
⑯ Südriss	4+
⑰ Bergseite	1
⑱ Genau *(Keile)*	6
⑲ Sowieso	7-
⑳ Geht in Ordnung	7
㉑ Frau Killermann	7-

90 Weißenstein

10 - 15 m | S

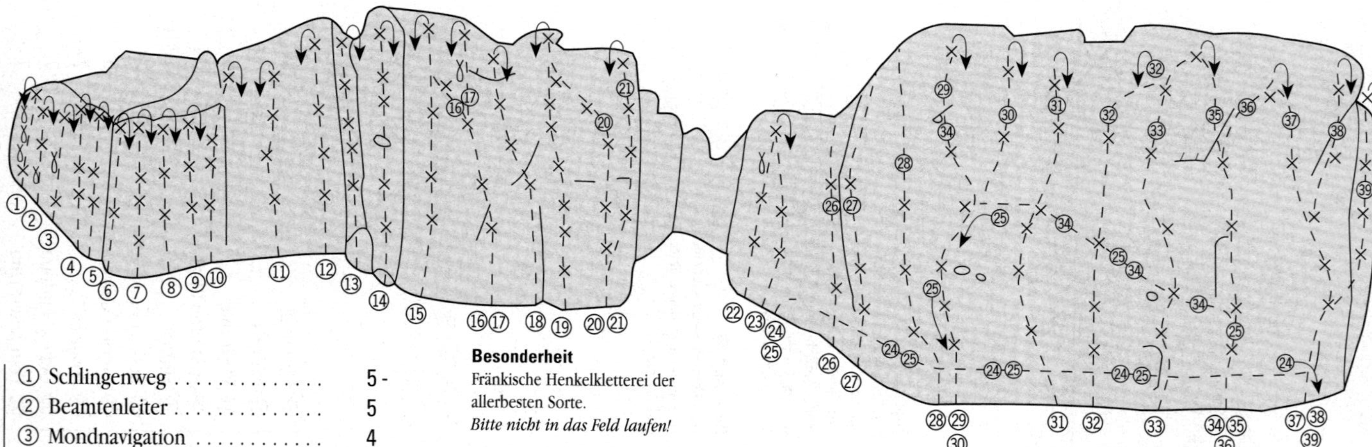

①	Schlingenweg	5-
②	Beamtenleiter	5
③	Mondnavigation	4
④	Trepperl	6+
⑤	Seven up	7-
⑥	Nullnummer *(R 1)*	6-
⑦	Eieruhr	6+
⑧	Don't worry, be happy	6-
⑨	Muffengang *(R 1)*	6-
⑩	R 3	4
⑪	Boulderwandl	5+
⑫	Annelore	6-
⑬	Zwischenfall	4
⑭	R 7	7-
⑮	Akku	e1/7+
⑯	Verlobungsweg	7-
⑰	Direktausstieg	7-
⑱	R 9	6+

Besonderheit
Fränkische Henkelkletterei der allerbesten Sorte.
Bitte nicht in das Feld laufen!

⑲	Mon Marie	6-
⑳	Buchenleiter	6
㉑	Rechte Kante	4
㉒	Für Zwietsch	4+
㉓	Maral	5
㉔	Quergang	8-
㉕	Big Circle	9
㉖	1. Affäre	7
㉗	Baggi ned	8+
㉘	Zwickmühle	8+
㉙	Entsafter *(Schertl solo)*	8+
㉚	Saftpresse	8
㉛	Strohdach	9-
㉜	Krampfhammer	9
㉝	Dampfhammer *(Albert solo)*	8

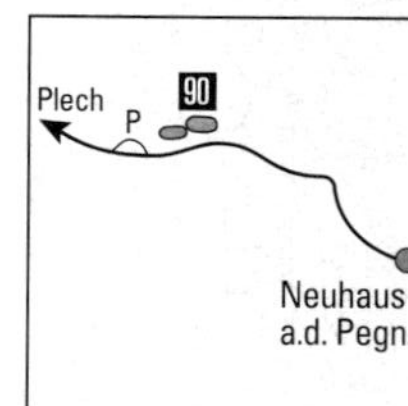

Weißenstein
Übersichtskarte 1 *(S. 15)*
Übersichtskarte 3 *(S. 17)*

Zugang
Zwischen Neuhaus und Höfen steht rechts vom Parkplatz der Weißenstein.

㉞	Alles oder Nichts	9
㉟	Wilde 13 direkt	8
㊱	Wilde 13	8-
㊲	Panische Zeiten	7+
㊳	Direktausstieg	7+
㊴	(This is) THE END	6-

»Short Circle« (9): Quergang und ㉞ weiter

Maximiliansgrotte

Sektor a | Dächer | 4 m

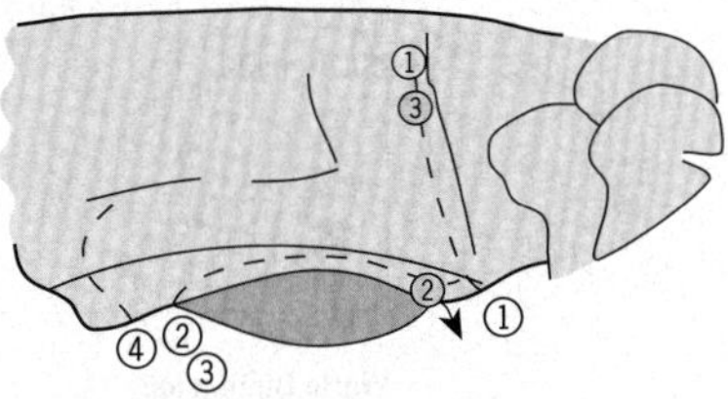

Sektor b | 7 m

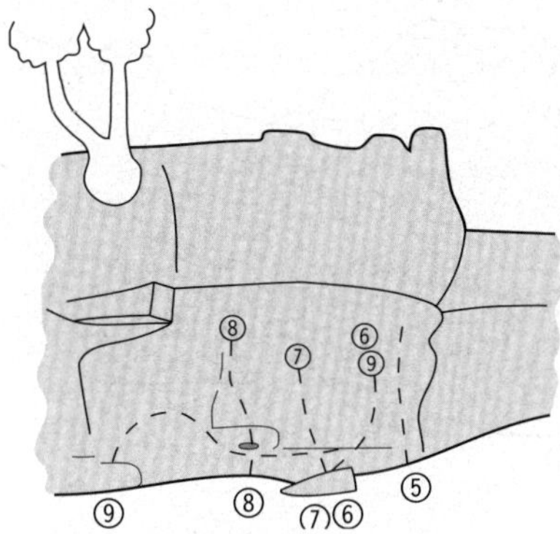

Sektor c | 5 m

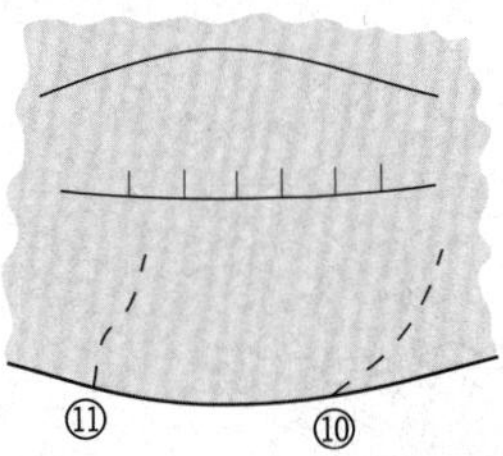

Sektor d | 7 m

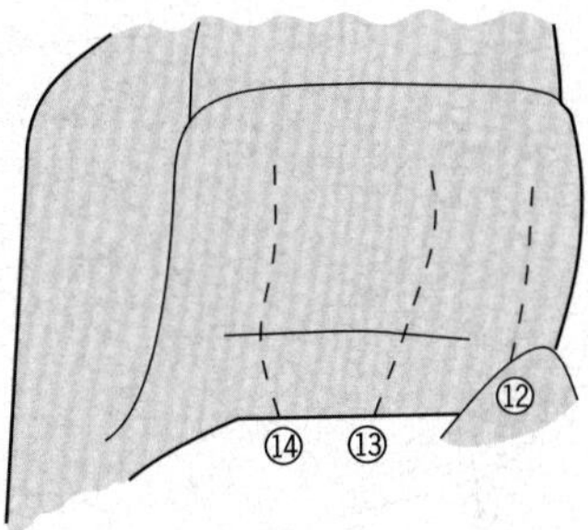

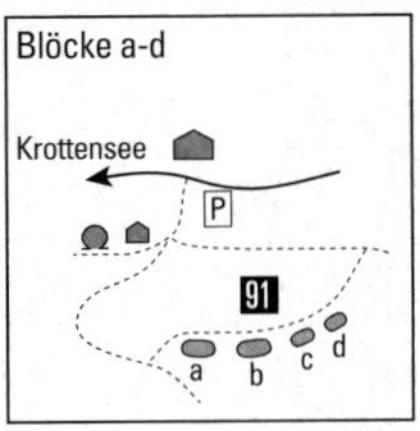

Besonderheit
Bewertungen der Boulder nach Fontainbleau-Skala. Es ergeht die dringende Bitte an alle Kletterer, sich im Bereich des Höhlenausgangs rücksichtsvoll gegenüber den Höhlenbesuchern zu verhalten! Diese kommen am Ende der Führung aus der Höhle direkt unterhalb der Boulder heraus, deshalb bitte nicht den Ausgang versperren!

Maximiliansgrotte
Übersichtskarte 1 *(S. 15)*
Übersichtskarte 3 *(S. 17)*

①	?	7c+ Fb
②	?	7c+ Fbtr
③	Das Tor zur Hölle	8a/8a+ Fbtr
④	?	7b Fb
⑤	Anna Lee	5b Fb
⑥	Das Grau'n	7b+ Fb
⑦	Scherben bringen Glück	7b+ Fb
⑧	Tara und Micky	6c Fb
⑨	In Grund und Boden	8a/8a+ Fbtr
⑩	Mann beißt Hund	8a Fb
⑪	Ristitit	7c Fb
⑫	Inter Bergsteig	7a+ Fb
⑬	Dynamo Dresden	7c Fb
⑭	Spartak Moskau	6c+ Fb

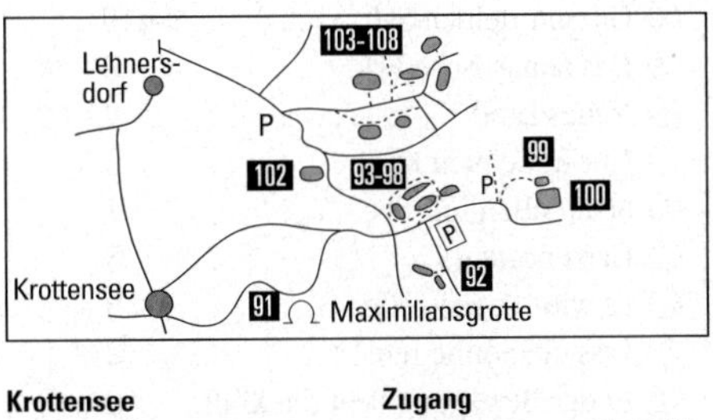

Krottensee
91 Maximiliansgrotte
92 Vierte Dimension
93-98 Steinerne Stadt
99 Krottenseer Turm
100 Maximilianswand
102 Pölze
103-108 Nestelgrund
Übersichtskarte 1 *(S. 15)*

Zugang
Von Krottensee zur Maximiliansgrotte und dort parken. Über Stufen hoch in Richtung Grotte, links des Wegweisers »Eingang« weiter den Weg hinauf. Nach einer Linksschleife zweigt links der Pfad zu den Blöcken ab.

92 Vierte Dimension

| 11 - 16 m | N

Linke Wand | 11 m

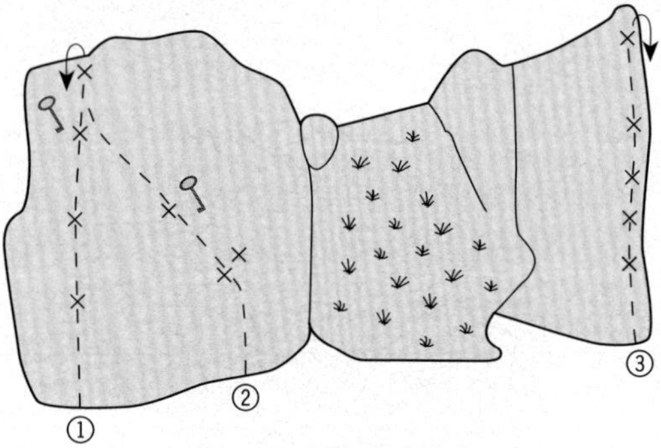

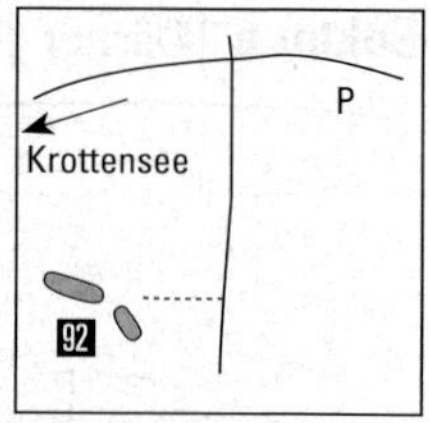

Vierte Dimension
Gebietsübersicht *S. 165*
Übersichtskarte 1 *(S. 15)*
Übersichtskarte 3 *(S. 17)*

Rechte Wand | 16 m

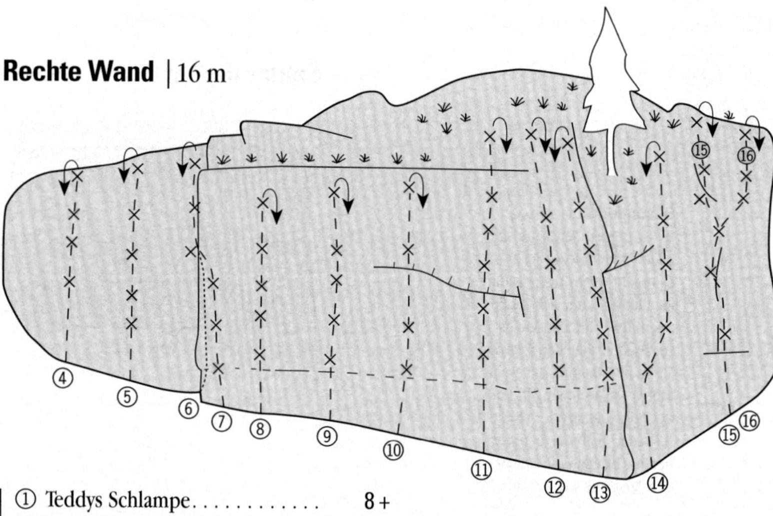

①	Teddys Schlampe	8+
②	Gib mir deinen Saft	9+/10-
③	Das fantastische Eck	8+
④	Neues Land	8+
⑤	Nur in deinem Kopf	9
⑥	Spaltenbergung	7-
⑦	Ganz normal	8
⑧	Es wird Regen geben	8+
⑨	Lass die Sonne rein	8-
⑩	In der Bewegung liegt die Kraft	8-
⑪	Na gut	8+
⑫	Alles ist gut, was man gerne tut	8+
⑬	MfG	8+
⑭	Vier gewinnt	7
⑮	Der Picknicker	8+
⑯	*Projekt*	

Zugang

Von Krottensee in Richtung Maximiliansgrotte fahren und weiter in Richtung Sackdilling. Nach 1,2 km überquert man eine Kreuzung der Forststraßen. 400 m nach der Kreuzung kommt rechts ein Wanderparkplatz, dort parken. Gegenüber befindet sich die Steinerne Stadt.
Beim Parkplatz führt eine Forststraße in südlicher Richtung. Ihr folgt man 150 m, bis rechts ein Pfad in den Wald zu den Felsen führt.

Besonderheit

Senkrechte bis leicht überhängende Kletterei an kleinen Löchern und Leisten.

Südwestseite | 8 m

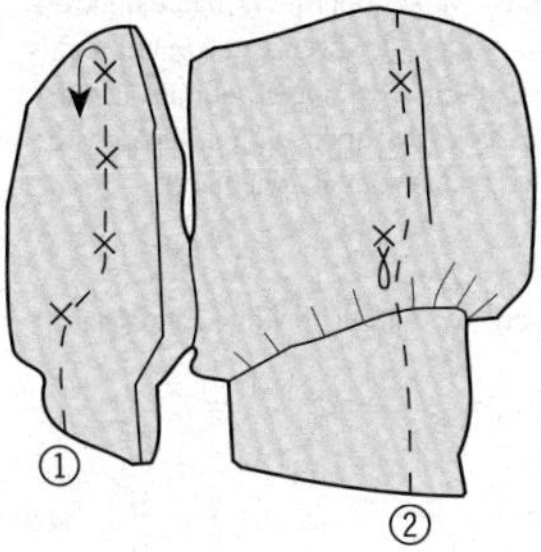

Ostseite | 10 m

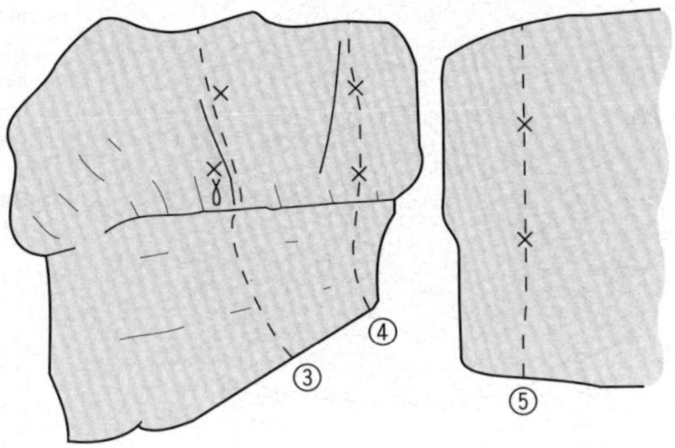

① Warmer Bruder 9
② Junior's bunte Eier 8-
③ Aus dem Nichts zum Gipfel . . . . 9+
④ Seichte Unterhaltung. 9-
⑤ Für Tanja . . . . 8+
⑥ Tüchtig süchtig *(kein Topo)* 7
⑦ Ein Hauch von Lauch *(kein Topo)* 7-

Zugang

Von Krottensee in Richtung Maximiliansgrotte fahren und weiter in Richtung Sackdilling. Nach 1,2 km überquert man eine Kreuzung der Forststraßen. 400 m nach der Kreuzung kommt rechts ein Wanderparkplatz, dort parken. Gegenüber befindet sich die Steinerne Stadt. Auf Wanderweg kurz hoch zu den Felsen.

Besonderheit

Sehr kompakter Fels, fest und kleingriffig. Schöne Landschaft.

Gebietsübersicht

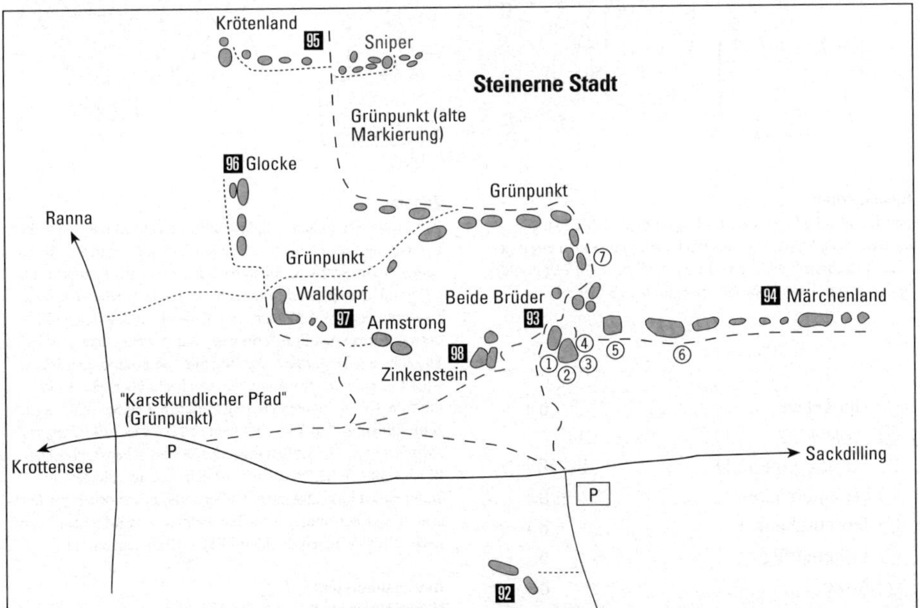

94 Steinerne Stadt | Märchenland

| 14 m | S

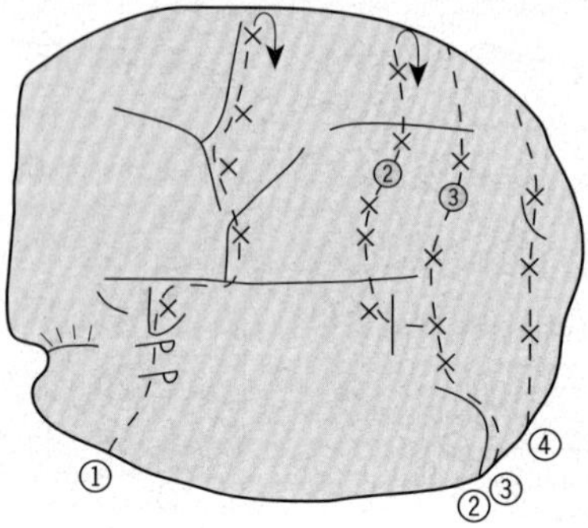

Zugang

Von Krottensee in Richtung Maximiliansgrotte fahren und weiter in Richtung Sackdilling. Nach 1,2 km überquert man eine Kreuzung der Forststraßen. 400 m nach der Kreuzung kommt rechts ein Wanderparkplatz, dort parken. Gegenüber befindet sich die Steinerne Stadt. Auf Wanderweg kurz hoch zu den Beiden Brüdern und hier auf Pfad nach rechts zum Märchenland.

Besonderheit

Sehr kompakter Fels, fest und kleingriffig. Schöne Landschaft.

① Märchenland 9
② Das letzte Einhorn. . . . . 9+
③ Harkan 9-/9
④ Die uralte Morla 10-

95 Steinerne Stadt | Krötenland und Sniper

| 7 - 12 m | N

Krötenland | 12 m

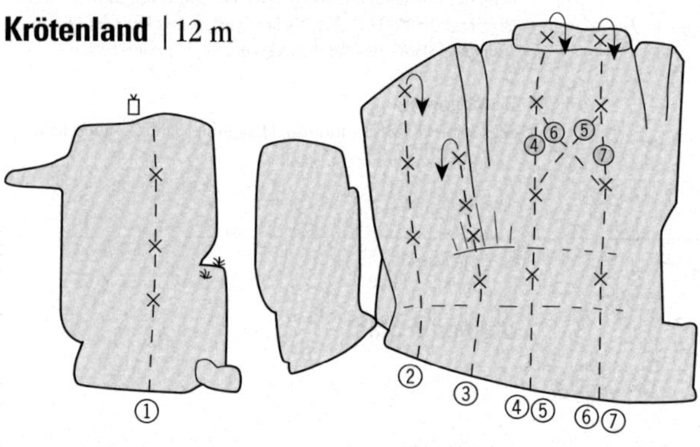

Sniper | 7 m

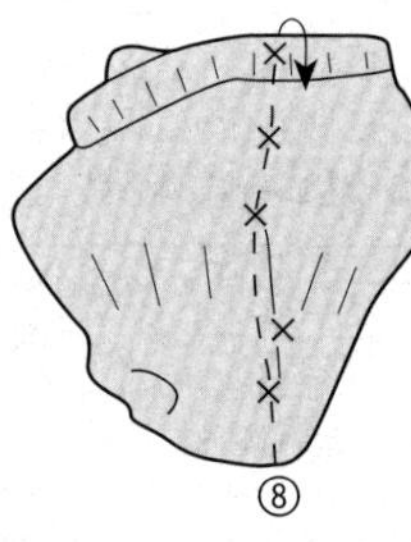

Besonderheit

Im Krötenland gibt es reine Lochkletterei an 2- bis 3-Fingerlöchern. Beim Sniper (Markus Bock 2002) muss man etwas genauer hinschauen, um die Griffe zu entdecken (10 Zug-Boulder). In der ganzen Umgebung gibt es zahlreiche Boulder.

① Der Fetzer . . . . 6+
② *Projekt* . . . .
③ Schnag'enperiode . . . . 9+/10-
④ Hammerroute . . . . 8/8+
⑤ Froschschenkel . . . . 8+
⑥ Krötenkönig 9-
⑦ Kröte. 8+
⑧ Sniper 11-/11

Zugang

Von Krottensee in Richtung Maximiliansgrotte fahren und weiter in Richtung Sackdilling. Nach 1,2 km überquert man eine Kreuzung der Forststraßen. 400 m nach der Kreuzung kommt rechts ein Wanderparkplatz, dort parken. Gegenüber befindet sich die Steinerne Stadt. Auf Wanderweg kurz hoch zu den Beiden Brüdern und zwischen Boulderblöcken durch weiter dem markierten Weg folgen *(Grünpunkt)*. Der Weg führt unter moosigen Felsen vorbei zu einer Verzweigung, die man leicht übersieht. Links führt die Grünpunkt-Markierung zwischen 2 Felsen durch weiter zum Waldkopf. Man folgt aber dem rechten Weg *(alte Grünpunkt-Markierung)*. Nach 150 m führt der Weg zwischen 2 moosigen Blöcken durch. Gleich danach vor den nächsten Blöcken auf Trampelpfad links absteigen. Vorbei an Boulderblöcken zur Rückseite des Krötenlandes. Beim Trampelpfad zum Krötenland kurz nach rechts zwischen Boulderblöcken durch zum Sniper.

Gebietsübersicht *S. 165*
Übersichtskarte 1 *(S. 15)*; **Übersichtskarte 3** *(S. 17)*

Steinerne Stadt | Glocke

8 m | W — 96

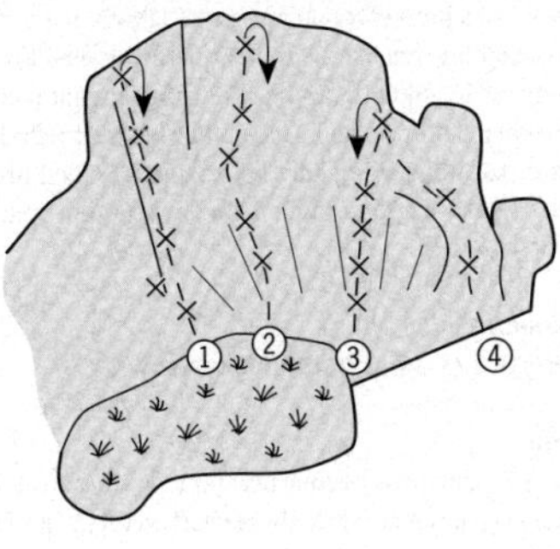

Zugang
Siehe unten bei Waldkopf.

Besonderheit
Unweit der Action Directe hat Markus Windisch die Steinerne Stadt im Jahr 2000 mit »Sundance Kid« um eine weitere Route im Grad 11- bereichert.

① *Projekt* . . . .
② Sundance Kid . . . . 11 -
③ *Projekt* . . . .
④ Monsterbacke . . . . 9 -

Steinerne Stadt | Waldkopf und Armstrong

7 - 14 m | W — 97

Waldkopf | 14 m

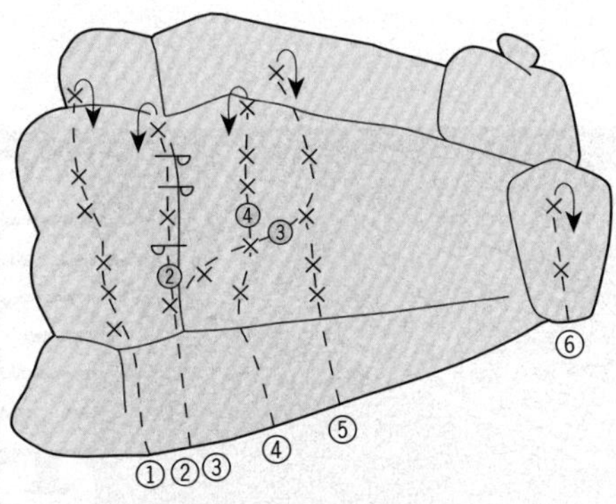

Armstrong | 7 m

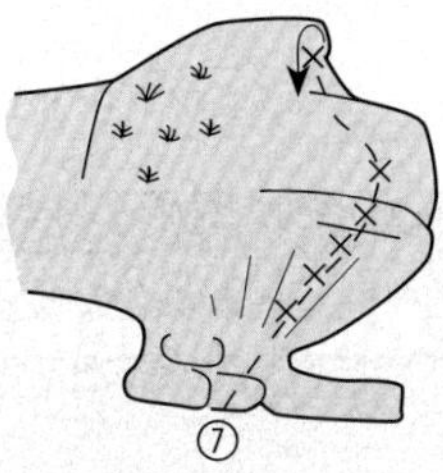

Besonderheit
Die »Action Directe« ist nach 12 Jahren immer noch die Toproute des Frankenjura und bekam soeben (Mai 2003) die 5. Begehung durch Christian Bindhammer. Markus Bock hat mit »Armstrong« eine weitere harte Tour im Grad 11- hinzugefügt.
Die Sonne kommt hier im Sommer nur spärlich durch das Laub.

① Action Directe 11
② Feiste Fäuste 9
③ Teddy's Wampe . . . . 9 +
④ Slimline. . . . . 10 -
⑤ Mawi's Wampe . . . . 10 -
⑥ Sachsenboulder. . . . . 10 -
⑦ Armstrong . . . . 11 -

Zugang
Von Krottensee in Richtung Maximiliansgrotte fahren und weiter in Richtung Sackdilling. Nach 1,2 km überquert man eine Kreuzung der Forststraßen. 400 m nach der Kreuzung kommt rechts ein Wanderparkplatz, dort parken. Gegenüber befindet sich die Steinerne Stadt. Nun nicht den Weg geradeaus hoch zu den Beiden Brüdern, sondern links auf dem unteren Weg halten, bis ein Pfad rechts den Hang hoch führt zum Waldkopf *(siehe Skizze S. 165)*. 50 m vor dem Waldkopf kommt rechts des Weges die kleingriffige Dachkletterei Armstrong.
Zur Glocke: 50 m nördlich vom Waldkopf ist ein kleines Massiv. Kurz vorher links von moosigen Blöcken absteigen und unter den Felsen queren (Steigspuren). Nach 50 m kommt ein Massiv mit 2 Bouldern. Noch 30 m weiter und kurze Steilstufe hoch zu den Einstiegen.

Gebietsübersicht *S. 165*
Übersichtskarte 1 *(S. 15)*; **Übersichtskarte 3** *(S. 17)*

98 Steinerne Stadt | Spitzer Turm

☀ | 20 m | SW

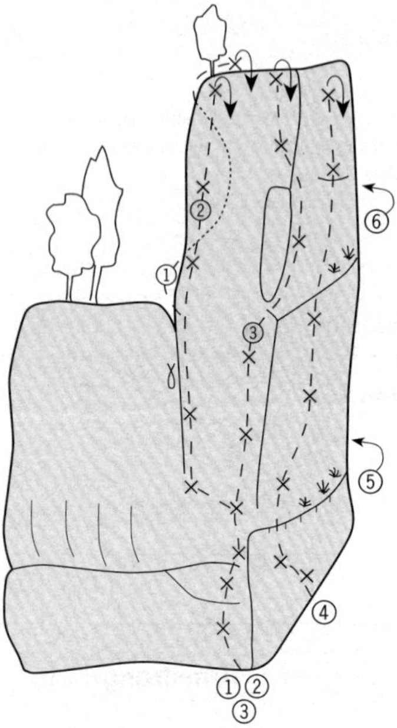

Zugang

Von Krottensee in Richtung Maximiliansgrotte fahren und weiter in Richtung Sackdilling. Nach 1,2 km überquert man eine Kreuzung der Forststraßen. 400 m nach der Kreuzung kommt rechts ein Wanderparkplatz, dort parken. Gegenüber befindet sich die Steinerne Stadt. Auf Wanderweg kurz hoch zu den Beiden Brüdern, hier scharf links auf gutem Weg 50 m abwärts zum Spitzen Turm.

Gebietsübersicht *S. 165*
Übersichtskarte 1 *(S. 15)*; **Übersichtskarte 3** *(S. 17)*

Besonderheit

Wieder entdeckter, durchaus beeindruckender Felsturm. Die Routen ①, ⑤ und ⑥ müssen selbst abgesichert werden. Der Fels ist fest, muss aber noch etwas abgeklettert werden.

① Alter Weg . . . .
② Haasenvariante . . . .
③ Sempre Pace . . . .
④ Schiva . . . .
⑤ Kamin *(Keile)* . . . .
⑥ Bergseite *(Schlingen)* . . . .

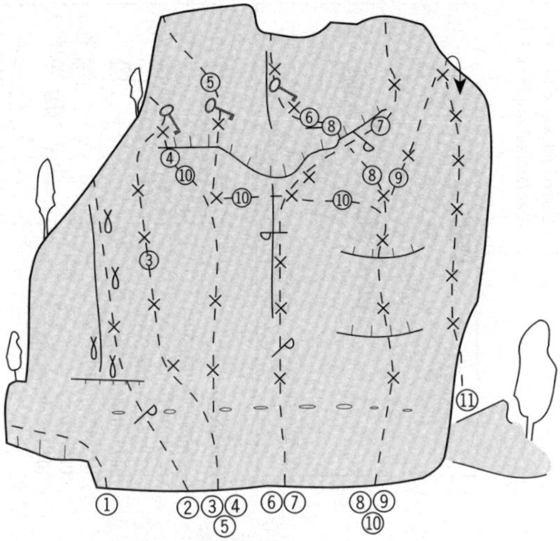

1. Boulderrausch .... 7c Fbtr
2. Holzberger Ged.-Weg 7
3. Wüsterman .... 10+
4. Ira Technokratie .... 9+/10-
5. Wallstreet 11-
6. Fanal .... 9+/10-
7. Chasin' the Trane 9
8. Käsekuchen .... 9+/10-
9. Hitch-hike the Plane .... 9+
10. Vis a vis 10-
11. Westwand 8-

Zugang

Von Krottensee Richtung Maximiliansgrotte fahren und weiter Richtung Sackdilling. 400 m nach einer Kreuzung kommt rechts ein Parkplatz unterhalb der »Steinernen Stadt«. 1 km weiter sieht man links oben den Gipfel des »Krottenseer Turms«. Kurz danach Parkmöglichkeit. Rechts in den Wald und gleich wieder rechts hoch zu den Felsen. Man gelangt zuerst zur Talseite des Krottenseer Turms. Dahinter stehen Maximilianswand und Maximiliansturm.

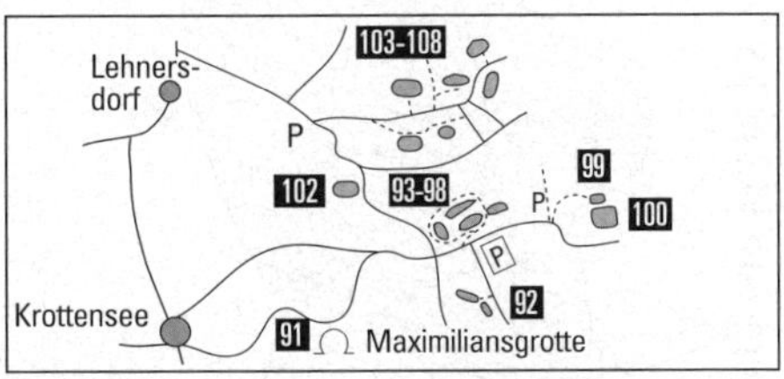

Besonderheit

Der Krottenseer Turm beherbergt einige Extremklassiker. Die Nordwand wurde 1981 von John Bachar frei begangen und mit dem Freikletternamen »Chasin' the Trane« (9) versehen. Die seltsam anmutende Schreibweise ist auf den Slang zurückzuführen. Wolfgang Güllichs Antwort war »Hitch-hike the Plane« (9/9+) und liegt gleich rechts von »Chasin' ...«. Die Krönung war dann die erste Route im elften Grad, die Wolfgang mit »Wallstreet« (11-) im Jahr 1987 gelang.

Krottensee
91 Maximiliansgrotte
92 Vierte Dimension
93-98 Steinerne Stadt
99 Krottenseer Turm
100 Maximilianswand
102 Pölze
103-108 Nestelgrund

Übersichtskarte 1 *(S. 15)*
Übersichtskarte 3 *(S. 17)*

Krottenseer Turm | Bergseite | 12 m | S **Maximilianswand** | Linker Teil | 12 m | W

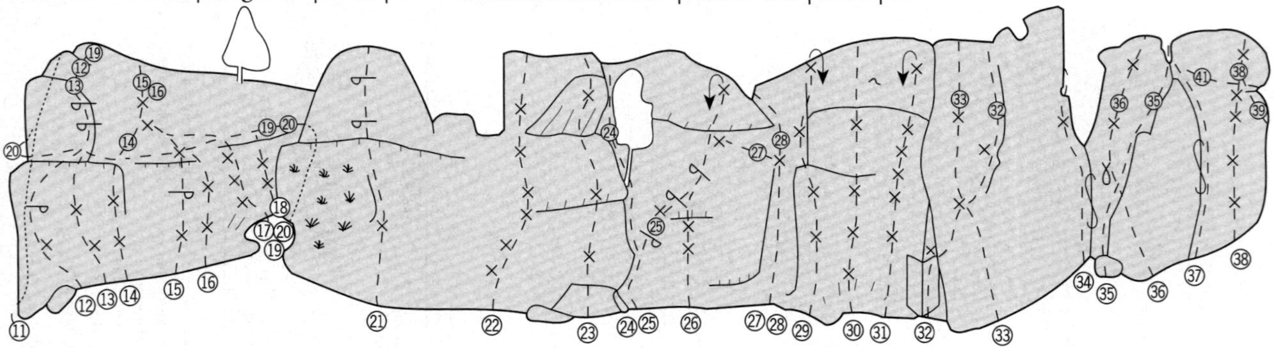

Übersichtskarte 1 *(S. 15)*
Übersichtskarte 3 *(S. 17)*

⑪	Westwand	8-
⑫	Südwestkante	8-
⑬	Fingerfresser	8+
⑭	Sonderprüfung	8+
⑮	Gill Swing	9
⑯	Blitz	9+
⑰	Defenders of the Faith	9-
⑱	*Projekt*	
⑲	Alter Weg	5+
⑳	Obere Westwand	5+
㉑	Neuer Weg	6-
㉒	Auerbacher Weg	7+
㉓	Fragezeichen	8-
㉔	Anarchia *(Keile)*	6

㉕	Septime	7
㉖	Bad Brain	10-
㉗	Linkskurs	6-
㉘	Westkamin	6-
㉙	Blindes Huhn	6+
㉚	Zwiespalt	7
㉛	Schnitzel on Seitz	8-
㉜	Westkante	6-
㉝	Dance to heaven	8-
㉞	Linker Plattenriß	3+
㉟	Rechter Plattenriß	3
㊱	Sonnenkönig	6-
㊲	Schiefer Riß	5
㊳	Bodum	7+

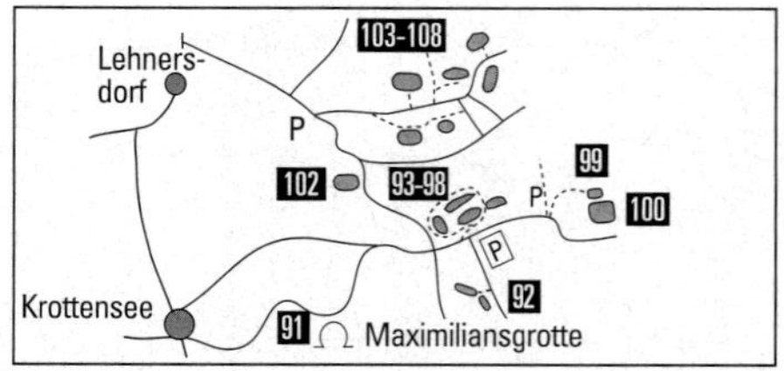

Krottensee
91 Maximiliansgrotte
92 Vierte Dimension
93-98 Steinerne Stadt
99 Krottenseer Turm
100 Maximilianswand
102 Pölze
103-108 Nestelgrund

a Maximilianswand
b Sektor E.T.
c Sektor Boiling Point
d Maximiliansturm

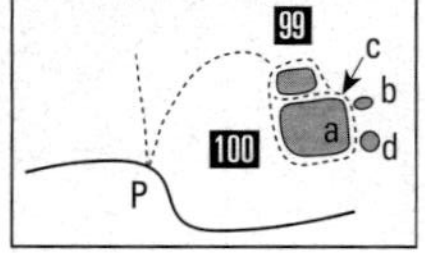

Mittlerer Teil | 12 m | S

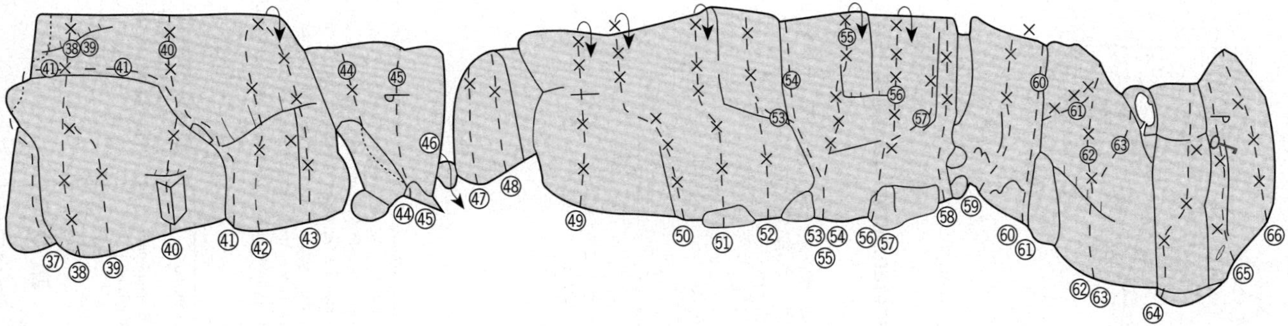

㊲ Schiefer Riß	5
㊳ Bodum	7+
㊴ Luisenkreuz	6
㊵ Spätlese	6+
㊶ Luisenband	6-
㊷ Kreuzigung	8+
㊸ Ansbacher Weg	7+
㊹ Kletterkursweg	3
㊺ Sichel	6+
㊻ Abstieg	
㊼ Babsi	8-
㊽ Da kommt keiner rauf	7+
㊾ Lang hi	6+
㊿ Südriß	6+
51 Direkte Gratwanderung	7+
52 Gratwanderung	7
53 Kleine Wand	6-
54 Südverschneidung	4
55 Straight Edge	10+
56 Kugelkurve	8+
57 Südwand *(Keile)*	6-
58 After Eight	8
59 Wand der Abendröte	6
60 Schrubber	3+
61 Wimmersberger Ged.-Weg	7-
62 Free Will direkt	8+
63 Free Will	8+
64 Wilde Spiele	e1/9-
65 Amazonenpfeiler	8+
66 Another Excess	9

Zugang
Von Krottensee Richtung Maximiliansgrotte fahren und weiter Richtung Sackdilling. 400 m nach einer Kreuzung kommt rechts ein Parkplatz unterhalb der »Steinernen Stadt«. 1 km weiter sieht man links oben den Gipfel des »Krottenseer Turms«. Kurz danach Parkmöglichkeit. Rechts in den Wald und gleich wieder rechts hoch zu den Felsen. Man gelangt zuerst zur Talseite des Krottenseer Turms. Dahinter stehen Maximilianswand und Maximiliansturm.

Besonderheit
Die Maximilianswand ist im Gegensatz zum Krottenseer Turm ein Genussklettergebiet. Im Sommer kommt die Sonne nicht mehr so gut durch das dichte Laub. Die Nähe zu den extremen Routen ist besonders vorteilhaft für Gruppen mit sehr unterschiedlichem Leistungsstand.
Die Toproute stammt von Markus Bock: »Straight Edge«. Sein Kommentar : »Coole Tour, technische Seitgriff-Kletterei«.

100 Maximilianswand

| 12 m | S + W

Rechter Teil | 12 m | O

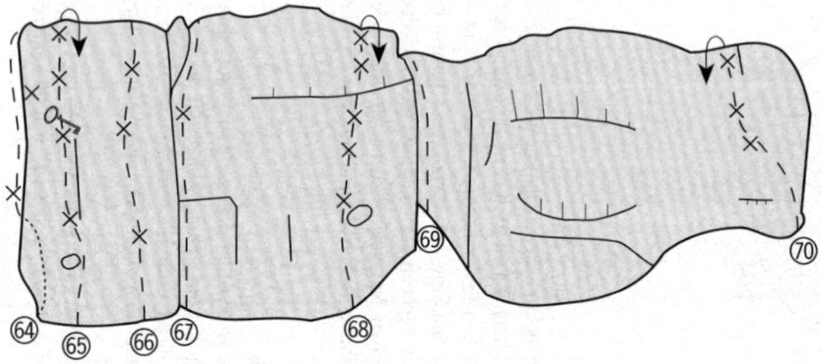

Sektor E.T. | 8 m | W

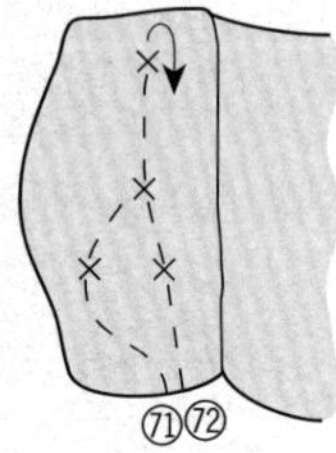

Sektor Boiling Point | 7 m | NO

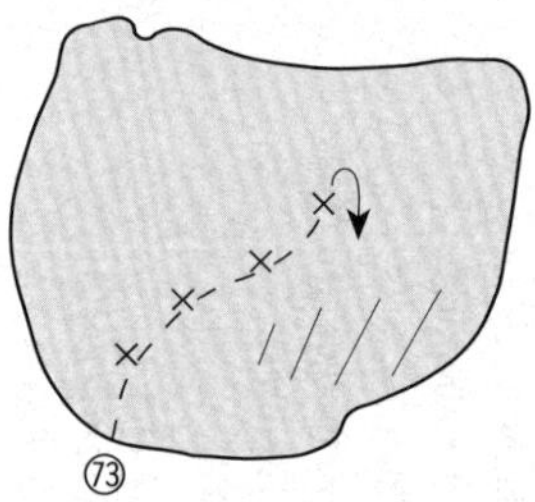

Maximiliansturm | 12 m | N + W

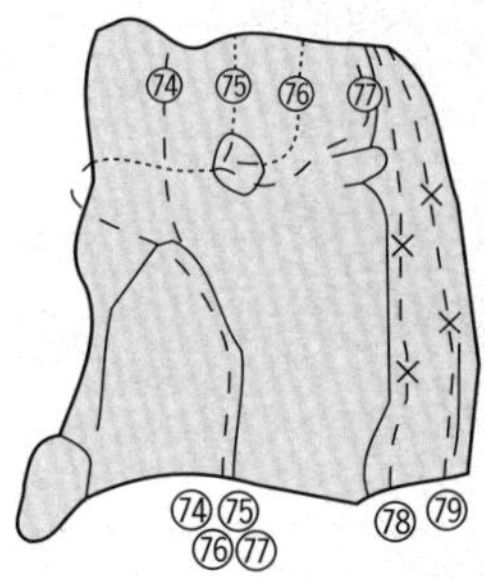

64	Wilde Spiele	9 -
65	Amazonenpfeiler	8 +
66	Another Excess	9
67	Buchenkamin	3
68	Amberger Weg	7
69	Blaumeisenweg	4 +
70	Komm mit mir	8 +
71	7er Wandl	7
72	E.T.	7 +
73	Boiling Point	10 -
74	Nordriss	5
75	Rechter Talriss	4
76	Linker Talriss	4 +
77	Berg Tal Variante	3
78	Fasten Seatbelts	8
79	Jubiläumsweg	6 +

Zugang

Von Krottensee Richtung Maximiliansgrotte fahren und weiter Richtung Sackdilling. 400 m nach einer Kreuzung kommt rechts ein Parkplatz unterhalb der »Steinernen Stadt«. 1 km weiter sieht man links oben den Gipfel des »Krottenseer Turms«. Kurz danach Parkmöglichkeit. Rechts in den Wald und gleich wieder rechts hoch zu den Felsen. Man gelangt zuerst zur Talseite des Krottenseer Turms. Dahinter stehen Maximilianswand und Maximiliansturm.

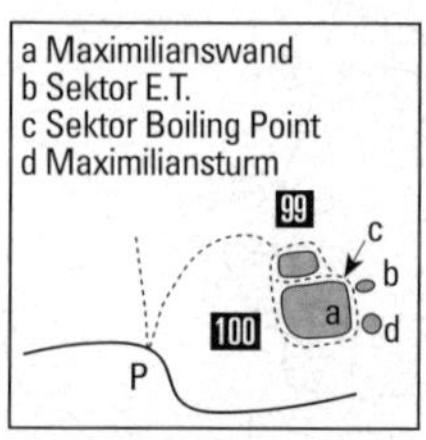

Maximilianswand
Übersichtskarte 1 *(S. 15)*
Übersichtskarte 3 *(S. 17)*

Erdenkäuferwand

☀ | 16 m | N **101**

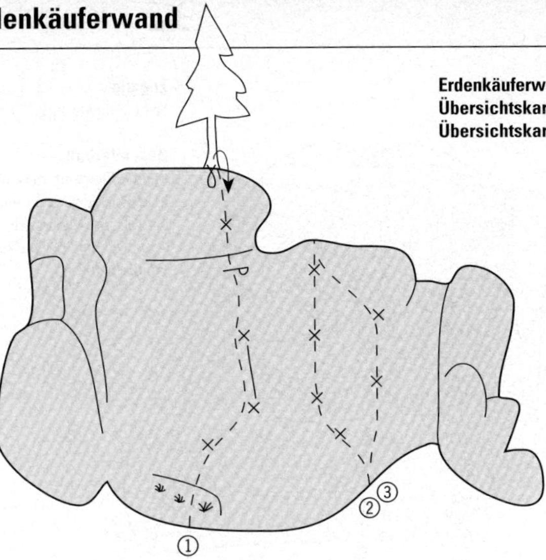

Erdenkäuferwand
Übersichtskarte 1 *(S. 15)*
Übersichtskarte 3 *(S. 17)*

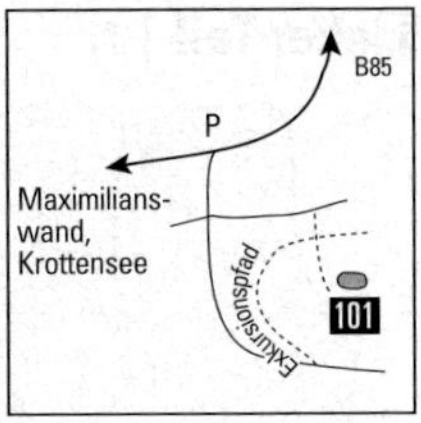

Zugang

Von Krottensee in Richtung Sackdilling fahren und an der Maximilianswand *(siehe S. 172)* vorbei weiter. 650 m nach Parkplatz Maximilianswand ist rechts ein Wegweiser »Steinerne Stadt/Maximiliansgrotte«; hier parken. Rechts 100 m die Forststraße hinein, bei Schild »Brentenfels« links abbiegen, auf dem Forstweg noch 200 m weiter und nach rechts in den Wald, den Exkursionspfad kreuzend, zu bereits sichtbaren Felsen. An diesen entlang rechts aufwärts zur Wand.

① Opa's letzte Nummern .... 7+
② ? 7
③ ? 7

Nestelgrund | Pölze

☂ | ☀ | 16 m | N **102**

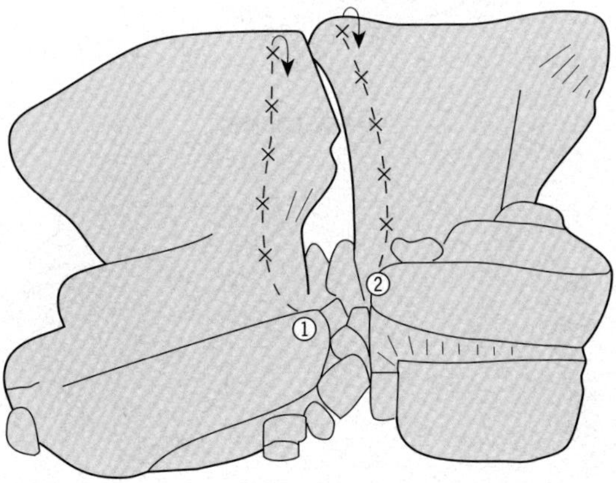

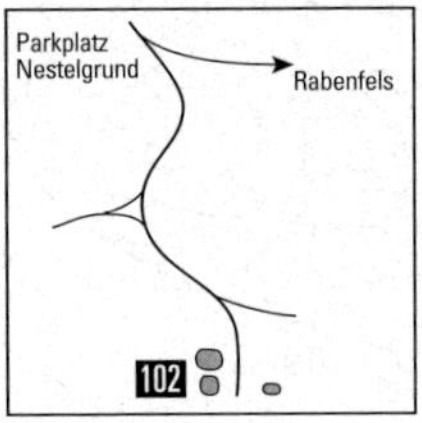

Pölze
Übersichtskarte 1 *(S. 15)*
Übersichtskarte 3 *(S. 17)*

Zugang

Von Neuhaus Richtung Ranna; 500 m nach Lehnershof rechts; an der Abzweigung zur »Hohen Tanne« noch vorbei und 200 m danach parken (rechts liegt ein Weiher). Hier zweigt links der Forstweg zum Rabenfels ab. Geradeaus führt die Forststraße weiter in Richtung Maximilianswand. Man folgt ihr (in südlicher Richtung) und erreicht nach 500 m die pilzförmigen Felsen rechts oberhalb des Weges.

Besonderheit

Gegenüber steht ein Boulderblock mit dem Quergang »Unplugged« (9-) (definiert 10-).

① Massada.................. 10-
② Underdog 10

103 Nestelgrund | Kanzelstein

| 18 m | N + W

Linker Teil | N

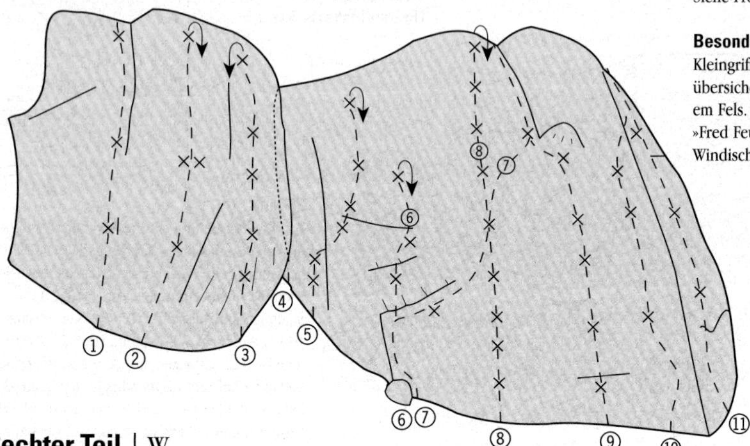

Zugang
Siehe Projektwand *(S. 175)*.

Besonderheit
Kleingriffige und meist nicht übersicherte Wege in sehr festem Fels. Schwerster Weg ist »Fred Feuerstein« (Markus Windisch 1996).

Rechter Teil | W

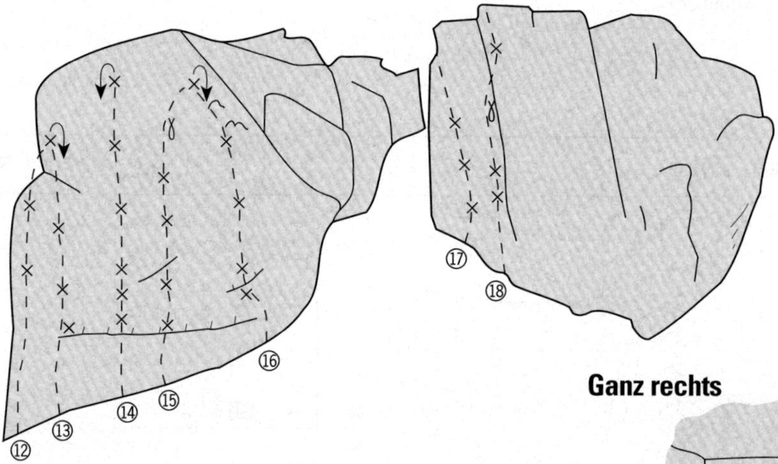

Ganz rechts

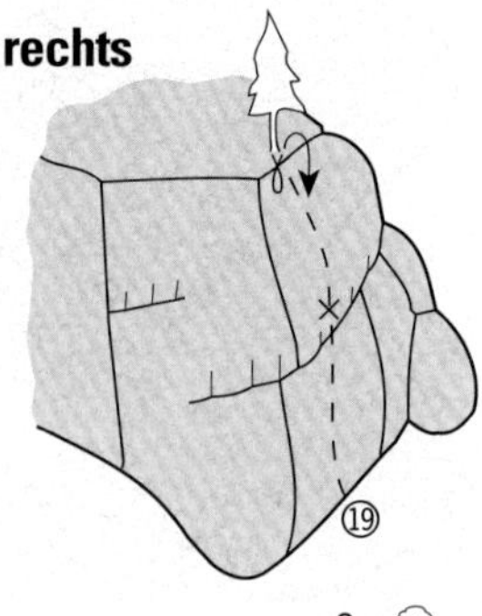

①	Linke Hand	8-
②	Wehrwolf	e1/9+
③	Fred Feuerstein	10+
④	Kanzelkamin	3
⑤	Null Rhesus Positiv	9
⑥	Blutspur	9+
⑦	Reifeprüfung	e1/9-
⑧	Nosferatu	9
⑨	Zufallstreffer	9
⑩	Stehgreif	7+
⑪	Isabella Bowden Ged.-Weg	7-
⑫	Freiflugticket	e1/9-
⑬	Schnell, schnell	9-
⑭	Jackie Brown	9+
⑮	Maximator	8+
⑯	Zappa Climb	9-
⑰	*Projekt*	
⑱	Talkamin	6+
⑲	Die Kurze für Lange	8+

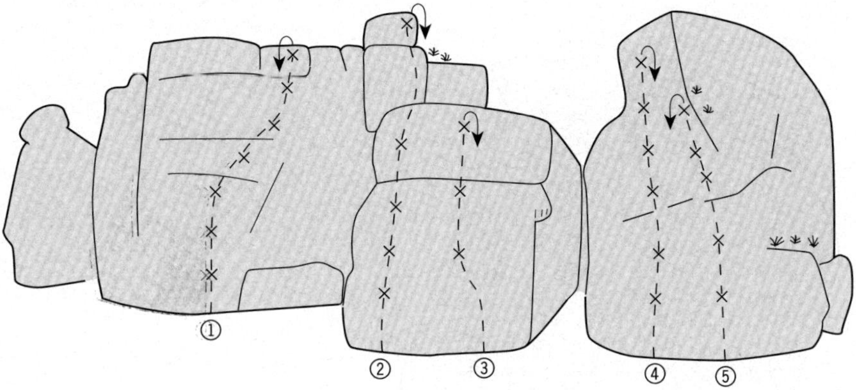

① Vlad Dracul 11-
② *Projekt* ....
③ ? e1/9
④ *Projekt* ....
⑤ *Projekt* ....

Zugang

Von Neuhaus Richtung Ranna; 500 m nach Lehnershof rechts; an der Abzweigung zur »Hohen Tanne« noch vorbei und 200 m danach parken (rechts liegt ein Weiher). Links dem Forstweg in Richtung Rabenfels folgen, nach 400 m steht links eine Futterkrippe. Nach weiteren 100 m rechts einer Fuhre in den Wald folgen, sie geht in einen Weg über, der zum Kanzelstein führt. Unterhalb vom Kanzelstein dem Pfad weiter folgen zur Projektwand (150 m).

Besonderheit

Mit »Vlad Dracul« hat Markus Bock eine weitere kleingriffige Überhangkletterei im Grad 11- erschlossen. Kommentar des Erstbegehers: »Erst ein paar athletische Züge, dann schwerer Sprung auf Sloperband«.

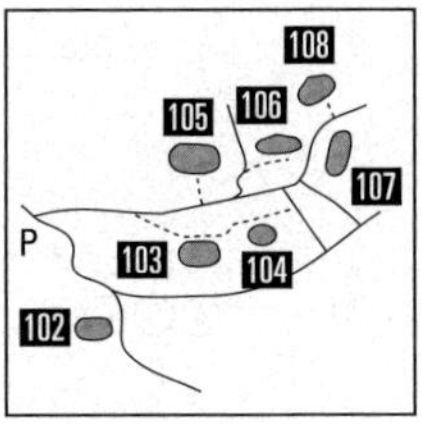

Nestelgrund
102 Pölze
103 Kanzelstein
104 Projektwand
105 Rabenfels
106 Bladerunner-Wand
107 Folterkammer
108 Moskito Rock
Übersichtskarte 1 *(S. 15)*
Übersichtskarte 3 *(S. 17)*

105 Nestelgrund | Rabenfels

☼ | 28 m | SO + SW

Südwestseite

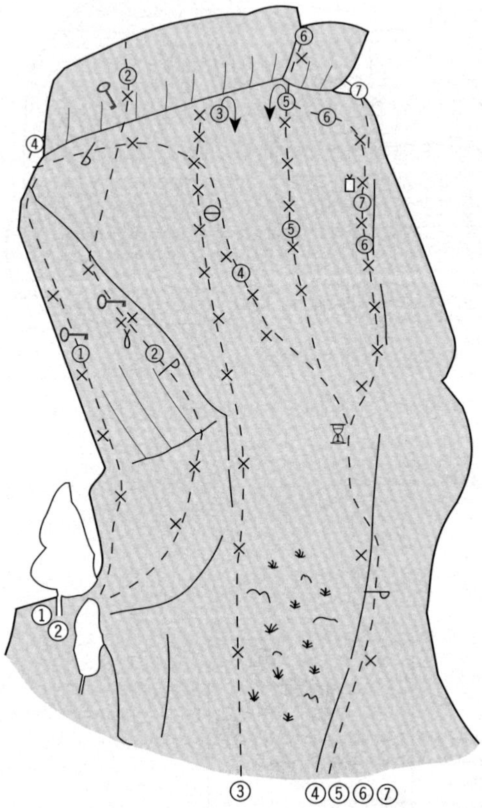

① Ghettoblaster	10	
② Westside Story	10 -	
③ Herbstzauber (*bis Stand 5*)	6	
④ Robert Lukas Ged.-Weg	6 +	
⑤ Open End	7+/8 -	
⑥ Direktausstieg zu ⑦	8	
⑦ Richard Holzberger Ged.-Weg	7	
⑧ Katalysator	8 -	
⑨ Auerbacher Ged.-Weg	8	
⑩ Stairway to Heaven	9 -	
⑪ Messer (*Keile*)	e1/7 +	
⑫ Aussenseiter	8	
⑬ Dances with Wolfes	9	

Kulinarisches

Neben dem Neuhauser Kommunenbräu *(siehe S. 157)* ist in der Gegend der Gasthof »Seitz« in *Bernbeck* zu empfehlen. Durch den schönen Biergarten, die gute fränkische Küche und die günstigen Übernachtungsmöglichkeiten ist er ein beliebter Anlaufpunkt für Kletterer geworden. Meist gibt es ein Wildgericht (sehr empfehlenswert), am Mittwoch serviert man frische Blut- und Leberwürste. Die Biere kommen von der Brauerei Schlichter. Besonders gern getrunken wird das süffige, goldfarbene Fassbier. Am Freitag ist Ruhetag.

Südostseite

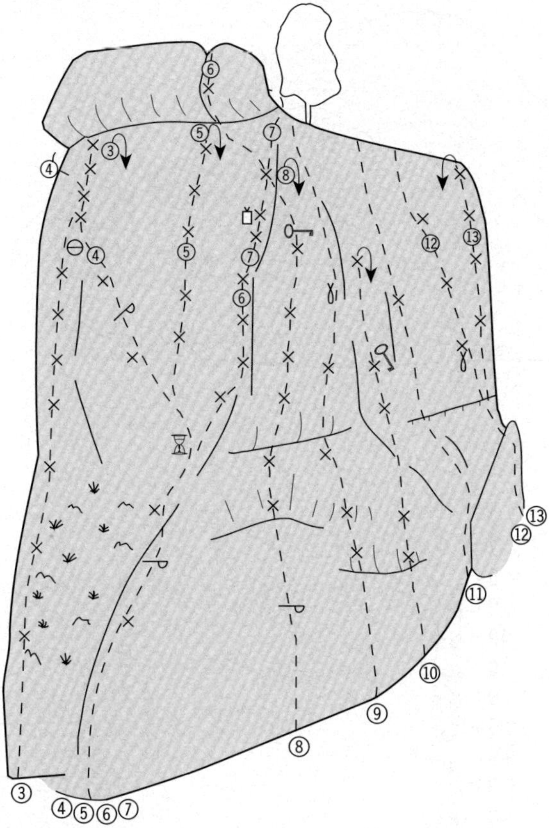

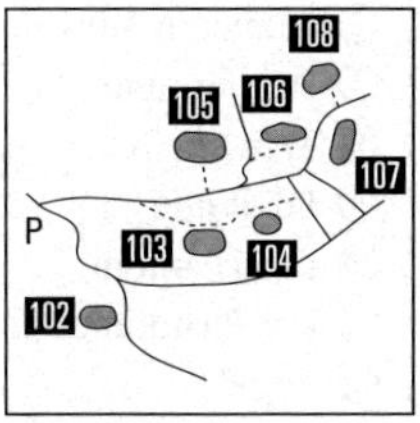

Zugang

Von Neuhaus Richtung Ranna; 500 m nach Lehnershof rechts; an der Abzweigung zur »Hohen Tanne« noch vorbei und 200 m danach parken (rechts liegt ein Weiher). Links dem Forstweg folgen, bald ist der mächtige Rabenfels sichtbar. Unterhalb des Felsens auf Forststraße an ihm vorbei, dann scharf links und auf Pfad zur Talseite.

Besonderheit

Neben den lohnenden Klassikern im 6. bis 8. Grad sind vor allem die zwei Güllich-Touren im zehnten Grad bemerkenswert, darunter der Markstein »Ghettoblaster«, der auch schon eine Damenbegehung durch Simone Kuly erhielt. Leider ist es üblich geworden, eine Begehung des 1. Teils der »West Side Story« bereits als Begehung der gesamten Route zu bezeichnen. Nur die wenigsten »Wiederholer« konnten wirklich den gesamten Weg bewältigen.

Nestelgrund

102 Pölze
103 Kanzelstein
104 Projektwand
105 Rabenfels
106 Bladerunner-Wand
107 Folterkammer
108 Moskito Rock

Übersichtskarte 1 *(S. 15)*
Übersichtskarte 3 *(S. 17)*

106 Nestelgrund | Bladerunner-Wand

☼ | 10 m | S

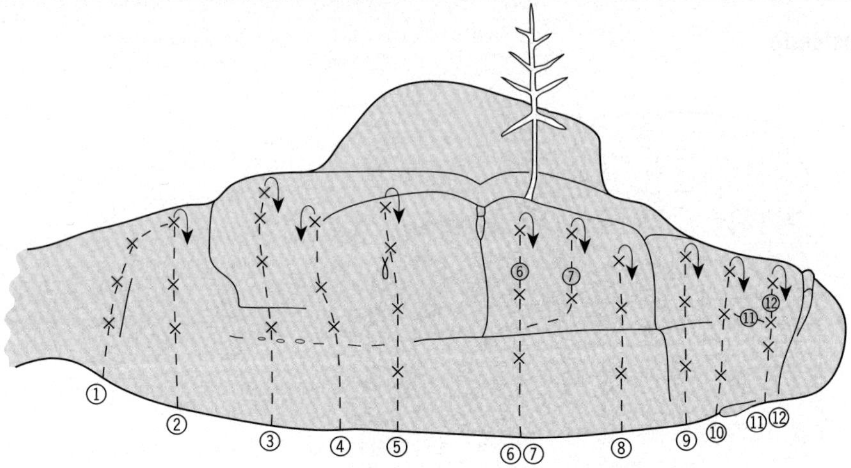

① Andi	7-
② ?	7
③ Letzte Instanz	9-
④ Lucky Strike	9-
⑤ Bladerunner	10
⑥ Momento Mori	10
⑦ Post Mortem	9+
⑧ Al & Peg	9/9+
⑨ Edi-Route	9/9+
⑩ Das Phantom	9/9+
⑪ Das Phantömchen	10-
⑫ *Projekt*	

Zugang

Von Neuhaus Richtung Ranna; 500 m nach Lehnershof rechts; an der Abzweigung zur »Hohen Tanne« noch vorbei und 200 m danach parken (rechts liegt ein Weiher). Links dem Forstweg folgen, bald ist der mächtige Rabenfels sichtbar. Unterhalb des Felsens auf der Forststraße weiter und bei der folgenden Abzweigung einen weiteren Forstweg links. Nach 100 m bei Baum mit rotem Ring nach rechts auf Steigspuren in den Wald und nach 100 m bei den ersten Felsen rechts abwärts zu den Einstiegen.

Besonderheit

Kurze Routen mit knackigen Boulderstellen (kleingriffig). Die Sonne kommt durch die nahen Bäume nur in der kalten Jahreszeit voll in die Wand.

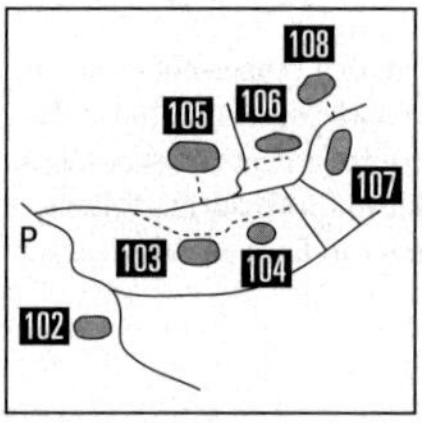

Nestelgrund
102 Pölze
103 Kanzelstein
104 Projektwand
105 Rabenfels
106 Bladerunner-Wand
107 Folterkammer
108 Moskito Rock
Übersichtskarte 1 *(S. 15)*
Übersichtskarte 3 *(S. 17)*

Rechter Teil | 8 - 12 m | W

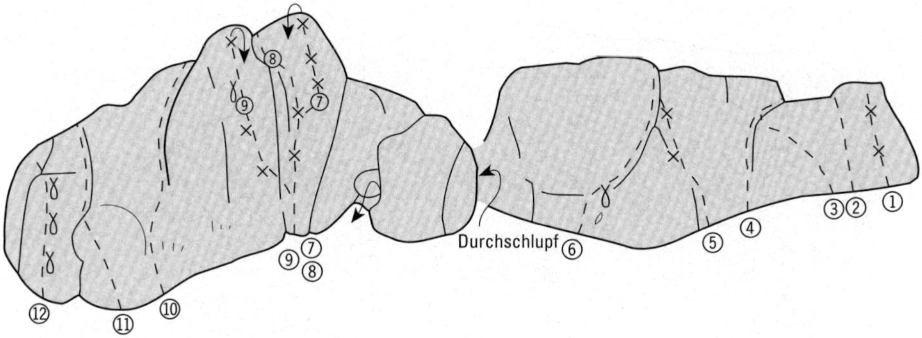

Mittlerer Teil | 18 m | W

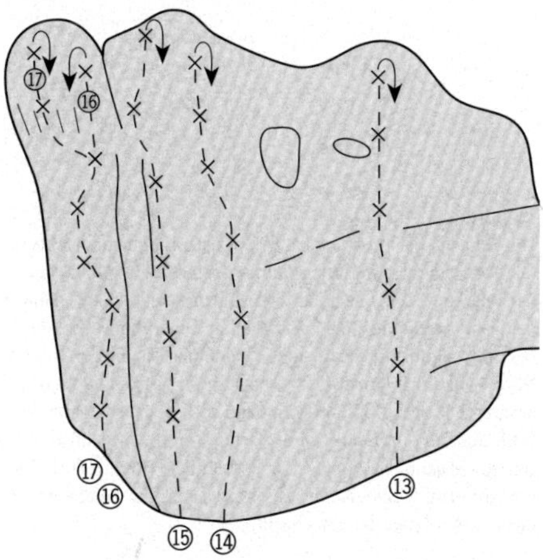

Zugang

Von Neuhaus Richtung Ranna; 500 m nach Lehnershof rechts; an der Abzweigung zur »Hohen Tanne« noch vorbei und 200 m danach parken (rechts liegt ein Weiher). Links dem Forstweg folgen, bald ist der mächtige Rabenfels sichtbar. Unter ihm vorbei und bei Abzweigung geradeaus weiter (hier links zu »Bladerunner«). Nach weiteren 150 m zweigt rechts ein Weg ab (Schild: »Maximiliansgrotte«). Noch 100 m weiter, dann rechts einen Weg 100 m hoch und kurz nach links zu den schon von unten sichtbaren Felsen. Am gegenüberliegenden Hang steht der Moskito Rock. Ihn erreicht man, indem man bei der Abzweigung zur Folterkammer links im Wald den Hang hochgeht.

Besonderheit

Im rechten Teil findet man einige klassische Boulder von Norbert Bätz und Wolfgang (»Flipper«) Fietz vor. Toprouten sind »Jagdfieber« (Markus Windisch 1996, erst eine Wiederholung) und »Flat Eric« (Lukas Biere 2000).
Nachmittags wird es recht sonnig (ja nach Belaubung).
Bei Brutansiedelung wird ein freiwilliger Verzicht innerhalb der Brutperiode geübt. Dieser wird über die einschlägigen Medien und Schilder kundgetan. Konsequentes Einhalten solcher Regelungen kann pauschale Sperrungen (leider nicht immer) verhindern!

① Gefläscht	8+	
② Streckbank	8+	
③ Papageienschaukel	9	
④ Mary Long	8	
⑤ Durchreißer	8	
⑥ Riss	7-	
⑦ Nummer 1	9-	
⑧ 5 Muskeltiere	8	
⑨ Merlin	9	🍺🍺
⑩ Friend (*Keile*)	6+	
⑪ Ameisenboulder (*Keile*)	5	
⑫ Sanduhrenweg	6	
⑬ Der Name der Rose	9-	🍺🍺
⑭ Jagdfieber	10+	🍺🍺
⑮ Eiserne Jungfrau	9/9+	🍺🍺
⑯ Flat Eric	10	🍺
⑰ *Projekt*		

107 Nestelgrund | Folterkammer

☀ | 8 - 18 m | W

Linker Teil | 8 - 12 m | W

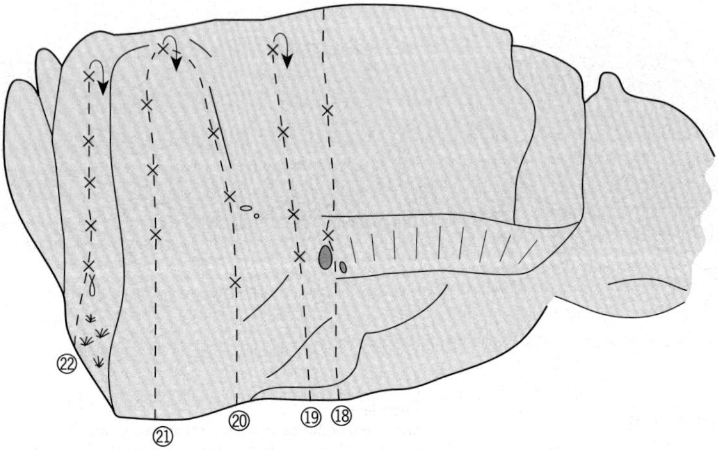

⑱ Gordischer Knoten .... 9 -
(*»Blaue Blume« falsch angschrieben!*)
⑲ *Projekt* ....
⑳ Titanic.................... 10 -
㉑ Afterburner = Münchhausen .. 9
㉒ Sie nannten mich Mücke...... 7

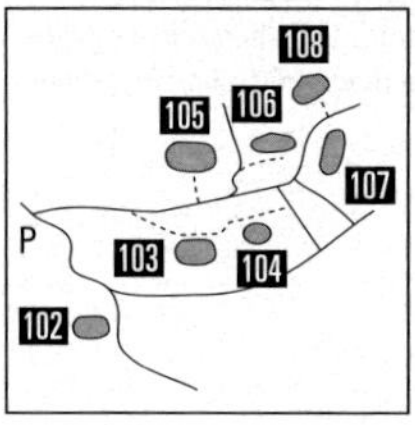

Nestelgrund
102 Pölze
103 Kanzelstein
104 Projektwand
105 Rabenfels
106 Bladerunner-Wand
107 Folterkammer
108 Moskito Rock
Übersichtskarte 1 *(S. 15)*
Übersichtskarte 3 *(S. 17)*

Zugang

Von Neuhaus Richtung Ranna; 500 m nach Lehnershof rechts; an der Abzweigung zur »Hohen Tanne« noch vorbei und 200 m danach parken (rechts liegt ein Weiher). Links dem Forstweg folgen, bald ist der mächtige Rabenfels sichtbar. Unter ihm vorbei und bei Abzweigung geradeaus weiter (hier links zu »Bladerunner«). Nach weiteren 150 m zweigt rechts ein Weg ab (Schild: »Maximiliansgrotte«). Noch 100 m weiter, dann rechts einen Weg 100 m hoch und kurz nach links zu den schon von unten sichtbaren Felsen. Am gegenüberliegenden Hang steht der Moskito Rock. Ihn erreicht man, indem man bei der Abzweigung zur Folterkammer links im Wald den Hang hochgeht.

Besonderheit

Im rechten Teil findet man einige klassische Boulder von Norbert Bätz und Wolfgang *(»Flipper«)* Fietz vor. Toprouten sind »Jagdfieber« (Markus Windisch 1996) und »Flat Eric« (Lukas Biere 2000). Nachmittags wird es recht sonnig (ja nach Belaubung).
Bei Brutansiedelung wird ein freiwilliger Verzicht innerhalb der Brutperiode geübt. Dieser wird über die einschlägigen Medien und Schilder kundgetan. Konsequentes Einhalten solcher Regelungen kann pauschale Sperrungen (leider nicht immer) verhindern!

Nestelgrund | Moskito Rock

| 15 m | S **108**

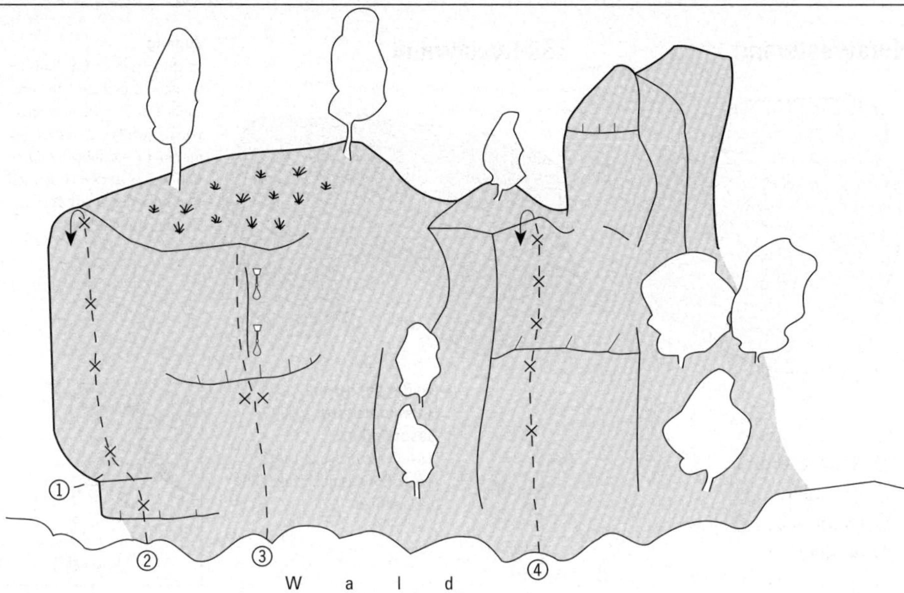

① Tse-Tse. 9+
② Doppelzappler 9
③ Malaria . . . . 8+
④ Gelbfieber. 9-/9

Zugang
Siehe Folterkammer *(S. 180)*.

Besonderheit
Der Name sagt alles!

Teddywand

| 10 m | N **109**

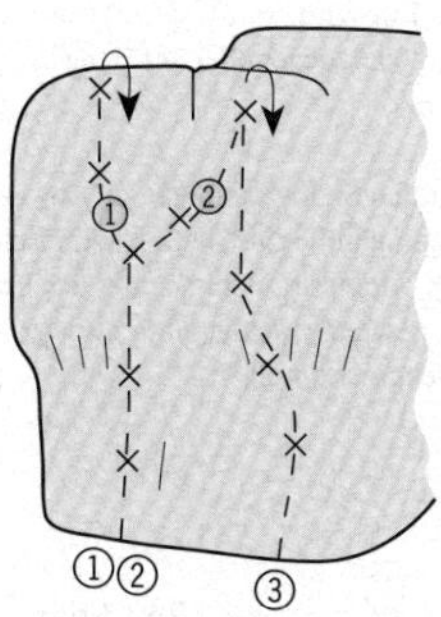

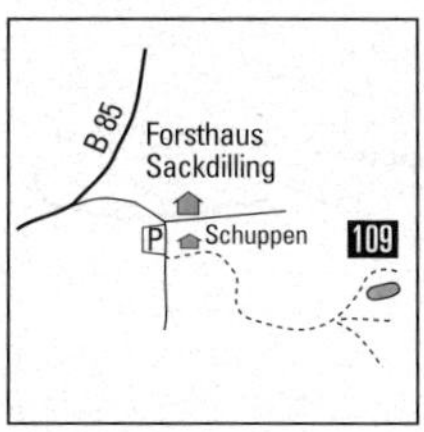

Teddywand
Übersichtskarte 1 *(S. 15)*

Zugang
Parken beim Forsthaus Sackdilling. Die Teddywand wird erreicht, indem man dem Wanderweg (Skizze!) ca. 5 min folgt. Sie befindet sich direkt rechts oberhalb des Weges.

Besonderheit
In idyllischer Umgebung wurden hier von Werner Thon und Markus Windisch harte Extremkletterrouten eröffnet.

① Sacktreffer. 10-
② Die dicken Kinder von Landau . 10-/10
③ Wattepuper . . . . 9+

110 Großer Lochstein | 8 m | NW

Nordwestwand

Südwestwand

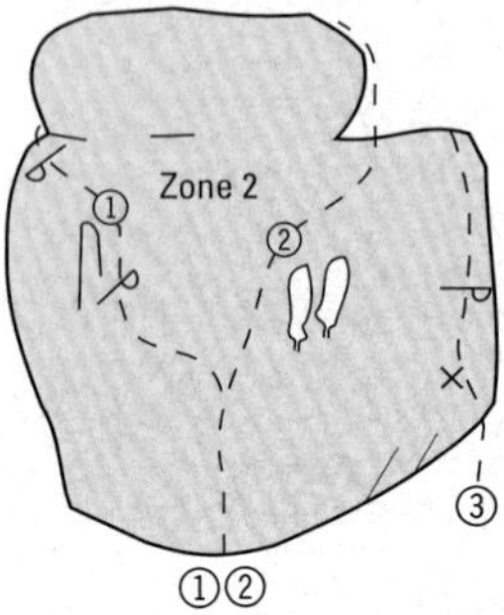

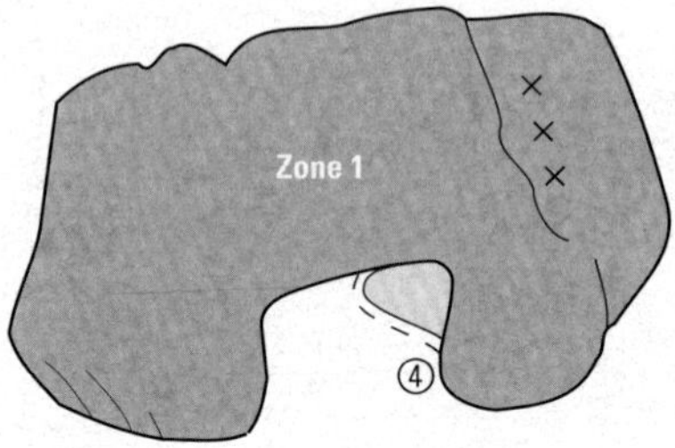

Zugang
In Horlach beim Gasthaus Peter parken und auf Forstweg südlich in den Veldensteiner Forst. Nach 800 m rechts, unter einer Unterführung durch und weiter zu den Felsen (direkt links des Forstwegs; ca. 20 min von Horlach).

①	Nordwestwand	5/a1
②	Westwand	3+
③	Frosch	8+
④	Boulder	

Großer Lochstein
Übersichtskarte 3 *(S. 17)*
Besonderheit
Nach der Zonierung ist der Fels leider nur noch zur Hälfte bekletterbar.

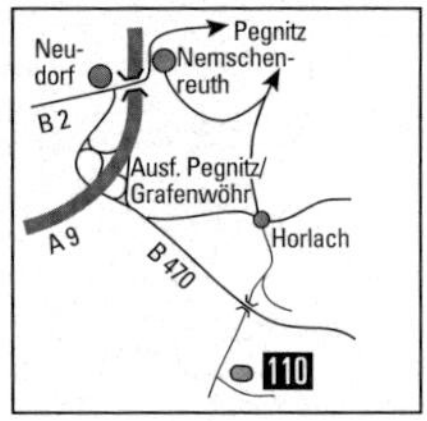

111 Welle | 8 - 10 m | SO + N

Südostwand | 8 m

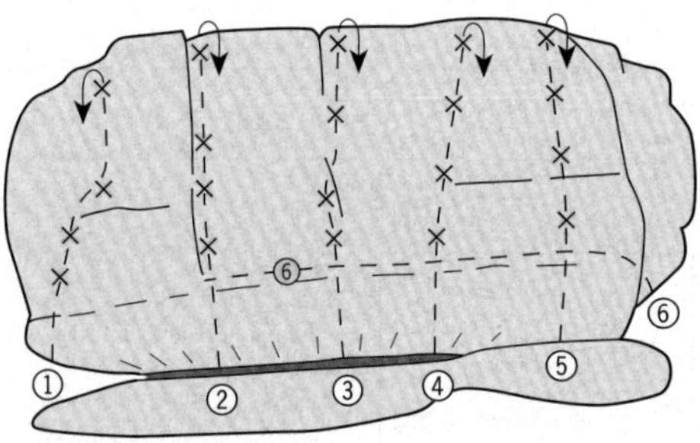

Zugang
In Pegnitz von der Hauptstr. in die Galgengasse abbiegen (1. Ampel von der A9 kommend). Nach 200 m rechts (Mühlweg), nach weiteren 200 m (Beginn Zone 30) halbrechts in den Hans-Stöckler-Weg. Nach 300 m parken, wo die Straße den höchsten Punkt erreicht. 40 m in die Wasserbergstraße *(2. Einmündung!)* und rechts auf Weg zwischen den Häusern durch. Nach 50 m rechts auf Pfad im Wald abwärts, man gelangt wieder auf eine Fuhre im Wiesengrund. Bei freistehendem Buschwerk (insg. 300 m) zweigt rechts eine schwach ausgeprägte Fuhre ab. Dieser folgt man kurz, dann führt rechts ein Pfad zur Südostwand.
Die Nordwand steht gut sichtbar 200 m gegenüber am Hang.

Besonderheit
An der kleingriffigen, überhängenden Südostwand gibt es schwere Wege von Markus Bock (»Kurz und gut«) und Markus Windisch (»Flügelstürmer«; »Siedlerbund«). Von Andre Behr stammt der Extremboulderquergang Lactat. Im gesamten Gebiet gibt es noch einige Boulder (bei den Einheimischen erkundigen).

①	Kurz und gut	10-
②	*Projekt*	
③	Siedlerbund	10-
④	*Projekt*	
⑤	Flügelstürmer	10
⑥	Lactat	8a+ Fbtr
⑦	Kräuterriss	6+
⑧	*Projekt*	
⑨	Uli	7-
⑩	?	7

Welle | 8 - 10 m | SO + N 111

Nordwand | 10 m

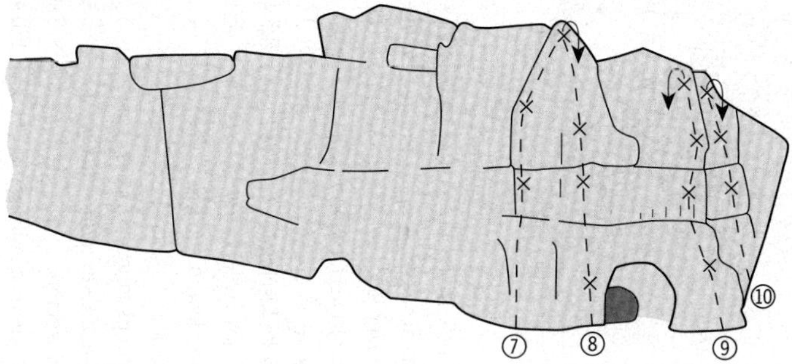

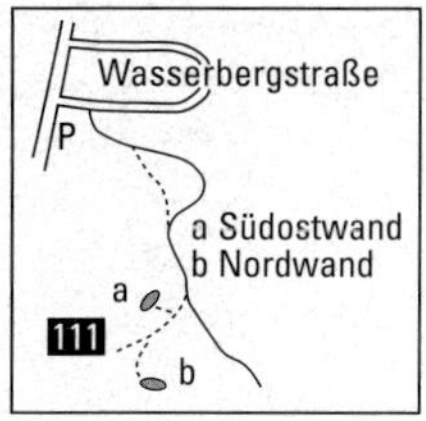

Welle
Übersichtskarte 3 *(S. 17)*

Hainbronner Pfeiler | 10 m | N + W 112

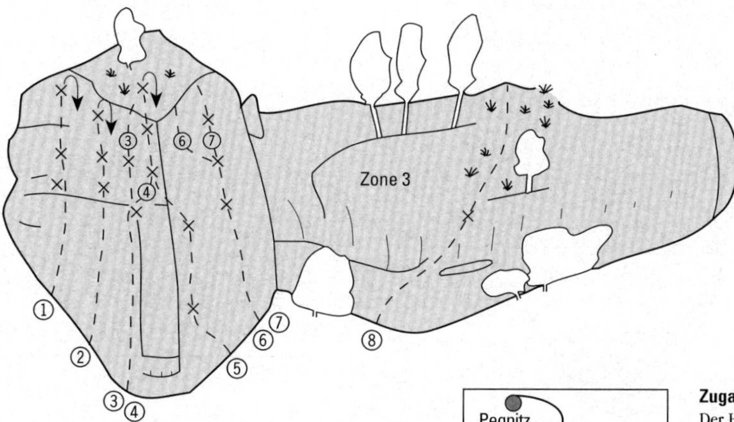

- ① Linker Weg 6-
- ② Platzmangel................ 6-
- ③ Sommerwind 6-
- ④ Nordwand................. 6
- ⑤ Nordostpfeiler.............. 7+
- ⑥ Nordostwand 8-
- ⑦ Direkter Ausstieg............ 8+
- ⑧ Dachlwand 4/a0

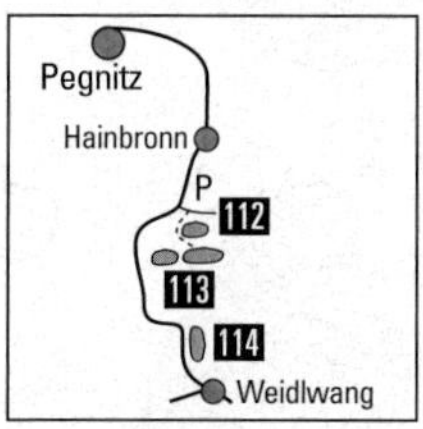

Wachberg
112 Hainbronner Pfeiler
113 Wachbergfelsen
114 Weidlwanger Wand
Übersichtskarte 3 *(S. 17)*

Zugang
Der Hainbronner Pfeiler und die darüber liegenden Wachbergfelsen sind bereits aus der Straßenkurve nach Hainbronn gut zu sehen.

Besonderheit
Der Hainbronner Pfeiler ist den Wachbergfelsen vorgelagert. Er bietet den gleichen hervorragend festen, schwarzen Fels.

113 Wachbergfelsen

| 10 - 20 m | N

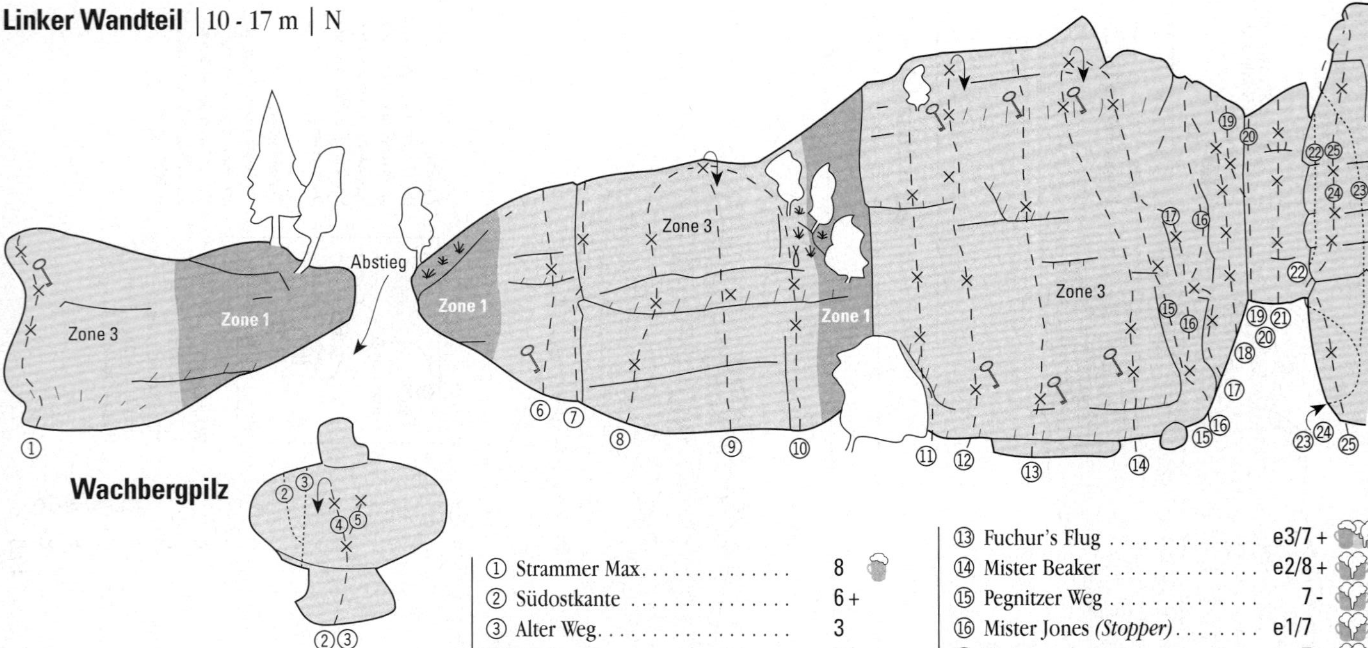

① Strammer Max	8	
② Südostkante	6+	
③ Alter Weg	3	
④ Wixfrosch	9	
⑤ *Projekt*		
⑥ Peter Pan	8-	
⑦ Raisacher Weg	5+	
⑧ Perlen vor die Säue	7-	
⑨ Nervenkitzel	e1/8-	
⑩ Schwiegermutter	8-	
⑪ *Projekt*		
⑫ Optische Täuschung	9-	
⑬ Fuchur's Flug	e3/7+	
⑭ Mister Beaker	e2/8+	
⑮ Pegnitzer Weg	7-	
⑯ Mister Jones *(Stopper)*	e1/7	
⑰ Variante	7	
⑱ Prinz Prahlschnalle	8/8+	
⑲ Schwartenweg	6+	
⑳ Sonnenkamin	4	
㉑ *Projekt*		
㉒ Schattenkamin	3	
㉓ Schlucht Ostwand *(6 Haken)*	8+	
㉔ Nordostkante	6+	
㉕ Strategie und Müßiggang	8/8+	

Rechter Wandteil | 10 - 17 m | N

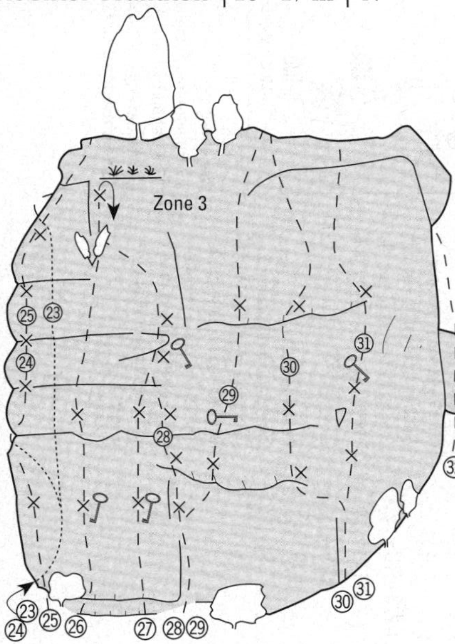

Schiff | 20 m | N

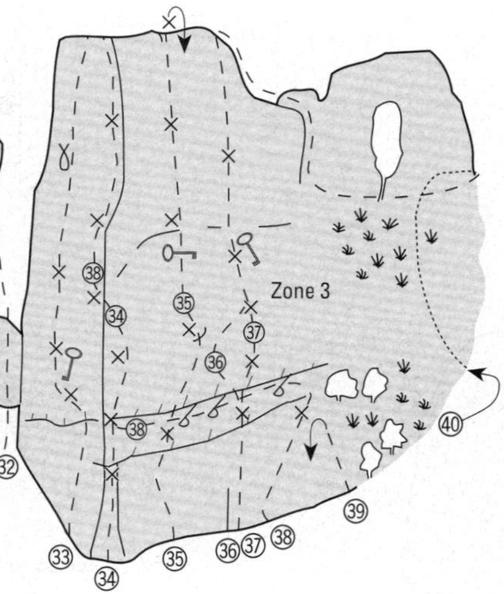

㉓	Schlucht Ostwand *(6 Haken)*	8+
㉔	Nordostkante	6+
㉕	Strategie und Müßiggang	8/8+
㉖	Müngersdorfer Stadion	9-
㉗	Der Frosch mit der Maske	9
㉘	Weidlwanger Weg	8-
㉙	Schleudersitz	e2/9-
㉚	Irakische Freiheit *(umbenannt)*	9+
㉛	Melior	9+

㉜	Stemmkamin	5
㉝	33 Tage in Ketten	9-
㉞	Schiffsbug	9+
㉟	Besoffener Matrose	9+
㊱	Linksvariante	9
㊲	White Punks on Dope	9+
㊳	Variante	a1/5
㊴	Feister Meister	8
㊵	Bergseite	3

Zugang

Der Hainbronner Pfeiler und die darüber liegenden Wachbergfelsen sind bereits aus der Straßenkurve nach Hainbronn gut zu sehen.

Besonderheit

Senkrechte bis leicht überhängende kleingriffige Kletterei in festem, schwarzen Kalk. Einige Routen sind nicht gerade übersichert und haben deshalb eine e-Bewertung. Bei Mr. Beaker (Holger Dietrich 1988) ist das leichte Gelände ungesichert, die Schlüsselstelle unten und der Ausstieg aber sehr gut. Notfalls kann ein Haken des »Pegnitzer Wegs« eingehängt werden, er gehört aber nicht zu der Route bzw. zu einer einwandfreien Begehung. Für »Fuchurs Flug« (Bernhard Thum 1985) muss der untere 7. Grad souverän beherrscht werden, die Schlüsselstelle hingegen ist gut gesichert. Im »Schleudersitz« (Thum 1985) mildert der Busch am Einstieg die fast bis zum Boden reichenden Stürze.

»Der Frosch mit der Maske« und »Weidlwanger Weg« erhielten Solobegehungen von B. Thum.

An der Rückseite des Wachbergpilzes befinden sich noch zwei kurze, im Topo nicht erfasste Wege: der Normalweg (4) und die Südostkante (6+).

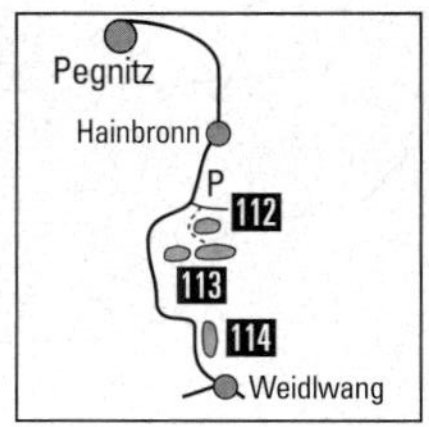

Wachberg
112 Hainbronner Pfeiler
113 Wachbergfelsen
114 Weidlwanger Wand
Übersichtskarte 3 *(S. 17)*

114 Weidlwanger Wand

25 m | W

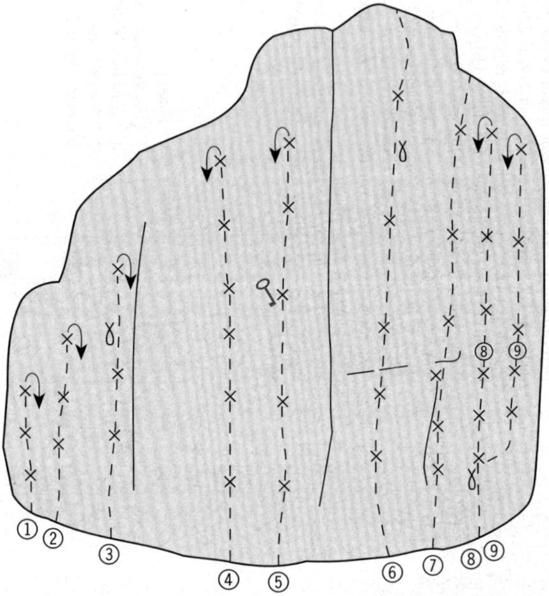

①	Welcome to the Jungle	8+
②	Fight for your Right	8
③	Highway to hell	9-
④	Shatreng	9+
⑤	The Dance alone	e2/9+/10-
⑥	Kinda kute	e1/9
⑦	Back on stage	9/9+
⑧	Zaphot	9-/9
⑨	Ton in Ton	8+

Zugang
Von Hainbronn in Richtung Weidlwang fahren, wo der Ort sichtbar wird parken. Kurz die Straße zurück und rechts hoch zu den Felsen.

Besonderheit
Der Fels ist ähnlich gut wie am Wachberg und leicht überhängend. »Kinda Kute« und »The Dance Alone« (Bernhard Thum 1988) sind recht frei und erfordern souveräne Vorsteiger.

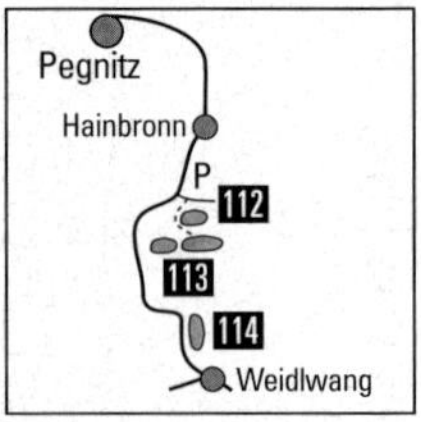

Wachberg
112 Hainbronner Pfeiler
113 Wachbergfelsen
114 Weidlwanger Wand
Übersichtskarte 3 *(S. 17)*

Sektor Fliegende Körper

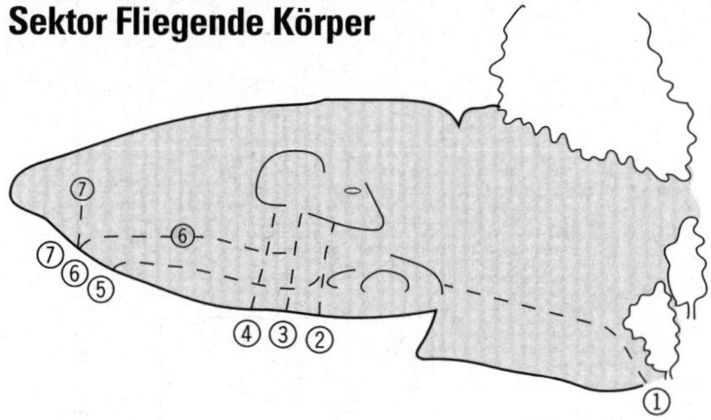

Aufwärmwand

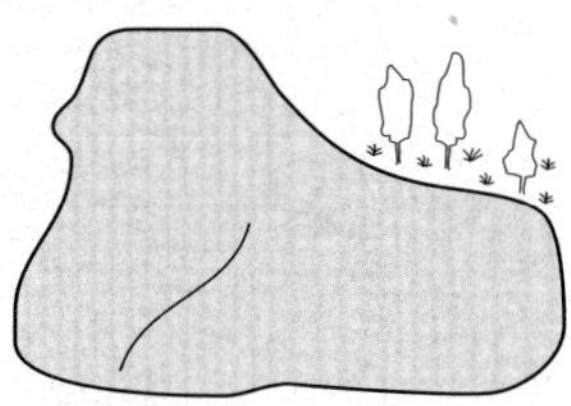

Besonderheit

Sonnenverwöhntes Bouldergebiet in idyllischer Lage.

Zugang

Die B 85 und die B 470 führen gemeinsam von der Autobahnausfahrt Pegnitz (A 9) in Richtung Auerbach. Kurz vor Auerbach zweigt die B 470 in Richtung Eschenbach/Oberpfalz ab. Kurz nach dieser Abzweigung befindet sich ein Parkplatz direkt an der Straße. Da man auf der Bundesstraße nicht wenden darf, muß man von Pegnitz kommend bei der nächsten Ausfahrt abfahren und wieder zurück zum Parkplatz. Das Gebiet befindet sich westlich davon. Direkt am Parkplatz ist ein kleines Waldstück. An diesem links vorbei (Pfadspuren) zu einer Fuhre, die sich nach 30 m gabelt. Man blickt auf eine Wiese, hinten sieht man bereits den ersten Felsen. Über die Wiese zum Gebiet.

Sektor Höhlenloch

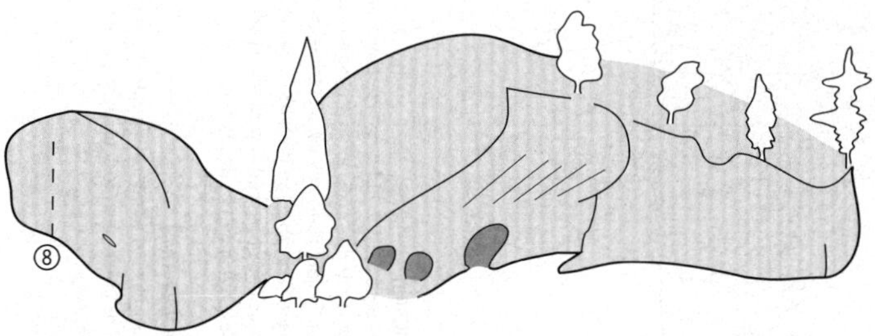

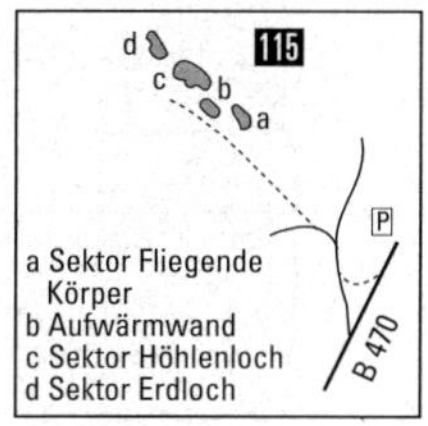

Felslandl
Übersichtskarte 3 *(S. 17)*

Sektor Erdloch

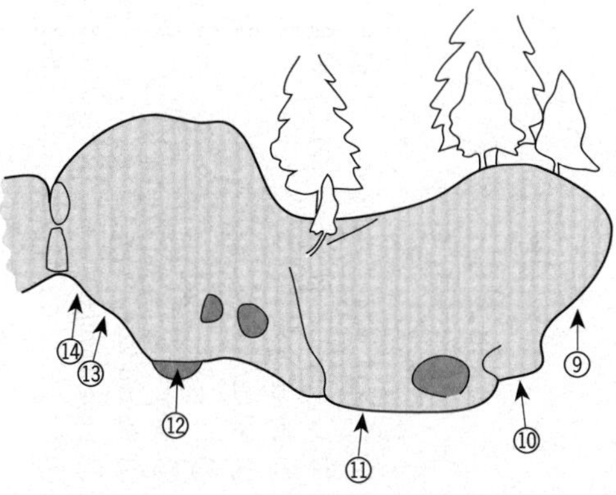

①	Rechter Quergang	9+
②	?	7+
③	?	9-
④	?	8
⑤	Unterer Quergang	8-
⑥	Oberer Quergang	9
⑦	Fliegende Körper	9-
⑧	?	7+
⑨	?	8+
⑩	?	9+
⑪	?	8
⑫	?	8
⑬	*Projekt*	
⑭	*Projekt*	

116 Geheimaktion

15 m | N + W

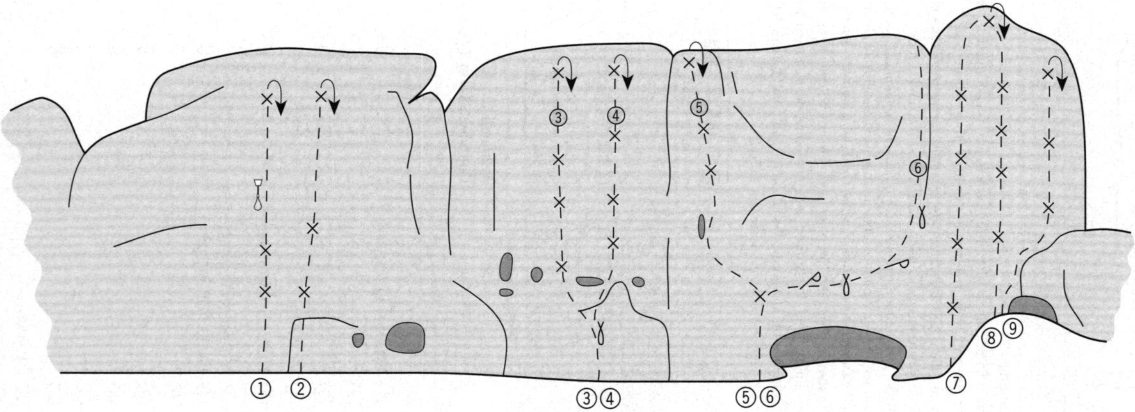

①	?	e1/9
②	?	e1/9 -
③	Travel On	8
④	Niklas	9 -
⑤	?	8
⑥	Alter Weg	6
⑦	Freund Muselmann	7 -
⑧	Geheimaktion	8 -
⑨	?	8-/8

Zugang

Von Michelfeld in Richtung Ohrenbach fahren, nach 250 m stehen rechts der Straße große Holzstöße und eine Bank, hier parken. Bei der Bank läuft ein Sickerwasser in die Wiese hinein. Man folgt diesem links des Laufs bis zu einem Bach, der über einige Steine überquert wird. Am Bachlauf entlang weiter (nicht in die Wiese trampeln!) zu den Felsen.

Besonderheit

Das Gebiet ist sehr schön in einer Wiesenlandschaft gelegen. Am lohnendsten sind die Routen ganz rechts, in die auch später am Tag etwas Sonne kommt.

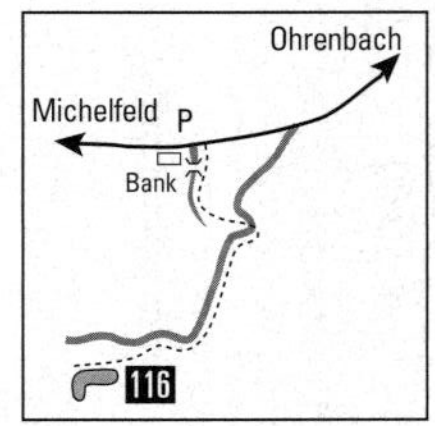

Geheimaktion
Übersichtskarte 3 *(S. 17)*

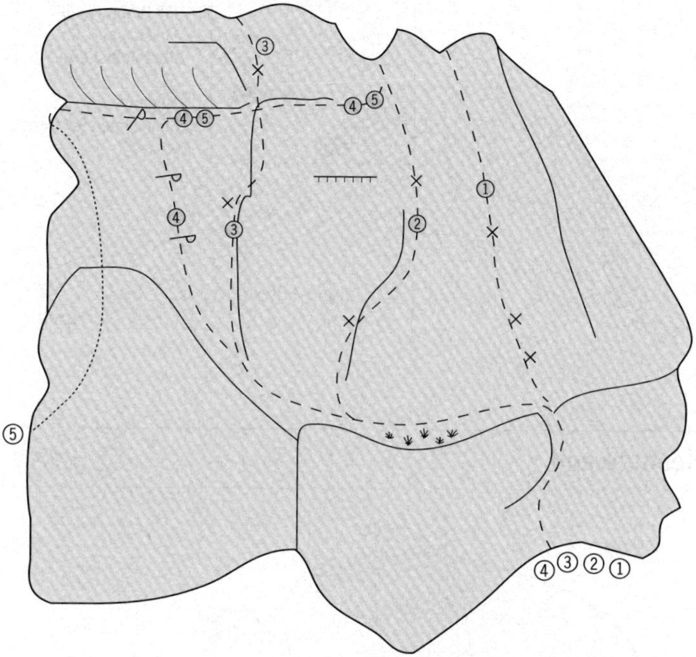

① Herbstmilch .... 8+
② Nordwand................ 6+
③ Gerade Nordwand........... 7-
④ Linke Nordwand............ a1/5
⑤ Ostwand................. a1/5

Zugang
Parken in Steinamwasser. Auf Wanderweg (Wegweiser »Michelfeld«) in gut 10 min zum Naturfreundehaus. Kurz davor (Meilenstein 14,0) links hoch zum Flemtalwächter.
Die Hüttenwand befindet sich oberhalb des Naturfreundehauses.
Zum Flemtalwächter geht man gegenüber des Hauses über einen Steg und auf schmalem Pfad durch Buschwerk zwischen Blöcken zur Wand.

Besonderheit
Ruhig gelegenes Gebiet in wunderschöner Landschaft.

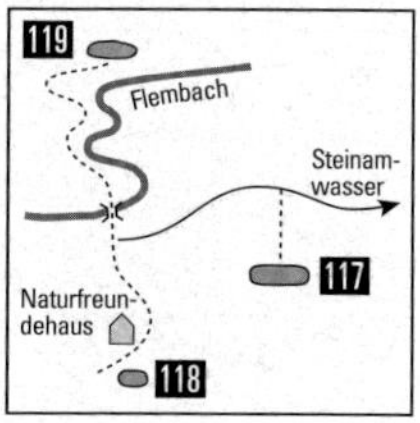

Flembachtal
117 Flemtalwächter
118 Hüttenwand
119 Flemtalwand
Übersichtskarte 1 *(S. 15)*

118 Flembachtal | Hüttenwand

| 10 m | N

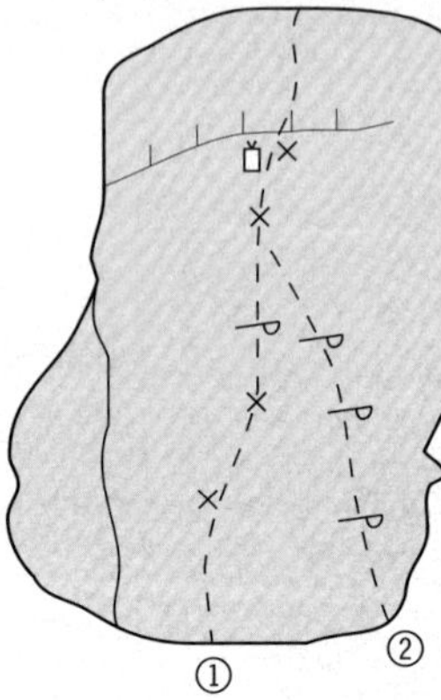

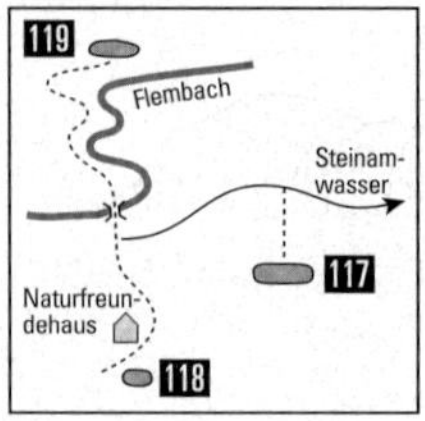

Flembachtal
117 Flemtalwächter
118 Hüttenwand
119 Flemtalwand
Übersichtskarte 1 *(S. 15)*

Zugang
Siehe unten bei Flemtalwand.

① Gerade Talseite 7
② Rechte Talseite a1/5

119 Flembachtal | Flemtalwand

| 20 m | S

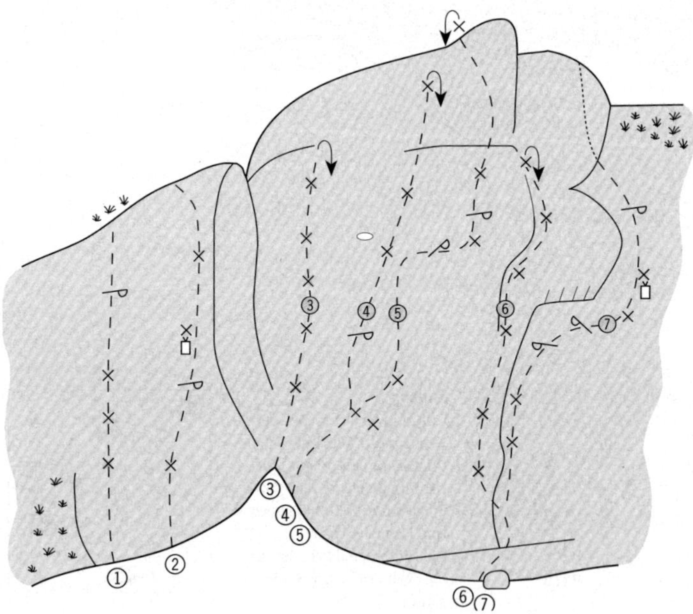

Zugang
Parken in Steinamwasser. Auf Wanderweg (Wegweiser »Michelfeld«) in gut 10 min zum Naturfreundehaus. Kurz davor (Meilenstein 14,0) links hoch zum Flemtalwächter.
Die Hüttenwand befindet sich oberhalb des Naturfreundehauses.
Zum Flemtalwächter geht man gegenüber des Hauses über einen Steg und auf schmalem Pfad durch Buschwerk zwischen Blöcken zur Wand.

Besonderheit
Ruhig gelegenes Gebiet in wunderschöner Landschaft.

① Pippifax.................... 7
② Finkensepplweg .... 5+
③ Spätzünder .... 6+
④ Direkte Südwestwand 7-
⑤ Südwestwand .... 6+
⑥ Toter Hase.................. 7+
⑦ Südwand..................... 6+

Plecher Klippen

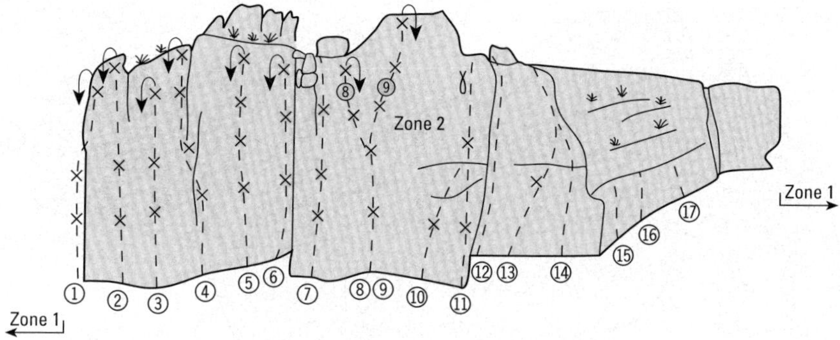

①	Ka Problem	7-
②	CU	8-
③	CU again	8
④	Mainstreet	8+
⑤	Get freaky	9-
⑥	Rumpeldipumpel	6-
⑦	Wurzelsepp	6-
⑧	Christine	8+
⑨	Push	9-
⑩	Übel	7
⑪	Bist' komisch	7+
⑫	Alptraum (*Keile*)	6
⑬	Garfield	8-
⑭	Nitzer Ebb	7+/8-
⑮	Goyo	6+
⑯	Rotz	6+
⑰	Wolf	6+

Zugang
Am östlichen Ortsausgang von Plech (Ortsschild) fährt man die Straße zum Klärwerk in nordöstlicher Richtung. Parken beim Plecher Klärwerk. Der Fuhre zum Waldrand folgen und auf gelb markiertem Wanderweg (z.T. verwachsen) den Berg hinauf. Nach 5 min stehen rechts des Weges moosige Blöcke. Hier rechtshaltend auf die Anhöhe hinauf. Man erblickt weitere bemooste Blöcke, diese sind die Bergseite der Plecher Klippen.

Besonderheit
Senkrechte Wandkletterei. Idyllische Lage, der Fels ist manchmal etwas dreckig. Inzwischen wurde der Fels komplett saniert von Michael Schuh, der die gesamte Wand vor 15 Jahren erschlossen hat. Sonnig oder schattig in Abhängikeit von Tageszeit und Belaubung.

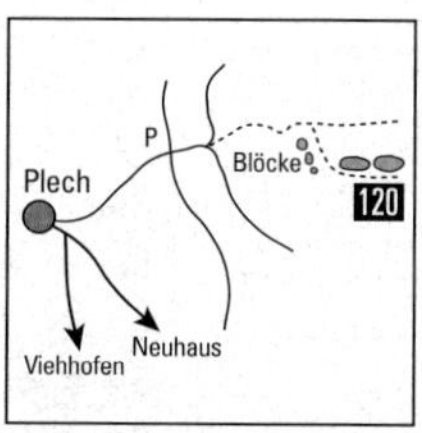

Plecher Klippen
Übersichtskarte 3 *(S. 17)*

121 Plecher Wand und Turm

| 10 - 12 m | N

Plecher Wand | 12 m

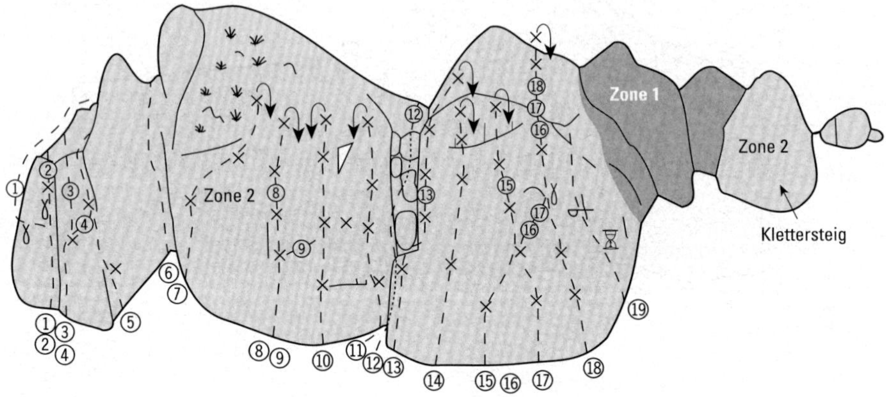

Plecher Turm | 10 m

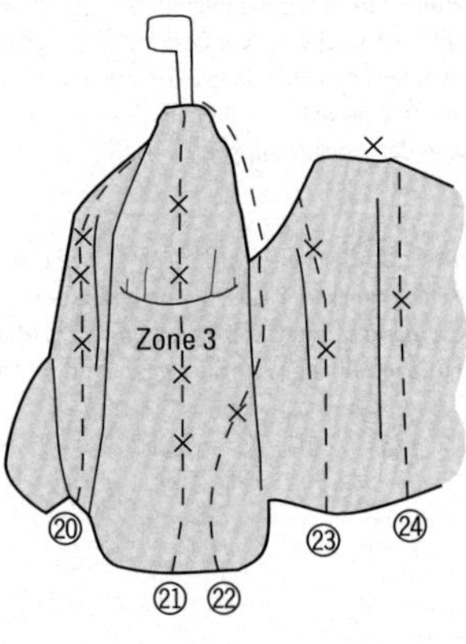

Zugang
In Plech in Richtung Hormersdorf fahren und nach der Kleiderfabrik parken. Links dem Schotterweg folgen zu den Felsen.

Besonderheit
Meist leicht überhängende Kletterei in typisch löchrigem Frankenjurafels.

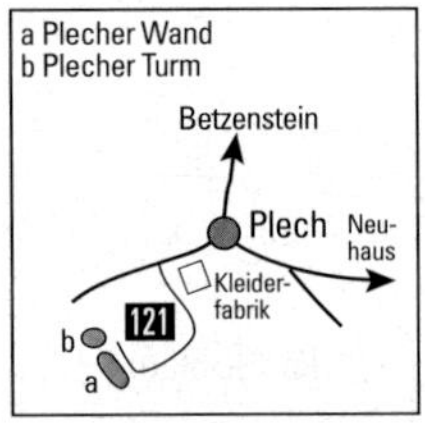

Plecher Wand + Turm
Übersichtskarte 3 *(S. 17)*

①	R 1	3+
②	R 2	5+
③	R 3	6-
④	R 3a	5+
⑤	Kleine Lady	6-
⑥	R 4	3
⑦	R 5	6-
⑧	R 6	6+
⑨	R 6a	6
⑩	Henkersmahlzeit	8-
⑪	Restrisiko	9
⑫	R 7	2+
⑬	R 8	2
⑭	Topsecret	8-
⑮	Durchs Reich der Mitte	8-
⑯	R 8a	6-
⑰	R 8b	6
⑱	R 9	6
⑲	R 9a	5
⑳	Ostriss	6-
㉑	Talseite	7
㉒	Ostkante	4
㉓	Ostriss	5+
㉔	Nordkante	4

Schöne Aussicht

| 12 m | SW **122**

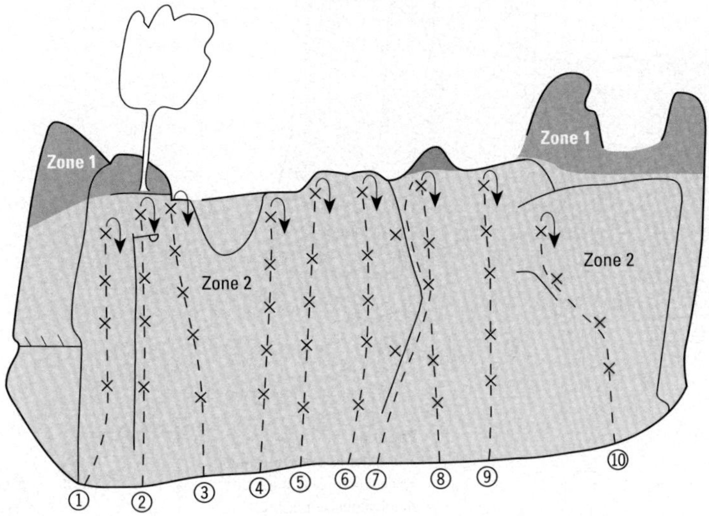

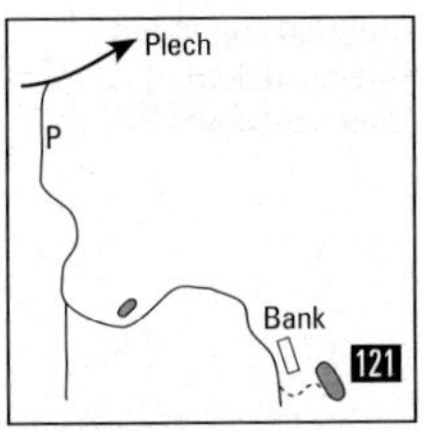

Schöne Aussicht
Übersichtskarte 3 *(S. 17)*

Zugang
Von Plech in Richtung Hormersdorf, nach 700 m zweigt links ein Feldweg ab. Diesem folgen und dort, wo der Teer endet, parken. Auf dem Schotterweg weiter, nach einer S-Kurve kommt ein kleines Tal. Hier zweigt man links ab und folgt einer Fuhre im Talgrund (zuerst an einem Zaun entlang). Nach 100 m kommt links ein kleiner Boulderblock (Quergang). Noch einige 100 m weiter steht eine Bank. 10 m nach ihr führt links ein Pfad in den Wald hoch zur Wand.

Besonderheit
Bitte nicht mit dem Auto bis zum Tal fahren, da dort keine vernüntigen Parkmöglichkeiten bestehen! Auch weiter oben so parken, daß kein Anlieger behindert wird!
Die Wand ist recht sonnig, solange kein Laub auf den Bäumen ist.

① Schön Wetter	9-
② Schöner Einstieg	7+
③ Schöner Leben	8
④ Schöne Sache	7+
⑤ Schöne Absicht	7-
⑥ Schöne Aussicht	8-
⑦ Schöner Riss	6+
⑧ Schöne Sabrina	7
⑨ Schöne Platte *(Rechtsvariante 8-)*	8
⑩ Schön Leicht	4

123 Riegelsteiner Wand

| 15 m | N

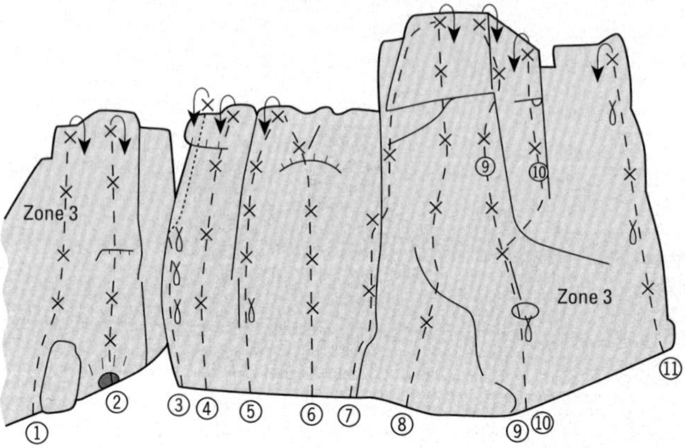

① Rasthaus	6+	
② Schlechte Wegstrecke	8+	
③ Only for Kids	4+	
④ Tempolimit	8-	
⑤ Alter Weg	7+	
⑥ Notrufsäule	8	
⑦ Mehr Technik als Kraft	7-	
⑧ A 7	8-	🍺
⑨ Leitplanke	7	🍺
⑩ Alte Verschneidung	6+	
⑪ Standspur	4	🍺🍺

Zugang

Von Schermshöhe in Richtung Plech fahren. 200 m nach der Autobahnunterführung kommt ein Kindergarten, kurz vorher parken. Im Tunnel unter der Autobahn durch und rechts auf Schotterweg parallel zur A 9 bis zu Ende einer Leitplanke (200 m). Nach weiteren 40 m links einem verwachsenen Weg in den Wald folgen. Steil hinauf zu den Felsen.

Besonderheit

Landschaftlich sehr schön gelegen, auch der Fels ist gut. Durch die nahe Autobahn ist es aber nicht gerade ruhig.

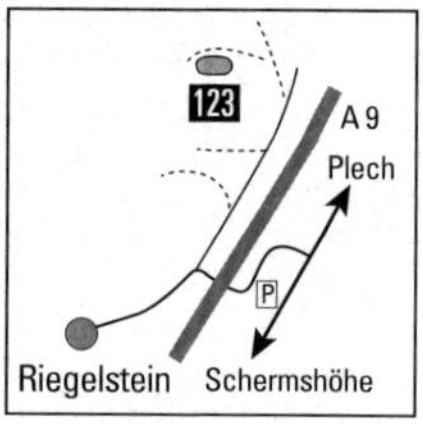

Riegelsteiner Wand
Übersichtskarte 1 *(S. 15)*
Übersichtskarte 3 *(S. 17)*

Südseite | 10 - 15 m

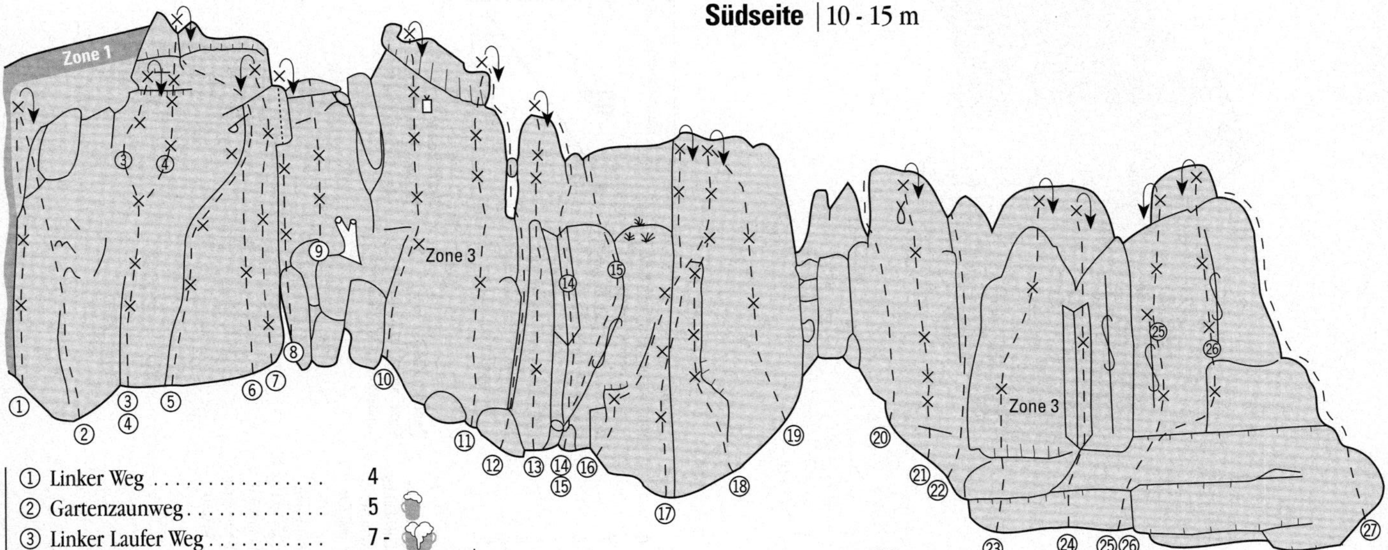

①	Linker Weg	4
②	Gartenzaunweg	5
③	Linker Laufer Weg	7-
④	Rechter Laufer Weg	7+
⑤	Heuberger Ged.-Weg	6
⑥	Heuberger rechte Variante	6
⑦	Zwischenprüfung	6+
⑧	Sanduhrweg	4
⑨	?	7-
⑩	Katzl	6-
⑪	Leugner Ged.-Weg	6+
⑫	Kraftriß	5
⑬	Phallus Dei	7+
⑭	Graue Verschneidung *(Keile)*	5+
⑮	Bumerang *(Keile)*	6
⑯	Südwestkante	6-
⑰	Direkte Südwestkante	7-
⑱	Perserpfeiler	6+
⑲	Gell de schaust	6+
⑳	? *(Keile)*	5
㉑	Langschläferin	7-
㉒	Neujahrsriss	4-
㉓	Wandl	6-
㉔	Südverschneidung	4
㉕	Südwand	5+
㉖	Willi Kapp Ged.-Weg	4+
㉗	Ostkante	3

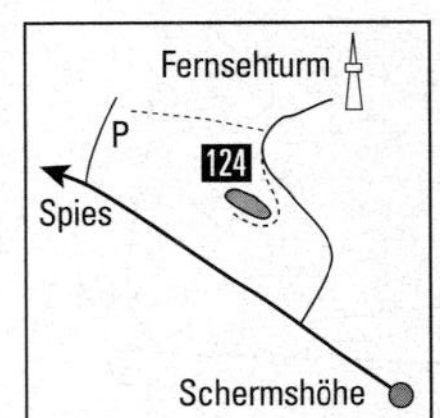

Hohe Reute
Übersichtskarte 1 *(S. 15)*
Übersichtskarte 3 *(S. 17)*

Zugang
Von Schermshöhe nach Spies; 30 m vor dem Ortsschild rechts in Feldweg einbiegen, der zum Parkplatz führt. Rechts eine Fuhre hoch, die zur Straße zum Fernsehturm führt. Rechtshaltend absteigen zur Nordwand der Hohen Reute.

Besonderheit
Kurze, aber sehr lohnende Genusstouren in festem Fels.

124 Hohe Reute

10 - 15 m | S + N

Nordseite | 14 m

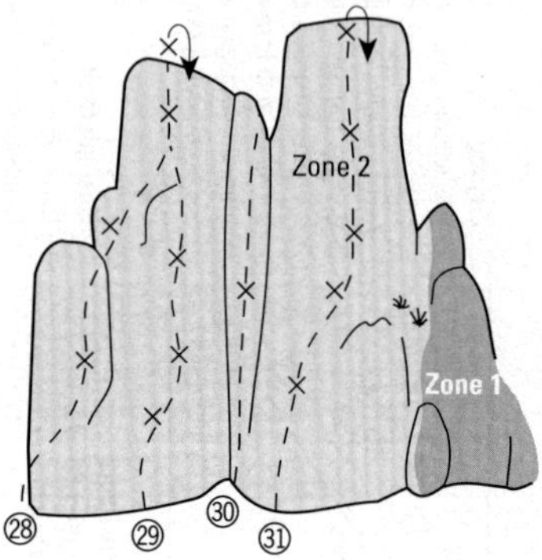

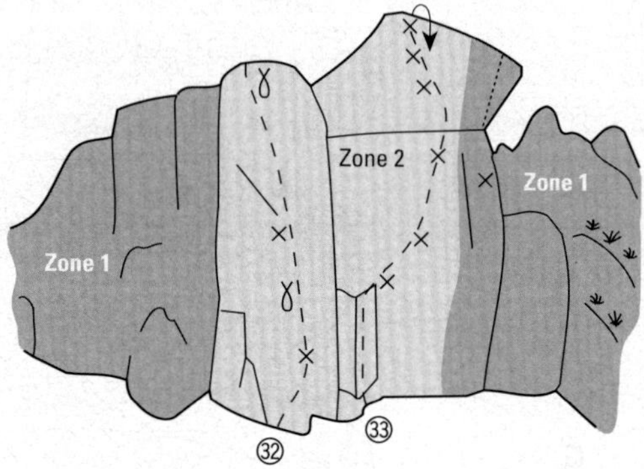

㉘	Linker Ostpfeiler	6-
㉙	Klein aber fein	7-
㉚	Nordostverschneidung	4
㉛	Rechter Ostpfeiler	5+
㉜	Krümmel geht auf Tigerjagd	6+
㉝	Idealverschneidung	6+

Kulinarisches
Zur Einkehr bietet sich in unmittelbarer Nähe der »Eibtaler Hof« in Spies an. Es gibt einen großen Biergarten und eine reichhaltige Speisekarte vom günstigen Schweinebraten über Fischgerichte bis zum Steak. Man schenkt verschiedene fränkische Biere aus, darunter das süffige Buttenheimer Kellerbier.
Etwas fahren muss man zum Gasthaus »Zum Geierstein« in Henneberg. Es ist viel kleiner und hat unter der Woche erst ab 18 Uhr geöffnet. Die schöne Lage und die Spezialitäten vom Lamm sind aber einen Besuch wert. Es gibt verschiedene Biere der Kanonen-Brauerei, darunter ein sehr malziges Dunkles und gute Weizenbiere (hell und dunkel).

Zugang
Von Schermshöhe nach Spies; 30 m vor dem Ortsschild rechts in Feldweg einbiegen, der zum Parkplatz führt. Rechts eine Fuhre hoch, die zur Straße zum Fernsehturm führt. Rechtshaltend absteigen zur Nordwand der Hohen Reute.

Besonderheit
Kurze, aber sehr lohnende Genusstouren in festem Fels.

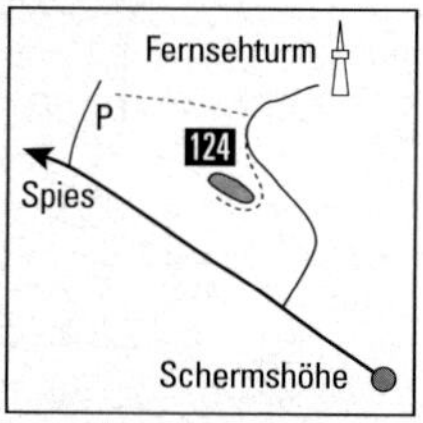

Hohe Reute
Übersichtskarte 1 *(S. 15)*
Übersichtskarte 3 *(S. 17)*

Spieser Wand

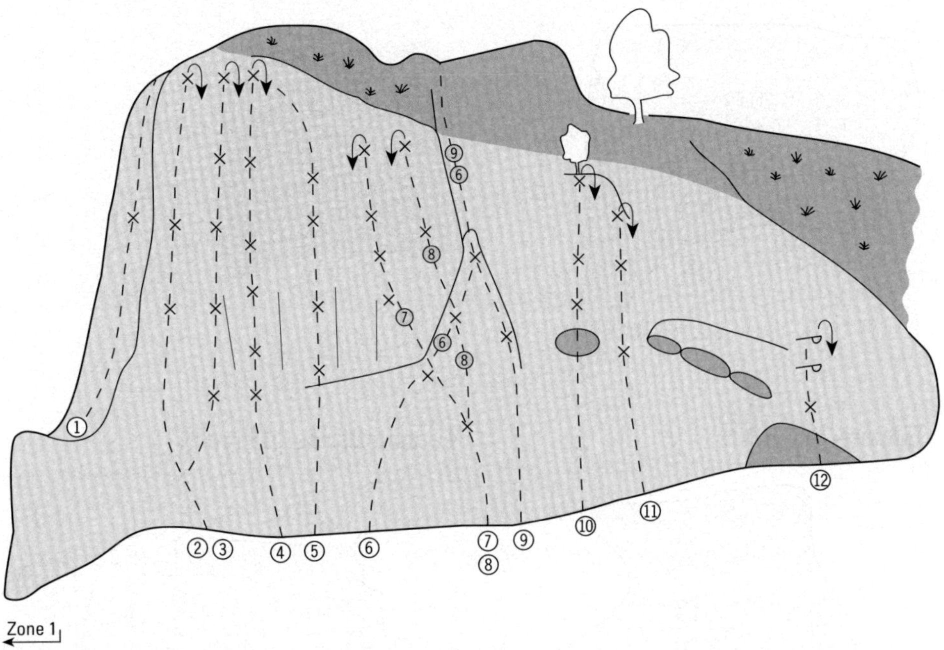

① Ostkante	5+	
② Self Control	7-	
③ Father and Son	8-	
④ Direkte Nordwand	7+	
⑤ Berührung	9-	
⑥ Schräger Riss	6	
⑦ ?	9	
⑧ ?	7+	
⑨ Gerader Riss	5-	
⑩ Rechte Nordwand	7-	
⑪ Klein, aber mein	7-	
⑫ Adolf-Nolder-Gedächtnisboulder (*sehr schlechte Umlenkung*)	7-	

Zugang

Von Schermshöhe nach Spies; 30 m vor dem Ortsschild rechts in Feldweg einbiegen, der zum Parkplatz führt. Den breiten Weg noch 200 m weiter, dann 50 m rechts hoch zur Wand.

Besonderheit

Lohnende Wandklettereien in typischem Frankenjurakalk.

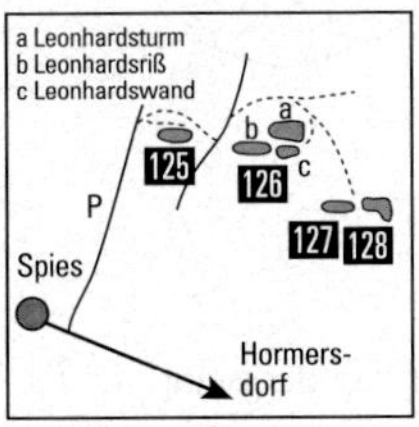

Spies
125 Spieser Wand
126 Leonhardsturm
127 Vogler Ged.-Wand
128 Kanzelwand
Übersichtskarte 1 *(S. 15)*
Übersichtskarte 3 *(S. 17)*

126 Leonhardsturm

| 6 - 20 m | S + W

Bergseite | 6 - 10 m | S

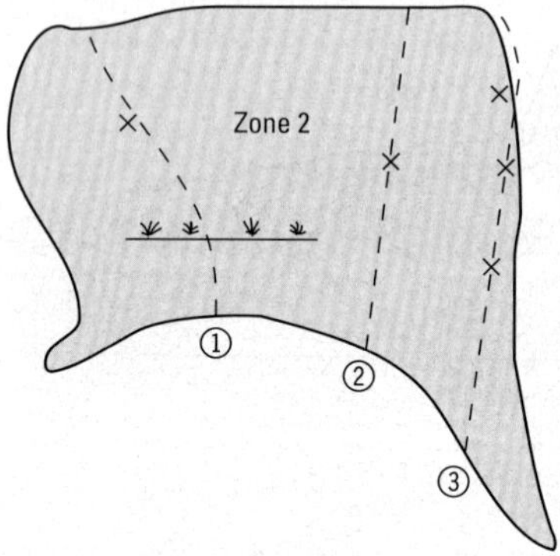

Leonhardswand | 8 m | N

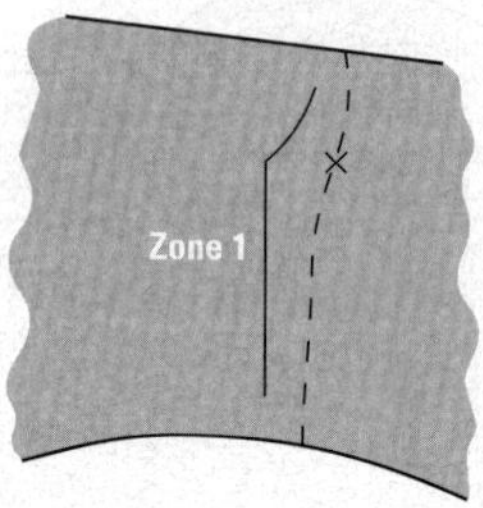

Talseite | 20 m | N

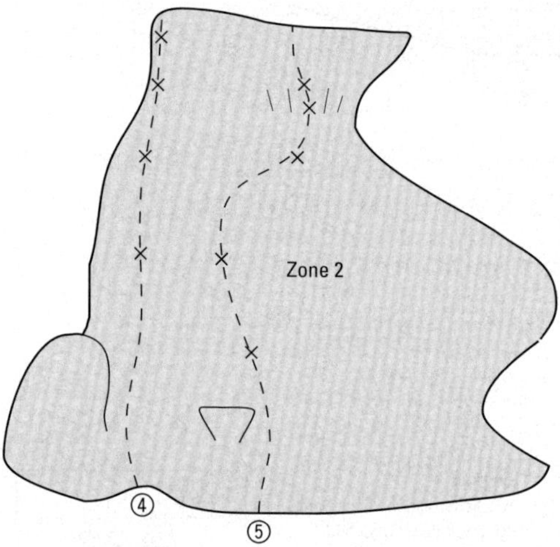

Leonhardsriss | 15 m | N

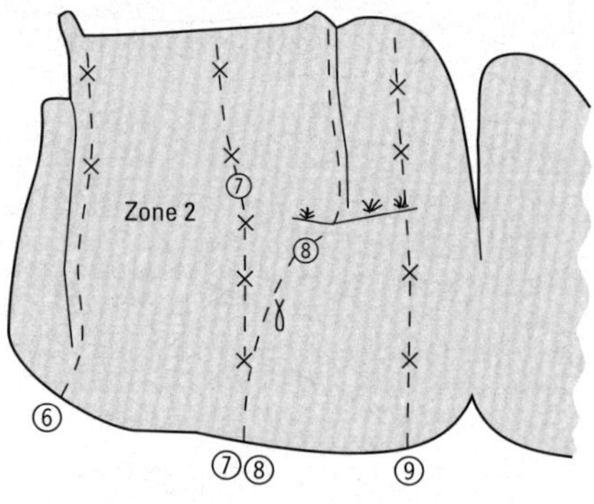

① Bergseite	5
② Neue Bergseite	5
③ Ostkante	5+
④ Linke Talseite	5+
⑤ Rechte Talseite	7-
⑥ Leonhardsriss	5
⑦ Rudi und Robert	6-
⑧ Zarter Schmelz (*Keile*)	5+
⑨ ?	5+

Zugang
Von Schermshöhe nach Spies; 30 m vor dem Ortsschild rechts in Feldweg einbiegen, der zum Parkplatz führt. Den breiten Weg noch 200 m weiter, dann rechts hoch und unterhalb der Spieser Wand vorbei. Man stößt auf eine Fuhre, hier links und den nächsten Weg rechts. Er führt unterhalb des Leonhardsturms vorbei. Rechts hoch zum Felsen.

Besonderheit
In der Talseite lohnende Klassiker.

Vogler Ged.-Wand

| 25 m | N **127**

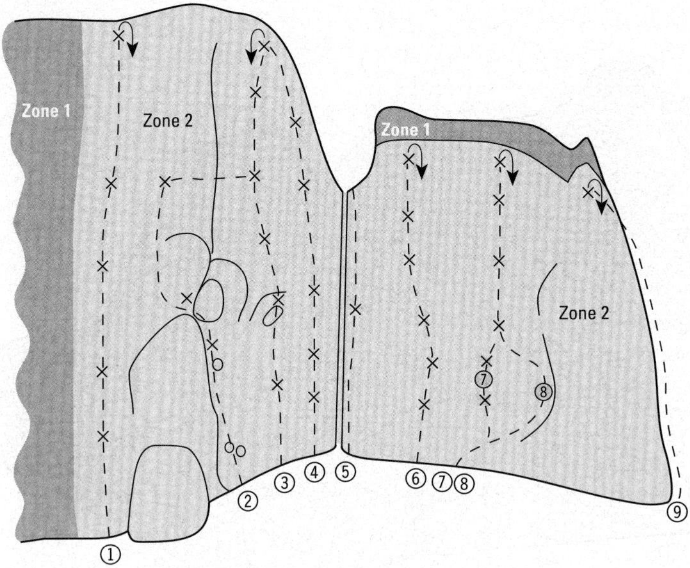

① Sellaerinnerungen	4+	
② Vogler Ged.-Weg	5-	
③ Afterburner	7+	
④ Pink Panther	7	
⑤ Schartenkamin	5	
⑥ Bergwachtweg	7-	
⑦ Schartenwand direkt	5-	
⑧ Schartenwand	4+	
⑨ Eibenwandl (kein Topo!)	5	

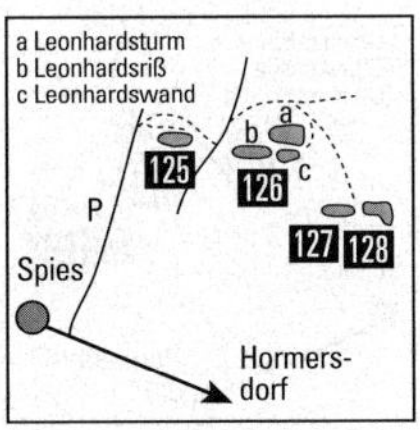

Spies
125 Spieser Wand
126 Leonhardsturm
127 Vogler Ged.-Wand
128 Kanzelwand
Übersichtskarte 1 *(S. 15)*
Übersichtskarte 3 *(S. 17)*

Zugang
Von Schermshöhe nach Spies; 30 m vor dem Ortsschild rechts in Feldweg einbiegen, der zum Parkplatz führt. Den breiten Weg noch 200 m weiter, dann rechts hoch und unterhalb der Spieser Wand vorbei. Man stößt auf eine Fuhre, hier links und den nächsten Weg rechts. Er führt unterhalb des Leonhardsturms vorbei. Rechts hoch und am Leonhardsturm links vorbei weiter. Rechts oben steht die Vogler Ged.Wand, links davon die Kanzelwand. Das Eibenwandl (Route ⑧) ist 50m rechts der Vogler Ged.-Wand.

Besonderheit
Klassisches Genussklettergebiet.

128 Kanzelwand

| 20 m | N + O

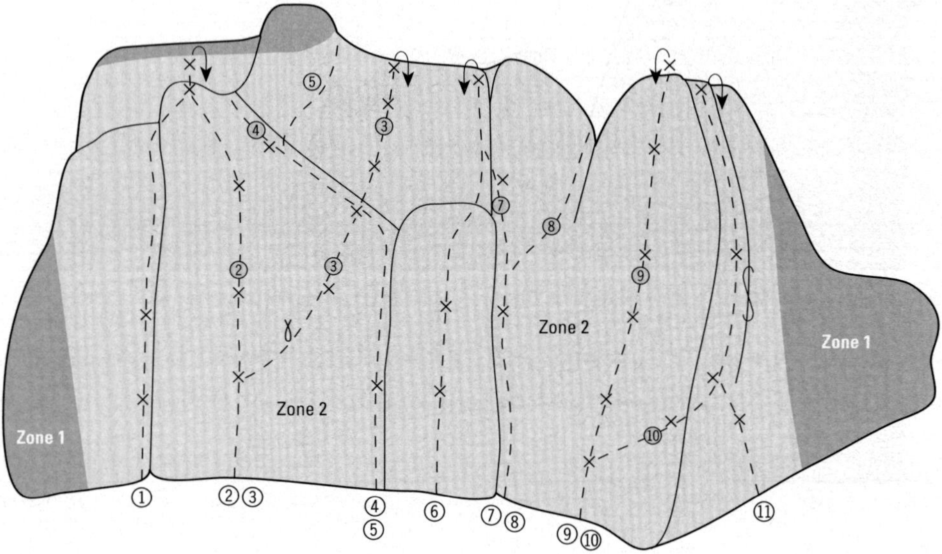

①	Meisenweg	5
②	Spatzenweg	5
③	1000 Volt	7
④	Ostverschneidung	4
⑤	Rechter Ausstieg	6 -
⑥	Igelpfeiler	4 +
⑦	Ostriss	5
⑧	Variante	5
⑨	Gerader Weg	5 +
⑩	Alter Weg	5 +
⑪	Direkter alter Weg	7 -

Zugang

Von Schermshöhe nach Spies; 30 m vor dem Ortsschild rechts in Feldweg einbiegen, der zum Parkplatz führt. Den breiten Weg noch 200 m weiter, dann rechts hoch und unterhalb der Spieser Wand vorbei. Man stößt auf eine Fuhre, hier links und den nächsten Weg rechts. Er führt unterhalb des Leonhardsturms vorbei. Rechts hoch und am Leonhardsturm links vorbei weiter. Rechts oben steht die Vogler Ged.Wand, links davon die Kanzelwand. Das Eibenwandl (Route ⑧) ist 50m rechts der Vogler Ged.-Wand.

Besonderheit

Klassisches Genusskletter-gebiet.

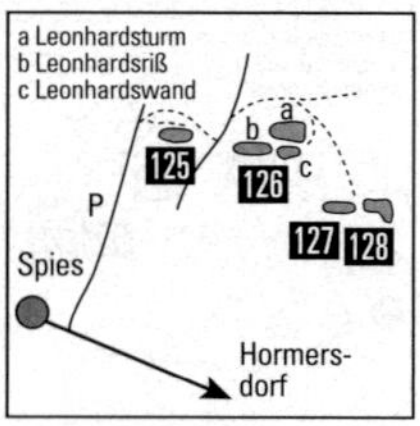

Spies

125 Spieser Wand
126 Leonhardsturm
127 Vogler Ged.-Wand
128 Kanzelwand
Übersichtskarte 1 *(S. 15)*
Übersichtskarte 3 *(S. 17)*

Spieser Felsen

☀ | 25 m | N + O

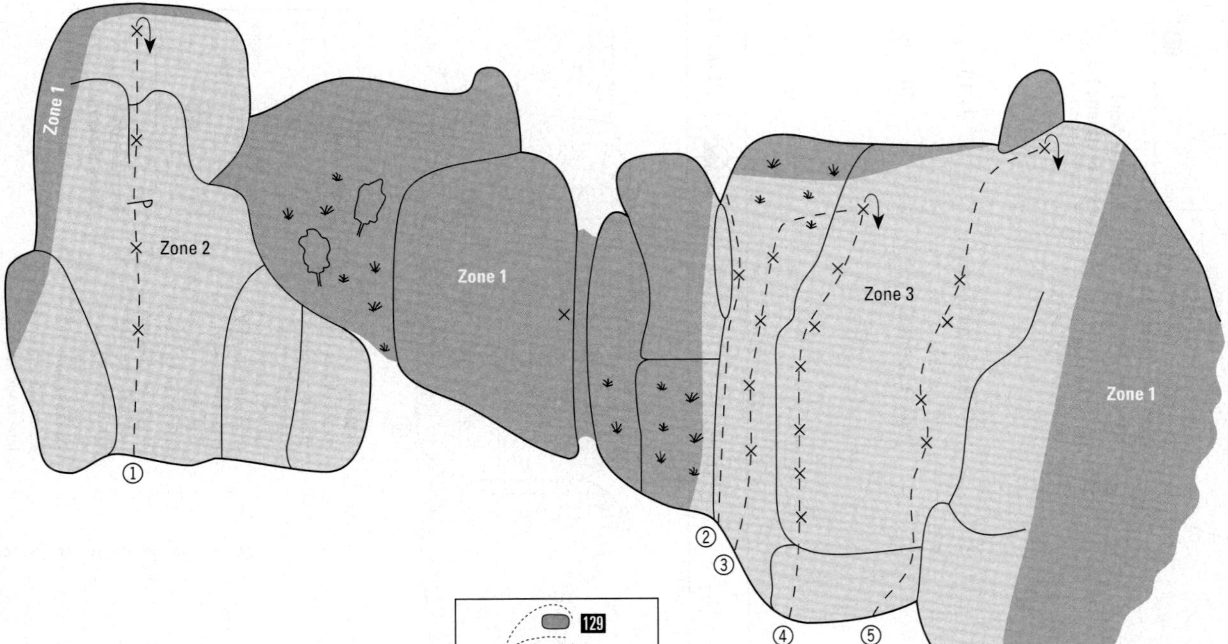

①	Schild	8
②	Pfeilerriss	5
③	Pfeilerweg	6+
④	Direkte Kante	7+
⑤	Nordwand	6

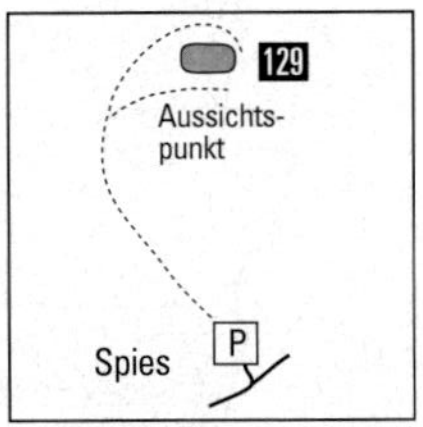

Spieser Felsen
Übersichtskarte 1 *(S. 15)*
Übersichtskarte 3 *(S. 17)*

Zugang

In Spies in der Rechtskurve (von Schermshöhe kommend) geradeaus, auf Berg hinauf, oben rechts und nach 20 m links, parken. Vom Parkplatz führt linkshaltend ein Weg auf die Felsen. Kurz vor dem höchsten Punkt links haltend auf Pfad unter den Felsen entlang zum Wandfuß.

130 Illafelder Wand

| 8 m | N

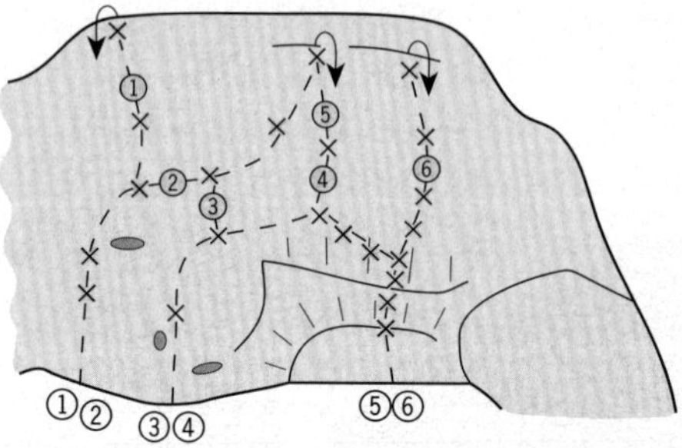

Zugang
Zwischen Hormersdorf und Rupprechtstegen führt eine Schotterstraße nach Illafeld. Parken in Illafeld, auf der Straße wieder 300 m zurück und links in einen Feldweg abbiegen. Dieser führt zu einem Wald. An dessen Beginn rechts auf zugewachsenem Weg direkt zum Felsen.

Besonderheit
Athletische Dachkletterei.

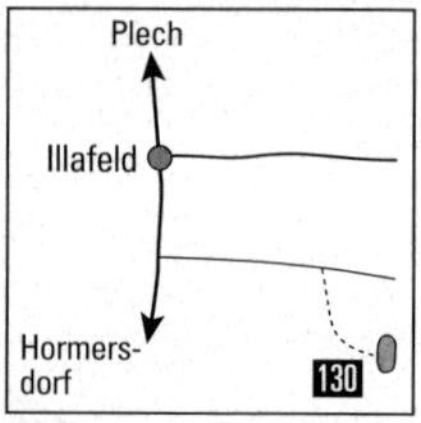

Illafelder Wand
Übersichtskarte 1 *(S. 15)*

① Warmduscher 8
② Lutscher . . . . 8+
③ Kombination 9
④ Ringbandschoner . . . . 9+/10-
⑤ *Projekt* . . . .
⑥ Dynamisch Tirol 10-

131 Schiepfenstein

| 10 m | N

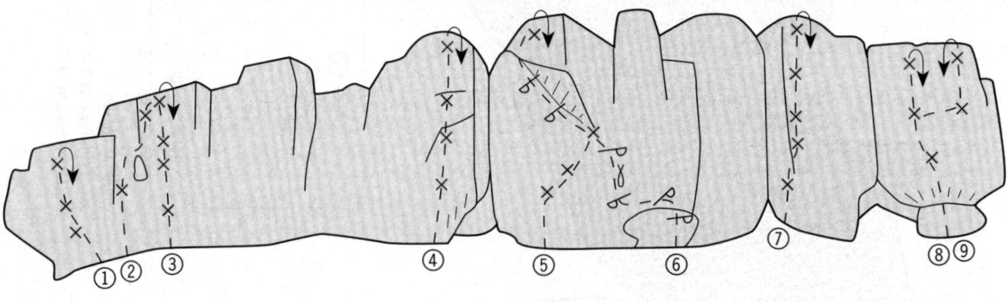

① Star Dreck 6-
② Grüne Hölle 4
③ Spion . . . . 6+
④ Dicker Anfang 8-/8
⑤ Kajetan 8
⑥ Alter Weg. a1/5
⑦ Heathersage 9
⑧ Geiles Loch 8-
⑨ Sandmann. . . . . 8+

Zugang
Vom südlichen Ortsende von Ittling der Straße nach Schermshöhe folgen, 750 m nach der Abzweigung parken. Oberhalb des Parkplatzes ist eine Einzäunung, in der Felsen sichtbar sind. Die Wand befindet sich rechts davon. Kurz an der Einzäunung entlang hoch und nach rechts zu den Einstiegen.

Besonderheit
Kleingriffiger, fester Fels, nur links etwas splittrig.

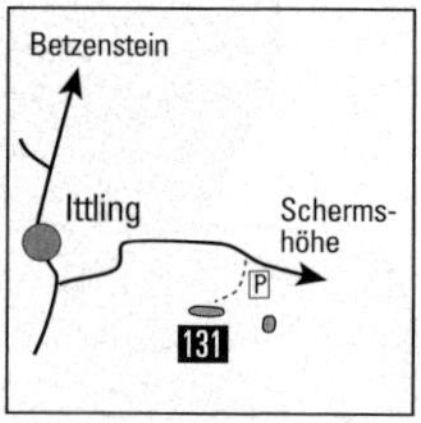

Schiepfenstein
Übersichtskarte 1 *(S. 15)*

Naifertaler Klettergarten

6 - 12 m | NO + W | 132

Nordostseite | 8 m

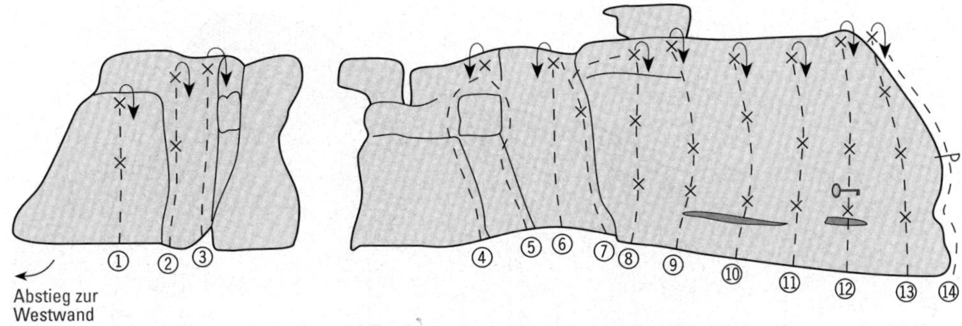

Westseite | 12 m

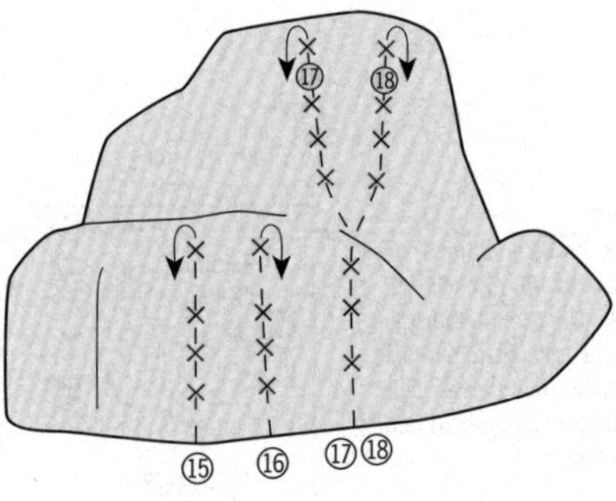

Zugang

Parken in Unternaifermühle (zwischen Großengsee und Simmelsdorf). Vom »Gasthof Fichtenpark« 200 m talaufwärts und kurz vor Mittelnaifermühle scharf rechts auf eine Fuhre, nach 30 m bei Gabelung geradeaus. Nach insgesamt 100 m bei 2. Gabelung links auf Fuhre schräg ansteigen (südlich). Beim Erreichen der Anhöhe (links kleine Wiese) rechts auf Weg zu den Felsen.

Besonderheit

Kleines, aber schön und ruhig gelegenes Gebiet.

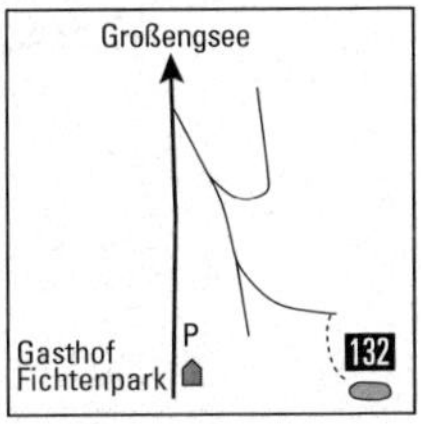

Naifertaler Klettergarten Übersichtskarte 1 *(S. 15)*

① Kleine Flamme 7-
② Kalter Rauch .... 5+
③ Echtes Geschenk 3
④ Kleines Abenteuer .... 3+
⑤ ? .... 3+
⑥ Stiller Winkel 4
⑦ Dämmerung 5
⑧ Eiszeit .... 7+
⑨ La esperanza 7
⑩ Spanischer Winter 7
⑪ Fette Beute 8-
⑫ La herito 9-
⑬ El cambio (*etwas definiert*) .... 8+
⑭ Spanischer Frühling 5-
⑮ Hollunderweg .... 7+
⑯ Kleines Mätzchen 8
⑰ Terassenweg .... 8+
⑱ ? .... 8+

133 Hühnersteinwand

| 20 m | NW

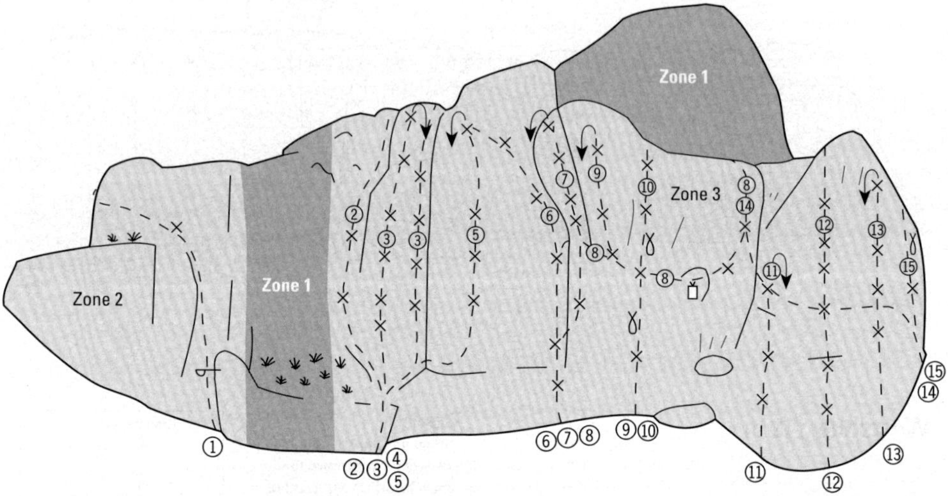

① Hufeisen (*alpin*)	. . . .	4
② Sichel	. . . .	4
③ Hab's nicht vergessen	. . . .	7
④ Butterfinger	. . . .	7
⑤ Diabolo	. . . .	7
⑥ Sonntagsverschneidung	. . . .	5+
⑦ Auferstehung	. . . .	8
⑧ Kreuzweg	. . . .	a1/6-
⑨ Exodus	. . . .	8+
⑩ Paternoster	. . . .	7+
⑪ Geburtstagsribosom	. . . .	8-
⑫ Baby	. . . .	8
⑬ *Projekt*	. . . .	
⑭ Spirale	. . . .	5-
⑮ *Projekt*	. . . .	

Zugang

Auf der Straße von Spies nach Betzenstein 100 m nach der Abzweigung nach Reipertsgesee parken. Rechts einen Feldweg hinein und gleich wieder links ab auf Pfad, der zu den Felsen führt.

Besonderheit

Ideale Sommerwand, die schweren Routen an dem löchrigen Felsen sind recht steil.

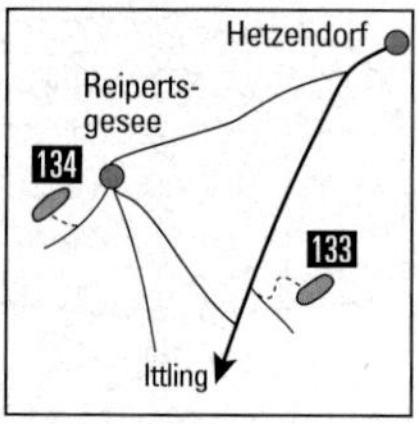

Reipertsgesee

133 Hühnerstein

134 Ittlinger Wand

Übersichtskarte 3 *(S. 17)*

Ittlinger Wand

15 - 18 m | SO + NW

Hauptmassiv | 18 m | SO

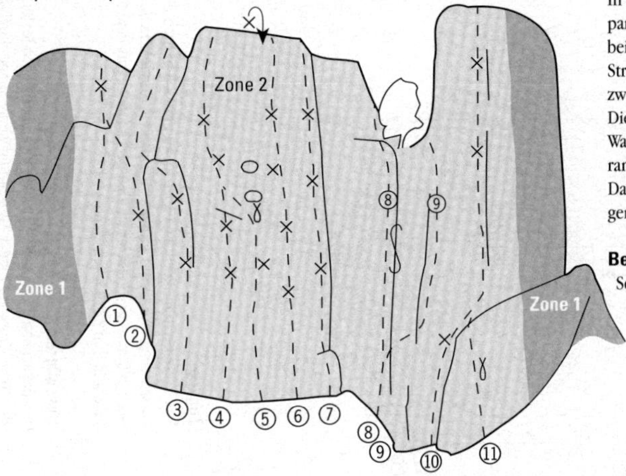

Zugang
In Reipertsgesee am Dorfplatz parken. Am Dorfweiher vorbei; der Wanderweg nach Strahlenfels (grünes Dreieck) zweigt nach 50 m rechts ab. Diesem folgen bis in den Wald; 200 m nach dem Waldrand rechts hoch zur Wand. Das Nebenmassiv steht gegenüber des Hauptmassivs.

Besonderheit
Sehr schöne Genusstouren in bestem Fels.

Nebenmassiv | 15 m | NW

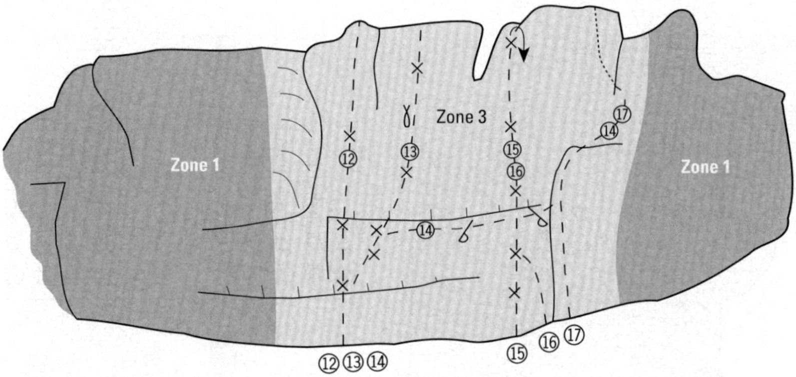

① R 1	3
② R 2	5
③ R 3	5+
④ R 4a	6+
⑤ R 4	6
⑥ Gsuacht aber schee	8-
⑦ R 5	5-
⑧ R 6	3
⑨ R 7	5
⑩ R 8	6
⑪ R 9	6
⑫ Gräser im Wind	6+
⑬ Seattle	8+
⑭ Vierter Streich	a1/4+
⑮ Ziegenmelkervogel	8
⑯ Einstiegsvariante	7+
⑰ Verschneidung	4+

Linke und mittlere Wand | 15 m | S

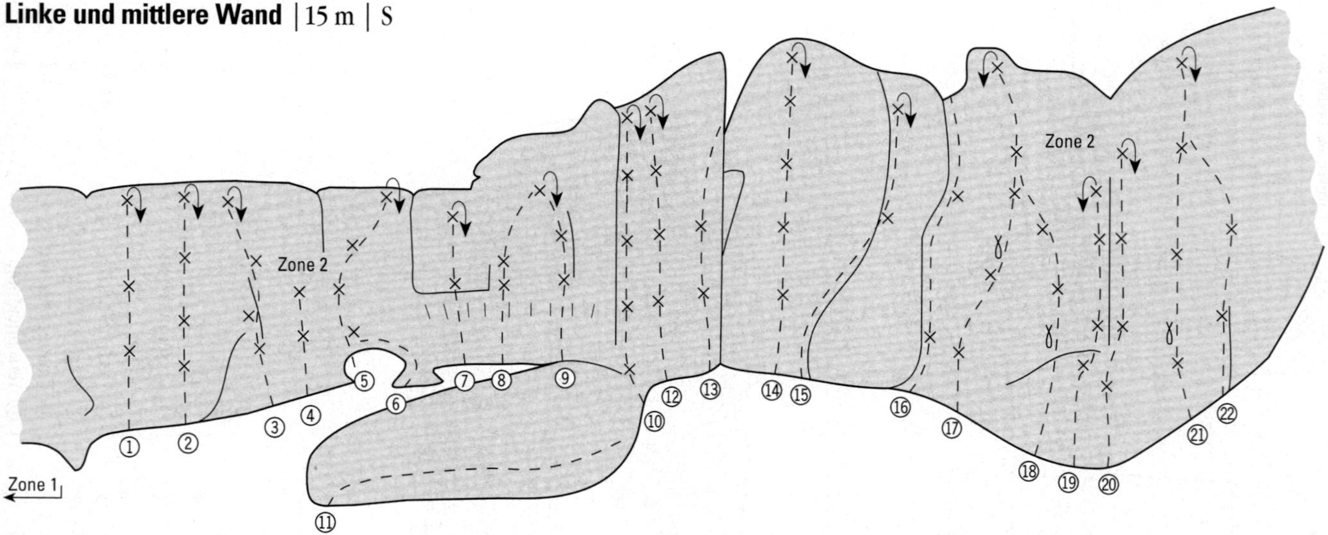

① Shorty	7+	
② *Projekt*		
③ XTC	9+	
④ *Projekt*		
⑤ Supermakro *(markierter Bouldereinstieg)*	9-	
⑥ Makro	8	
⑦ Zoom	9-	
⑧ 5-fun	8	
⑨ Autofocus	8+	
⑩ Licence to drill	7+	
⑪ »Boulderquergang« *(leicht)*		
⑫ Troll	8-	
⑬ Satansbraten	6	
⑭ Tanz der Teufel	7+/8-	
⑮ Kesselverschneidung	5-	
⑯ Hühnerarsch sei wachsam *(Keile)*	6+	
⑰ Vogelwild	6	
⑱ ?	8-	
⑲ X-Wing-Fighter	8	
⑳ Tscheng Beng	7+	
㉑ Katzerbenz direkt	6	
㉒ Katzerbenz	5+	

Zugang

Von Betzenstein in Richtung Klausberg kommt 300 m nach dem Ortsausgangsschild ein Parkplatz, hier parken. Auf der Straße noch 200 m weiter in Richtung Klausberg, dann rechts eine Fuhre hinein und in 3-4 min zur Wand.

Besonderheit

Sowohl senkrechte Wandkletterei als auch überhängende, löchrige Wege. Trotz südseitiger Ausrichtung wenig Sonne durch die Lage im Wald.

Diese Wand war wegen Problemen mit den Anliegern (Bauer, Jäger) bereits eingezäunt! Nun ist man übereingekommen, dort *ab 18.00 Uhr nicht mehr zu klettern*. Bitte unbedingt Rücksicht nehmen. Nicht mit dem Auto hinterfahren!

Hetzendorfer Wand | 12 - 15 m | S 135

Rechte Wand | 12 m | S

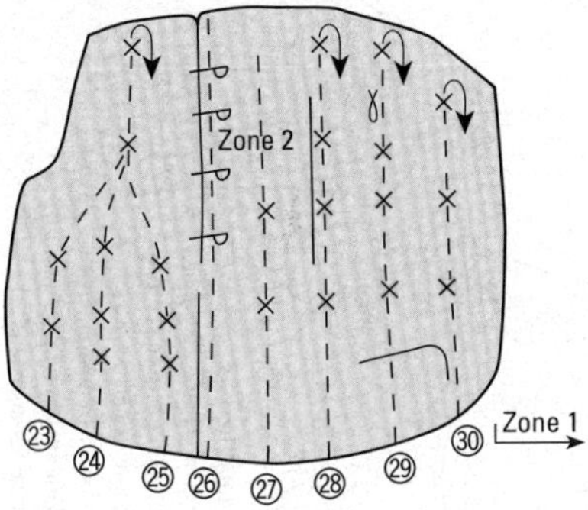

㉓ Himmelfahrtskommando	6+	
㉔ Ninja Turtle	7+	
㉕ In the Line of Fire	7-	
㉖ Verschneidung	6+	
㉗ *Projekt*		
㉘ Robin Hood	7	🍺
㉙ Bruder Tuck	7-	🍺
㉚ Schwester Fuck	7-	

Hetzendorfer Felsengnom | 8 m | S 136

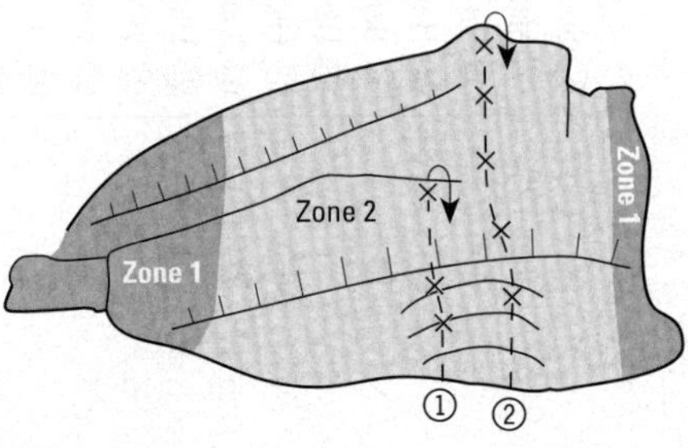

① Schluss mit lustig	8+/9-	
② Laughparade	9-/9	🍺

Zugang
Von Betzenstein in Richtung Klausberg fahren und bei der Abzweigung »Hetzendorf« links abbiegen. Nach 400 m steht das Massiv rechts der Straße. *Bitte beim Parken keine Fuhre versperren!*

Besonderheit
Überhängende Kletterei an löchrigem Fels.

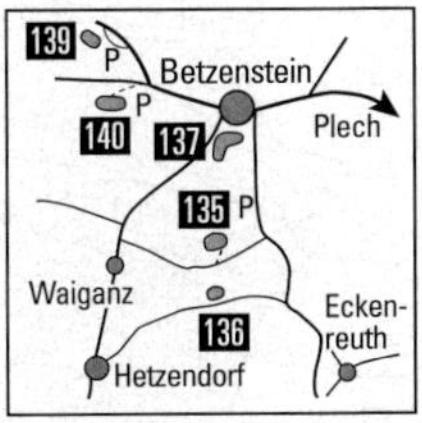

Betzenstein
135 Hetzendorfer Wand
136 Hetzend. Felsengnom
137 Dreistaffelfels
138 Vergessene Welt
139 Parkplatzwand
140 Betzensteiner Sportkletterwand
Gebietsübersicht *S. 216*
Übersichtskarte 3 *(S. 17)*

137 Dreistaffelfels

8 - 16 m | N + W

Linker Teil | 10 - 16 m | N

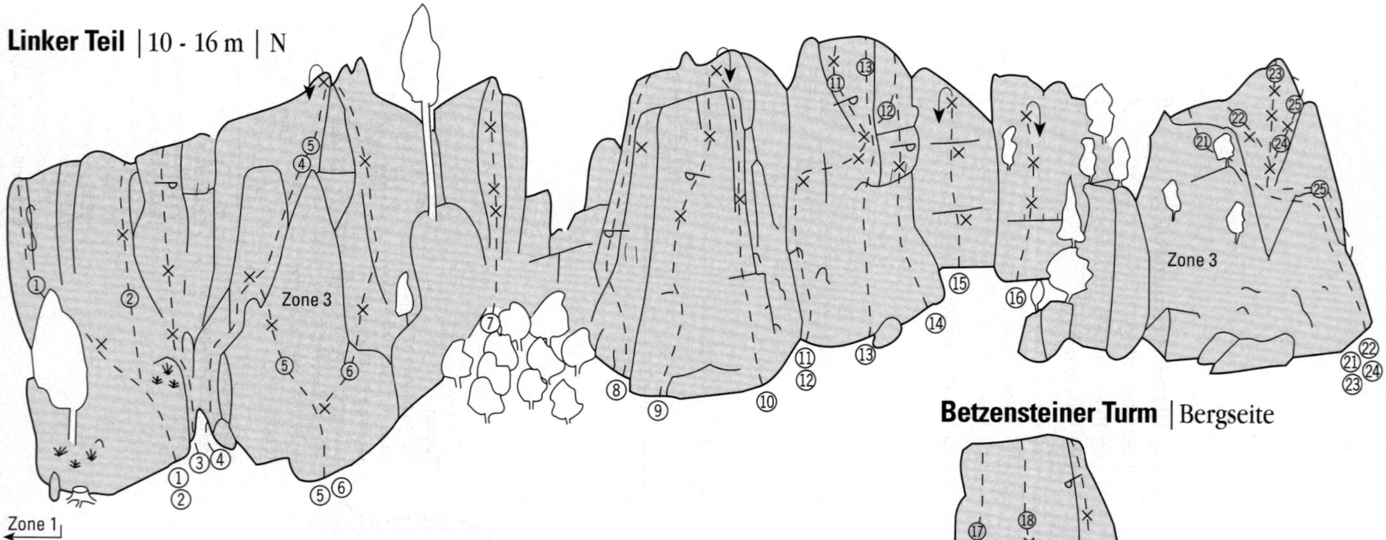

① R 1	3+	
② R 2	4+	
③ ?	7	
④ R 3	5-	
⑤ R 5	5+	
⑥ R 6	6-	
⑦ Nachspeise	7-	
⑧ R 7	4+	
⑨ Föhrenpfeiler	7-	
⑩ Westriss	6-	
⑪ Variante	6+	
⑫ Marienwandl	6	
⑬ Sounds of War	7	
⑭ Maren's Geschenk	7-	
⑮ BB-Wandl	5+	
⑯ Henkel Trocken	6+	
⑰ Bergseite	4+	
⑱ Direkte Bergseite	6	
⑲ Ostwand	7-	
⑳ Talseite	4+	
㉑ Henkelkante *(linker Ausstieg)*	2	
㉒ Variante	6+	
㉓ Warmduscher's Alptraum	7	
㉔ Henkelkante *(rechter Ausstieg)*	6-	
㉕ Feuerleiter	4+	

Betzensteiner Turm | Bergseite

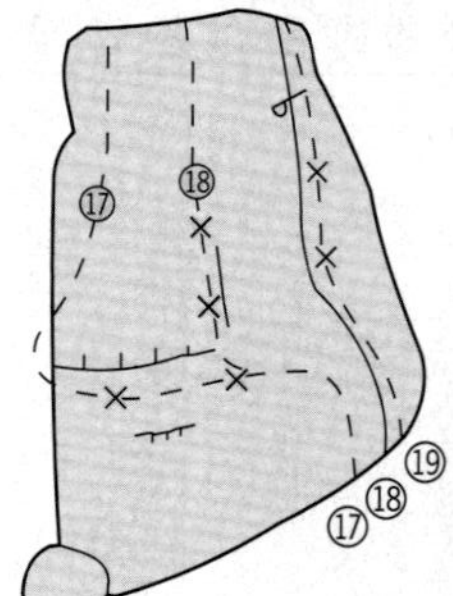

Talseite

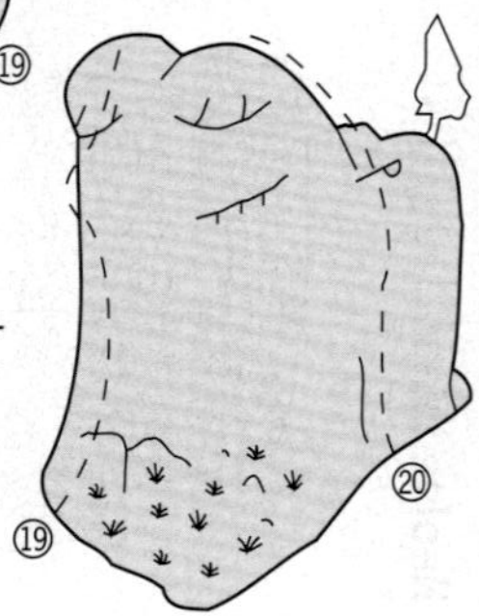

Besonderheit
Bitte keine Kletterkurse abhalten und keinen Lärm verursachen (Anwohner!).
Viele leichte Genussrouten, ideal für Anfänger. Kühle und schattige Sommerwand.

Rechter Teil | 8 - 14 m | N + W

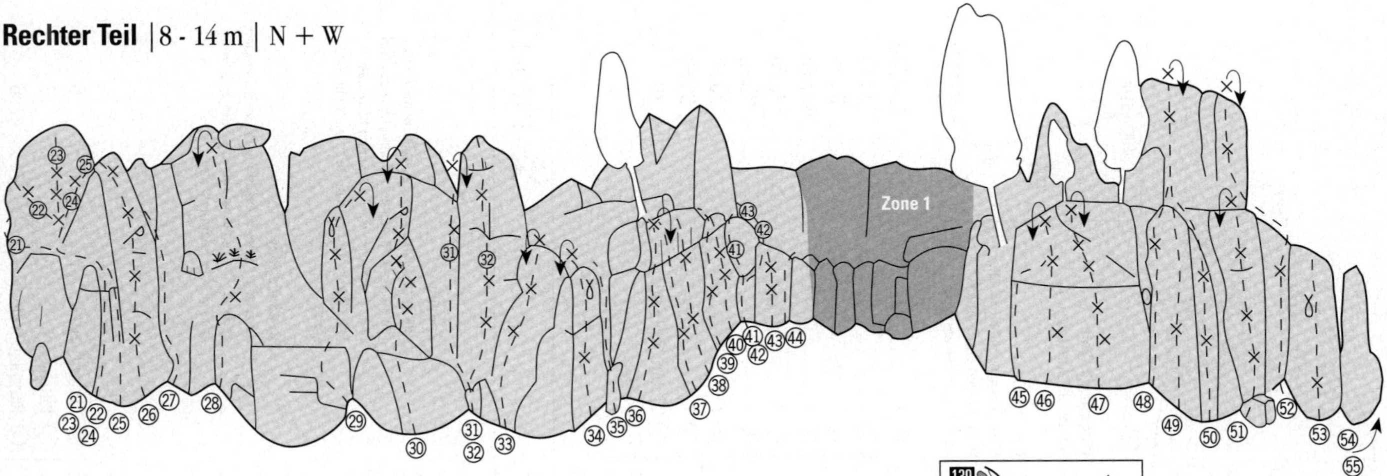

㉖	Bamberger Pfeiler	6 -
㉗	Enger Kamin	3
㉘	Dohlenweg	3 +
㉙	Durstweg	4 +
㉚	Hintermayer Ged.-Weg	8 -
㉛	Betzensteiner Verschneidung	5 +
㉜	Heiße Sache	6 +
㉝	Pinguin	6 +
㉞	Kursverfall	7
㉟	Westkamin	3
㊱	BB-Riss	7
㊲	Cafe Ruhestörung	7 +
㊳	?	
㊴	Geschweifter Kamin	4
㊵	Potzblitz	7
㊶	Armriss	4 +
㊷	Nordwestwinkel	3
㊸	Peterchens Mondflug	6 -
㊹	Nordkamin	3
㊺	Rampe	3
㊻	Mantlewand	6 +
㊼	Bognerwandl	6 +
㊽	Nürnberger Weg	4
㊾	Iron Fist	6
㊿	Hungerrampe	4 +
51	Kleiner Engel	8 +
52	Ostriss	6 +
53	Slepica	6 -
54	Charlie Brown's Dream	7 -
55	Ertappt	7 -

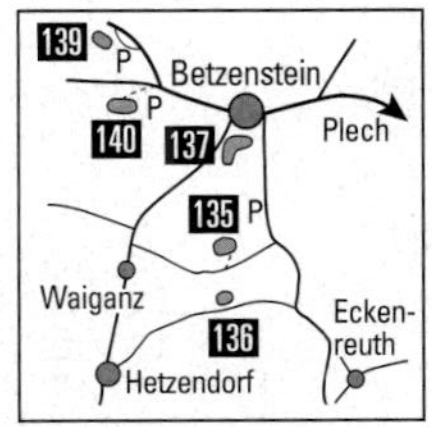

Betzenstein
135 Hetzendorfer Wand
136 Hetzend. Felsengnom
137 Dreistaffelfels
138 Vergessene Welt
139 Parkplatzwand
140 Betzensteiner Sportkletterwand
Gebietsübersicht *S. 216*
Übersichtskarte 3 *(S. 17)*

Ganz rechts

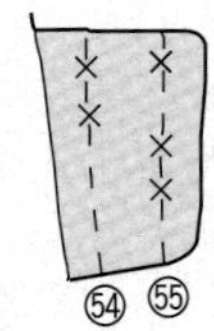

Zugang
Von Betzenstein Richtung Ittling. Die Wand liegt oberhalb des südlichen Ortsrandes. Keinesfalls in der Straße »Am Gerhardsfels« parken *(Zufahrtsverbot!)*. Parkmöglichkeit weiter oben an der Hauptstraße!

138 Vergessene Welt

| 7 - 10 m | NW

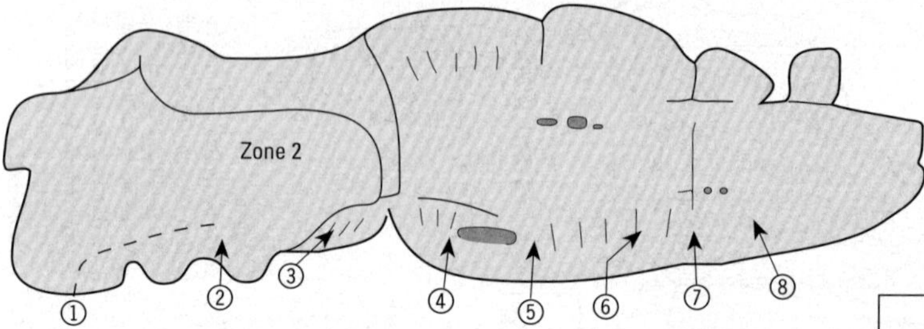

Rechts oben

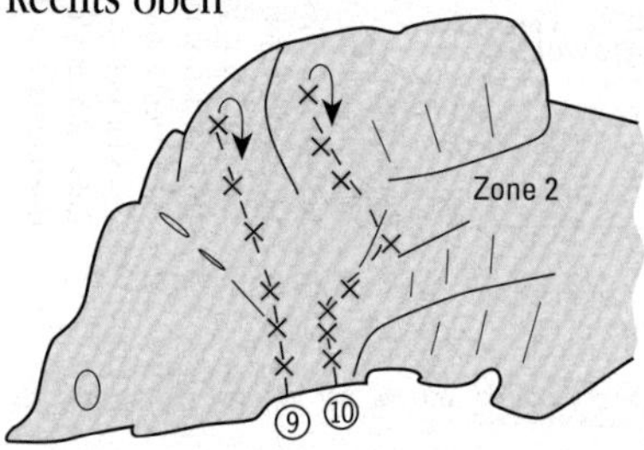

Vergessene Welt
Übersichtskarte 3 *(S. 17)*

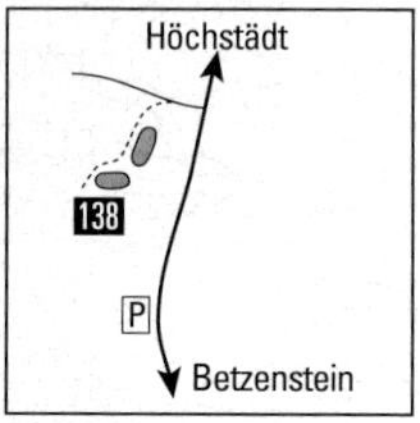

Besonderheit
Stark überhängendes Gebiet; Bewertungen der Boulder nach Fontainebleau-Skala.

① ?	7a+ Fbtr
② ?	7a Fb
③ ?	6a Fb
④ ?	6c+ Fb
⑤ ?	7c Fb
⑥ ?	7b Fb
⑦ ?	7a Fb
⑧ ?	6b Fb
⑨ Metamorphose	10 -
⑩ *Projekt*	

Zugang
Von der Straße Plech-Betzenstein nach Betzenstein ins Ortsinnere fahren und links abbiegen in die Höchstädter Straße. 1 km nach Ortsausgangsschild in Parkbucht parken. Auf der Straße 100 m weiter und scharf links hoch zu den Felsen.

139 Parkplatzwandl

| 12 m | N

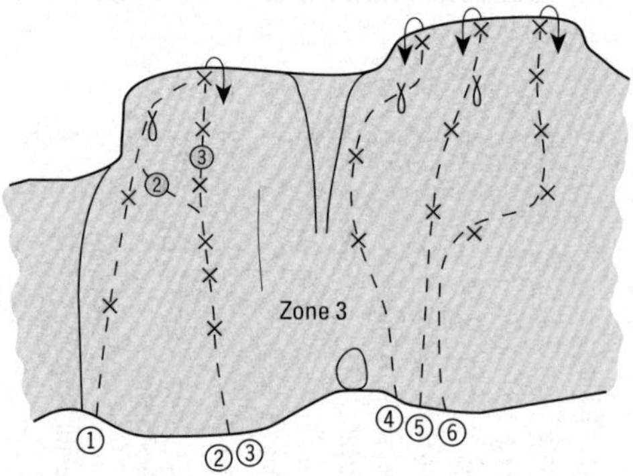

Zugang
400 m nach Ortsausgangsschild Betzenstein (Richtung Leupoldstein) kommt links ein Parkplatz (vorher ist auf der rechten Seite das Schwimmbad). Bei dem Parkplatz steht die Wand.

Besonderheit
Ausweichziel bei Überfüllung der bedeutenden Massive. Vorteilhaft ist die Nähe des Schwimmbads bei der Sommerwand.

① M+S-Weg	5
② Löcherweg	5+
③ Direkter Löcherweg	7+
④ Fix und Foxi	6
⑤ Pluto	7-
⑥ Parkplatzweg	6

Betzensteiner Sportkletterwand

| 10 - 12 m | N 140

Hauptmassiv | 12 m | N

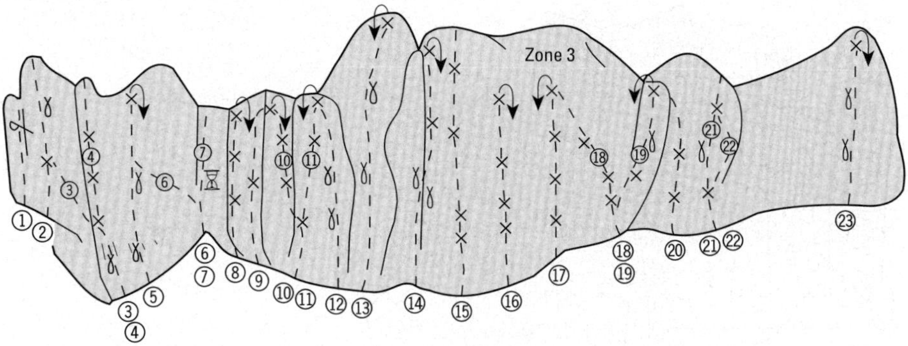

Nebenmassiv | 10 m | N

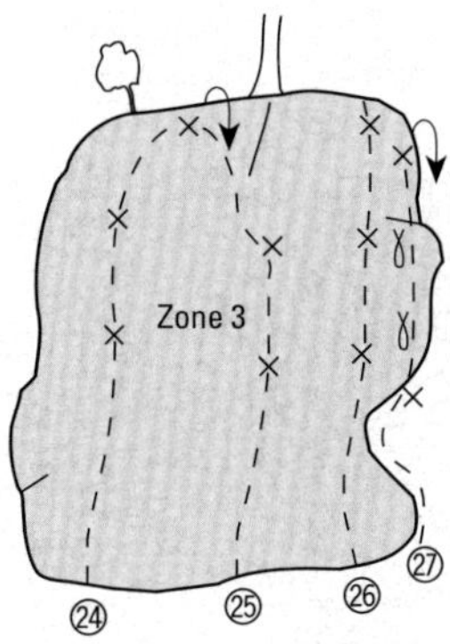

Zugang
Am westlichen Ortsende von Betzenstein bei der Abzweigung nach Stierberg parken. Über die Wiese 200 m südlich zum Waldrand und kurz nach links in den Wald zu den Felsen. Zum Nebenmassiv läuft man von der Sportkletterwand aus am Waldrand 150 m nach rechts.

Besonderheit
Viele kurze Routen unterschiedlicher Schwierigkeitsgrade in einer kühlen Nordwand. Das »Anarchodach« ist ein altes Boulderproblem von Wolfgang (»Flipper«) Fietz.

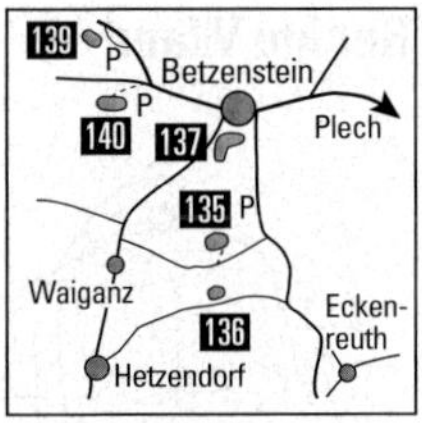

Betzenstein
135 Hetzendorfer Wand
136 Hetzend. Felsengnom
137 Dreistaffelfels
138 Vergessene Welt
139 Parkplatzwand
140 Betzensteiner Sportkletterwand
Gebietsübersicht *S. 216*
Übersichtskarte 3 *(S. 17)*

①	Nikotinspirale	5
②	Nimue	6
③	Zange	a1/5
④	Baselisk	7+
⑤	Hexenmeister	7-
⑥	Besenritt	4
⑦	Lillith	4-
⑧	?	7-
⑨	Bauer Ged.-Weg	6
⑩	Ma Petit Chere	7-
⑪	Abstauber	7-
⑫	Sphings	7-
⑬	Cleopatra	5
⑭	Fingerriss	6+
⑮	Chalking Heads	8
⑯	Schallmauer	9-/9
⑰	Anarchodach	8+
⑱	Teststrecke	8+
⑲	Gravitation	7+/8-
⑳	Trauma	8-
㉑	Swingtime	7+
㉒	Swingtime rechts	7+
㉓	Pyramide	4
㉔	Marytissima	6-
㉕	Diretissima	4+
㉖	Bellissima	5-
㉗	Blond is beautyful	6+

141 Kleiner Wasserstein

14 m | W

Linke Wand

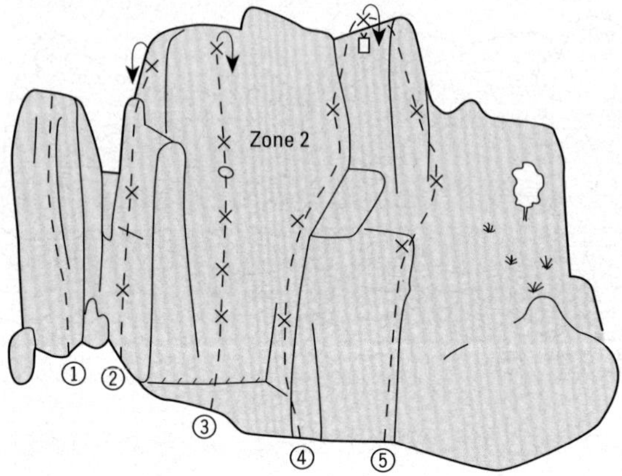

Rechte Wand

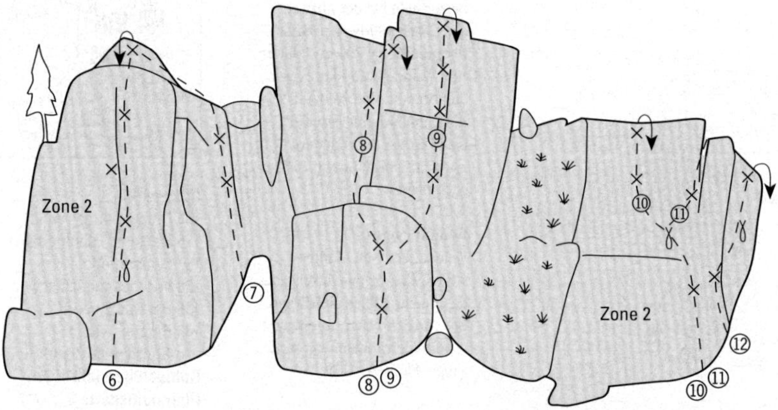

① ?	4	
② ?	4	
③ Bibo	7	
④ Linker Rudi Winkler Ged.-Weg	5+	
⑤ Rechter Rudi Winkler Ged.-Weg	6+	
⑥ ?	6-	
⑦ ?	5	
⑧ *Projekt*		
⑨ ?	5+	
⑩ Pünktchen	6+	
⑪ ?	6+	
⑫ ?	7-	

Zugang
Von Stierberg nach Betzenstein, 1 km von Stierberg bzw. 0,7 km von der Abzweigung bei Betzenstein mündet ein Forstweg ein (nach 20 m Gesperrt-Schild), hier parken. Dem Forstweg 100 m folgen, dann links hoch zu den Felsen.

Besonderheit
Griffiger Fels, aber recht dreckig und verwachsen. Durch den dichten Wald kommt kaum Sonne in die Wand.

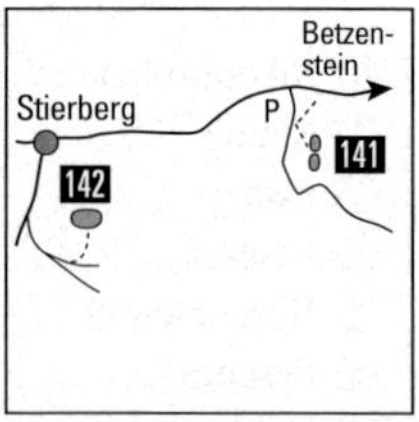

Stierberg/Betzenstein
141 Kleiner Wasserstein
142 Stierberger Wand
Gebietsübersicht *S. 216*
Übersichtskarte 3 *(S. 17)*

Stierberger Wand

☼ | 16 m | S + W

Westseite

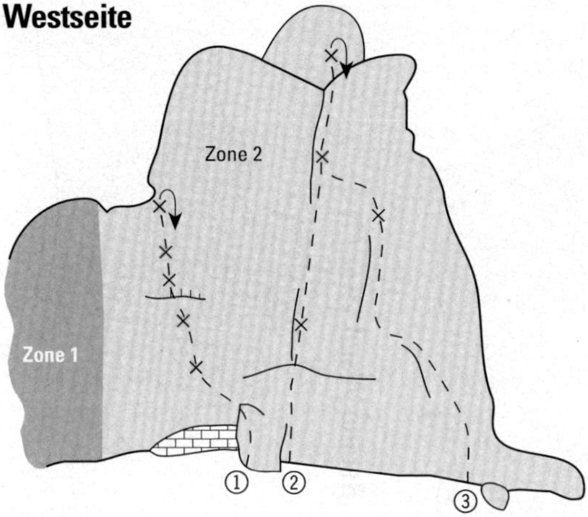

Südseite

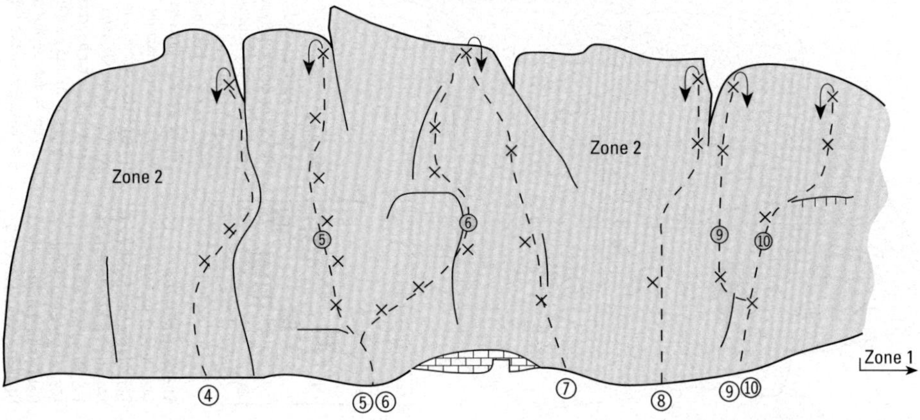

①	Westverschneidung (R 1)	7-/7
②	Handriss (R 2)	5+
③	Südwestkante (R 3)	4+
④	R 4	6-
⑤	Hagebutte (R 5)	6+
⑥	Linker Höhlenweg (R 6)	6+
⑦	Rechter Höhlenweg (R 7)	6+
⑧	R 8	7-
⑨	R 9a	6+
⑩	R 9	6

Zugang

100 m nach Ortsschild »Stierberg« (Richtung Münchs) links einen Feldweg hinein (parken); nach 200 m links auf Pfad und durch den Wald zu den Felsen.

Besonderheit

Ein Satz Stopper ist empfehlenswert!

Linke Wand | 17 m | N

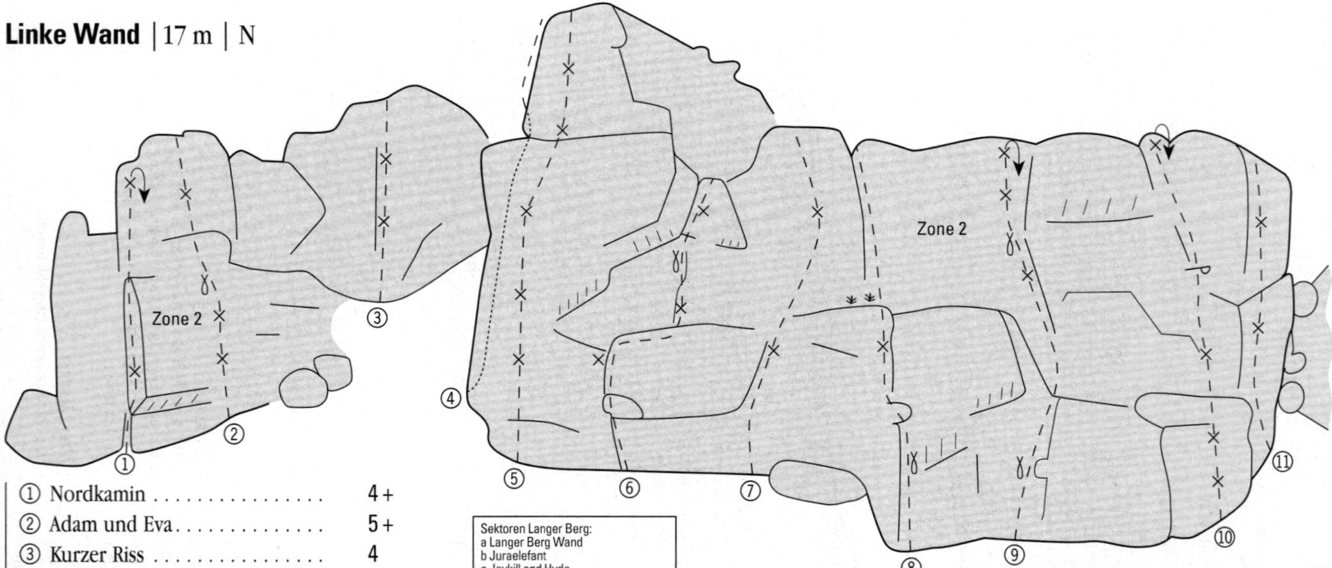

① Nordkamin	4+
② Adam und Eva	5+
③ Kurzer Riss	4
④ Schattenkante	5+
⑤ Akelei	8-
⑥ Stierberger Weg	7
⑦ Waldrausch	5+
⑧ Nordriss	4+
⑨ Herbstweg	5
⑩ Sonntagsweg	6
⑪ Westkante	4+
⑫ Morgentau	5
⑬ Fingerhut	7-
⑭ Waldvögelein *(2 Ausstiege)*	5
⑮ Herbstlaub	5

Stierberg/Münchs
142 Stierberger Wand
143 Stierberger Nordwand
144 Stierberger Gemsenw.
145 Münchser Wand
146 Langer Berg Wand
Gebietsübersicht *S. 216*
Übersichtskarte 3 *(S. 17)*

Zugang
Zwischen Stierberg und Münchs ist ein Wanderparkplatz (300 m von Münchs). Hier parken und auf der Straße 350 m in Richtung Stierberg gehen. Links im Wald auf Fuhre unter die Stierberger Gemsenwand. Am rechten Wandende unter Blöcken 80 m nach rechts (Steigspuren) und gerade empor zum Kamm. Rechts haltend absteigen zu den Felsen.

Rechte Wand | 9 m | N

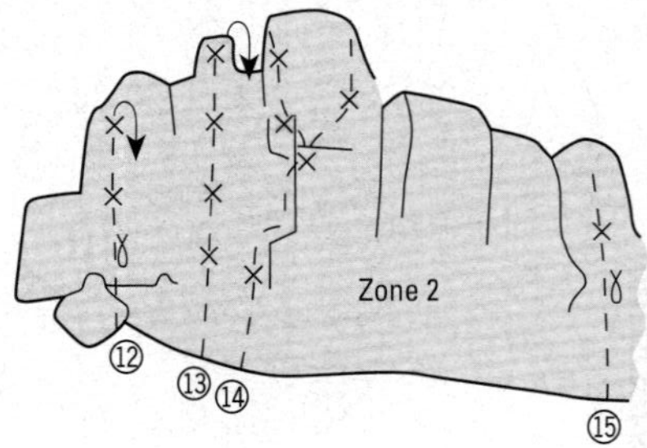

Stierberger Gemsenwand

☼ | 15 - 35 m | S — 144

Zugang
Zwischen Stierberg und Münchs ist ein Wanderparkplatz (300 m von Münchs). Hier parken und rechts unter der Münchser Wand vorbei zur Stierberger Gemsenwand.

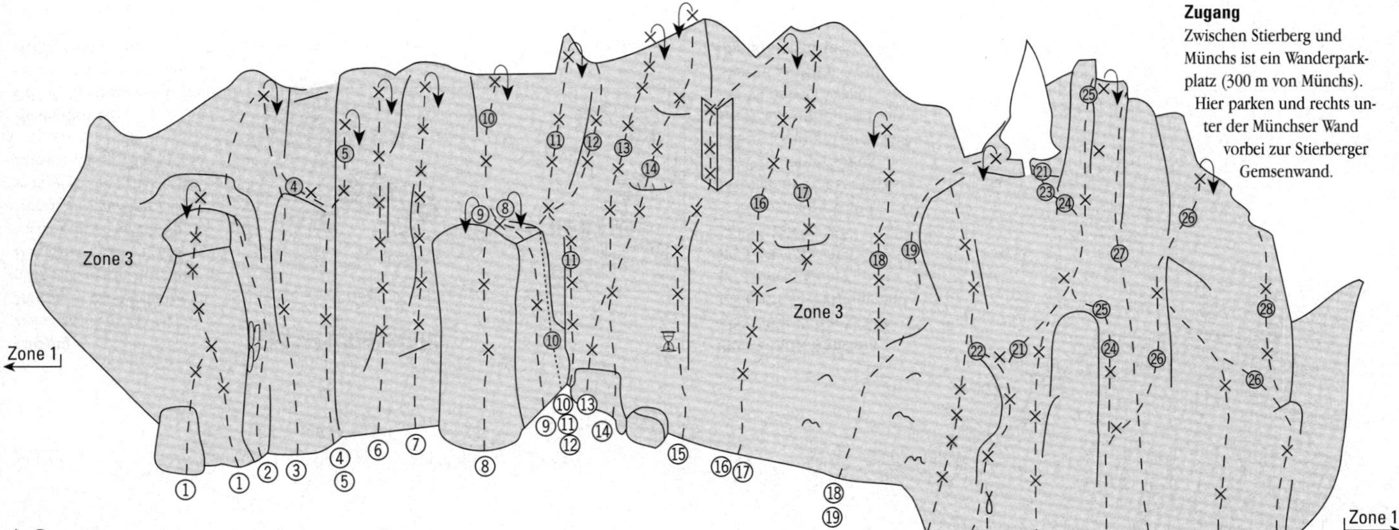

①	Oggi sposi	5
②	Linker Südriss	5
③	Rechter Südriss	5
④	Schmetzgeriss	6 -
⑤	Knieschnackler	6 -
⑥	Sixtduwohl	7 +
⑦	Dirkerlü	7
⑧	Talseite *(Vorturm)*	7
⑨	Ostriss	6
⑩	Linker Vorturmweg	5 -
⑪	Corda con anima	6 +
⑫	Rechter Vorturmweg	6 +
⑬	Wolfi's Worm up	5 +
⑭	Buchenbühler Weg	6 -
⑮	Weiße Verschneidung	5 + (2 Krüge)
⑯	Brillentöter	6
⑰	Brilliantschlange	6 +
⑱	Gewitterverschneidung	5 -
⑲	Altherrnweg	3
⑳	Pfingsttour	7 -
㉑	Scharfes Eck	6 (1 Krug)
㉒	Long Dong Silver	7 -
㉓	Carpe Diem	7 -
㉔	Südpfeiler	5
㉕	Handriss	6 + (3 Krüge)
㉖	FAV-Weg *(3 Einstiege möglich)*	4 (1 Krug)
㉗	Printenmann *(Keile)*	e1/7 - (2 Krüge)
㉘	Direkter FAV-Weg	6 -

Besonderheit
Griffige Genusstouren in festem Fels. Im Frühjahr und Herbst recht sonnig.

Münchser Wand | 25 m | S

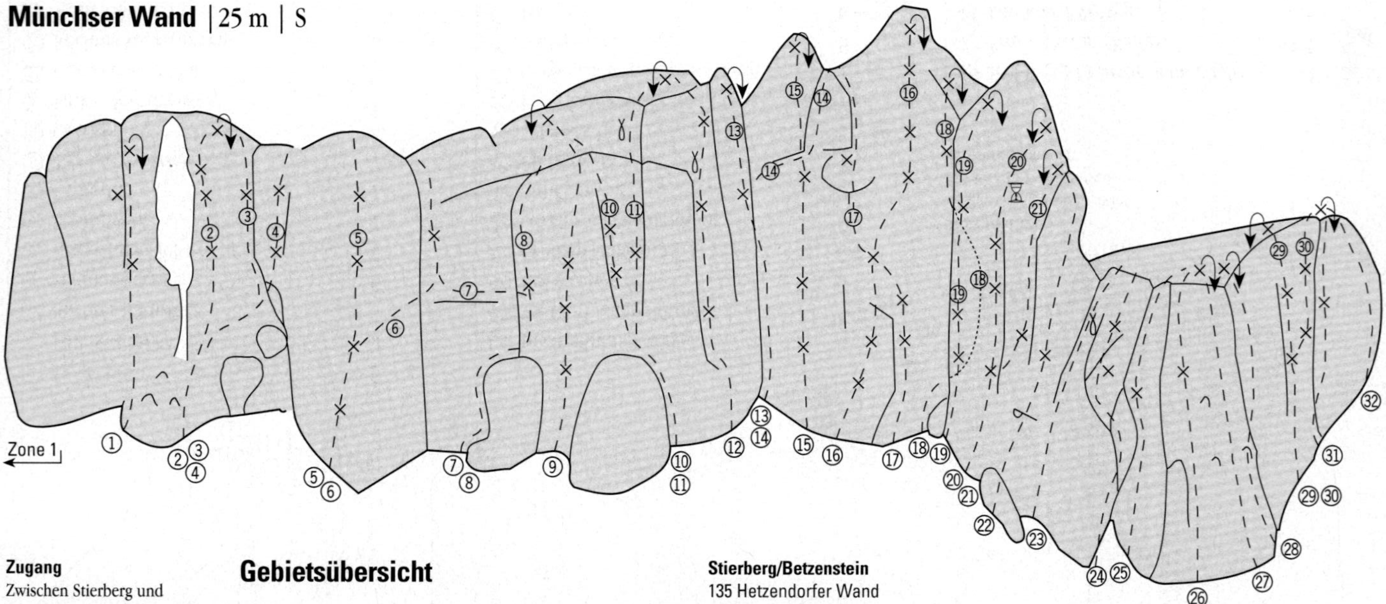

Zugang
Zwischen Stierberg und Münchs ist ein Wanderparkplatz (300 m von Münchs). Hier parken und im Wald leicht rechtshaltend hoch zur Münchser Wand. Der Käferstein steht 150 m links oberhalb des linken Wandendes.

Besonderheit
Griffige Genusstouren in festem Fels. Im Frühjahr und Herbst recht sonnig.

Gebietsübersicht

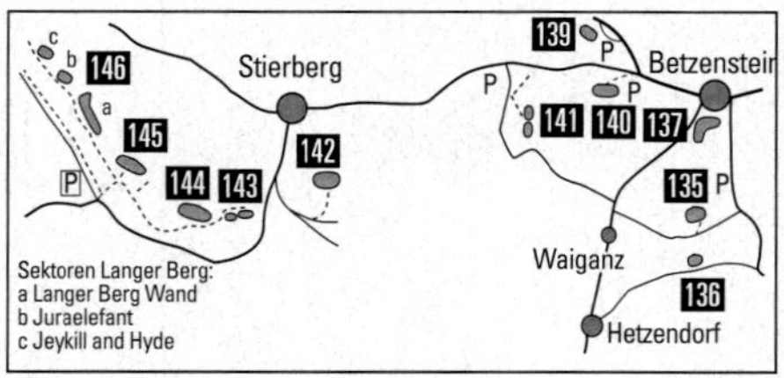

Stierberg/Betzenstein
135 Hetzendorfer Wand
136 Hetzend. Felsengnom
137 Dreistaffelfels
139 Parkplatzwand
140 Betzensteiner Sportkletterwand
141 Kleiner Wasserstein
142 Stierberger Wand
143 Stierberger Nordwand
144 Stierberger Gemsenw.
145 Münchser Wand
146 Langer Berg Wand
Übersichtskarte 3 *(S. 17)*

Nebentürmchen | 8 m

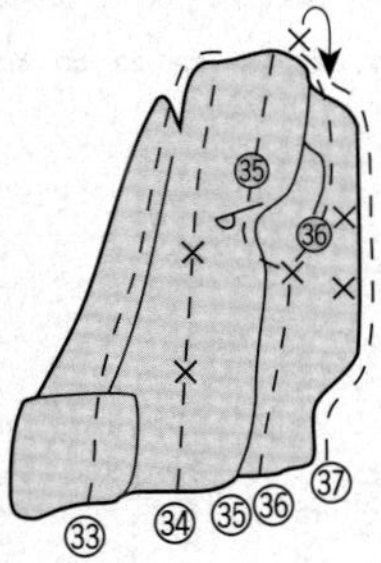

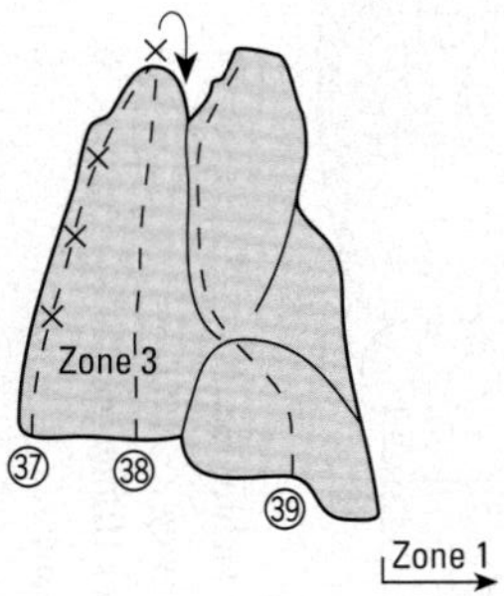

Käferstein | 10 m | W

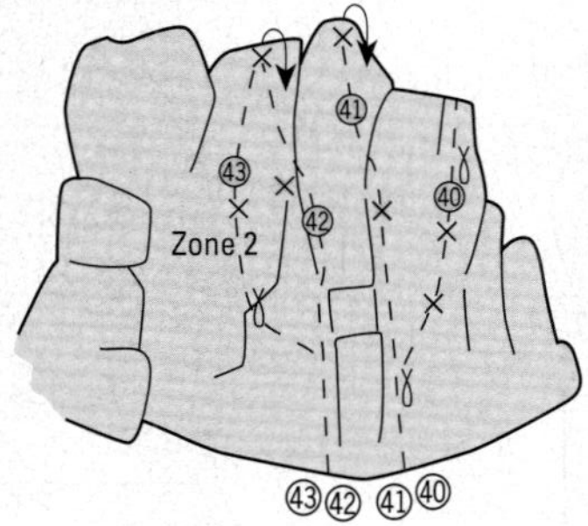

①	Asselwand	4
②	Asselpfeiler	5
③	Westriss	5
④	Westwand	7 -
⑤	Direkter Ausstieg	7 -
⑥	Südwestkante	6 -
⑦	Drilling	3 +
⑧	Vierling	4 -
⑨	?	7 +
⑩	Fünfling	5 -
⑪	Thomasriss	5 +
⑫	Faulpelz	5 +
⑬	Südostriss	4
⑭	Angstriss	6 +
⑮	Potzblitz	7
⑯	?	7 -
⑰	Südwestwand	6
⑱	Nordwestverschneidung	6 -
⑲	Traumtänzer	7
⑳	Koch Lukas Ged.-Weg	7
㉑	Zwiebeltreter	6 +
㉒	*Projekt*	
㉓	?	4
㉔	Hans Hacker Ged.-Weg	5
㉕	Harald Biller Ged.-Weg	5
㉖	Sonnwendpfeiler	5
㉗	RMM Pfeilertreppe	5
㉘	Puka-Verschneidung	3 +
㉙	Etta Schrimpf Ged.-Weg	5 -
㉚	Gelbe Seuche	7 -
㉛	Himmelfahrt	4
㉜	Abschlußtour	3
㉝	Westkante	3 +
㉞	Frank Bobo	6 +
㉟	Südkante	5 +
㊱	Ostriss	5 +
㊲	Fingerkiller *(rostige Haken)*	7 +
㊳	?	6 +
㊴	Bergseite	2
㊵	Rüsselkäfer	7 -
㊶	Borkenkäfer	7 -
㊷	Hirschkäfer	6
㊸	Kartoffelkäfer	7 -

146 Langer Berg Wand

☼ | 8 - 16 m | SW + N

Rechter Teil | 12 m | SW

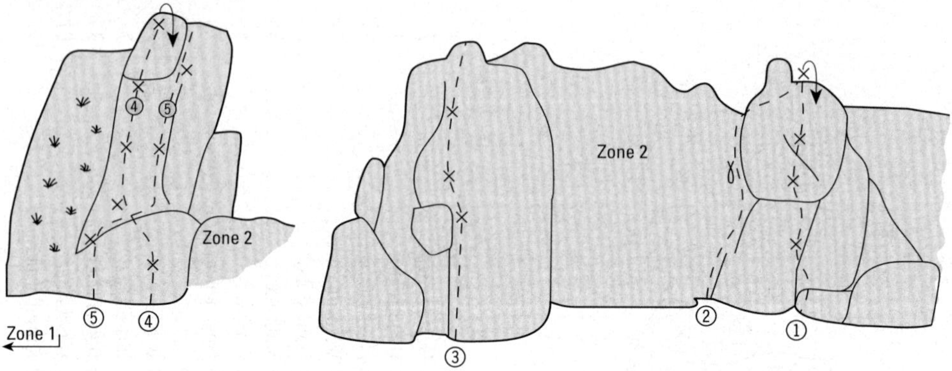

Mittlerer Teil | 16 m | SW

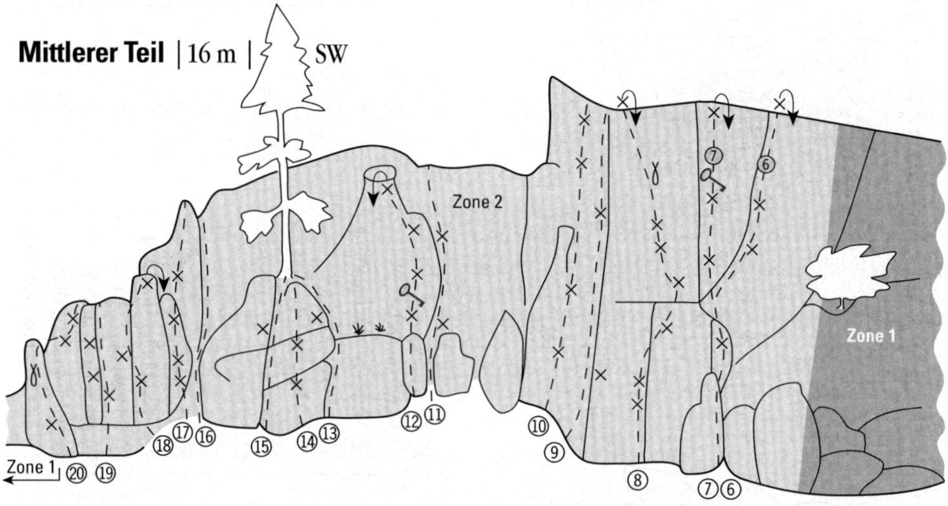

①	Rechter Riss	7 -	⑮	Linker Fichtenriss	4 +
②	Linker Riss	4	⑯	Höhlenweg	5
③	Blockiger Riss	5 +	⑰	Direkter Höhlenweg	6
④	Bischofsmütze	7	⑱	Südwestriss	5 +
⑤	Stockzahn	6	⑲	Heuler	7 -
⑥	Südostwand	6 -	⑳	Westkamin	5
⑦	Direkte Südostwand	8/8 +	㉑	?	7 -
⑧	Referendarsteig	7 +	㉒	So geht's auch	9 -
⑨	Westkante	4 +	㉓	Glatte Wand	8
⑩	Wacholderweg	5	㉔	Finger	5 -
⑪	Lindenriss	5 -	㉕	Only you complete me	8
⑫	A bigglharda Zuuch	8 +	㉖	I need your love	8 -
⑬	Rechter Fichtenriss	4 +	㉗	Alter Riss	6 -
⑭	3 mal ziehen	6 +	㉘	Geheimnis 24	8 -

Langer Berg Wand

8 - 16 m | SW + N

Linker Teil = Nordkessel | 16 m | N

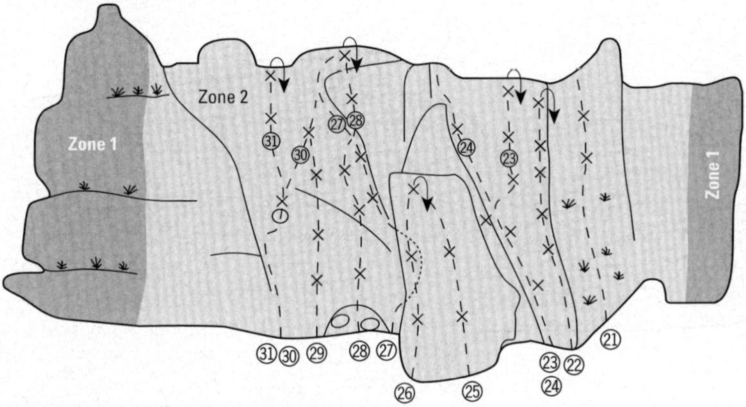

Am Juraelefant | 10 m | SW

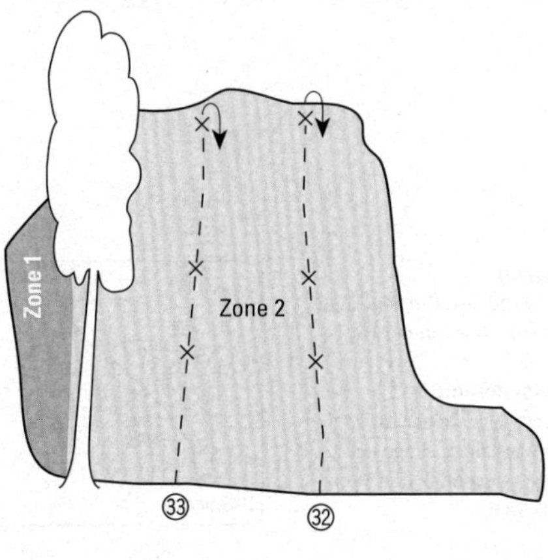

Jekyll and Hyde | 8 m | SO

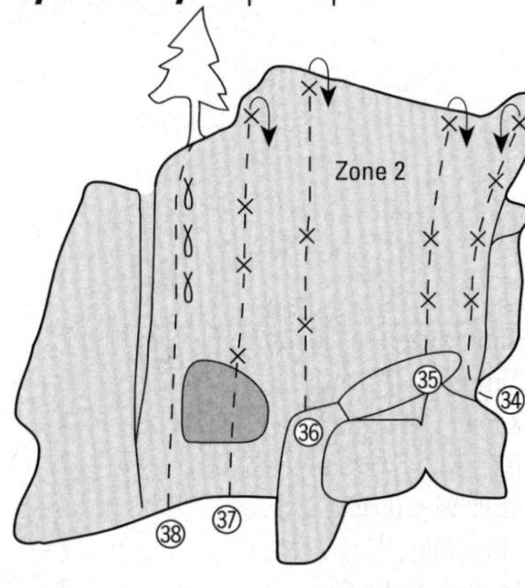

㉙	Fräulein Smillas Gespür f. Schnee	7 +
㉚	Tigram	6
㉛	Siruana	7
㉜	Gänsedieb	7
㉝	Fuchsweg	6
㉞	Scorpion	7 -
㉟	Hyde	8 -
㊱	Jekyll	8
㊲	Vom Deifi grittn	8+/9 -
㊳	?	7 +

Zugang

Zwischen Stierberg und Münchs ist ein Wanderparkplatz (300 m von Münchs). Hier parken und im Wald leicht rechtshaltend hoch in Richtung Münchser Wand. Nach 200 m (50 m vor der Münchser Wand) bei Gabelung links und dem Weg folgen zu der lang gestreckten Felskette.

Besonderheit

Durch die Lage im Wald ist es an den meist nach Südwesten ausgerichteten Felsen in der kalten Jahreszeit am sonnigsten. Viele leichte bis mittelschwere Wege.

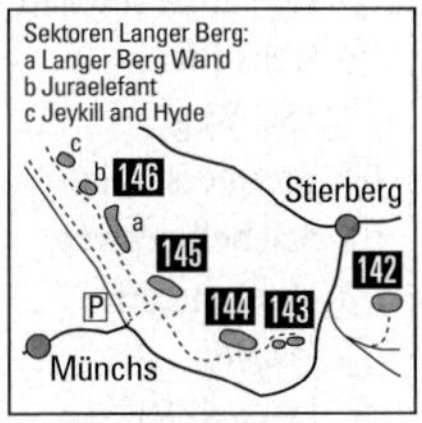

Stierberg/Münchs

142 Stierberger Wand
143 Stierberger Nordwand
144 Stierberger Gemsenw.
145 Münchser Wand
146 Langer Berg Wand

Gebietsübersicht *S. 216*
Übersichtskarte 3 *(S. 17)*

147 Almoser Wand

| 14 m | N

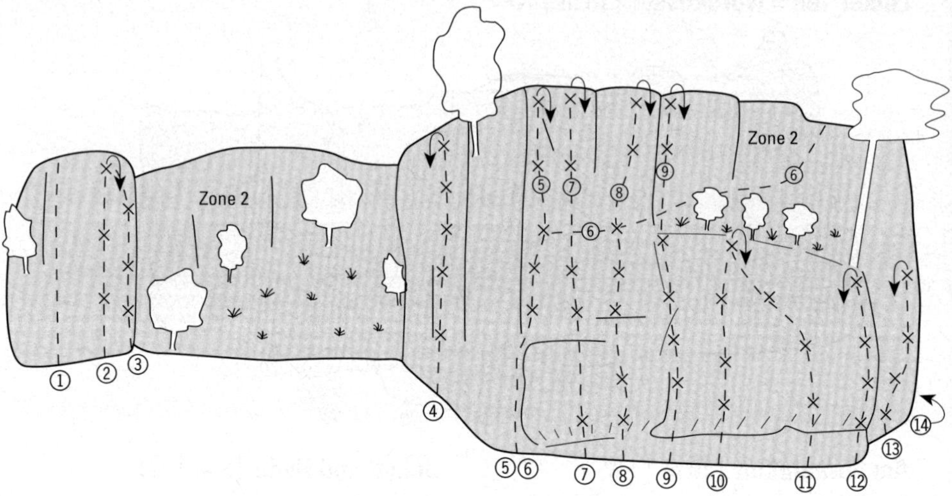

① Kinkerlitzchen *(Keile)* . . . . 7 -
② Almosen . . . . 6 +
③ Kante . . . . 7 -
④ IJZ. 7
⑤ Alter Weg direkt. . . . . 7 -
⑥ Alter Weg. . . . . 7 -
⑦ Lass aussi die Sau . . . . 9 -
⑧ Helis Idee . . . . 8 +
⑨ ASC-Weg 7
⑩ Brennesselplatte 8
⑪ Stachelbeerweg. . . . . 8 -
⑫ Morgenstern 8
⑬ *Projekt* . . . .
⑭ Omapfeiler 4

Zugang
Die Wand liegt direkt gegenüber von Almos an der B2.

Besonderheit
Albert Gilgenrainer hat an dieser Wand noch einige neue Wege zwischen 8- und 9- erschlossen.

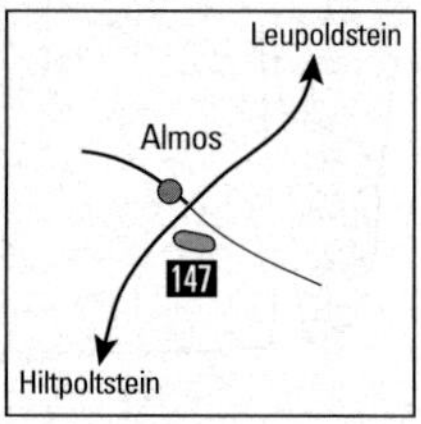

Almoser Wand
Übersichtskarte 1 *(S. 15)*

Sektor 1 | 10 - 17 m | O

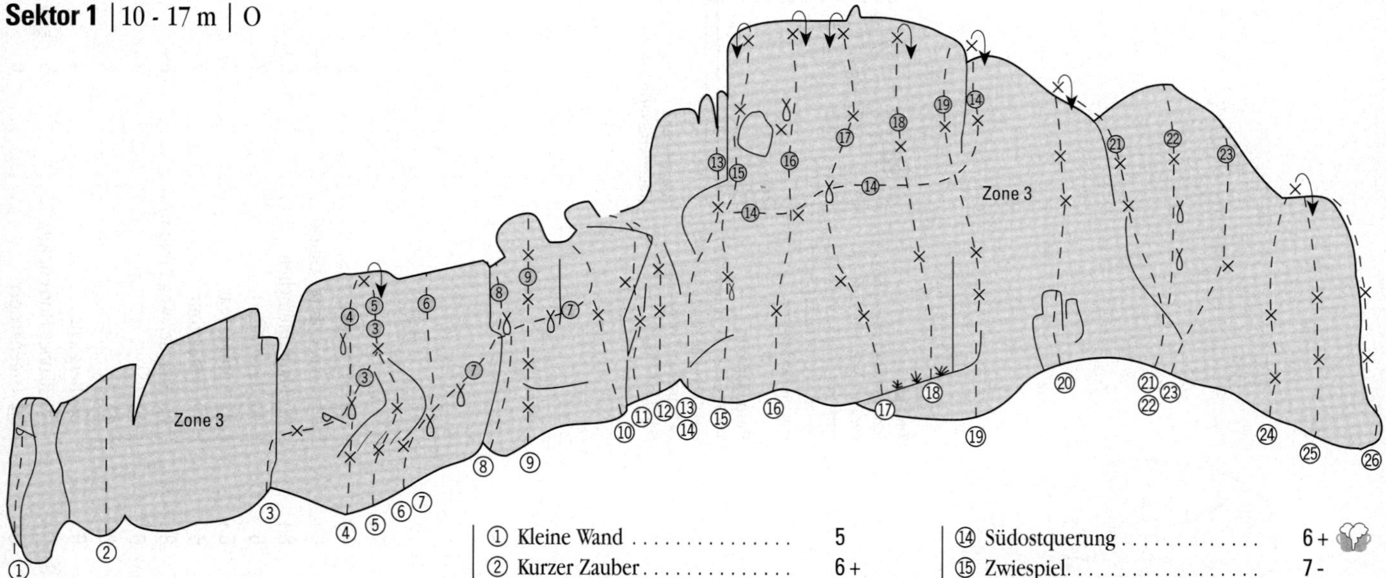

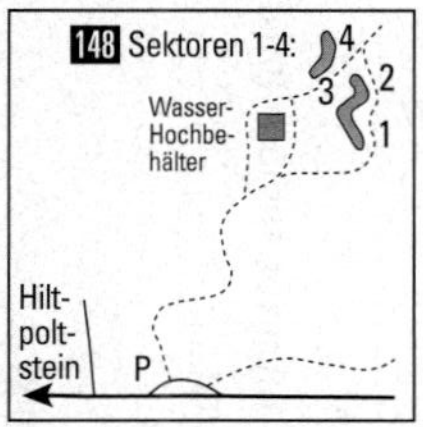

Hexenküche
Übersichtskarte 3 *(S. 17)*

Zugang
Parken am östlichen (oberen) Ortsende von Hiltpoltstein (Parkplatz). Auf markiertem Wanderweg (Gelbkreis) in 10 min zur Hexenküche.

Besonderheit
Schön gelegenes, ruhiges Gebiet. Lohnende Wandklettereien in unteren bis mittleren Schwierigkeitsgraden.

①	Kleine Wand	5
②	Kurzer Zauber	6+
③	Hiltpoltsteiner Weg	6-
④	G.G.G.	7+
⑤	Kleine Hexen müssen hexen	8
⑥	Direkter Sanduhrweg	6
⑦	Sanduhrweg	5+
⑧	Ostkamin	5-
⑨	Exzess im Morgenrot	7+
⑩	Diagonalweg	4
⑪	Athos	7
⑫	Völlig schwerelos	7-
⑬	Ostschlucht	5-
⑭	Südostquerung	6+
⑮	Zwiespiel	7-
⑯	Testamentsvollstreckung	7+
⑰	Totengräber	8-
⑱	Stalagdrama	7
⑲	Zittern verboten	7
⑳	Ostwand	5+
㉑	Ostverschneidung	4+
㉒	Variante	5+
㉓	Dübelpremiere	6+
㉔	Liesl Maurer Ged.-Weg	8
㉕	Hexentanz	8
㉖	Nordkante	4+

148 Hexenküche

| 10 - 17 m | O + N

Sektor 2 | 12 m | N

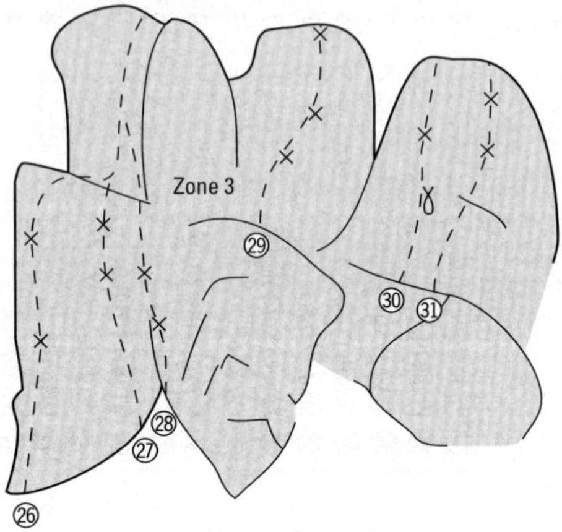

Zugang
Parken am östlichen (oberen) Ortsende von Hiltpoltstein (Parkplatz). Auf markiertem Wanderweg (Gelbkreis) in 10 min zur Hexenküche.

Besonderheit
Schön gelegenes, ruhiges Gebiet. Lohnende Wandklettereien in unteren bis mittleren Schwierigkeitsgraden.

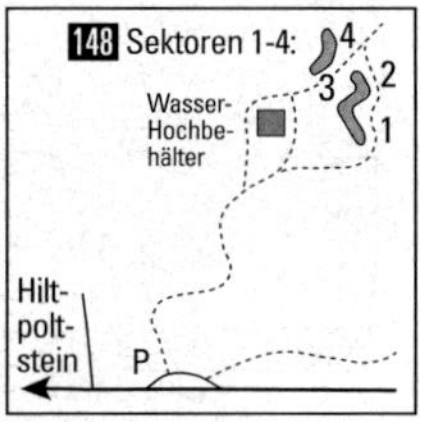

Hexenküche
Übersichtskarte 3 *(S. 17)*

㉖ Nordkante	4+		
㉗ Nordschlucht	4+	㊴ Vollständig	7
㉘ Schluchtriss	6+	㊵ Unerwartetes Glück	7+
㉙ Dirty Eckehards	8+	㊶ Mauerblümchen	5+
㉚ Hoppsa	6	㊷ Besenritt	7-
㉛ Erstling	6+	㊸ Natural Fear	7-
㉜ ?	6+	㊹ Genusstour	7-
㉝ Devilwall	8-	㊺ Allgäuer Weg (Traum)	6+
㉞ Wer hat Angst vor Anthony Braxton?	8-	㊻ ?	7+
㉟ Belohnung	8	㊼ ?	5
㊱ Eisblock	9	㊽ Bergseite	4
㊲ ?	8+/9-	㊾ Räuber Hotzenplotz	6
㊳ Zaunkönig	8-	㊿ Greenkeeper	6-

Sektor 3 | 15 m | O

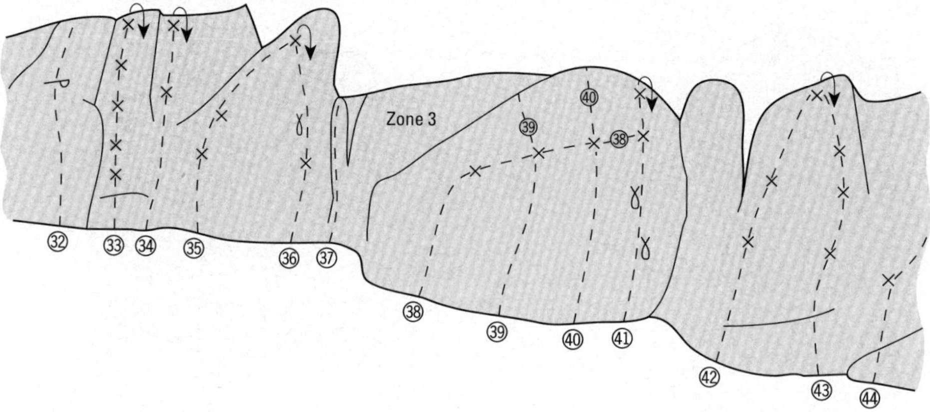

Sektor 4 | 15 m | O

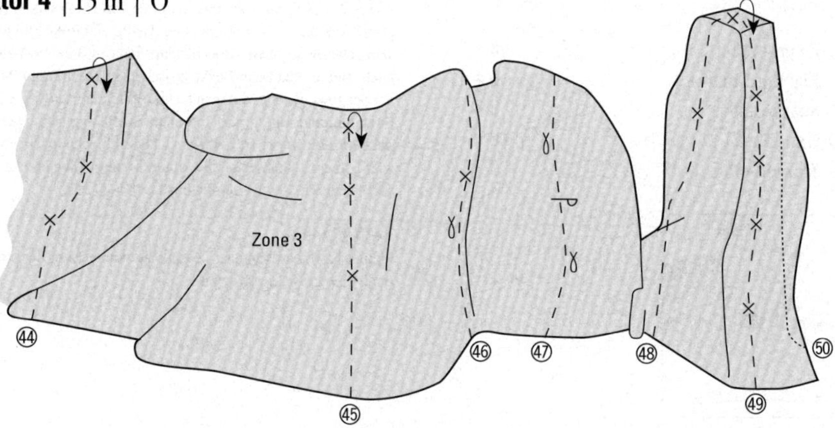

149 Bitzenstein

| 12 m | N + W

Nordwand

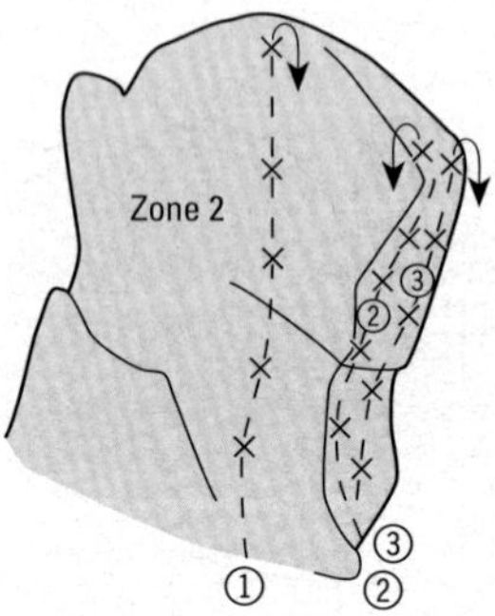

Westwand

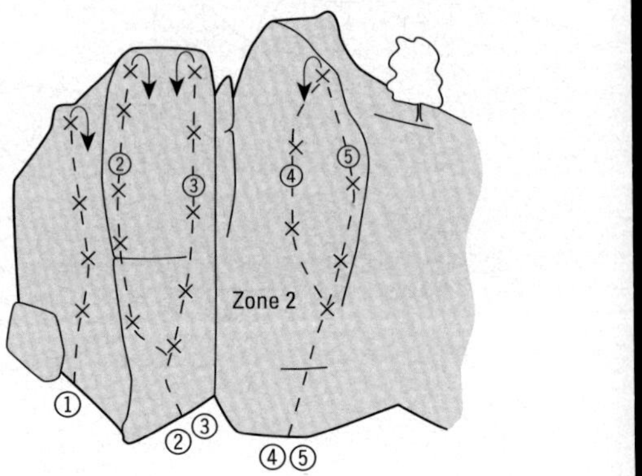

①	Zwergentest	8-
②	Klabautermann	8+
③	Spassvogel	8+
④	Gaudimax	6
⑤	Sonnenwind	7+

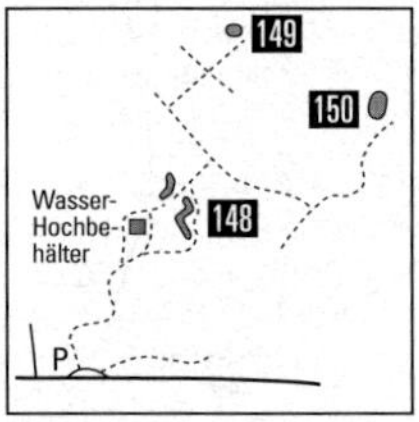

Hiltpoltstein
148 Hexenküche
149 Bitzenstein
150 Stumpfelestein
Übersichtskarte 3 *(S. 17)*

Zugang
Parken am östlichen (oberen) Ortsende von Hiltpoltstein (Parkplatz). Auf markiertem Wanderweg (Gelbkreis) in Richtung Hexenküche. Beim Wasser-Hochbehälter links und in den Wald hoch. Man erreicht eine Senke zwischen Sektor 1/2 und Sektor 3/4 der Hexenküche. Auf dem Gelbkreis markierten Weg den Hang hinunter, bis er nach 100 m auf einen Weg trifft. *Hierher auch direkt von der Hexenküche.* Links abbiegen, nach 200 m wieder rechts (Gelbkreis) und, einen weiteren Weg kreuzend, nach weiteren 300 m zum Bitzenstein (15-20 min).

Besonderheit
Kleiner Felsen mit ein paar netten Wandklettereien, der einsam und ruhig im Wald gelegen ist.

Stumpfelestein

| 8 - 20 m | NO + SW

Talseite | 20 m | NO

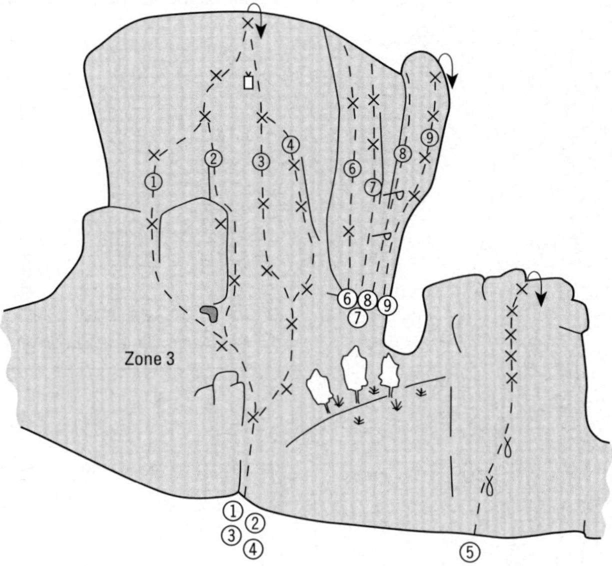

Zugang

Parken am östlichen (oberen) Ortsende von Hiltpoltstein (Parkplatz). Auf markiertem Wanderweg (Gelbkreis) in Richtung Hexenküche. Beim Wasser-Hochbehälter links und in den Wald hoch. Man erreicht eine Senke zwischen Sektor 1/2 und 3/4 der Hexenküche. Auf dem Gelbkreis markierten Weg den Hang hinunter, bis er nach 100 m auf einen Weg trifft. *Hierher auch direkt von der Hexenküche.* Rechts abbiegen und dem markierten Weg weitere 600 m folgen bis zum Stumpfelestein (links des Weges).

Unter den Felsen vorbei, weiter auf markiertem Wanderweg (Gelbkreis) und, einen weiteren Weg kreuzend, nach weiteren 300 m zum Bitzenstein.

Besonderheit

Klassisches Gebiet mit längeren Wegen in der schattigen Talseite und einigen Anfängerrouten an der Bergseite. Schöne, ruhige Lage.

Linke Bergseite | 12 m | N

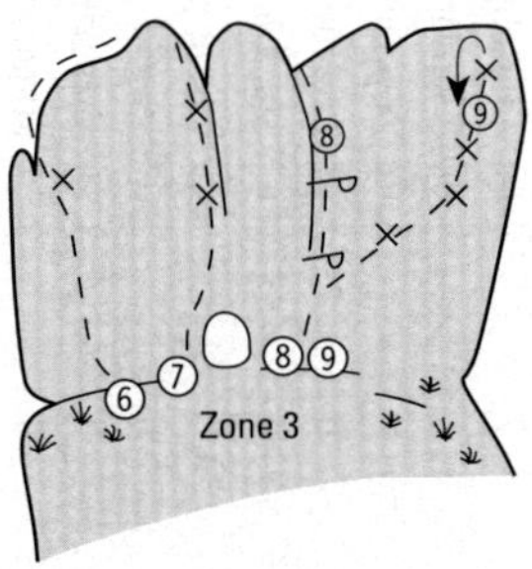

Rechte Bergseite | 8 m | SW

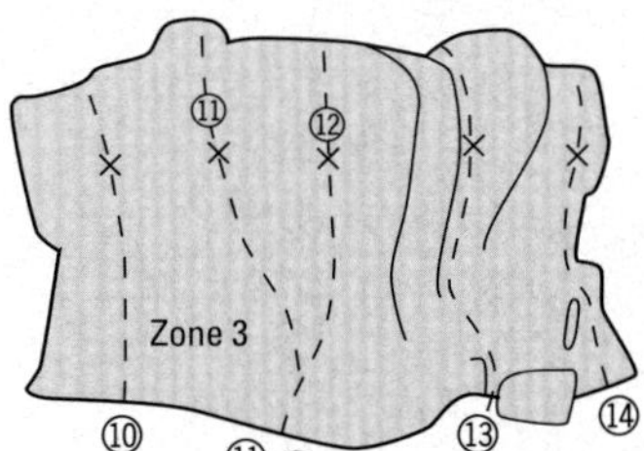

① Rudi Langer Ged.-Weg	6	⑧ Rechter Nordriss	7+
② R 1	8-	⑨ *Projekt*	
③ Ab durch die Mitte	8+/9-	⑩ Linke Westwand	5-
④ Talseite	7+	⑪ Westwand	3+
⑤ Mamba	8-	⑫ Südwestkante	4
⑥ Nordostkante	6	⑬ Linker Südriss	3
⑦ Linker Nordriss	8-	⑭ Rechter Südriss	4

151 Leupoldsteiner Wand

| 12 - 20 m | NO + S

Nordostwand | 20 m

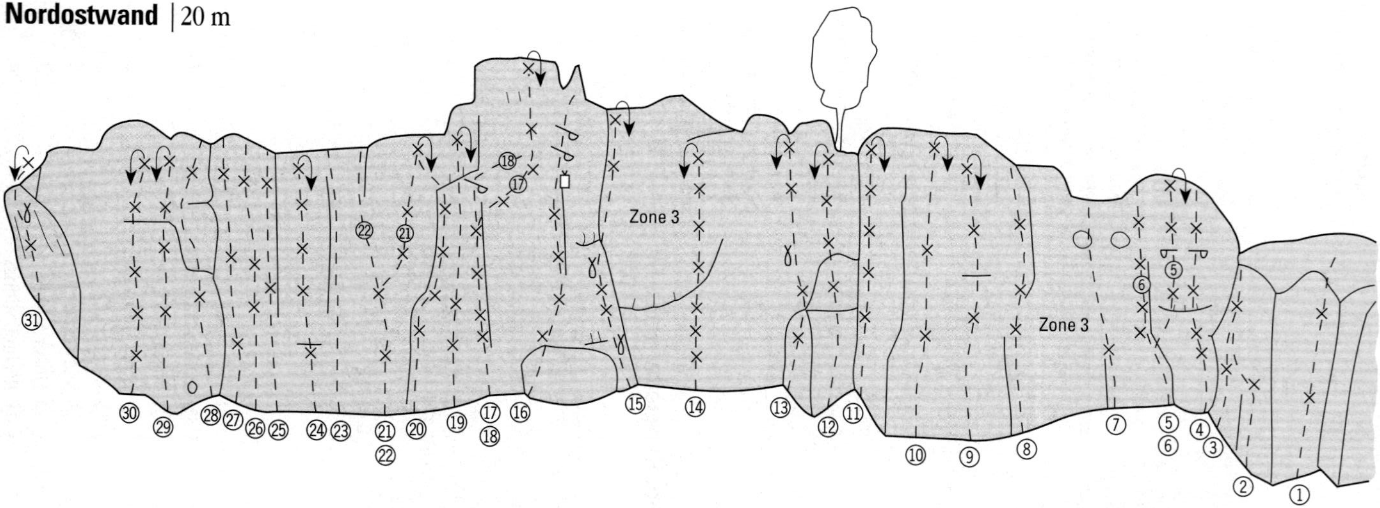

- ① Verschneidung . . . 4+
- ② Variante . . . 7-
- ③ Utes Bauch . . . 7-
- ④ Kocolka . . . 9
- ⑤ Wisop Narilos . . . 8
- ⑥ Kankras Lauer . . . 6+
- ⑦ Zur 2. Höhle . . . 6-
- ⑧ Adrspach Weg . . . 7
- ⑨ Nasdravi . . . 6
- ⑩ Wetterspitze . . . 5
- ⑪ Der Weg durch das Auenland . . 4
- ⑫ Julia 88 . . . 5
- ⑬ Allmächt, schei . . . 6
- ⑭ Eisenvater . . . 9-/9
- ⑮ Doppelhochzeit . . . 8-
- ⑯ Drei mit Kraut . . . 8+
- ⑰ Galadriels Spiegel . . . 8
- ⑱ Balrog . . . 8
- ⑲ *Projekt* . . .
- ⑳ Alles balledi . . . 7
- ㉑ Komersong . . . 7
- ㉒ Variante . . . 5
- ㉓ Libero *(Keile)* . . . 5
- ㉔ Nur Mut Johann . . . 6
- ㉕ Abseits . . . 5
- ㉖ Aussteiger . . . 6+
- ㉗ Jedermann . . . 5
- ㉘ Egoist . . . 5
- ㉙ ? . . . 6+
- ㉚ Kraftmeier . . . 5
- ㉛ Zauberlehrling . . . 8+/9-

Südwand | Linker Teil | 14 m

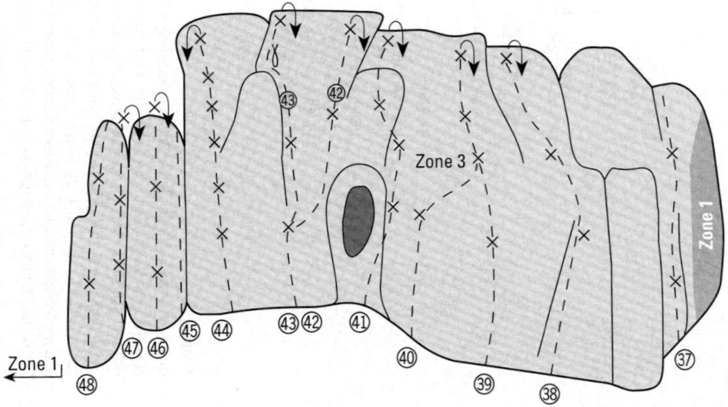

Rechter Teil | 12 m

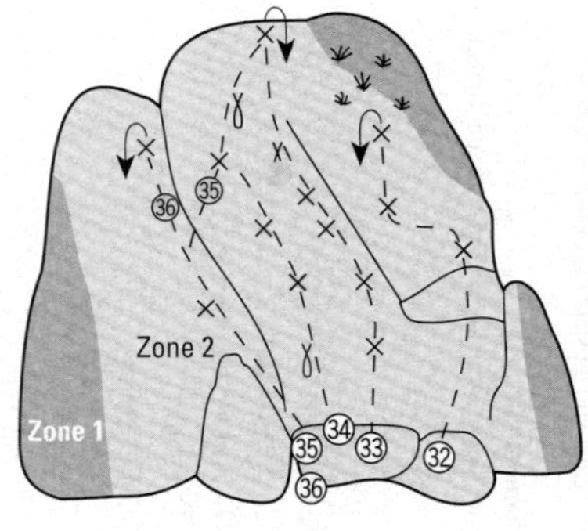

㉜ Santana	6			
㉝ Vertigo	7		㊶ Herrenschneider	6 +
㉞ ?	7 -		㊷ *Projekt*	
㉟ Variante	6 -		㊸ Ostermarsch	7
㊱ Jägersteig	4 -		㊹ MO-RO	7
㊲ Ostkante	4 +		㊺ Gusto	4 +
㊳ Namenlos	5		㊻ Mittelpfeiler	6
㊴ Gourmet	6		㊼ Brownriss	5 -
㊵ Judasleiter	6 -		㊽ Sannes Eck	4 -

Zugang
In Leupoldstein beim Wirtshaus parken.
Rechts am Gehege vorbei *(nicht hindurchlaufen!)*, kurz eine Schutthalde hoch und im Wald nach links queren zu den Felsen.
Das Nebenmassiv befindet sich 50 m links vom linken Wandende des Hauptmassivs.

Besonderheit
Viele leichte bis mittelschwere Touren. Der größere Wandteil ist die schattige Nordostwand. Für die kalte Jahreszeit ist die Südwand auf ihrer Rückseite gut geeignet.

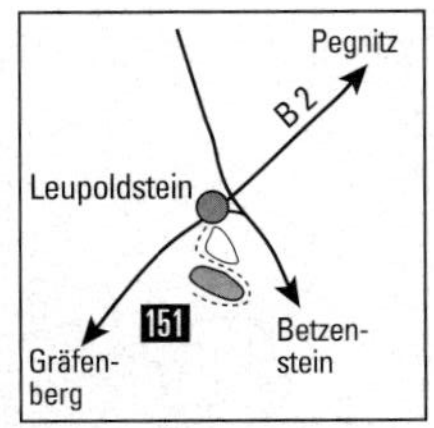

Leupoldsteiner Wand
Übersichtskarte 3 *(S. 17)*

152 Graischer Nadel

10 m | SW

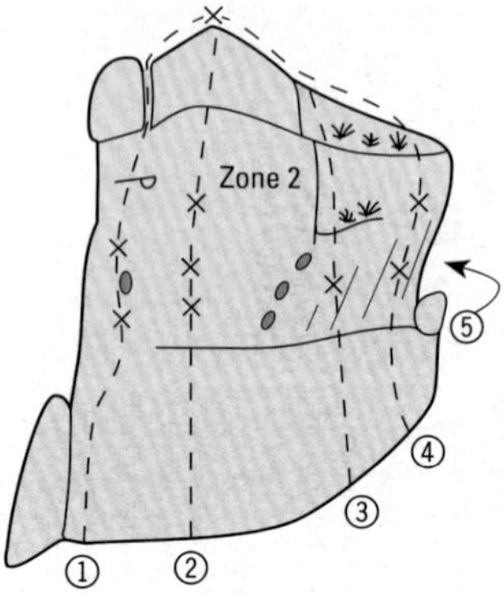

Zugang
Parken in Graisch. Auf der Straße 150 m Richtung Weidenhüll. Wo die Straße in den Wald führt, folgt man rechts einer Fuhre in den Wald. Links von ihr steht die Graischer Nadel.

Besonderheit
Netter kleiner Turm in Nachbarschaft zum Graischenstein.

①	Direkte Talseite	7
②	Salamitaktik	7
③	Südwestkante	6+
④	Pickert	7-
⑤	Bergseite	3

153 Graischenstein

10 - 14 m | W

Rechte Wand | 14 m

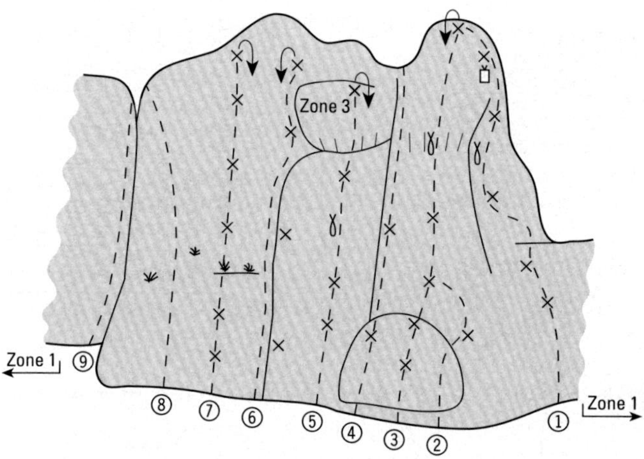

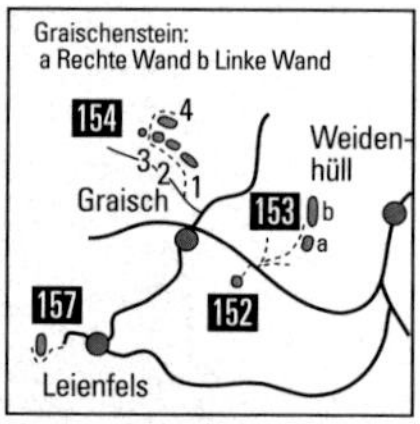

Graisch
152 Graischer Nadel
153 Graischenstein
154 Graischer Bleisteinwände
157 Ruine Leienfels
Übersichtskarte 3 *(S. 17)*

①	Erwin Kohler Ged.-Weg	7
②	Nasser Sack	8
③	Graischsäge	8+
④	Einschlag	8
⑤	Rollender Donner	7+/8-
⑥	Übungsschwelle	7+
⑦	Novembernebel	7
⑧	Spinnenbein	4
⑨	Dreckige Rinne	3-

Zugang
Parken in Graisch. Auf der Straße 200 m in Richtung Weidenhüll. Kurz nachdem die Straße in den Wald führt, folgt man links einer Fuhre in den Wald. Nach 50 m zweigt rechts eine kleine Fuhre ab. Diese führt zum Graischenstein (nach 300m kommt man zur Rechten Wand; nach 400 m zur langgezogenen linken Wand, die sich wiederum in rechten und linken Wandteil untergliedert). Die Rechte Wand ist durch den dichten Wald recht schattig.

Linke Wand | 10 - 14 m

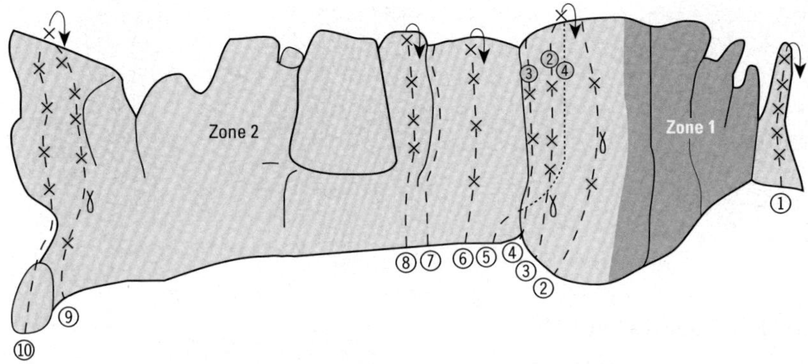

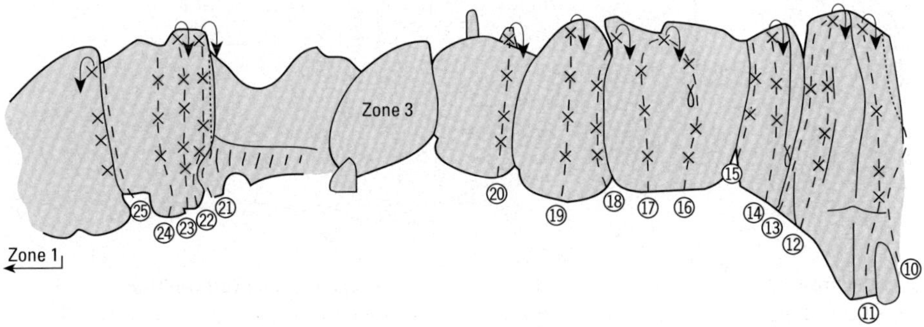

① Zipfel 4
② EPA 5
③ Schweizer Käse . . . . 6 +
④ Schluchtwand 7
⑤ Kamin 3
⑥ Frühlingserwachen . . . . 4 +
⑦ Grüner Kamin . . . . 3 -
⑧ Alles Kante, oder? . . . . 3 +
⑨ Spirale . . . . 5 -
⑩ Alte und Jungnasen 7
⑪ *Projekt* . . . .
⑫ Sissi . . . . 7 +
⑬ Lass den Buckel an der Wand . . 5 +
⑭ Kaminpfeiler . . . . 7 -
⑮ Enger Kamin 3
⑯ Evas Bauch 5
⑰ Jubelweg 5
⑱ ? 4
⑲ Adams Rippe . . . . 4 +
⑳ ? . . . . 3 +
㉑ Boofenriss (*Keile*) 6
㉒ Das erste Mal . . . . 6 +
㉓ Freibeuter . . . . 5 +
㉔ Boofenwand . . . . 5 -
㉕ Steile Rinne 3

154 Graischer Bleisteinwände

| 8 - 15 m | SW + NO

Sektor 1 | Untere Wand | 8 m | SW

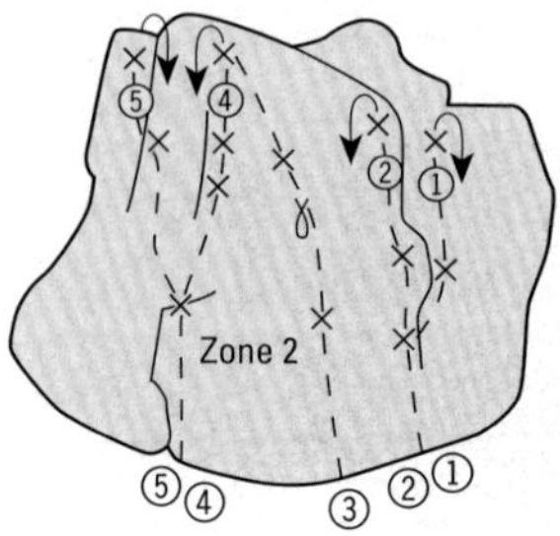

Sektor 1 | Bleisteinnadel | 12 m | SW

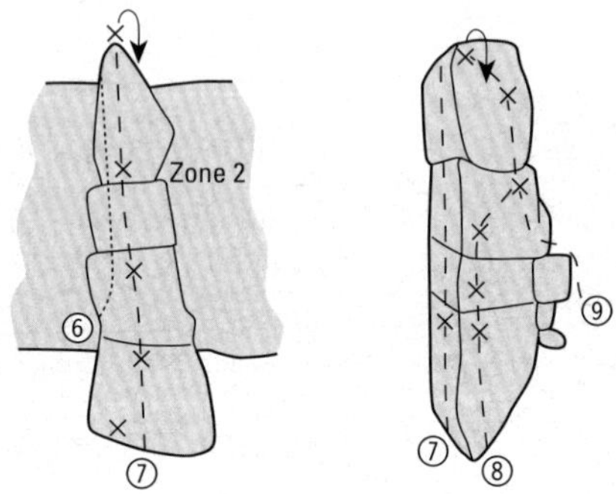

Sektor 1 | Obere Wand | 11 m | SW

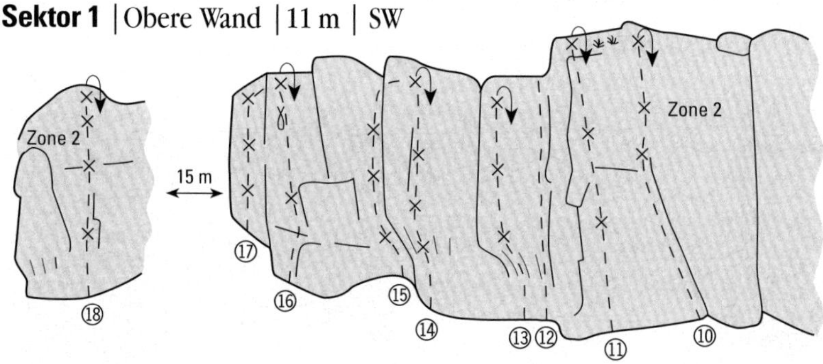

① Halunke . . . . 5 -
② Ex + Hopp. . . . . 5 +
③ Graue Eminenz 5
④ Scharfe Braut . . . . 7 -
⑤ Rampenriss . . . . 6 -
⑥ Happy End 5
⑦ Talseite . . . . 6 -
⑧ Nadelspiel. . . . . 5 +
⑨ Bergseite. 4
⑩ Rechts außen. 6
⑪ Alles Banane 5
⑫ Leichter Riss 4
⑬ Heulboje 7
⑭ Flasche leer. . . . . 7 +
⑮ Unhold 6
⑯ Tapetenwechsel. . . . . 6 -
⑰ Hasardeur 6
⑱ Links außen. . . . . 5 +
⑲ As Marmaladn Amala . . . . 7 +
⑳ Alter Weg. 7
㉑ Bis irgendwann *(Kurt Günther Ged.-Weg)* 7
㉒ Kaminschlucht. . . . . 6 +
㉓ Der Lenz ist da . . . . 4 +
㉔ Direkte Pflicht 6
㉕ Pflichtübung . . . . 6 -
㉖ Balkentoni. 5
㉗ Bunte Kuh. 7
㉘ Pralle Bleiwand . . . . 8 -
㉙ Der Koung . . . . 8 -
㉚ Pappnase. . . . . 6 +
㉛ Broken Heart . . . . 6 -
㉜ Laublawinenriss 5
㉝ Unbedeutende Wand. . . . . 6 +
㉞ Nobelhobel . . . . 5 +
㉟ Henkelwand 4
㊱ Totem 3
㊲ Flotte Lotte 6
㊳ Egoist . . . . 6 -
㊴ Hasenfuss . . . . 4 +

Sektor 2 rechts | 15 m | SW

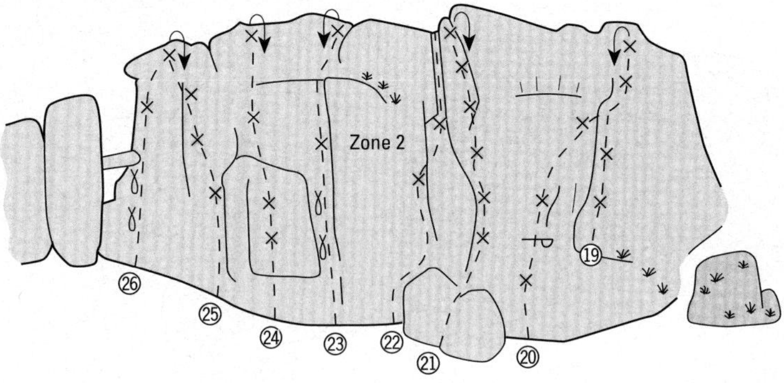

Sektor 2 links | 13 m | SW

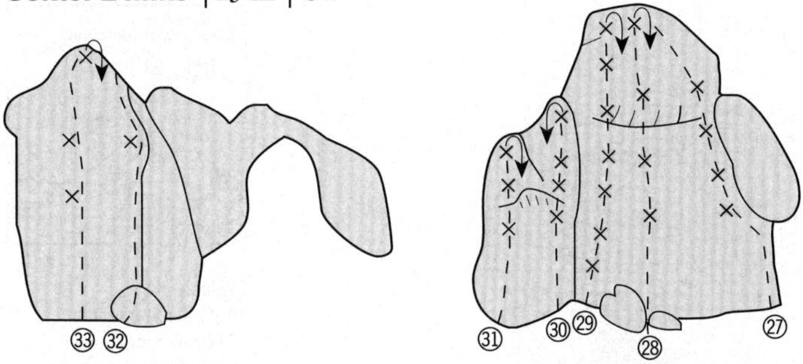

Zugang
Am Ortseingang von Graisch (von Weidenhüll kommend) fährt man rechts eine schmale Straße nach Norden. Nach 60 m biegt links ein Feldweg ab, hier parken. Auf dem Feldweg weiter und 50 m nach dem Gesperrt-Schild rechts steil im Wald hinauf zum Sektor 1. Weiter nach links zu den Sektoren 2 und 3. Der Sektor 4 liegt auf der Rückseite.

Besonderheit
Zwischen Bleisteinnadel und Sektor 2 steht ein Pfeiler mit 2 Routen: »Zauberbohne« (5) und »Beinhart« (7). Rechts von der Route ㉗ gibt es noch den »Turmwächter« (5). In die Sektoren 1-3 kommt je nach Belaubung nachmittags bis abends die Sonne in die Wand. Der Sektor 4 ist durchwegs schattig und kühl.

Sektor 3 | Am Totenpfahl | 11 m | SW

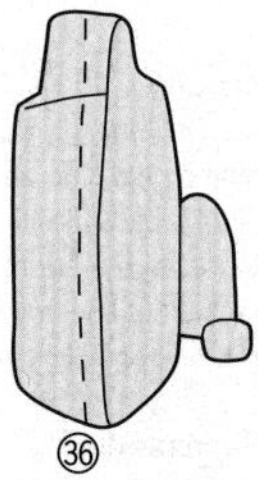

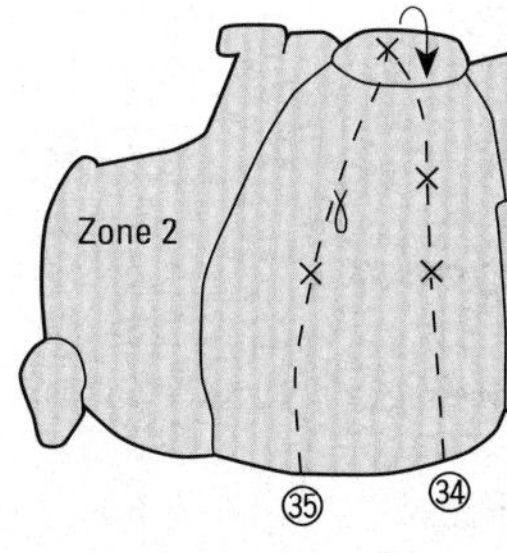

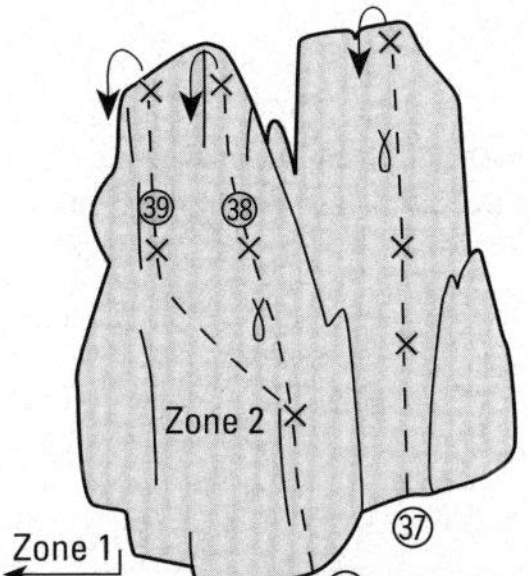

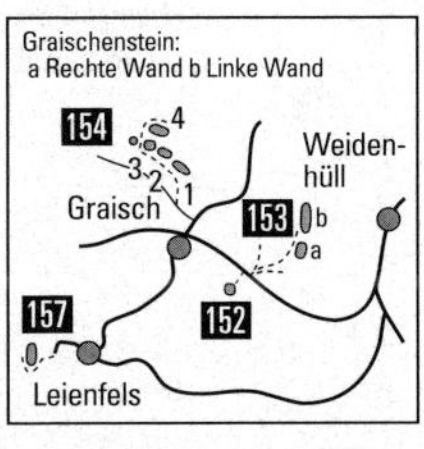

Graisch
152 Graischer Nadel
153 Graischenstein
154 Graischer Bleisteinwände
157 Ruine Leienfels
Übersichtskarte 3 *(S. 17)*

154 Graischer Bleisteinwände

| 8 - 15 m | SW + NO

Sektor 4 | Rechte Wand | 13 m | O

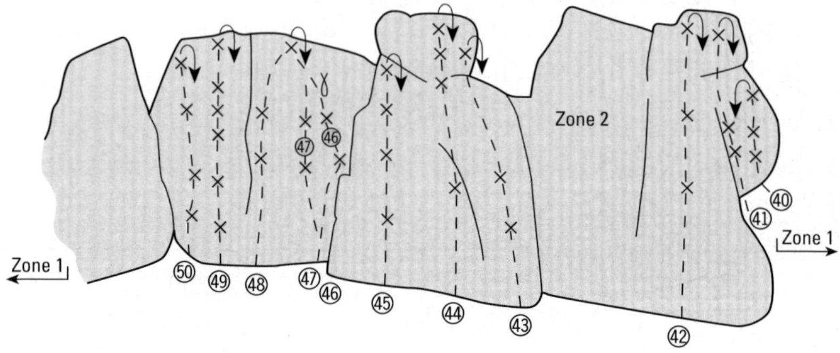

Sektor 4 | Linke Wand | 12 m | NO

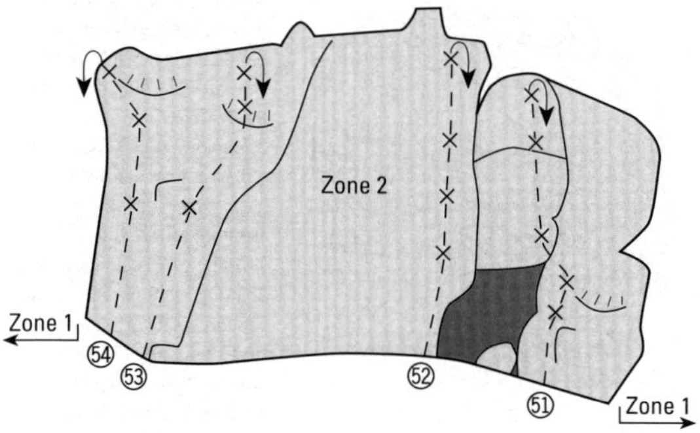

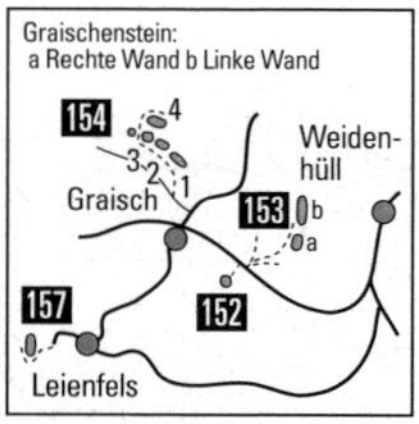

Graisch
152 Graischer Nadel
153 Graischenstein
154 Graischer Bleisteinwände
157 Ruine Leienfels
Übersichtskarte 3 *(S. 17)*

⑩

40 Coolman 7
41 Zapfenriss 5
42 Staubiger Bruder *(belegt)* 5
43 Schnalz . . . . 6 -
44 Oskar Bühler Ged.-Weg . . . . 6 +
45 Freistund 6
46 Rechter Halbmondriss . . . . 6 +
47 Linker Halbmondriss . . . . 6 +
48 Nordverschneidung 7
49 Anne-Sofi-99 7
50 Ratzfatz . . . . 7 -
51 Gladiator 7
52 Rippentarzan . . . . 6 +
53 Zocker . . . . 6 +
54 Kalte Sofie 5

Zugang
Am Ortseingang von Graisch (von Weidenhüll kommend) fährt man rechts eine schmale Straße nach Norden. Nach 60 m biegt links ein Feldweg ab, hier parken. Auf dem Feldweg weiter und 50 m nach dem Gesperrt-Schild rechts steil im Wald hinauf zum Sektor 1. Weiter nach links zu den Sektoren 2 und 3. Der Sektor 4 liegt auf der Rückseite.

Besonderheit
In die Sektoren 1-3 kommt je nach Belaubung nachmittags bis abends die Sonne in die Wand. Der Sektor 4 ist durchwegs schattig und kühl.

Leienstein

12 m | N **155**

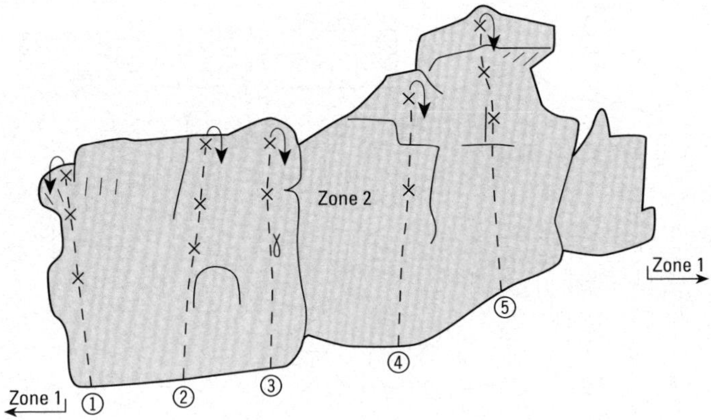

①	?	5+
②	?	7-
③	?	6
④	?	5-
⑤	?	5

Zugang
In Leienfels beim Gasthof »Burgruine« parken. Zwischen Biergarten und Gasthof dem Wanderweg folgen. Bei einer roten Bank gabelt sich der Weg. Auf dem linken Ast weiter zu Gesperrt-Schild bei Gabelung Nr. 7 und Grünkreuz. Man sieht bereits die Felsen. Noch 80 m weiter und rechts hoch zur Wand.

Besonderheit
Kleines, aber schön gelegenes und schattiges Gebiet.

Dönerbude

9 m | S + N **156**

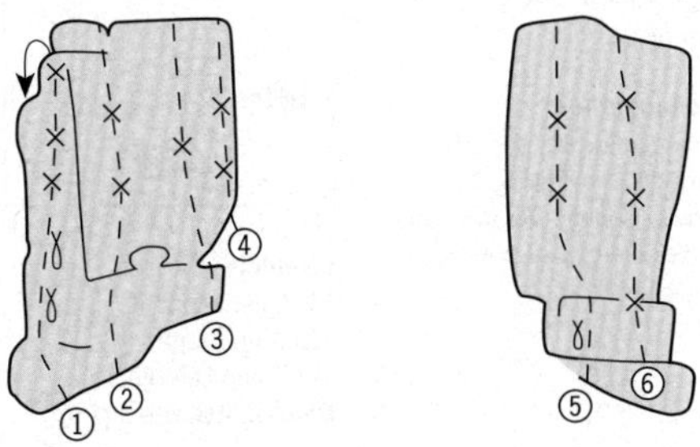

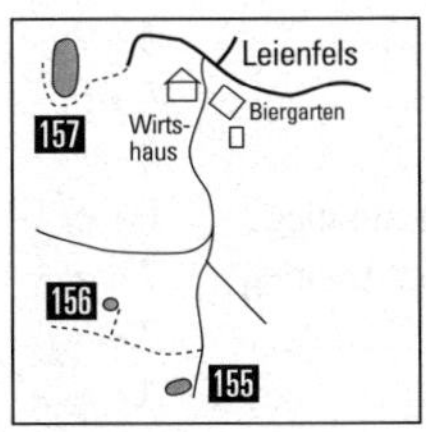

①	Dürüm Döner	6
②	Dönerpölisei	6-
③	1 A Drehkick	5
④	Fett krass	7-
⑤	Was guckst du	5-
⑥	Suley-Hund	4

Leienfels
155 Leienstein
156 Dönerbude
157 Ruine Leienfels
Übersichtskarte 3 *(S. 17)*

Zugang
In Leienfels beim Gasthof »Burgruine« parken. Zwischen Biergarten und Gasthof dem Wanderweg folgen. Bei einer roten Bank gabelt sich der Weg. Auf dem linken Ast weiter zu Gesperrt-Schild bei Gabelung Nr. 7 und Grünkreuz. Rechts dem Waldweg 200 m folgen, dann rechts hoch zur bereits sichtbaren Felsnadel.

Besonderheit
Kleiner Turm mit für die Gegend typischem festen, griffigen Fels. Rainer Quast hat sich die netten Namen ausgedacht.

157 Ruine Leienfels

| 17 m | W

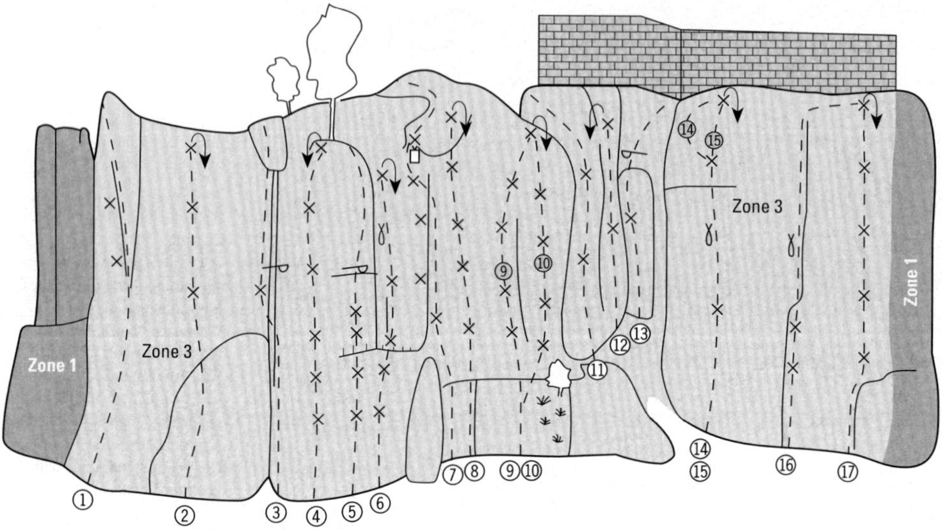

①	Wassergeier	7
②	Nordwestkante	7-
③	Leienfelser Weg	5
④	Amerikaner nehmen uns unsere Frauen weg	7
⑤	Leienfelser Pfeiler	7
⑥	M & M	6
⑦	Leienfelser Verschneidung	5+
⑧	J. C. Lane	7-
⑨	Ahornweg	5
⑩	Im Schatten des Baumes	6+
⑪	Rechts von Ahorn	4+
⑫	?	4+
⑬	?	4-
⑭	Zelten verboten linker Ausstieg	6+
⑮	Zelten verboten rechter Ausstieg	7-
⑯	Mückenriss	7-
⑰	Alles Gute	7-

Zugang
Parken in Leienfels. Weiter zur Ruine (ausgeschildert) und links seitlich absteigen zu den Einstiegen.

Besonderheit
Schöner, löchriger Frankenjurakalk. Nachmittags bis abends sonnig. Der Biergarten in Leienfels ist auch nicht zu verachten.

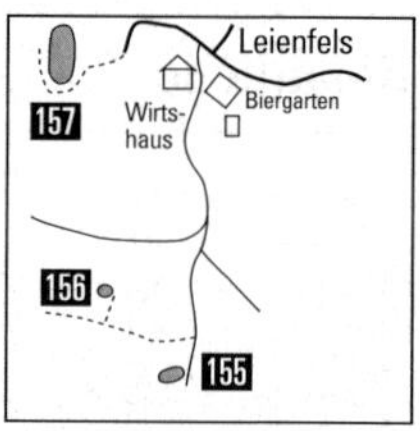

Leienfels
155 Leienstein
156 Dönerbude
157 Ruine Leienfels
Übersichtskarte 3 *(S. 17)*

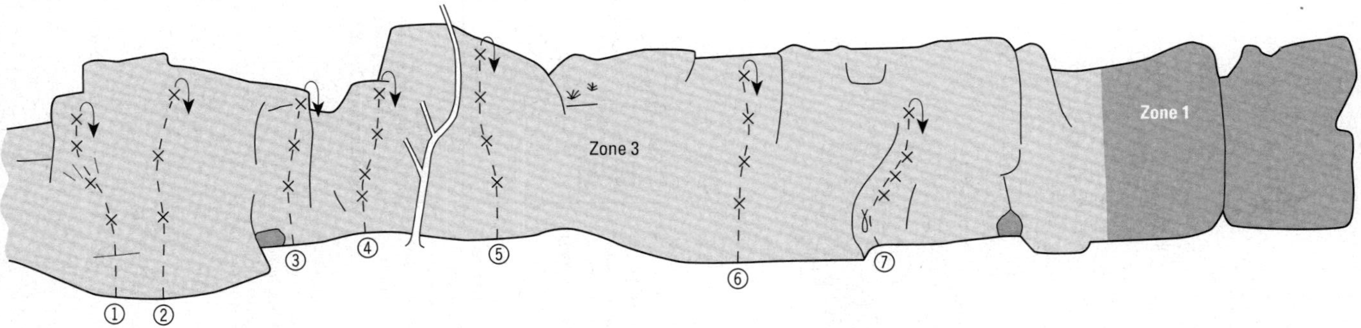

① *?* .... 8+
② *Vanceman (Projekt)* ....
③ *Projekt* ....
④ *Projekt* ....
⑤ *Projekt* ....
⑥ As time goes by 7
⑦ *Projekt* ....

Zugang
Parken in Soranger. Auf der Straße in Richtung Galgenberg/Bärnfels. Kurz nach Ortsausgang rechts auf Forststraße in den Wald. Nach 200 m rechts auf Fuhre abbiegen. Nach 70 m links hoch in den Wald. Wo er am dunkelsten ist steht die Wand.
Wenn im Sommer ein Brenesselfeld unter der Wand ist, kann man auch der Fuhre 200 m folgen und links hoch auf einem Pfad von hinten an die Felsen gehen.

Besonderheit
An der durch den dichten Wald relativ schattigen Südwand gibt es momentan fast nur Projekte. Die bereits fertigen Routen müssen noch etwas abgeklettert werden. Der ziemlich steile Fels ist nicht allzu griffig.

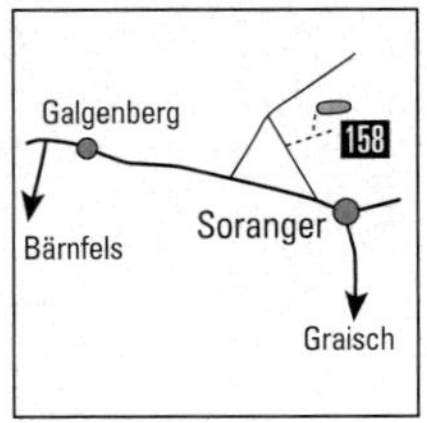

Soranger Wand
Übersichtskarte 3 *(S. 17)*

159 Linke Reibertsbergwand

| 18 m | O

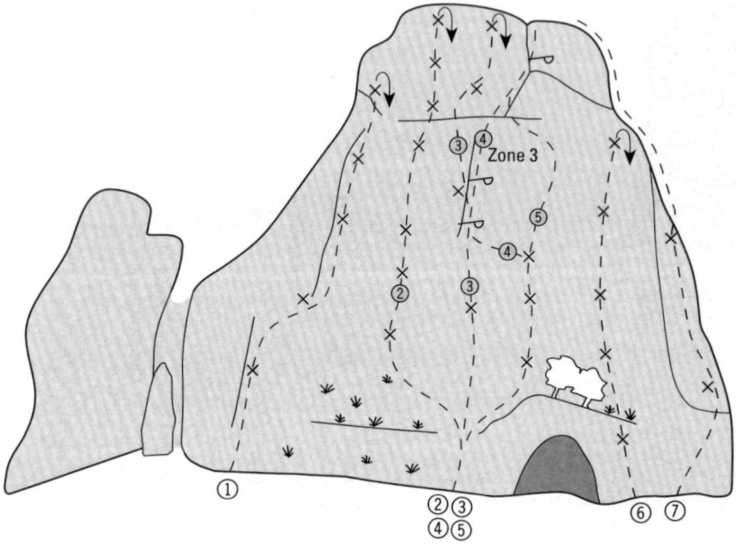

①	Hollunderriss	6 +
②	Gordischer Knoten	7 +
③	Bordsteinschwalbe	7 +
④	Wildrosenweg	7
⑤	?	8
⑥	Lohn der Angst	8
⑦	?	4

Zugang

Parken in Bärnfels. Auf der Straße in Richtung Soranger (nördlich). 40 m nach Ortsausgangsschild Bärnfels zweigt links ein Feldweg ab (Gesperrt-Schild). Diesem folgt man. Nach 200 m rechts, 80 m nach der Gabelung steht die Wand oberhalb des Weges. 60 m weiter kommt die Reibertshöhle und 150 m rechts von ihr die Rechte Reibertsbergwand.

Besonderheit

Die Wände sind jetzt freigestellt und gut sichtbar. Schöne, längere Wandklettereien.

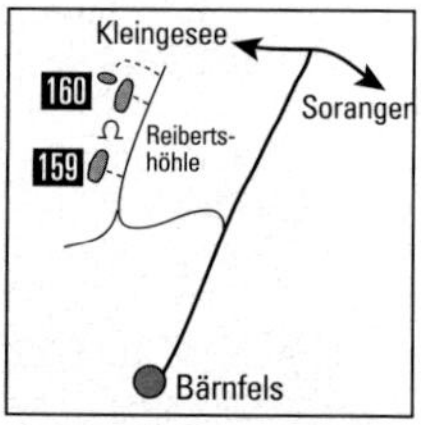

Reibertsberg

159 Li. Reibertsbergwand
160 Re. Reibertsbergwand
Übersichtskarte 3 *(S. 17)*

Ostwand | 20 m

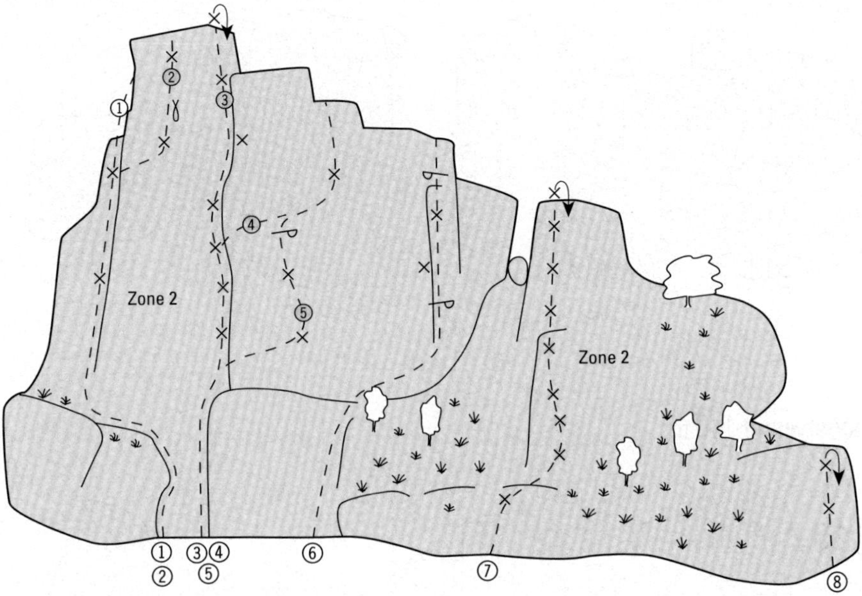

Nordwand | 10 m

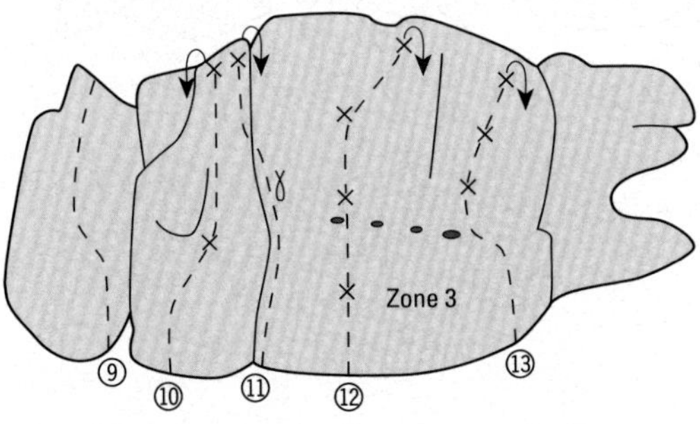

① Drachenkante	5+	⑧ Melodie der Sinne	5+
② Drachenwand	5+	⑨ Kante	3
③ Direkter Stachelriss	5+	⑩ Hieb für den Trieb	6+
④ Dornenriss	7	⑪ Steinpuzzelriss	6
⑤ Stachelriss	5+	⑫ Schmerzhafte Versuchung	7+
⑥ ?	7	⑬ Sündige Wege	7
⑦ HZM	5-		

161 Wolfstein

| 10 - 15 m

Nordwestwand | 12 m

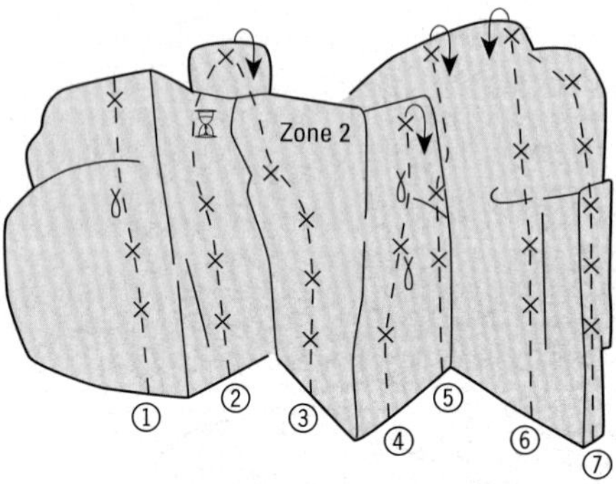

Südwestwand | 12 m

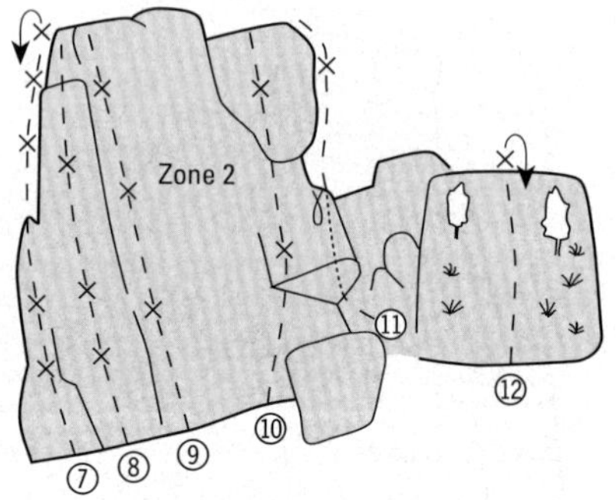

Südostwand | 10 m

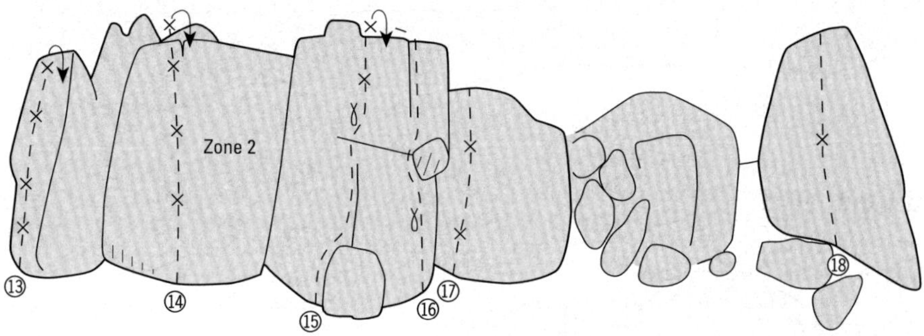

① Der Wolf und die 7 Geißlein	6+
② Nordkante	7-
③ Der mit dem Wolf tanzt	8-
④ Rumpelstilzchens Zorn	7
⑤ Schräge Rissverschneidung	6
⑥ Sterntaler	7
⑦ Tapferes Schneiderlein	6-
⑧ Westpfeiler	5
⑨ Froschkönig	3+
⑩ Schneewittchen	3+
⑪ Böser Wolf	5-
⑫ Wandl	3
⑬ Werwolf	7-
⑭ Hans im Glück	5+
⑮ Rübezahl	4-
⑯ Frau Holle	4+
⑰ Hase und Igel	5
⑱ Witwe Bolte	5
⑲ Linker Jubiläumsweg	5+
⑳ Rechter Jubiläumsweg	5+
㉑ Ostriss	5-

Wolfstein

10 - 15 m | 161

Nordostwand | 15 m

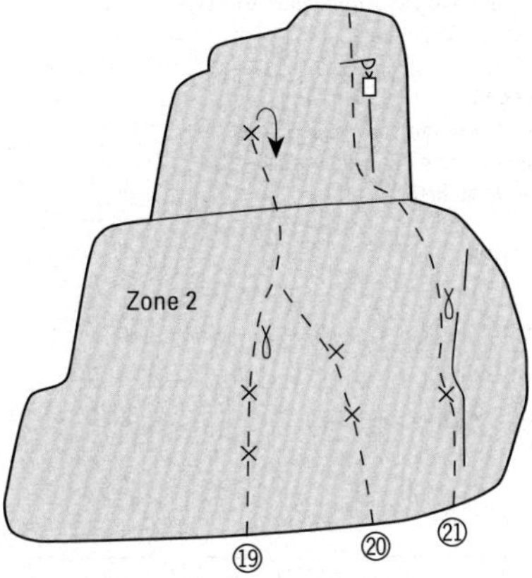

Zugang
Von Obertrubach nach Bärnfels fahren, dort in Ortsmitte rechts und kurz danach wieder rechts der ausgeschilderten Straße nach Graisch folgen. 250 m nach Ortsendeschild mündet links ein Feldweg ein, hier parken *(Zufahrt nicht verstellen!)*. Man folgt dem Feldweg, nimmt nach 200 m bei einer Gabelung den linken Ast (Schild »Wolfstein«) und geht nach weiteren 150 m rechts hoch zu den Felsen.

Besonderheit
Sehr sonniger Platz, es gibt aber auch einige Schattenrouten. Die Wege sind zwar recht kurz, man klettert aber in bestem, griffigen Trubachtalfels.

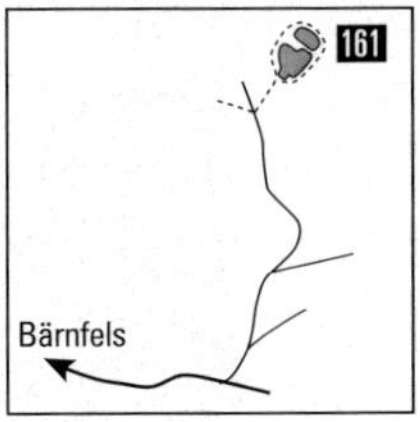

Wolfstein
Übersichtskarte 3 *(S. 17)*

Bärnfelser Boulderwand

5 m | W | 162

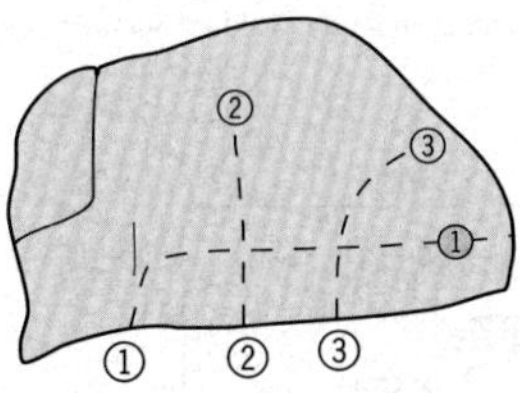

① Grippertraverse .... 7c+ Fbtr
② Grunzende Arschlöcher im Anflug *(toprope!)* .... 7b Fb
③ Monsieur Courage .... 7b+ Fb

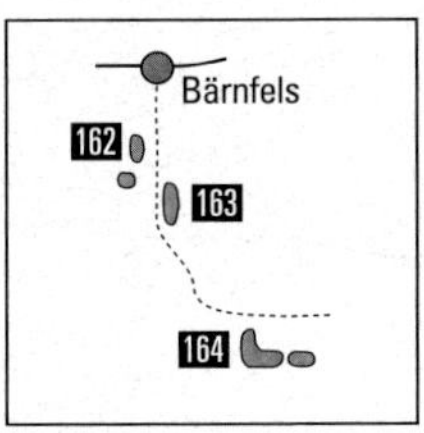

Bärnfels
162 Bärnf. Boulderwand
163 Westl. Bärnfelswand
164 Östl. Bärnfelswand
Übersichtskarte 3 *(S. 17)*

Zugang
Parken in Bärnfels. In der Ortsmitte zweigt bei einer Telefonzelle ein Wanderweg in nördlicher Richtung ab (Wegweiser: Gründleinstal). Dieser führt direkt zu den Felsen.

Besonderheit
Bewertungen an der Bärnfelser Boulderwand nach Fontainebleau-Skala.

163 Westliche Bärnfelswand

☼ | 14 m | W

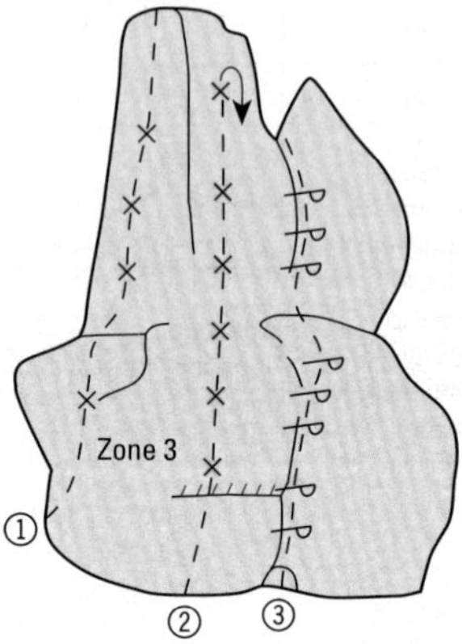

Zugang

Parken in Bärnfels. In der Ortsmitte zweigt bei einer Telefonzelle ein Wanderweg in nördlicher Richtung ab (Wegweiser: Gründleinstal). Dieser führt direkt zu den Felsen.

Besonderheit

Klassisches Massiv mit einer neuen Route (»Brainwave«).Durch die Bäume wird es im Sommer nicht zu heiß.

①	Neuer Weg	7
②	Brainwave	8+
③	Alter Weg	a1/5

164 Östliche Bärnfelswand

☼ | 8 - 18 m | S + W

Westwand | 18 m

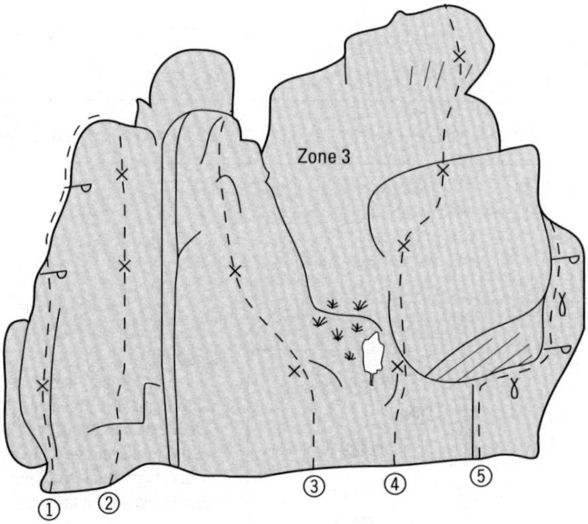

①	R 1	4+
②	R 2	5
③	R 3	6-
④	R 4	6+
⑤	R 5	5/a1
⑥	R 6	6
⑦	R 7	4+
⑧	R 8	7-
⑨	R 9	7-

Zugang

Siehe oben bei Westliche Bärnfelswand.

Besonderheit

Klassisches Massiv. Die Wege sind nicht übersichert, die Wand aber auch kaum überlaufen. Auch hier spendet der Wald im Sommer etwas Schatten.

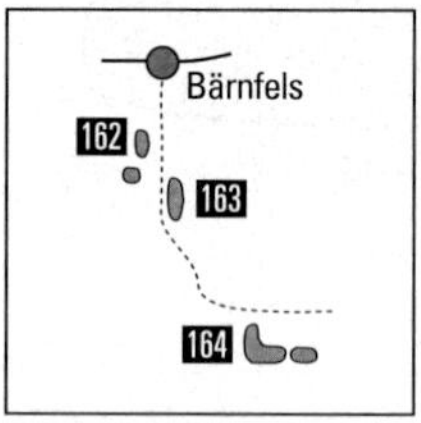

Bärnfels

162 Bärnf. Boulderwand
163 Westl. Bärnfelswand
164 Östl. Bärnfelswand
Übersichtskarte 3 *(S. 17)*

Östliche Bärnfelswand

☼ | 8 - 18 m | S + W **164**

Südwand | 17 m

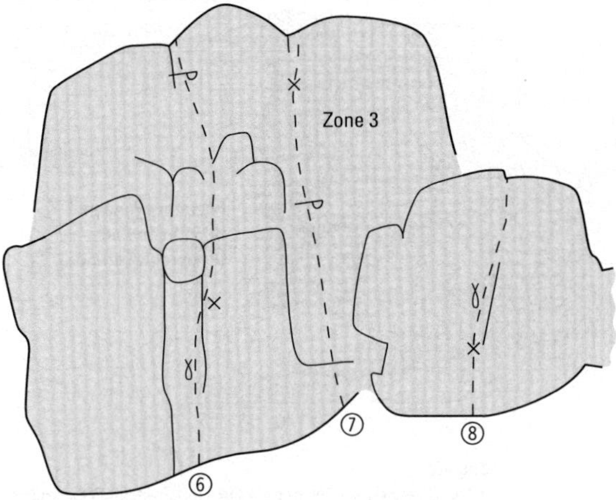

Ganz rechts | 8 m

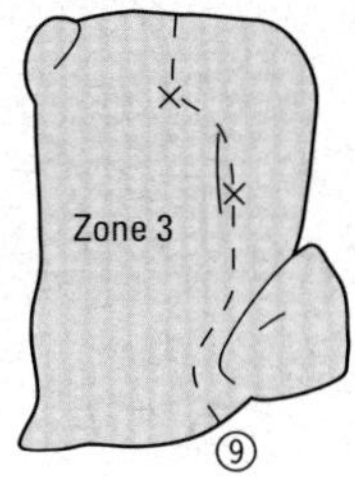

Kascholong

12 m | S **165**

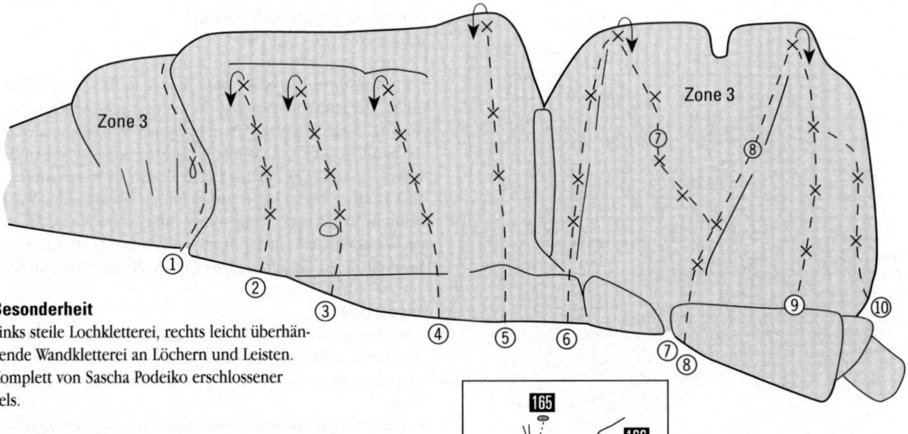

Besonderheit
Links steile Lochkletterei, rechts leicht überhängende Wandkletterei an Löchern und Leisten. Komplett von Sascha Podeiko erschlossener Fels.

① *Projekt*	
② Boulderkantine	8
③ Soul Moves	9
④ Kascholong	9
⑤ Bärnfelder WG	8 -
⑥ Harrys Krankengymnastik	7 -
⑦ Panzer im Kreuz	8 +
⑧ Die Falle *(ggf. Keile)*	7 +
⑨ Not simple	8 -
⑩ Scherz am Rande	7 -

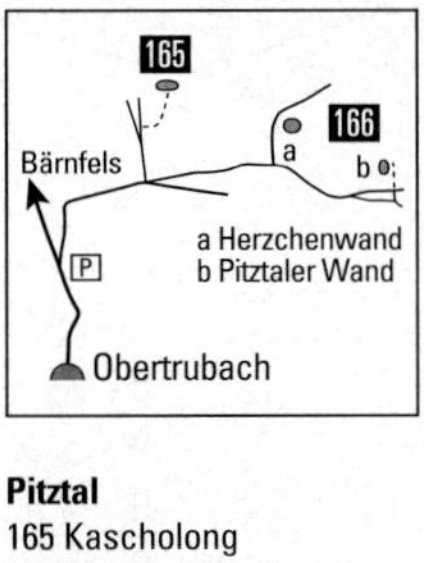

Pitztal
165 Kascholong
166 Pitztaler Wand und Herzchenwand
Übersichtskarte 3 *(S. 17)*

Zugang
200 m nach Ortsausgangsschild Obertrubach (Richtung Bärnfels) rechts bei Wanderparkplatz parken. Auf Schotterstraße 400 m ins Pitztal. Bei Wandertafel links dem Weg nach Bärnfels folgen (tiefe Rinne), noch vor den Büschen rechts hoch und am Wiesenrand zum Wald. Im dichten Wald 100 m hoch zum Fels.

166 Pitztaler Wand und Herzchenwand

| 18 m | SO + O

Pitztaler Wand | 12 m | O

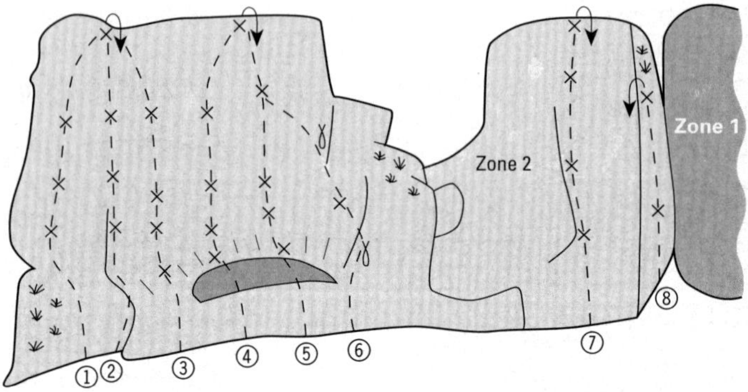

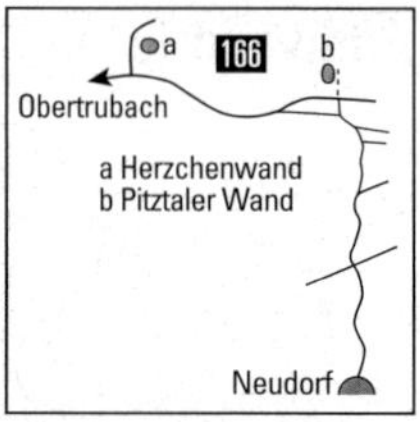

Pitztaler Wand und Herzchenwand
Übersichtskarte 3 *(S. 17)*

Herzchenwand | 12 m | SO

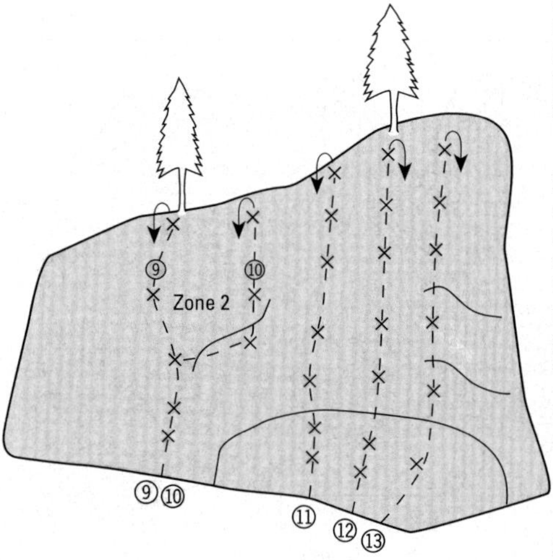

Zugang

• *Von Obertrubach:* 200 m nach Ortsausgangsschild Obertrubach (Richtung Bärnfels) rechts bei Wanderparkplatz parken. Auf Schotterstraße ins Pitztal. Dem bezeichneten »Herzwanderweg« 800 m folgen bis zur 2. Weggabelung. Auf dem rechten Weg weiter und nach 500 m links auf Pfad hoch zur Pitztaler Wand. Zur Herzchenwand geht man bei der Weggabelung auf dem linken Weg weiter und 20 m nach einer Informationstafel in einer Links/Rechts-Schleife hoch zur Wand.
Siehe auch Skizze auf S. 241.

• *Von Neudorf zur Pitztaler Wand:* Parken in Neudorf beim Briefkasten. Der Straße in nördlicher Richtung folgen, sie geht bald in einen Feldweg über. Nach 500 m überquert man eine Kreuzung; 200 m weiter folgt man in einer Rechtskurve einer schmalen Fuhre geradeaus. Sie führt in den Talgrund, wo sich verschiedene Wege kreuzen. Zuerst hält man sich links (Pfahl mit vielen Wegweisern), 30 m weiter wieder rechts (Weg mit blauen Markierungen zweigt links ab). Man trifft auf einen Forstweg, den man geradeaus überquert. 50 m oberhalb steht die Pitztaler Wand im Wald.

Besonderheit

Guter, kompakter Fels mit Löchern und Leisten. An der Pitztaler Wand recht überhängende Einstiege, z.T. mit Risspuren. An der Herzchenwand gibt es sowohl plattige als auch überhängende Wege.
Bitte eine Stunde vor Sonnenuntergang die Felsen verlassen!

①	?	7+
②	?	8-
③	Leben aus dem Bauch	9+
④	?	9
⑤	?	9
⑥	?	8
⑦	?	7
⑧	?	6
⑨	Aorta	6+
⑩	Bypass	7
⑪	*Projekt*	
⑫	Löwenherz	8-
⑬	Herzflimmern	7

Neudorf

| 5 - 12 m | N+ W **167**

Sektor a | Linker Teil | 12 m | N

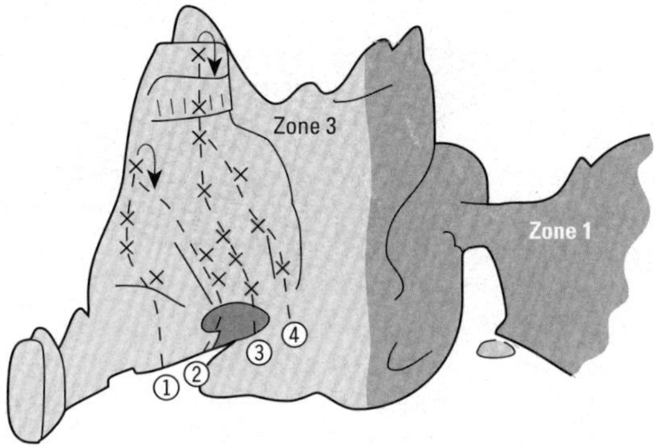

Rechter Teil | 7 m | N

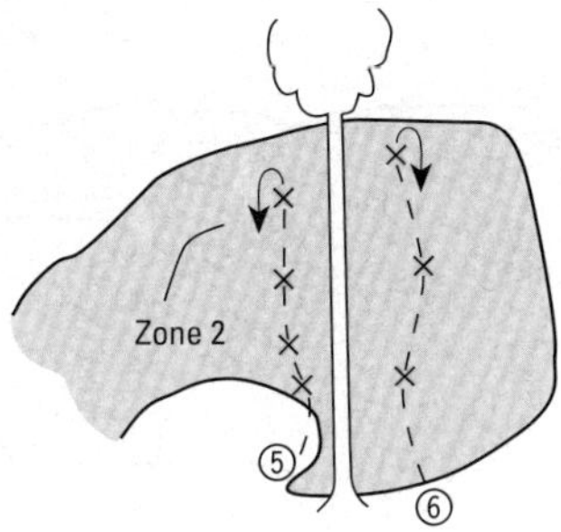

- ① *Projekt* ....
- ② *Projekt* ....
- ③ Frontline .... 11 -
- ④ Drachentanz .... 8 +
- ⑤ Kleine Wolke .... 9 -
- ⑥ Geschafft .... 6 +

Besonderheit

Für den Erhalt dieses hervorragenden Bouldergebietes ist es von größter Bedeutung, Rücksicht auf die Anlieger zu nehmen *(Parken, Lärm!)*. Mittlerweilen gibt es mit »Frontline« (Bock 2002) auch einen Elfer in Neudorf.

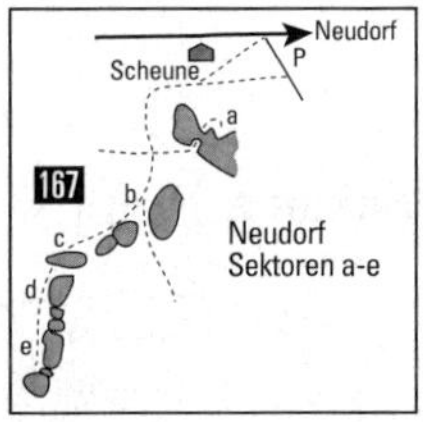

Neudorf
Übersichtskarte 3 *(S. 17)*

Sektor b | 8 m | W

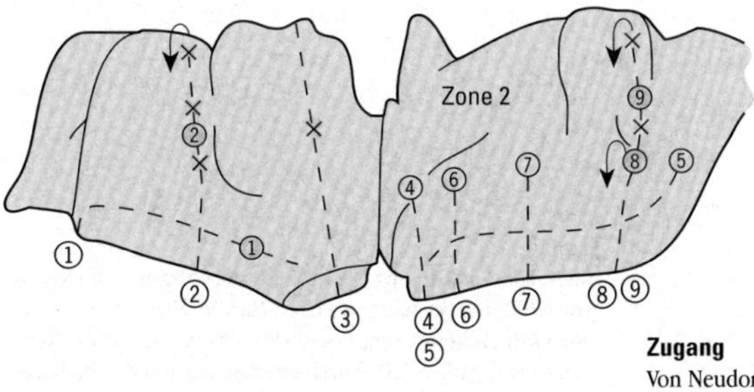

Rechts des Weges | 6 m | N

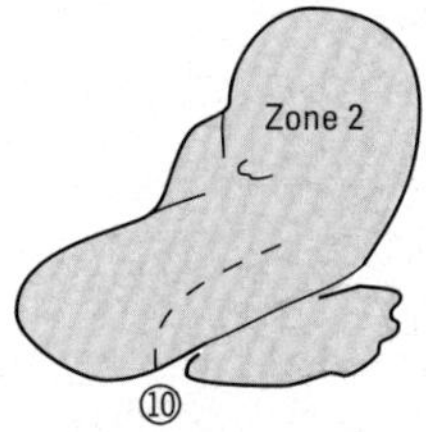

Zugang

Von Neudorf in Richtung Obertrubach steht 500 m nach Ortsausgang Neudorf links der Straße eine Scheune. Hier parken - *bitte keinesfalls Zufahrten versperren!* (Von Obertrubach über »Neudorfer Weg«; parken 300 m nach Ortsausgangsschild). Oberhalb der Scheune kurz einem Feldweg südlich folgen und rechts auf Fuhre 150 m weiter (links stehen verwachsene Felsen). Die Fuhre endet nach 50 m. Man trifft auf einen Weg, dem man links hoch zu den Felsen folgt.
Lage der Sektoren siehe Skizze.

- ① Aufwärm-Quergang (*leicht*); verschiedene definierte Varianten möglich (bis 7a+Fb)
- ② Orakel .... 7 +
- ③ ? .... 5 +
- ④ ? .... 7b+ Fb
- ⑤ Hidden Park .... 7c Fbtr
- ⑥ Hale Bopp .... 7a+ Fb
- ⑦ Middle Thriddle .... 7b Fb
- ⑧ Skyscraper 7b
- ⑨ Kulissenwächter 9
- ⑩ ? .... 7a Fb

167 Neudorf

| 5 - 12 m | N+ W

Sektor c | 5 m | N

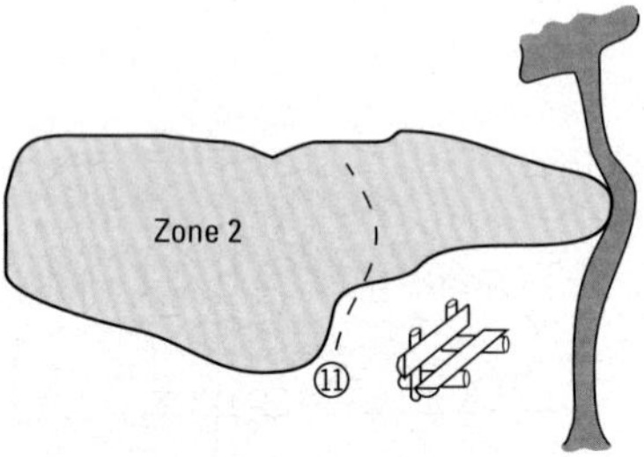

Sektor d | 5 m | W

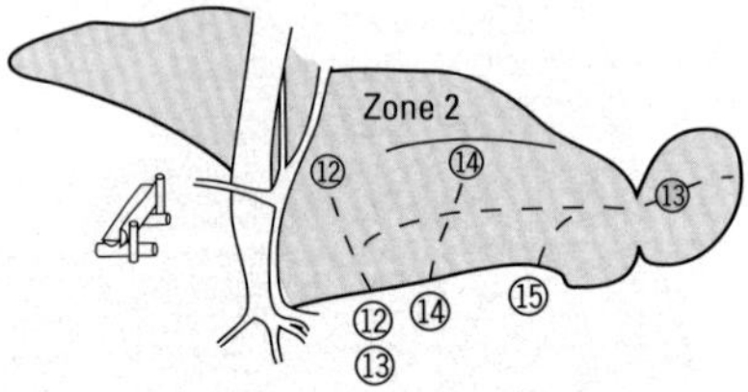

Sektor e | 7 m | W

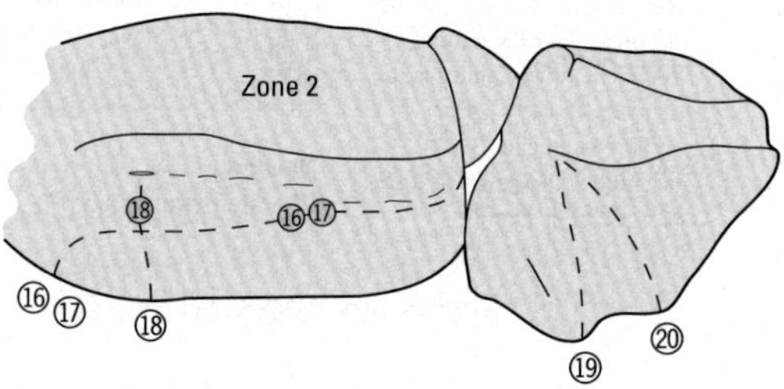

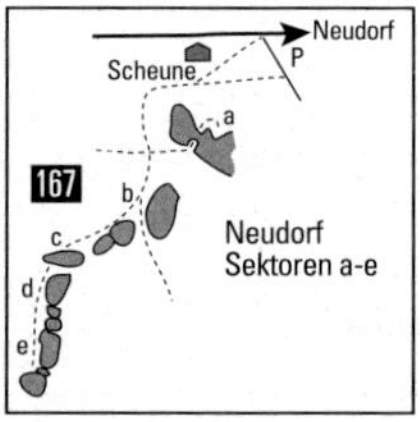

Neudorf
Übersichtskarte 3 *(S. 17)*

⑪ Atompilz . . . . 7a Fb
⑫ Eichhörnchen . . . . 7a Fb
⑬ Wanderweg . . . . 6b+ Fbtr
⑭ Warm up . . . . 6b Fb
⑮ Marder . . . . 6a Fb
⑯ Quergang (oben entlang) . . . . . 7a Fbtr
⑰ Quergang (*unten entlang mit . . den kleinen Griffen*) 7c Fbtr
⑱ Gier. . . . . 6c+ Fb
⑲ Neid (*markierte Griffe*). . . . . . . 7c Fb
⑳ Berührungsangst (*mark. Griffe*) 7a+ Fb

Zugang
Von Neudorf in Richtung Obertrubach steht 500 m nach Ortsausgang Neudorf links der Straße eine Scheune. Hier parken - ***bitte keinesfalls Zufahrten versperren!*** (Von Obertrubach über »Neudorfer Weg«; parken 300 m nach Ortsausgangsschild). Oberhalb der Scheune kurz einem Feldweg südlich folgen und rechts auf Fuhre 150 m weiter (links stehen verwachsene Felsen). Die Fuhre endet nach 50 m. Man trifft auf einen Weg, dem man links hoch zu den Felsen folgt.
Lage der Sektoren siehe Skizze.

Besonderheit
Für den Erhalt dieses hervorragenden Bouldergebietes ist es von größter Bedeutung, Rücksicht auf die Anlieger zu nehmen *(Parken, Lärm!)*.

Untere Wand | 10 m | SW

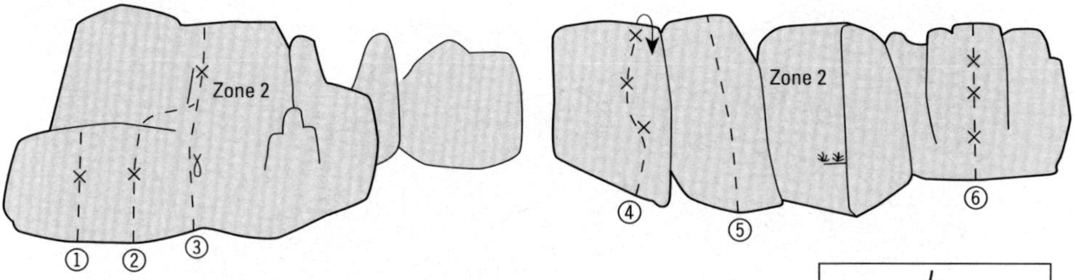

Obere Wand | Linker Teil | 10 m | N + W

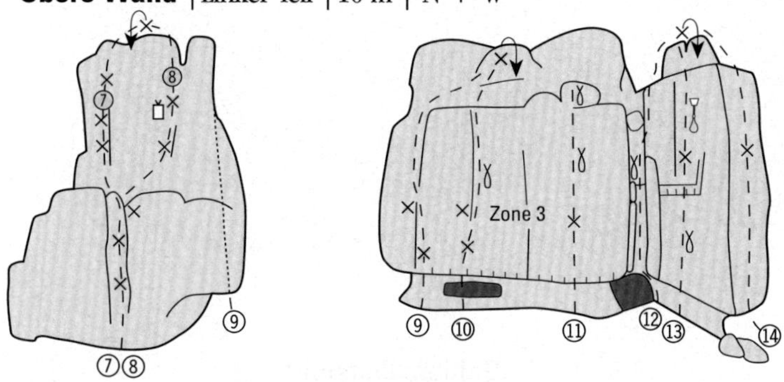

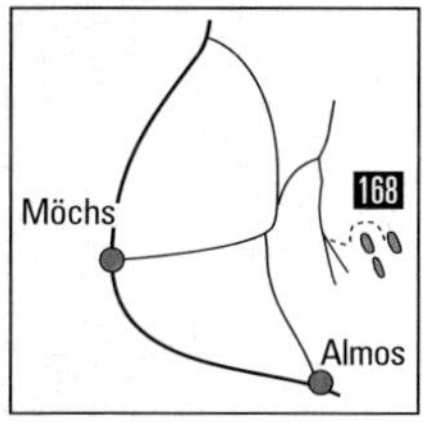

Ochsenbrand
Übersichtskarte 2 *(S. 16)*

Zugang
Parken in Möchs. Dem geteerten Feldweg 600 m nach Westen folgen (Schild: »Obertrubach«). Wo der Teer in Schotter übergeht halbrechts, nach 200 m wieder rechts. Nach weiteren 200 m kommt eine Gabelung, links oberhalb sind die Felsen.

Besonderheit
Klein, aber fein. Feste, senkrechte Wandklettereien.

Obere Wand | Rechter Teil | 12 m | SW

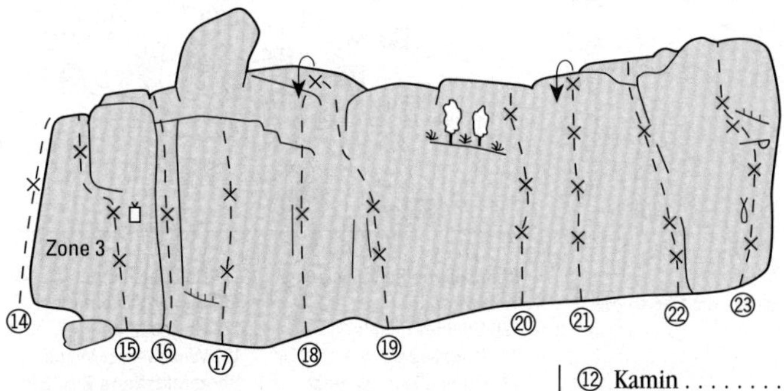

① *Projekt*	
② Steinbruch direkt	6+
③ Steinbruch	6-
④ Anarchy X	6+
⑤ Solowandl	7-
⑥ ?	8-
⑦ Linker Baumgärtner Ged.-Weg	6+
⑧ Rechter Baumgärtner Ged.-Weg	6+
⑨ Möchser Weg	7
⑩ Buchenweg	8-
⑪ Schnäpper	8
⑫ Kamin	4+
⑬ Der Weg durch das Ohr	7+
⑭ Rüssel	6+
⑮ Otto Sigl Ged.-Weg	7
⑯ Verschneidung	5+
⑰ Forest Flower	7
⑱ Steinbrecher	6-
⑲ Tannenweg	6-
⑳ Eichenweg	6-
㉑ Waldmeister	8
㉒ Fichtenweg	6-
㉓ Föhrenweg	7/7+

169 Eldorado

| 8 m | O

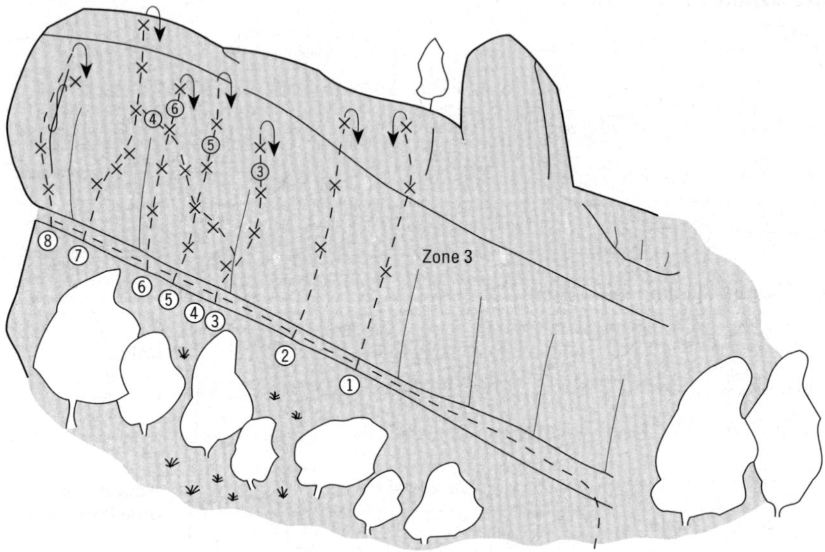

① Unbehagen	8-	
② No more Babysitting for neurotic Girls today	9	
③ Ekel	9+	
④ Infinity	11-/11	
⑤ Nightmare	10	
⑥ Raubritter	11-	
⑦ Stone Love	10+	
⑧ Südtirol, mio amore	9	

Zugang
Direkt über dem Spielplatz 300 m talabwärts von Obertrubach befindet sich das Eldorado.

Besonderheit
Der Name des Massivs passt für alle Kletterer, die schwere athletische Dachrouten suchen. Zu den Klassikern im 9. und 10. Grad hat Markus Bock im Sommer 2003 eine harte Kombinationsroute im 11. Grad hinzugefügt: »Infinity«.
Prinzipiell ist das Eldorado regengeschützt, allerdings drückt das Wasser nach längeren Schlechtwetterperioden bzw. im Frühjahr lange aus den Löchern hervor, so daß der ganze Felsen manchmal einem Wasserfall ähnelt.

Gebietsübersicht

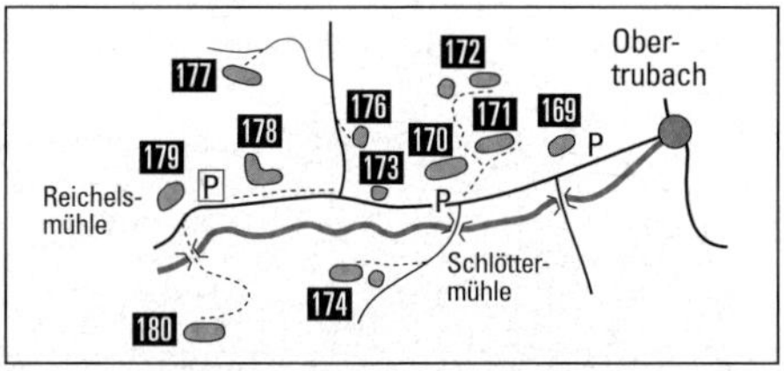

Obertrubach/Reichelsmühle
169 Eldorado
170 Schlöttermühle
171 Dachlwand
172 Rumpelkammer und Auenland
173 Ziegelmühler Wand
174 Bleisteine
176 Zauberberg
177 Reichelsmühler Wand
178 Richard Wagner Fels
179 Hartelstein
180 Wolfsberger Wand
Übersichtskarte 2 *(S. 16)*
Übersichtskarte 3 *(S. 17)*

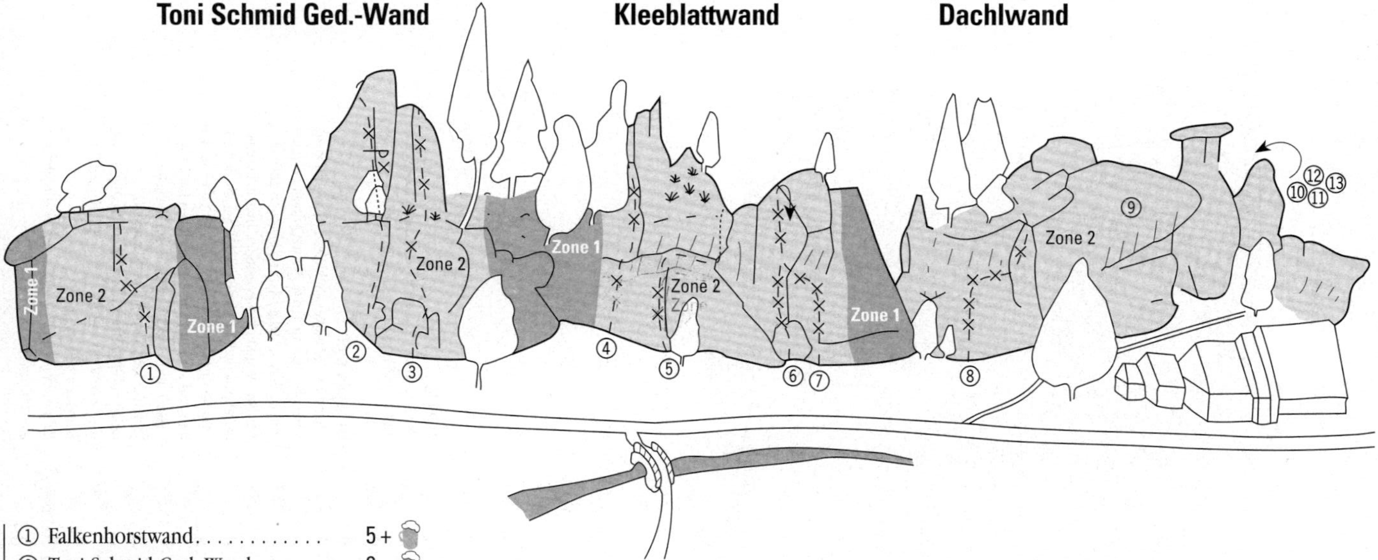

① Falkenhorstwand	5+	
② Toni Schmid Ged.-Wand	6	
③ Schlöttermühle Pfeiler *(Keile)*	5-	
④ Südriss	a1/6	
⑤ Ostriss	a1/5	
⑥ ?	6+	
⑦ Graue Wand	6	
⑧ Schlötterwand	a1/5	
⑨ Dachlwand *(nächste Seite)*		
⑩ Kraft durch Freude	8-	
⑪ ?	9-	
⑫ Herbst	9-	
⑬ Nordostwand	7+	

Zugang
1 km talaufwärts von Obertrubach steht die Schlöttermühle mit den Felsen. *Bitte beim Parken keine Zufahrten versperren!*

Sektor Herbst | 10 m | NO

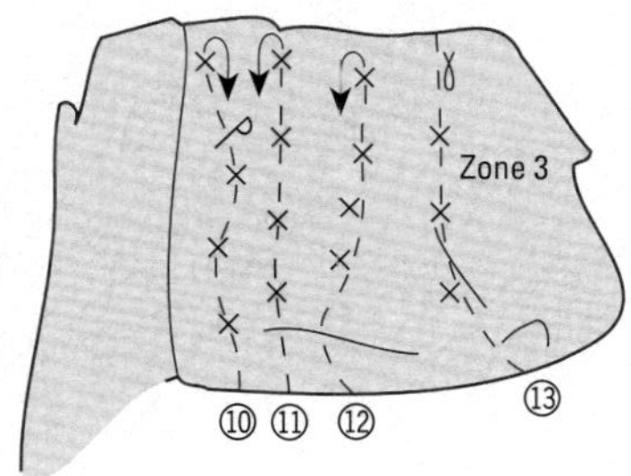

171 Dachlwand

| 18 m | S + W

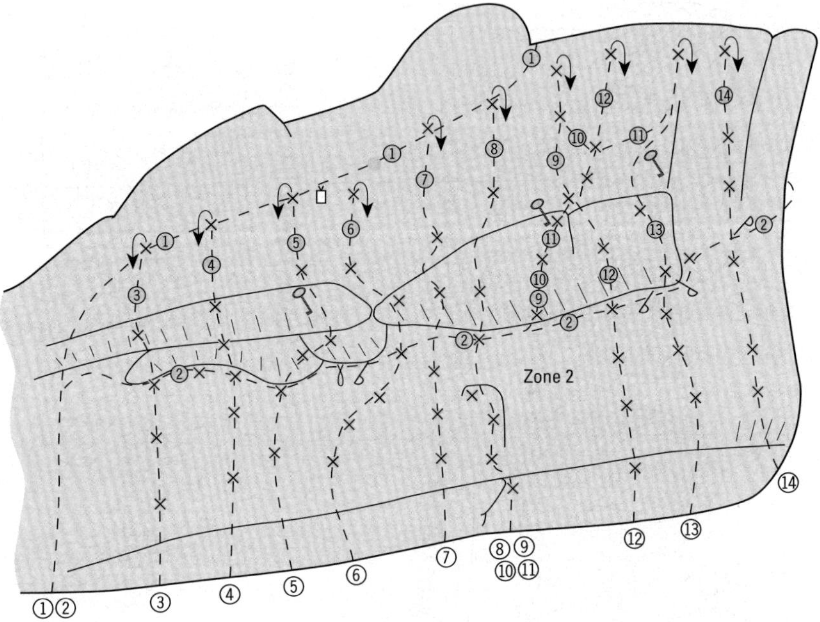

① Oberer Dachweg	3+	
② Schiefes Dach	8-	
③ Iced Earth	8	
④ Bauer Olaf	9	
⑤ Power of Love	9-	
⑥ Bilbo Baggins	8-	
⑦ Gollum	8	
⑧ Rainer's erstes Mal	8+	
⑨ Goldenes Dach (aktuelle Variante)	8+	
⑩ Goldenes Dach (Orig.-Variante)	8+/9-	
⑪ Kombination G. Dach-Chaka Khan	9	
⑫ Damokles' Schwert	9-	
⑬ Chaka Khan	e1/9-	
⑭ 1° Grand Cru	8+	

Zugang

Die Dachlwand liegt oberhalb der Schlöttermühle, *siehe auch S. 247*.

Besonderheit

Die beiden Klassiker »Schiefes Dach« und »Goldenes Dach« wurden früher technisch geklettert und in den Achtziger Jahren im Zuge der Rotpunktbewegung frei begangen. Inzwischen gibt es zahlreiche Wege im 8. und 9. Schwierigkeitsgrad an der Dachlwand, von denen die meisten lohnend sind. In den letzten Jahren hat Uwe Gellersen die noch verbliebenen logischen Linien eingebohrt und erstbegangen.
Aufgrund ihrer freistehenden, südseitigen Lage wird die Wand vor allem während der kalten Jahreszeit gern besucht.
Bitte rücksichtsvoll parken, Anlieger wohnen gleich unterhalb der Wand!

Rumpelkammer und Auenland | 14 m | S + O

Rumpelkammer | 14 m | SO

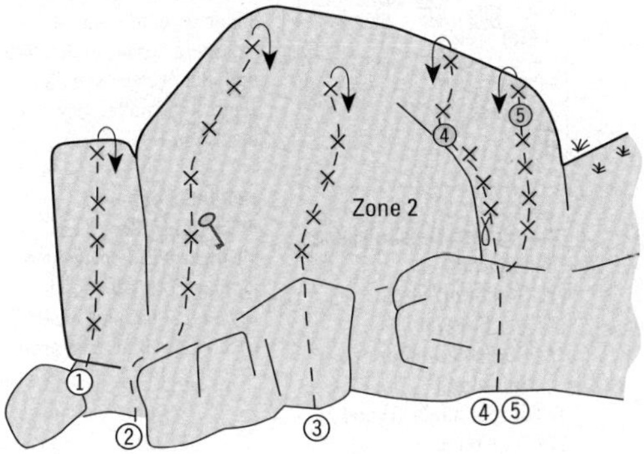

Auenland | 10 m | S

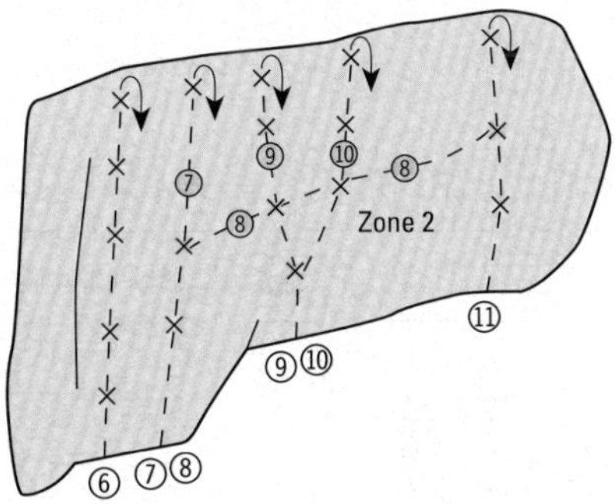

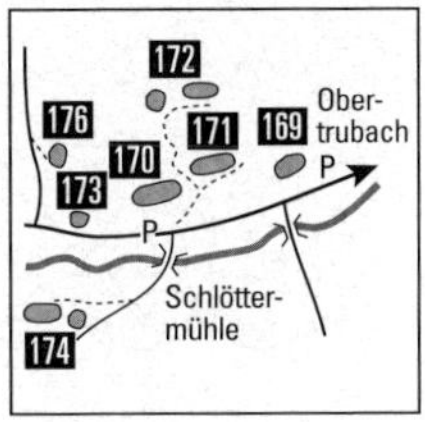

Obertrubach/Reichelsmühle
169 Eldorado
170 Schlöttermühle
171 Dachlwand
172 Rumpelkammer und Auenland
173 Ziegelmühler Wand
174 Bleisteine
176 Zauberberg
Gebietsübersicht *S. 246*
Übersichtskarte 2 *(S. 16)*
Übersichtskarte 3 *(S. 17)*

Zugang
Oberhalb der Schlöttermühle liegt die Dachlwand. An ihrem Wandfuss nach links und über Steigspuren den Hang hinauf zur Rumpelkammer. Das Auenland liegt rechts davon.

Besonderheit
Etwas Sonne kommt durch die nahen Bäume nur während der kalten Jahreszeit in die Wand.

① Absolut Moggast .... 9+/10-
② Borderline................. 9-
③ *Projekt* ....
④ Rumpelkammer............. 9-/9
⑤ Stereo Deluxe Club.......... 9/9+
⑥ Frodo 8
⑦ Galadriel.................. 8
⑧ Herr der Ringe .... 8+
⑨ Aragorn.................. 8
⑩ Saruman .... 8+
⑪ Gandalf................... 8-

173 Ziegelmühler Wand

| 17 m | S

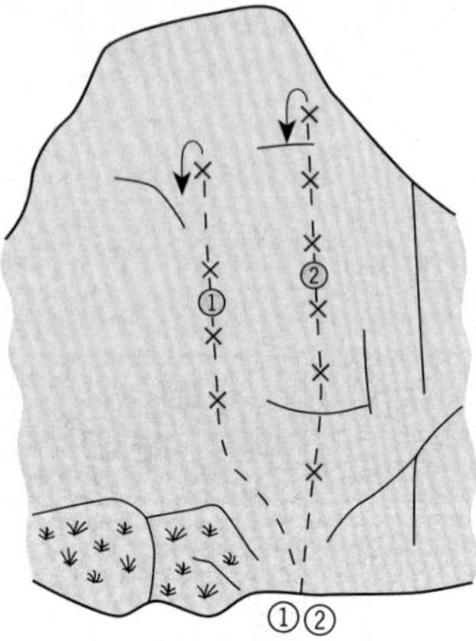

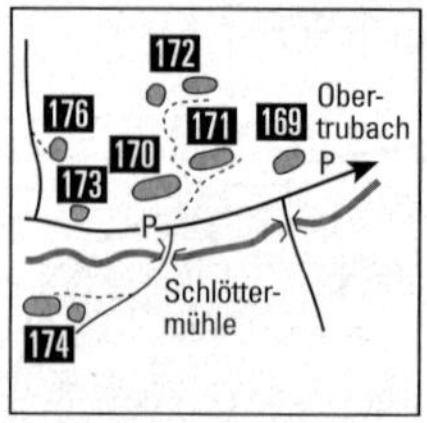

Obertrubach/Reichelsmühle
169 Eldorado
170 Schlöttermühle
171 Dachlwand
172 Rumpelkammer und Auenland
173 Ziegelmühler Wand
174 Bleisteine
176 Zauberberg
Gebietsübersicht *S. 246*
Übersichtskarte 2 *(S. 16)*
Übersichtskarte 3 *(S. 17)*

Zugang
Parken bei Ziegelmühle. Von der Bushaltestelle auf der Straße 60 m in Richtung Wolfsberg. Rechts in den Wald und, den Wanderweg kreuzend, 50 m auf Steigspuren hoch zum Fels.

Besonderheit
Kleingriffige Kletterei an löchriger Wand; markantes Einfingerloch bei »Woodpeckers...«, das eine Auslese nach Fingerdicke ermöglicht.

① Woodpeckers from space...... 8+
② *Projekt* ....

174 Bleisteine

| 16 - 18 m | N

Nebenmassiv | 16 m | N

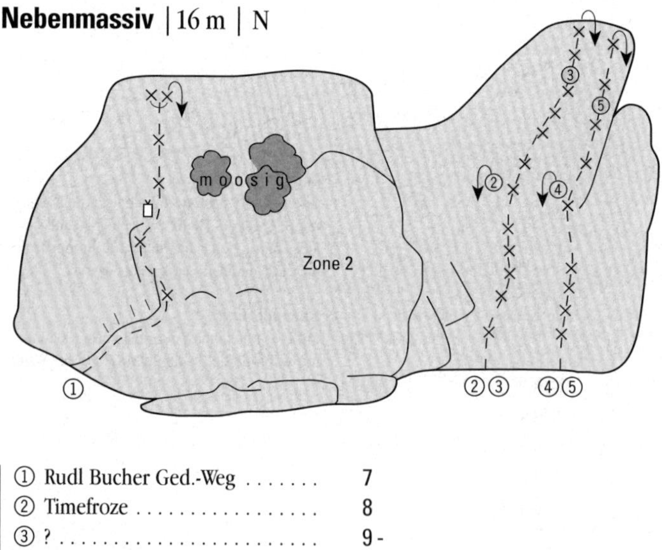

① Rudl Bucher Ged.-Weg 7
② Timefroze 8
③ ? 9-
④ ? .... 7+
⑤ Molotow 10-/10

Zugang
Bei der Abzweigung der Trubachtalstraße nach Schossaritz parken. Beim Telegrafenhäuschen kleinem Trampelpfad nach rechts über die Wiese folgen und in den Wald zu den Felsen. Links steht das Nebenmassiv, weiter rechts das Hauptmassiv.

Zugang
»Molotow« erhielt eine »flash«-Begehung im Jahr 2003 durch Markus Bock.

Hauptmassiv | 18 m | N

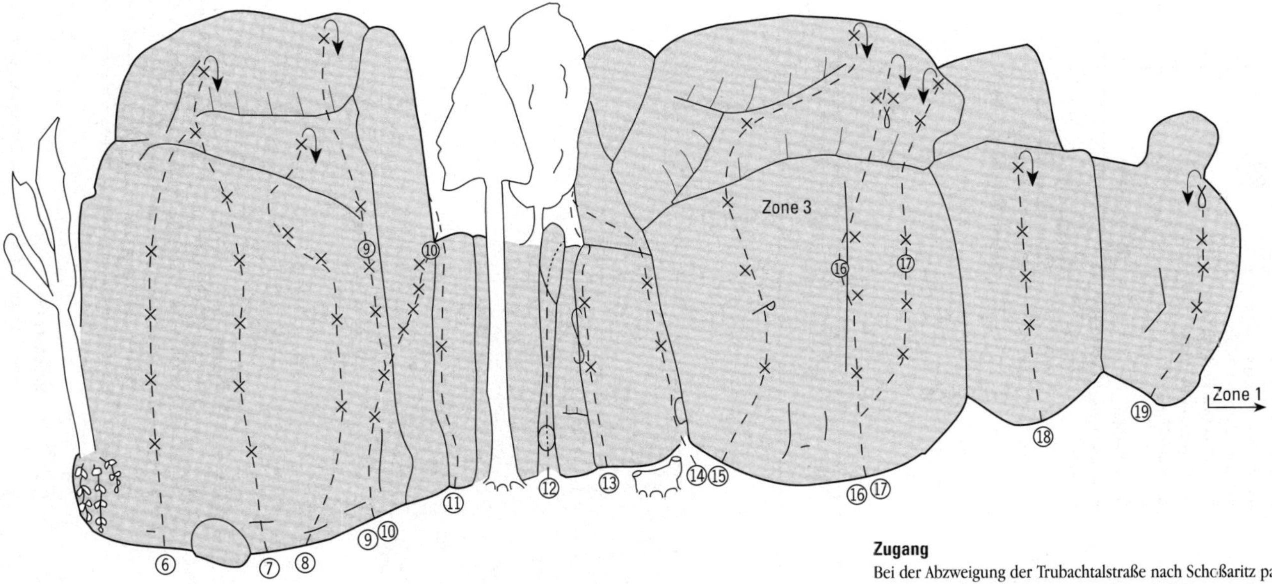

⑥ Fliegender Engländer	8 -	
⑦ Entdeckung der Langsamkeit	9 -	
⑧ Eraserhead	8 +	
⑨ Ist doch logisch	8	
⑩ Bamberger Weg	7	
⑪ Nordverschneidung	5	
⑫ Nordkamin	3	
⑬ Kaiserschnitt	5	
⑭ Nordostverschneidung	5 +	
⑮ Offenbarung	8 -	
⑯ Not for stamp collectors	8 +	
⑰ Am seidenen Faden	8 +	
⑱ Angenehm überrascht	7 +	
⑲ Zeit der Leidenschaft	8 +	

Zugang
Bei der Abzweigung der Trubachtalstraße nach Schoßaritz parken. Beim Telegrafenhäuschen kleinem Trampelpfad nach rechts über die Wiese folgen und in den Wald zu den Felsen. Links steht das Nebenmassiv, weiter rechts das Hauptmassiv.

Besonderheit
Die Bleisteine gehören zu den Felsen, an denen einige der ersten Routen im 8. Grad geklettert wurden: »Offenbarung« (Kurt Albert 1979) und »Eraserhead« (Albert 1980).

175 Prodigywand

| 6 m | O

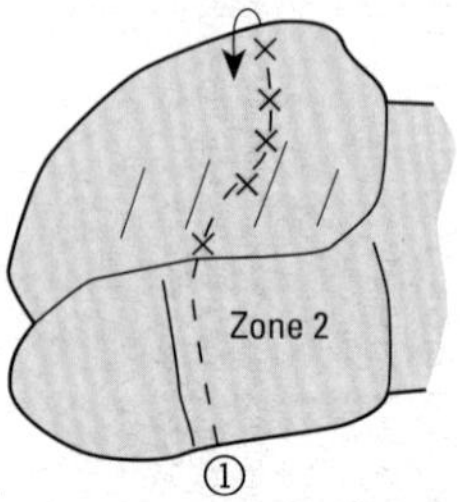

Zugang
Parken bei Schlöttermühle und der Schotterstraße in Richtung Schossaritz folgen. Nach 600 m steht die kleine, überhängende Wand direkt rechts des Weges.

Besonderheit
Kurze Dachkletterei von Heiko Queitsch.

Prodigywand
Gebietsübersicht *S. 246*
Übersichtskarte 2 *(S. 16)*
Übersichtskarte 3 *(S. 17)*

① Firestarter	9+

176 Zauberberg

8 m | W

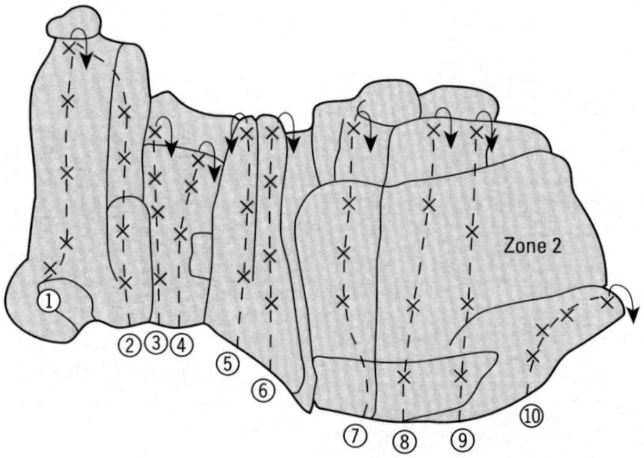

① Harpie	8+
② Fauler Zauber	8/8+
③ Winklmoos	6-
④ Saubär	7
⑤ Geile Kante	8-
⑥ Löcherwand	7-
⑦ Zauberer von Oz	5+
⑧ Zaubermaus	7
⑨ Simsalabim	8
⑩ Russ Meyer Ged.-Weg	9-

Zugang
Zwischen Schlöttermühle und Wolfsberg ist auf halbem Weg ein Parkplatz, hier parken. Auf der Straße talaufwärts und beim Cafe Treiber links der Straße nach Hundsdorf folgen *(nicht beim Cafe parken!)*. 200 m nach der Abzweigung reichen kleinere Felsen bis zur Straße herab; kurz vorher rechts hoch und in den Wald zum Felsen.

Besonderheit
Durch die Lage im Wald ist es auch nachmittags recht schattig.

Reichelsmühler Wand

| 12 m | N **177**

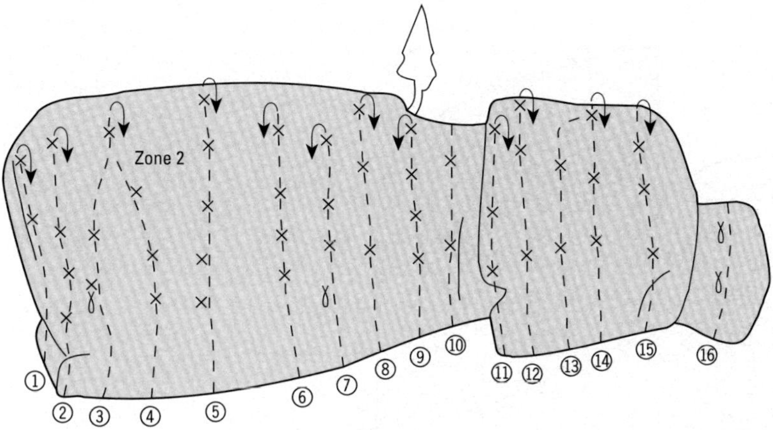

①	Stinkefinger	7
②	Climb now, work later	9-
③	?	8
④	No Chance with Wellingtons	7+
⑤	Aquaplaning	7+
⑥	Drunks in the Gym	7+
⑦	Weiße Realität	7+
⑧	Testpilot	7+
⑨	?	6+
⑩	Green Dragon	6
⑪	KAG (Kommen, Abhaken, Gehen)	6-
⑫	ZEN (Zupacken, Einhängen, Nachchalken)	7
⑬	Klein, aber fein	7
⑭	Kurz und gut	7-
⑮	Last not least	6-
⑯	*Projekt*	

Zugang
Zwischen Schlöttermühle und Wolfsberg ist auf halbem Weg ein Parkplatz, hier parken. Auf der Straße talaufwärts und beim Cafe Treiber links der Straße nach Hundsdorf folgen *(nicht beim Cafe parken!)*. 250 m nach der Abzweigung links auf Weg am Waldrand entlang. Nach 150 m führt ein kleiner Pfad links hoch zu den Felsen.

Besonderheit
Der schattige Felsen wird von den Liebhabern kurzer Routen mittlerer Schwierigkeit gern besucht. Der Fels ist solide und nicht zu griffig.

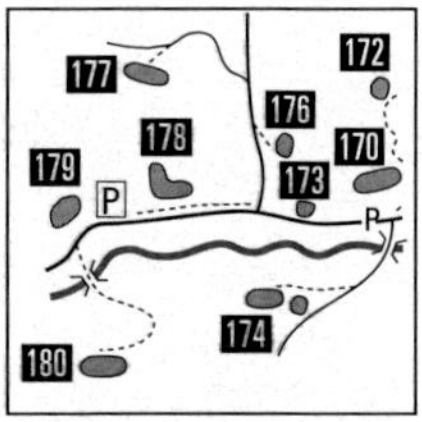

Reichelsmühle/Wolfsberg
170 Schlöttermühle
172 Rumpelkammer und Auenland
173 Ziegelmühler Wand
174 Bleisteine
176 Zauberberg
178 Richard Wagner Fels
179 Hartelstein
180 Wolfsberger Wand
Gebietsübersicht *S. 246*
Übersichtskarte 2 *(S. 16)*
Übersichtskarte 3 *(S. 17)*

178 Richard Wagner Fels | 20 - 25 m | S + W

Westseite | 20 m

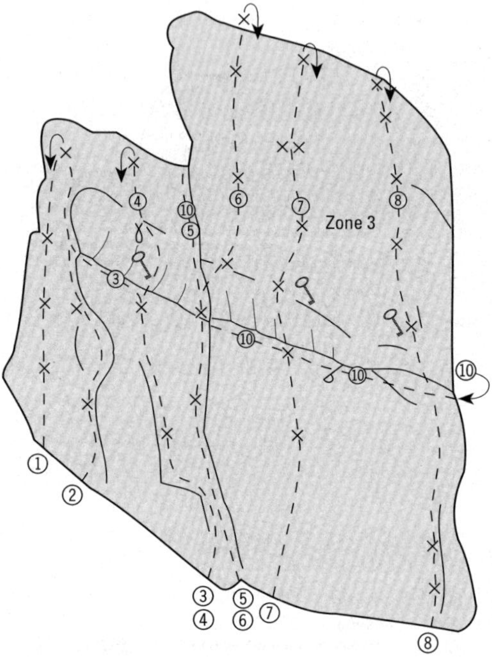

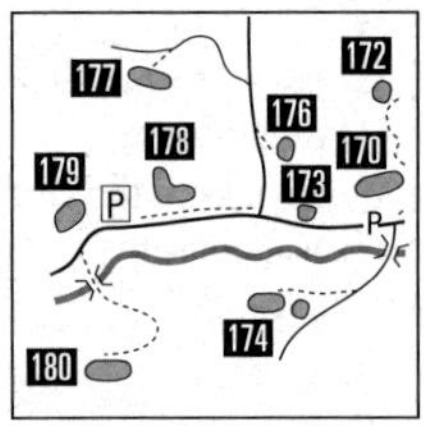

Zugang
Zwischen Schlöttermühle und Wolfsberg ist auf halbem Weg ein Parkplatz. Westlich von ihm steht (direkt an der Straße) der Hartelstein. 250 m östlich vom Parkplatz steht der Richard Wagner Fels (auf gutem Weg zu erreichen).

Besonderheit
Die Extremklassiker »Fight Gravity« und »Magnet« sind leider durch die starke Frequentierung schon recht abgespeckt, aber noch immer großartige Routen. Sowohl »Fight Gravity« als auch die »Direkte Westwand« wurden von Kurt Albert schon solo begangen.
Neben den harten Wegen findet man auch schöne Klassiker im 5. und 6. Grad.
In der Route »Wagner Pizza« fehlten im Sommer 2003 die Haken.

Reichelsmühle/Wolfsberg
170 Schlöttermühle
172 Rumpelkammer und Auenland
173 Ziegelmühler Wand
174 Bleisteine
176 Zauberberg
178 Richard Wagner Fels
179 Hartelstein
180 Wolfsberger Wand
Gebietsübersicht *S. 246*
Übersichtskarte 2 *(S. 16)*
Übersichtskarte 3 *(S. 17)*

Richard Wagner Fels | 20 - 25 m | S + W 178

Südseite | 25 m

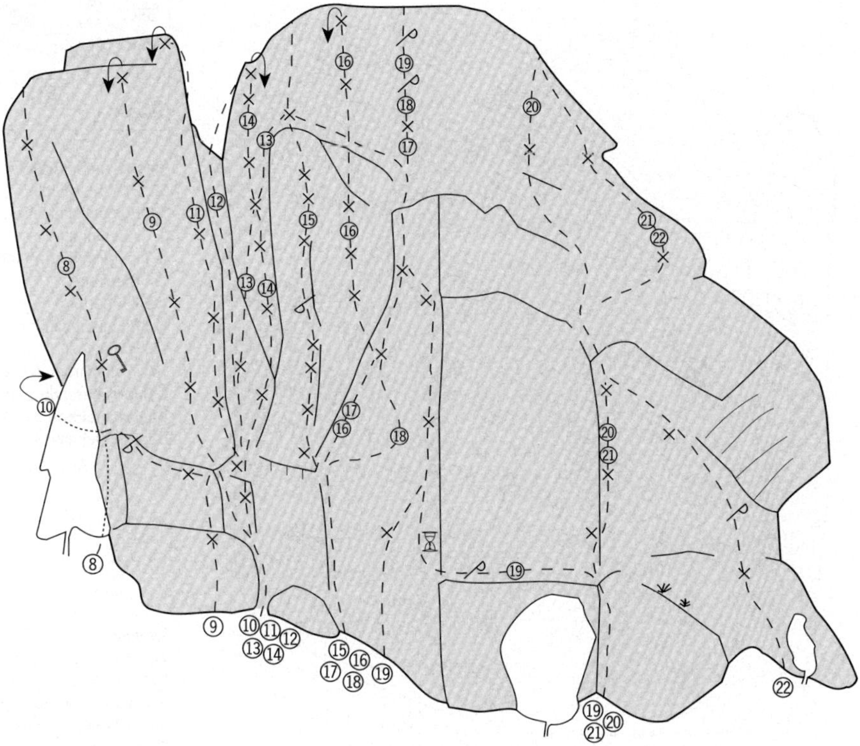

① Rheingold	7 +	⑫ Wagnerkamin	3 +
② Westwand	6 +	⑬ Gurke	e1/7 -
③ Variante	8 -	⑭ Lohengrin	8 -
④ Rubberneck	8 +	⑮ Direkte Westwand	8
⑤ Westriß	6 +	⑯ Wagner Pizza	7 +
⑥ Fight Gravity	8 +	⑰ Variante	6 +
⑦ Magnet	9	⑱ Westverschneidung	5 +
⑧ Amadeus Schwarzenegger	10 -	⑲ Alter Weg (2 Einstiege möglich)	5 +
⑨ Nichts bleibt für die Ewigkeit	9 +	⑳ Variante	6 +
⑩ Westhangel	6 +	㉑ Adolf Göttner Ged.-Weg	6 -
⑪ Stinknormal	8 +	㉒ Südostwand	6 -

179 Hartelstein

12 - 25 m

Südostseite | 25 m

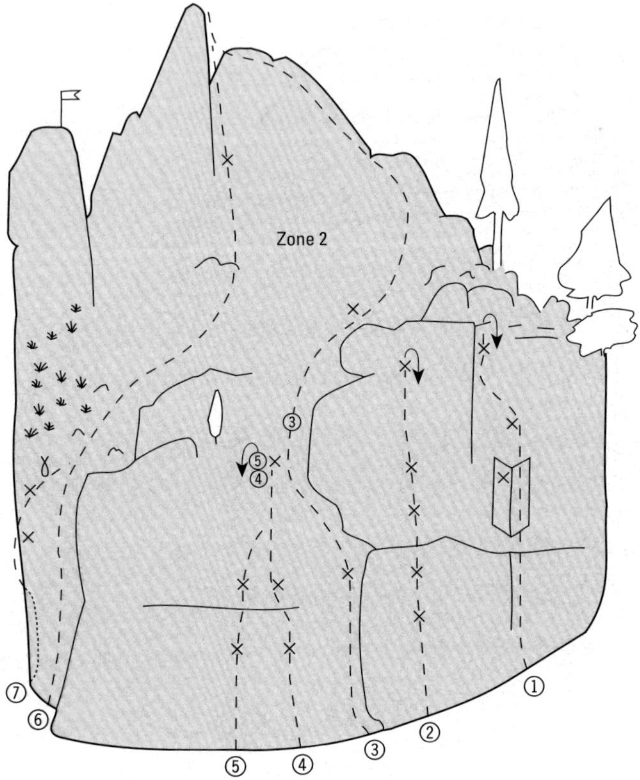

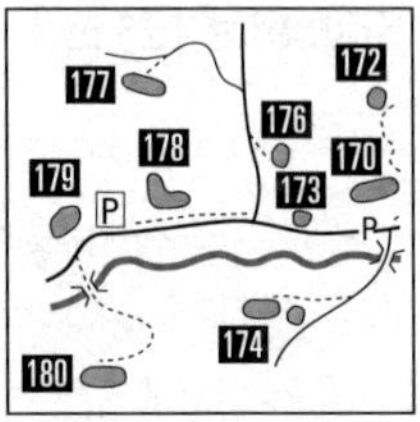

Reichelsmühle/Wolfsberg
170 Schlöttermühle
172 Rumpelkammer und Auenland
173 Ziegelmühler Wand
174 Bleisteine
176 Zauberberg
178 Richard Wagner Fels
179 Hartelstein
180 Wolfsberger Wand
Gebietsübersicht *S. 246*
Übersichtskarte 2 *(S. 16)*
Übersichtskarte 3 *(S. 17)*

Zugang
Zwischen Schlöttermühle und Wolfsberg ist auf halbem Weg ein Parkplatz. Westlich von ihm steht (direkt an der Straße) der Hartelstein.

① Südostwand	7	
② Frühlingsgefühle	8	
③ Südverschneidung	5	
④ Swing time	7 -	
⑤ Ich weiß nicht wie	7 +	
⑥ Südwand	3	🍺🍺
⑦ Money for nothing	7	
⑧ Südpfeiler	6 +	🍺🍺🍺
⑨ Westkante	5	🍺🍺
⑩ Nervensäge	8 -	🍺
⑪ Nordverschneidung	6 +	
⑫ Nordwestwand	6	🍺
⑬ KKRS-Riss	6	🍺
⑭ Arthrose	8 -	
⑮ Nordwestkante	6 -	
⑯ Nordhagel	6 -	🍺
⑰ Melding for Beginners	8 +	
⑱ Flashback	9	🍺
⑲ Nordkamin	4	
⑳ Mauersegler	6	🍺
㉑ Nordwandl	7	
㉒ Kamin	5 -	

Südpfeiler | 25 m

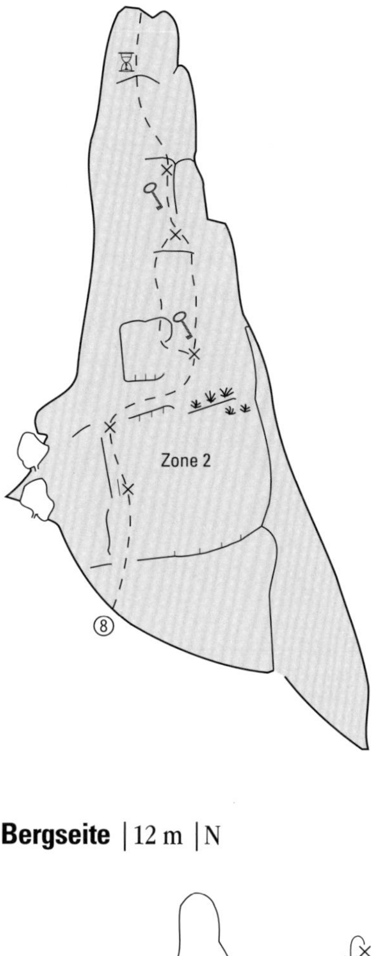

Westseite | 18 m

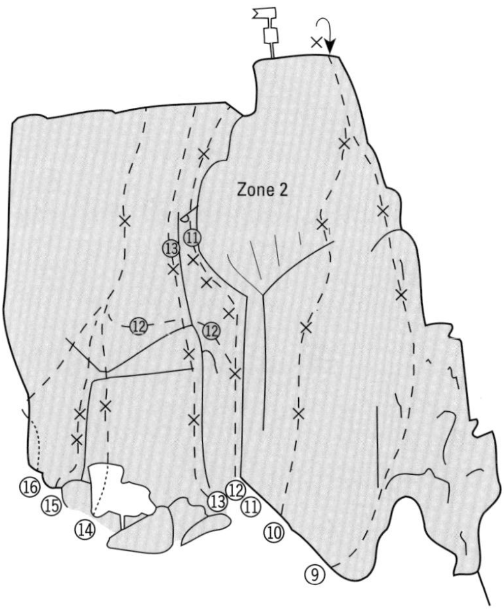

Bergseite | 12 m | N

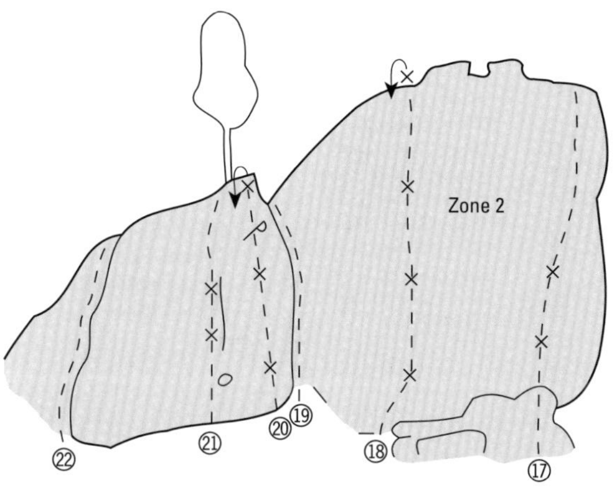

Besonderheit

Fester, griffiger Fels und viele leichtere Routen. Wer mehr Sicherungen braucht, bringt gut Klemmkeile oder Sanduhrschlingen unter.

180 Wolfsberger Wand

| 25 m | N

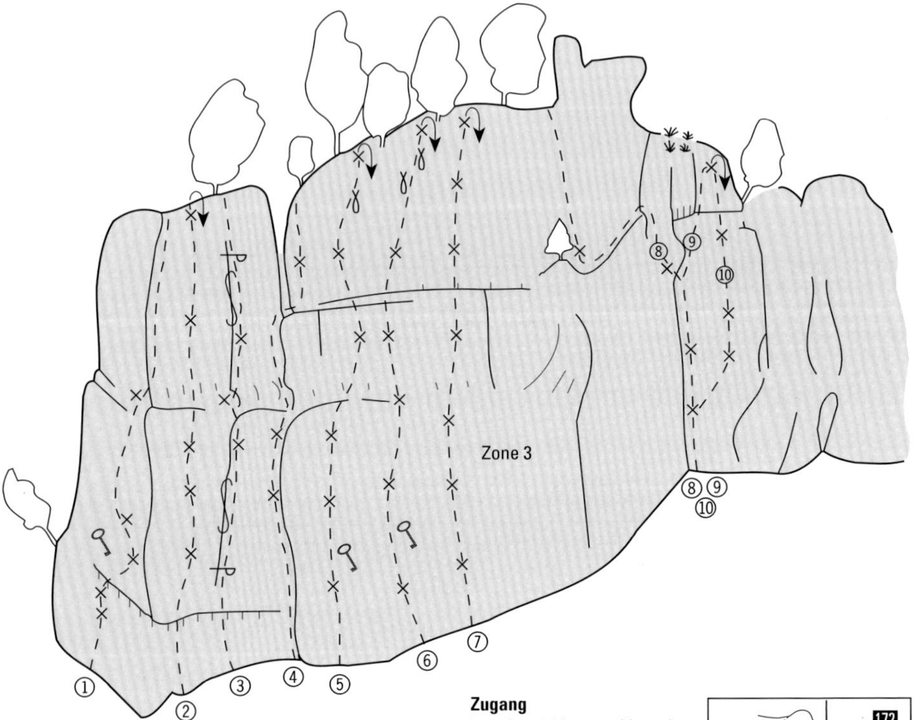

Zugang
Zwischen Schlöttermühle und Wolfsberg ist auf halbem Weg ein Parkplatz. Westlich von ihm steht (direkt an der Straße) der Hartelstein. Die Wand befindet sich gegenüber von ihm hoch oben am Hang. Auf Brückchen über die Trubach und zuerst links, später rechts hinauf zu den Felsen.

Besonderheit
Großzügige Linien in recht kompaktem, kleingriffigen Fels. »O tempora, o mores« (Thum 1987) ist nach der schweren Einstiegsplatte sehr frei, ebenso wie »Ich kann nicht schlafen« (Weigand 1987). Auch die beiden klassischen Wege im 7. Grad sind recht empfehlenswert (③+④).

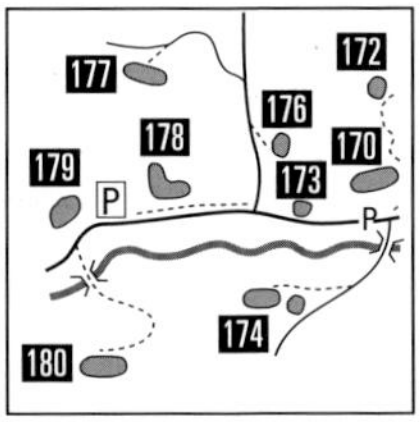

Reichelsmühle/Wolfsberg
170 Schlöttermühle
172 Rumpelkammer und Auenland
173 Ziegelmühler Wand
174 Bleisteine
176 Zauberberg
178 Richard Wagner Fels
179 Hartelstein
180 Wolfsberger Wand
Gebietsübersicht *S. 246*
Übersichtskarte 2 *(S. 16)*
Übersichtskarte 3 *(S. 17)*

① Ostkante	8	
② Falscher Hase	9-	
③ William Förther Ged.-Weg	7-	
④ Trettachspitzlerweg	7-	
⑤ O tempora, o mores	e1/9	
⑥ Ich kann nicht schlafen	e1/8+	
⑦ Schaf im Wolfspelz	8-	
⑧ Nordwestwand	6	
⑨ Direkte Nordwestwand	6	
⑩ Es fällt mir schwer	6+	

Wolfsberger Block

☼ | ☀ | 14 m | W + O **181**

Ostseite

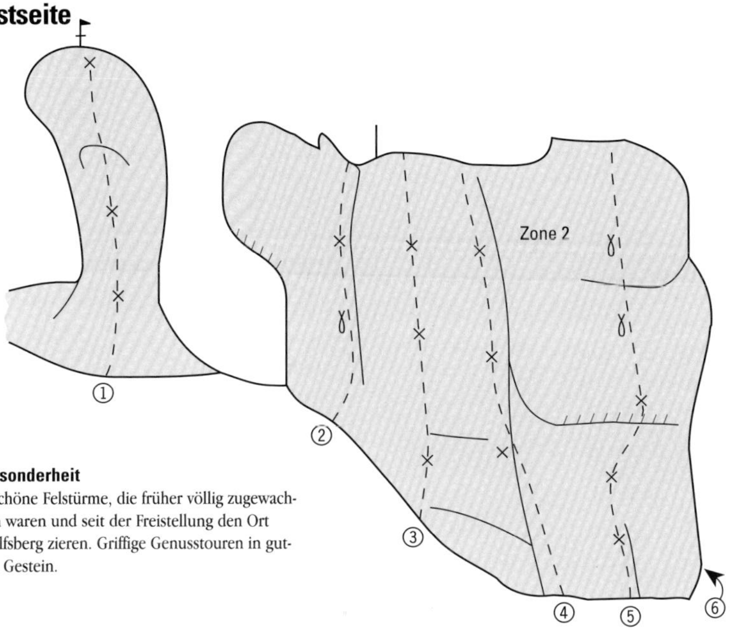

Besonderheit

2 schöne Felstürme, die früher völlig zugewachsen waren und seit der Freistellung den Ort Wolfsberg zieren. Griffige Genusstouren in gutem Gestein.

Westseite

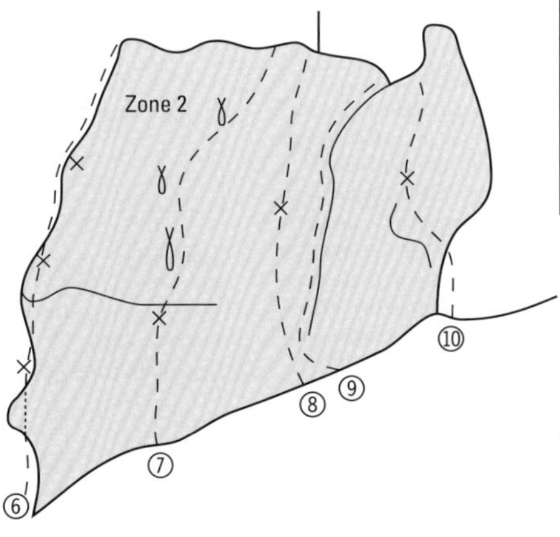

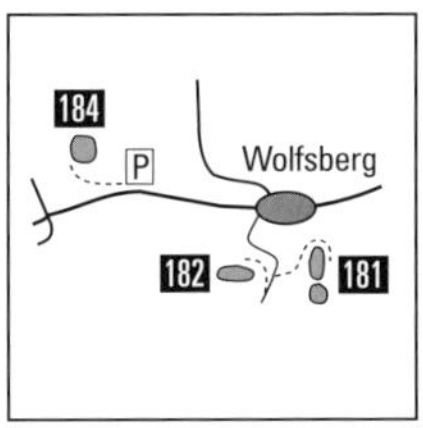

Wolfsberg
181 Wolfsberger Block
182 Wolfsberger Grotte
184 Zehnerstein
Übersichtskarte 2 *(S. 16)*

Zugang

Parken in Wolfsberg. Beim Haus Nr. 48 in kleine Straße abbiegen (von Hammerbühl kommend rechts). Sie geht in eine Fuhre über, die in den Wald und in einer links-rechts-Schleife den Berg hinauf führt. Nach der Rechtsbiegung ist rechts oben die Wolfsberger Grotte sichtbar. Hier biegt man scharf links ab und steigt auf Pfad etwas ab zur Westseite des Wolfsberger Blocks.

① Nadel Talseite	4
② Ostriss.	5 -
③ Morgenröte	6 -
④ Fuchsensteiner	6
⑤ Fliegender Robert	7
⑥ Nordkante.	5 +
⑦ Steinplatte.	7
⑧ Abendrot.	5 +
⑨ Westriss.	4
⑩ Normalweg	4 -

182 Wolfsberger Grotte

| 12 m | NW

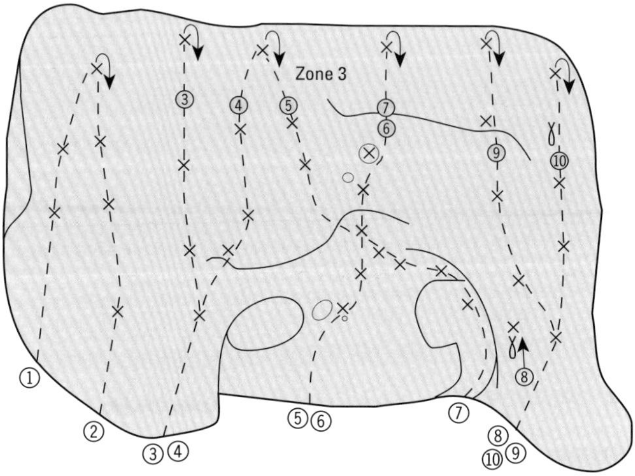

①	Gell, Nancy	6
②	Superhussy	6+
③	Bambus	7+
④	Panda	9-
⑤	*Projekt*	
⑥	Grüne Banane	9+
⑦	Orang Utan	9-
⑧	*Projekt*	
⑨	Asiatisches Dach	9-/9
⑩	Tropisches Gewitter	7+

Zugang
Parken in Wolfsberg. Beim Haus Nr. 48 in kleine Straße abbiegen (von Hammerbühl kommend rechts). Sie geht in eine Fuhre über, die in den Wald und in einer links-rechts-Schleife den Berg hinauf führt. Nach der Rechtsbiegung ist rechts oben die Wolfsberger Grotte sichtbar. Man folgt dem Weg noch etwas weiter und biegt etwas oberhalb rechts auf den Pfad zu den Felsen ab.

Besonderheit
Überhängende bis dachartige Routen im zentralen Teil. Der Tourenname »Orang Utan« ist bezeichnend.

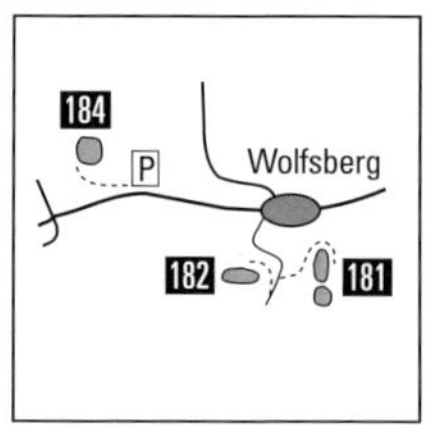

Wolfsberg
181 Wolfsberger Block
182 Wolfsberger Grotte
184 Zehnerstein
Übersichtskarte 2 *(S. 16)*

Bild S. 261: Markus Grabe stürzt in »Chaka Khan« (9-); Dachlwand
Foto: Bernhard Thum

183 Endorama

10 m | O + NO

Linker Wandteil | O

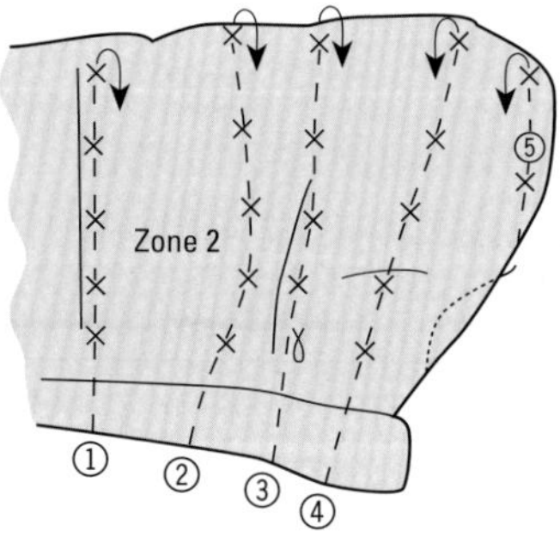

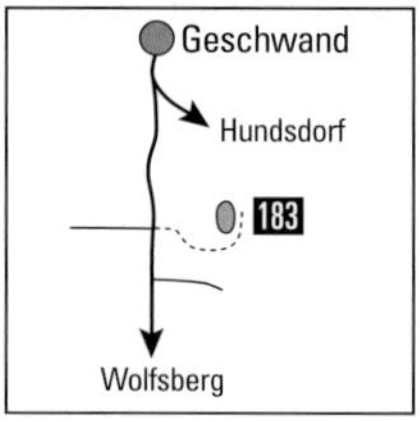

Endorama
Übersichtskarte 2 *(S. 16)*

Rechter Wandteil | NO

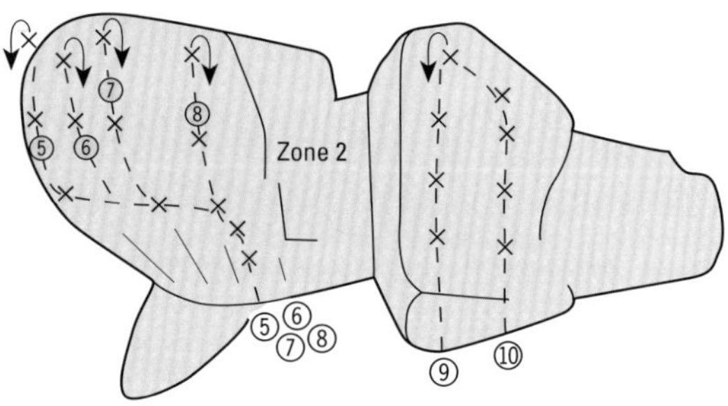

①	Fosslischauer	7+
②	Der letzte Bohrhakenkrieg	9
③	Bohrhakengewinsel	8
④	*Projekt*	
⑤	Ratz und Rübe	9
⑥	Glaspatronenmatch	9+/10-
⑦	Schauer Power	9+
⑧	Dauermauer	8+
⑨	Rechts vom Moos	7
⑩	Papa hat's gebohrt	8-

Zugang

In Geschwand parken (am Ortsausgang in Richtung Wolfsberg großer Parkplatz). 600 m auf der Straße in Richtung Wolfsberg. Nun nach links und am Rand des kleinen Wäldchens 150 m zum Fels gehen.
Schnellster Weg von Wolfsberg nach Geschwand: bei dem Haus mit den vielen Nummernschildern abbiegen und hochfahren. Es ist ratsam, in Geschwand zu parken und zurück zu laufen, weil schon zu oft eine Fuhre zugeparkt wurde, was für den Bauern sehr ärgerlich ist.

Besonderheit

Steiler und löchriger Felsen, an dem viele Touren von Heiko Queitsch erstbegangen wurden. Schöne und ruhige Lage.
Bitte in dem Zeitraum zwischen 2 Stunden nach Sonnenaufgang und 2 Stunden vor Sonnenaufgang nicht klettern (Sperrgefahr)!

Bild S. 263: Kurt Albert free solo in »Fight Gravity« (8+); Richard Wagner Fels
Foto: Thomas Ballenberger

184 Zehnerstein

| 20 - 30 m | SO + W

Tal- und Ostseite | 30 m | S + O

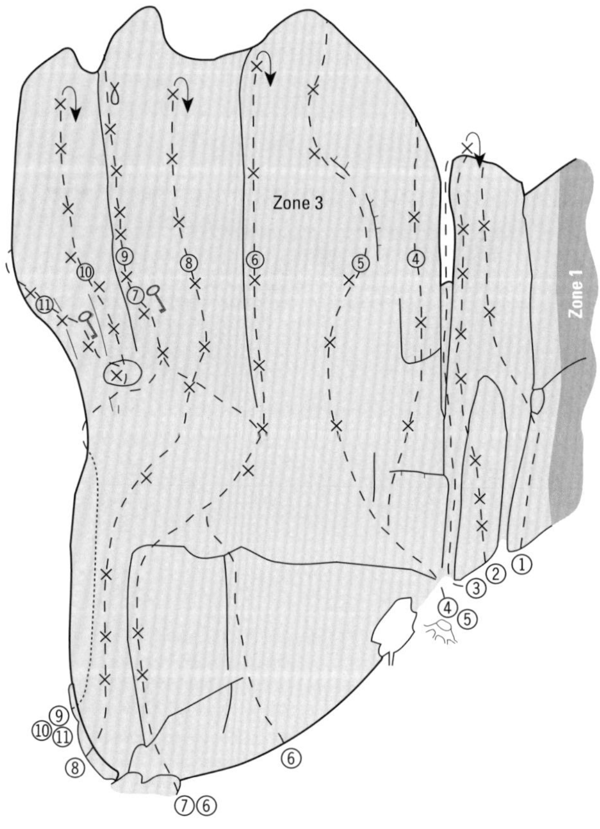

Zugang

Weithin sichtbarer Turm zwischen Untertrubach und Wolfsberg am Südhang. Bitte so parken, daß die Anwohner nicht belästigt werden!

Besonderheit

Zahlreiche Genusstouren in bestem, griffigen Frankenjurafels, deshalb leider oft überlaufen.

Leider wurde die Route »Bald zu viert« so nah an die »Mittlere Westwand« gebohrt, dass dieser ursprünglich sehr freie Klassiker damit völlig entwertet wurde. Im Topo sind beide Routen eingezeichnet. Es ergeht die Bitte, die klassischen Wege zu respektieren und somit einen »Hakenkrieg« zu vermeiden!

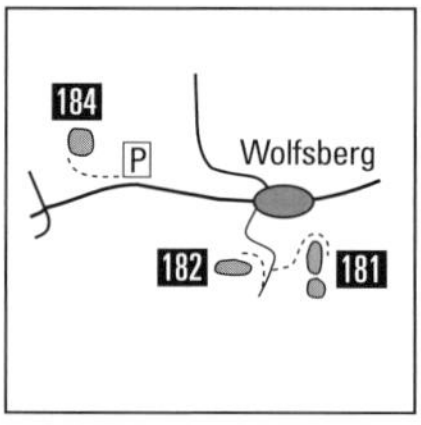

Wolfsberg

181 Wolfsberger Block

182 Wolfsberger Grotte

184 Zehnerstein

Übersichtskarte 2 *(S. 16)*

Zehnerstein

20 - 30 m | SO + W | 184

Westliche Bergseite | 20 m

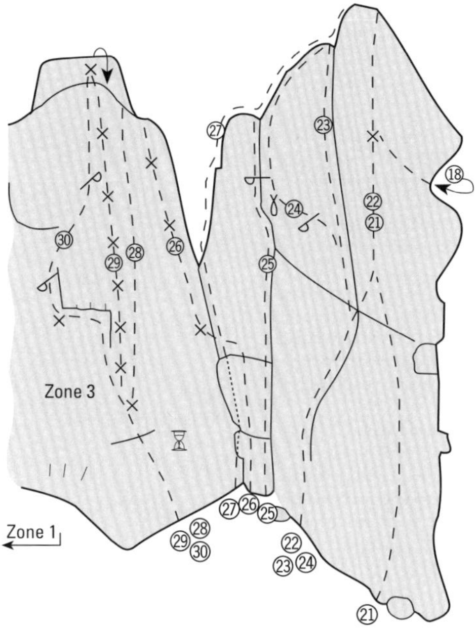

Westseite | 20 m

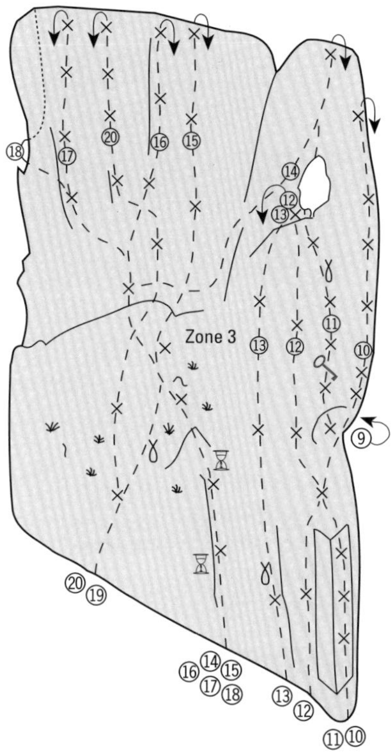

①	Himmelsleiter	5 +
②	Zwei Jahre später	7 +
③	Ostverschneidung	5 -
④	Albrecht-Wolf-Jordan-Ged.-Weg	6 +
⑤	Satisfaction	8
⑥	Seifertriss *(2 Einstiege möglich)*	6 +
⑦	Affenschaukel	8 -
⑧	Andi	7 +
⑨	Toni Schmid Ged.-Weg	8 -
⑩	Buchnerpfeiler	9 -
⑪	Erinnerungsweg	9 -
⑫	Umleitung	8 -
⑬	Neuer alter Hut	7 -
⑭	Südwestkante	4
⑮	Lineal	7 -
⑯	Kauperriss	6 -
⑰	Solleder Ged.-Weg	6
⑱	Westschleife	5 +
⑲	Einstiegsvariante	6 -
⑳	Oma Eichler	6
㉑	Direkte Nordwestkante	6 -
㉒	Nordwestkante	6 -
㉓	Nordriss	5 +
㉔	Nordrippe	5
㉕	Nordverschneidung	5
㉖	Westwand	5 +
㉗	Westriss	2
㉘	Mittlere Westwand	3
㉙	Bald zu viert	4 +
㉚	Jürgen Frey Ged.-Weg	5

185 Golem

| 12 m | SW

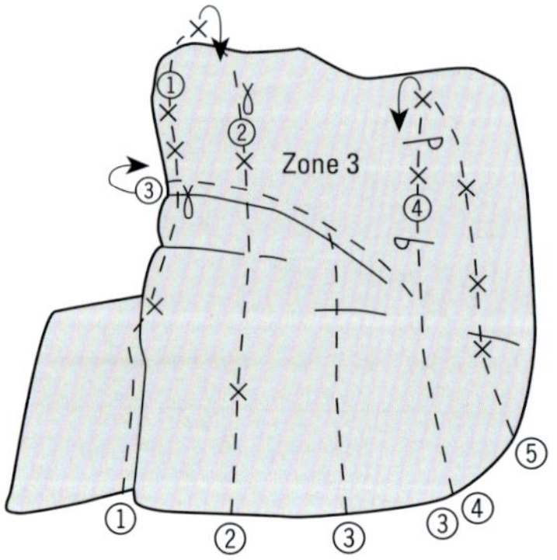

Bild S. 267: Wolfgang Güllich in »Syphon« (10); Hängender Block
Foto: Thomas Ballenberger

Zugang
Von Untertrubach nach Dörfles fahren und rechts nach Sorg abbiegen. Nach 100 m mündet eine schmale, gesperrte Straße ein, hier parken. Der gesperrten Straße folgen, nach 250 m macht sie einen Linksknick. 10 m dahinter links über kurzen Pfad in den Wald zu den Felsen.

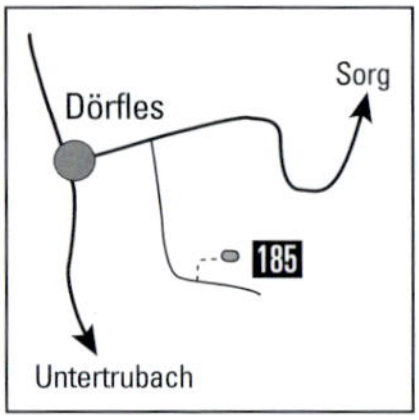

Golem
Übersichtskarte 2 *(S. 16)*

Besonderheit
Rauer, löchriger Fels. Ab und zu bröckelt noch etwas ab. Im Sommer kommt die Sonne durch die nahen Bäume nur teilweise in die Wand.

①	Nordkante	6+
②	Turn the cap	5+
③	Westwand *(2 Einstiege möglich)*	4
④	Flanerie rose	6-
⑤	Roma	7-

186 Klagemauer und Signalstein

| 7 - 12 m | S + W

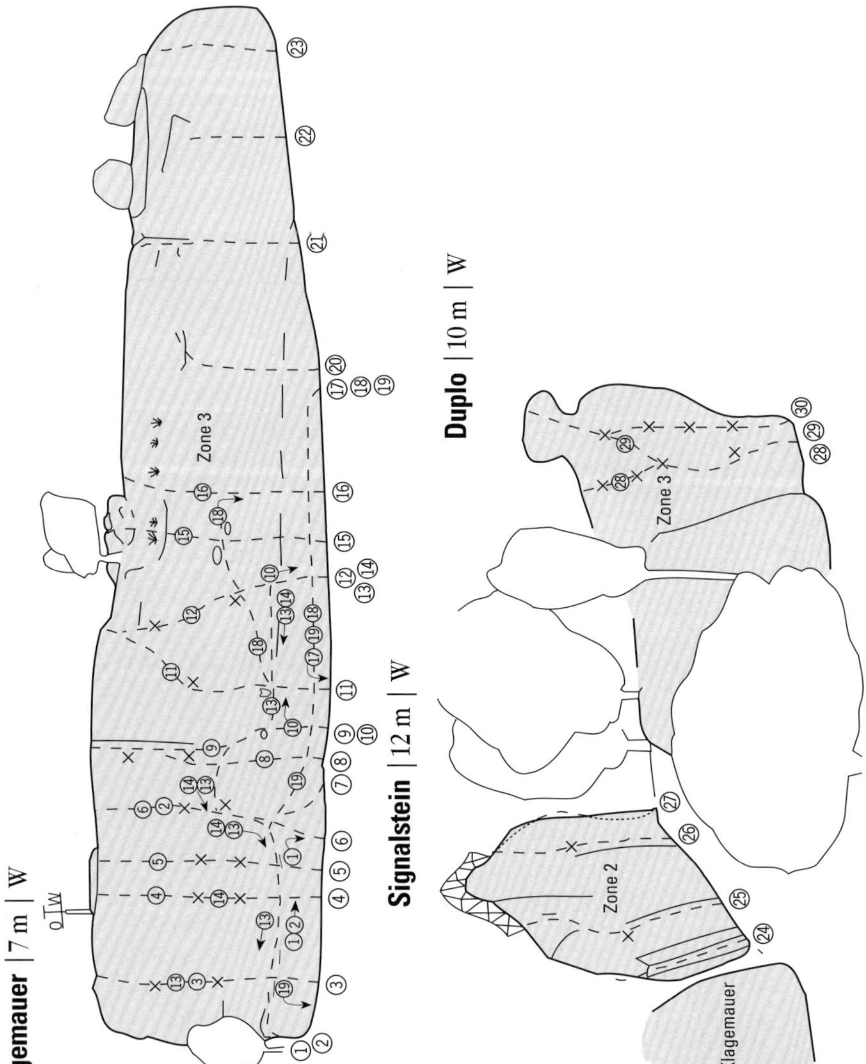

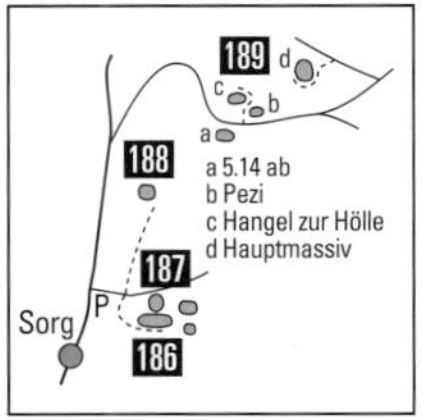

Sorg
1 Klagemauer
2 Nagelstudio
3 Rondell
4 Grüne Hölle
Übersichtskarte 2 *(S. 16)*

Zugang
100 m nördlich von Sorg in Schotterweg abbiegen (Wegweiser »Signalstein«) und parken. Rechts auf Fuhre (vorbei an einer Scheune) zu den Felsen. 20 m vor der Scheune steht links des Weges noch eine kleine Boulderwand (Quergang).

Besonderheit
Maximalkraftboulder an Fingerlöchern und Leisten. Nachdem die Möglichkeiten nun doch langsam erschöpft sind, ergeht man sich in neuen Kombinationsbouldern wie »Monsterlevel«. Vorsichthalber sei hier gewarnt, dass im nächsten Führer keine zusätzlichen Kombinationen mehr aufgenommen werden können, damit man das Topo noch verstehen kann.

① Technics	9
② Kombination	10 -
③ Windstärke 9 *(Sitzstart: 6c + Fb)*	9
④ Hurrikan	9 +
⑤ Castor	10
⑥ Elektrischer Sturm in der Hölle	9 +
⑦ Force *(7c Fb)*	10 +
⑧ Deadline *(mit Sitzstart:8a Fb)*	10/10 +
⑨ Fallout	9 +
⑩ Karambolage	8 +
⑪ Piranha	9 -
⑫ Jump	9 -
⑬ Level 52	10 +
⑭ Monsterlevel	11 -
⑮ Summer Fever	9 +
⑯ Kreuzspinne	8
⑰ Quergang	9 -
⑱ Kombination 2	9
⑲ Pumpgun	8a+ Fbtr
⑳ Weberknecht	8 -
㉑ Feuchtes Joch	7 +
㉒ Neu	8 -
㉓ Nicht hinauslehnen	7 +
㉔ Bleikochgenz	8
㉕ Westverschneidung	6
㉖ Toni Egger Ged.-Weg	5 +
㉗ Südpfeiler	3
㉘ Das 9. Gebot	9 -
㉙ Westwand	8
㉚ Extase	8 +

187 Nagelstudio

| 7 m | NW

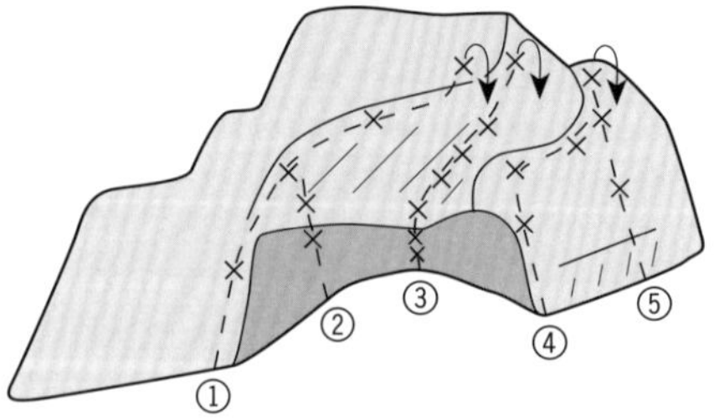

Zugang

100 m nördlich von Sorg in Schotterweg abbiegen (Wegweiser »Signalstein«) und parken. Auf Forstweg 50 m geradeaus in den Wald und rechts hoch zum bereits sichtbaren Massiv. Alternativer Zugang: vom Parkplatz rechts auf Fuhre (vorbei an einer Scheune) zur Klagemauer und kurz vor ihr (Hütte) 50 m nach links queren.

Besonderheit

Niedriger Felsen mit athletischen Dachrouten.

① Zureiter . . . . 7+
② Rittmeister 9-
③ Zahlmeister 9-
④ Nikolausi 7
⑤ Osterhasi . . . . 6+

188 Rondell

| 4 m | S

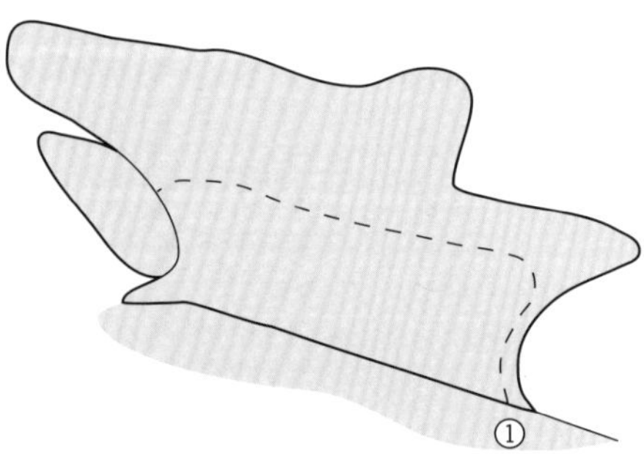

① England grüßt Falkland . . . . 9+/10-
(ohne Ruhepodest)

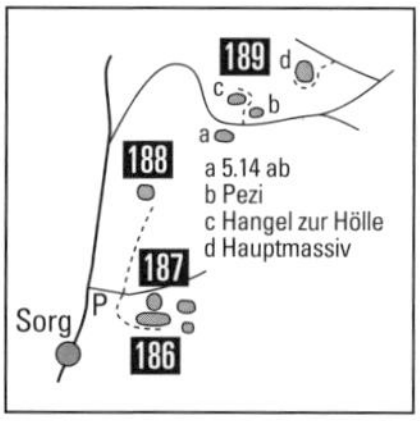

Sorg
186 Klagemauer
187 Nagelstudio
188 Rondell
189 Grüne Hölle
Übersichtskarte 2 *(S. 16)*

Zugang

Pilzförmiger Boulderblock in der Nähe der Klagemauer. Beim Parkplatz Klagemauer links in den Wald und auf Fuhre einige hundert Meter parallel zur Straße laufen, bis links oberhalb der Felsklotz sichtbar wird. Einige athletische Dachboulder, bei entsprechender Definition bis zum 10. Grad (Querung durch das gesamte Dach). Auf die Beschreibung definierter Boulder wird hier verzichtet; am besten informiert man sich hierüber vor Ort.

Besonderheit

Dieses Bouldermassiv wurde bereits von Wolfgang (»Flipper«) Fietz in den Achtziger Jahren entdeckt. Aus dieser Zeit stammt auch der Name »England grüßt Falkland«. Für einen Boulder ist der Weg sehr lang und ausdauernd.

Bild S. 271: Uwe Gellersen in »Chaka Khan« (9-); Dachlwand
Foto: Bernhard Thum

189 Grüne Hölle

| 7 - 15 m

Sektor Pezi | 7 m | S

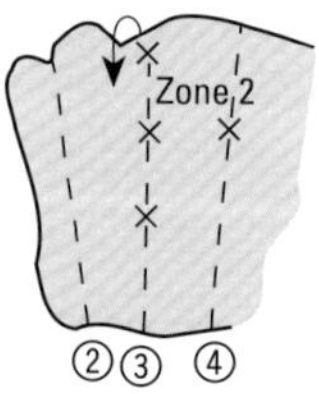

Sektor Hangel | 8 m | N

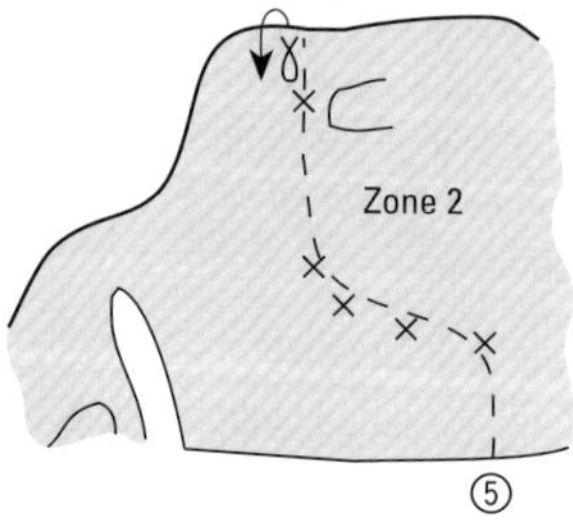

Hauptmassiv | Talseite | 12 m | O

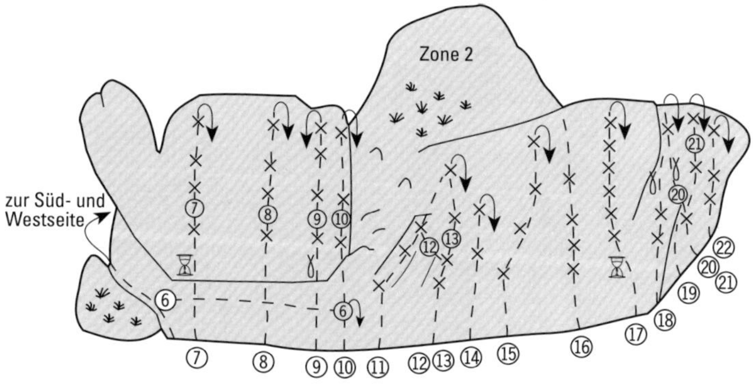

Hauptmassiv | Bergseite rechts | 15 m | S + W

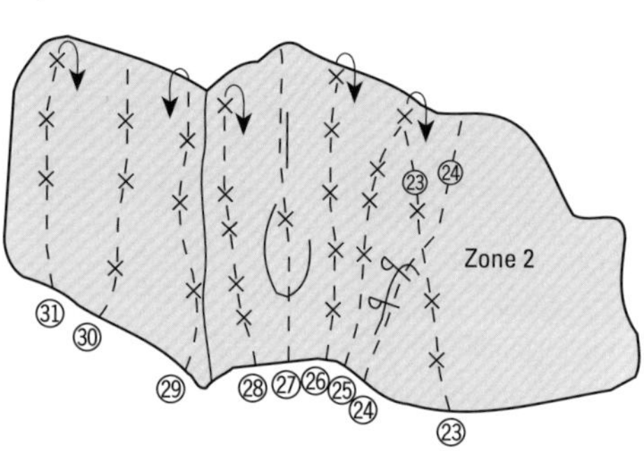

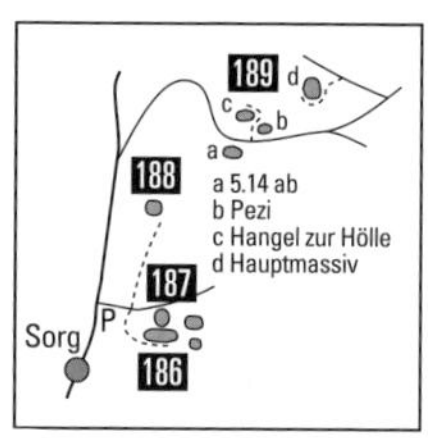

Sorg
1 Klagemauer
2 Nagelstudio
3 Rondell
4 Grüne Hölle
Übersichtskarte 2 *(S. 16)*

Hauptmassiv | Bergseite links | 12 m | W

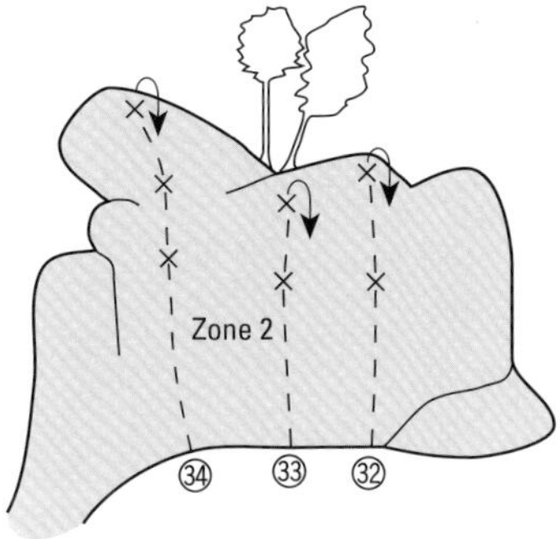

Zugang

Von Sorg bis zur Abzweigung Signalstein und dort parken. Auf der Straße noch 450 m weiter, dann rechts einem schmalen Feldweg in den Wald folgen (nach 100 m Schild »Franzosenstein«). In einer Wegschleife sieht man rechts oben eine glatte Wand, durch die Route ① führt. 30 m danach steht links ein kleiner Block (»Sektor Pezi«). 10 m vorher führen Steigspuren kurz links hoch und durch einen Durchschlupf wieder herunter zum »Sektor Hangel...«.
Zum Hauptmassiv zweigt man 300 m nach Route ① scharf links ab und folgt nochmals links einem Trampelpfad zu den Einstiegen. Hier befinden sich die extremen Routen. Die leichteren Routen der Bergseite erreicht man, indem man kurz links die Schrofen hochgeht.

Besonderheit

In der schattigen Talseite des Hauptmassivs findet man schwere Routen in steilem, löchrigen Gestein. Die recht sonnige Bergseite dagegen bietet gemäßigte Routen. Der Fels ist generell sehr fest.

①	5.14 ab (*kein Topo*)	10 -
②	Für unsere kleine Irmi	7 -
③	Dicke 7	7
④	Pezi	6
⑤	Hangel zur Hölle	8 -
⑥	Talkshow (*7b Fbtr*)	9 +
⑦	Isation	8 -
⑧	Sultan of Swing	8 +
⑨	Solid Rock	8 -
⑩	Schwerter zu Bohrhaken	7 +
⑪	Range Rover	7
⑫	Pretty Girl	9 +
⑬	Nice Boys	10-/10
⑭	Bastard	10-/10
⑮	Spiderman	10 -
⑯	*Projekt*	
⑰	Vögeln verboten	9 +
⑱	Peblwyn Harpus	9
⑲	One more chance	7b+ Fbtr
⑳	Freipiel	7 +
㉑	Rote Fluh	8 -
㉒	Im 4. Monat	7 +
㉓	Biotop	6 +
㉔	Schobbepetzer	5 +
㉕	Blauer Bock	7 -
㉖	Ebbelwoi Express	7
㉗	Südwand	6
㉘	Heinz Schenk	8
㉙	Trollkante	7 -
㉚	Die fette Elke	6 -
㉛	Dr. J.	6 +
㉜	Das Weiß der Geier	5
㉝	Kümmel Getümmel	5 +
㉞	Zwiespalt	5

190 Fuchsstein

| 11 - 20 m | NO + NW

Talseite | 20 m | NO

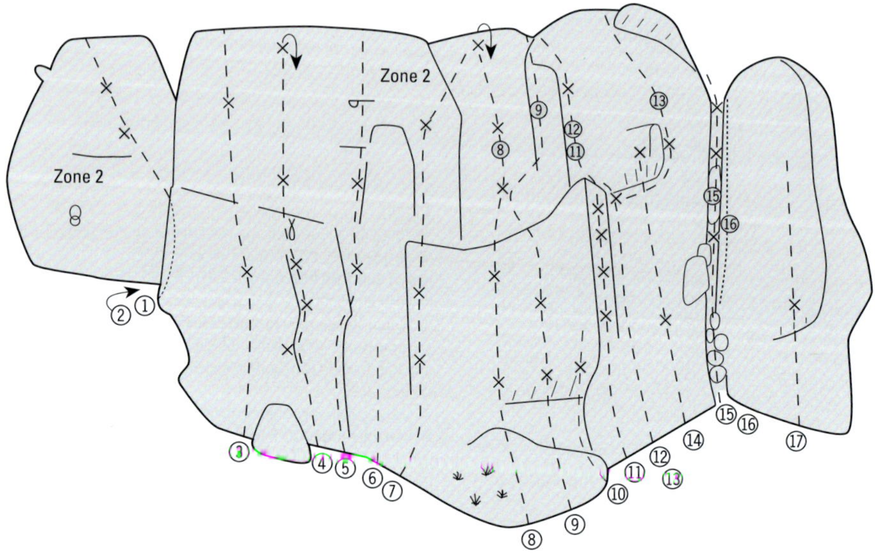

Bergseite | 11 m | O

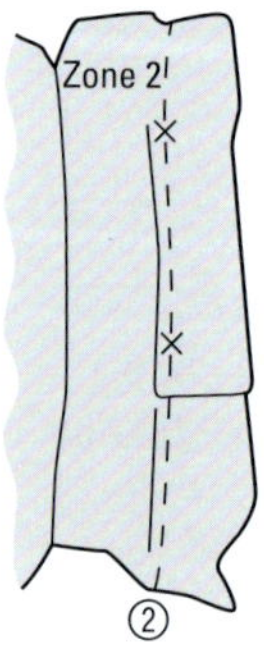

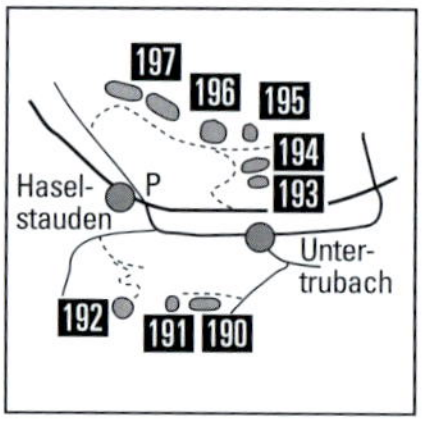

Haselstauden/Untertrubach
190 Fuchsstein
191 Wetterstein
192 Fürther Turm
193 Nonne
194 Kleiner Mönch
195 Topfstein
196 Großer Mönch
197 Haselstaudener Wände
Übersichtskarte 2 *(S. 16)*

① Trettachspitzlerweg 7-
② Munkertriss . . . . 4+
③ Ostkante . . . . 5+
④ Caipirinha Love . . . . 7+
⑤ Enzensberger Ged.-Weg . . . . 5+
⑥ *Projekt* . . . .
⑦ Frankfurter Weg . . . . 6+
⑧ Docs on the Rocks 7
⑨ Paulcke Ged.-Weg 7-
⑩ *Projekt* . . . .
⑪ Tequila Sunrise 7-
⑫ Paulcke Verschneidung 6
⑬ Nürnberger Weg a1/5
⑭ *Projekt* . . . .
⑮ Kaminwand 5
⑯ Westkamin 3
⑰ *Projekt* . . . .
⑱ Westriss 6
⑲ Enger Kamin 5
⑳ *Projekt* . . . .
㉑ *Projekt* . . . .

Fuchsstein

| 11 - 20 m | NO + NW **190**

Nordwestseite | 15 m

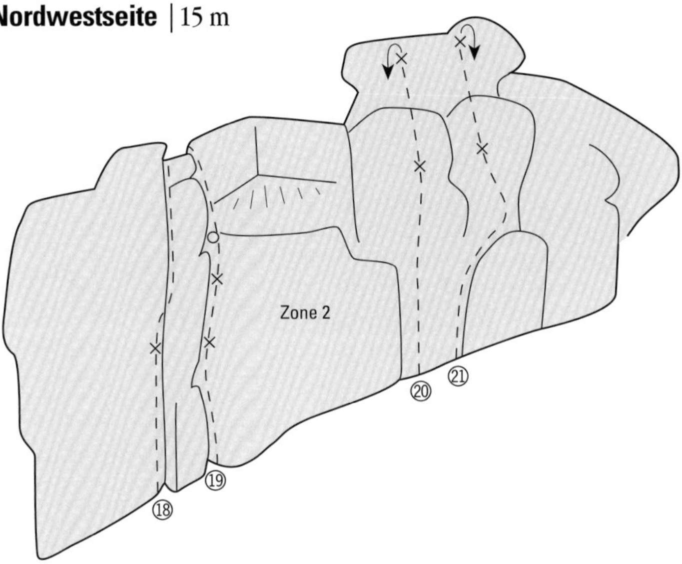

Zugang
Parken in Untertrubach bei der Kirche. Links von ihr führt nach 20 m eine schmale Straße bergauf. Nach 200 m zweigt rechts ein Schotterweg ab, diesem folgt man 300 m und geht nach der Pferdekoppel nach rechts über die Wiese in den Wald. Dort gelangt man leicht absteigend zu den Felsen.

Besonderheit
Fester und griffiger grauer Fels, eher sportlich gesichert.

Wetterstein

| 9 - 18 m | N + SW **191**

Talseite | 18 m | N

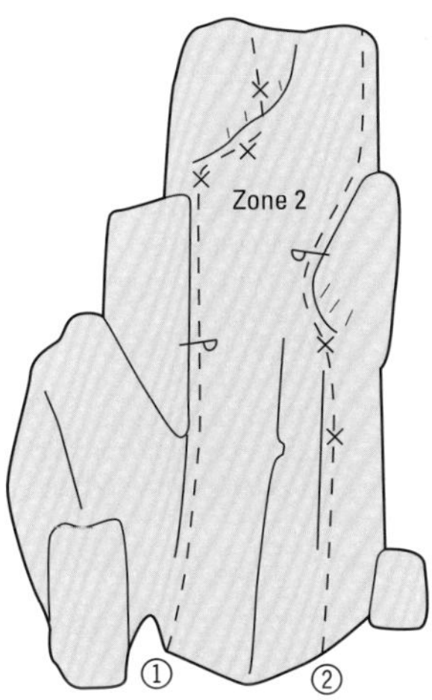

Bergseite | 9 m | SW

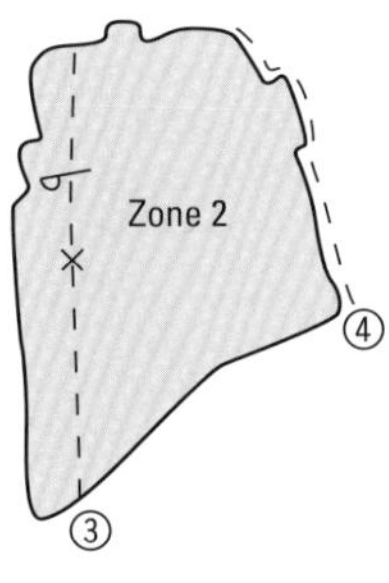

Zugang
Der Wetterstein steht 80 m rechts des Fuchssteins.

①	Neue Talseite	a2/5
②	Alte Talseite	6+
③	Bergseite	5+
④	Ostkante	3-

192 Fürther Turm

| 12 - 15 m

Talseite | 15 m | N

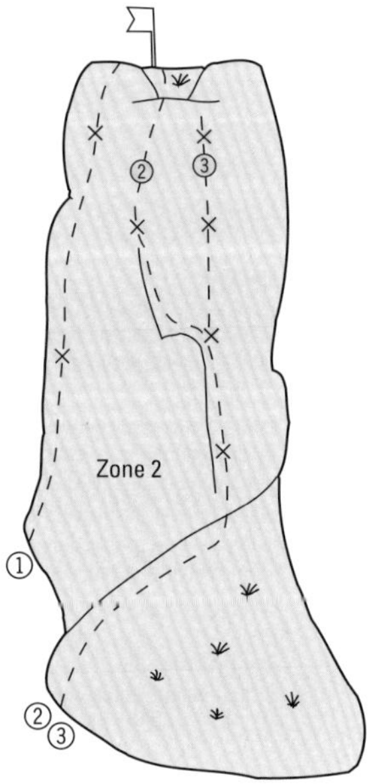

Westseite | 12 m

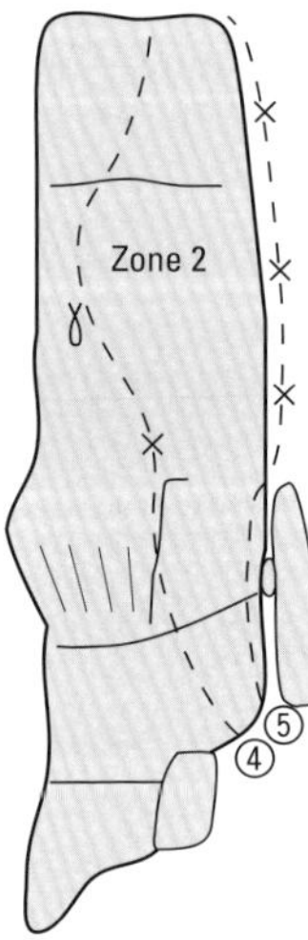

Bergseite | 12 m | S

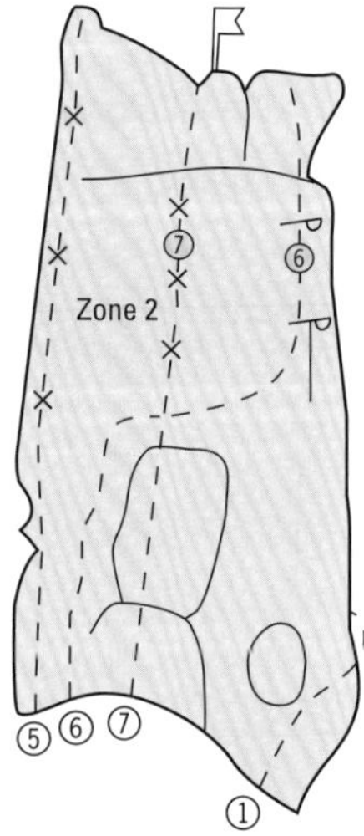

①	Ostkante	6 -
②	Talseite	6 +
③	Bruno's Geschenk	8 -
④	Leo Rittler Ged.-Weg	7 +
⑤	Sympathie für Oskar Bühler	8 -
⑥	Bergseite	6 +
⑦	Direkte Bergseite	7 +

Zugang

Parken in Haselstauden. Beim Trafohäuschen rechts auf Schotterstraße talabwärts (»Grünkreis« markierter Wanderweg), nach 200 m links abbiegen und rechts haltend hoch zum Turm.

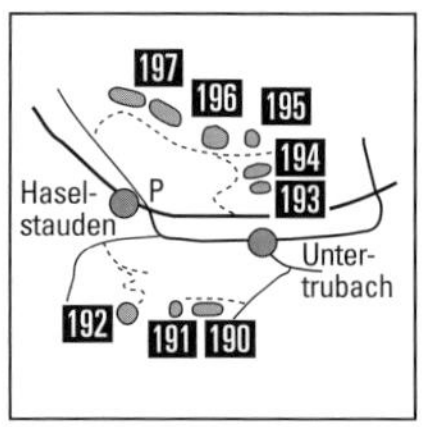

Haselstauden/Untertrubach

190 Fuchsstein
191 Wetterstein
192 Fürther Turm
193 Nonne
194 Kleiner Mönch
195 Topfstein
196 Großer Mönch
197 Haselstaudener Wände

Übersichtskarte 2 *(S. 16)*

Bild S. 277: Tobias Wolf in »Kombination« (10-); Klagemauer
Foto: Bernhard Thum (Doppelbelichtung)

193 Nonne

☼ | 15 - 20 m | S + W

West- und Bergseite | 15 m

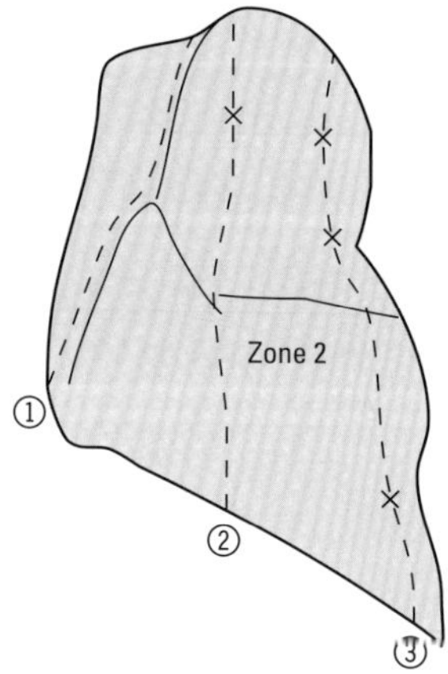

Talseite | 20 m | S

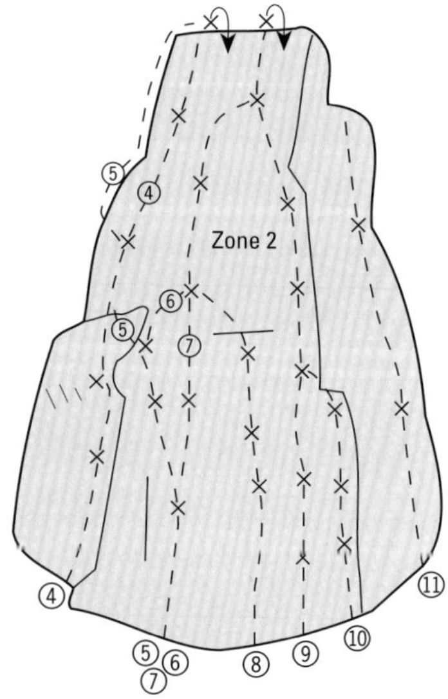

①	Bergseite	2
②	Schnapsidee	6+
③	Zölibat is fad	7-
④	Das süße Leben	7-
⑤	Fleischmann Ged.-Weg original	6
⑥	Direkter Fleischmann Ged.-Weg	6
⑦	Mit Wonne auf der Nonne	8-
⑧	Ameisentrail	7
⑨	Klostergeflüster	7+
⑩	Talkante	6+
⑪	Ostergärtchen	4+

Zugang

Zwischen Haselstauden und Untertrubach blau markierten Weg hoch zu Nonne und Kleinem Mönch. Oberhalb steht der Topfstein, etwas weiter links (westlich) der Große Mönch.
Auch von den Haselstaudener Wänden gelangt man auf gutem Weg in wenigen min (talaufwärts) zu den Felsen.

Besonderheit

Viele lohnende Wege in leichten und mittleren Schwierigkeitsgraden.
Das gesamte Haselstaudener Gebiet ist meist südseitig ausgerichtet. Allerdings stehen die mittelhohen Felsen im Wald, so daß die Sonne nur richtig hinkommt, wenn kein Laub auf den Bäumen ist.

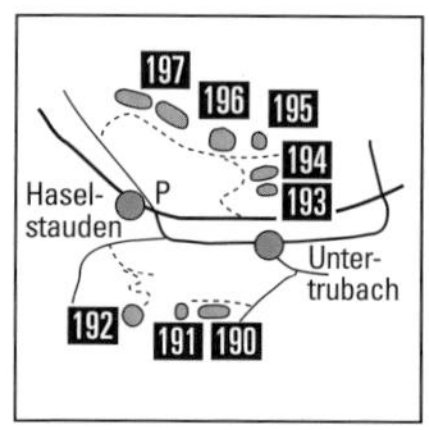

Haselstauden/Untertrubach
190 Fuchsstein
191 Wetterstein
192 Fürther Turm
193 Nonne
194 Kleiner Mönch
195 Topfstein
196 Großer Mönch
197 Haselstaudener Wände
Übersichtskarte 2 *(S. 16)*

Kleiner Mönch

☼ | 12 - 15 m | W + S **194**

Westwand | 12 m

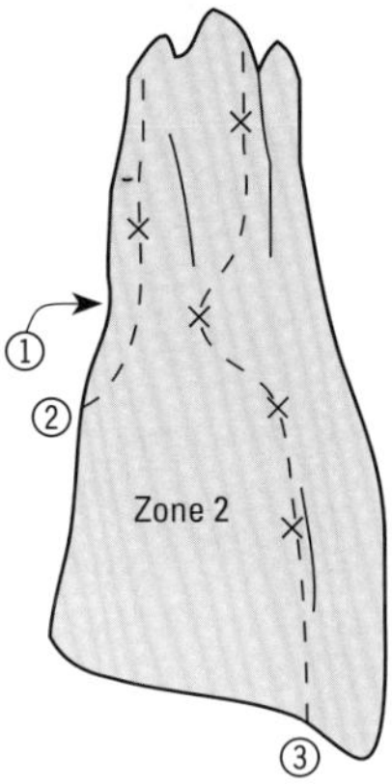

Südwand | 15 m

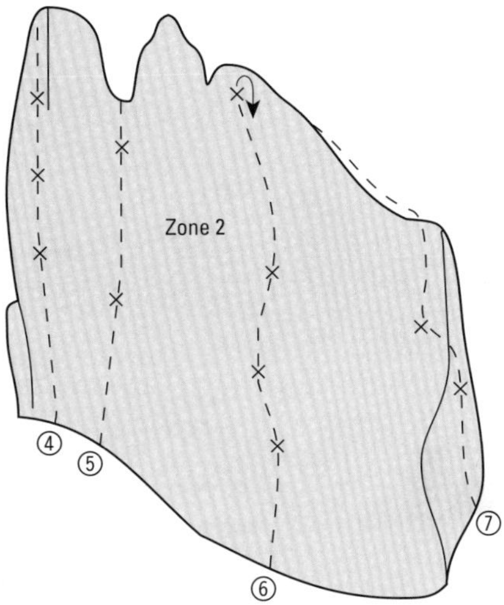

①	Bergseite	2
②	Nordkante	5
③	Westkante	6 -
④	Talwand	6 +
⑤	Talkamin	5
⑥	Gräfenberger Weg	6 -
⑦	Kalchreuther Weg	5 +

Zugang

Zwischen Haselstauden und Untertrubach blau markierten Weg hoch zu Nonne und Kleinem Mönch. Oberhalb steht der Topfstein, etwas weiter links (westlich) der Große Mönch.
Auch von den Haselstaudener Wänden gelangt man auf gutem Weg in wenigen min (talaufwärts) zu den Felsen.

Besonderheit

Viele lohnende Wege in leichten und mittleren Schwierigkeitsgraden.
Das gesamte Haselstaudener Gebiet ist meist südseitig ausgerichtet. Allerdings stehen die mittelhohen Felsen im Wald, so daß die Sonne nur richtig hinkommt, wenn kein Laub auf den Bäumen ist.

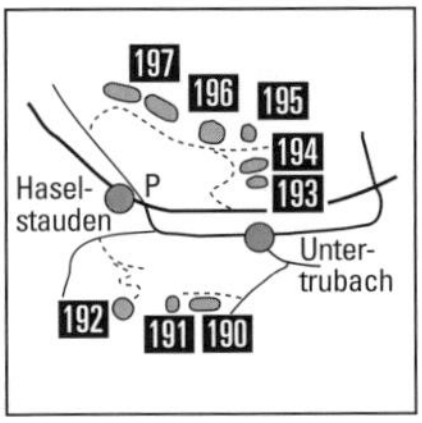

Haselstauden/Untertrubach

190 Fuchsstein
191 Wetterstein
192 Fürther Turm
193 Nonne
194 Kleiner Mönch
195 Topfstein
196 Großer Mönch
197 Haselstaudener Wände
Übersichtskarte 2 *(S. 16)*

Bild S. 280: Evelyn Fleckenstein in »Bilbo Baggins« (8-); Dachlwand
Foto: Matthias Keller

Topfstein

| 12 m | 195

Westwand

Talseite | S

Ostwand

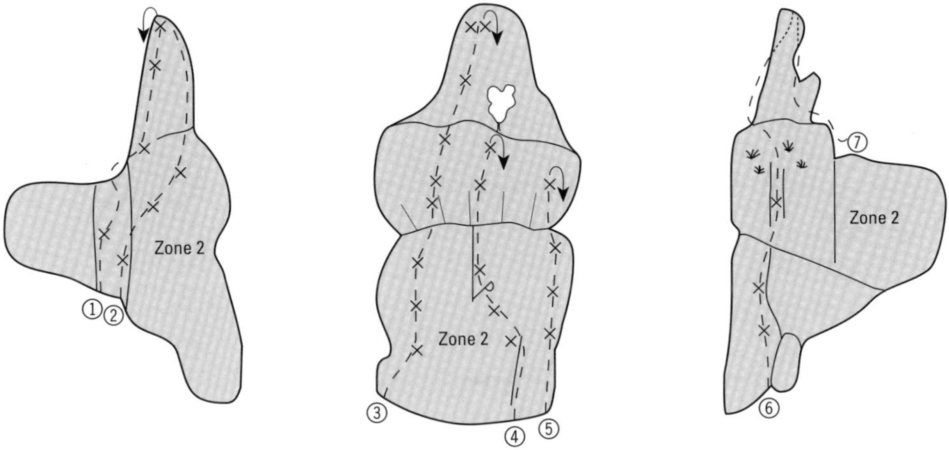

①	Martini	5+
②	Venga	7
③	Zurück in die Zukunft	8+
④	Talweg	8
⑤	?	8
⑥	Rumpelstilzchen	6+
⑦	Bergseite	3

Zugang

Zwischen Haselstauden und Untertrubach blau markierten Weg hoch zu Nonne und Kleinem Mönch. Oberhalb steht der Topfstein, etwas weiter links (westlich) der Große Mönch.
Auch von den Haselstaudener Wänden gelangt man auf gutem Weg in wenigen min (talaufwärts) zu den Felsen.

Besonderheit

Viele lohnende Wege in leichten und mittleren Schwierigkeitsgraden.
Das gesamte Haselstaudener Gebiet ist meist südseitig ausgerichtet. Allerdings stehen die mittelhohen Felsen im Wald, so daß die Sonne nur richtig hinkommt, wenn kein Laub auf den Bäumen ist.

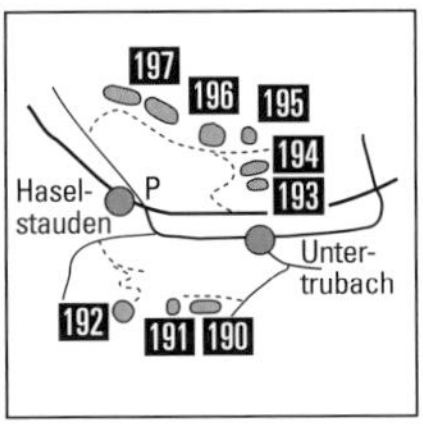

Haselstauden/Untertrubach
190 Fuchsstein
191 Wetterstein
192 Fürther Turm
193 Nonne
194 Kleiner Mönch
195 Topfstein
196 Großer Mönch
197 Haselstaudener Wände
Übersichtskarte 2 *(S. 16)*

Bild S. 282: Karl Daut im »Goldenen Dach« (8+); Dachlwand
Foto: Bernhard Thum
Bild S. 285: Michael Mürschberger in »Die Macht der Nacht« (8+); Clubbwall
Foto: Jochen Rühl

196 Großer Mönch

| 12 - 20 m | SO + N

Talseite | 20 m | S + O

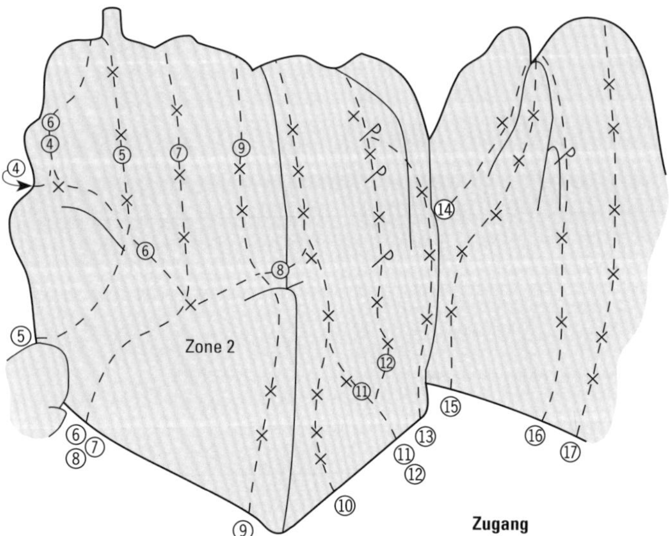

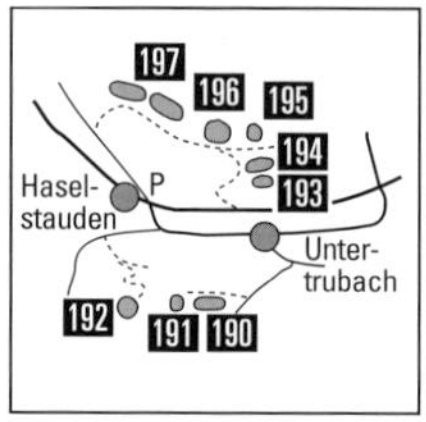

Haselstauden/Untertrubach
190 Fuchsstein
191 Wetterstein
192 Fürther Turm
193 Nonne
194 Kleiner Mönch
195 Topfstein
196 Großer Mönch
197 Haselstaudener Wände
Übersichtskarte 2 *(S. 16)*

Zugang
Zwischen Haselstauden und Untertrubach blau markierten Weg hoch zu Nonne und Kleinem Mönch. Oberhalb steht der Topfstein, etwas weiter links (westlich) der Große Mönch.
Auch von den Haselstaudener Wänden gelangt man auf gutem Weg in wenigen min (talaufwärts) zu den Felsen.

Bergseite | 12 m | N

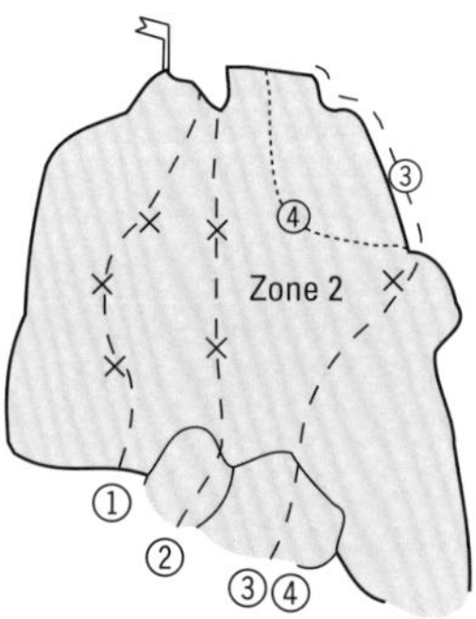

Besonderheit
Viele lohnende Wege in leichten und mittleren Schwierigkeitsgraden. Das gesamte Haselstaudener Gebiet ist meist südseitig ausgerichtet. Allerdings stehen die mittelhohen Felsen im Wald, so daß die Sonne nur richtig hinkommt, wenn kein Laub auf den Bäumen ist.

① Neue Bergseite	7 -
② Bergseite	6
③ Westkante	5
④ Alter Weg	5 -
⑤ Einstand	7 -
⑥ Talseite	5 -
⑦ Conni und Ulli	7 -
⑧ Südostkante	6 +
⑨ Rosenkranz	8
⑩ Franziskaner	8 -
⑪ Direkte Südostkante	7
⑫ Nordostkante (Hopfen und Malz)	7 +
⑬ Seelenverkäufer	8
⑭ Easy going	3
⑮ Oskar Bühler Ged.-Weg	5
⑯ Klosterwand	6
⑰ Anton Böhm Ged.-Weg	6

CAMP

197 Haselstaudener Wände

| 14 m | S

Linker Teil

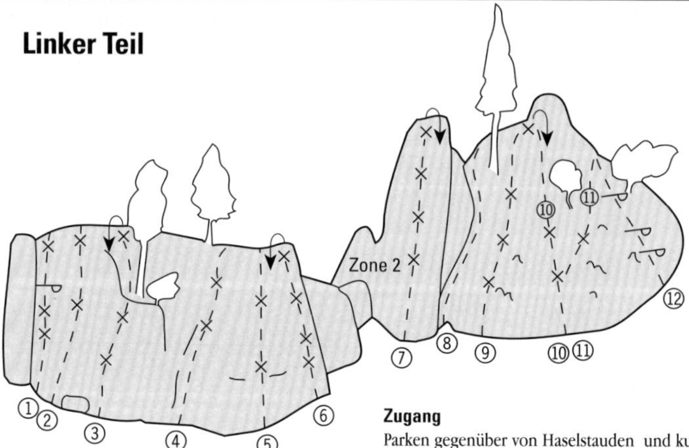

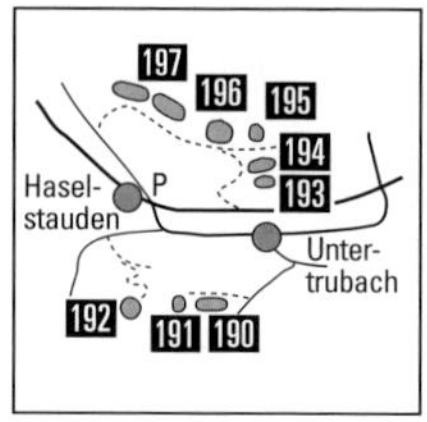

Haselstauden/Untertrubach

190 Fuchsstein
191 Wetterstein
192 Fürther Turm
193 Nonne
194 Kleiner Mönch
195 Topfstein
196 Großer Mönch
197 Haselstaudener Wände
Übersichtskarte 2 *(S. 16)*

Zugang

Parken gegenüber von Haselstauden und kurz kleine Straße am Südwesthang hoch zu den Felsen *(Wegweiser)*.

Rechter Teil

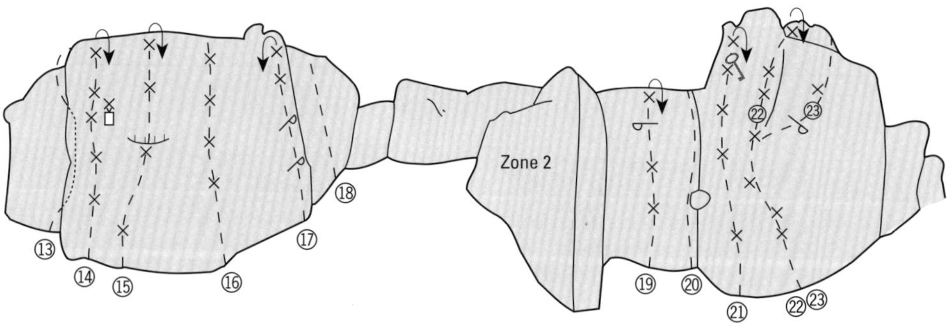

① Südriss . . . . 6 +
② Sophisticated Ladies . . . . 7 +
③ Regenbogen . . . . 7 -
④ Märzenriss. 5
⑤ Rechts aussen . . . . 5 -
⑥ Prinzessin . . . . 6 -
⑦ Weißer Pfeiler 6
⑧ Botanikerverschneidung . . . . . 3 +
⑨ ? 5
⑩ Krautgarten. . . . . 4 +
⑪ Variante. . . . . 4 +
⑫ ? . . . . 5 +
⑬ Südwestkamin. . . . . 4 +
⑭ Konrad Oed Ged.-Weg. 6
⑮ Nixalsverdruß . . . . 8 -

Besonderheit

Viele lohnende Wege in leichten und mittleren Schwierigkeitsgraden. Das gesamte Haselstaudener Gebiet ist meist südseitig ausgerichtet. Allerdings stehen die mittelhohen Felsen im Wald, so daß die Sonne nur richtig hinkommt, wenn kein Laub auf den Bäumen ist.

⑯ Happening . . . . 7 +
⑰ Rampenweg . . . . 5 -
⑱ Herbstweg. . . . . 5 +
⑲ Plattenweg . . . . 7 -
⑳ Haselstaudener Kamin 3
㉑ Drecksack . . . . 7 +
㉒ Haselstaudener Wand . . . . . . 6 +
㉓ Wespenstich 6

198 Holzhauswand und Riffwand 8 - 10 m | S + SO

Holzhauswand | 12 m | S

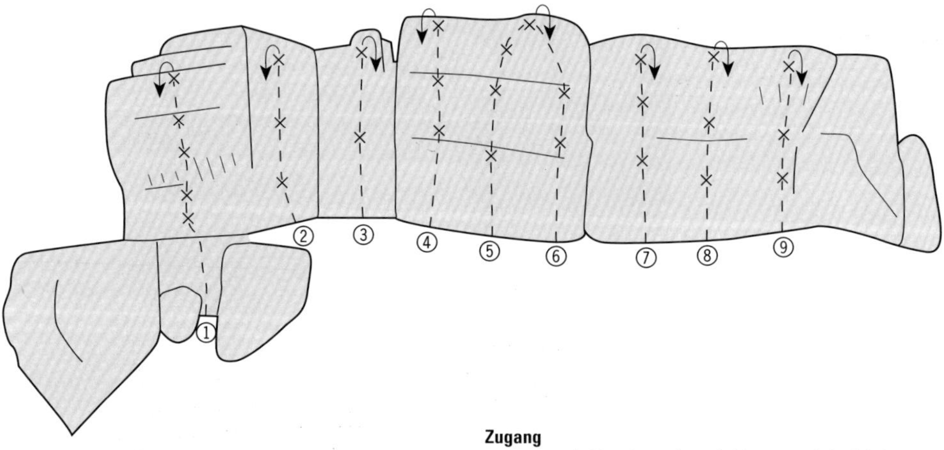

Riffwand | 12 m | SO

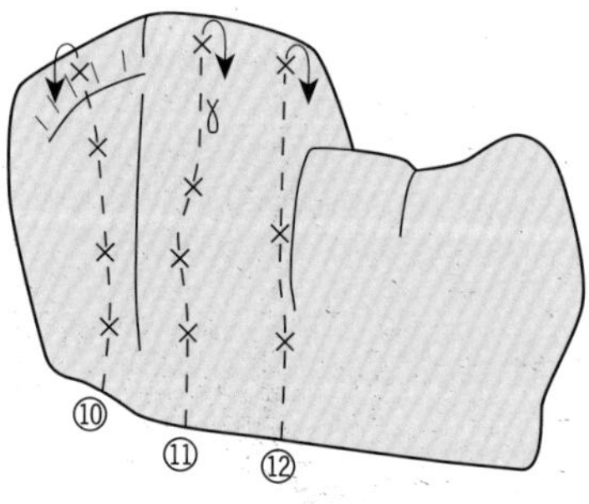

Zugang

Von Hammerbühl nach Geschwand abbiegen und gleich links in eine Teerstraße abzweigen, dort parken. Beim Gesperrt-Schild führt ein »Rotpunkt« markierter Wanderweg über eine Wiese (nach 50 m bei Gabelung geradeaus weiter) nach 300 m zum Waldrand. In den Wald und nach 10 m scharf links auf Fuhre (rechts steht eine Bank), nach 300 m steht die Holzhauswand oberhalb des Weges. Zur Riffwand bei der Bank nicht links abbiegen, sondern rechts haltend weiter und nach 70 m steil links hoch zu den Felsen.

Besonderheit

Beide Felsen wurden von Heiko Queitsch eingerichtet. Vor allem die Holzhauswand ist recht niedrig. Dort sind alle Routen außer »Final Destination« recht plattig. Die Riffwand ist etwas höher, steiler und ebenfalls kleingriffig.
Die Wände sind durch die Lage im Wald trotz der südseitigen Lage relativ schattig.

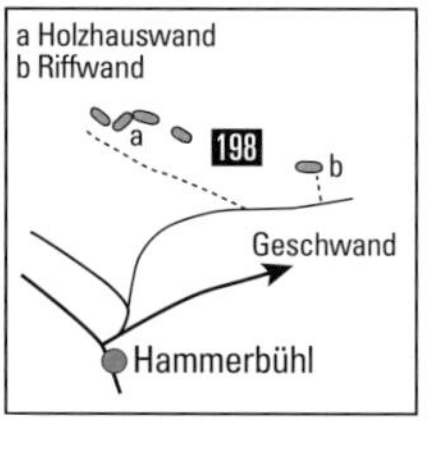

Holzhauswand + Riffwand
Übersichtskarte 2 *(S. 16)*

① Final Destination	9/9 +
② Optische Täuschung	9 -
③ Die Mitte	7 -
④ Kleines Schwein	8 -
⑤ Guildo hat Euch lieb	8 -
⑥ Guildo Horn Kante	7 +
⑦ Papas Bohrhelfer	7 -
⑧ Vulcano	7 +
⑨ Freundschaft	6 +
⑩ *Projekt*	
⑪ Hammerhai	7 +
⑫ Riffifi	6 +

Dörnhofer Wände

| 14 - 24 m | N + O | 199

Linke Dörnhofer Wand | 12 m | N

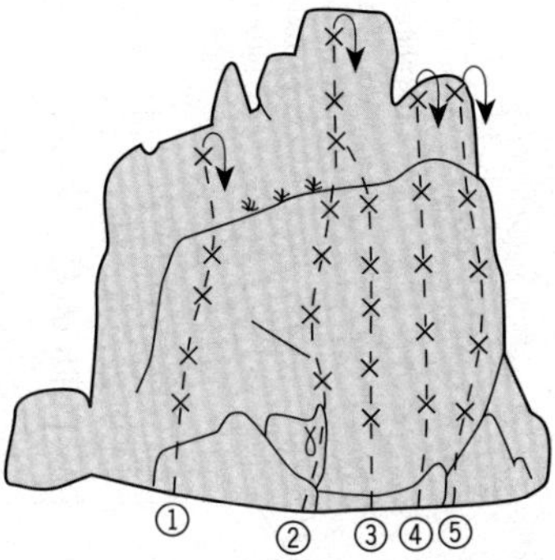

①	Geisterbahn	8+
②	Riesenrad	9
③	Wies'n Bummel	9
④	Oktoberfest	8-
⑤	Schießbudenfigur	7
⑥	?	5
⑦	Linker Weg	6+
⑧	Rechter Weg	6+
⑨	?	6

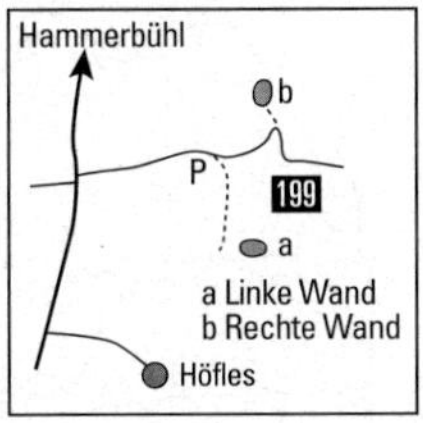

Rechte Dörnhofer Wand | 24 m | O

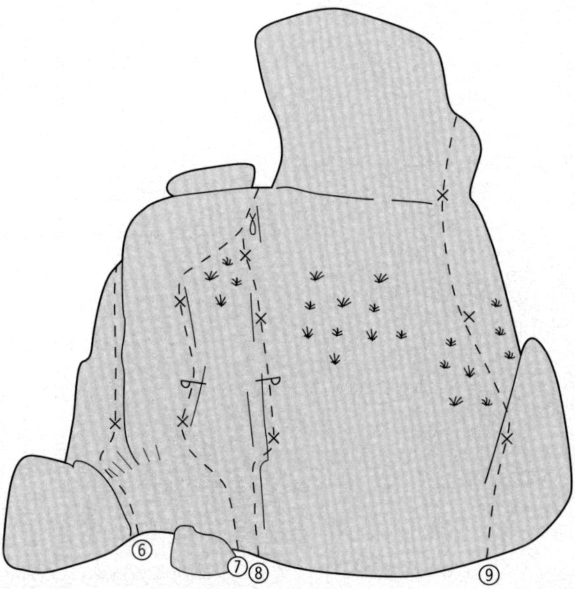

Dörnhofer Wände
Übersichtskarte 2 *(S. 16)*

Zugang

Auf der Straße zwischen Hammerbühl und Gräfenberg zweigt der Feldweg nach Thuisbrunn ab (1,2 km von Hammerbühl).

Besonderheit

An der Linken Dörnhöfer Wand hat Albert Gilgenrainer 5 neue Sportkletterrouten erschlossen. Die Rechte Dörnhofer Wand ist noch im alpin-klassischen Originalzustand.

200 Großenoher Wand

20 m | N

Zugang
Parken in Höfles. Beim Briefkasten links, nach 300 m kommt ein Gesperrt-Schild. Die gesperrte Fuhre weiter, nach 50 m teilt sie sich in 3 Fuhren. Auf der mittleren weiter, nach 10 m bei 2. Verzweigung geradeaus und in wenigen min zu einer Lichtung oberhalb der Großenoher Wand. Steil absteigen zum Wandfuß.

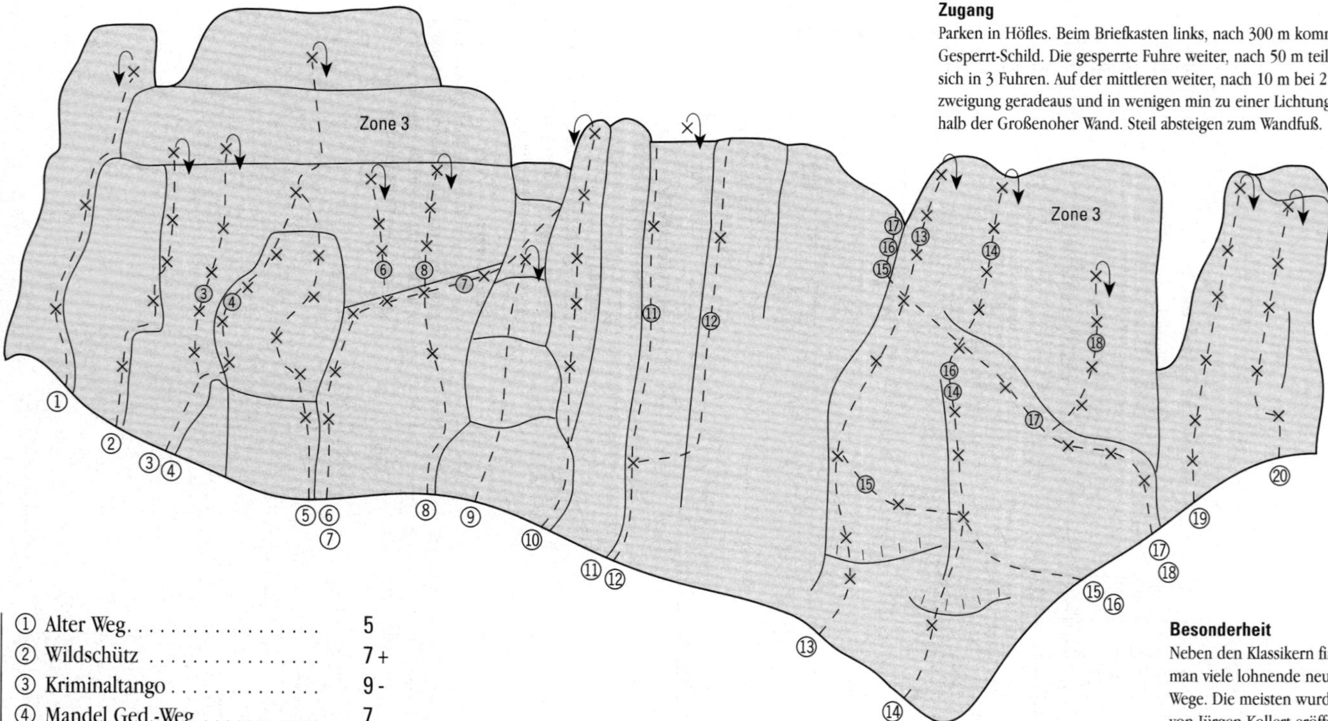

Besonderheit
Neben den Klassikern findet man viele lohnende neue Wege. Die meisten wurden von Jürgen Kollert eröffnet.

①	Alter Weg	5
②	Wildschütz	7+
③	Kriminaltango	9-
④	Mandel Ged.-Weg	7
⑤	Leere Hände	8+
⑥	Prost Paul	8-
⑦	Paulaweg	7
⑧	Bleib Dir treu	8+
⑨	Schluchtweg	3
⑩	Fliegendes Frettchen	6
⑪	Schinderriss	6-
⑫	F. Meusel Ged.-Weg	6+
⑬	Poco fragile	7-
⑭	Direkter Großenoher Weg	7-
⑮	Variante	6+
⑯	Großenoher Weg	6+
⑰	Hinterhofer Weg	6+
⑱	Daddy cool	6+
⑲	Flaps	7-
⑳	Phanti	6+

Rechter Wandteil

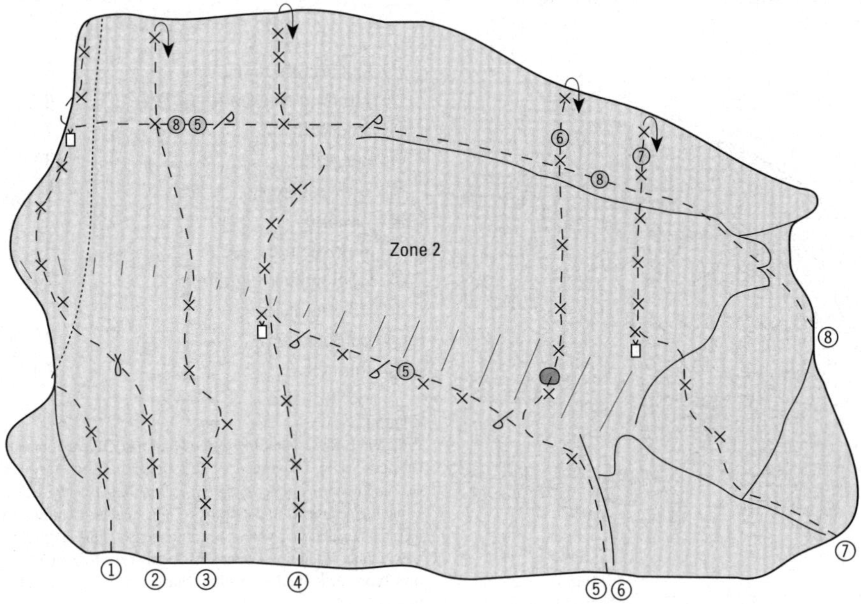

Linker Wandteil

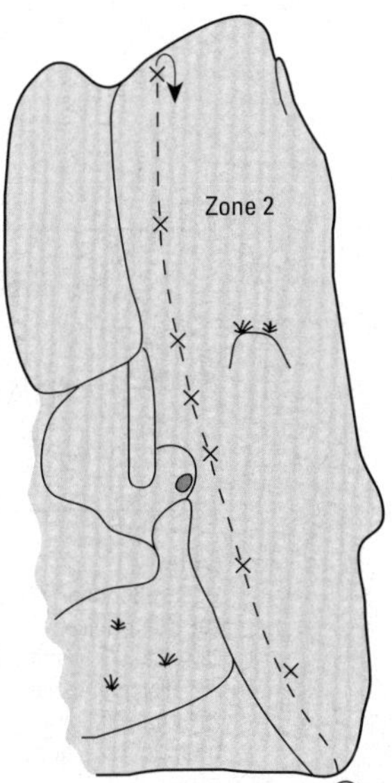

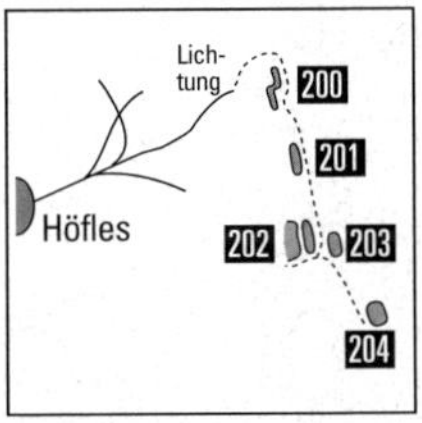

Höfles
200 Großenoher Wand
201 Hohe Geisel
202 Höfleser Wand + Turm
203 Waldmannspitze
204 Kurfürst
Übersichtskarte 2 *(S. 16)*

Zugang

Parken in Höfles. Beim Briefkasten links, nach 300 m kommt ein Gesperrt-Schild. Die gesperrte Fuhre weiter, nach 50 m teilt sie sich in 3 Fuhren. Auf der mittleren weiter, nach 10 m bei 2. Verzweigung geradeaus und in wenigen min zu einer Lichtung oberhalb der Großenoher Wand. Steil absteigen zu den Felsen. Die Hohe Geisel ist der nächste Fels links der Großenoher Wand.

① Atlantis	7+
② Halbzeit	9-
③ *Projekt*	
④ Im Reich der Riesen	9-/9
⑤ Felsenboumweg	9-/9
⑥ Fränkische Bauerplatte	8
⑦ Dagobert Englin Ged.-Weg	7
⑧ Alter Weg	7-

202 Höfleser Wand und Turm | 15 m | S + O

Südseite

Höfleser Wand Höfleser Turm

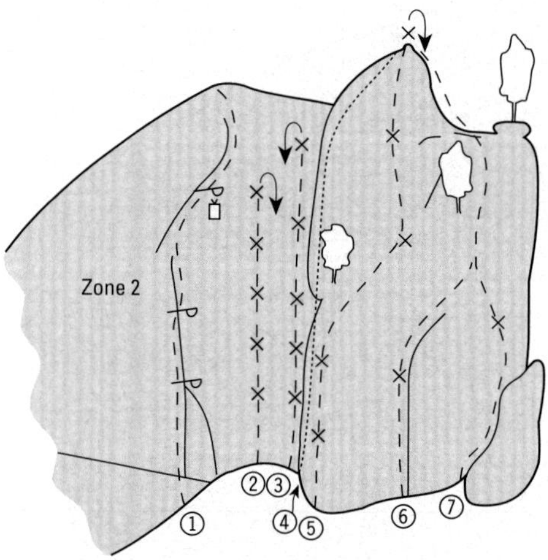

① Kalchreuther Weg	8-
② Wand im Nacken *(definiert)*	8
③ Free Willy	7
④ Bergseite	3
⑤ Südwestkante	5+
⑥ Variante	6
⑦ Südostkante	5
⑧ Höhenglückweg direkt	7-
⑨ Höhenglückweg	a1/5
⑩ Waldmeister	7+
⑪ Toni-Riss	7+

Zugang

Parken in Höfles. Beim Briefkasten links, nach 300 m kommt ein Gesperrt-Schild. Die gesperrte Fuhre weiter, nach 50 m teilt sie sich in 3 Fuhren. Auf der mittleren weiter, nach 10 m bei 2. Verzweigung geradeaus und in wenigen min zu einer Lichtung oberhalb der Großenoher Wand. Steil absteigen zu den Felsen. An Großenoher Wand und Hoher Geisel vorbei zu Höfleser Wand und Turm sowie Waldmannspitze. Noch etwas weiter zum Kurfürst.

Höfleser Turm | Talseite | O

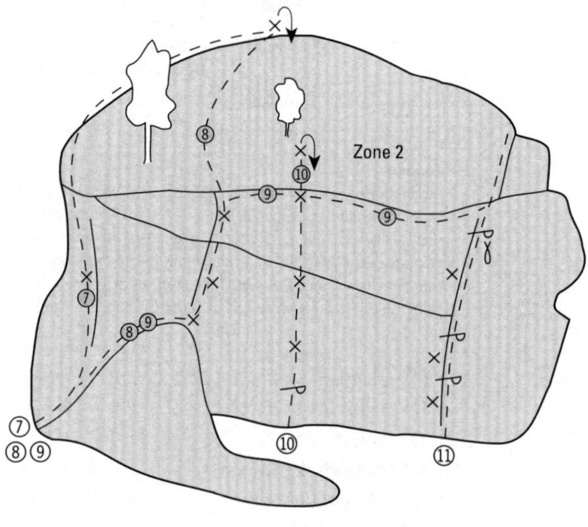

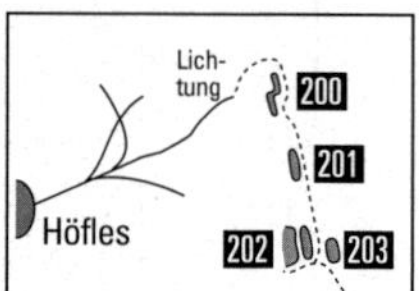

Höfles
200 Großenoher Wand
201 Hohe Geisel
202 Höfleser Wand + Turm
203 Waldmannspitze
204 Kurfürst
Übersichtskarte 2 *(S. 16)*

Waldmannspitze

| 16 - 25 m | SW + NO — 203

Bergseite | 16 m | SW

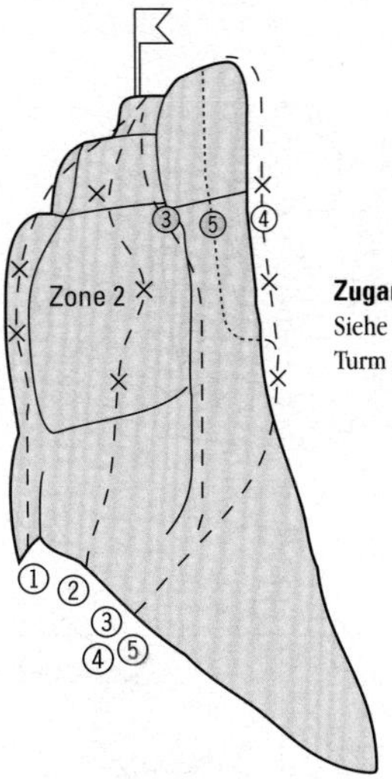

Zugang
Siehe Höfleser Wand und Turm *(S. 292)*.

- ① Nordwestwand . . . . 6+
- ② Direkte Bergseite. . . . . 6+
- ③ Bergseite 3
- ④ Südostkante 6
- ⑤ Alter Talweg 7-
- ⑥ Direkter Talweg. . . . . 7+

Talseite | 25 m | NO

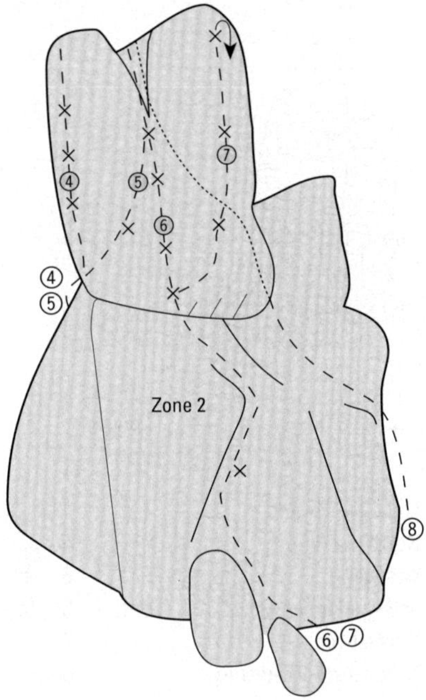

- ⑦ Silberblick. 7
- ⑧ Nordwestverschneidung . . . . . . 3+

Kurfürst

| 14 m | N + W — 204

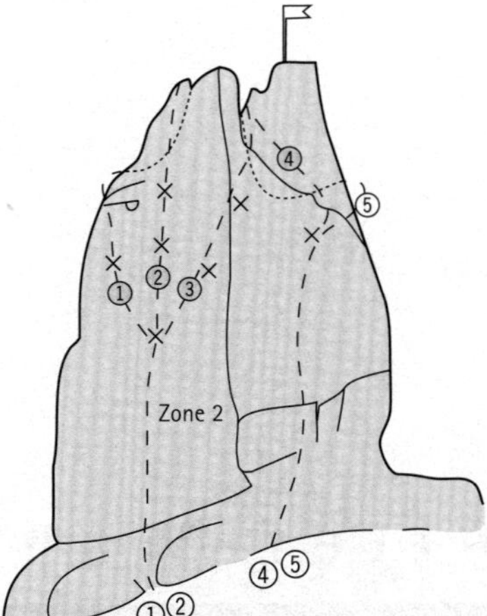

Zugang
Siehe Höfleser Wand und Turm *(S. 292)*.

- ① Nordostkante . . . . 6+
- ② Nordwand. 6-
- ③ Nordwestkante 6-
- ④ Bergseite. 4-
- ⑤ Talvariante. . . . . 4+

205 Drei Zinnen

10 m | N + W

Nordseite

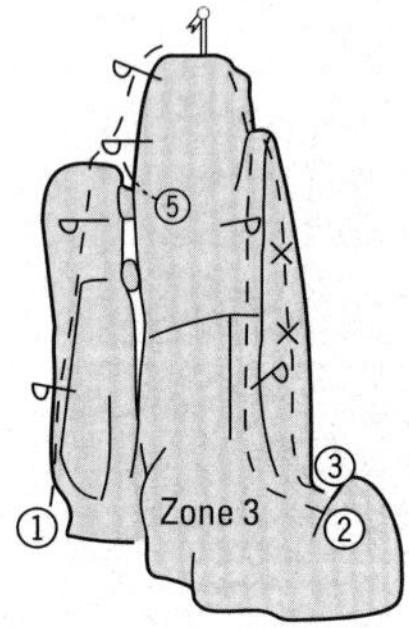

Westseite

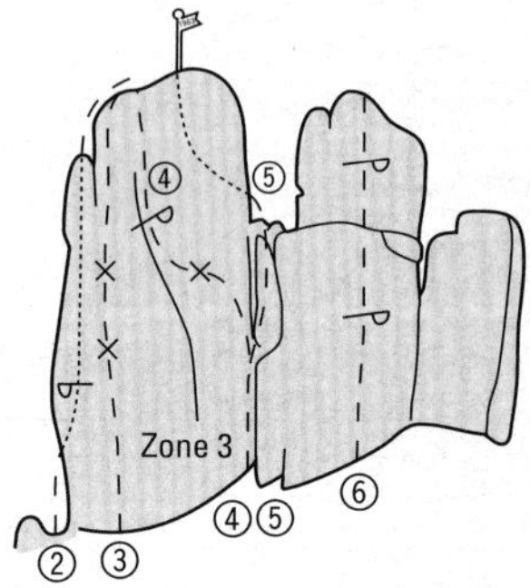

① Linke Nordwand	4	
② Nordwestkante	4	
③ Westwand	6-	
④ Südwestkante	5+	
⑤ Normalweg	2	
⑥ Nebenturm Westwand	6-	

Zugang

Parken in Großenohe. 100 m oberhalb des Cafes »Zur Sägemühle« führt ein Weg in wenigen min zu der bereits von unten sichtbaren Felsgruppe.

Besonderheit

Kurze, aber schöne Klettereien in bestem, griffigen Fels. Neben den erwähnten Routen sind noch weitere kurze Übungsklettereien möglich.

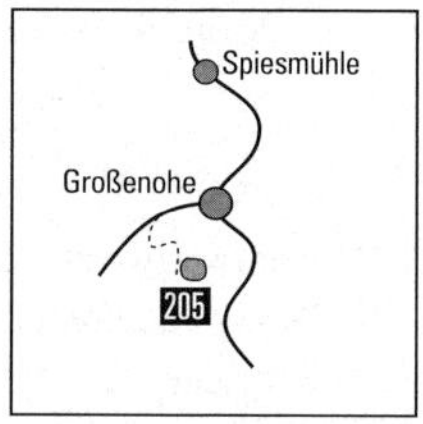

Drei Zinnen
Übersichtskarte 2 *(S. 16)*

Brüchige Wand

☼ | 35 m | S

206

Rechter Wandteil | 35 m | S

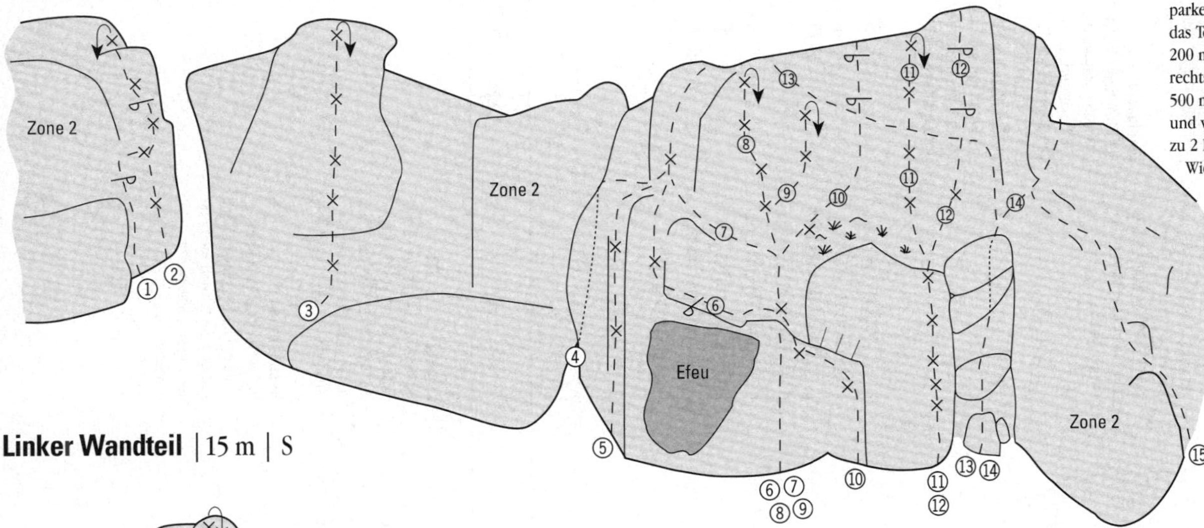

Linker Wandteil | 15 m | S

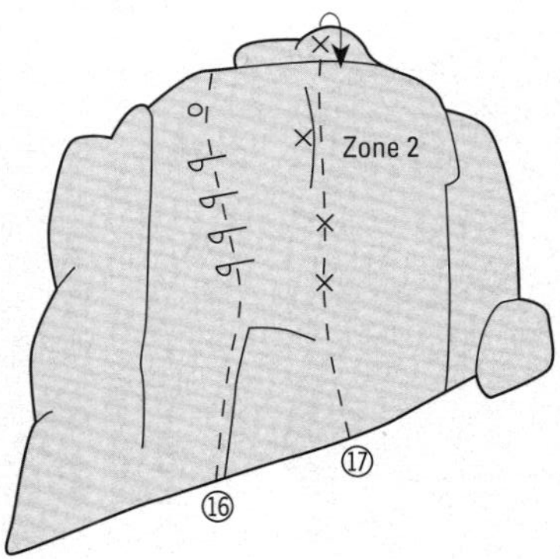

Zugang
In Thuisbrunn bei der Kirche parken und auf Wanderweg das Todsfelder Tal hinab. Nach 200 m steht der Raketenriss rechts des Weges. Nach gut 500 m bei Gabelung rechts und weiter das Tal hinab bis zu 2 Bänken. Auf Weg in die Wiese, auf die anderen Talseite und rechts aufwärts zur gut sichtbaren Brüchigen Wand.

Besonderheit
Der Fels ist nicht so schlecht, wie der Name vermuten lässt. Albert Gilgenrainer hat noch einige neue Wege erschlossen.

①	Todsfelder Weg	6+
②	Fingerspitzengefühl	8+
③	Direkter Südwest-Pfeiler	7-
④	Westkamin	3
⑤	Direkte Südwestwand	5-
⑥	Südwestwand	5-
⑦	Alter Weg	4+
⑧	S-Kurve	8
⑨	Winter ade	7-
⑩	Direkte Südwand	6-
⑪	Unglaublich, aber wahr	7+
⑫	Egloffsteiner Weg	6+
⑬	ACF-Weg	5-
⑭	Schluchtkamin	3
⑮	Kletterkursweg	2
⑯	Rostiweg	6-
⑰	Geheimnisvoll + Böse	8

207 Nebelsteiner Wand

| 25 m | N

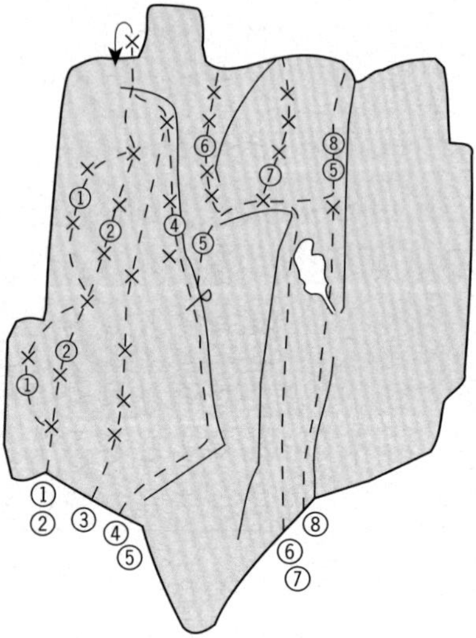

Zugang
In Thuisbrunn bei der Kirche parken und auf Wanderweg das Todsfelder Tal hinab. Nach 200 m steht der Raketenriss rechts des Weges. Nach gut 500 m bei Gabelung rechts und noch 400 m weiter. Die Brüchige Wand steht gut sichtbar auf der anderen Talseite. Rechts hoch in den Wald zur gegenüber liegenden Nebelsteiner Wand.

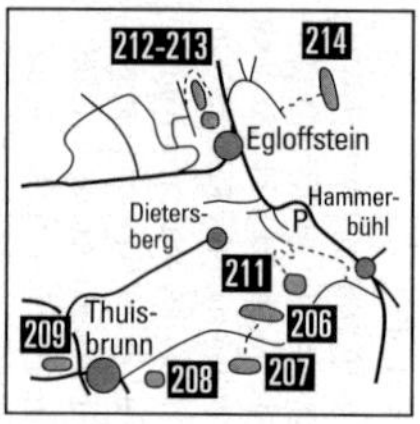

Egloffstein
206 Brüchige Wand
207 Nebelsteiner Wand
208 Raketenriss
209 Bahnhof
211 Albrecht Dürer Fels
212 Egloffsteiner Wand
213 Egloffsteiner Felsentor
214 Egloffst. Gemsenwand
Übersichtskarte 2 *(S. 16)*

①	Dreierweg	5+
②	Flotter Dreier	6+
③	Smoothoperator	8-/8
④	Direkte Nebelsteiner	7-
⑤	Alte Nebelsteiner	5+
⑥	Frankenriss	5
⑦	Roofoperator	8-/8
⑧	Schwedenriss	5

208 Raketenriss

| 8 m | N

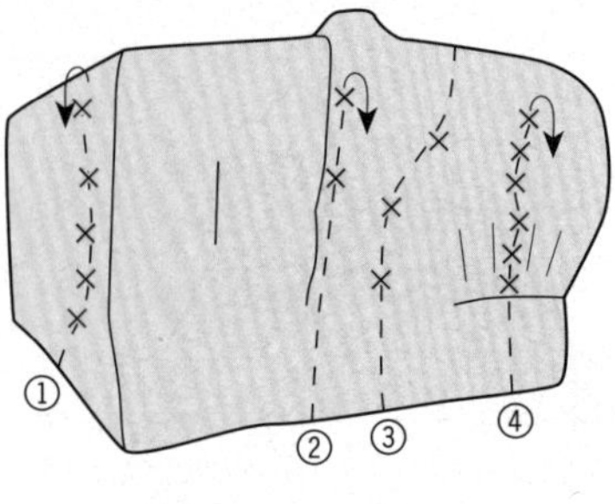

Zugang
In Thuisbrunn bei der Kirche parken und auf Wanderweg das Todsfelder Tal hinab. Nach 200 m steht der Raketenriss rechts des Weges.

Besonderheit
Heiko Queitsch hat an der kleinen, überhängenden Wand 2 Routen im 9. Grad mit boulderartigem Charakter erschlossen.

①	Frankenshow	9
②	Raketenriss	5+
③	Mehr sein als Schein	9+
④	*Projekt*	

Bahnhof

7 m | S 209

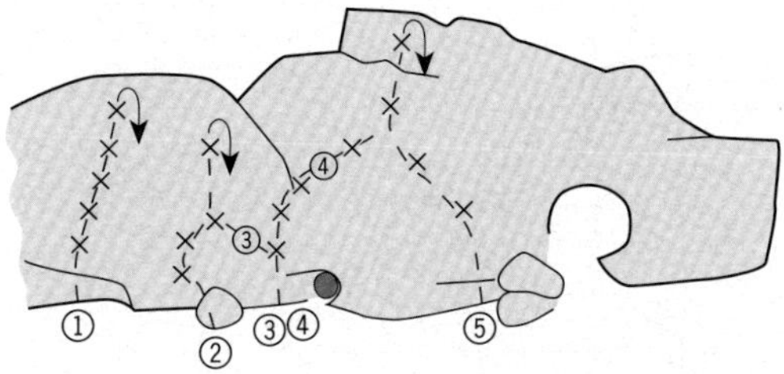

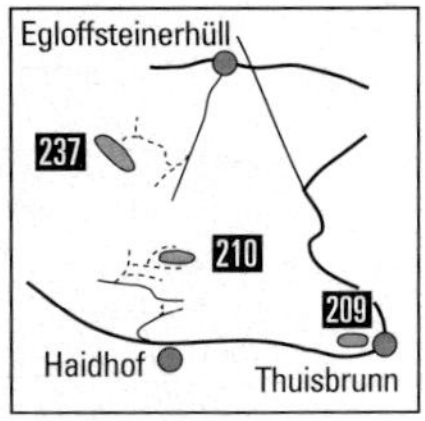

Thuisbrunn
209 Bahnhof
210 Haidhofer Schlossbergwand
237 Fuchsloch
Übersichtskarte 2 *(S. 16)*

①	Trittbrettfahrer	9
②	Achterbahn	9/9+
③	Powertrain	9+/10-
④	Betreten verboten	9-
⑤	Night Train	8

Zugang
Bei Gasthaus Seitz links und nach 50 m rechts parken. Am linken Ende des Parkplatzes führt eine Fuhre zwischen Obstbäume, nach 30 m erreicht man einen Pfad, dem man zuerst nach rechts folgt. Nach einer Stufe führt er 100 m nach links zu den Felsen.

Besonderheit
Heiko Queitsch hat dieses Gebiet eingerichtet. Wie bei vielen seiner Kreationen handelt es sich um kurze, aber sehr steile Wege.

210 Haidhofer Schlossbergwand

12 m | NO

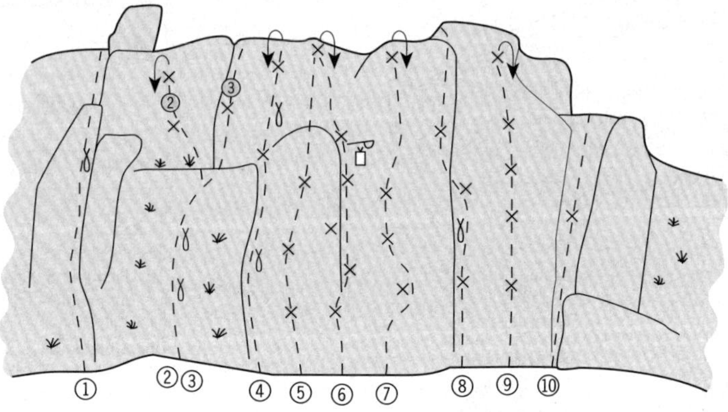

①	Thuisbrunner Weg	4
②	Direkter Haidhofer Weg	5
③	Haidhofer Weg	5
④	Nürnberger Weg	6 -
⑤	Hoor auf de Zähn	8 +
⑥	Klammspitzler	6 +
⑦	Janinas Traum	7
⑧	Wespenweg	7 -
⑨	Glatt aber lieblich	8 -
⑩	Hummelstaner Weg	4 +

Zugang

Von Haidhof ist die Wand bereits sichtbar (ca. 500 m nördlich). Auf Feldweg in Rechtsschleife in die Senke (Garagen), 20 m vor den Garagen links Feldweg hinein. Wo der Weg in den Wald führt links abbiegen (grüne Markierung). Beim Schild »Schlossberg« scharf rechts, geradeaus bis zu Bänken, dort rechts (Tafel: »Schlossberg-Anlage«) und weiter Richtung Gipfel. Direkt bei der Holzbrücke westlich absteigen zur Wand (im Sinne des Aufstieges links).

Besonderheit

Schön gelegenes, kleines Gebiet mit vorwiegend leichten Wegen.

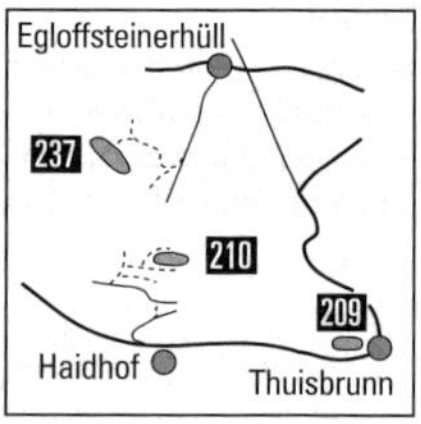

Thuisbrunn

209 Bahnhof

210 Haidhofer Schlossbergwand

237 Fuchsloch

Übersichtskarte 2 *(S. 16)*

Talseite | 28 m | NO

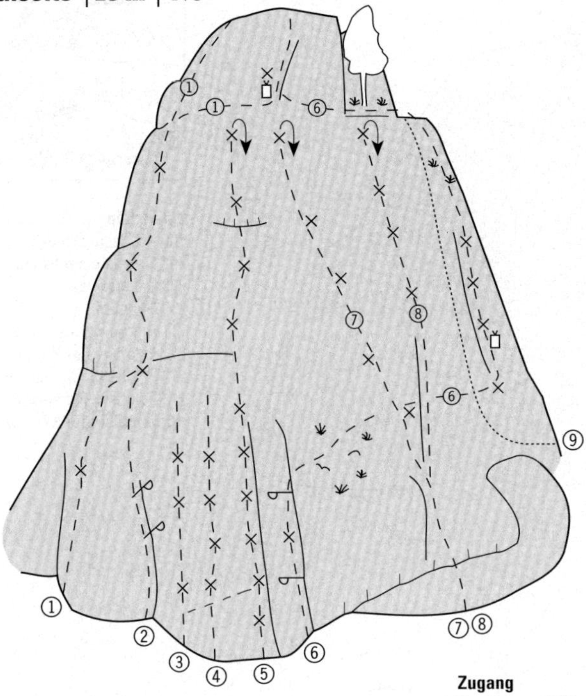

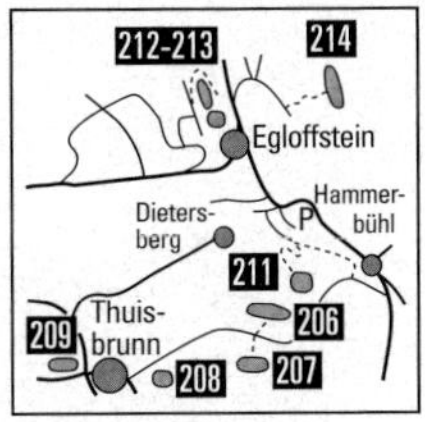

Egloffstein
206 Brüchige Wand
207 Nebelsteiner Wand
208 Raketenriss
209 Bahnhof
211 Albrecht Dürer Fels
212 Egloffsteiner Wand
213 Egloffsteiner Felsentor
214 Egloffst. Gemsenwand
Übersichtskarte 2 *(S. 16)*

Bergseite | 12 m | W

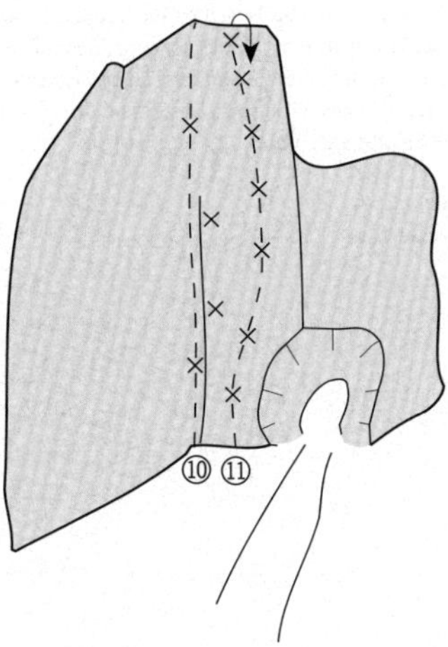

Zugang
Von Hammerbühl nach Egloffstein und gleich nach der Brücke über die Trubach links parken. Rechts hoch (»Paradiesweg«) und die nächste Straße scharf links. Sie mündet in einen Wanderweg. Bei einer Bank rechts ab (Wegweiser »Augustusfelsen«) zum Felsen.

Besonderheit
Bei den schweren Routen handelt es sich um technisch anspruchsvolle Plattenklettereien (für das Trubachtal untypisch). »Enenen« wurde vor der Begehung durch Wolfgang Güllich 1984 bereits von Wolfgang Fietz toprope ausgebouldert.

① Talseite *(2 Ausstiege möglich)*	7 -
② Rechter Einstieg	7 -
③ *Projekt*	
④ *Projekt*	
⑤ Wolf im Schafspelz	9
⑥ Kameradschaftsweg	a3/5
⑦ Weiße Hände	8+/9 -
⑧ Enenen	9
⑨ Nordkamin	4
⑩ Bergseite	5 +
⑪ Dürer's Hinterkopf	7 +

212 Egloffsteiner Wand

| 20 m | N

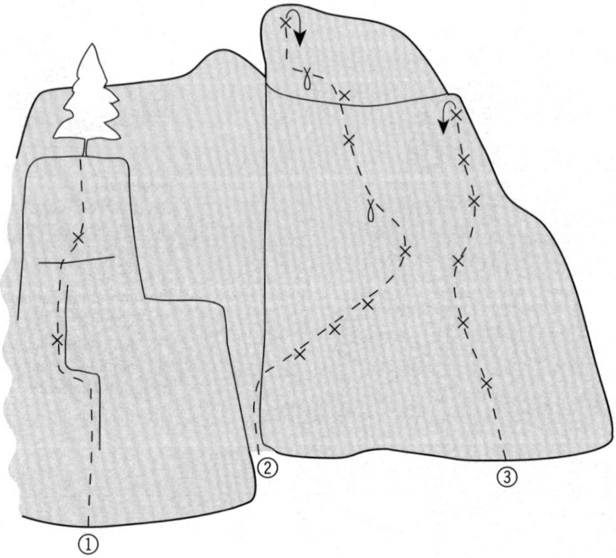

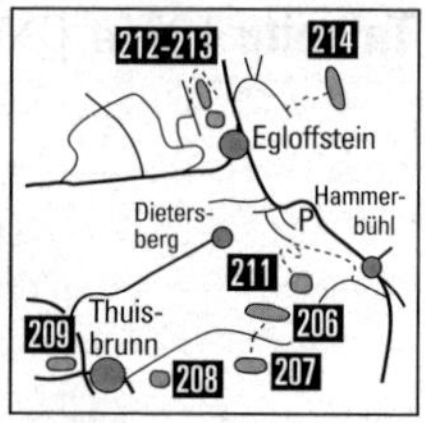

Egloffstein
206 Brüchige Wand
207 Nebelsteiner Wand
208 Raketenriss
209 Bahnhof
211 Albrecht Dürer Fels
212 Egloffsteiner Wand
213 Egloffsteiner Felsentor
214 Egloffst. Gemsenwand
Übersichtskarte 2 *(S. 16)*

① Südostriss 6-
② Burgfräuleinweg 6
③ Raubrittersteig............... 6+

Zugang
In Egloffstein Richtung Burg und weiter auf der Egilolfstraße den Berg hinauf, nach Haus Nr. 132 rechts hinein und parken. Vom Schotterweg zweigt rechts ein Wanderweg ab, der in 3 min zum Egloffsteiner Felsentor führt.
Bevor der Weg zum Egloffsteiner Felsentor auf Treppenstufen mit Geländer von der Hochfläche nach links abzweigt, dem oberen Weg weitere 25 m folgen und bei Baum mit blauer Wegmarkierung links den Hang hinab. Talaufwärts absteigend erreicht man nach 200 m die Egloffsteiner Wand.

Besonderheit
Längere, klassische Wege.

Talseite | 27 m | N

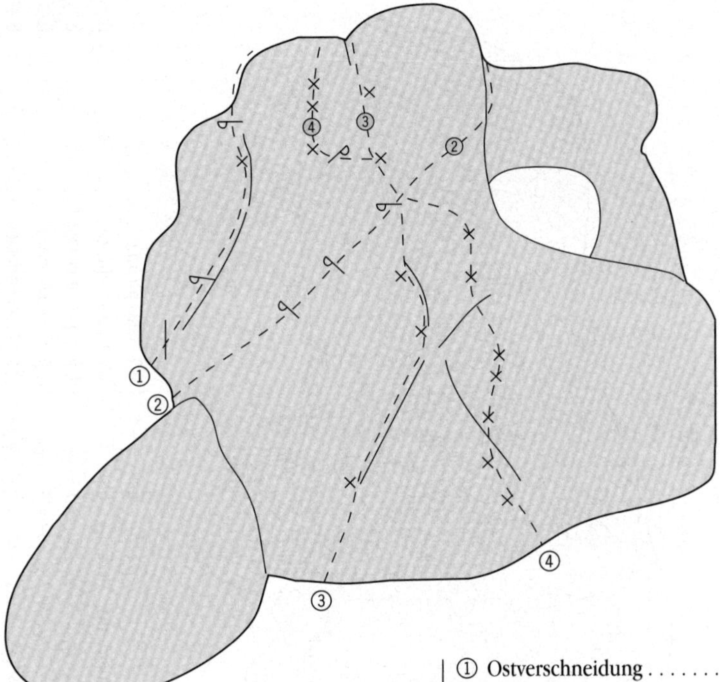

① Ostverschneidung	6+	
② Alte Talwand	5	
③ Direkte Talwand	7-	
④ Gerstner Ged.-Weg	7+	
⑤ Torweg	3	
⑥ Windkanal	6	
⑦ Bergseite	2	

Bergseite | 10 m | S

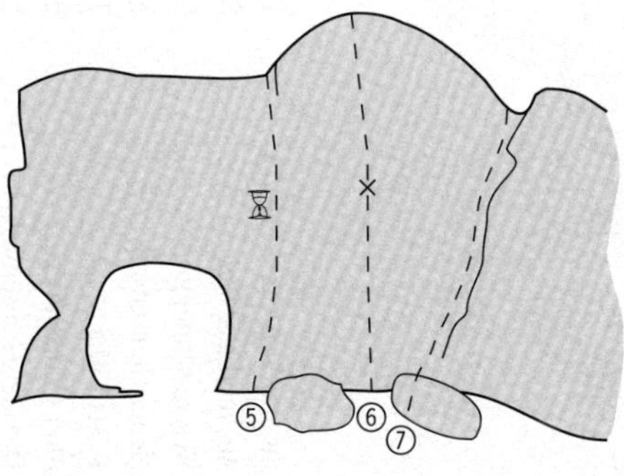

Zugang

In Egloffstein Richtung Burg und weiter auf der Egilolfstraße den Berg hinauf, nach Haus Nr. 132 rechts hinein und parken. Vom Schotterweg zweigt rechts ein Wanderweg ab, der in 3 min zum Egloffsteiner Felsentor führt.

Besonderheit

Zu Unrecht vernachlässigtes Massiv. Längere klassische Routen in relativ gutem Fels, man sollte evtl. einige Schlingen und Keile mitnehmen.
Gegenüber der Bergseite befinden sich noch zwei kurze Anstiege im 4. Grad (selbst abzusichern).

214 Egloffsteiner Gemsenwand

☼ | 12 - 30 m | SW

①	Su Alto Weg	7
②	Auckenthaler Weg	6+
③	Westverschneidung	5-
④	Neuer Gemsenweg	5+
⑤	K. Mau Weg	7-
⑥	Alter Gemsenweg	6-
⑦	Direkter Gemsenweg	5+
⑧	Albertinaweg	6+
⑨	Brüchige Verschneidung	5-
⑩	Rudi Rastlos	7-
⑪	?	8-
⑫	M. Bauer Ged.-Weg	5+
⑬	Schmittchen Schleicher	6
⑭	Gassenhauer	7
⑮	Herbstzeitlose	6
⑯	Septemberweg	6
⑰	Novemberweg	6-
⑱	Queckenbelzer	6+
⑲	Staubiger Bruder	5-

Egloffsteiner Gemsenwand

☼ | 12 - 30 m | SW **214**

Nebenmassiv | 12 m | W

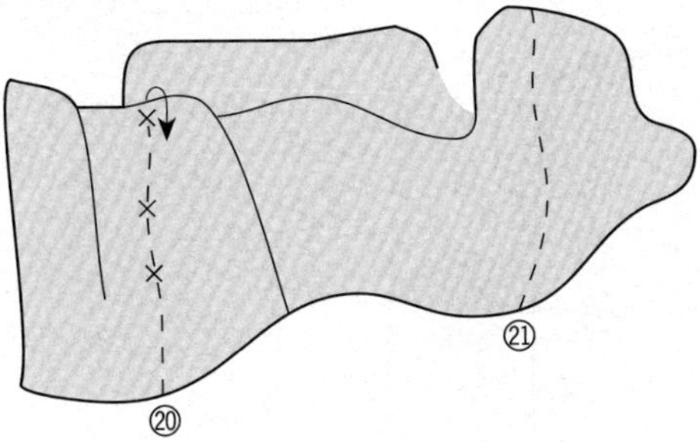

⑳ Neues Forum 8
㉑ ? 7-

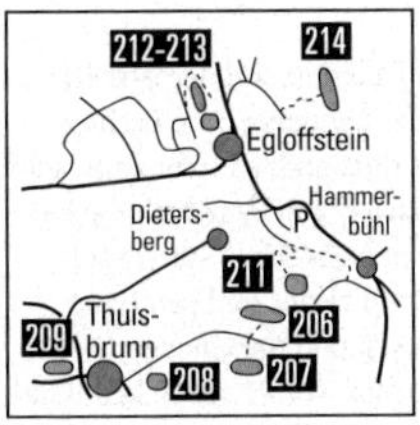

Egloffstein
206 Brüchige Wand
207 Nebelsteiner Wand
208 Raketenriss
209 Bahnhof
211 Albrecht Dürer Fels
212 Egloffsteiner Wand
213 Egloffsteiner Felsentor
214 Egloffst. Gemsenwand
Übersichtskarte 2 *(S. 16)*

Zugang
Die vom Tal aus gut sichtbare Wand liegt gegenüber von Egloffstein am Südwesthang. Man parkt am nördlichen Ortsende von Egloffstein und folgt einem Feldweg in den Talgrund. Dort wo der Wald am tiefsten in die Wiese herunterzieht, geht man rechts der Baumgruppe am Wiesenrand in den Wald und auf Pfad hoch zur Wand. Das Nebenmassiv steht 150 m rechts des mächtigen Hauptmassivs.

Besonderheit
Klassische Wand mit vielen langen Routen in mittleren Schwierigkeitsgraden.

215 Balkenstein

☼ | 11 - 15 m | S + W

Linke Wand | 15 m | S

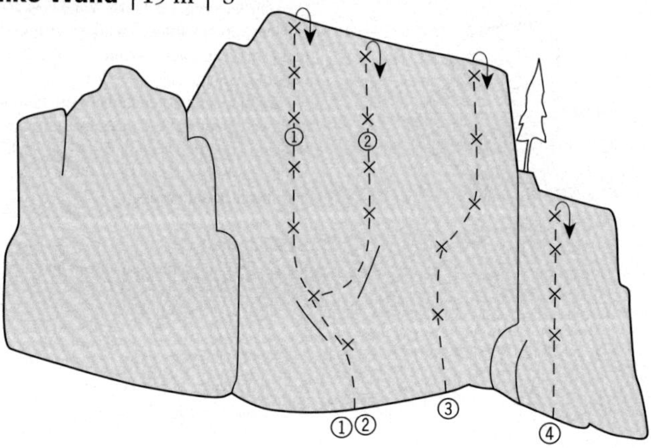

Recht Wand | 11 m | W

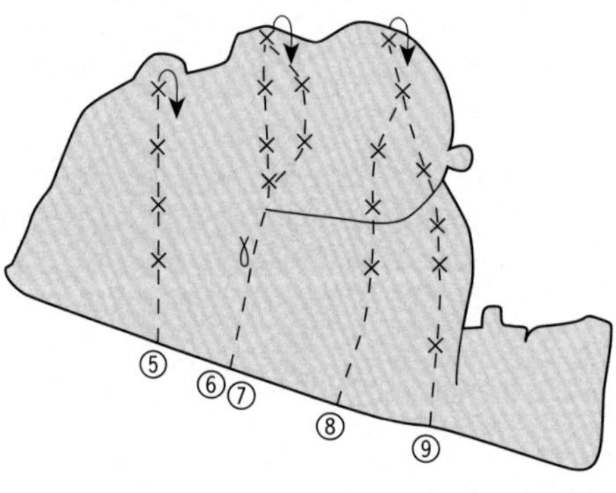

Zugang
Parken in Mostviel auf dem Wanderparkplatz bei der Kurve. Auf dem Wanderweg am Bach entlang 500 m talaufwärts und bei roter Bank links abbiegen. 70 m nach der 2. Bank rechts abbiegen und nach 40 m beim Schild »Pfarrwald« wieder rechts. 100 m weiter steil den Hang hoch und an Blöcken und unbedeutenden Massiven (einzelne Haken) vorbei zur Linken Wand. Um von ihr zur Rechten Wand zu gelangen, steigt man wieder ca. 70 m ab und quert den Hang unterhalb der Blöcke.

Besonderheit
Senkrechter, hellgrauer Plattenkalk. Alle Routen außer dem »Alten Weg« wurden von Albert Gilgenrainer erschlossen.

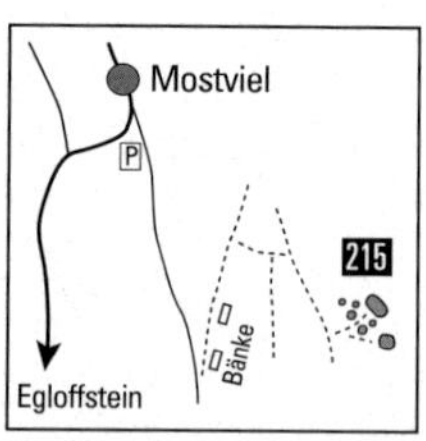

Balkenstein
Gebietsübersicht *S. 307*
Übersichtskarte 2 *(S. 16)*

① Alter Weg	7-
② Adventszeit	6+
③ Nikolaus	8-
④ Knecht Rupprecht	8-
⑤ Aschenputtel	6
⑥ Kleiner König Maximilian	7+
⑦ Rapunzel	7
⑧ Hänsel und Gretel	8-
⑨ Struwwelpeter	8-

Radan Svec Ged.-Wand

16 m | N 216

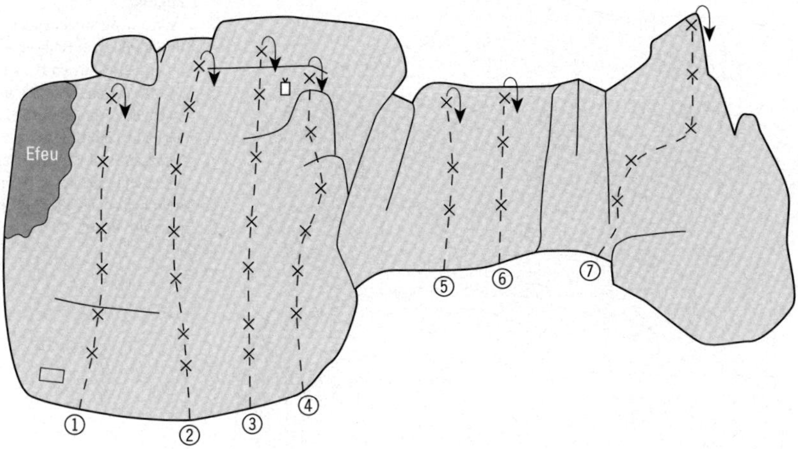

①	Czeck Attack	8-
②	Radanator	8
③	Rad against the machine	7+
④	Fantastiisch	8
⑤	Cheská Láska	5+
⑥	Das Leichte und das Schwere	5
⑦	Powergöttin	7

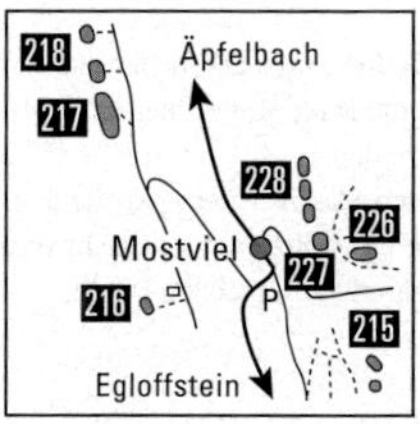

Mostviel
215 Balkenstein
216 Radan Svec Ged.-Wand
217 Erlanger Felsentor
218 Mostvieler Talwand + Mittlerer Westen
226 Unentwegtenwand
227 Mostvieler Turm
228 Mostvieler Klettergarten
Gebietsübersicht *S. 307*
Übersichtskarte 2 *(S. 16)*

Zugang
Parken in Mostviel bei der Brotfabrik. Dem Feldweg am orographisch linken Hang 700 m talabwärts folgen. Bei einer Bank macht der Schotterweg eine Linkskurve, hier zweigt rechts der Forstweg zum Erlanger Felsentor ab. Dem Schotterweg weiter folgen (nun talaufwärts). Nach weiteren 800 m steht rechts des Weges eine Holzhütte. 40 m nach der Hütte zieht eine Stromleitung den Hang hoch. Zwischen Hütte und Stromleitung steil den Hang hinauf zur Wand.

Besonderheit
Im Gedenken an Radan Svec, der im Juli 2001 am Matterhorn tödlich verunglückte, liebevoll eingerichtete Wand. Senkrechter, rauer Fels mit sehr gut gesicherten Routen.

217 Erlanger Felsentor

| 40 m | NO

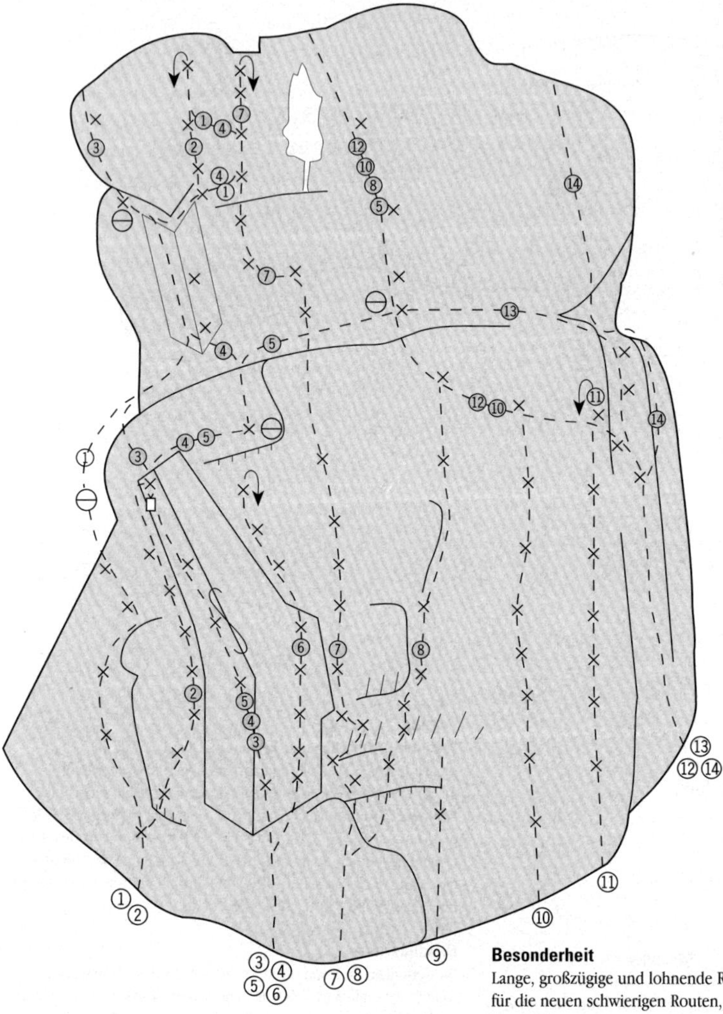

Zugang

Parken in Mostviel bei der Brotfabrik. Dem Feldweg am orographisch linken Hang talabwärts folgen. Nach 800 m macht der Schotterweg bei einer Bank eine Linkskurve, hier rechts auf Forstweg weiter. Nach insgesamt 1100 m steht links oberhalb des Forstwegs die Wand.

Besonderheit

Lange, großzügige und lohnende Routen. Dies gilt insbesondere für die neuen schwierigen Routen, die Peter Müller hier eröffnet hat.

Wer ganz sicher sein will, kann in den Klassikern ein paar Keile gebrauchen. Bei den Routen ② bis ④ sollte man sich nicht vom weichen Fels der Einstiegsverschneidung abschrecken lassen.

① Linke Talwand .... 7+
② Klaus Karl Kraus .... 8+
③ Gerader Friedl Kramer Ged.-Weg 6/a2
④ Friedl Kramer Ged.-Weg, linker Ausstieg .... 7+
⑤ Friedl Kramer Ged.-Weg, rechter Ausstieg .... 7+
⑥ Speedy 9-
⑦ Walzerschritt (1. Seillänge 8) ... 8+
⑧ Rechte Talwand .... 8+

⑨ *Projekt* ....
⑩ Superschneck .... 7+/8-
⑪ Close to the edge .... 7+/8-
⑫ Alter Talweg .... 6+
⑬ Variante zu ⑫ .... 6+
⑭ Nordkamin .... 4+

Mostvieler Talwand | 16 m | N

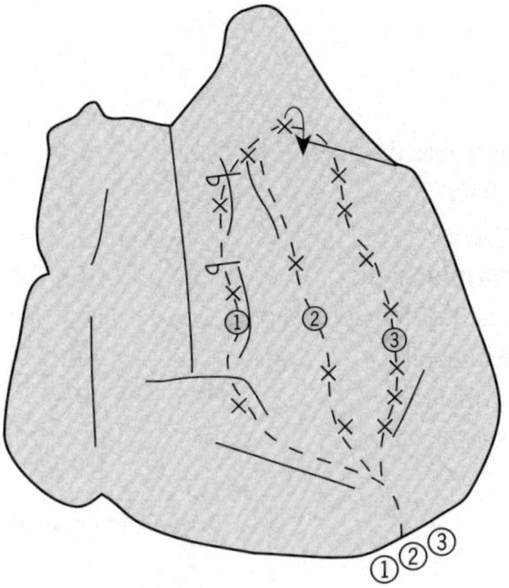

Gebietsübersicht

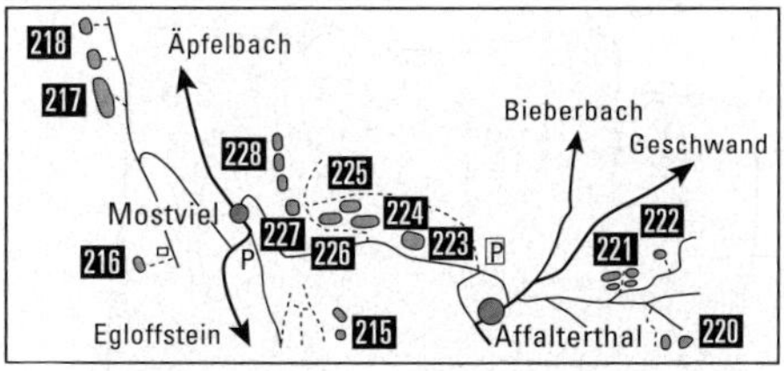

Mostviel/Affalterthal
217 Erlanger Felsentor
218 Mostvieler Talwand + Mittlerer Westen
220 Vogelherdwand + Affalterthaler Turm
221 Z-Bau
222 Obi-Sektion
223 Mostvieler Kletterblock
224 Affalterthaler Spitze
225 Stubaier Wand
226 Unentwegtenwand
227 Mostvieler Turm
228 Mostvieler Klettergarten
Übersichtskarte 2 *(S. 16)*

Kulinarisches
Im unteren Trubachtal gibt es einige Brauerei-Gasthöfe, die wegen ihrer guten Biere und der fränkischen Küche beliebte Anlaufpunkte sind. Nicht weit von den hier beschreibenen Felsen ist dar Gasthof »Meister« in Unterzaunsbach. Wer noch ein Stück talabwärts fährt und links hoch nach Hetzelsdorf, kann dort auf einer schönen, westseitigen Terasse Bier und Schäuferle geniessen. Besonders gut ist der saisonal erhältliche Maibock.

Mittlerer Westen | 12 m | NW

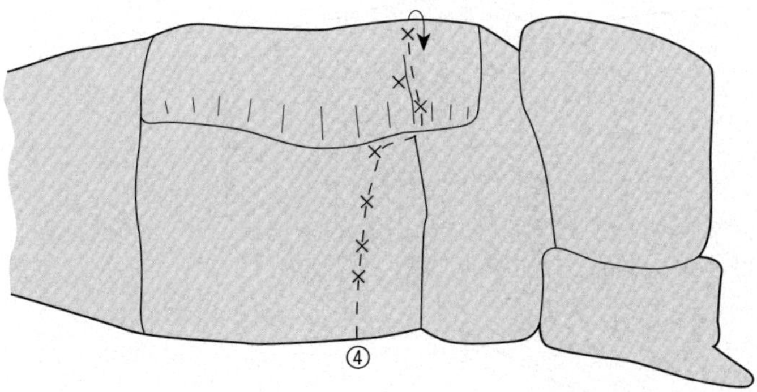

Besonderheit
»Nebraska« ist ein Plattenschleicher mit Dachausstieg.

Zugang
Parken in Mostviel bei der Brotfabrik. Dem Feldweg am orographisch linken Hang talabwärts folgen. Er mündet nach 800 m in eine weitere Fuhre, nach insgesamt 1100 m steht links oberhalb des Forstwegs das mächtige Erlanger Felsentor. 150 m weiter und links hoch zur Mostvieler Talwand. Zum Mittleren Westen geht man den Forstweg vom Erlanger Felsentor aus noch 600 m weiter und auf Steigspuren 200 m links hoch zur Wand.

① Alter Weg.	7+
② Neuer Weg	8
③ Flugschwalbe	8-
④ Nebraska.	9

219 Schweinthaler Wand

| 22 m | NO + W

Nordostseite

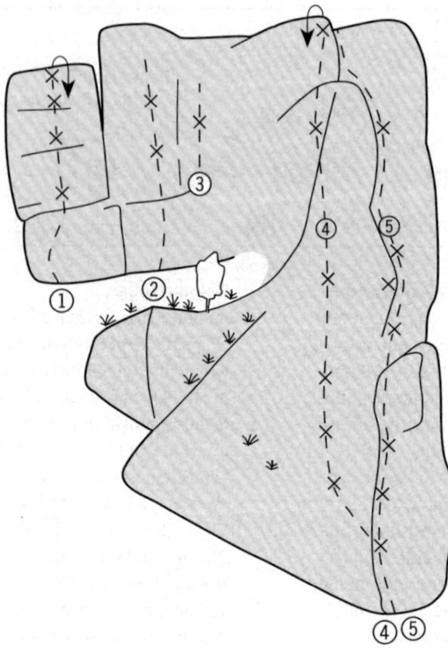

① Autoroute du soleil 7
② *Projekt* ....
③ *Projekt* ....
④ Beis mumaint's .... 7+
⑤ Ernst Häfner Ged.-Weg .... 6+
⑥ Klemmgeil................. 5+
⑦ Kernbeisser .... 6+
⑧ *Projekt* ....

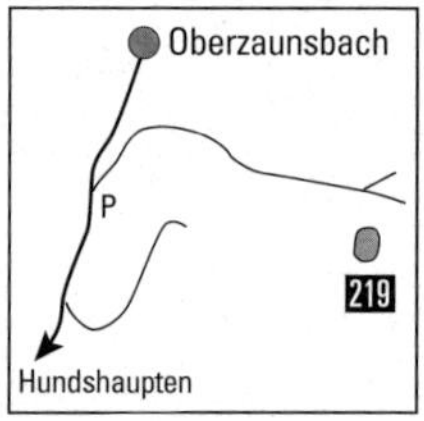

Schweinthaler Wand
Übersichtskarte 2 *(S. 16)*

Westseite

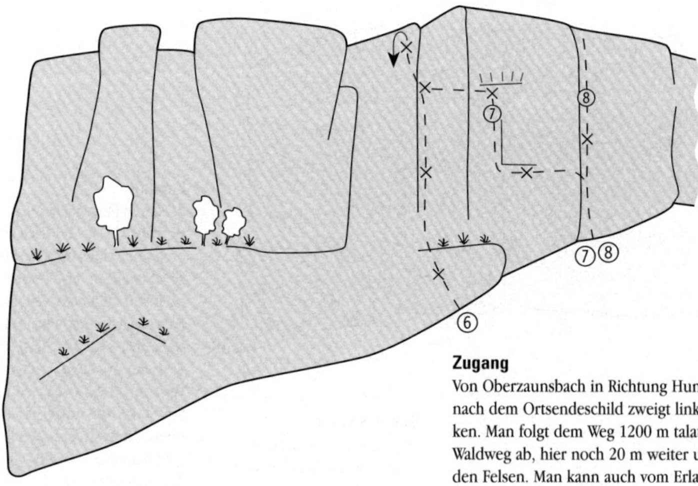

Zugang

Von Oberzaunsbach in Richtung Hundshaupten fahren. 450 m nach dem Ortsendeschild zweigt links ein Forstweg ab, hier parken. Man folgt dem Weg 1200 m talaufwärts. Links zweigt ein Waldweg ab, hier noch 20 m weiter und rechts weglos hoch zu den Felsen. Man kann auch vom Erlanger Felsentor aus dem Forstweg weiter folgen (vorbei an Mostvieler Talwand und Mittl. Westen) und nach 800 m links hochgehen zum Massiv.

Besonderheit

Vom Charakter her klassische Wege in relativ glattem Fels.

Vogelherdwand und Affalterthaler Turm | 13 m | W + N | 220

Vogelherdwand | W

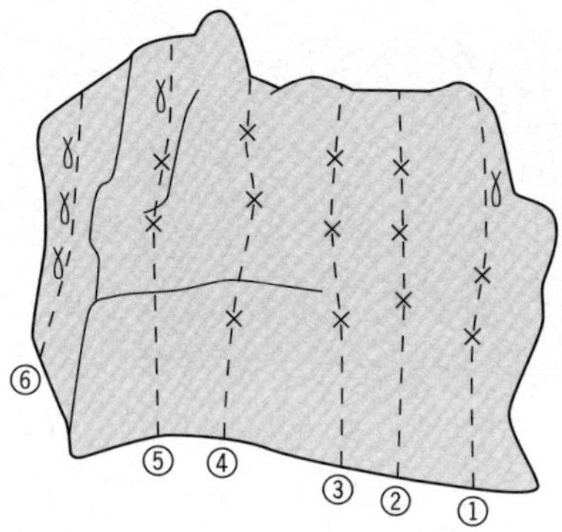

Affalterthaler Turm | Westwand

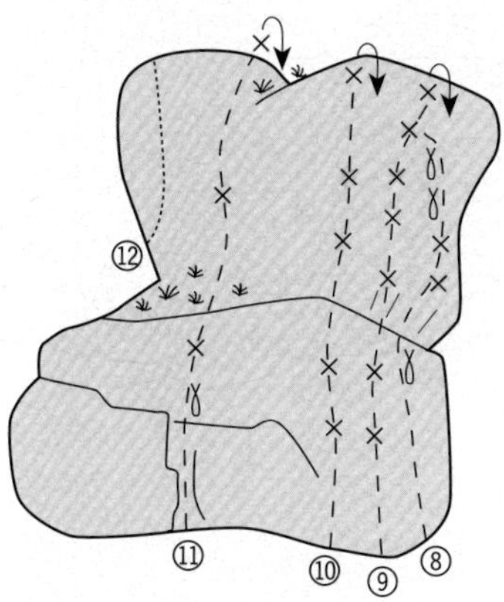

Nordwand

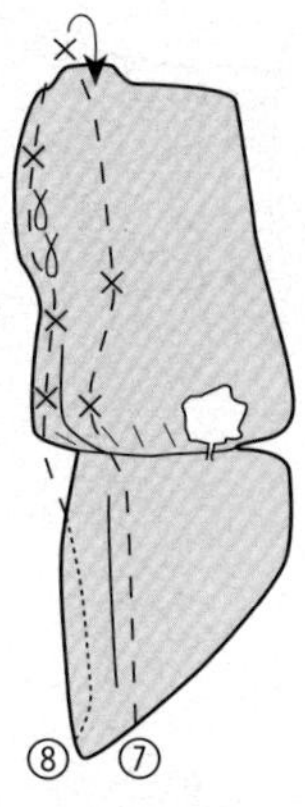

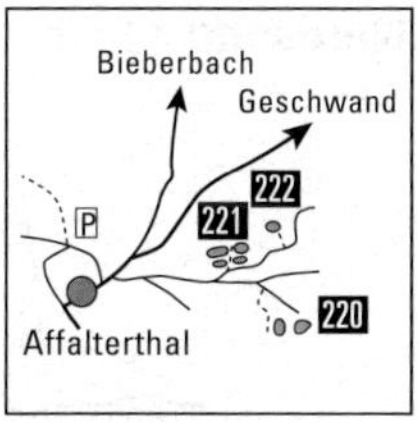

Affalterthal
220 Vogelherdwand + Affalterthaler Turm
221 Z-Bau
222 Obi-Sektion
Gebietsübersicht *S. 307*
Übersichtskarte 2 *(S. 16)*

① Dingo .... 6+
② Condor .... 5+
③ Alaska .... 6+
④ Orion .... 6+
⑤ Torpedo 7
⑥ Extrablatt .... 4+
⑦ Entengang.................... 7
⑧ Gräfenberger Weg 8-
⑨ Big Trailer.................... 9
⑩ Maitanz.................... 8
⑪ Am Schelmberg.............. 6-
⑫ Bergseite.................... 2

Zugang
Am Ortsausgang von Affalterthal (Richtung Bieberbach) bei Trafohäuschen rechts abbiegen und parken. Der Straße (Markierung Grünstrich) in nördlicher Richtung folgen. Nach 600 m erreicht man den Waldrand, rechts steht eine Bank. 20 m am Waldrand entlang, dann auf schmaler Fuhre links in den Wald. Nach 100 m stehen die Felsen links des Weges.

Besonderheit
Fester, griffiger Fels, z.T. etwas verwachsen. Durch die nahen Bäume wird auch die Westwand im Sommer relativ schattig.
Kurz vor Druck des Buches kam noch eine Meldung, dass Heiko Queitsch an der Vogelherdwand einige neue Routen eröffnet hat *(Namen angeschrieben)*:
Aussen 7+; Mitten drin 7; Voll dabei 7; Zwischen durch 6+; Rechts Aussen 7-.

221 Z-Bau

10 - 14 m | SO + N

Südostseite | 10 m

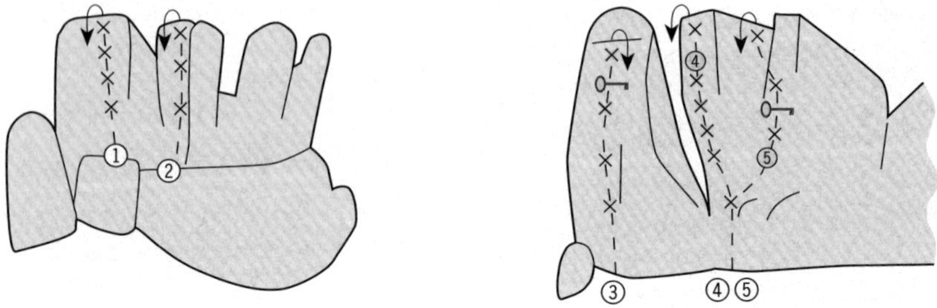

Nordseite | 14 m

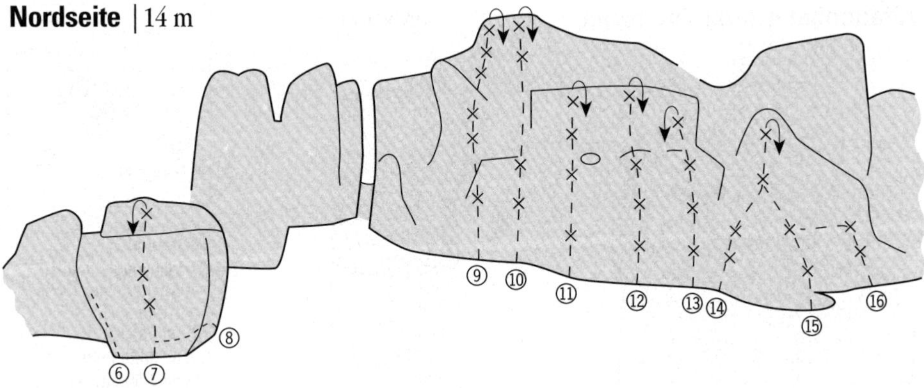

①	Schweinchen Babe	9
②	Kraft der Sonne	8/8 +
③	Stuttgarter Fraktion	8
④	Commander Tom	10 -
⑤	Kurz vor 8	7+/8 -
⑥	Raggaman	7a
⑦	Waschlabbn	8
⑧	Quadratur des Kreises	7b+ Fb tr
⑨	Aussenseiter	7
⑩	Alte Bühlertour	7
⑪	Fischergold	6
⑫	Rechts vor links	7/7 +
⑬	Obi spezial	7
⑭	Bohrhakenflanke	7
⑮	Hiltinight	7
⑯	Alles in Obi	7/7 +

Zugang

Am Ortsausgang von Affalterthal (Richtung Bieberbach) bei Trafohäuschen rechts abbiegen und parken. Der Straße (Markierung Grünstrich) in nördlicher Richtung folgen.
Bei einer Scheune gabelt sich der Weg, hier dem linken Ast folgen. Nach 100 m links hoch zum Z-Bau.
Zur Obi-Sektion auf der Teerstraße weiter, nach 200 m führt die Fuhre kurz in den Wald. Gleich danach stehen rechts des Weges Boulderblöcke, links ist eine Wiese. 5 m nach der Wiese auf Pfadspuren nach links in den Wald zu den Felsen.

Besonderheit

Kurze, kräftige Wege, die von Heiko Queitsch eingerichtet wurden. Boulder wurden nach Fontainebleau-Skala bewertet.

Obi-Sektion

8 m | O 222

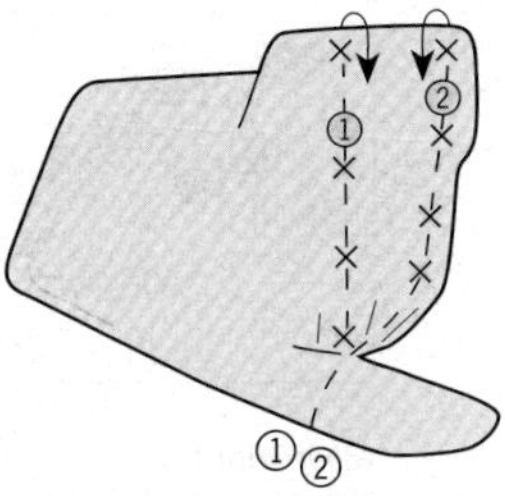

① Super Mario World 9-
② Lammbock .... 9/9+

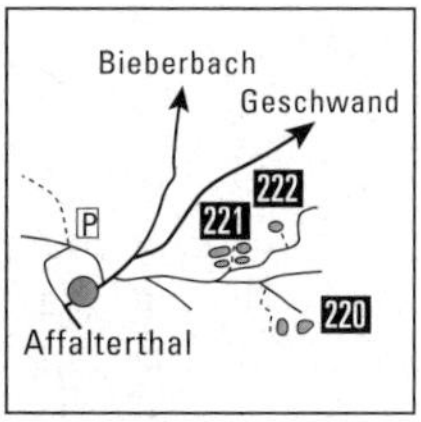

Zugang + Besonderheit
Siehe Z-Bau *(S. 310)*.

Affalterthal
220 Vogelherdwand + Affalterthaler Turm
221 Z-Bau
222 Obi-Sektion
Gebietsübersicht *S. 307*
Übersichtskarte 2 *(S. 16)*

223 Mostvieler Kletterblock

☼ | 20 m | S + W

Südseite

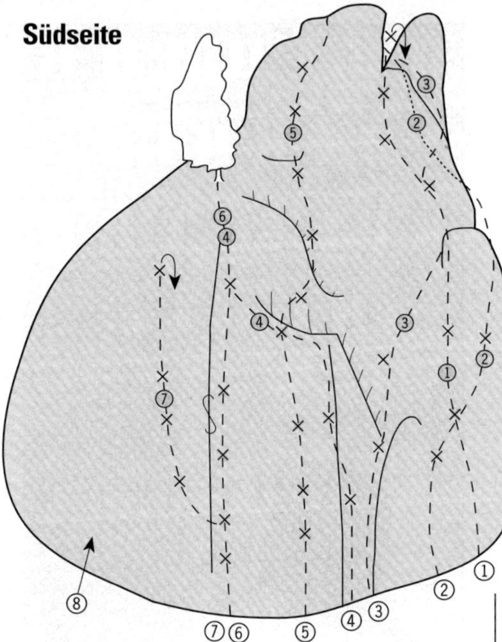

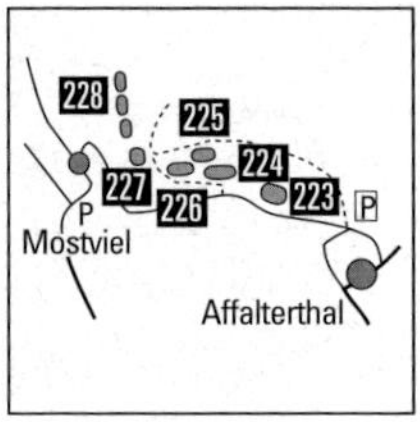

Mostvieler Tal
223 Mostvieler Kletterblock
224 Affalterthaler Spitze
225 Stubaier Wand
226 Unentwegtenwand
227 Mostvieler Turm
228 Mostvieler Klettergarten
Gebietsübersicht *S. 307*
Übersichtskarte 2 *(S. 16)*

Westseite

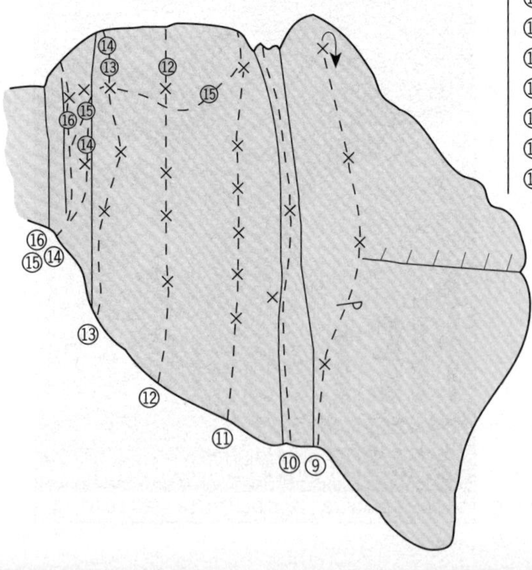

①	Finderlohn	6
②	Ostkante	6 -
③	Südostkante	5
④	Gelber Riss	6
⑤	Schwefelbrüder	8 -
⑥	Geißlerriss	7 -
⑦	Dachl	9 -
⑧	*Projekt*	
⑨	Commander Vogel	7 +
⑩	Westkamin	5 -
⑪	Frankenmafia	7 -
⑫	Für Gina die Erste	6 +
⑬	Nordwestkante	6 -
⑭	Thomas Handwerker Ged.-Weg	7 -
⑮	Nordwest-Schleife	6 -
⑯	Nordriss	4 +

Zugang
In Affalterthal (von Hammerbühl kommend) in Rechtskurve (bei Gasthof) geradeaus und weiter bis zum Wanderparkplatz. In wenigen min auf Schotterweg talabwärts zum Mostvieler Kletterblock (rechts oberhalb des Weges).

Besonderheit
Im rechten Teil der Südwand findet man hervorragenden Fels, nach links und in der Westwand wird die Qualität etwas zweifelhaft.

Affalterthaler Spitze

| 20m | S 224

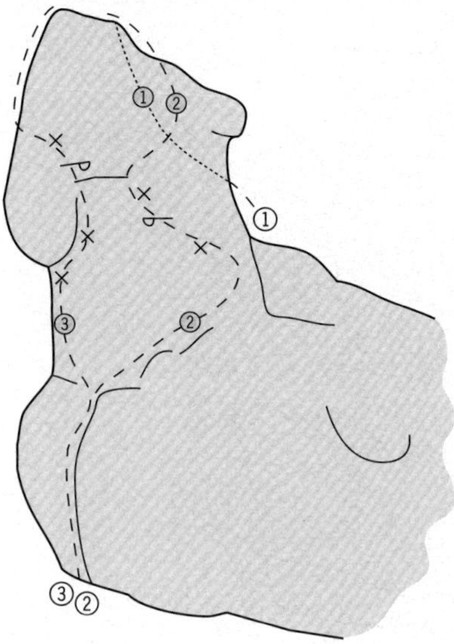

Zugang
In Affalterthal (von Hammerbühl kommend) in Rechtskurve (bei Gasthof) geradeaus und weiter bis zum Wanderparkplatz. In wenigen min auf Schotterweg talabwärts zum Mostvieler Kletterblock (rechts oberhalb des Weges). 300 m links von ihm befindet sich die Affalterthaler Spitze (vom Weg aus sichtbar). 30 m links von ihr steht die Stubaier Wand.

Besonderheit
Klassische Wege in gutem, sonnigen Fels.

① Bergseite	2	
② Fleischmann Ged.-Weg	6	
③ Westkante	6+	

Stubaier Wand

| 17 m | S 225

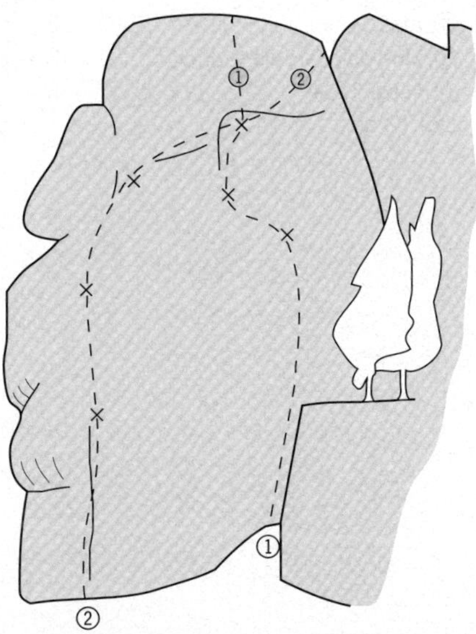

Zugang
Siehe oben bei Affalterthaler Spitze.

① Neuer Weg	6	
② Alter Weg	6	

226 Unentwegtenwand

☼ | 22 m | S

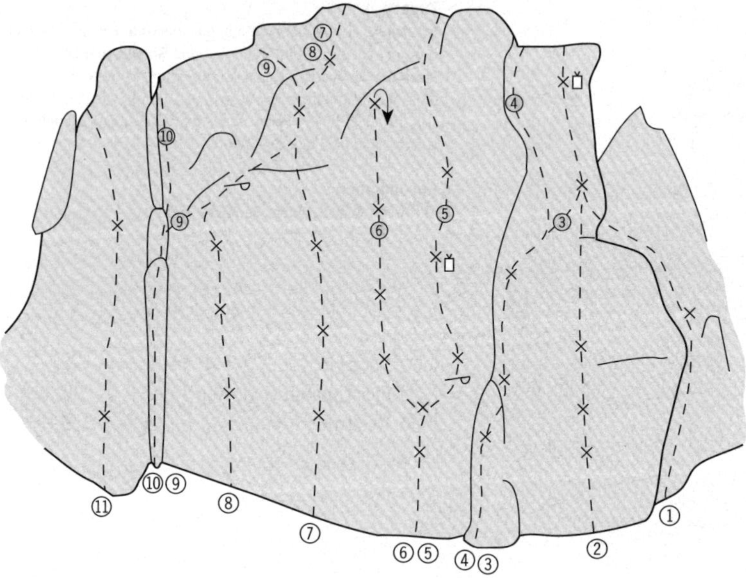

① Schöne Kante	5
② Vergessene	8 -
③ Kombination	6 -
④ U-Weg	6 -
⑤ Willi Bär Ged.-Weg	8
⑥ In memoriam Manne	8
⑦ Auf nach Amerika	7 +
⑧ Neuer Weg	6 +
⑨ Idefix	5
⑩ Mostvieler Verschneidung	3
⑪ Letzte Hose	6 +

Zugang

In Affalterthal (von Hammerbühl kommend) in Rechtskurve (bei Gasthof) geradeaus und weiter bis zum Wanderparkplatz. In wenigen min auf Schotterweg talabwärts zum Mostvieler Kletterblock (rechts oberhalb des Weges). 300 m links von ihm befindet sich die Affalterthaler Spitze und die Stubaier Wand. 50 m links der Stubaier Wand steht die Unentwegtenwand. 150 m links von ihr ist der Mostvieler Turm (dazwischen liegt der unbedeutende Spiegelfels).

Besonderheit

An der Unentwegtenwand findet man schöne Wandklettereien in sehr gutem Fels.

Mostvieler Turm

☼ | 20 m | W **227**

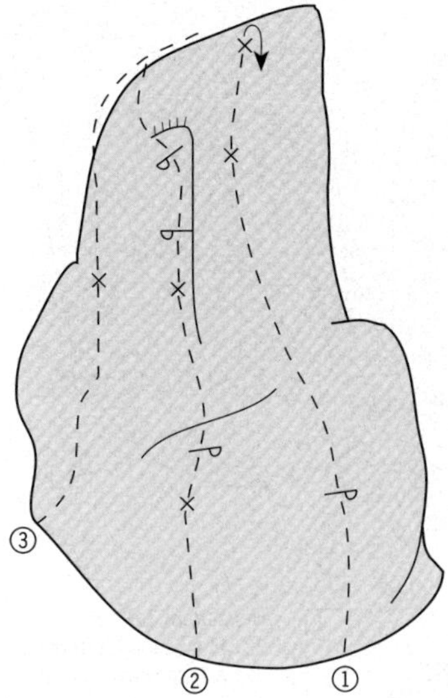

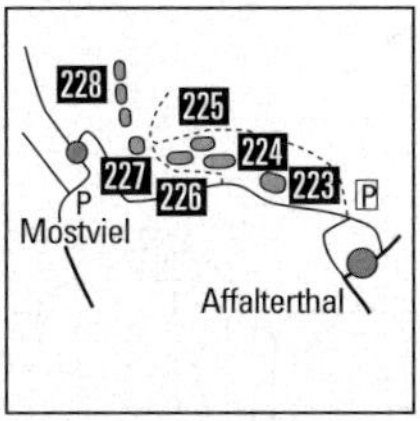

Zugang
Siehe Unentwegtenwand *(S. 314)*.

Besonderheit
Routen mit klassischem Charakter, die nicht übersichert sind.

Mostvieler Tal
223 Mostvieler Kletterblock
224 Affalterthaler Spitze
225 Stubaier Wand
226 Unentwegtenwand
227 Mostvieler Turm
228 Mostvieler Klettergarten
Gebietsübersicht *S. 307*
Übersichtskarte 2 *(S. 16)*

①	Trotzköpfchen (*Stopper*)	6
②	Willi August Ged.-Weg (*Stopper*)	6
③	Dingsda.	5

228 Mostvieler Klettergarten

| 12 - 15 m | S + NW

Rechter Teil | 12 m | S

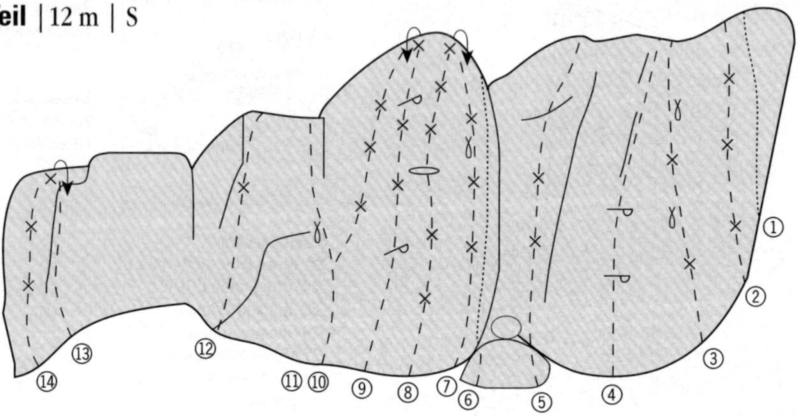

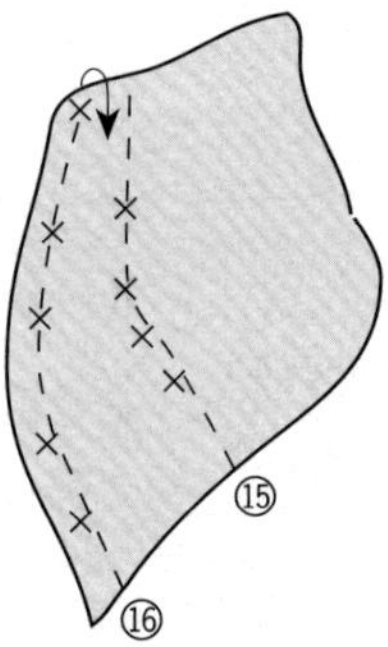

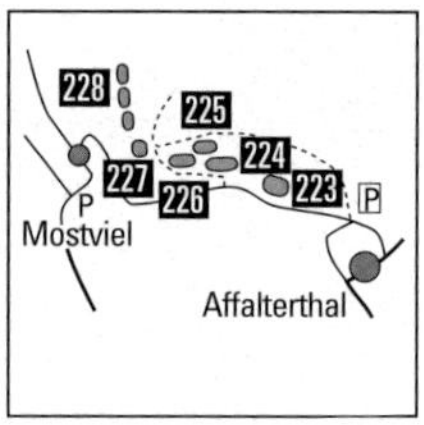

Mostvieler Tal
223 Mostvieler Kletterblock
224 Affalterthaler Spitze
225 Stubaier Wand
226 Unentwegtenwand
227 Mostvieler Turm
228 Mostvieler Klettergarten

Gebietsübersicht *S. 307*
Übersichtskarte 2 *(S. 16)*

Mittlerer Teil | 15 m | N + W

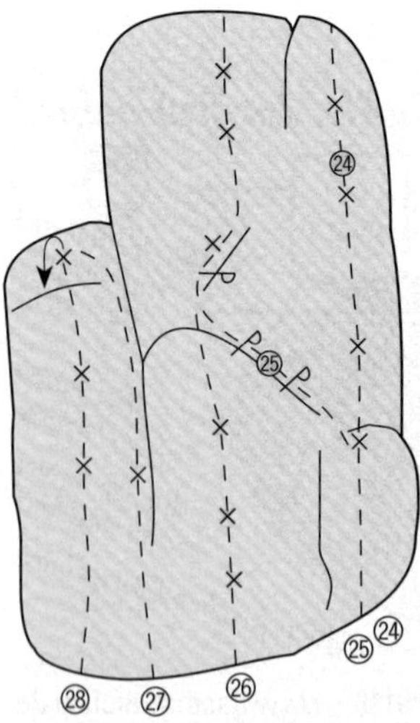

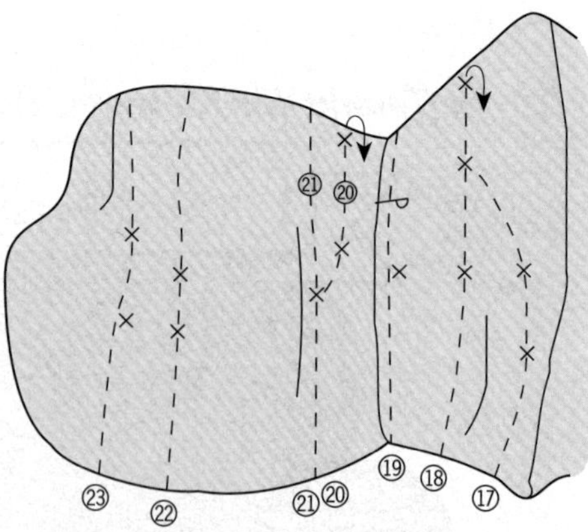

Linker Teil | 12 m | NW

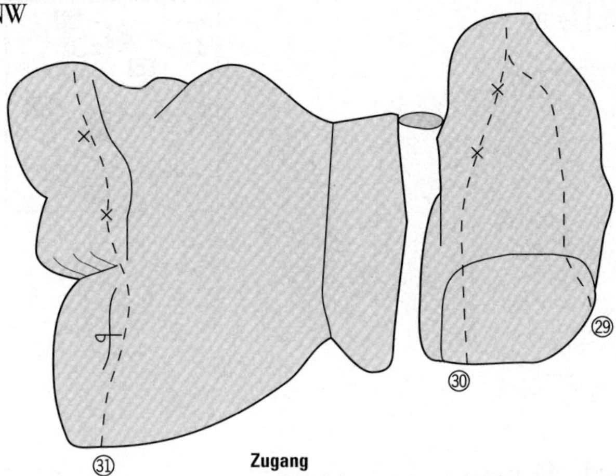

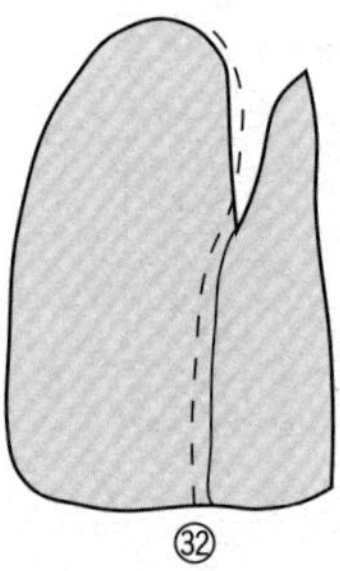

Zugang

In Affalterthal (von Hammerbühl kommend) in Rechtskurve (bei Gasthof) geradeaus und weiter bis zum Wanderparkplatz.

• *Über die benachbarten Kletterfelsen:* In wenigen min auf Schotterweg talabwärts zum Mostvieler Kletterblock (rechts oberhalb des Weges). 300 m links von ihm befinden sich Affalterthaler Spitze und Stubaier Wand. Unter ihnen vorbei, weiter am Hang entlang, vorbei an Unentwegtenwand, Spiegelfels und Mostvieler Turm bis zum Mostvieler Klettergarten.

• *Über den Spiegelfels:* Oberhalb des Parkplatzes auf Grünkreis markiertem Wanderweg (Wegweiser: Spiegelfels) in 10 bis 15 min zum Spiegelfels. Dieser ist in einer Rechtskurve sichtbar (Geländer, 100 m vom Weg entfernt). 100 m rechts unterhalb befinden sich Mostvieler Turm und Klettergarten.

Besonderheit

Schöne, z.T. kleingriffige Wandklettereien.

①	Schattendasein	5+
②	Kniffel	7+
③	Schlitzohr	7
④	Standpauke	6-
⑤	Fegefeuer	7
⑥	Eng(s)pass (*Keile*)	5
⑦	Schmankerl	7-
⑧	Flattermann	7
⑨	Glanzstück	6
⑩	*Projekt*	
⑪	Trugschluss	5-
⑫	?	5
⑬	Keilerei	5-
⑭	Pfiffikus	6+
⑮	Wadlbeisser	7
⑯	Che	8-
⑰	Mausefalle	a1/6
⑱	Rosskur	a1/6
⑲	In der Enge	5+
⑳	Gabi the Champ	6+
㉑	Windfang	5
㉒	Top oder Flop	7+
㉓	Klimbim	6
㉔	Knaller (*Keile*)	7
㉕	Technikum	a1/6
㉖	*Hero Quest (Projekt)*	
㉗	Hinterhalt	7-
㉘	Rudi Rambo	7
㉙	Spritztour	5+
㉚	Frechdachs	7
㉛	Schnippchen	6+
㉜	Rohkost (*Keile*)	6

229 Jakl Kilian Ged.-Wand

| 15 - 30 m | N + O

Ostwand | 15 m

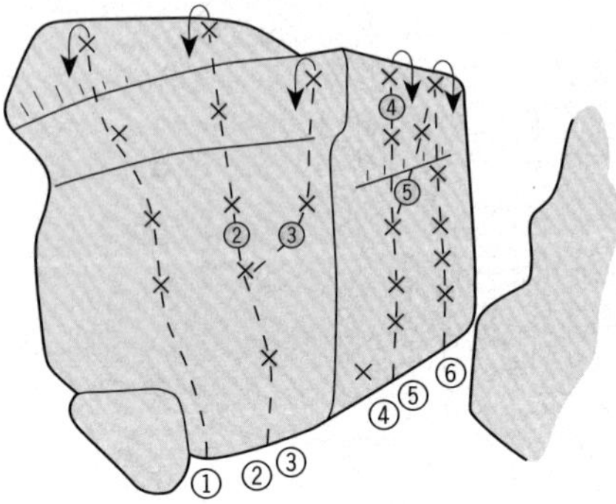

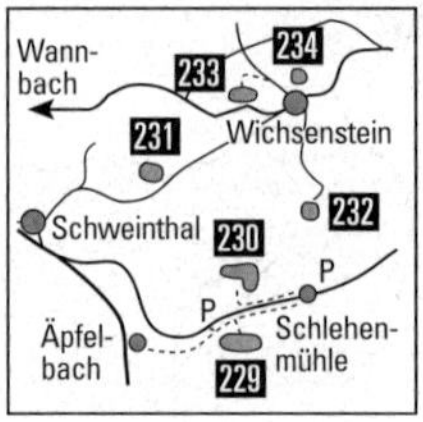

Äpfelbach/Schweinthal
229 Jakl Kilian Ged.-Wand
230 Schlehenmühler Wand
231 Hängender Block
232 Spitzenstein
233 Angerstein
234 Lochturm
Übersichtskarte 2 *(S. 16)*

Nordwand | 30 m

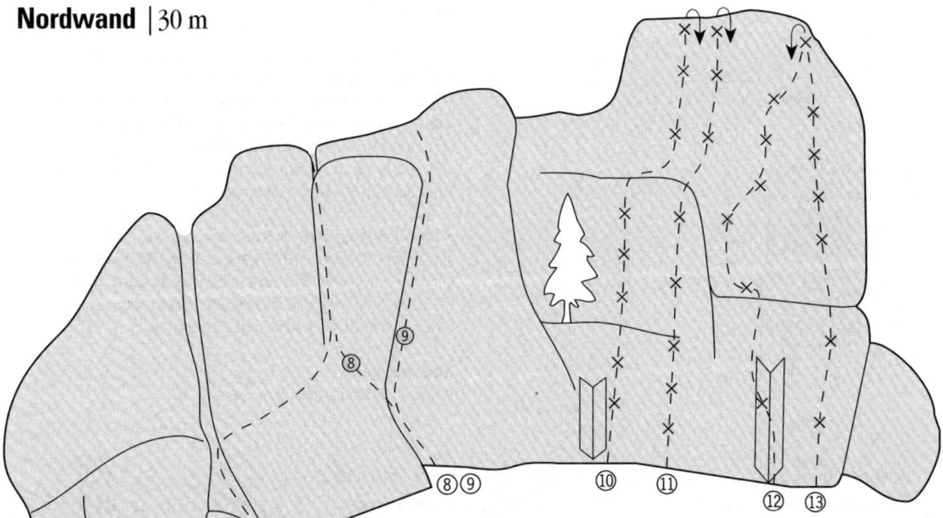

①	Mensch ärgere dich nicht	8
②	Kratzer	9 -
③	Schrecksekunde	8
④	Prima	8 -
⑤	Ballerina	8 -
⑥	Nussknacker Suite	8
⑦	Diagonalweg	4
⑧	Holdieweg	4
⑨	Reinhold Kroder Ged.-Weg	5 +
⑩	Lange Affäre	8-/8
⑪	Hakenkrieg	8
⑫	Alter Weg	7 -
⑬	Fränkisches Kasperltheater	7 -

Zugang

Die Kilian Ged.-Wand befindet sich gegenüber der Schlehenmühler Wand auf der anderen Talseite. Parken in Schlehenmühle. Auf gutem Weg links des Baches einige min talabwärts. Die Wand befindet sich 200 m oberhalb der 3. roten Bank im Wald.

Besonderheit

An der Jakl Kilian Ged.-Wand findet man neben den modernen auch sehr freie und alpine Routen. Für diese (leichteren) Wege sollte man unbedingt Keile und Schlingen mitnehmen.

Schlehenmühler Wand

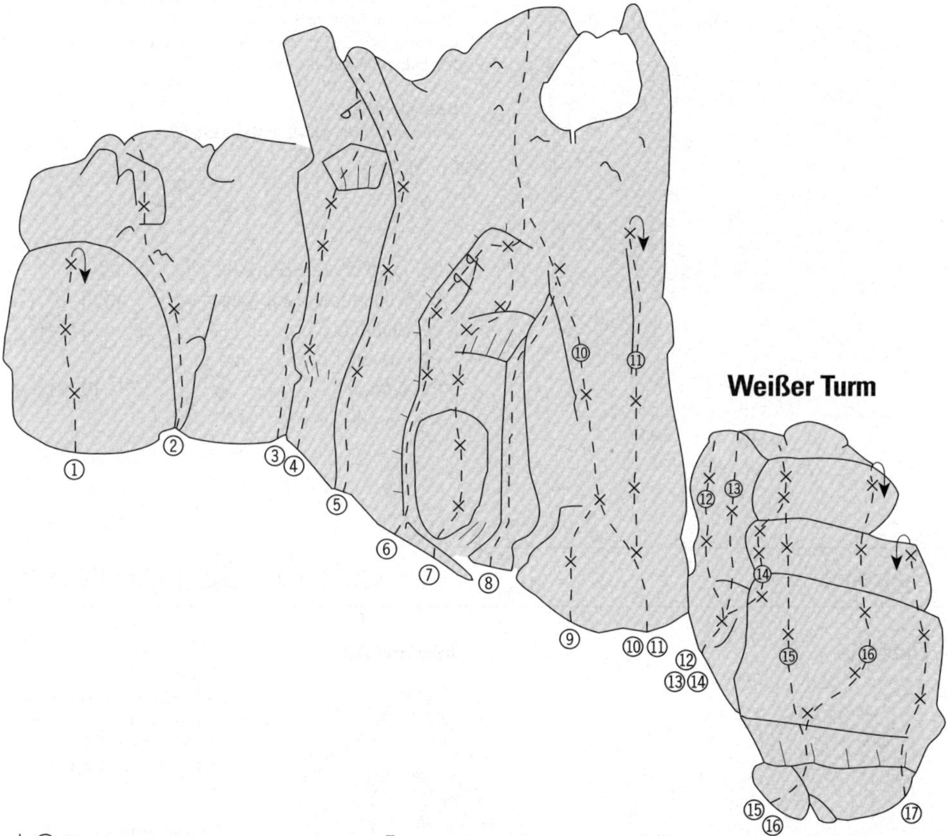

①	Bongo	7
②	Fensterlweg	4
③	Westkamin	3
④	Sturm und Donner	7
⑤	Fürther Riss	6+
⑥	Maria Schrott Ged.-Weg	6+
⑦	Preußenschreck	8
⑧	Lasall Ged.-Weg	6
⑨	Dr. Watson's Spezialeinstieg	8
⑩	Kurzkrimi	7-
⑪	Step into promised Land	8
⑫	Blue Sunshine	8-
⑬	Jimi Hendrix	7
⑭	Adventsweg	7-
⑮	Edith	9-
⑯	Wellenwand	7+
⑰	Composition for Anthony Braxton	8-

Zugang
Parken beim Gasthof Schlehenmühle. Auf der Straße 200 m talabwärts und steil rechts hoch zu den Felsen.

Besonderheit
Relativ glatte Platten, die eine gute Fußtechnik verlangen.

231 Hängender Block

| 18 m | SW

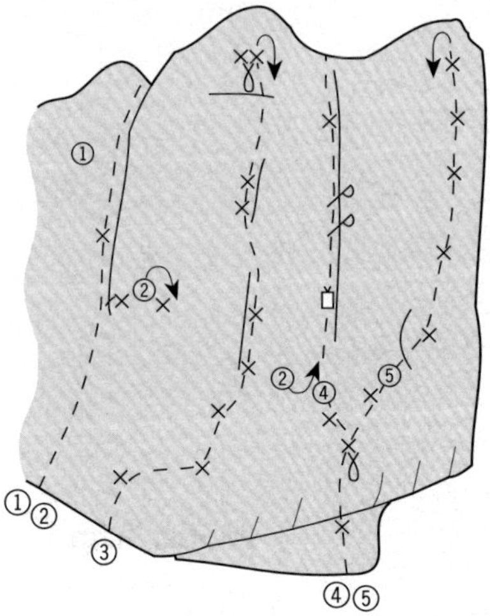

Zugang
Von Schweinthal auf markiertem Wanderweg (rot/weiß) in Richtung Wichsenstein *(bei der Gabelung nach 200 m rechts)*. Nach 10 min stehen links des Weges die Felsen.

Besonderheit
Großartige Linien; vor allem Wandkletterei.

①	Westverschneidung	a0/4
②	Willi Merkel Ged.-Weg	a2/5
③	Highlight	10
④	*Projekt*	
⑤	Syphon	10

232 Spitzenstein

| | 12 m | O + W

Ostseite

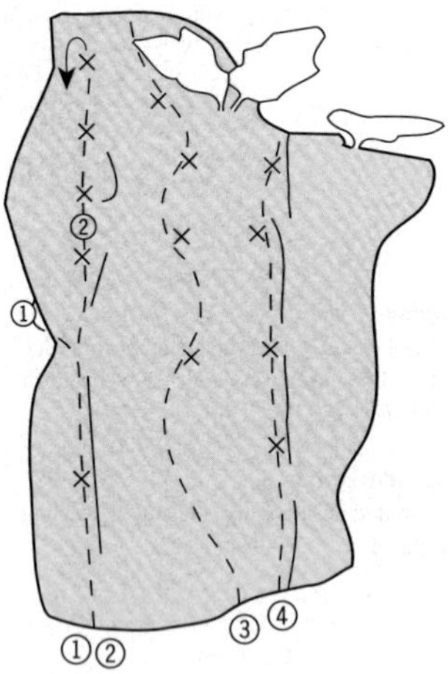

Westseite

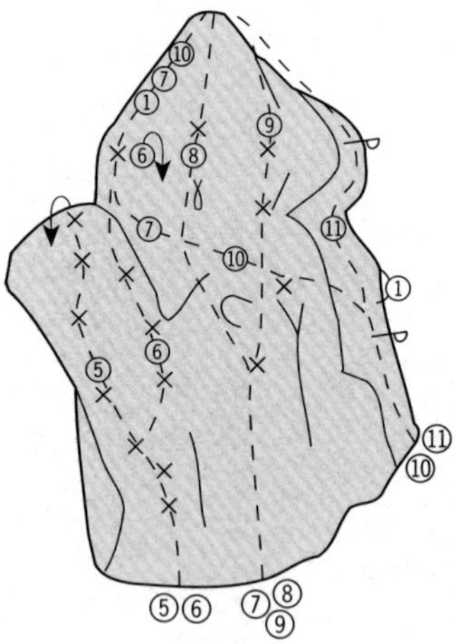

Zugang
Zum Spitzenstein gelangt man von Wichsenstein auf markiertem Wanderweg (Blaukreuz) in südlicher Richtung in 10 min.

Besonderheit
Landschaftlich schön und sehr ruhig gelegener kleiner Turm mit sehr festem Fels.
Sonnig oder schattig ist es je nach Ausrichtung der Wand *(Tageszeit)*.

①	Hickersvariante	6
②	Muart S' Raseac	8
③	Pilzfänger's Kollaps	9 -
④	Nordkante	6
⑤	Perpetuum Mobile	10 -

⑥	Lilliweg	8 -
⑦	Westwand	5
⑧	Variante	7
⑨	Irren ist menschlich	7
⑩	Gründelweg	4
⑪	Trettachspitzlerkante	5 +

Angerstein | 15 m | N — 233

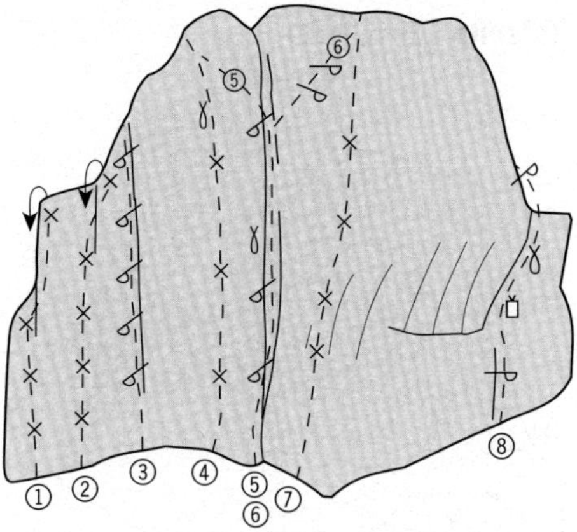

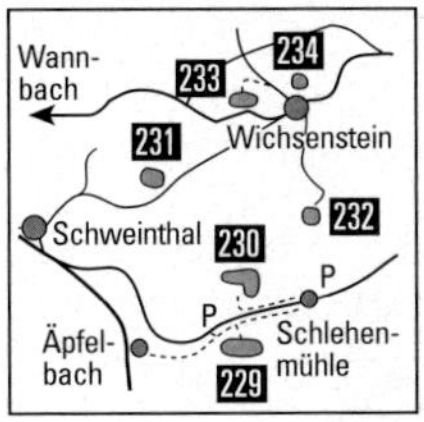

Schweinthal/Wichsenstein
229 Jakl Kilian Ged.-Wand
230 Schlehenmühler Wand
231 Hängender Block
232 Spitzenstein
233 Angerstein
234 Lochturm
Übersichtskarte 2 *(S. 16)*

① Roby	8+
② Marian	9
③ Freundschaftsweg	7+
④ Mehr Sein als Scheinen	9-
⑤ Nordkamin	6-
⑥ Karl Brendel Ged.-Weg	6-
⑦ *Projekt*	
⑧ Hans Stümpfler Ged.-Weg	7

Zugang
In Wichsenstein führt gegenüber der Bushaltestelle (Telefonzelle) eine kleine Straße hoch zum Friedhof; hier parken. Von dort auf Weg talabwärts (Blick auf Röthelfels), nach 150 m kurz nach links und hoch zu den Felsen.

Lochturm | 10 - 12 m | NO + W — 234

Talseite | 12 m | NO

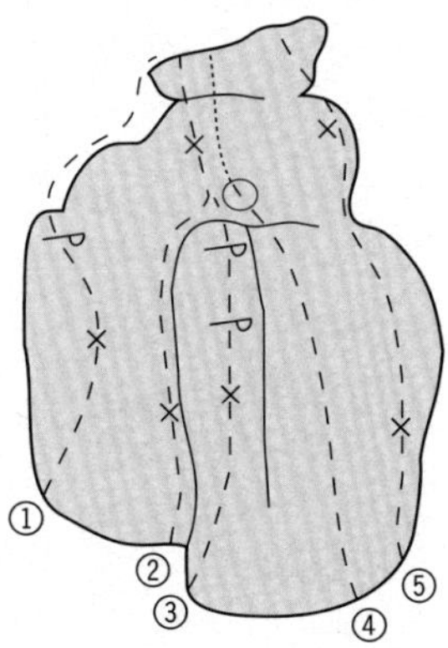

Bergseite | 10 m | W

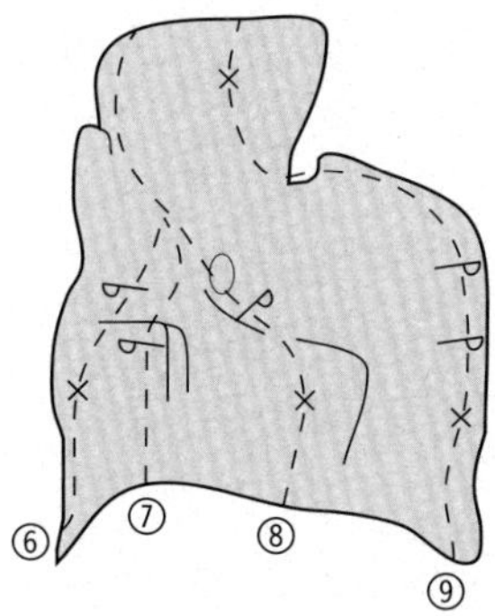

Zugang
In Wichsenstein bei Kirche parken. Zum Gasthof Felsennest, dahinter rechts und gleich wieder links kleine Straße hinter, kurze Steilstufe herunter und nach rechts zum Lochturm (er liegt 100 m nördlich des Aussichtsfelsens).

① Hummelstaner Weg	4+
② Ostriss *(Westriss angeschrieben!)*	5
③ Nürnberger Weg	a1/5
④ Linke Nordseite *(Durchschlupf durchs Loch)*	3
⑤ Nordriss	6
⑥ Rechte Nordseite	5
⑦ Variante	4
⑧ Alter Weg	5-
⑨ Neunerweg	7-

235 Hutzelturm

☼ | 10 - 20 m | SO + W

Bergseite | 10 m | W

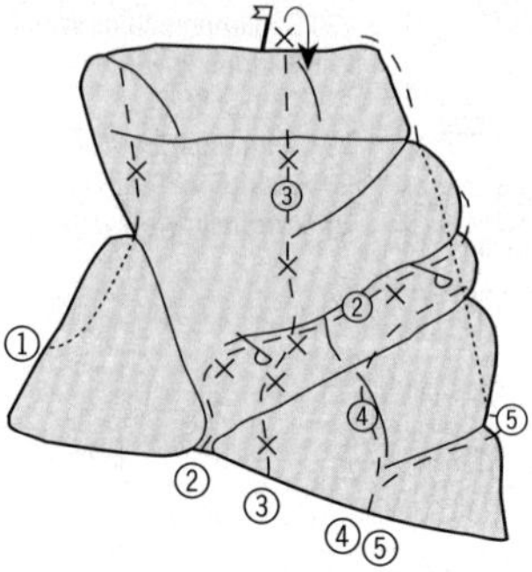

Talseite | 20 m | SO

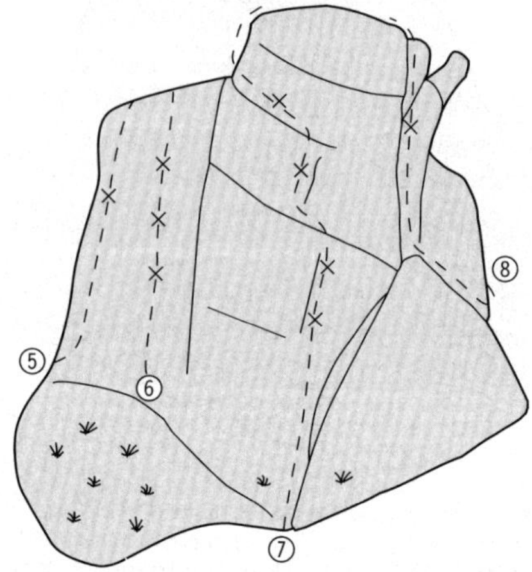

①	Hutzelzwergenweg	6+
②	Beamtenrampe	7+
③	HA 1	9-
④	Westwand	6
⑤	Südwand	6
⑥	Zu hart für Schneewittchen	8+
⑦	Ludwig Vörg Ged.-Weg	7+
⑧	Nordkamin	5

Zugang
Siehe Enteignungswand
(S. 323).

Besonderheit
Wieviel Sonne an den Fels kommt, ist von der Belaubung der nahen Bäume abhängig.

Enteignungswand

15 m | O

236

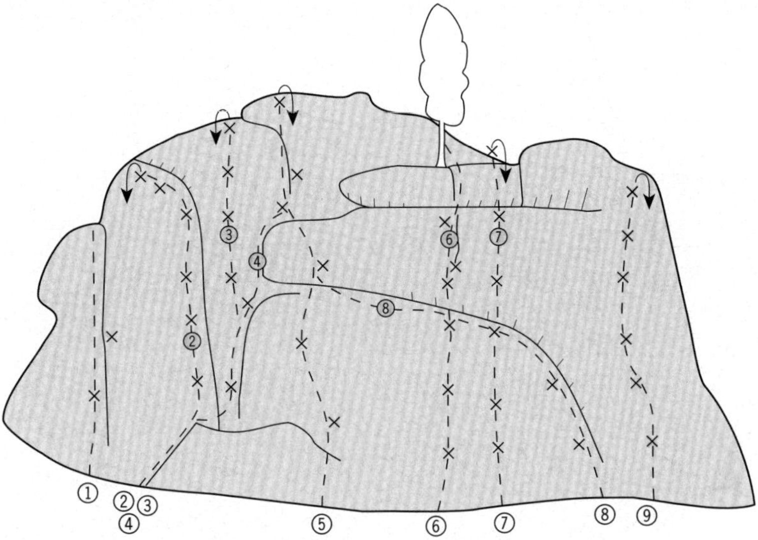

① Aristokratentod . . . . 5 +
② Auf Messers Schneide . . . . 6 +
③ Schandmaul . . . . 7 +
④ Enteignungsweg 6
⑤ Auf gehts 6
⑥ Integral . . . . 8 -
⑦ Rückübereignung 7
⑧ Große Flatter. . . . . 6 +
⑨ Hald endli dei Glabbm . . . . 8 -

Zugang
Gegenüber vom Wildgehege Hundshaupten geht eine breite Forststraße in den Wald, parken. Auf dieser weiter und nach 450 m links Fuhre hoch zur oberen Forststraße, dort wieder links und nach 200 m rechts hinauf zum Hutzelturm. Auf der oberen Forststraße rechts gelangt man nach 150 m zur Enteignungswand.

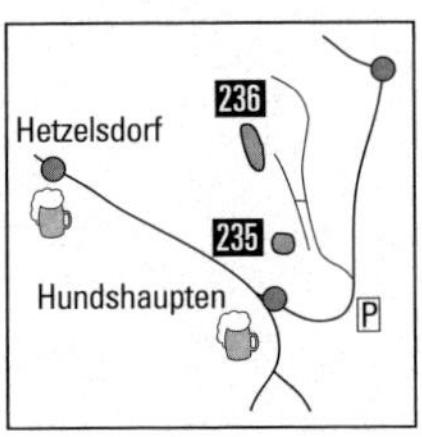

Hundshaupten
235 Hutzelturm
236 Enteignungswand
Übersichtskarte 2 *(S. 16)*

237 Fuchsloch

| 20 m | O

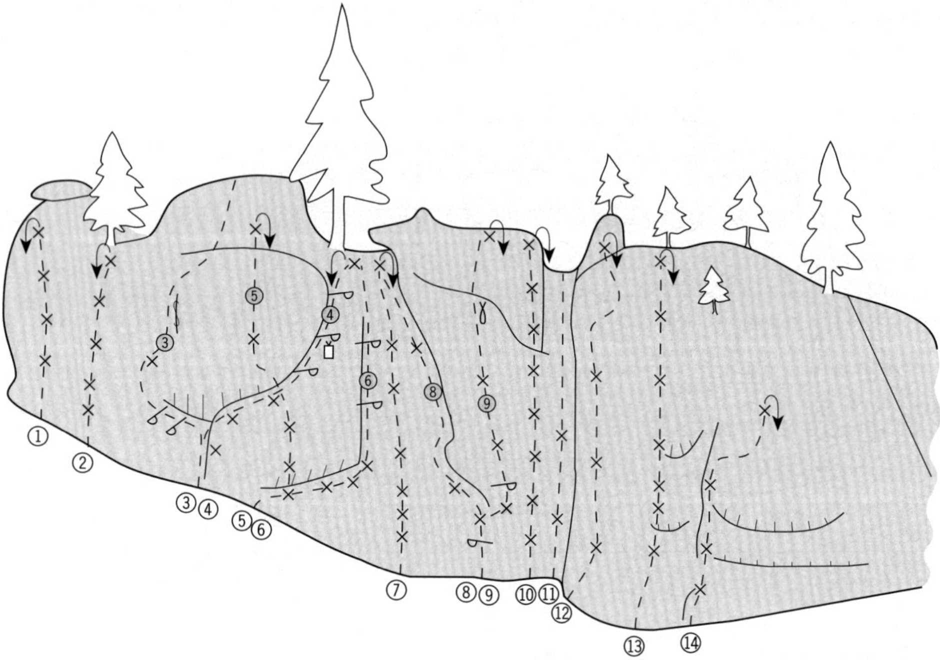

Zugang

Im Egloffsteinerhüll beim Gasthof Polster parken und auf Feldweg nach Süden. Nach genau 500 m (Ende der Obstbaumreihe) zweigt rechts eine Fuhre ab, die in einem Rechtsbogen am Waldrand entlangführt (links der Fuhre sind stark verwachsene Felsen). 100 m nach den verwachsenen Felsen folgt man links einer schmalen Fuhre in den Wald hinein. Nach weiteren 100 m zweigt links der Weg zu den Felsen ab (nochmals 100 m).

Besonderheit

Meist senkrechte Wandkletterei in kompaktem Fels.

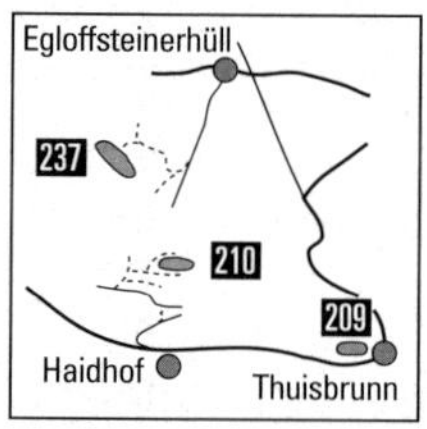

Thuisbrunn

209 Bahnhof
210 Haidhofer Schlossbergwand
237 Fuchsloch

Übersichtskarte 2 *(S. 16)*

① *Projekt*		⑧ Ostwand	7-
② Sollenberger Weisse	7+	⑨ Sichel	7+
③ Hummelsteinerkante	7	⑩ Millimetervariante	7
④ Hans Schuhmann Ged.-Weg	9-	⑪ Fuchslochkamin	5
⑤ Softcake	9	⑫ In geheimer Mission	9-/9
⑥ Margot Engelhard Ged.-Weg	8	⑬ Red Line	9
⑦ Fisherman's Friend	9+	⑭ Uwe Schwarz Ged.-Weg	7

Sektor 1 | 25 m | S

Besonderheit
Während der Brutzeit bitte möglichst nicht aussteigen *(Umlenkhaken benutzen!)*.

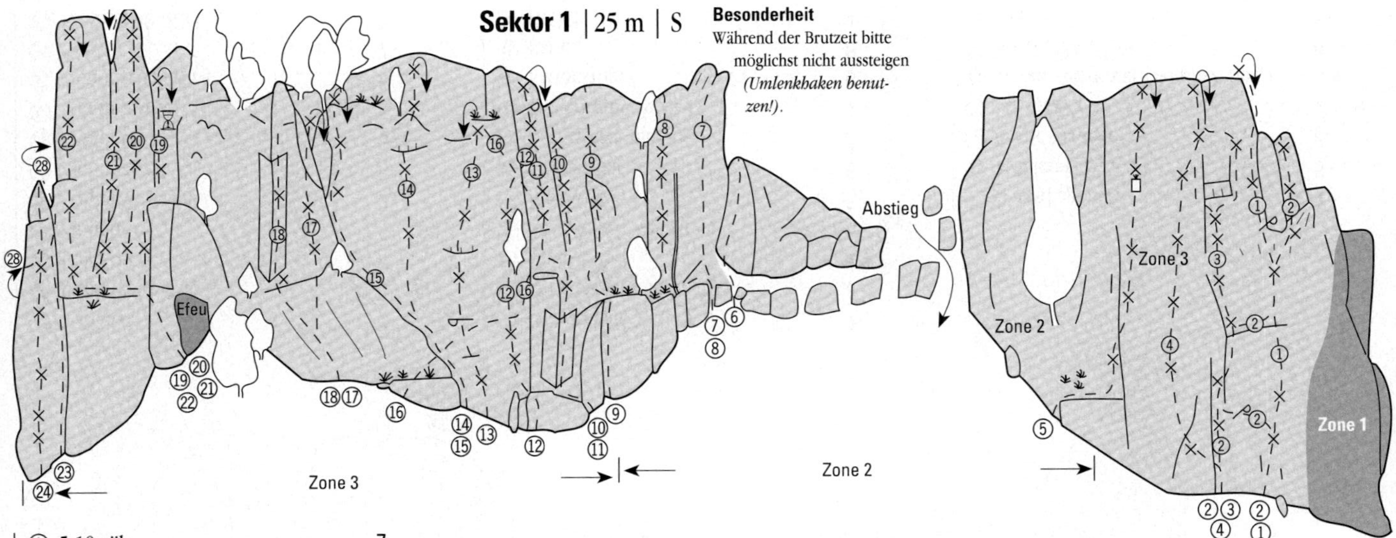

①	5.10 zäh	7
②	R 5 (*Varianten*)	6+
③	Jörg Lehne Ged.-Weg	8-
④	Nürnberger Weg	8-
⑤	Hermine Müller Ged.-Weg	7+
⑥	Niedrige Wand	5+
⑦	Erkerweg	e2/6+
⑧	Eibenkante	6
⑨	Der starke Uhu	6+
⑩	Variante	6
⑪	Gerade R 1	6+
⑫	Knorpel	7-
⑬	Knirbelweg	7-
⑭	Lockerungsübung	6+
⑮	Winkelverschneidung	5
⑯	R 1	5
⑰	Lukullus	7
⑱	Gelbe Verschneidung	5+
⑲	R 2	4+
⑳	?	7+
㉑	Treusteiner Weg	6
㉒	Kumulus	7
㉓	Daniel Ostkamin	4
㉔	Streit um Bettina	9-
㉘	Zinnenweg *(siehe S. 326)*	5+

Zugang
Von Urspring Richtung Morschreuth fahren und auf halber Höhe rechts parken. Gegenüber vom Parkplatz auf mit Stufen versehenen Weg in 8 min zum Felsen.

Besonderheit
Der Röthelfels ist das längste Massiv der Fränkischen und bietet eine enorme Auswahl an lohnenden Wegen in leichten und mittleren Graden.

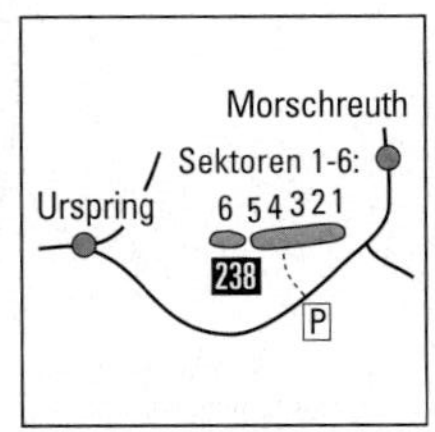

Röthelfels
Übersichtskarte 2 *(S. 16)*

Zugang
Von Urspring Richtung Morschreuth fahren und auf halber Höhe rechts parken. Gegenüber vom Parkplatz auf mit Stufen versehenem Weg in 8 min zum Felsen.

Sektor 2 | 35 m | S

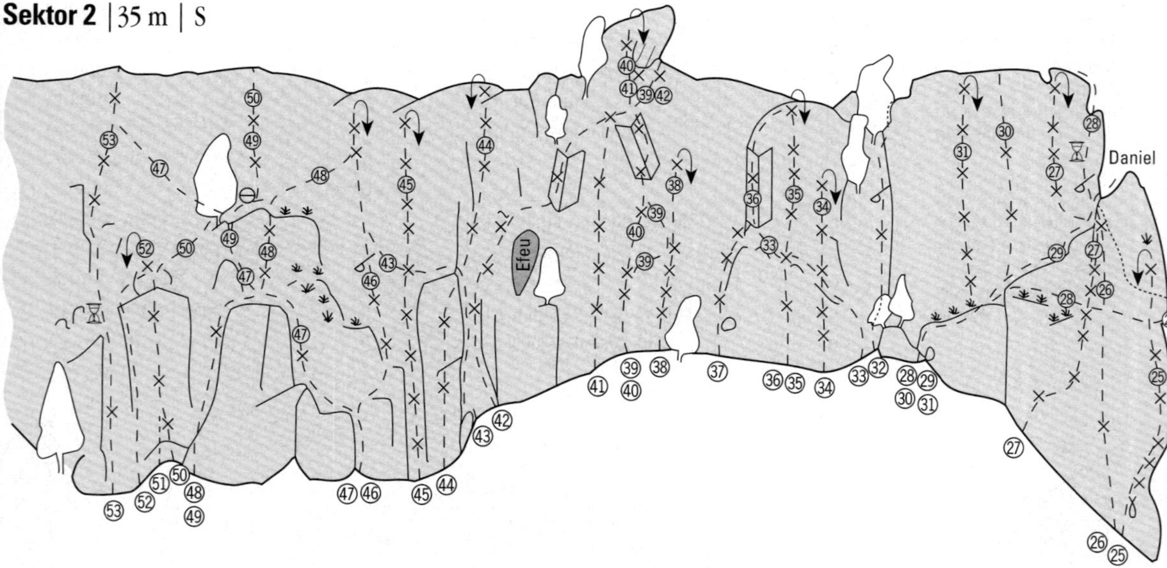

㉕ Daniela	7	
㉖ Daniel Südwand	e1/7 -	
㉗ Kokolores	6	
㉘ Zinnenweg	5 +	
㉙ Daniel Westseite	2	
㉚ Zinnenwand	5 -	
㉛ Zinnober	6 -	
㉜ Frühlingsweg	5 -	
㉝ Freundschaftsweg	5	
㉞ Hohl	7 -	
㉟ Feindschaft direkt	7	
㊱ Feindschaft	7 -	
㊲ Direkter Freundschaftsweg	6 -	
㊳ Bubo Bubo	7 +	
㊴ Schlesinger Weg (R 4b)	6	
㊵ Idealweg	5 +	
㊶ Kleiner Bär	5 +	
㊷ Rechtsdiagonale (R 4a)	5 -	
㊸ Pfeilerkopfweg (R 4)	4 +	
㊹ Rattenfänger	6 +	
㊺ Ratte	6 +	
㊻ Gerade R 4	4 +	
㊼ Linksdiagonale	4 +	
㊽ Höhlenweg	5 -	
㊾ Sortie blanche	6	
㊿ Depotweg	7	
(51) Depotweg direkt *(Bouldereinst.)*	8 +	
(52) Six o Clog *(Keile)*	6	
(53) Gerade R 6	5 -	

Sektor 3 | 35 m | S

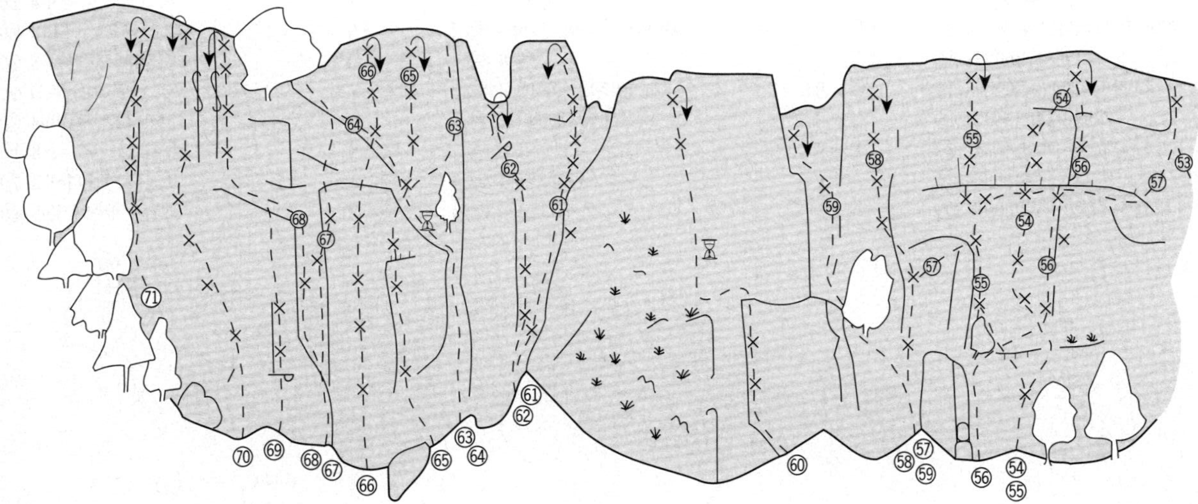

54	Kleines Zebra	7-	63 Sefftl	6+
55	Per Gabi	6+	64 ?	5
56	Kreuzweg	6+	65 Knox	7
57	R 6	5+	66 Roccia o amore	7+
58	R 6k	6	67 Rampfriss	6+
59	Promenade	3+	68 RSK	5+
60	R 16	5-	69 RSK 2	5+
61	R 9a.	5+	70 Für Dich	7
62	R 9	6	71 Gelbe Wand (*R 7b*)	8

Besonderheit
Der Röthelfels ist das längste Massiv der Fränkischen und bietet eine enorme Auswahl an lohnenden Wegen in leichten und mittleren Graden. Während der Brutzeit bitte möglichst nicht aussteigen *(Umlenkbaken benutzen!)*.

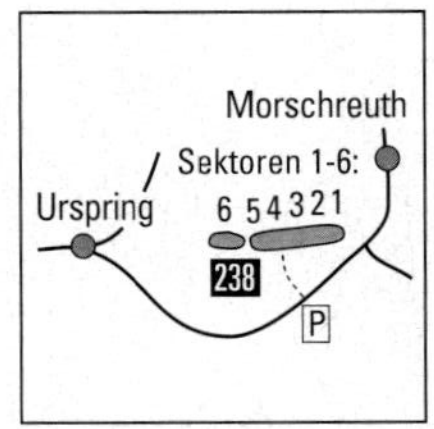

Röthelfels
Übersichtskarte 2 *(S. 16)*

Sektor 4 | 30 m | S

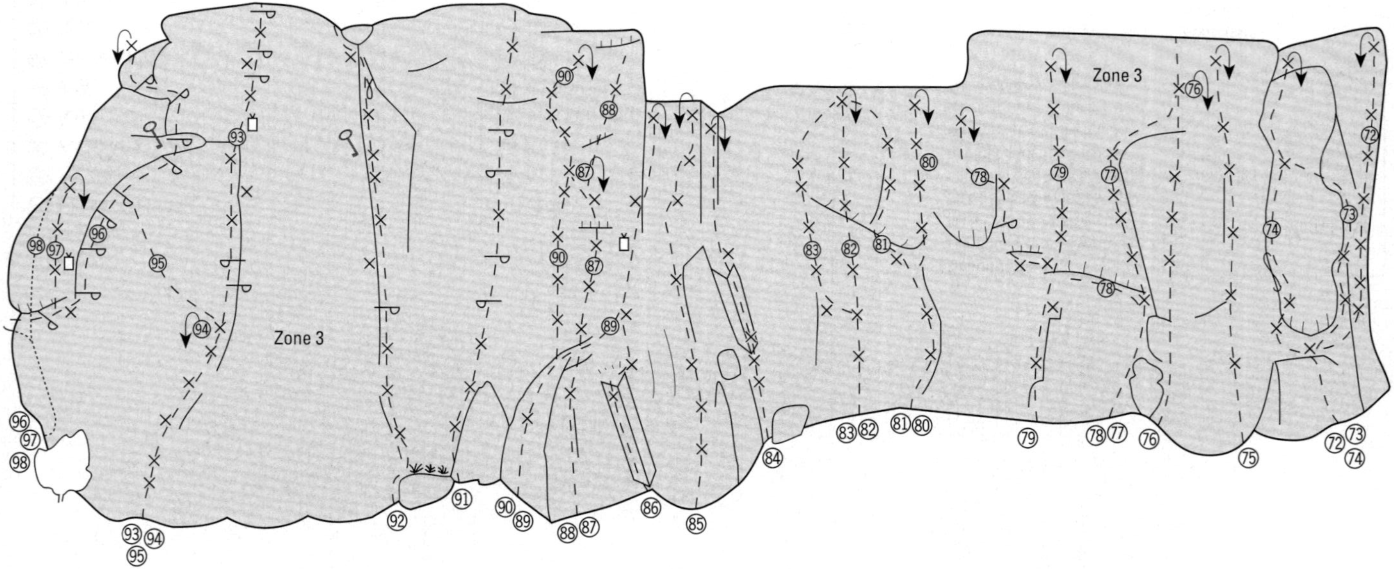

⑦② Senza Fede	8 -	
⑦③ Direkte R 7	7 -	
⑦④ R 7	6	
⑦⑤ Frankenschotter	7	
⑦⑥ Grautvornix	7 +	
⑦⑦ Schwarzer Riss	6	
⑦⑧ R 8	6 +	
⑦⑨ R 8 b	8 -	
⑧⓪ Spannungsfeld	7	
⑧① R 17	7 +	
⑧② Break Out	7 +	
⑧③ R 18	6 +	
⑧④ Teufelskrallenweg	6 +	
⑧⑤ Erlanger Weg (R 3b)	6	
⑧⑥ R 3a	5 +	
⑧⑦ Linda's lovely Lipstick	6	
⑧⑧ *Projekt*		
⑧⑨ R 3	5 +	
⑨⓪ Jubiläumsweg (*1. Seillänge 6+*)	8+/9 -	
⑨① Galaxie	a2/5	
⑨② Welzenbach Ged.-Weg	9	
⑨③ Astronautenleiter	a2/5	
⑨④ Scheide Plaisirvariante	8	
⑨⑤ Scheide original	e2/8	
⑨⑥ Hermann Buhl Ged.-Weg	8	
⑨⑦ Via Margit	6	
⑨⑧ Sonntagsspaziergang	6 +	

Sektor 5 | 25 m | S

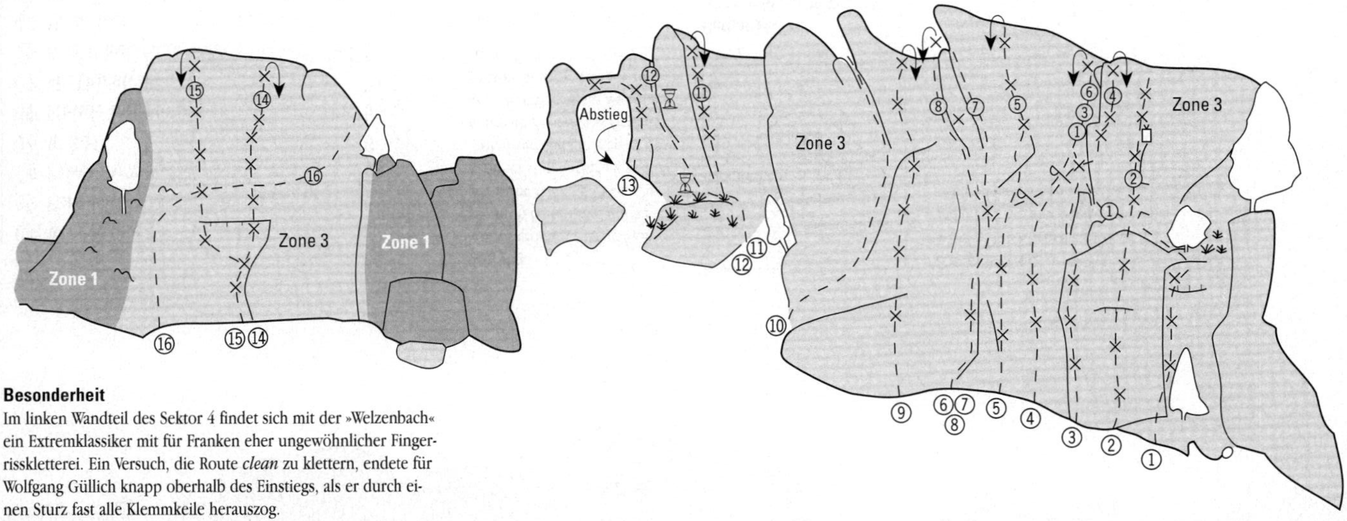

Besonderheit

Im linken Wandteil des Sektor 4 findet sich mit der »Welzenbach« ein Extremklassiker mit für Franken eher ungewöhnlicher Fingerrisskletterei. Ein Versuch, die Route *clean* zu klettern, endete für Wolfgang Güllich knapp oberhalb des Einstiegs, als er durch einen Sturz fast alle Klemmkeile herauszog.
Während der Brutzeit bitte möglichst nicht aussteigen *(Umlenkbaken benutzen!)*.

① Merklriss	5+	⑨ Geierwally	7+
② Harry - und Bobby-Weg	7	⑩ RP-Riss	6
③ Eibenriss	6-	⑪ Herbstzauber	8+
④ Zwischendurch	7	⑫ KA-Riss	5+
⑤ Pleitegeier	7+	⑬ Götterbogen	7
⑥ Altes Geiereck	5	⑭ Wutz Wulle	6
⑦ Devil's Crack	7	⑮ Formicula	6-
⑧ Gerades Geiereck	6	⑯ Felsentorweg	5

Zugang

Von Urspring Richtung Morschreuth fahren und auf halber Höhe rechts parken. Gegenüber vom Parkplatz auf mit Stufen versehenen Weg in 8 min zum Felsen.

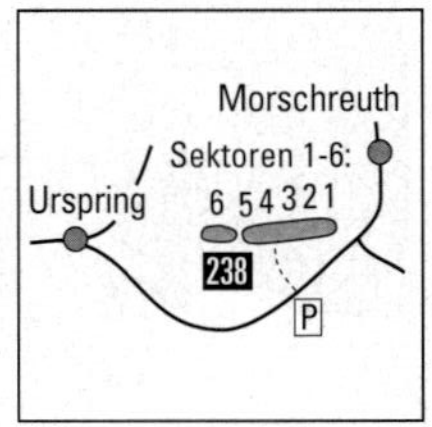

Röthelfels
Übersichtskarte 2 *(S. 16)*

238 Röthelfels

-☼- | 20 - 35 m | S

Sektor 6 | 20 m | S

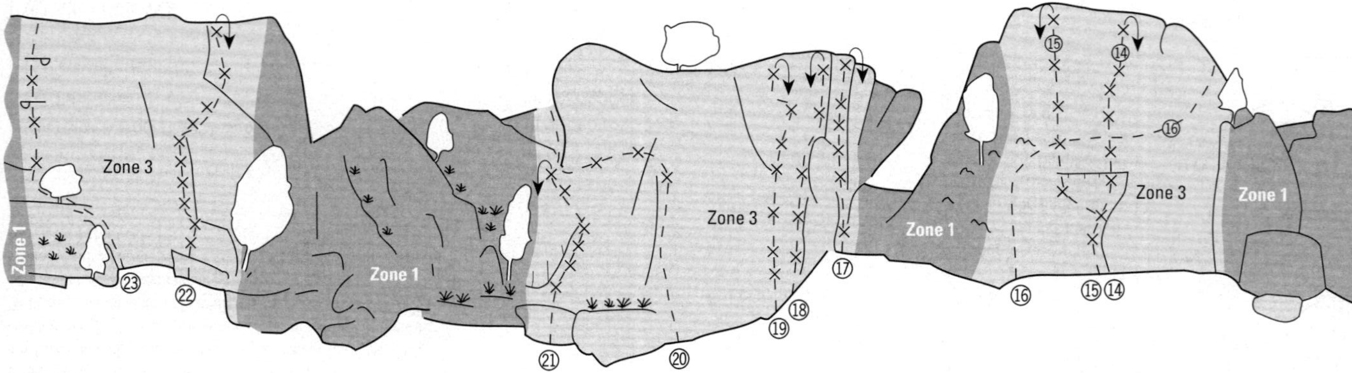

⑭ Wutz Wulle	6	
⑮ Formicula	6-	
⑯ Felsentorweg	5	
⑰ W-E-H	6	
⑱ Freude mit Frenzel	5-	
⑲ Via Donatella	7-	
⑳ Paul Preuß Ged.-Weg	a1/5	
㉑ Noch hält's	7-	
㉒ Nix wie weg	8-/8	
㉓ Weiße Wand	6+	

Zugang
Von Urspring Richtung Morschreuth fahren und auf halber Höhe rechts parken. Gegenüber vom Parkplatz auf mit Stufen versehenen Weg in 8 min zum Felsen. *Aus Gründen des Umweltschutzes ist ein seperater Zustieg zum Sektor 6 geplant!*

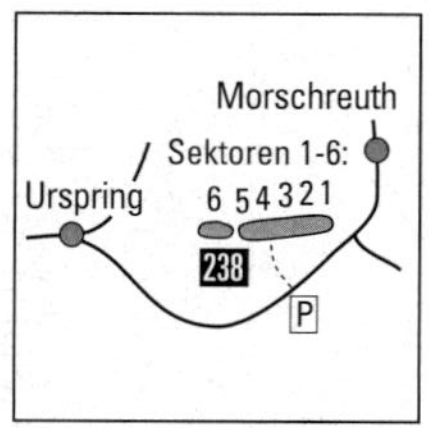

Röthelfels
Übersichtskarte 2 *(S. 16)*

Besonderheit
Während der Brutzeit bitte möglichst nicht aussteigen *(Umlenkhaken benutzen!)*.

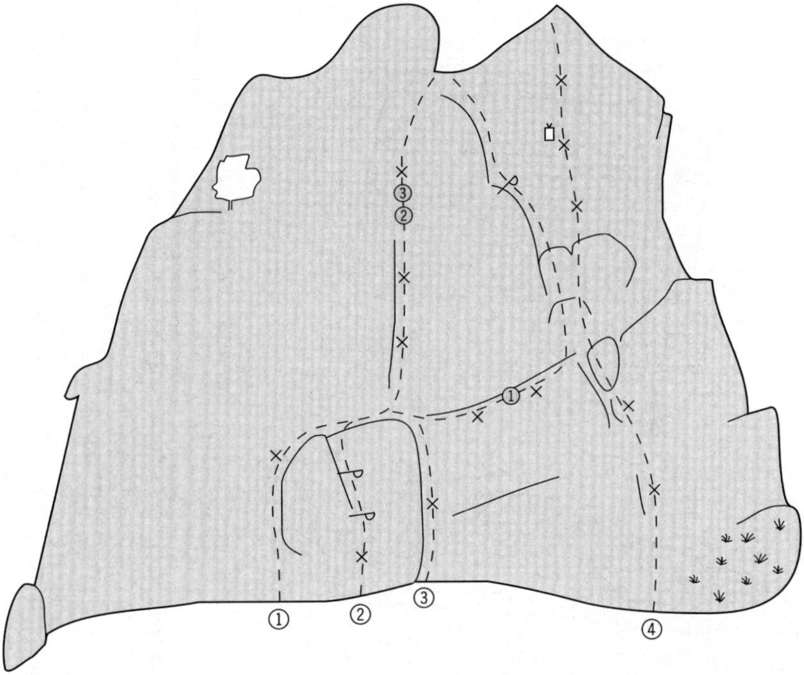

Zugang
In Urspring in Richtung Moggast fahren. Nach 300 m zweigt rechts eine Fuhre ab, Parkmöglichkeit für 1-2 Fahrzeuge (ansonsten in Urspring parken!). Die Fuhre hochlaufen, bei der nächsten Gabelung rechts und bei einer Futterkrippe den linken Weg hoch. Nach weiteren 100 m steil den Hang hoch zur Wand.

Besonderheit
Lange Linien im klassischen Stil.

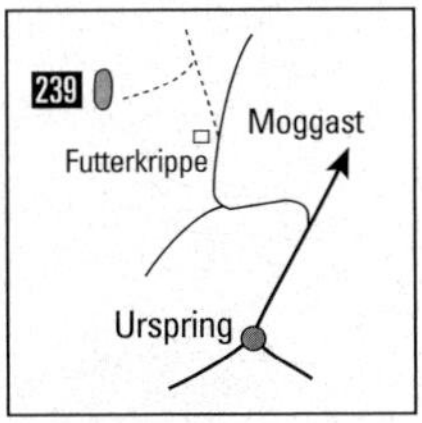

Urspringer Wand
Übersichtskarte 2 *(S. 16)*

① Diagonalweg	6 -
② Freundschaftsweg	8 -
③ Direkter Freundschaftsweg	8 -
④ Weg der alten Kameraden	8 +

240 Rodenstein

☼ | 20 - 24 m | SW

Linker Teil | 23 m | SW

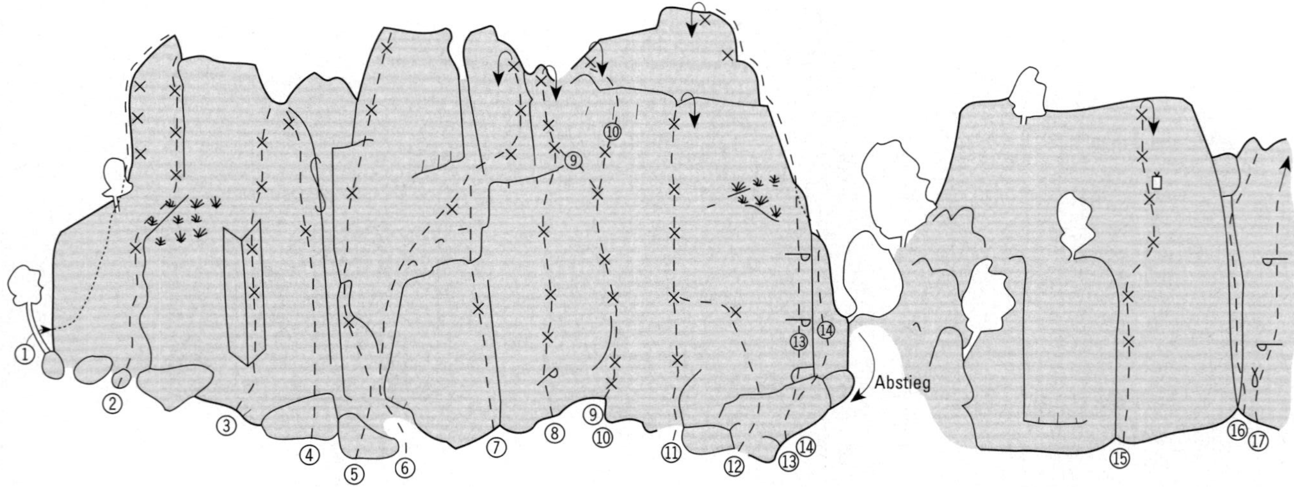

① Edelweißkante	6	
② Kroderplatte	6+	
③ Edelweißverschneidung	5+	
④ Edelweißriss	3	
⑤ Pfeilerkante	5+	
⑥ Alter Zinnenweg	6	
⑦ Neuer Zinnenweg	6	
⑧ Sekundant	7-	
⑨ Frankenschnellweg	7+	
⑩ Ausfahrt Forchheim Süd	7+	
⑪ Direkter Einstieg	8+	
⑫ Spanische Zeiten	6+	
⑬ Direkter Einstieg	6-	
⑭ Schlaifhauser Kante	3	
⑮ Georgenriss	6+	
⑯ Rodensteinkamin	3+	
⑰ Dinopfeiler	4	

Zugang
Von Schlaifhausen zum Parkplatz in halber Höhe fahren *(Schild: »Walberla«)*. Auf der Straße weiter bis in die Senke zwischen den beiden Gipfeln und nach rechts bis auf den Gipfel des Rodensteins. Absteigen zum Wandfuß.

Besonderheit
Griffige Genussklettereien in bombenfestem, sonnigen Fels.
An allen anderen Felsen des Walberla herrscht Totalsperrung! Nur am Rodenstein ist Klettern auf den bestehenden Wegen erlaubt; d.h. keine Erstbegehungen!

Mittlerer Teil | 24 m | SW

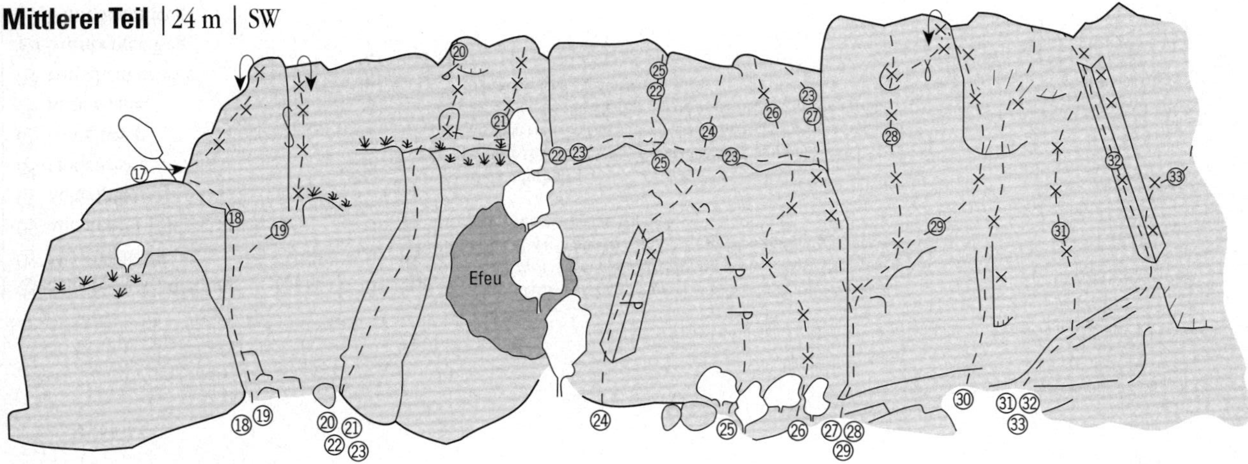

⑰ Dinopfeiler	4	
⑱ Schiefer Riss	2+	
⑲ Säntisblick	5+	
⑳ Palmkätzchenriss	a2/4+	
㉑ Luginsland	5+	
㉒ Drachenriss	5-	
㉓ Galerie	3-	
㉔ Luderer-Verschneidung	5+	
㉕ Direkter Drachenriss	5-	
㉖ Welsser Regen	6-	
㉗ Malmriss	6-	
㉘ Anabasis (*2 Ausstiege möglich*)	8-	
㉙ Gufel	6-	
㉚ RB-Durchstieg	6	
㉛ Hektik	7+	
㉜ Schiefe Verschneidung	6	
㉝ Margarethenwand	6-	

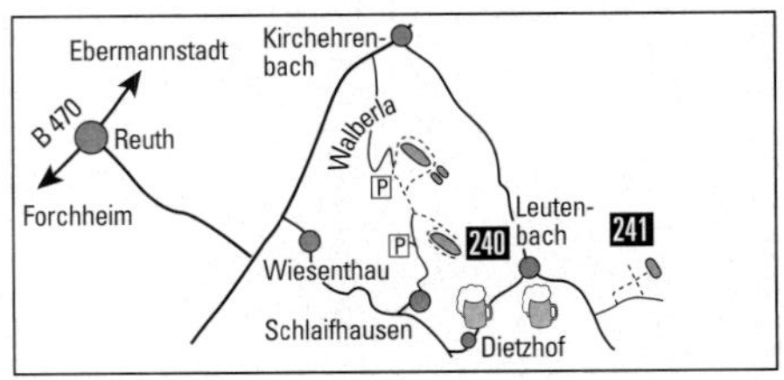

Walberla/Leutenbach
240 Rodenstein
241 Leutenbacher Kreuzfelsen
Übersichtskarte 2 *(S. 16)*

Rechter Teil | 20 m | SW

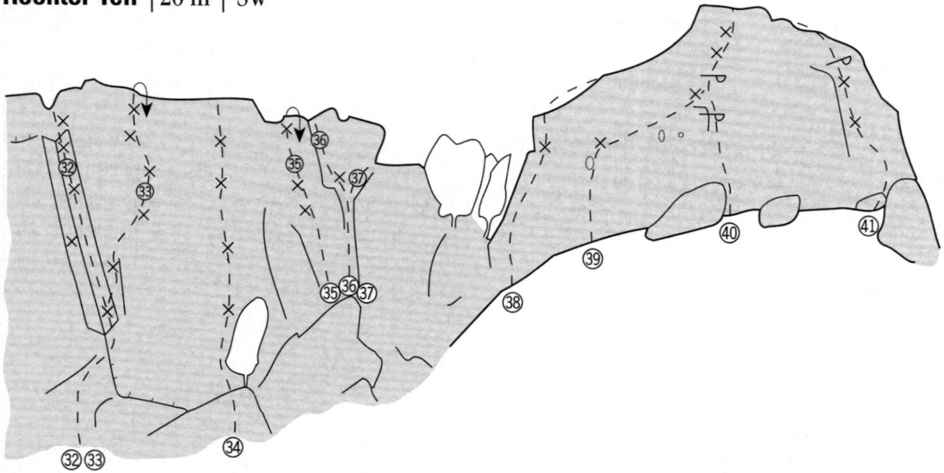

㉜ Schiefe Verschneidung	6	
㉝ Margarethenwand	6 -	
㉞ Abenteurerweg	5 +	
㉟ Keltenpfad	2 +	
㊱ Lindenriss	4	
㊲ Lindenweg	2	
㊳ Regenkante	5	
㊴ Forchheimer Weg	6 +	
㊵ Nürnberger Weg	7	
㊶ Winterleitenweg	4 -	

Zugang

Von Schlaifhausen zum Parkplatz in halber Höhe fahren *(Schild: »Walberla«)*. Auf der Straße weiter bis in die Senke zwischen den beiden Gipfeln und nach rechts bis auf den Gipfel des Rodensteins. Absteigen zum Wandfuß.

Besonderheit

Griffige Genussklettereien in bombenfestem, sonnigen Fels.
An allen anderen Felsen des Walberla herrscht Totalsperrung! Nur am Rodenstein ist Klettern auf den bestehenden Wegen erlaubt; d.h. keine Erstbegehungen!

Leutenbacher Kreuzfelsen

16 m | S 241

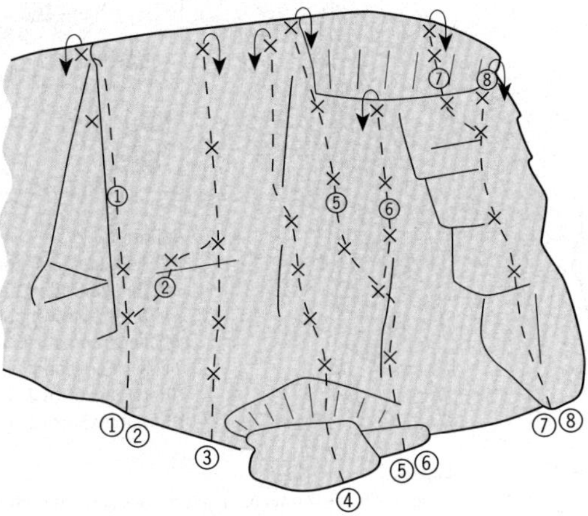

① Wildwechsel *(ggf. Keile)*	6+	
② Ladehemmung	8-/8	
③ Platzhirsch	8+	
④ Waidmanns Heil	8-	
⑤ Auf der Pirsch	7	
⑥ Jägerlatein	7-	
⑦ Gebirgsjäger	7	
⑧ Jagdhorn	6	

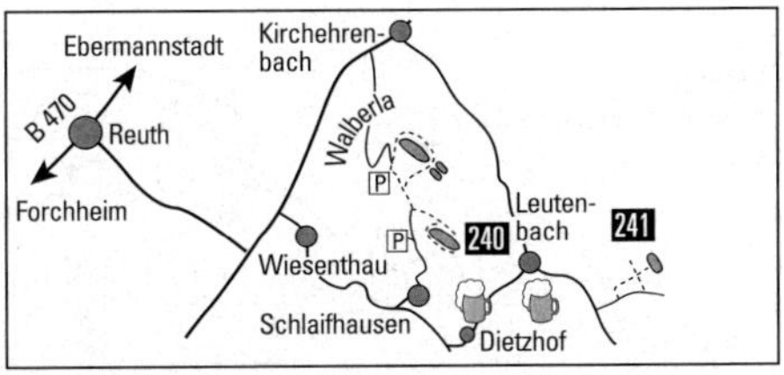

Zugang
Von Leutenbach in Richtung Egloffstein fahren und 400 m nach dem Ortsendeschild parken. Links auf Feldweg an einem Holzschuppen vorbei 150 m steil bergauf. Man erreicht eine Wiese mit Obstbäumen. 20 m weiter und vor kleiner Stufe nach links. Nach weiteren 40 m rechts abzweigen auf die nächste Terrasse und über die Wiese in den Wald. Den Wanderweg kreuzen und im Wald gerade hinauf zum Fels.

Besonderheit
Plattiger Kalk, der dem Fels im Leinleitertal ähnelt.

Walberla/Leutenbach
240 Rodenstein
241 Leutenbacher Kreuzfelsen
Übersichtskarte 2 *(S. 16)*

242 Adlersteiner Nadel

| 12 m

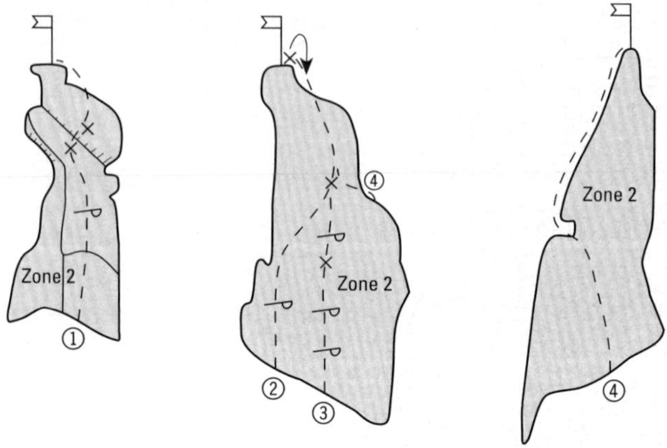

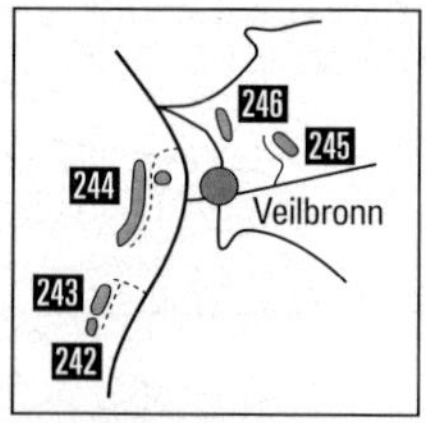

Veilbronn
242 Adlersteiner Nadel
243 Delago Ged.-Wand
244 Totensteinwände
245 Veilbronner Wand
246 Fürther Wand
Übersichtskarte 2 *(S. 16)*
Übersichtskarte 4 *(S. 18)*

① Bergseite 6
② Westwand 6-
③ Direkte Westwand 6
④ Talkante 3

Zugang
300 m talabwärts von Veilbronn führt ein Schotterweg am orografisch rechten Hang in ein kleines Seitental; diesem folgen und im Wald nach links zu Delago Ged.-Wand und Adlersteiner Nadel.

Besonderheit
An den Felsen rund um Veilbronn dominiert glatter Plattenkalk.

243 Delago Ged.-Wand

| 16 m | O

Zugang
Siehe oben bei Adlersteiner Nadel.

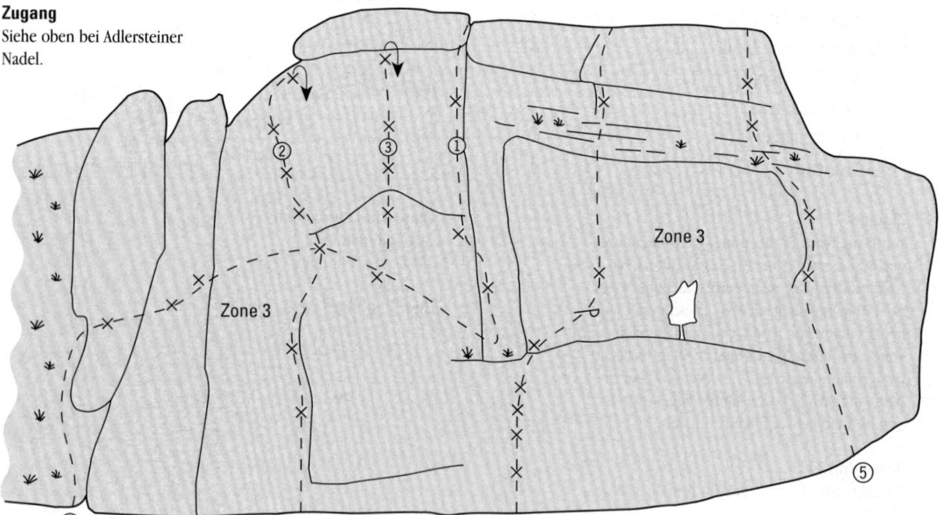

① Delago Ged.-Weg 6
② Die Zeit läuft ab 9-
③ Nagelfeile . . . . 8+
④ Linker Anstieg 8-
⑤ Leinleiterweg 7-

Totenstein | 18 m

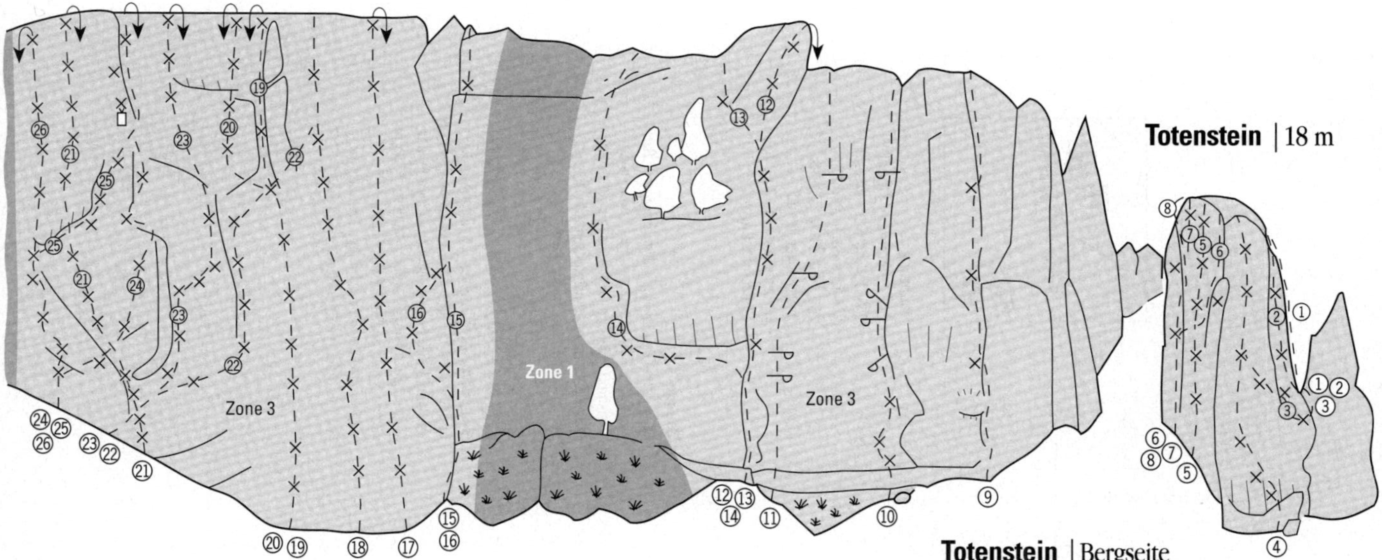

Totenstein | Bergseite

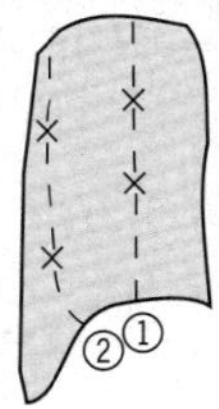

Zugang
Siehe Seite 338.

①	Rechte Nordwand	6-
②	Linke Nordwand	6
③	Talseite	7
④	Direkte Talseite	7-
⑤	Deis mou her	7+/8-
⑥	Kreuzerweg	5
⑦	Variante	6-
⑧	Südriss	5+
⑨	Edelweißverschneidung	5+
⑩	Schmaderer Ged.-Weg	a2/5
⑪	Erlanger Weg	a1/6
⑫	Falkenweg	6+
⑬	Direktausstieg	7
⑭	Nüssel Ged.-Weg	5+
⑮	Emilienriss	6
⑯	Originalweg	6+
⑰	Zugzwang	7+
⑱	Hohe Liebe	7-
⑲	Reine Nervensache	7+
⑳	Tanz auf der luftigen Wampe	8+
㉑	Robert Elsinger Erinnerungsweg	8
㉒	Noriskante	7-
㉓	Erinnerungsweg	7+
㉔	Noriswand	7-
㉕	Alfred Drexel Ged.-Weg	8-
㉖	Brutkasten	8-

Linker Wandteil

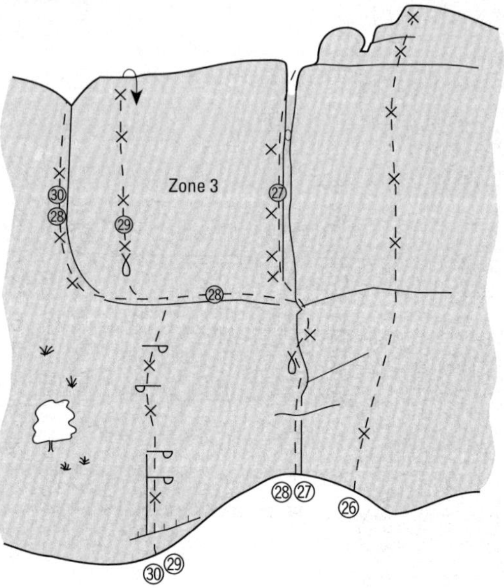

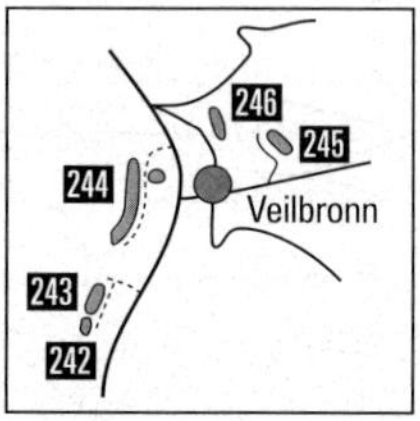

Veilbronn
242 Adlersteiner Nadel
243 Delago Ged.-Wand
244 Totensteinwände
245 Veilbronner Wand
246 Fürther Wand
Übersichtskarte 2 *(S. 16)*
Übersichtskarte 4 *(S. 18)*

㉖	*Projekt*	
㉗	Nürnberger Kamin	6
㉘	Auckenthaler Ged.-Weg	6 -
㉙	*Projekt*	
㉚	Direkter Einstieg	7 -

Zugang
Parken am Ortseingang Veilbronn *(großer Parkplatz)*. Auf der Hauptstr. wieder 100 m talaufwärts und links den Hang hoch zu den Felsen. Der Totenstein ist den Totensteinwänden an ihrem rechten Ende vorgelagert.

Besonderheit
An den Felsen rund um Veilbronn dominiert glatter Plattenkalk. An den Totensteinwänden findet man großzügige Klassiker, die in den letzten Jahren durch einige ebenso lohnende neue Wege ergänzt wurden. Hierzu zählen vor allem »Reine Nervensache«, »Robert Elsinger Ged.-Weg« und »Tanz auf der luftigen Wampe« vom Team Burkhard Müller/Norbert Schauer.

Veilbronner Wand

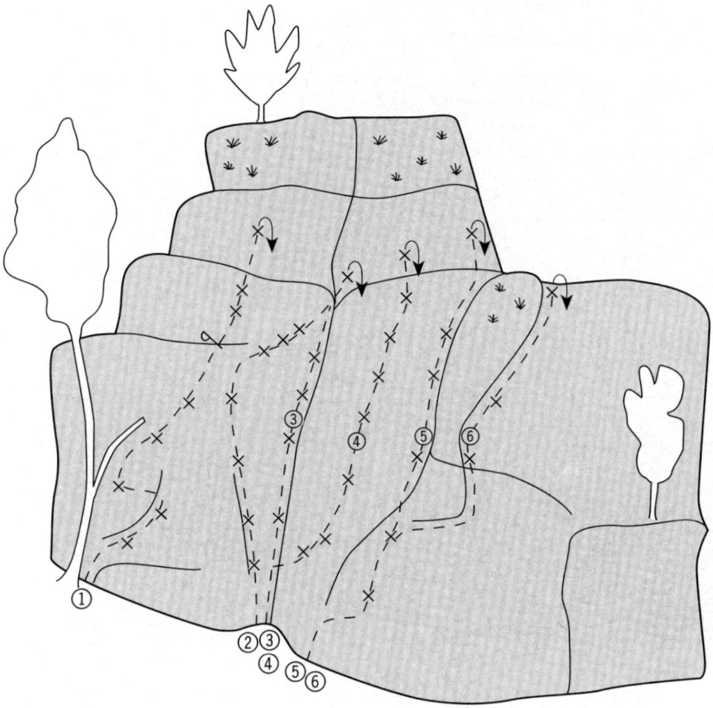

① Rosengartenweg	7/7+	
② WS-Weg	8-	
③ Westverschneidung	6-	
④ Servus Ossi	8-	
⑤ Alter Weg	6+	
⑥ Kulmbacher Weg	7	

Zugang
In Veilbronn auf einem der Wanderparkplätze parken. Über den Dorfplatz ins Leidingshofertal gehen, vor dem letzten Haus links dem Weg zu Naturfreundehaus (Wegweiser) folgen, der direkt an der Wand vorbei führt (5 min).

Besonderheit
Platten-, Riss-, und Verschneidungskletterei vom feinsten, perfekt abgesichert. Der Rosengartenweg dürfte noch nicht allzu viele freie Begehungen haben und muss noch ein bisschen »abgeklettert« werden.

246 Fürther Wand

☼ | 28 m | W

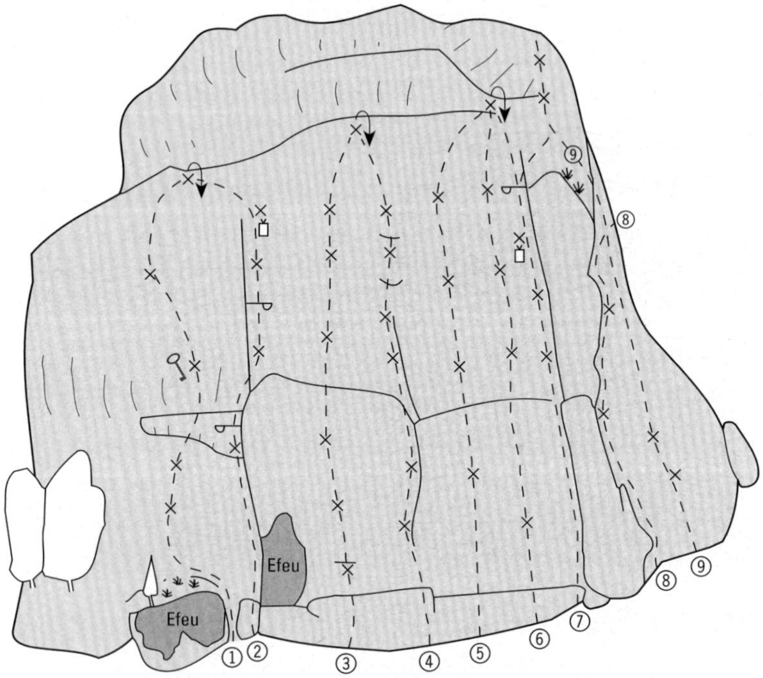

① Tutti Eight . . . . 8+
② Direkte Westwand 7-
③ Silent Running 8-
④ Laser . . . . 8+
⑤ Weißer Hai . . . . 7+
⑥ Dicke Lippe. . . . . 8+
⑦ Li. Pfeilerriss (*2 Ausstiege möglich*) 6
⑧ Rechter Pfeilerriss 5
⑨ Frank und frei . . . . 6+

Zugang
Die Wand steht nordöstlich oberhalb von Veilbronn am Westhang; unterhalb des Naturfreundehauses.

Besonderheit
Leider wurden einige der ehemals recht freien Wege im 7. und 8. Grad mit etlichen zusätzlichen Haken versehen.

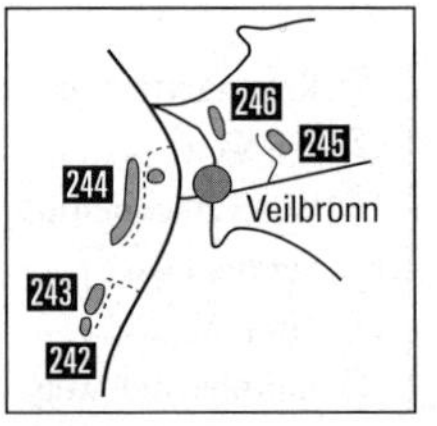

Veilbronn
242 Adlersteiner Nadel
243 Delago Ged.-Wand
244 Totensteinwände
245 Veilbronner Wand
246 Fürther Wand
Übersichtskarte 2 *(S. 16)*
Übersichtskarte 4 *(S. 18)*

Traindorfer Wand

☼ | 18 m | W **247**

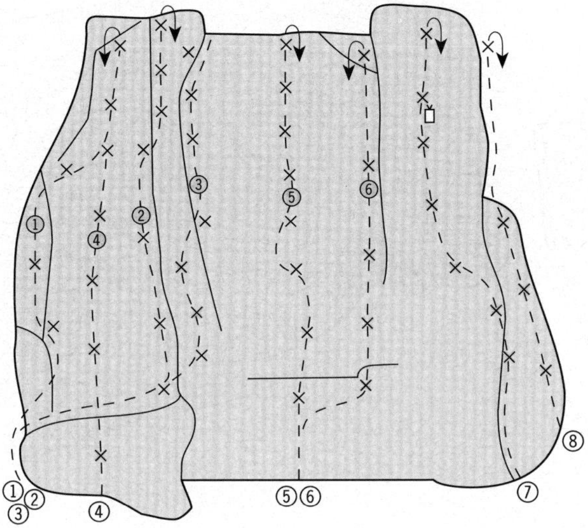

① Pavillonkante 7-
② Kleiner Wurm 7
③ Alter Weg .... 6+
④ Supergirl 8
⑤ Mama mia .... 8+
⑥ Seil ohne Leben 7-
⑦ Erinnerungsweg .... 7+
⑧ Südwestverschneidung 5

Zugang
In Heiligenstadt immer der Ausschilderung »Pavillon« folgen bis zum Parkplatz. Direkt am Pavillon absteigen zu den Felsen.

Besonderheit
Schöner, grauer Plattenkalk; perfekt eingerichtete Touren. Sehr schöne landschaftliche Umgebung.
An einem kleinen Massiv unterhalb des Pavillons sind noch 4 kurze Wege: Nordwand (5), Westpfeiler (5), Nachtfröschlein (5) und Südriss (4) *(von links nach rechts)*.

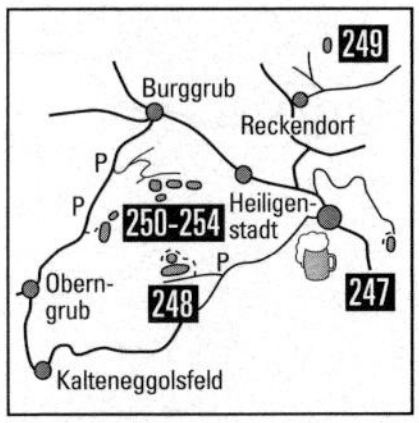

Heiligenstadt/Burggrub
247 Traindorfer Wand
248 Pfarrfels
249 Hoher Stein
250 Rotenstein
251 Burggruber Block
252 Luisenwand
253 Oberngruber Wand
254 Feierabendwand
Übersichtskarte 2 *(S. 16)*
Übersichtskarte 4 *(S. 18)*

248 Pfarrfels

| 10 - 12 m | N + NO

Sektor Apokalypse | 10 m | NO

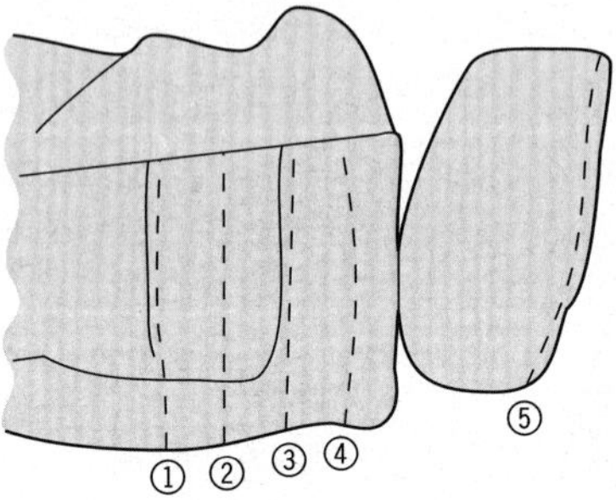

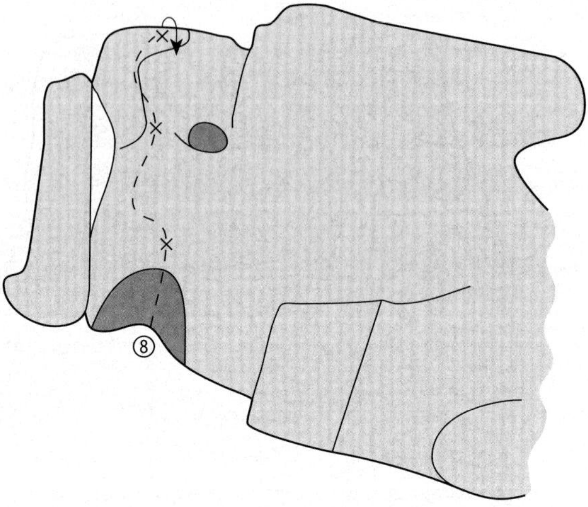

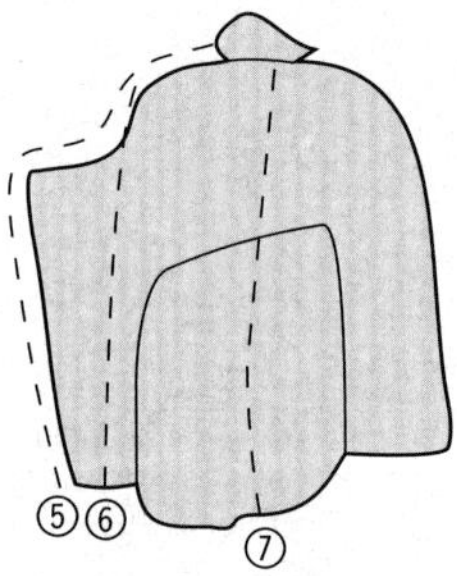

Zugang
Von Heiligenstadt in Richtung Kalteneggolsfeld fahren und nach 2 km auf der höchsten Stelle parken. Rechts gutem Weg 250 m folgen zu den Felsen, die rechts des Weges stehen.

Besonderheit
Meist kleingriffige Wandkletterei; ① bis ⑦ sind Boulder.

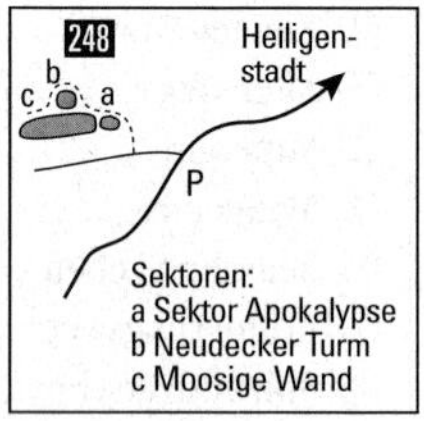

Pfarrfels
Übersichtskarte 2 *(S. 16)*
Übersichtskarte 4 *(S. 18)*

①	Boulder Star	7
②	Apokalypse	8+/9 -
③	Furche	7 -
④	Square Dance	7 -
⑤	Schiffsbug	8
⑥	Reib und bleib	7
⑦	First Connection	7
⑧	If you know me better	8-/8

Neudecker Turm | 12 m | N

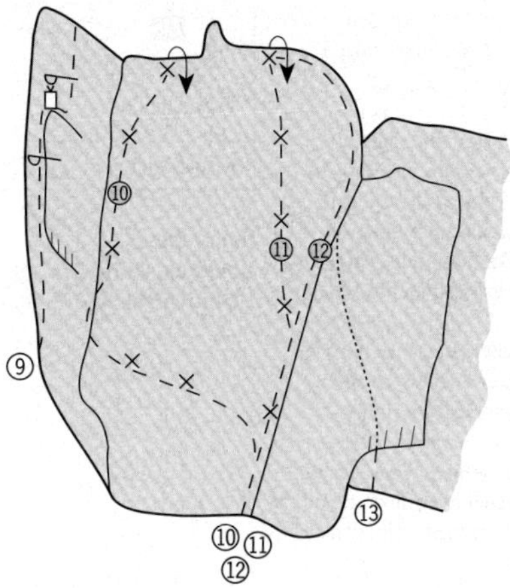

Heiligenstadt/Burggrub
247 Traindorfer Wand
248 Pfarrfels
249 Hoher Stein
250 Rotenstein
251 Burggruber Block
252 Luisenwand
253 Oberngruber Wand
254 Feierabendwand
Übersichtskarte 2 *(S. 16)*
Übersichtskarte 4 *(S. 18)*

Moosige Wand | 12 m | N

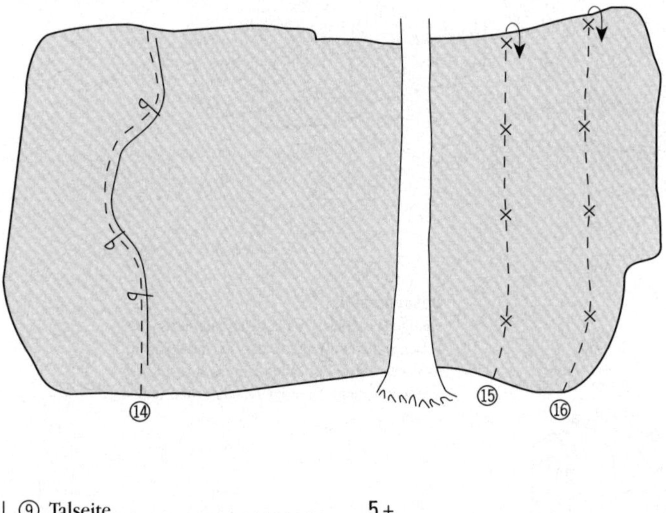

⑨ Talseite .... 5+
⑩ Verschreibungspflichtig 9-
⑪ 95,8...................... 7+
⑫ Variante.................... 7+
⑬ Bergseite.................... 4
⑭ Moosige Wand *(völlig vermoost)*
⑮ Waas i ned................. 8
⑯ Herz aus Gold............... 8

249 Hoher Stein

12 m | SW + NW

Ganz rechts | 11 m | SW

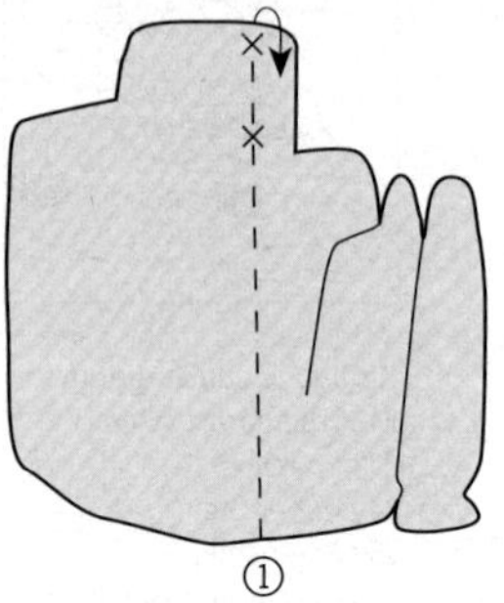

Zugang

Am nördlichen Ortsende von Heiligenstadt in Richtung Plankenfels abbiegen und in Neumühle links nach Reckendorf. In Dorfmitte den Schildern »Goth. Kapelle/Hoher Stein« folgen (Teerstraße). Von hier gibt es 2 Zustiege:

- *Von unten:* 100 m nach Dorfmitte links auf Schotterweg abbiegen (spätestens hier parken). Nach 130 m zweigt eine Fuhre rechts ab. Man folgt ihr bis zum Wald. Rechts auf Wanderweg in den Wald (Rotpunkt-Markierung) und steil den Hang hinauf zu den bereits sichtbaren Felsen.

- *Von oben:* Der Teerstraße weiter folgen, nach 800 m bei Schild mit vielen Wegweisern auf schmale Teerstraße links abbiegen (»Hoher Stein«) und nach 150 m wieder links, spätestens hier parken. Nach 250 m zweigt in einer Rechtsbiegung der markierte Wanderweg links ab und führt in wenigen min zum Hohen Stein, den man von oben her erreicht.

Hoher Stein
Übersichtskarte 2 *(S. 16)*
Übersichtskarte 4 *(S. 18)*

Südwestwand | 12 m

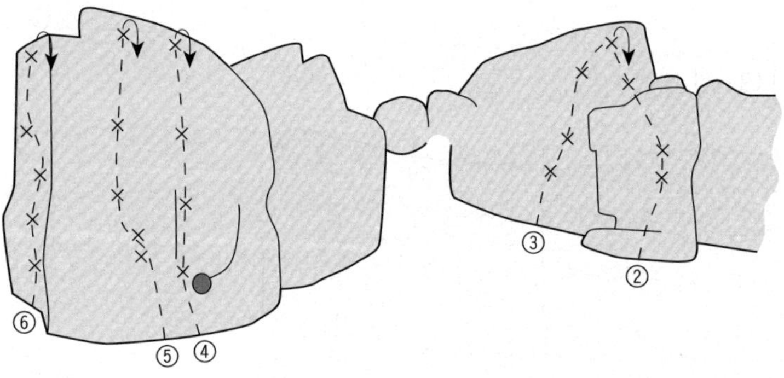

Nordwestwand | 12 m

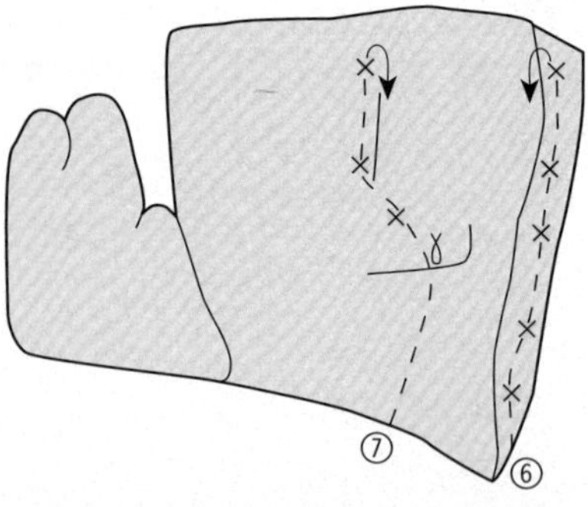

Besonderheit

Plattige Leistenkletterei in hellgrauem Fels. Die Felsen stehen im Wald, so dass auch die Südwestseite nur in der kalten Jahreszeit richtig Sonne bekommt. Die Lage ist sehr schön und ruhig.

① *Projekt*	
② Happy	6+
③ Baum im Rücken	7-
④ Alter Recke	6-
⑤ Tapferer Recke	8-
⑥ Tollwut	8+
⑦ Fuchsaas	7

Holt Euch den Spaß!
Stirnlampe
z.B. Teleskopstöcke, Rucksäcke, Wanderjacken, Treckingsandalen, Sportklettergurte, Kletterseile, Klettersteigset ...
Zelte
Wander- und Kletterschuhe
Roland's Alpin Laden
Nürnberger Straße 100 . 96050 Bamberg
Tel. 09 51/2 57 67 . Fax 09 51/2 57 60
Kletter Equipment
kram werbegrafik

250 Rotenstein und Burggruber Wand

| 12 - 30 m | NO + NW

Rotenstein | Nordwestseite | 30 m

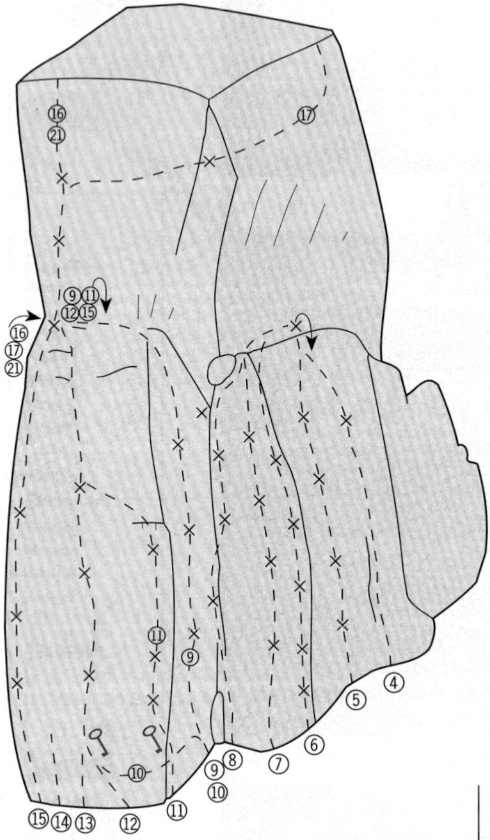

Burggruber Wand | Bergseite | 12 m

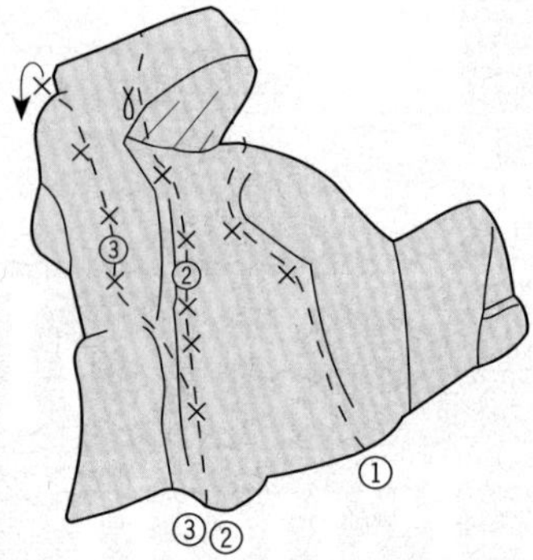

Rotenstein | Bergseite | 14 m

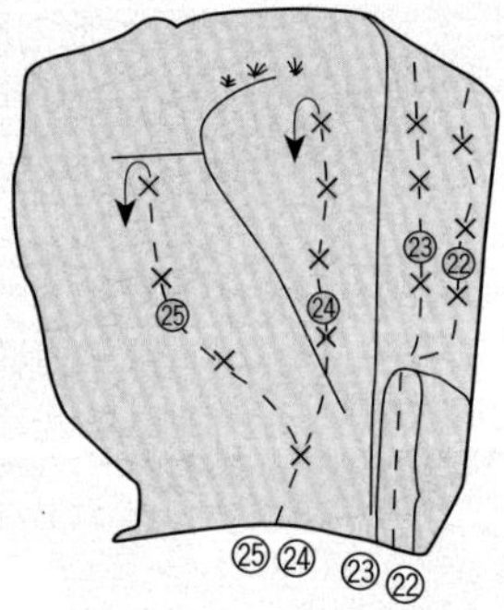

① Team Menstruation . . . . 8 -
② Westriss . . . . 8 -
③ Nordwestkante . . . . 8+/9 -
④ Zeitlos . . . . 8 -
⑤ Ostwand . . . . 8 -
⑥ 00 Faber . . . . 10 -
⑦ Melanom . . . . 9+/10 -
⑧ Teufelsriss 7
⑨ Fat Patrol . . . . 9 -
⑩ Maud-Traverse . . . . 7c Fbtr
⑪ Engel und Bestien *(mit Sitzstart: »Black Angel« 7b+ Fb)* . . . . 9 +
⑫ Maud *(7a Fb)* 9
⑬ Maud direkt . . . . 7b+ Fb
⑭ Tweakers *(Sitzstart 7b+ Fb)* . . . 7b Fb
⑮ Die Kante . . . . 10 -
⑯ Direkte Nordwand *(2 Einstiege)* 6
⑰ Mendel Ged.-Weg . . . . 7 -
⑱ Orion . . . . 8 -
⑲ Armriss 7
⑳ Siegfried . . . . 9 -
㉑ Nordwand 5
㉒ Team Masturbation . . . . 8 +
㉓ Emma Dilemma 9
㉔ Superskunk . . . . 11 -
㉕ *Projekt* . . . .
㉖ Scherbeckriss 6
㉗ Purzelbaum 8
㉘ ? . . . . 9 -
㉙ Viel Vergnügen . . . . 9 -
㉚ Freundschaft . . . . 7 -
㉛ Hinterstoisser Ged.-Weg 7
㉜ California Dream 8

Rotenstein und Burggruber Wand | 12 - 30 m | NO + NW **250**

Rotenstein | Nordostseite | 30 m

Burggruber Wand | Nordseite | 15 m

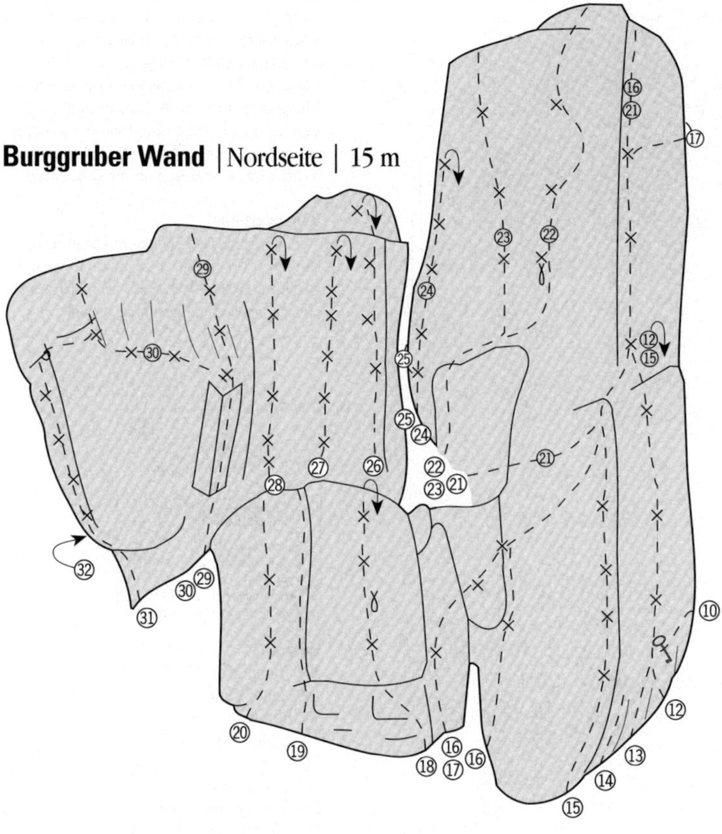

Zugang
Von Burggrub in Richtung Oberngrub fahren. 200 m nach Ortsende zweigt links eine Schotterstraße ab (Schranke); hier parken. Auf dem Schotterweg bergauf, bei einer Gabelung rechts und insgesamt 600 m in Rechts-links-Schleife weiter, bis oberhalb die Felsen sichtbar sind. Hier gelangt man auf Steigspuren direkt hoch zum Rotenstein. Folgt man der Fuhre weiter geradeaus und geht unterhalb der linkesten Wand rechts hoch, so kommt man zur Luisenwand.

Besonderheit
Zahlreiche Extremklassiker, darunter das alte Boulderproblem »Maud« von Wolfgang *(»Flipper«)* Fietz. An der Luisenwand findet man die erste Route im zehnten Grad des Nördlichen Frankenjura (»Kaum Zeit zum Atmen« 10-; Wolfgang Güllich 1984). Markus Bock hat mit »Geteiltes Leid« *(Luisenwand)* und »Superskunk« *(Rotenstein)* auch hier seine Spuren im 11. Grad hinterlassen.
Meist sind die Routen sehr kleingriffig, vorwiegend bewegt man sich an Leisten. Leider sind manche Routen inzwischen etwas bewachsen, weil die harte Leistenkletterei nicht dem aktuellen Modetrend entspricht und das ehemalige Top-Gebiet deshalb seltener besucht wird.
Gegenüber vom Rotenstein findet man noch einen Block mit einem Boulder der Schwierigkeit 7b+ Fb.

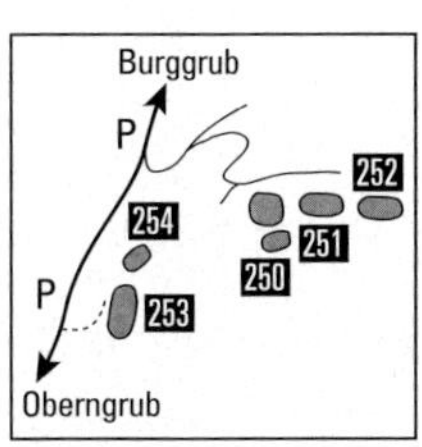

Burggrub
250 Rotenstein und Burggruber Wand
251 Burggruber Block
252 Luisenwand
253 Oberngruber Wand
254 Feierabendwand
Übersichtskarte 2 *(S. 16)*
Übersichtskarte 4 *(S. 18)*

251 Burggruber Block

18 m | N

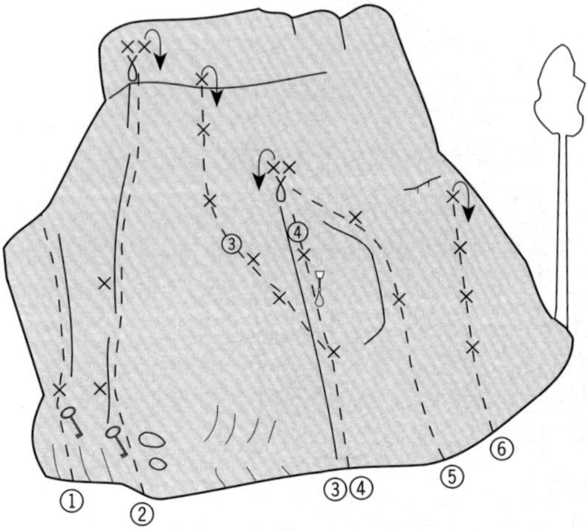

① Abseitsfalle *(oben verwachsen)* .	7+	
② Adrenalin	10	
③ Nebenbuhler.	10	
④ Meddle	9	
⑤ Atom Heart Mother	9+	
⑥ *Projekt*		

Zugang

Von Burggrub in Richtung Oberngrub fahren. 200 m nach Ortsende zweigt links eine Schotterstraße ab (Schranke); hier parken. Auf dem Schotterweg bergauf, bei einer Gabelung rechts und insgesamt 600 m in Rechts-links-Schleife weiter, bis oberhalb die Felsen sichtbar sind. Hier gelangt man auf Steigspuren direkt hoch zum Rotenstein. Folgt man der Fuhre weiter geradeaus und geht unterhalb der linkesten Wand rechts hoch, so kommt man zur Luisenwand.

Besonderheit

An den harten Leistenbouldern »Atom Heart Mother« (Norbert Bätz 1985) und »Adrenalin« (Wolfgang Güllich 1985 solo) kann man testen, ob man über echte Fingerkraft verfügt.

Burggrub

247 Traindorfer Wand
249 Hoher Stein
250 Rotenstein und Burggruber Wand
251 Burggruber Block
252 Luisenwand
253 Oberngruber Wand
254 Feierabendwand

Übersichtskarte 2 *(S. 16)*
Übersichtskarte 4 *(S. 18)*

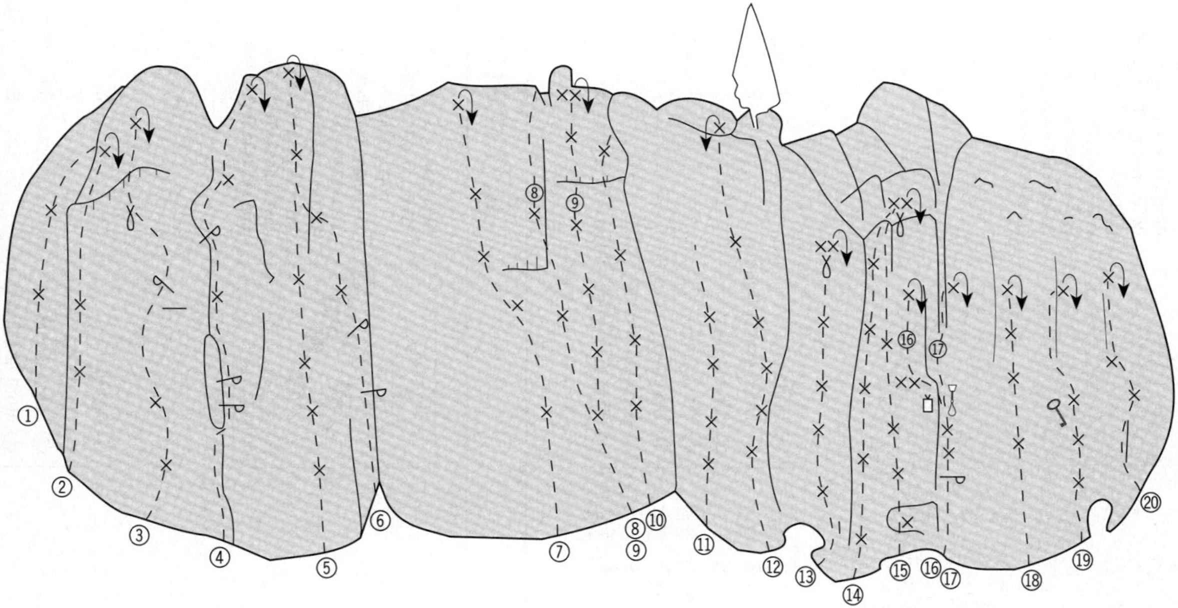

①	Die leichte Luise	6-
②	Alles für die Katz	7-
③	Spargeltarzan	9-
④	Fakir	8
⑤	Coole Opas	9
⑥	Freche Mädels	8+/9-
⑦	Team Motivation	9/9+
⑧	Sächsische Streckbank	e1/9
⑨	*Projekt*	
⑩	Nette Jungs	9-
⑪	*Projekt*	
⑫	Kamasutra 218	10
⑬	Geht	9
⑭	Silberhaar	9+/10-
⑮	Geteiltes Leid	11-
⑯	Milan goes bearhunting	10
⑰	Volk Heckmann Ged.-Weg	9
⑱	*Projekt*	
⑲	Kaum Zeit zum Atmen	10-
⑳	Sexappeal	8+

Besonderheit

»Kamasutra 218« wurde bereits in den frühen Achtzigern von Wolfgang *(»Flipper«)* Fietz toprope ausgebouldert und 1986 von Wolfgang Güllich Rotpunkt erstbegangen.

Mit »Geteiltes Leid« hat Markus Bock 1999 die erste Route im 11. Grad an der Luisenwand erschlossen, sein Kommentar: »Unten schwere Boulderstelle, oben unangenehme Risskletterei«.

Eine der spektakulärsten Solobegehungen der Fränkischen war die von »Team Motivation« 1987 durch Ulrich Glawe.

253 Oberngruber Wand

| 18 m | N + W

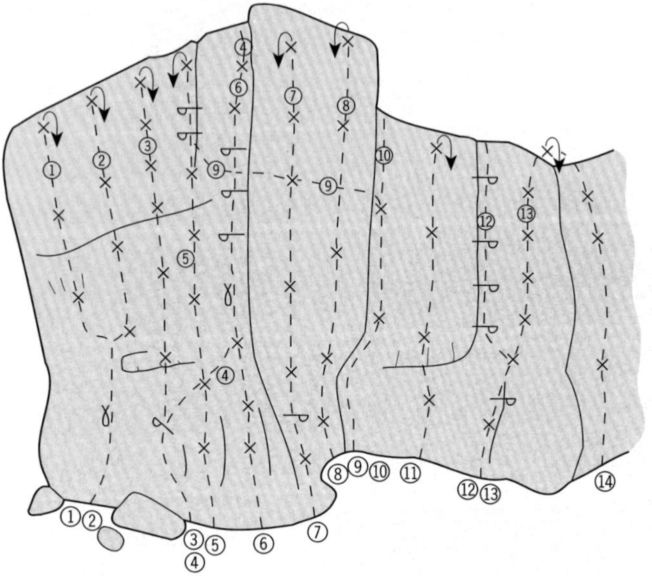

Zugang
Von Burggrub in Richtung Oberngrub fahren und 150 m nach km 1,5 parken. Links einen Waldweg 100 m hinauf; links oberhalb steht die Oberngruber Wand.
Noch weitere 100 m weiter links liegt die Feierabendwand. Zu ihr entweder von der Oberngruber Wand durch das Dickicht oder unten auf dem Forstweg bis zu einem großen, moosigen Block. Rechts von ihm senkrecht den Hang hinauf zum Felsen.

① Dampfwalze	8 -	⑧ Drittelmix	8 +
② Via Muskulatur	8	⑨ Oberngruber Wand	7
③ Sinn des Lebens	9 -	⑩ Schinderriss	6
④ High Times	8+/9 -	⑪ Kreuzgang	8
⑤ Monsun	8+/9 -	⑫ Hakenweg	7 +
⑥ Sackgasse	9	⑬ Schattenröschen	7 +
⑦ Flip Flap	8 +	⑭ Wem die Stunde schlägt	8 -

254 Feierabendwand

| 10 m | NW

Zugang
Siehe oben bei Oberngruber Wand.

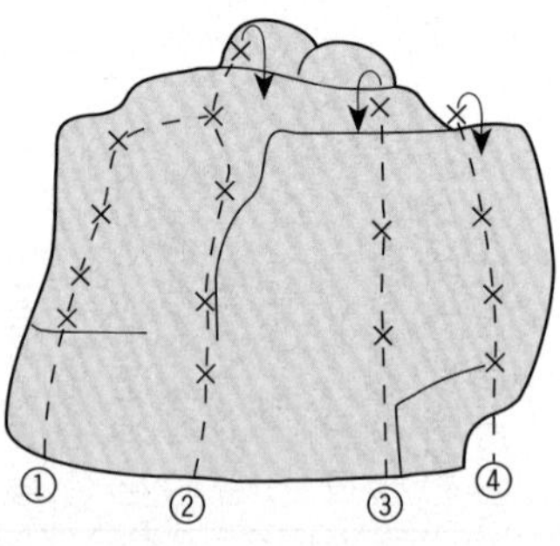

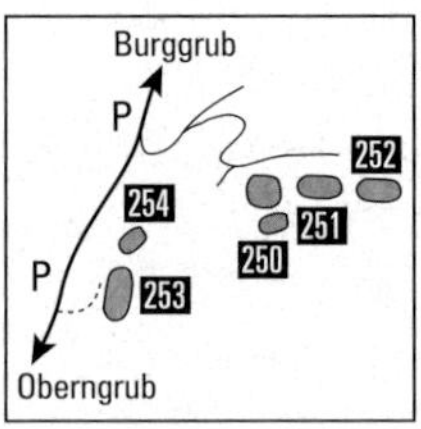

Burggrub
250 Rotenstein und Burggruber Wand
251 Burggruber Block
252 Luisenwand
253 Oberngruber Wand
254 Feierabendwand
Übersichtskarte 2 *(S. 16)*
Übersichtskarte 4 *(S. 18)*

① Spätfilm	6
② Sportschau	7
③ Sendeschluß	6 +
④ Mutti lass' krachen	8 -

Krankenhaus

☼ | 12 m | S **255**

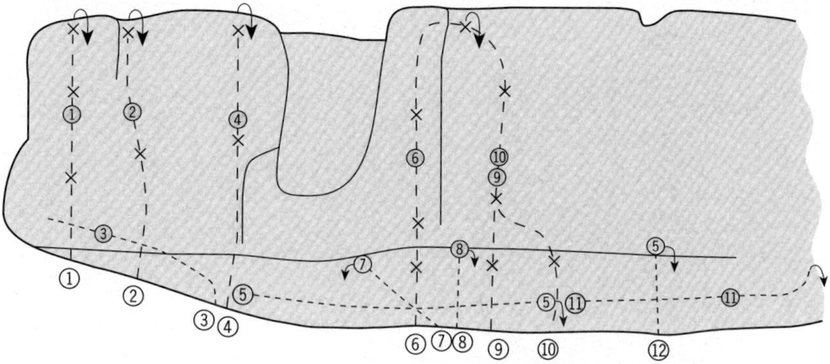

① Dialysepatient	7-
② Totaloperation	6+
③ Anfall	7+
④ Psychose	6+
⑤ Linker Quergang	9-
⑥ Lachgasjunky	8+
⑦ Eingriff	7
⑧ Fragment	9-
⑨ Lachen und Weinen	9-
⑩ *Projekt*	
⑪ Operation gelungen, Patient tot	9-
⑫ Stefans Idee	7+

Zugang

Von Ebermannstadt in Richtung Kanndorf fahren und 2 km nach Bahnübergang bei Häuschen links parken. Wieder 30 m zurück und auf einem Weg den Südwesthang hoch. Nach 200 m erreicht man die Wand.

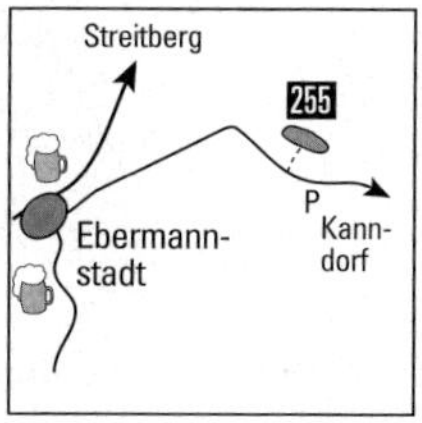

Krankenhaus
Übersichtskarte 2 *(S. 16)*

Talseite | 45 m | S

① Alte Talseite 7
② Neue Talseite .... 7+

Dülfer Ged.-Wand

☼ | 17 m | S + W **257**

Dülfer Ged.-Wand | S

Hunnenstein | Bergseite | W

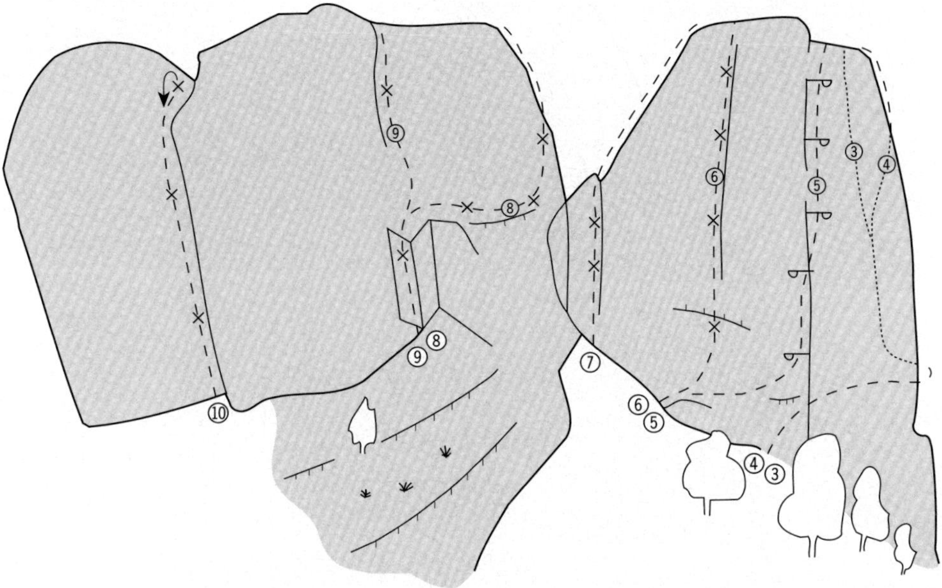

Zugang

Der Hunnenstein und die Dülfer Ged.-Wand stehen oberhalb des Bahnhofs Streitberg.

Besonderheit

Klettern nur nach Voranmeldung beim Landratsamt Forchheim! Grundsätzlich ist der Fels gesperrt, es wird aber auf Antrag eine Ausnahmegenehmigung erteilt.

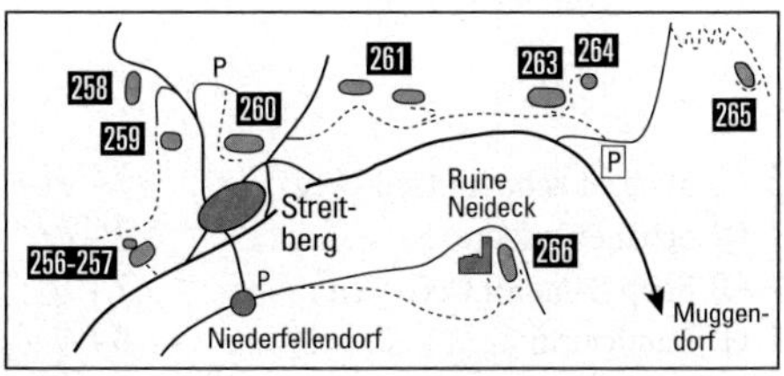

③	Variante	7-
④	Westkante	6+
⑤	Jörg Lehne Ged.-Weg	7-
⑥	Hinterstoisser Ged.-Weg	7-
⑦	Schartenriss	6+
⑧	Quergang	6
⑨	Südwand	5
⑩	Südwestwand	6-

Streitberg
256 Hunnenstein
257 Dülfer Ged.-Wand
258 Schauertaler Ostwand
259 Schauertaler Turm
260 Streitberger Schild
261 Glatte Wand und Brocksfels
263 Matterhornwand
264 Freundschaftsturm
265 Eichner Ged.-Wand
266 Neidecker Wand
Übersichtskarte 2 *(S. 16)*

258 Schauertaler Ostwand

| 35 m | O

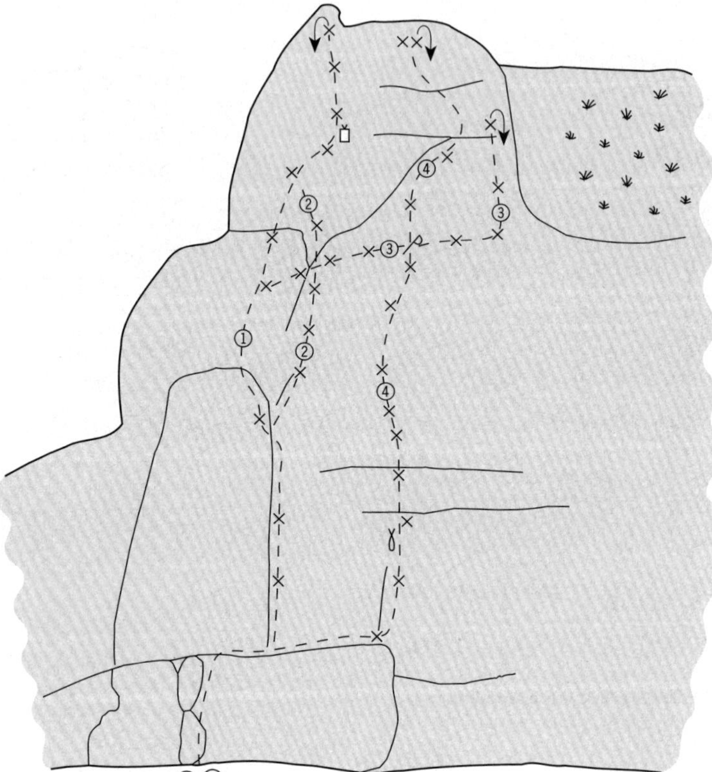

① Michael Schober Ged.-Weg 7-
② Schauervariante............. 7+
③ Sepp Rammes Ged.-Weg ...... 7+
④ Bandwurm .... 8+

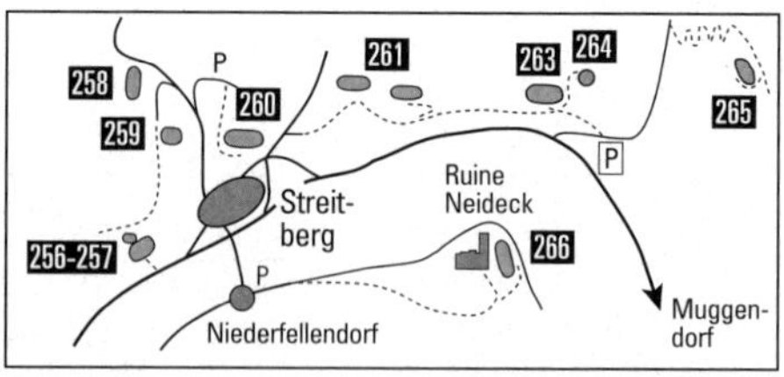

Zugang
Die Wand steht 20 m oberhalb des Parkplatzes, der sich an der Straße zur Binghöhle vor der scharfen Linkskurve befindet.

Besonderheit
Großartige Linien mit einem Zustieg für Gehfaule (20 m vom Parkplatz). Einstiege Kamin und Rißkamin, oben Wandkletterei. *Vorsicht beim Ablassen wegen der Wandhöhe!*

Streitberg
256 Hunnenstein
257 Dülfer Ged.-Wand
258 Schauertaler Ostwand
259 Schauertaler Turm
260 Streitberger Schild
261 Glatte Wand und Brocksfels
263 Matterhornwand
264 Freundschaftsturm
265 Eichner Ged.-Wand
266 Neidecker Wand
Übersichtskarte 2 *(S. 16)*

Schauertaler Turm

Bergseite | 15 m | W

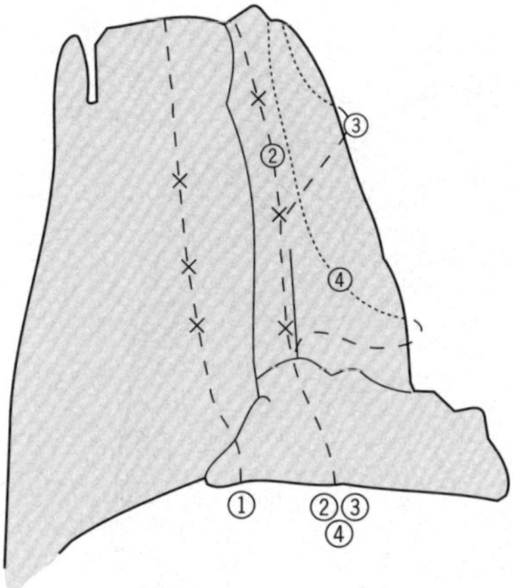

Südwand | 25 m

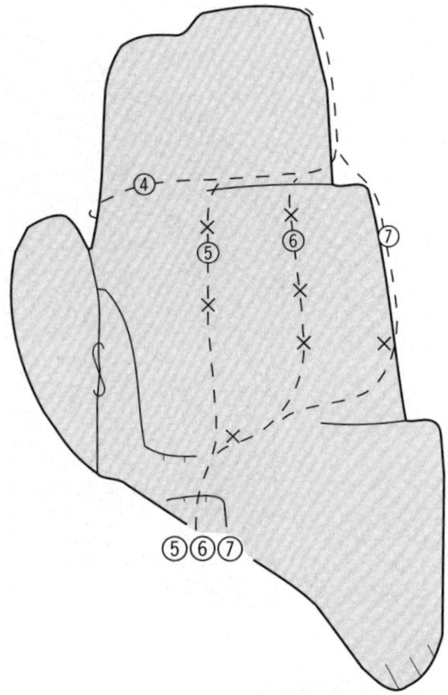

Talseite | 30 m | O

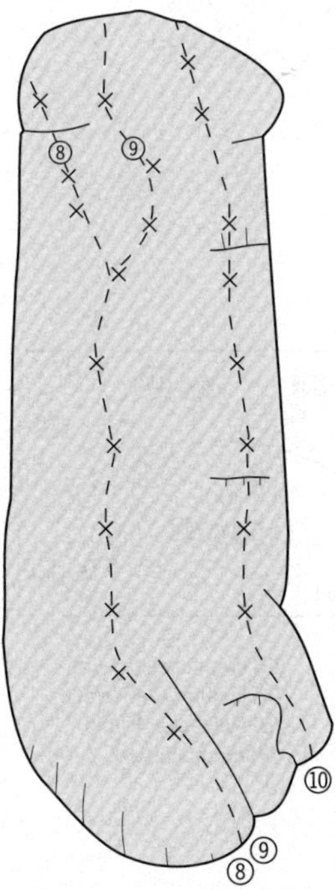

①	Kamikaze	7-
②	Westwand	5
③	Obere Südwand	4
④	Schauertaler Band	3+
⑤	Direkte Südwand	7
⑥	Schwabenstreich	8-
⑦	Südostkante	6
⑧	Toni Kurz Ged.-Weg	6+
⑨	Rechter Ausstieg	7-
⑩	Nordwand	6+

Zugang

In Streitberg in Richtung Binghöhle fahren, nach scharfer Linkskurve steil den Berg hinauf und links zum Parkplatz. Geradeaus weiter zur Bergseite des Schauertaler Turms (100 m vom Parkplatz).

Besonderheit

Sperrgefahr *(Pflanzenschutz)*.

260 Streitberger Schild | 20 - 30 m | S + NW

Bergseite | 20 - 25 m | NW

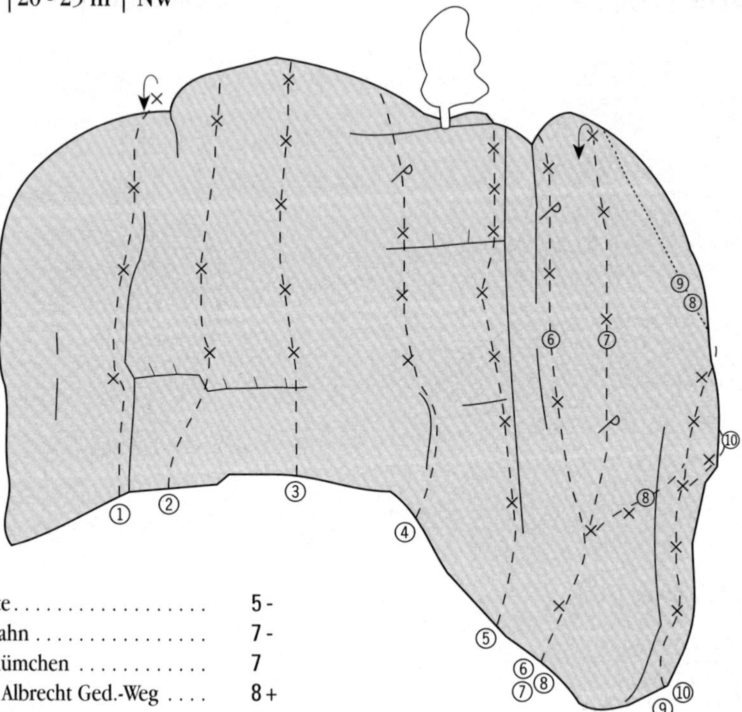

①	Bergseite	5-
②	Löwenzahn	7-
③	Gänseblümchen	7
④	Helmut Albrecht Ged.-Weg	8+
⑤	Ritzenreisser	9
⑥	Adolf Rott Ged.-Weg	6+
⑦	Schildbürgerstreich	9-
⑧	Südwestkante	7
⑨	Direkter Einstieg	7
⑩	Streitberger Bitter	9+

Zugang

Parken in Streitberg. Weiter in Richtung Binghöhle, am Ortsausgang scharf rechts (»Streitburg«) und die Straße hinauf bis zu kleinem Steinbruch. Bitte nicht am Steinbruch parken, Privatgelände! Rechts an dem einzelnen Haus vorbei und auf Wanderweg 300 m leicht bergab, bis die Felsen sichtbar sind. Links auf Trampelpfad hoch zu den Einstiegen.

Besonderheit

Lohnende Riss- und Wandklettereien in kompaktem Plattenkalk. Zu bestimmten Zeiten (Saison, Wochenende) ist abends Flutlichtklettern möglich!
Bitte keine abendlichen Camps am Steinbruch aufmachen, die Anwohner möchten ihre Ruhe haben!

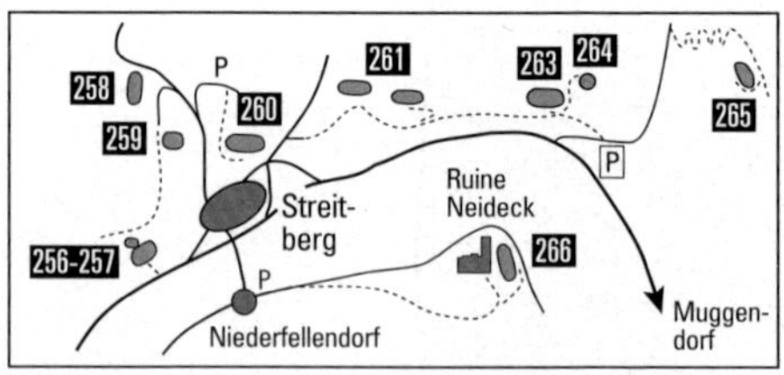

Streitberg
256 Hunnenstein
257 Dülfer Ged.-Wand
258 Schauertaler Ostwand
259 Schauertaler Turm
260 Streitberger Schild
261 Glatte Wand und Brocksfels
263 Matterhornwand
264 Freundschaftsturm
265 Eichner Ged.-Wand
266 Neidecker Wand
Übersichtskarte 2 *(S. 16)*

Streitberger Schild

| 20 - 30 m | S + NW | 260

Talseite | 30 m | S

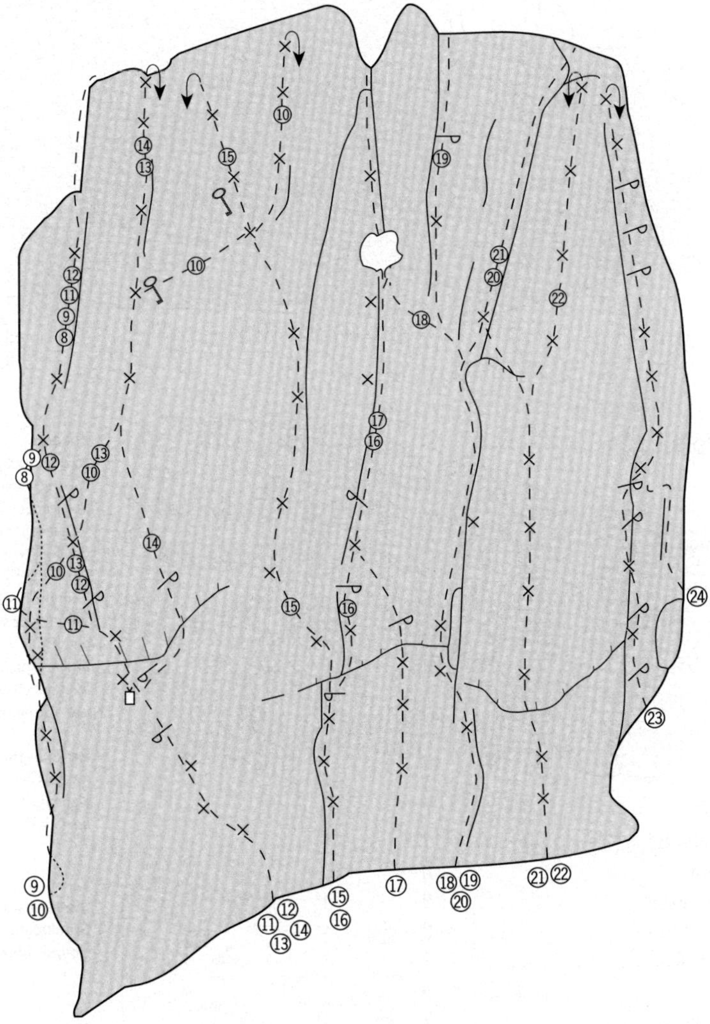

⑨ Südwestkante, direkter Einstieg	7	⑰ Via Carmen	7-
⑩ Streitberger Bitter	9+	⑱ Alte Talseite	6-
⑪ Günther Kolb Ged.-Weg	7+	⑲ Pilgerriss	6+
⑫ Direkter Ausstieg	7+	⑳ Erdenkäuferriss	6
⑬ Bernd Arnold-Platte	8	㉑ Neue Talseite	8-
⑭ Direkte Bernd Arnold-Platte	e1/8	㉒ Rechtes Schild	8-
⑮ Schildkröte	8	㉓ Südostkante	8-
⑯ Fürther Riss	7+	㉔ Ostwand	6+

261 Glatte Wand und Brocksfels

14 - 20 m | S

Glatte Wand | 20 m

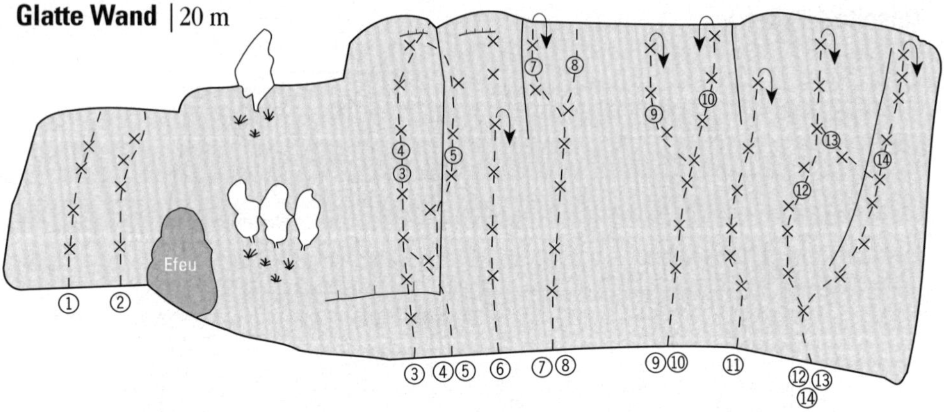

Brocksfels | 14 m

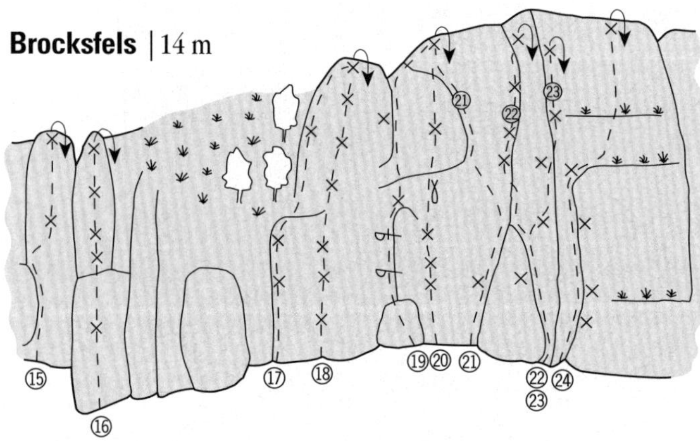

Zugang
Nach Ortseingang Streitberg steil rechts hoch zu Parkplatz. Rechts dem Muschelquellenweg folgen bis zur Muschelquelle. Etwas oberhalb steht die Glatte Wand.
Zum Brocksfels folgt man dem Wanderweg weiter, bis links eine Hütte erscheint. Hinter ihr biegt man links ab und folgt dem Weg (wieder talabwärts) zum Brocksfels.

Besonderheit
An der Glatten Wand ist der Plattenkalk sehr kompakt *(Nomen est omen!)*.

①	Wackelpudding	7
②	Snoopy	8-
③	Direkteinstieg	8-
④	Glatte Wand	8-
⑤	Dornröschen	7-
⑥	?	8-
⑦	Sportflieger	7
⑧	Direkter Ausstieg	8+
⑨	Meister Eder	8+
⑩	Pumuckl	7+
⑪	Spatz in der Hand	8
⑫	Rutschgefahr	8+
⑬	Axelschweiß	9-/9
⑭	Wandpiraten (*»Tower of Power«*)	8+
⑮	Butterfly	7+
⑯	Tutti Frutti	5+
⑰	Kalter Bauer	6+

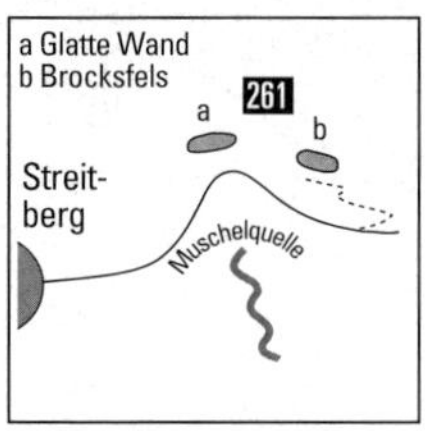

Glatte Wand und Brocksfels
Übersichtskarte 2 *(S. 16)*

⑱	Blendax	7+
⑲	Baracuda	7
⑳	Gerhard Gerlach Ged.-Weg	7+
㉑	Reiterkante	5
㉒	Kameradschaftsweg	6
㉓	Transall	8-
㉔	Zirndorfer Bärweg	6

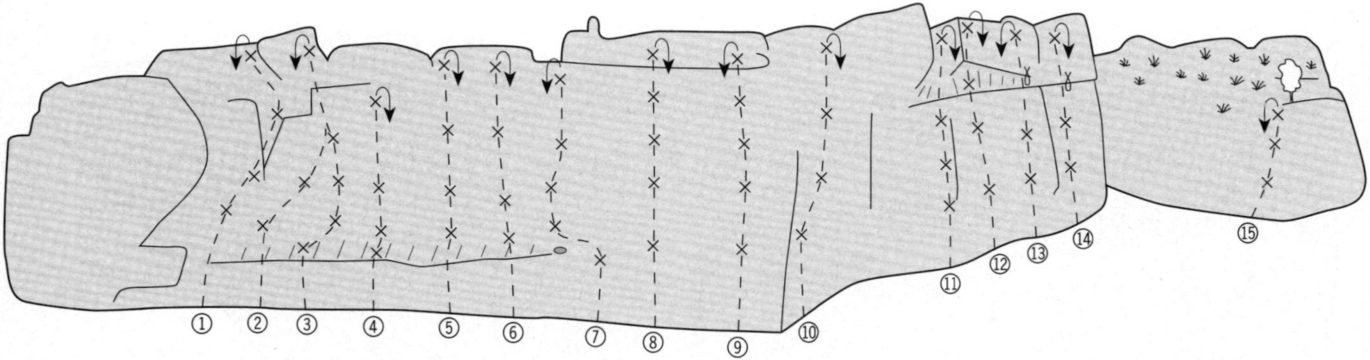

① Herbstzauber	7	
② Yellow Level	8-	
③ Meister Grimbart	9-	
④ Mamaplatzda	8+	
⑤ *Projekt*		
⑥ Shadow Warrior	9	
⑦ Marmot at Work	8	
⑧ Kampf um Thule	8+	
⑨ Isegrim	8-	
⑩ Green Card	8	
⑪ Feierabend	6	
⑫ Feurio	7	
⑬ Alice im Böse Buben Land	7-	
⑭ Kleiner Feigling	6+	
⑮ Für mich	6+	

Zugang

Von Streitberg nach Oberfellendorf. In Oberfellendorf in Richtung Albertshof abbiegen. 300 m nach Ortsausgangsschild zweigt in einer Linkskurve ein Schotterweg rechts ab, hier parken. Dem Schotterweg folgen. Nach 200 m gehen kurz hintereinander 2 Fuhren in den Wald, beide führen unterhalb der Felsen, die nach weiteren 200 m erreicht werden, vorbei (zuvor sieht man vermooste Felsen oberhalb des Weges).

Besonderheit

Im hinteren Teil haben die Touren kräftige, überhängende Einstiege. Ansonsten handelt es sich um senkrechte bis leicht überhängende Wandkletterei an Löchern und Leisten in rauem Fels. Kühle Nordwand.

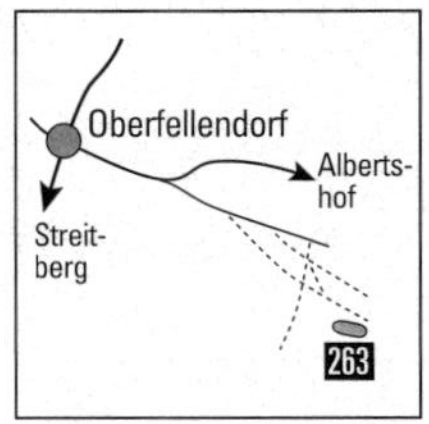

Dachsbau
Übersichtskarte 2 *(S. 16)*

263 Matterhornwand

50 m | S

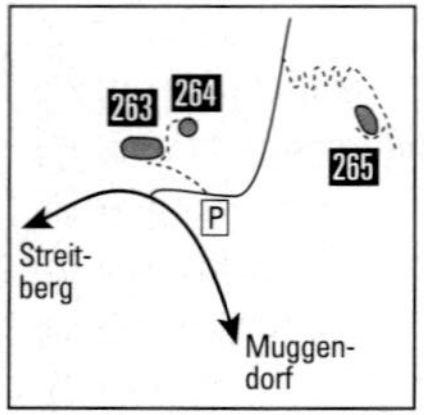

Streitberg/Muggendorf
263 Matterhornwand
264 Freundschaftsturm
265 Eichner Ged.-Wand
Übersichtskarte 2 *(S. 16)*

Zugang
Die mächtige Matterhornwand steht 1 km talaufwärts von Streitberg am Südhang (bereits von weitem sichtbar). Sie wird vom darunter befindlichen Parkplatz in wenigen min erreicht. Der Freundschaftsturm steht rechts oberhalb.

Sperrung
Wegen Vogelschutz von 1.2. - 15.7.

Besonderheit
Wer von sich behaupten will, die fränkischen Klassiker zu kennen, muss »Die Gelbe« geklettert haben!
Es existieren noch zahlreiche, mehr oder weniger definierte Boulder, auf deren Beschreibung hier verzichtet wird (am besten vor Ort zeigen lassen).

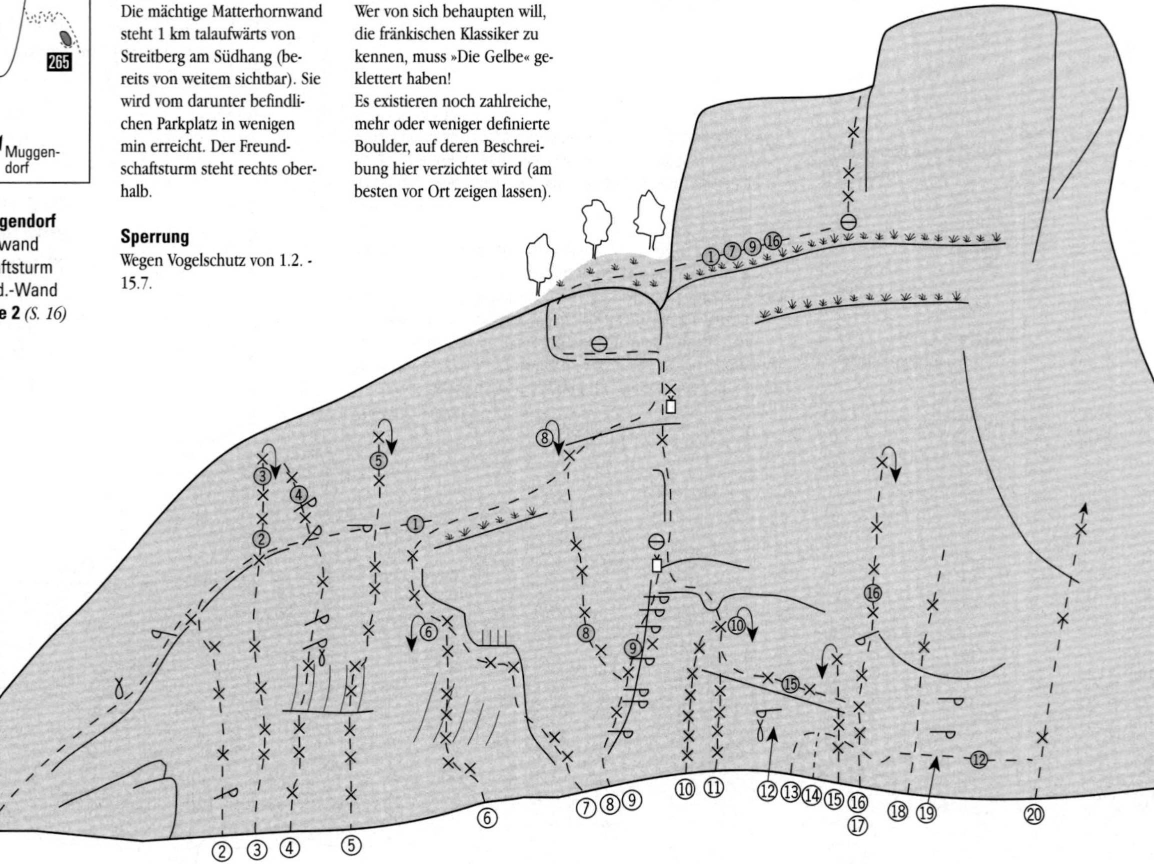

① Schönauer Weg 6-
② Auwehla 8-
③ Big Mac .... 8+
④ Klararuh .... 8+/9-
⑤ Mangrovensumpf (»Drive Thru«) 9-
⑥ Kotzbrocken 9-
⑦ Schlesinger Weg .... 6+
⑧ Herrenpartei 9-
⑨ Diagonaldach .... 8+
⑩ Total legal 9
⑪ Schrottpunkt 9-
⑫ Happy Birthday *(Rurps)* a4
⑬ Boulderquergang (7c Fbtr) 10-
⑭ Boulder .... 7b Fb
⑮ Schrankwand (6c+Fb) 9-
⑯ Die Gelbe 7
⑰ Raub der Sabinerinnen .... 9/9+
⑱ *Projekt* ....
⑲ Bayreuther Weg .... a3/5+
⑳ Loy Ged.-Weg .... a2/5+

Freundschaftsturm | Südwand | 20 m

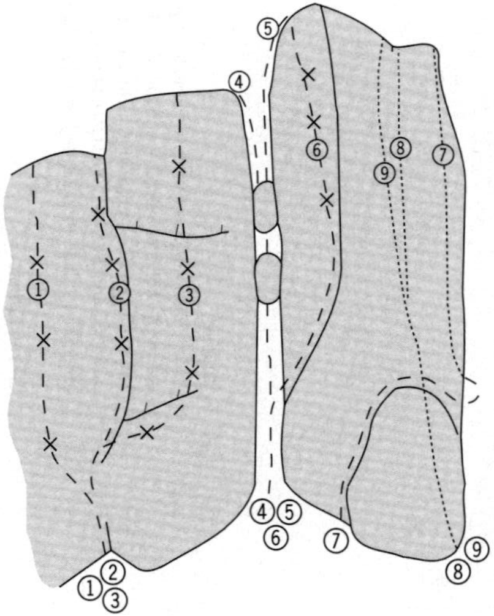

Freundschaftsturm | Talseite | 20 m | W

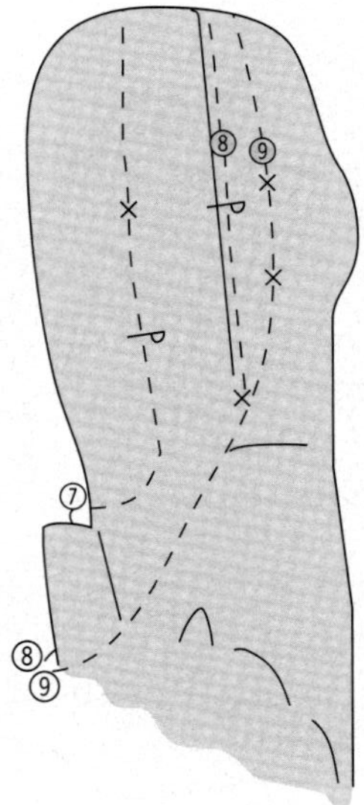

Zugang
Die mächtige Matterhornwand steht 1 km talaufwärts von Streitberg am Südhang (bereits von weitem sichtbar). Sie wird vom darunter befindlichen Parkplatz in wenigen min erreicht. Der Freundschaftsturm steht rechts oberhalb.

Sperrung
Wegen Vogelschutz von 1.2. - 15.7.

① Tod eines Handlungsreisenden . 7
② Dachlverschneidung 6
③ Reifeprüfung 7-
④ Kamin 3
⑤ Kaminkehrer 5
⑥ Weg nach Asgard 6
⑦ Kleines Intermezzo 8-
⑧ Talseite 6-
⑨ Lonesome Wolf 7-

265 Eichner Ged.-Wand

☼ | 18 m | W

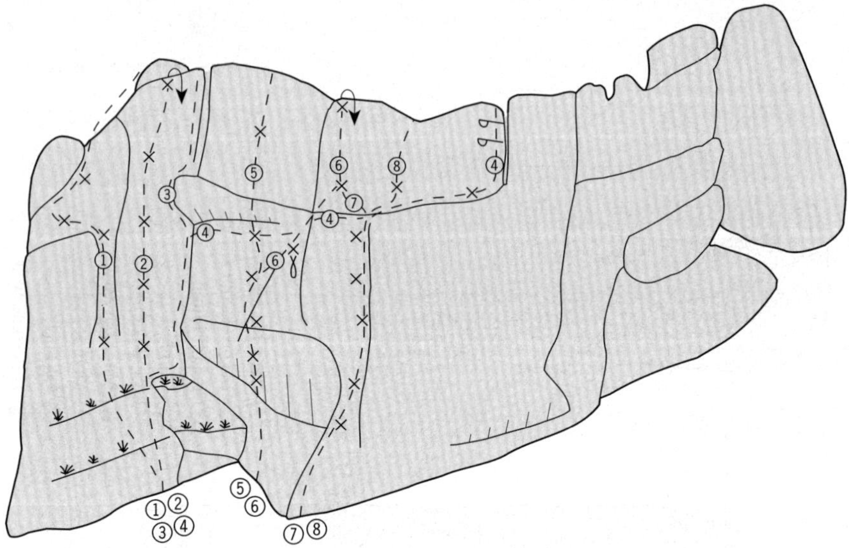

① Gerade Südwestwand	6+	
② Sonja	8	🍺🍺
③ Große Verschneidung (*Keile*)	6	
④ Eichner Ged.-Weg	a2/6	
⑤ Glänzende Mäander	8+	🍺🍺
⑥ Variante	8	🍺
⑦ Weder Neid noch Streit	7	
⑧ Direktausstieg	8-	

Zugang

Parken beim Parkplatz »Matterhornwand« 1 km talaufwärts von Streitberg. Auf dem Schotterweg weiter den Berg hinauf, dann rechts (Wegweiser »Muggendorfer Höhenweg«) auf Wanderweg weiter bis zum höchsten Punkt. Leicht rechts haltend zu den Gipfelfelsen und links davon absteigen zu den Einstiegen.

Besonderheit

Längerer Zustieg über sehr schönen Wanderweg. Durch den hohen Wald kommt die Sonne erst weiter oben in die Wand.

Neidecker Wand

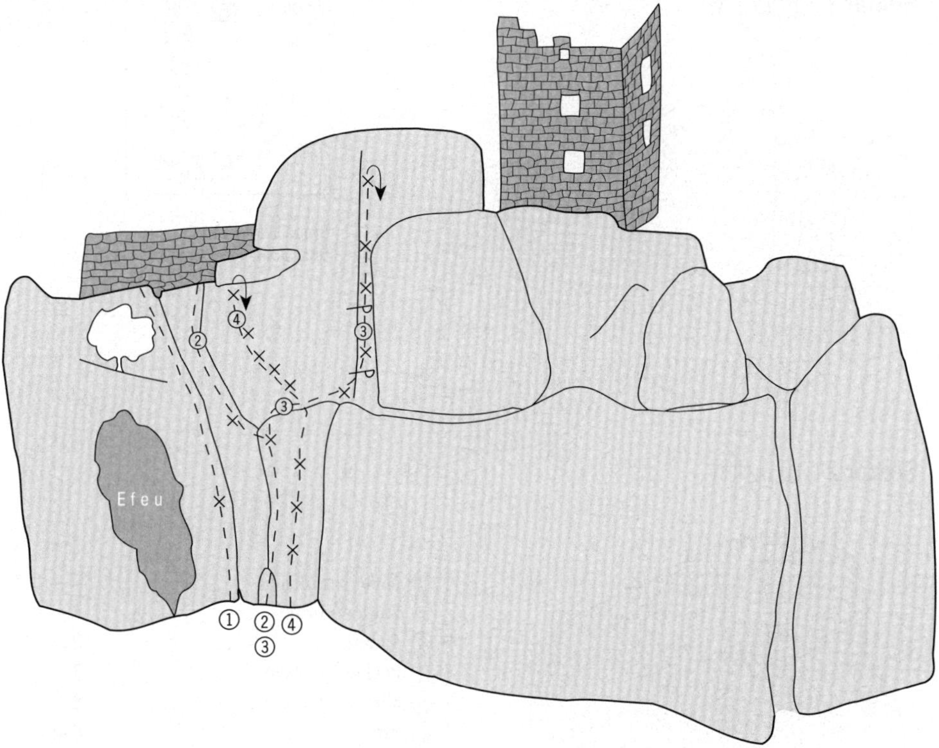

- ① Linke Verschneidung 6-
- ② Verbindungsweg . . . . 6+
- ③ Schlüssel zum Erfolg 9-
- ④ Rechter Weg . . . . 7+

Zugang

Von Streitberg nach Niederfellendorf, dort parken. Auf ausgeschildertem Weg zur Ruine Neideck und absteigen zur Wand (20 min).

Besonderheit

Von der Ruine Neideck hat man einen schönen Blick über das Wiesenttal.

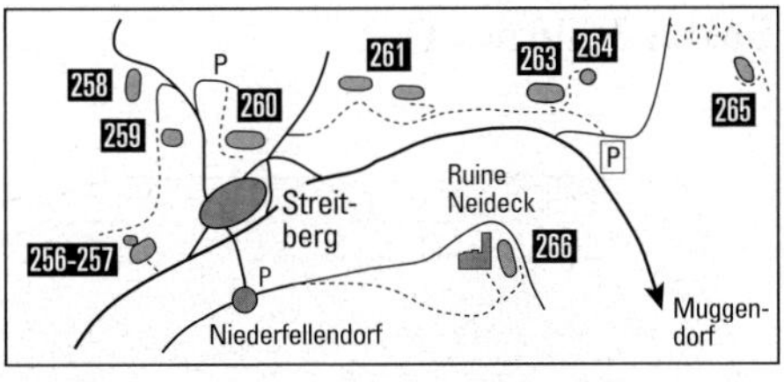

Streitberg

256 Hunnenstein
257 Dülfer Ged.-Wand
258 Schauertaler Ostwand
259 Schauertaler Turm
260 Streitberger Schild
261 Glatte Wand und Brocksfels
263 Matterhornwand
264 Freundschaftsturm
265 Eichner Ged.-Wand
266 Neidecker Wand

Übersichtskarte 2 *(S. 16)*

267 Graue Wand und Turm

| 10 m | W + O

Sektor 1 | 10 m | W

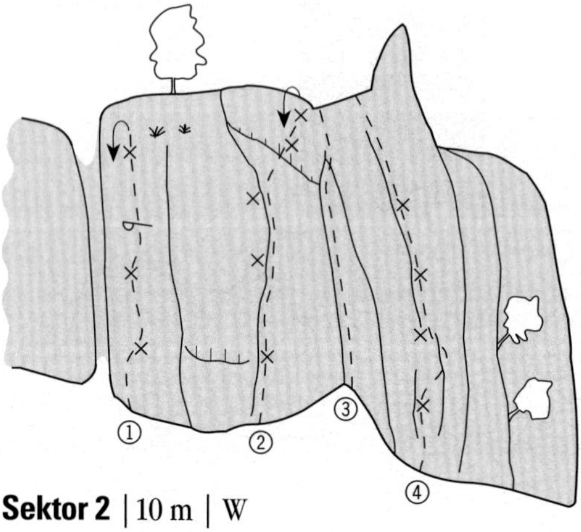

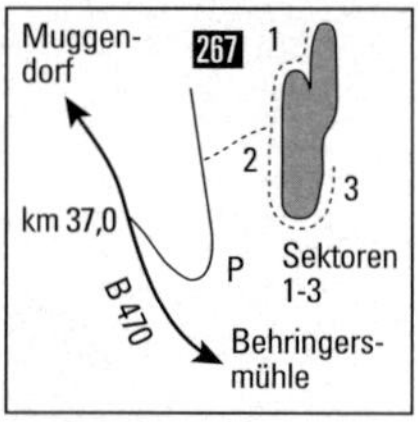

Graue Wand + Turm
Übersichtskarte 2 *(S. 16)*

Sektor 2 | 10 m | W

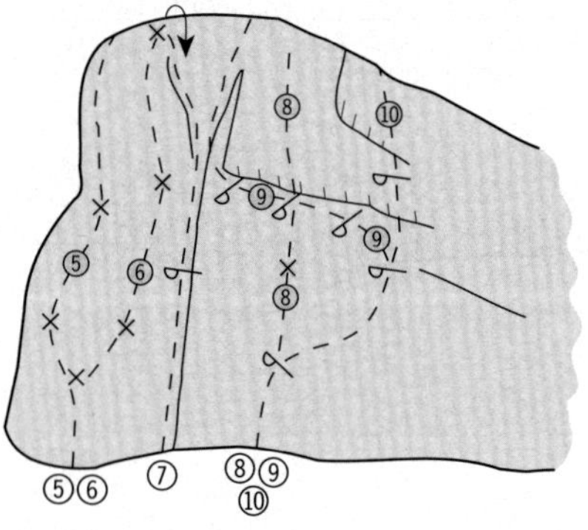

①	Linke Nordkante	7-
②	Studentenriss	7+
③	Kamin	3
④	Rechte Nordkante	7
⑤	Märchenprinz	6+
⑥	Variante	6-
⑦	Linke Talseite	6-
⑧	*Projekt*	
⑨	Variante	7-
⑩	Rechte Talseite	7-
⑪	Groovy	6+

Sektor 3 | 10 m | O

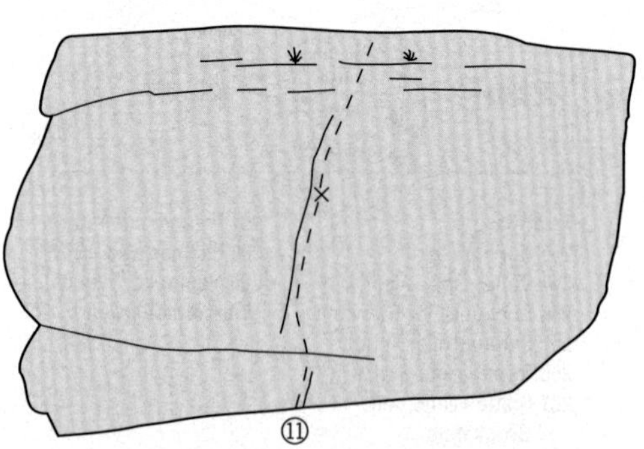

Zugang
Parken zwischen Muggendorf und Behringersmühle bei km 37,0. 30 m links oberhalb des Parkplatzes steht die Wand.

Besonderheit
Riss- und Wandkletterei in grauem Plattenkalk, inzwischen sind die meisten Routen saniert.

Vergessene Wand

☼ | 12 m | S **268**

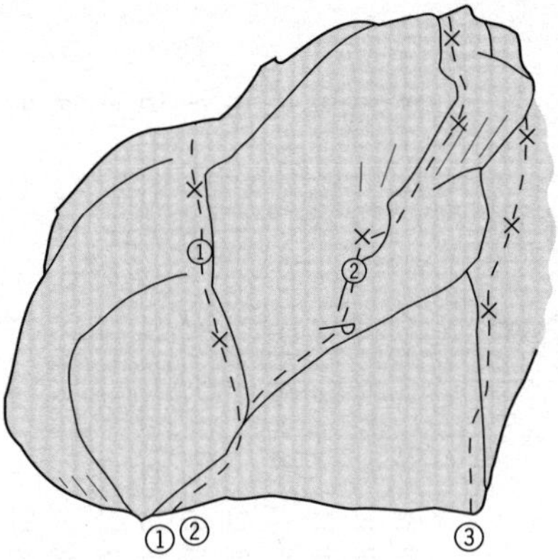

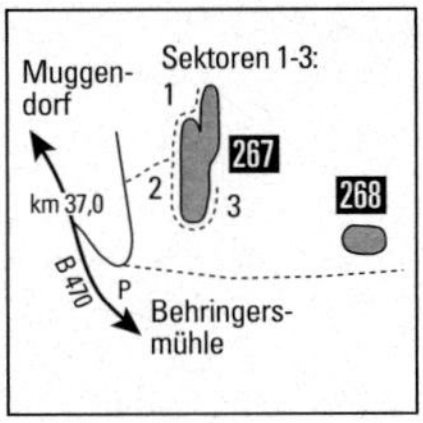

Muggendorf
267 Graue Wand
268 Vergessene Wand
Übersichtskarte 2 *(S. 16)*

① An Blondi seina.	6+
② An Schorschla seina.	a0/6
③ Ebermannstätter Weg	5

Zugang
Parken zwischen Muggendorf und Behringersmühle bei km 37,0. Links oberhalb des Parkplatzes steht die Graue Wand. In östlicher Richtung 100 m weiter zur Vergessenen Wand.

Rechter Teil | 15 m | O

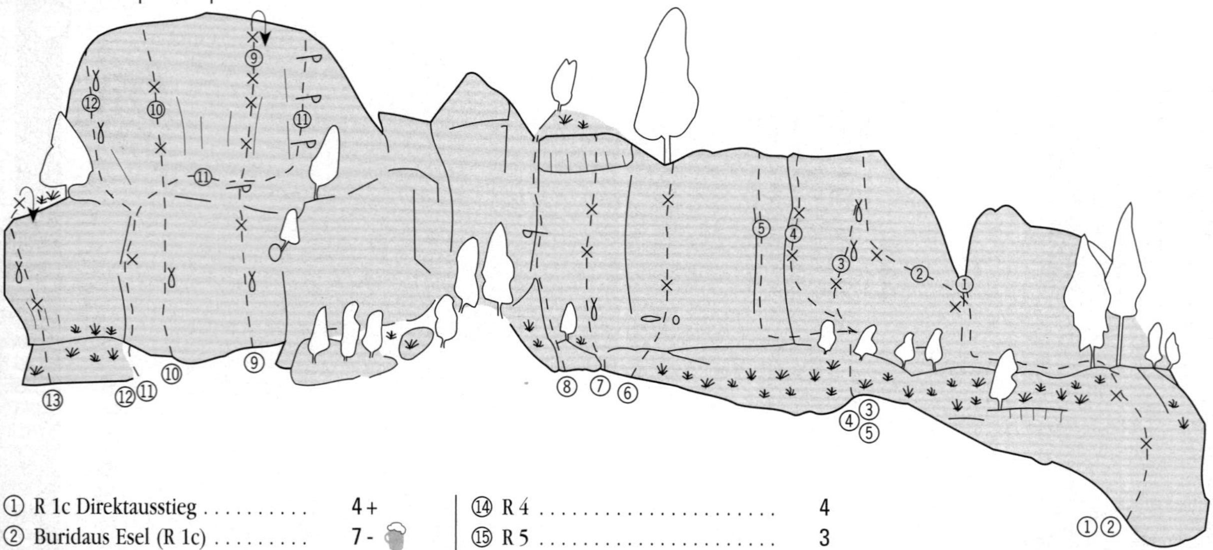

① R 1c Direktausstieg	4+	⑭ R 4	4	㉗ R 9a.	4+
② Buridaus Esel (R 1c)	7-	⑮ R 5	3	㉘ R 10	5+
③ Direkteinstieg	7-	⑯ Deepo	7-	㉙ R 11	5
④ R 1	5+	⑰ R 6	4	㉚ Fall of the Foot clan	5+
⑤ R 1a.	5+	⑱ R 7	7-	㉛ R 12	5
⑥ R 1b	7-	⑲ Startschuss	7-	㉜ R 13	7
⑦ Dickes Ende	7+	⑳ ?	6	㉝ R 14	5
⑧ R 2	4	㉑ R 7a.	5+	㉞ R 15	4
⑨ The Shield (R 2a)	7+	㉒ Traumpfeiler (R 8a)	6-	㉟ R 16	4
⑩ Blitzkrieg.	8	㉓ R 8	6+	㊱ R 17	6
⑪ R 3	5+	㉔ R 8b	7-		
⑫ R 3a.	6-	㉕ Himpi Limpi (R 8c)	7-		
⑬ Die Ballade des Troubadix.	6+	㉖ R 9	4+		

Mittlerer Teil | 12 m | N

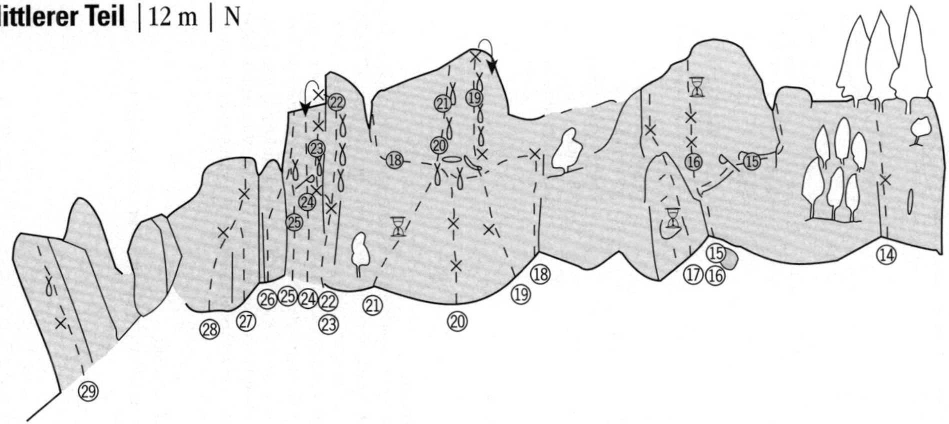

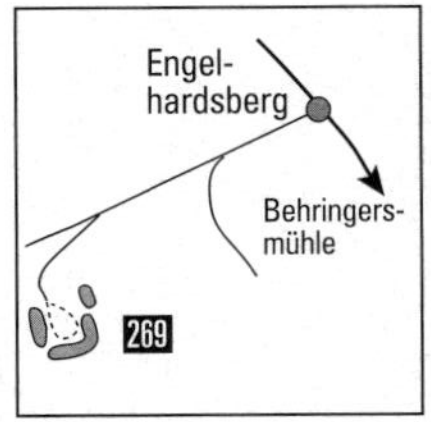

Kammer
Übersichtskarte 2 *(S. 16)*

Linker Teil | 12 m | N

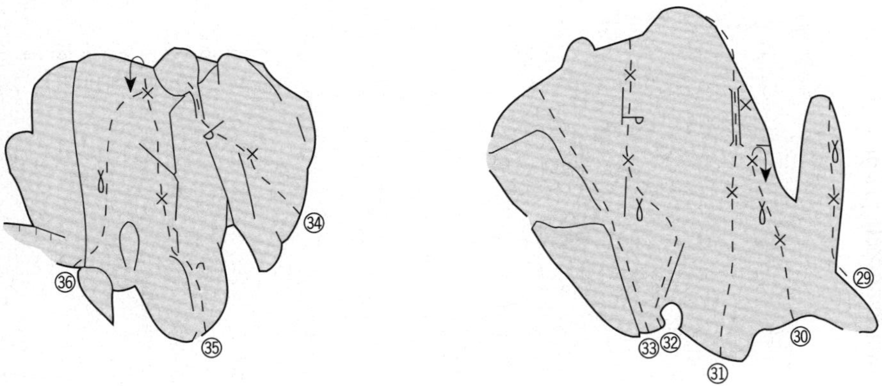

Zugang

Parken in Engelhardsberg. Nach den ersten Häusern (von Muggendorf bzw. Doos kommend) zweigt ein Feldweg rechts (südwestlich) ab. Diesem folgt man bei der ersten Gabelung (nach - 400 m) geradeaus weiter; bei der zweiten Gabelung (nach 700 m) folgt man links dem »Grünstrich« markierten Wanderweg zu den Felsen.

Besonderheit

Der »Blitzkrieg« wurde von Kurt Albert schon solo begangen. Keinesfalls mit dem Auto hinterfahren *(Anliegerbeschwerden, Sperrgefahr)*.

270 Quackenschloss

☼ | 12 - 14 m | SW

Linker Wandteil | 14 m

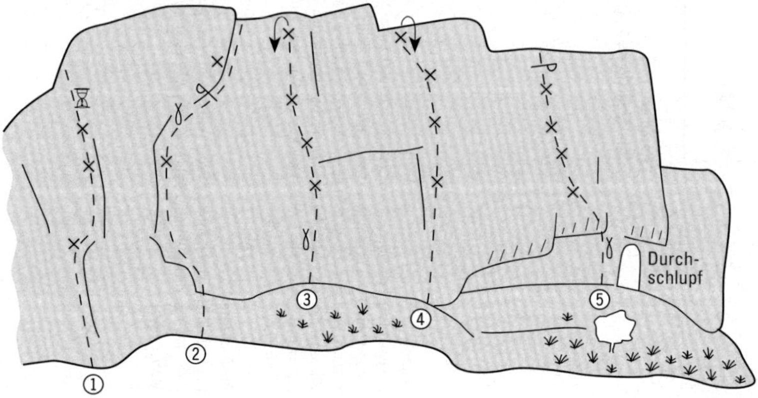

Rechter Wandteil | 12 m

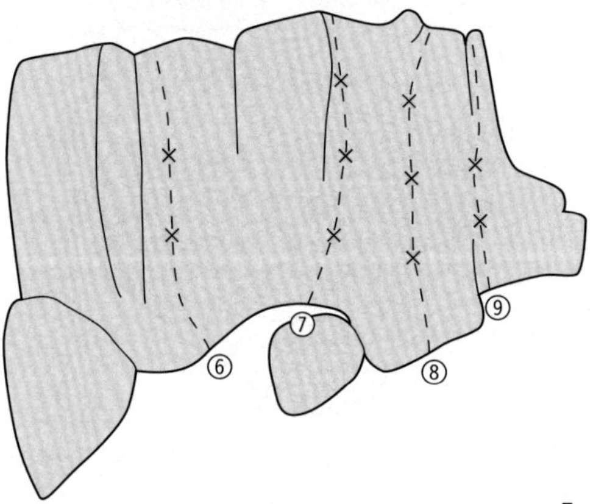

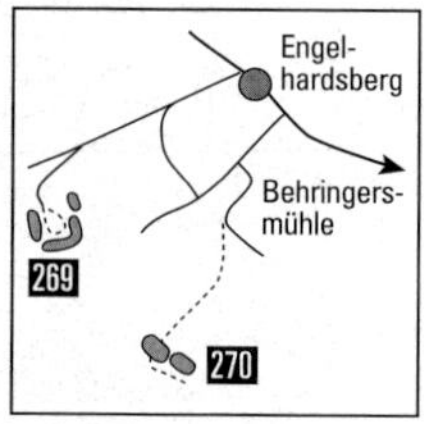

Engelhardsberg
269 Kammer
270 Quackenschloss
2 Brennessel
Übersichtskarte 2 *(S. 16)*

①	R 7	5-
②	R 6	6+
③	Wiepler	7-/7
④	Froschkönig	7-/7
⑤	?	7-/7
⑥	?	6-
⑦	?	5+
⑧	?	4
⑨	?	3

Zugang

Von Behringersmühle nach Engelhardsberg fahren (kurz Richtung Waischenfeld, dann links hoch). Kurz vor Ortseingangsschild Engelhardsberg links abbiegen und nach 50 m wieder links (Adlerstein, Gelbkreis) zum Wanderparkplatz, hier parken. Nun folgt man dem markierten Weg (Gelbkreis) zum Adlerstein und weiter zum Quackenschloss (10 min). Zum linken Teil geht man durch den Höhlendurchgang und dann nach links. Den rechten Teil erreicht man am besten über den Durchschlupf (siehe Topo) von hinten.

Besonderheit

Wunderschöne Lage; griffiger, aber etwas moosiger Fels.

Kolosseum

| 20 m | N + S **271**

Talseite | 20 m | N

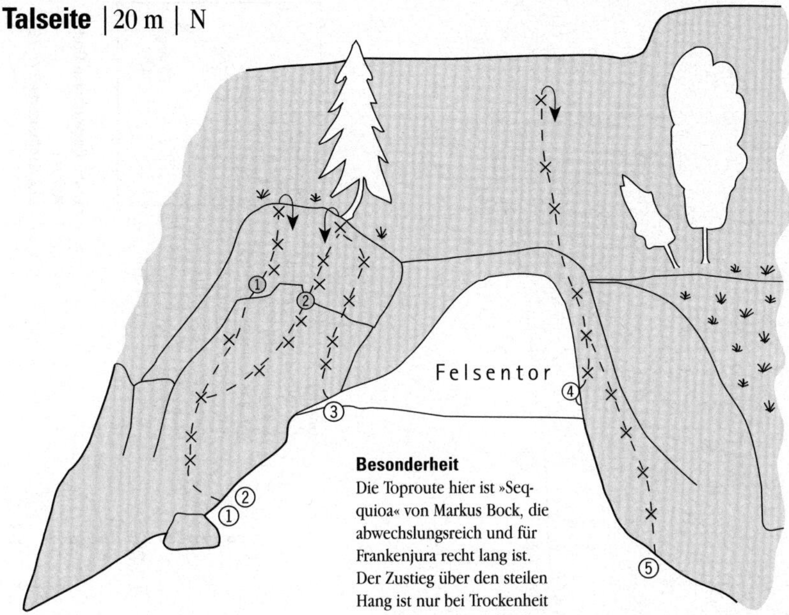

Besonderheit
Die Toproute hier ist »Seqquioa« von Markus Bock, die abwechslungsreich und für Frankenjura recht lang ist. Der Zustieg über den steilen Hang ist nur bei Trockenheit zu empfehlen. Bei schlechtem Wetter sollte man dieses Gebiet meiden!

Bergseite | 20 m | S

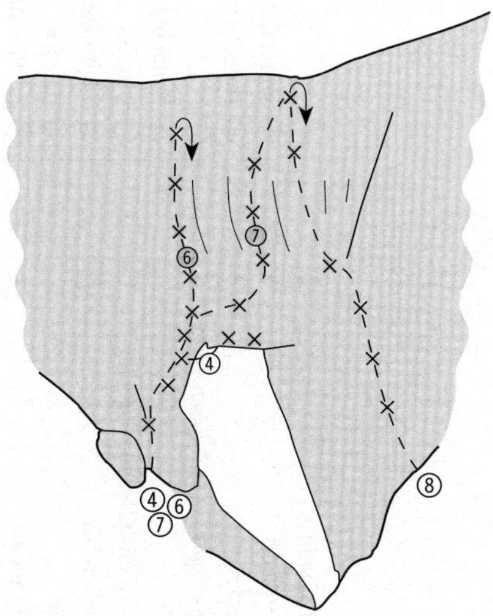

Zugang
Zwischen Burggaillenreuth und Windischgaillenreuth bei Bank und Fuhre mit Gesperrt-Schild parken (600 m vom Ortsausgang Burggaillenreuth). Links der Fuhre markiertem Wanderweg (rote Raute/Blaustrich) knapp 5 min folgen. Bei einem deutlichen Linksknick des Weges 30 m auf Pfad geradeaus weiter (10 m weiter steht ein kleiner Felsen links des Pfades). Hier rechts auf Steigspuren (schwer zu sehen) steil absteigen bis zur Senke oberhalb des Felsentors.

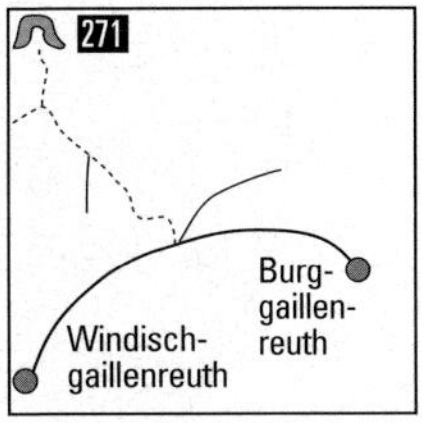

Kollosseum
Übersichtskarte 2 *(S. 16)*

①	Nixwieverdruss	8-
②	Das Schweigen der Lämmer	9-
③	?	9-
④	Das Leben ist ein Quiz	9+
⑤	*Projekt*	
⑥	Sequoia	10+
⑦	*Projekt*	
⑧	Mit stählener Faust	10

272 Hanni Kerschbaum Ged.-Wand

☀ | 30 m | S

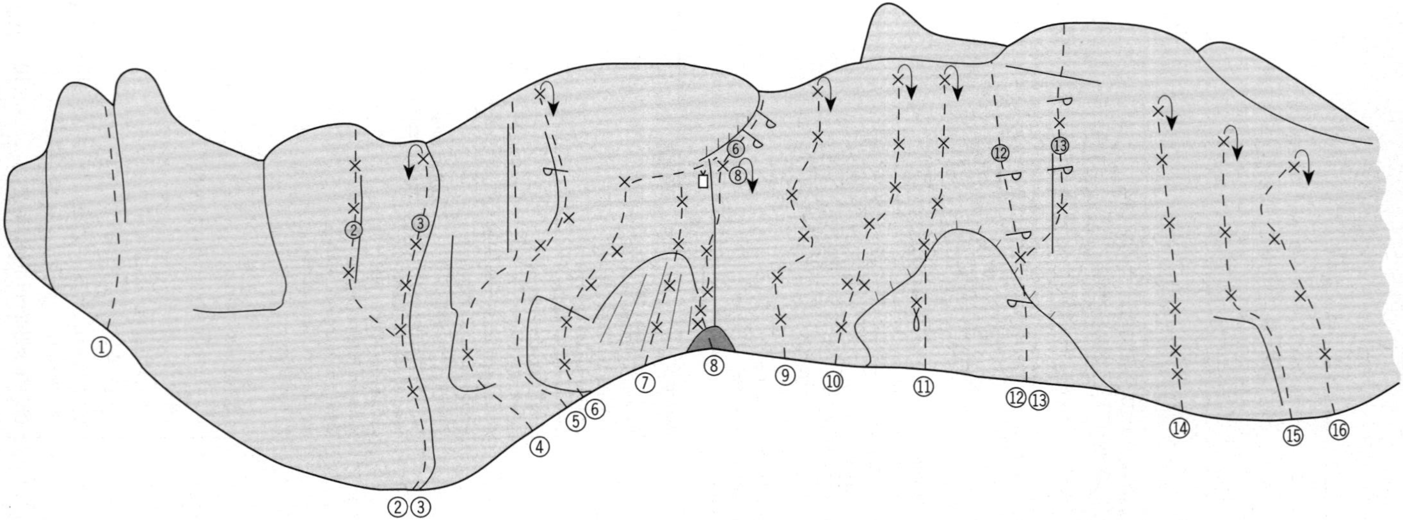

① UKWE-Kamin	5	
② Südostpfeiler	8	🍺
③ Galgenleite	9-	
④ Gugglitz *(gut für Liebhaber weiter Risse)*	6+	
⑤ Kurzweil mit Klemmkeil *(Keile)*	6+	
⑥ Obere Traverse	8	
⑦ *Projekt*		
⑧ Schlafwandler	7	
⑨ Tanzender Asphalt	8	🍺
⑩ Transalpin	9	🍺🍺
⑪ ?	9-	
⑫ Hemming Ged.-Weg	a2/5	
⑬ Hirnriss	8+	
⑭ Frightnight	9	
⑮ Hattrick	7-	🍺
⑯ Zufallswalzer	6+	🍺

Zugang
Zwischen Muggendorf und Behringersmühle 100 m talaufwärts vom Schild 35,5 km parken. Wieder 200 m talabwärts und auf Pfad rechts hoch zur Wand.

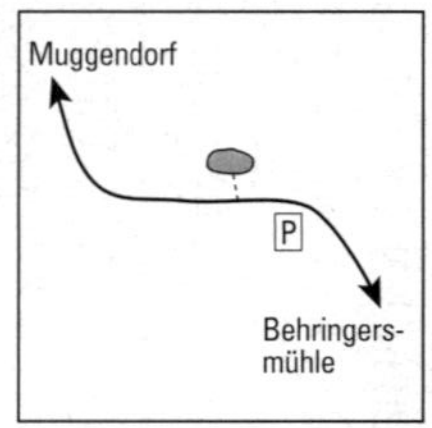

Hanni Kerschbaum Ged.-Wand
Übersichtskarte 2 *(S. 16)*

Schlosszwergwand

13 m | N **273**

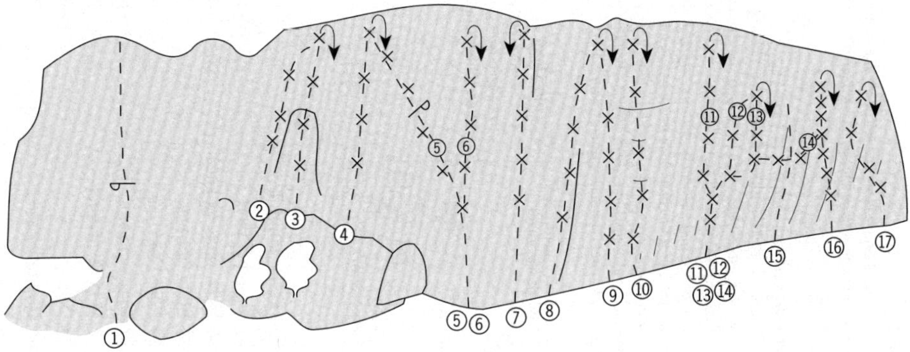

- ① *Projekt* ....
- ② Shorty light .... 3+
- ③ Funky 4
- ④ Feierabendalarm 6-
- ⑤ Bundspecht 6
- ⑥ In a Gadda da Vida 7-
- ⑦ Hey Joe 6-
- ⑧ Fuchsschwanz 6-
- ⑨ Frühstück im Treibhaus 7-
- ⑩ Altfränkischer .... 5+
- ⑪ Alf .... 6+
- ⑫ Windkraft 7-
- ⑬ Kraftwerk B 8-
- ⑭ Atomkraftwerk B 9-
- ⑮ *Chinesischer Osterhasenweg (Projekt)*
- ⑯ Laurin .... 9+
- ⑰ Danny de Vito .... 8+

Zugang

Am Ortausgang Burggaillenreuth (Richtung Wiesenttal) parken. Rechts auf Wanderweg (grünes Schild »Keltenwall«) in 5 min zu den Felsen.

Besonderheit

Die Schlosszwergwand wurde von Burkhard Müller gründlich saniert und nach Absprache mit dem Erstbegeher (Clemens Nicklaus) mit zusätzlichen Haken versehen. So wurden die ehemals kühnen Routen zu gut gesicherten Genusstouren.

Mit seinem sicheren Gespür dafür, wo noch was geht hat Burki noch einige weitere Wege erschlossen. Dadurch ist die Schlosszwergwand inzwischen ein sehr beliebtes Ziel gerade für leichte und mittelschwere Touren geworden.

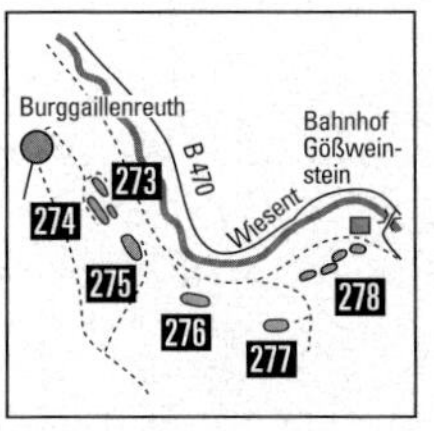

Burggaillenreuth

273 Schlosszwergwand
274 Schlossbergwand
275 Heinrichsgrotte
276 Fritz Teifel Ged.-Wand
277 Kolumbuswand
278 Sachsenmühler Nordwände

Übersichtskarte 2 *(S. 16)*

274 Schlossbergwand | 17 - 24 m | NO

Zugang
Am Ortausgang Burggaillenreuth (Richtung Wiesenttal) parken. Rechts auf Wanderweg (grünes Schild »Keltenwall«) in 5 min zu den Felsen.

Besonderheit
Im Sommer ist die Schlossbergwand eines der beliebtesten Massive. Die nordseitige Lage im kühlen Wald und die fantastische Auswahl an lohnenden Wegen in mittleren und hohen Schwierigkeitsgraden sind die Gründe. Für den mittleren Bereich hat Burkhard Müller am rechten Ende des linken Wandteils und an den Schlossbergzwillingen noch etliche schöne Wege erschlossen. Toprouten sind »Fairy Ultra« (Bock 1998), »Donnerkuppel« (Röker 1998) und »Monster Magnet« (Biere 2001).

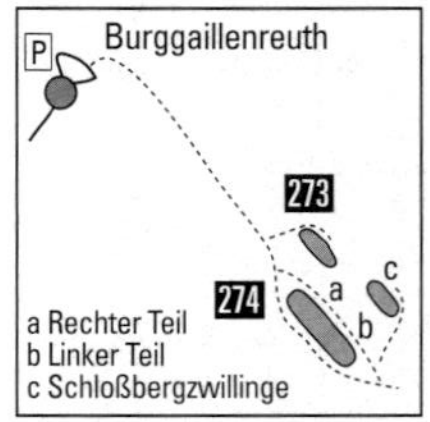

Schlossberg
273 Schlosszwergwand
274 Schlossbergwand
Übersichtskarte 2 *(S. 16)*

Rechter Wandteil | 17 m

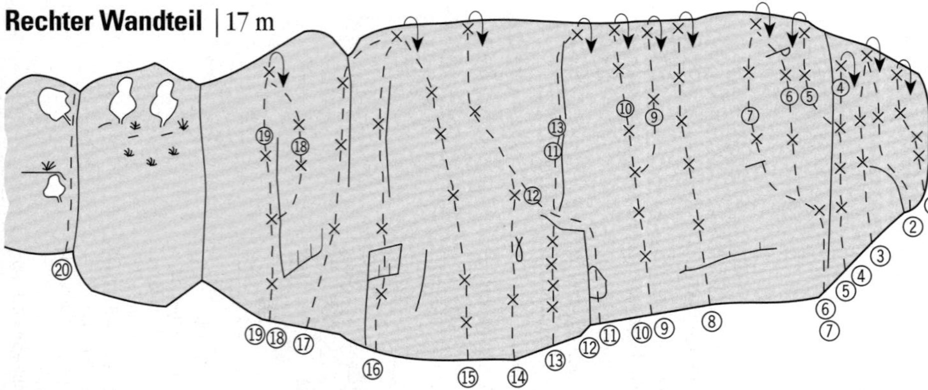

①	Für Nina	3
②	Rechtsaussen	5-
③	?	7
④	Schloßbergverschneidung	5
⑤	Sommerkollektion	6+
⑥	Rechter Weber *(Keile)*	6
⑦	Weber Ged.-Weg *(Keile)*	6
⑧	Pfeffersack	8-
⑨	Raubritter Eppelein	7
⑩	Eppelein	7
⑪	Peace please *(Keile)*	6-
⑫	Alter Weg *(Keile)*	5
⑬	Peace please direkt	7 +
⑭	Direkter Einstieg	6
⑮	Ost ist Wahn	8
⑯	Kupferdach	7
⑰	Archner Ged.-Weg	6
⑱	Schnaittacher Umweg	7
⑲	Schnaittacher Weg	7-
⑳	Links aussen	4
㉑	Ernesto direkt	5+
㉒	Ernesto Kanibalo	5-
㉓	Kleiner König Kallewirsch	5
㉔	Action Perfect	6
㉕	Fight Graffiti	7-
㉖	Depression Deluxe	7-
㉗	Ullala	7+
㉘	Ursus	8-
㉙	Global 2000	8-
㉚	Treibhauseffekt	8-
㉛	Dezentraler Energiepfad	8-
㉜	Erwin's Projekt	8
㉝	Hochspannung	9
㉞	Out of Berlin	10-
㉟	Donnerkuppel	10
㊱	Master Blaster	10-/10
㊲	Liebe ohne Chance	9
㊳	Body Counts	9+
㊴	Fairy Ultra	10+
㊵	Hilti Syndrom	10-
㊶	Monstermagnet	10
㊷	Dala	8+/9-
㊸	Invading Celts	8-
㊹	?	7-

Linker Wandteil | 18 m

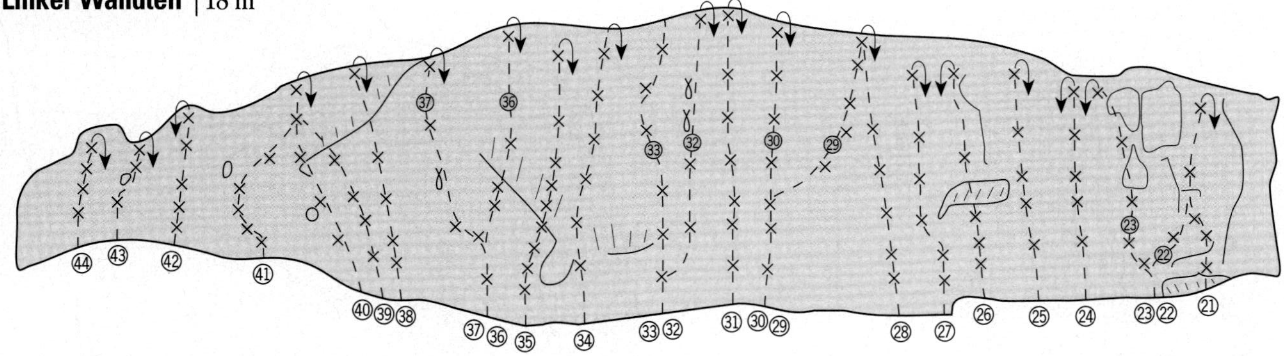

Schlossbergzwillinge | 24 m

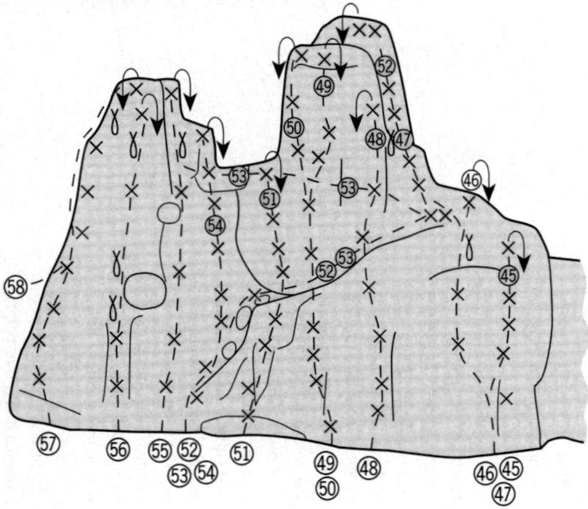

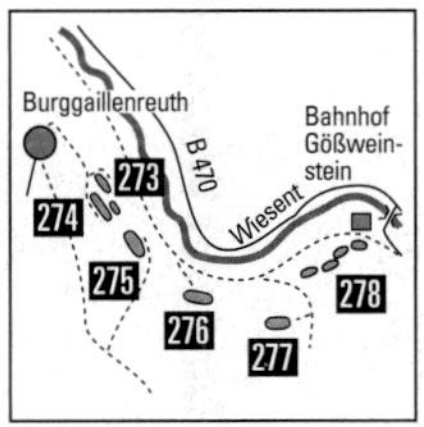

Burggaillenreuth
273 Schlosszwergwand
274 Schlossbergwand
275 Heinrichsgrotte
276 Fritz Teifel Ged.-Wand
277 Kolumbuswand
278 Sachsenmühler Nordwände
Übersichtskarte 2 *(S. 16)*

45	Dark Millennium	8-
46	Roter Seitensprung	7
47	Combinazione	7
48	Netter Götz	7-
49	Abschlussprüfung - der letzte Zug entscheidet	6
50	Foto-Kante	6-
51	Trau Dich	6-
52	Weg der kleinen Helden	6
53	Hermann-Traverse	6+
54	Liebe mit Chancen	6+
55	Bibou rechts	7
56	Bibou links	7-
57	Hein Blöd-Kante	5+
58	Schlawinereinstieg	3

275 Heinrichsgrotte

17 - 45 m | NO

Linker Wandteil | 17 m

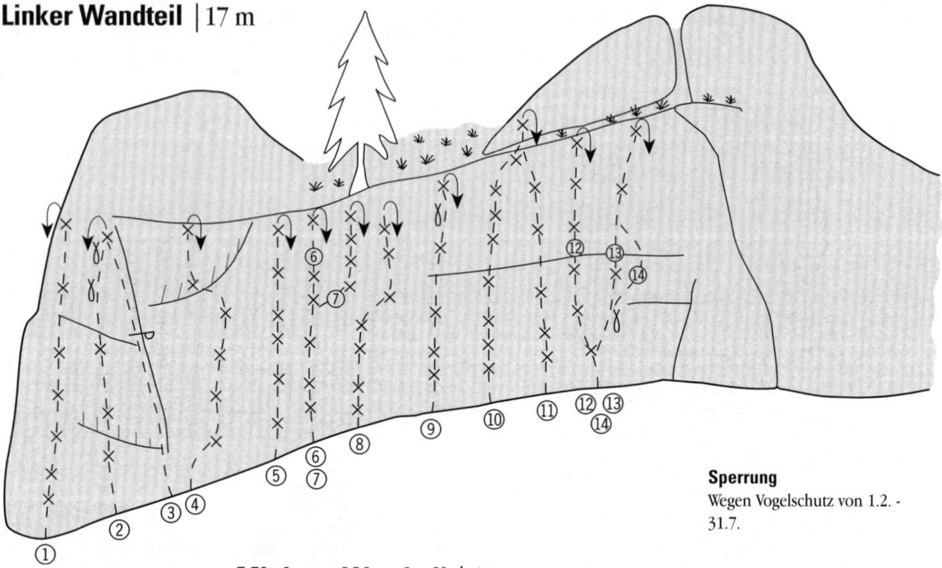

Sperrung
Wegen Vogelschutz von 1.2. - 31.7.

Mittlerer Wandteil | 40 m

Zugang
Die Heinrichsgrotte steht rechts des kleinen Tälchens, das den Nordosthang des Wiesenttales 1 km talabwärts vom Bahnhof Gößweinstein unterbricht. Da der Hang durch den Schneebruch schlecht begehbar ist, wird der Zugang von Burggailleneuth aus beschrieben.
In Burggaillenreuth führt gegegenüber der Freiwilligen Feuerwehr ein Schotterweg zum Wald. Nach 250 m Gesperrt-Schild, spätestens dort parken. Man folgt dem Weg weiter (Blaustrich) in Richtung Leutzdorf/Gößweinstein. Nach 500 m kommt eine markante Kreuzung. Hier führt eine Fuhre links in den Wald. Sie gabelt sich anfangs, um sich nach 300 m wieder zu vereinen (jetzt nur noch Waldweg). Wo der Weg steiler wird, sind Blöcke sichtbar. 500 m nach der Kreuzung biegt der Weg links ab, oberhalb ist der linke Wandteil (Trampelpfad).

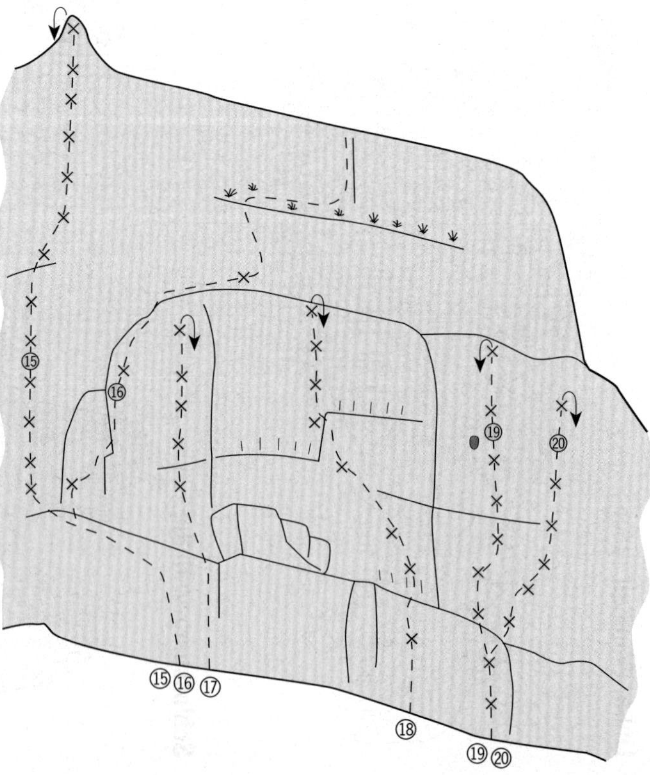

Rechter Wandteil | 45 m

Besonderheit
Der klassische mittlere und rechte Wandteil wurden wieder entdeckt und zusätzliche neue Wege erschlossen (Löw). Im rechten Wandteil wurde der »Che Guevara Ged.-Weg« von Burkhard Müller, Norbert Schauer und Armin Wilfert saniert und eine neue (weniger brüchige) 1. Seillänge eingerichtet. Die Tour wird in 3 Seillängen geklettert (6+; 7 und 5). Vorsicht beim Abseilen! Man muss zwingend erst zum 2. Stand zurück und dann (je nach Seillänge) ganz herab. Wer von oben zu weit abseilt, kommt nicht mehr an die Wand.
Bei »Oiga que tal?« reicht ein 70 m-Seil nur knapp zum Ablassen.

Sperrung
Wegen Vogelschutz von 1.2. - 31.7.

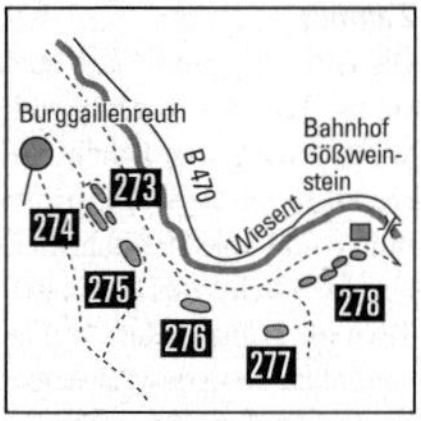

Burggaillenreuth
273 Schlosszwergwand
274 Schlossbergwand
275 Heinrichsgrotte
276 Fritz Teifel Ged.-Wand
277 Kolumbuswand
278 Sachsenmühler Nordwände
Übersichtskarte 2 *(S. 16)*

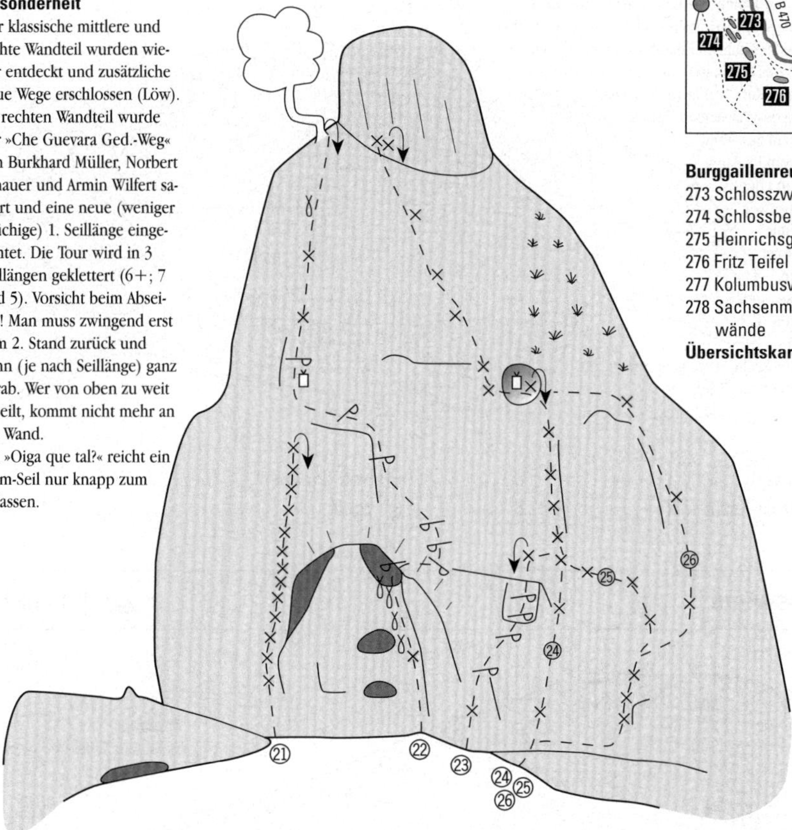

① Mein Wort zum Sonntag	7+	⑭ Variante	7+
② Für Göre	7	⑮ Oiga que tal?	8+
③ Hinterstoisser Ged.-Weg	6-	⑯ Punta Civetta	6-
④ Finish	8+	⑰ Jammertal	8
⑤ Flottes Lottchen	7+	⑱ Fränkische Köstlichkeiten	8-
⑥ 250 Freunde	8+	⑲ Bon Voyage	8+
⑦ Portal	9-	⑳ 7 Züge bis zur Crux	9-
⑧ ?	10-	㉑ Rock Wrestling	10-
⑨ Papi in Form	9-	㉒ Hermann Buhl Ged.-Weg	a2/5+
⑩ Schnullerbacke	8	㉓ Che Guevara Ged.-Weg	a2/5+
⑪ ?	8	㉔ Direkter Höhlenweg	a2/5+
⑫ Abgespaced	8	㉕ Neuer Che Guevara Ged.-Weg	7
⑬ Fakir	8	㉖ Höhlenweg	7-

276 Fritz Teifel Ged.-Wand

15 m | N

Zugang

Die Fritz Teifel Ged.-Wand steht links oberhalb des kleinen Tälchens, das den orographisch linken Hang des Wiesenttales 1 km talabwärts vom Bahnhof Gößweinstein unterbricht (rechts davon steht die Heinrichsgrotte). Parken bei Sachsenmühle und links der Bahngleise auf Schotterweg 1 km talabwärts. Rechts des erwähnten Tälchens steht ein Tisch mit Bänken. Kurz vorher (unmittelbar am linken Ende des Tälchens) führt ein Pfad 100 m hinauf zur Wand. Zur Kolumbuswand gelangt man, indem man ebenfalls dem Schotterweg von Sachsenmühle aus talabwärts folgt und nach 700 m scharf nach links in einen weiteren Schotterweg abbiegt. Nach einer Rechtskurve geht man rechts in den Wald hinauf zur Wand.

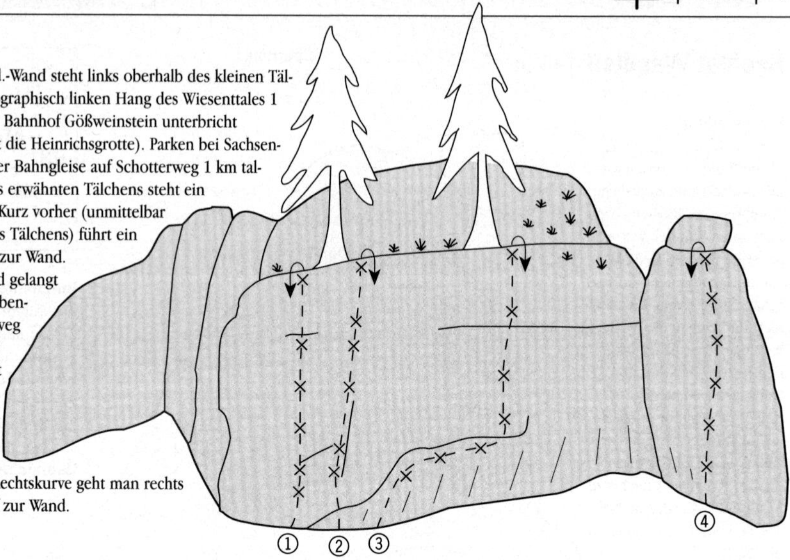

- ① Viel zu viel 8
- ② Schwer ist leicht was 8-
- ③ Voll daneben . . . . 8+
- ④ Spiff 7-

277 Kolumbuswand

14 m | N

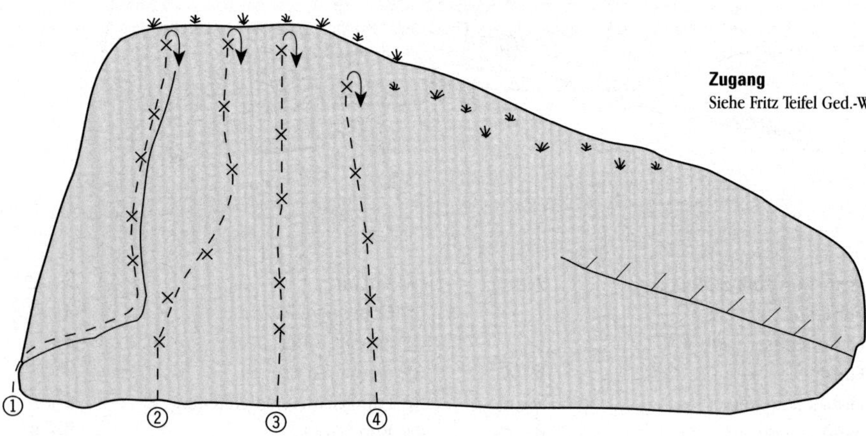

Zugang

Siehe Fritz Teifel Ged.-Wand.

- ① Alter Weg . . . . 6+
- ② Workaholic 8-
- ③ Kalte Leidenschaft 8-/8
- ④ Steckbrett . . . . 8+

Erste Wand | 20 m

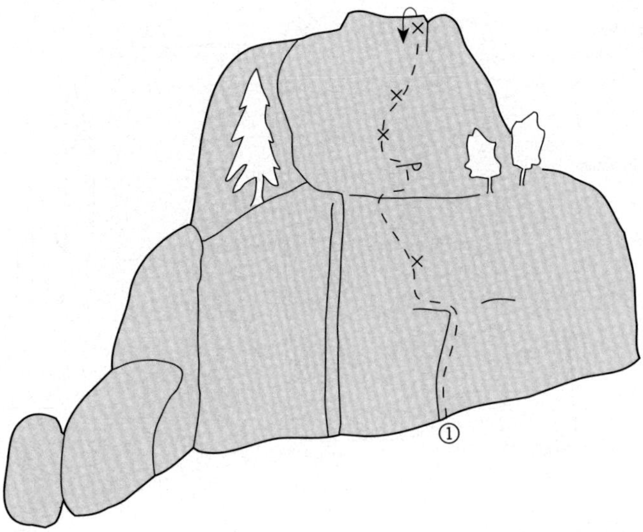

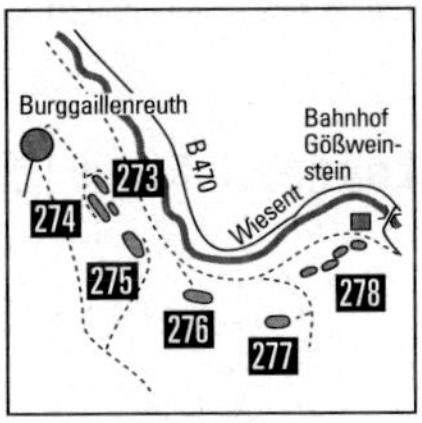

Burggaillenreuth
273 Schlosszwergwand
274 Schlossbergwand
275 Heinrichsgrotte
276 Fritz Teifel Ged.-Wand
277 Kolumbuswand
278 Sachsenmühler Nord-wände
Übersichtskarte 2 *(S. 16)*

Hinkelsteine | Linke Wand | 10 m

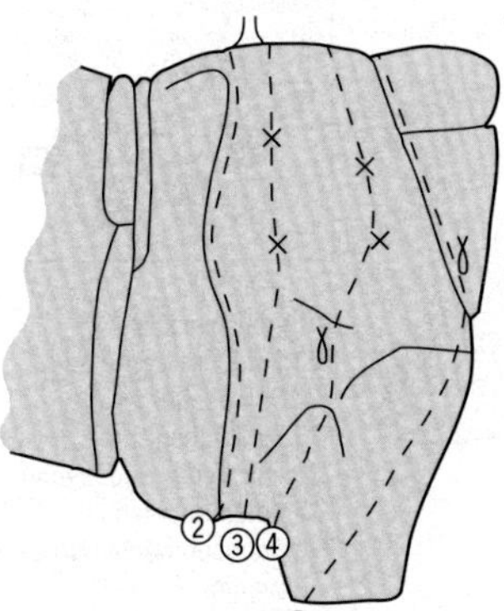

Zugang
Parken bei Sachsenmühle. Auf Schotterweg auf der orographisch linken Talseite talabwärts. Nach 50 m steht links oberhalb die Erste Wand, nach 250 m die Hinkelsteine und nach 350 m der Lange Johann (ebenfalls links oberhalb der Schotterstraße).

Besonderheit
Viele leichte bis mittelschwere Routen in traumhaftem, festen und griffigen Fels.

① Kleine Knobelei	8-
② Piazriss	4+
③ Schwarze Witwe	6+
④ Labilo	6
⑤ Stumpelriss	5

278 Sachsenmühler Nordwände

| 10 - 20 m | N

Zugang
Parken bei Sachsenmühle. Auf Schotterweg auf der orographisch linken Talseite talabwärts. Nach 50 m steht links oberhalb die Erste Wand, nach 250 m die Hinkelsteine und nach 350 m der Lange Johann (ebenfalls links oberhalb der Schotterstraße).

Besonderheit
Viele leichte bis mittelschwere Routen in traumhaftem, festen und griffigen Fels.

Hinkelsteine | Rechte Wand | 17 m

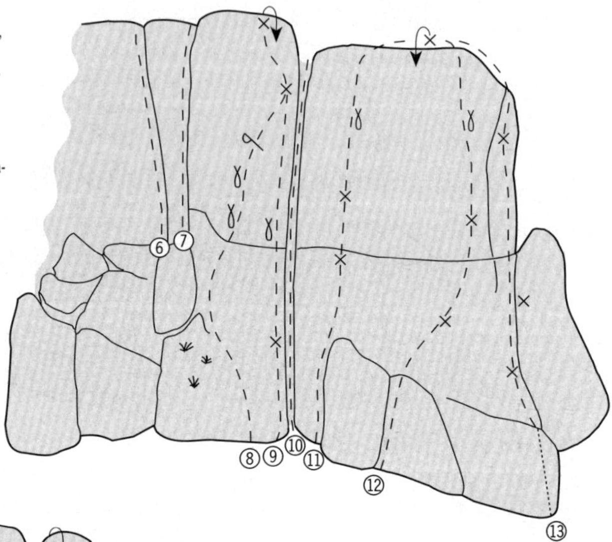

Langer Johann | 20 m

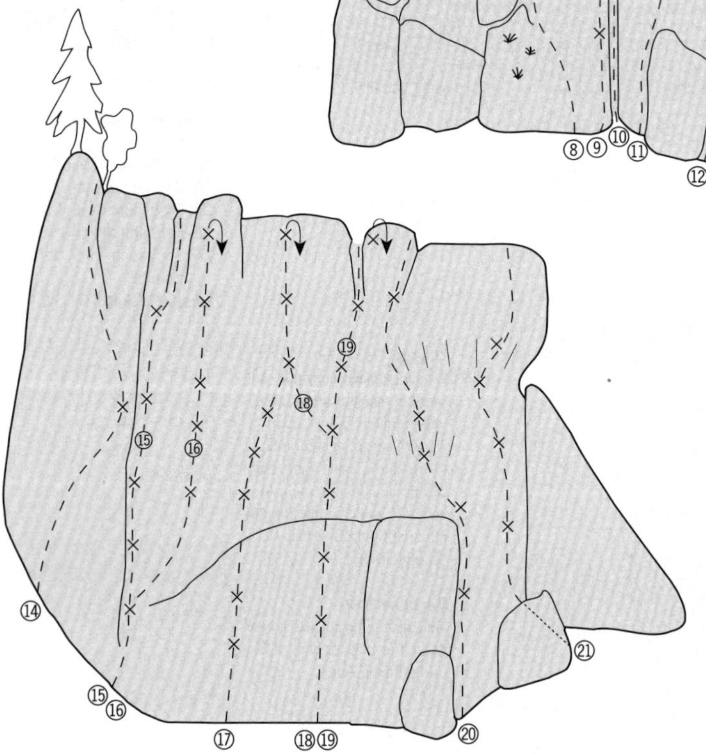

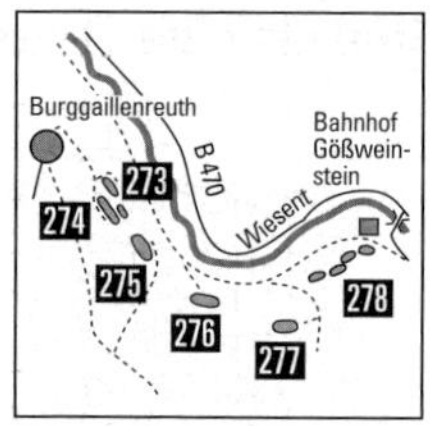

Burggaillenreuth
273 Schlosszwergwand
274 Schlossbergwand
275 Heinrichsgrotte
276 Fritz Teifel Ged.-Wand
277 Kolumbuswand
278 Sachsenmühler Nordwände
Übersichtskarte 2 *(S. 16)*

⑥ Linker V-Riss (*Keile*)	6 -
⑦ Rechter V-Riss (*Keile*)	6 -
⑧ Wer ko, der ko	7 -
⑨ Linke Kaminkante	5 +
⑩ Nordkamin	5
⑪ Zwiebeltreter	7 -
⑫ Nordwestkante	5
⑬ Nordwestriss	5
⑭ Gichtplatte	6 -
⑮ Proletenriss	6
⑯ Kleine Sehnsucht	8 -
⑰ KGV am Nachmittag	8 +
⑱ Walpetax direkt	7+/8 -
⑲ Walpetax	7
⑳ Kraftmeier *(falsch angeschrieben)*	7 +
㉑ Nicht schlecht, Herr Specht	7

Sachsenmühler Südwand | 40 m | S 279

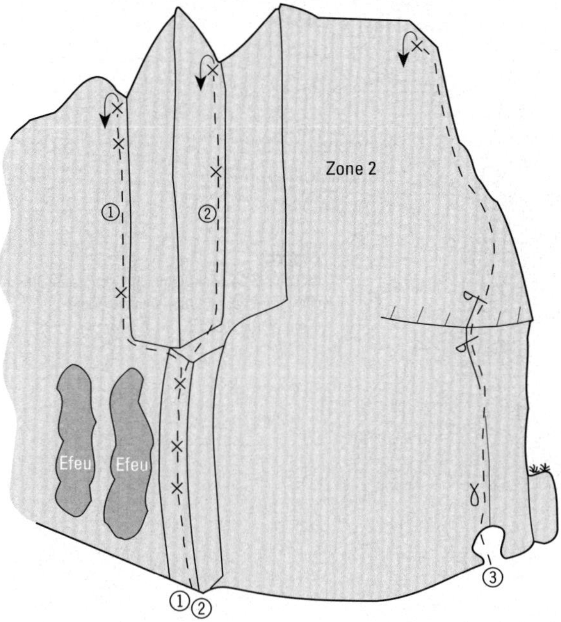

Zugang
Parken 300 m talabwärts der Sachsenmühle bei großem Straßenschild. Direkt gegenüber hoch zu den Felsen.

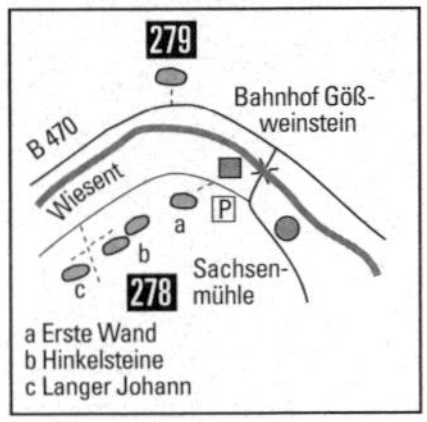

Sachsenmühler Wände
278 Sachsenmühler Nordwände
279 Sachsenmühler Südwand
Übersichtskarte 2 *(S. 16)*

① Sachsenverschneidung 6
② Sachsenriss 6
③ Dachlriss 6

Steinbogen | 6 m | N 280

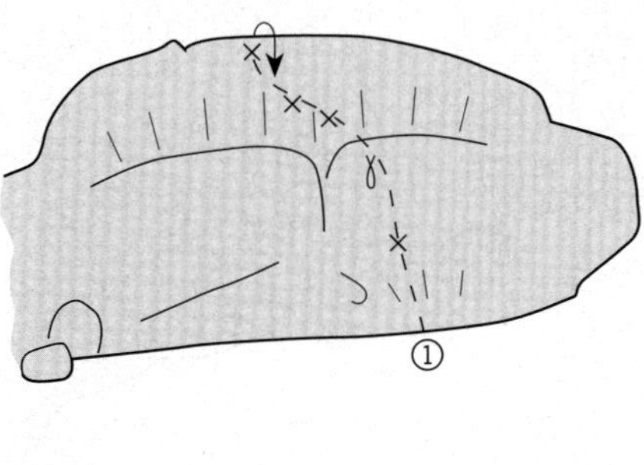

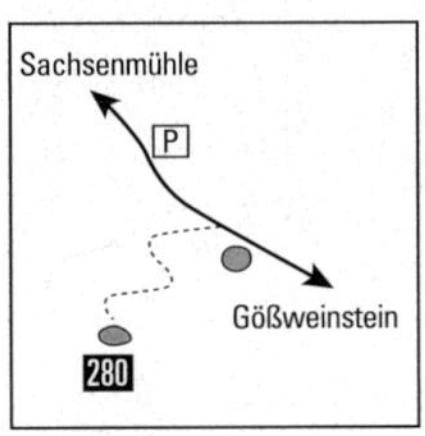

Steinbogen
Übersichtskarte 2 *(S. 16)*
Übersichtskarte 3 *(S. 17)*

Zugang
Von Sachsenmühle nach Gößweinstein. Nach 500 m kommt links eine Parkmöglichkeit, etwas oberhalb steht rechts der Straße ein überhängender Felsen. Kurz vor dem Felsen auf Steigspuren rechts der Straße hinauf zum kleinen, überhängenden Block.

Besonderheit
Kleiner überhängender Felsen mit einer Route, die durch ihren Verlauf ein paar Klettermeter zusammenbringt.

① Hang around................ 9-

281 Knochenwand

☼ | 18 m | S

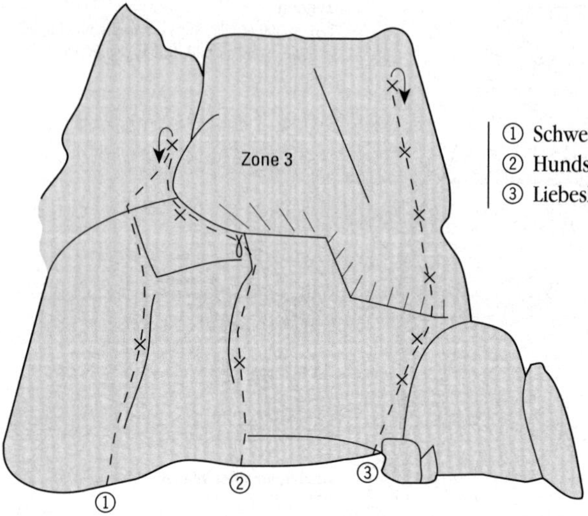

①	Schweinsknochen	6+
②	Hundsknochen *(Keile)*	7
③	Liebesknochen	7-

Zugang

Parken bei Sachsenmühle. Auf der Straße 300 m talaufwärts, dann links hoch zur Wand (70 m vor km 32,5).

282 Anna Fritz Ged.-Wand

☼ | 14 m | S

Zugang

500 m talaufwärts der Sachsenmühle bei Parkbucht parken. Wieder 50 m zurück und rechts hoch zur Anna Fritz Ged.-Wand.

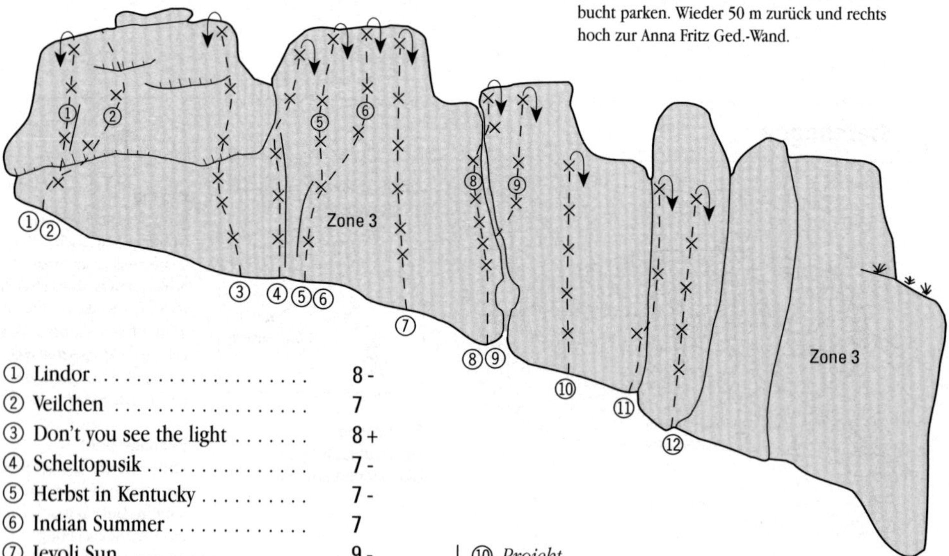

①	Lindor	8-
②	Veilchen	7
③	Don't you see the light	8+
④	Scheltopusik	7-
⑤	Herbst in Kentucky	7-
⑥	Indian Summer	7
⑦	Ievoli Sun	9-
⑧	13.3.	6
⑨	Il signore Panetta	6+
⑩	*Projekt*	
⑪	Grüne Mamba	7+
⑫	Cocoa d´Arriba	8+

Norisbabawand

-☼- | 35 m | SW

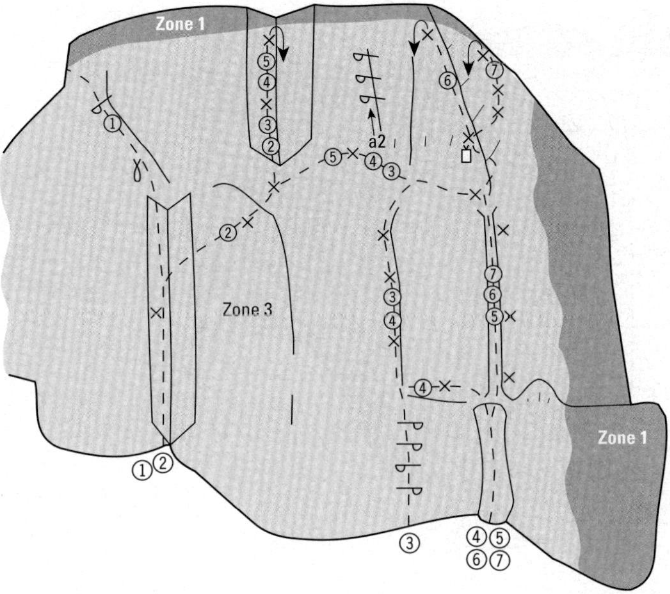

① Direkter Ausstieg	. . . .	6-
② KEK-Verschneidung	. . . .	5+
③ Pfeilerweg	. . . .	7+
④ Variante	. . . .	5+
⑤ Norisbaba	. . . .	6
⑥ Sarg *(Keile)*	. . . .	e1/6+
⑦ Ausstiegsvariante	. . . .	7+

Zugang

500 m talaufwärts der Sachsenmühle bei Parkbucht parken. Zur Norisbabawand geht man von der Parkbucht kurz talaufwärts und bei km 32 linkshaltend hoch (Felsen reichen bis zur Straße).

Besonderheit

Lange, großzügige Klassiker. Besonders empfehlenswert ist der nicht allzu schwierige, aber einen souveränen Vorsteiger erfordernde »Sarg«.

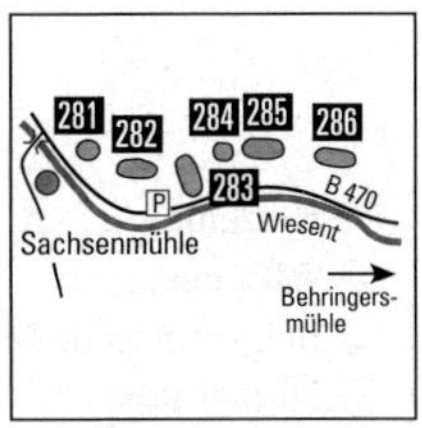

Sachsenmühle

281 Knochenwand
282 Anna Fritz Ged.-Wand
283 Norisbabawand
284 Sachsenturm
285 Weiße Wand
286 Behringer Ged.-Wand
Übersichtskarte 2 *(S. 16)*
Übersichtskarte 3 *(S. 17)*

284 Sachsenturm

☼ | 40 m | S

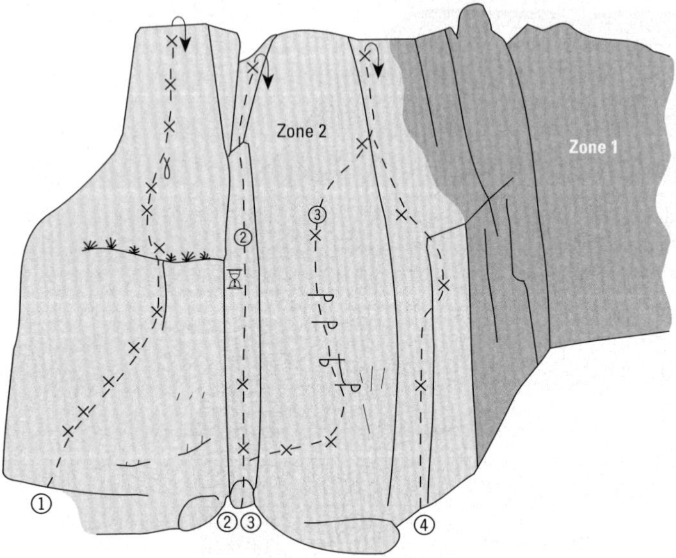

① Herzblut	7+	
② Talkamin	5+	
③ Jungwirth Ged.-Weg	7	
④ Fürther Riss	6	

Zugang
500 m talaufwärts der Sachsenmühle bei Parkbucht parken. Von der Parkbucht geht man kurz talaufwärts und bei km 32 linkshaltend hoch zur Norisbabawand (Felsen reichen bis zur Straße). Der Sachsenturm steht 50 m rechts (talaufwärts) von ihr.

Besonderheit
Großzügige, lange Linien. Vorsicht beim Ablassen, die Routen sind bis zu 40 m lang!

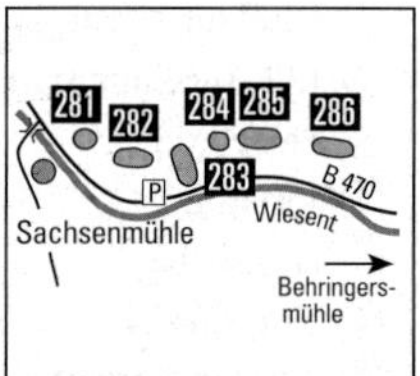

Sachsenmühle
281 Knochenwand
282 Anna Fritz Ged.-Wand
283 Norisbabawand
284 Sachsenturm
285 Weiße Wand
286 Behringer Ged.-Wand
Übersichtskarte 2 *(S. 16)*
Übersichtskarte 3 *(S. 17)*

Weiße Wand

-☼- | 30 m | S

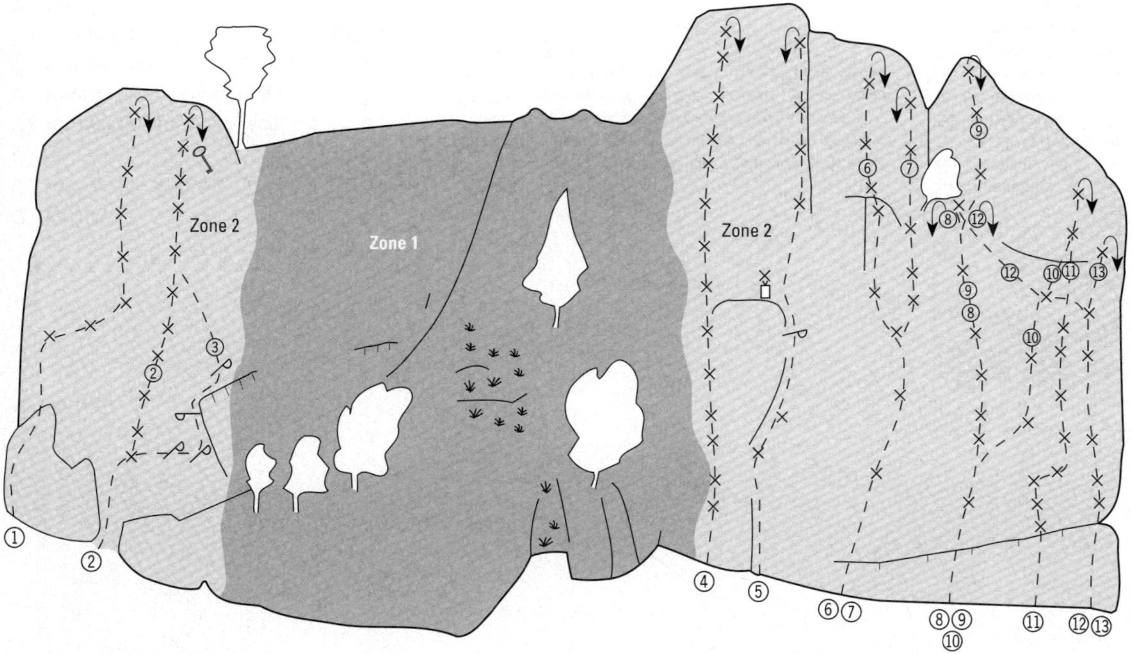

① Linke Südwand	7-	🍺
② Kontrastprogramm	8	🍺
③ Dolomitweg (neuer Ausstieg über ②	8	
④ Direkter Bergfexweg	8+	🍺
⑤ Vajoletweg	6+	
⑥ Nimm 2	8	🍺🍺
⑦ Fisherman's Friend	8+	🍺
⑧ Rechte Südwand	6+	🍺
⑨ Extra lang	8-	🍺
⑩ Weißwurst	7+	🍺
⑪ Schwarzfahrer	9-	
⑫ Sigi Löw Ged.-Weg	8	
⑬ Sigi Löw direkt	8	

Zugang

500 m talaufwärts der Sachsenmühle bei Parkbucht parken. Von der Parkbucht geht man kurz talaufwärts und bei km 32 linkshaltend hoch zur Norisbabawand (Felsen reichen bis zur Straße). Der Sachsenturm steht 50 m rechts (talaufwärts) von ihr. Rechts von ihm steht die Weiße Wand.

Besonderheit

Lange Klassiker und neben neuen, ebenso großzügigen Routen von Stefan Löw in sonniger Südwand.

286 Behringer Ged.-Wand

☼ | 20 m | SO

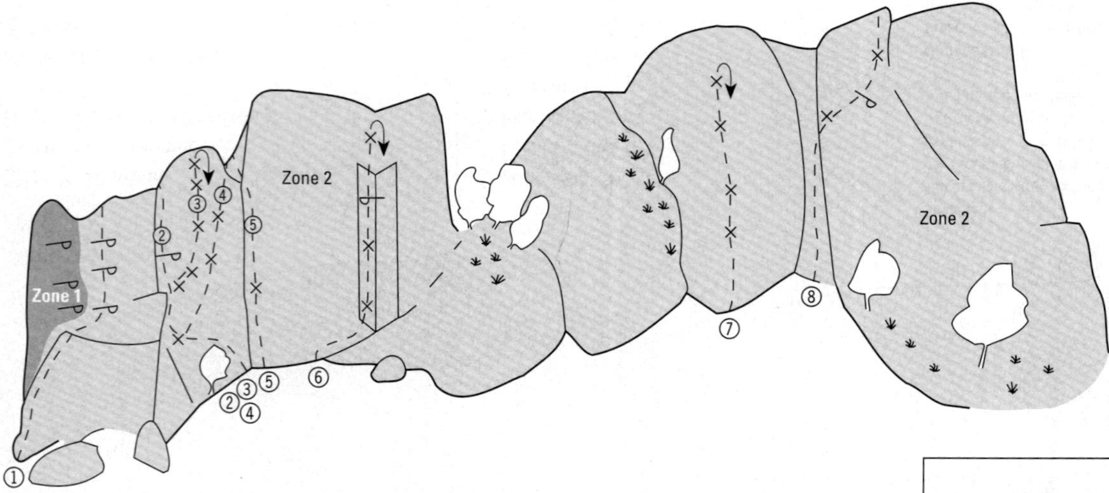

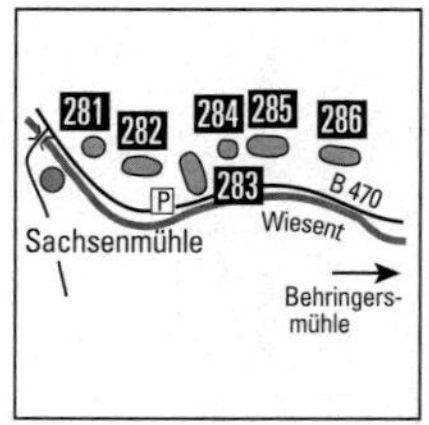

①	Variante	5+
②	Vorturm Bayernriss	6
③	?	6+
④	Vorturm Pachtner Ged.-Weg	6+
⑤	Vorturm Ostverschneidung	5
⑥	Schwabenriss	6
⑦	Alles in Butter	e1/6+
⑧	Alte Südwand	6

Zugang

500 m talaufwärts der Sachsenmühle bei Parkbucht parken. Von der Parkbucht geht man kurz talaufwärts und bei km 32 linkshaltend hoch zur Norisbabawand (Felsen reichen bis zur Straße). Der Sachsenturm steht 50 m rechts (talaufwärts) von ihr. Rechts von ihm steht die Weiße Wand. Noch weiter rechts folgt die Behringer Ged.-Wand.

Sachsenmühle

281 Knochenwand
282 Anna Fritz Ged.-Wand
283 Norisbabawand
284 Sachsenturm
285 Weiße Wand
286 Behringer Ged.-Wand
Übersichtskarte 2 *(S. 16)*
Übersichtskarte 3 *(S. 17)*

Stempfermühler Wand

| 17 m | S | 287

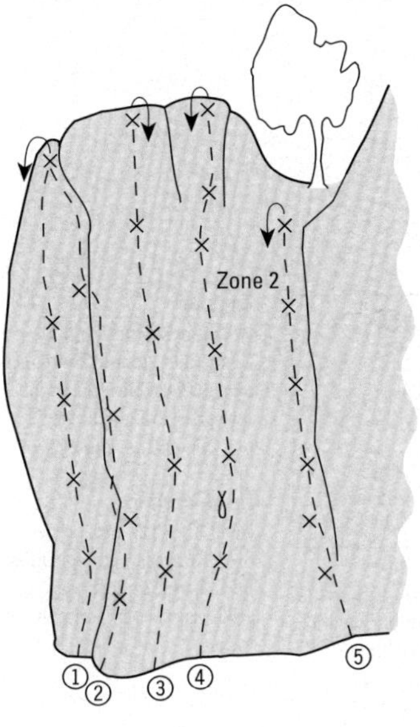

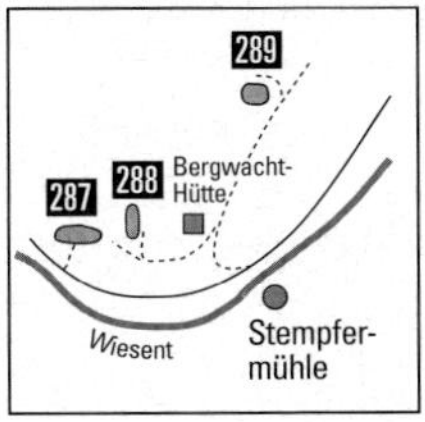

Stempfermühle
287 Stempfermühler Wand
288 Steinerne Welle
289 Lorenzturm
Übersichtskarte 2 *(S. 16)*
Übersichtskarte 3 *(S. 17)*

①	?	8+
②	Tollriss	8
③	TWG	9+
④	Grenzbereich	8
⑤	Zauberland	9-

Zugang
Parken bei Stempfermühle (Parkbucht). Auf der Straße 150 m talabwärts (Felsen reichen bis zur Straße) und gegenüber von der Eisenbahnbrücke über die Wiesent kurz den Hang hoch zum Fels.

Steinerne Welle

| 11 m | SO | 288

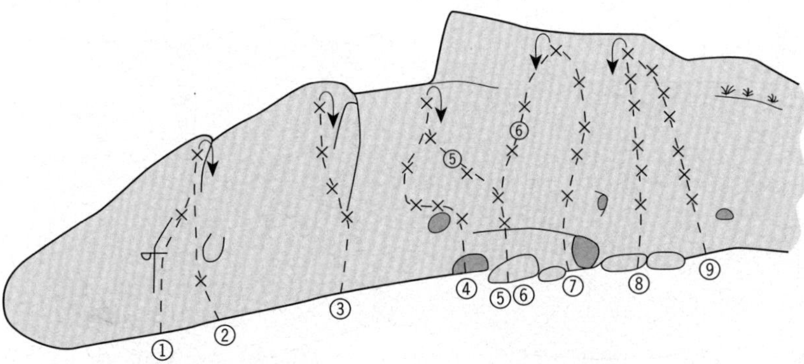

①	Alter Weg	7-
②	Direkteinstieg	8
③	*Projekt*	
④	Fledermaus	9-
⑤	Bad Girl	8
⑥	Ich bin eigentlich ein Bastard	10-
⑦	Diebische Elster	9/9+
⑧	*Projekt*	
⑨	Fallendes Laub	9+

Zugang
Parken bei Stempfermühle (Parkbucht). Rechts der Parkbucht führt ein Weg 30 m hoch zur Bergwachthütte. Links unter ihr vorbei, auf Weg 150 m talabwärts und kurz rechts hoch zum überhängenden Felsriegel.

Besonderheit
Sehr steiles Massiv, das durch die Lage im Wald trotz seiner Ausrichtung nicht zu sonnig wird.

289 Lorenzturm

15 m | N

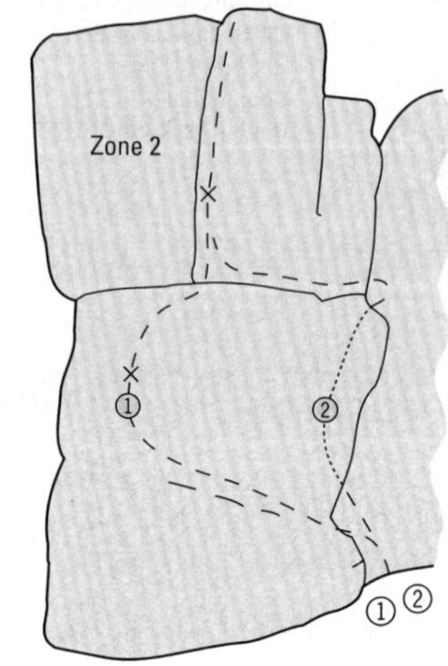

①	Nordwand	6+
②	Nordriss (*Einstieg im Kamin*)	5+

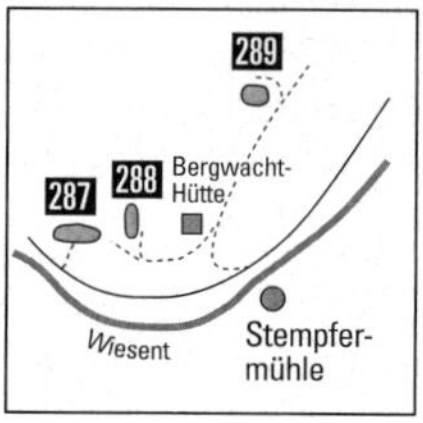

Stempfermühle
287 Stempfermühler Wand
288 Steinerne Welle
289 Lorenzturm
Übersichtskarte 2 *(S. 16)*
Übersichtskarte 3 *(S. 17)*

Zugang
Parken bei Stempfermühle. Gegenüber steht die Forchheimer Bergwachthütte. An dieser vorbei auf gutem Weg 2 min talaufwärts zum Felsen.

Besonderheit
Die 2 Klassiker am Lorenzturm kann man gut bei einem Besuch der umliegenden größeren Massive »mitnehmen«.

290 Elfenwelt | Sektor Fuchsbau

12 m | N

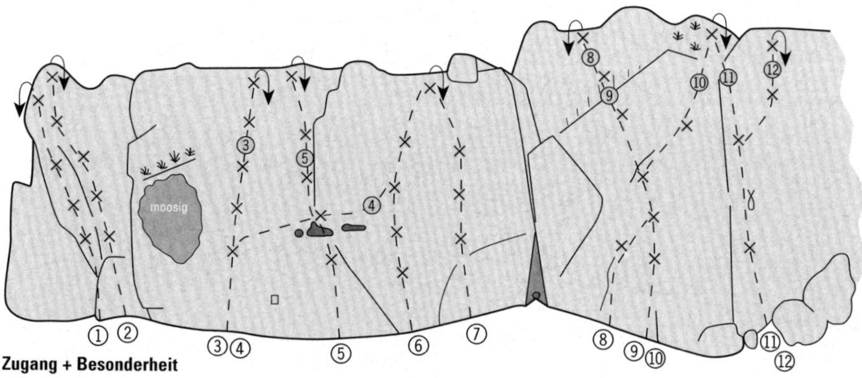

Zugang + Besonderheit
Siehe Sektor Patsy *(S. 387)*.

①	Fuchur	9-
②	Steinbeisser	7+
③	Palast der Hohen	6-
④	Trollstiege	6-
⑤	Timmains Blut	6
⑥	Mondsichel	6+
⑦	Säbelzahntiger	8+
⑧	*Projekt*	
⑨	Bück dich, Fee	7+
⑩	Chickenway	7-
⑪	?	5-
⑫	Noro im Asfalot	4

Elfenwelt | Sektor Patsy

| 13 m | N | 291

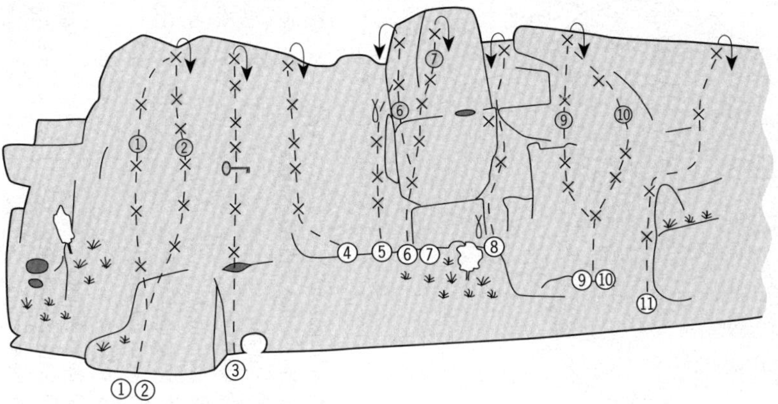

①	Süchtige Elfe	6+
②	Züchtige Elfe	6+
③	Direkter Elfenfick	7
④	Bockiger Troll	6
⑤	Gaga-mehl	6
⑥	Zweischneid	5+
⑦	Hexe	7
⑧	Ort der Finsternis	4+
⑨	Kralle	7
⑩	Brücke der Vorsehung	7
⑪	Armbrust	5+

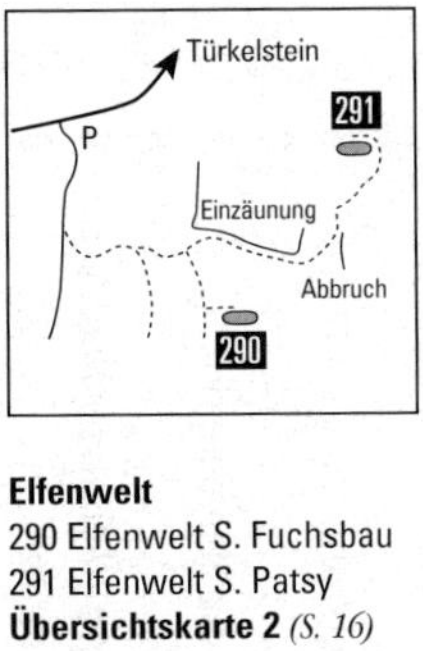

Elfenwelt
290 Elfenwelt S. Fuchsbau
291 Elfenwelt S. Patsy
Übersichtskarte 2 *(S. 16)*

Zugang

Zwischen Hartenreuth und Türkelstein zweigt 500 m von Türkelstein auf einer Anhöhe ein Schotterweg ab, hier parken. Dem Schotterweg in südlicher Richtung folgen und nach 250 m bei Gabelung links. Weiter auf Feldweg und nach 200 m bei weiterer Gabelung wieder links. 100 m weiter gelangt man an den Waldrand (Einzäunung), wo sich deer Weg erneut gabelt. Der rechte Ast führt in Kürze zum Sektor Fuchsbau.
Zum Sektor Patsy folgt man dem linken Ast an der Einzäunung entlang bis auf eine Anhöhe *(Weg geht in Pfad über)*. Am Abbruch hält man sich kurz links und steigt dann auf die andere Seite ab über einen Trampelpfad, der nach einer Linksbiegung zu den Felsen führt.

Besonderheit

Löchriger Fels, z.T. noch etwas mehlig.

Linker Wandteil | 20 m | N

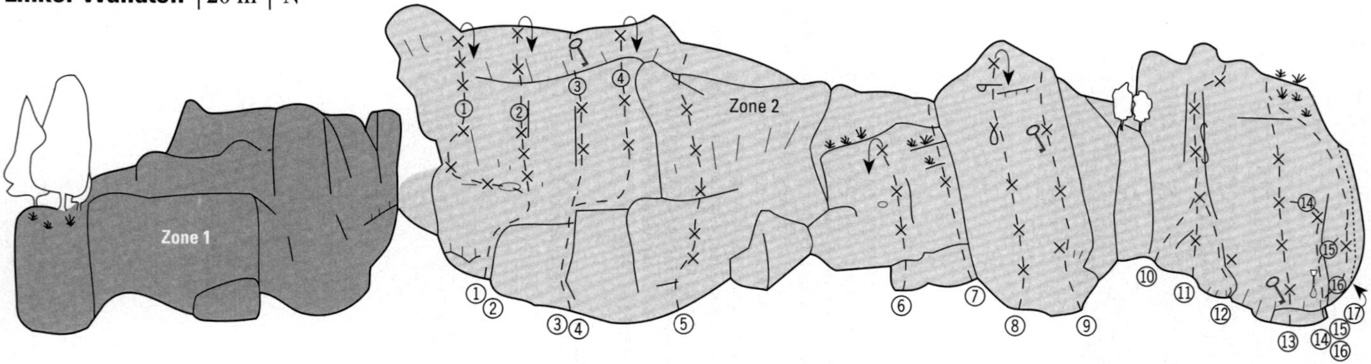

①	Südostkante	7+	⑬	Alaric	9+	㉕	Schleimspur	9-
②	Save our Sausages	9-	⑭	Kleiner Muck	8+	㉖	No Chance with Galoshkies	9-
③	Kottan ermittelt	8+	⑮	Frankie goes Frankenjura	8	㉗	Sautanz	9-
④	C.d.l.n.V.	8	⑯	Skyhook	8-	㉘	Katapult	9
⑤	Lustgewinn	8-	⑰	Kleiner Kamin	5+	㉙	Humbug	9-
⑥	Dynamo	8-	⑱	Klimbim	7-	㉚	Sprungschanze	e1/9-/9
⑦	Geniesserspalte	6-	⑲	Zwillingsriss	5	㉛	Nordverschneidung	5-
⑧	Kalauer	8	⑳	Danzer Ged.-Weg	6-	㉜	Variante	8-
⑨	Ich war der Märchenprinz	9	㉑	Rotkelchen	7+	㉝	Bunte Wand	7
⑩	LK-Riss	6-	㉒	Kurze Acht	8-	㉞	Stabeler Ged.-Weg	5+
⑪	Eisheiligen (*definierter Boulder*)	9-	㉓	Seitenstreifen	8-	㉟	Piazriss	6
⑫	Direkteinstieg	9-	㉔	Haringer Ged.-Weg	6+	㊱	Sau Yeah	6+

Rechter Wandteil | 20 m | N

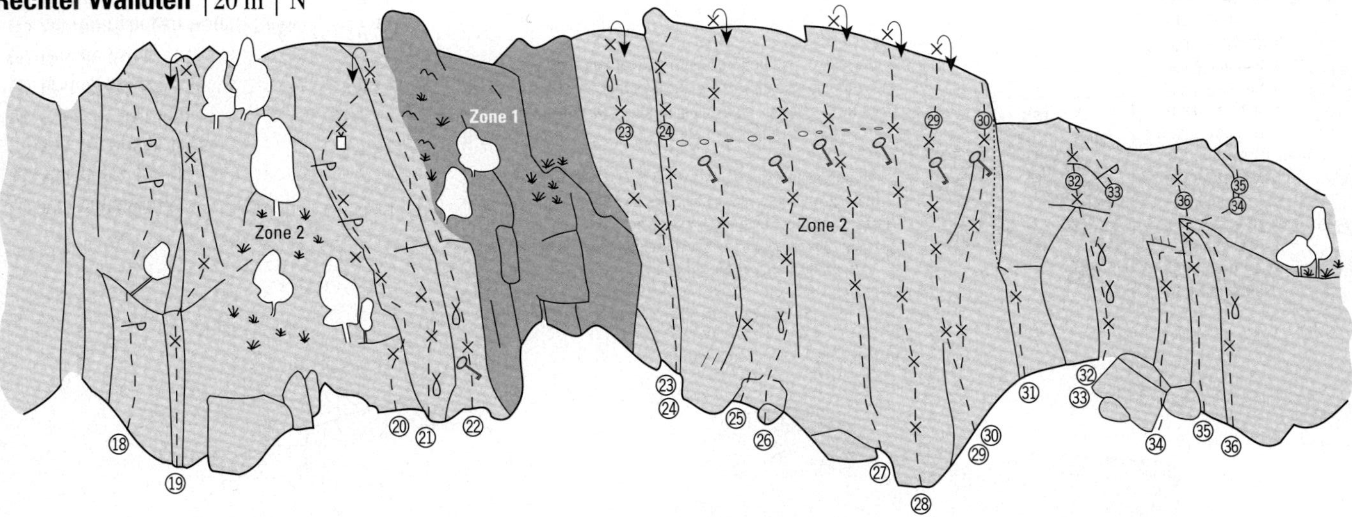

Zugang
Kurz vor Ortsende Gößweinstein (Richtung Ebermannstadt) rechts abbiegen (»An der Martinswand«); vorher parken. Links die schmale Straße kurz hoch und nach dem ersten Haus rechts in den Wald zu den Felsen.

Besonderheit
Zahlreiche Extremklassiker des neunten Grades, darunter der erste fränkische Neuner »Sautanz« (Kurt Albert 1981), der von Wolfgang Güllich eine Solobegehung erhielt.
Der Fels ist sehr fest, man klettert meist an kleinen Löchern und Leisten in senkrechtem bis leicht überhängenden Gelände.

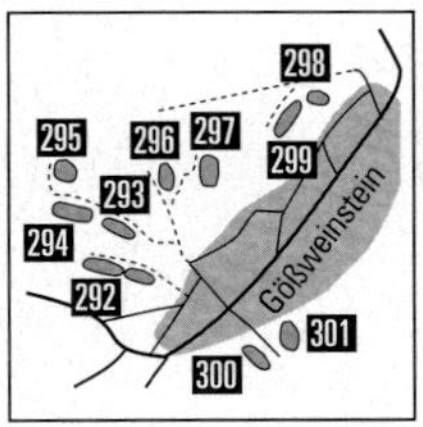

Gößweinstein
292 Obere Gößweinsteiner Wände
293 Untere Gößweinsteiner Wände
294 Martinswand
295 Schwalbenstein
296 Napoleon
297 Emporwand
298 Fehensteine
299 Eibenwände
300 Wickenstein
301 Gernerfels
Übersichtskarte 2 *(S. 16)*

293 Untere Gößweinsteiner Wände

30 m | N

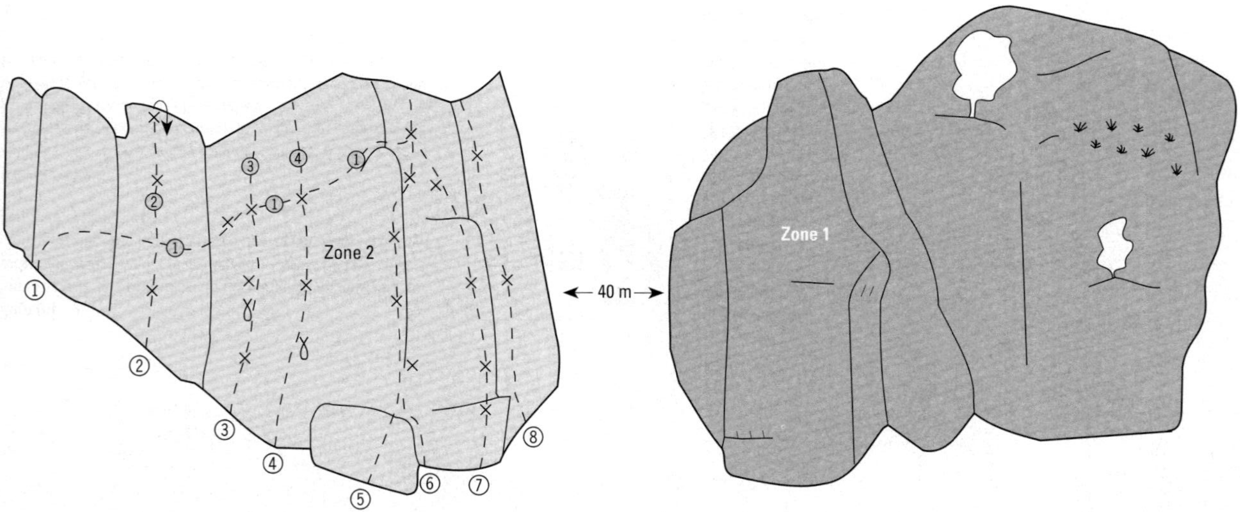

①	Wiesenttalwand	6+
②	Mei Tour	7
③	You are under Arrest	7
④	Gates of Delirium	e1/7-
⑤	Erinnerungsweg	6+
⑥	Direkteinstieg	7
⑦	Auf der richtigen Seite (»1988«)	7+
⑧	Rehbraune Augen	7-

Zugang

Kurz vor Ortsende Gößweinstein (Richtung Ebermannstadt) rechts abbiegen (»An der Martinswand«); vorher parken. Bei der Abzweigung links noch 100 m geradeaus weiter und links einem Pfad über die Wiese in den Wald folgen. Etwas abwärts zu den Felsen (oberhalb stehen die Oberen Gößweinsteiner Wände).

Besonderheit

Um einen tragfähigen Kompromiß im Sinne des Zonenkonzeptes zu erzielen, mußte leider an dieser Wand auf einige der lohnendsten Routen verzichtet werden (nunmehr Zone 1).

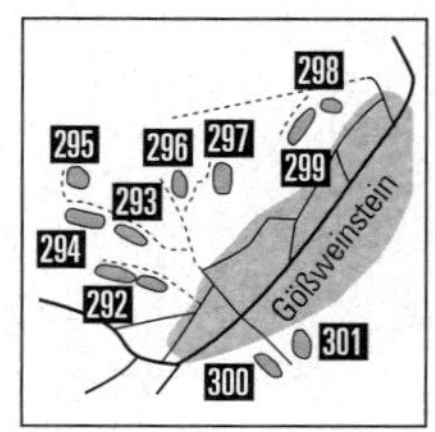

Gößweinstein
292 Obere Gößweinsteiner Wände
293 Untere Gößweinsteiner Wände
294 Martinswand
295 Schwalbenstein
296 Napoleon
297 Emporwand
298 Fehensteine
299 Eibenwände
300 Wickenstein
301 Gernerfels
Übersichtskarte 2 *(S. 16)*

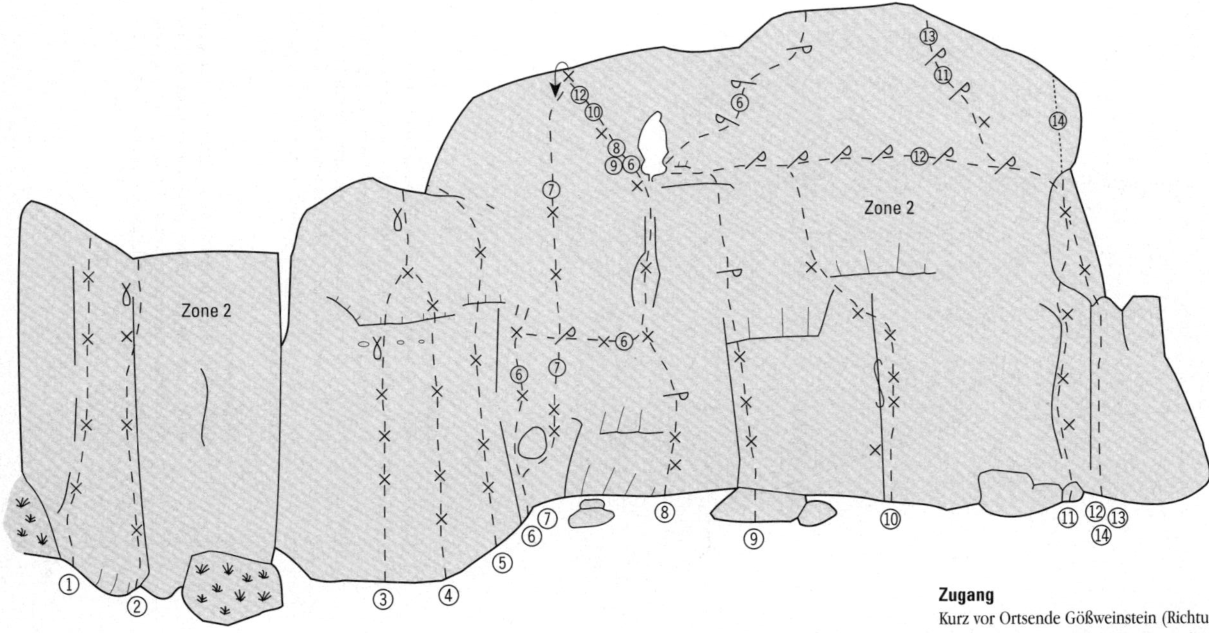

① Flotter Dreier	7+	
② Winston Groovy	8	
③ 1001 Pfund Weg	7	
④ Andi's Freuden	8-	
⑤ Den süßen Mädchen	7+	
⑥ 1000 Pfund Weg *(2 Ausstiege)*	7-	
⑦ Fernfahrer *(37 m, Keile)*	8-	
⑧ Martinsritt *(Ausstieg beliebig)*	a3	
⑨ Weg der Jugend *(Ausstieg beliebig)*	a2	
⑩ Schwarzer Riss *(Ausstieg beliebig)*	7	
⑪ Movie de luxe	7	
⑫ Gemsenweg	6+	
⑬ Gonda Wyss Ged.-Weg	7-	
⑭ Nordwestkante	5+	

Zugang

Kurz vor Ortsende Gößweinstein (Richtung Ebermannstadt) rechts abbiegen (»An der Martinswand«); vorher parken. Bei der Abzweigung links noch 100 m geradeaus weiter und links einem Pfad über die Wiese in den Wald folgen. Etwas abwärts zu den Unteren Gößweinsteiner Wänden und unter ihnen vorbei weiter zur Martinswand.

Besonderheit

Sehr unterschiedliche Felsqualität. Der »Schwarze Riss« ist oft nass.

295 Schwalbenstein

| 20 - 35 m | W + N

Bergseite | 20 m | S

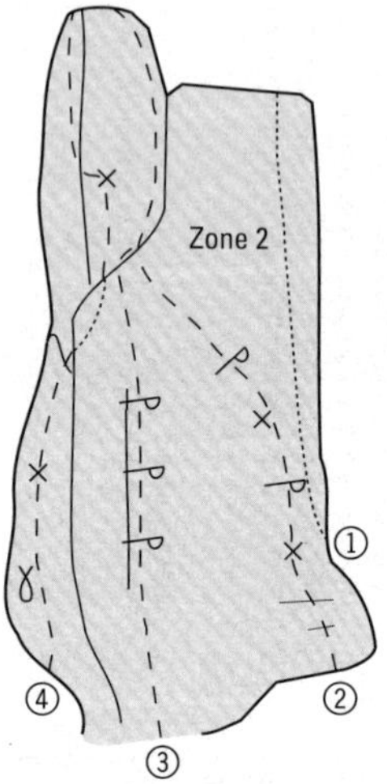

Talseite | 20 - 35 m | W + N

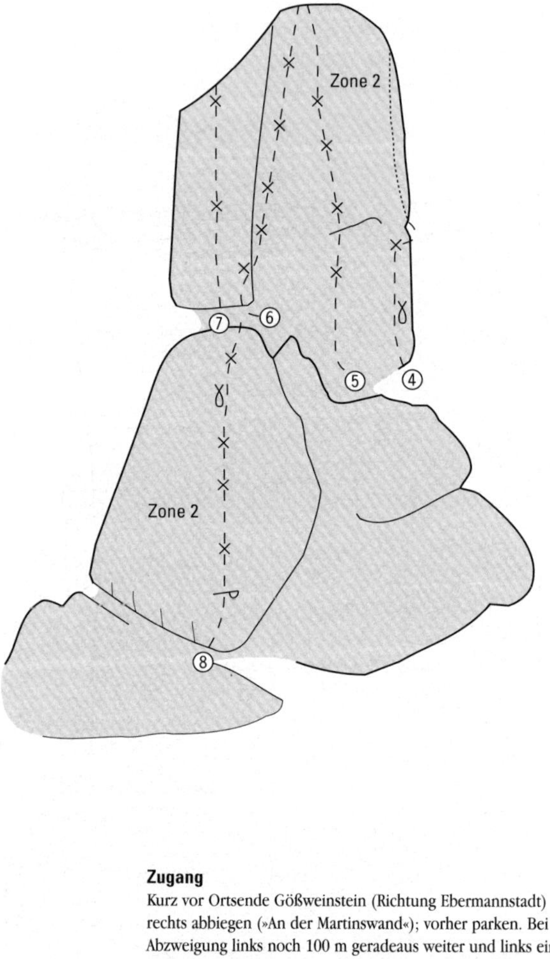

① Alte Talseite 4
② Südwand . . . . 5+
③ Bordsteinschwalbe 8-
④ Berglustweg 6-
⑤ Sachsendiplom 8
⑥ Aktion Schokoladenpudding . . . 8
⑦ Mauersegler . . . . e1/8+
⑧ Legebohrer 8-

Zugang
Kurz vor Ortsende Gößweinstein (Richtung Ebermannstadt) rechts abbiegen (»An der Martinswand«); vorher parken. Bei der Abzweigung links noch 100 m geradeaus weiter und links einem Pfad über die Wiese in den Wald folgen. Etwas abwärts zu den Unteren Gößweinsteiner Wänden und unter ihnen vorbei weiter zur Martinswand. Rechts von ihrem rechten Wandende steht der Schwalbenstein.

Besonderheit
Schöne Wandkletterei in dem für Gößweinstein typischen, kleingriffigen Fels. Der »Mauersegler« wurde von Wolfgang Güllich in den Achtziger Jahren erstbegangen. Die Absicherung ist typisch und zeugt vom Geist der frühen Sportkletterära.

Napoleon
☼ | 20 - 30 m | W + O **296**

Westseite | 25 m

Napoleonsblock Napoleonswand

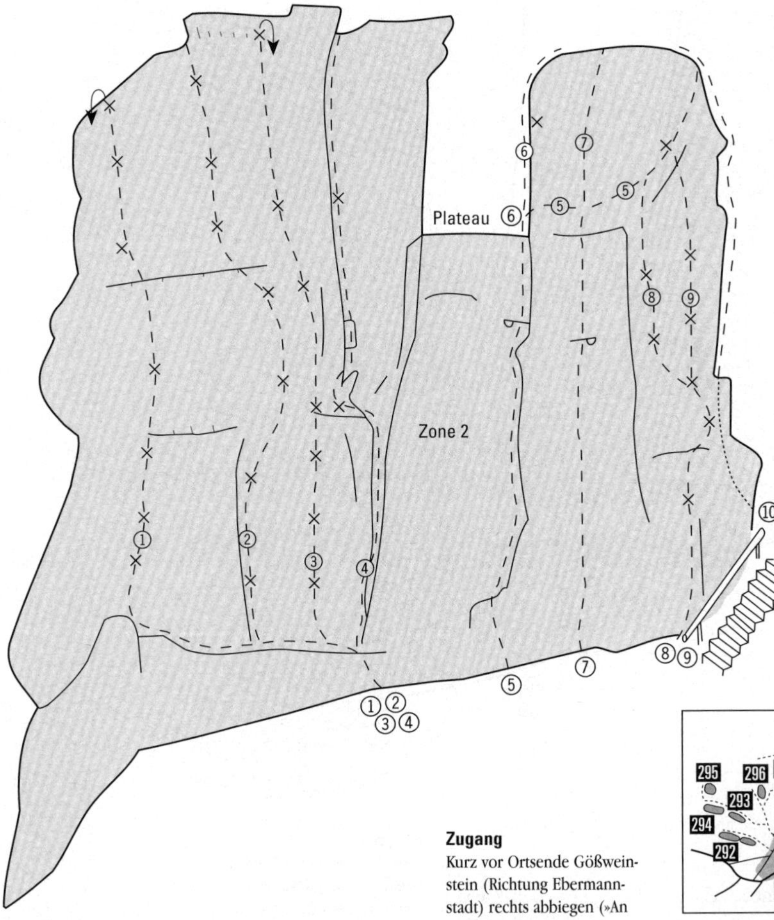

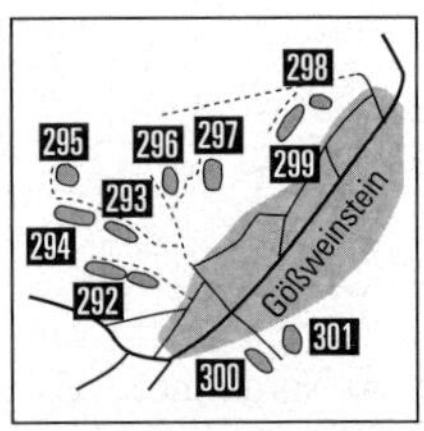

Zugang
Kurz vor Ortsende Gößweinstein (Richtung Ebermannstadt) rechts abbiegen (»An der Martinswand«); vorher parken. Auf dem Wanderweg zur Stempfermühle in 2 min zum Napoleon.

Besonderheit
Viele lohnende Klassiker von leicht bis mittelschwer.

① Membrane................. 8+
② Freundschaftsweg........... 7
③ Albert Engelhardt Ged.-Weg.... 7+
④ Westriss.................. 5
⑤ Westwand *(evtl. Keile)*........ 4+
⑥ Nordkante................. 5+
⑦ Sachzwang .... 6+
⑧ Südwestwand .... 6+
⑨ Variante.................. 7-
⑩ Südkante.................. 7

Gößweinstein
292 Obere Gößweinsteiner Wände
293 Untere Gößweinsteiner Wände
294 Martinswand
295 Schwalbenstein
296 Napoleon
297 Emporwand
298 Fehensteine
299 Eibenwände
300 Wickenstein
301 Gernerfels
Übersichtskarte 2 *(S. 16)*

296 Napoleon

| 20 - 30 m | W + O

Ostseite | 25 m

Napoleonswand Napoleonsblock

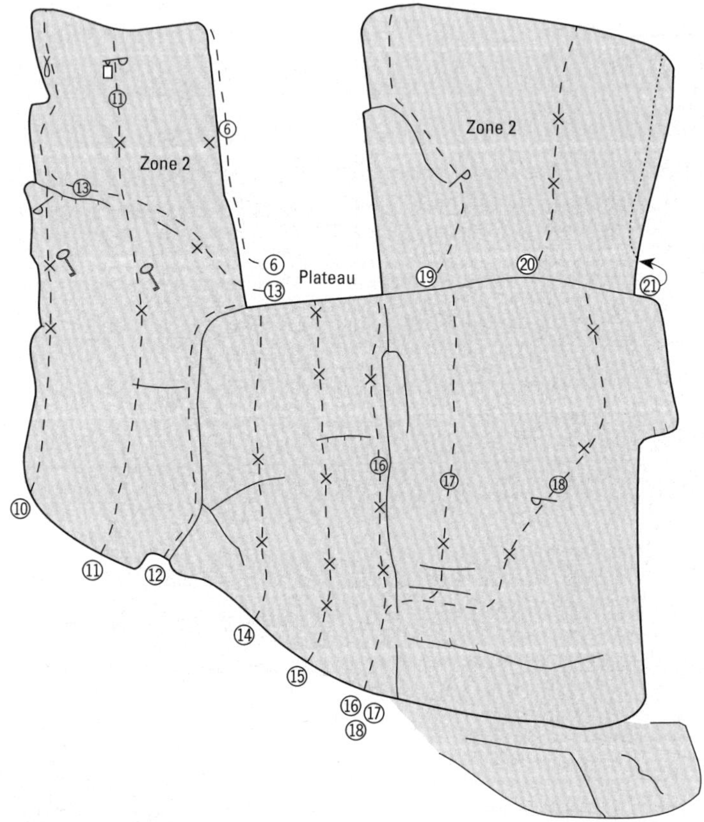

⑥ Nordkante	5+	
⑩ Südkante	7	
⑪ Direkte Ostwand	7-	
⑫ Plateau Normalweg	3	
⑬ Ostwand	4+	
⑭ Osterhasenweg	6+	
⑮ Finale	7+	
⑯ Neuer Gemsenweg	5+	
⑰ Schrieferweg	7+	
⑱ Alter Gemsenweg	7	
⑲ Block Ostwand	6+	
⑳ Abseilwand	7	
㉑ Nordwand	6	

Zugang

Kurz vor Ortsende Gößweinstein (Richtung Ebermannstadt) rechts abbiegen (»An der Martinswand«); vorher parken. Auf dem Wanderweg zur Stempfermühle in 2 min zum Napoleon.

Besonderheit

Viele lohnende Klassiker von leicht bis mittelschwer.

Westseite

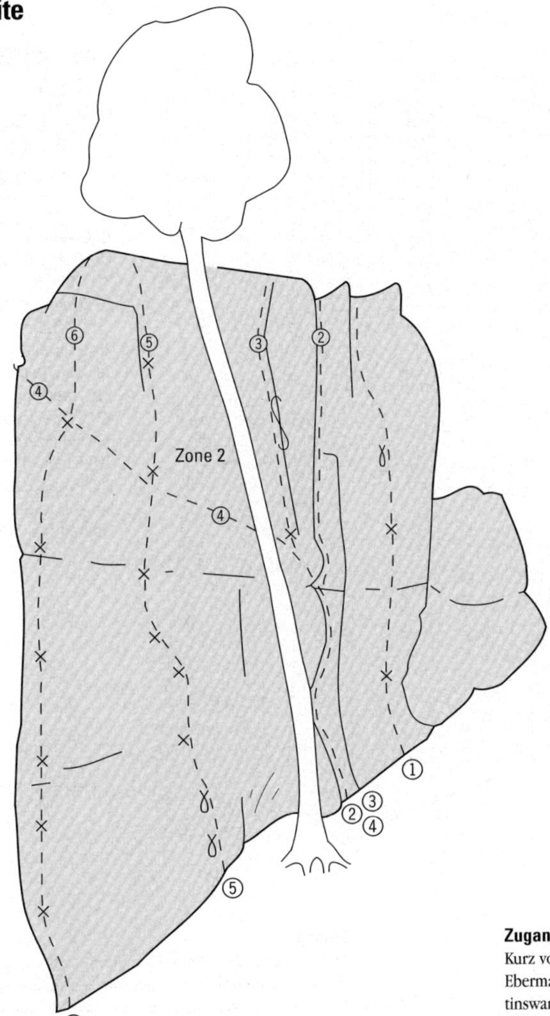

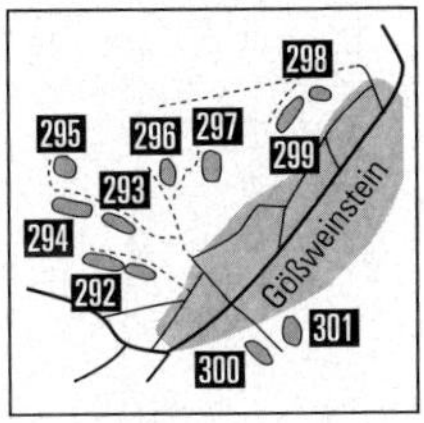

Gößweinstein
292 Obere Gößweinsteiner Wände
293 Untere Gößweinsteiner Wände
294 Martinswand
295 Schwalbenstein
296 Napoleon
297 Emporwand
298 Fehensteine
299 Eibenwände
300 Wickenstein
301 Gernerfels
Übersichtskarte 2 *(S. 16)*

Zugang
Kurz vor Ortsende Gößweinstein (Richtung Ebermannstadt) rechts abbiegen (»An der Martinswand«); vorher parken. Auf dem Wanderweg zur Stempfermühle in 2 min zum Napoleon. Von dort auf dem Wanderweg weiter zur Emporwand (sie liegt östlich des Napoleons).

Besonderheit
Lohnende, lange Klassiker. »Jericho«, »Silberner Oskar« und »1984« sind typische Beispiele für die hervorragenden Wege, die Martin Grulich in den Achtzigern erschlossen hat.

① Fröschliweg 7-
② Westkamin 5
③ Westriss 6-
④ Emporweg 6
⑤ Jericho 7-
⑥ Silberner Oskar 7-

297 Emporwand

| 25 m | W + NO

Nord- und Ostseite

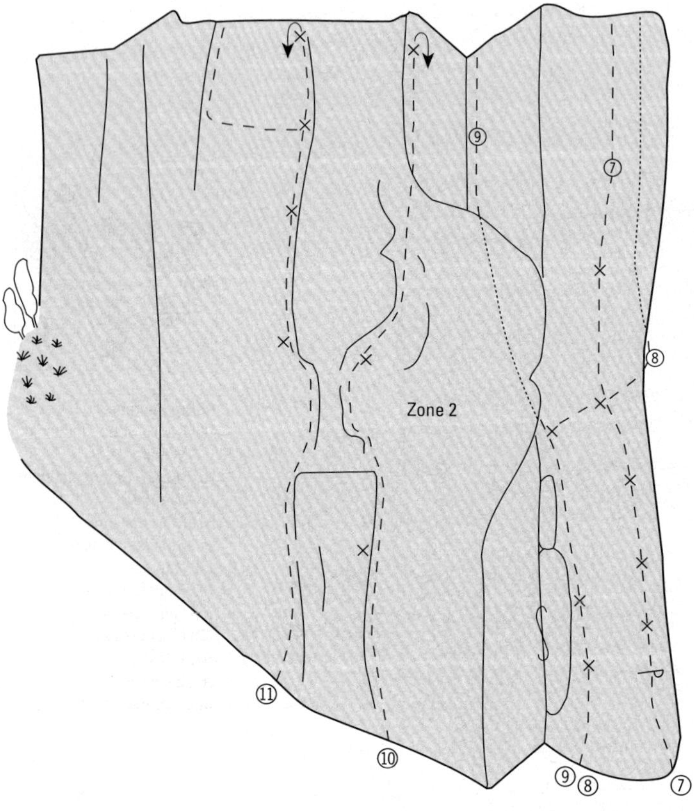

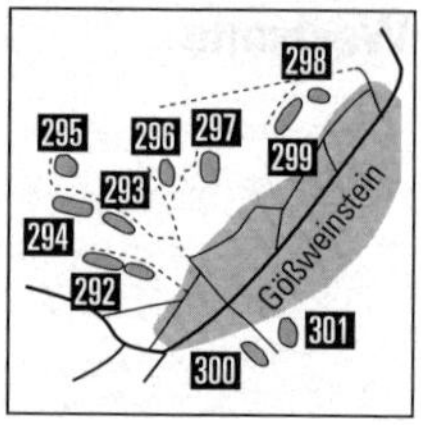

Gößweinstein
292 Obere Gößweinsteiner Wände
293 Untere Gößweinsteiner Wände
294 Martinswand
295 Schwalbenstein
296 Napoleon
297 Emporwand
298 Fehensteine
299 Eibenwände
300 Wickenstein
301 Gernerfels
Übersichtskarte 2 *(S. 16)*

⑦ 1984	7+	
⑧ Choleravariante	6	
⑨ Emporkamin	6-	
⑩ Handschuhfach	5+	
⑪ Salamanderweg (*2 Ausstiege*)	6	

Zugang

Kurz vor Ortsende Gößweinstein (Richtung Ebermannstadt) rechts abbiegen (»An der Martinswand«); vorher parken. Auf dem Wanderweg zur Stempfermühle in 2 min zum Napoleon. Von dort auf dem Wanderweg weiter zur Emporwand (sie liegt östlich des Napoleons).

Besonderheit

Lohnende, lange Klassiker. »Jericho«, »Silberner Oskar« und »1984« sind typische Beispiele für die hervorragenden Wege, die Martin Grulich in den Achtzigern erschlossen hat.

Fehensteine

| 17 m | W + O | 298

Westseite

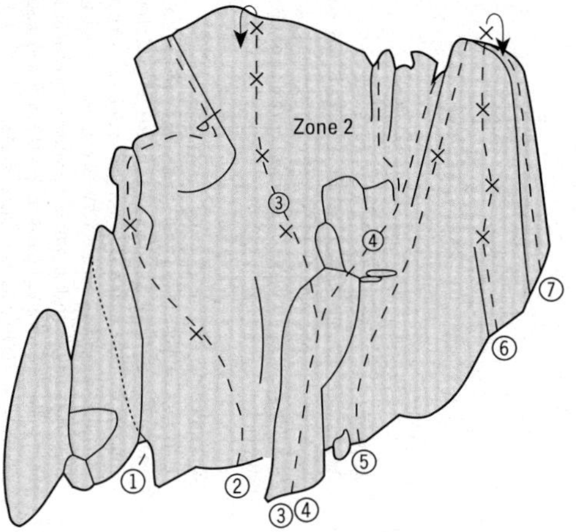

①	Schlupfkamin (Durchschlupf)	4-
②	Hick Hack	6
③	Husarenstreich	6
④	Westseite	2
⑤	Bahnhof Gößweinstein	5-
⑥	Rue de Inge	6-
⑦	Bergseite	4
⑧	Lippe	6+
⑨	Der grüne Heinrich	6
⑩	Pensionistenquergang	6-
⑪	Sabberlott	8
⑫	Dornröschenpfeiler	6
⑬	Flechtenkamin	3
⑭	Biologenriss	6

Ostseite

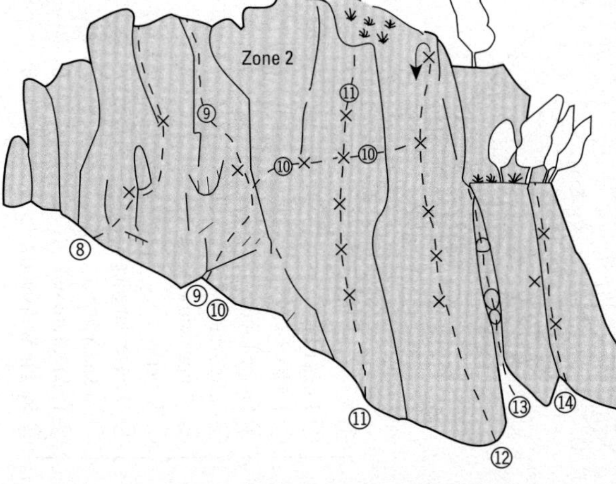

Zugang

Parken in der Badangerstraße (östliches Ortsende Gößweinstein). Bei der Pension Stempferhof auf Wanderweg in Richtung Stempfermühle, bis bei einer gelben Bank links der Pfad zu den Felsen abzweigt.

Besonderheit

Das Naturschutzgebiet Eibenwald war der Vorreiter der Zonierungskonzepte. Die breite Akzeptanz bei Kletterern und Naturschützern hat dazu geführt, dass hier und auch in fast allen anderen Gebieten nunmehr ein friedliches Miteinander von Klettern und Naturschutz ermöglicht wurde. Sperrungen werden meist nicht willkürlich verordnet, sondern dort *(i.a. befristet)* ausgesprochen, wo ein begründeter Anlass besteht.

Linker Wandteil | 17 m | NW

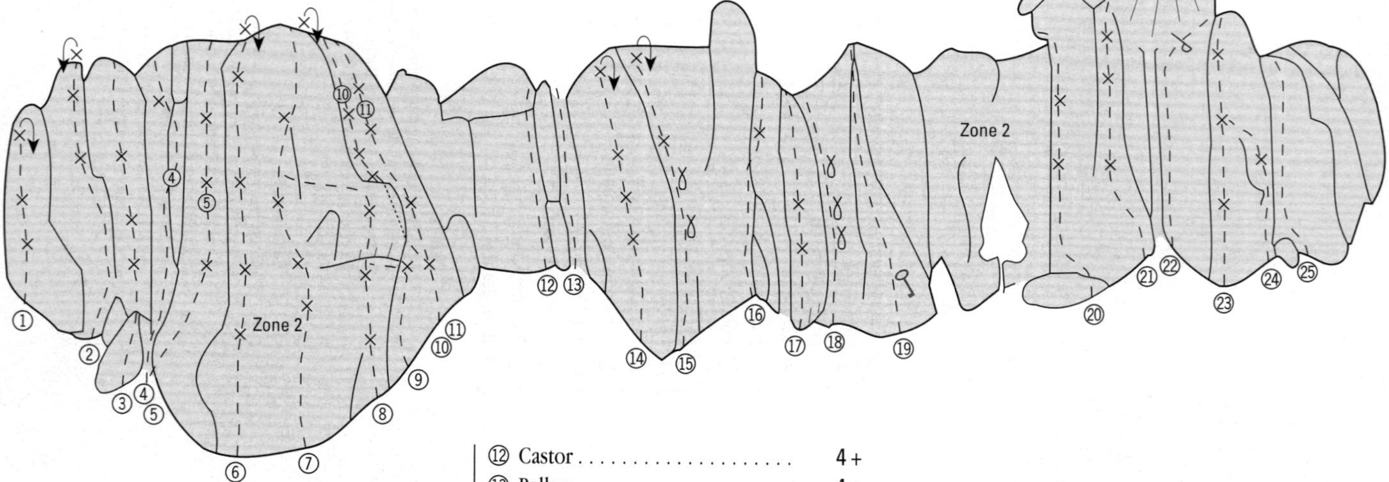

①	?	7
②	Langer Riss	5 -
③	Halb so wild	7 -
④	Simpelkamin	3 +
⑤	Kalte Zeiten	7 +
⑥	Nonplusultra	8
⑦	Superfly	7 +
⑧	Direkter Einstieg	7
⑨	Nussknacker	7
⑩	Linke Westwand	5
⑪	Rechte Westwand	6

⑫	Castor	4 +
⑬	Pollux	4 +
⑭	Kaffeepause	6 +
⑮	Hobbitkante	4 +
⑯	Trouble with Terry	4
⑰	Weg durch den Pelz	6 +
⑱	Rippe	5 -
⑲	Freddy Krüger	e2/8 -
⑳	Wichtelriss	6
㉑	Hallodri	6
㉒	Grattlerkamin	5 -
㉓	Grattlerkante	7 +
㉔	Elfenweg	6
㉕	Elfenverschneidung	4

Zugang
Parken in der Badangerstraße (östliches Ortsende Gößweinstein). Bei der Pension Stempferhof auf Wanderweg in Richtung Stempfermühle, bis bei einer gelben Bank links der Pfad zu den Felsen abzweigt.

Besonderheit
Das Naturschutzgebiet Eibenwald war der Vorreiter der Zonierungskonzepte. Die breite Akzeptanz bei Kletterern und Naturschützern hat dazu geführt, dass hier und auch in fast allen anderen Gebieten nunmehr ein friedliches Miteinander von Klettern und Naturschutz ermöglicht wurde. Sperrungen werden meist nicht willkürlich verordnet, sondern dort *(i.a. befristet)* ausgesprochen, wo ein begründeter Anlass besteht.

Mittlerer Wandteil | 10 - 20 m | NW

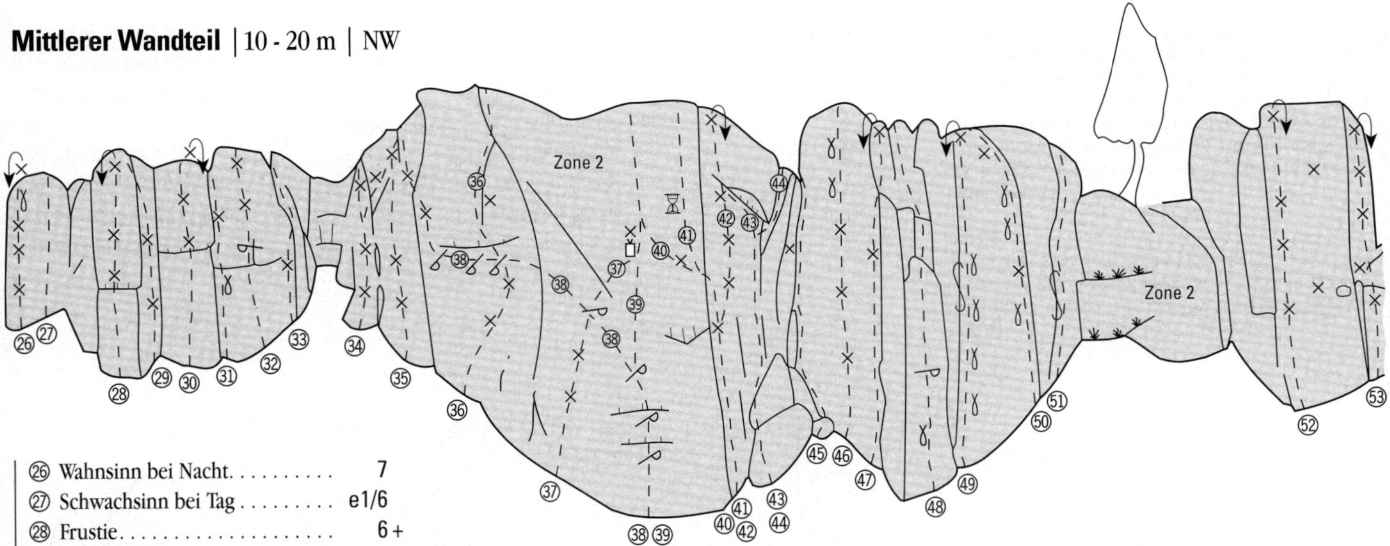

㉖ Wahnsinn bei Nacht	7	
㉗ Schwachsinn bei Tag	e1/6	
㉘ Frustie	6 +	
㉙ Rheumatikerriss	5	
㉚ Flocky	7 -	
㉛ Knieschnackler	6 +	
㉜ Hupfauf	7	
㉝ Ischiasverschneidung	4	
㉞ Bahnhofsweg (*2 Ausstiege*)	6	
㉟ *Projekt*		
㊱ Ramba Zamba	8 -	
㊲ Meisterwerk	9 -	
㊳ Via mala	7 +	
㊴ Via mala direkt	7 +	
㊵ Via Bella	4 +	
㊶ Nebelkante	4	

㊷ Schlawiner	6 -	
㊸ Dachl	6 -	
㊹ Gößweinsteiner Kamin	4 -	
㊺ Jungfernriss	6 -	
㊻ Halve Hahn	8 -	
㊼ Graue Verschneidung	6	
㊽ Odin	7	
㊾ Gerader Riss	4 +	
㊿ Schwarze Kante	5	
(51) Diagonalriss	5	
(52) Kurzer Riss	6	
(53) Weg der Knoblauchbrüder	6 +	

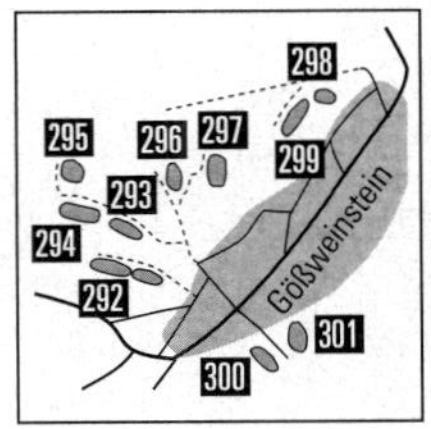

Gößweinstein
292 Obere Gößweinsteiner Wände
293 Untere Gößweinsteiner Wände
294 Martinswand
295 Schwalbenstein
296 Napoleon
297 Emporwand
298 Fehensteine
299 Eibenwände
300 Wickenstein
301 Gernerfels
Übersichtskarte 2 *(S. 16)*

Rechter Wandteil | 15 - 23 m | NW

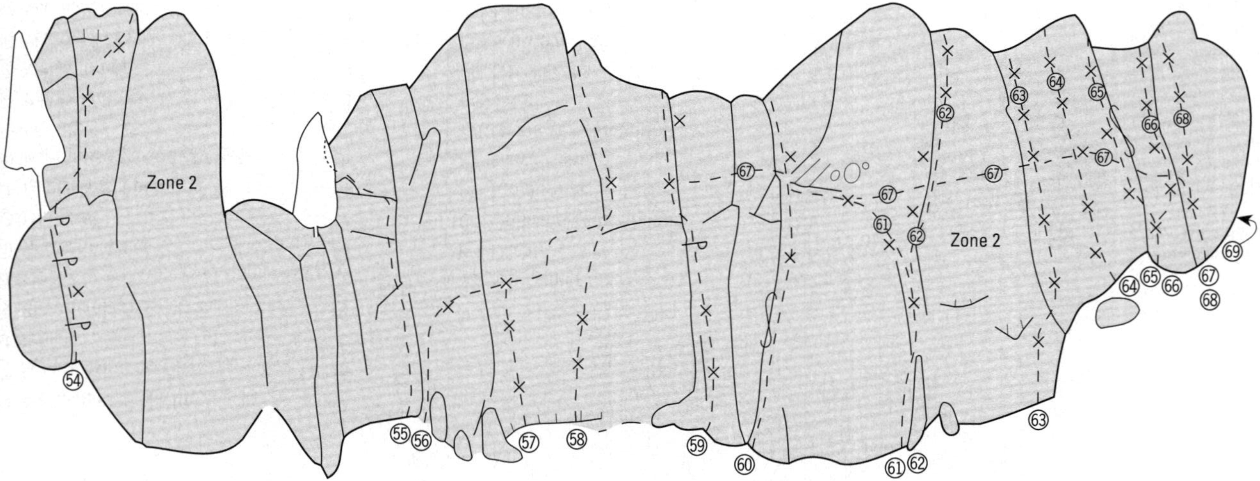

54	Rentnersteig	6
55	Schwartenriss (*Keile*)	5+
56	Philosophenweg	e1/6+
57	Frostfinger	e1/7+
58	?	e2/8
59	Bayernverschneidung	6
60	Direkte Bayernwand	6
61	Bayernwand	6
62	Sepplriss	7-
63	Schlendrian	7-
64	Volle Lotte	7+
65	Hansdampf	6+
66	Pulce di Montagna	6+
67	Charivari	a0/6
68	Steinbeisser	7-
69	Weißwurstkamin	6-

Zugang

Parken in der Badangerstraße (östliches Ortsende Gößweinstein). Bei der Pension Stempferhof auf Wanderweg in Richtung Stempfermühle, bis bei einer gelben Bank links der Pfad zu den Felsen abzweigt.

Besonderheit

Das Naturschutzgebiet Eibenwald war der Vorreiter der Zonierungskonzepte. Die breite Akzeptanz bei Kletterern und Naturschützern hat dazu geführt, dass hier und auch in fast allen anderen Gebieten nunmehr ein friedliches Miteinander von Klettern und Naturschutz ermöglicht wurde. Sperrungen werden meist nicht willkürlich verordnet, sondern dort *(i.a. befristet)* ausgesprochen, wo ein begründeter Anlass besteht.

Wickenstein

| 16 m | NO **300**

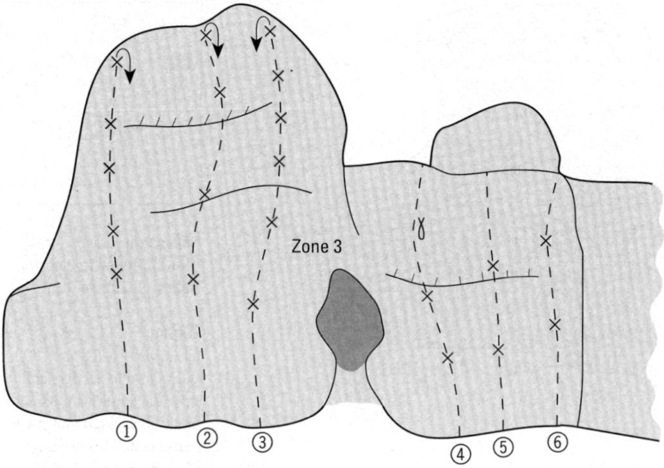

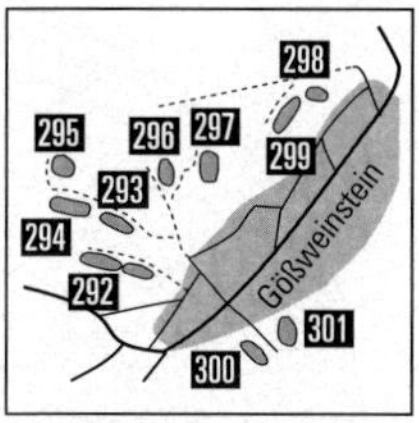

Gößweinstein
292 Obere Gößweinsteiner Wände
293 Untere Gößweinsteiner Wände
294 Martinswand
295 Schwalbenstein
296 Napoleon
297 Emporwand
298 Fehensteine
299 Eibenwände
300 Wickenstein
301 Gernerfels
Übersichtskarte 2 *(S. 16)*

Zugang
Siehe unten bei Gernerfels.

①	Feuer der Leidenschaft	7+
②	Feuer, das Leiden schafft......	8-
③	Das Feuer, das Leben schafft ...	8-
④	Martin's Nachlass............	8
⑤	*Projekt*	
⑥	Kooschützkys Rammelstrecke ..	6+

Gernerfels

| | 17 m | NW **301**

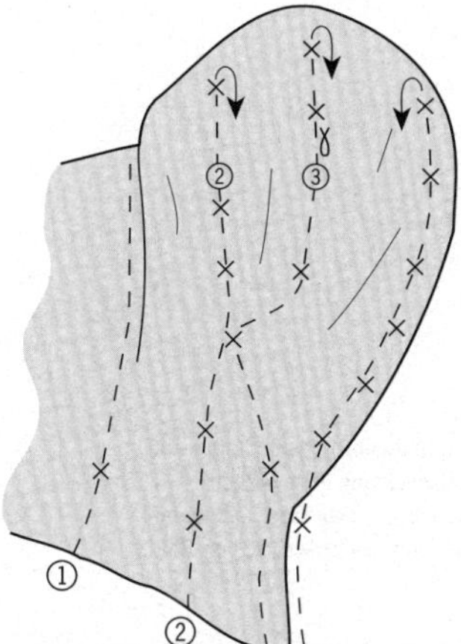

Zugang
In Gößweinstein bei der Basilika in Richtung »Kreuzberg« fahren und gegenüber des Friedhofs parken. Weiter oben folgt man der Straße »Am Kreuzberg«. Bei der Abzweigung zur Theaterhöhle diesem Weg rechts folgen und nach wenigen Metern (kurz hinter einem Maschendrahtzaun) rechts auf einem Trampelpfad 150 m weiter zu Wickenstein und Gernerfels.

Besonderheit
Beste fränkische Überhangkletterei. Die »Supernase« wurde von Wolfgang Güllich solo geklettert.
Sonntags freiwilliger Kletterverzicht wegen der Lage hinter einem Privathaus, um einer Sperrung vorzubeugen.

①	Gaffer im Nacken	6-
②	Albatros..................	8-
③	Supernase.................	8
④	Top Ten..................	9

302 Bärenstein

| 11 m | NO

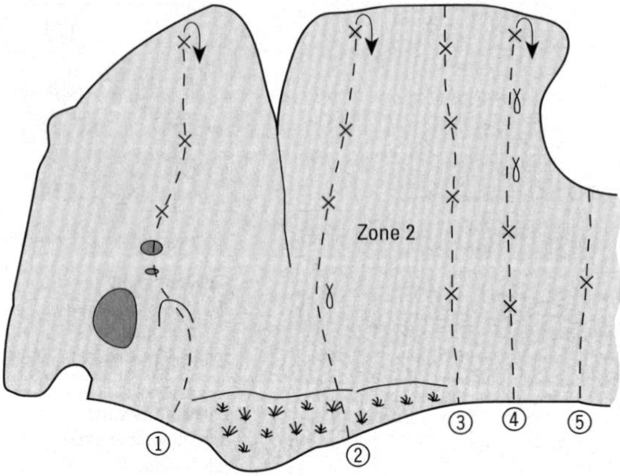

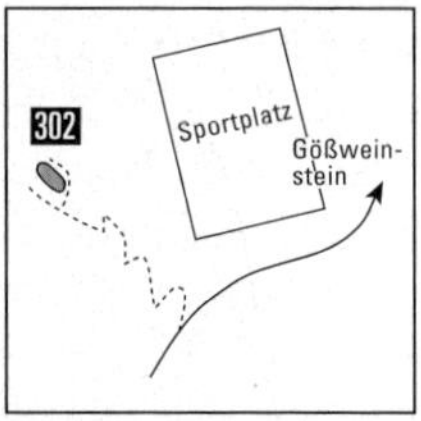

① Jederzeit Sicherheit	7-
② Café Greif	7
③ Running up that Hill	7+
④ 36 Stimmen	7
⑤ Nackt im Wind	5+

Bärenstein
Übersichtskarte 2 *(S. 16)*
Übersichtskarte 3 *(S. 17)*

Zugang
Im westlichen Teil von Gößweinstein bei der Tankstelle die Straße »Am Bärenstein« hochfahren und spätestens bei der Abzweigung »Zum Bärenstein« parken. Hier rechts hoch, beim linken Tor des Sportplatzes links und bald wieder rechts auf Stufen zum Felsen.

Besonderheit
Schöner, löchriger Jurafels.

303 Niceguy-Wändchen

| 8 m | W

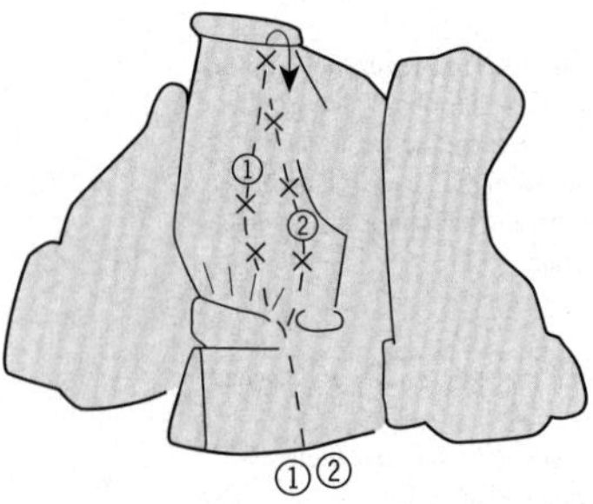

Zugang
Von Gößweinstein in Richtung Stadelhofen und 300 m nach der Abzweigung links parken (»Rundweg Breitenberg«). Das Türmchen befindet sich 40 m oberhalb des Parkplatzes im Wald.

① Luxus	7-
② Mr. Nice Guy	8+

Aussichtsfels

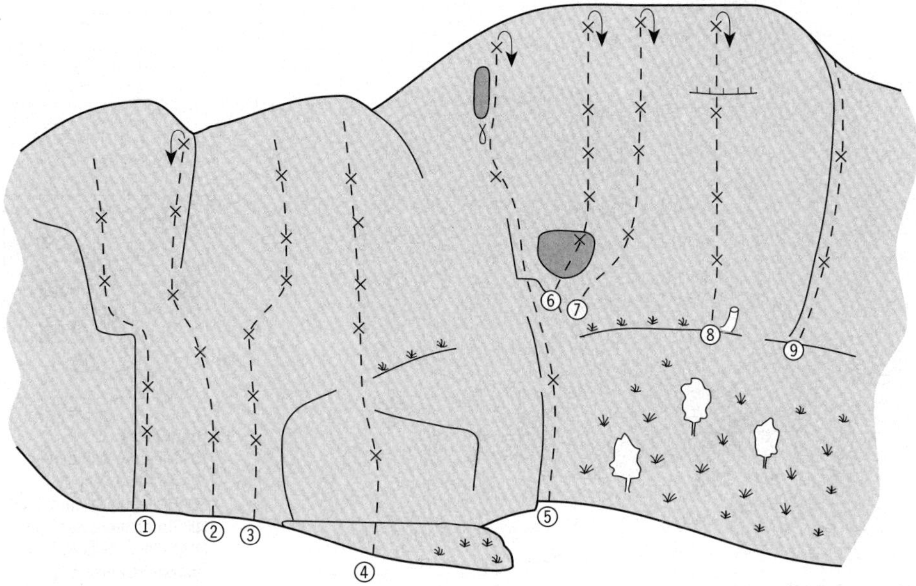

① Sonnenfinsternis	5+	
② Unbekannte	6-	
③ Komet	6	
④ Sternschnuppe	6+	
⑤ Verschneidung	6	
⑥ Seperate Insanity	9	
⑦ Nie wieder Köln	8	
⑧ Oma Eichler	7	
⑨ *Projekt*		

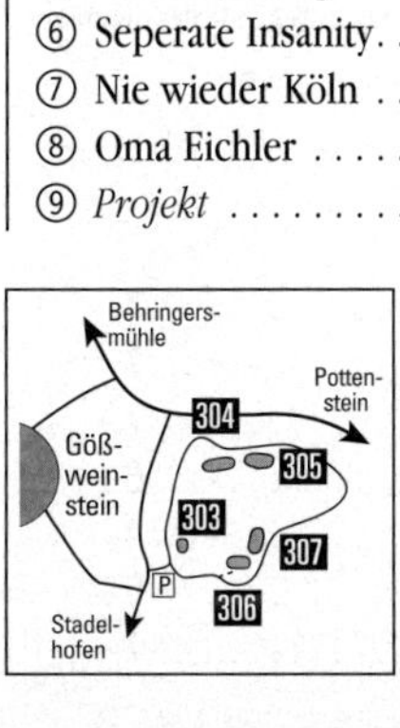

Breitenberg
303 Niceguy-Wändchen
304 Aussichtsfels
305 Breitenberg Nordwand
306 Breitenberg Südwand
307 Fellner Dolinenwand
Übersichtskarte 2 *(S. 16)*
Übersichtskarte 3 *(S. 17)*

Zugang
Von Gößweinstein in Richtung Stadelhofen und 300 m nach der Abzweigung links parken (»Rundweg Breitenberg«). Auf dem Rundweg parallel zur Straße wieder erst in nördlicher, dann in östlicher Richtung gehen. 40 m nach der Wegbiegung steht ein Gesperrt-Schild, kurz danach eine Bank. 20 m nach der Bank geht ein Pfad rechts hoch zu den Felsen.
Links vom Aussichtsfels steht die Breitenberg Nordwand.

Besonderheit
Große Nordwand mit beeindruckendem Höhlenloch in Wandmitte. Links findet man senkrechte Wandkletterei, rechts beginnen die Wege sehr steil, um in eine Löcherwand zu münden. Nur die Einstiege sind etwas verwachsen.

305 Breitenberg Nordwand

| 12 - 20 m | N

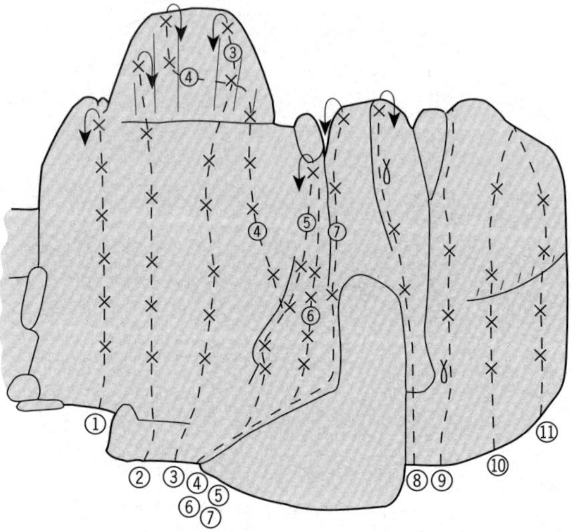

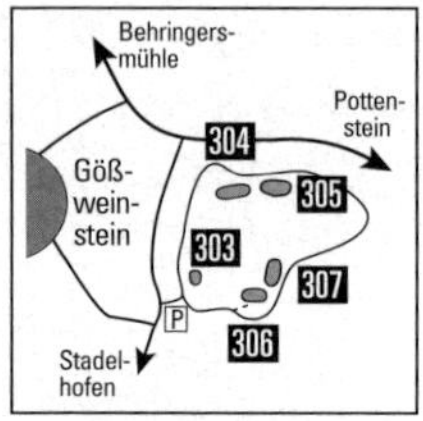

Breitenberg
303 Niceguy-Wändchen
304 Aussichtsfels
305 Breitenberg Nordwand
306 Breitenberg Südwand
307 Fellner Dolinenwand
Übersichtskarte 2 *(S. 16)*
Übersichtskarte 3 *(S. 17)*

Kesselpfeiler | 12 m | NO

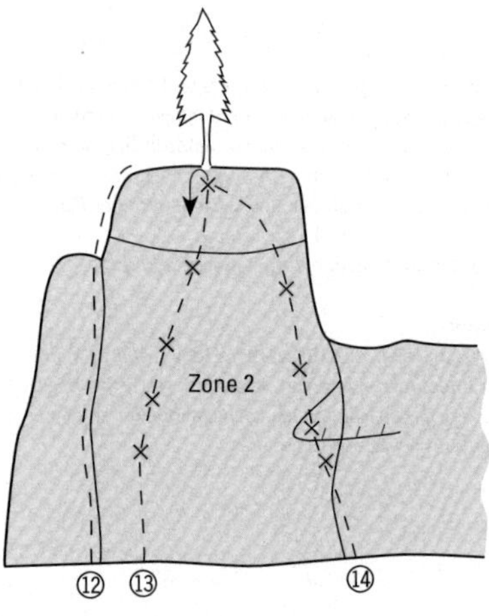

Zugang

Von Gößweinstein in Richtung Stadelhofen und 300 m nach der Abzweigung links parken (»Rundweg Breitenberg«). Auf dem Rundweg parallel zur Straße wieder erst in nördlicher, dann in östlicher Richtung gehen. 40 m nach der Wegbiegung steht ein Gesperrt-Schild, kurz danach eine Bank. 20 m nach der Bank geht ein Pfad rechts hoch zum Aussichtsfels. Noch 100 m weiter und rechts hoch zur Breitenberg Nordwand. Der Kesselpfeiler steht 50 m rechts oberhalb.

Besonderheit

Längere Wege in gutem Fels. Ideales Sommermassiv.

①	Margot Engelhardt Ged.-Weg	7
②	Leni Rübensal Ged.-Weg	8
③	Verlassen des Weges verboten	8/8 +
④	Emergency Exit	8 +
⑤	Weißbär	7
⑥	Diescha	7
⑦	Baldauf	7 -
⑧	Kampfsau	7
⑨	XXX	7 -
⑩	?	7 -
⑪	?	6 +
⑫	Risskamin (*Keile*)	4
⑬	Petit Mouton	6 +
⑭	Senza Sega	7 -

Breitenberg Südwand

| 10 - 14 m | S **306**

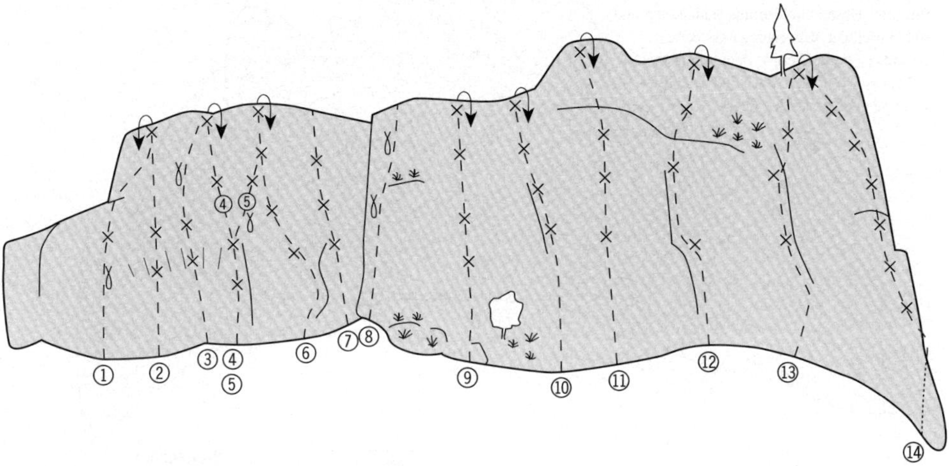

①	Schlingenweg	6+
②	R 2	7-
③	Je t'aime	7
④	Wassermann	6
⑤	Pfeilerweg	6+
⑥	Jungfrau	5+
⑦	Neigsabbt	5+
⑧	April Flocke	4
⑨	Siebenschläfer	6+
⑩	Löwe	4
⑪	Barbarelli-Weg	4+
⑫	Stier	3+
⑬	Krebs	4
⑭	Geil und brüchig	6+

Zugang

Von Gößweinstein in Richtung Stadelhofen und 300 m nach der Abzweigung links parken (»Rundweg Breitenberg«). Dem Rundweg nach rechts (östlich) folgen. Nach 300 m links aufwärts zu den Felsen.

Besonderheit

Schöne Henkelklettereien an sonniger Südwand.

307 Fellner Dolinenwand

| 15 m | O

Zugang
Von Gößweinstein in Richtung Stadelhofen und 300 m nach der Abzweigung links parken (»Rundweg Breitenbärg«). Dem Rundweg nach rechts (östlich) folgen. Nach 300 m steht die Wand 30 m oberhalb des Weges.

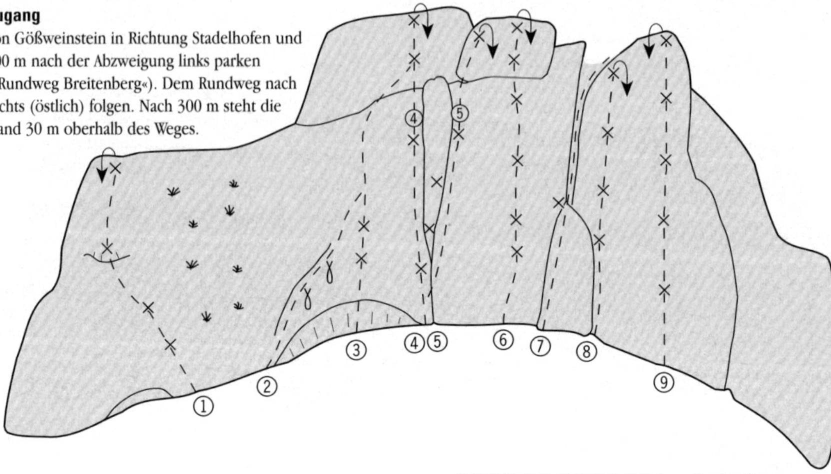

- ① Falscher Höhleneingang 5
- ② Auf leisen Sohlen 6-
- ③ Höhlenbär................. 7
- ④ Linker Spion 7
- ⑤ Rechter Spion 7
- ⑥ Weg des Paukers 7
- ⑦ Schöner Dreier 3
- ⑧ Logisch .... 5+
- ⑨ Direkter Dolinenpfeiler....... 6

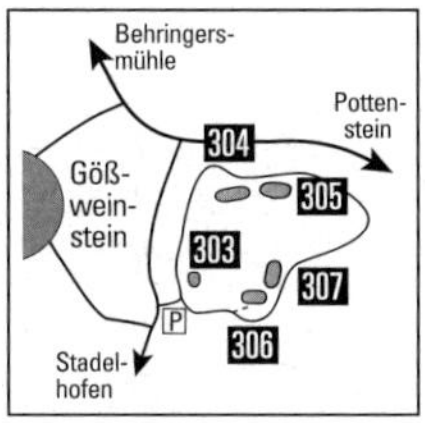

Breitenberg
303 Niceguy-Wändchen
304 Aussichtsfels
305 Breitenberg Nordwand
306 Breitenberg Südwand
307 Fellner Dolinenwand
Übersichtskarte 3 *(S. 17)*

Besonderheit
Sehr schöne, typisch fränkische Wandkletterei.

307 Parkplatzwandl

| 8 m | N

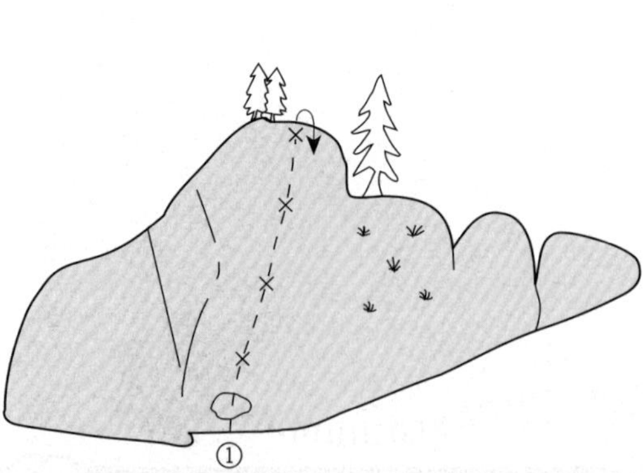

- ① Parkplatzwandl .... 7+/8-

Zugang
Von Gößweinstein in Richtung Stadelhofen und nach 1 km am Wanderparkplatz parken. Rechts oberhalb steht die Wand.

Besonderheit
Kurz vor Druck des Führers kam die Meldung, dass die Haken fehlen und der Fels evtl. gesperrt wird.

Lustige Wand

12 m | S + O **309**

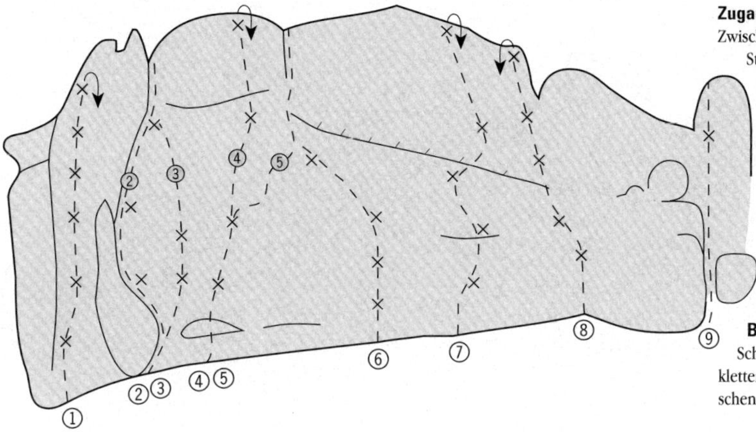

Zugang
Zwischen Gößweinstein und Stadelhofen bei der Abzweigung nach Prügeldorf am Wanderparkplatz parken (1 km von Gößweinstein). Auf schmaler Forststraße in Richtung Prügeldorf. Nach 350 m beim Pavillon rechts. Nach 30 m steht die Lustige Wand rechts des Weges.

Besonderheit
Schöne fränkische Wandklettereien mit echt fränkischen Namen.

① ?	
② Gräfenberger Lindenbräu	5+
③ Hetzelsdorfer Bier	6+
④ Hohenschwärzer	6+
⑤ Dietzhofer	6+
⑥ ?	7
⑦ Hundshaupter Lager	7
⑧ Krug	7+
⑨ Unterzaunsbacher	5+

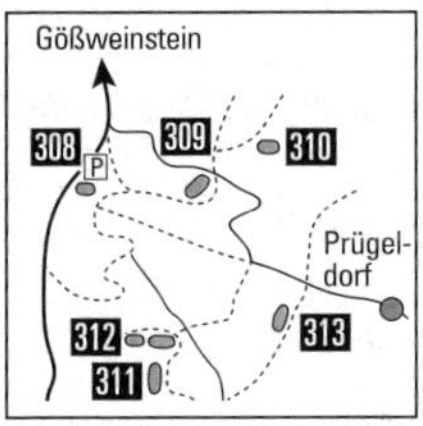

Prügeldorf
308 Parkplatzwandl
309 Lustige Wand
310 Vogeltränke
311 Vord. Stadelhof. Wände
312 Hint. Stadelhof. Wände
313 Prügelddorfer Wand
Übersichtskarte 3 *(S. 17)*

Vogeltränke

12 m | N **310**

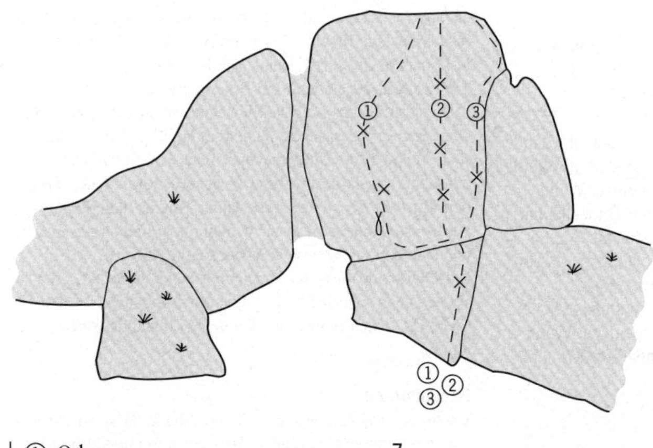

Zugang
Zwischen Gößweinstein und Stadelhofen bei der Abzweigung nach Prügeldorf am Wanderparkplatz parken (1 km von Gößweinstein). Auf schmaler Forststraße in Richtung Prügeldorf. Nach 350 m zweigt beim Pavillon rechts der Weg zur Lustigen Wand ab.
Geht man beim Pavillon links und gleich wieder rechts, so gelangt man zur Vogeltränke.

① Odyssee	7-
② Eibenweg	7-
③ Verschneidung	6-

311 Vordere Stadelhofener Wände

| 20 m | O

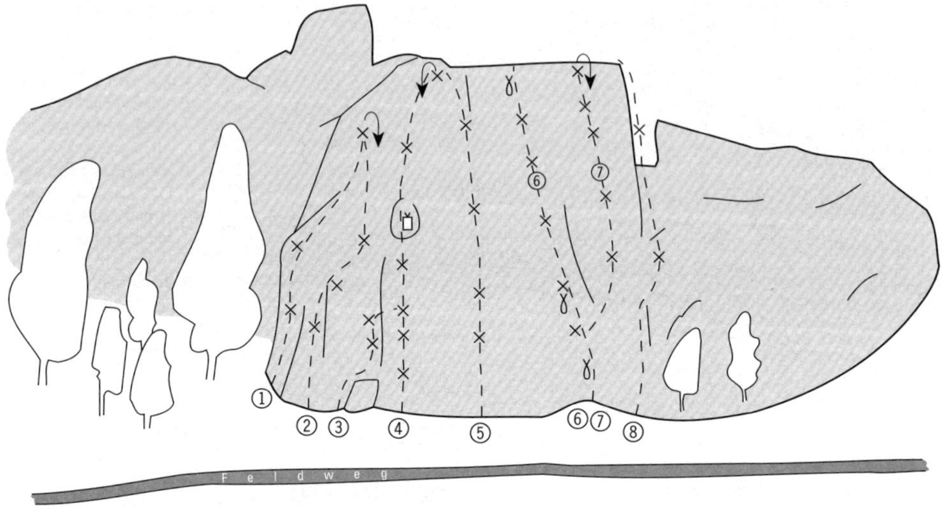

① Sumpfwurzweg 6
② Tauchertour. . . . . 7+
③ Küchenschellenweg. . . . . 6+
④ Rumpel di Pumpel 7
⑤ Ein Fall für Lassix Long . . . . e1/7+
⑥ Schlüsselblumenweg. 7
⑦ In Birra Veritas 8-
⑧ Waldvögelein. . . . . 4+

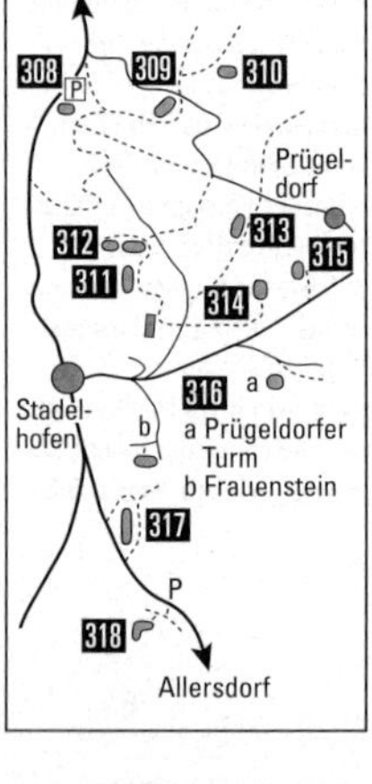

Prügeldorf/Stadelhofen
308 Parkplatzwandl
309 Lustige Wand
310 Vogeltränke
311 Vord. Stadelhof. Wände
312 Hint. Stadelhof. Wände
313 Prügeldorfer Wand
314 Stadelh. Dunkelkammer
315 Herbstwand
316 Prügeldorfer Turm und Frauenstein
317 Östl. Förstelsteinkette
318 Fertinger Ged.-Wand
Übersichtskarte 3 *(S. 17)*

Zugang

Zwischen Gößweinstein und Stadelhofen bei der Abzweigung nach Prügeldorf am Wanderparkplatz parken (1 km von Gößweinstein). Vom Parkplatz führt an der nördlichen (hinteren) Begrenzung ein deutlicher Weg links über eine kleine Bergkuppe, er trifft nach wenigen Metern auf einen breiten Forstweg (Waldlehrpfad, Markierung »Rotkreis, Fuchs«), hier nach rechts gehen, dem Forstweg ca. 300 m folgen, bis rechts eine deutliche Fuhre (Markierung: »Gelbkreis«) aus dem Wald führt. Folgt man dieser, sieht man bereits nach wenigen Metern Gehstrecke hinter einem Acker rechterhand die Hinteren Stadelhofener Wände liegen. Bitte nicht quer über das Feld laufen, sondern dem Weg noch ca. 150 m folgen, bis am Ende des Ackers ein schmaler aber deutlicher Pfad zu den rechts gelegenen Hinteren Stadelhofener Wänden führt. An deren linkem Ende führt ein Weg über eine kleine, steile Kuppe zu den Vorderen Stadelhofener Wänden. Kletterer mit Kinderwagen parken besser an der »Lustigen Wand«, folgen dem Forstweg der an dieser vorbeiführt (Markierung »Rotkreis, Fuchs« = oben beschriebener Waldlehrpfad) und biegen dann zu den Kletterfelsen rechts ab (Markierung: »Gelbkreis«).
Die Wände sind auch von Stadelhofen aus zu erreichen *(siehe Skizze)*, dann solte aber unbedingt auch dort geparkt werden und nicht an den Feldwegen oder deren Einmündung in die Straße.

Besonderheit

Klassisches und sehr beliebtes Klettergebiet für Routen in den mittleren Schwierigkeitsgraden. Der Fels ist fest und löchrig, zudem ist die Lage schön und ruhig.

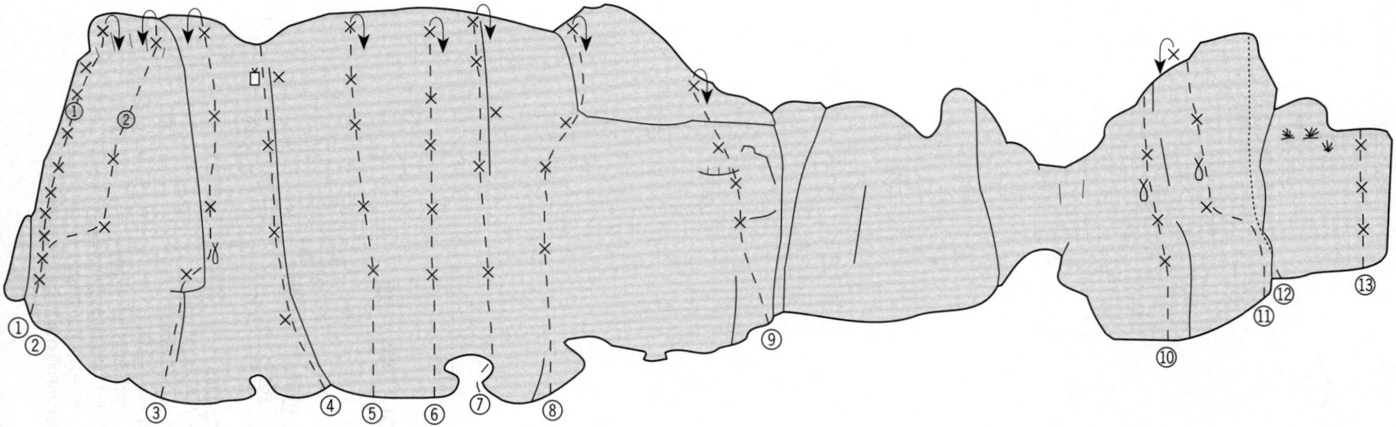

Besonderheit
Klassisches und sehr beliebtes Klettergebiet für Routen in den mittleren Schwierigkeitsgraden. Der Fels ist fest und löchrig, zudem ist die Lage schön und ruhig.

Ganz rechts

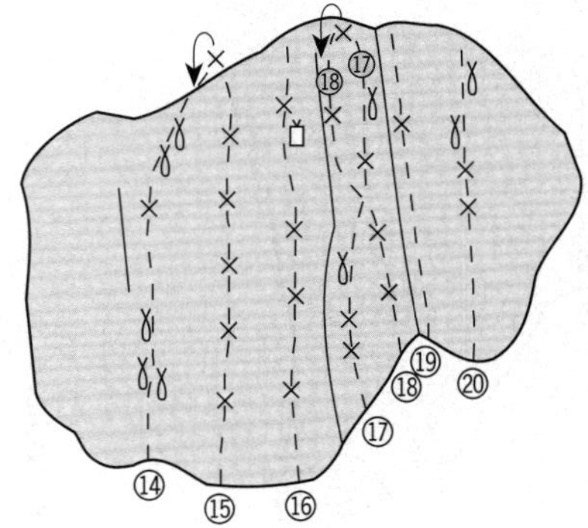

① R 1a (»Lucy Jones«)	5	
② Helmut Czernecki Ged.-Weg	6 -	
③ Hit 100 C	e1/7	
④ Reini Förster Ged.-Weg	7	
⑤ Woodcocks in Time	7 +	
⑥ Pressing	7	
⑦ Riss	7	
⑧ Zu spät (R 2)	6 +	
⑨ Rechts aussen (R 3)	5 +	
⑩ Nordwand	5	
⑪ Nordwestwand	5 -	
⑫ Südwestkante	6	
⑬ Zebulon	7	
⑭ Elliweg	5 +	
⑮ Strahlentod	7	
⑯ Bobeck	7 -	
⑰ R 3a	6	
⑱ Happy und verheiratet		
⑲ Kamin	4	
⑳ Rechte Kaminwand	7 -	

313 Prügeldorfer Wand

| 8 m | O

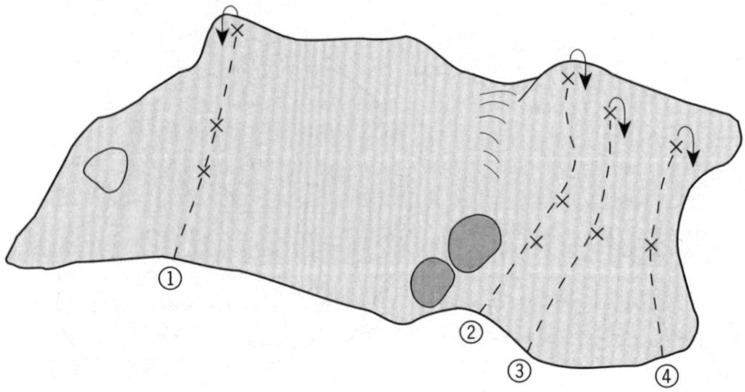

Ganz rechts

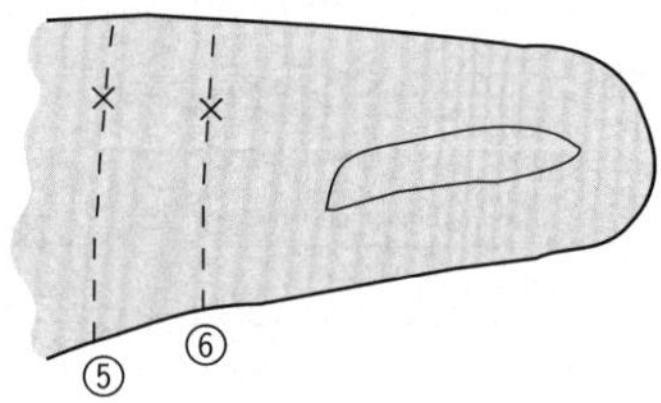

①	The Fox on the Hill	6-
②	?	7
③	Highlight	7+/8-
④	Äxit	7/7+
⑤	?	5
⑥	?	5

Zugang

• *Von Gößweinstein:* Zwischen Gößweinstein und Stadelhofen bei der Abzweigung nach Prügeldorf am Wanderparkplatz parken (1 km von Gößweinstein). Auf schmaler Forststraße in Richtung Prügeldorf. Am Pavillon vorbei (rechts steht die Lustige Wand) und weiter, bis man aus dem Wald herauskommt. Noch 100 m weiter und rechts über Wiese in den Wald laufen. Nach weiteren 200 m erscheint die Wand.

• *Von Prügeldorf:* Parken in Prügeldorf. Auf schmaler Straße in östliche Richtung und 100 m vor dem Waldrand nach links über Wiese in den Wald laufen. Nach weiteren 200 m erscheint die Wand.

Besonderheit

Kleines Wändchen mit wenigen Routen in ruhiger Lage.

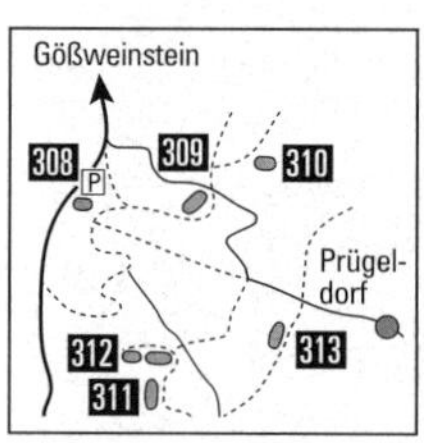

Prügeldorf
308 Parkplatzwandl
309 Lustige Wand
310 Vogeltränke
311 Vord. Stadelhof. Wände
312 Hint. Stadelhof. Wände
313 Prügelddorfer Wand
Übersichtskarte 3 *(S. 17)*

Stadelhofener Dunkelkammer

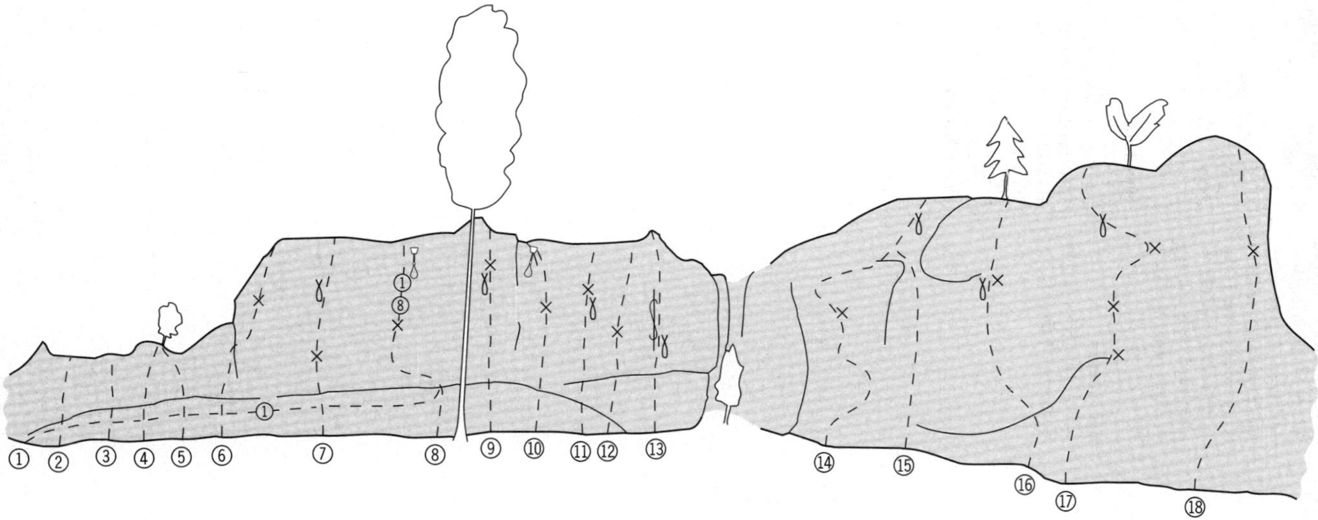

①	Muskelprotz	9
②	Music and Magic	7
③	Henry Thredgill	7
④	Birth and Rebirth	7+
⑤	Fuck	6+
⑥	Rova	7-
⑦	Babel	8-
⑧	Muskulus	7
⑨	Power Play	8
⑩	Elements of Surprise	8-
⑪	Cecil Taylor	7+
⑫	Jazz, Jazz, Jazz	7-/7
⑬	Vaterschaft	6
⑭	Zuck net	7-
⑮	Gundi spezial	7-
⑯	Zielbildungsprozess	7+
⑰	Kaumeier spezial	8-
⑱	The long March	7

Zugang
Parken am östlichen Ortsende von Stadelhofen. Auf der Straße noch 200 m in Richtung Siegmannsbrunn und links auf einen Feldweg abbiegen. Bei Garagen rechts abbiegen und 400 m am Waldrand entlang, dann links hoch in den Wald zu den Felsen.

Besonderheit
Meist sehr kurze Routen in einer kühlen Nordwand. Das Massiv wurde von Klaus Bauernschmitt erschlossen.

315 Herbstwand

| 12 m | NO

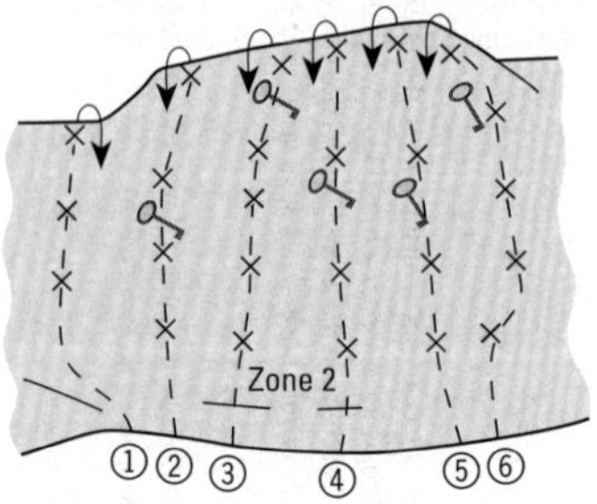

Zugang
Von Stadelhofen in Richtung Prügeldorf. Nach 900 m zweigt links eine Fuhre ab *(bescheidene Parkmöglichkeit, Fuhre nicht verstellen!)*. Oberhalb ist bereits ein Felsgeschröf sichtbar *(Rückseite)*. Man folgt der Fuhre knapp 100 m und steigt 40 m links zu den Einstiegen hoch.

Besonderheit
Leicht überhängende, löchrige Wand, sehr gut gesichert.

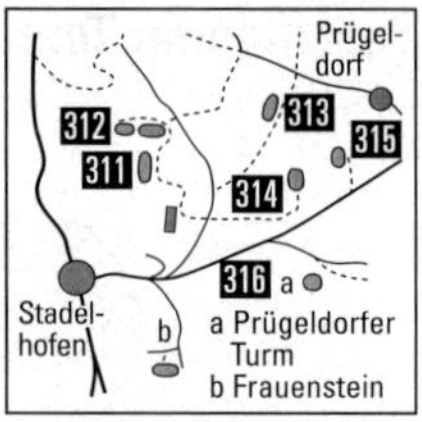

Stadelhofen
311 Vord. Stadelhof. Wände
312 Hint. Stadelhof. Wände
313 Prügelddorfer Wand
314 Stadelh. Dunkelkammer
315 Herbstwand
316 Prügeldorfer Turm und Frauenstein
Übersichtskarte 3 *(S. 17)*

① Easy Going .... 5 +
② Grüße aus Finale............ 7 +
③ Goldener Herbst............ 8 -
④ Zehntes Hilbertsches Problem.. 7
⑤ Herbstlaub .... 7 -
⑥ Nepomuk .... 6+/7 -

Prügeldorfer Turm | 10 m | O

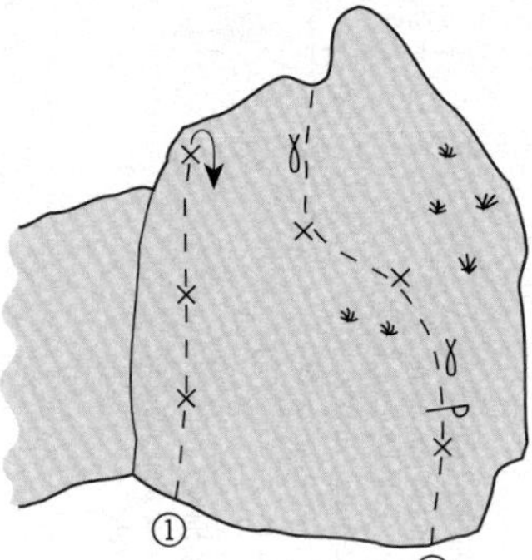

Zugang

Parken in Stadelhofen. Vom Ortsende auf der Straße 300 m in Richtung Sachsendorf, dann rechts auf Schotterstraße und bei Gabelung rechts auf Feldweg weiter zum Felsen, der rechts oberhalb des Weges steht *(im Sommer schlecht sichtbar, da sehr zugewachsen)*.

Besonderheit

Senkrechter, griffiger Fels. Der Prügeldorfer Turm ist so von Bäumen zugewachsen, dass man ihn leicht übersieht. Der Frauenstein ist teilweise etwas moosig.

Frauenstein | 16 m | NO

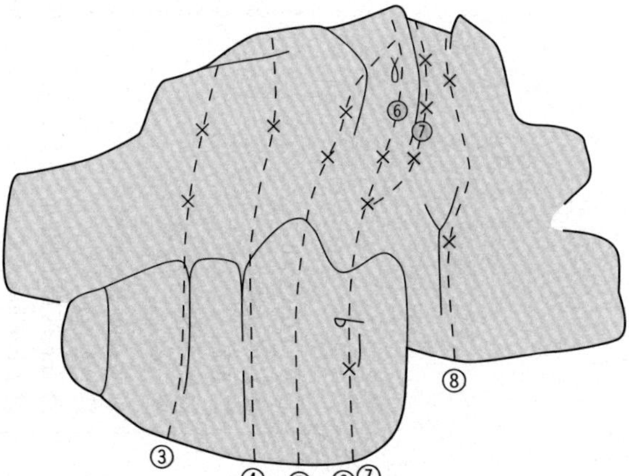

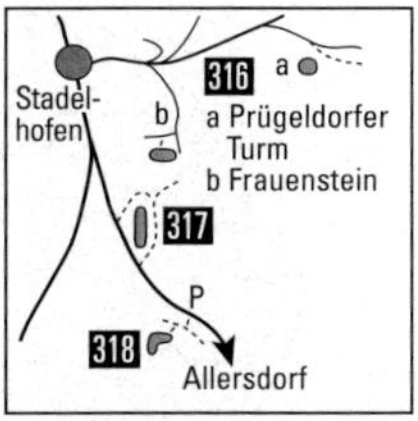

Stadelhofen/Allersdorf
316 Prügeldorfer Turm und Frauenstein
317 Östl. Förstelsteinkette
318 Fertinger Ged.-Wand
Übersichtskarte 3 *(S. 17)*

①	Tagträumer	7-
②	Ostwand	5
③	Charlotte	6
④	Marlies	7
⑤	Eva	6+
⑥	Gisela	7
⑦	Erika	6+
⑧	Berta	5

317 Östliche Förstelsteinkette

10 m | W

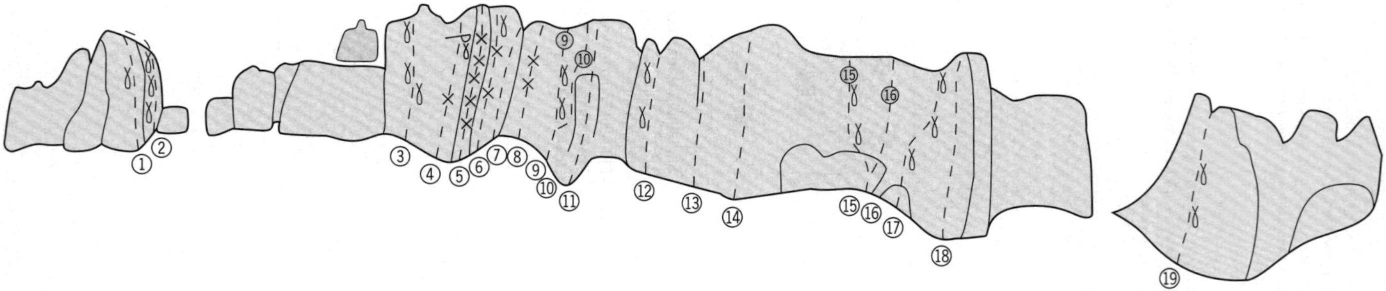

① Simpel	3
② Rinnenstein	2
③ Pusikuchen	6
④ Hoppala	6
⑤ *Projekt*	
⑥ Magnum	6+
⑦ ? (Keile)	5
⑧ ?	6
⑨ Schrumpel	5+
⑩ Hinter der Schuppe	4
⑪ Über das Loch	4
⑫ Hinterlade	6-
⑬ Riss	4+
⑭ Erste Versuche	3+
⑮ Irrgarten	4
⑯ Rechter Irrgarten	3
⑰ Schlingel	4-
⑱ Angel's have fallen	6+
⑲ Schindluder	6-

Zugang

Von Stadelhofen in Richtung Allersdorf fahren und nach 150 m links parken (Schneise für Stromleitung). Links in den Wald zur Östlichen Förstelsteinkette.

Besonderheit

Kurze, leichte Klettereien in griffigem Fels.

Nordwand | 12 - 15 m

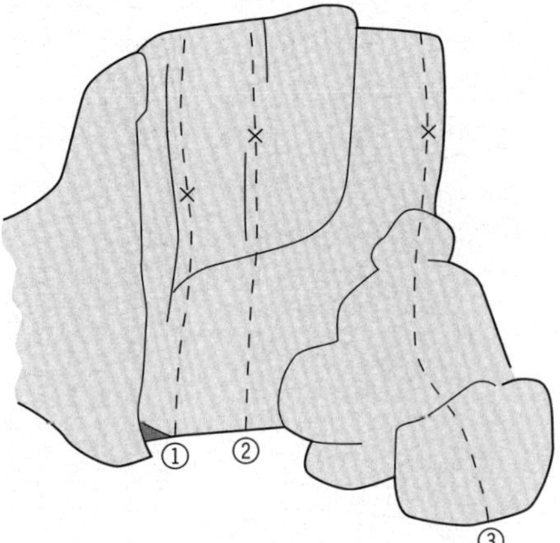

Westwand | 15 m

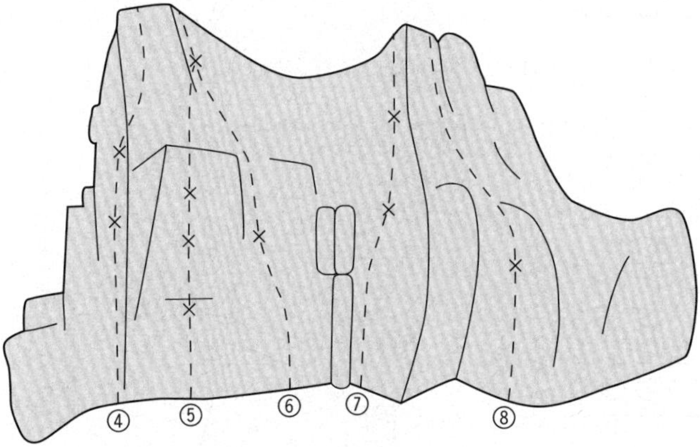

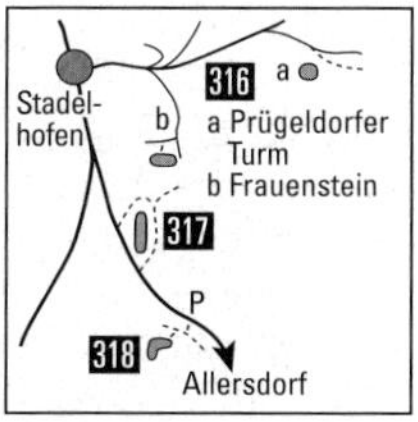

Stadelhofen/Allersdorf

316 Prügeldorfer Turm und Frauenstein
317 Östl. Förstelsteinkette
318 Fertinger Ged.-Wand
Übersichtskarte 3 *(S. 17)*

Zugang

Am südlichen Ortsausgang von Stadelhofen Richtung Allersdorf abzweigen. Am höchsten Punkt parken *(keine Fuhre verstellen!)*. Rechts auf Fuhre in den Wald und nach 20 m rechts hoch zu den Felsen.

Besonderheit

Meist senkrechter, griffiger Fels. Klettereien sowohl an Rissen als auch an Löcherwänden. Die geneigten Bereiche sind etwas moosig.
Auch die Westwand ist durch den Wald eher schattig.

① Linker Riss	4
② Rechter Riss	6
③ Ostkante	3
④ Fritz Fertinger Ged.-Weg	5
⑤ Morgenröte	6
⑥ Abendrot	5
⑦ Nordverschneidung	5
⑧ Kurze Wand	4

319 Lindenstein

10 - 15 m | N + W

Nordwand | 12 m

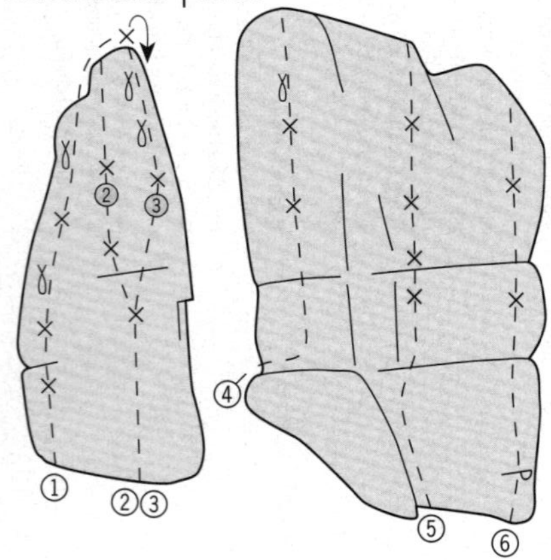

① Ostkante	4
② ?	7 -
③ ?	7 -
④ ?	7 +
⑤ Boxdorfer Weg	6 +
⑥ Nordkante	5
⑦ R 1	6 +
⑧ Oskar Bühler Ged.-Weg	7 +
⑨ R 2	6 +
⑩ R 3	6
⑪ R 4	5
⑫ R 5	5

⑬ R 6	4
⑭ R 7	4 +
⑮ R 8	4 +
⑯ R 9	6
⑰ R 10	4 -
⑱ *Projekt*	
⑲ R 11	5
⑳ *Projekt*	
㉑ Schwanstettener Weg (R 12)	5 -
㉒ R 13	4 +
㉓ R 14	3

Westwand | 12 m

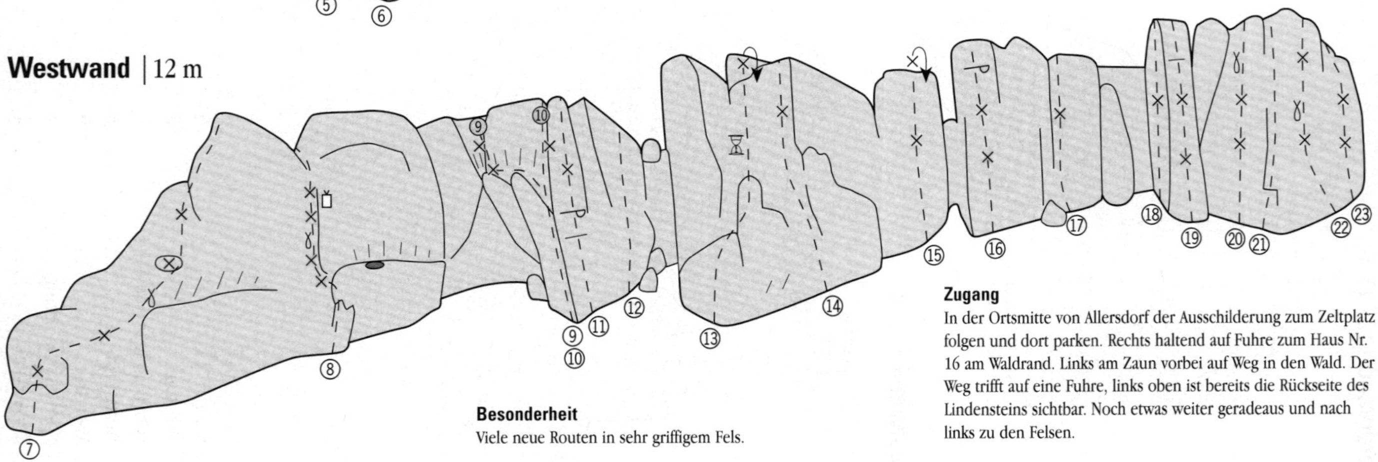

Besonderheit
Viele neue Routen in sehr griffigem Fels.

Zugang
In der Ortsmitte von Allersdorf der Ausschilderung zum Zeltplatz folgen und dort parken. Rechts haltend auf Fuhre zum Haus Nr. 16 am Waldrand. Links am Zaun vorbei auf Weg in den Wald. Der Weg trifft auf eine Fuhre, links oben ist bereits die Rückseite des Lindensteins sichtbar. Noch etwas weiter geradeaus und nach links zu den Felsen.

Föhrenstein

10 - 18 m

Massiv | 18 m | W

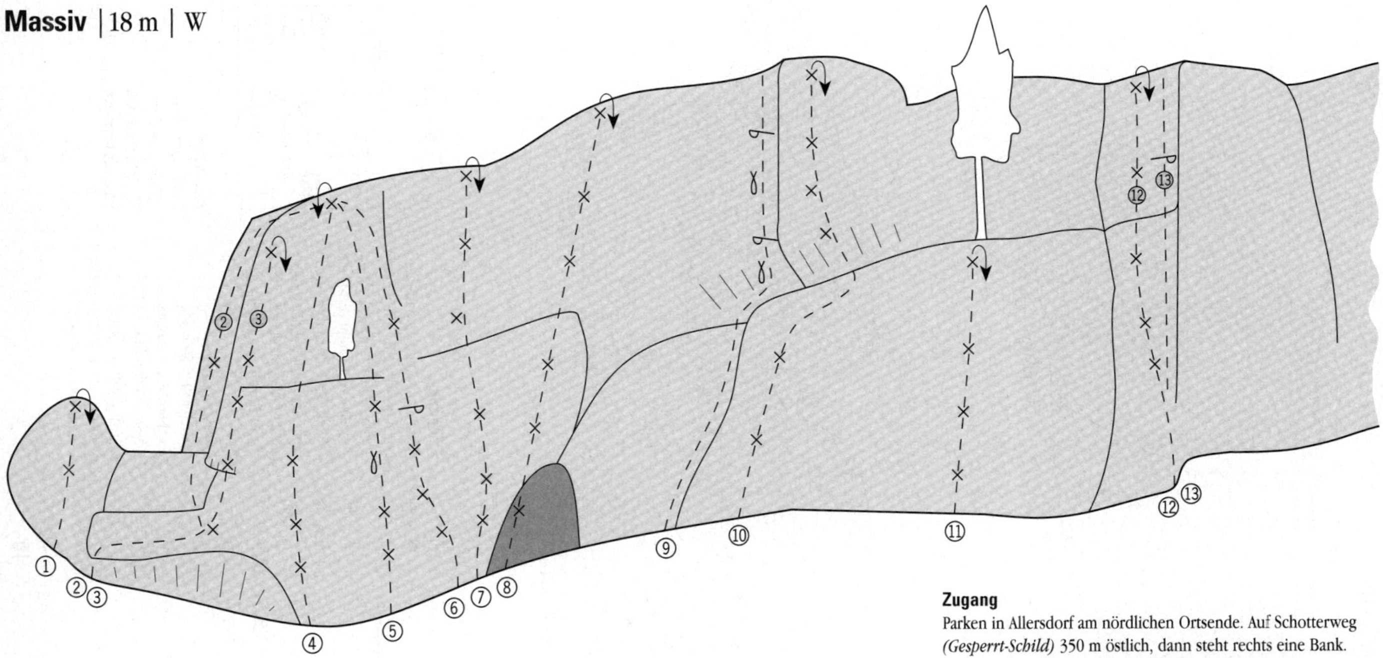

① Mikro	6+	⑧ Biokurve	8+
② Sachsenriss	7	⑨ Alter Riss	a1/5
③ Schwalbe	7+	⑩ Samurai	8
④ Luftsprung	8+	⑪ Top Tour	8-/8
⑤ Skorpion	9-	⑫ Mistral	7-
⑥ Steinschlag	7+	⑬ Weiberschreck (*Keile*)	6
⑦ Lila Pause	8		

Zugang

Parken in Allersdorf am nördlichen Ortsende. Auf Schotterweg *(Gesperrt-Schild)* 350 m östlich, dann steht rechts eine Bank. Nach 20 m führt rechts ein Weg in den Wald, diesem folgt man zum Massiv (100 m) und zum Turm (200 m).

Besonderheit

Ruhig gelegenes Gebiet mit Wegen in allen Schwierigkeitsbereichen. Auch zum Wasserstein mit der Toproute »Headcrash« ist es nicht weit. An der Rückseite des Föhrenstein - Massivs (ca. 500 m weiter links) gibt es noch 2 weitere Routen: »Sweet, soft and lazy« (8-) und »Undercover« (8+).
Bitte keinesfalls mit dem Auto hinter fahren und nicht übernachten. In Allersdorf gibt es einen schönen Campingplatz!

Bergseite | 10 - 14 m | N + W

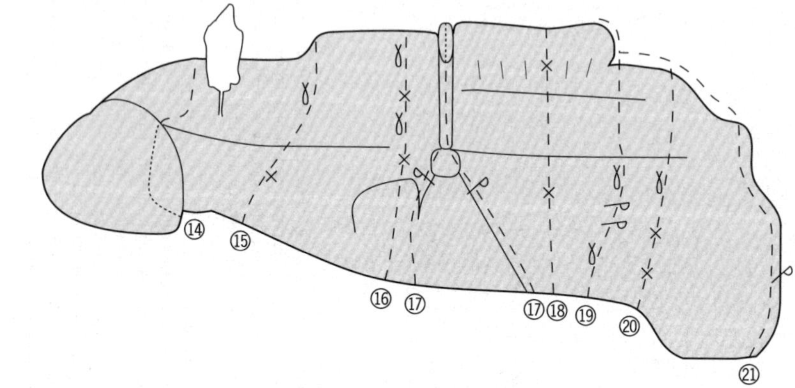

Talseite | 16 m | S

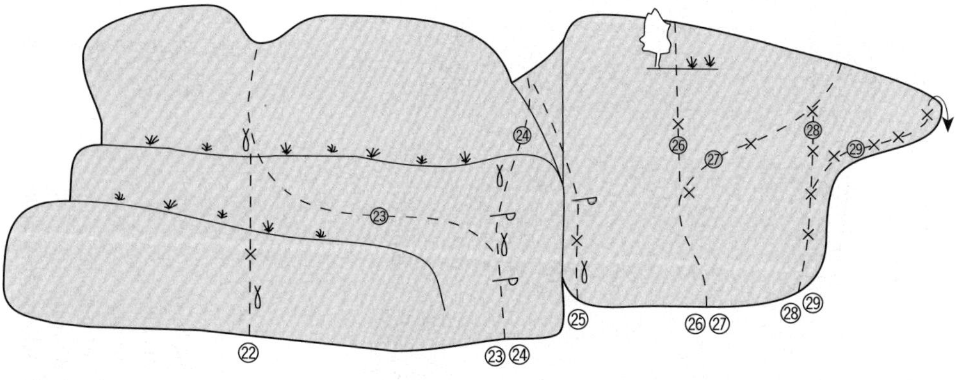

⑭	Vorblockweg	3
⑮	Linke Bergseite	7-
⑯	Direkte Bergseite	6+
⑰	Kaminweg (*2 Einstiege möglich*)	3
⑱	Lascher Hänger	7-
⑲	Linke Nordwand	5+
⑳	Rechte Nordwand	5-
㉑	Westkante (*Schlingen und Keile*)	a0/4
㉒	Direkteinstieg	5
㉓	Südquerung	5
㉔	Südwand	6-
㉕	Südriss	a0/5
㉖	Held Bruno	7-
㉗	Perpendikel	7
㉘	Play the game	9-
㉙	Play hard	10-

Zugang
Parken in Allersdorf am nördlichen Ortsende. Auf Schotterweg *(Gesperrt-Schild)* 350 m östlich, dann steht rechts eine Bank. Nach 20 m führt rechts ein Weg in den Wald, diesem folgt man zum Massiv (100 m) und zum Turm (200 m).

Besonderheit
An der Rückseite des Föhrenstein - Massivs (ca. 500 m weiter links) gibt es noch 2 weitere Routen: »Sweet, soft and lazy« (8-) und »Undercover« (8+).

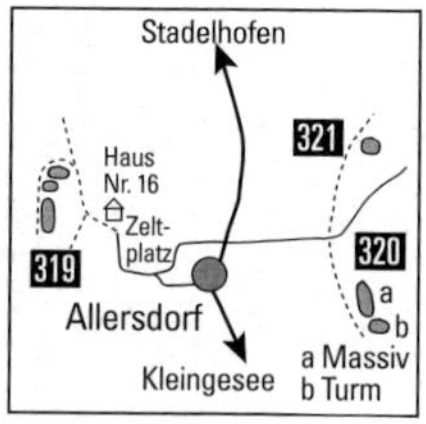

Allersdorf
319 Lindenstein
320 Föhrenstein
321 Wasserstein
Übersichtskarte 3 *(S. 17)*

Nordwand | 25 m

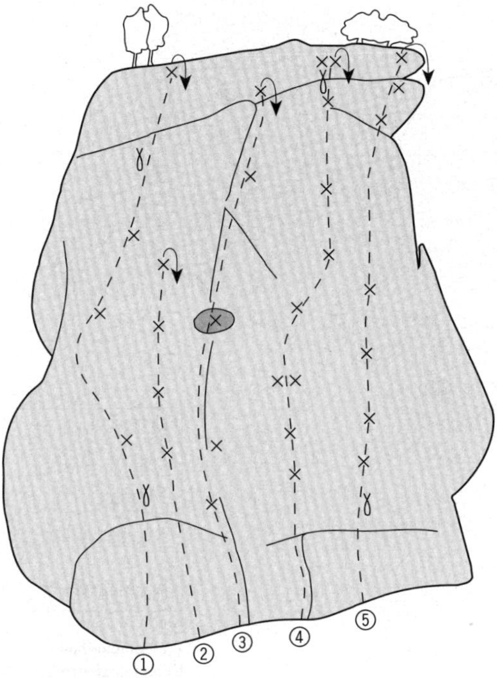

Zugang

Parken in Allersdorf am nördlichen Ortsende. Auf Schotterweg *(Gesperrt-Schild)* 350 m östlich, dann steht rechts eine Bank. Nach 20 m führt rechts ein Weg in den Wald zum Föhrenstein. Gleichzeitig zweigt links eine Fuhre ab, welcher man folgt. Nach 200 m steht rechts oberhalb der Wasserstein.

Besonderheit

Die Top-Route am Massiv ist »Headcrash« von Werner Thon. Sie war ehemals mit 10+ bewertet und ist durch einen Griffausbruch schwerer geworden.

Ostwand | 12 m

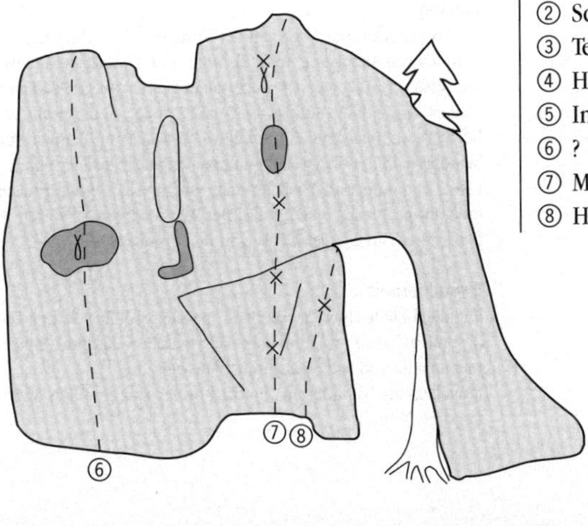

①	Zisternenweg	8
②	Schneidedruck	9+
③	Terra Incognita	e1/9 -
④	Headcrash	10+/11-
⑤	Inline Performance	9
⑥	?	5
⑦	Misery	10 -
⑧	Hot Spot	9+/10-

322 Preßknockwände

| 10 - 20 m | N + O

Sektor 1 | 20 m | N

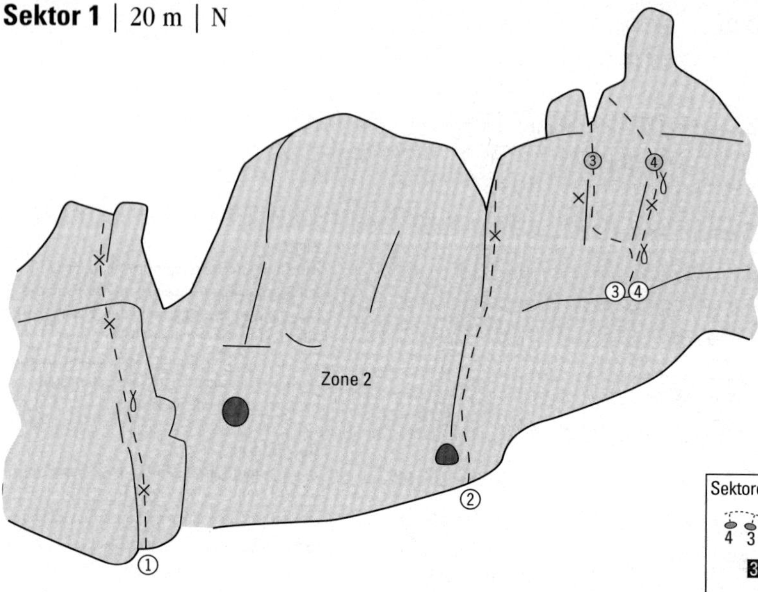

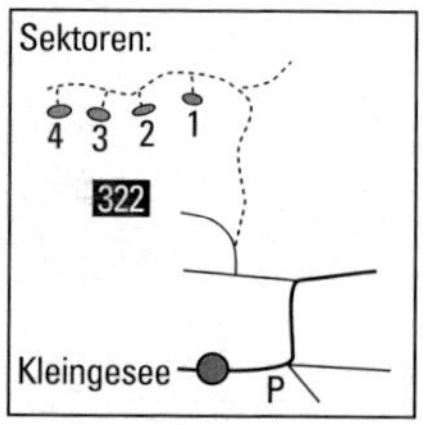

Preßknockwände
Übersichtskarte 3 *(S. 17)*

Sektor 2 | 20 m | N

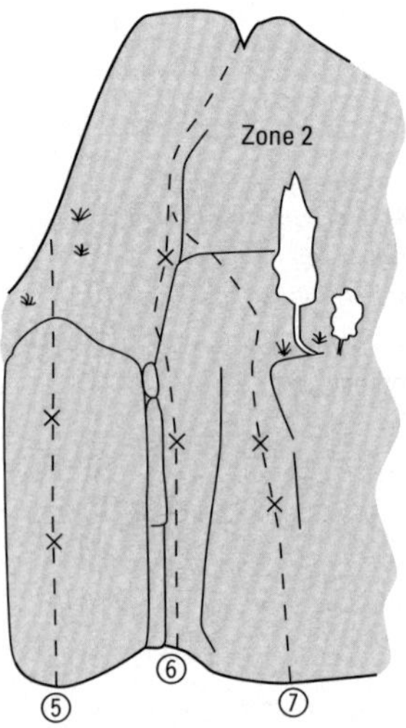

Zugang

Die Preßknockwände liegen an der Nordseite des Höhenzugs nördlich von Kleingesee im Wald. 50 m nach Ortausgang Kleingesee (Richtung Allersdorf) bei abzweigenden Feldwegen Parkmöglichkeit für 2-3 PKW. Auf der Straße kurz weiter, in der nächsten Rechtskurve links einer Fuhre folgen. An Acker und Bäumen vorbei, oberhalb der obersten Baumreihe auf verwachsener Fuhre rechts und immer an der Baumreihe entlang (Fuhre zweigt nach links ab) geradeaus in den Wald. Der Weg wird wieder besser und führt unterhalb von Felsblöcken zu den Massiven.

Besonderheit

Vor allem die leichten Routen sind sparsam gesichert, haben keine Umlenkhaken und führen z.T. durch alpines Gelände. Einige Klemmkeile und Schlingen empfehlenswert.
Eingefleischte Warmduscher machen besser einen großen Bogen um diese Wand!

Sektor 3 | 13 m | O

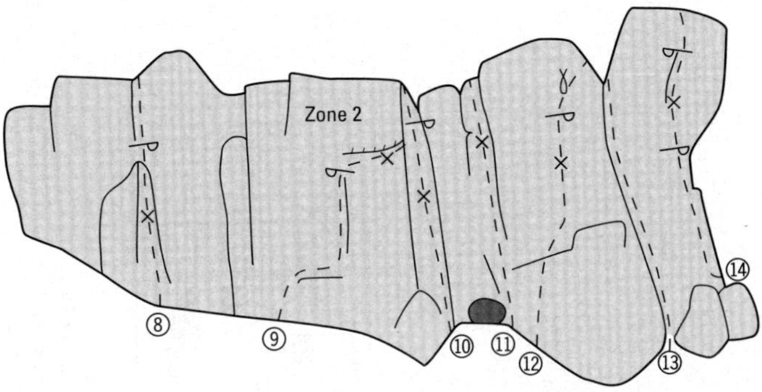

Sektor 4 | 15 m | N

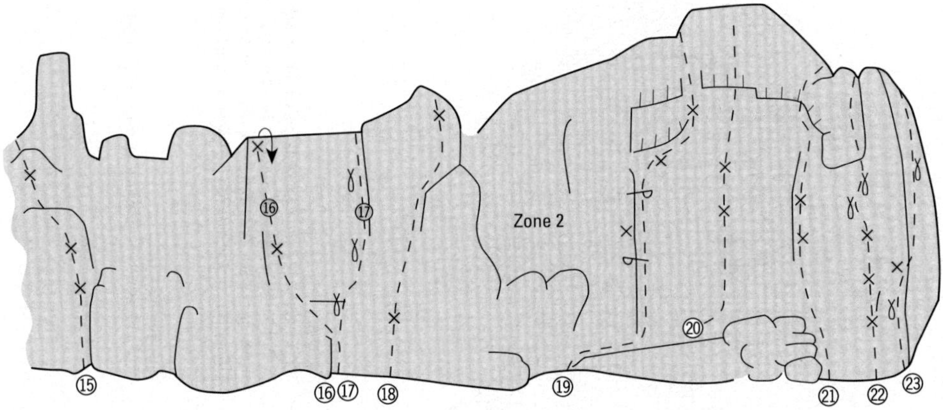

①	R 18	3
②	R 17	3
③	R 16	4
④	R 15	4+
⑤	R 14	5
⑥	R 13	3
⑦	R 12	4
⑧	R 11	4
⑨	R 10	4
⑩	R 9	4
⑪	R 8	3
⑫	R 7	5
⑬	R 6	3
⑭	R 5	5
⑮	R 4	4
⑯	?	4+
⑰	?	3+
⑱	Die alten Deutschen	5
⑲	R 2	5
⑳	Meister Bräu	8-
㉑	?	5
㉒	Steinadler	6
㉓	Schöne Kante (R 1)	4

323 Wappenwand

20 m | W

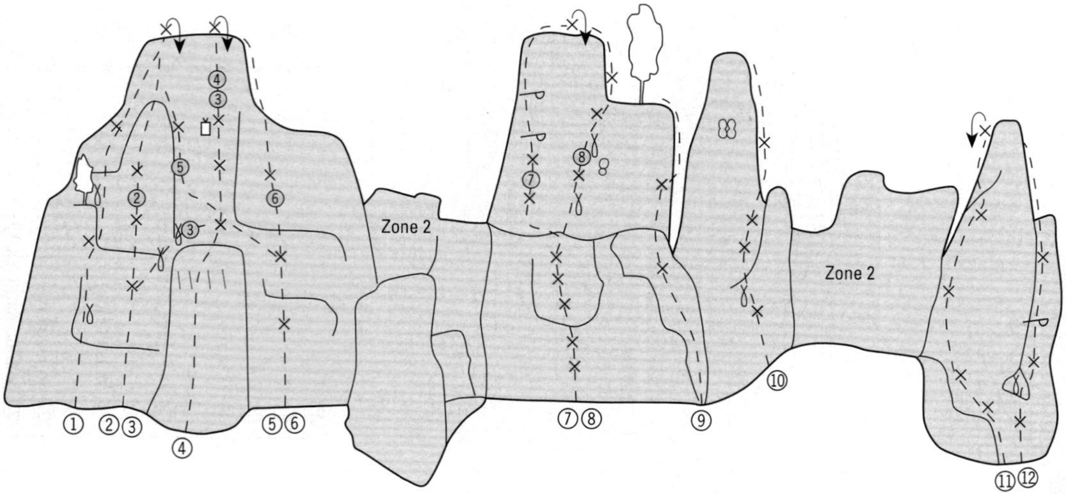

①	Uhuweg	4
②	Bartgeier	6
③	Waldkauz	5+
④	Bussardweg	6+
⑤	Eulenweg	4+
⑥	Sperberweg	4+
⑦	Alter Weg	6
⑧	?	6-
⑨	Amselweg	5-
⑩	Drosselweg	6-
⑪	Finkenweg	5+
⑫	Starenweg	6-

Zugang

Von Kleingesee in Richtung Stadelhofen. Ca. 400 m nach Beginn des Waldes zweigt rechts ein Waldweg ab, der sich nach 10 m aufzweigt; hier parken. Dann dem rechten Ast folgen (Richtung Kleingesee), nach 50 m stehen die Wände 30 m links oberhalb des Weges.

Besonderheit

Wege mit klassischem Charakter, dennoch recht gut gesichert.

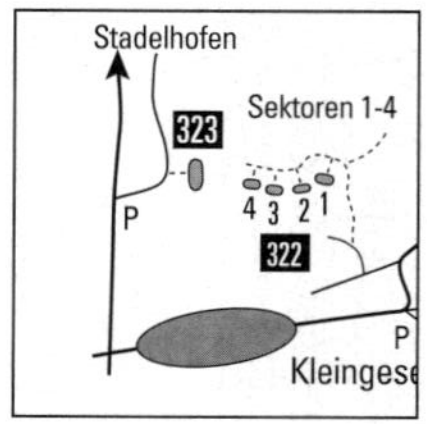

Kleingesee
322 Preßknockwände
323 Wappenwand
Übersichtskarte 3 *(S. 17)*

Linke Wand | 10 m

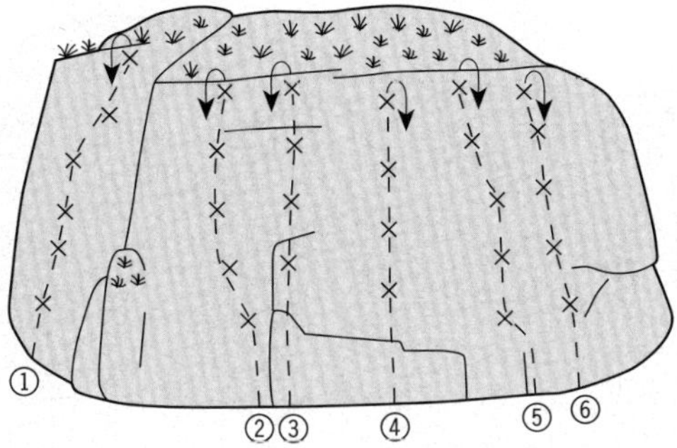

Zugang

• *Aus dem Püttlachtal:* Von Behringersmühle in Richtung Tüchersfeld fahren und direkt vor Ortausgangsschild links auf Parkplatz parken. Auf Brücke über die Püttlach und links dem Weg 250 m talabwärts folgen. Rechts auf Pfad hoch zu den Felsen.

• *Aus dem Ailsbachtal:* Von Behringersmühle in Richtung Bayreuth fahren und am Ortsende auf Wanderparkplatz parken. Auf dem Wanderweg nach Tüchersfeld 300 m talaufwärts, dann auf Pfad links hoch zu den Felsen.

Besonderheit

Die sehr sonnige Linke Wand ist extrem gut gesichert und hat weißen, löchrigen Fels. Die Rechte Wand ist deutlich höher und bietet in den schweren Routen kleingriffige Leistenkletterei.

Rechte Wand | 16 m

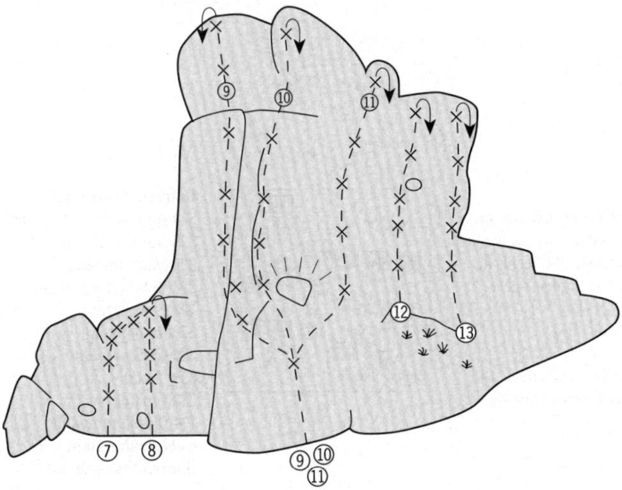

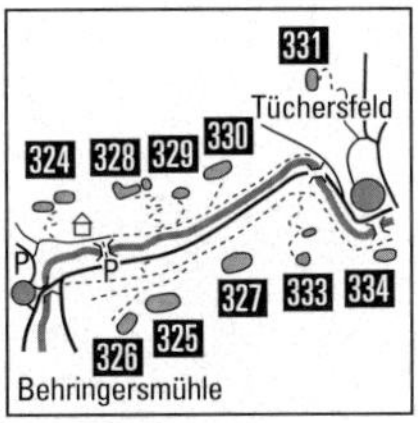

Unteres Püttlachtal
324 Amerikan. Botschaft
325 Dornröschenwand
326 Märchenwand
327 Schonunger Wand
328 Planetarium
329 Rammstein
330 Geißleinwand
331 Eliade
333 Wallfahrt
334 Christinenwand
Gebietsübersicht *S. 427*
Übersichtskarte 3 *(S. 17)*

① First Lady	6+
② Ronald McDonald	6+
③ Burger King	8
④ Oral Office	8
⑤ Agent Orange	8-
⑥ Big Mac	7+
⑦ Monica Lewinsky	8+/9-
⑧ Desert Storm	8
⑨ Bushtrommel	7
⑩ Cesars Palace	8-
⑪ Viva Las Vegas	8+
⑫ Happy Meal	8-
⑬ Achse des Bösen	8

325 Dornröschenwand

| 30 m | N

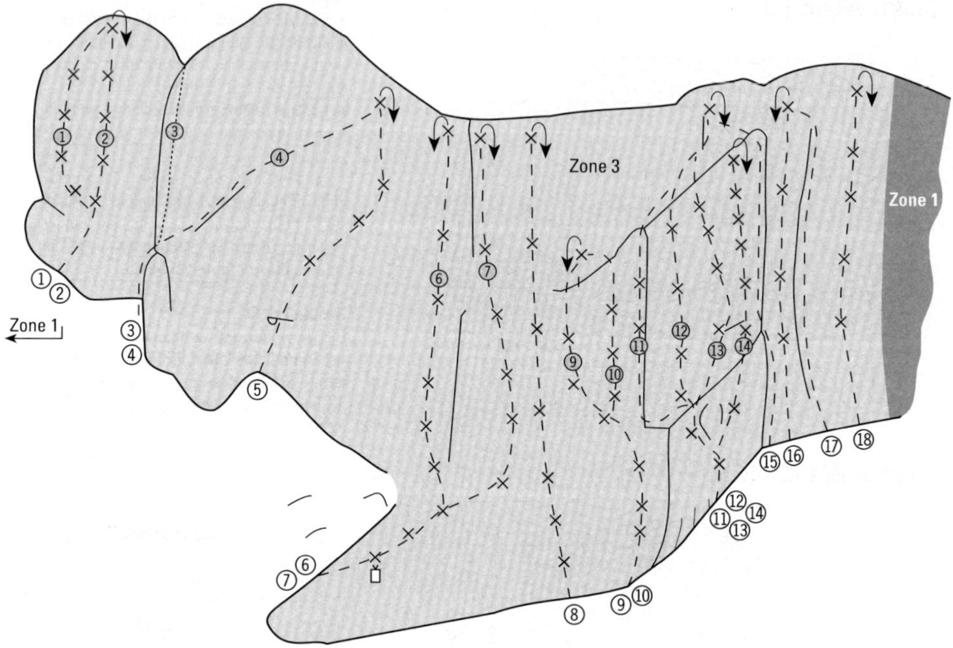

Zugang

Von Behringersmühle in Richtung Tüchersfeld, am Ortsende parken. Auf der Straße noch etwas talaufwärts und am Beginn der ersten Leitplanke (300 m nach dem Ortsausgangsschild) rechts im Wald hoch zu den Felsen. Die Märchenwand steht rechts oberhalb der Dornröschenwand.

Besonderheit

Die schattigen Nordwände sind ideal für heiße Sommertage. Die Wege stammen fast alle von Stefan Löw oder Clemens Nicklaus.

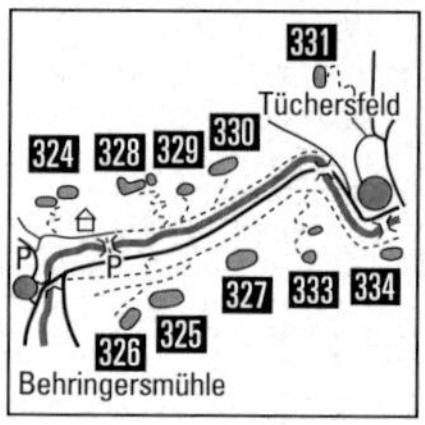

Unteres Püttlachtal

324 Amerikan. Botschaft
325 Dornröschenwand
326 Märchenwand
327 Schonunger Wand
328 Planetarium
329 Rammstein
330 Geißleinwand
331 Eliade
333 Wallfahrt
334 Christinenwand

Gebietsübersicht *S. 427*
Übersichtskarte 3 *(S. 17)*

① Warme Füße	7+	⑩ Schneeflittchen	9-
② Kalte Finger	7	⑪ Fichtentrick	7+
③ Nordostkamin	4	⑫ Rauchende Finger	8+/9-
④ Es werde Licht	5-	⑬ Die Wampe	8-
⑤ Die Schuppe	7-	⑭ Die wilden Achziger	9-
⑥ Anschlag	7+	⑮ Linker Streich (*Keile*)	6+
⑦ Grimms Märchen	8+	⑯ ?	6
⑧ *Projekt*		⑰ Rechter Streich (*Keile*)	6+
⑨ Märchenprinz	8+/9-	⑱ Mamma mia	6+

Märchenwand

| 20 m | NW 326

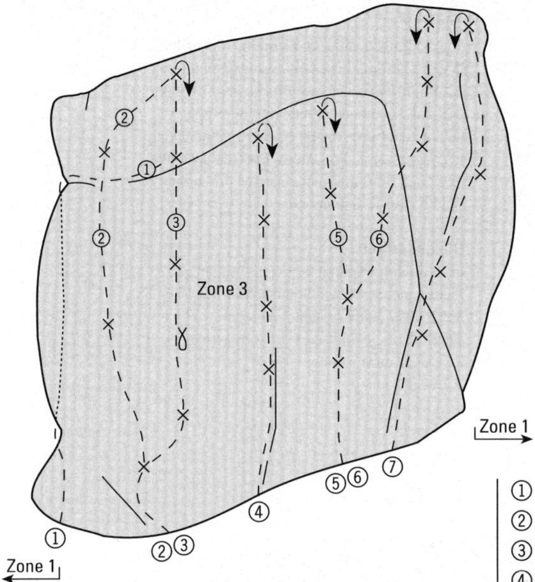

Zugang
Siehe Dornröschenwand *(S. 325)*.

Besonderheit
Schattiger Sommerfels mit schönen Lochklettereien. Die meisten Routen wurden von Stefan Löw eingerichtet.

① Bumerang	7	
② ?	7+	
③ Nikolaus	7+	
④ Steig nicht aus	7-	🍺🍺
⑤ Alter Knabe	7	
⑥ Körbers Wahn	8-	🍺
⑦ Letz Fetz	7+	

Schonunger Wand

| 25m | O + N 327

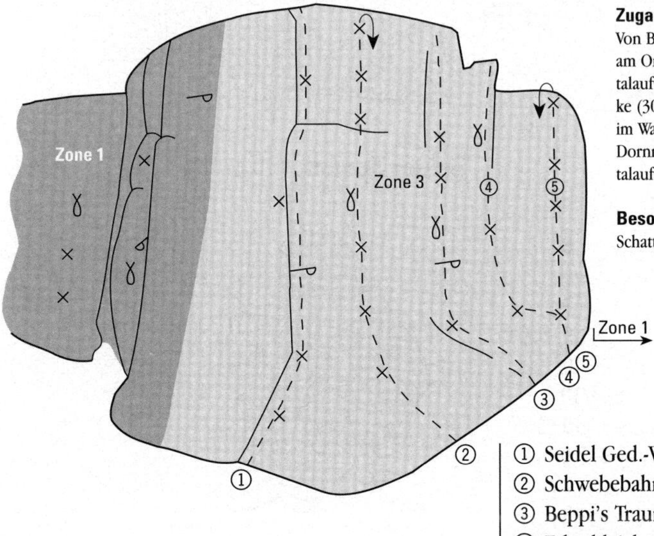

Zugang
Von Behringersmühle in Richtung Tüchersfeld, am Ortsende parken. Auf der Straße noch etwas talaufwärts und am Beginn der ersten Leitplanke (300 m nach dem Ortsausgangsschild) rechts im Wald hoch zum Wanderweg unterhalb der Dornröschenwand. Auf diesem Weg noch 400 m talaufwärts zur Schonunger Wand.

Besonderheit
Schattiger Sommerfels.

① Seidel Ged.-Weg	7	
② Schwebebahn	8	🍺🍺
③ Beppi's Traum	8	
④ Erbschleicher	7+	
⑤ Deckel und Topf	8+	🍺

Planetarium

| 10 - 15 m | W + S

Westwand | 12 m

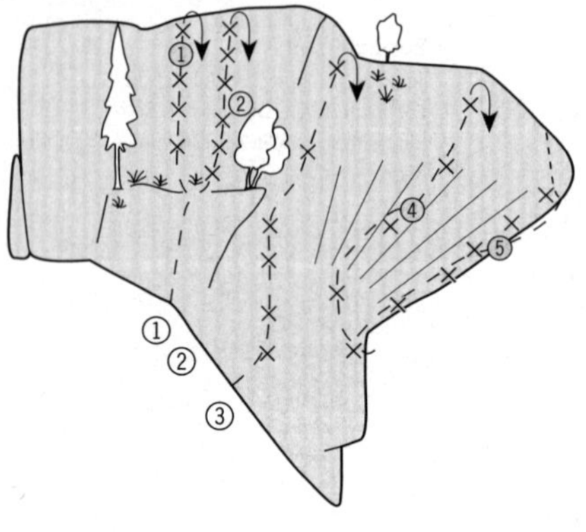

Zugang

Von Behringersmühle in Richtung Tüchersfeld fahren und direkt vor Ortausgangsschild links auf Parkplatz parken. Auf Brücke über die Püttlach auf die andere Talseite und dem Weg 400 m talaufwärts folgen (vorbei an einem kleinen Massiv mit 2 Projekten). Bei einem verfallenen Tisch führt links ein Pfad steil durch den Wald hinauf zu den Felsen.

Besonderheit

Im zentralen Wandteil sehr steile, athletische Klettereien. Schwerste Route ist der von Harald Röker 1999 erstbegangene »Meteor«.
Durch die Lage im Wald trotz südwestseitiger Lage nicht allzu sonnig.

Südwand | 15 m

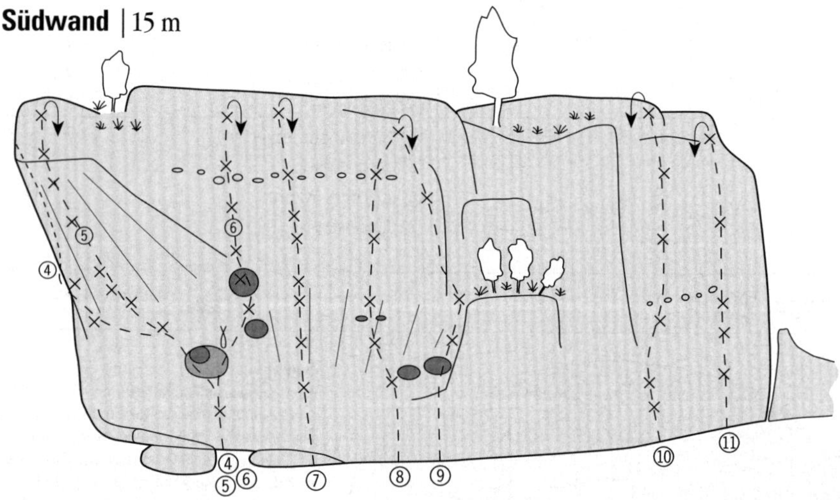

Sektor Sputnik | 10 m | W

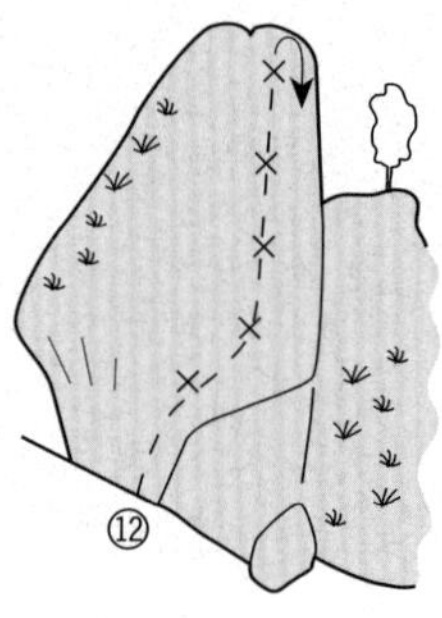

① Sonnenkind	8
② Planlos durch's Weltall	9/9+
③ Spaceshot	8+
④ Liebesmüh	9-
⑤ Meteor	10
⑥ Galaxis der Gelähmten	9+/10-
⑦ Planet der Schlaffen	10
⑧ Black Hole Sun	9+/10-
⑨ Welcome from Mars	7-
⑩ Pathfinder	8
⑪ Voyager	8
⑫ Sputnik	6+

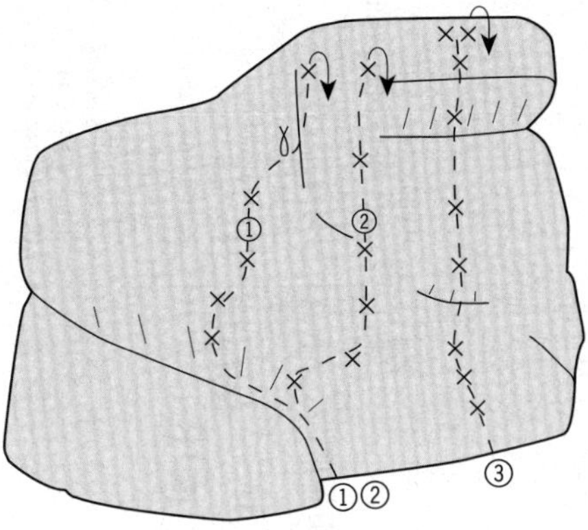

Zugang
Von Behringersmühle in Richtung Tüchersfeld fahren und direkt vor Ortausgangsschild links auf Parkplatz parken. Auf Brücke über die Püttlach auf die andere Talseite und dem Weg 400 m talaufwärts folgen (vorbei an einem kleinen Massiv mit 2 Projekten). Bei einem verfallenen Tisch führt links ein Pfad steil durch den Wald hinauf zum Planetarium. 30 m im Talgrund weiter und links einem Pfad folgen zum Rammstein (100 m oberhalb des Weges, von unten sichtbar).

Besonderheit
Feingriffige Wandkletterei wechselt sich mit Überhängen ab. Durch die Lage im Wald trotz südseitiger Lage nicht allzu sonnig.

① Wlad 9
② Victoria . . . . 9+/10-
③ Meme pas mal. 9

Gebietsübersicht

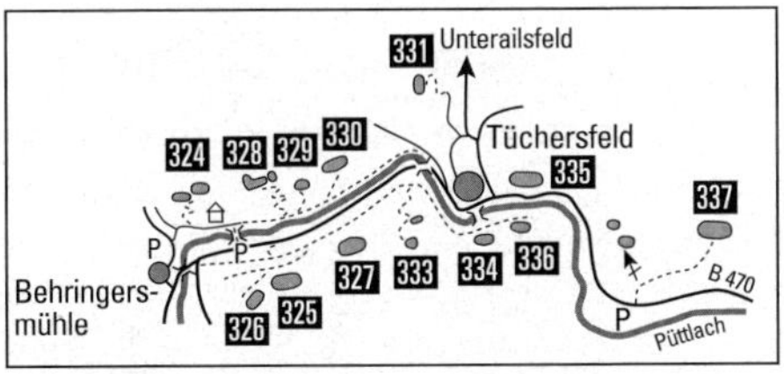

Püttlachtal
324 Amerikan. Botschaft
325 Dornröschenwand
326 Märchenwand
327 Schonunger Wand
328 Planetarium
329 Rammstein
330 Geißleinwand
331 Eliade
333 Wallfahrt
334 Christinenwand
335 Tüchersfelder Wand
336 Tüchersfelder Campingplatzwand
337 Toni Rockstroh Ged.-Wand
Übersichtskarte 3 *(S. 17)*

Kulinarisches
Hervorzuheben sind die ausgezeichneten Kuchen in dem Cafe mitten in Tüchersfeld. Zur Einkehr ist das »Gasthaus Schmidt« in Weidmannsgesees zu empfehlen (typisch fränkische Küche). Nur unwesentlich weiter ist in Oberailsfeld der »Gasthof Polster - Heldbräu« mit eigener Brauerei. Hier gibt es hervorragende Schäuferla, allerdings nur Sonntag mittag. Das Held-Bier sollte man unbedingt probieren, sehr interessant schmeckt auch der *(saisonal erhältliche)* Bock.

330 Geißleinwand

☼ | 23 m | S

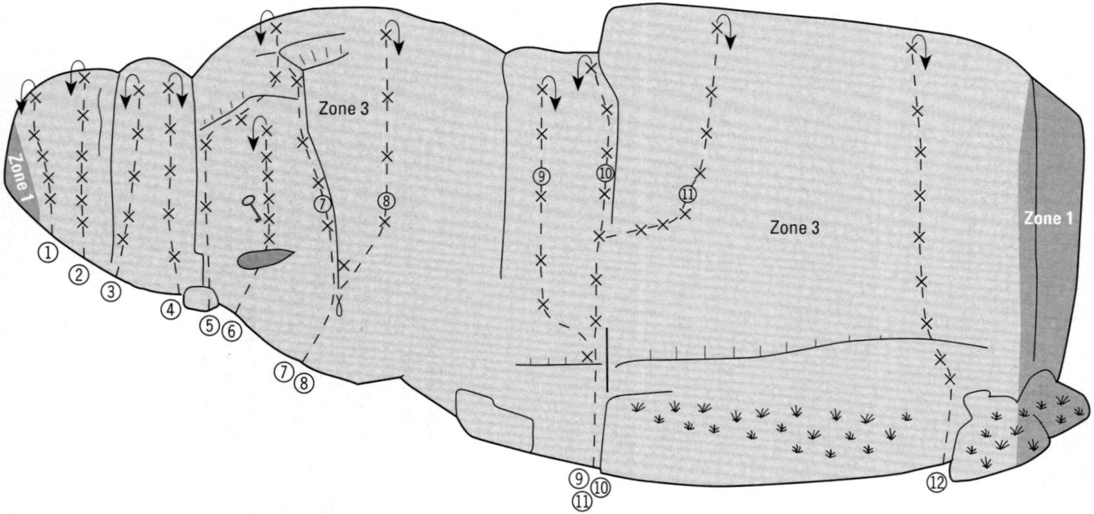

① Gütertrennung	8+	
② Vouloir c'est pou voir	8	
③ Schulmädchenreport	9-	
④ Porno ist mein Leben	9	
⑤ Aufritzer	6	
⑥ Beate Uhse Vergnügungsset	9	
⑦ Raunzender Kröterich	7	
⑧ Stehversuche	7+	
⑨ Schwarzer Wolf	9-	
⑩ Südriss (Stopper möglich)	9-	
⑪ Letzter Versuch	9	
⑫ Grausam	10-	

Zugang

Von Tüchersfeld auf dem Wanderweg nach Behringersmühle am orographisch rechten Hang in 5 min zu den Felsen.

Besonderheit

Die Geißleinwand ist optimal für die erste Tageshälfte in der kalten Jahreszeit geeignet. Zu den klassischen, von Stefan Löw erschlossenen Wegen sind noch einige hinzu gekommen. Es dominiert Wandkletterei an meist kleinen Löchern und Leisten.

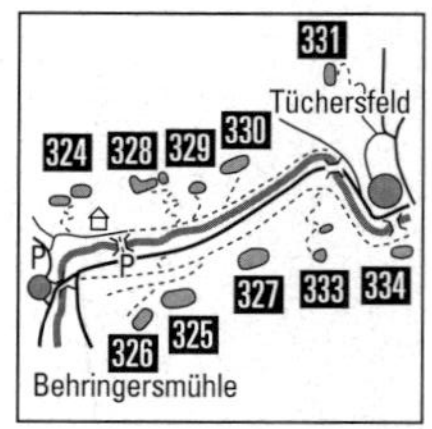

Püttlachtal
324 Amerikan. Botschaft
325 Dornröschenwand
326 Märchenwand
327 Schonunger Wand
328 Planetarium
329 Rammstein
330 Geißleinwand
331 Eliade
333 Wallfahrt
334 Christinenwand
Gebietsübersicht *S. 427*
Übersichtskarte 3 *(S. 17)*

Eliade

| 10 m | O 331

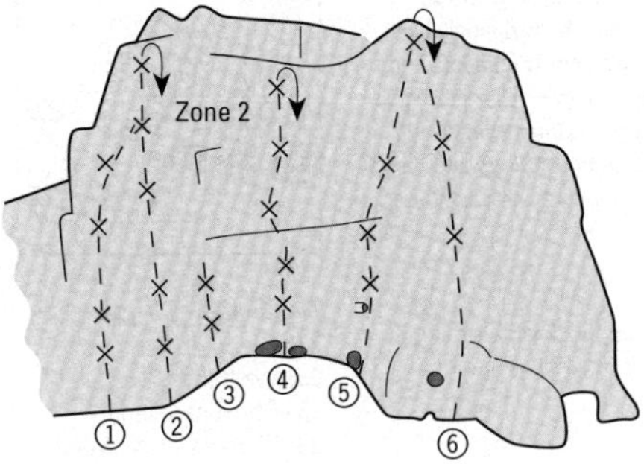

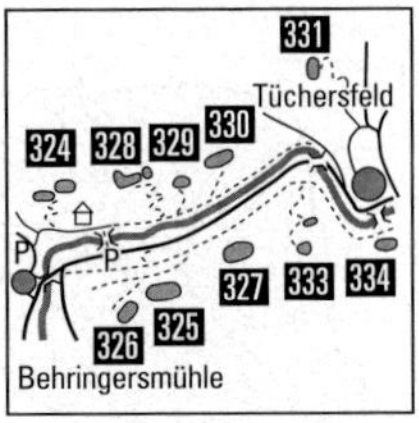

① Masochist .... 9+/10-
② Technical Ecstasy............ 10-
③ *Projekt* ....
④ *Projekt* ....
⑤ *Projekt* ....
⑥ Geplatzte Currywurst im ostfriesischen Wattenmeer..... 8

Zugang
An der Straße von Tüchersfeld nach Unterailsfeld am Ortsausgangsschild beim Wanderparkplatz parken. Rechts einem Feldweg folgen, der über die Felder in Richtung Wald führt. Durch eine Baumreihe hindurch auf Pfad, der über eine Wiese an den Waldrand und im Wald 100 m den Hang hinauf zu den Felsen führt.

Besonderheit
Steiles, geschlossenes Gestein mit kleinen Löchern und Leisten.

Püttlachtal
324 Amerikan. Botschaft
325 Dornröschenwand
326 Märchenwand
327 Schonunger Wand
328 Planetarium
329 Rammstein
330 Geißleinwand
331 Eliade
333 Wallfahrt
334 Christinenwand
Gebietsübersicht *S. 427*
Übersichtskarte 3 *(S. 17)*

Pferdsloch

| 5 m | O 332

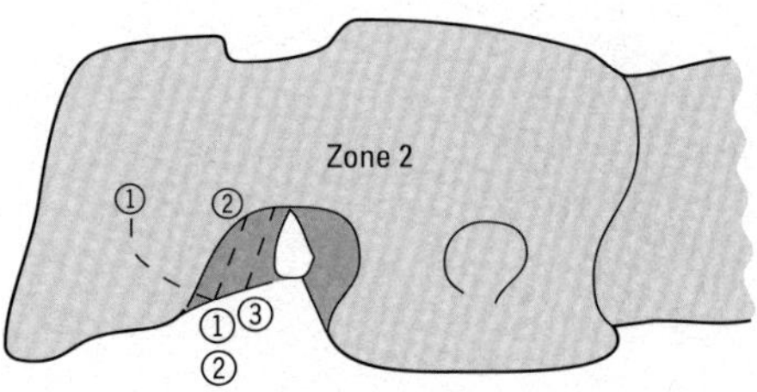

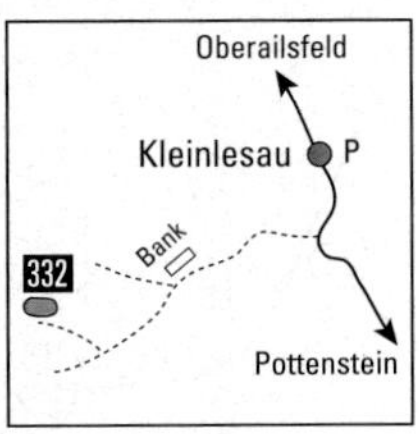

① Höhlenmensch .... 7b+ Fb
② ? .... 6c+ Fb
③ Homo Sapiens............. 7b Fb

Zugang
Zwischen Oberailsfeld und Pottenstein parken in Kleinlesau. Auf der Straße 250 m in Richtung Pottenstein. In der Kurve zweigt rechts ein Wanderweg ab nach Tüchersfeld (Grünpunkt).
Nach 300 m kommt eine Bank mit einer Abzweigung; hier geradeaus weiter. Nach weiteren 100 m (2. Abzweigung) nach rechts auf Pfad zu den Felsen.

Besonderheit
Bewertungen nach Fontainebleau-Skala.

Pferdsloch
Gebietsübersicht *S. 427*
Übersichtskarte 3 *(S. 17)*

333 Wallfahrt

| 8 m | N

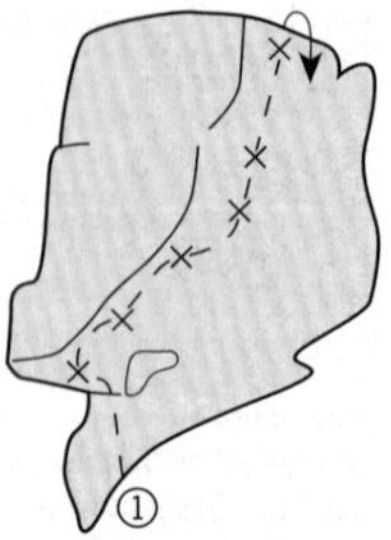

Zugang
Wenige Meter vor dem Ortseingangsschild Tüchersfeld befindet sich eine Parkmöglichkeit. Rechts vom Holzstoß auf dem Trampelpfad an mehreren kleinen Felsen vorbei. Danach 250 m steil den Hang hoch gehen *(immer rechts haltend)*. Man kommt zu einer Boulderwand. Links an dieser vorbei und dem Pfad weitere 80 m zu den Felsen folgen.

Besonderheit
An dem überhängenden Block gibt es nur eine Tour von Markus Bock, aber die ist gut und schwer.

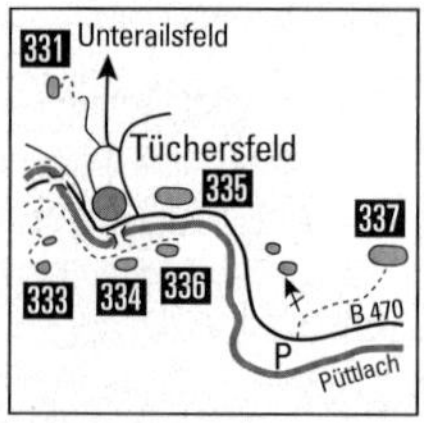

Tüchersfeld
331 Eliade
333 Wallfahrt
334 Christinenwand
335 Tüchersfelder Wand
336 Tüchersfelder Campingplatzwand
337 Toni Rockstroh Ged.-Wand
Gebietsübersicht *S. 427*
Übersichtskarte 3 *(S. 17)*

① Wallfahrt 10-

334 Christinenwand

| 16 m | N

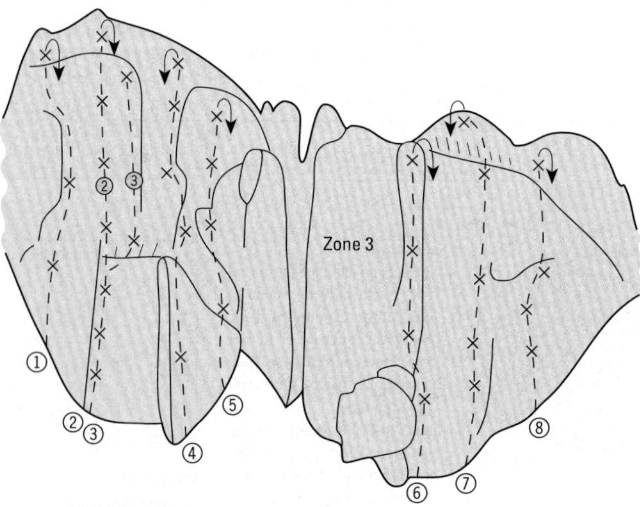

Zugang
Von Tüchersfeld auf Brücke über die Püttlach. Bei einem Tisch mit Bänken Stiegen hinauf und nach 50 m rechts hoch zur Wand.

Besonderheit
Kleingriffige Wandkletterei in den schwereren Routen.

① Candle in the wind 6
② Mayday 9-/9
③ *Projekt* ....
④ Requiescat in pace........... 7-
⑤ King Head Pub .... 6+
⑥ Verbotene Früchte........... 6-
⑦ Carpe Diem................. 8
⑧ Oh Captain, mein .... 8+

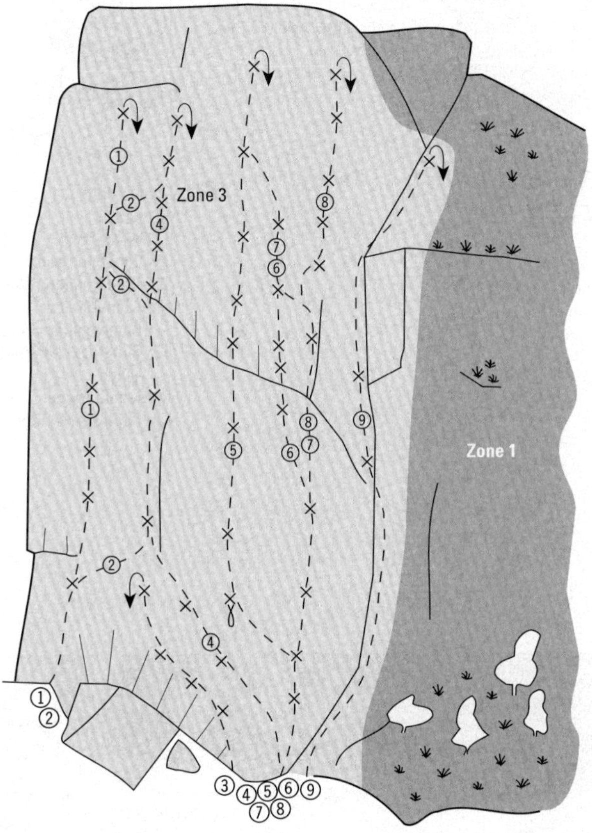

① Ruckzuck	8	
② Marathon 85	8+	
③ Roadrunner	10-	
④ Abschneider	8+	
⑤ Dauerbrenner	9-	
⑥ Durchzug	8	
⑦ Ost mit West	8-	
⑧ Hardcore Biking	9	
⑨ Alter Weg	5	

Zugang
Am östlichen Ortsausgang von Tüchersfeld parken. Die Wand steht gegenüber vom Campingplatz.

Besonderheit
Großzügige, lohnende Linien. Bis auf »Roadrunner« (Schulz 2001) wurden alle neueren Wege von Stefan Löw erschlossen. Der »Alte Weg« stammt von Oskar Bühler.

336 Tüchersfelder Campingplatzwand

8 m | N

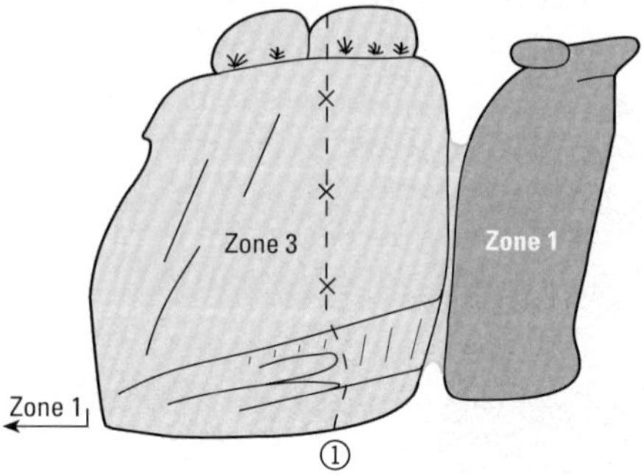

| ① Campingplatzwand . . . . 8 -

Zugang
Am östlichen Ortsausgang von Tüchersfeld parken. Direkt am Campingplatz steht die Campingplatzwand.

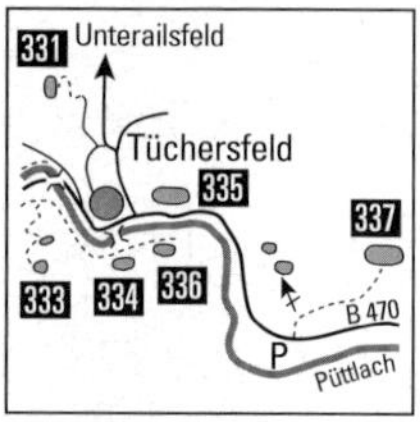

Tüchersfeld
331 Eliade
333 Wallfahrt
334 Christinenwand
335 Tüchersfelder Wand
336 Tüchersfelder Campingplatzwand
337 Toni Rockstroh Ged.-Wand

Gebietsübersicht *S. 427*
Übersichtskarte 3 *(S. 17)*

Toni Rockstroh Ged.-Wand

Sperrung
Wegen Vogelschutz von 1.2. - 15.7.

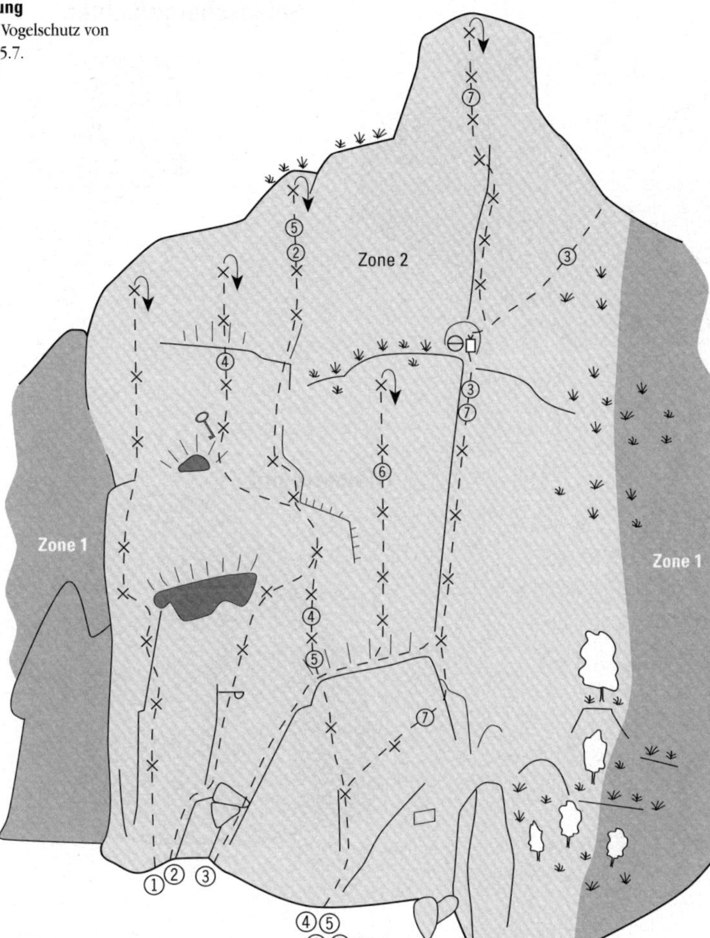

① Igelhaut	6+	🍺
② Alter Weg	7+	
③ Hans Hutzler Ged.-Weg	6+	🍺🍺
④ Zentrum	8	🍺
⑤ Alter Weg direkt	7+	
⑥ The green Mile	8-	
⑦ Hans Hutzler Ged.-Weg neu	6+	🍺🍺🍺

Zugang
Parken zwischen km 11 und 11,5 zwischen Tüchersfeld und Pottenstein *(auf der Seite des Baches Platz für 2-3 Autos; ansonsten in Tüchersfeld parken und hinlaufen)*. Am Südhang führt ein Trampelpfad in den Wald (roter Fleck mit Höhenvermessungszeichen auf Felsblock). Dort folgt man einem Trampelpfad, der talaufwärts leicht ansteigend den Hang quert 250 m zu den Felsen.

Besonderheit
Lange klassische Wege neben neu eingerichteten Routen. Insgesamt weist die Wand etwas alpinen Charakter auf.

338 Schlossbergwände und Mäusewand

| 14 m | N

Pfeiler

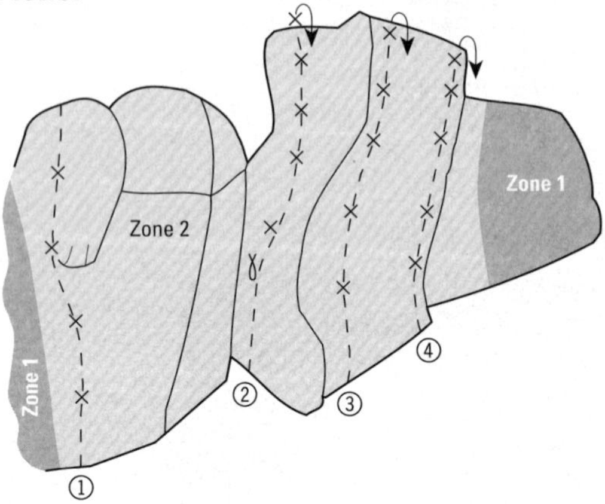

Schlossbergwächter

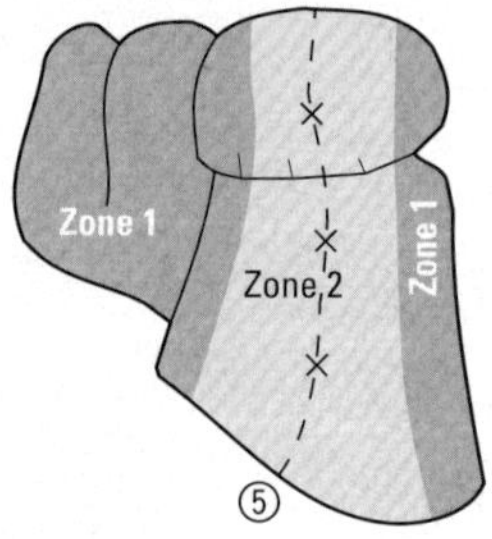

Turm

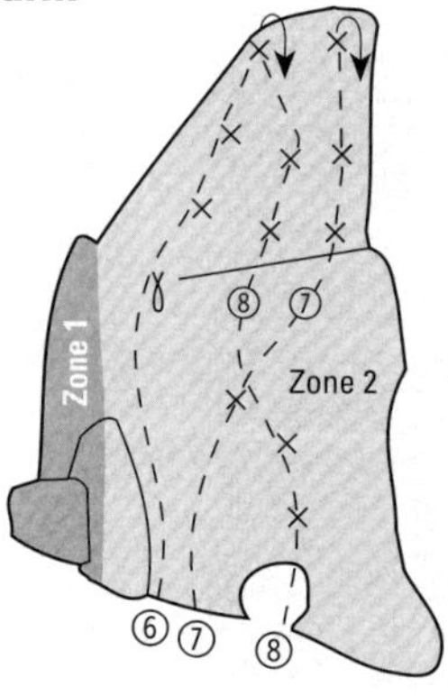

Mäusewand

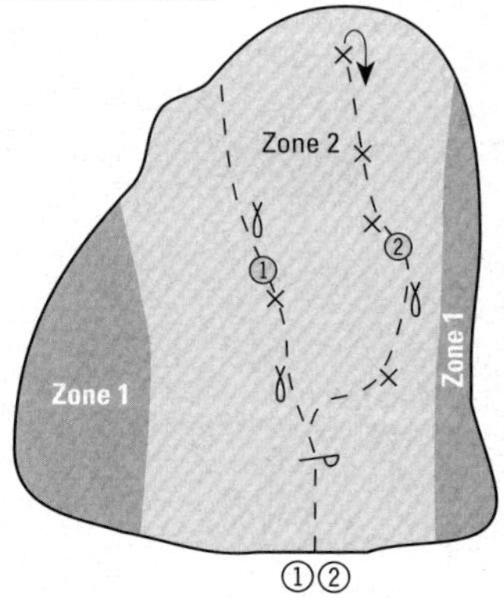

① Hitzefrei	7	
② Gedenkweg	7-	
③ Schläger	7	
④ Blitz und Donner	8-	
⑤ Auf nach Schmilka	7-	
⑥ Sommersprossen	7-	
⑦ Auf nach Texas	7+	🍺
⑧ Amused to death	8+	
⑨ Linke Mäusewand	7-	
⑩ Rechte Mäusewand	8+	

Zugang
Einige 100 m talabwärts vom Zeltplatz an der Bärenschlucht ist ein Parkplatz, gegenüber steht die Püttlacher Wand. Zu den Schlossbergwänden gelangt man, indem man auf gutem Weg auf der orographisch linken Talseite einige min talabwärts geht, bis links oben im Wald die Felsen sichtbar sind. Zur Mäusewand steigt man am Turm rechts etwas auf und geht sodann steil hinab zu den Einstiegen.

Besonderheit
Fast alle Routen sind von Stefan Löw.

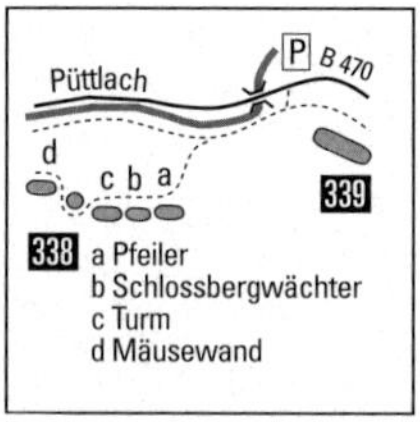

Schlossberg
338 Schlossbergwände
339 Püttlacher Wand
Übersichtskarte 3 *(S. 17)*

Linker Wandteil | 28 m | N

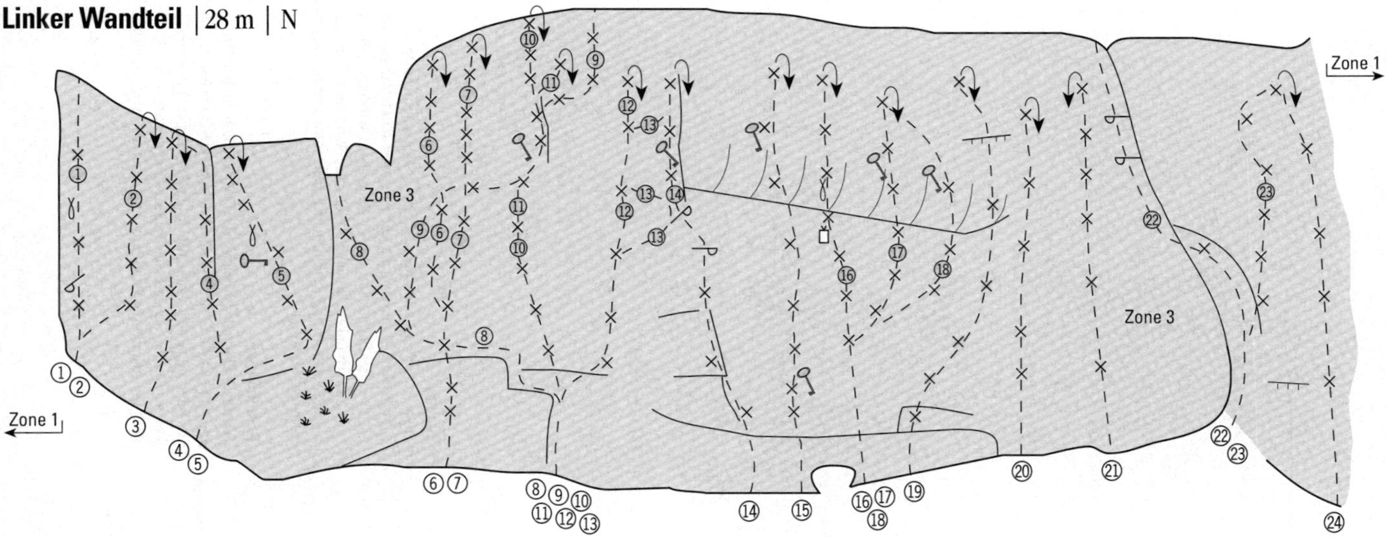

①	Bärenschluchtkante	7
②	Schneckentango	7+
③	Dompteur	7+
④	Gefrierfach	8-
⑤	Löwenschreck	8
⑥	Die Entdeckung der Langsamkeit	8+/9-
⑦	Smörebröd	9
⑧	Linker Ausstieg	6-
⑨	Ehmann Ged.-Weg	a2/5+
⑩	The End	9
⑪	Das Geschenk	9
⑫	Riesenslalom direkt	10
⑬	Riesenslalom	9+
⑭	Treibjagd (Kurt Stör Ged.-Weg)	9-
⑮	Anfang und Ende	9-
⑯	Anche per te	8+
⑰	Graue Eminenz	9
⑱	Weggeschnappt	9-/9
⑲	Seniorentreff	8-
⑳	Cool bleim, Chef	8-
㉑	Abseitsfalle	8-
㉒	Alter Weg	5+
㉓	Ikebana	8
㉔	Frankenschocker	e2/9-

Zugang

Einige 100 m talabwärts vom Zeltplatz an der Bärenschlucht ist ein Parkplatz, gegenüber steht die Püttlacher Wand. Man gelangt auch von der Bärenschlucht über einen guten Wanderweg auf der orographisch linken Talseite zur Püttlacher Wand (vorbei an Erinnerungswand, Püttlachkamin, Teufelskrallenturm, Frankenjoggerturm und Piazwand.

Besonderheit

Schattiges Eldorado für vorwiegend extreme Routen. Bei den meisten handelt es sich um überhängende Ausdauerkletterei. Da die Wand freigestellt wurde, ist sie am Vormittag in der Sonne. Der Nachteil ist, dass nun der Verkehrslärm der nahen Straße auch ungedämpft die Wand erreicht (v.a. an den Wochenenden).

339 Püttlacher Wand

28 m | N

Rechter Wandteil

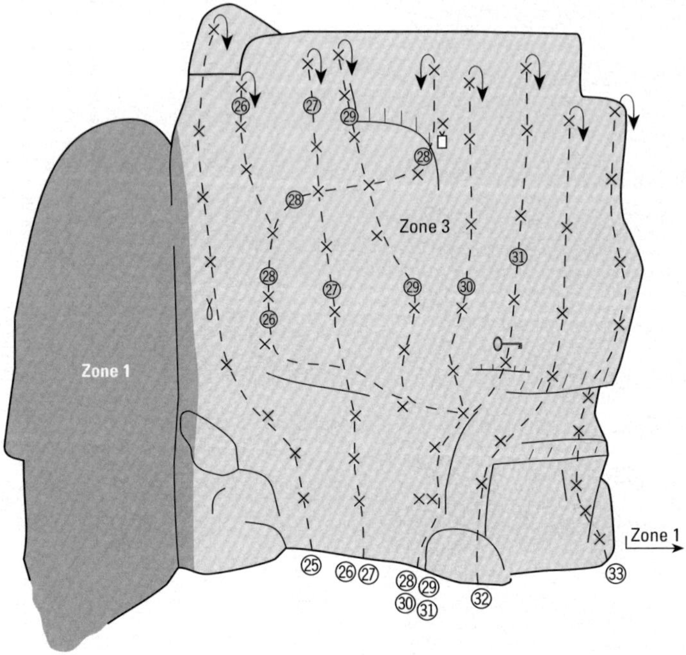

- ㉕ Verklebte Augen .... 8+
- ㉖ Red Bull 8-/8
- ㉗ Intensivstation.............. 9/9+
- ㉘ Schütze Ged.-Weg .... 8+
- ㉙ K. B. .... 8+
- ㉚ Station 53 8
- ㉛ Tiramisu 9-
- ㉜ Super Panini 9-
- ㉝ Rührei mit Speck............ 9-

Püttlachtal /Bärenschlucht
339 Püttlacher Wand
340 Piazwand
341 Frankenjoggerturm
342 Teufelskrallenturm
343 Püttlachkamin
344 Erinnerungswand
Übersichtskarte 3 *(S. 17)*

Zugang
Einige 100 m talabwärts vom Zeltplatz an der Bärenschlucht ist ein Parkplatz, gegenüber steht die Püttlacher Wand. Man gelangt auch von der Bärenschlucht über einen guten Wanderweg auf der orographisch linken Talseite zur Püttlacher Wand (vorbei an Erinnerungswand, Püttlachkamin, Teufelskrallenturm, Frankenjoggerturm und Piazwand.

Besonderheit
Schattiges Eldorado für vorwiegend extreme Routen. Bei den meisten handelt es sich um überhängende Ausdauerkletterei. Da die Wand freigestellt wurde, ist sie am Vormittag in der Sonne. Der Nachteil ist, dass nun der Verkehrslärm der nahen Straße auch ungedämpft die Wand erreicht (v.a. an den Wochenenden).

Piazwand

| 22 m | NO **340**

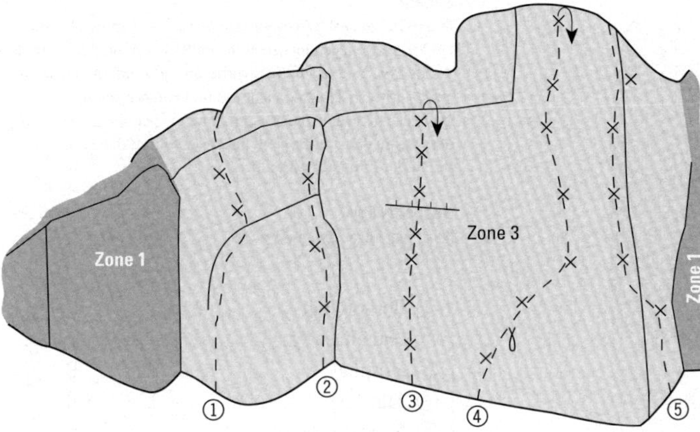

Zugang
Einige 100 m talabwärts vom Zeltplatz an der Bärenschlucht ist ein Parkplatz, gegenüber steht die Püttlacher Wand. Von dort auf Wanderweg kurz talaufwärts zu Piazwand und Frankenjoggerturm.
Man gelangt auch von der Bärenschlucht über einen guten Wanderweg auf der orographisch linken Talseite zu den Felsen (vorbei an Erinnerungswand, Püttlachkamin und Teufelskrallenturm).

Besonderheit
Schattige, ideale Sommerwände. Routen von Stefan Löw und Clemens Nicklaus.

① Sven Glückspilz 8
② Piazweg 6-
③ Deal 9-
④ Durststrecke . . . . 7+
⑤ Goldgräber 7

Frankenjoggerturm

| 20 m | N **341**

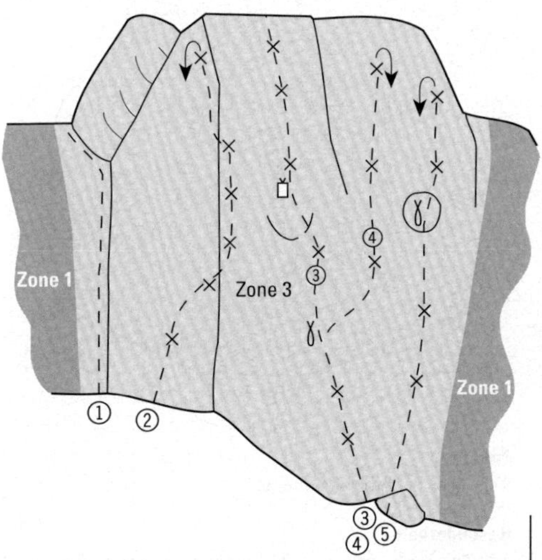

Zugang/Besonderheit
Siehe oben bei Piazwand.

① Dachlkamin 4
② Im Gegenlicht . . . . 8+
③ Engelhardt Ged.-Weg 8-
④ Rammstein . . . . 7+
⑤ Noicherlzuzzerl 7-

342 Teufelskrallenturm

| 25 m | N

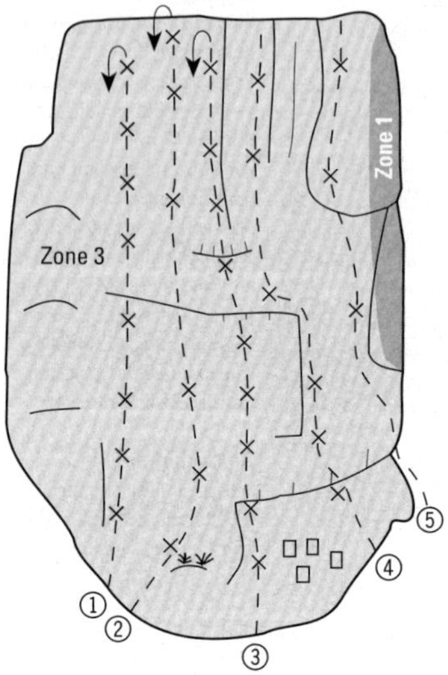

Zugang

Einige 100 m talabwärts vom Zeltplatz an der Bärenschlucht ist ein Parkplatz, gegenüber steht die Püttlacher Wand. Von dort auf Wanderweg kurz talaufwärts (vorbei an Piazwand und Frankenjoggerturm) zu Teufelskrallenturm und Püttlachkamin.
Man gelangt auch von der Bärenschlucht über einen guten Wanderweg auf der orographisch linken Talseite zu den Felsen (vorbei an der Erinnerungswand).

Besonderheit

Schattige, ideale Sommerwände.

① Bergpredigt 8
② Zigeunerweg . . . . 7+
③ Hospital 9-
④ Talseite 8-
⑤ Nordwestkante . . . . 6+

343 Püttlachkamin

| 20 m | N

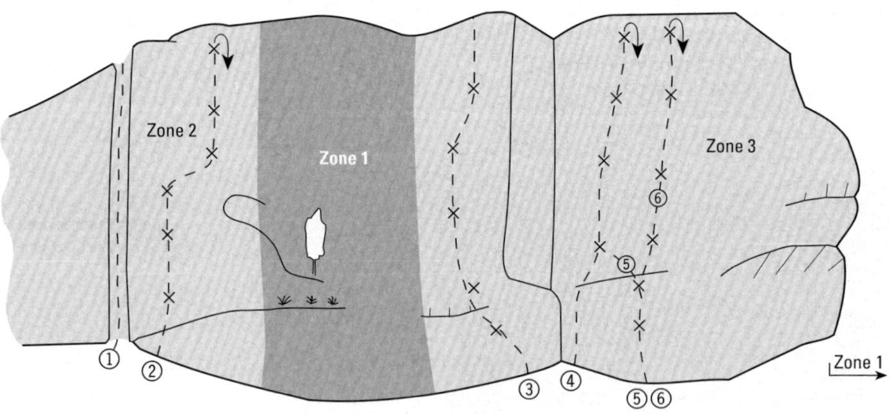

① Püttlachkamin 3
② Püttlachblick 8-
③ Radarfalle 7-
④ Schwarzer Streifen 7-
⑤ Direkter Einstieg 8-
⑥ Lärm macht krank 8-

Zugang

Siehe oben bei Teufelskrallenturm.

Besonderheit

Schattige, ideale Sommerwände. Die meisten Wege sind von Stefan Löw.

Erinnerungswand

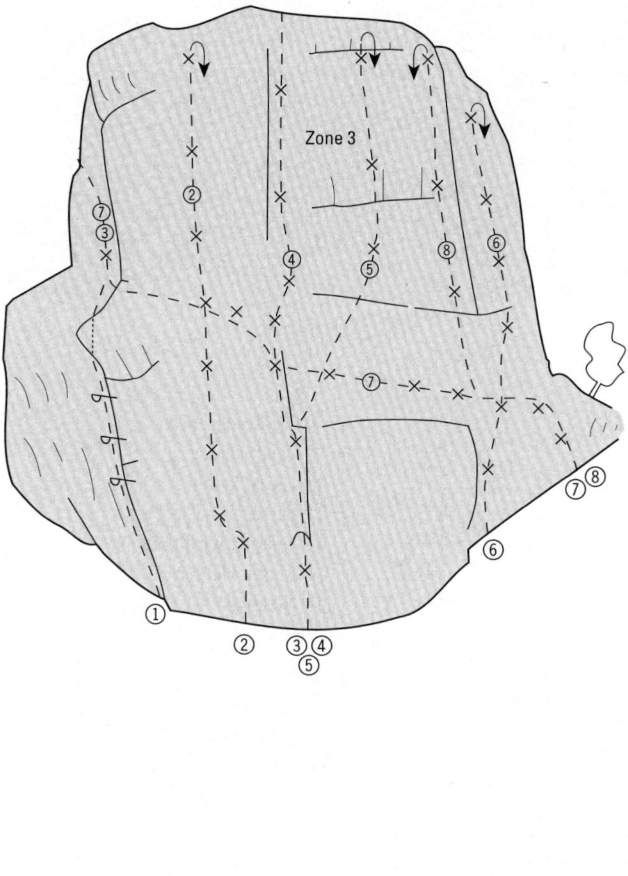

① Stefan Böhm Ged.-Weg	6+	
② Queeel disch, du Sauuu!	10/10+	🍺🍺
③ Emil Freund Ged.-Weg	8+	🍺
④ Peacemaker	9+	🍺🍺
⑤ Kretin	9+	🍺
⑥ Männer unter Strom	9-	
⑦ Fürther Quergang	8	
⑧ City Cobra	9-	
⑨ Bisamratte (*kein Topo*)	7b Fb	

Zugang

Die Erinnerungswand befindet sich direkt gegenüber vom Bärenschluchtzeltplatz bei der Bushaltestelle.

Besonderheit

Schwerste Route hier ist »Queel disch....« (Hans-Jürgen Cron 2001).
Der »Stefan Böhm Ged.-Weg« wird in Kürze saniert werden.
Zugang zu ⑨ (Bisamratte): Links der Erinnerungswand auf Weg in den Wald und kurz den Hang hoch zum Boulder.

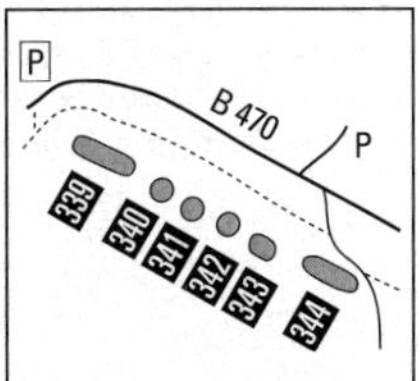

Püttlachtal/Bärenschlucht
339 Püttlacher Wand
340 Piazwand
341 Frankenjoggerturm
342 Teufelskrallenturm
343 Püttlachkamin
344 Erinnerungswand
Übersichtskarte 3 *(S. 17)*

345 Weidener Wand

| 20 m | N

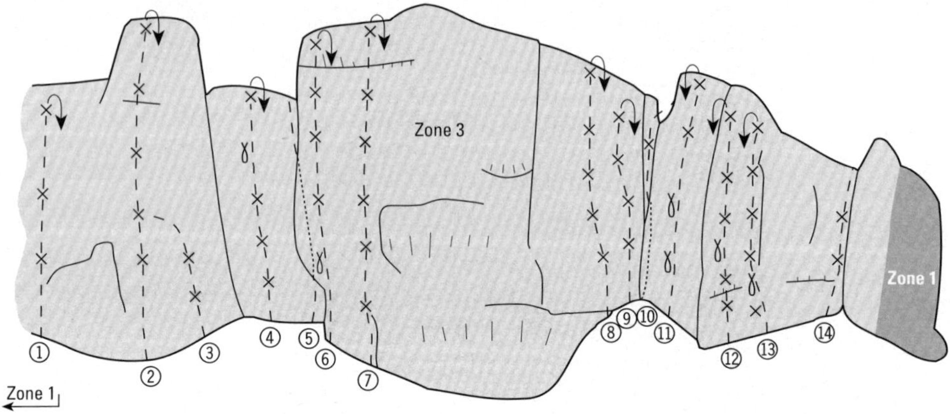

①	Der Bär ist los	7-
②	Abendstimmung	7-
③	Rechter Einstieg	7+
④	Gilgamesch	8
⑤	Enger Kamin	4-
⑥	Alles Balletti	7+
⑦	Zitterikii	7+
⑧	Weißer Streifen	8-
⑨	Fear Factory	9-
⑩	Christlkamin	4
⑪	Patzer	6+
⑫	Gekotzt wird oben	8
⑫	Kleine Helden	8
⑬	Nordriss	5

Zugang
Direkt gegenüber vom Bärenschluchtzeltplatz bei der Bushaltestelle befindet sich die Erinnerungswand. Etwas talaufwärts folgen die Weidener Wand und die Trockauer Wand.

Besonderheit
Beide Wände sind ideale Sommerfelsen. Einige Projekte an der Trockauer Wand sind inzwischen geklettert, so mancher harte Brocken steht aber noch aus. Markus Bock hat kurz vor Drucklegung dieses Führers zwei neue Routen im Schwierigkeitsgrad 10+ eröffnet *(Sonic Excess in its purest form; Spine of God)*.

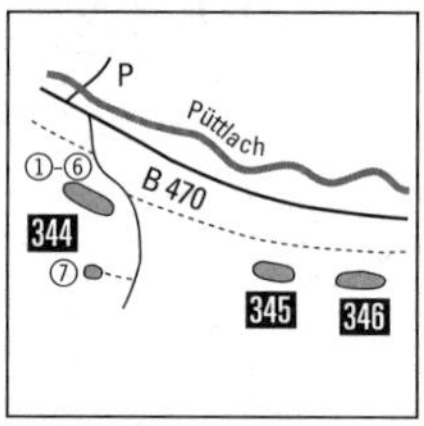

Bärenschlucht Nord
344 Erinnerungswand
345 Weidener Wand
346 Trockauer Wand
Übersichtskarte 3 *(S. 17)*

Trockauer Wand

Rechter Teil

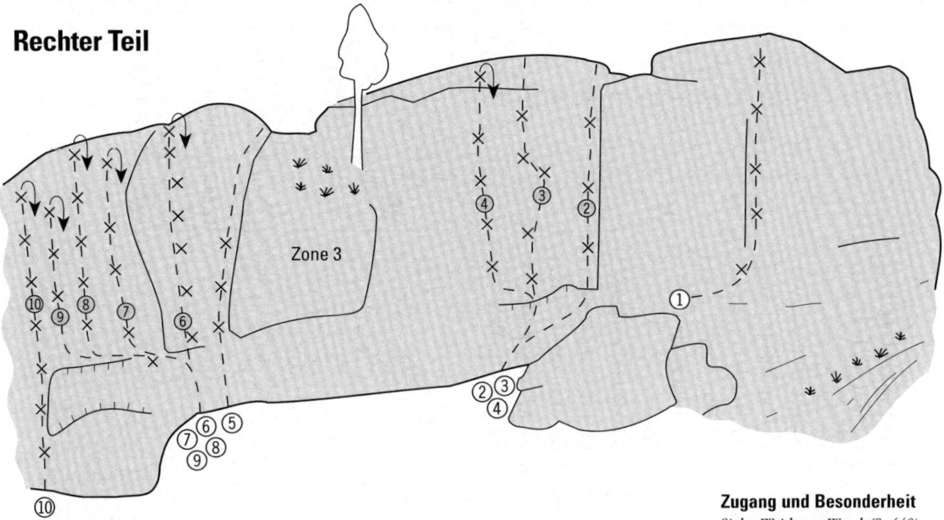

Zugang und Besonderheit
Siehe Weidener Wand *(S. 440)*.

Linker Teil

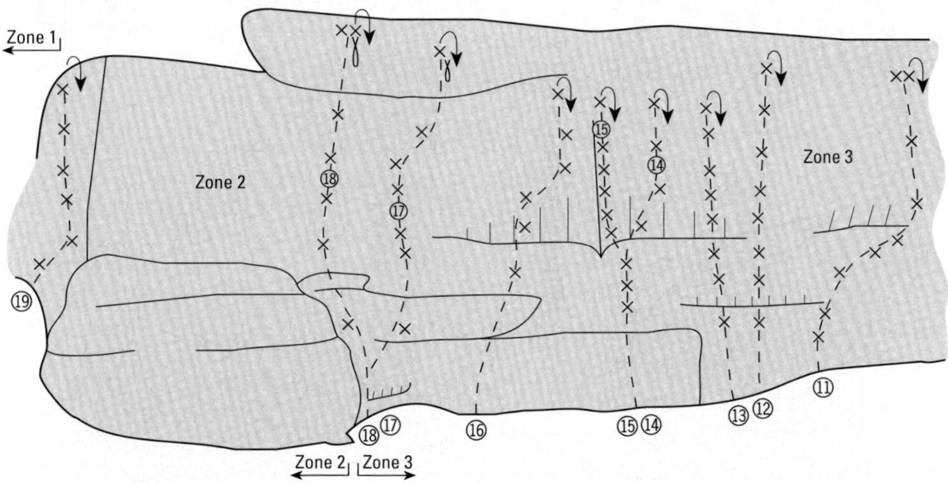

① Bärenschlucht Mantle 7-
② Nix für Emma 6-
③ Manganplatte 7
④ Amalgamplatte 7
⑤ Trockauer Verschneidung 6
⑥ Denkste.................. 8
⑦ H-Blockx................ 8/8+
⑧ Risin' High 9-
⑨ Steinlaus.................. 8
⑩ *Projekt* ....
⑪ *Projekt* ....
⑫ Steep Mud................ 9+/10-
⑬ Sonic Excess in it's purest form. 10+
⑭ Wet Pussy Contest. 10-
⑮ Spine of God. .... 10+
⑯ Burnout 9-/9
⑰ Silberner Surfer. 8
⑱ Space Balls .... 8+
⑲ Dunkelkammer............. 8

347 Ringlerwand

| 8 - 18 m | S + SO

Linke Wand | 8 m | S

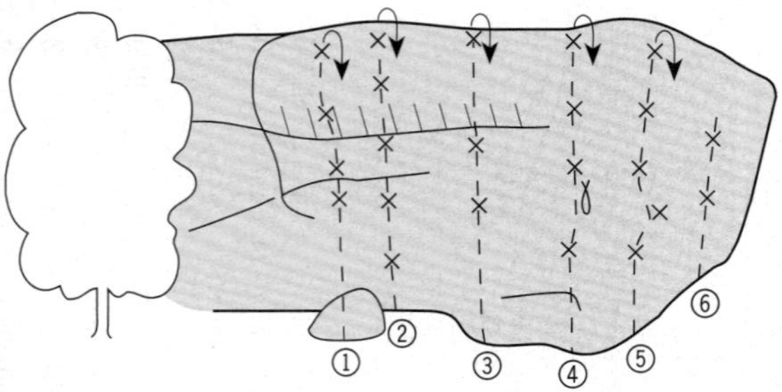

Zugang
Parken vor dem Campingplatz Bärenschlucht *(nicht im Campingplatz!)*. Durch den Campingplatz talabwärts laufen und auf Weg im Talgrund weiter in 5 min zur Ringlerwand. *Bitte nicht von der anderen Seite her über das Privatgrundstück hinlaufen!*

Besonderheit
Früh bis nachmittags sonnig.

①	Snake Plissken	9+
②	Ringelnatter	9
③	*Projekt*	
④	Red handed	9+
⑤	Inquisition	9+/10-
⑥	*Projekt*	
⑦	Alter Weg	6+
⑧	Schnappfix	8-
⑨	?	6
⑩	Kleines Arschloch	8-
⑪	Eye of the tiger	9+
⑫	Cicil War	9
⑬	Aero Dynamo	8
⑭	Fantastic Max	9-

Mittlere Wand | 18 m | SO

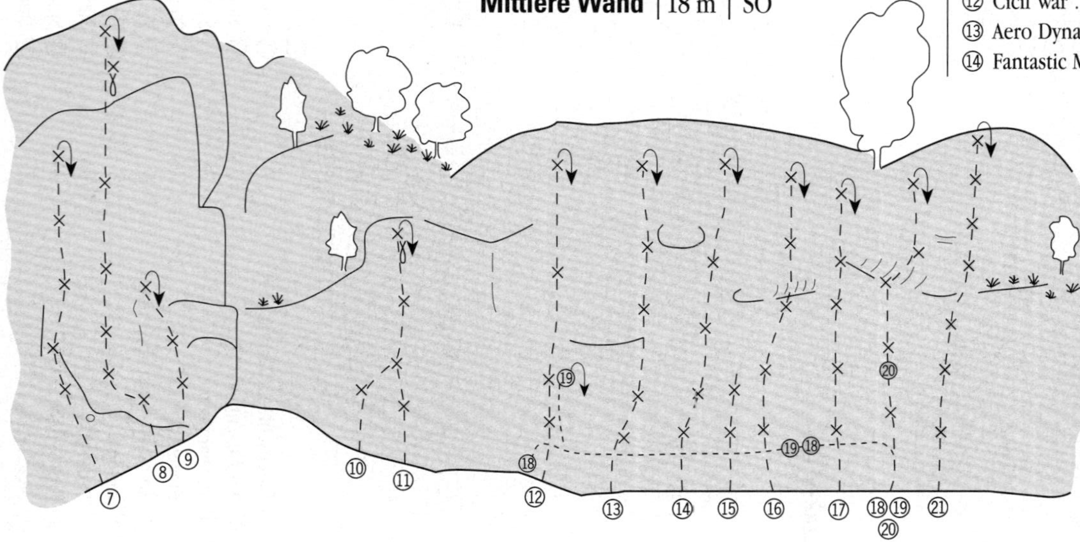

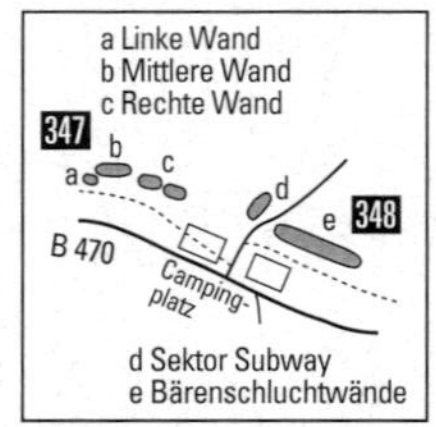

Bärenschlucht Süd
347 Ringlerwand
348 Bärenschluchtwände
Übersichtskarte 3 *(S. 17)*

Rechte Wand | 18 m | S

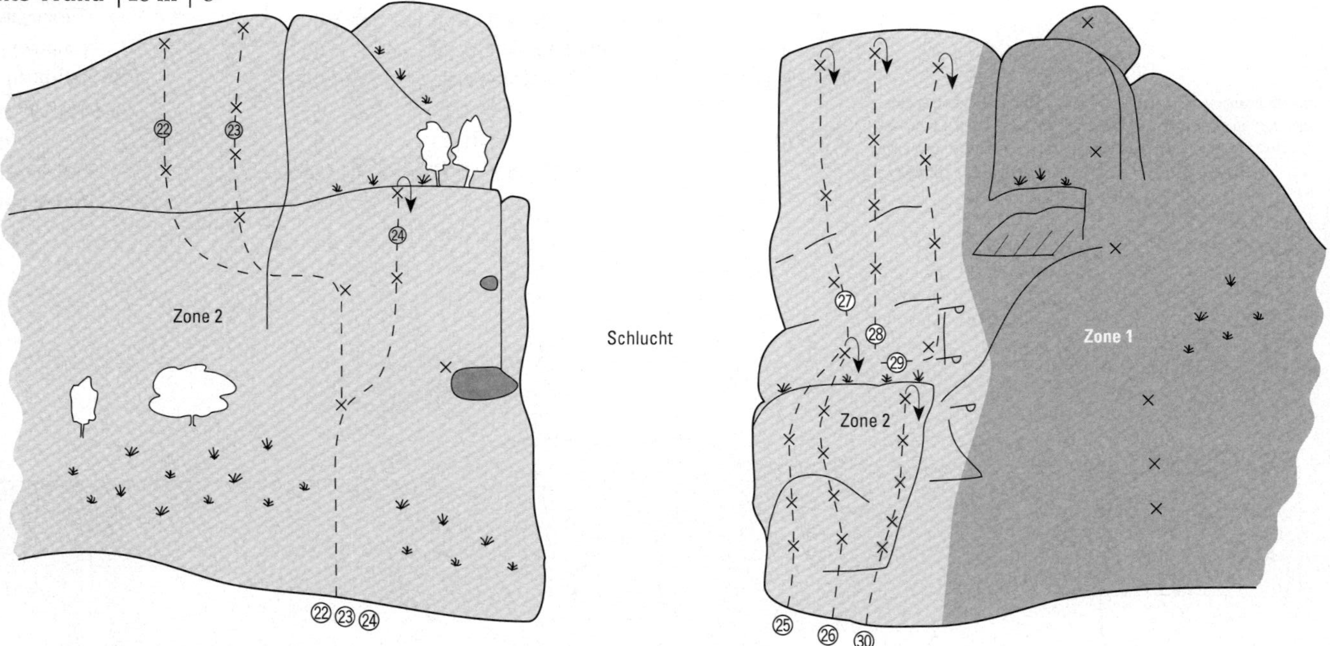

⑮ Locker für Heikos	9-/9	
⑯ Gefühlsecht	9-	
⑰ Bella	8-	
⑱ Hornhautraspel	7b Fbtr	
⑲ Fingermaniküre	7c Fbtr	
⑳ Fliegende Holländer	8-	
㉑ Dejavué	8	
㉒ *Projekt*		
㉓ *Projekt*		
㉔ Flower Power	7+	
㉕ ?	8	
㉖ Gitanes	9-	
㉗ ?	8	
㉘ ?	8	
㉙ Steinschocker	8-	
㉚ Fugazi	9+/10-	

Besonderheit

An der Rechten Wand sind die Routen vom Charakter her deutlich alpiner. Wegen dem stärkeren Bewuchs wurde der ganz rechte Teil der Zone 1 zugeordnet.

An der Linken und Mittleren Wand spenden die Bäume im Sommer etwas Schatten.

348 Bärenschluchtwände

8 - 22 m | S + O

Linker Wandteil | 18 m | S

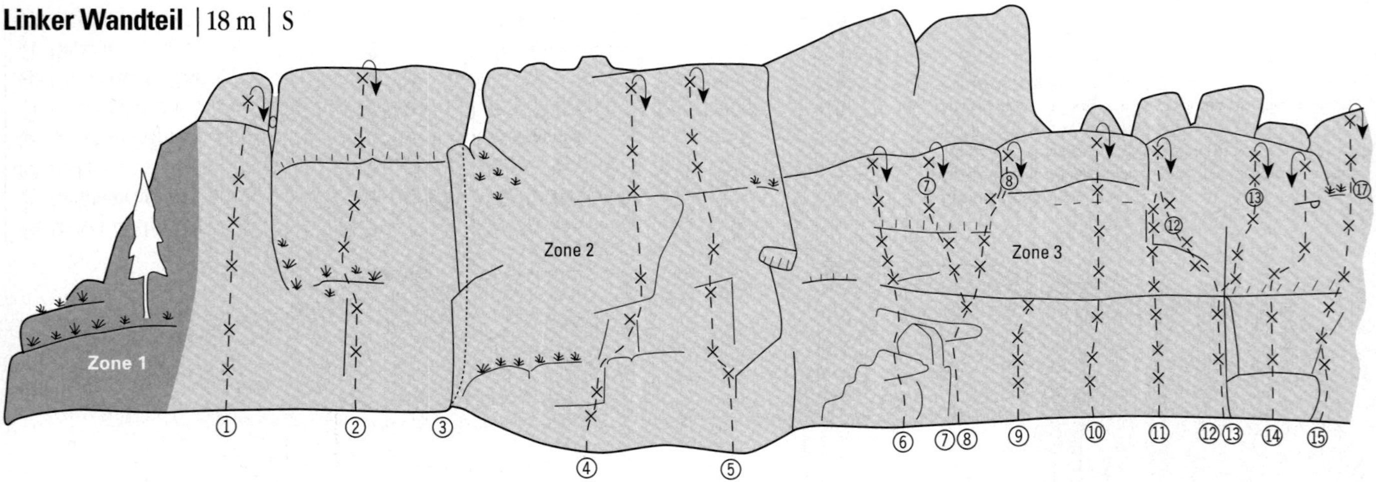

① Mai Pen Rai	7
② Tabula Rasa	7+/8 -
③ Pony	6
④ Moni's Blackout	7
⑤ Abendspaziergang	8/8 +
⑥ Bärendreck	8 +
⑦ Metallica	9 +
⑧ Center Court	10 -
⑨ *Projekt*	
⑩ Desaster	10 +
⑪ *Projekt*	
⑫ Bärentöter	9 +
⑬ Göttner Ged.-Weg	8
⑭ Geierblick	8
⑮ Caduta Sassi	9

Zugang
Die Bärenschluchtwände befinden sich unmittelbar über dem rechten Teil des Campingplatzes an der Bärenschlucht. Der Sektor »Subway« liegt direkt links der Straße nach Weidmannsgesees.

Mittlerer Wandteil | 22 m | S

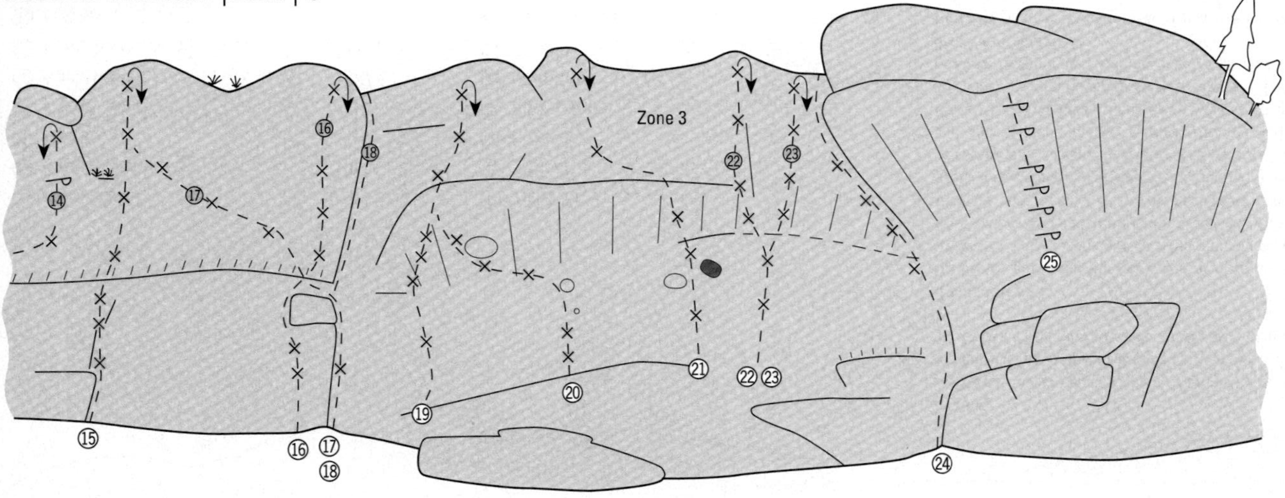

⑮ Caduta Sassi	9	
⑯ Roter Baron	9 -	
⑰ Kreuzhang	6 +	
⑱ Werner Gehlert Ged.-Weg	6 +	
⑲ Herkules	9/9 +	
⑳ *Projekt*		
㉑ Skywalk	10 -	
㉒ Amboss	10 -	
㉓ Dr. Jekyll und Mr. Hyde	11 -	
㉔ Bückling	9 -	
㉕ Püttlacher Dach	a3	

Besonderheit

Die Bärenschlucht (im Franken-Jargon auch einfach *»die Schlucht«*) ist das Eldorado schlechthin für extreme, meist athletische Routen. Den Startschuss gab Wolfgang Güllich 1987 mit »Center Court« zu einer Zeit, in der noch kaum einer die Bärenschlucht eines Blickes würdigte. Heute zählt sie zu den überlaufenen schweren Gebieten mit zahlreichen begehrten Zehnerrouten und einem Weg im unteren 11. Grad: »Dr. Jekyll und Mr. Hyde« (Bock 1998). Kommentar von Markus: »Weiten Dynamo im Amboss klettern, dann Boulderpassage an Löchern«. Etwas leichter ist »Drive by shooting« (Ordnung 1995), siehe auch die Fotos auf den Seiten 39 und 453.

Durch die sonnenexponierte Lage lässt es sich nur an kühlen Tagen schwer klettern *(Ausnahme: Sektor Subway)*.

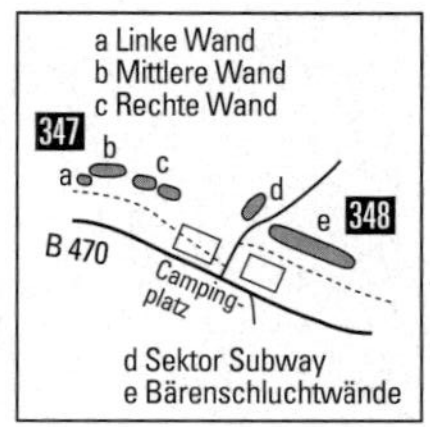

Bärenschlucht Süd
347 Ringlerwand
348 Bärenschluchtwände
Übersichtskarte 3 *(S. 17)*

Rechter Wandteil | 22 m | S

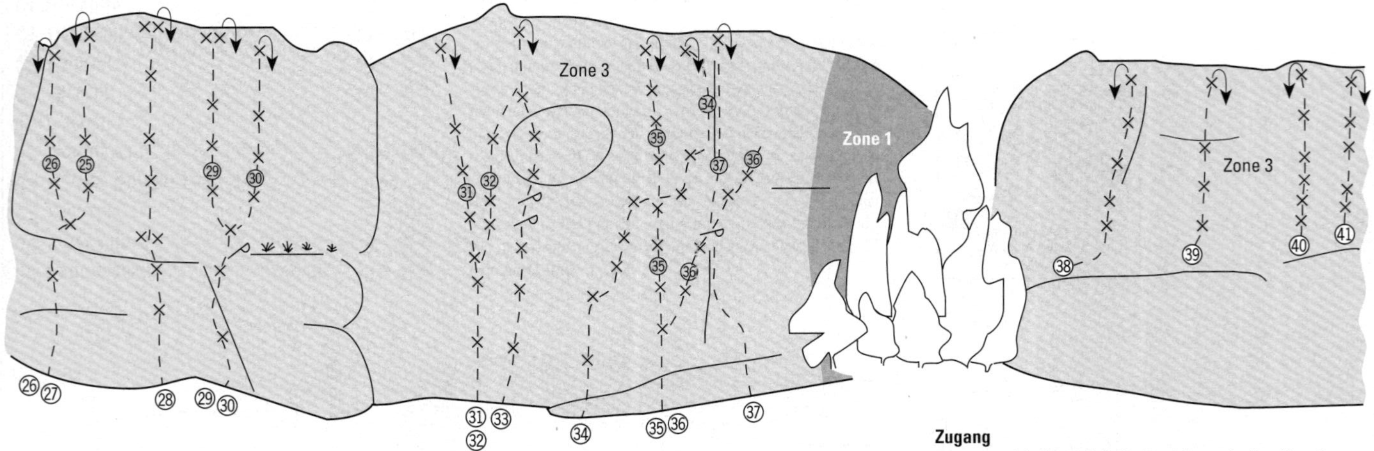

㉖	Sidewalk	9-/e1
㉗	Rauchende Bolts	9/e1
㉘	Pharao	10
㉙	Grand Slam	10-
㉚	Nachtwächter	9-
㉛	Drive by shooting	10+/11-
㉜	*Projekt*	
㉝	Im Auge des Zyklopen	9/9+
㉞	Elchkuh	9+
㉟	*Projekt*	
㊱	*Projekt*	
㊲	Alfred auf 4	a4
㊳	Sysiphos	10-
㊴	*Projekt*	
㊵	Herz aus Gold	9
㊶	Pangalaktischer Donnergurgler	9+/10-

Zugang

Die Bärenschluchtwände befinden sich unmittelbar über dem rechten Teil des Campingplatzes an der Bärenschlucht. Der Sektor »Subway« liegt direkt links der Straße nach Weidmannsgesees.

Besonderheit

Die Bärenschlucht (im Franken-Jargon auch einfach *»die Schlucht«*) ist das Eldorado schlechthin für extreme, meist athletische Routen. Den Startschuss gab Wolfgang Güllich 1987 mit »Center Court« zu einer Zeit, in der noch kaum einer die Bärenschlucht eines Blickes würdigte. Heute zählt sie zu den überlaufenen schweren Gebieten mit zahlreichen begehrten Zehnerrouten und einem Weg im unteren 11. Grad: »Dr. Jekyll und Mr. Hyde« (Bock 1998). Kommentar von Markus: »Weiten Dynamo im Amboss klettern, dann Boulderpassage an Löchern«. Etwas leichter ist »Drive by shooting« (Ordnung 1995), siehe auch die Fotos auf den Seiten 39 und 453.

Durch die sonnenexponierte Lage lässt es sich nur an kühlen Tagen schwer klettern *(Ausnahme: Sektor Subway)*.

Bärenschluchtwände | 8 - 22 m | S + O 348

Sektor Subway | 8 m | O

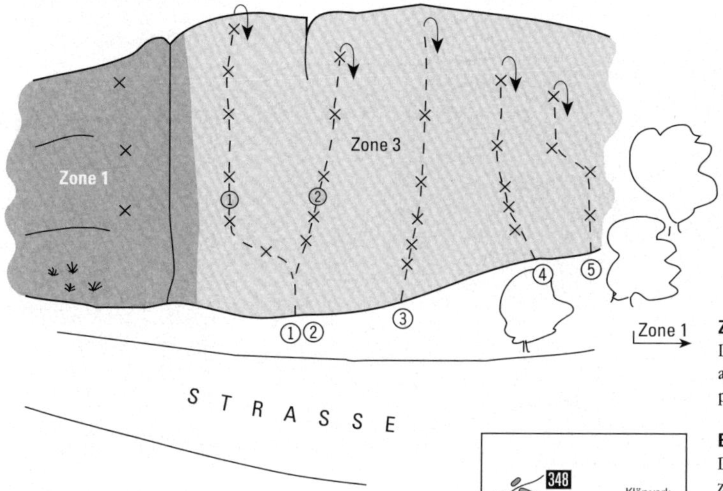

Zugang
Der Sektor Subway liegt direkt an der Straße vom Campingplatz nach Weidmannsgesees.

Besonderheit
Der Sektor Subway ist der einzige wirklich schattige Teil der Bärenschluchtwände, da er in der Schlucht selbst gelegen ist. Die Wege sind sehr steil und haben boulderartigen Charakter. Gute Maximal- und Fingerkraft sind hier unerlässlich.

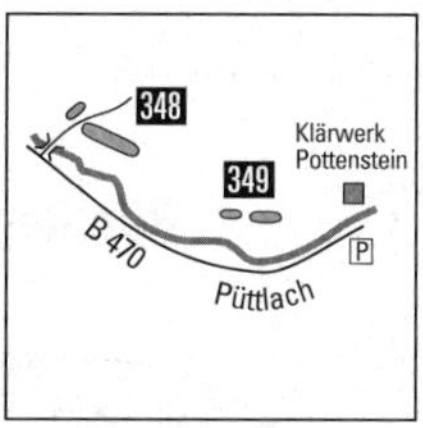

Bärenschlucht/Universum
348 Bärenschluchtwände
349 Universum
Übersichtskarte 3 *(S. 17)*

① Im Rausch der Tiefe	9+/10-
② Small Talk	10+
③ Subway	10
④ Hot Knifes	10+
⑤ Fit for Fun	9

Universum | 14 - 17 m | S 349

Ganz links | 14 m

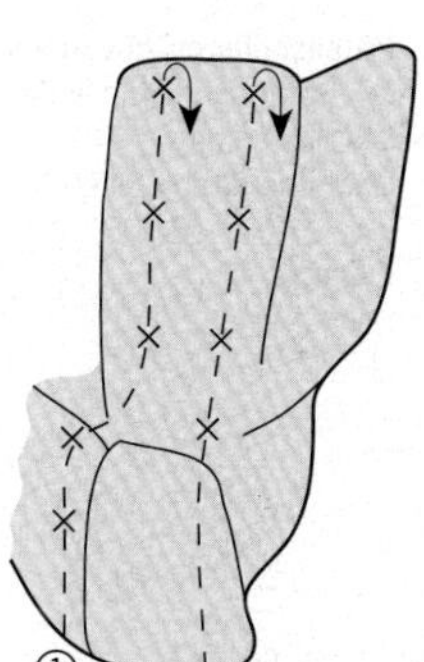

Zugang
• *Von der Bärenschlucht:* Parken gegenüber vom Klärwerk (zwischen Pottenstein und Bärenschlucht). Auf der Straße 400 m talabwärts, durch die Püttlach waten und auf der anderen Talseite in den Wald hinauf zu den Felsen.

• *Direkt über die Püttlach:* Parken an der Bärenschlucht und im Talgrund (zuletzt weglos) 1 km talaufwärts zu den Felsen.

Besonderheit
50 m links der beschriebenen Routen gibt es noch die Route Tour: »Zitterpartie« (8-). Obwohl es sich um eine Südwand handelt, wird es durch die dichte Bewaldung kaum zu heiß. Die Stadt Pottenstein ist aus dem Zonierungskonzept ausgestiegen, weshalb die Situation am Universum unklar ist. Es wurde ein Kletterverbot verhängt, angeblich soll aber bei Drucklegung dieses Führers bereits ein neuer Weg im Talgrund angelegt und das Kletterverbot wieder aufgehoben worden sein. Bitte über die aktuelle Lage informieren (IG Klettern, DAV).

① Für die Crew	6+
② Extrascharf	8

349 Universum

| 14 - 17 m | S

Linker Wandteil | 17 m

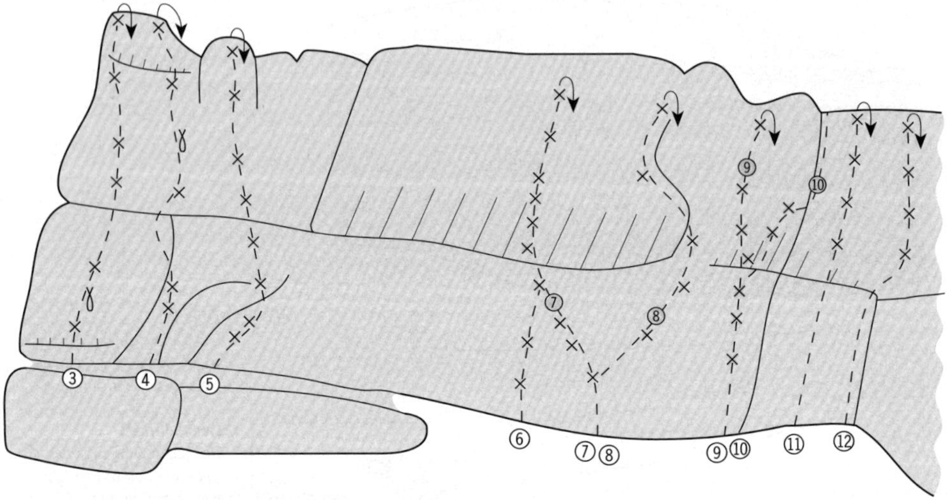

Rechter Wandteil | 14 m

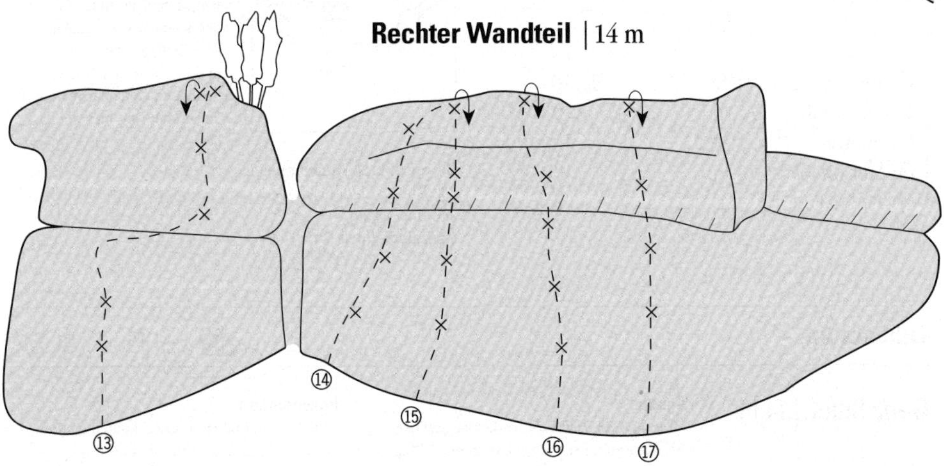

③	Katanka	8 -
④	Saturn	8
⑤	Rocketman	9 -
⑥	*Projekt*	
⑦	*Projekt*	
⑧	Uranus (*Körperrissaustieg*)	9 +
⑨	687 Tage	8 +
⑩	Marsmond	8
⑪	Quasar	9/9 +
⑫	Orion	9 -
⑬	Komet	8 -
⑭	Naabtal Duo	9 +
⑮	Ozon	10 -
⑯	*Projekt*	
⑰	*Projekt*	

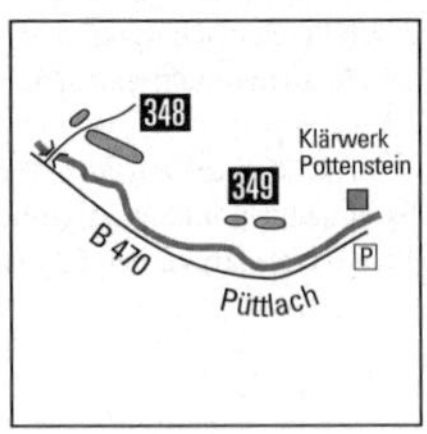

Bärenschlucht/Universum
348 Bärenschluchtwände
349 Universum
Übersichtskarte 3 *(S. 17)*

Zugang
Siehe S. 447.

Pottensteiner Wand

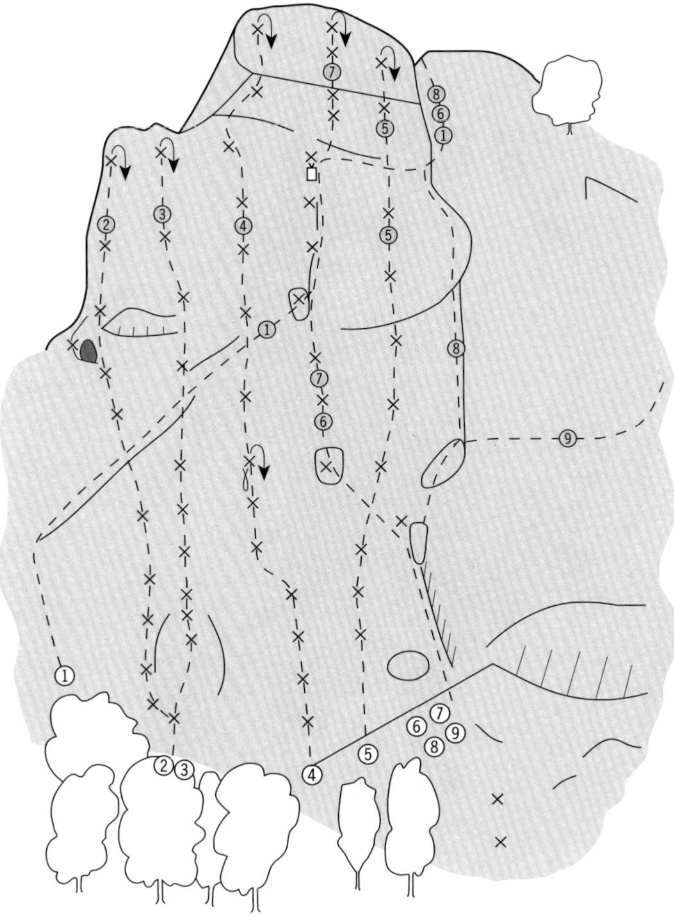

① Pottensteiner Weg .... a1/5+
② Heile Welt .... 8+
③ George Foreman 9
④ Big Wall *(35 m)* 9-
⑤ Zeitreise 8
⑥ Grünbauer Ged.-Weg .... 6+
⑦ Direkter Ausstieg .... 7+
⑧ Direkter Grünbauer Ged.-Weg .. a1/5+
⑨ Erlanger Weg .... a1/5+

Zugang
Die Wand befindet sich direkt über den letzten Häusern von Pottenstein (Richtung Waldcafe).

Besonderheit
Wer hier klettern will, muß sich zuvor beim Gasthaus »Tucherstuben« anmelden ! (Steinschlaggefahr für den darunter liegenden Parkplatz). Der alte Zustieg zu den 4 Wegen im rechten Teil ist völlig mit Moos verwachsen.

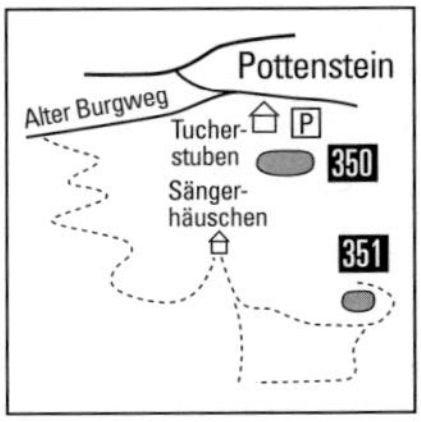

Pottenstein
350 Pottensteiner Wand
351 Dohlenloch
Gebietsübersicht *S. 470*
Übersichtskarte 3 *(S. 17)*

Bild S. 450: Stefan Löw in »Letzter Versuch« (9); Geißleinwand *(Foto: Bernhard Thum)*
Bild S. 451: Marcus Grabe in »Stehversuche« (7+); Geißleinwand *(Foto: Bernhard Thum)*

351 Dohlenloch

| 14 m | N

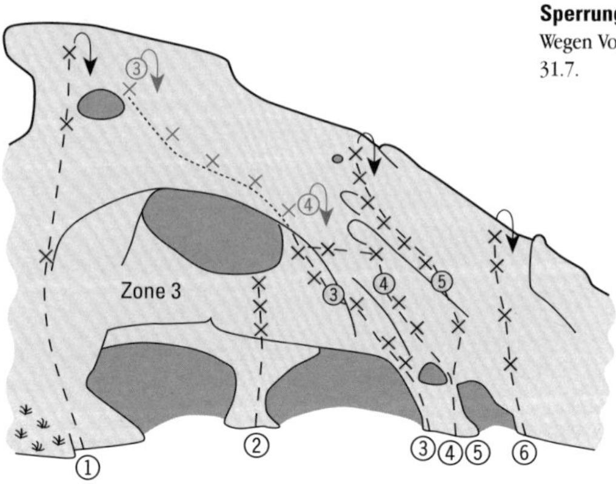

Sperrung

Wegen Vogelschutz von 1.2. - 31.7.

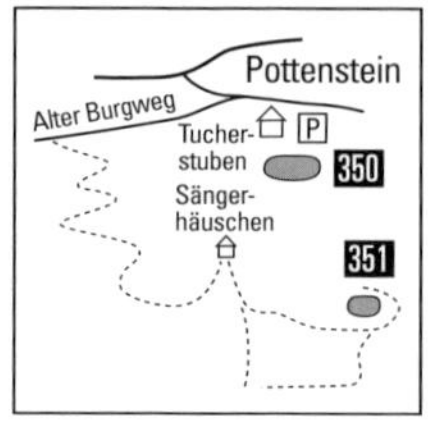

Pottenstein

350 Pottensteiner Wand
351 Dohlenloch
Gebietsübersicht *S. 470*
Übersichtskarte 3 *(S. 17)*

① Warmmachroute	6-	
② *Projekt*		
③ Schlotfeger	8+	
④ Begnadigte Körper	9	
⑤ VFW	9	
⑥ *Projekt*		

Zugang

Parken in Pottenstein in der Nähe der Norma. Kurz zurück in Richtung Ortsmitte und in der Rechtskurve scharf links (Wandermarkierung, Sperrschild; geradeaus gelangt man zur Pottensteiner Wand). Nach 20 m scharf rechts (»Alter Burgweg«) und nach 150 m links einem Wanderweg folgen (Wegweiser »Zum Sängerhäuschen«). Der Weg führt in Spitzkehren in 4-5 min zu einer Hütte auf einem Aussichtspunkt (»Sängerhäuschen«). In Spitzkehre dem Weg wieder in Richtung Wald folgen und 30 m nach der Hütte auf Pfad links abbiegen. Man quert den Hang durch den Wald ca. 200 m und kommt zu einem kleinen Aussichtspunkt direkt am Gipfel des Dohlenlochs. Rechts herum absteigen zu den Einstiegen.

Besonderheit

Stark durchlöchertes, weit überhängendes Höhlendach mit athletischen Klettereien. Im Frühjahr ist der Fels länger nass.

Bild S. 453: Katrin Sedlmayr bei einem Versuch in »Killer« (10); Schüttersmühler Wand
Foto: Bernhard Thum

Untere Wand | 20 m | W

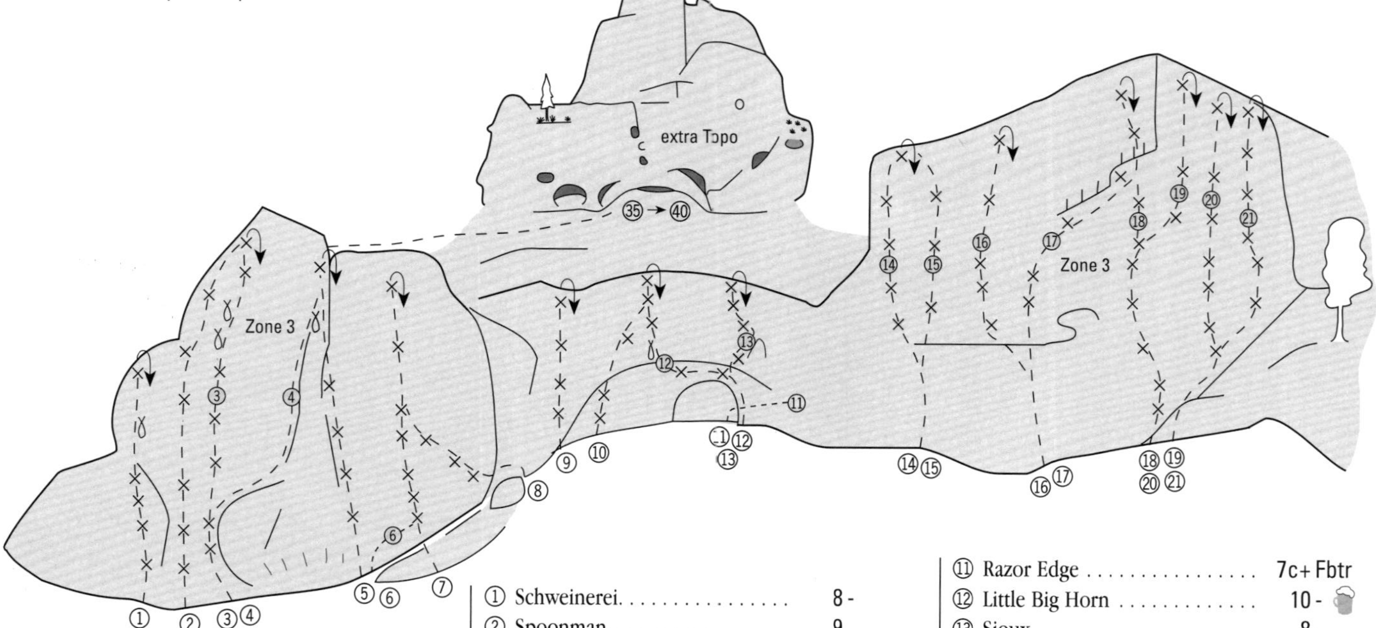

Zugang
Von Pottenstein in Richtung Bayreuth fahren und gegenüber vom Kleinen Schwalbenloch parken (200 m nach Ortsausgangsschild). Auf der Straße wieder kurz talabwärts und links über eine Brücke. Bei der gelben Bank führt ein Trampelpfad zu den Felsen hinauf (nicht durch die Forstfläche weiter links laufen!)

①	Schweinerei	8 -
②	Spoonman	9
③	VEB	7 +
④	Saubere Arbeit	7
⑤	Dickbein	7
⑥	Crashtest (*Sitzstart*)	6c+ Fb
⑦	Airbag	8
⑧	Schlaffsack	7
⑨	Tyson	9/9 +
⑩	Wounded Knie	8 +
⑪	Razor Edge	7c+ Fbtr
⑫	Little Big Horn	10 -
⑬	Sioux	8 -
⑭	Ramin	7 +
⑮	Katze Sudan	7 +
⑯	Ammonit	8
⑰	Left Side of Darkness	9
⑱	Verbindung	10 -
⑲	Ab durch die Mitte	9/9 +
⑳	Holyfield	10 -
㉑	Rechts vor links	9 -

Obere Wand | Linker Teil | 16 m | W

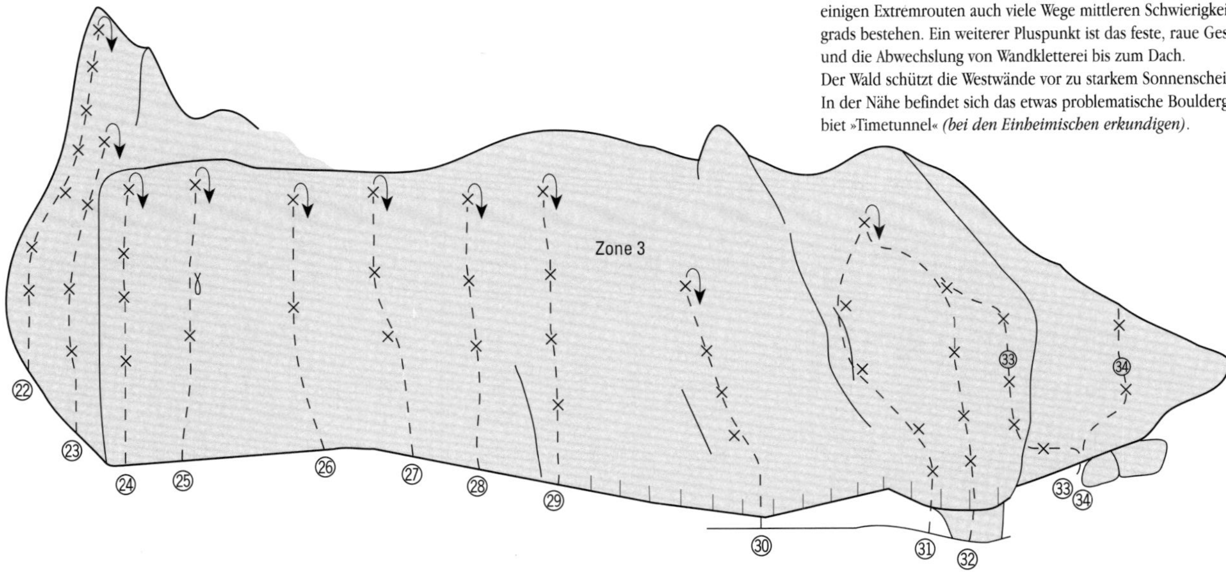

Besonderheit
Die Marientaler Wand erfreut sich großer Beliebtheit, weil neben einigen Extremrouten auch viele Wege mittleren Schwierigkeitsgrads bestehen. Ein weiterer Pluspunkt ist das feste, raue Gestein und die Abwechslung von Wandkletterei bis zum Dach.
Der Wald schützt die Westwände vor zu starkem Sonnenschein. In der Nähe befindet sich das etwas problematische Bouldergebiet »Timetunnel« *(bei den Einheimischen erkundigen)*.

㉒	Geisterbahn	5+
㉓	Schepperwandl	6+
㉔	Melodie und Rythmus	7-
㉕	Sex Minus	6-
㉖	Beule	6-/e1
㉗	500 Moik	7-
㉘	Hasenfuß	6+
㉙	Trittbrettfahrer	6+
㉚	Kraftfeld	9/9+
㉛	Inverted Reality	9-
㉜	Ruptur	10-
㉝	Stromlinie	9
㉞	Gegenwind	7

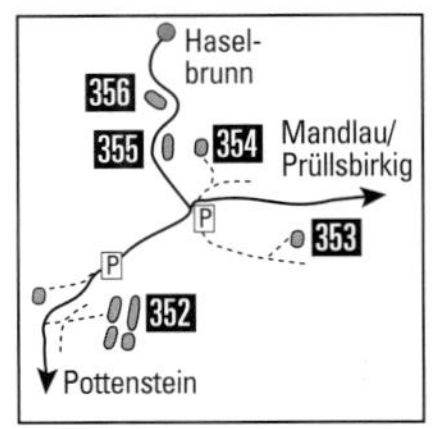

Mariental
352 Marientaler Wand
353 Schöfflblock
354 Warmduscher's Neue Heimat
355 Jules Verne Massiv
356 Totentaler Wand
Gebietsübersicht *S. 470*
Übersichtskarte 3 *(S. 17)*

352 Marientaler Wand

| 16 - 20 m | W

Obere Wand | Rechter Teil | 16 m | W

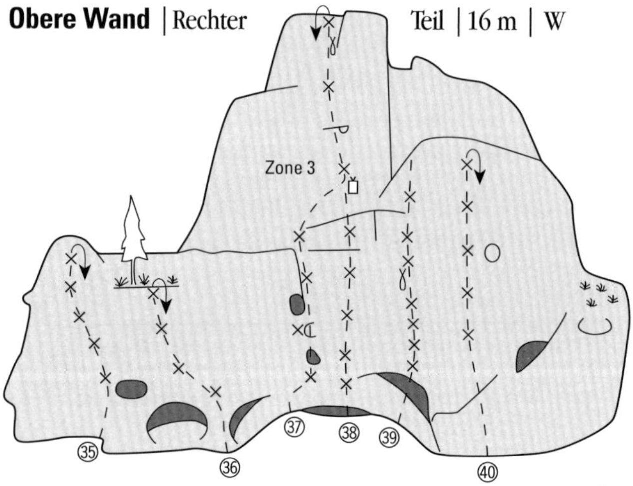

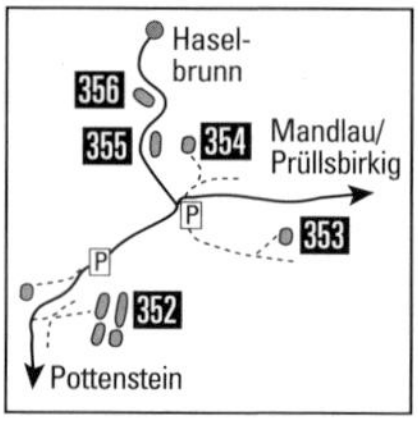

Mariental
352 Marientaler Wand
353 Schöfflblock
354 Warmduscher's Neue Heimat
355 Jules Verne Massiv
356 Totentaler Wand
Gebietsübersicht *S. 470*
Übersichtskarte 3 *(S. 17)*

㉟ O. L.	9 -	
㊱ Leftfield	9+/10 -	
㊲ Hängt a weng über	8	
㊳ *Projekt*		
㊴ *Projekt*		
㊵ Opa Falkenstein	8 -	

Zugang
Von Pottenstein in Richtung Bayreuth fahren und gegenüber vom Kleinen Schwalbenloch parken (200 m nach Ortsausgangsschild). Auf der Straße wieder kurz talabwärts und links über eine Brücke. Bei der gelben Bank führt ein Trampelpfad zu den Felsen hinauf (nicht durch die Forstfläche weiter links laufen!)

353 Schöfflblock

| 8 m | N

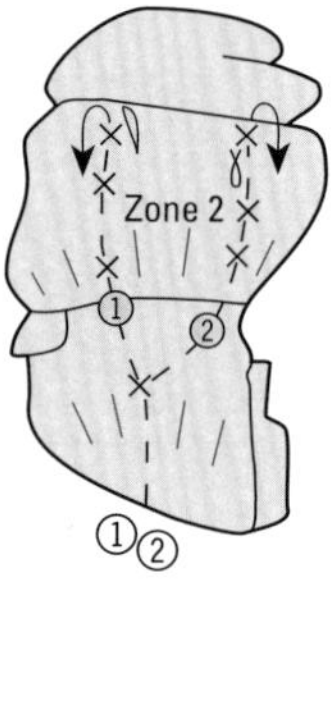

Zugang
Von Pottenstein in Richtung Bayreuth fahren und bei der Abzweigung Prüllsbirkig/Mandlau an Wanderparkplatz parken. Parallel zur Straße nach Prüllsbirkig führt eine Fuhre in den Wald. Dieser folgt man, nach 120 m sieht man links Felsen, hier noch etwas weiter. Nach insgesamt 150 m zweigt links ein Pfad ab zum bereits sichtbaren Block.

Besonderheit
Kurz, kleingriffig und stark überhängend. Die Wege wurden von den Brüdern Schöffl eingerichtet.

① Funk beyond the call of duty	10 -
② Prik Nam Pla	10/10 -

Bild S. 453: Manfred Eichhorn in »Drive by Shooting« (10+/11-); Bärenschluchtwände
Foto: Bernhard Thum

354 Warmduscher's Neue Heimat

| 6-8 m | S + W

Linker Teil | 6 m | S

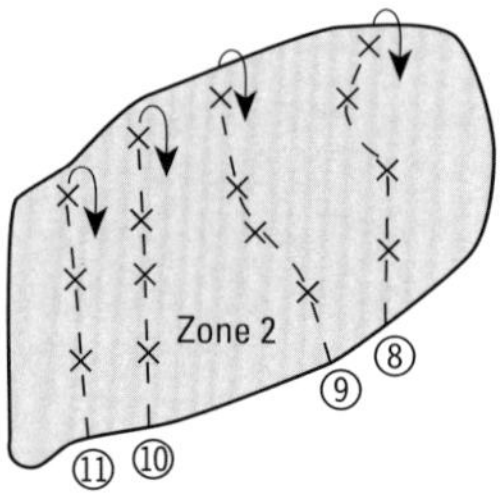

Rechter Teil | 8 m | W

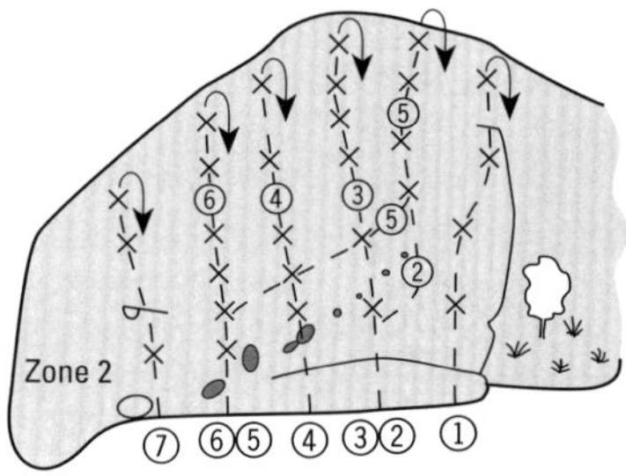

Zugang
Von Pottenstein in Richtung Bayreuth fahren und bei der Abzweigung Prüllsbirkig/Mandlau an Wanderparkplatz parken. Auf der anderen Seite der abzweigenden Straße bei Teerstreifen einem Weg (vorbei an Tretminen) in den Wald folgen. Nach 30 m führt links ein Pfad direkt den Hang hoch zu einer kleinen Wiese. Noch kurz weiter hoch und nach links queren zu den beiden übernagelten Blöcken.

① Cafe Caspary	5
② Frankenplaisir	5
③ Kaum Zeit zum Fürchten	7-
④ Kaputtbohrer	7+
⑤ Querulant	7+
⑥ Neue Heimat	7+
⑦ Kleines Fürchterli	7-
⑧ *Paradiesische Zeiten (Projekt)*	
⑨ Clipsticker	9-
⑩ Fair Value	7+
⑪ Safety First	6+

355 Jules Verne Massiv

| 25 m | W

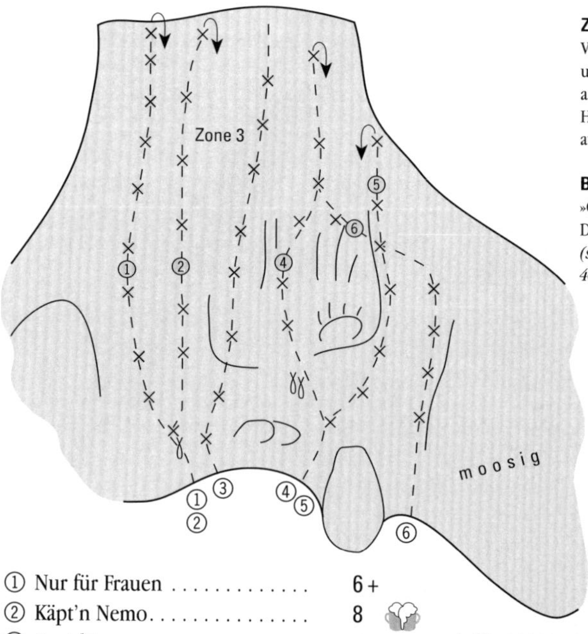

Zugang
Von Pottenstein in Richtung Bayreuth fahren und bei der Abzweigung Prüllsbirkig/Mandlau an Wanderparkplatz parken. Noch 400 m die Hauptstraße talaufwärts, dann rechts 20 m hinauf zu den Felsen.

Besonderheit
»Clockwork Orange« (Falkner 2000) hat eine Damenbegehung von Damaris Knorr erhalten *(siehe auch die Fotos auf den Seiten 42 und 461)*.

① Nur für Frauen	6+
② Käpt'n Nemo	8
③ *Projekt*	
④ Nautilus	10-/10
⑤ 20000 Meilen unterm Meer	9-
⑥ Clockwork Orange	10

Totentaler Wand

| 16 m | NO **356**

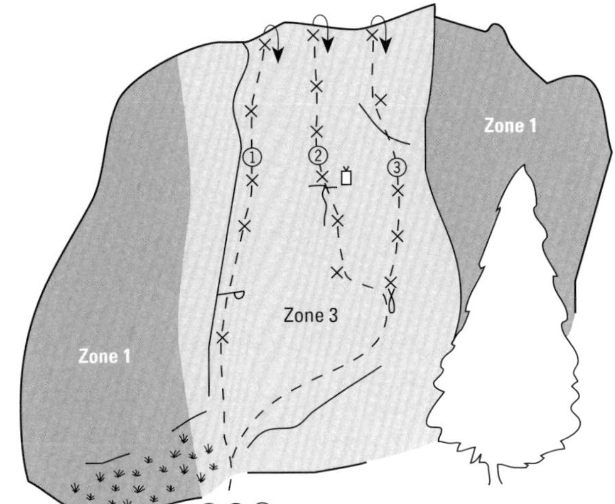

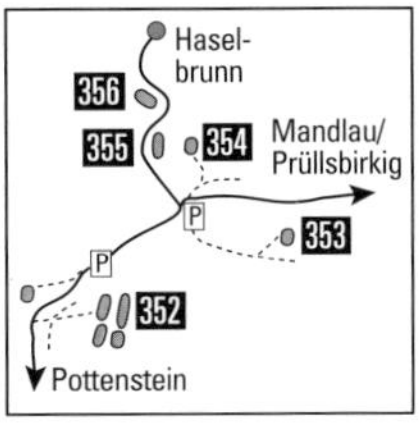

Mariental

Zugang
Von Pottenstein in Richtung Bayreuth fahren. 1,4 km nach Ortsende Pottenstein (300 m vor Haselbrunn) steht die Wand links der Straßenkurve (Parken in Haselbrunn).

① Alter Weg	6
② Casanova	8-
③ Spießer	8-

Brotzeitwand

| 15 m | O **357**

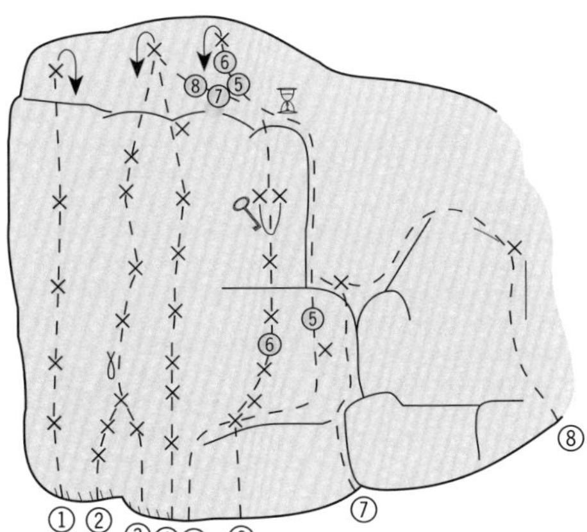

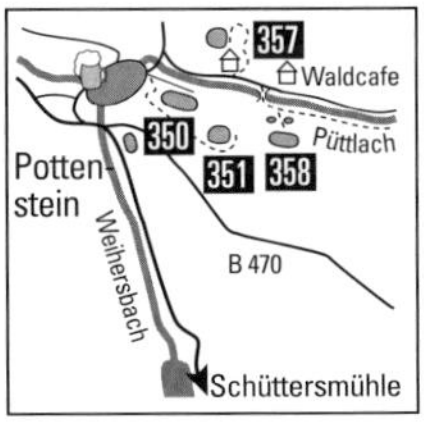

Pottenstein

Zugang
Parken in Pottenstein. Auf der Straße zum Waldcafe bis zum Sägewerk, hier sind bereits gegenüber am Südhang die Felsen sichtbar. Die Touren befinden sich in der Ostwand. Diese wird über einen Weg, der rechts an dem darunter befindlichen Haus vorbeiführt, erreicht.

Besonderheit
Die Brotzeitwand wurde als einziger Fels von der Sperrung der Trockenhänge um Pottenstein verschont.

① Bubinator	7-
② Variante	6+
③ ?	7-
④ ?	7
⑤ Brotzeitplatte	6+
⑥ ?	8-
⑦ Alter Weg	6
⑧ Einstiegsvariante	6-

358 Trautner Ged.-Wand

| 30 m | N

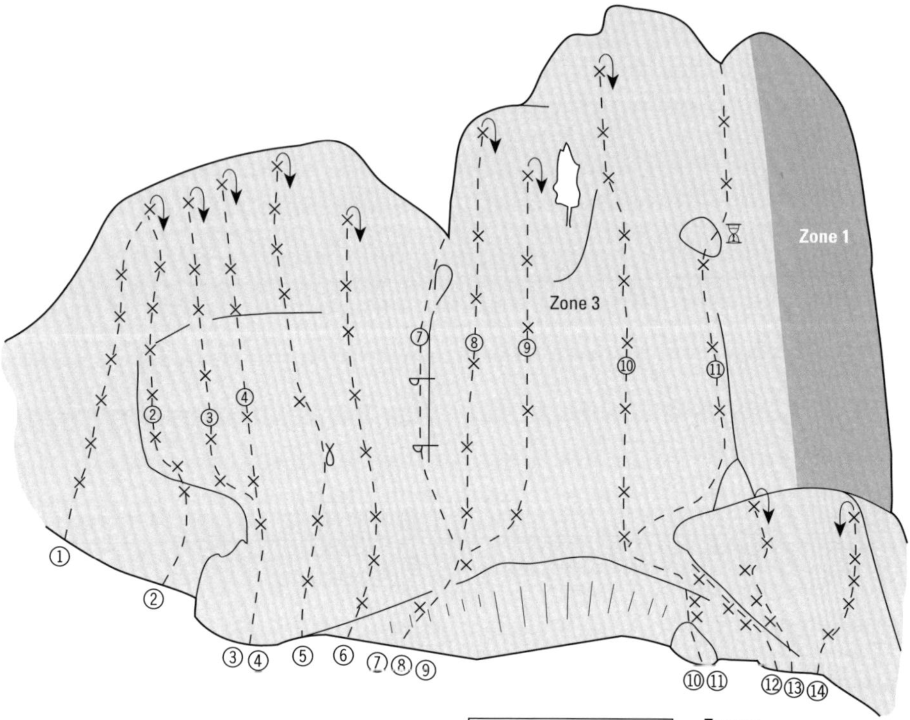

①	Bis zum bitteren Ende	8+
②	König der Lüfte	9-
③	Provisorium	8
④	Condor	8
⑤	Non Stop	8
⑥	GoGo	8+
⑦	Mittelverschneidung	a1/5+
⑧	Stück für Stück	8+
⑨	Grenzenlos *(Einstieg 8+)*	7+
⑩	Mit Gott	8+
⑪	Alter Weg	7+
⑫	*Projekt*	
⑬	Showdown	11-
⑭	Neun Leben	10

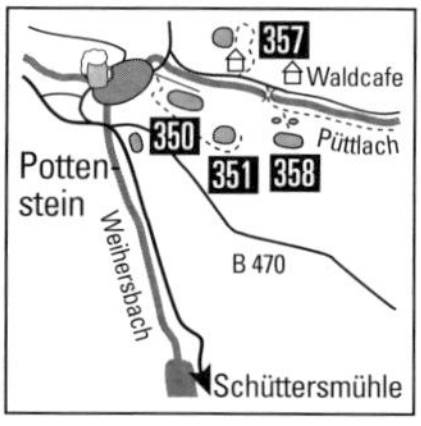

Pottenstein
350 Pottensteiner Wand
351 Dohlenloch
357 Brotzeitwand
358 Trautner Ged.-Wand
Gebietsübersicht *S. 470*
Übersichtskarte 3 *(S. 17)*

Zugang
Parken in Pottenstein. Auf der Straße zum Waldcafe (besser zu Fuß, da die Straße nur für Besucher des Waldcafes offen). Am Parkplatz Waldcafe rechts auf Holzsteg über die Püttlach und rechts auf Trampelpfad 50 m zum Wanderweg (Markierung Rotkreuz). Den Weg 40 m talabwärts und beim Schild (»Waldtempel/Hasenloch«) steil den Hang hinauf zur Wand.

Besonderheit
Die beiden extremen Routen sind von Werner Thon »Showdown« und Markus Bock (»Neun Leben«).
Fast alle anderen Wege stammen von Stefan Löw.

Bild S. 461: Damaris Knorr in »Clockwork Orange« (10); Jules Verne Massiv
Foto: Bernhard Thum

359 Trierer Wand

20 m | NO

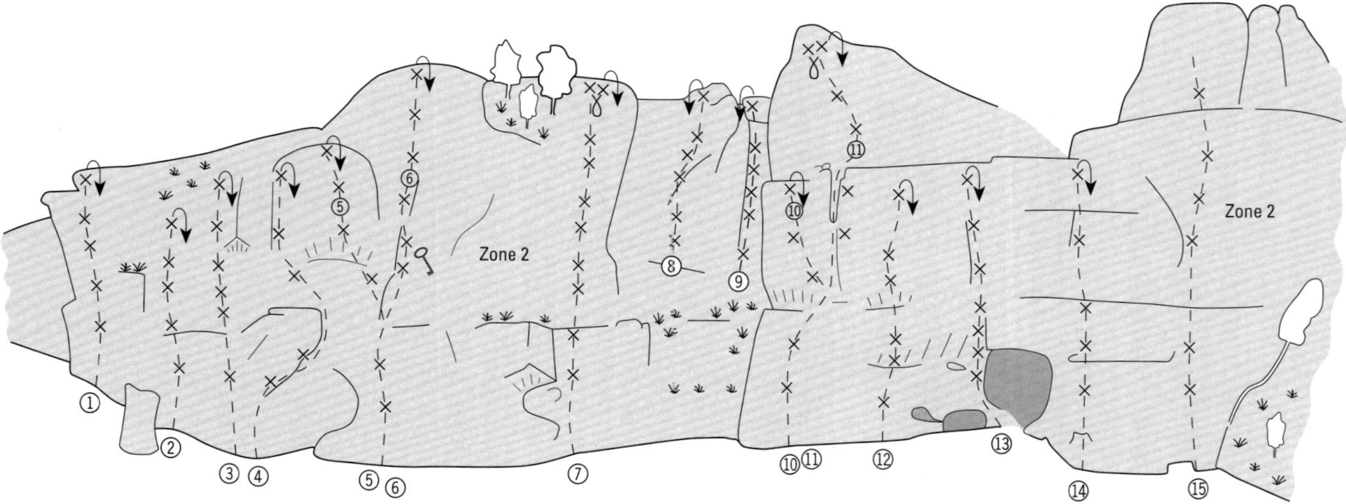

① Aom Ecken	7-
② Funky Abbey	6+
③ Fritte Bud	7-
④ Hotel Siruana	6+
⑤ *Projekt*	
⑥ Alex	8
⑦ Strandcafe	9+
⑧ Mindwarp	9+
⑨ Los Paul!	9+
⑩ Lucky's Luke	9-
⑪ Schwach & Sinn	8
⑫ Drei Finger Joe	9+
⑬ Zapotex	9+/10-
⑭ Ex-Haus-Cup	7+
⑮ *Projekt*	

Zugang

Parken in Pottenstein. Auf der Straße zum Waldcafe (besser zu Fuß, da die Straße nur für Besucher des Waldcafes offen). Von dort auf gutem Wanderweg das Püttlachtal aufwärts und nach 300 m rechts auf Brücke über die Püttlach. 50 m weiter talaufwärts und bei Gabelung rechts einem Forstweg folgen. Nach 150 m gabelt sich der Weg erneut. Man bleibt auf dem linken Ast, der nach 250 m zu den Felsen führt.

Besonderheit

Die Stadt Pottenstein ist aus dem Zonierungskonzept ausgestiegen, weshalb die Situation an der Trierer Wand unklar ist. Es wurde ein Kletterverbot ausgesprochen, das aber vielleicht noch abgewendet werden kann. Bitte über die aktuelle Lage informieren (IG Klettern, DAV).

Predigtstuhl und Glawe-Wand

☼ | 14 m | SW

Predigtstuhl

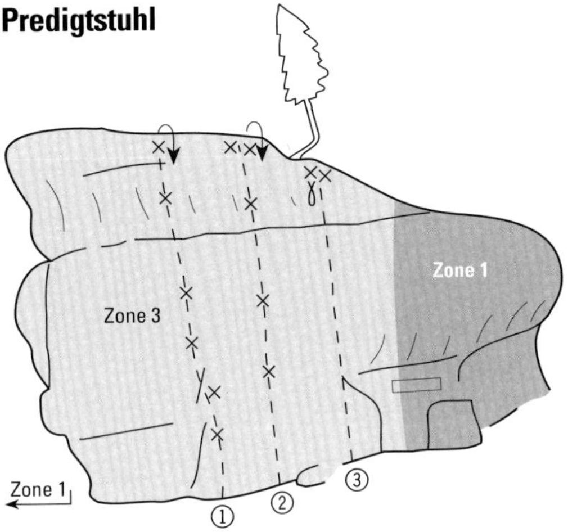

Zugang

Parken in Pottenstein. Auf der Straße zum Waldcafe (besser zu Fuß, da die Straße nur für Besucher des Waldcafes offen). Von dort auf gutem Wanderweg das Püttlachtal aufwärts. Nach insgesamt 20 min erreicht man den Predigtstuhl, der sich 50 m links oberhalb des Weges befindet (Wegweiser). 100 m nach der Abzweigung zum Predigtstuhl steht die Glawe-Wand links des Talwegs im Wald.

Besonderheit

Rechts hinten am Predigtstuhl befindet sich noch ein klassischer Spreizkamin im 2. Grad (im Topo nicht erfasst).
An der Glawe-Wand findet man sehr kleingriffige, technisch anspruchsvolle Routen. Vor allem die »Mikrowelle« ist sehr »kratzig«.

Glawe-Wand

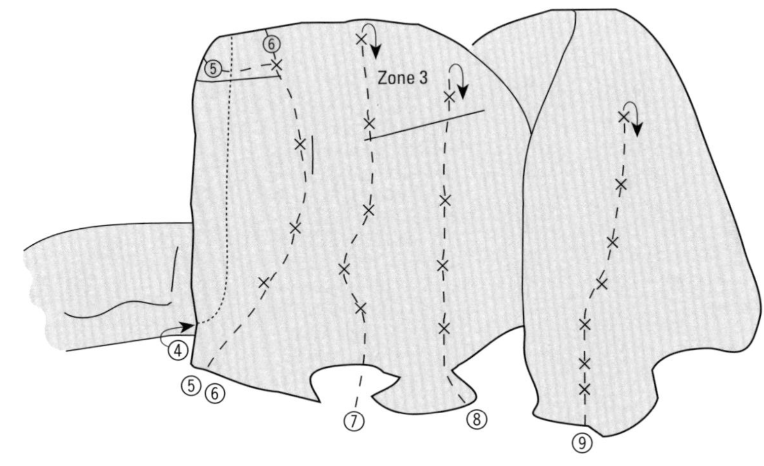

① Soulless. 10-/10
② Bad Boy Club . . . . 9/9 +
③ *Projekt* . . . .
④ Tapetenwechsel. . . . . 9 -
⑤ Linke Wand . . . . 9 -
⑥ Direkter Ausstieg. . . . . 9 +
⑦ Mikrowelle 10
⑧ Raufaser . . . . 10 -
⑨ *Projekt* . . . .

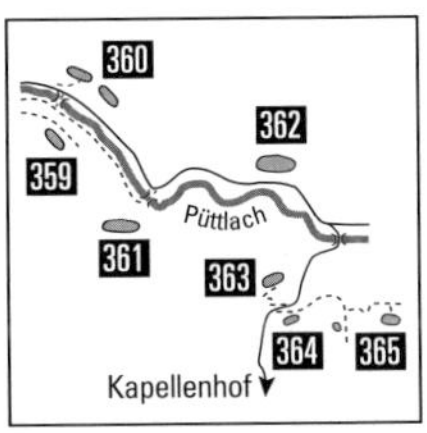

361 Bleisteinwand

20 m | N

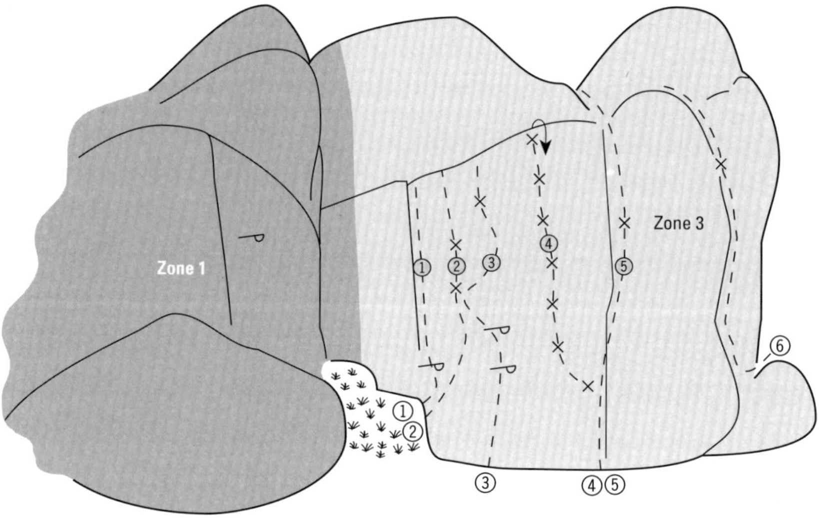

① Murmel .... 6+
② Zirkel .... 6+
③ Skorpion .... 7+
④ *Projekt* ....
⑤ Black Wing 7-
⑥ Hochzeitsriss (*Keile*) 6

Zugang

Parken in Pottenstein. Auf der Straße zum Waldcafe (besser zu Fuß, da die Straße nur für Besucher des Waldcafes offen). Von dort auf gutem Wanderweg das Püttlachtal aufwärts. 1,5 km nach dem Waldcafe überquert man die Püttlach auf einer Brücke (die zweite nach dem Waldcafe). Am Nordhang hinauf zu den Felsen.

Besonderheit

Wand mit klassischem Charakter, deshalb nicht so frequentiert.

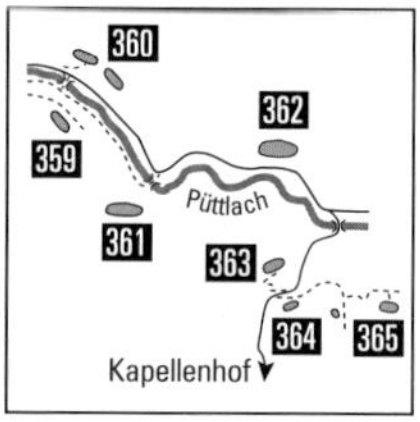

Oberstes Püttlachtal
359 Trierer Wand
360 Predigtstuhl und Glawe-Wand
361 Bleisteinwand
362 Hohe Nase
363 Solarium
364 UFA-Palast
365 Zerplatztes Alien
Gebietsübersicht *S. 470*
Übersichtskarte 3 *(S. 17)*

Bild S. 465: Stefan Löw in »Mikrochips« (9/9+); Rabenstein/Ailsbachtal
Foto: Bernhard Thum

362 Hohe Nase

35 m | S

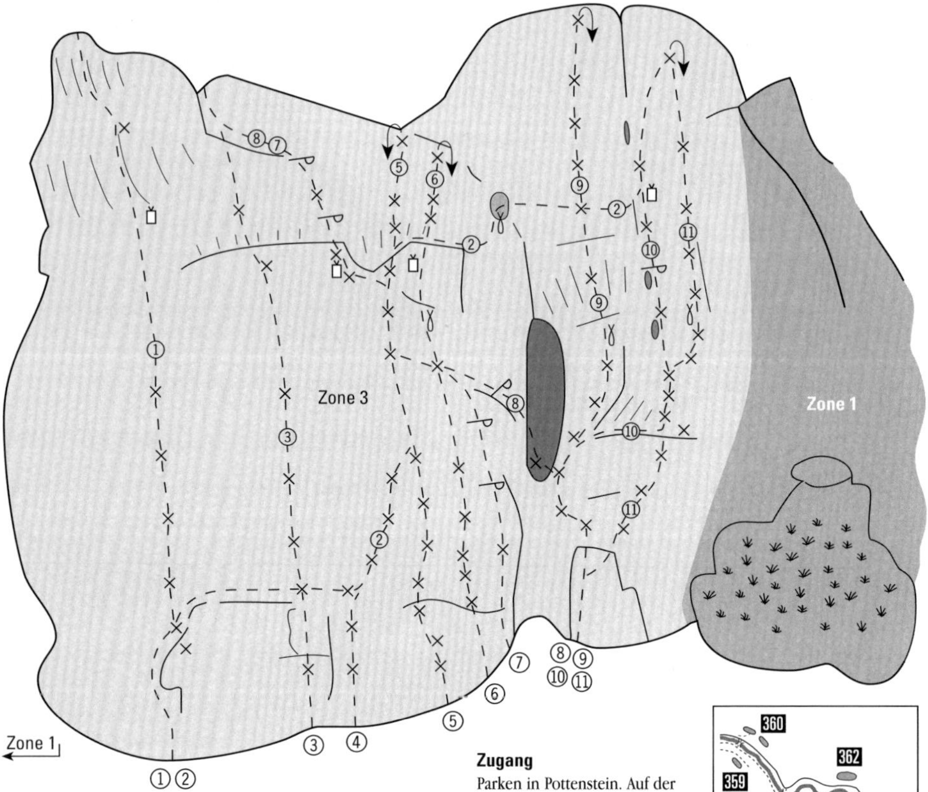

- ① Technoroute (*Cliffs!*) a3/6
- ② Knüppelweg 8-
- ③ *Projekt* ....
- ④ *Projekt* ....
- ⑤ Showtime .... 8+
- ⑥ Fallender Tropfen 8-
- ⑦ Direkteinstieg zu ⑧ 6
- ⑧ Dieter Dörrer Ged.-Weg. a2/6
- ⑨ Turnübung 9-
- ⑩ Alter Weg. 7-
- ⑪ Auf Sand gebaut 8

Zugang

Parken in Pottenstein. Auf der Straße zum Waldcafe.Von dort auf gutem Wanderweg das Püttlachtal aufwärts. Nach insgesamt 20 min erreicht man den Predigtstuhl, der sich 50 m links oberhalb des Weges befindet. Noch 1 km im Talgrund weiter zur Hohen Nase (2 km vom Waldcafe). Man kann auch von Elbersberg aus zur Hohen Nase gehen *(siehe Skizze)*.

Besonderheit

Neue Wege von Stefan Löw.

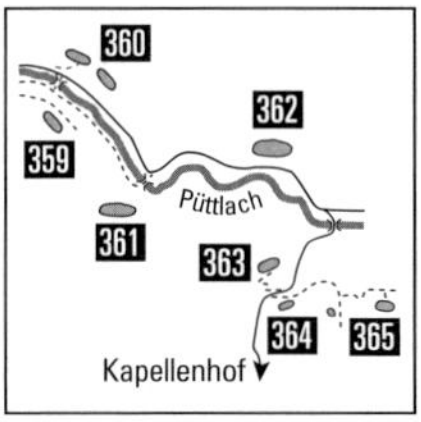

Oberstes Püttlachtal

359 Trierer Wand
360 Predigtstuhl und Glawe-Wand
361 Bleisteinwand
362 Hohe Nase
363 Solarium
364 UFA-Palast
365 Zerplatztes Alien

Gebietsübersicht *S. 470*
Übersichtskarte 3 *(S. 17)*

Bild S. 467: Marcus Grabe in »Solarium« (9-); Rabenstein/Ailsbachtal
Foto: Bernhard Thum
Bild S. 468: Stefan Löw in »Südtiroler Bauernspeck« (9-/9); Nankendorfer Block
Foto: Bernhard Thum
Bild S. 469: Burkhard Müller in »Das Ende der Gemütlichkeit« (8+); Dooser Wand
Foto: Norbert Schauer

363 Solarium

18 m | SO

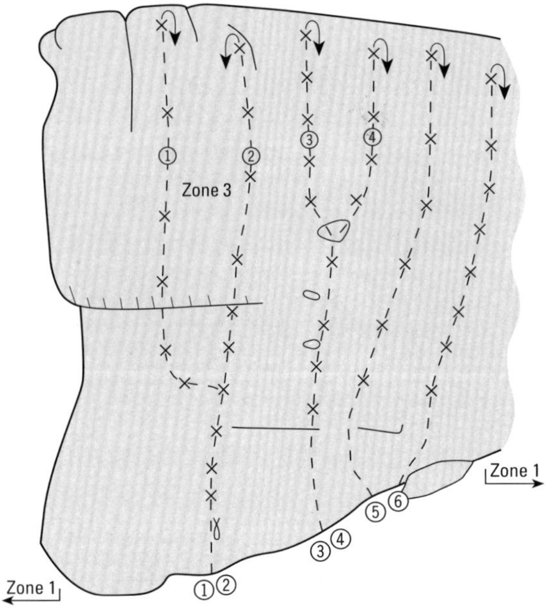

Zugang

In Elbersberg zum Kapellenhof und bei der Kapelle parken. Rechts der Kapelle führt ein anfangs geteerter Feldweg (Wegweiser, Rotkreuz/Blaustrich-Markierung) südöstlich in ein Tal hinab. Kurz nachdem der Weg in den Wald führt kommt rechts oberhalb der UFA-Palast. Zum Solarium folgt man dem Weg noch etwas weiter und geht bei einem Kreuz rechts des Weges links runter und am gegenüber liegenden Hang auf Trampelpfad hoch zu den Felsen.

Besonderheit

Der Fels ist mit seinen lohnenden Ausdauerrouten sicher einer der besten, die in den letzten Jahren neu erschlossen wurden. Die meisten Wege sind von Harald Röker. Eigentlich ist die Wand nur in der ersten Tageshälfte ein »Solarium«, da sie südostseitig ausgerichtet ist.

① Miles & More	e1/9
② Desperado	10-
③ Sunblocker	10-
④ Firefighter	9
⑤ Turbo-Bräuner	9
⑥ Mette-Marit	7+

Gebietsübersicht

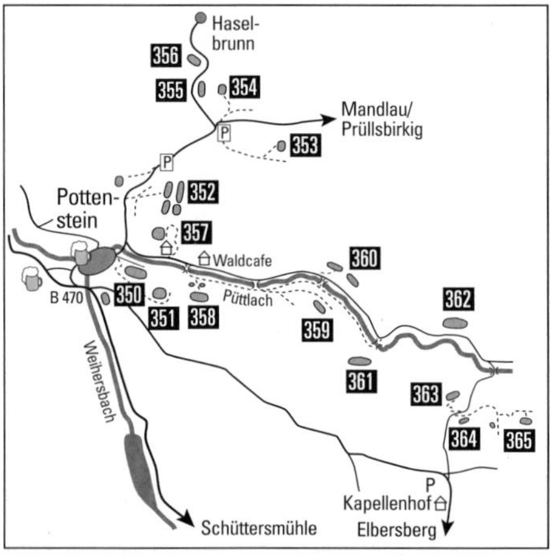

Oberstes Püttlachtal
350 Pottensteiner Wand
351 Dohlenloch
352 Marientaler Wand
353 Schöfflblock
354 Warmduscher's Neue Heimat
355 Jules Verne Massiv
356 Totentaler Wand
357 Brotzeitwand
358 Trautner Ged.-Wand
359 Trierer Wand
360 Predigtstuhl und Glawe-Wand
361 Bleisteinwand
362 Hohe Nase
363 Solarium
364 UFA-Palast
365 Zerplatztes Alien
Übersichtskarte 3 *(S. 17)*

Kulinarisches

Was Kuchen für den Energieschub an Nachmittag angeht, so ist das Stadtcafe in Pottenstein sehr zu empfehlen. Zum Einkehren gibt es in dem Touristenort Pottenstein etliche Gasthöfe. Das Gasthaus Bruckmayer an der Hauptstrasse hat ein sehenswertes Brauereimuseum. Selbst gebraut wird leider nicht mehr und die Preise für den Straßenverkauf des Höhlenbiers sind gesalzen. Besser ist es, in der gemütlichen Wirtsstube das Bier und die fränkische Küche zu geniessen.

UFA-Palast

| 10 m | NW 364

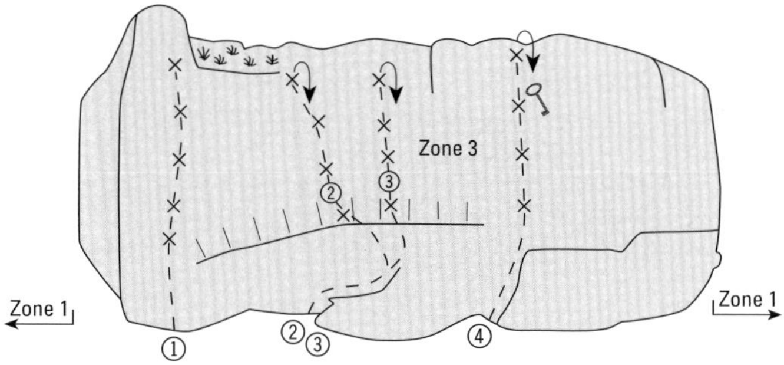

Zugang
Siehe bei Solarium *(S. 470)*.

Besonderheit
Die steilen, relativ kurzen Wege eignen sich gut zum Warmmachen für härtere Routen am Solarium. »Magnolia« und »Outbreak« sind gutgriffige Pumper, »Twelve Monkeys« ist etwas kleingriffiger.

① *Projekt* . . . .
② Magnolia . . . . 8 -
③ Outbreak. 8
④ Twelve Monkeys . . . . 8 -

Zerplatztes Alien

| 16 m | N 365

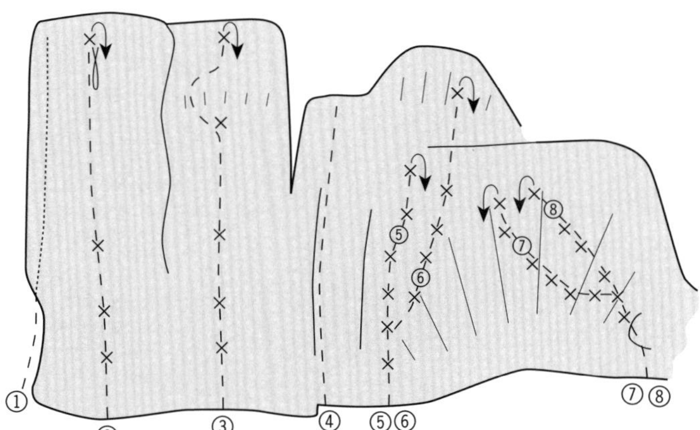

Zugang
Von Elbersberg zum UFA-Palast *(siehe S. 470)*. Dort gabelt sich der Weg. Dem rechten Ast folgen, bis nach 100 m links ein Pfad weggeht (rechts steht eine nasse Wand). Dem Pfad folgen und an einigen Felsen vorbei zu dem stark überhängenden Massiv.

Besonderheit
Wer einmal den grünen Glibber am Einstieg gesehen hat weiß, warum der Fels so heißt. Weiter oben ist er aber richtig gut und bietet löchrige Wand- und Überhangklettereien, im rechten Teil bis zum waagerechten Dach.

① *Projekt* . . . .
② ? . . . . e1/8/8 +
③ ? 8-/8
④ *Projekt* . . . .
⑤ Gummistiefelweg . . . . 9 -
⑥ Men in Dreck . . . . 9 +
⑦ Kap der Angst 10-/10
⑧ Bang Boom Bang 9

366 Dromedar

10 - 20 m | SW + NW

Nebenmassiv | 12 m | SW

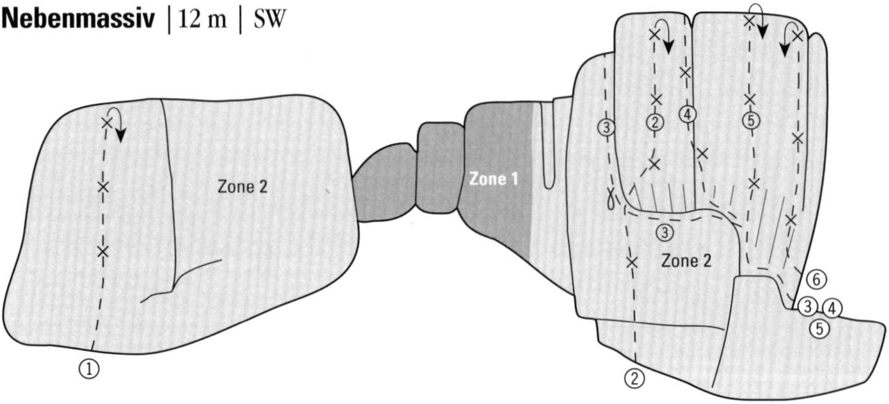

Bergseite | 10 - 20 m | N + W

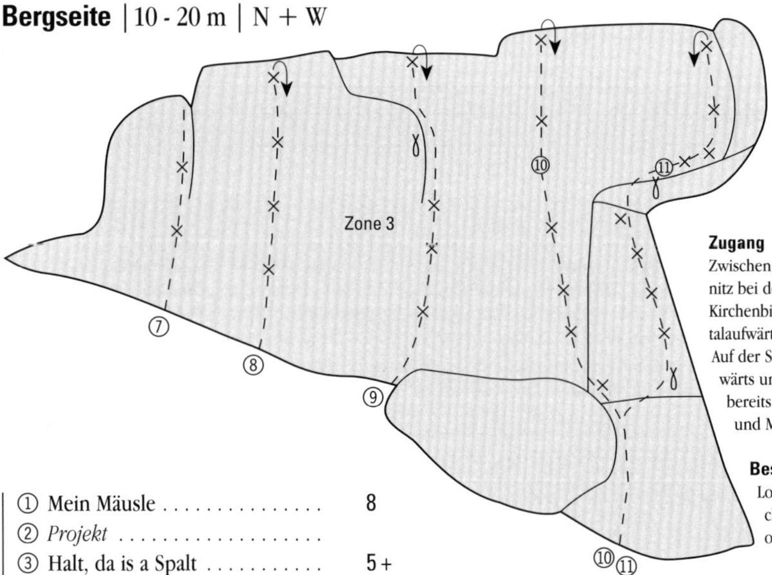

Zugang
Zwischen Pottenstein und Pegnitz bei der Abzweigung nach Kirchenbirkig parken (400 m talaufwärts der Teufelshöhle). Auf der Straße 100 m talabwärts und rechts hoch zum bereits sichtbaren Turm und Massiv.

Besonderheit
Lohnend ist ein Abstecher zur Teufelshöhle oder zum Felsenbad.

① Mein Mäusle 8
② *Projekt* ....
③ Halt, da is a Spalt .... 5+
④ Guillotine 7
⑤ ? 9
⑥ Pittbull 7
⑦ Berliner Kindl 8
⑧ ? 9-
⑨ ? 8-
⑩ ? .... 7+
⑪ Luftsprung a3

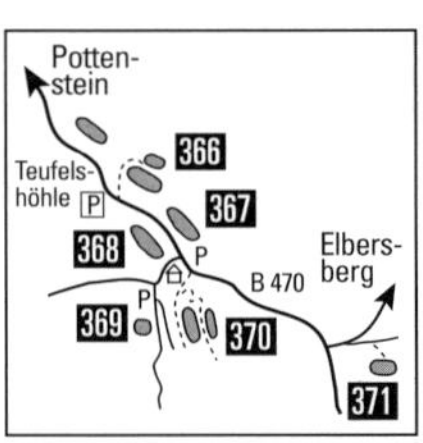

Weihersbachtal
366 Dromedar
367 Schüttersmühler Wand
368 Amphitheater
369 Terminatordach
370 Terra Australis und Downset
371 Orakel
Übersichtskarte 3 *(S. 17)*

Bild S. 473: Norbert Bätz in »Schablone« (9-); Nankendorfer Block; *Foto: Bernhard Thum*

366 **Dromedar** | 10 - 20 m | SW + NW

Talseite | 10 - 20 m | SW

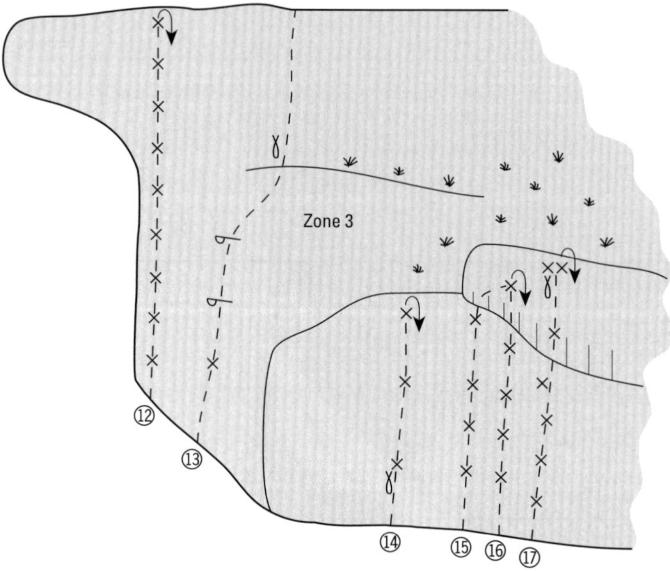

Zugang
Zwischen Pottenstein und Pegnitz bei der Abzweigung nach Kirchenbirkig parken (400 m talaufwärts der Teufelshöhle). Auf der Straße 100 m talabwärts und rechts hoch zum bereits sichtbaren Turm und Massiv.

Besonderheit
Lohnend ist ein Abstecher zur Teufelshöhle oder zum Felsenbad.

⑫	Adlerauge	8/8 +
⑬	Snob	8 -
⑭	Narziss	9
⑮	?	8/8 +
⑯	Wendenglück	9
⑰	Knocking on Heaven's Door	8 -

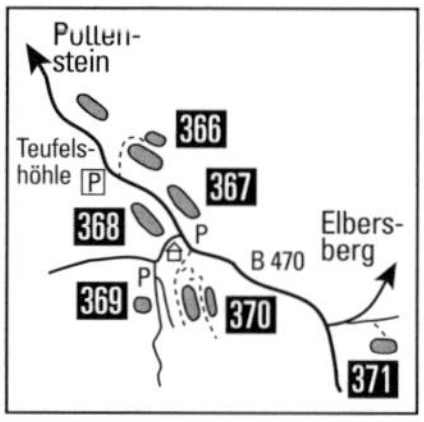

Weihersbachtal
366 Dromedar
367 Schüttersmühler Wand
368 Amphitheater
369 Terminatordach
370 Terra Australis und Downset
371 Orakel
Übersichtskarte 3 *(S. 17)*

Bild S. 475: Rainer Quast in »Traumpfad« (9+); Geckofels
Foto: Archiv Quast
Bild S. 476: Bastian Frey in »Bückling« (9-); Bärenschluchtwände
Foto: Bernhard Thum
Bild S. 477: Bettina Ritter in »Cool Runnings« (8-); Kalte Wand
Foto: Bernhard Thum
Bild S. 478: Tobias Wolf in »Stradivari« (10); Jungfernriss
Foto: Bernhard Thum

Schüttersmühler Wand

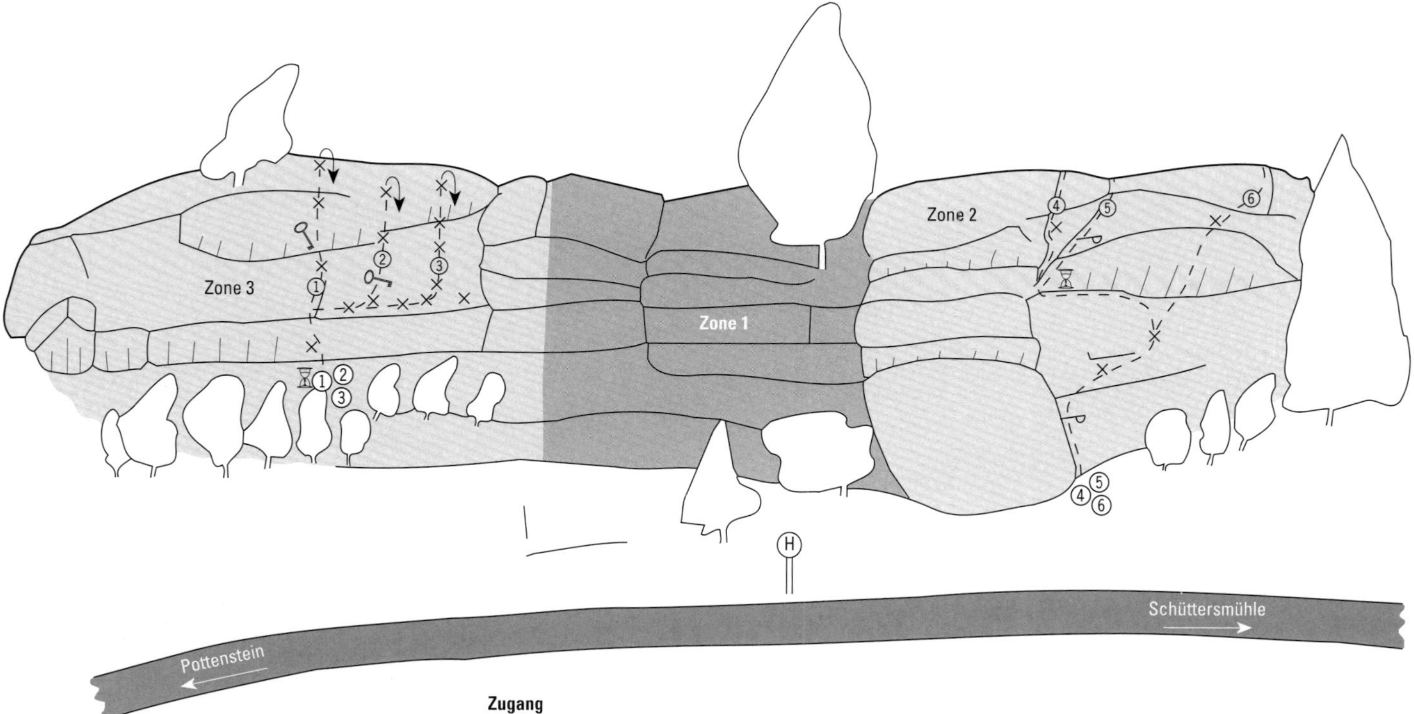

①	Thriller *(Friend empfehlenswert)*	10-
②	Killer	10
③	*Projekt*	
④	Luftballondach	9
⑤	Rechtes Höhlendach	7+
⑥	Trilogie	9

Zugang

Zwischen Pottenstein und Pegnitz bei der Abzweigung nach Kirchenbirkig parken (400 m talaufwärts der Teufelshöhle). Die überhängende Südwestwand steht direkt über der Straße.

Besonderheit

Fantastische Extremklassiker im zehnten Grad: Thriller (Güllich 1986) und Killer (Güllich 1987, Damenbegehung durch Nicola Hager). Das klassische »Luftballondach« bietet für den Frankenjura außergewöhnliche Rissdachkletterei.

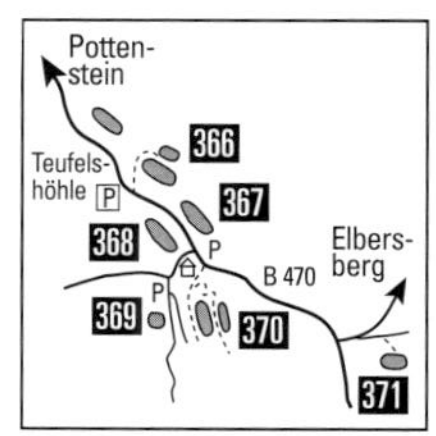

Weihersbachtal
366 Dromedar
367 Schüttersmühler Wand
368 Amphitheater
369 Terminatordach
370 Terra Australis und Downset
371 Orakel
Übersichtskarte 3 *(S. 17)*

368 Amphitheater

20 m | N

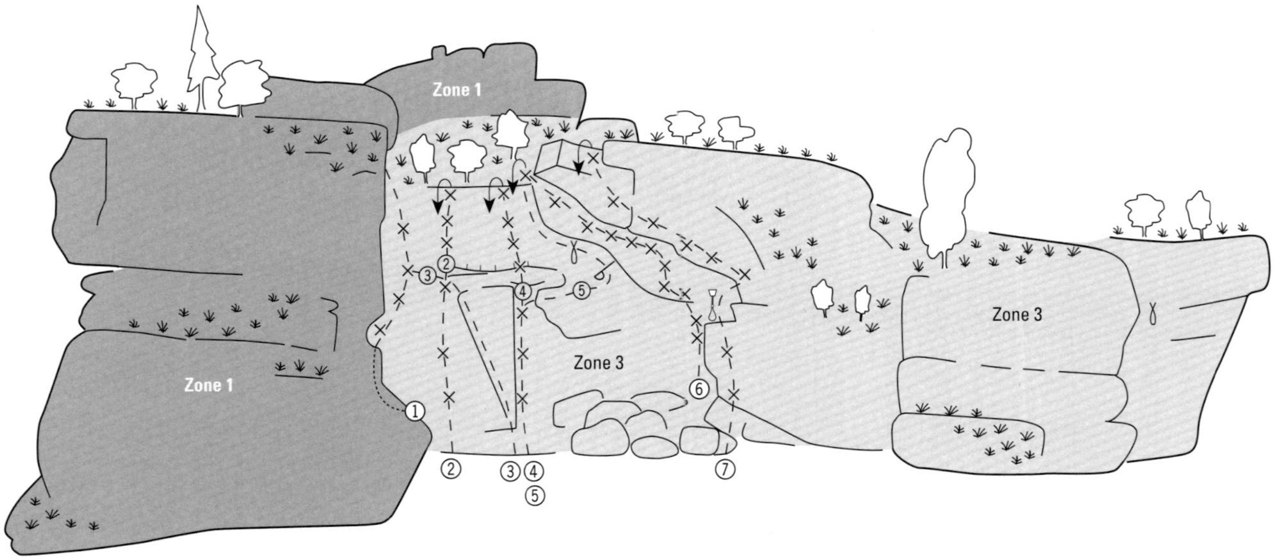

① Primus	5/a1	
② Face to Face	9-	
③ Mephisto	6/a1	
④ *Projekt*		
⑤ Fingerslalom	7	
⑥ Gladiator	9+	
⑦ Hasenmonster	10+/11-	

Zugang

Zwischen Pottenstein und Pegnitz bei der Abzweigung nach Kirchenbirkig parken (400 m talaufwärts der Teufelshöhle). Direkt über der Straße steht die Schüttersmühler Wand, gegenüber am Nordhang das Amphitheater.

Besonderheit

Nachdem der Fels freigestellt wurde, haben sich einige Kletterer der beeindruckenden, z.T. weit überhängenden Wand angenommen und neue Wege eröffnet. Dabei entstand auch die Route »Hasenmonster« im Grenzbereich zwischen 10. und 11. Schwierigkeitsgrad (Werner Thon 2002) sowie die nicht weniger steile, aber deutlich leichtere Route »Gladiator« (Joshi Schulz 2003).

Terminatordach

| 7 m | O 369

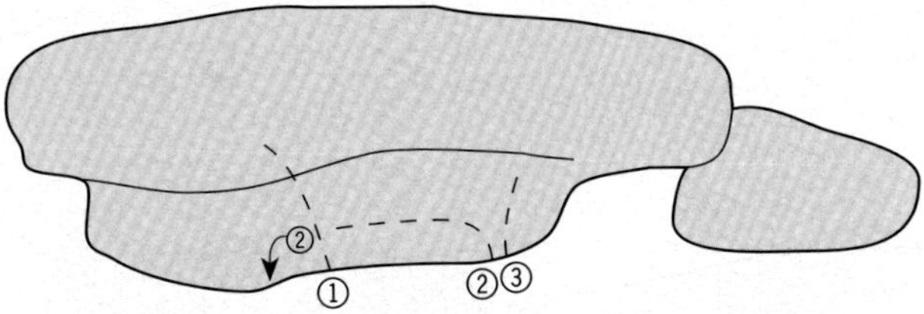

Zugang
Von Schüttersmühle in Richtung Kirchenbirkig fahren und nach 300 m links bei Wanderparkplatz parken. Das Terminatordach befindet sich 100 m weiter nördlich direkt rechts des Weges.

①	Terminator	8a Fb
②	Master of puppets	7c+ Fb
③	Schwarzwaldklinik	7c+ Fb

Besonderheit
Athletische Dachboulder; Bewertung nach Fontainebleau-Skala. Folgt man dem Wanderweg weiter ins »Klumpertal«, so kommen noch weitere Boulderblöcke. Hier ist auch der Extremboulder »Maharadscha« (8b Fb) von Markus Bock (Interessierte können sich in der einschlägigen Szene nach der genauen Lage erkundigen).

Terra Australis und Downset

| 7 - 15 m | S 370

Sektor 1 | 15 m | S

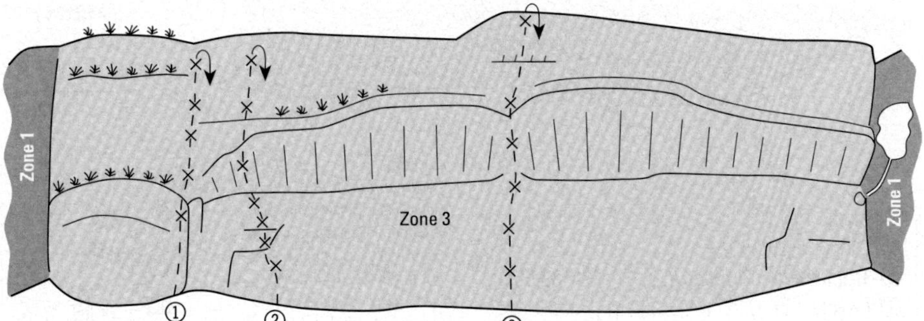

Zugang
Siehe S. 482.

①	?	8
②	Welcome to Terra Australis	8+
③	*Projekt*	

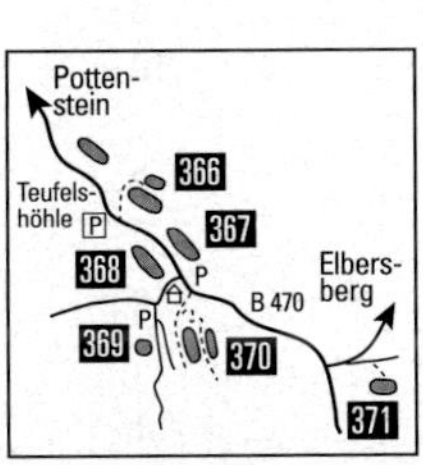

Weihersbachtal
366 Dromedar
367 Schüttersmühler Wand
368 Amphitheater
369 Terminatordach
370 Terra Australis und Downset
371 Orakel
Übersichtskarte 3 *(S. 17)*

370 Terra Australis und Downset

| 7 - 15 m | S

Sektor 2 | 15 m | S

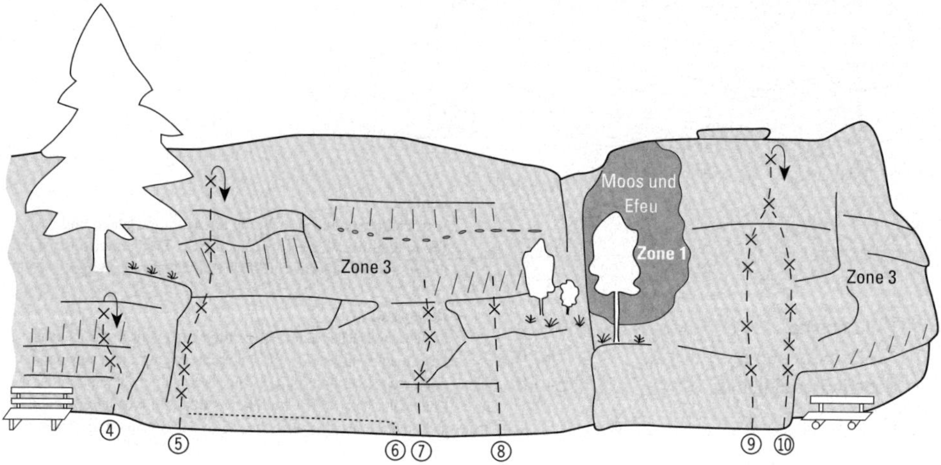

Sektor 3 | 8 m | S

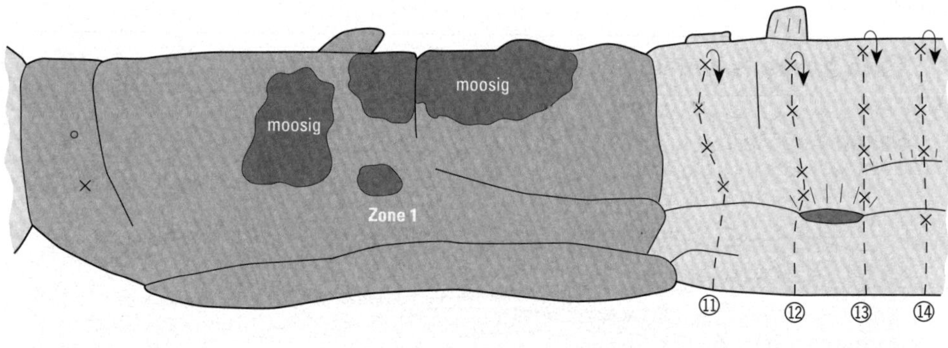

④ Koala	9+
⑤ Didgeridoo	9-
⑥ Tropic of the Capricorn	6c Fb
⑦ *Projekt*	
⑧ *Projekt*	
⑨ Bimbofaktor	8-
⑩ Crimpfest	10-
⑪ *Projekt*	
⑫ Wombat	8+
⑬ Surf's up	8-
⑭ Guruwari	8-
⑮ *Projekt*	
⑯ Downset	11-

Zugang

Zwischen Pottenstein und Pegnitz bei der Abzweigung nach Kirchenbirkig parken (400 m talaufwärts der Teufelshöhle). Auf der Straße 100 m talaufwärts und rechts zwischen 2 Häusern durch dem Weg nach Kühlenfels folgen. Nach 300 m erreicht man das Gebiet.

Besonderheit

Hier sind noch Zukunftsprojekte möglich, allerdings ist der Fels stellenweise lange nass.

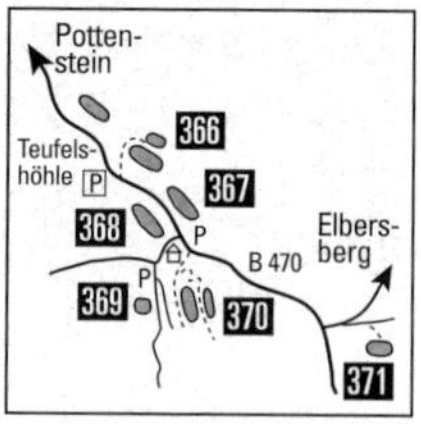

Weihersbachtal
366 Dromedar
367 Schüttersmühler Wand
368 Amphitheater
369 Terminatordach
370 Terra Australis und Downset
371 Orakel
Übersichtskarte 3 *(S. 17)*

Terra Australis und Downset

| 7 - 15 m | S **370**

Sektor 4 | 15 m | S

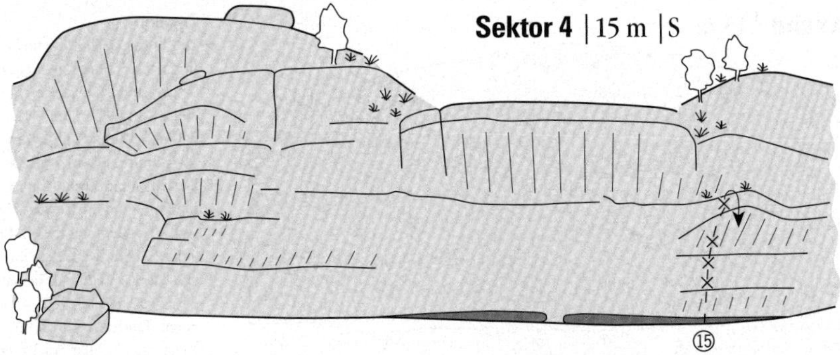

Downset | 7 m | S

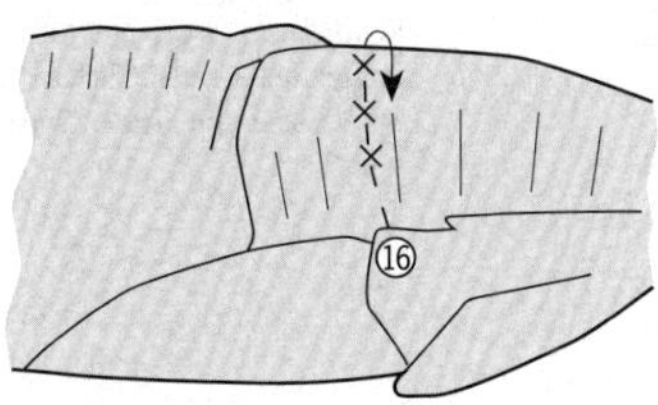

Zugang Downset

Zwischen Pottenstein und Pegnitz bei der Abzweigung nach Kirchenbirkig parken (400 m talaufwärts der Teufelshöhle). Auf der Straße 100 m talaufwärts und rechts zwischen 2 Häusern durch dem Weg nach Kühlenfels folgen. Nach 60 m links steil den Hang hinauf (Stufen) zu einer ebenen Terasse. Dem Weg 200 m talaufwärts folgen (links des Weges sind Felsen). Bei vorgelagerten Blöcken macht die Wand einen Linksknick und endet dann. Rechts an den Blöcken vorbei zur Route am rechten Wandende.

Besonderheit

»Genialer Boulder (leider mit Seil)« von Markus Bock.

Orakel

| 10 m | N **371**

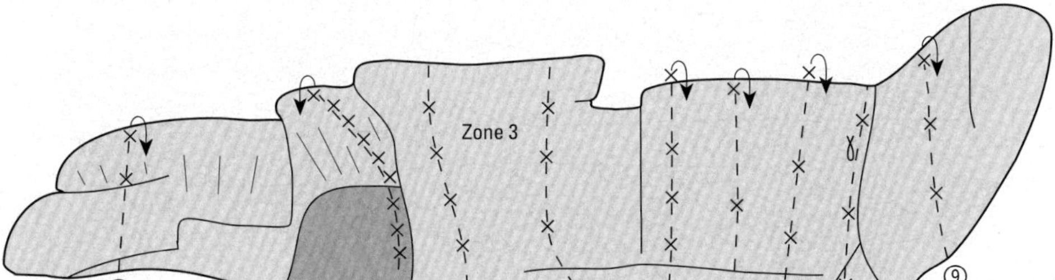

① It's so easy. . . . . 7+/8 -
② *Projekt* . . . .
③ Death Dealer. . . . . 8 +
④ Too stupid to sin . . . . 6 +
⑤ Short romance 7
⑥ Glitzerknabe . . . . 7 +
⑦ Wild Flower . . . . 8 -
⑧ Schlechtes Omen. . . . . 8 +
⑨ Lil' Devil 8

Zugang

Von Schüttersmühle in Richtung Pegnitz fahren und 30 m nach der Abzweigung nach Elbersfeld parken. 50 m rechts oberhalb im Wald stehen die Felsen.

Besonderheit

Die eindrucksvollste Linie an der Wand ist immer noch Projekt.

372 Edelsteine

| 9 - 15 m | SW

Rechte Wand | 15 m

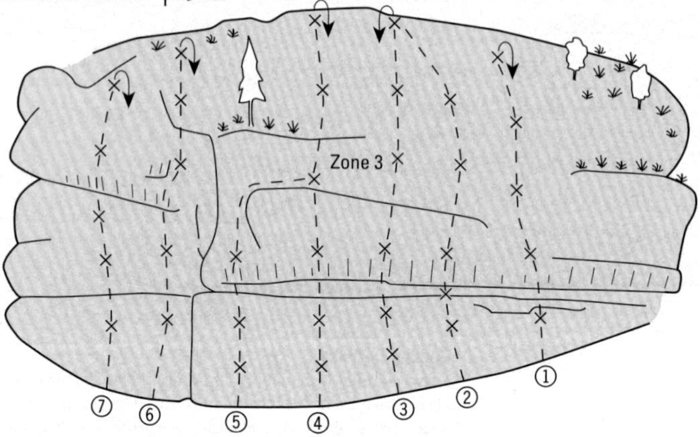

Linke Wand | 9 - 14 m

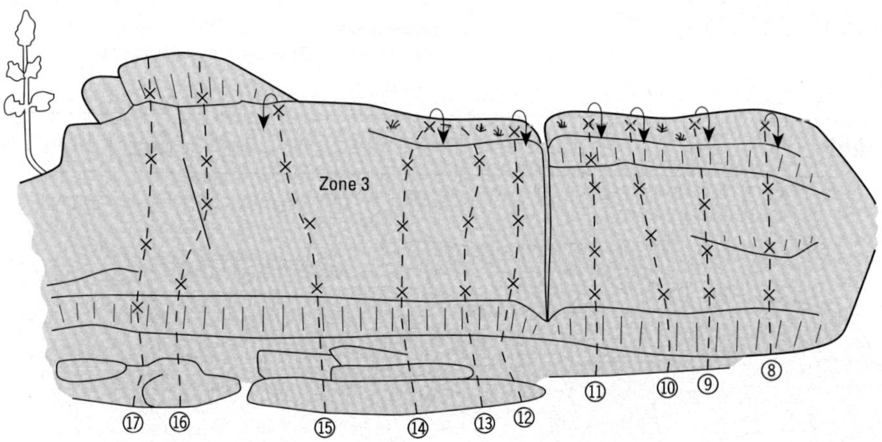

Zugang

Von Bronn nach Kühlenfels und nach 3,2 km (kurz nach Abzweigung Waidach) rechts kleines Sträßchen rein. Nach 800 m bei Kreuzung parken (Tisch mit Bänken). Auf markiertem Wanderweg (Gelbstrich) 400 m dem Trockental in südlicher Richtung folgen. Bei einer Gabelung auf dem linken Ast des Weges auf die andere Seite des Tälchens. Links einen Wanderweg hoch und gleich wieder links auf Trampelpfad zu den Felsen.

Besonderheit

Kompakter, dunkelgrauer Plattenkalk mit kleinen Löchern und Leisten und kleinen Wülsten.

① Tigerauge .... 6 +
② Magic Stone 8
③ Platin.................... 8 -
④ Diamantenfieber .... 7+/8 -
⑤ Goldrausch 8
⑥ Die Prinzessin mit dem fetten Arsch .... 9 -
⑦ Achat..................... 7 +
⑧ Goldsucher .... 9 -
⑨ Pink Panther .... 9 -
⑩ Ohne Namen................ 9-/9
⑪ Der träumende Delphin ...... 8 +
⑫ Bernstein 8
⑬ Opal .... 8 -
⑭ Rubin .... 8 -
⑮ Saphir.................... 8 +
⑯ Kompression............... 9 +
⑰ *Projekt* ....

Winterleite

| 14 m | NO 373

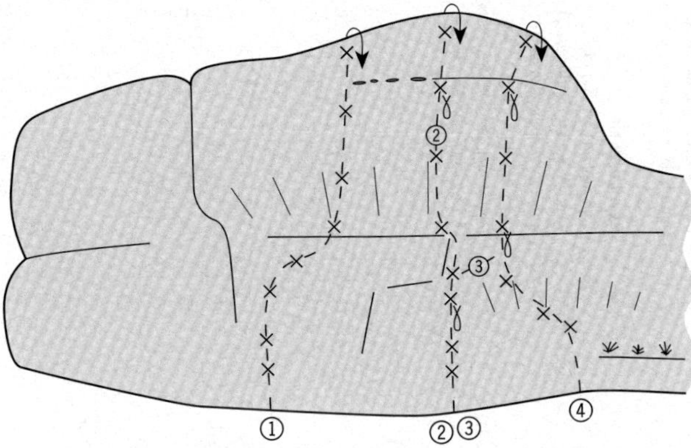

① Pulp Fiction................	10-
② *Projekt*	
③ *Projekt*	
④ *Projekt*	

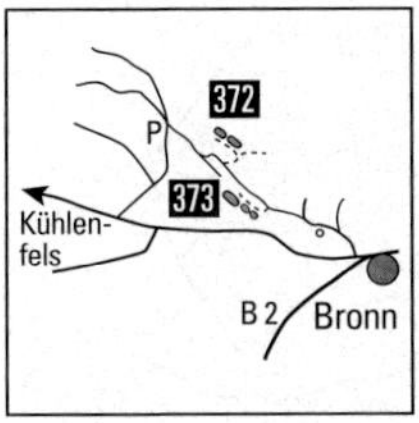

Klumpertal
372 Edelsteine
373 Winterleite
Übersichtskarte 3 *(S. 17)*

Zugang
In Bronn bei der Abzweigung nach Kirchenbirkig parken. Man folgt dem Main-Donau-Weg (Markierung: Gelbe Raute/Gelbstrich) geradeaus in das Klumpertal. Nach 1 km steht rechts des Weges ein verrotteter Hochsitz, auf der anderen Talseite sieht man einen Felsblock. 10 m weiter steht ein Baum mit Wegmarkierungen (im Sommer beginnt dort ein Brennesselfeld). Hier links über den Bach auf die andere Talseite und auf Pfad im Wald 100 m talabwärts zu den Felsen.

Besonderheit
Stark überhängende Kletterei an Fingerlöchern und Leisten. Bisher ist erst eine Route fertig.

374 Wagnerfels

10 - 25 m | O

Sektor Art Essemble of Chicago | 10 m

Linker Teil

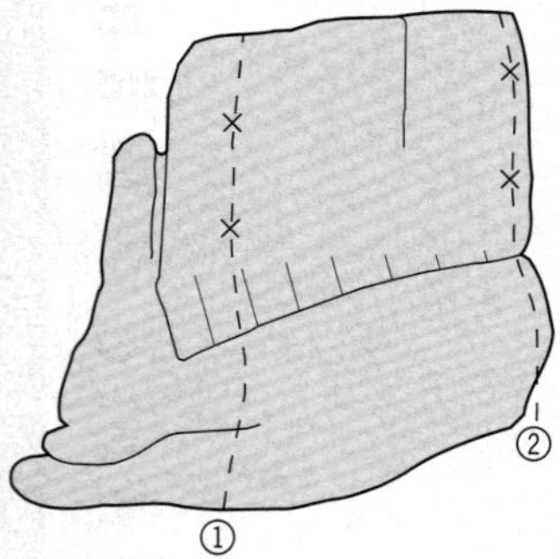

Rechter Teil

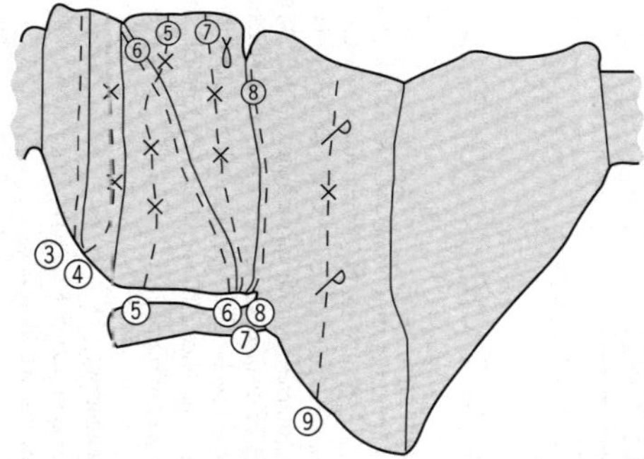

Sektor Clean Horror | 12 m

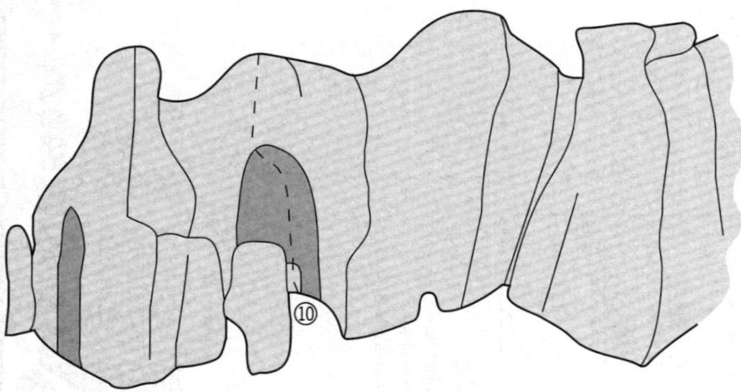

Sektor Seriennummer | 12 m

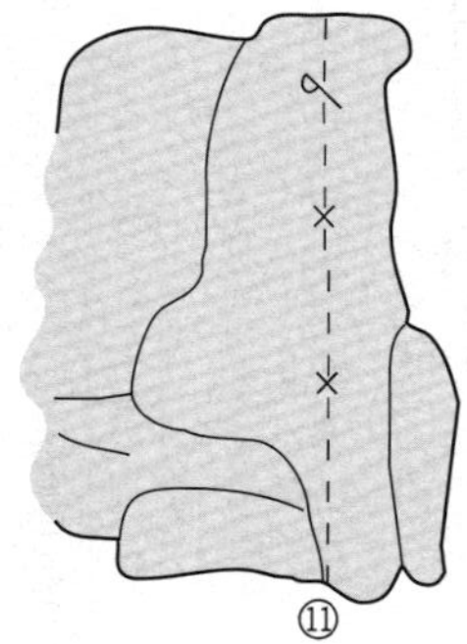

Zugang

Von Behringersmühle in Richtung Oberailsfeld fahren und 300 m nach Ortsausgangsschild parken. Auf Weg 100 m talabwärts (Schild »Wagnerfelsen«) und scharf rechts (wieder Schild), nach 100 m links durch den Wald hoch zum Sektor »Art Essemble of Chicago«.

Zum Sektor »Diebische Elsner« folgt man dem Weg bis kurz vor der Bank und steigt dann links hoch zum Felsen.

Besonderheit

Am lohnendsten sind die Wege im Sektor »Diebische Elsner«. Der Wagnerfels ist ein gutes Sommermassiv, da die Sonne auch am Vormittag vom dichten Wald abgehalten wird.

Sektor Diebische Elsner | 25 m

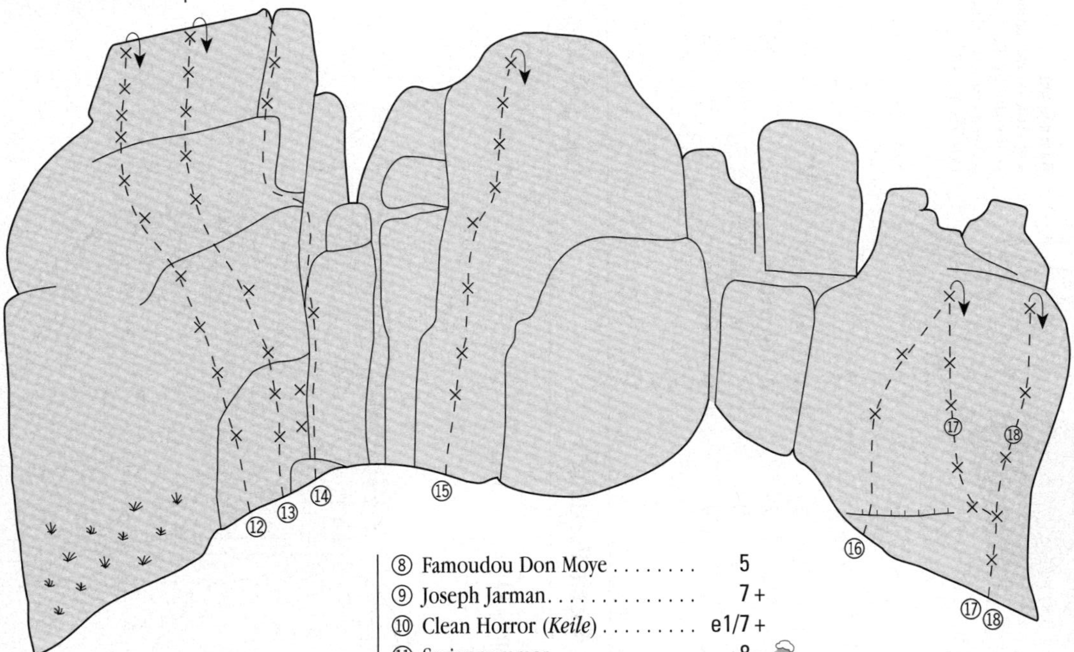

① Daumenschraube	8+	
② Dreckskante	7	
③ Raggel	7-	
④ Roscoe Mitchell	8	
⑤ Malachi Favrof Maghostus	8	
⑥ Hosen voll	6+	
⑦ Lester Bowie	8+	
⑧ Famoudou Don Moye	5	
⑨ Joseph Jarman	7+	
⑩ Clean Horror (*Keile*)	e1/7+	
⑪ Seriennummer	8-	🍺
⑫ Cappuccino Lady	8+	🍺🍺
⑬ Engpass	8+	🍺🍺🍺
⑭ Diebische Elsner	7	🍺🍺
⑮ Hotline	8+/9-	🍺🍺
⑯ Jimi Hendrix Ged.-Boulder	8-	
⑰ Wodka on the rocks	9	🍺
⑱ Bullpower	9+	🍺🍺

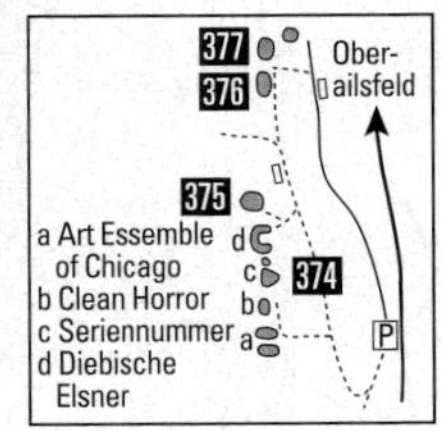

Unteres Ailsbachtal
374 Wagnerfels
375 Gerüchteküche
376 Schweigelstein
377 Aussiedlerstein
Übersichtskarte 2 *(S. 16)*
Übersichtskarte 3 *(S. 17)*

375 Gerüchteküche

| 12 m | O

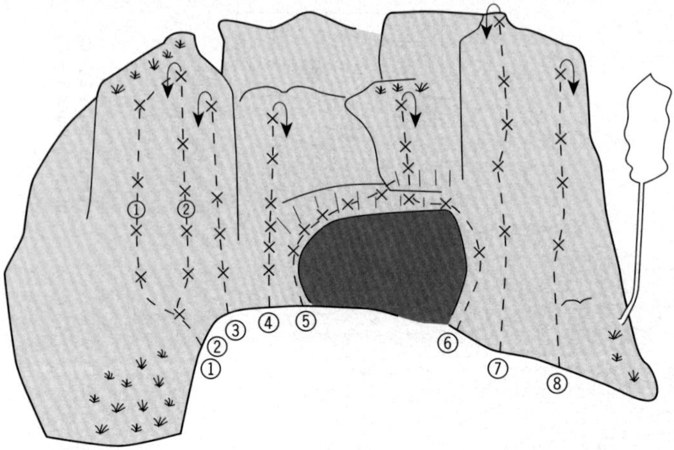

Zugang
Von Behringersmühle in Richtung Oberailsfeld fahren und 300 m nach Ortsausgangsschild parken. Auf der Forststraße 200 m talaufwärts (nördlich) und nach einer Treppe auf Pfad links hoch zu den Felsen.

Besonderheit
Athletische Überhanggkletterei im zentralen Teil. Der Fels wurde komplett von Karsten Oelze erschlossedn.

①	Lauffeuer	7-
②	Gerücht	7+
③	Geheimtipp	9-
④	Prawda	10-
⑤	*Projekt*	
⑥	Lügenbaron	10-
⑦	Kaum zu glauben	7-
⑧	Warmduscher	6-

376 Schweigelstein und Aussiedlerstein

| 8 - 20 m | O

Schweigelstein | 20 m | O

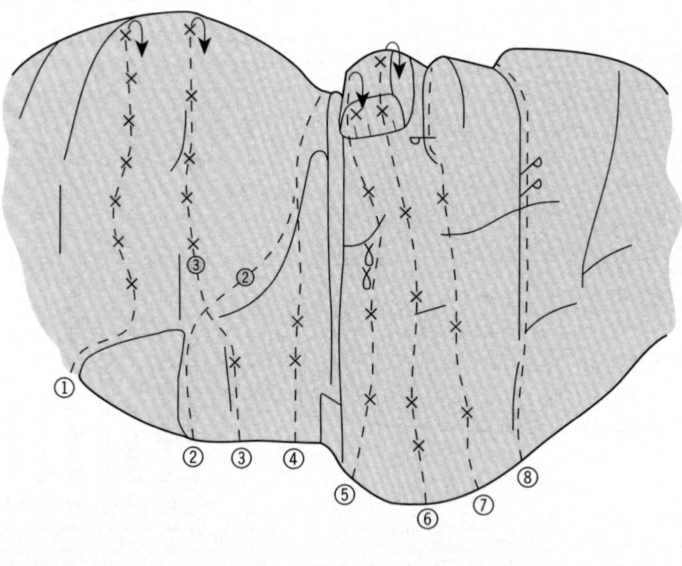

Aussiedlerstein | 16 m | O

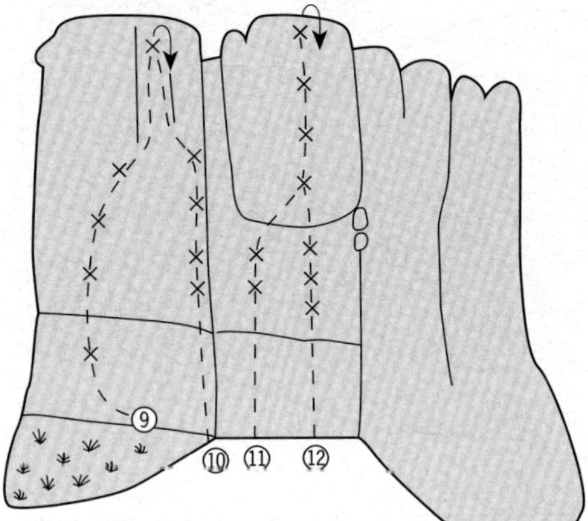

Rechtes Nebenmassiv | 8 m

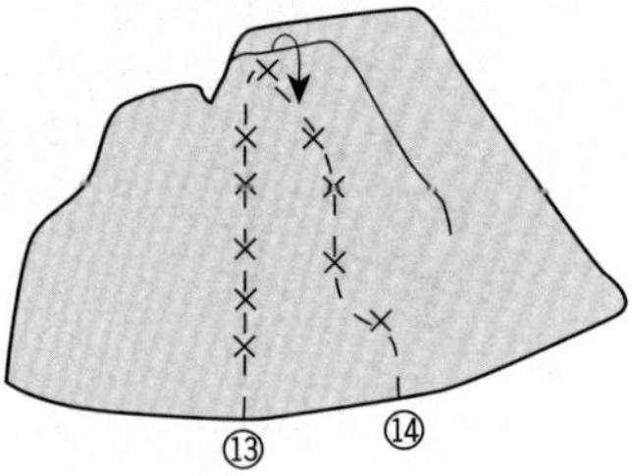

①	Schlitterbahn	8
②	Shit Fuck	7
③	Riesenrad	8+/9 -
④	KS 90	8 -
⑤	Schwarze Piste	7 +
⑥	Die Härte	8 +
⑦	Wundertüte	7
⑧	Elefant im Porzellanladen	6 -
⑨	Herr Rossi sucht das Glück	8
⑩	Das Loch in der Banane	8 -
⑪	Ikarier	8 -
⑫	Russisches Roulette	9 -
⑬	Toxic Toy	8
⑭	Zovirax	8 +

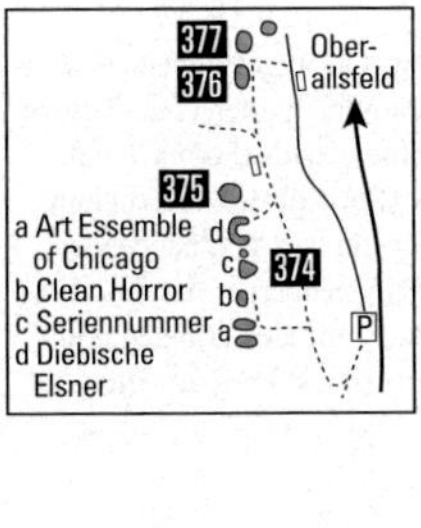

Unteres Ailsbachtal
374 Wagnerfels
375 Gerüchteküche
376 Schweigelstein
377 Aussiedlerstein
Übersichtskarte 2 *(S. 16)*
Übersichtskarte 3 *(S. 17)*

Zugang

Von Behringersmühle in Richtung Oberailsfeld fahren und 300 m nach Ortsausgangsschild parken. Auf Forstweg nördlich (talaufwärts), nach 280 m steht rechts eine Bank. 30 m danach links hoch in den Wald zum Felsen. Der Aussiedlerstein steht rechts vom Schweigelstein. Noch weiter rechts steht das Nebenmassiv direkt oberhalb der Forststrasse.
Man gelangt auch von der Bank unterhalb des Wagnerfelsens zum Schweigelstein, indem man auf etwas verwachsenem Weg rechts haltend den Hang 100 m talaufwärts quert.

Besonderheit

Kühles Sommergebiet, senkrechte bis leicht überhängende Wandkletterei.

377 Hungenberger Wand und Alter Freund

14 - 18 m

Hungenberger Wand | Westwand | 18 m

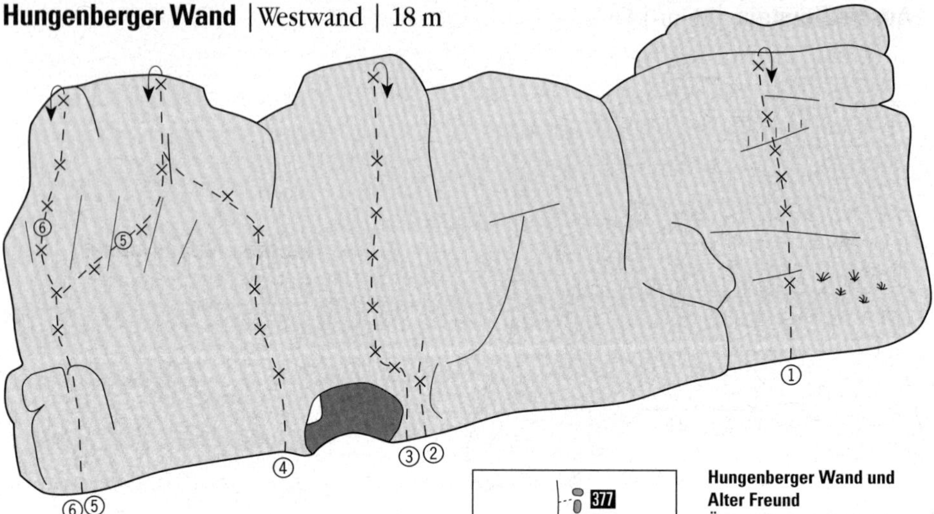

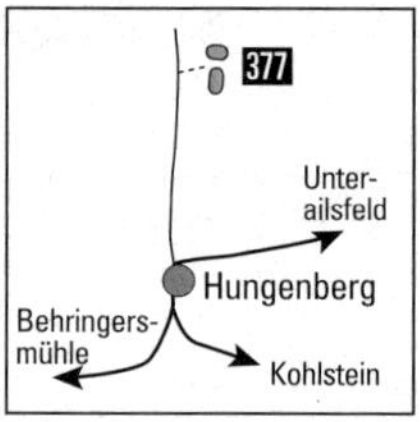

Hungenberger Wand und Alter Freund
Übersichtskarte 3 *(S. 17)*

Hungenberger Wand | Nordwestwand | 15 m

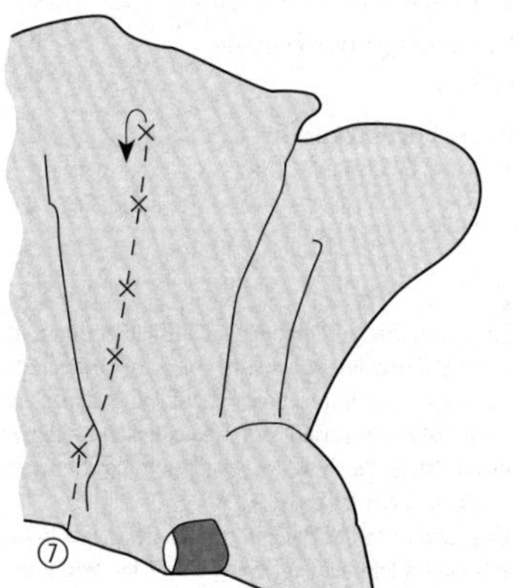

Zugang

Hungenberg wird von Behringersmühle auf dem Weg nach Unterailsfeld oder von Unterailsfeld in Richtung Tüchersfeld erreicht (Abzweigungen). Parken am Ortseingang und in markanter Kurve (Briefkasten) geradeaus dem Schotterweg in Richtung Unterailsfeld folgen. Nach 500 m verengt sich der Weg. Rechts hoch zu den Felsen.

Besonderheit

Das Gebiet war etwas in Vergessenheit geraten. Neu erschlossene Routen lohnen einen Besuch. Toprouten sind »Stony Road« (Sykora 2003), »Smith & Wesson« (Bock 2003, Wiederholung durch Nicola Hager) im weit überhängenden zentralen Teil der Hungenberger Wand und ein neuer Elfer mit einer sehr kleingriffigen Boulderstelle »St. Anger« (Bock 2003) am Alten Freund.

① Lea	8
② *Projekt*	
③ Stony Road	10-/10
④ *Projekt*	
⑤ Smith & Wesson	10+
⑥ Karies	9
⑦ Mehlspeise	7
⑧ Hodenbruch	8-
⑨ Kreuzweh	9-
⑩ *Projekt*	
⑪ St. Anger	11-/11
⑫ Fam. Furunkel links	8+
⑬ Fam. Furunkel rechts	8-

Hungenberger Wand und Alter Freund

| 14 - 18 m | 377

Alter Freund | Ostwand | 14 m

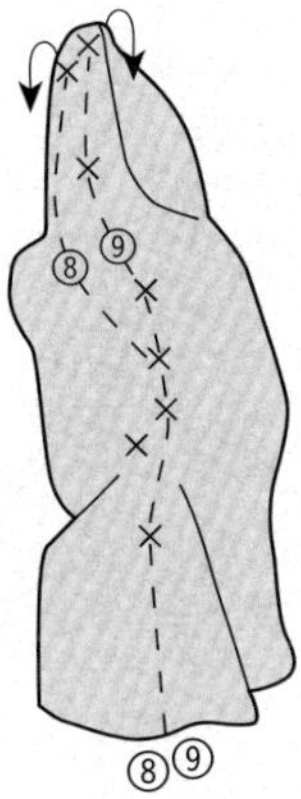

Alter Freund | Nordwand | 18 m

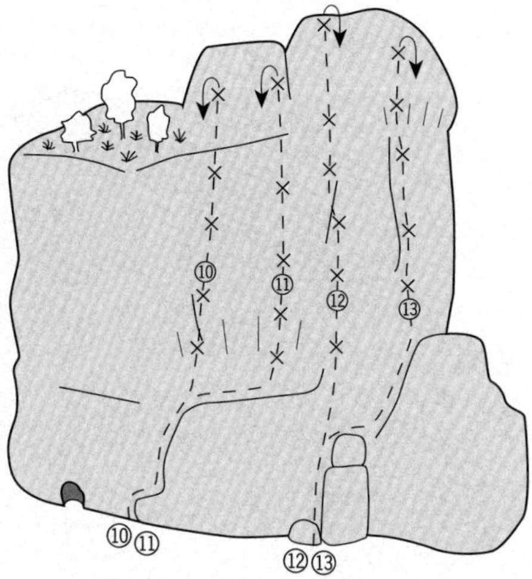

Moschendorfer Wand

| 10 m | N 378

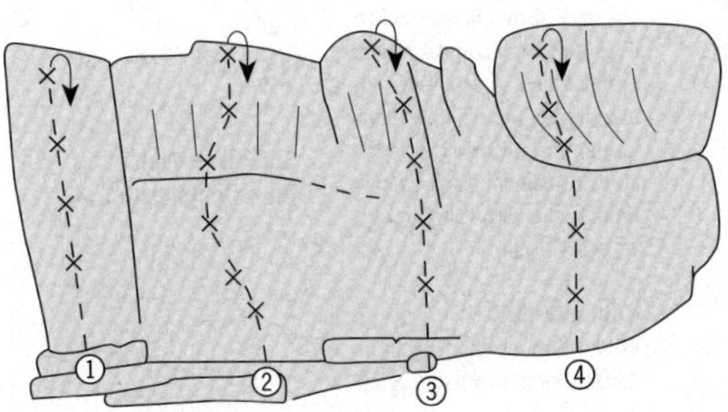

Zugang
Von Behringersmühle in Richtung Oberailsfeld biegt man nach 1,6 km vom Ortsende Behringersmühle in Richtung Moschendorf ab. 50 m nach der 2. Kehre besteht rechts eine Parkmöglichkeit. Der Fels steht links oberhalb der Straße.

Besonderheit
Kleine Wand mit steilen, athletischen Routen.

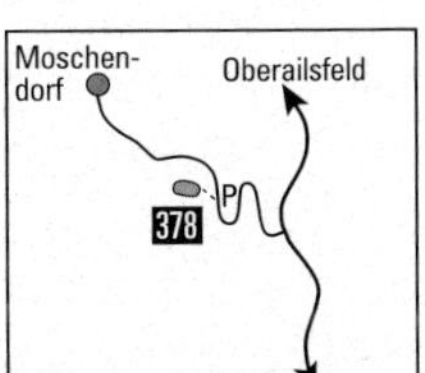

Moschendorfer Wand
Übersichtskarte 3 *(S. 17)*

- ① Aller Anfang ist schwer 8
- ② Trial and Error............. 9+
- ③ Fliegender Gräfix .... 9+/10-
- ④ *Projekt* ....

379 Steinerne Welt

| 16 m | NW

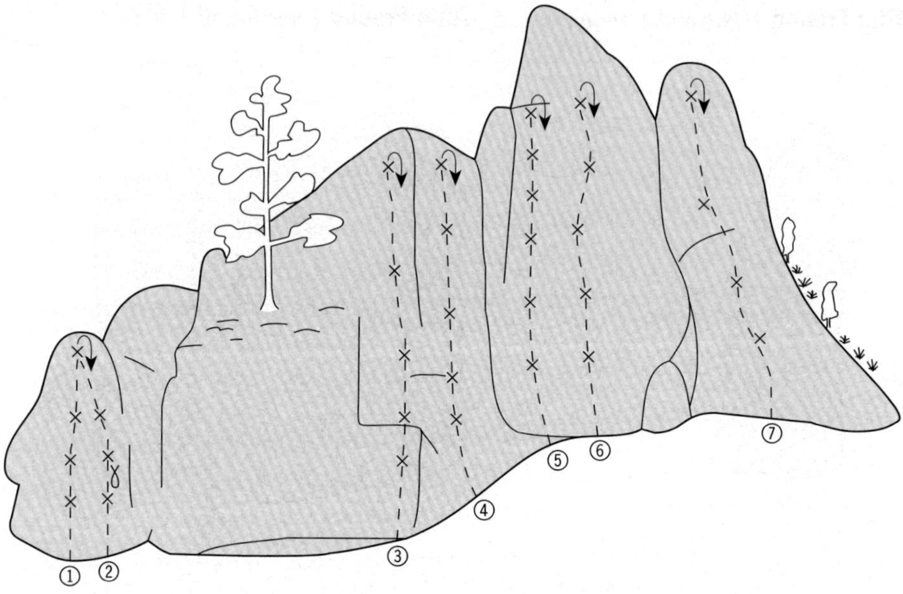

① Bilch	8 -	
② Klettermaxl	8	
③ Dioxin	7 +	🍺
④ Kneif	8 -	🍺
⑤ Kunterbunt	8	🍺
⑥ Tumor	8 +	🍺
⑦ Mikrobe	8 -	

Zugang
3,0 km nach Ortsschild Behringersmühle (in Richtung Oberailsfeld) parken. 200 m weiter talaufwärts und vor Felsklotz rechts herunter und auf stark verwachsener Fuhre über den Bach zum Waldrand. Einige Meter in den Wald zum markierten Wanderweg (Blaukreuz) und diesem 150 m talaufwärts folgen. Nach einer Bank rechts den Hang hoch zu den Felsen.

Besonderheit
Kühles Sommerklettergebiet mit schönen Wandklettereien.

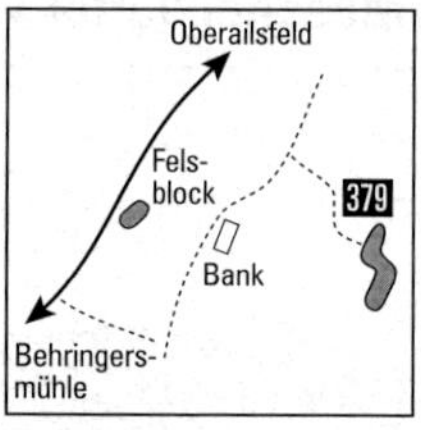

Steinerne Welt
Übersichtskarte 3 *(S. 17)*

Oberailsfelder Boulderblock

| 7 m | W 380

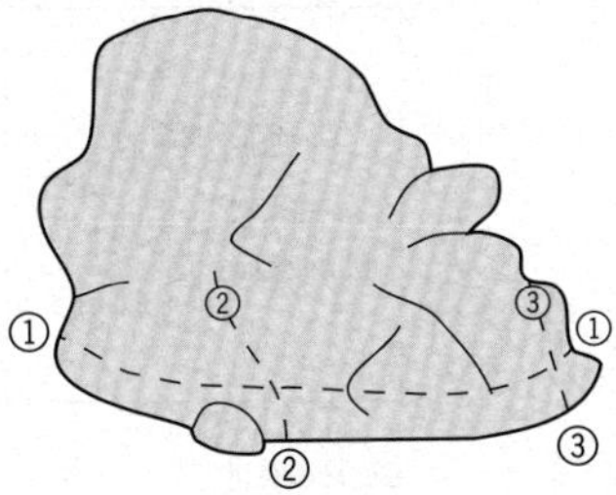

Zugang
Parken in Oberailsfeld. Auf markiertem Wanderweg (Blaukreuz/Gelbstrich) 300 m talaufwärts, bei hölzernem Sonnenschirm 10 m links hoch zu dem Felsen.

Besonderheit
Bewertungen nach Fontainebleau-Skala.

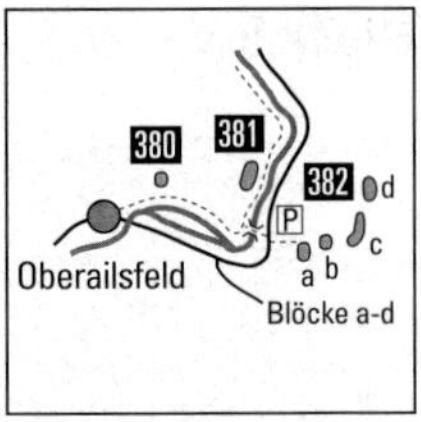

Oberailsfeld
380 Oberailsfelder Boulderblock
381 Power
382 Felsenlabyrinth
Übersichtskarte 3 *(S. 17)*

① Quergang (*Vorblockband wegdefiniert*) . . . . 7a Fbtr
② ? . . . . 7b Fb
③ Das kleine Arschloch . . . . 7b Fb

Power

| 8 m | O 381

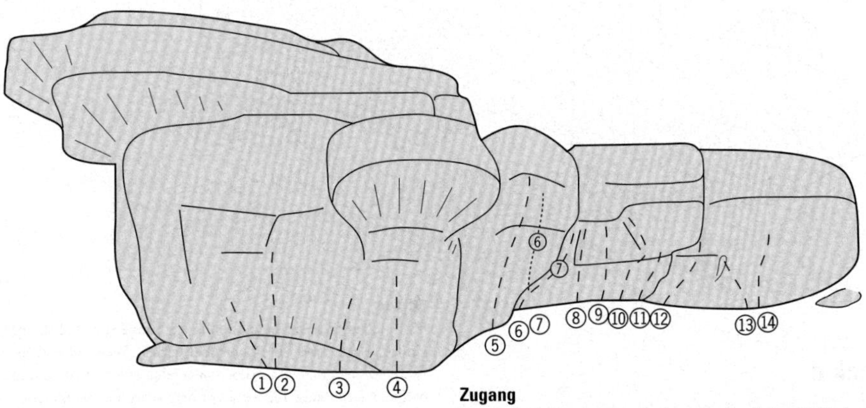

Zugang
Etwas talaufwärts der Einmündung der Straße von Pfaffenberg ist ein Parkplatz rechts der Straße, hier parken. Man kann bereits das Massiv auf der anderen Seite des Baches erkennen. Etwas talabwärts führt ein Wanderweg über den Ailsbach und wieder talaufwärts zu den Felsen.

Besonderheit
Bewertungen nach Fontainebleau-Skala.

① Finger mit Auge . . . . 7a+ Fb
② Sikkamania . . . . 7b+ Fb
③ Kleine Kakkerlake . . . . 7a Fb
④ Zeckenbiss . . . . 7b Fb
⑤ El Naso . . . . 7b(+) Fb
⑥ Seppboulder . . . . 7a+ Fb
⑦ ? . . . . 7b+ Fb
⑧ Kante . . . . 7a Fb
⑨ Yogi . . . . 7a+ Fb
⑩ Schrägriss . . . . 7a+ Fb
⑪ Kraftwerk . . . . 7a+ Fb
⑫ ? . . . . 6c+ Fb
⑬ ? . . . . 7a+ Fb
⑭ ? (*ohne Henkel, nur mit den kleinen Leisten direkt*) . . . . 7c Fb

382 Felsenlabyrinth

| 6 m | W

Block b

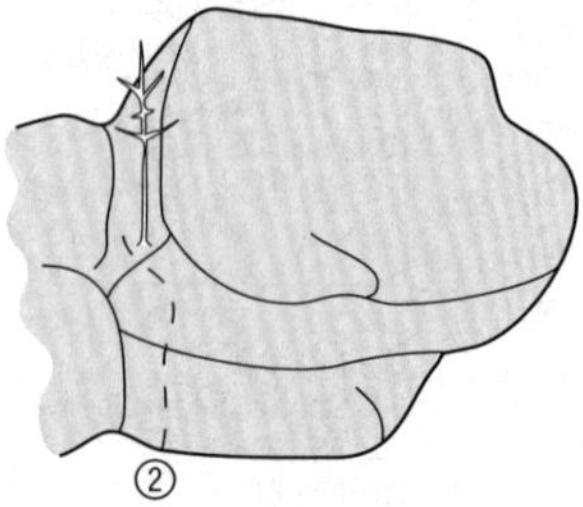

Block a

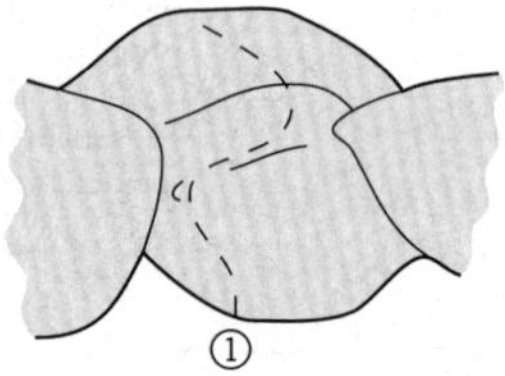

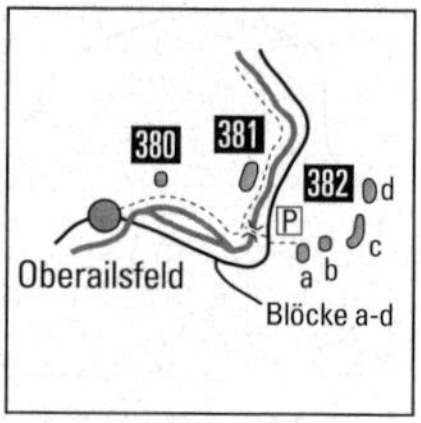

Oberailsfeld
380 Oberailsfelder Boulderblock
381 Power
382 Felsenlabyrinth
Übersichtskarte 3 *(S. 17)*

Block c

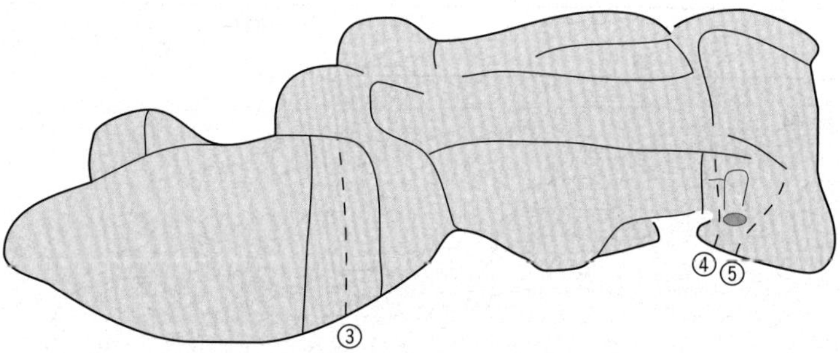

Block d

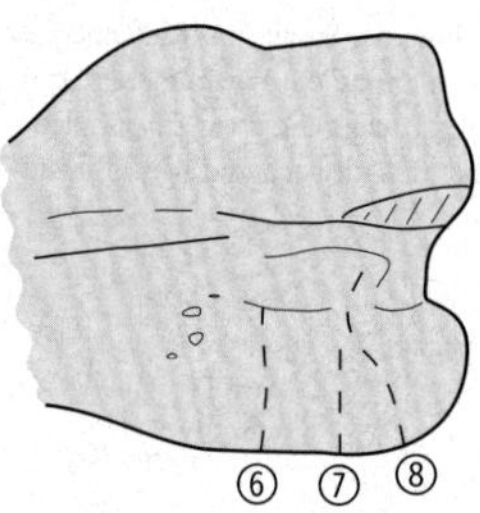

Zugang

Etwas talaufwärts der Einmündung der Straße von Pfaffenberg ist ein Parkplatz rechts der Straße, hier parken. Rechts über dem Parkplatz sieht man einen überhängenden Felsen. Links davon befinden sich einige Blöcke. Der obere von ihnen ist Block a (»Angst im Gnack«). Hier ist der Durchschlupf zu den anderen Blöcken.

Besonderheit

Bouldergebiet von Andre Behr, Bewertungen nach Fontainebleau-Skala.

① Angst im Gnack	6c+ Fb
② Bleaussard	7b+ Fb
③ ?	5a Fb
④ Über den Riss	6c+ Fb
⑤ Macht des Schwungs (*über Sloper*)	7b Fb
⑥ ?	6c Fb
⑦ Grimper (*mit Pfeil*)	7c Fb
⑧ Turbo	7a+ Fb

Wackelstein

10 - 14 m | W + N — 383

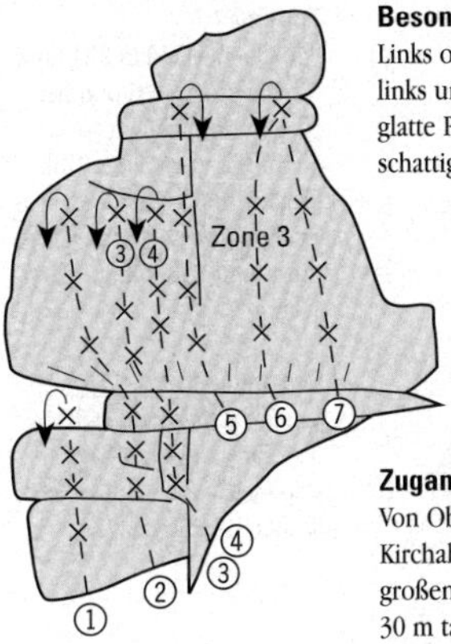

Besonderheit
Links oben löchriger Wulst, links unten und rechts oben glatte Platten. Im Sommer schattig durch das Laub.

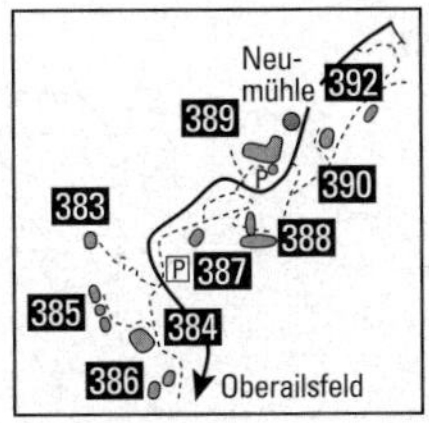

Ailsbachtal
383 Wackelstein
384 Schlupflochfels
385 Gangster's Paradise
386 Zamonien
387 Pornowand
388 Burn for you
389 Rabenstein
390 Witchcraft
392 Boy's Tempel
Übersichtskarte 3 *(S. 17)*

Zugang
Von Oberailsfeld in Richtung Kirchahorn fahren und bei großen Überhängen parken. 30 m talabwärts und über Holzbrücke und auf die andere Talseite. 25 m nach der Brücke führt ein versteckter Pfad rechts in den Wald und hoch zu der schönen Felsformation.

① H Bloc	8/8 +
② Odyssee 2000	9
③ Bundesjugendspiele	9 -
④ Big Mäc	9 -
⑤ Tower of Power	8
⑥ Zecko	9-/9
⑦ It bites	8/8 +

Schlupflochfels

11 - 18 m — 383

Nordostwand | 18 m

① Bienenstich	6 +
② Sinn des Lebens	8-/8
③ Rennstrecke	8
④ Höhere Gewalt	7 +
⑤ Was zählt	8
⑥ Rampenweg	5 +
⑦ Boulderquergang	7b+ Fb
⑧ *Projekt*	

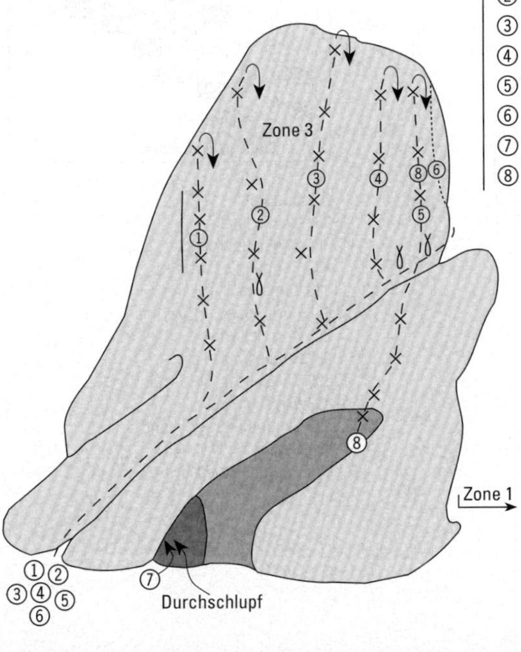

Zugang
Von Oberailsfeld in Richtung Kirchahorn fahren und bei großen Überhängen parken. 30 m talabwärts, über Holzbrücke und auf der anderen Talseite weitere 130 m talabwärts zum Felsen mit Durchschlupf.

Besonderheit
Schöne Wandklettereien. In der Nordwestwand hat Karsten Oelze noch einige neue Routen erschlossen.

384 Schlupflochfels

| 11 - 18 m

Nordwestwand | 15 m

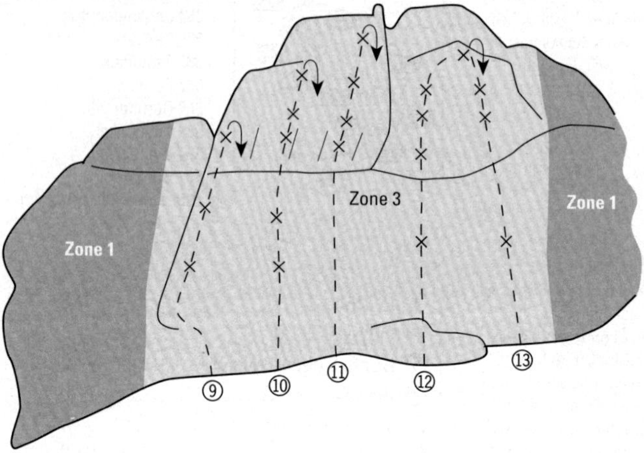

Zugang
Von Oberailsfeld in Richtung Kirchahorn fahren und bei großen Überhängen parken. 30 m talabwärts, über Holzbrücke und auf der anderen Talseite weitere 130 m talabwärts zum Felsen mit Durchschlupf.

Besonderheit
Schöne Wandklettereien. In der Nordwestwand hat Karsten Oelze noch einige neue Routen erschlossen.

Bergseite | 11 m | W

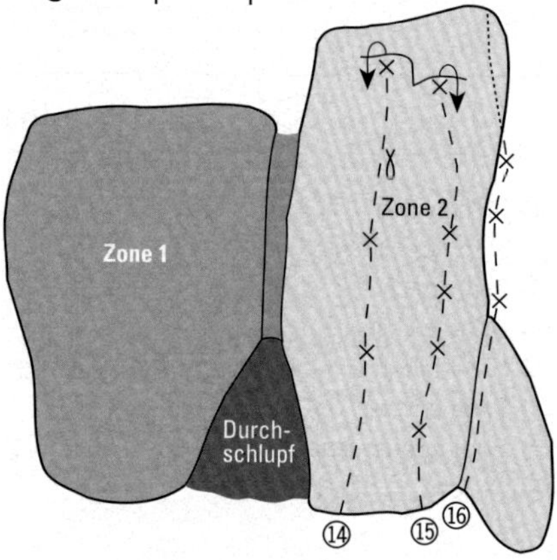

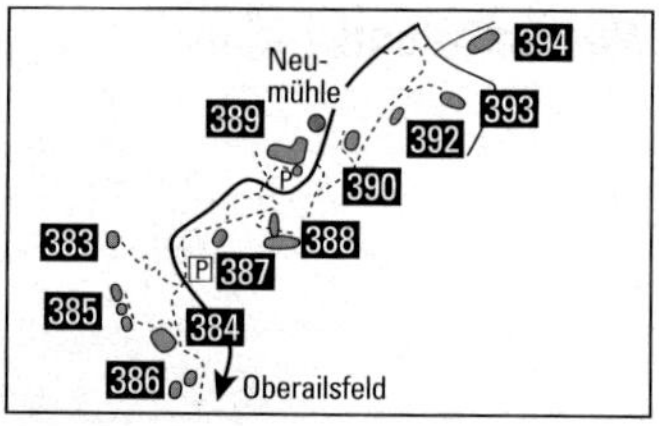

⑨	Bremsspur	7-
⑩	Vollgas	9+
⑪	Reflektorfalke	9-
⑫	Enduro	8
⑬	XT 5000	7+
⑭	Hintertür	7-
⑮	Slapstick	7
⑯	Ende mit Schrecken	5+

Ailsbachtal
383 Wackelstein
384 Schlupflochfels
385 Gangster's Paradise
386 Zamonien
387 Pornowand
388 Burn for you
389 Rabenstein
390 Witchcraft
392 Boy's Tempel
393 Zauppenberger Wand
394 Heldwand
Übersichtskarte 3 *(S. 17)*

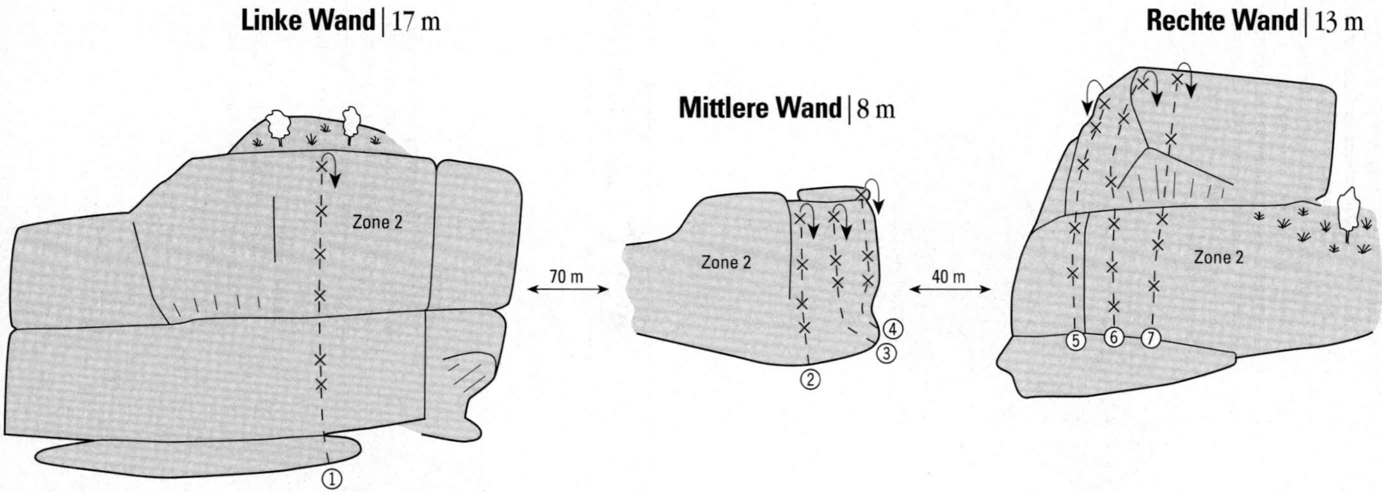

① *Projekt*	
② Soul surfing................	7+
③ *Projekt*	
④ The real slim Shady..........	8
⑤ Under the Influence	7
⑥ Criminal	7+
⑦ Public Enemy	9-

Zugang
Von Oberailsfeld in Richtung Kirchahorn fahren und bei großen Überhängen parken. 30 m talabwärts, über Holzbrücke und auf der anderen Talseite weitere 130 m talabwärts zum Schlupflochfels (Felsen mit Durchschlupf). Rechts oberhalb schließt sich seine Nordwestwand an. Von ihr aus gelangt man über einen Trampelpfad zu den 100 m höher stehenden Felsen.

Besonderheit
Meist Plattenkletterei in grauem Fels, aber auch Riss (Soul surfing) und Überhang (Public Enemy).

386 Zamonien

| 10 m | O

Zugang
Von Oberailsfeld in Richtung Kirchahorn fahren und bei großen Überhängen parken. 30 m talabwärts, über Holzbrücke und auf der anderen Talseite weitere 130 m talabwärts zum Schlupflochfels. Durch den Durchschlupf, etwas bergab und auf Weg weiter zu den Felsen, die rechts oberhalb stehen (100 m vom Schlupflochfels).

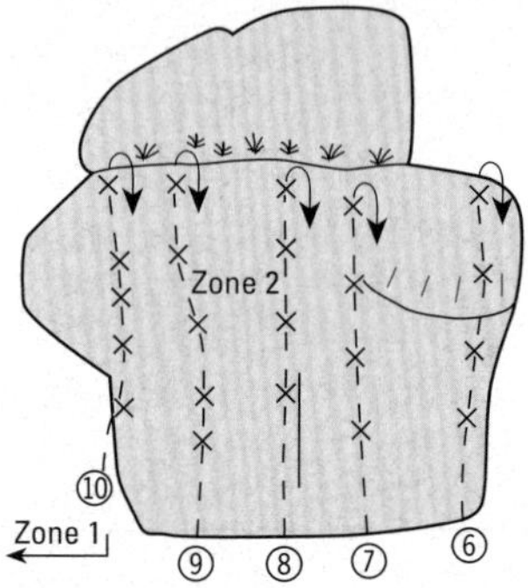

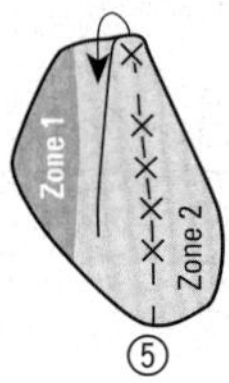

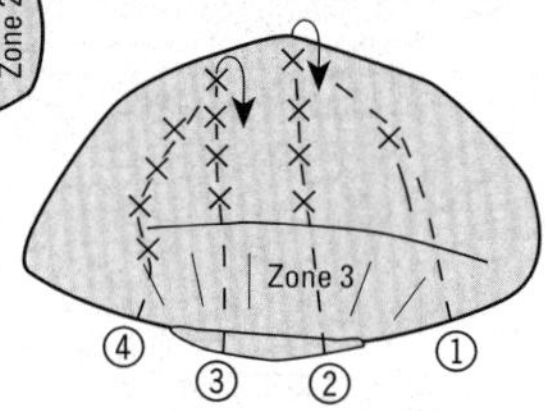

① Nach langem Winter 7
② Freche Füchse 9-
③ *Projekt* ....
④ Pterodaktylus Salvatus........ 9-
⑤ Professor Nachtigaller .... 7+
⑥ Zwergpiraten................ 7-
⑦ Käpt'n Blaubär .... 6+
⑧ Knochensammler 9
⑨ Fleischfresser 9
⑩ König der Narren 9-

387 Pornowand

| 14 m | NW

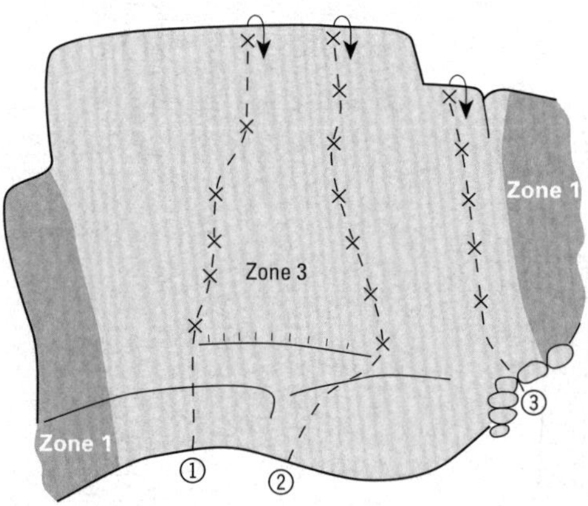

Zugang
Von Oberailsfeld in Richtung Kirchahorn fahren und bei großen Überhängen parken. Auf Wanderweg auf der gleichen Talseite 300 m talaufwärts. Nach einem Durchgang mit 2 kleinen Felsen rechts steil hoch (Fixseil) zu den Einstiegen.

Besonderheit
»Lost and found« (Markus Bock 2001) bietet anhaltend kräftige Leistenkletterei und oben noch einen Boulder.

① Lost & Found .... 10+
② Schnulleralarm 10
③ MiDiDu.................... 9-

Burn for you

| 15 m | N **388**

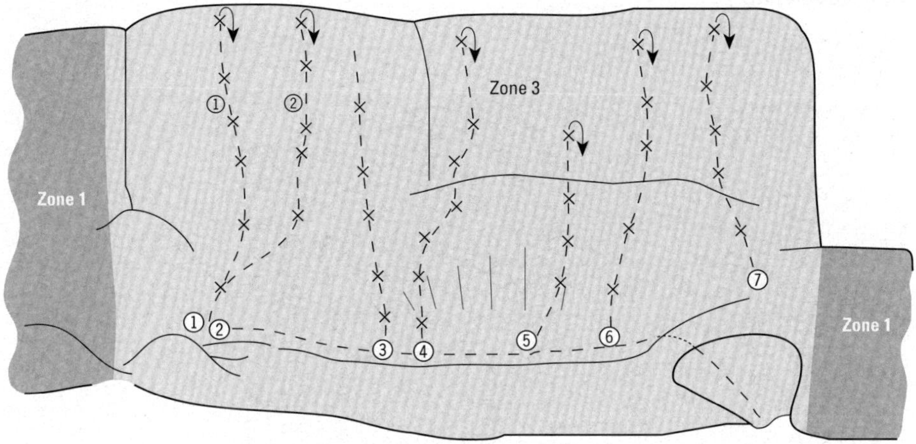

① Burn for you	11 -
② *Projekt*	
③ *Projekt*	
④ *Projekt*	
⑤ Pouliche	9 -
⑥ *Projekt*	
⑦ Nix mit 6	8 -

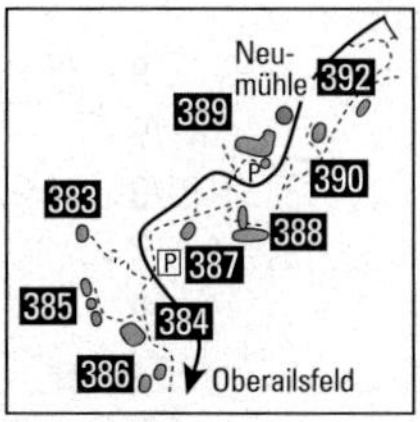

Ailsbachtal
383 Wackelstein
384 Schlupflochfels
385 Gangster's Paradise
386 Zamonien
387 Pornowand
388 Burn for you
389 Rabenstein
390 Witchcraft
392 Boy's Tempel
Übersichtskarte 3 *(S. 17)*

Zugang
An der Parkbucht unterhalb der Burg Rabenstein parken. Auf der Straße kurz talabwärts und auf Brücke über den Ailsbach. Man sieht bereits den Weg, der den Hang zu den Felsen hochzieht und den Durchschlupf auf die andere Seite. Auf dieser befinden sich die Routen.

Besonderheit
Das Massiv ist nach der Route »Burn for you« benannt, die einer der frühen Elfer der Fränkischen ist (Michael Ordnung 1993).

389 Rabenstein

☼ | 20 m | SW + O

Südwestwand

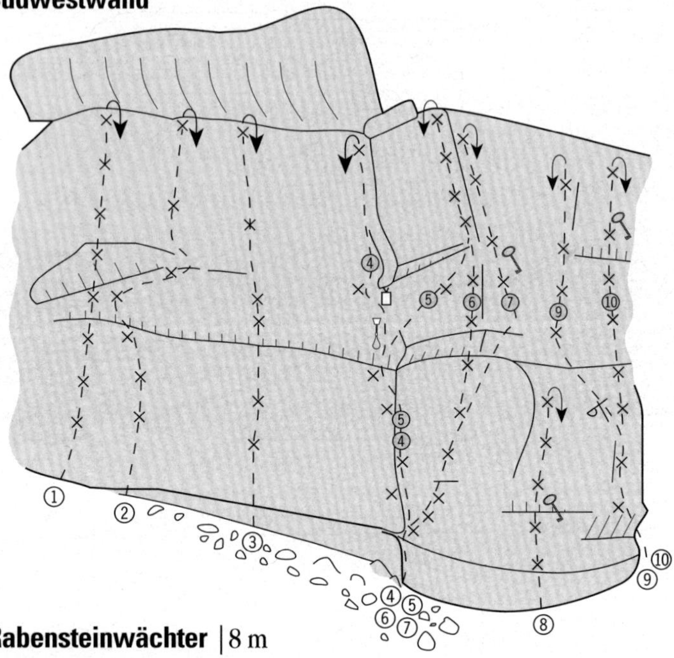

Rabensteinwächter | 8 m

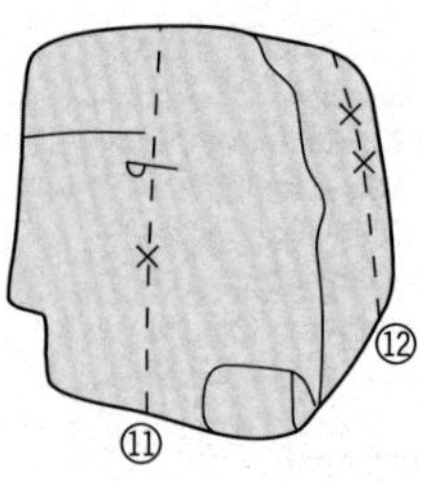

① Heuber-Route	9 +
② Rezession	8
③ Inshalla	8 +
④ Nürnberger Weg	7 -
⑤ Mikrochips	9/9 +
⑥ Mikrochips direkt	10 -
⑦ Solarium	9 -
⑧ Anti-Blockier-System	10 -
⑨ Stein Ged.-Weg (*1. SL 7*)	8 -
⑩ Schnellzug	8 -
⑪ Don Camillo e Peppone di Massone	8 +
⑫ Südostkante	7/7 +
⑬ Windiges Eck	8 +
⑭ Auf dem Weg in ein neues Jahrtausend	9 -
⑮ ?	8+/9 -
⑯ Cool Down	9-/9
⑰ Männer ohne Nerven	7 +
⑱ Winseltitte	9
⑲ Boulderquergang	7b+ Fbtr
⑳ Kochvariante	a1/6
㉑ Elise	9
㉒ 111 S.	9
㉓ Grandmaster Flash	9+/10 -
㉔ Wo Gü-Kante	8 +
㉕ Bayreuther Weg	a1/6
㉖ ?	6 -
㉗ Kurzes Rennen	8

Rabenstein

| 20 m | SW + O **389**

Ostwand

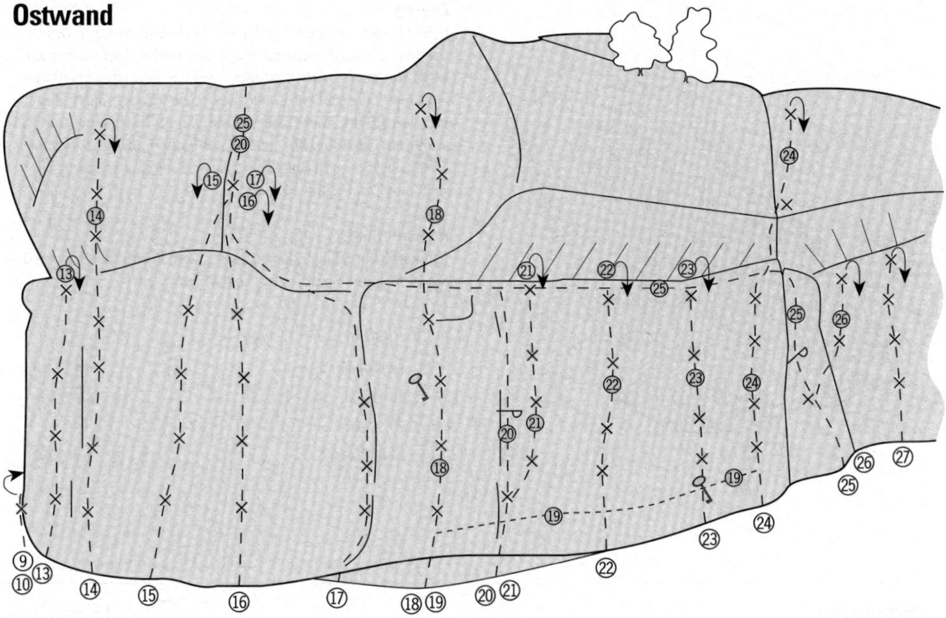

Zugang
Mächtige Wand zwischen Oberailsfeld und Kirchahorn, auf der die Burg Rabenstein steht. Unterhalb ist eine Parkbucht. Dort auf Weg in den Wald und gleich nach rechts über Schotter zu den Einstiegen. *Vorsicht wegen tiefem Loch beim Wandfuß (Unfallgefahr!)*. Dem Rabenstein vorgelagert ist ein kleiner Turm, der Rabensteinwächter.

Besonderheit
Am Rabenstein lässt es sich sowohl in der Sonne als auch im Schatten gut und schwer klettern.
Unmittelbar an der rechten Begrenzung der Wand bzw. unterhalb befindet sich Privatgelände. *Dieses sollte keinesfalls betreten werden!*

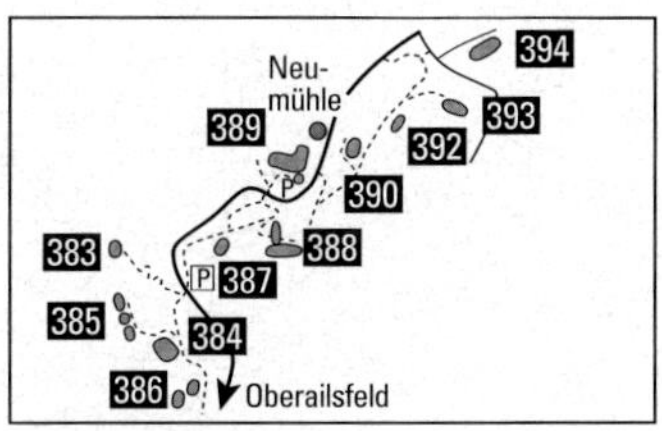

Ailsbachtal
383 Wackelstein
384 Schlupflochfels
385 Gangster's Paradise
386 Zamonien
387 Pornowand
388 Burn for you
389 Rabenstein
390 Witchcraft
392 Boy's Tempel
393 Zauppenberger Wand
394 Heldwand
Übersichtskarte 3 *(S. 17)*

390 Witchcraft

| -☼- | 14 m | W

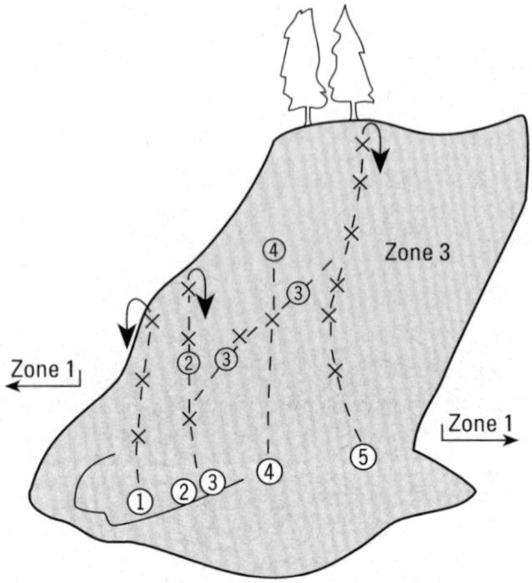

Zugang

Beim Gasthof Neumühle in der Parkbucht parken (nicht beim Gasthof!). Gegenüber ist die Wand gut sichtbar. Nicht direkt zur Wand laufen ! *(Privatgrundstück)*. Auf der Straße kurz talabwärts, links über Steg und auf Wanderweg (viele Markierungen) den Berg hinauf. Bei einer Gabelung scharf links (Blaukreuz) und weiter bis auf die Höhe. Kurz nach einer Bank (links) steht rechts ein Felsblock. Hier nach links zu Felsköpfen und auf Trampelpfad steil hinab zu den Einstiegen.

Besonderheit

Lohnende überhängende Lochklettereien. Rechts gibt es noch die Aufwärmroute »Mbaba« (8+, kein Topo).

① *Projekt*	
② Rosenkrieg	9
③ Sodom	10 -
④ *Projekt*	
⑤ Witchcraft	10 -

391 Einstein

-☼- | 15 m | SO

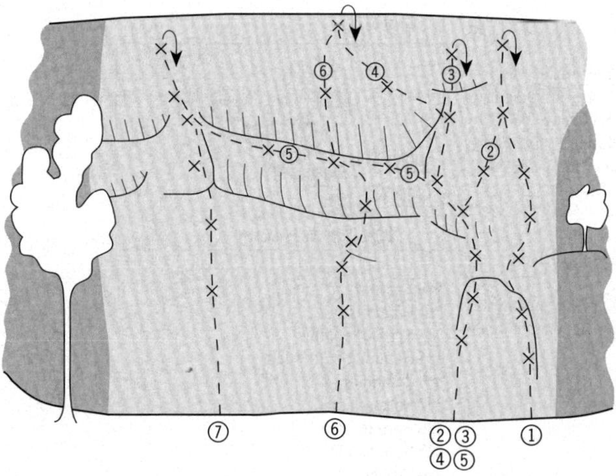

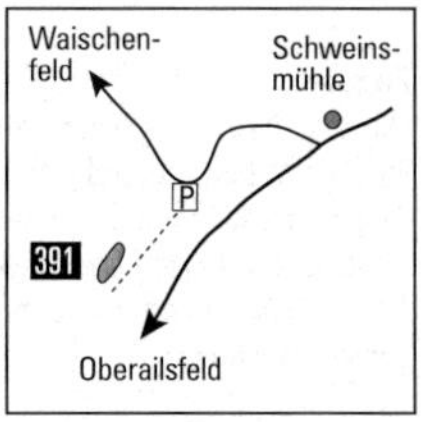

Einstein
Übersichtskarte 3 *(S. 17)*

① Alles ist relativ	8 -
② Albert *(Projekt)*	
③ Urknall	8+/9 -
④ Gott würfelt nicht	9
⑤ Der neue Einstein	9
⑥ Antigravitation *(Projekt)*	
⑦ *Projekt*	

Zugang

Von Schweinsmühle der Straße aus dem Ailsbachtal nach Waischenfeld folgen bis zu einem Parkplatz bei einer Rechtskurve, hier parken. Nun dem Wanderweg zur Sophienhöhle folgen, der in 2 min zu dem Felsmassiv (10 m oberhalb des Weges) führt.

Besonderheit

Bis zum frühen Nachmittag kommt (je nach Belaubung) die Sonne in die Wand. Im Frühjahr ist der Fels lange nass und somit kaum bekletterbar.

Boy's Tempel

| 5 m | W **392**

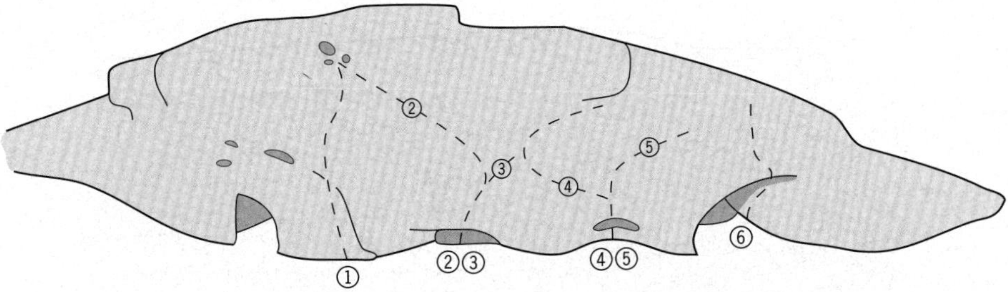

①	?	7a Fb
②	Tempel	7c Fb
③	Kombination	7c Fb
④	?	7b Fb
⑤	Dummy	7b Fb
⑥	Dach	7b Fb

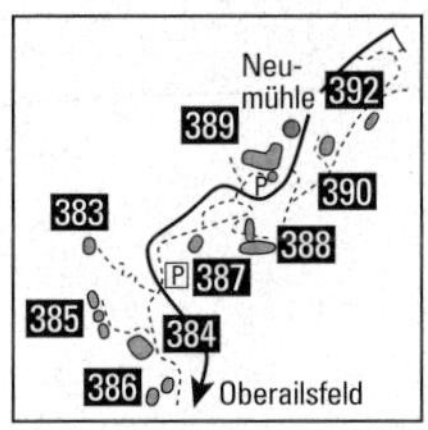

Ailsbachtal
383 Wackelstein
384 Schlupflochfels
385 Gangster's Paradise
386 Zamonien
387 Pornowand
388 Burn for you
389 Rabenstein
390 Witchcraft
392 Boy's Tempel
Übersichtskarte 3 *(S. 17)*

Zugang

Von Oberailsfeld nach Kirchahorn, an der Sophienhöhle noch vorbei und die nächste Abzweigung rechts (parken). Etwas oberhalb steht die Heldwand. Die kleine Straße nach Zauppenberg wieder überqueren und dem Wanderweg (talabwärts) folgen. Er trifft auf einen weiteren Weg, dem man links (bergauf) folgt. Nach 5 min steht der Fels neben dem Weg.

Besonderheit

Bewertungen nach Fontainebleau-Skala.

393 Zauppenberger Wand

| 22 m | N

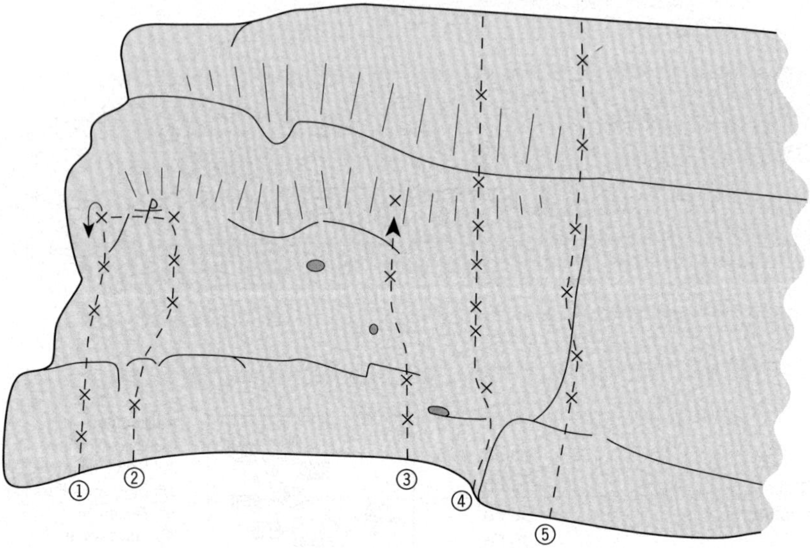

①	Ast im Sack	7
②	?	7
③	*Projekt*	
④	*Projekt*	
⑤	?	8+

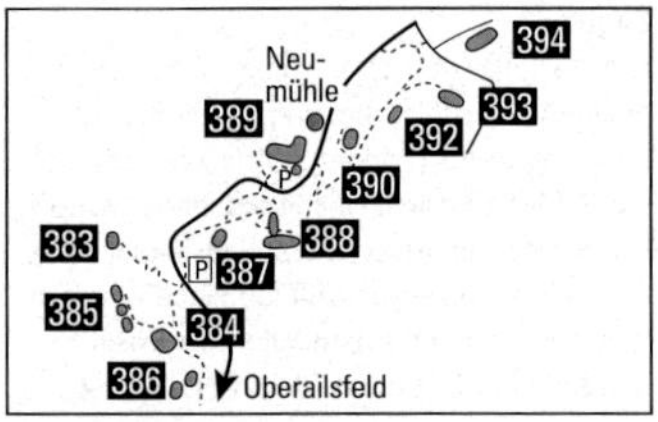

Zugang
Von Oberailsfeld nach Kirchahorn, an der Sophienhöhle noch vorbei und die nächste Abzweigung rechts (parken). Etwas oberhalb steht die Heldwand. Die kleine Straße nach Zauppenberg wieder überqueren und dem Wanderweg (talabwärts) folgen. Er trifft auf einen weiteren Weg, dem man links (bergauf) folgt. Nach 3-4 min zweigt bei einer Bank scharf links ein Pfad ab, der zur weit überhängenden Wand führt.

Besonderheit
Die beeindruckende Wand beherbergt Zukunftsprojekte. Allerdings ist auch noch einiges an losem Gestein und Sand an den Felsen.

Ailsbachtal
383 Wackelstein
384 Schlupflochfels
385 Gangster's Paradise
386 Zamonien
387 Pornowand
388 Burn for you
389 Rabenstein
390 Witchcraft
392 Boy's Tempel
393 Zauppenberger Wand
394 Heldwand
Übersichtskarte 3 *(S. 17)*

Heldwand

| 25 m | NW | 394

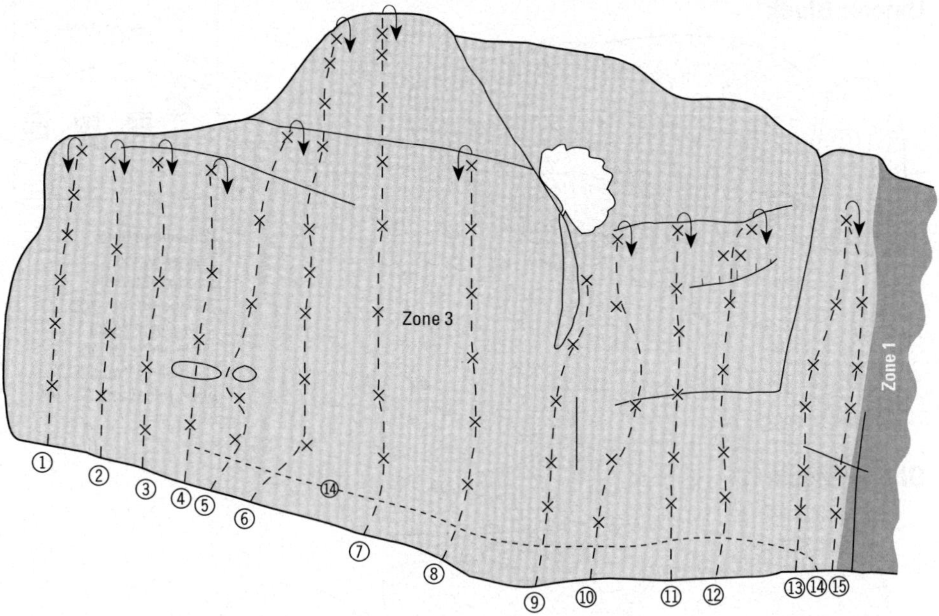

① Mutter Theresa . . . . 8 +
② Hansdampf 8
③ Club der toten Dichter . . . . 8 +
④ Tapferes Schneiderlein 8
⑤ Held Bräu 8
⑥ Lonestar . . . . 9 -
⑦ Götz von Berlichingen. . . . . 9 -
⑧ Gunther Priem U 42 . . . . 9-/9

⑨ *Projekt* . . . .
⑩ Lara Croft . . . . 8 -
⑪ Flash Gordon . . . . 9 -
⑫ Lord Helmchen. . . . . 8/8 +
⑬ Nicht ohne Bürste. . . . . 7 -
⑭ Quergang 9
⑮ Profilneurose. . . . . 7 +

Zugang

Von Oberailsfeld nach Kirchahorn, an der Sophienhöhle noch vorbei und die nächste Abzweigung rechts (parken). Links auf Weg zu den Felsen.

Besonderheit

Typisch fränkischer Loch- und Leistenspass. Die Wand wurde nach der Brauerei Held in Oberailsfeld benannt. Eine Einkehr in deren Brauerei-Gasthof ist sehr empfehlenswert.

395 Hulk-Blöcke

| 6 m | N

Unterer Block

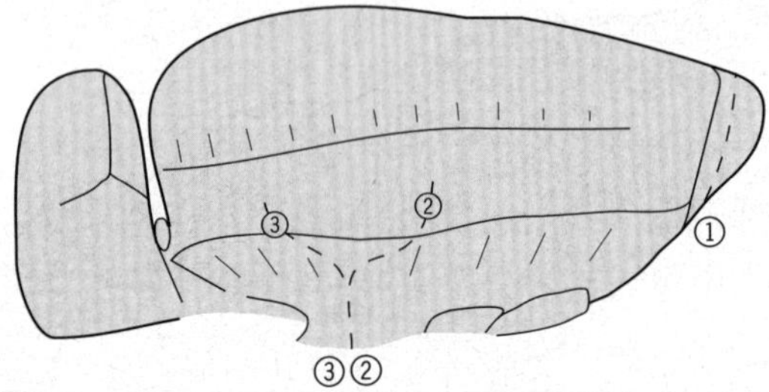

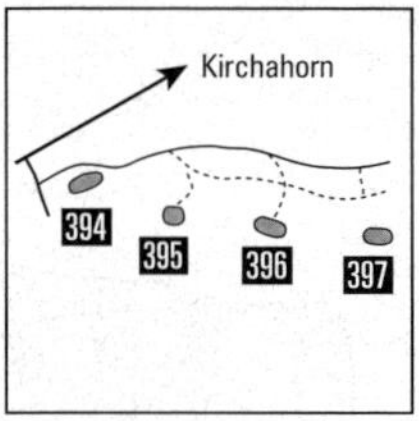

Schweinsmühle
394 Heldwand
395 Hulk-Blöcke
396 Rechte Schweinmühler Wand
397 Linke Schweinmühler Wand
Übersichtskarte 3 *(S. 17)*

Oberer Block

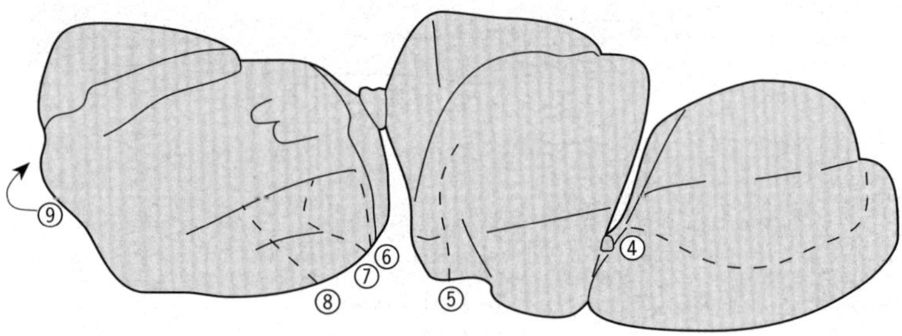

Zugang

Von Oberailsfeld nach Kirchahorn, an der Sophienhöhle noch vorbei und die nächste Abzweigung rechts (parken). Links auf Fuhre 200 m talaufwärts. Wo sich die Fuhre gabelt, zweigt rechts ein Pfad ab, der zu den Felsen führt.

Besonderheit

Bewertungen nach Fontainebleau-Skala.

① Moosbüffel .... 7a+ Fb
② Rechtes Dach................ 7b+ Fb
③ Linkes Dach .... 7c+ Fb
④ Quergang .... 7a+ Fbtr
⑤ Platte.................... 7c Fb
⑥ ? .... 6c+ Fb
⑦ Hulk .... 7c(+) Fb
⑧ Violation .... 8a+ Fb
⑨ Ösiboulder .... 7a+ Fb

Rechte Schweinsmühler Wand

| 14 m | N — 396

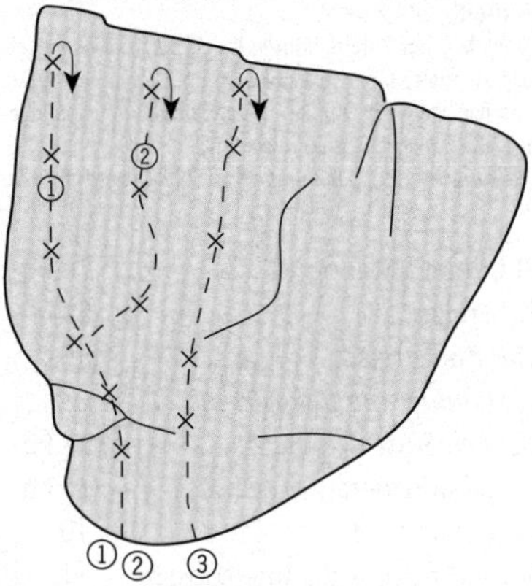

Zugang
Von Oberailsfeld nach Kirchahorn, an der Sophienhöhle noch vorbei und die nächste Abzweigung rechts (parken). Links auf Fuhre 200 m talaufwärts. Wo sich die Fuhre gabelt, folgt man dem linken Ast. Nach 100 m steht links ein Jagdsitz. Nach weiteren 50 m führt rechts ein Pfad den Hang hinauf zur Rechten Schweinsmühler Wand. Links von ihr steht die Schweinsmühler Boulderwand mit einigen leichteren Bouldern (Namen z.T. angeschrieben).
Geht man auf der Fuhre noch 200 m weiter und dann nach rechts in den Wald und steil den Hang hinauf, so gelangt man zur Linken Schweinsmühler Wand.

①	Linker Weg	8+
②	*Projekt*	
③	Rechter Weg	7+

Linke Schweinsmühler Wand

| 18 m | N — 397

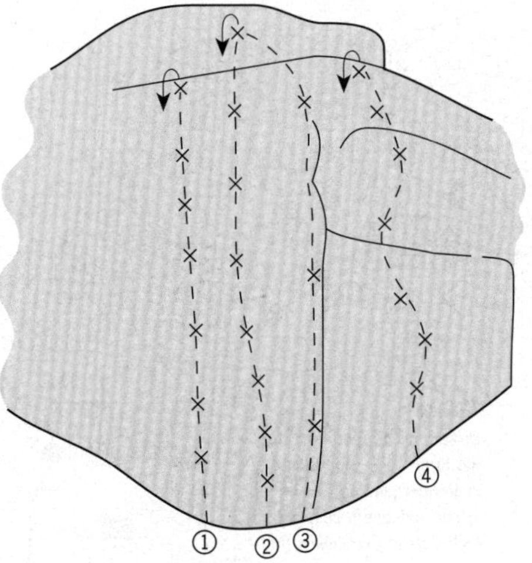

Zugang
Siehe oben bei Rechte Schweinsmühler Wand.

Besonderheit
Glatte Plattenkletterei.

①	Im Schilderwald	7/7+
②	Boulder mit Reibung	8
③	Riss	6
④	Uhuras Arsch	7

398 Hardcore-Wändchen

7 m | S

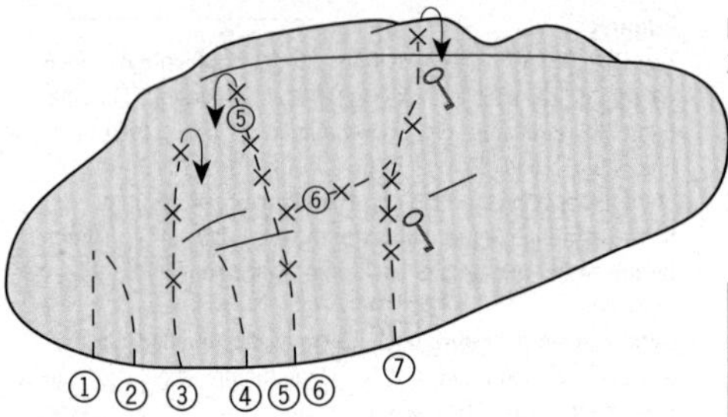

Besonderheit
Markus Bock hat hier 2 neue Routen im elften Grad begangen. »Unplugged« setzt sich aus 2 schweren Boulderstellen zusammen und hat einen für Franken ungewöhnlichen Charakter (Ausstieg an sehr abschüssigen Leisten).
Bitte unbedingt in Zauppenberg parken, nicht hinter fahren!

①	Ill Communication	7c Fb
②	Superman	8a Fb
③	The Pain strikes	9/9+
	als Boulder mit Sitzstart bis Henkel: Stick it	7c+ Fb
④	Brutal horizontal	7b Fb
⑤	Desperate Fool	10-
⑥	Second place is the first Looser	11-
⑦	Unplugged	11-/11

Zugang
Die Straße macht in Zauppenberg (vom Ailsbachtal kommend) eine Linkskurve, hier rechts abbiegen und parken. Die Straße wird zum Feldweg, dem man (an einigen Abzweigungen vorbei) folgt. Man kommt an eine Stelle, an der rechts Wald ist und links einige Bäume stehen, hier geradeaus weiter. Wo links das Feld aufhört und rechts nur noch Wald ist, steht rechts eine Futterkrippe. Hier geht man schräg rechts hinter und auf Steigspuren durch etwas lichteren Wald zu einer Kuppe. Nun den Hang absteigen (Gestrüpp) und in kleiner Linkskurve zum Felsen.

399 Rockpalast

5 m | S

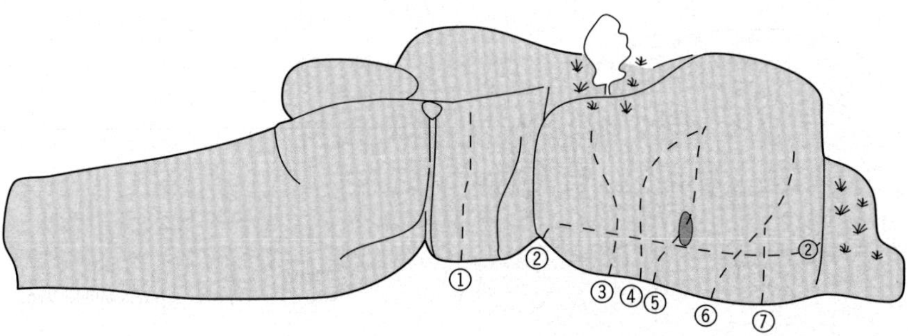

①	?	7a Fb
②	Quergang	7b+ Fb
③	?	7b Fb
④	? (benutzt Griffe von ③ mit)	7c+ Fb
⑤	?	6c+ Fb
⑥	?	7b Fb
⑦	?	7b+ Fb

Zugang
Parken in Zauppenberg. Auf der Straße 600 m in Richtung Pfaffenberg laufen, in einer Mulde zweigt ein Feldweg rechts ab zu den Felsen (bei der Abzweigung keine vernünftigen Parkmöglichkeiten).

Besonderheit
Bewertungen nach Fontainebleau-Skala.

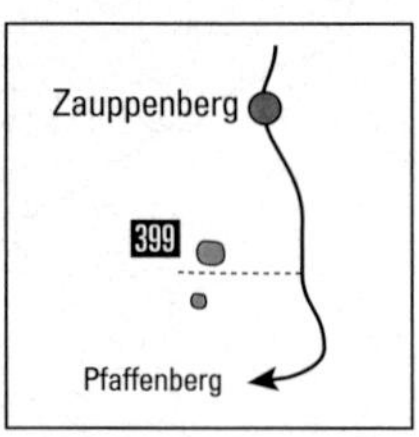

Rockpalast
Übersichtskarte 3 *(S. 17)*

Aschenbrenner Wand

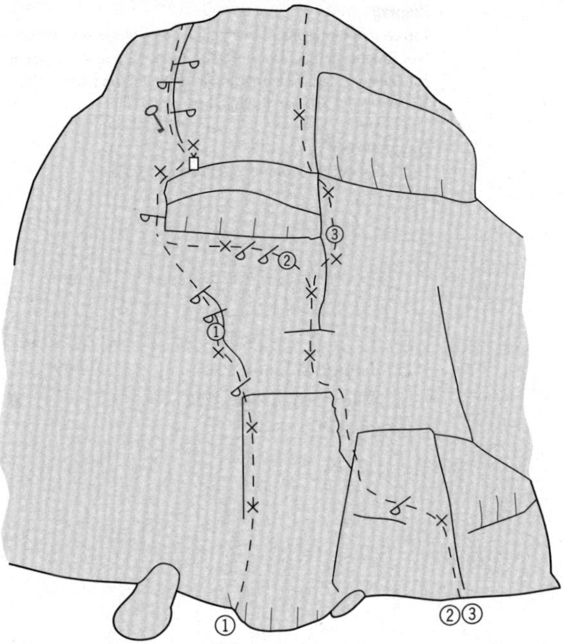

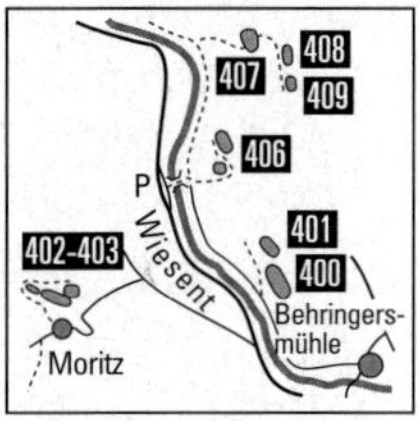

Behringersmühle/Moritz

400 Aschenbrenner Wand
401 Walter Schell Ged.-Wand
402 Räuberburg
403 Moritzer Turm
406 Schottertaler Wand und Turm
407 Kathedrale
408 Johnny Cash Wand
409 Karwendelturm

Gebietsübersicht *S. 512*
Übersichtskarte 2 *(S. 16)*

① Direttissima................ a2/6
② Aschenbrenner Ged.-Weg..... 8-
③ Schlemmerriss.............. 7+

Zugang

Parken in Behringersmühle. Man folgt dem Wegweiser »Wiesentfels, Schottersmühle, Doos und Rabeneck« und geht auf einem Schotterweg 700 m talaufwärts zur Aschenbrenner Wand.

Besonderheit

Wen etwas alpines Gelände am Anfang nicht stört, dem sei der »Aschenbrenner Ged.-Weg« empfohlen. Hier handelt es sich um eine großzügige klassische Route mit interessanter Schlüsselstelle fast am Schluß.

401 Walter Schell Ged.-Wand

| 23 m | SW

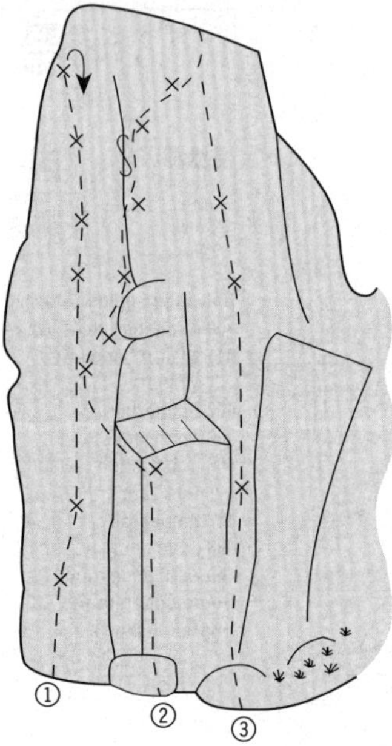

Zugang

Parken in Behringersmühle. Man folgt dem Wegweiser »Wiesentfels, Schottersmühle, Doos und Rabeneck« und geht auf einem Schotterweg 700 m talaufwärts zur Aschenbrenner Wand. Die Walter Schell Ged.-Wand steht 60 m links von ihr.

Besonderheit

Der Walter Schell Ged.-Weg ist ein echter Klassiker.

① Ramazotti Express 7-/7
② Walter Schell Ged.-Weg 6
③ *Projekt* ....

402 Räuberburg

| | 14 m | SO

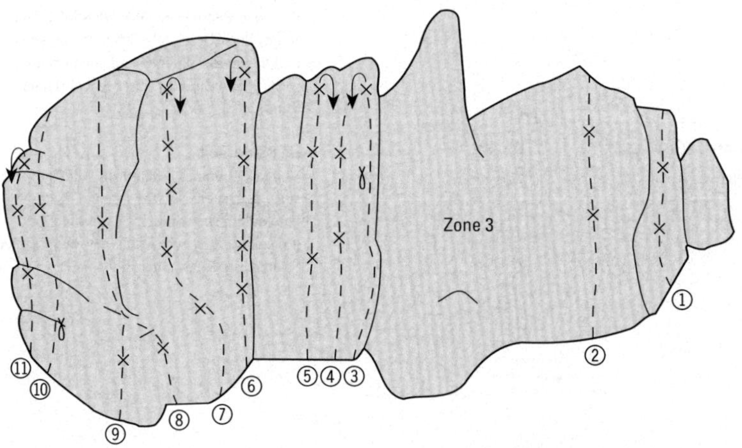

① ? 8-/8
② ? .... 7+
③ Rechte Verschneidung 5
④ Marsupilami .... 5+
⑤ Ohne Moos nix los .... 5+
⑥ Linke Verschneidung .... 5+
⑦ Tierisches Gerät 8
⑧ Etappenziel 7-
⑨ Yo, MTV Rap 7-
⑩ Doppeldecker .... 6+
⑪ ? .... 6+
⑫ ? 8
⑬ ? 7-

Räuberburg

| 14 m | SO — **402**

Ganz links

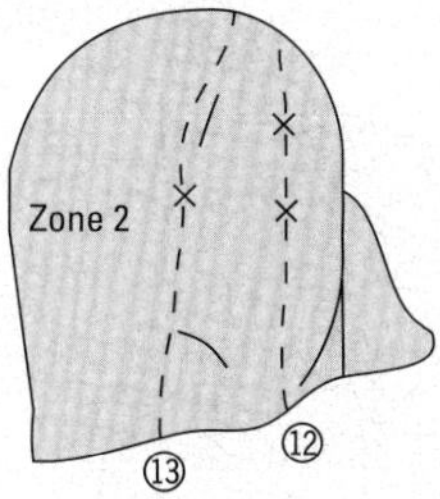

Zugang
In Moritz ganz hoch bis zum Gasthaus »Zum Pfaffenstein« und parken. Rechts an einer Scheune vorbei und auf Wanderweg nach 100 m zur Räuberburg. Zum Moritzer Turm gelangt man, indem man an der Räuberburg rechts vorbei absteigt.

Besonderheit
Felsen außerhalb der beschriebenen Bereiche liegen in Zone 1.

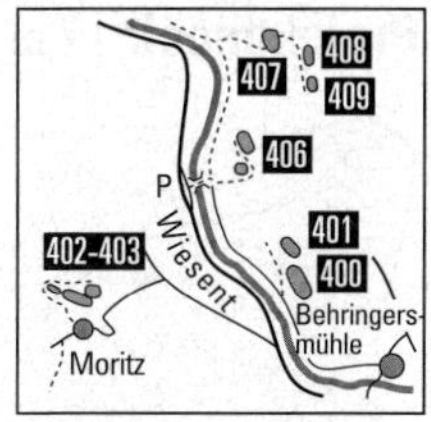

Behringersmühle/Moritz
400 Aschenbrenner Wand
401 Walter Schell Ged.-Wand
402 Räuberburg
403 Moritzer Turm
406 Schottertaler Wand und Turm
407 Kathedrale
408 Johnny Cash Wand
409 Karwendelturm
Gebietsübersicht *S. 512*
Übersichtskarte 2 *(S. 16)*

Moritzer Turm

| 25 m | N — **403**

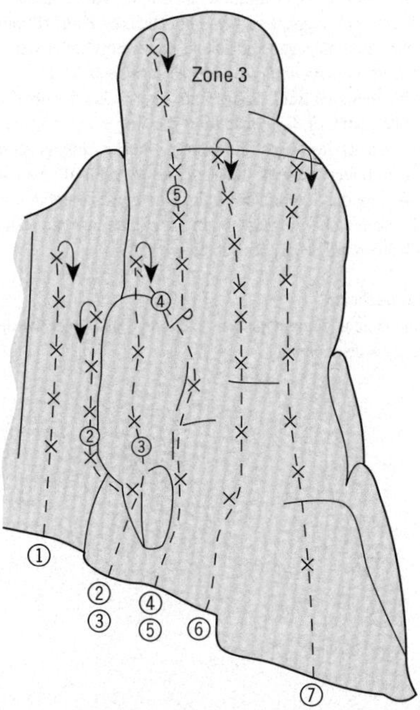

Zugang
Siehe oben bei Räuberburg.

Besonderheit
Felsen außerhalb der beschriebenen Bereiche liegen in Zone 1.

①	Hessischer Zipfeklatscher	8+/9-
②	Kleiner Fuchs	8
③	Exil	7-
④	Michl Mörtel Ged.-Weg	6+
⑤	Tschernobyl	10-
⑥	High Gravity Day	9/9+
⑦	Freischwimmer	8+

404 Brüderwand

☼ | 7 - 25 m | SO + SW

Projektblock | 7 m | O

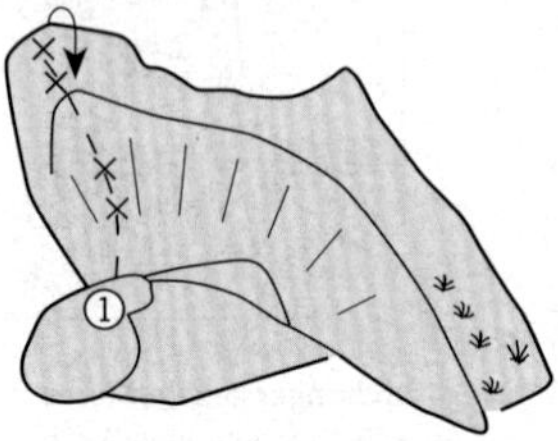

Obere Wand | 14 m | S + O

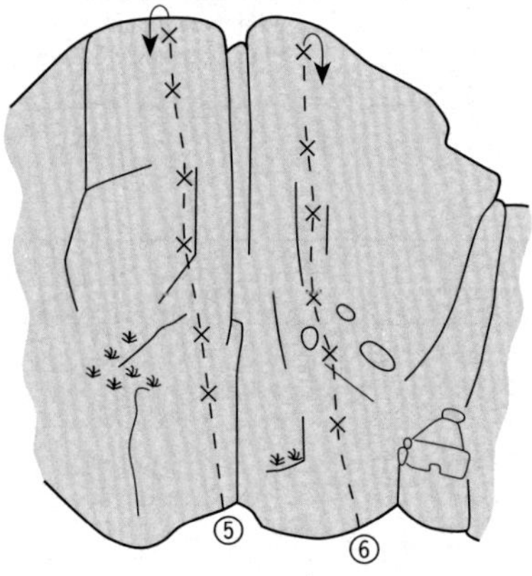

Untere Wand | 25 m | SW

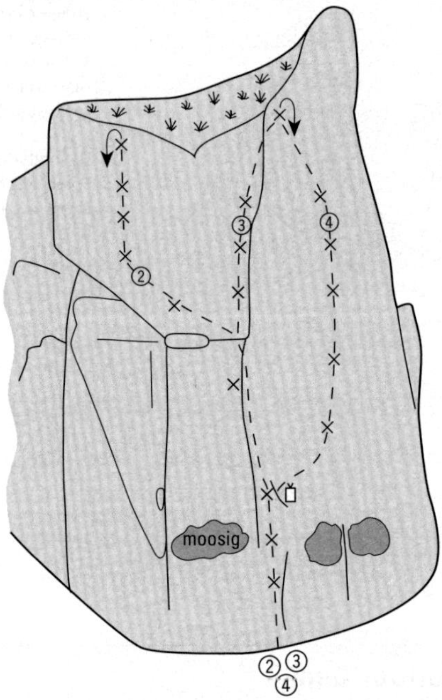

Zugang

Parken in Moritz beim Gasthof »Pfaffenstein«. Auf der Straße nach Süden am Campingplatz vorbei. 30 m nach der Einfahrt Campingplatz links abbiegen auf anfangs geteerten Wanderweg *(Schild: über Sachsenmühle nach Behringersmühle)*. Der Weg führt hinab in den Wald. Nach 250 m steht rechts der überhängende Projektblock. Unterhalb führt der Weg in Kehren steil bergab. Rechts des Weges sind moosige Blöcke (links gegenüber sieht man höhere Felsen). Bei der 1. Kehre rechts 10 m zwischen den Blöcken durch Rinne hoch. Zur Oberen Wand auf den moosigen Blöcken rechts aufwärts (50 m), zur Unteren Wand leicht links haltend auf Steigspuren absteigen (50 m).

Besonderheit

Schöne Linien, kleingriffige Wandkletterei. Das Gebiet wurde von Stefan Löw erschlossen.

① *Projekt* ....
② Scharfe Schwester .... 8+
③ Dicke Haut .... 8+
④ Scheinheiliger Sheriff 9-
⑤ Altweibersommer 8
⑥ Mosaik 7

Stille Aussicht

☼ | 9 m | W **405**

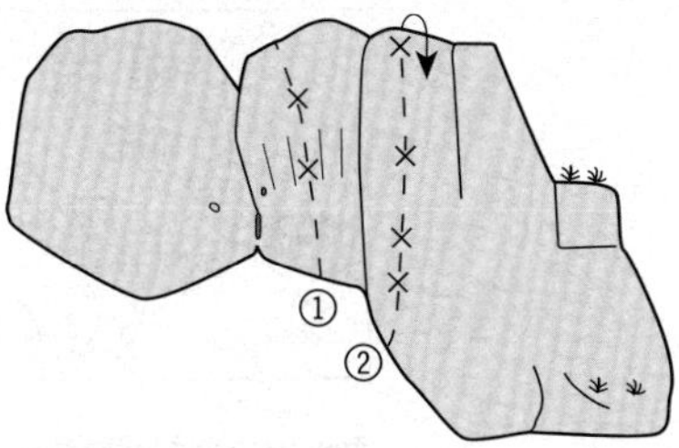

① *Projekt* . . . .
② Out of the Blue . . . . 10 -

Moritz Süd
404 Brüderwand
405 Stille Aussicht
Gebietsübersicht *S. 512*
Übersichtskarte 2 *(S. 16)*

Zugang
Parken in Moritz beim Gasthof »Pfaffenstein«. Auf der Straße nach Süden am Campingplatz vorbei (Wegweiser: »Stille Aussicht«). Nach 200 m links auf Weg zur Stillen Aussicht. 3 m vor dem Geländer auf verstecktem Pfad leicht absteigen zu den Felsen.
Alternative: Wie zur Brüderwand *(siehe S. 512)* und 50 m nachdem der Weg in den Wald führt rechts auf Pfad zur Stillen Aussicht.

Besonderheit
Leicht überhängend und kleingriffig.

Gebietsübersicht

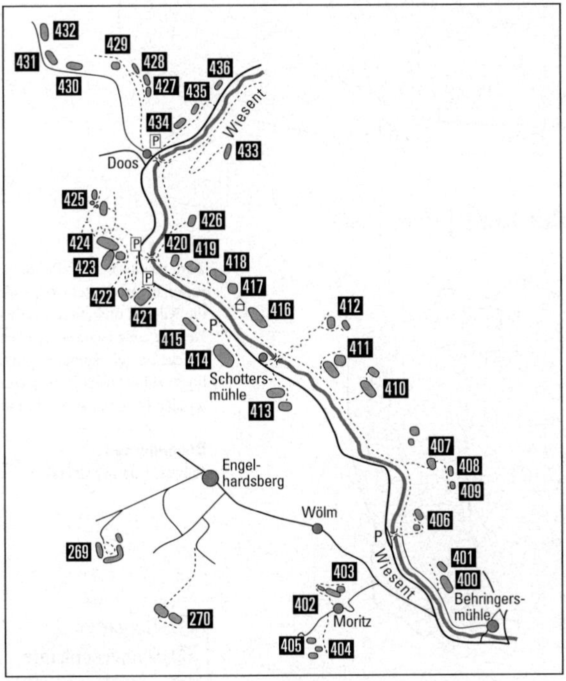

Oberes Wiesenttal von Behringersmühle bis Doos
269 Kammer
270 Quackenschloss
400 Aschenbrenner Wand
401 Walter Schell Ged.-Wand
402 Räuberburg
403 Moritzer Turm
404 Brüderwand
405 Stille Aussicht
406 Schottertaler Wand und Turm
407 Kathedrale
408 Johnny Cash Wand
409 Karwendelturm
410 Magdalenenwand
411 Gelber Turm
412 Wintergarten
413 Kalte Wand
414 Wolkensteiner Wand
415 Schiefer Tod
416 Schottersmühler Wand
417 Abendleite
418 Jubiläumswand
419 Morgenleite
420 Mittagsleite
421 Riesenburg
422 Obere Riesenburgwand
423 Altherrnwand
424 Grünbauer Ged.-Wand
425 Dohlenwand
426 Galawand
427 Neppwand
428 Werner Brösel Ged.-Wand
429 Berglerturm
430 Anderland
431 Aufseßtal Südwand
432 Höllenstein
433 Sonnwendwand
434 Blechfass
435 Megalumania
436 Eigerwand
Übersichtskarte 2 *(S. 16)*

Kulinarisches
Gute Anlaufpunkte für hungrige Kletterer im oberen Wiesenttal sind: Gasthaus »Schottersmühle« *(gute Schäuferle, Biergarten leider an der Straße)*; Gasthaus »Zum Pfaffenstein« in Moritz *(typisch fränkische Küche, günstig)* und Gasthaus »Sebald« in Engelhardsberg *(hausgemachte Spezialitäten)*.

406 Schottertaler Wand und Turm

10 - 28 m | SW + NO

Schottertaler Wand | 28 m | SW

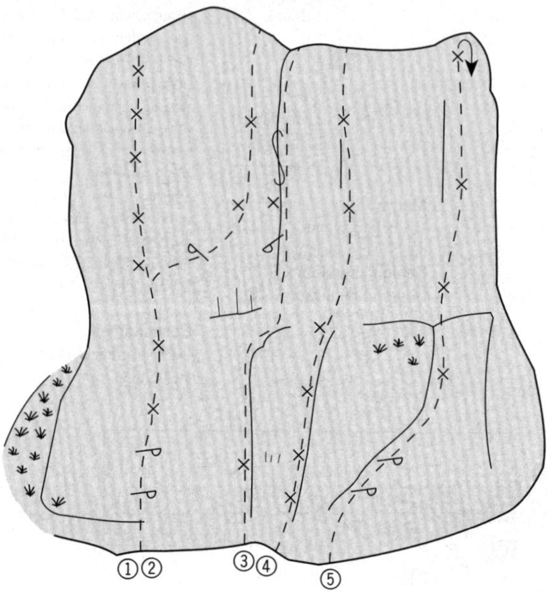

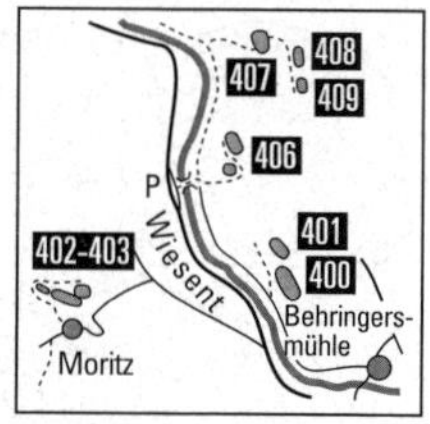

Behringersmühle/Moritz

Gebietsübersicht *S. 512*
Übersichtskarte 2 *(S. 16)*

Schottertaler Turm | 10 m | NO

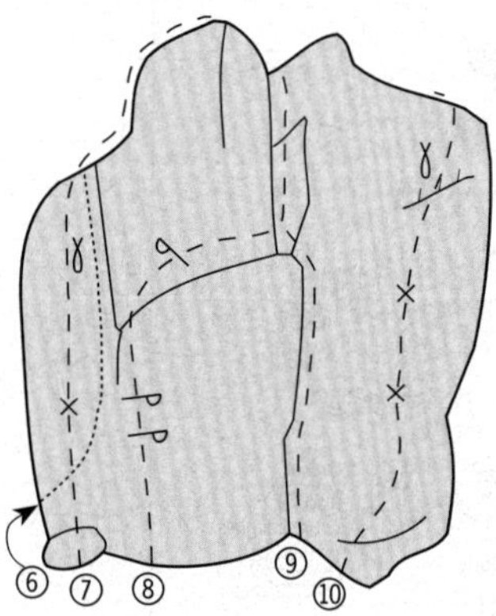

Zugang

2 km talaufwärts von Behringersmühle beim Parkplatz neben der Holzbrücke parken. Über die Wiesent und auf der anderen Seite auf markiertem Steig (schwer zu erkennen: 3 weiße Striche an den Bäumen) senkrecht den Hang hoch; zuletzt nach links queren und am Schottertaler Turm vorbei zur Schottertaler Wand.

Besonderheit

Teilweise alpiner Charakter.

① Tiergarten	7-
② Schneckenkante	7-
③ Alter Weg	5+
④ Roland Lindner Ged.-Weg	7-
⑤ Neufundland	6
⑥ Südostkamin	5-
⑦ Ribisel	7-
⑧ Variante	6
⑨ Nordostkamin	2
⑩ Buttermilli, a Rat	7+

Talseite | 18 m | W

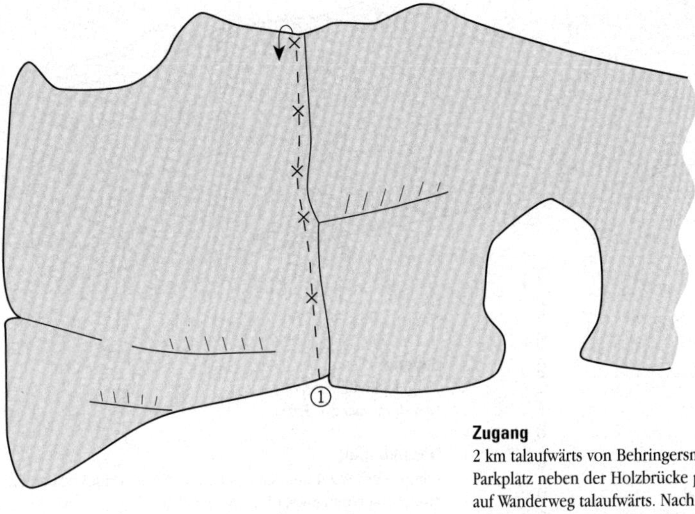

Zugang

2 km talaufwärts von Behringersmühle beim kreiselförmigen Parkplatz neben der Holzbrücke parken. Über die Wiesent und auf Wanderweg talaufwärts. Nach 500 m kommt eine Stelle, wo der Weg etwas mit Buschwerk zugewachsen ist. Am Ende der Büsche rechts auf Trampelpfad den Hang hinauf und immer rechts haltend zur Kathedrale (nicht zu den Felsen, die man anfangs direkt oben am Hang sieht). Durch das Felsentor weiter hinauf und oberhalb auf Pfad 100 m nach rechts zur Johnny Cash Wand. Noch 200 m weiter nach rechts zum Karwendelturm.

Besonderheit

Der Fels ist nicht überall fest, aber wenn die Projekte noch etwas geputzt und geklettert werden, gibt es hier sicher einige interessante Routen.

Innen links | 12 - 18 m | N

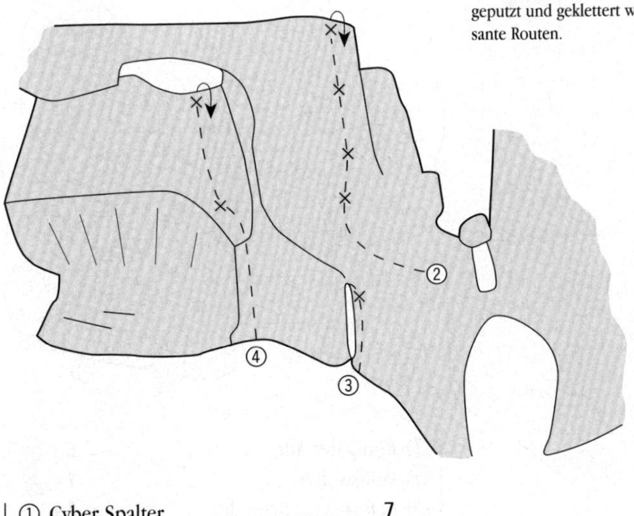

① Cyber Spalter 7
② *Projekt* ....
③ *Projekt* ....
④ *Projekt* ....

408 Johnny Cash Wand

| 10 m | W

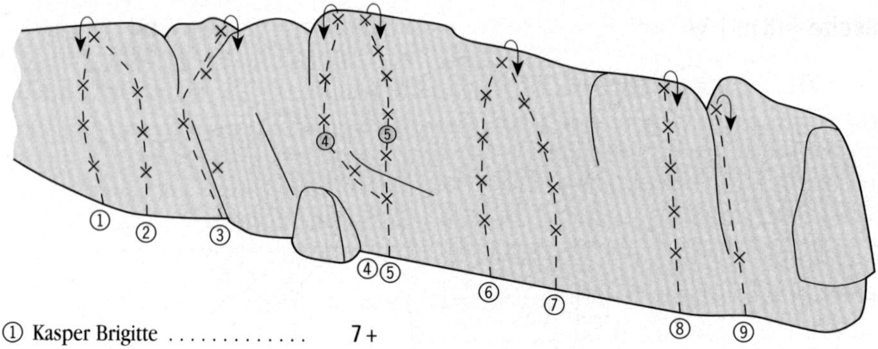

①	Kasper Brigitte	7+
②	Brigitte's Kasper	8
③	Matterhorn - Heiner	5+
④	König der Schmarotzer	8+
⑤	Mann in Schwarz	7+
⑥	Himalaya - Müller	6+
⑦	Röhn - Karl	6-
⑧	June Carter Ged.-Weg	6+
⑨	Mit Blaulicht + Matterhorn	5+

Zugang
Siehe Kathedrale *(S. 515)*.
Lageskizze siehe S. 514.

Besonderheit
Johnny Cash Wand und Karwendelturm wurden von Eric Barnert, Moritz Trapp und Rainer Witt eingerichtet.
Die Felsen sind vor allem in der kalten Jahreszeit recht sonnig.

409 Karwendelturm

| 20 m | W

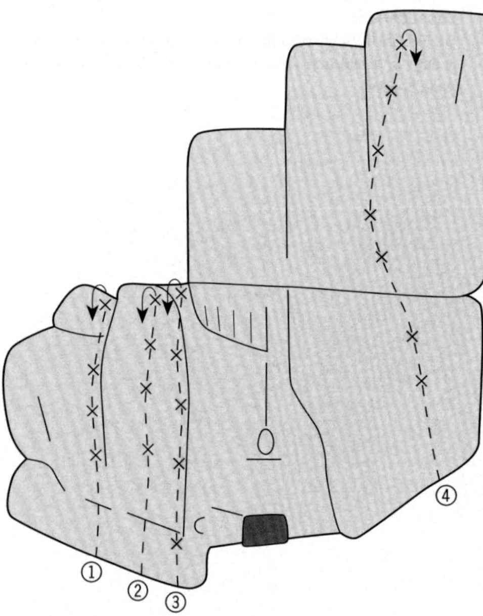

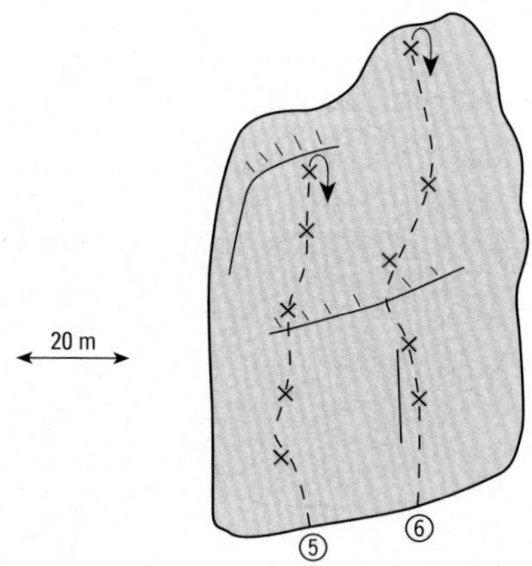

①	König der Affen	6+
②	Vollgasidiot	7+
③	Reformhaus Schröder	6+
④	Karwendelglühen	7-
⑤	*Projekt*	
⑥	Unterminus	7+

Zugang
Siehe Kathedrale *(S. 515)*.

Unteres Massiv | 26 m | W

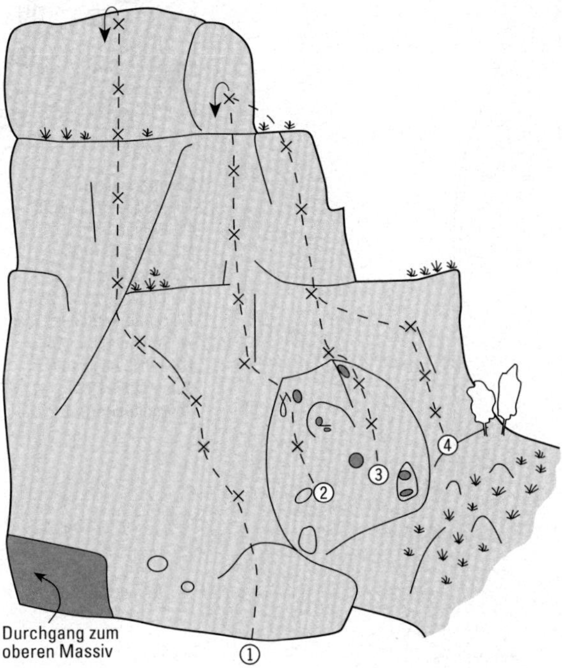

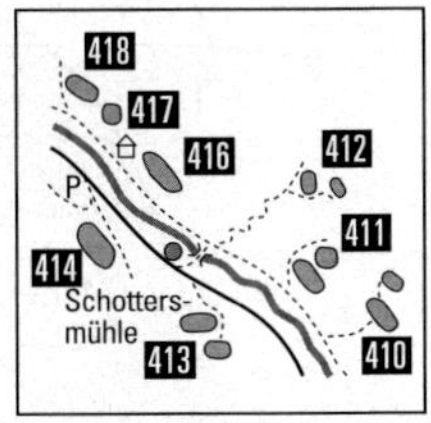

Schottersmühle
410 Magdalenenwand
411 Gelber Turm
412 Wintergarten
413 Kalte Wand
414 Wolkensteiner Wand
416 Schottersmühler Wand
417 Abendleite
418 Jubiläumswand
Gebietsübersicht *S. 512*
Übersichtskarte 2 *(S. 16)*

① *Projekt*		
② Gefallene Engel	8 -	
③ *Projekt*		
④ Hubertus Heinikel Ged.-Weg	7	
⑤ *Projekt*		
⑥ Trinity	10 +	

Oberes Massiv | 14 m | W

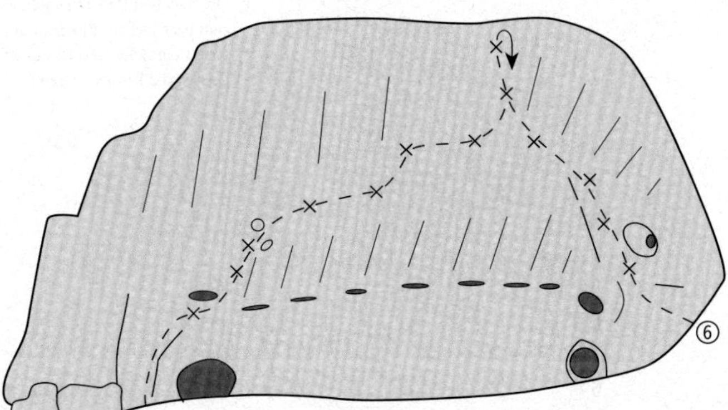

Zugang

Vom Gasthaus Schottersmühle auf Brücke über die Wiesent und auf Wanderweg im Talgrund 200 m talabwärts. Links ist ein Keller. Noch 20 m weiter und auf Trampelpfad steil links hoch zum Unteren Massiv. Das Obere Massiv wird durch die Höhle erreicht *(in 3 m Höhe griffig zum linken oberen Ausgang queren)*.

Besonderheit

Unten gibt es Wandklettereien in griffigem, weißen Fels. »Trinity« (Philipp Warda 2001) führt durch ein beeindruckendes Höhlendach.

411 Gelber Turm

8 - 28 m | N + W

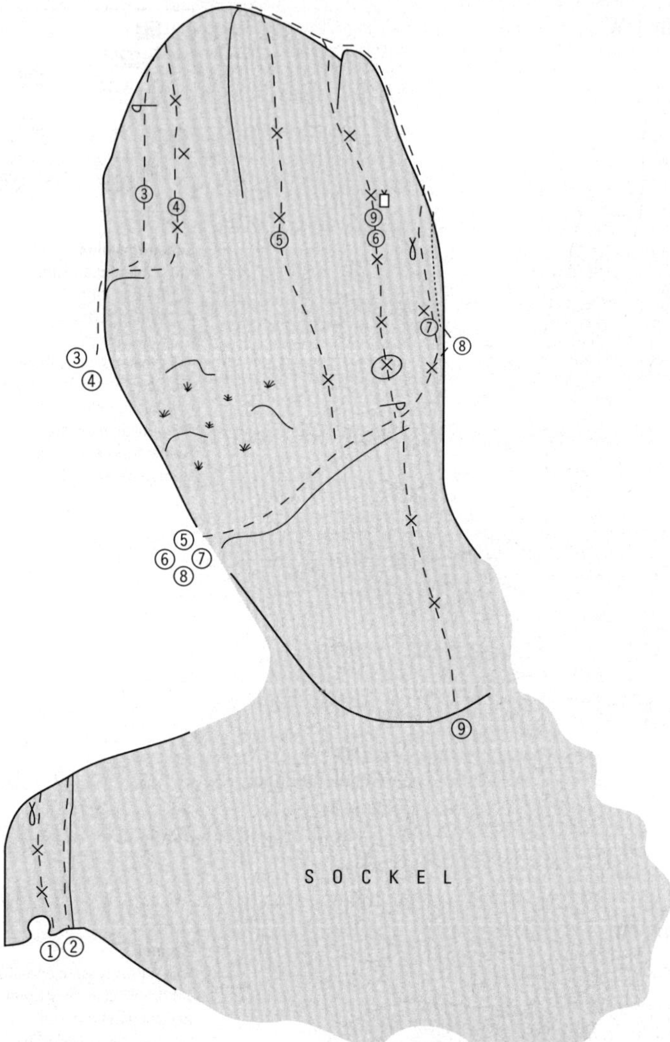

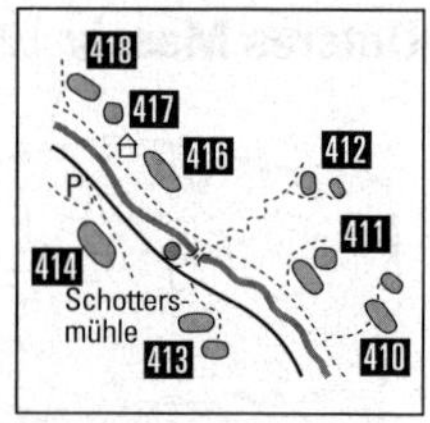

Schottersmühle
410 Magdalenenwand
411 Gelber Turm
412 Wintergarten
413 Kalte Wand
414 Wolkensteiner Wand
416 Schottersmühler Wand
417 Abendleite
418 Jubiläumswand
Gebietsübersicht *S. 512*
Übersichtskarte 2 *(S. 16)*

Zugang
Der Gelbe Turm ist von Schottersmühle bereits gut sichtbar (talabwärts am orographisch linken Hang). Vom Gasthaus Schottersmühle auf Brücke über die Wiesent und 250 m auf gutem Weg talabwärts. Am Wandsockel links hoch zu den Einstiegen.

Besonderheit
In manchen Bereichen gibt es ein paar lockere Blöcke. Ein recht empfehlenswerter Klassiker ist die Direkte Talseite.

① Das Teil 7-
② Nix für ungut (*Keile*) . . . . 5+
③ Verschneidung 5
④ Minigolfkrise 7
⑤ Trockenes Loch 8-
⑥ Talseite . . . . 6+
⑦ Scharfe Schnitte 7-
⑧ Dickes Ende (*Keile*) . . . . 6+
⑨ Direkte Talseite . . . . 6+

Linke Wand | 16 m | W

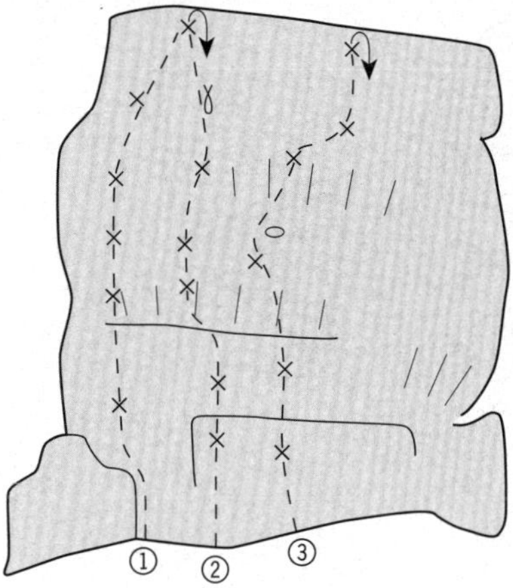

Zugang
Vom Gasthaus Schottersmühle auf Brücke über die Wiesent, 20 m talabwärts und links dem Wanderweg »Kuhfixschlucht« über Serpentinen bergauf folgen. Nach 100 m (Baum mit gelber Markierung) führt rechts ein Pfad zu den Felsen.

Besonderheit
Vor allem die Linke Wand bietet schöne Linien in recht gutem Fels. Die Rechte Wand ist zwar niedrig, die Kletterei ist aber recht gut und aufgrund der Absicherung auch für wenig geübte Vorsteiger geeignet. Der Name wurde gewählt, weil die Felsen gerade im Winter schön von der Sonne aufgewärmt werden.
Die Linke Wand wurde von Eric Barnert und Ludwig Veith eingerichtet. Die Rechte Wand erschlossen Eric Barnert, Jo Fischer und Thorsten Schröder.

Rechte Wand | 8 m | SW

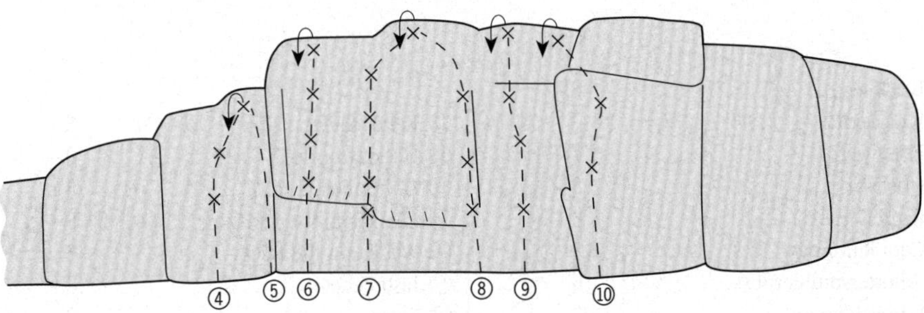

① Der Bäcker bäckt nicht mehr. . .	8-	⑥ Der Hahn ist tot	6+
② Rübennase	7	⑦ Festmachdinger.	6+
③ Überhangmandat.	7+	⑧ Fetter Westfale.	6
④ Horrortrip.	4	⑨ Fruchtzwerg	6
⑤ Kleine Keilerei.	4+	⑩ Die fantastischen Drei	3

413 Kalte Wand | 10 - 20 m | N

Untere Wand | 20 m

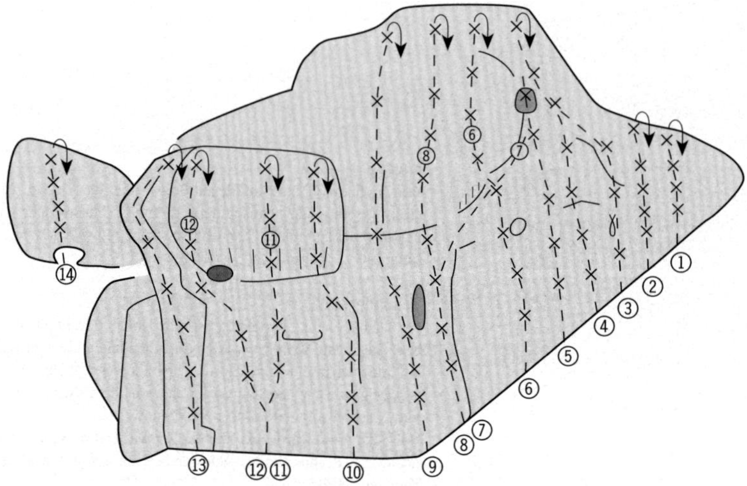

①	Black Ice	6+
②	Straciatella	7
③	Fistelweg	7-
④	Hochsitz	6+
⑤	Raureif	6+
⑥	Cool Runnings	8-
⑦	Schottersmühler Riss	6
⑧	Schneekönigin	7+/8-
⑨	Kalter König	7
⑩	Kältetherapie	7+
⑪	Coppa Grande	8-
⑫	Kalter Kaffee	8-
⑬	Holiday on Ice	8-
⑭	Drytooling	8+
⑮	Like Ice in the Sunshine	8+/9-
⑯	Wodka on the Rocks	6
⑰	Eisbrecher	8+
⑱	Serac	9-
⑲	Kälteschock	9/9+
⑳	Eisblock (*Projekt*)	
㉑	Schneekanone	8+

Obere Wand | Rechter Teil | 18 m

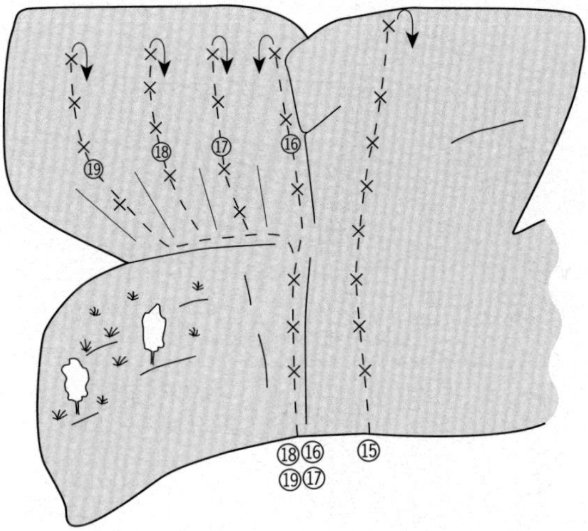

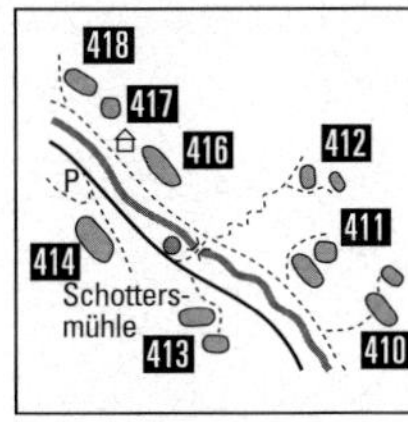

Schottersmühle
410 Magdalenenwand
411 Gelber Turm
412 Wintergarten
413 Kalte Wand
414 Wolkensteiner Wand
416 Schottersmühler Wand
417 Abendleite
418 Jubiläumswand
Gebietsübersicht *S. 512*
Übersichtskarte 2 *(S. 16)*

Obere Wand | Linker Teil | 10 m

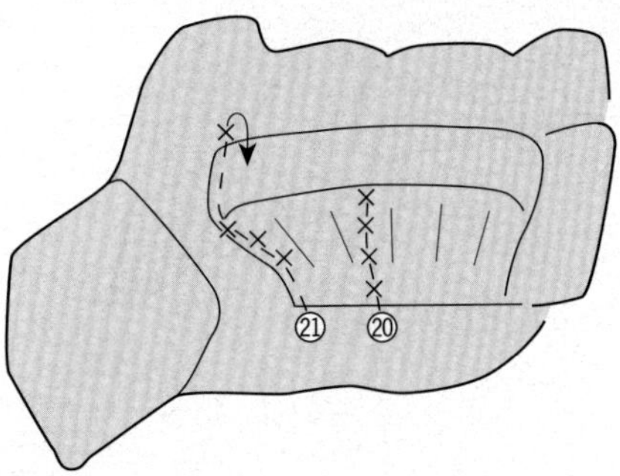

Zugang
Parkenbei Schottersmühle. Auf der Straße 50 m talabwärts laufen und steil rechts auf Steigspuren hoch in den Wald zur Kalten Wand.

Besonderheit
An diesem Felsen hat Karsten Oelze einige der lohnendsten Erschließungen der letzten Jahre gemacht. Neben der Sanierung von Klassikern wurden viele schöne Wege im Neuland eröffnet. Die Untere Wand ist vor allem im rechten Teil eher plattig, wogegen die Obere Wand kräftig überhängt und auch die schwereren Wege beherbergt. Nomen est omen: die Wand ist ein idealer Sommerfels.

414 Wolkensteiner Wand

| 45 m | NO

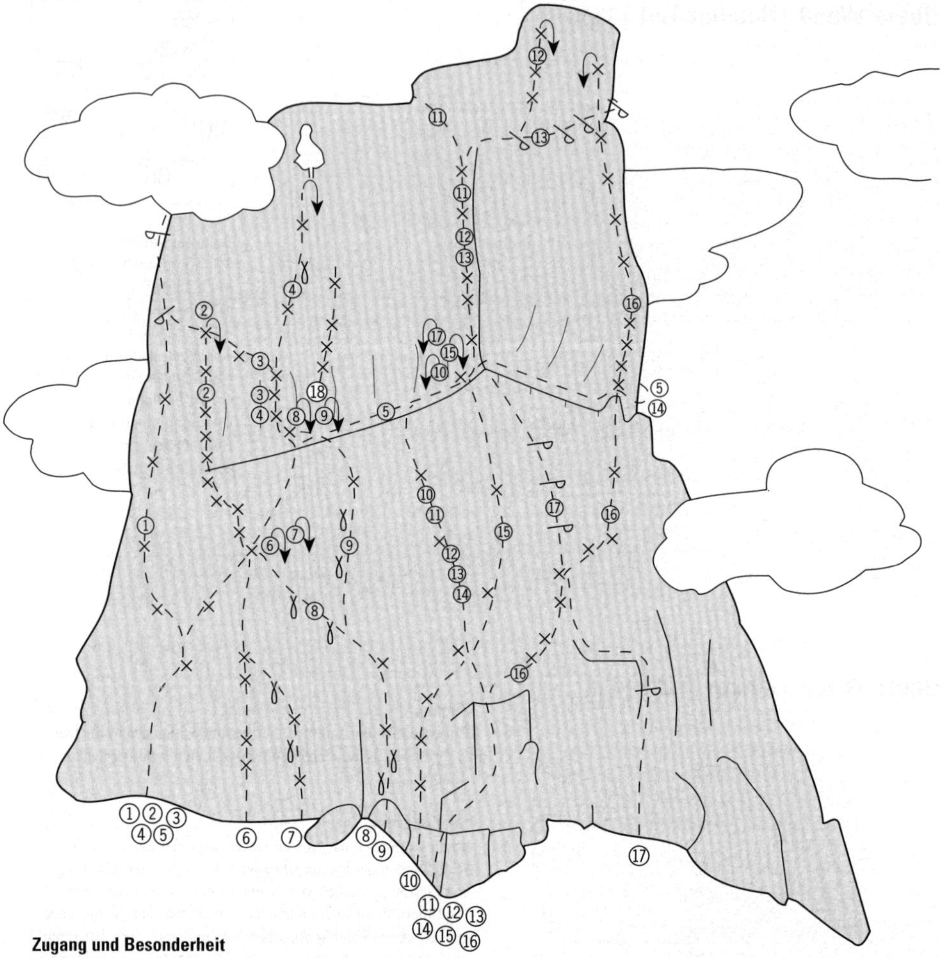

Zugang und Besonderheit

Siehe S. 523.

①	Hans Sachs Ged.-Weg	7+
②	Wolkenschloß	8
③	Linker Gipfelausstieg	9-
④	Über den Wolken	9-
⑤	Linker Weg	6-
⑥	Wuppdich	7
⑦	Schubs mich	6
⑧	Siglvariante	6+
⑨	?	7
⑩	?	6
⑪	Rechter Gipfelausstieg = Wolkensteiner Überhang	9
⑫	Höher geht's nimmer	9
⑬	Variante	a2
⑭	Rechter Weg	5
⑮	Oberförster Pudlich	7-
⑯	Trapez (*1. Seillänge 8*)	9-/9
⑰	Rosthakenweg	7-

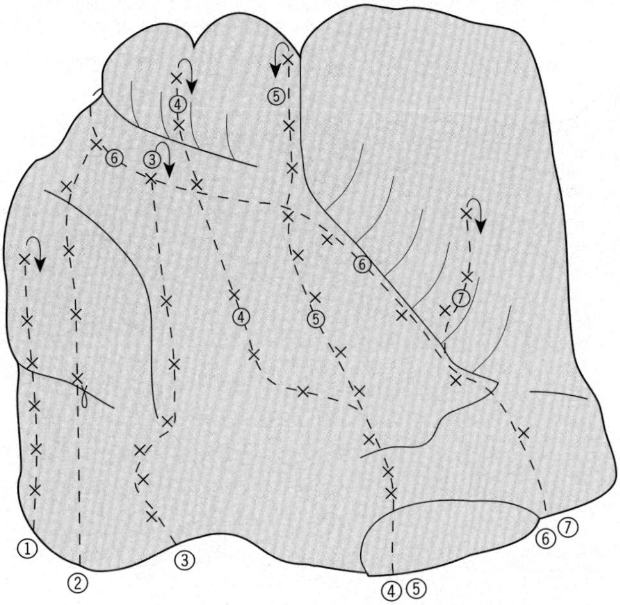

Zugang

400 m talaufwärts der Schottermühle befindet sich eine Parkbucht (direkt gegenüber steht die Schottersmühler Wand). Hier zweigt eine Forststraße ab, die sich nach einer Schranke gabelt. Der rechte Ast führt zum »Schiefen Tod« (er steht am Ende der Fuhre). Der linke Ast führt zur Wolkensteiner Wand.

Besonderheit

Besondere Highlights sind an der Wolkensteiner Wand die ausgesetzten Gipfelausstiege im neunten Grad.
Bei der Route »Schiefer Tod« handelt es sich um einen beeindruckenden Klassiker. Stefan Löw hat das Massiv um weitere lohnende Wege im 8. und 9. Grad bereichert.

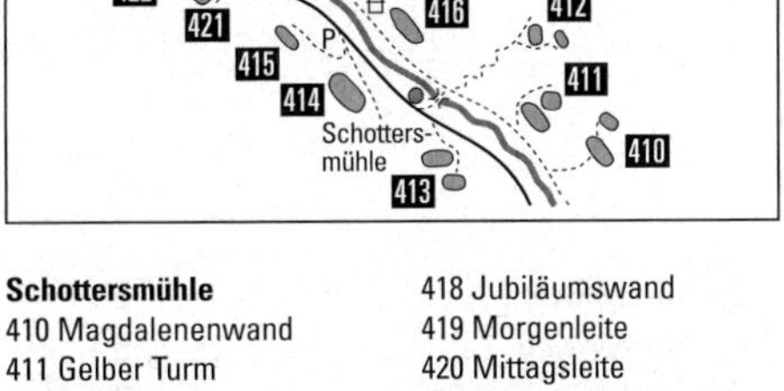

Schottersmühle
410 Magdalenenwand
411 Gelber Turm
412 Wintergarten
413 Kalte Wand
414 Wolkensteiner Wand
415 Schiefer Tod
416 Schottersmühler Wand
417 Abendleite
418 Jubiläumswand
419 Morgenleite
420 Mittagsleite
421 Riesenburg
422 Obere Riesenburgwand
423 Altherrnwand
424 Grünbauer Ged.-Wand
Gebietsübersicht *S. 512*
Übersichtskarte 2 *(S. 16)*

① Leichenschmaus .... 8+
② *Projekt* ....
③ Gelber Blaser 9-
④ Totmacher.................. 9+
⑤ Totenbrett.................. 9+
⑥ Schiefer Tod 7-
⑦ *Projekt* ....

416 Schottersmühler Wand

☼ | 27 m | SW

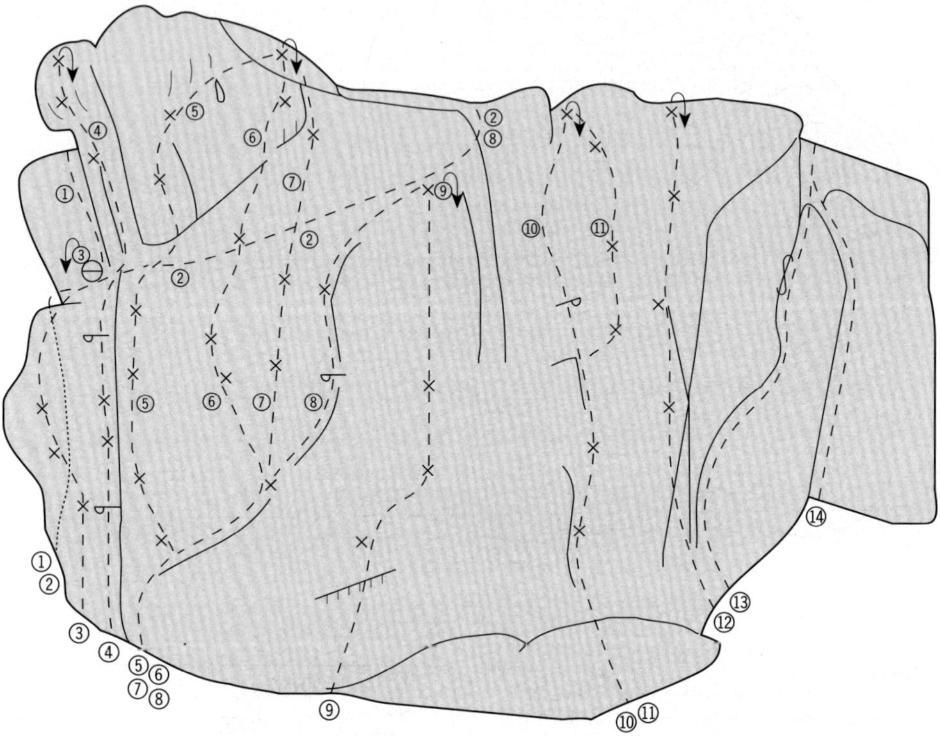

① Mittagsweg	5+
② Morgenweg	5+
③ Stockduster	7
④ Buhldach	7+
⑤ Brockhaus	7
⑥ Geier Sturzflug	7
⑦ Variante	7
⑧ Alter Weg	5
⑨ Go, Heini, go	e1/6+
⑩ Schiefer Oskar	7-
⑪ Ehekarussel	8-
⑫ Teufelskrallenweg	7
⑬ Schwupp di Wupp (*Keile*)	6+
⑭ Südverschneidung (*Keile*)	5

Zugang

• *Von Schottersmühle:* Beim Gasthof Schottersmühle (Parken nur für Gäste!) über den Fluss und 500 m talaufwärts zur Wand.

• *Vom Pumphäuschen:* Beim Pumphäuschen (1 km talaufwärts von Schottersmühle, Parkplatz) über die Wiesent und 500 m talabwärts zur Schottersmühler Wand.

Besonderheit

Schöne Wandklettereien in griffigem, guten Fels. Nachmittags wird es sehr sonnig und warm. Der nahe Biergarten der Schottersmühle oder auch die Wiesent können für Abkühlung sorgen.

Abendleite ☼ | 14 - 16 m | W + S 417

Westwand | 16 m

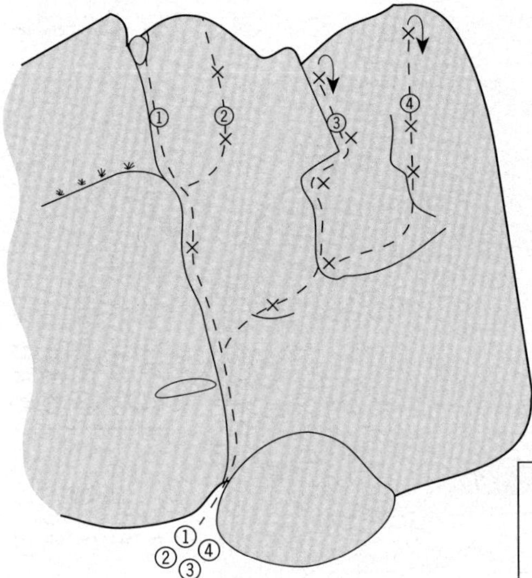

Zugang

Parken 1 km talaufwärts von Schottersmühle beim Pumphäuschen. Über die Wiesent und 400 m talabwärts zur Abendleite, die kurz oberhalb des Wanderwegs steht.
Von der Schottersmühler Wand geht man auf dem Wanderweg 100 m talaufwärts zur Abendleite.

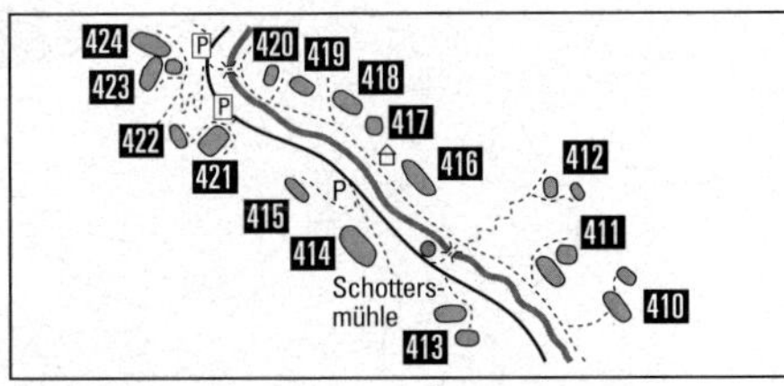

Südwand | 14 m

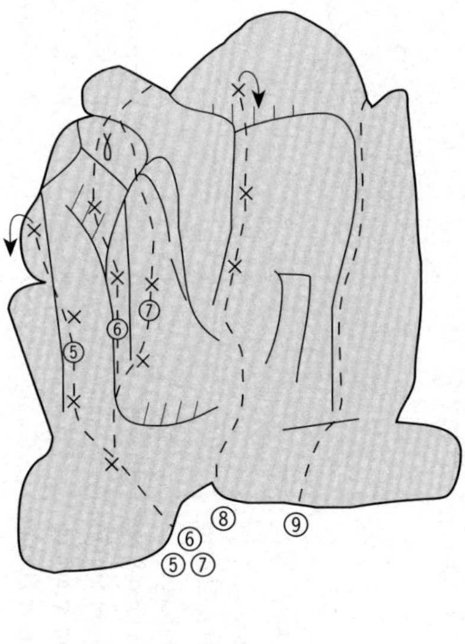

Schottersmühle
410 Magdalenenwand
411 Gelber Turm
412 Wintergarten
413 Kalte Wand
414 Wolkensteiner Wand
415 Schiefer Tod
416 Schottersmühler Wand
417 Abendleite
418 Jubiläumswand
419 Morgenleite
420 Mittagsleite
421 Riesenburg
422 Obere Riesenburgwand
423 Altherrnwand
424 Grünbauer Ged.-Wand
Gebietsübersicht *S. 512*
Übersichtskarte 2 *(S. 16)*

① Straßnerpfeiler	5+
② Direkter Pfeiler	7-
③ Tarantel	7+
④ Schöner Weg	6
⑤ Pfeilerriss	7
⑥ Südverschneidung	6+
⑦ Südkante	6+
⑧ Piazriss	5+
⑨ Rissverschneidung *(Keile)*	4+

418 Jubiläumswand

25 - 35 m | SW

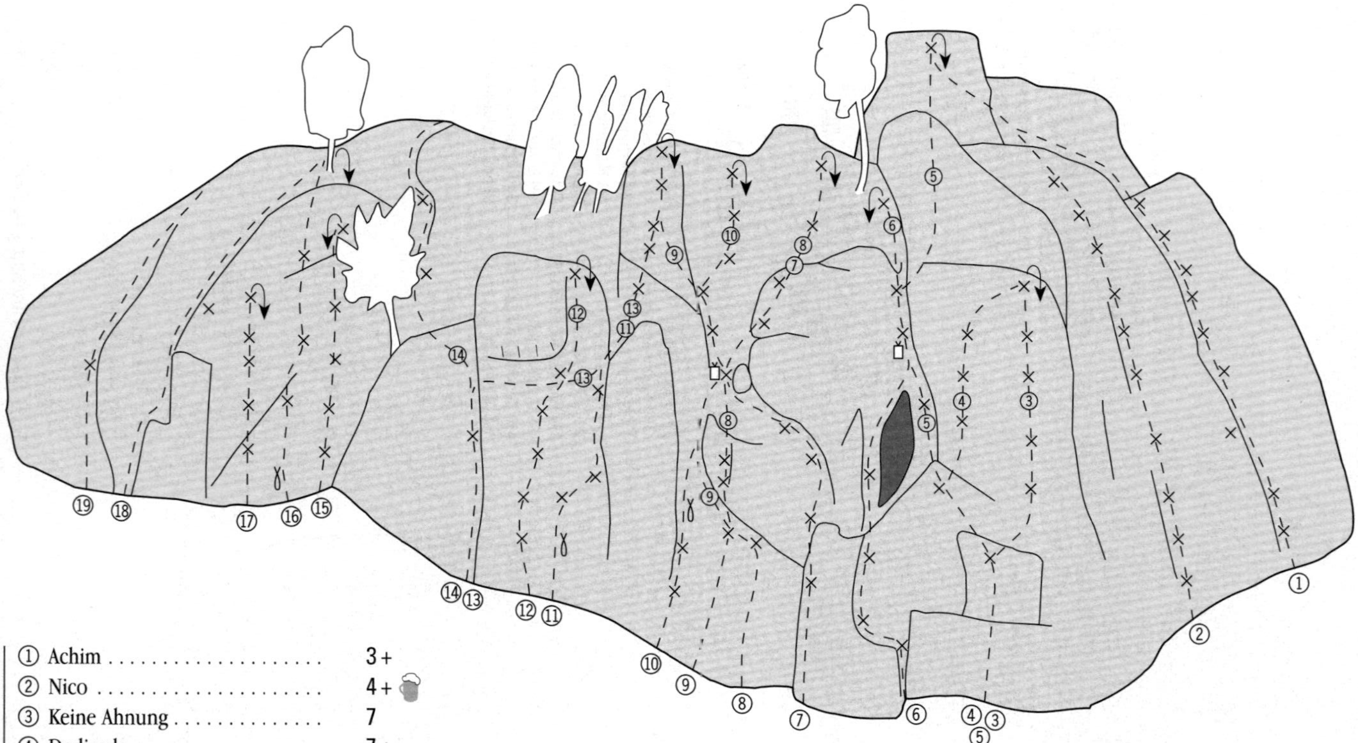

①	Achim	3+
②	Nico	4+
③	Keine Ahnung	7
④	Dedicade	7+
⑤	Manfred Schuh Ged.-Weg	5
⑥	Linker Einstieg	4
⑦	Jubiläumsweg	6+
⑧	Linker Einstieg	7-
⑨	R 5	7
⑩	Vereinsausflug	7-
⑪	P & M - Weg	6+
⑫	Picolla Stupidezza	7+
⑬	R 7 *(Keile)*	6+
⑭	R 8	6
⑮	Zahlende Narren müssen zahlen	8-
⑯	R 9	7
⑰	Donnerkeil	7-
⑱	R 10	3
⑲	R 11	5

Schottertaler Quergang | 35 m | SW

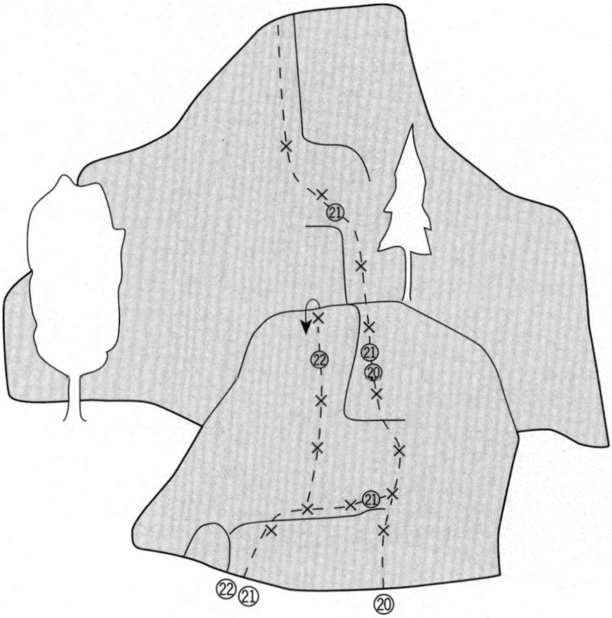

⑳	Direkteinstieg zu ㉑	7-
㉑	Hangel (*2 SL*)	6+
㉒	Massaker	7+

Zugang

Parken beim Pumphäuschen 1 km talaufwärts von Schottersmühle. Über die Wiesent und 300 m talabwärts zur Abzweigung nach Köttweinsdorf. Rechts aufwärts zu den Felsen. Der Schottertaler Quergang steht 50 m links der Jubiläumswand, der Weg zu dieser führt direkt am Wandfuß vorbei.

Besonderheit

Großzügige Klassiker. Jürgen Kollert hat noch einige lohnende Wege in den letzten Jahren hier erschlossen.

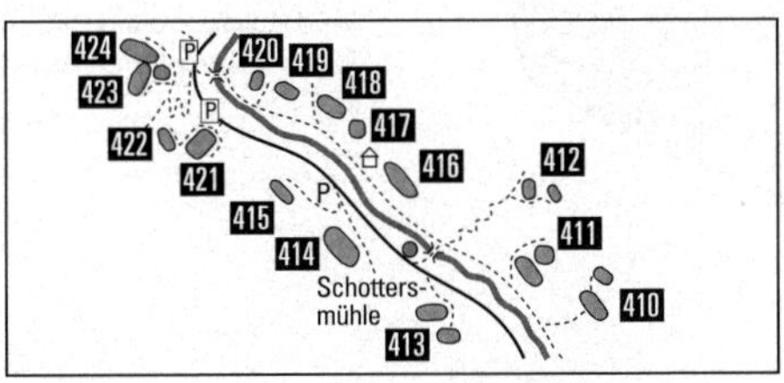

Schottersmühle
410 Magdalenenwand
411 Gelber Turm
412 Wintergarten
413 Kalte Wand
414 Wolkensteiner Wand
415 Schiefer Tod
416 Schottersmühler Wand
417 Abendleite
418 Jubiläumswand
419 Morgenleite
420 Mittagsleite
421 Riesenburg
422 Obere Riesenburgwand
423 Altherrnwand
424 Grünbauer Ged.-Wand

Gebietsübersicht *S. 512*
Übersichtskarte 2 *(S. 16)*

419 Morgenleite

| 12 - 30 m | SW

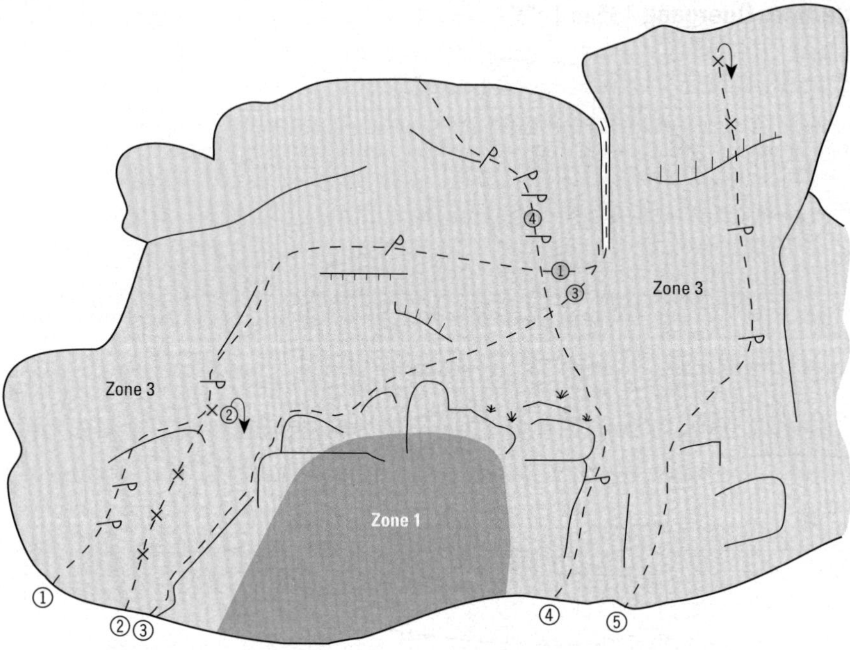

Nebenmassiv | 12 m

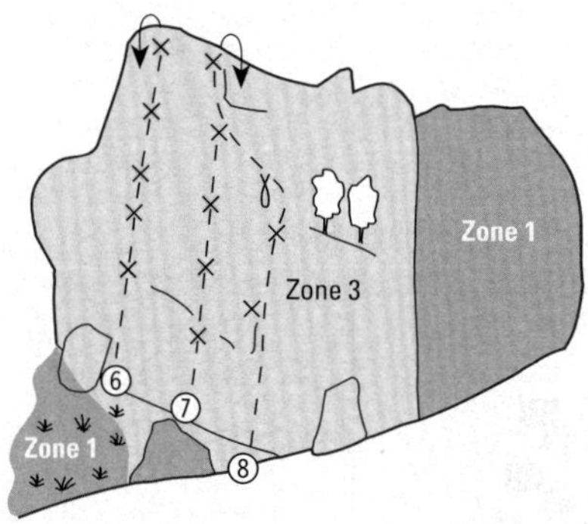

① ML-Weg	7 -	
② Casu marzu	8 +	
③ Schiefer Riss	6	
④ Schlaumeier	7	
⑤ Gut drauf	a2/6	
⑥ Ghost Dog	8 -	
⑦ *Projekt*		
⑧ Orgasmus	8	

Zugang

Parken 1 km talaufwärts von Schottersmühle beim Pumphäuschen. Über die Wiesent, 200 m talabwärts und links hinauf zur Morgenleite. Links vom Hauptmassiv steht das Nebenmassiv.

Besonderheit

Am Hauptmassiv haben die Touren recht alpinen Charakter.

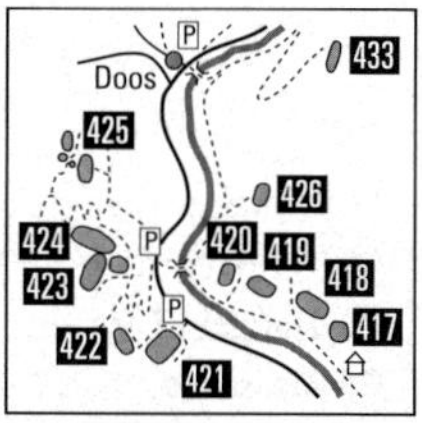

Doos Süd

417 Abendleite
418 Jubiläumswand
419 Morgenleite
420 Mittagsleite
421 Riesenburg
422 Obere Riesenburgwand
423 Altherrnwand
424 Grünbauer Ged.-Wand
425 Dohlenwand
426 Galawand
433 Sonnwendwand

Gebietsübersicht *S. 512*
Übersichtskarte 2 *(S. 16)*

Mittagsleite

| 12 m | O **420**

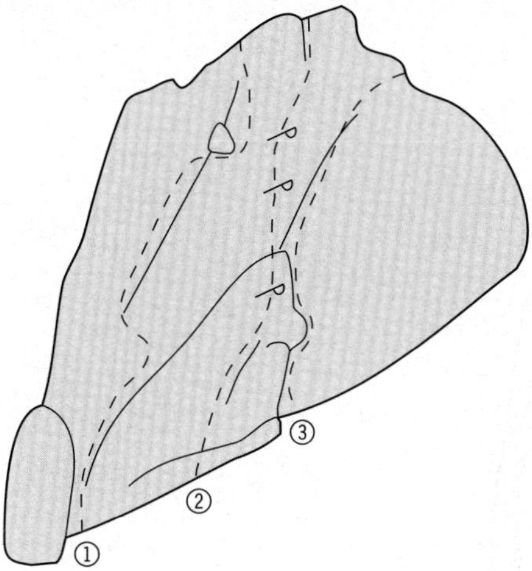

Zugang
Parken 1 km talaufwärts von Schottersmühle beim Pumphäuschen. Über die Wiesent und 120 m talabwärts, dann links hoch zur Wand.

Besonderheit
Auch Route ② ist ziemlich schlecht gesichert (wenige, dafür rostige Haken); besser sichert man gleich mit Keilen.

① Zick Zack *(Keile)* 6
② Betthupferla 6
③ Ostriss *(Keile)* 5

Riesenburg

| 20 - 22 m **421**

Talseite | 22 m | NO

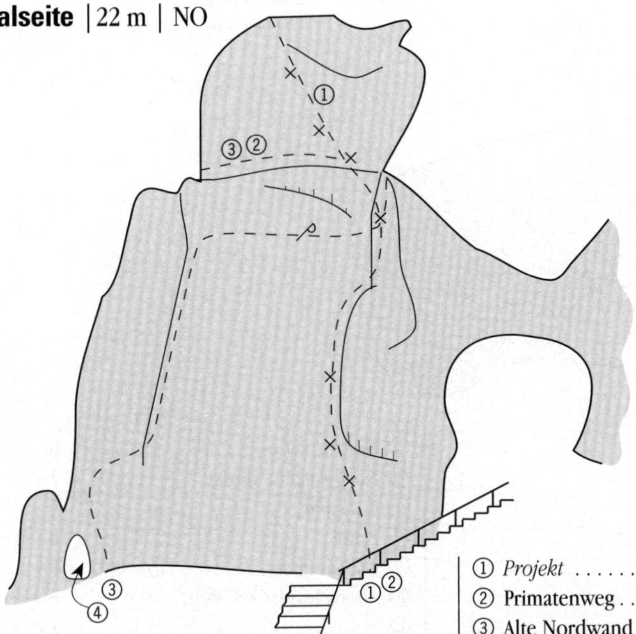

Zugang
Beim Parkplatz 700 m talaufwärts der Schottersmühle parken und auf der orographisch rechten Talseite einen Weg mit Treppchen hoch zu einem Felsentor. Dieses befindet sich im rechten Teil der Talseite der Riesenburg. An deren linken Ende ist der Durchschlupf zur Südostseite. Zur Nordwestwand (Bergseite) gelangt man, indem man die Treppen weiter hochgeht.

Besonderheit
Beeindruckende Höhlengrotte.

① *Projekt* . . . .
② Primatenweg 7
③ Alte Nordwand 5
④ Durchschlupf zu Südostseite

421 Riesenburg

20 - 22 m

Südostseite | 22 m

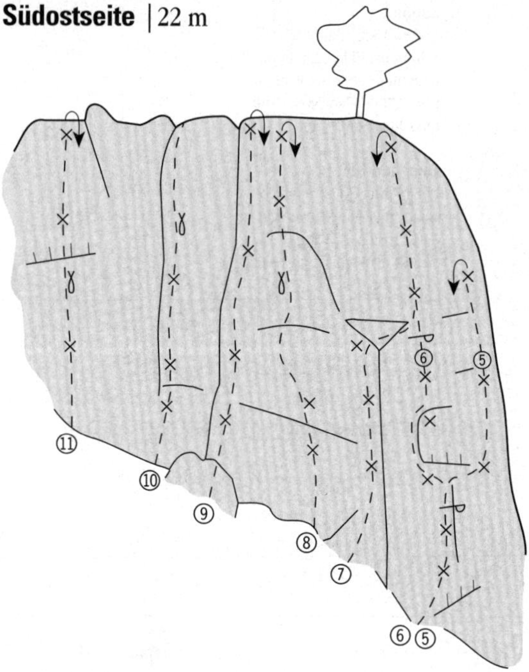

Nordwestwand | 20 m

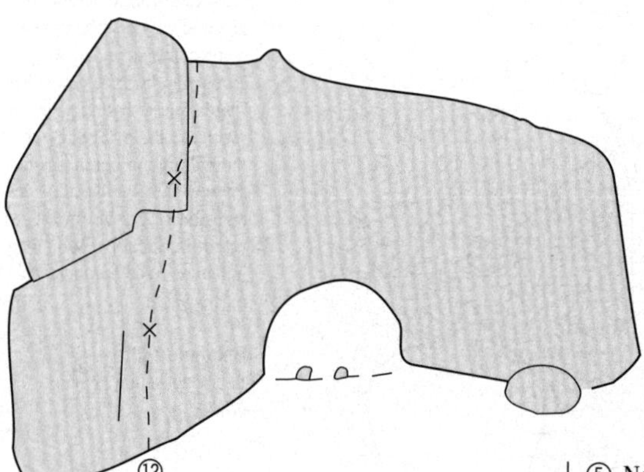

Zugang
Beim Parkplatz 700 m talaufwärts der Schottersmühle parken und auf der orographisch rechten Talseite einen Weg mit Treppchen hoch zu einem Felsentor. Dieses befindet sich im rechten Teil der Talseite der Riesenburg. An deren linken Ende ist der Durchschlupf zur Südostseite. Zur Nordwestwand (Bergseite) gelangt man, indem man die Treppen weiter hochgeht.

Besonderheit
Beeindruckende Höhlengrotte.

⑤	Nordostkante	6
⑥	Nordostkante direkt	7
⑦	Ostwand	5
⑧	Platte	6+
⑨	Ostwandriss	6-
⑩	Alfons Kwak Ged.-Weg	6
⑪	?	7+
⑫	Nena	6

Obere Riesenburgwand

Linker Wandteil

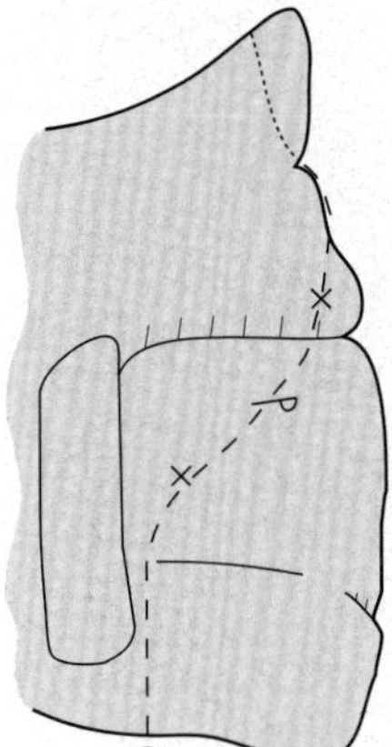

Rechter Wandteil

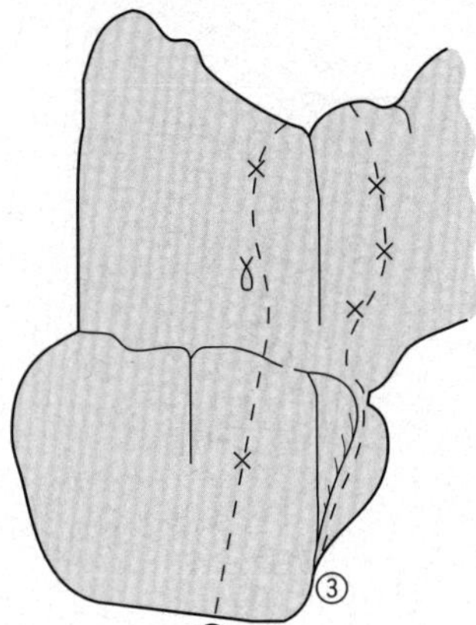

① Jasmin.................... 6+
② Querschläger............... 6
③ Pic Ass................... 7-

Zugang
Beim Parkplatz 700 m talaufwärts der Schottersmühle parken und auf der orographisch rechten Talseite einen Weg mit Treppchen hoch zu einem Felsentor. Dieses befindet sich im rechten Teil der Talseite der Riesenburg. Die Treppen weiter hochgehen und an der Nordwestwand (Bergseite) der Riesenburg vorbei noch 100 m weiter (talaufwärts) zur Oberen Riesenburgwand.

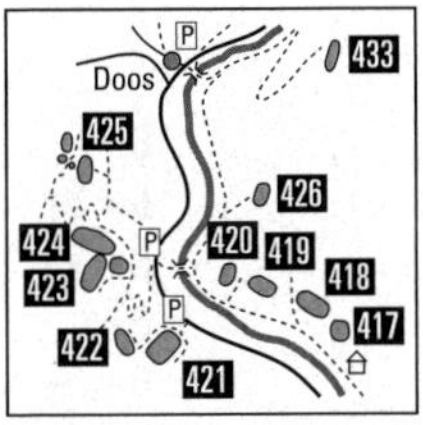

Doos Süd
417 Abendleite
418 Jubiläumswand
419 Morgenleite
420 Mittagsleite
421 Riesenburg
422 Obere Riesenburgwand
423 Altherrnwand
424 Grünbauer Ged.-Wand
425 Dohlenwand
426 Galawand
433 Sonnwendwand
Gebietsübersicht *S. 512*
Übersichtskarte 2 *(S. 16)*

423 Altherrnwand

☀ | 40 m | O

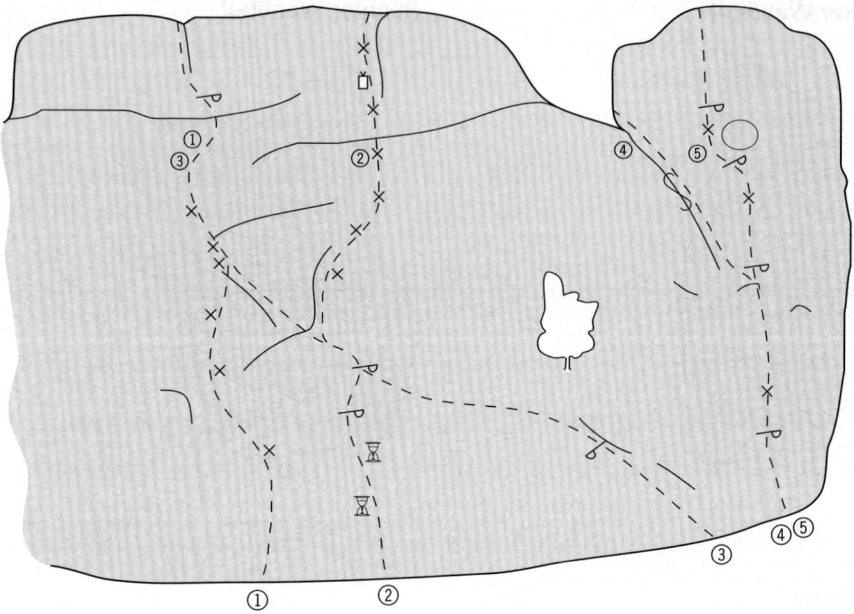

① Linke Variante . . . . 6 -
② Altherrnweg . . . . 6 -
③ Diagonalweg . . . . 6 +
④ Schartenweg . . . . 6 -
⑤ Pfeilerweg . . . . 6 +

Zugang

Parken 1 km talaufwärts von Schottersmühle beim Pumphäuschen. Auf der Straße 40 m talabwärts und rechts dem Weg nach Engelhardtsberg folgen bis zur 4. Spitzkehre. Nun rechts aufwärts bis zum »Moosigen Turm«. Links an ihm vorbei zur Altherrnwand (diese ist die Ostflanke der Grünbauer Ged.-Wand).

Besonderheit

Lange Touren im sechsten Grad, griffiger Fels.

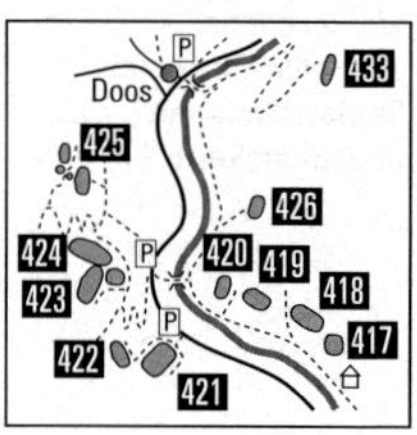

Doos Süd

417 Abendleite
418 Jubiläumswand
419 Morgenleite
420 Mittagsleite
421 Riesenburg
422 Obere Riesenburgwand
423 Altherrnwand
424 Grünbauer Ged.-Wand
425 Dohlenwand
426 Galawand
433 Sonnwendwand
Gebietsübersicht *S. 512*
Übersichtskarte 2 *(S. 16)*

Grünbauer Ged.-Wand

| 30 m | NO | 424

Moosiger Turm | 25 m | N

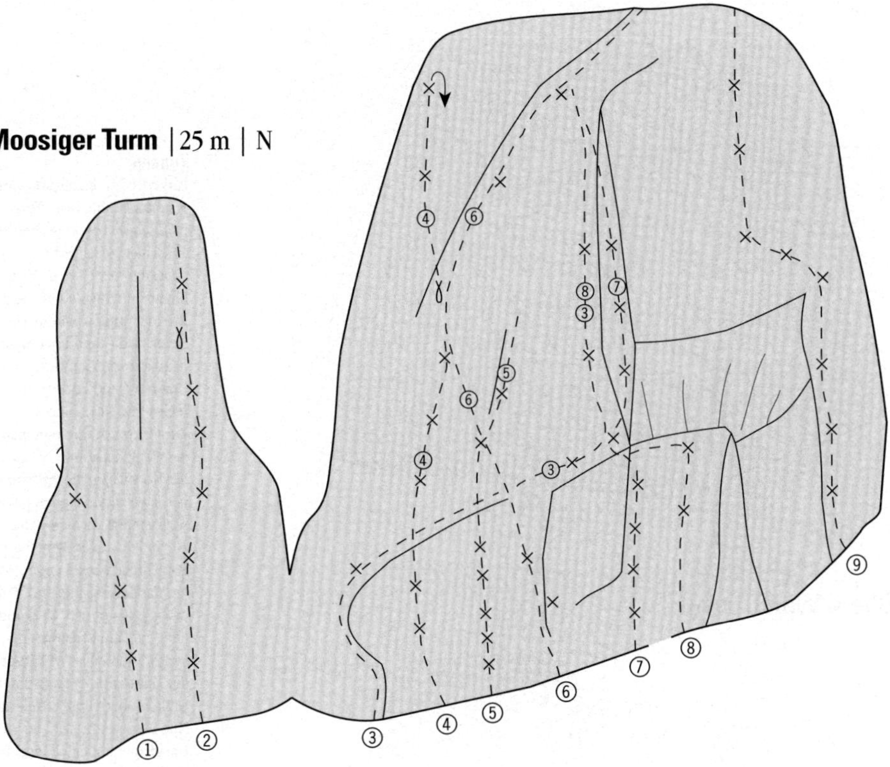

①	Paules Ged.-Weg	6
②	Schumann Ged.-Weg	8-
③	Variante	6
④	Müller-Route	8-
⑤	*Projekt*	
⑥	Susan	7
⑦	*Projekt*	
⑧	Große Verschneidung	6+
⑨	A. L.-Weg	6+

Zugang

Parken 1 km talaufwärts von Schottersmühle beim Pumphäuschen. Auf der Straße 40 m talabwärts und rechts dem Weg nach Engelhardtsberg folgen bis zur 4. Spitzkehre. Nun rechts aufwärts bis zum »Moosigen Turm«. Rechts an ihm vorbei zur Grünbauer Ged.-Wand.

Besonderheit

Lange Touren im sechsten bis achten Grad.

425 Dohlenwand

16 - 27 m | O

Untere Wand | 27 m

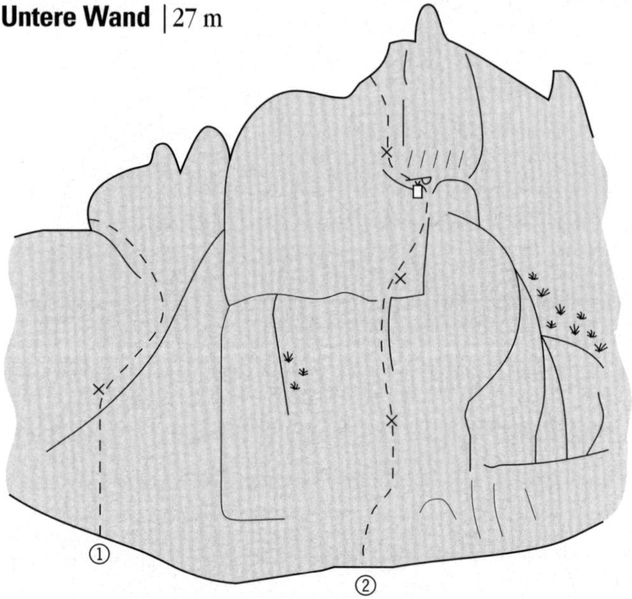

Obere Wand | 16 m

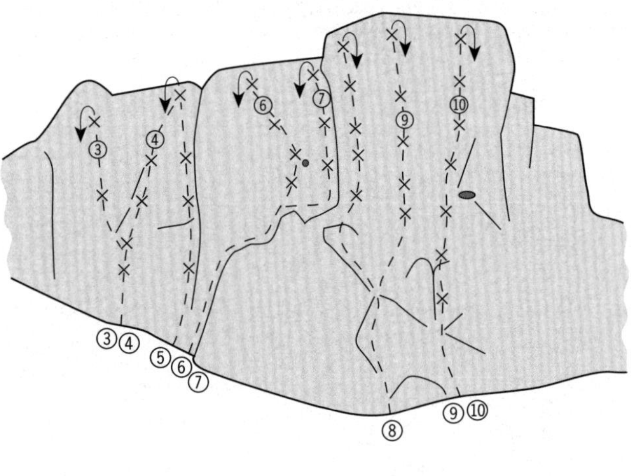

Sperrung

Vom 1.2. - 30.6. wegen Vogelschutz!

Zugang

Parken 1 km talaufwärts von Schottersmühle beim Pumphäuschen. Direkt gegenüber auf schlecht sichtbaren Steigspuren steil den Hang hinauf zu einem guten Weg (hierher auch von der Grünbauer Ged.-Wand über Trampelpfad rechts aufwärts). Zur Unteren Wand kurz nach rechts und links hinauf.
Zur Oberen Wand folgt man dem Weg nach links bis auf die Hochfläche. Rechts von einer Linkskurve liegt eine Wiese. An ihrem rechten Rand 100 m leicht absteigen, bis sie in rechtem Winkel endet (roter Markierungspfosten). 5 m nach rechts in den Wald und links auf kaum sichtbaren Steigspuren etwas abwärts. An der Hangkante entlang einen Graben oberhalb überqueren. Nun etwas unterhalb der Hangkante auf einer Terasse im Wald 200 m talaufwärts gehen; man sieht bereits Felsblöcke. In mittlerer Höhe zwischen den Blöcken durch zu den Felsen.

Besonderheit

Unten ist es recht alpin. An der Oberen Wand gibt es zahlreiche Wege neueren Datums von Peter Müller und Michael Schuh in grauem, löchrigen Fels.

① Linker Weg	6 -	⑥ Hupfdohle	8 -
② Alter Weg	6 +	⑦ Dohlenriss	6 +
③ Hallo Schnecke	7-/7	⑧ Firma dankt	8+/9 -
④ Alles wird gut	7	⑨ Alte Schule	9
⑤ Natur pur	6 +	⑩ Dickes B	9 -

Galawand

| 23 m | NW **426**

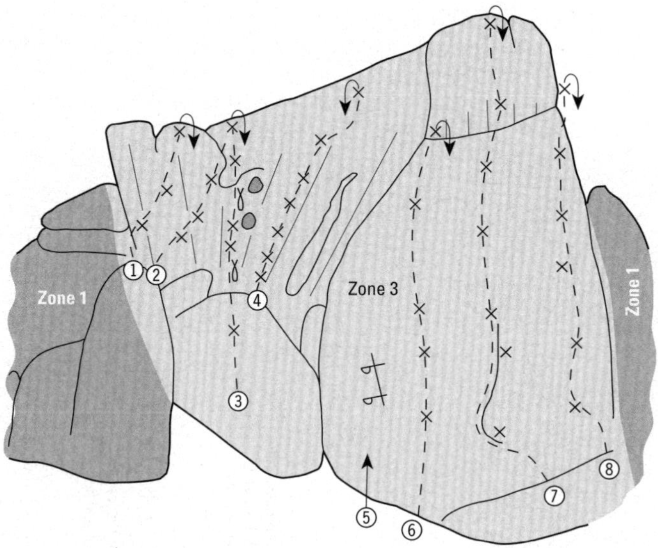

① Viecherei	7-	
② Body Counts	9+/10-	🍺🍺🍺
③ Hinter'm Horizont (geht's weiter)	9-	🍺🍺🍺
④ Härte 10	10	🍺🍺🍺
⑤ Technoroute	a1	
⑥ Seven	7	
⑦ Margot Engelhardt Ged.-Weg	8+	🍺
⑧ Gala	8	🍺

Zugang
Parken 1 km talaufwärts von Schottersmühle beim Pumphäuschen. Auf Brücke über die Wiesent und 100 m talaufwärts zur Wand mit mächtigem Höhlendach im linken Wandteil.

Besonderheit
Das beeindruckende Dach mit den athletischen Routen ① bis ③ ist leider oft nass.

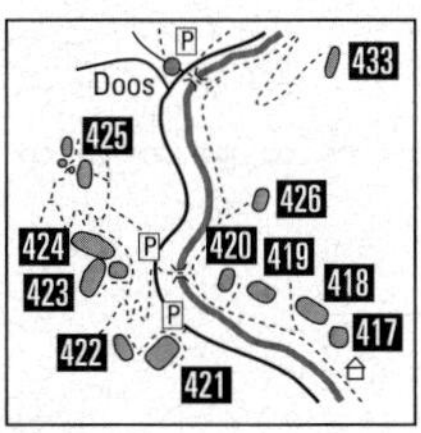

Doos Süd
417 Abendleite
418 Jubiläumswand
419 Morgenleite
420 Mittagsleite
421 Riesenburg
422 Obere Riesenburgwand
423 Altherrnwand
424 Grünbauer Ged.-Wand
425 Dohlenwand
426 Galawand
433 Sonnwendwand
Gebietsübersicht *S. 512*
Übersichtskarte 2 *(S. 16)*

427 Neppwand

16 m | W

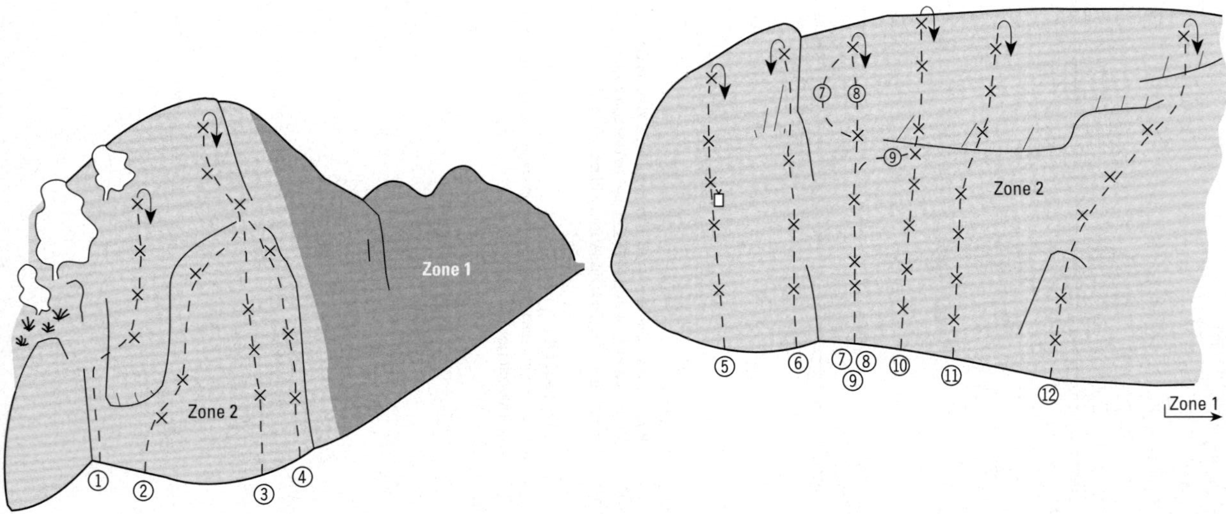

①	Trampolin	8-
②	Chita	7+
③	*Projekt*	
④	Eieiei	7
⑤	Knopf	7+
⑥	Angsthase	7-
⑦	Variante	7-
⑧	Snowdonia	8-
⑨	Hit and run	9-/9
⑩	Crossing over	9+
⑪	Flex Control	10-
⑫	Durchs wilde Kurdistan	9-

Zugang

Parken in Doos. Kurz ins Aufseßtal hinein, dann rechts einem Wanderweg folgen (Wegweiser: »Gösseldorf«). Nach 5 min sieht man rechts oberhalb des Weges die Nepp-Wand. Links von ihr (fast am Weg) steht die Werner Brösel Ged.-Wand. 100 m weiter steht links des Weges der Berglerturm.

Besonderheit

Kleingriffige Wandkletterei, die meisten Routen wurden von Stefan Löw erschlossen. Die Westwand steht im Wald und bekommt im Sommer nur wenig Sonne ab.

Werner Brösel Ged.-Wand

14 m | W **428**

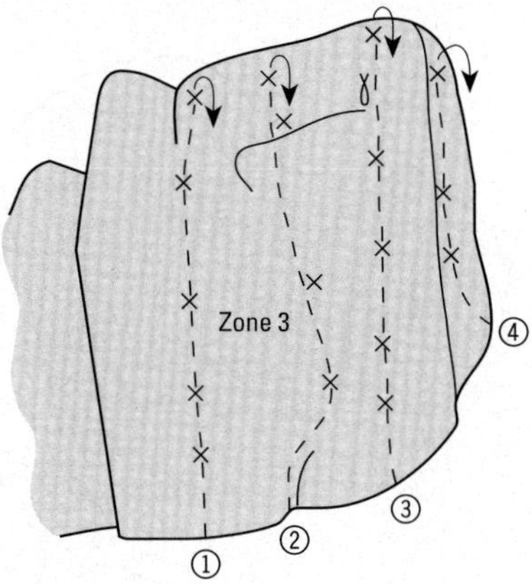

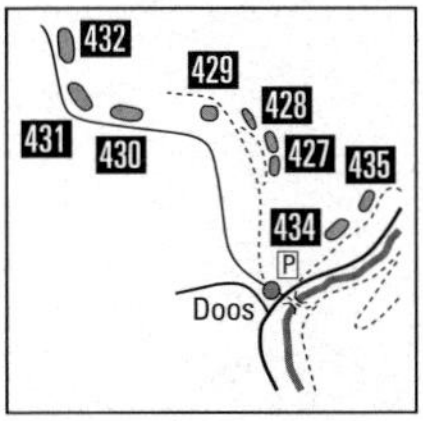

Aufseßtal
427 Neppwand
428 Werner Brösel Ged.-Wand
429 Berglerturm
430 Anderland
431 Aufseßtal Südwand
432 Höllenstein
434 Blechfass
435 Megalumania
Gebietsübersicht *S. 512*
Übersichtskarte 2 *(S. 16)*

① Horex	8+
② Beinhart	8+
③ Eiskalt	8+
④ Bölkstoff	6

Berglerturm

14 m | S + O **429**

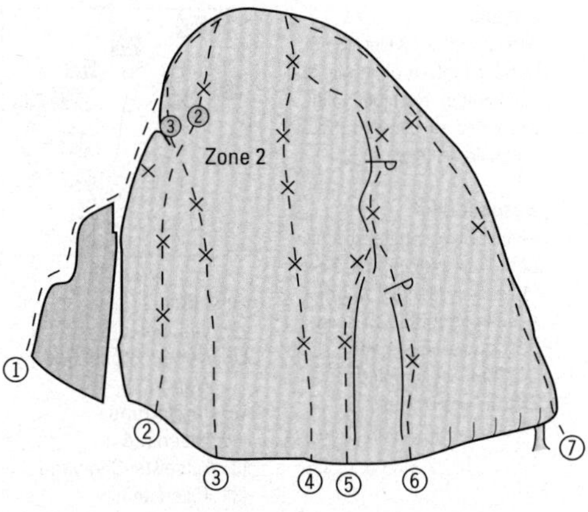

① Bergseite	4
② Neue Bergseite	7/7+
③ Nordkante	7-
④ Killer 9	8+
⑤ Nordwestwand	7
⑥ Variante	7
⑦ Talseite	4

Zugang
Parken in Doos. Kurz ins Aufseßtal hinein, dann rechts einem Wanderweg folgen (Wegweiser: »Gösseldorf«). Nach 5 min sieht man rechts oberhalb des Weges die Nepp-Wand. Links von ihr (fast am Weg) steht die Werner Brösel Ged.-Wand. 100 m weiter steht links des Weges der Berglerturm.

Besonderheit
Kleingriffige Wandkletterei, die meisten Routen wurden von Stefan Löw erschlossen.

430 Anderland

☼ | 14 - 24 m | S

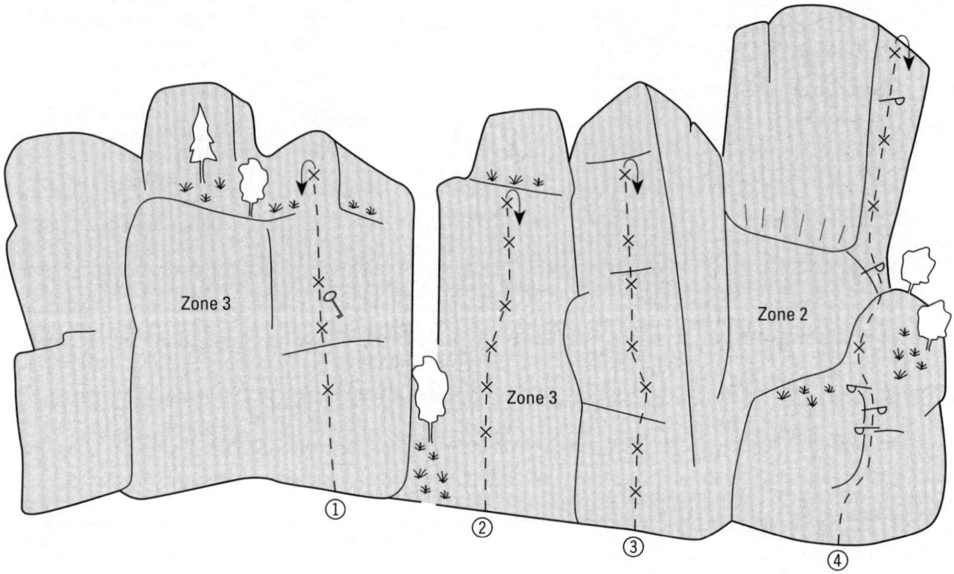

① Wunderbare Welt der Schwerkraft	10 -
② Wysiwyg	9 +
③ The curse of Ra.............	9
④ Magie des Mondes...........	7 +

Zugang

Parken in Doos. Dem Weg ins Aufseßtal folgen (Richtung Kuchenmühle). Nach 600 m erreicht man die Felsen rechts oberhalb des Weges.

Besonderheit

Kleingriffige, nicht allzu steile Routen in weißem Fels. Neben »Magie des Mondes« wurden neue Routen von Sebastian Schwertner eingerichtet. Die Wand ist gut mit dem Fahrrad erreichbar.

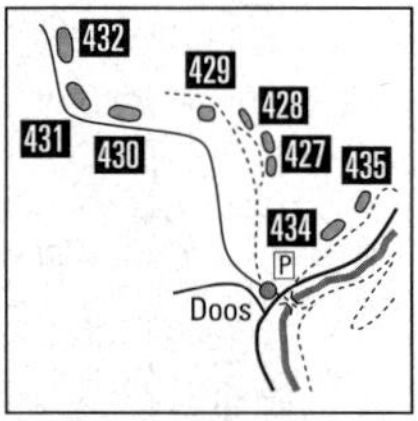

Aufseßtal

Linker Wandteil

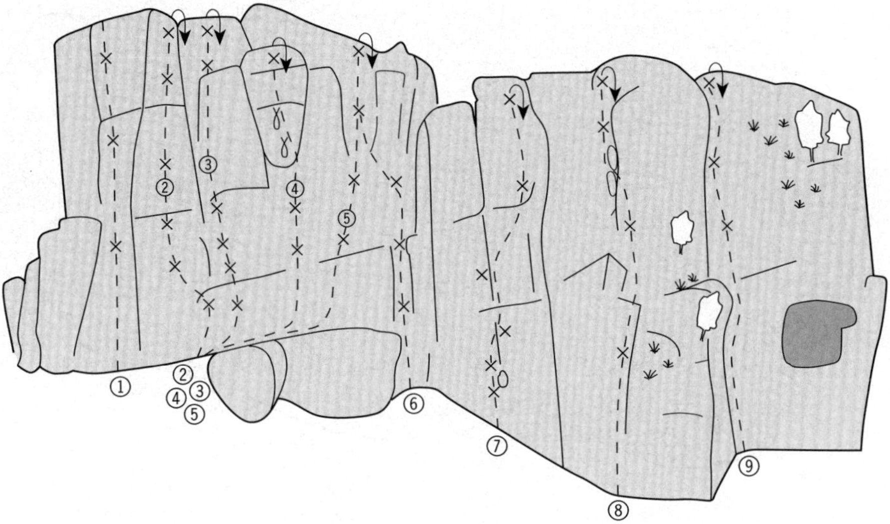

Rechter Wandteil

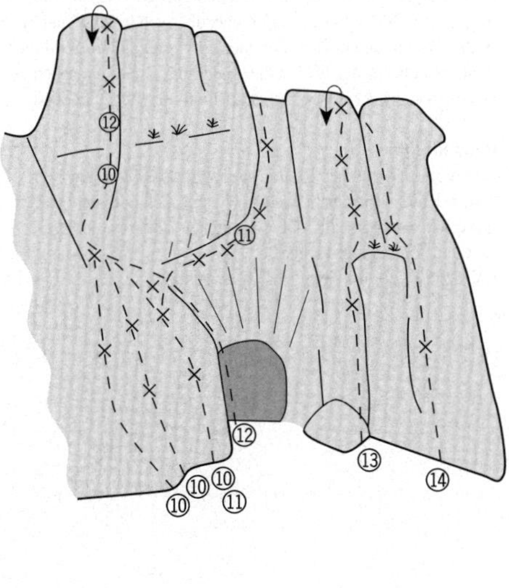

Zugang

Parken in Doos. Dem Weg ins Aufseßtal folgen (Richtung Kuchenmühle). Nach 600 m steht das Anderland rechts oberhalb des Weges. Noch 150 m weiter und rechts über Trampelpfad hoch zu den Felsen.

Besonderheit

Der linke Wandteil ist ein ideales Anfängergebiet. Rechts wird es recht verwachsen und verblockt. Gut mit dem Fahrrad erreichbar.

① Westriss	4+
② Pfeiler	7
③ Blockverschneidung	6
④ Schlingenweg	6+
⑤ Forelle mit Sahnemeerrettich	6-
⑥ Käskuchen	3
⑦ Augenweg	6
⑧ Alter Weg	4+
⑨ Verschneidungsriss	5
⑩ Hans Strassner Ged.-Weg (*3 Einstiege möglich*)	6
⑪ Hölle mir graust's	7
⑫ Originaleinstieg (*Keile*)	6
⑬ ?	5+
⑭ Sommerweg	4

432 Höllenstein

-☼- | 30 m | SW

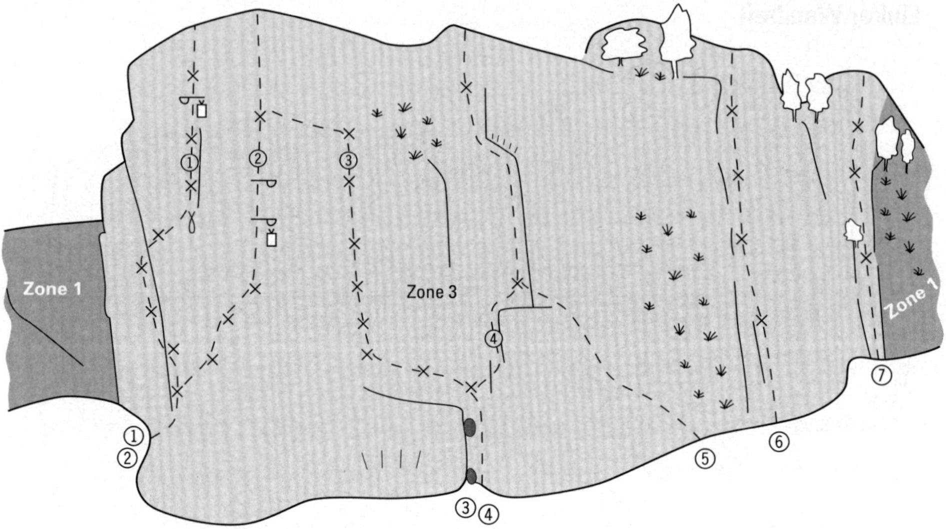

① Hexenweg (R 1) .... a1/5+
② Jubiläumsweg (R 2).......... a1/5
③ Peter Schöner Ged.-Weg (R 3) .. a1/5
④ Alter Weg (R 4) .... 4+
⑤ R 4a..................... 4+
⑥ R 5 .... 4+
⑦ R 6 5

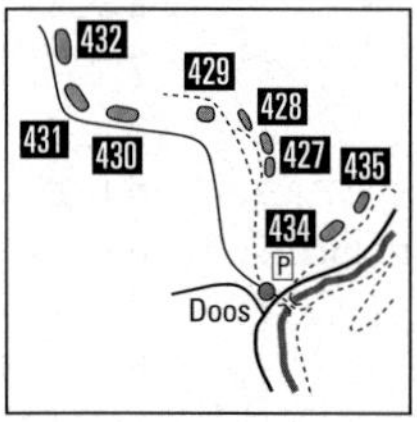

Aufseßtal
427 Neppwand
428 Werner Brösel Ged.-Wand
429 Berglerturm
430 Anderland
431 Aufseßtal Südwand
432 Höllenstein
434 Blechfass
435 Megalumania

Gebietsübersicht *S. 512*
Übersichtskarte 2 *(S. 16)*

Zugang

Parken in Doos. Dem Weg ins Aufseßtal folgen (Richtung Kuchenmühle). Nach 600 m steht das Anderland rechts oberhalb des Weges. Noch 450 m weiter und rechts über versteckten Pfad hoch zu den Felsen, den man im Sommer durch den hohen Wald nicht sieht. 20 m bevor der Pfad in den Wald führt, ist an einer lichten Stelle ein kleinerer Felsen rechts oberhalb des Weges sichtbar.

Besonderheit

Relativ alpin, die linken Routen sind sehr großzügig. Ein Satz Keile schadet sicher nicht, weil das leichte Gelände recht frei ist (klassisch fränkisch). Bei der R 6 kommen Botaniker auf die ersten 6 m voll auf ihre Kosten.
Die Wand ist gut mit dem Fahrrad erreichbar.

Linker Wandteil | 25 m | W

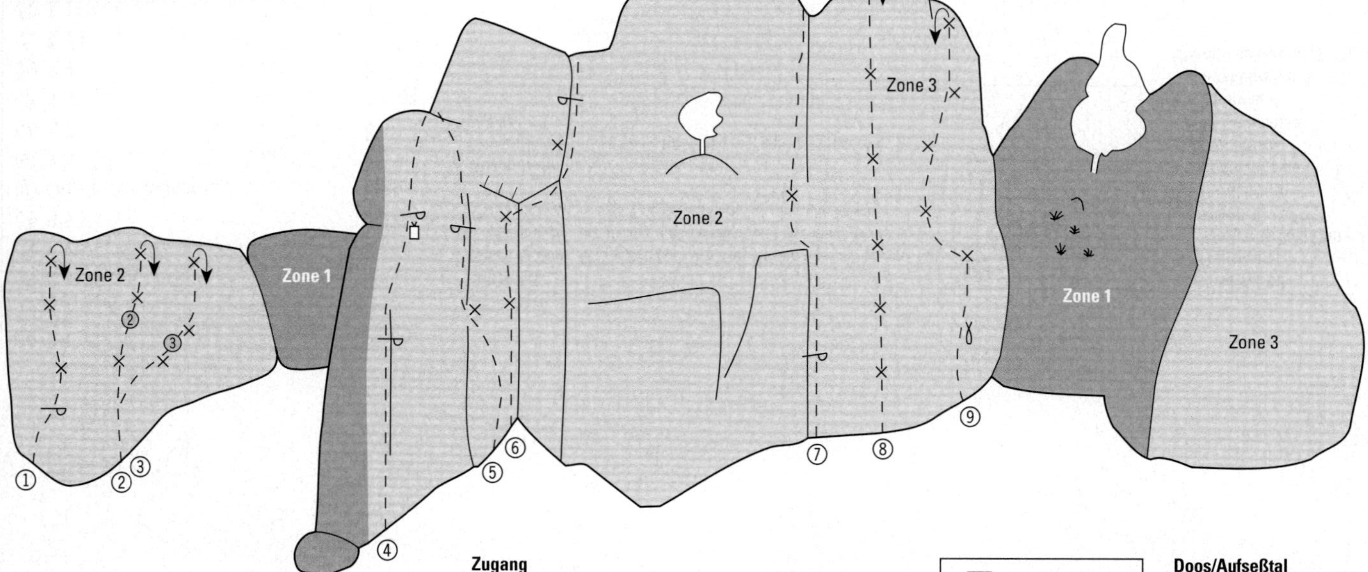

①	Geht schon	7
②	Bananenfaden	6+
③	Barilla Villa	7
④	Sonnwendpfeiler	6-
⑤	Alter Weg	5+/a1
⑥	Sonnwendweg	6
⑦	Edelweißriss	5+
⑧	Optifast	9+
⑨	Wende	9-

Zugang
Parken in Doos. Auf Brücke über die Wiesent und links auf einem Forstweg weiter talaufwärts und die nächste Abzweigung rechts. 300 m nach einer Linksschleife stehen rechts oben die Felsen.

Besonderheit
Gut gesicherte Touren (viele Bühlerhaken); manche sind etwas mehlig.

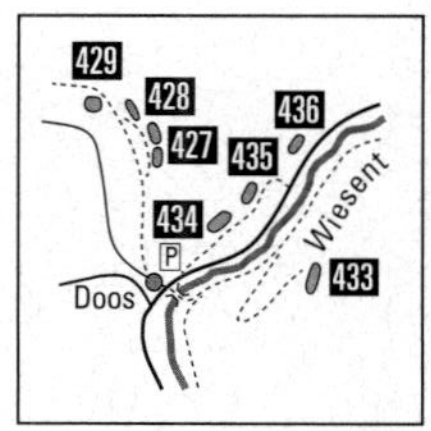

Doos/Aufseßtal
427 Neppwand
428 Werner Brösel Ged.-Wand
429 Berglerturm
433 Sonnwendwand
434 Blechfass
435 Megalumania
436 Eigerwand
Gebietsübersicht *S. 512*
Übersichtskarte 2 *(S. 16)*

433 Sonnwendwand

16 - 25 m | W

Rechter Wandteil | 16 m | W

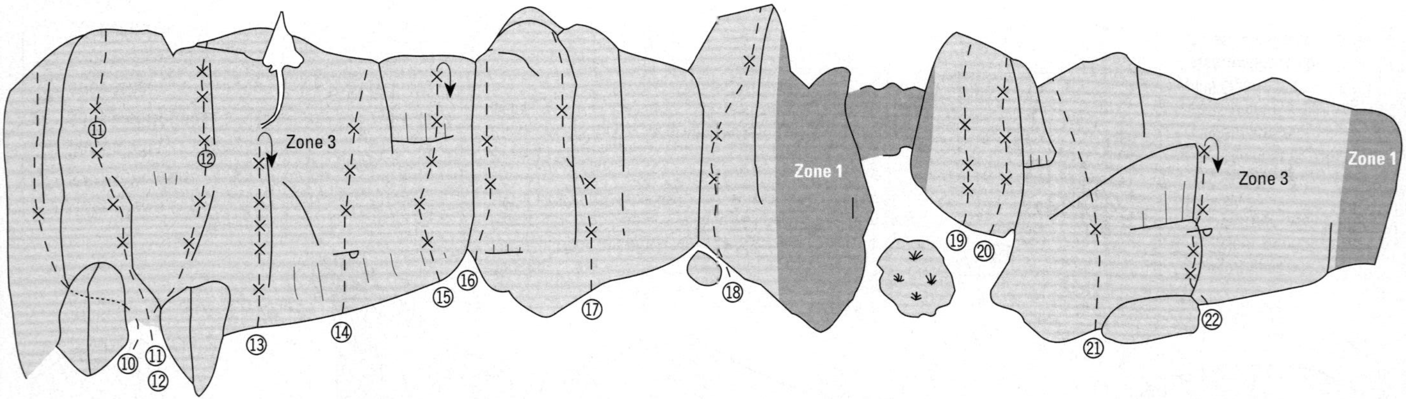

⑩	R 1	6
⑪	R 2	6+
⑫	R 3	6
⑬	R 4	8
⑭	R 5	8-
⑮	Objekt der Begierde	8+
⑯	R 6	6
⑰	R 7	6
⑱	R 8	6+
⑲	R 9	6
⑳	R 10	6
㉑	R 11	4+
㉒	R 12	6-

Zugang

Parken in Doos. Auf Brücke über die Wiesent und links auf einem Forstweg weiter talaufwärts und die nächste Abzweigung rechts. 300 m nach einer Linksschleife stehen rechts oben die Felsen.

Besonderheit

Gut gesicherte Touren (viele Bühlerhaken); manche sind etwas mehlig.

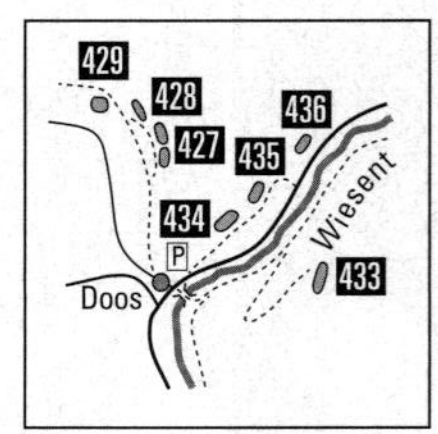

Doos/Aufseßtal
427 Neppwand
428 Werner Brösel Ged.-Wand
429 Berglerturm
433 Sonnwendwand
434 Blechfass
435 Megalumania
436 Eigerwand
Gebietsübersicht *S. 512*
Übersichtskarte 2 *(S. 16)*

Blechfass

| 20 m | SO **434**

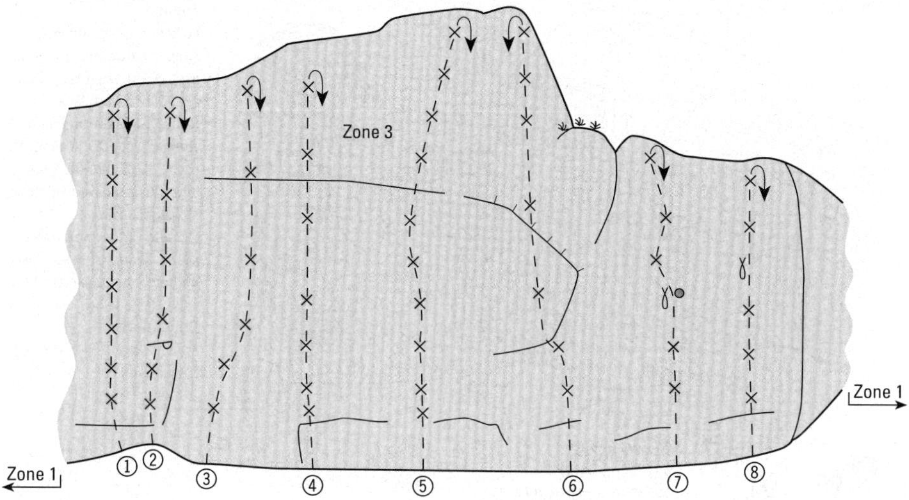

①	Climbing.de	7
②	Bullyparade	8-
③	Opium für's Volk	8/8+
④	Steinschleuder	8+
⑤	Pumpgun	9+
⑥	Erfurt	8
⑦	Auswärtsspiel	9-
⑧	Bonnie und Clyde	7-

Zugang

Parken in Doos. Auf der Straße talaufwärts und 50 m nach dem letzten Haus links auf Fuhre in den Wald. An Holzstoß vorbei auf einen Trampelpfad, der ansteigend nach 250 m zum Felsen führt. Rechts vom Blechfass steht das Megalumania.

Besonderheit

Lohnende neue Wand, die von Stefan Löw erschlossen wurde. Schöne Linien in rauem Fels durch die senkrechte bis leicht überhängende Wand.

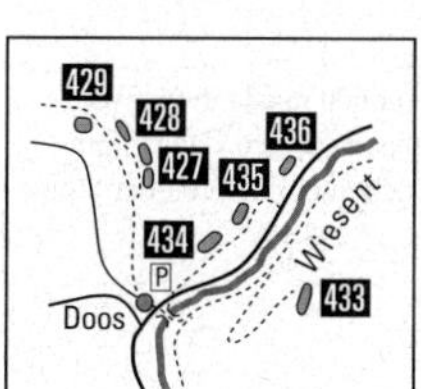

Doos/Aufseßtal

427 Neppwand
428 Werner Brösel Ged.-Wand
429 Berglerturm
433 Sonnwendwand
434 Blechfass
435 Megalumania
436 Eigerwand

Gebietsübersicht *S. 512*
Übersichtskarte 2 *(S. 16)*

435 Megalumania

| 12 m | SO

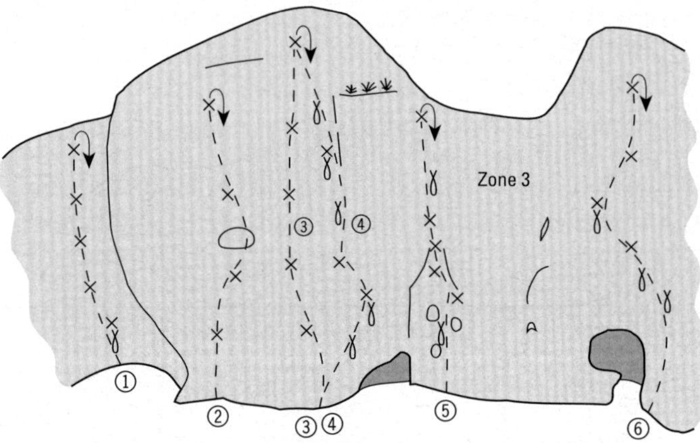

Zugang
Parken in Doos. Auf der Straße talaufwärts und 50 m nach dem letzten Haus links auf Fuhre in den Wald. An Holzstoß vorbei auf einen Trampelpfad, der ansteigend nach 250 m zum Blechfass führt. Rechts davon steht das Megalumania.
Der alte Zustieg von unten *(siehe Skizze)* ist beschwerlich und nicht empfehlenswert.

Besonderheit
Athletische Dach- und Überhangklettereien.

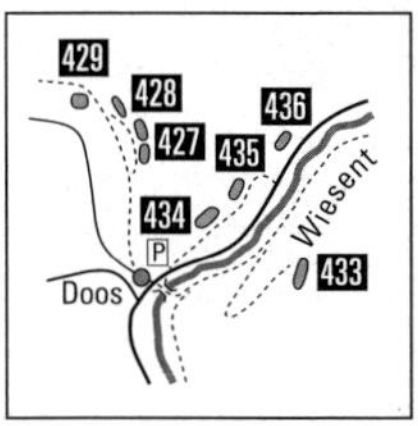

Doos/Aufseßtal
427 Neppwand
428 Werner Brösel Ged.-Wand
429 Berglerturm
433 Sonnwendwand
434 Blechfass
435 Megalumania
436 Eigerwand
Gebietsübersicht *S. 512*
Übersichtskarte 2 *(S. 16)*

① ?	7+	
② Adler-Route	10-	
③ Jump in the Fire	8+/9-	
④ Megalumania	8	
⑤ Affentheater	9	
⑥ ?	9-	

436 Eigerwand

| 20 m | SO

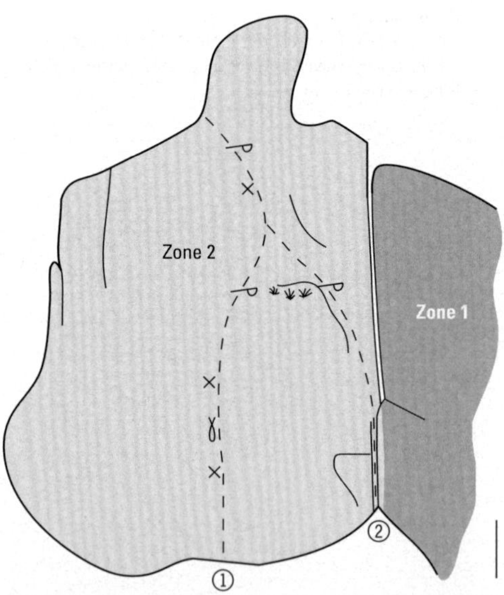

Zugang
Die Eigerwand steht 600 m talaufwärts von Doos am orographisch rechten Hang; 30 m oberhalb eines Blocks, der direkt an der Straße liegt.

① Drehorgel	6+
② Alter Weg	6

Leykauf Ged.-Wand

☼ | 14 m | S + O

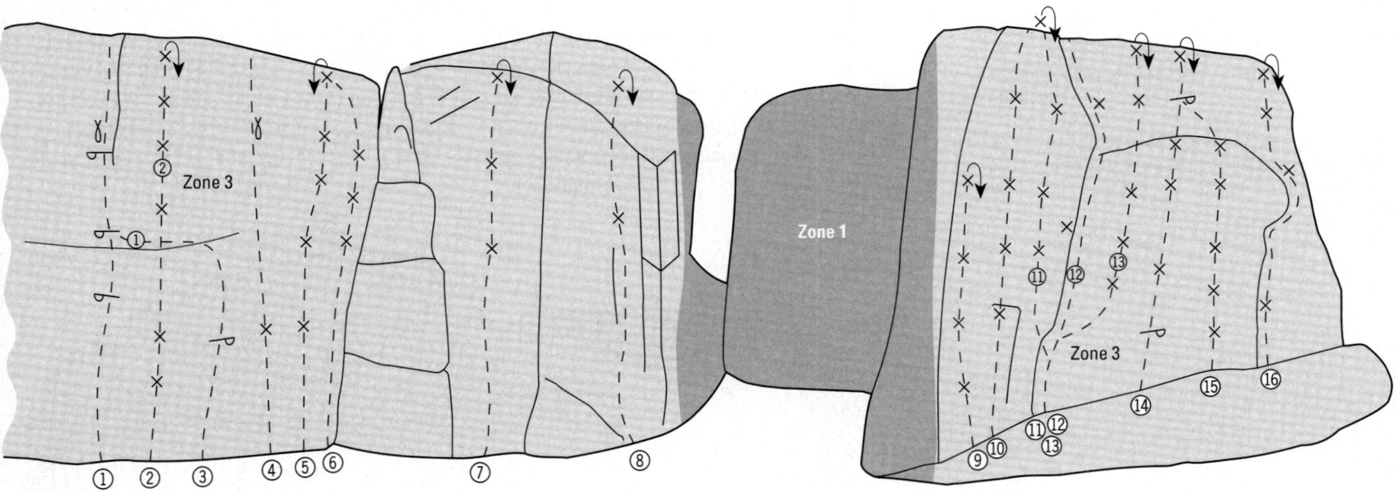

Vorturm | 10 m

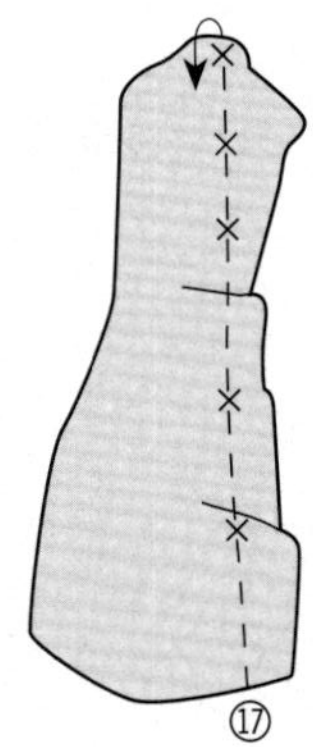

①	Direkter Einstieg *(ggf. Keile)*	6+
②	Immerwährende Veränderung	8+
③	Alter Weg *(ggf. Keile)*	6+
④	*Projekt*	
⑤	Heidi Line	7
⑥	?	6+
⑦	Frankenjogger's Schultüte	7-
⑧	Moralix *(Keile)*	6-/e1
⑨	*Projekt*	
⑩	Alp(en)traum	7-
⑪	Natwürmli	7
⑫	Leykauf Ged.-Weg	5+
⑬	Lochfraß	8-
⑭	Rote Gefahr	8-
⑮	Spiel der Geister	8-
⑯	?	6+
⑰	Ultrakorregd	7+

Zugang
Die Leykauf Ged.-Wand liegt gegenüber der Schwarzen Wand am orographisch linken Hang. Da der Steg gesperrt ist, muß man von Doos aus in 15 min auf Weg im Talgrund bis zum Wasserwerk laufen. Dort geht man rechts aufwärts zu den Felsen.
Skizze auf Seite 547.

Besonderheit
Riss- und Wandklettereien, leider ist der Zugang im Sommer oft zugewachsen.

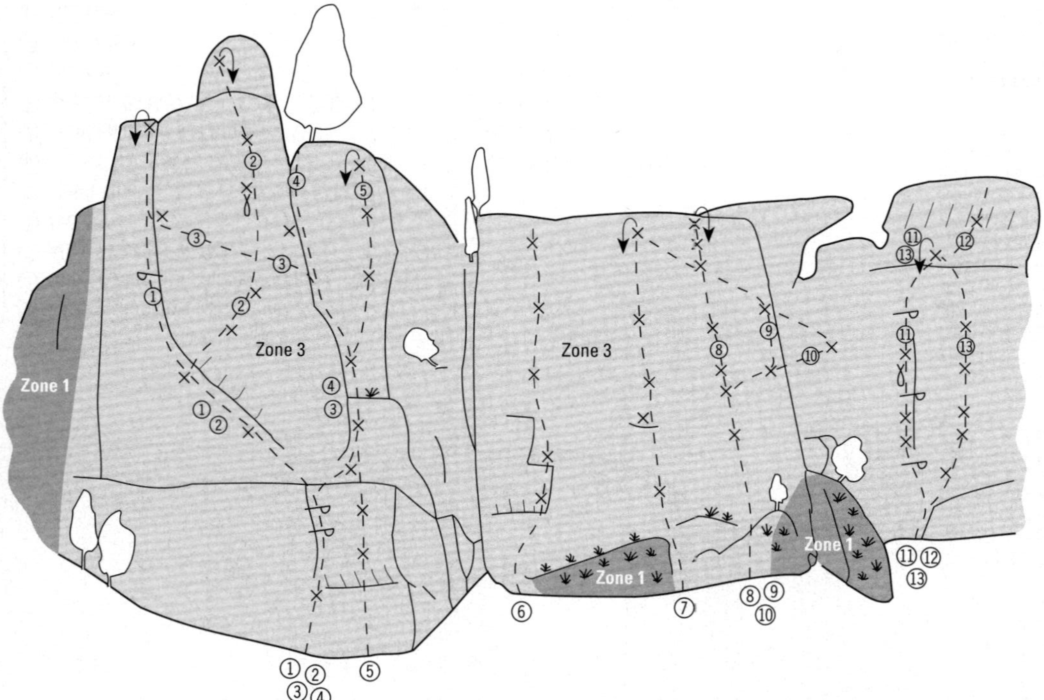

① Peitsche	7+	
② Rockpalast	9-	
③ Meier Ged.-Weg	7	
④ Direkter Ausstieg	7+	
⑤ Black Magic	9-/9	
⑥ Schwarze Magie	8+	
⑦ Sysiphos	8-	
⑧ Schmittchen Schleicher	7+	
⑨ Schwarze Wand	6+	
⑩ Originalvariante	6+	
⑪ Teamwork 1. SL	8	
⑫ Teamwork 2. SL	a2	
⑬ ?	8	

Zugang
Die Schwarze Wand steht zwischen Doos und Waischenfeld rechts vom »Sommerschlößchen Herrenfels« (Parkplatz).

Besonderheit
Wunderschöner schwarzer Plattenkalk.

Bandstein

35 m | SO | **439**

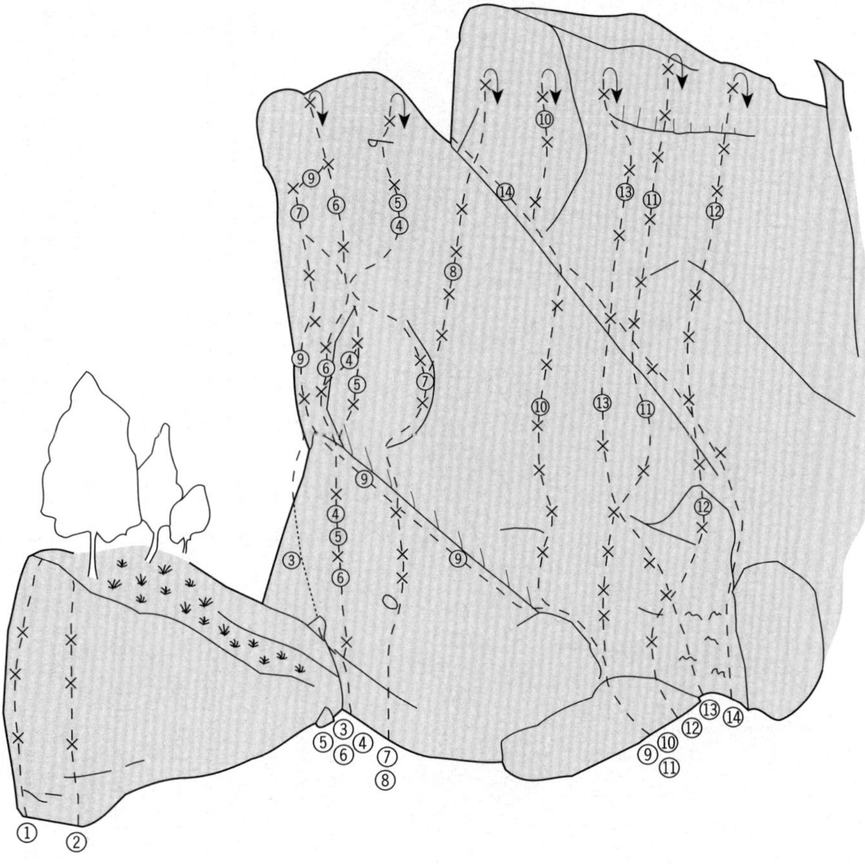

① Standbein 7-
② Lehrling. 7+
③ Prinz Ged.-Weg 5
④ Achterbahn . . . . 8+
⑤ Tippex. 8+
⑥ Herbstmanöver 8-
⑦ Halbmondweg. . . . . 7+
⑧ Direkter Ausstieg. 8-
⑨ Schwab Ged.-Weg . . . . 7+/8-
⑩ Jonathan . . . . 8+
⑪ Ich vertraue auf Intuition 9-
⑫ Niagara 8
⑬ Sigmund Freud Ged.-Weg . . . . . 8+
⑭ Eichhorn Ged.-Weg 7-

Zugang

Rechts vom »Sommerschlößchen Herrenfels« steht die Schwarze Wand (Parkplatz). Noch 100 m talaufwärts steht der mächtige Bandstein.

Besonderheit

Fantastische Klassiker des siebten und achten Grades. Auch hier zeichnete Martin Grulich für perfekt eingerichtet Linien in bestem Fels verantwortlich. Ein absolutes Muss: die Route »Jonathan«. In der ersten Tageshälfte kann man in der Sonne klettern.

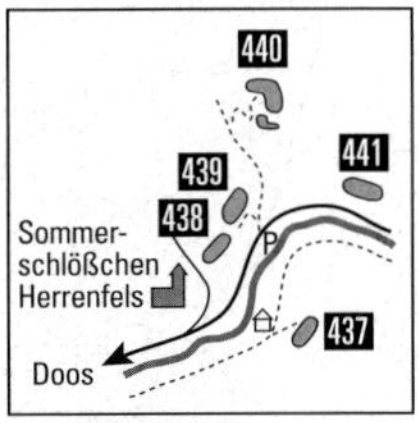

Doos/Rabeneck

437 Leykauf Ged.-Wand
438 Schwarze Wand
439 Bandstein
440 Zwergenschloss
441 Hacke Ged.-Wand und Alitzstein

Übersichtskarte 2 *(S. 16)*

440 Zwergenschloss

20 m | SW

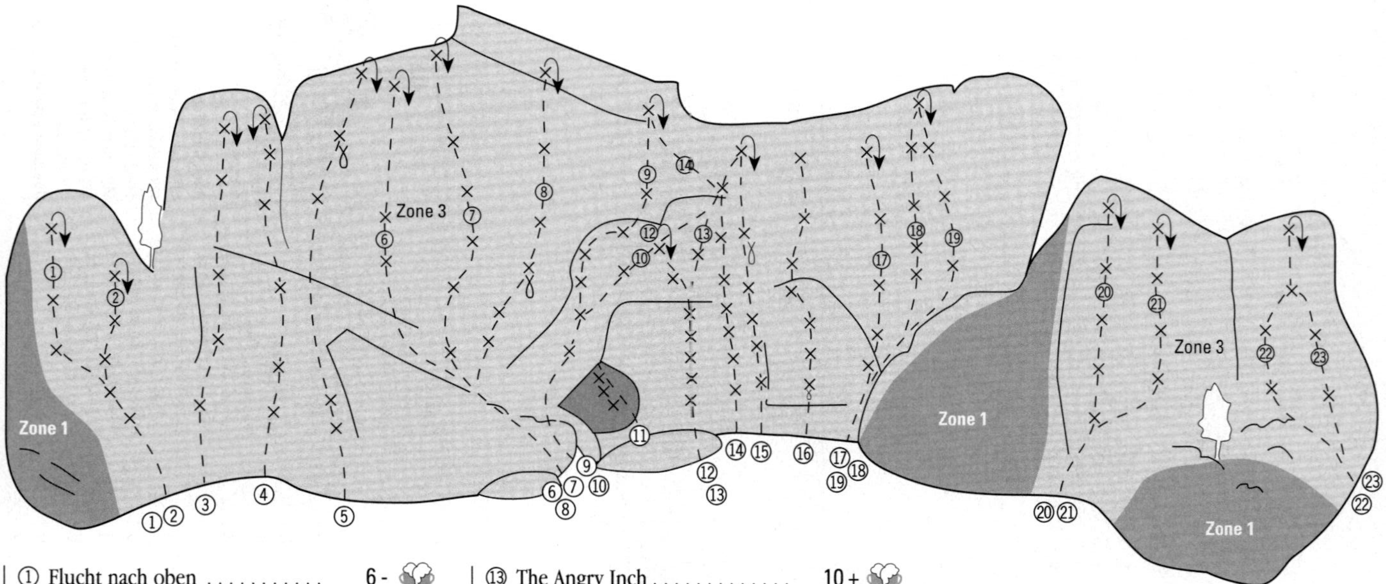

① Flucht nach oben	6 -	
② Schrollverschneidung	5 +	
③ Reise durch Mittelerden	8-/8	
④ Uschi, mach kein' Quatsch	7	
⑤ Fox on the Run	8 +	
⑥ Don Ölze	10-/10	
⑦ A Chorus Line	10 -	
⑧ Linie 1	10	
⑨ Starlight Express	9	
⑩ Star Trek	9 +	
⑪ *Projekt*		
⑫ Plan B	10	
⑬ The Angry Inch	10 +	
⑭ Ich will im Beifall untergehen	10 -	
⑮ Delicate News	10	
⑯ Powerplay	11 -	
⑰ Ich hab's wollen wissen	9 -	
⑱ Berti Vogts Ged.-Weg	8 +	
⑲ Im 27. Jahr des Zwerges	7+/8 -	
⑳ Rotkäppchen und die sieben Zwergnasen	7 -	
㉑ ?	7	
㉒ Magnesiapower	6	
㉓ Chalk with me	5 +	

Zugang
Rechts vom »Sommerschlößchen Herrenfels« steht die Schwarze Wand (Parkplatz). Noch 100 m talaufwärts und rechts vom Bandstein in ein Trockental. In diesem etwa 700 m auf ausgewaschenem Weg talaufwärts, dann einen steilen Hang rechts hoch und auf Pfad und Stiegen zu den Felsen.

Besonderheit
Der Fels ist recht beliebt, was daran liegen dürfte, dass neben Top-Routen auch lohnende Wege in mittleren Schwierigkeitsgraden existieren. »Powerplay« (Thon 1996) ist mit 11- immer noch die schwerste Tour am Fels. Mit »Plan B« (Schulz 2003), »Ich will im Beifall untergehen« (Häusler 2002) und »The angry Inch« (Bock 2003) sind weitere schwere Wege hinzu gekommen.

Hacke Ged.- Wand | 18 m | S

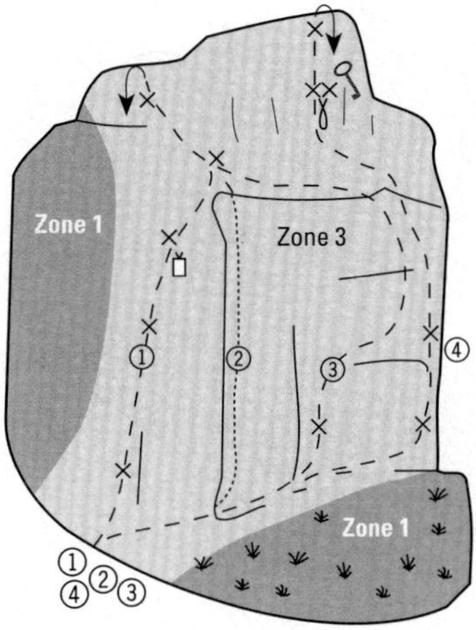

Zugang

Rechts vom »Sommerschlößchen Herrenfels« steht die Schwarze Wand (Parkplatz). Noch 100 m talaufwärts steht der mächtige Bandstein. Von dort noch 550 m talaufwärts zur Hacke Ged.-Wand (links der Straße) und noch 100 m weiter. Im Wald links hoch zum Alitzstein (Steigspuren). Man kann auch bei Rabeneck parken und talabwärts zu den Felsen laufen.

① Muffensause	6 -	
② Kamin	5	
③ Hacke Ged.-Weg	5	
④ S' mou gei	8	
⑤ Bergseite	4 +	
⑥ Südwestkante	7 -	
⑦ Talseite	7	
⑧ Tal-Berg-Variante	5	
⑨ Direkte Talseite	7	

Alitzstein

Südwestseite | 12 m

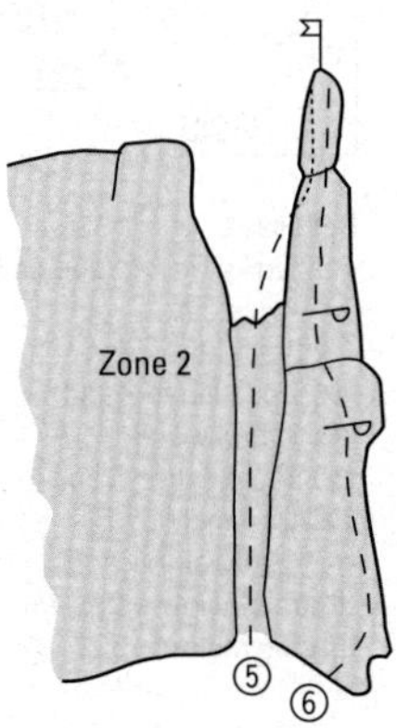

Talseite | 15 m | SO

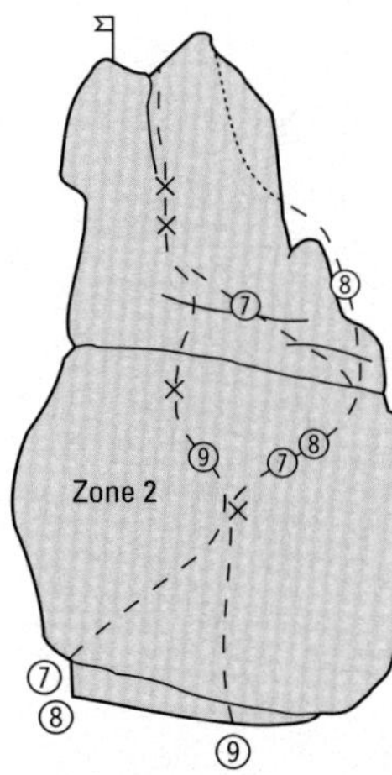

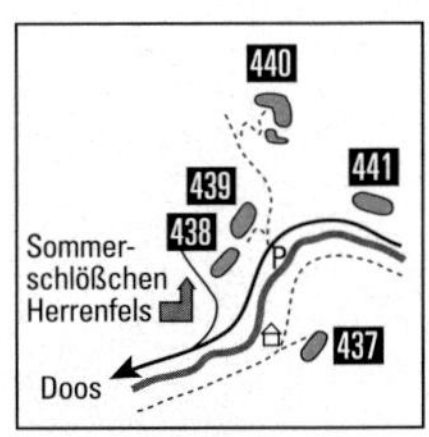

Doos/Rabeneck
437 Leykauf Ged.-Wand
438 Schwarze Wand
439 Bandstein
440 Zwergenschloss
441 Hacke Ged.-Wand und Alitzstein
Übersichtskarte 2 *(S. 16)*

442 Bayreuther Riss

☼ | 18 m | S

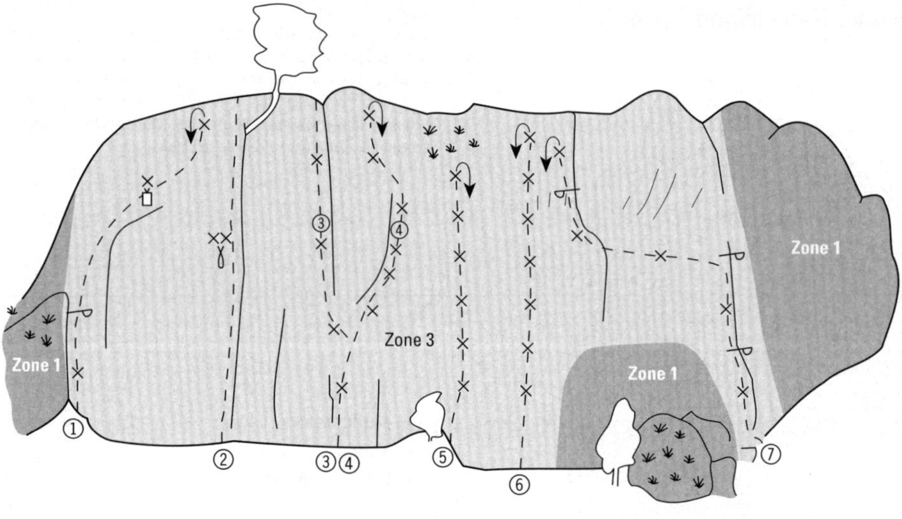

① Osterhasenweg	7	
② Neutron *(Keile)*	e1/8 +	
③ Bayreuther Riss	6	🍺
④ Just in time	9 -	🍺🍺
⑤ Bela Lugosi	9	
⑥ The shield	9 +	
⑦ Jasterweg	9 -	🍺🍺

Zugang

Parken bei Rabeneck. Auf der Straße talabwärts und bei der markanten Rechtskurve rechts hoch zur Wand.

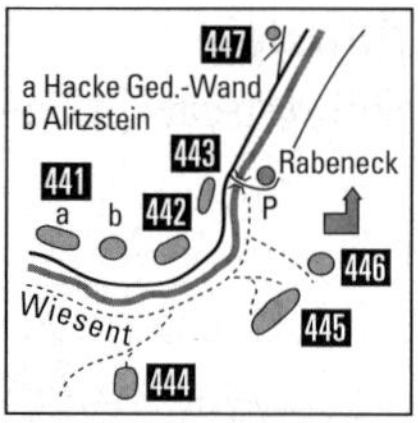

Rabeneck

441 Hacke Ged.-Wand und Alitzstein
442 Bayreuther Riss
443 Treusteiner Wand
444 Schrollwand
445 Rabenecker Wand
446 Mariandlwand
447 Headwall

Übersichtskarte 2 *(S. 16)*
Übersichtskarte 3 *(S. 17)*

Treusteiner Wand

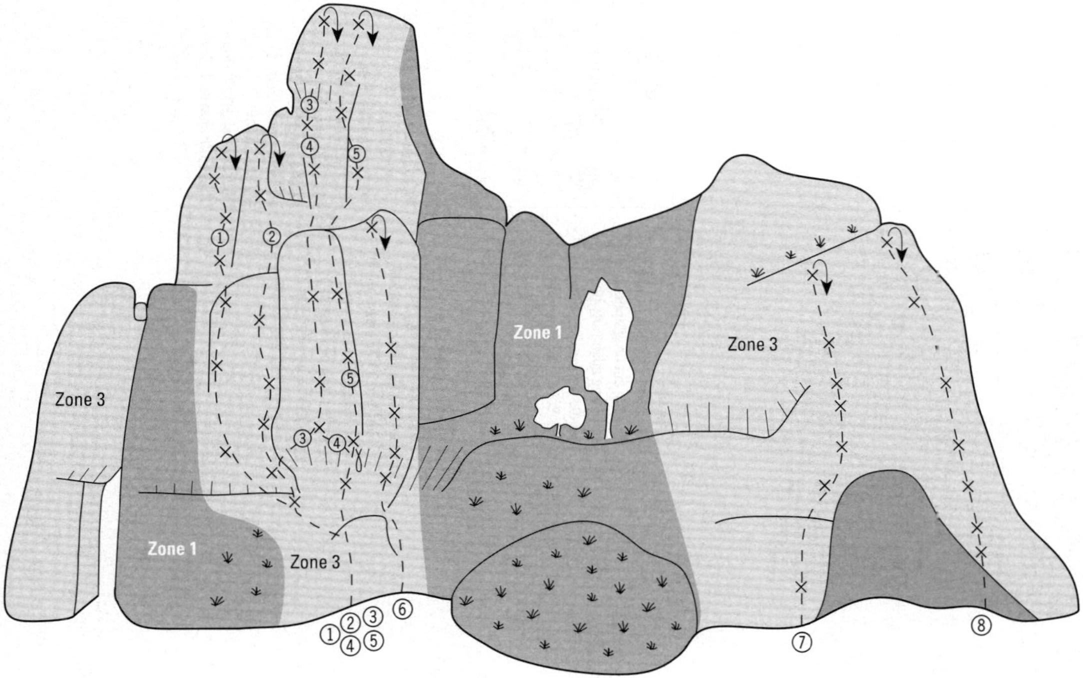

① Back to the beginning	7+	⑤ Durchriss	8+
② Treusteiner Weg	7-	⑥ Powerschleicher	9-/9
③ Schmetterlingseffekt	9+	⑦ Fränkische Sulz'n	8
④ Schmetterlingsvariante	9-	⑧ Chaosprinzip	9-/9

Zugang

Parken bei Rabeneck. Auf der Straße talabwärts bis 20 m hinter dem Beginn der Leitplanke. Am orographisch rechten Hang auf Pfadspuren hoch zur Wand. Auch vom Bayreuther Riß gelangt man rechts aufwärts zur Treusteiner Wand.

Besonderheit

Großzügige, schöne Linien. Die meisten Wege sind von Martin Treiber.

444 Schrollwand

| 20 m | O + N

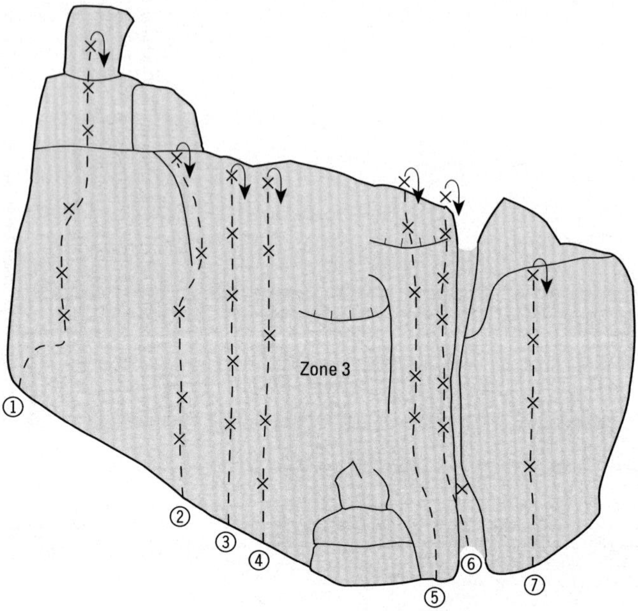

①	Kinetische Kette	8-
②	Schrollperstein	9
③	Mad Eye Moody	9-/9
④	Kurz vor acht	8
⑤	Recycler	6+
⑥	Pipeline	7+
⑦	Raven's Corner	9-

Zugang

Parken in Rabeneck und auf Fußweg am orographisch linken Hang talabwärts und unter der Rabenecker Wand vorbei. Bei Abzweigung links (Schild: »Köttweinsdorf«) und leicht ansteigend zu den Felsen (5 min).

Besonderheit

Die Jugendgruppe der DAV-Sektion Bayreuth hat auch hier (wie im Zwergenschloß) im Rahmen einer Umweltbaustelle einen befestigten Zustiegsweg angelegt, um der Erosion entgegen zu wirken.

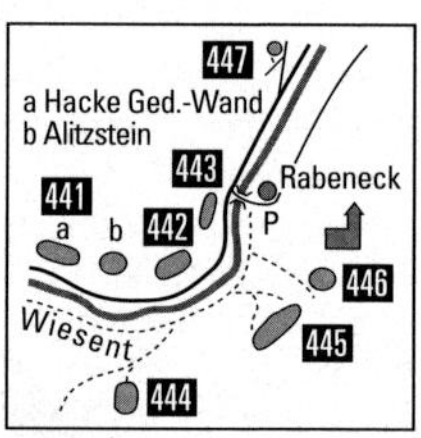

Rabeneck

441 Hacke Ged.-Wand und Alitzstein
442 Bayreuther Riss
443 Treusteiner Wand
444 Schrollwand
445 Rabenecker Wand
446 Mariandlwand
447 Headwall

Übersichtskarte 2 *(S. 16)*
Übersichtskarte 3 *(S. 17)*

Linker Wandteil | 20 m | NW

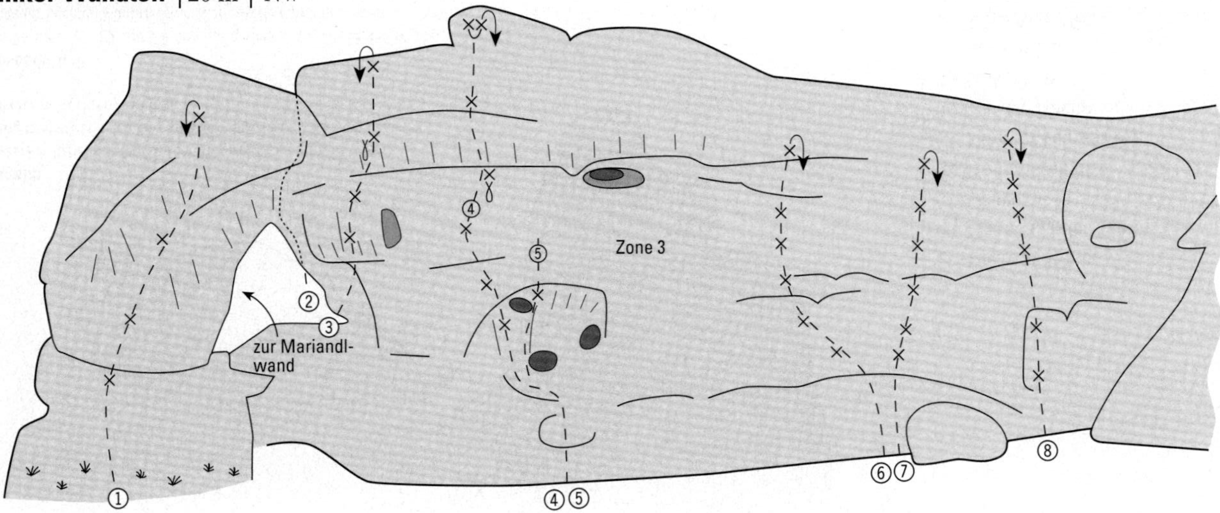

① Holde Maid	9-/9	
② Reißwolf (*Keile*)	7+	
③ Arschkriecher	9-	🍺
④ *Projekt*		
⑤ *Projekt*		
⑥ Klotos Keule	10	🍺🍺
⑦ *Projekt*		
⑧ Moon Safari	10-	🍺

Zugang
Parken in Rabeneck und auf Fußweg am orographisch linken Hang talabwärts; nach 200 m gehen links zwei Pfade hoch zum linken und rechten Wandteil.

Besonderheit
Im linken Teil der Rabenecker Wand wurden einige harte, überhängende Routen erschlossen. Der schwierigste Weg ist »Klotos Keule« (Philipp Warda 2000). Die Route »Reißwolf« ist ein schmerzhafter Hand- und Faustriss.

Rechter Wandteil | 35 m | NW

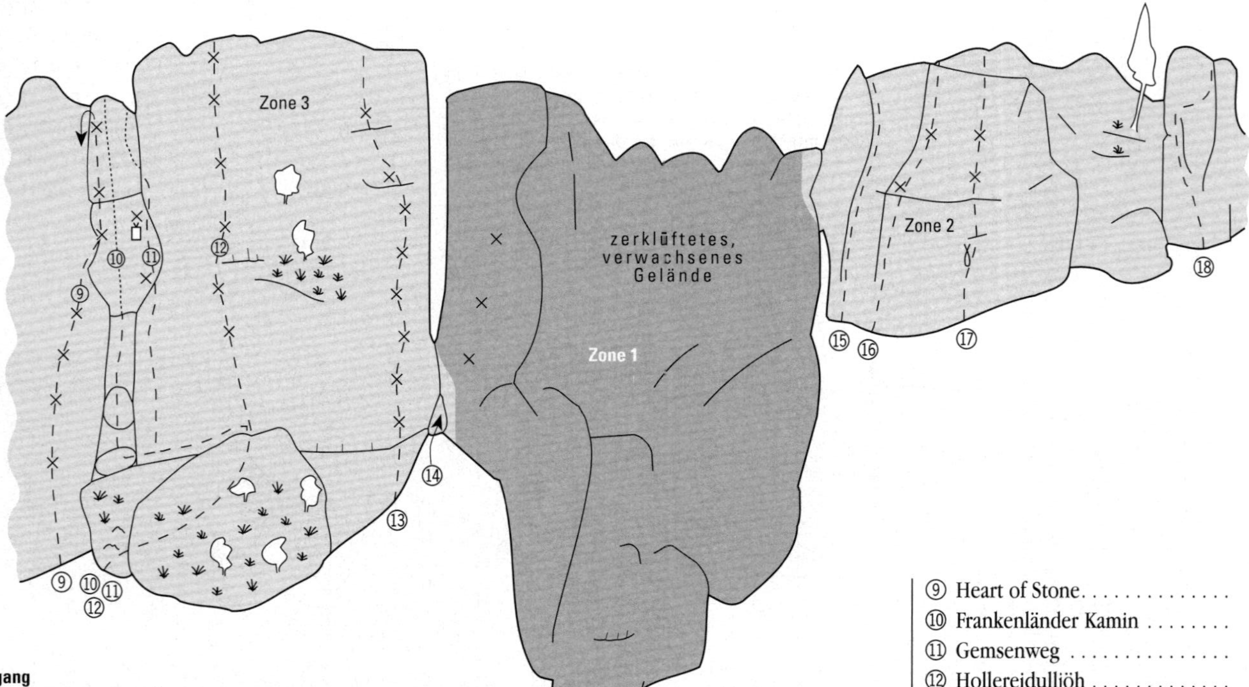

⑨ Heart of Stone	8+	
⑩ Frankenländer Kamin	4	
⑪ Gemsenweg	6	
⑫ Hollereidulljöh	7	
⑬ Direkter Hansenweg	7	
⑭ Tor der Tränen	3	
⑮ Linker Riss	5+	
⑯ Rechter Riss	6	
⑰ Schwester Afrika	7+	
⑱ Seitenscheitel	7	

Zugang
Parken in Rabeneck und auf Fußweg am orographisch linken Hang talabwärts; nach 200 m gehen links zwei Pfade hoch zum linken und rechten Wandteil.

Besonderheit
Die Routen ⑨, ⑫ und ⑬ sind gut gesichert, für alle anderen Wege im Rechten Wandteil sind Klemmkeile empfehlenswert.

Mariandlwand

20 m | N 446

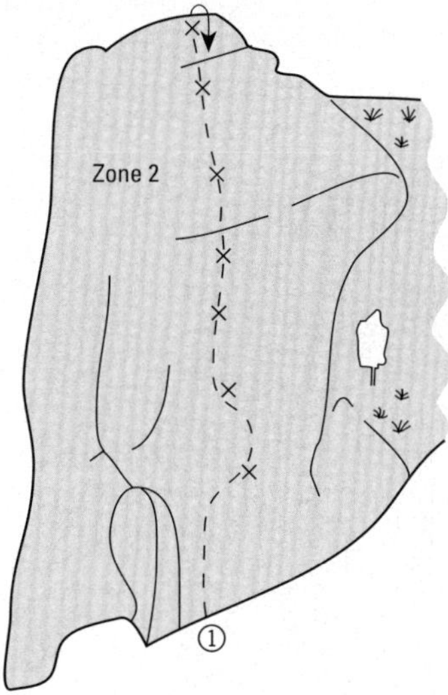

Zugang
Parken in Rabeneck und auf Fußweg am orographisch linken Hang talabwärts. 100 m nach der Abzweigung »Burg Rabeneck« steht links eine Bank. Die Wand ist oben am Hang bereits sichtbar. Steil hinauf zur (rechts oben stehenden) Nordwand.

① Big	8 -

Headwall

8 m | S 447

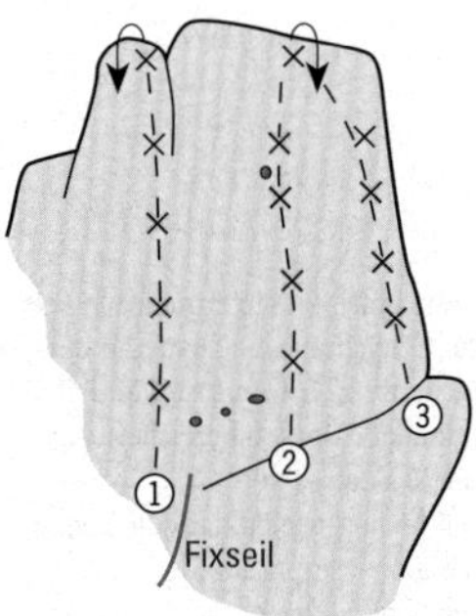

Zugang
Parken in Gotzenberg. Nach Ortsausgang (Richtung Thalheim) ist eine scharfe Kurve. In der Kurve rechts ab und auf schmaler Straße an einer Scheune vorbei in Richtung Süden.

Besonderheit
Niedriges, kleines Wandl über verwachsenem Sockel. Unten brettleben und kinderfreundlich, an den Einstiegen hingegen nicht!

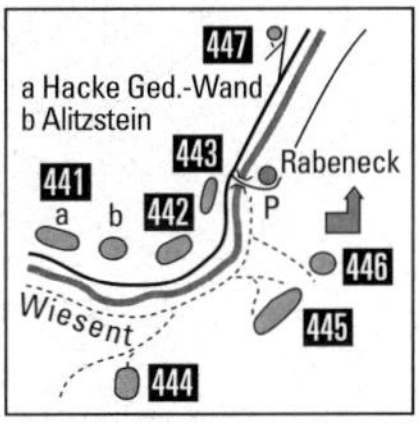

Rabeneck
441 Hacke Ged.-Wand und Alitzstein
442 Bayreuther Riss
443 Treusteiner Wand
444 Schrollwand
445 Rabenecker Wand
446 Mariandlwand
447 Headwall
Übersichtskarte 2 *(S. 16)*
Übersichtskarte 3 *(S. 17)*

① Little arithmetics	7
② Head & Shoulders	9/9 +
③ Overload	8+/9 -

448 Dooser Wand

| 40 m | NW + W

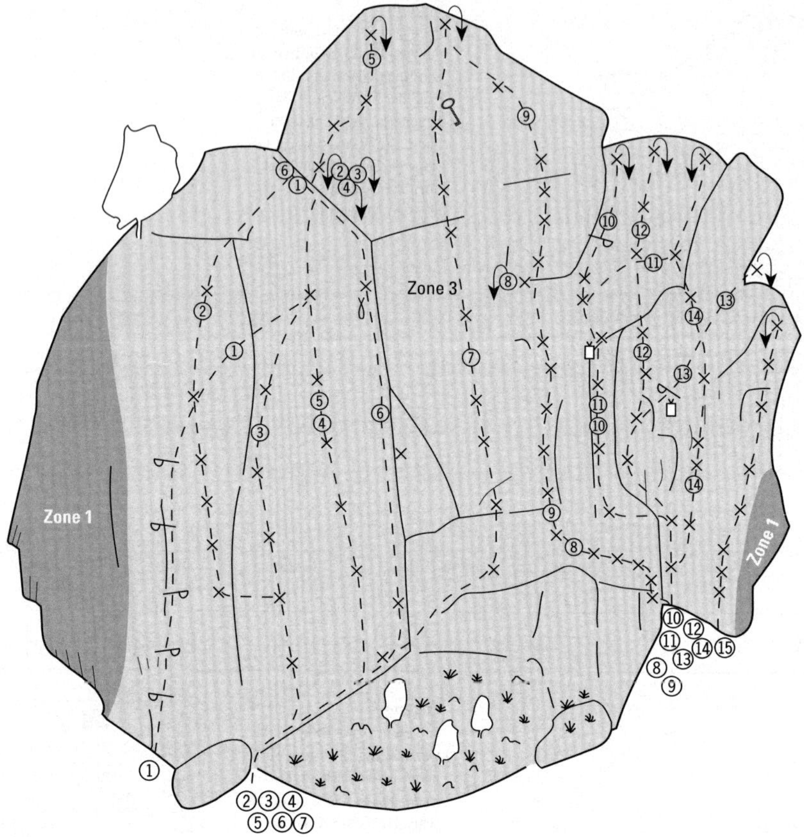

Zugang

1 km talaufwärts von Rabeneck gegenüber vom Gasthof Krems parken. Auf der orographisch linken Talseite auf Schotterweg talaufwärts und bei markantem Überhang rechts hoch zur Wand.

Besonderheit

Großzügige Linien in gutem, manchmal wasserzerfressenen Fels. In den Achtzigern waren Martin Grulich und Uli Glawe an der Wand aktiv (④, ⑤ und ⑥), neuerdings hat Burkhard Müller *(»Burki«)* den Fels um einige lohnende Routen bereichert (②, ⑧, ⑨, ⑫, ⑭ und ⑮) und alte Routen saniert.
In den rechten *(westl.)* Wandteil kommt nachmittags die Sonne, abends dann auch in die *(nordwestl.)* Hauptwand.
Das Cafe Krems hat eine schöne Sonnenterasse.

① Heinz Engelbrecht Ged.-Weg . . .	8 -
② mfg Burki	7 +
③ Zoff.	7 +
④ Siebter Sinn.	7 +
⑤ Bülter's Erben.	8 -
⑥ Nordwestwand	6 -
⑦ Das letzte Hemd	8 +
⑧ Don Colodri Baumann	6 +
⑨ Das Ende der Gemütlichkeit . . .	8 +
⑩ Westkante linker Ausstieg	6 +
⑪ Westkante rechter Ausstieg	6
⑫ No Chance for Klemmkeil-Manni	7 +
⑬ Alter Weg.	5 +
⑭ Café Krems im Rücken	7 -
⑮ Konkaves Geheimnis.	8-/8

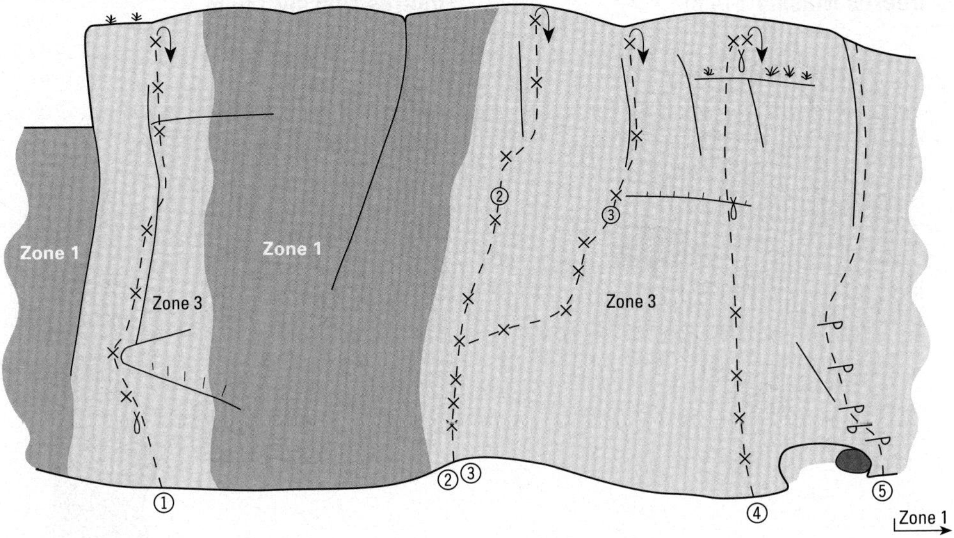

① ?	9 -	
② SMS	10 -	
③ Stradivari	10	
④ *Projekt*		
⑤ Jungfernriss	a1	

Zugang
Der Jungfernriss ist die linke der beiden gut sichtbaren Südostwände links der Straße vom Gasthof Krems zur Pulvermühle, unterhalb ist eine kleine Parkbucht . Auf der Straße 120 m talabwärts, dann rechts Pfad hoch zu den Felsen.

Besonderheit
Überhängender und kleingriffiger Fels. »SMS« und »Stradivari« sind sehr lohnende Ausdauerrouten von Milan Sykora (2000).
Bis zum frühen Nachmittag ist die Südostwand sonnig.

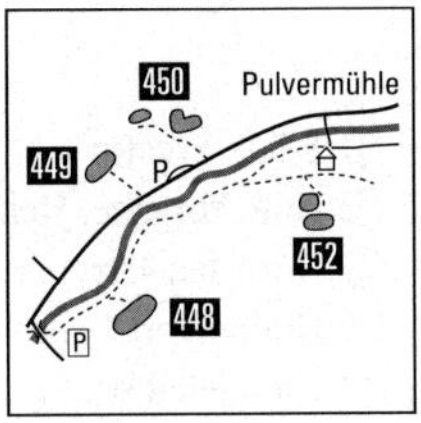

Pulvermühle
448 Dooser Wand
449 Jungfernriss
450 Gockerlwand
451 Pulverfass
Übersichtskarte 2 *(S. 16)*
Übersichtskarte 3 *(S. 17)*

450 Gockerlwand

14 - 16 m | SO

Oberes Massiv | 14 m

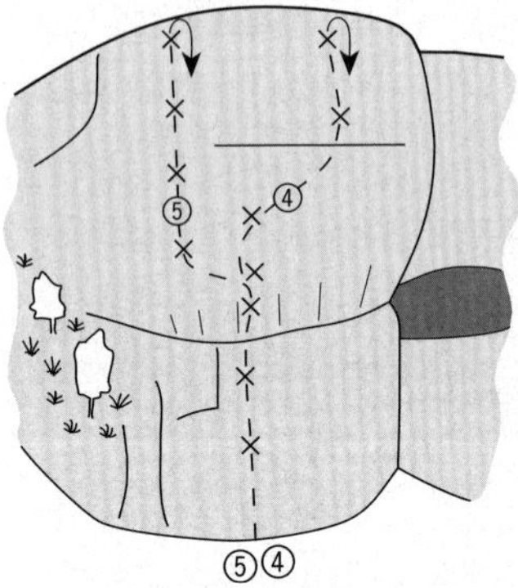

Unteres Massiv | 16 m

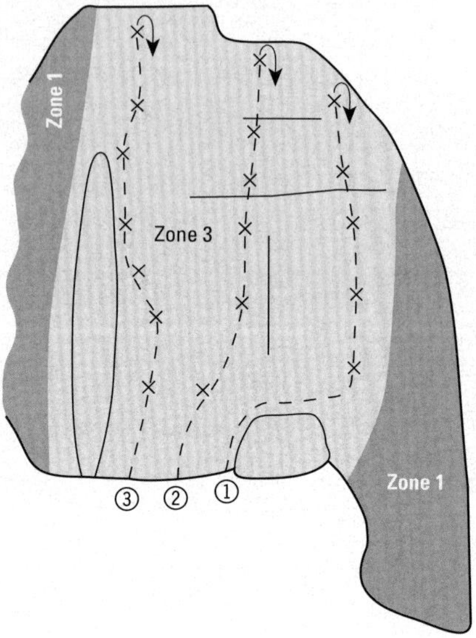

① Wilde Kreatur	8+	
② Gute Vorgabe, Herr Kaplan	8	
③ Nutz den Tag	8+	
④ Höllenfahrt	9	
⑤ Himmelfahrt	9-	

Zugang

Die rechte der beiden gut sichtbaren Südostwände links der Straße vom Gasthof Krems zur Pulvermühle, unterhalb ist eine kleine Parkbucht . 50 m talaufwärts der Parkbucht gelangt man durch Buschwerk auf Steigspuren in 3 min zu den Felsen.

Besonderheit

Wie das Pulverfass ist dies eine von Stefan Löw erschlossene Wand.
Bis zum frühen Nachmittag sind die Felsen sonnig.

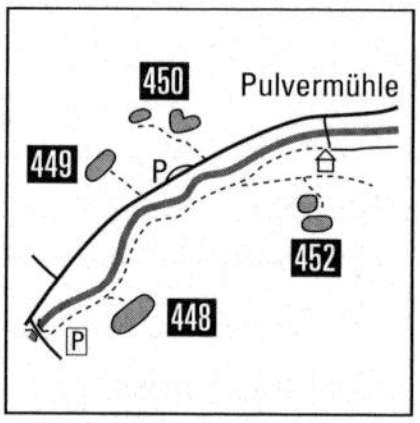

Pulvermühle
448 Dooser Wand
449 Jungfernriss
450 Gockerlwand
451 Pulverfass
Übersichtskarte 2 *(S. 16)*
Übersichtskarte 3 *(S. 17)*

Pulverfass

| 10 - 16 m | N + O **451**

Turm | Talseite | 16 m | N

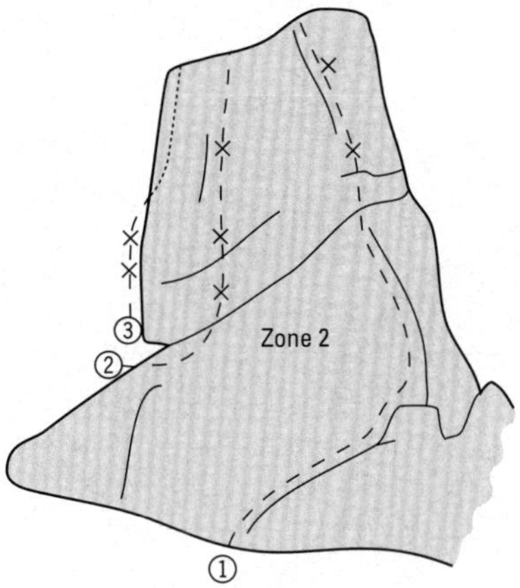

Turm | Ostwand | 10 m

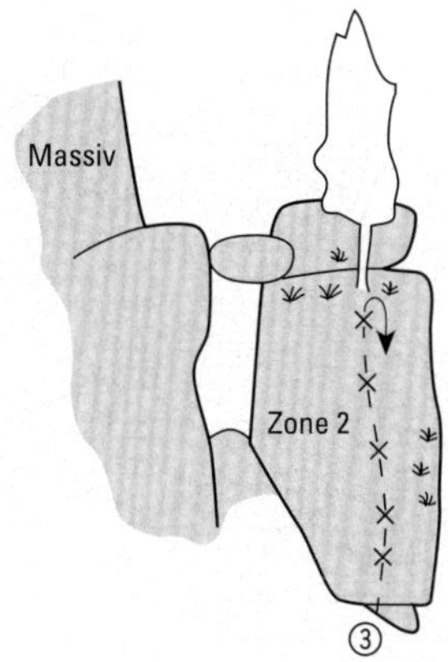

Massiv | 16 m | N

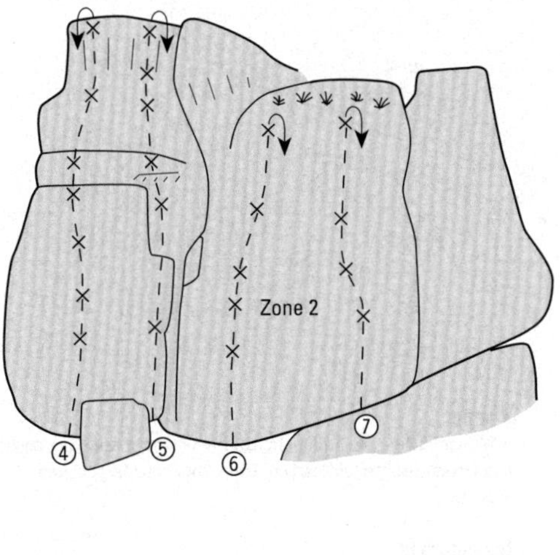

Zugang

Parken bei der Pulvermühle (Parkplatz direkt an der Hauptstraße). Über die Wiesent und auf einem Schotterweg kurz talabwärs, bis scharf links eine Fuhre abzweigt. Dieser folgt man, bis man rechts oben die Wand erblickt.

Besonderheit

Meist kleingriffige Wandkletterei.
Stefan Löw hat am Massiv oberhalb des Turms noch einige schöne Wege erschlossen.

① Verschossenes Pulver	8-
② ?	8-
③ Drunter, drauf und rüber	9
④ Ein cooler Tip....	8-
⑤ ...für kühle Tage	7+
⑥ Keine Macht für Niemand	6+
⑦ 1. Mai	7/7+

Freistein

20 m | W

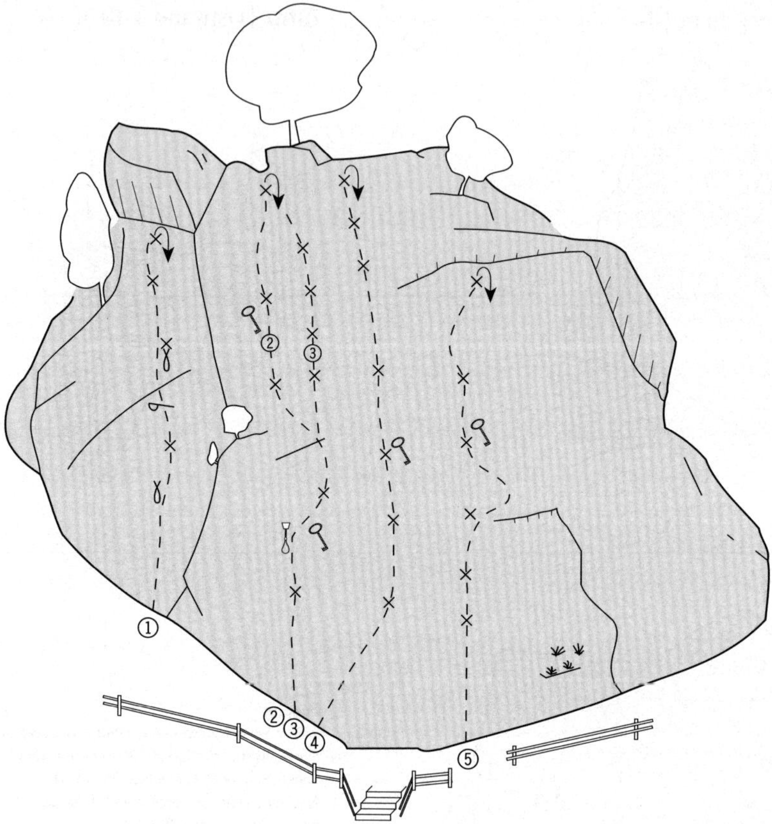

① Halluzination	8 -	
② Startbahn West	8 +	
③ The Titty Twister	9 +	
④ Break Free	9 -	
⑤ Unter Geiern	9 -	

Zugang

In Waischenfeld in Richtung Kirchahorn/A9 fahren und kurz nach dem Ortsausgangsschild parken. Links über eine Treppe zum Freistein.

Besonderheit

Am Freistein herrscht kleingriffige Plattenkletterei vor. Die Wand wird nur richtig sonnig, wenn kein Laub auf den Bäumen ist.

Moby Dick

☼ | 7 m | SW **453**

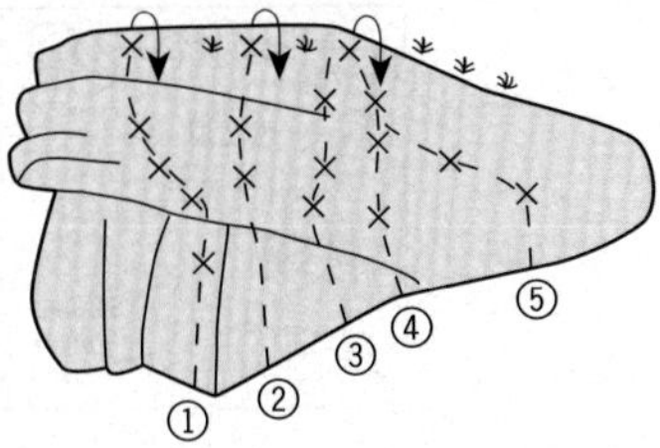

① Medusa 10-/10
② Coffin Surfer 9-
③ Moby Dick .... 9+/10-
④ *Projekt* ....
⑤ Mit Nasenbluten Hai Entgegenschwimmer 9-/9

Zugang
In Waischenfeld in Richtung Kirchahorn/A9 fahren und kurz nach dem Ortsausgangsschild parken. Links über eine Treppe zum Freistein und links an ihm vorbei auf gutem Weg 100 m weiter. Scharf rechts, nach 40 m führt ein Pfad den Hang hinauf zu dem überhängenden Block.

Besonderheit
Kurze Routen in steilem und relativ glatten Fels.

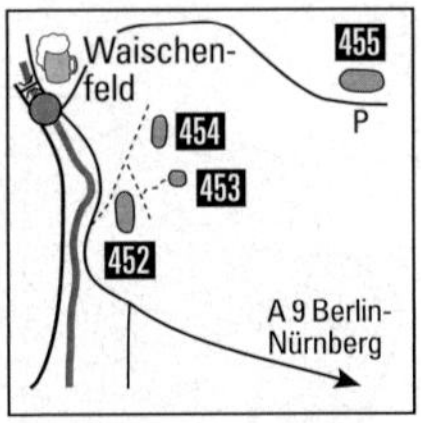

Waischenfeld/Nankendorf
452 Freistein
453 Moby Dick
454 Kindergarten
455 Waischenfelder Turm
Übersichtskarte 2 *(S. 16)*
Übersichtskarte 3 *(S. 17)*

Kindergarten

☼ | 17 m | W **454**

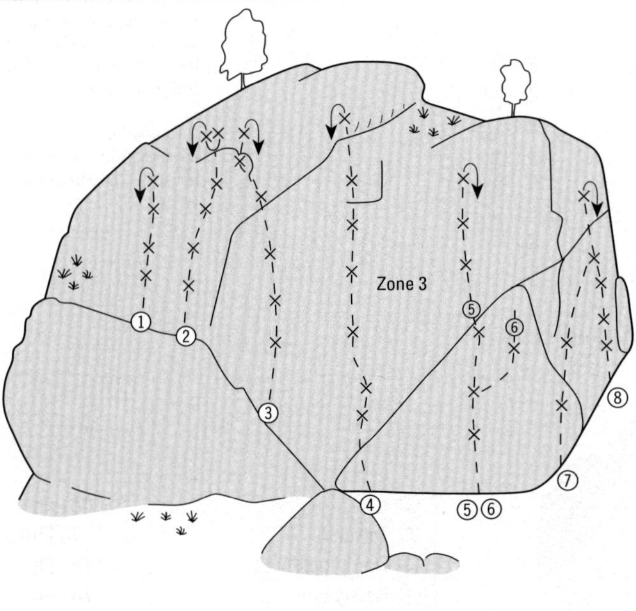

Zugang
In Waischenfeld in Richtung Kirchahorn/A9 fahren und kurz nach dem Ortsausgangsschild parken. Links über eine Treppe zum Freistein und links an ihm vorbei auf gutem Weg 150 m weiter zum Kindergarten.

Besonderheit
Senkrechte, kleingriffig Wandkletterei gewürzt mit kleinen Überhängen. Die Touren sind recht gut gesichert.

① Peterchens Mondfahrt 8-
② Friedhof der Kuscheltiere ..... 8+/9-
③ Kellerassel .... 8+
④ Biene Maja .... 8+
⑤ Kinderturnen 9
⑥ *Projekt* ....
⑦ Lustmolch .... 9+/10-
⑧ Raupe Nimmersatt 8

455 Waischenfelder Turm

☼ | 15 m | S

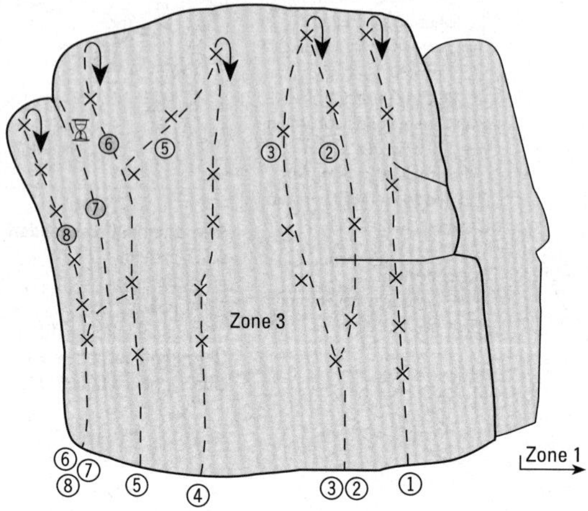

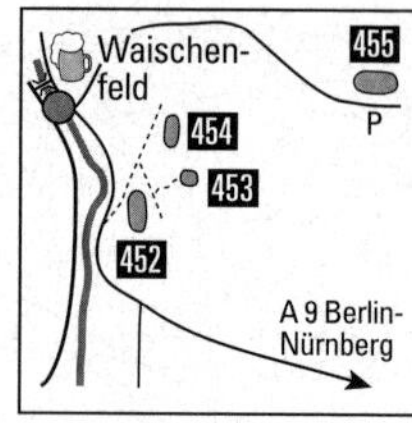

Waischenfeld/Nankendorf
452 Freistein
453 Moby Dick
454 Kindergarten
455 Waischenfelder Turm
Übersichtskarte 2 *(S. 16)*
Übersichtskarte 3 *(S. 17)*

Zugang
Von Waischenfeld in Richtung Zeubach fahren. 500 m vor Zeubach (1 km nach Waischenfeld) steht links der Straße die freistehende Felsgruppe. Etwas weiter rechts vom Hauptmassiv befindet sich die Waischenfelder Boulderwand (Bewertungen dort nach Fontainebleau-Skala).

Besonderheit
Lohnende Wandkletterei in festem, leicht überhängenden Fels.

① Alptraum	8
② Niemandsland	8+
③ ?	9+
④ ?	9
⑤ Jahrgang 41	9-
⑥ ?	8+/9-
⑦ Variante	6+
⑧ Tatort	8

Waischenfelder Boulderwand | 6 m

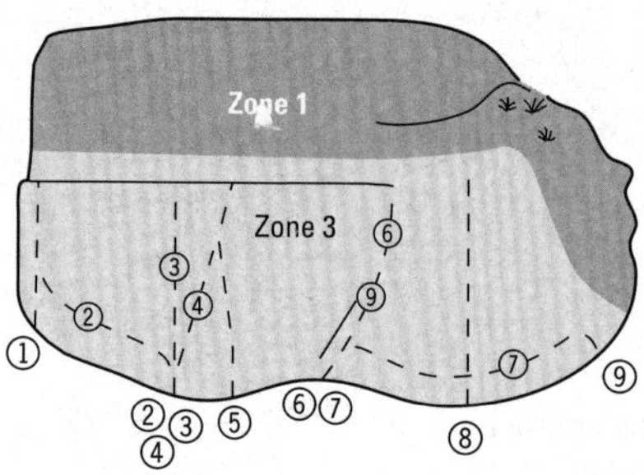

① ?	6c+ Fb
② Traverse	7b Fbtr
③ Don't look back	7a+ Fb
④ Beasty boy	7b+ Fb
⑤ Radamahada	8a Fb
⑥ Rampino	7c Fb
⑦ Tanz des Armlahmens	7c(+) Fbtr
⑧ Matalego	7b+ Fb
⑨ Coxa distorta	8a+ Fbtr

Linke Wand | 7 m

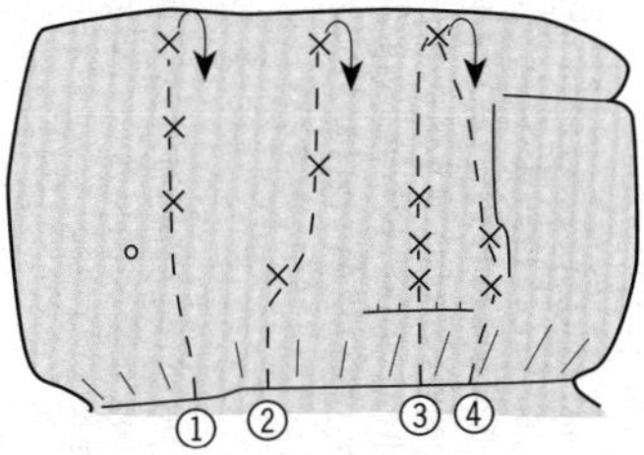

Zugang

Zwischen Waischenfeld und Plankenfels zweigt 600 m nach Ortsende Waischenfeld eine Straße nach Breitenlesau ab, 30 m neben der Abzweigung in Parkbucht parken. Auf Wanderweg parallel zur Hauptstraße 130 m talabwärts, dann bei Gabelung rechts und noch 160 m weiter. Auf Steigspuren rechts den steilen Hang hinauf zum linken Wandteil. 100 m weiter rechts *(nordwestlich)* liegt der größere rechte Wandteil.

Besonderheit

Senkrechte bis leicht überhängende Kletterei an kleinen Leisten und Löchern in kompaktem, schwarzen Plattenkalk.

Rechte Wand | 17 m

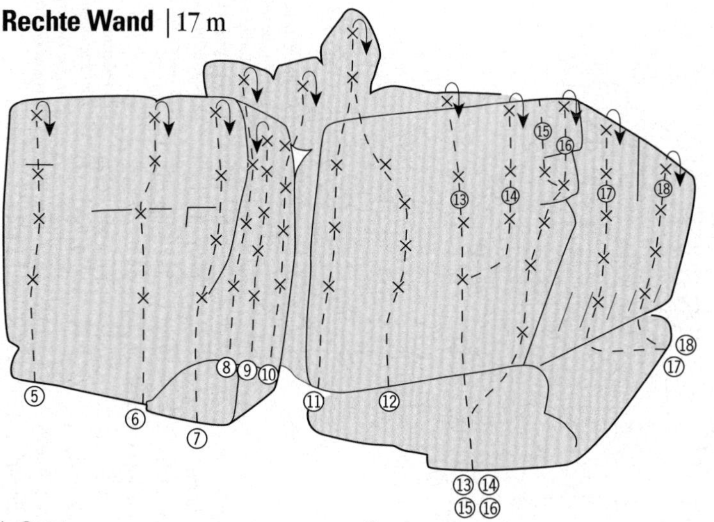

① Léon .... 8+
② *Projekt* ....
③ *Projekt* ....
④ Tiriliflüt 9-
⑤ *Projekt* ....
⑥ Ajungilak 8
⑦ Neugieri .... 8+
⑧ Azrael 9-/9
⑨ R Quadrat .... 9+
⑩ Enflux Nerveux .... 9+/10-
⑪ ? 7
⑫ Schlüsselloch 8
⑬ Schlaumi 9-
⑭ Schlumpfine 9
⑮ *Projekt* ....
⑯ König der Schlüpfe 10-/10
⑰ Kraftzwerg .... 8+
⑱ *Projekt* ....

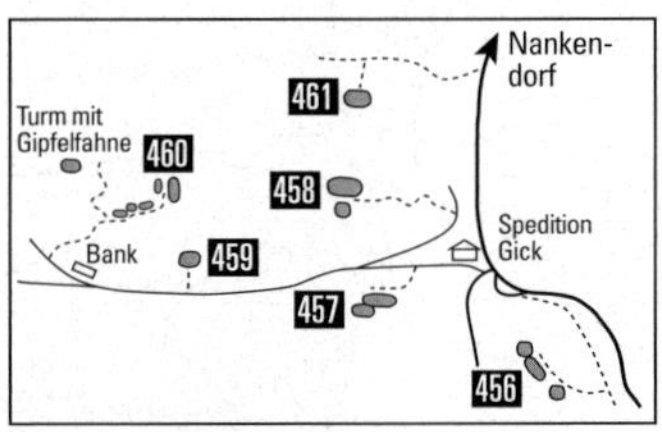

Waischenfeld/Nankendorf

456 Schlumpfendorf
457 Harry Potter Ged.-Wand
458 Clubbwall
459 Zellwand
460 Terrarium
461 Andeltodrom
Übersichtskarte 2 *(S. 16)*
Übersichtskarte 3 *(S. 17)*

457 Harry Potter Ged.-Wand

| 15 m | N

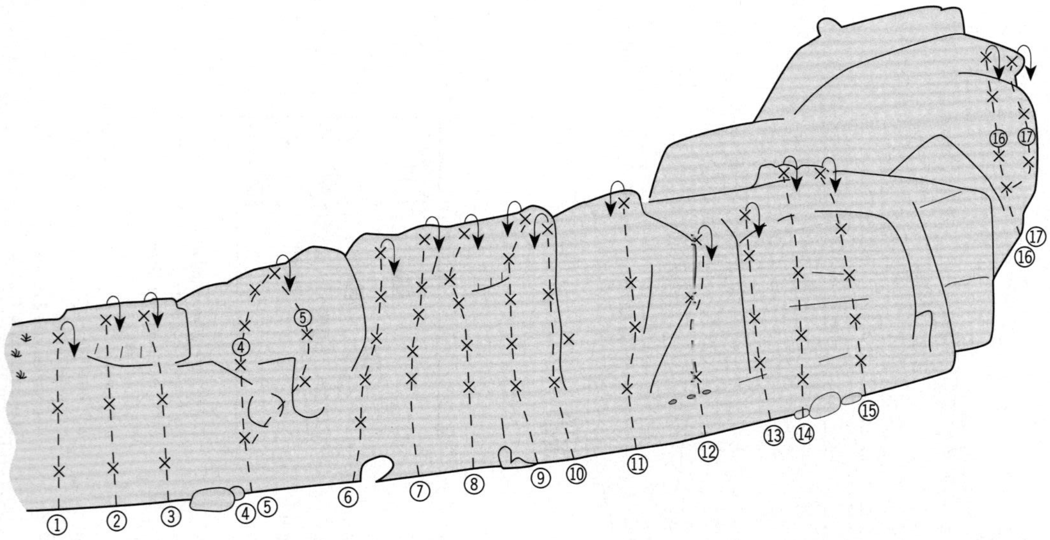

①	Duddley	8+/9 -
②	Petunia	8 -
③	Vernon	7 +
④	Der Stein der Weisen	6 -
⑤	Die Kammer des Schreckens	6 +
⑥	Muggel	6 +
⑦	Dumbledore	7 +
⑧	Duweißtschonwer	8
⑨	Hogwarts (*Projekt*)	
⑩	Hagrid	8
⑪	Slytherin	9 -
⑫	Quidditch	9 -
⑬	Der goldene Schnatz	7 +
⑭	Dr. Snape	9
⑮	Voldemort	7+/8 -
⑯	Enya (*Projekt*)	
⑰	Hufflepuff	7+/8 -

Zugang
Zwischen Waischenfeld und Plankenfels zweigt 600 m nach Ortsende Waischenfeld eine Straße nach Breitenlesau ab, 30 m neben der Abzweigung in Parkbucht parken. Bei der Abzweigung in Richtung Breitenlesau und gleich rechts auf Forststraße kurz in kleinem Tal hinauf. Nach 50 m *(gleich nach den ersten Bäumen)* links Graben überqueren und gegenüber zur Harry Potter Ged.-Wand.

Besonderheit
Kühles Sommermassiv, das von Helmut Andelt erschlossen wurde. Da die Routen alle noch recht neu sind, muss der Fels noch etwas abgeklettert werden.

Clubbwall

| 14 m | SO **458**

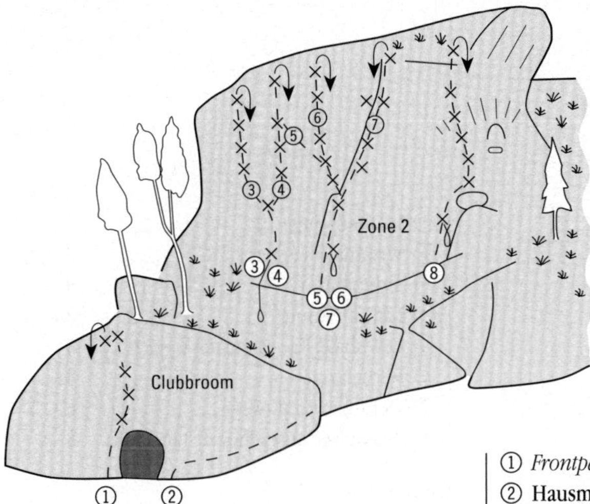

Zugang
Zwischen Waischenfeld und Plankenfels zweigt 600 m nach Ortsende Waischenfeld eine Straße nach Breitenlesau ab, 30 m neben der Abzweigung in Parkbucht parken. Bei der Abzweigung in Richtung Breitenlesau und gleich rechts auf Forststraße in kleinem Tal hinauf. Man sieht bereits oben am Hang die Felsen. Nach gut 100 m scharf rechts auf Forstweg abbiegen und nach weiteren 100 m links auf Pfad einen steilen Hang queren zu den Felsen.

Besonderheit
Die steilen und löchrigen Klettereien sind sehr gut gesichert. Der freistehende Fels ist nur in der ersten Tageshälfte sonnig.

① *Frontpage (Projekt)*	
② Hausmusik (*Traverse*)	8+
③ Chillout Zone	8
④ VIP-Lounge	9-
⑤ Hyper Trophy	8+
⑥ Die Macht der Nacht	8+
⑦ Crystal	10-
⑧ Kassiopeia	10

Zellwand

| 8 m | S **459**

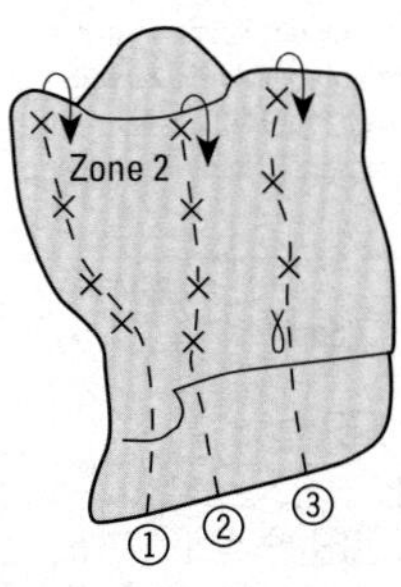

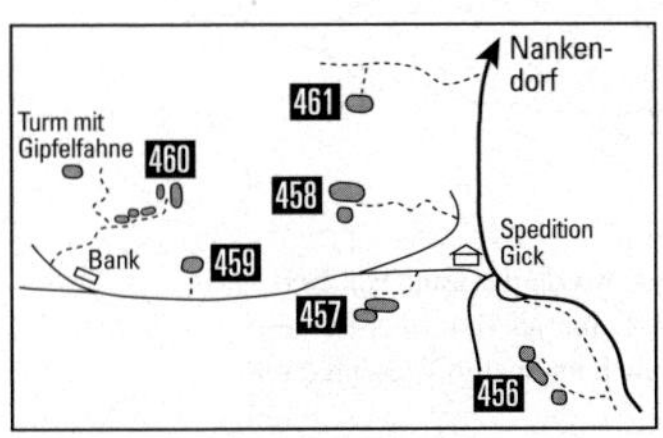

Waischenfeld/Nankendorf
456 Schlumpfendorf
457 Harry Potter Ged.-Wand
458 Clubbwall
459 Zellwand
460 Terrarium
461 Andeltodrom
Übersichtskarte 2 *(S. 16)*
Übersichtskarte 3 *(S. 17)*

Zugang
Zwischen Waischenfeld und Plankenfels zweigt 600 m nach Ortsende Waischenfeld eine Straße nach Breitenlesau ab, 30 m neben der Abzweigung in Parkbucht parken. Bei der Abzweigung in Richtung Breitenlesau und gleich rechts auf Forststraße in kleinem Tal hinauf. Rechts oben ist die Clubbwall zu sehen. Geradeaus weiter, an Abzweigung vorbei und nach 250 m rechts hoch zu dem gut sichtbaren kleinen Felsen, der 50 m oberhalb des Weges steht.

① Gummizelle	8
② Diffusion	9-
③ Inhaftiert	8+/9-

460 Terrarium

| 7 m | W

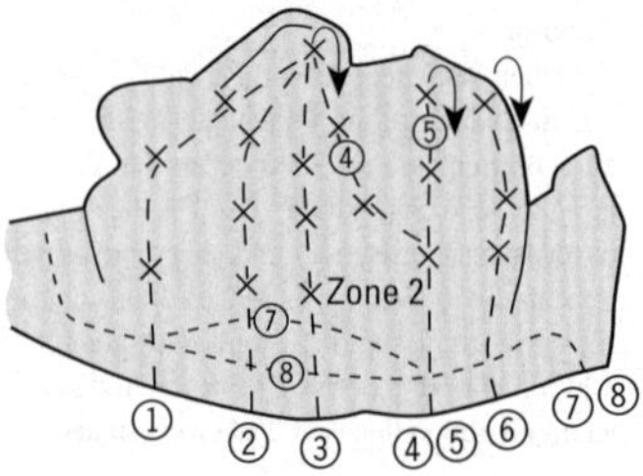

Zugang
Zwischen Waischenfeld und Plankenfels zweigt 600 m nach Ortsende Waischenfeld eine Straße nach Breitenlesau ab, 30 m neben der Abzweigung in Parkbucht parken. Bei der Abzweigung in Richtung Breitenlesau und gleich rechts auf Forststraße in kleinem Tal hinauf. Dem Weg folgen bis zu einer Gabelung mit Bank. Hier rechts auf Trampelpfad 50 m den Hang hoch . Der Pfad gabelt sich. Nun nicht weiter hoch, sondern rechts haltend auf Steigspuren unter den Blöcken vorbei und leicht ansteigend zum Felsen.

① Kantenhangel	7+
② Wishing on a Star	9-
③ Monokultur	9+
④ Längste Route	8+
⑤ O.W. bald Kai, Paulchen mehr?	8
⑥ Wirbelsäule	8-
⑦ Oettinger Ged.-Weg	8+
⑧ Zeitweiser Ausnahmezustand (ZA)	8-

Besonderheit
Kleiner, überhängender Felsen. Der Platz darunter ist sonnig und windgeschützt, deshalb eignet er sich gut für die kalte Jahreszeit.

461 Andeltodrom

| 10 m | N

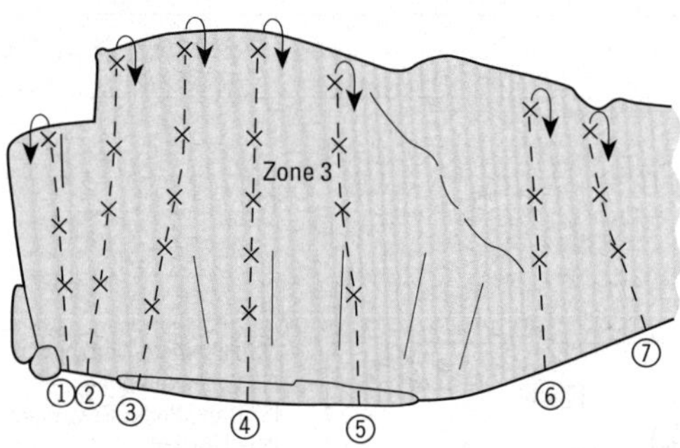

Besonderheit
Wie der Name bereits vermuten lässt, wurde die Wand von Helmut Andelt eingerichtet, der sich nicht nur als »Hausmeister des Ziegenfelder Tals« betätigt, sonder auch im oberen Wiesenttal seine Spuren hinterlässt.

① Mugamba	7-
② Hatari	8-
③ Jumanji	9
④ Hakuna madada	9+
⑤ Cumbawumba	9
⑥ Kauabouga	8
⑦ Kimballa	7

Zugang
Zwischen Waischenfeld und Plankenfels zweigt 600 m nach Ortsende Waischenfeld eine Straße nach Breitenlesau ab, 30 m neben der Abzweigung in Parkbucht parken *(keinesfalls talaufwärts in der Wiese!)*. Auf der Straße weiter in Richtung Nankendorf und nach 450 m links über eine Wiese hinauf. Auf Pfad im Wald 150 empor und links Steigspuren zum Fels folgen.

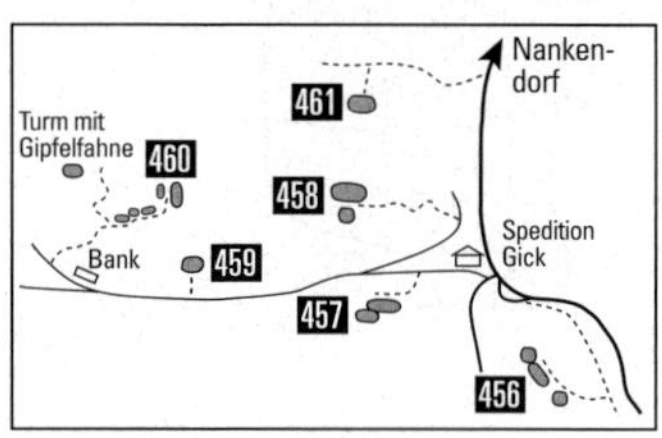

Waischenfeld/Nankendorf
456 Schlumpfendorf
457 Harry Potter Ged.-Wand
458 Clubbwall
459 Zellwand
460 Terrarium
461 Andeltodrom
Übersichtskarte 2 *(S. 16)*
Übersichtskarte 3 *(S. 17)*

Nankendorfer Block

18 m | W 462

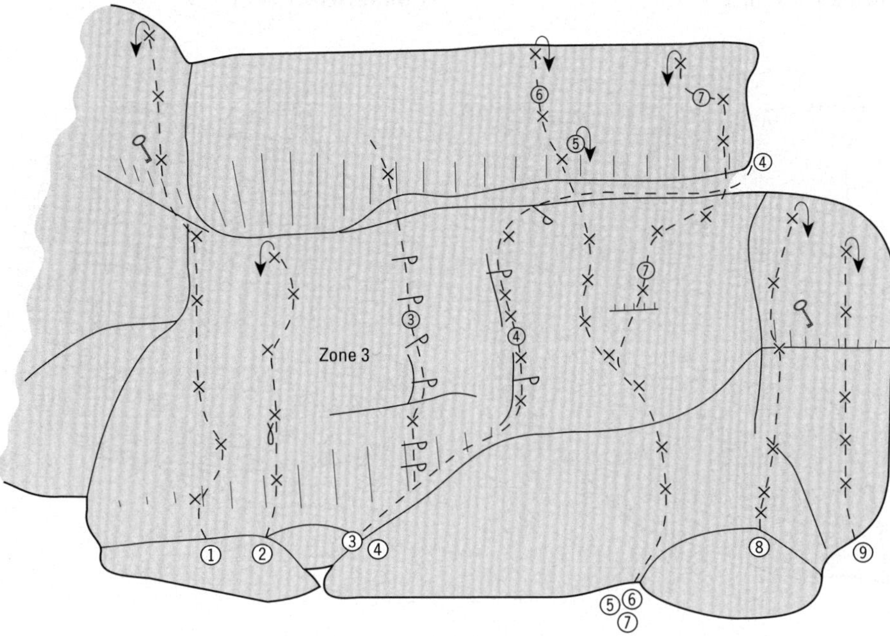

Zugang

Der Nankendorfer Block steht am nördlichen Ortsausgang von Nankendorf oberhalb der Straße.

Besonderheit

Das markante Dach könnte eine Herausforderung für zukünftige Generationen sein, die in neue Schwierigkeitsgrade vorstoßen wollen. Ansonsten gibt es lohnende Routen im 8. und 9. Grad vom Altmeister Löw. Nachmittags kommt die Sonne in die Wand.

① Grabscher	9	
② Drachentöter	9-	
③ *Projekt*		
④ Nankendorfer Weg	7+/8-	
⑤ Ni fu ni fa	9-	
⑥ *Projekt*		
⑦ Südtiroler Bauernspeck	9-/9	
⑧ Ein Sommertag	8+	
⑨ Schablone	8+	

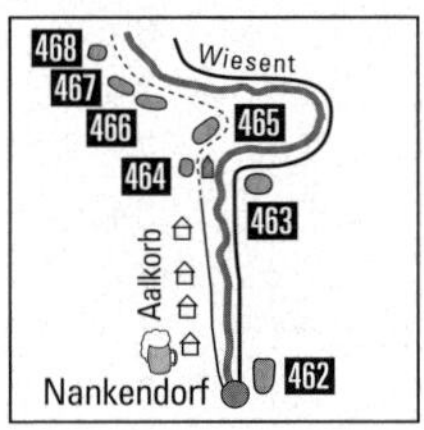

Nankendorf
462 Nankendorfer Block
463 Loreley und Ponderosa
464 Geckofels
465 Aalkorber Wände
466 Mader Ged.-Wand
467 Rupertuswand
468 Spasswand
Übersichtskarte 2 *(S. 16)*
Übersichtskarte 3 *(S. 17)*

463 Loreley und Ponderosa

14 - 16 m | S + W

Loreley | 16 m | S

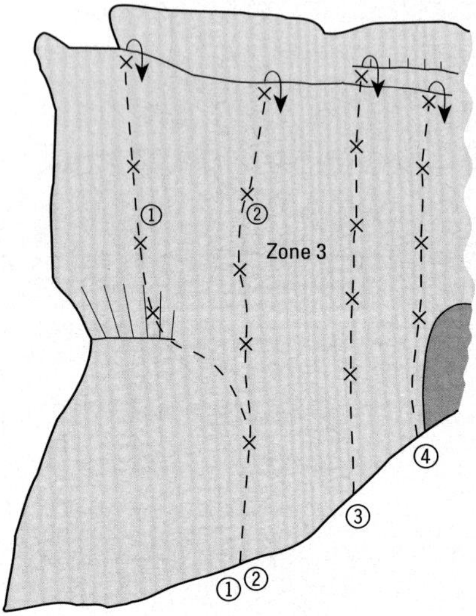

Ponderosa | 14 m | W

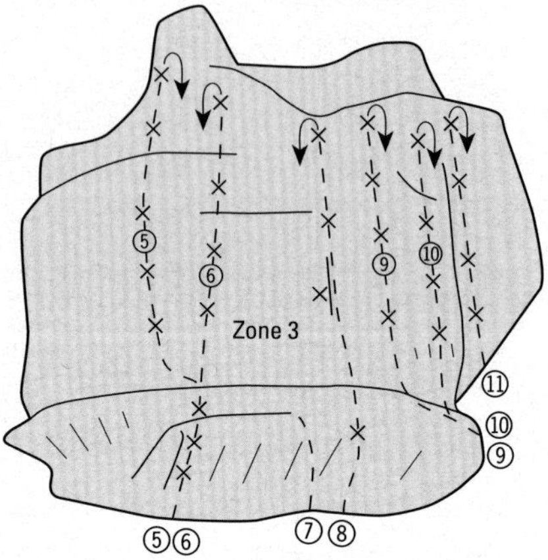

① Powerplay	9	
② Fastenzeit	8	
③ Kalypso	8+	
④ Band on the Run	7+	
⑤ Ruhig Brauner	8-	
⑥ Bonanza	7+	
⑦ April	7	
⑧ Der dicke Hoss	8+	
⑨ Little Joe	8-	
⑩ Hop Sing	7	
⑪ Feuer Frei	6-	

Zugang

Von Nankendorf in Richtung Plankenfels fahren. 900 m nach dem Ortausgangsschild Nankendorf links der Straße auf Schotterparkplatz parken. 200 m auf der Straße weiter, bis rechtsWandfuß der Loreley bis zur Straße herunter reicht. Steil hoch zur Loreley und kurz nach rechts zum Ponderosa.

Besonderheit

Die Felsen sind zwar in der 2. Tageshälfte zur Sonne ausgerichtet; durch die nahen Bäume ist der Sonnenschein aber stark von der Belaaubung abhängig.

Geckofels

| 12 - 25 m | S + O 464

Ostwand | 25 m

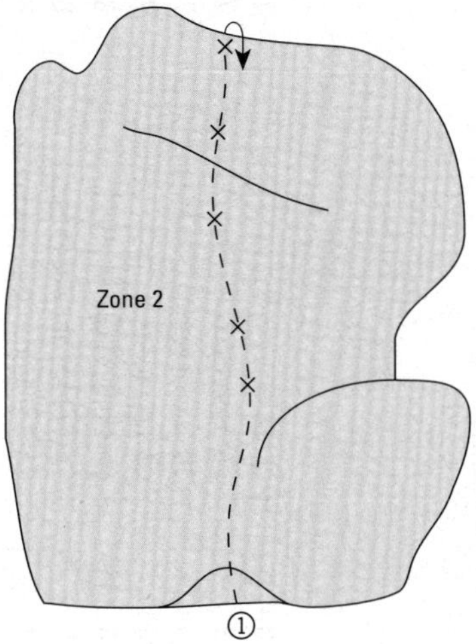

Südwand | 12 m

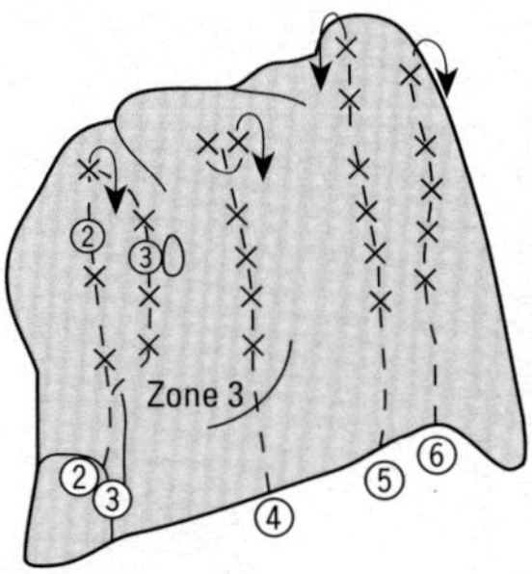

Sperrung
Wegen Vogelschutz von 1.2. - 15.7.

① Pepi	7
② Traumpfad	9+
③ Love Sucks	9
④ Das 5. Element	10-/10
⑤ Rosenstolz	8+
⑥ Harvest of Thorns	8-

Zugang
In Nankendorf nach Aalkorb abbiegen. Am Ende der Ortschaft parken. Zu Fuß weiter talaufwärts, nach 300 m steht links des Weges der Gecko-Fels und gleich danach die Aalkorber Wände. Zur Südwand des Gecko-Fels führt ein Pfad kurz vor der Ostwand hinauf.

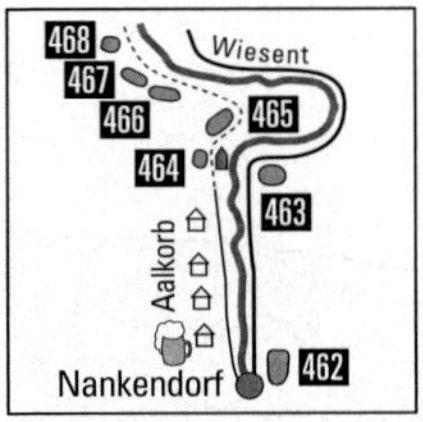

Nankendorf
462 Nankendorfer Block
463 Loreley und Ponderosa
464 Geckofels
465 Aalkorber Wände
466 Mader Ged.-Wand
467 Rupertuswand
468 Spasswand
Übersichtskarte 2 *(S. 16)*
Übersichtskarte 3 *(S. 17)*

465 Aalkorber Wände („Freudenhaus“)

10 - 18 m | SO

Zugang
In Nankendorf nach Aalkorb abbiegen. Am Ende der Ortschaft parken. Zu Fuß weiter talaufwärts, nach 300 m befindet sich links des Weges der Gecko-Fels. Kurz danach stehen links des Weges die Aalkorber Wände.

Besonderheit
Meist handelt es sich um leicht überhängende Kletterei an löchrigem Fels; etwas übertrieben abgesichert.

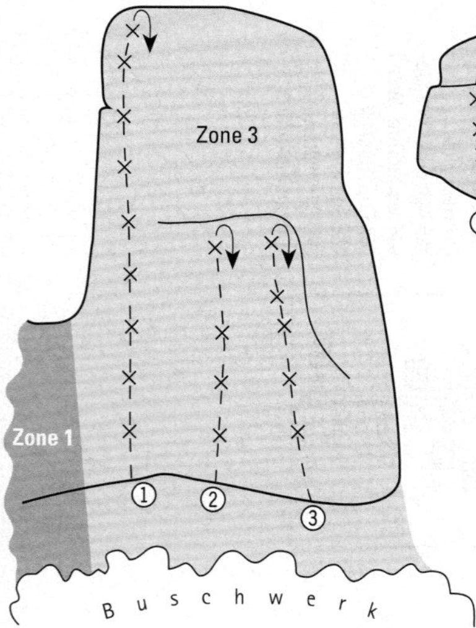

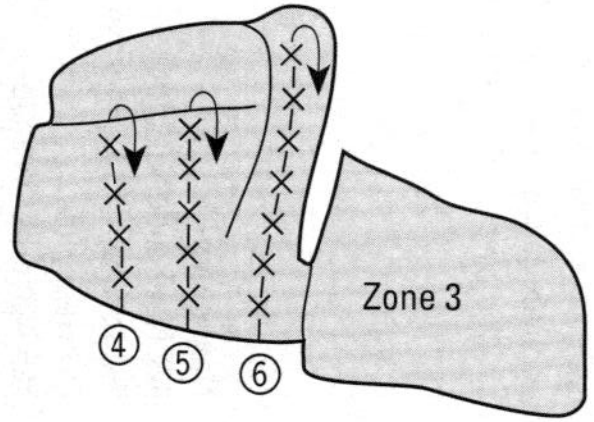

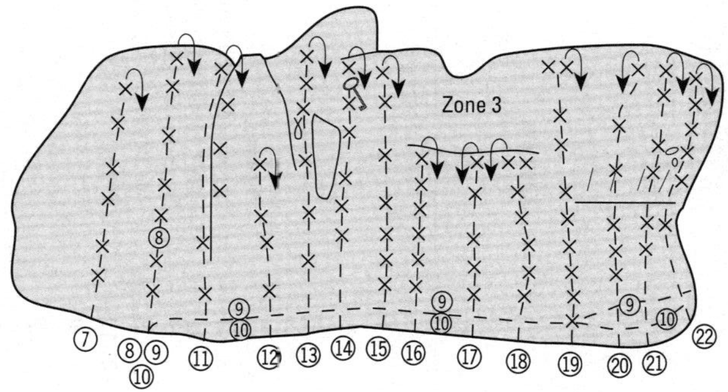

① Bondage 9-
② Früchte des Zorns 9-
③ Wild at heart 10-
④ Puffreis .... 9/9+
⑤ Silberne Sterne 10-/10
⑥ Rote Pumps 7
⑦ Via Rammler 7-
⑧ Vorspiel 7

⑨ Kraft der Sinne .... 8+
⑩ Kraft der Sinne direkt 9
⑪ Brummelschlitz .... 6+
⑫ Schönheitsideal .... 6+
⑬ Venusfalle 6
⑭ Jürgen Würgen 8
⑮ Ejakulation 8

⑯ 80 C .... 7+
⑰ Sackgesicht .... 7+
⑱ Die Geigerin .... 7+
⑲ Emanuelle 7
⑳ Golden Ball .... 8+
㉑ Golden Shower Queen .... 8+
㉒ Brüllender Schlappschwanz .... 8+

Mader Ged.-Wand

| 25 m | N | 466

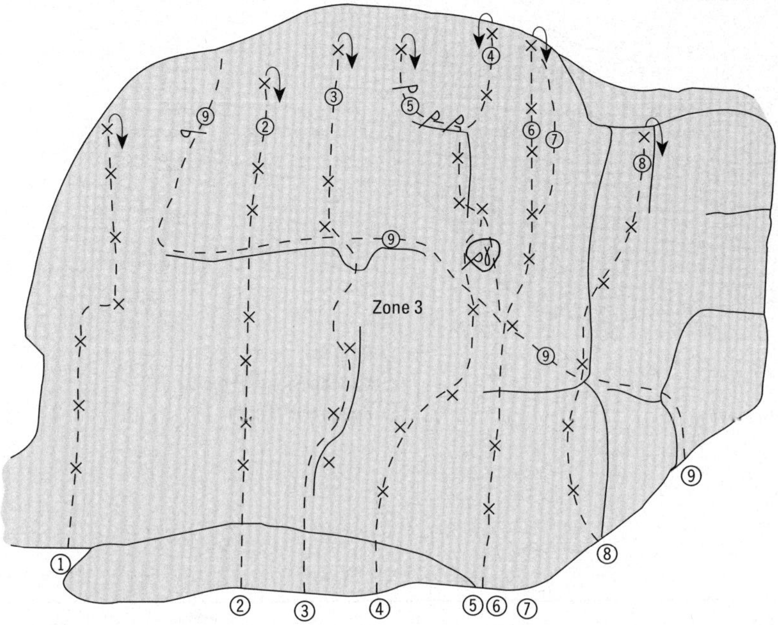

Zugang

In Nankendorf nach Aalkorb abbiegen. Am Ende der Ortschaft parken. Zu Fuß weiter talaufwärts, nach 300 m steht links des Weges der Gecko-Fels und gleich danach die Aalkorber Wände. 700 m nach dem Ortsende von Aalkorb steht links oben im Wald die Mader Ged.-Wand und rechts davon die Rupertuswand. Zur Spasswand geht man den Schotterweg noch 100 m weiter, dann scharf links auf Pfad hoch zu den Felsen.

① *Projekt*		
② Wish you were here	10 -	
③ Eisbär	9 -	
④ Zock	9/9 +	
⑤ Karl Reinwald Ged.-Weg	9 -	
⑥ Stalingrad direkt	9+/10 -	
⑦ Stalingrad	9 -	
⑧ Tempo 60	8	
⑨ Mader Ged.-Weg	a1/5	

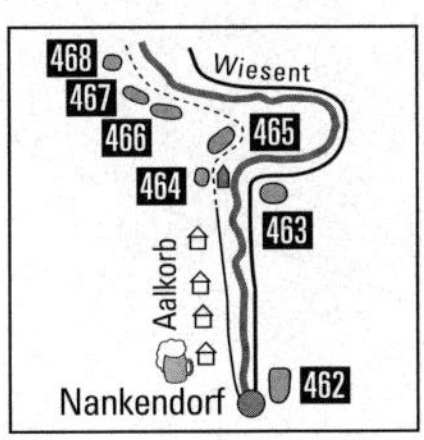

Nankendorf
462 Nankendorfer Block
463 Loreley und Ponderosa
464 Geckofels
465 Aalkorber Wände
466 Mader Ged.-Wand
467 Rupertuswand
468 Spasswand
Übersichtskarte 2 *(S. 16)*
Übersichtskarte 3 *(S. 17)*

Besonderheit

Großzügige Wege in schattiger, kühler Nordwand.

467 Rupertuswand

| 12 m | N

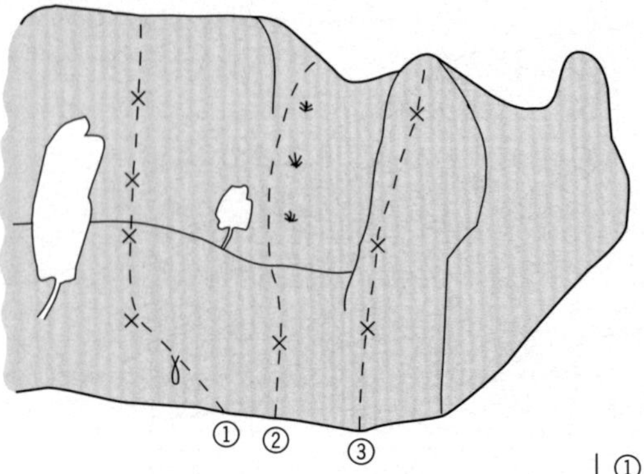

Zugang
Siehe unten bei Spasswand.

① *Projekt* . . . .
② Bleichgesicht *(Projekt)* . . . .
③ Regenzeit *(Keile)* 9-

468 Spasswand

| | 15 m | N

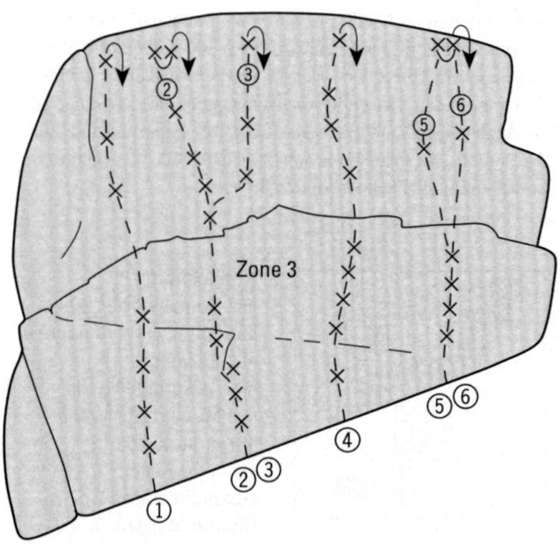

① Sheer Terror 11-
② Kobra 10-
③ *Projekt* . . . .
④ Kopfschmerzgenerator . . . . 9+/10-
⑤ *Projekt* . . . .
⑥ *Projekt* . . . .

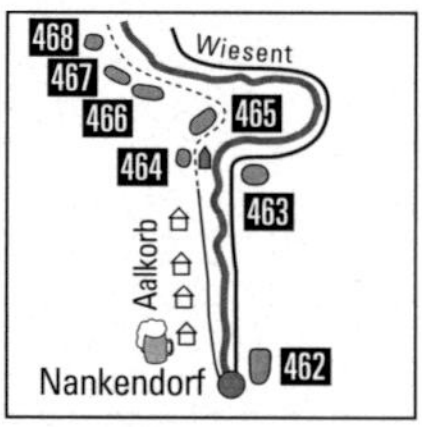

Nankendorf
462 Nankendorfer Block
463 Loreley und Ponderosa
464 Geckofels
465 Aalkorber Wände
466 Mader Ged.-Wand
467 Rupertuswand
468 Spasswand
Übersichtskarte 2 *(S. 16)*
Übersichtskarte 3 *(S. 17)*

Zugang
In Nankendorf nach Aalkorb abbiegen. Am Ende der Ortschaft parken. Zu Fuß weiter talaufwärts, nach 300 m steht links des Weges der Gecko-Fels und gleich danach die Aalkorber Wände. 700 m nach dem Ortsende von Aalkorb steht links oben im Wald die Mader Ged.-Wand und rechts davon die Rupertuswand. Zur Spasswand geht man den Schotterweg noch 100 m weiter, dann scharf links auf Pfad hoch zu den Felsen.

Besonderheit
Der Fels liegt kühl und dunkel im Wald. »Sheer Terror« (Bock 1999) ist im wahrsten Sinne des Wortes »Bock-hart«. Die künstliche Unterstützung von Griffen durch Sika stammt nicht vom Erstbegeher. Sein Kommentar zur Route: »Unten Boulder, oben 10-«.

Nordseite | 20 m

Sonnwendstein Plankenstein

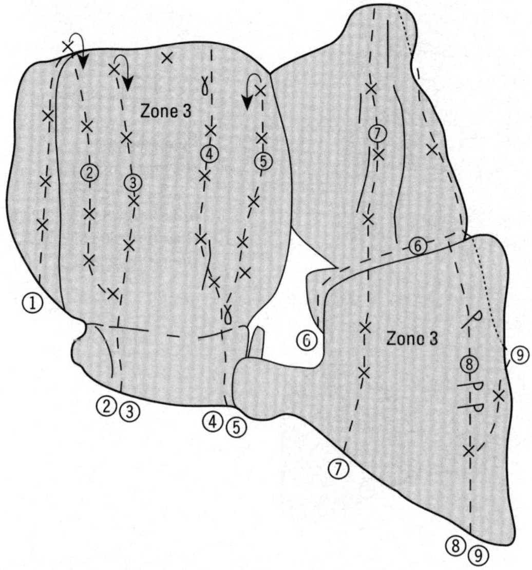

Talseite | 20 m

Plankenstein

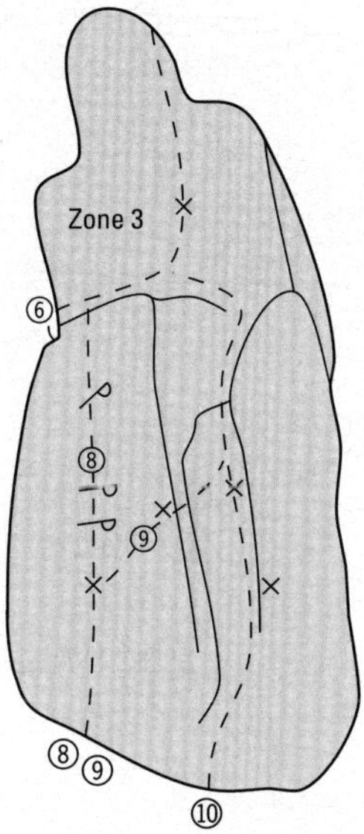

Mittlerer Sonnwendstein | 9 m | N

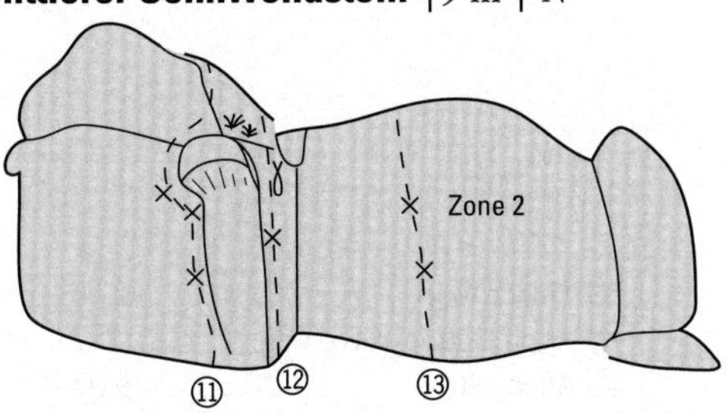

① Tagträumer 8
② Carcassone 9
③ Chicken Run .... 9+/10-
④ Bewegungslehrerseminar 9-/9
⑤ *Projekt* ....
⑥ Sonnwendschleife........... 6-
⑦ Labyrinth der Zeichen........ 8
⑧ Zeitvertreib................ 7
⑨ Alte Talseite................ 7-
⑩ Rechte Talseite 6-
⑪ Verschneidung.............. 6-
⑫ Mittlerer Weg............... 6+
⑬ Platte..................... 7+

Zugang

Auf der Straße von Plankenfels nach Bayreuth links abbiegen zum Ortsteil Plankenstein. Immer den Schildern »Plankenstein« folgen und parken, bevor die Straße in eine Fuhre übergeht. Dieser folgt man fast bis zum Aussichtspunkt. Kurz vorher geht rechts der Weg zu den Felsen hinab.

Besonderheit

Neben lohnenden Klassikern gibt es inzwischen auch viele moderne Routen. Oberhalb ist ein schöner Aussichtspunkt.

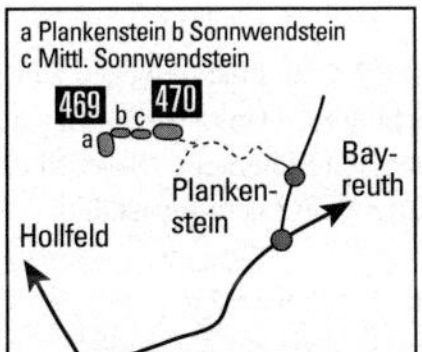

Plankenstein
469 Plankenstein und Sonnwendstein
470 Oberer Sonnwendstein
Übersichtskarte 2 *(S. 16)*
Übersichtskarte 3 *(S. 17)*

470 Oberer Sonnwendstein

12 - 30 m | N + W

Nordwand | 30 m

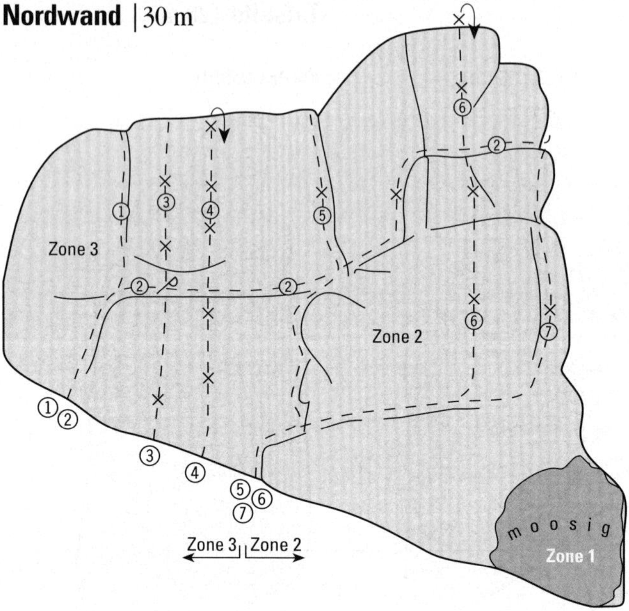

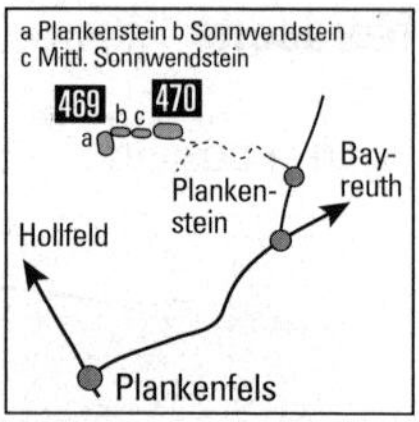

Plankenstein
469 Plankenstein und Sonnwendstein
470 Oberer Sonnwendstein
Übersichtskarte 2 *(S. 16)*
Übersichtskarte 3 *(S. 17)*

Westwand | 12 m

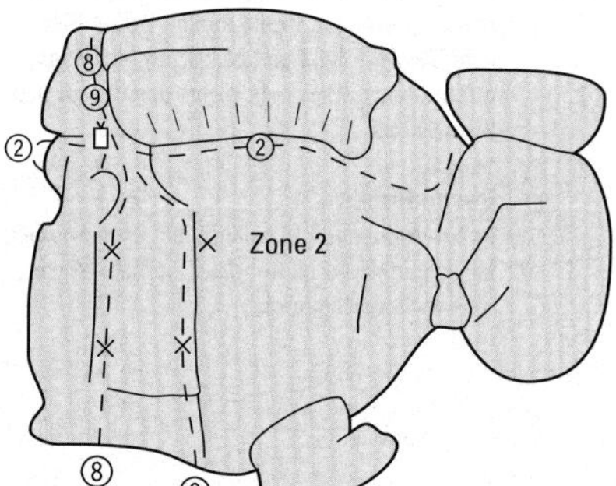

①	Linker Weg	e1/6 -
②	Adolf Göttner Ged.-Weg	7 -
③	Affengeil	e1/7 +
④	Diktatur *(oben moosig)*	8-/8
⑤	Bamberger Riss	6 -
⑥	Psychopath *(teilw. verwachsen)*	e1/7 +
⑦	Nordkante	7
⑧	Linker Westriss	6 +
⑨	Rechter Westriss	7 -

Zugang
Auf der Straße von Plankenfels nach Bayreuth links abbiegen zum Ortsteil Plankenstein. Immer den Schildern »Plankenstein« folgen und parken, bevor die Straße in eine Fuhre übergeht. Dieser folgt man fast bis zum Aussichtspunkt. Kurz vorher geht rechts der Weg zu den Felsen hinab.

Besonderheit
Neben lohnenden Klassikern gibt es inzwischen auch viele moderne Routen. Oberhalb ist ein schöner Aussichtspunkt.

Annastein

10 - 14 m | N + S

Bergseite | 10 m | N

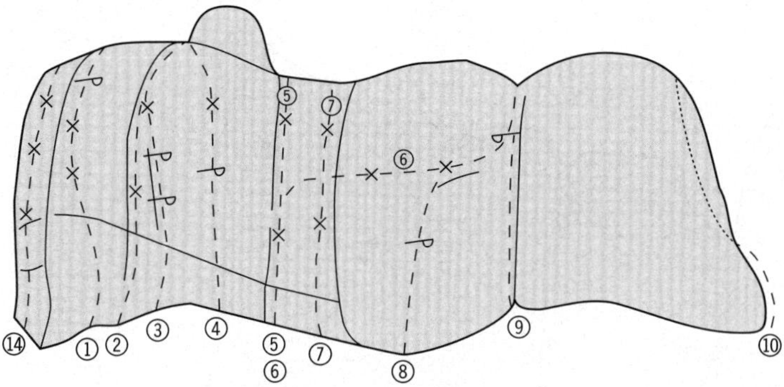

Talseite | 14 m | S

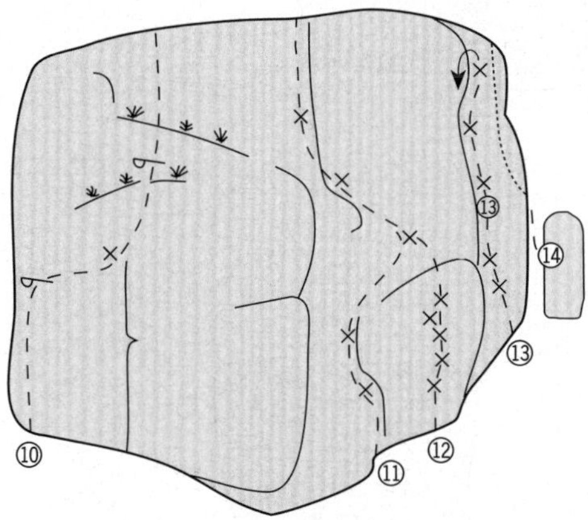

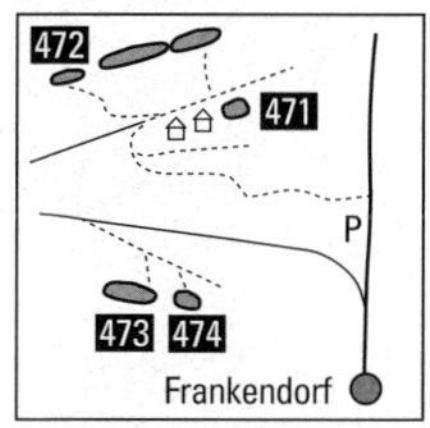

Frankendorf
471 Annastein
472 Annasteinseite
473 Dragoner
474 Kreuzerwand
Übersichtskarte 4 *(S. 18)*

① Nordwand 7-
② Nordriss 6-
③ Schmalzler 7
④ Death Trap 9-
⑤ Nordrisspur 7-
⑥ Schinderquergang .... a2/6+
⑦ Leponex 8-
⑧ Direkter Einstieg a1/5
⑨ Westriß 5
⑩ Südwand 3
⑪ Südriss 5
⑫ Hakenleiter a1/5
⑬ Komödienstadl 7
⑭ Ostwand 5

Zugang

Von Frankendorf in Richtung Teuchatz fahren und bei km 4,5 kurz vor Brücke links parken. Hinter der Brücke links einen Weg hoch, der vorbei an der Anna-Quelle zur Bergwacht-Hütte führt. Der Annastein befindet sich hinter ihr am Weg. Die Annasteinseite ist das langgezogene Felsmassiv am Hang gegenüber von Bergwachthütte und Annastein.

Besonderheit

Für Frankendorf typische Plattenkletterei in weißem bis grauen, glatten Gestein. Im Gegensatz zur Annasteinseite ist das Gelände unter den Einstiegen sehr angenehm (eben). Zur Einkehr empfiehlt sich der Gasthof Saffer in Frankendorf mit typisch fränkischer Küche.

Allgäuer Wand | 20 m | S

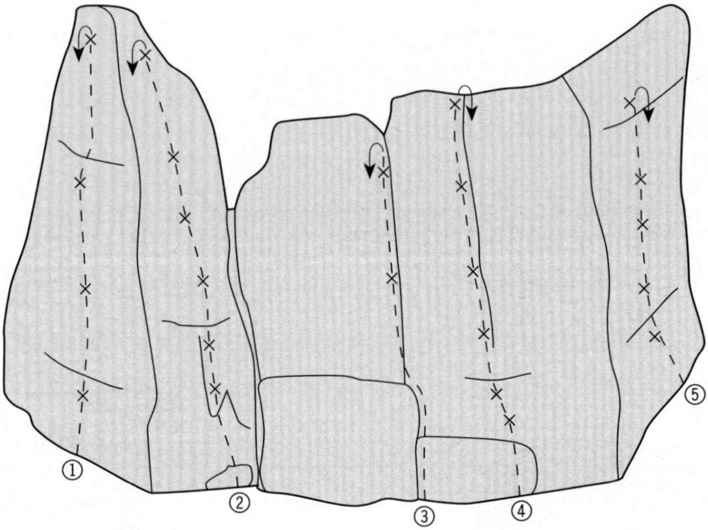

Sektor Fallobst II | 10 m | O

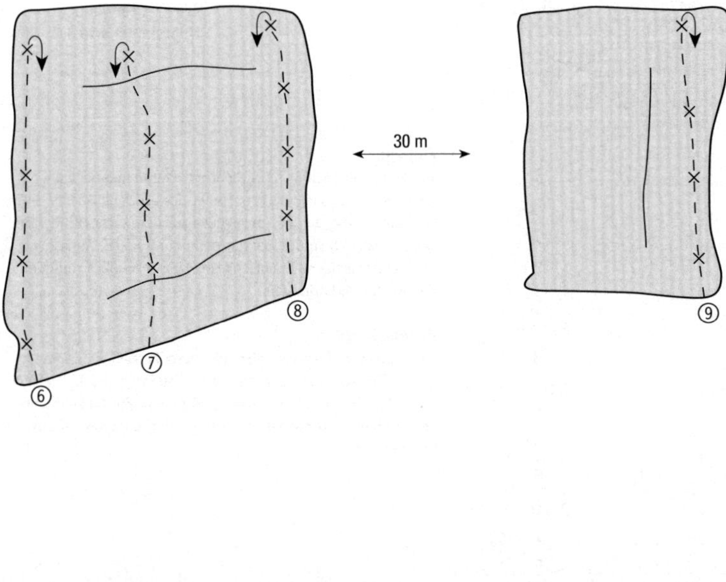

Räuberkamin | 12 m | S

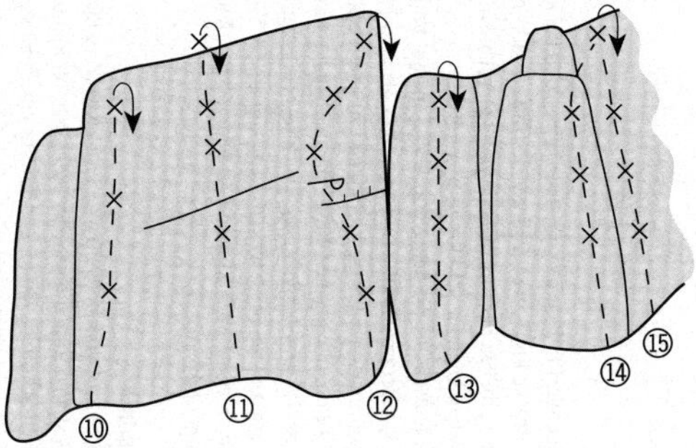

① Keine Gnade . . . . 8 -
② Almadler Jbl.-Weg 8
③ Bamberger Riss . . . . 6 +
④ Fallobst *(Güllich 81 clean)* . . . . 9 -
⑤ Stringlose Teesakkies 9
⑥ Oralturinabol 7
⑦ Fallobst II 8
⑧ Kleine Carina . . . . 7 +

⑨ Walhalla . . . . 8 -
⑩ BSE 8
⑪ Obsession . . . . 9 -
⑫ Schleierkante . . . . 7 +
⑬ (Junge Junge) . . . . 7 -
⑭ Bamberger Pfeiler 6
⑮ (König Ludwig) 5

Zugang

Von Frankendorf in Richtung Teuchatz fahren und bei km 4,5 kurz vor Brücke links parken. Hinter der Brücke links einen Weg hoch, der vorbei an der Anna-Quelle zur Bergwacht-Hütte führt. Der Annastein befindet sich hinter ihr am Weg.

Die Annasteinseite ist das langgezogene Felsmassiv am Hang gegenüber von Bergwachthütte und Annastein. Von der Hütte führen mehrere Schotterwege steil hinauf zu den Einstiegen. Ganz links steht die Allgäuer Wand, 100 m rechts davon der Sektor Fallobst II. Daran schließen sich nach rechts Räuberkamin und Mittagswand an. Noch weiter rechts kommt der Vajoletwinkel und am rechten Ende Konrad-Fritz-Peter *(»KFP«)*-Wand und Hohe Wand und Nase.

Besonderheit

Für Frankendorf typische Plattenkletterei in weißem bis grauen, glatten Gestein. An den Einstiegen steht man oft im unangenehmen, steilen Schottergelände. Zur Einkehr empfiehlt sich der Gasthof Saffer in Frankendorf mit typisch fränkischer Küche.

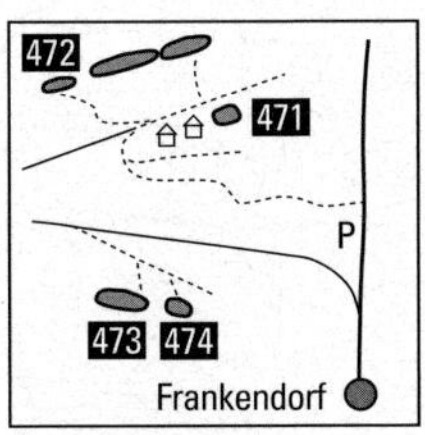

Frankendorf
471 Annastein
472 Annasteinseite
473 Dragoner
474 Kreuzerwand
Übersichtskarte 4 *(S. 18)*

Mittagswand | 15 m | SO

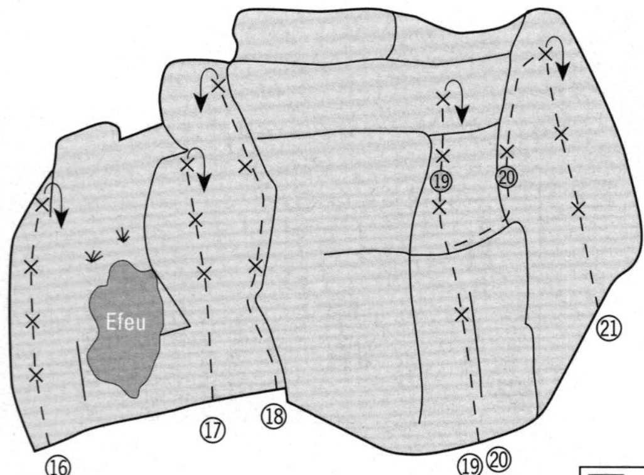

Vajoletwinkel | 14 m | SO

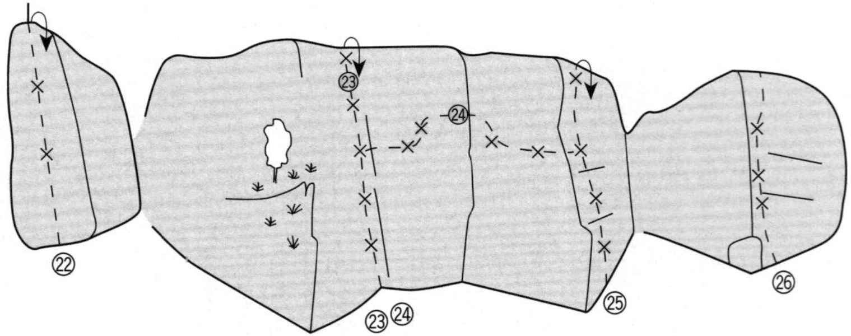

⑯	(Hausmaster)	4+
⑰	Michelesweg	6+
⑱	Simonverschneidung	5+
⑲	Mittagsweg	7-
⑳	Variante	5
㉑	?	3+
㉒	Zellstein	3
㉓	Vajoletverschneidung	6+
㉔	Quergang	6
㉕	?	6+
㉖	?	6
㉗	Rissverschneidung	6+

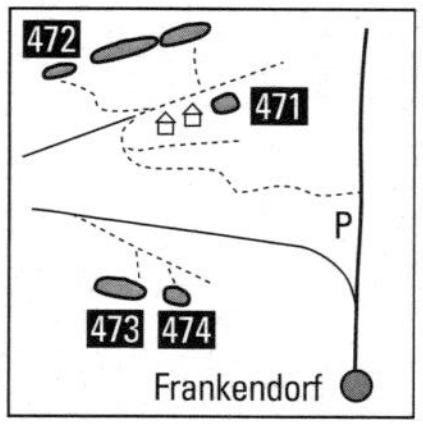

㉘	KFP-Quergang	5
㉙	Oldtimer	7+/8-
㉚	Heller Ausbruch	5+
㉛	Brüchige Kante	6+
㉜	*Projekt*	
㉝	Blockkamin	6+
㉞	?	7

Frankendorf
471 Annastein
472 Annasteinseite
473 Dragoner
474 Kreuzerwand
Übersichtskarte 4 *(S. 18)*

Zugang

Von Frankendorf in Richtung Teuchatz fahren und bei km 4,5 kurz vor Brücke links parken. Hinter der Brücke links einen Weg hoch, der vorbei an der Anna-Quelle zur Bergwacht-Hütte führt. Der Annastein befindet sich hinter ihr am Weg.

Die Annasteinseite ist das langgezogene Felsmassiv am Hang gegenüber von Bergwachthütte und Annastein. Von der Hütte führen mehrere Schotterwege steil hinauf zu den Einstiegen. Ganz links steht die Allgäuer Wand, 100 m rechts davon der Sektor Fallobst II. Daran schließen sich nach rechts Räuberkamin und Mittagswand an. Noch weiter rechts kommt der Vajoletwinkel und am rechten Ende Konrad-Fritz-Peter *(»KPF«)*-Wand und Hohe Wand und Nase.

Besonderheit

Für Frankendorf typische Plattenkletterei in weißem bis grauen, glatten Gestein. An den Einstiegen steht man oft im unangenehmen, steilen Schottergelände. Zur Einkehr empfiehlt sich der Gasthof Saffer in Frankendorf mit typisch fränkischer Küche.

Konrad-Fritz-Peter („KFP")-Wand | 18 m | SO

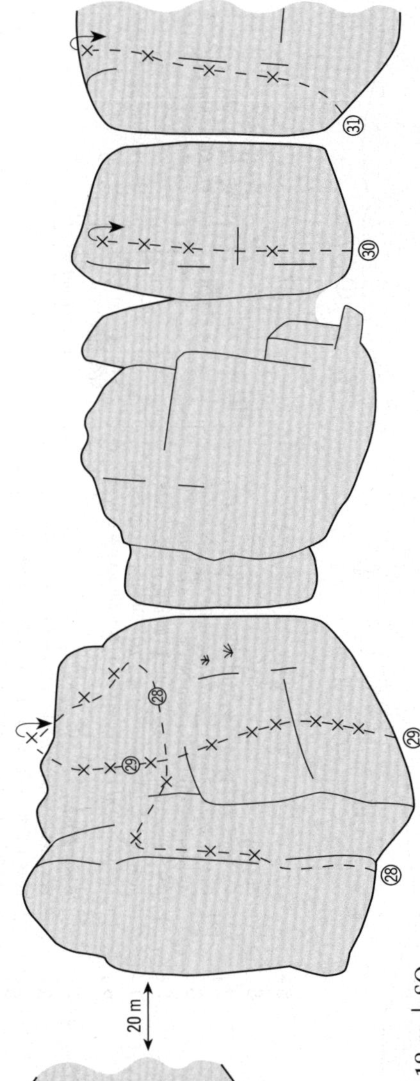

Hohe Wand und Nase | 18 m | SO

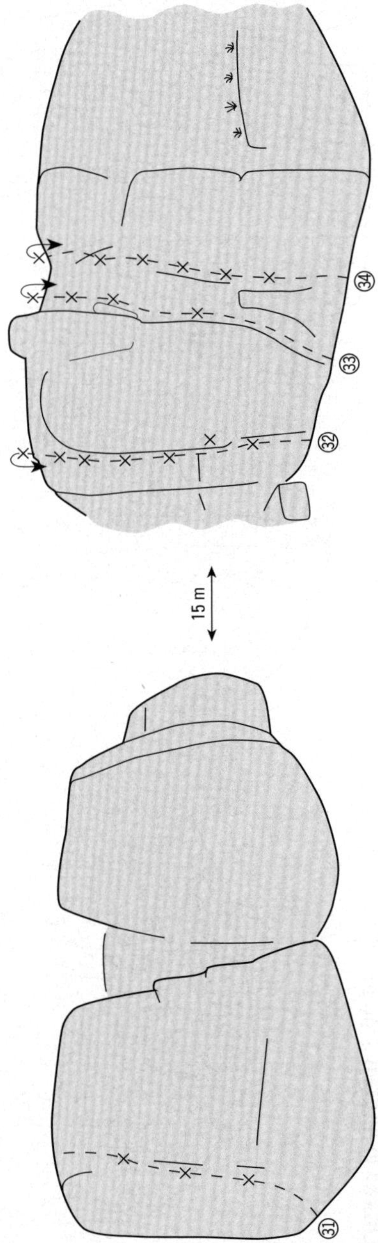

473 Dragoner

25 - 30 m | N

Linker Wandteil | 30 m | N

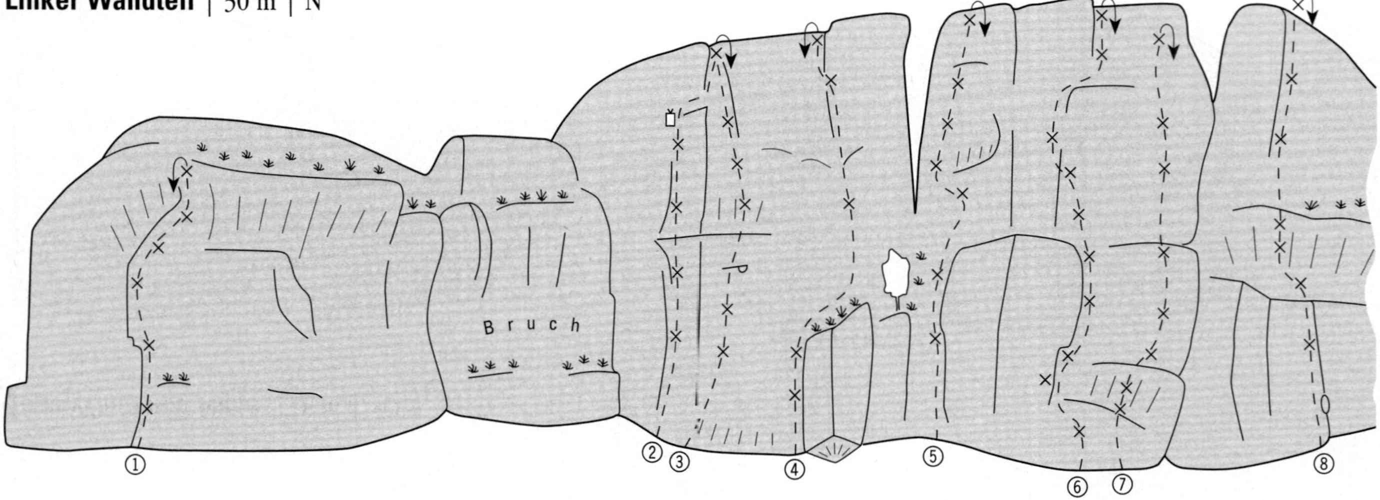

① Schbezi-höggä .... 6+
② Simon Müller Ged.-Weg........ 6
③ An Mannä seina.............. 7+
④ Vajoletweg.................. 6+
⑤ Klöpfel Ged.-Weg............ 6+
⑥ Klöpfel Nord................ 7-
⑦ CUP 75 F.................... 7+
⑦ Mattnerroute................ 7+/8-
⑨ Graue Panther für Hilli 8-
⑩ Schusterplattn.............. 5+
⑪ Dächlesverschneidung........ 6
⑫ Borschertweg 8-

Zugang

Von Frankendorf in Richtung Teuchatz fahren und bei km 4,5 kurz vor Brücke links parken. Auf der Straße 70 m zurück und auf Forstweg scharf rechts hoch (Schild: »Almadlerhütte«). Nach 600 m zweigt bei Vermessungsstein (WLT 4,00) ein Weg scharf nach links ab. Dieser führt unterhalb von Dragoner (nach 250 m Pfad rechts hoch) und Kreuzerward (nach 300 m) vorbei.

Besonderheit

Riss- und Plattenkletterei (je nach Schwierigkeitsgrad) in hellgrauem Plattenkalk. Zur Einkehr empfiehlt sich der Gasthof Saffer in Frankendorf mit typisch fränkischer Küche.

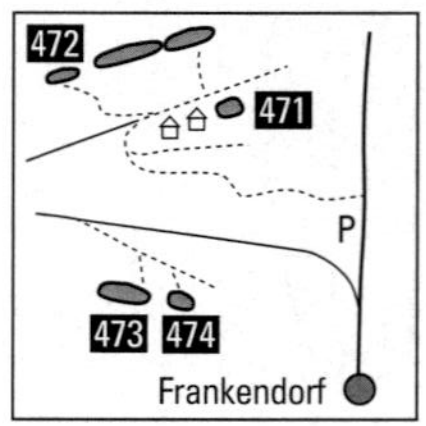

Frankendorf
471 Annastein
472 Annasteinseite
473 Dragoner
474 Kreuzerwand
Übersichtskarte 4 *(S. 18)*

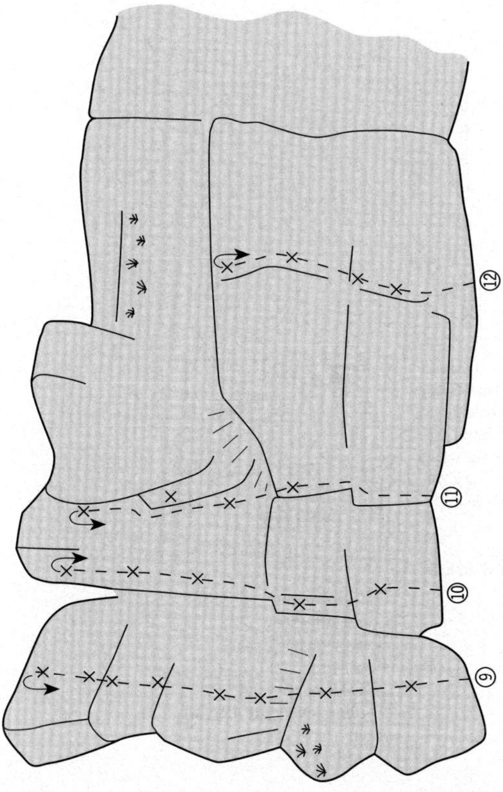

Rechter Wandteil | 25 m | N

474 Kreuzerwand *(„Kalkofen")*

| 12 m | N

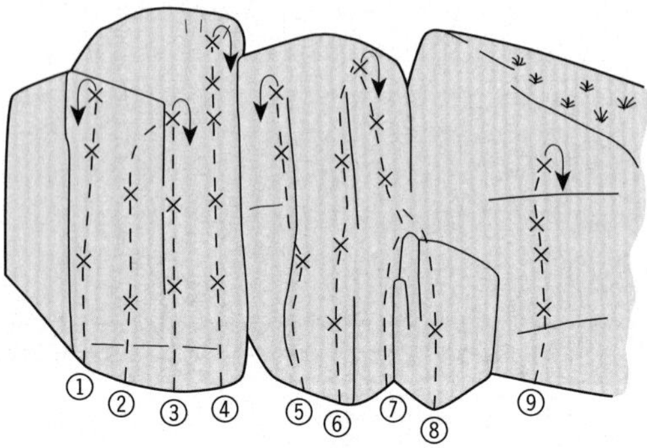

Türmchen | 5 m

①	Ostkante	5
②	Moral	e1/7 -
③	Nordwand	5
④	Bröselweg	6
⑤	Dragonerverschneidung	6
⑥	Ohne Kante	7 +
⑦	Entfettungskamin *(2 Einstiege)*	5
⑧	Variante	5
⑨	Heinerles Wundertüte	7 +
⑩	Linke Kinderroute	3
⑪	Rechte Kinderroute	4 -

Zugang

Von Frankendorf in Richtung Teuchatz fahren und bei km 4,5 kurz vor Brücke links parken. Auf der Straße 70 m zurück und auf Forstweg scharf rechts hoch (Schild: »Almadlerhütte«). Nach 600 m zweigt bei Vermessungsstein (WLT 4,00) ein Weg scharf nach links ab. Dieser führt unterhalb von Dragoner (nach 250 m Pfad rechts hoch) und Kreuzerwand (nach 300 m) vorbei.

Besonderheit

Riss- und Plattenkletterei (je nach Schwierigkeitsgrad) in hellgrauem Plattenkalk.

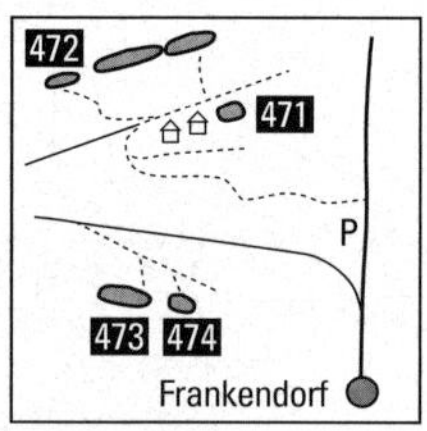

Frankendorf

471 Annastein
472 Annasteinseite
473 Dragoner
474 Kreuzerwand
Übersichtskarte 4 *(S. 18)*

Linke Wand | 8 m

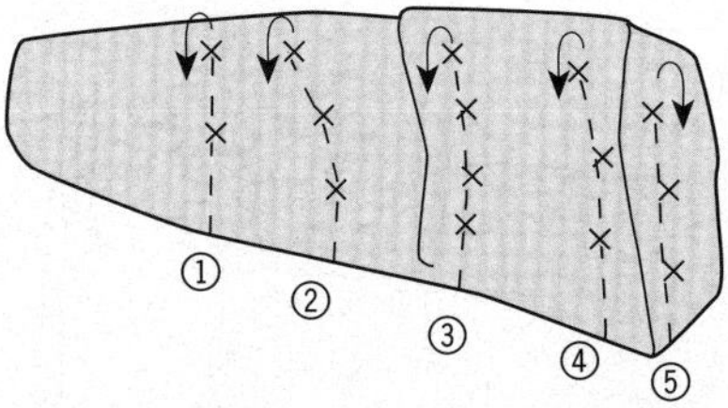

Mittlere Wand | 16 m

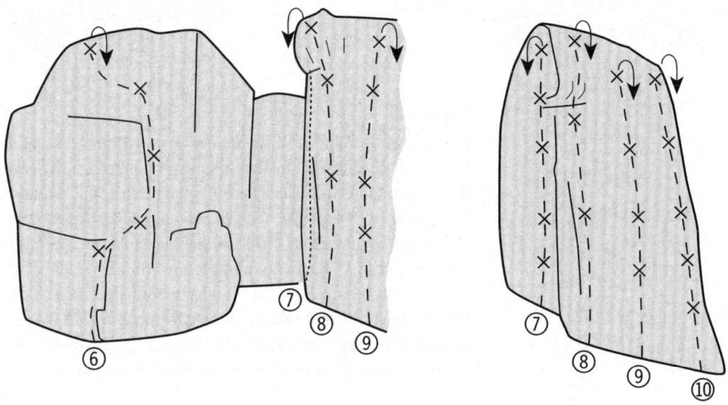

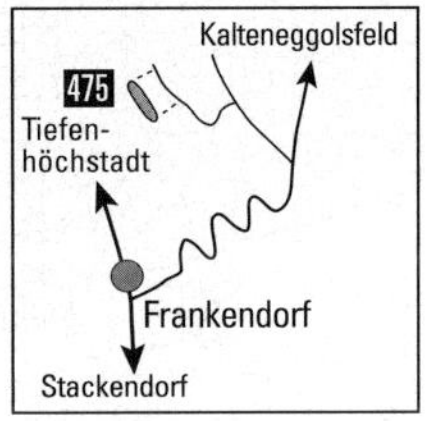

Landrichterseite
Übersichtskarte 4 *(S. 18)*

①	Fix	7 -
②	Foxi	7 -
③	Achterla	7+/8 -
④	Zwiebeltreter	6
⑤	Frankenriss	6
⑥	S-Kurve	5 +
⑦	Bohrteufel	7 +
⑧	Direkter Unentwegten-Weg	7 -
⑨	Plattenheiner	8 -
⑩	Mir san mir	6 +

Zugang
In Frankendorf führt in Dorfmitte ein kleines Sträßchen ostwärts (Schild: Kalteneggolsfeld). Man folgt ihm mehrere km in Serpentinen bis auf die Hochfläche. Sobald man sie erreicht, zweigt links eine gesperrte Forststraße ab, hier parken. Auf der Forststraße 500 m weiter (immer am Waldrand entlang) und bei einer Wiese mit Hochsitz links einem Feldweg folgen. 70 m bevor dieser in den Wald führt nach links zur Hangkante und absteigen zu den Felsen. Man erreicht (vorbei an Vorblöcken) die rechte Wand. Geht man auf dem Feldweg in den Wald und nach 100 m links zur Hangkante, kann man zur linken Wand absteigen.

Besonderheit
Für Frankendorf typische Plattenkletterei in hellgrauem, glatten Gestein. Wie sonnig es wird, ist auch von der Belaubung abhängig. Zur Einkehr empfiehlt sich der Gasthof Saffer in Frankendorf mit typisch fränkischer Küche.

Rechte Wand | 18 m

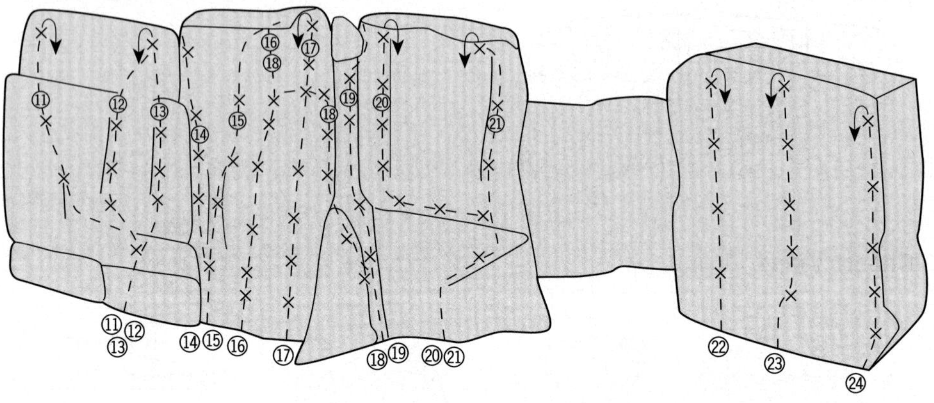

⑪	Linker Gabelriss	6 -
⑫	Rechter Gabelriss	6 +
⑬	Giebelweg	7+/8 -
⑭	Schulterriss	6
⑮	Trichterweg	7 +
⑯	Richard Alt Ged.-Weg	9 -
⑰	Orgasmatron	8 -
⑱	Startblock	7
⑲	Analwatching	7
⑳	Borschertweg	9
㉑	Grand Crue	8 -
㉒	Sägeblatt	9 -
㉓	Adolf Xaver Weg	7 +
㉔	Hält scho	7 +

Zugang
In Frankendorf führt in Dorfmitte ein kleines Sträßchen ostwärts (Schild: Kalteneggolsfeld). Man folgt ihm mehrere km in Serpentinen bis auf die Hochfläche. Sobald man sie erreicht, zweigt links eine gesperrte Forststraße ab, hier parken. Auf der Forststraße 500 m weiter (immer am Waldrand entlang) und bei einer Wiese mit Hochsitz links einem Feldweg folgen. 70 m bevor dieser in den Wald führt nach links zur Hangkante und absteigen zu den Felsen. Man erreicht (vorbei an Vorblöcken) die rechte Wand. Geht man auf dem Feldweg in den Wald und nach 100 m links zur Hangkante, kann man zur linken Wand absteigen.

Besonderheit
Für Frankendorf typische Plattenkletterei in hellgrauem, glatten Gestein. Wie sonnig es wird, ist auch von der Belaubung abhängig. Zur Einkehr empfiehlt sich der Gasthof Saffer in Frankendorf mit typisch fränkischer Küche.

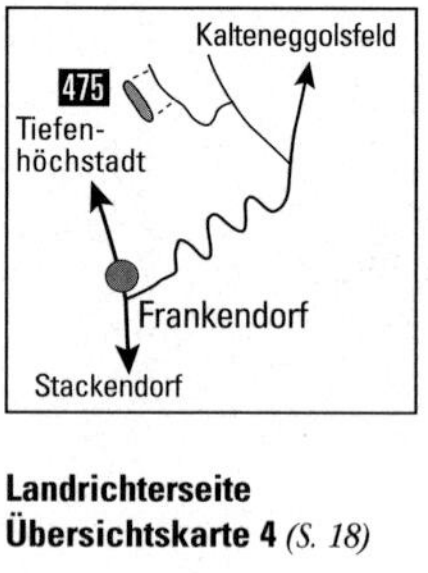

Landrichterseite
Übersichtskarte 4 *(S. 18)*

Herzogenreuther Wand

| 14 m | S + O | 476

Talseite | 16 m | S

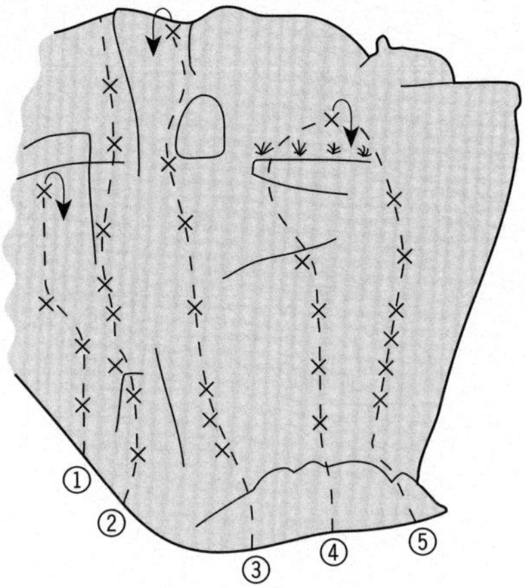

Ostwand | 14 m

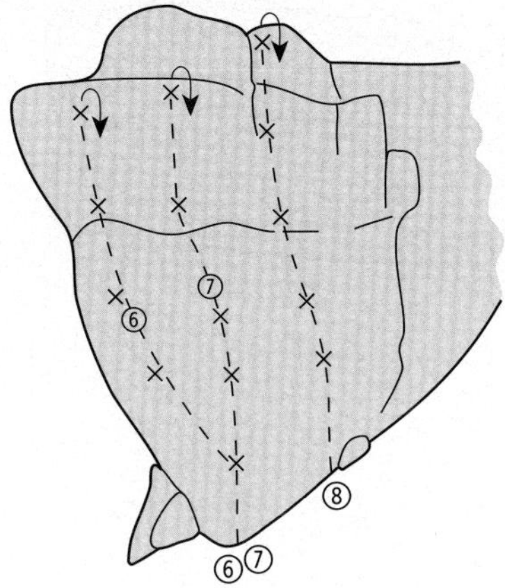

① Azania 8
② Weg des Daniels .... 6+
③ Weg der Freundschaft .... 7+
④ Spinnenweg (R 3) 7
⑤ Krallenweg (R 4) 9-/9
⑥ Zimba Balooba 9
⑦ Mandela 9-
⑧ Berglerweg (R 5) 7-

Zugang

• *Von Tiefenellern:* Parken in Tiefenellern. Auf der Straße 200 m in Richtung Neudorf und bei der Linkskurve geradeaus einer Fuhre folgen (Richtung Herzogenreuth). Immer am Bach entlang weiter bis zu einem Pumphäuschen. Hier links den Steilhang hinauf zur Herzogenreuther Wand (ca. 10 min). Der Herzogenreuther Findling steht rechts oberhalb.

• *Von Herzogenreuth:* Von Herzogenreuth in Richtung Neudorf fahren. Nach 800 m zweigt links ein Feldweg ab, hier parken. Dem Feldweg leicht absteigend zum Waldrand folgen und auf ihm 100 m linkshaltend im Wald zur Hangkante. Hier führt ein Pfad direkt bergab zur Herzogenreuther Wand und zum Herzogenreuther Findling.

Besonderheit

Klassisches Massiv, das seit der Erschließung neuer, lohnender Routen wieder öfter besucht wird.

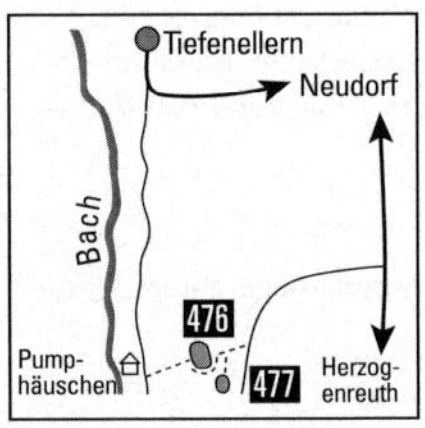

Tiefenellern
476 Herzogenreuther Wand
477 Herzogenreuther Findling
Übersichtskarte 4 *(S. 18)*

477 Herzogenreuther Findling

| 8 m | SW

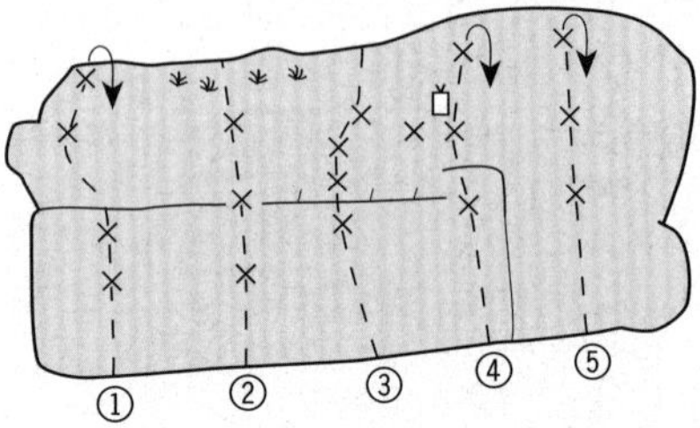

① R 1a. 4
② R 1b . . . . 4+
③ R 1c. 5-
④ R 1d 3
⑤ R 1e 5-

Zugang

• *Von Tiefenellern:* Parken in Tiefenellern. Auf der Straße 200 m in Richtung Neudorf und bei der Linkskurve geradeaus einer Fuhre folgen (Richtung Herzogenreuth). Immer am Bach entlang weiter bis zu einem Pumphäuschen. Hier links den Steilhang hinauf zur Herzogenreuther Wand (ca. 10 min). Der Herzogenreuther Findling steht rechts oberhalb.

• *Von Herzogenreuth:* Von Herzogenreuth in Richtung Neudorf fahren. Nach 800 m zweigt links ein Feldweg ab, hier parken. Dem Feldweg leicht absteigend zum Waldrand folgen und auf ihm 100 m linkshaltend im Wald zur Hangkante. Hier führt ein Pfad direkt bergab zur Herzogenreuther Wand und zum Herzogenreuther Findling.

Besonderheit

Kurze, großgriffige und sehr gut gesicherte Wege, gut für Anfänger geeignet.

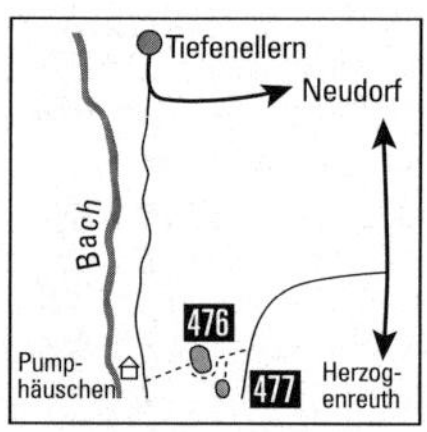

Tiefenellern
476 Herzogenreuther Wand
477 Herzogenreuther Findling
Übersichtskarte 4 *(S. 18)*

Eulenwand

| 10 - 15 m | S

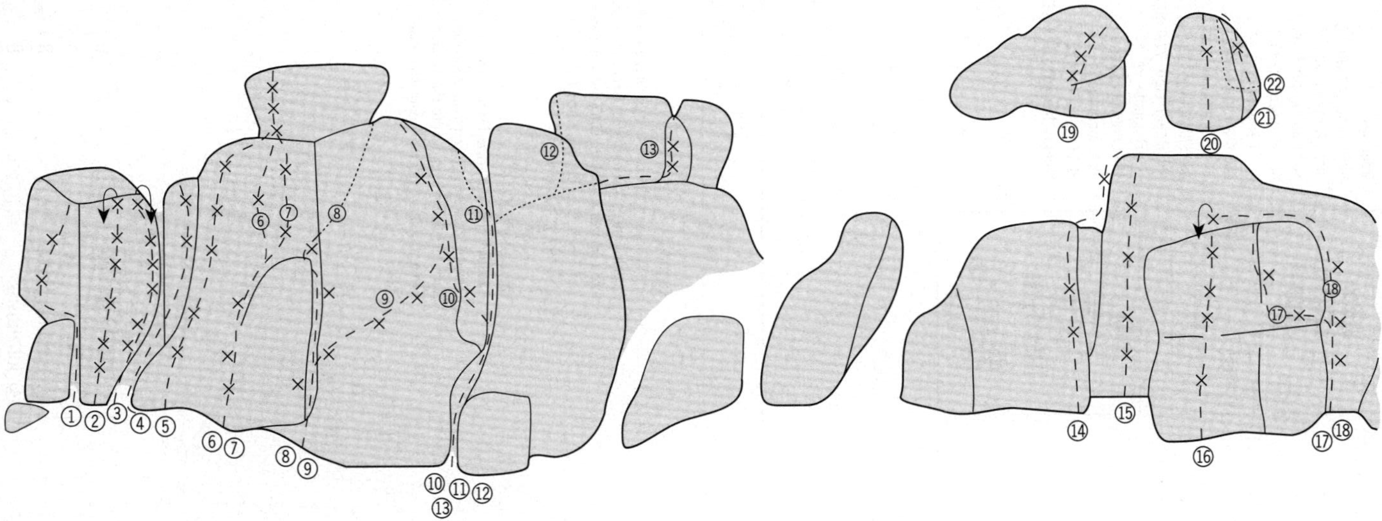

①	Burggartenweg (R 1)	3+
②	Eggenbachtalerweg (R 1a)	8
③	Weigelshöferweg (R 1b)	6-
④	Westverschneidung (R 3)	3
⑤	Rentnerweg (R 3a)	6+
⑥	Südwestkante	7
⑦	Südwestwand (R 4)	7-
⑧	Ellerbergweg (R 4a)	5+
⑨	Bayerl Ged.-Weg (R 5)	6
⑩	Bayerlvariante (R 6)	5
⑪	Ostkamin (R 7)	4
⑫	R 7a	4
⑬	R 7b	5+
⑭	Schlanke Kante (R 8)	3+
⑮	R 12	6-
⑯	Franzel Kimm Weg (R 9)	5
⑰	Freundschaftsweg (R 10)	5
⑱	Erweiterter Riss (R 11)	5
⑲	?	5+
⑳	Daniel Südwand	3
㉑	Daniel Ostwand	3
㉒	Daniel Bergseite	5

Zugang
Von Tiefenellern auf kurvenreicher Strecke in Richtung Neudorf, bis ein Weg rechts von der Straße zu den bereits sichtbaren Felsen abzweigt (bei der Abzweigung parken).

Besonderheit
Sehr sonniges Massiv mit vielen leichten Routen, die großteils gut gesichert sind.

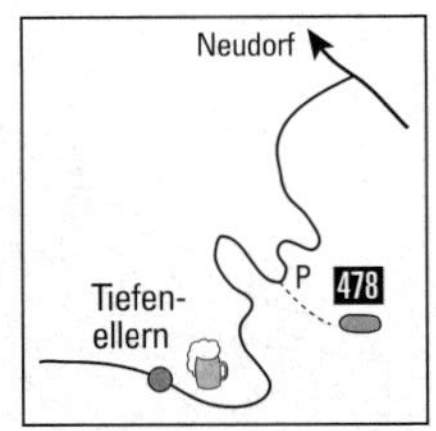

Eulenwand
Übersichtskarte 4 *(S. 18)*

479 Würgauer Nadel

14 m | W

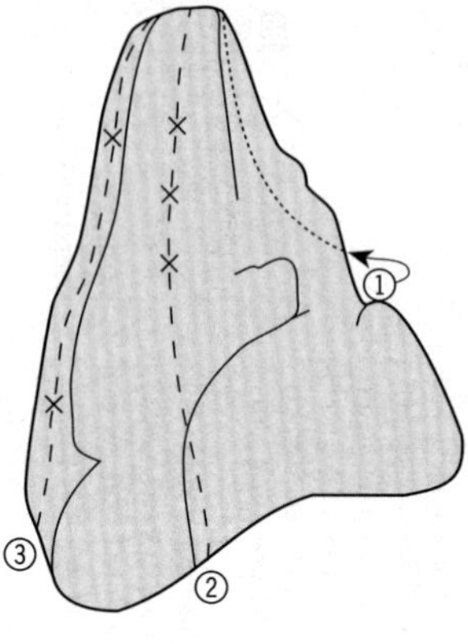

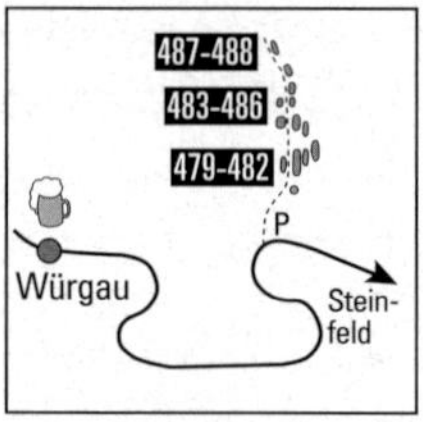

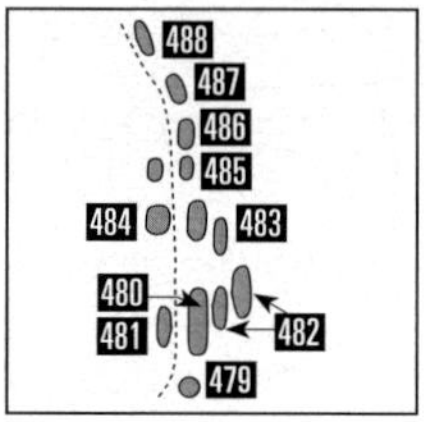

Würgau
479 Würgauer Nadel
480 Würgauer Wand
481 Bamberger Turm
482 Gewitterriss und Fermeda
483 Kreuzstein und Bayreuther Wand
484 Nürnberger Turm
485 Bayerl Ged.-Wand und Dolomit
486 Edelweisswand
487 Fiechtlwand
488 Frankenwand
Übersichtskarte 4 *(S. 18)*

① Bergseite 3
② Talseite . . . . 5+
③ Nordwand 4

480 Würgauer Wand

22 m | W

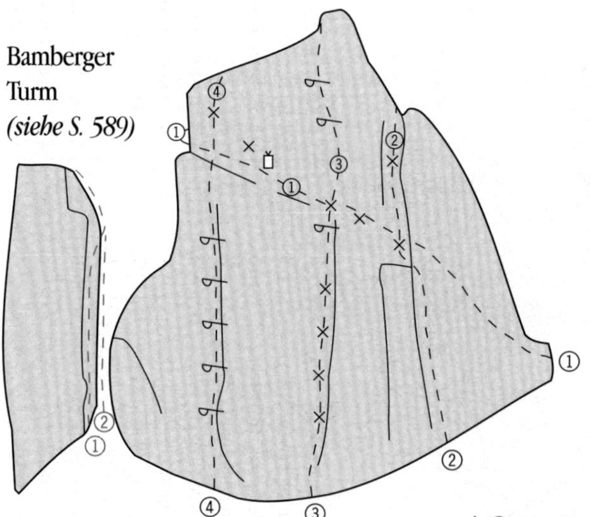

Zugang
Von Würgau auf der B 22 in Richtung Bayreuth fahren und 1,1 km nach dem Ortsende in scharfer Rechtskurve parken. Links auf Waldweg zu den Felsen. Lage der einzelnen Türme und Massive siehe Detailskizze.

Besonderheit
Großes Gebiet mit abwechslungsreichen Klettereien bis zum 9. Grad; zahlreiche Klassiker. Auch hier findet man den für die meisten Bamberger Gebiete typischen kompakten Plattenkalk.

① Alte Westwand 6-
② Lot 6-
③ Metamorphose . . . . 8+
④ Johannsriss 8-

Bamberger Turm

☀ | ☀ | 12 - 16 m | O + W **481**

Bergseite | 12 m | O

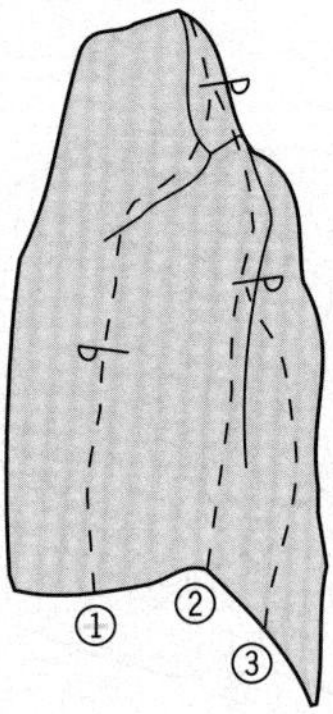

Talseite | 16 m | W

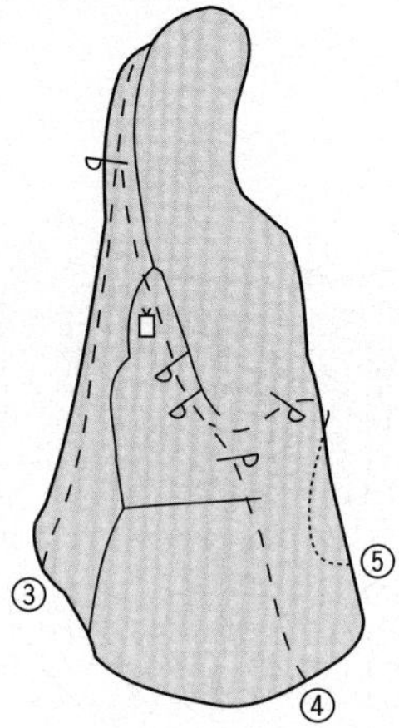

① Bergseite .... 4+
② Nordostkante .... 5+
③ Nordwand.................. 4+
④ Franz Walczock Ged.-Weg 6
⑤ Einstiegsvariante 6

Gewitterriss und Fermeda

☀ | ☀ | 14 - 16 m | W + N **482**

Gewitterriss | 14 m | W + N

Fermeda | 16 m | W

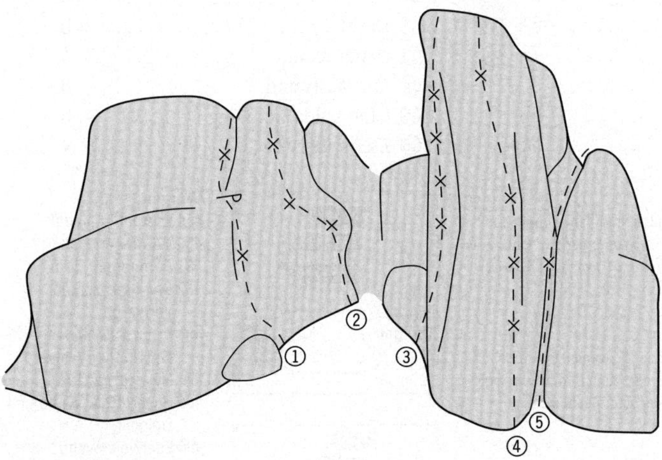

① Trenkerkamin 4-
② Nordkante................. 6+
③ Geisterkante 7
④ Badewannenweg............ 6
⑤ Gewitterriss................ 6-

483 Kreuzstein und Bayreuther Wand

14 - 17 m | S + W

Bayreuther Wand | 17 m | W + S **Kreuzstein** | 14 m | W

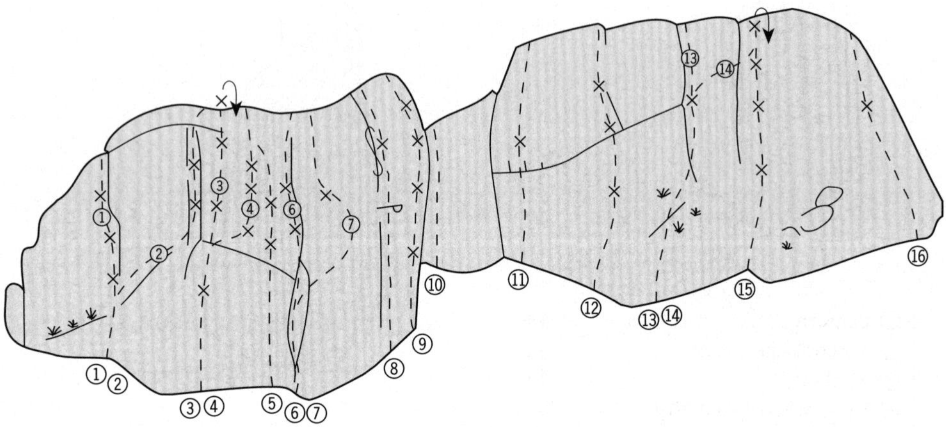

① V.M:-Weg	6 -	⑨ Frühlingsweg	7 -
② Schlichtriss	5 -	⑩ Kamin	4
③ Pfeilerkante	6 -	⑪ ?	4
④ Bayreuther Weg	6 +	⑫ Dachl	6
⑤ Kerzengrad	7 -	⑬ Neuer Kamin	4
⑥ Dachlriss	5	⑭ Alte Westwand	6 -
⑦ Bamberger Weg	6 +	⑮ Gino Solda Ged.-Weg	6
⑧ Südriss	5	⑯ Eseltreiberweg	4

Zugang

Von Würgau auf der B 22 in Richtung Bayreuth fahren und 1,1 km nach dem Ortsende in scharfer Rechtskurve parken. Links auf Waldweg zu den Felsen. Lage der einzelnen Türme und Massive siehe Detailskizze.

Besonderheit

Großes Gebiet mit abwechslungsreichen Klettereien bis zum 9. Grad; zahlreiche Klassiker. Auch hier findet man den für die meisten Bamberger Gebiete typischen kompakten Plattenkalk.

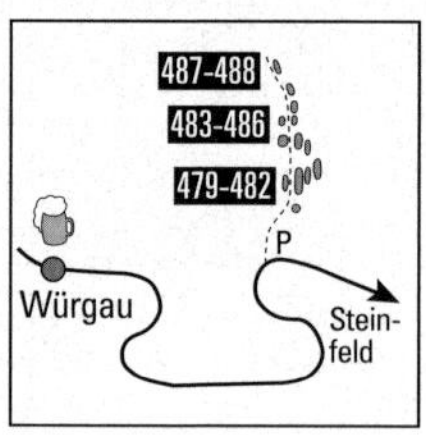

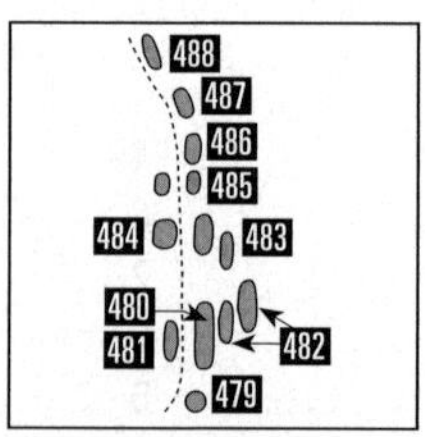

Würgau
479 Würgauer Nadel
480 Würgauer Wand
481 Bamberger Turm
482 Gewitterriss und Fermeda
483 Kreuzstein und Bayreuther Wand
484 Nürnberger Turm
485 Bayerl Ged.-Wand und Dolomit
486 Edelweisswand
487 Fiechtlwand
488 Frankenwand
Übersichtskarte 4 *(S. 18)*

Südwestseite

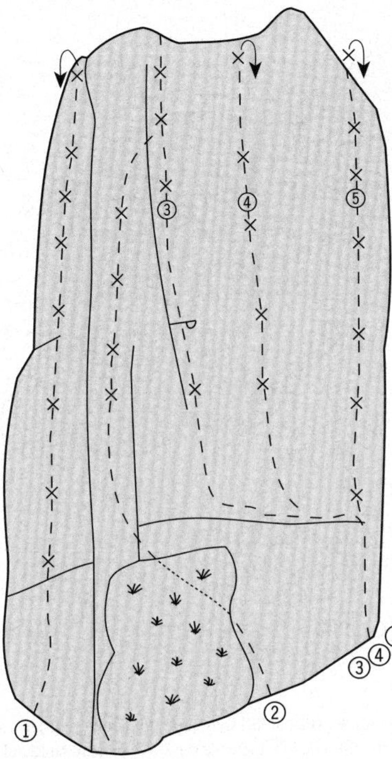

Nordostseite

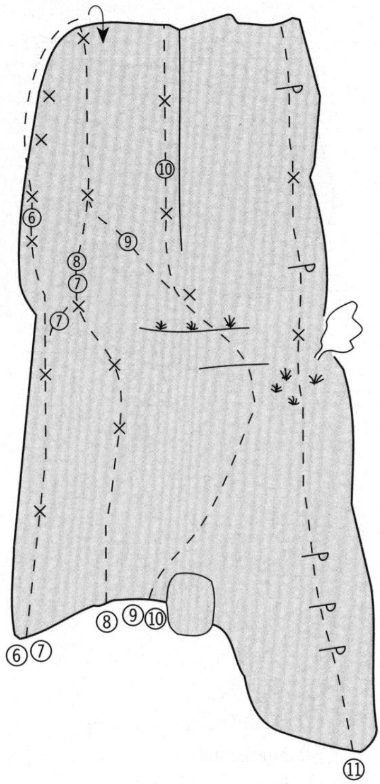

①	Talseite	6 +
②	Südriss	6 +
③	Naturfreunderiss	7 -
④	Hammerschlag	9 -
⑤	Zieglerkante	8
⑥	Mondscheinkante	9 -
⑦	Mondscheinvariante	7
⑧	Glattwand	7
⑨	Nordostkante	6
⑩	Nordriss	5
⑪	Volker Frank Ged.-Weg	7 +

Besonderheit

Sehr schöne Klassiker; Risse und Platten.

485 Bayerl Ged.-Wand und Dolomit

| 11 m | SW + N

Bayerl Ged.-Wand | W + N

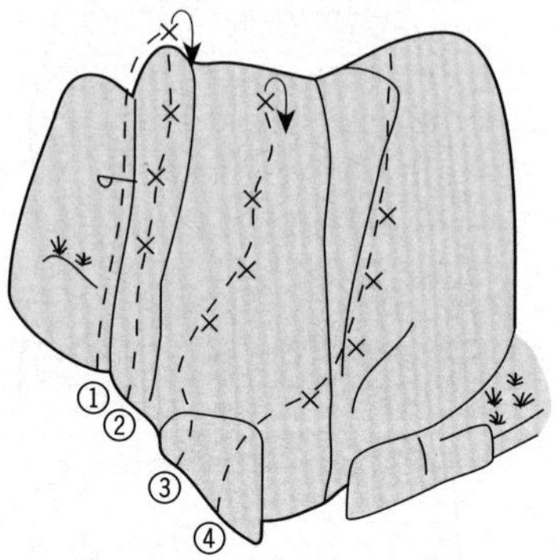

Dolomit | SW

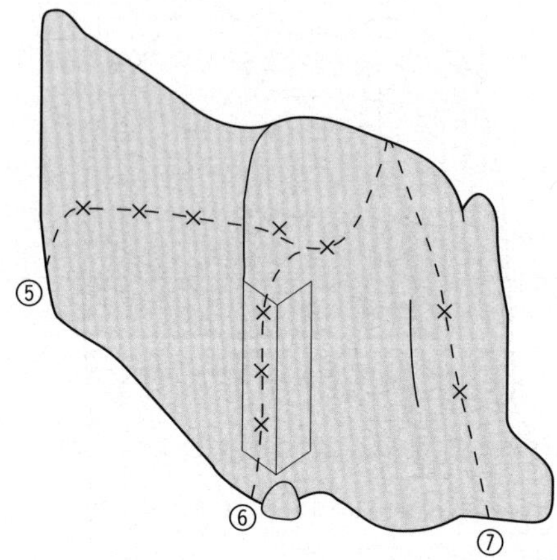

①	Alter Weg	5
②	Ferdl Dassler Ged.-Weg	7
③	Auf Anhieb	8 +
④	Bayerl Ged.-Weg	7
⑤	?	7+/8 -
⑥	Südverschneidung	a1/5 +
⑦	Marderkante	5 +

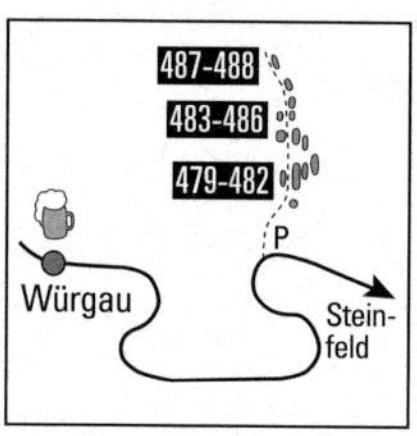

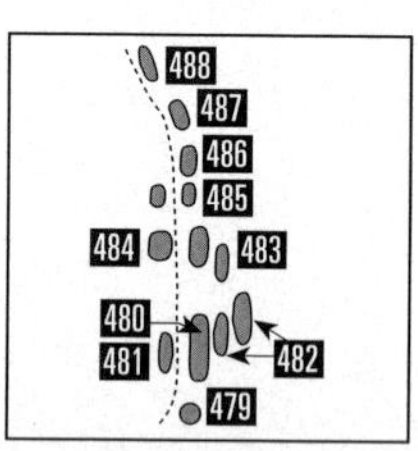

Würgau
479 Würgauer Nadel
480 Würgauer Wand
481 Bamberger Turm
482 Gewitterriss und Fermeda
483 Kreuzstein und Bayreuther Wand
484 Nürnberger Turm
485 Bayerl Ged.-Wand und Dolomit
486 Edelweisswand
487 Fiechtlwand
488 Frankenwand
Übersichtskarte 4 *(S. 18)*

Zugang
Von Würgau auf der B 22 in Richtung Bayreuth fahren und 1,1 km nach dem Ortsende in scharfer Rechtskurve parken. Links auf Waldweg zu den Felsen. Lage der einzelnen Türme und Massive siehe Detailskizze. Bayerl Ged.-Wand und Dolomit stehen sich beiderseits des Weges gegenüber.

Besonderheit
Großes Gebiet mit abwechslungsreichen Klettereien bis zum 9. Grad; zahlreiche Klassiker. Auch hier findet man den für die meisten Bamberger Gebiete typischen kompakten Plattenkalk.

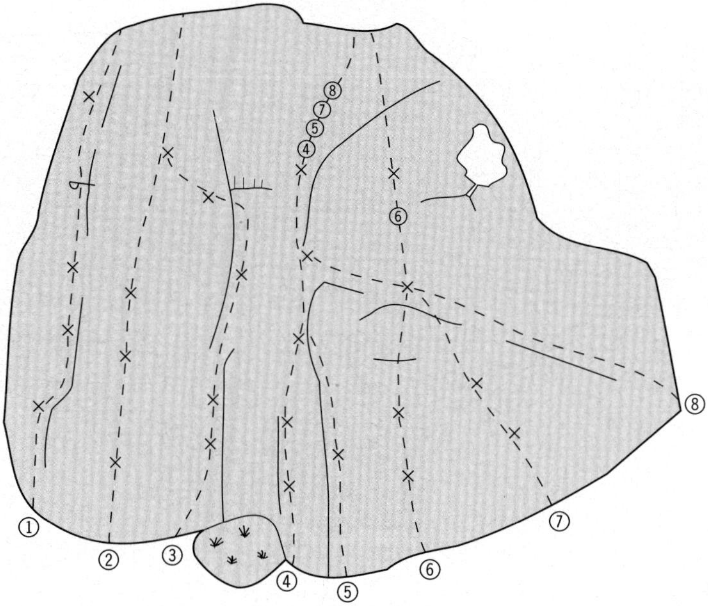

① Nordwestriss . . . . 5+
② ? . . . . 7+
③ Efeuriss 6
④ Linker Riss. . . . . 7+
⑤ Weg der Jugend. 7
⑥ Direkte Südwestkante . . . . 7+
⑦ Südwestkante 7-
⑧ Edelweißweg. . . . . 5+

487 Fiechtlwand

| 26 m | W

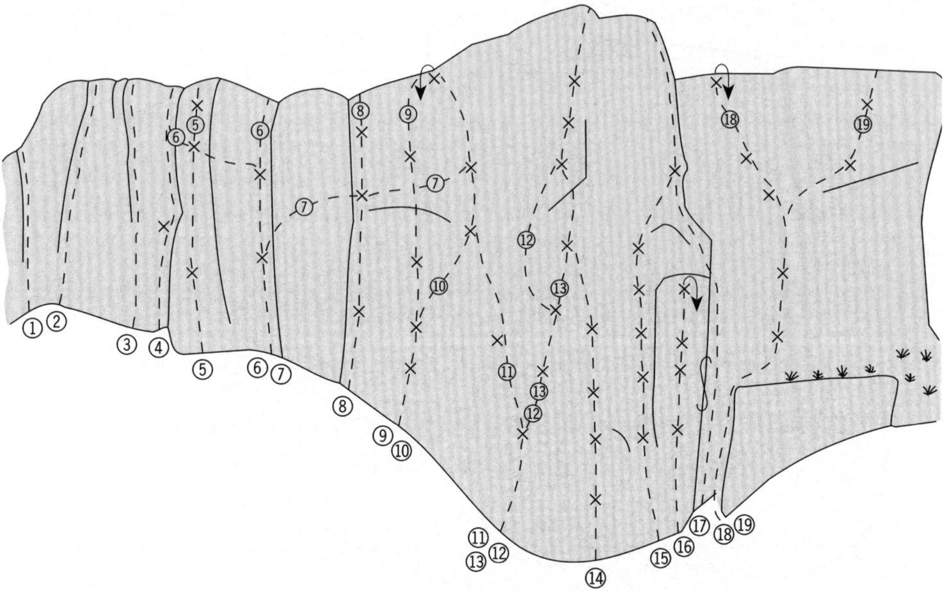

- ① Vierter Riss *(Keile)* 4
- ② Dritter Riss *(Keile)* . . . . 4+
- ③ Zweiter Riss *(Keile)* 4
- ④ Erster Riss *(Keile)* 5
- ⑤ Pfeilerweg 7-
- ⑥ Würgauer Winkel *(2 Ausstiege)* . 5+
- ⑦ Fiechtl Ged.-Weg 6-
- ⑧ Südwestriss . . . . 4+
- ⑨ Direkter Neuer Weg . . . . 7+
- ⑩ Neuer Weg 6-
- ⑪ Vogelvariante . . . . 6+
- ⑫ Salzburger Weg original 7-
- ⑬ Salzburger Weg direkt . . . . 7+
- ⑭ Fantasia 9
- ⑮ Dülferkante 6
- ⑯ *Projekt* . . . .
- ⑰ Südriss (*ggf. Keile*) 5
- ⑱ Linker Ausstieg 6
- ⑲ Pachtner Ged.-Weg 6

Zugang

Von Würgau auf der B 22 in Richtung Bayreuth fahren und 1,1 km nach dem Ortsende in scharfer Rechtskurve parken. Links auf Waldweg zu den Felsen. Lage der einzelnen Türme und Massive siehe Detailskizze.

Besonderheit

Großes Gebiet mit abwechslungsreichen Klettereien bis zum 9. Grad; zahlreiche Klassiker. Auch hier findet man den für die meisten Bamberger Gebiete typischen kompakten Plattenkalk.

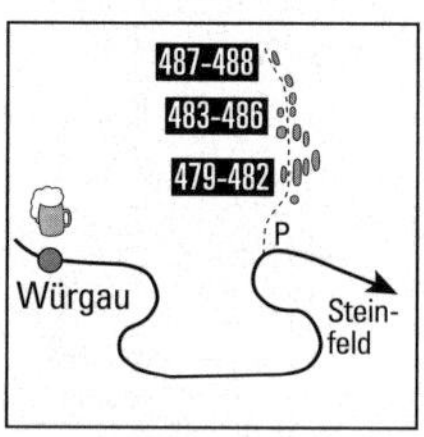

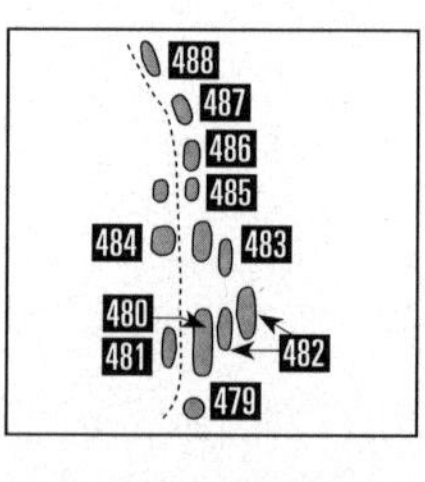

Würgau

- 479 Würgauer Nadel
- 480 Würgauer Wand
- 481 Bamberger Turm
- 482 Gewitterriss und Fermeda
- 483 Kreuzstein und Bayreuther Wand
- 484 Nürnberger Turm
- 485 Bayerl Ged.-Wand und Dolomit
- 486 Edelweisswand
- 487 Fiechtlwand
- 488 Frankenwand

Übersichtskarte 4 *(S. 18)*

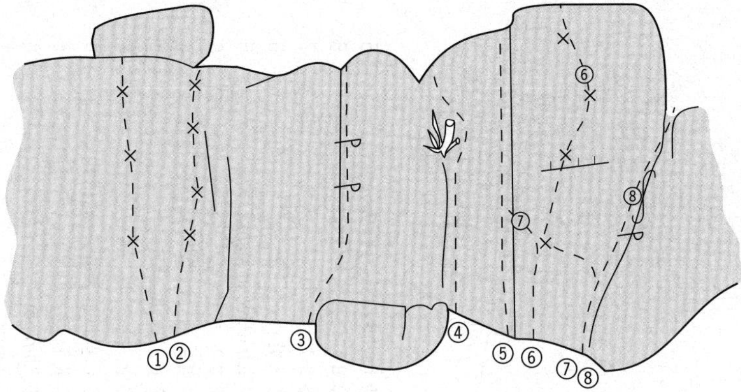

① Linke Frankenwand.......... 6+
② Rechte Frankenwand......... 5+
③ Grasriss................... 5
④ Kleine Verschneidung........ 5+
⑤ Frankenkamin.............. 4
⑥ Pfad der Tugend............ 7
⑦ Variante.................... 4+
⑧ Deppn-Riss................. 4+

Steinfelder Turm — Jurawand | 20 m — Steinfelder Wand | 20 m

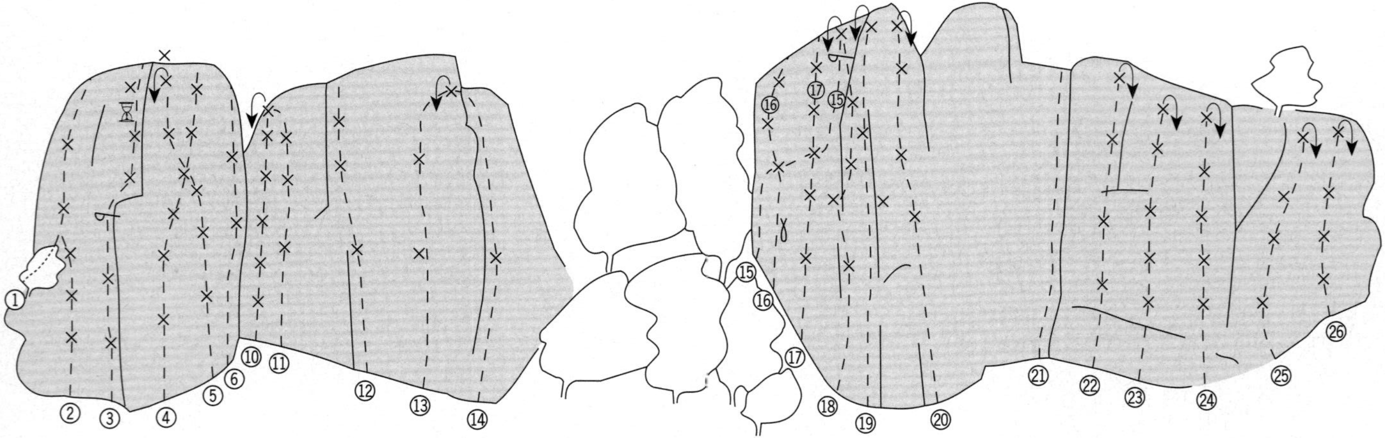

Turm Bergseite | 10 m

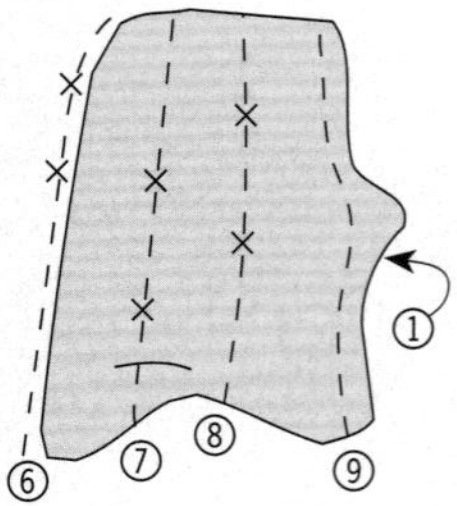

Zugang
Die Felsen befinden sich 500 m westlich von Steinfeld oberhalb eines Feldwegs (gut sichtbar).

Besonderheit
Schöne Genusstouren in meist griffigem Fels.

①	Nordostwand	7-
②	Direkteinstieg	7
③	Nordwestkante	7
④	Westwand	7+
⑤	Ottonium	8
⑥	Südwestkante	6-
⑦	Linke Südwand	5
⑧	Rechte Südwand	6+
⑨	Südostkante	4+
⑩	?	8/8+
⑪	Simplexallogarithmus	7+
⑫	Linker Riss	6
⑬	Fallstudie	8
⑭	Rechter Riss *(ggf. Keile)*	6
⑮	R 1	6
⑯	R 1a	7
⑰	R 1b	6+
⑱	Ich denk an Manner	6+
⑲	R 2	6
⑳	R 3	6
㉑	R 4	4
㉒	R 7	6
㉓	Goldener Mittelweg (R 8)	6+
㉔	R 5	5+
㉕	Klimbim	8-
㉖	Agulär	7+

Steinfelder Wändchen (*„Tzamistasmi“*) ☼ | 8 m | SW 490

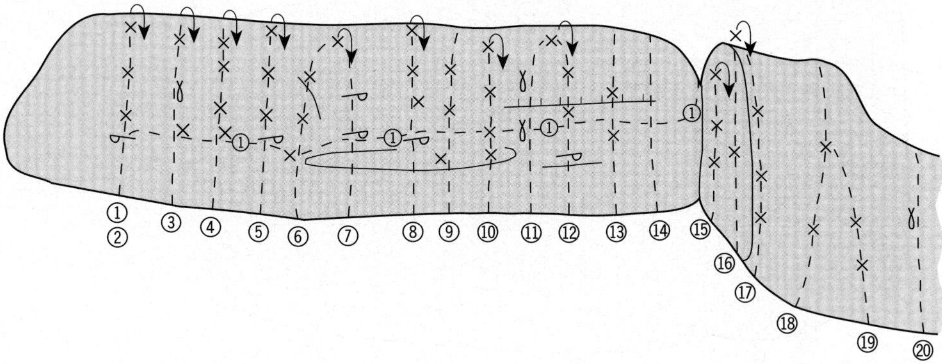

① Horizontalissimo .... 6+
② Hänsel und Gretel 6
③ Hut 6
④ Ätsch .... 6+
⑤ Friend (4) schaft .... 6+
⑥ Ameisenweg 6
⑦ Gulliver .... 6+
⑧ Momo 7-
⑨ Zufall .... 6+
⑩ 3 D .... 6+
⑪ Rumpelstilzchen .... 6+
⑫ Kleine Lena 7-
⑬ Papi ohne Zeit 7
⑭ Butterfly 6
⑮ Meine erste 5+ .... 5+
⑯ Take off .... 5+
⑰ MM 7
⑱ Nix .... 6+
⑲ Güllepumpe 6
⑳ Witz 6-

Zugang

Die Felsen stehen am westlichen Ortsausgang von Steinfeld über dem Parkplatz.

Besonderheit

Kurze, aber hübsche Routen in recht griffigem Fels. Unterhalb von Horizontalissimo existieren noch zwei definierte Quergänge: der untere ist im 5. Grad, der obere im 8. Grad.

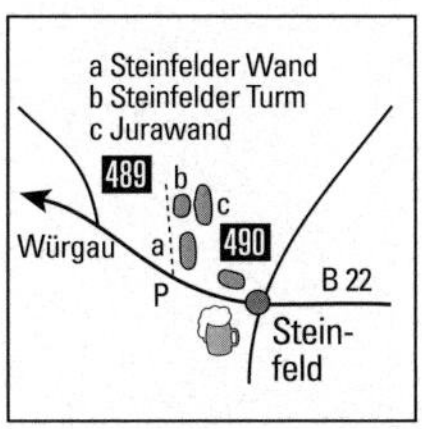

Steinfeld

489 Steinfelder Turm und Wand
490 Steinfelder Wändchen
Übersichtskarte 4 *(S. 18)*

491 Treunitzer Wand

| 15 m | O

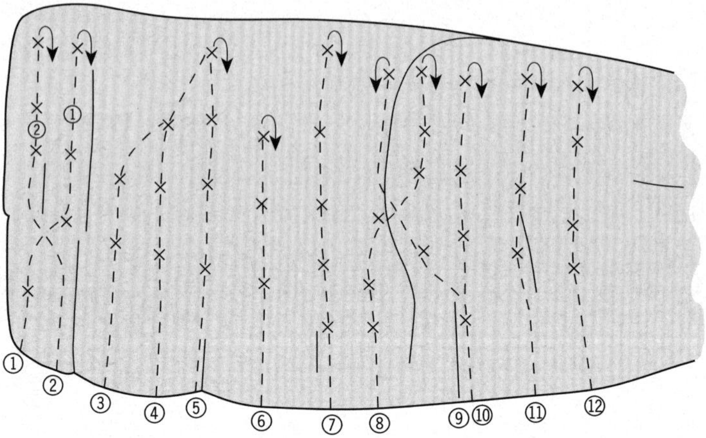

①	Boschanker	7-
②	Quellenweg	5-
③	Kantenweg	4-
④	Nur Mut	5
⑤	Neigezwickt	6
⑥	Na Bravo	6
⑦	Zeiselweg	5+
⑧	Bärchenpfeiler	6-
⑨	Treunitzer Weg	5
⑩	Nischenweg	5+
⑪	Lichtmeßweg	4
⑫	Bocadillo	5

Zugang
1 km nordwestlich von Treunitz mündet von Norden her das Paradiestal. Gegenüber über die Wiesent und parken. Direkt links steht die Treunitzer Wand. Den Treunitzer Pfeiler erreicht man, indem man dem Weg wenige min talabwärts folgt.

Besonderheit
Die Treunitzer Wand ist ein ideales Anfängergebiet, das komplett mit Bühlerhaken ausgestattet ist.

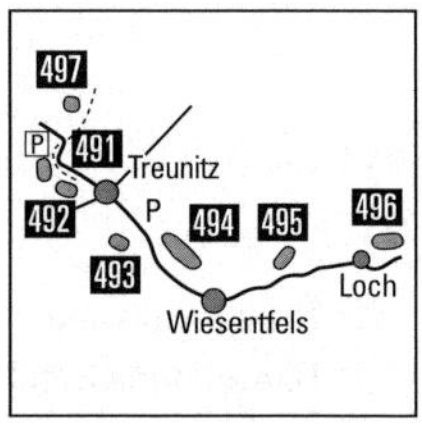

Treunitz
491 Treunitzer Wand
492 Treunitzer Pfeiler
493 Trizmann Ged.-Wand
494 Treunitzer Klettergarten
495 DTC
496 Kuhkirchner Wand
497 Vorderer Paradiestalwächter und Dachstein
Übersichtskarte 4 *(S. 18)*

Treunitzer Pfeiler

| 18 m | N 492

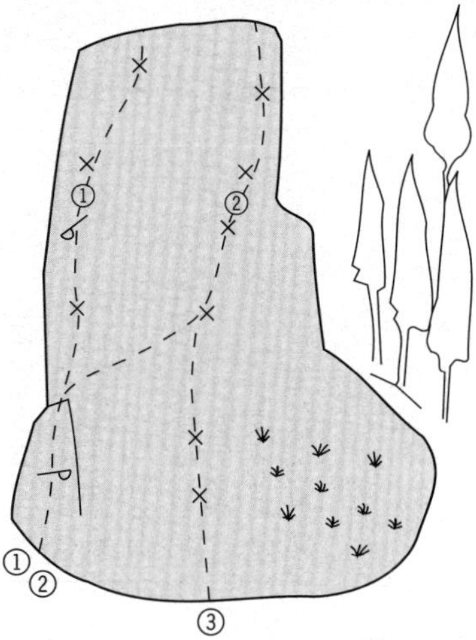

Zugang
1 km nordwestlich von Treunitz mündet von Norden her das Paradiestal. Gegenüber über die Wiesent und parken. Direkt links steht die Treunitzer Wand. Den Treunitzer Pfeiler erreicht man, indem man dem Weg wenige min talabwärts folgt.

Besonderheit
Die Wege haben hier eher klassischen Charakter und es geht wesentlich ruhiger zu als an der Treunitzer Wand.

① Rasenmäher .... 7+
② Flug in die Nacht............ 7+
③ Startrampe 8-

Trizmann Ged.-Wand

| 9 m | NO 493

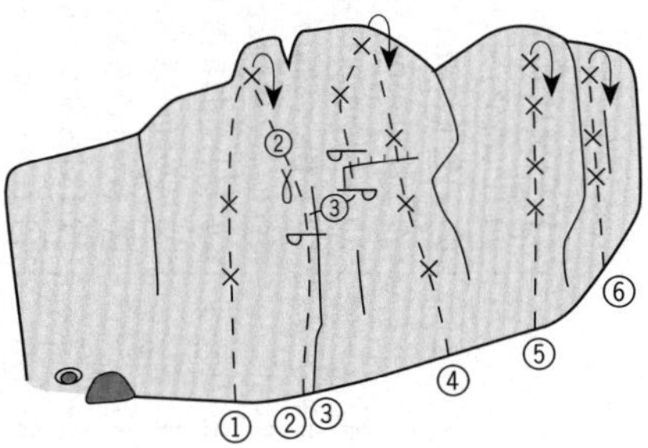

Zugang
Die Trizmann Ged.-Wand befindet sich 300 m talabwärts von Treunitz am orographisch rechten Ufer. Parken 150 m talabwärts von Treunitz bei Wieseneinfahrt. Über Brücke zur bereits sichtbaren Wand.

Besonderheit
An der kleinen Wand klettert man meist an Rissspuren und Leisten. Hervorzuheben ist die schöne Lage an einer Wiese an der Wiesent.

Kulinarisches
In *Steinfeld* kann man gut einkehren. Es bieten sich die Brauerei »Hübner« mit gutem Bier, selbstgebrannten Schnäpsen und hausgemachten Brotzeiten an. Auch im »Gasthaus Keller« und in »Lindner's Biergarten« wird man gut versorgt.
Kenner schätzen den »Brauerei-Gasthof Grasser« in *Huppendorf*, der verschiedene Sorten (Dunkles, Weizen und Pils) aus eigener Braustätte ausschenkt. Weiterhin gibt es Brotzeiten aus eigener Schlachtung und verschiedene Schnäpse. Spezialität ist der »Bierschnaps« (klar oder im Eichenfass gelagert).

① Neuer Weg 7
② Trizmann Ged.-Weg direkt..... 6
③ Trizmann Ged.-Weg.......... 6
④ Kurzes Glück............... 7-
⑤ Polizei im Rücken 8-
⑥ Ohne Dich .... 6+

494 Treunitzer Klettergarten

8 - 16 m | SW

Ganz links | 8 m

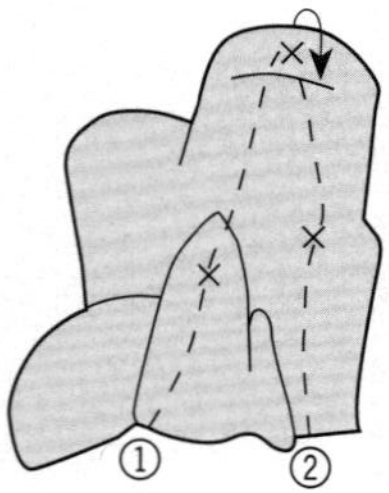

Wandteil R 10a

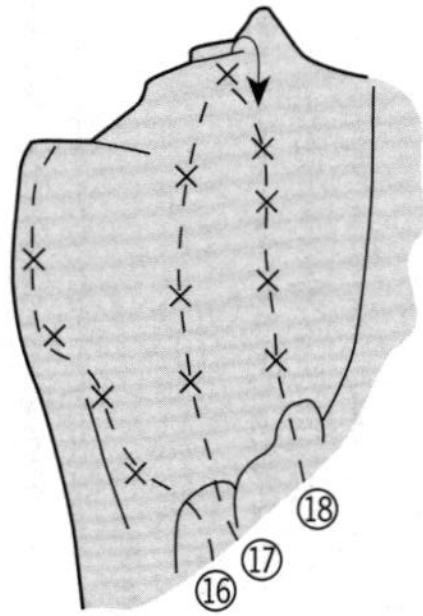

Zugang
Die Felsen stehen zwischen Treunitz und Wiesentfels oberhalb der Straße. 100 m talaufwärts ist eine Parkbucht.

Besonderheit
Sonniges Genussklettergebiet mit einer reichen Auswahl an überwiegend gut gesicherten leichteren Routen.

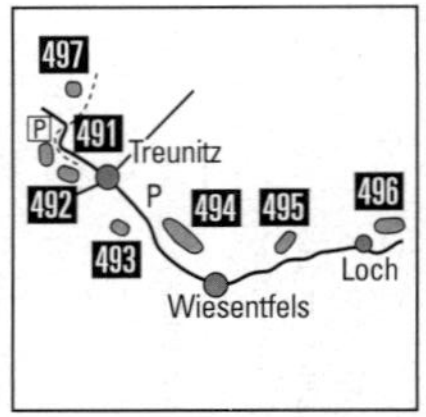

Treunitz
491 Treunitzer Wand
492 Treunitzer Pfeiler
493 Trizmann Ged.-Wand
494 Treunitzer Klettergarten
495 DTC
496 Kuhkirchner Wand
497 Vorderer Paradiestalwächter und Dachstein
Übersichtskarte 4 *(S. 18)*

① Brennnesselvariante	5 -
② Pfeiler	5
③ Direkte Talseite	7 -
④ Talseite (R 3)	7
⑤ Schwarzer Pfeiler (R 4a)	6 -
⑥ Variante	6 +
⑦ Kanzelriss (R 4b)	6 -
⑧ Vertikale (R 4)	6 -
⑨ R 5	4
⑩ Verschneidung (R 6)	6 -
⑪ Pfeilerweg (R 7)	6 +
⑫ Erster Streich (R 8)	6 -
⑬ Air of December	6
⑭ Überholspur (R 9)	6 -
⑮ R 10 (*»Kleine Helden«*)	8 -
⑯ Das Imbärium schlägt zurück	8
⑰ B(l)aumann spezial	8 -
⑱ R 10a (*»Shut is Shit«*)	7
⑲ Linker Ausstieg	6
⑳ Streck dich (R 11)	6 -
㉑ Klemme (R 11a)	5 -
㉒ R 11b (*2 Einstiege möglich*)	7 -
㉓ Heiße Sohle (R 12)	6 +
㉔ Zehentanz (R 12a)	6 +
㉕ Duell (R12 b)	9 -
㉖ Nimms leicht	8
㉗ Querulant	6 +
㉘ Räuchermännchen (R 13a)	4 +
㉙ R 13	3 +
㉚ Häppi Kadawa	7
㉛ Märchenprinz	7
㉜ Holzkeilriss (R 14)	6

Treunitzer Klettergarten

8 - 16 m | SW 494

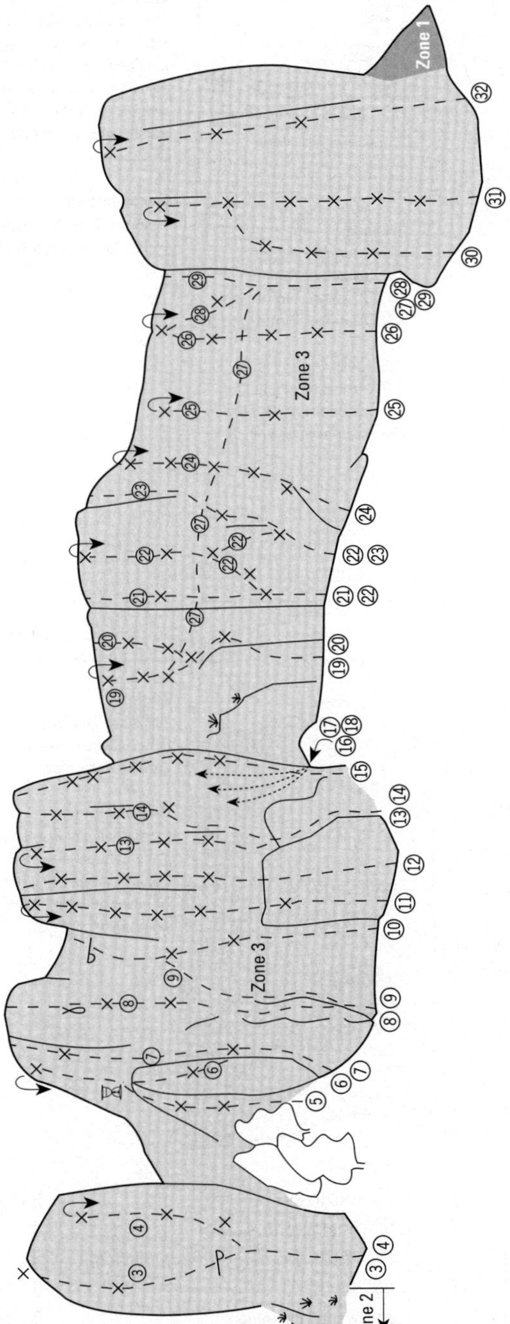

495 DTC

☼ | 10 m | SO

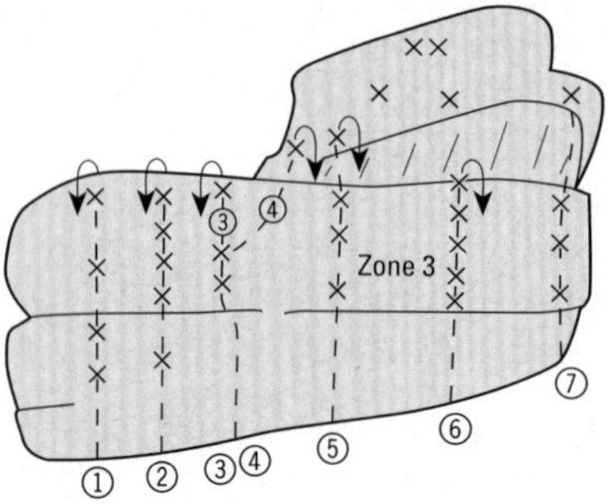

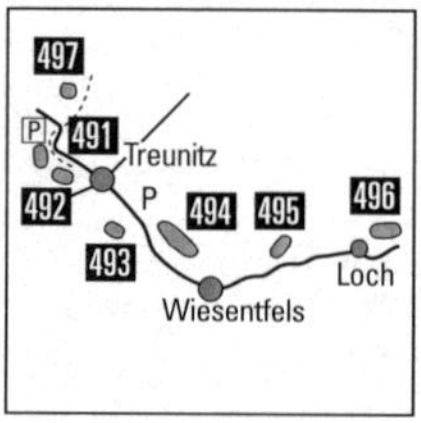

Treunitz
491 Treunitzer Wand
492 Treunitzer Pfeiler
493 Trizmann Ged.-Wand
494 Treunitzer Klettergarten
495 DTC
496 Kuhkirchner Wand
497 Vorderer Paradiestal-wächter und Dachstein
Übersichtskarte 4 *(S. 18)*

Zugang
Der Felsen befindet sich zwischen Wiesentfels und Loch auf der orographisch linken Seite des Tales. Parken in Wiesentfels. Auf Fußweg an der Straße entlang in 5 min zu den Felsen.

Besonderheit
Links der Wand bestehen noch einige Bouldermöglichkeiten.

①	?	9-
②	Fighting for fitter levels	8+/9-
③	OHA	7+
④	Klemmer	7+
⑤	Double Trouble	8-
⑥	Dolly Buster Ged.-Weg	8
⑦	*Projekt*	

496 Kuhkirchner Wand

☼ | 18 m | S

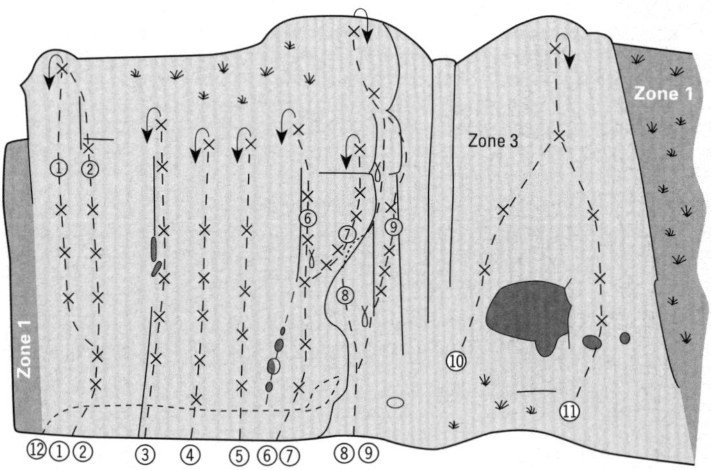

Zugang
Die Wand steht direkt nach dem östlichen Ortsende von Loch an der Straße.

Besonderheit
Inzwischen gibt es auch hier 2 glatte Zehner: »Feuerball« (Philipp Warda 2000) und »Primeur de Luxe« (Markus Bock 2000).

①	Feuerball	10 (2 Bierkrüge)
②	Primeur de luxe	10 (2 Bierkrüge)
③	Heinzin	8-
④	Fingerfood	10- (3 Bierkrüge)
⑤	Lochverstärker	9+
⑥	Flug nach Delhi	8- (2 Bierkrüge)
⑦	Blitzaktion	8+ (2 Bierkrüge)
⑧	Total kaputt *(Keile)*	4
⑨	Lusch *(brüchig+abenteuerlich)*	6+
⑩	Balon	6
⑪	Arschlochsweg	7 (1 Bierkrug)
⑫	One Hot Minute *(Boulderquergang)*	8

Vorderer Paradiestalwächter und Dachstein | 9 m | S + O 497

Vorderer Paradiestalwächter | O

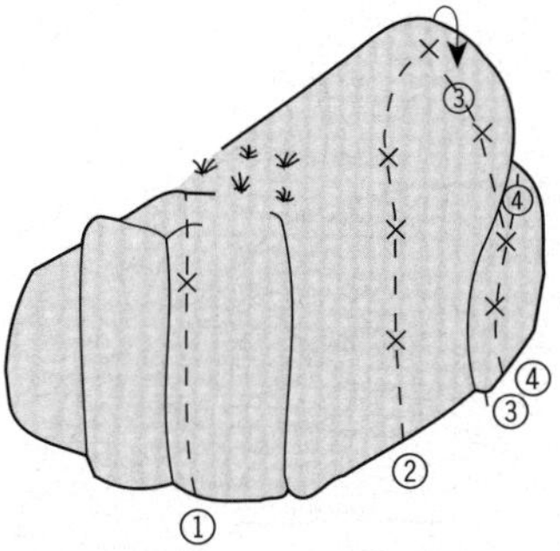

① Verschneidung 5
② Nordwand 5
③ Variante 6
④ Nordkamin 5
⑤ Fleischwolf . . . . 9 +

Dachstein | S

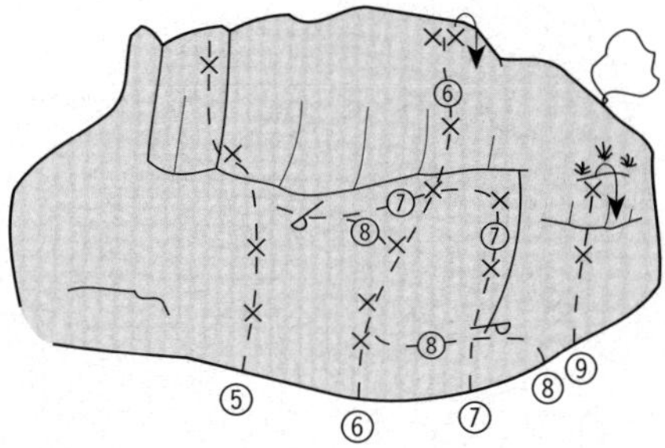

Zugang
Siehe unten bei Gelbe Wand.

⑥ Moksha . . . . 9 -
⑦ Franz Walczock Ged.-Weg . . . . . 8+/9 -
⑧ Gangsta's Paradise . . . . 9+/10 -
⑨ Weichei . . . . 9 -

Gelbe Wand | 14 m | W 498

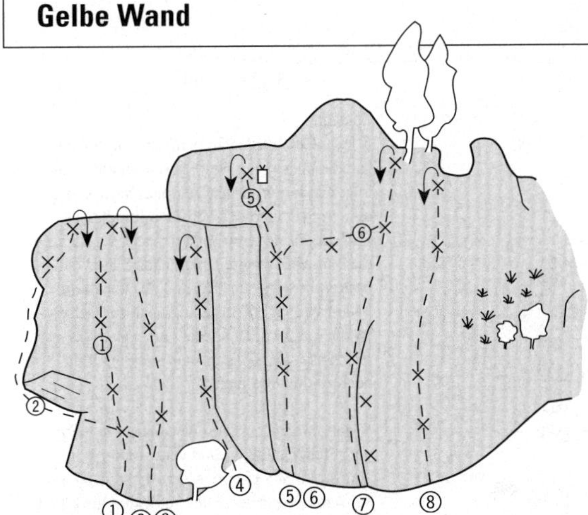

Zugang
Das Paradiestal mündet 1 km westlich von Treunitz ins Wiesenttal. Man parkt am Eingang des Tales und folgt ihm in nördlicher Richtung. Nach wenigen min erreicht man den Vorderen Paradiestalwächter. Im weiteren Verlauf macht das Tal nach ca. 1 km eine scharfe Linksbiegung. Kurz danach steht rechts im Talgrund der Dachstein (nicht verwechseln mit den Felsen, die zuvor rechts oben im Wald zu sehen sind!). Nach weiteren 200 m gelangt man zur Gelben Wand.

Besonderheit
In idyllischer Landschaft gelegenes Klettergebiet.

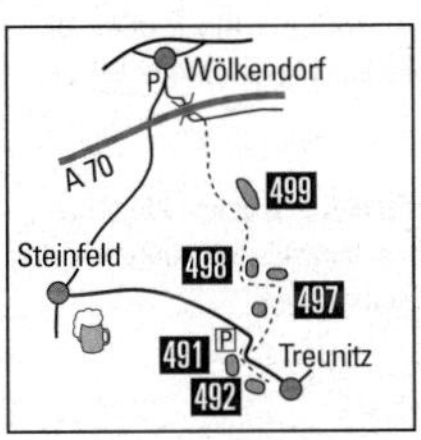

Paradiestal
491 Treunitzer Wand
492 Treunitzer Pfeiler
497 Vorderer Paradiestalwächter und Dachstein
498 Gelbe Wand
499 Wüstenstein
Übersichtskarte 4 *(S. 18)*

① Tschernobyl . . . . 7 +
② Hollfelder Weg . . . . 6 -
③ Höhlenweg . . . . 6 +
④ Silberweg 5
⑤ Felsteufelweg 8
⑥ Gelber Weg 4
⑦ Linker Parallelriss 6
⑧ Rechter Parallelriss 6

499 Wüstenstein

25 m | W + N

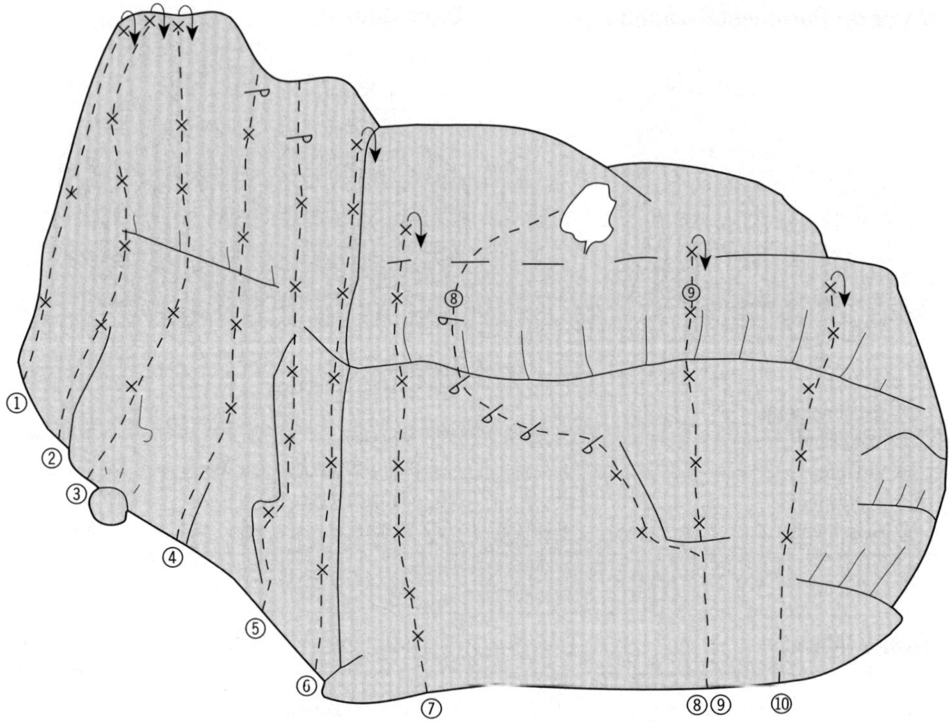

① ?	8 +
② Nikotin Corner	9 -
③ Sahara	9
④ Oase	9-/9
⑤ Schwarze Wand	9
⑥ Nosegrind	10
⑦ Siebzehn und Vier	10 +
⑧ Simon Müller Ged.-Weg	a3
⑨ Fata Morgana	9 -
⑩ *Projekt*	

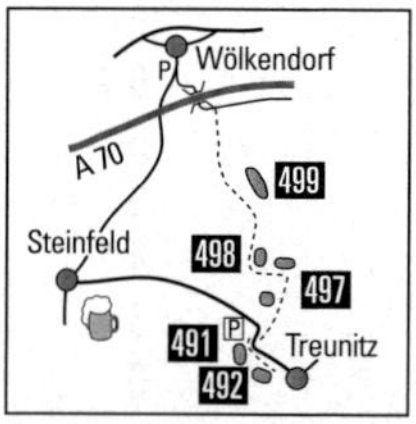

Paradiestal
491 Treunitzer Wand
492 Treunitzer Pfeiler
497 Vorderer Paradiestalwächter und Dachstein
498 Gelbe Wand
499 Wüstenstein
Übersichtskarte 4 *(S. 18)*

Zugang

• *Vom Wiesenttal:* Man parkt am Eingang des Paradiestales (1 km westlich von Treunitz) und folgt ihm in nördlicher Richtung. Nach wenigen min erreicht man den Vorderen Paradiestalwächter. Im weiteren Verlauf macht das Tal nach ca. 1 km eine scharfe Linksbiegung. Kurz danach steht rechts im Talgrund der Dachstein. Nach weiteren 200 m gelangt man zur Gelben Wand. Von ihr noch knapp 2 km weiter, bis man rechts oben den Wüstenstein sieht. Im Wald hoch zu den Einstiegen.

• *Vom Talende her:* Von Wölkendorf in Richtung Steinfeld fahren und kurz vor der Unterführung (B 505) bei Gesperrt-Schild parken. Auf Schotterweg unter der Autobahn durch und danach rechts abbiegen ins Paradiestal. Man läuft es ca. 700 m hinab bis zu einer Rechtsbiegung, hinter der ein rötlicher Block steht. Direkt in der Biegung links hoch zu den Felsen.

Besonderheit

In idyllischer Landschaft gelegenes Klettergebiet. Man findet hier fantastische Routen in den oberen Schwierigkeitsgraden.

Dohlenstein

18 m | W

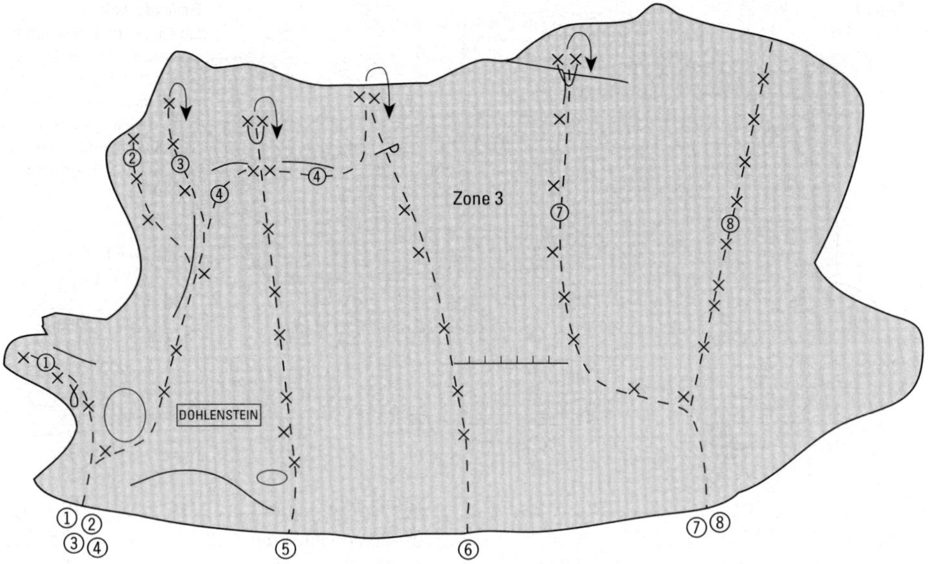

① Nase	9-	
② Downtown	7+	
③ Galway Guzzler	8-	
④ Kombination	8	🍺
⑤ Gebr. Seidel-Route	9+	🍺
⑥ *Projekt*		
⑦ 5000 für ein Halleluja	10-	
⑧ *Projekt*		

Zugang

Von Freienfels nach Krögelstein und rechts abbiegen in das Kaiserbachtal. Am Ortsende nach dem Hühnerstall parken *(Durchfahrt nicht versperren!)*. Am Waldrand entlang in das Kaiserbachtal laufen. Nach 100 m steht links des Weges der Dohlenstein, rechts davon befindet sich der Kainachtaler Riesenüberhang.

Besonderheit

Überhängendes Massiv mit kräftigen Klettereien und noch ausstehenden Projekten.

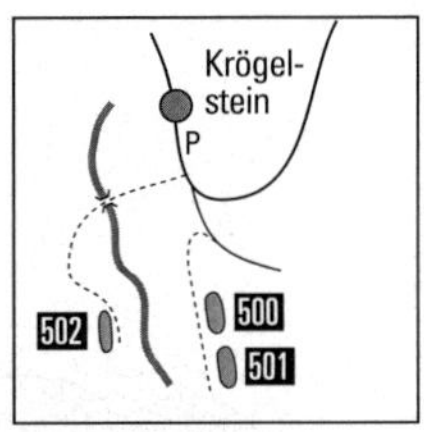

Krögelstein

500 Dohlenstein

501 Kainachtaler Riesenüberhang

502 Torbogen

Übersichtskarte 4 *(S. 18)*

501 Kainachtaler Riesenüberhang

17 m | W

Zugang
Siehe S. 605.

Besonderheit
Am Kainachtaler Riesenüberhang sind 3 Routen im oberen 10. Grad: »Lila Eule« (Carsten Seidel 1993), »Back to Nature« (Guido Köstermeyer 1994) und »Leon« (Werner Thon 1998).

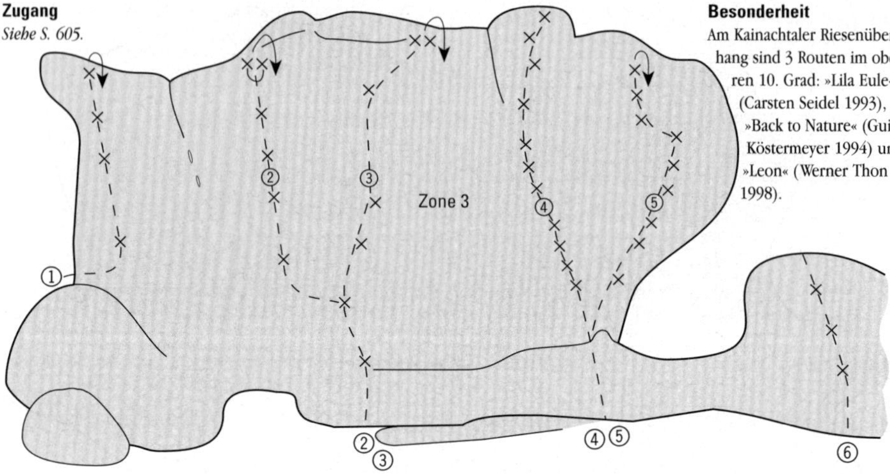

① ?	8+	
② *Projekt*		
③ Lila Eule	10/10+	
④ Back to Nature	10+	
⑤ Romeo must die	9+	
⑥ Nordlicht	8-	

502 Torbogen

8 m | O

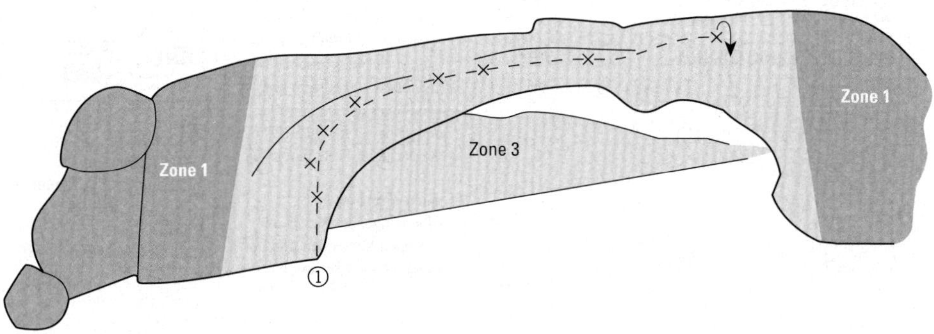

Zugang
Von Freienfels nach Krögelstein und rechts abbiegen in das Kaiserbachtal. Am Ortsende nach dem Hühnerstall parken *(Durchfahrt nicht versperren!)*. Beim Wegweiser »Kaiserbachtal« rechts über die Wiese und auf der Holzbrücke über den Bach. Auf Pfad kurz im Wald den Hang hoch und links in den Wald zu den Felsen. Das Nebenmassiv steht 50 m links des markanten Torbogens.

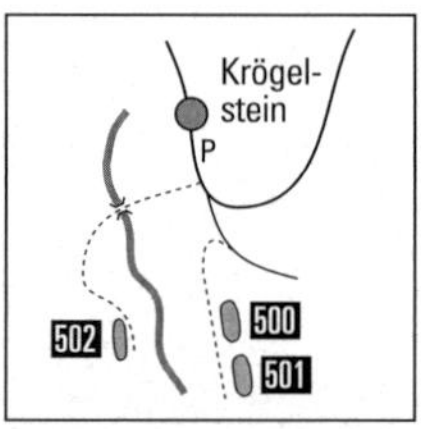

Krögelstein

Torbogen | 8 m | O — 502

Nebenmassiv | 12 m | N

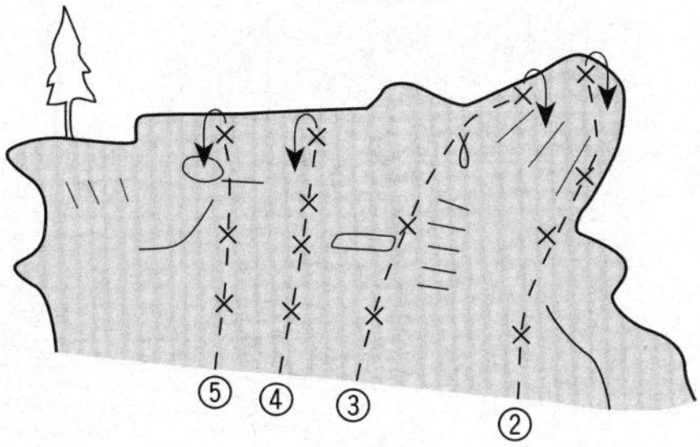

① Down Under .... 9+
② *Projekt* ....
③ Hop und Top 9-
④ Hund im Verzug 8
⑤ Seid fruchtbar und mehret euch! 7+

Besonderheit
Die Route »Down Under« am Torbogen dürfte wohl einer der originellsten Wege der Fränkischen sein. Athletische Dachkletterei (Ausdauer).

Säukirchner Turm | 10 - 18 m | S + N — 503

Südseite | 16 - 18 m

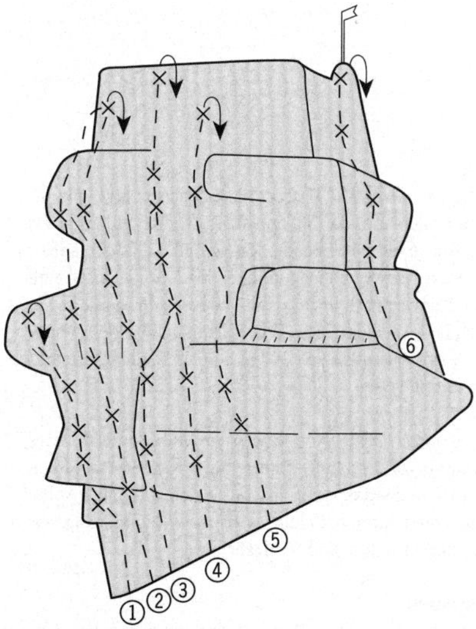

① Südkante .... 7+
② ? 6
③ Trockentalweg 7-
④ Alter Knabe 7-
⑤ Bärillium 7
⑥ Direkte Bergseite .... 6+
⑦ Kombination .... 7+
⑧ *Projekt* ....
⑨ Sonnenfinsternis .... 7+

Nordseite | 10 - 14 m

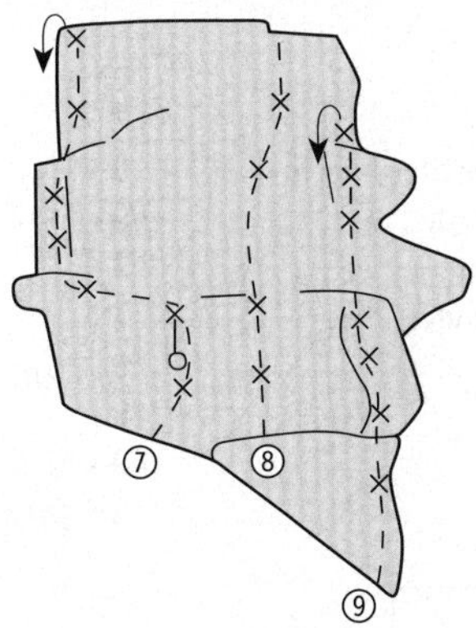

Zugang
Von Krögelstein in Richtung Wonsees, am Ortsausgangsschild links abbiegen und nach 300 m parken. Kurz zurück und scharf rechts ins Kaiserbachtal (Fuhre). Nach 350 m rechts hoch zum Felsen oberhalb des Weges.

Besonderheit
Sehr schöne, ruhige Lage.

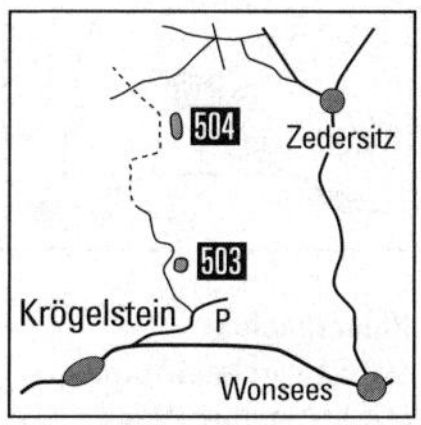

Kaiserbachtal
503 Säukirchner Turm
504 Kuhleutner Wand
Übersichtskarte 4 *(S. 18)*

504 Kuhleutner Wand

☼ | 16 m | SW

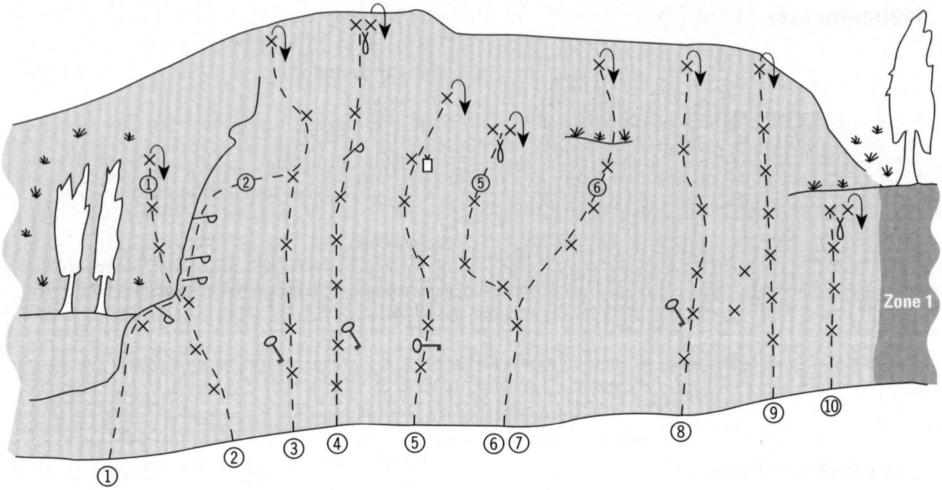

① Alter Weg	6+	
② Tanzbär	7	
③ Bohrhaken zu Steigbügeln	8+	
④ John F. Kennedy	9/9+	
⑤ Marathon Man	9-	
⑥ Mambo's Freude	7+	
⑦ Salsa	8	🍺🍺
⑧ Vom Fickert	9+	
⑨ Iron Man	9/9+	🍺🍺
⑩ Labskaus	9	🍺🍺🍺

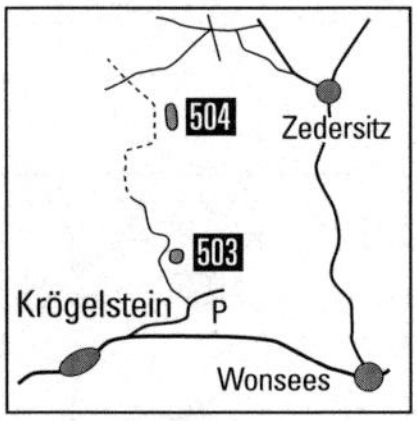

Kaiserbachtal
503 Säukirchner Turm
504 Kuhleutner Wand
Übersichtskarte 4 *(S. 18)*

Zugang

• *Zustieg von oben:* Von Wonsees nach Zedersitz und links in Richtung Feulersdorf. Ca. 700 m nach Zedersitz steht auf der Hochfläche ein einzelner Baum, dort parken. Links den anfangs gepflasterten Feldweg entlang und bei der 2. Abzweigung einen weiteren Feldweg nach links (Schild: »Treunitz/Krögelstein«) ins Tal hinab bis zu seinem Ende. Dort folgt man links dem Wanderweg am Waldrand entlang ca. 300 m in Richtung Krögelstein und gelangt zu den Felsen.

• *Zustieg durch das Tal:* Von Krögelstein in Richtung Wonsees, am Ortsausgangsschild links abbiegen und nach 300 m parken. Kurz zurück und scharf rechts ins Kaiserbachtal (Fuhre). Vorbei am Säukirchner Turm in 20 min zu den Felsen. Ungünstig, wenn die Wiesen sehr feucht sind (Frühjahr).

Besonderheit

Die wunderschön gelegene Wand ist ideal mit dem Fahrrad zu erreichen.

Sperrung
Wegen Vogelschutz von 1.2. - 30.6.

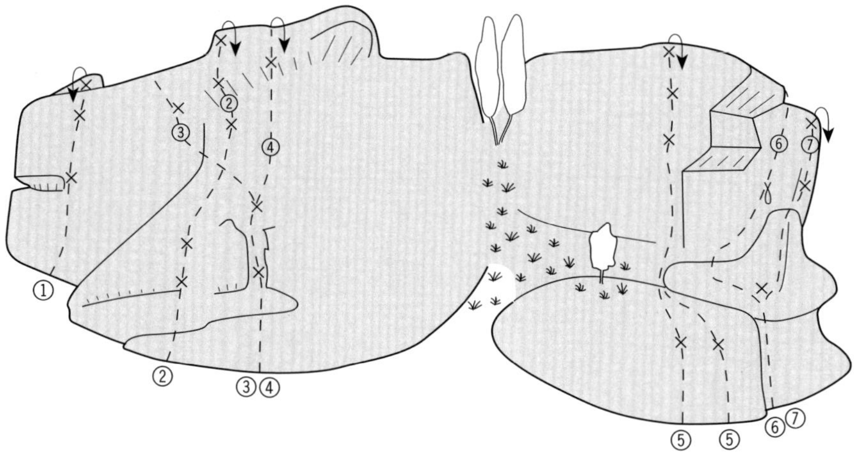

① Ze Korz	6 +
② Apfelweintorte	8 -
③ Linker Weg	7
④ Kaiserbach Climb	7
⑤ Der doppelte Hans (*2 Einstiege*)	7 -
⑥ Rechter Weg	6
⑦ Rossi	8 -

Zugang
Parken in Kainach. Von der Bushaltestelle in Ortsmitte zweigt 30 m in Richtung Wonsees links eine Straße mit bezeichnetem Wanderweg ab. Dieser folgen und gleich wieder links auf Fuhre ins Kaiserbachtal. Nach 400 m steht der Fels rechts der Fuhre.

Besonderheit
Links oben griffige Ausstiegsüberhänge, rechts eher etwas alpin. Idyllische Lage.

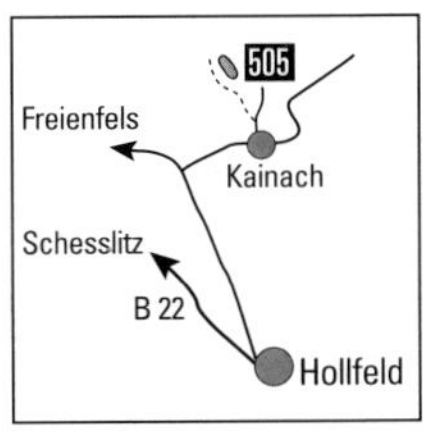

Kaiserbachtaler Wand
Übersichtskarte 4 *(S. 18)*

506 Schwalbenstein

| 16 m | W

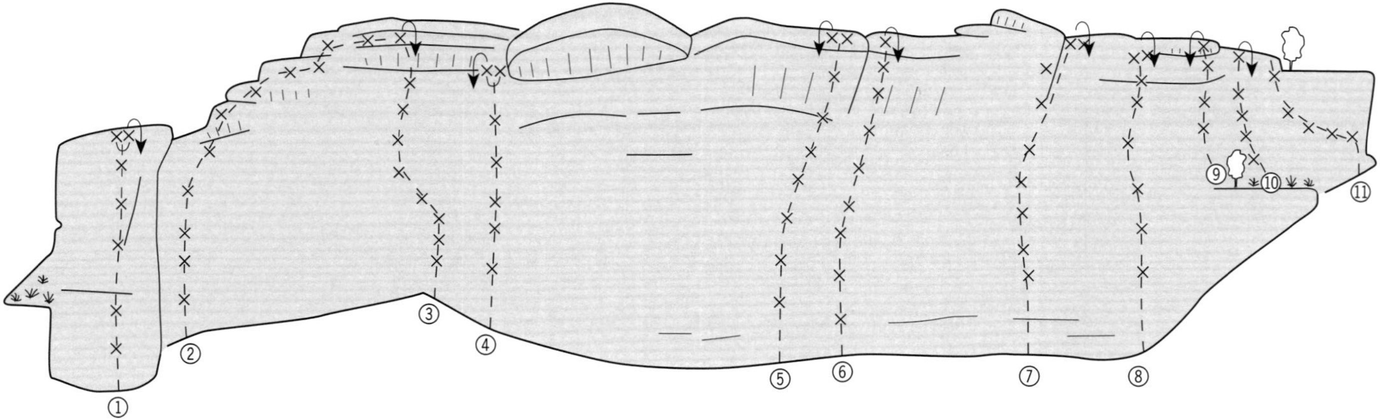

① Mauersegler	7-	
② XXX	9-	
③ *Projekt*		
④ *Projekt*		
⑤ *Projekt*		
⑥ Eskerrik-Asko	10-	
⑦ *Projekt*		
⑧ *Projekt*		
⑨ Gögerla 7,50	9	
⑩ *Projekt*		
⑪ *Projekt*		

Zugang
In Schirradorf in den Schwalbachweg rein (Schild: »Nicklas Landtechnik«), gleich wieder rechts und nach 300 m parken. Gegenüber in der Wiese steht die Wand.

Besonderheit
Beeindruckende Überhänge mit Zukunftsprojekten und ein paar fertigen Wegen. Da der Fels teilweise etwas splittrig ist, wurde deutlich mit Kleber unterstützt, laut Auskunft eines Einheimischen aber keine zusätzlichen Haltepunkte geschaffen (umstritten).
Die relativ nahe Autobahn hört man kaum.

Schwalbenstein
Übersichtskarte 4 *(S. 18)*

Burglesauer Block

| 17 m | SW **507**

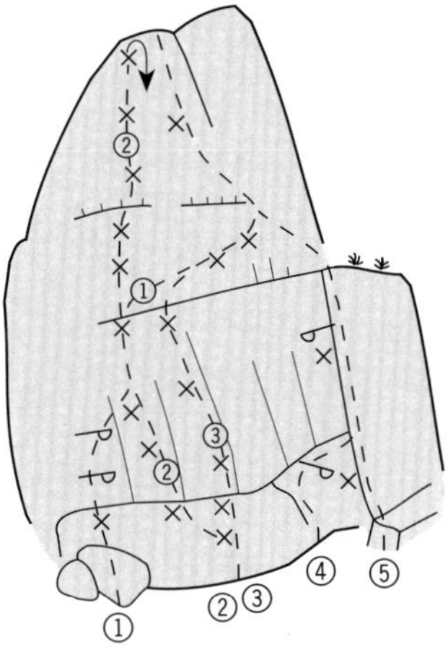

Zugang
In Burglesau bei der Schulbushaltestelle rechts hoch und der kurvigen Straße fast bis zur Hochfläche folgen; nach 1,4 km bei Gesperrt-Schild parken (Blau/weiß/blau-Markierung an einem Baum). Wenige Meter zurück und rechts einem Weg in den Wald folgen (Markierung Blau/gelb/blau). Nach 400 m führt ein Pfad links zu den Felsen. Gegenüber vom Burglesauer Block steht der Gipfelstürmerblock.

① Hummelweg 8-
② Spur von Sehnsucht .... 8+
③ Fliegendach................ 8
④ Himmelfahrtsweg 7-
⑤ Direktvariante 7-

Gipfelstürmerblock

| 7 - 12 m | W + SO **508**

Talseite | 12 m | W

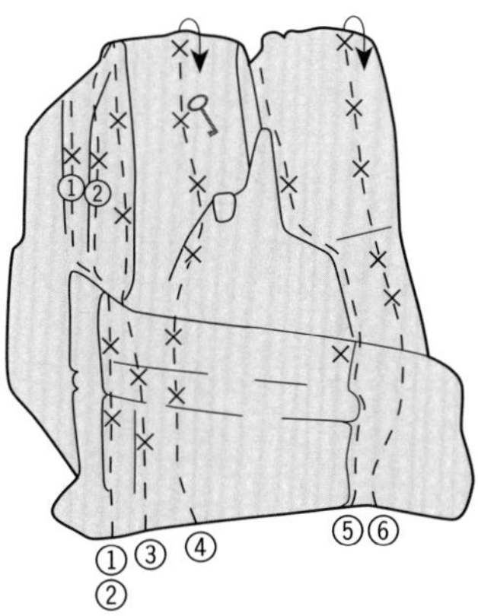

Bergseite | 7 m | SO

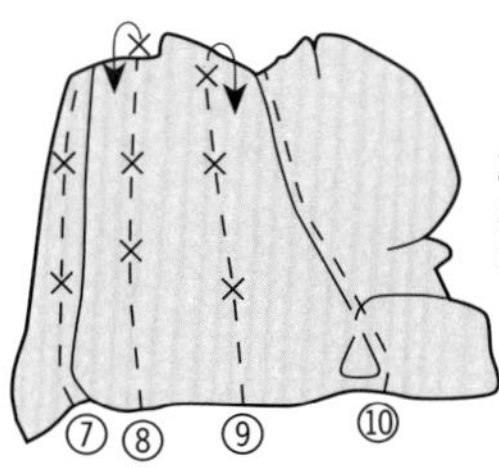

Zugang
Siehe oben bei Burglesauer Block.

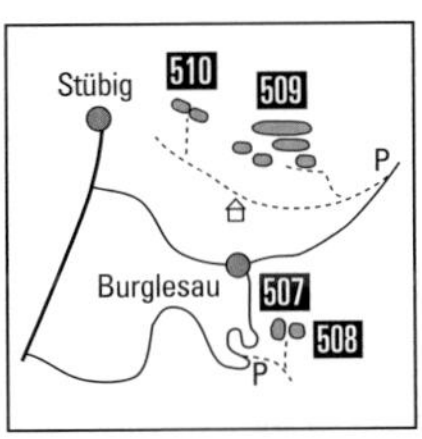

Burglesau
507 Burglesauer Block
508 Gipfelstürmerblock
509 Burglesauer Wand
510 Dreitorspitze und Stefansturm
Übersichtskarte 4 *(S. 18)*

① Gipfelstürmerriss............ 5-
② Frankenländer Schild 7
③ Sudden Death............. 9-
④ Direkte Westwand........... 7+
⑤ Westverschneidung 5-
⑥ Käpt'n Blaubär 7-
⑦ Südpfeiler................ 4
⑧ Südwand................. 4
⑨ Diagonalweg.............. 3
⑩ Bergseite................. 2

509 Burglesauer Wand

10 - 18 m | S

Gesamtansicht

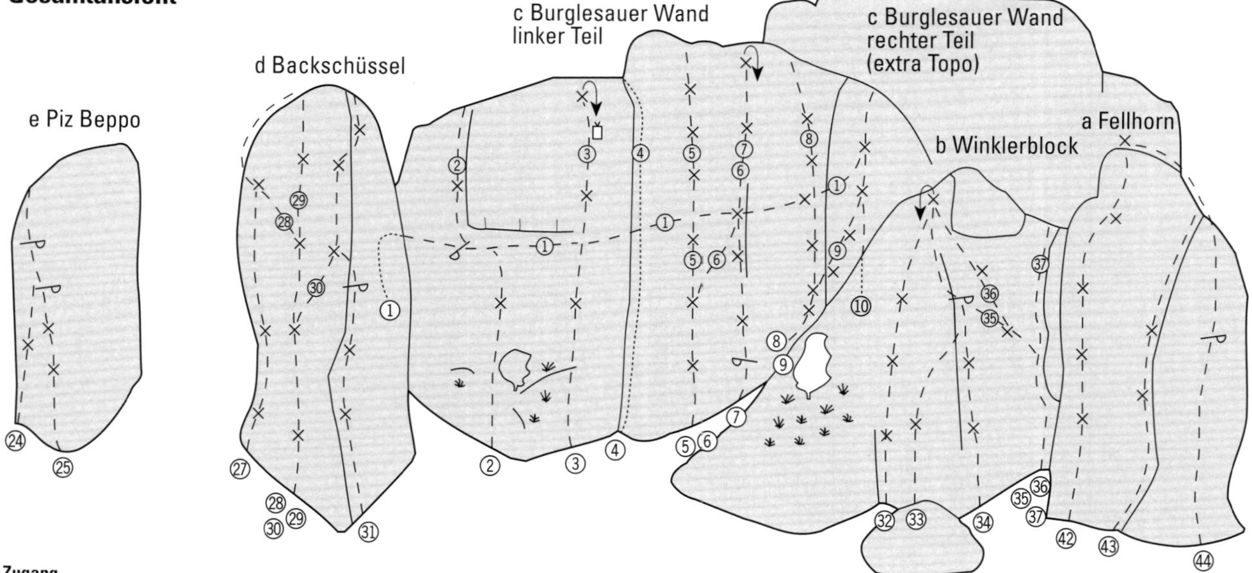

Zugang
Durch Burglesau immer geradeaus durch fahren und den Berg hoch, bis links ein Schotterweg abzweigt (Wegweiser »Bergwachthütte«). Hier parken und einige min in Richtung Bergwacht laufen, dann rechts hoch zu den Felsen (Wegweiser). Für Durstige befindet sich am Weg eine Quelle.

Besonderheit
Viele leichte und mittelschwere Wege in hellem Plattenkalk am sonnigen Südhang.

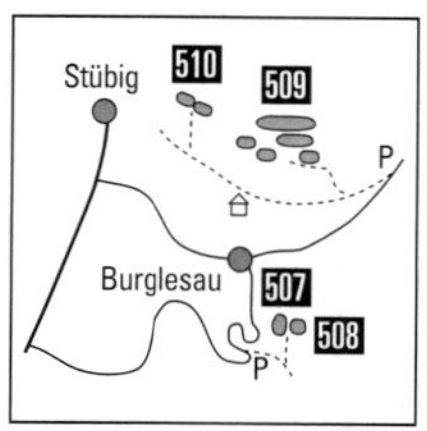

Burglesau
507 Burglesauer Block
508 Gipfelstürmerblock
509 Burglesauer Wand
510 Dreitorspitze und Stefansturm
Übersichtskarte 4 *(S. 18)*

Burglesauer Wand | 18 m | S

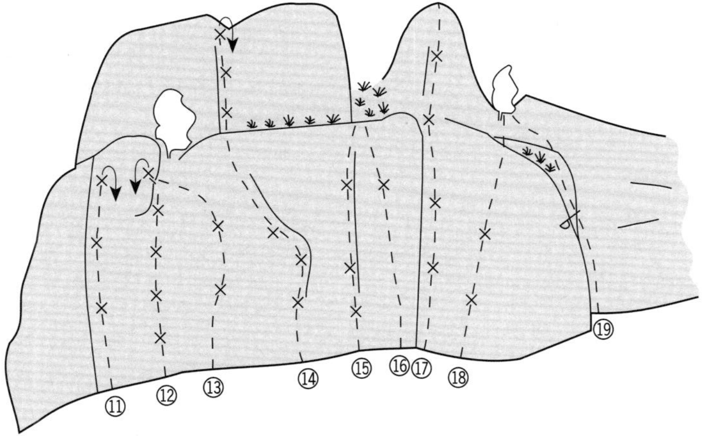

① Margarethenband	5	
② Direkte	6+	
③ Häfner Ged.-Weg	7	
④ Bernhofer Kamin	2+	
⑤ Simon Müller Ged.-Weg	6+	
⑥ Margarethenwand	6	
⑦ Direkteinstieg	7+	
⑧ Ansbacher Verschneidung	6-	
⑨ Dülfnerkante	5+	
⑩ Direkteinstieg	7	
⑪ Stecklriss	6+	
⑫ King Kong	8+	
⑬ Bamberger Weg	7+	
⑭ Simonriss	6+	
⑮ Dieter Truckenbrodt Ged.-Weg	7+	
⑯ ?	7-	
⑰ Zwillingsriss	5+	
⑱ Herbstplatte	8+	
⑲ Geburtstagsweg	4	
⑳ Bitter Ged.-Weg	6-	
㉑ Nordwand	6-	
㉒ Nordwestkante	4	
㉓ Westwand	4	
㉔ Trasse 3a	7	
㉕ Schweinfurter Weg	7	
㉖ Nordwestkante	2	
㉗ Südwestkante	5+	
㉘ Talwand	7	
㉙ Direkter Ausstieg (*brüchig*)	8-	
㉚ Rechte Talwand	7	
㉛ Direkte Talkante	7+	
㉜ *Projekt*		
㉝ Texas	8+	
㉞ Südkante	7-	
㉟ Ostwand	4	
㊱ Ostwandplatte	6-	
㊲ Gerade Ostwand	2+	
㊳ Nordwand	3+	
㊴ Schiefe Wand	7-	
㊵ Ameisenplatte	8-	
㊶ Südwestkante	7-	
㊷ Linke Südwand	8	
㊸ Südriss	5-	
㊹ Rechte Südwand	7-	

510 Dreitorspitze und Stefansturm

☼ | 15 m | S

Bild S. 615: Bärenschluchtwände
Dieses Motiv gehört zur Bilderserie »Fränkische Landschaft« von Bernhard Thum (siehe S. 626)

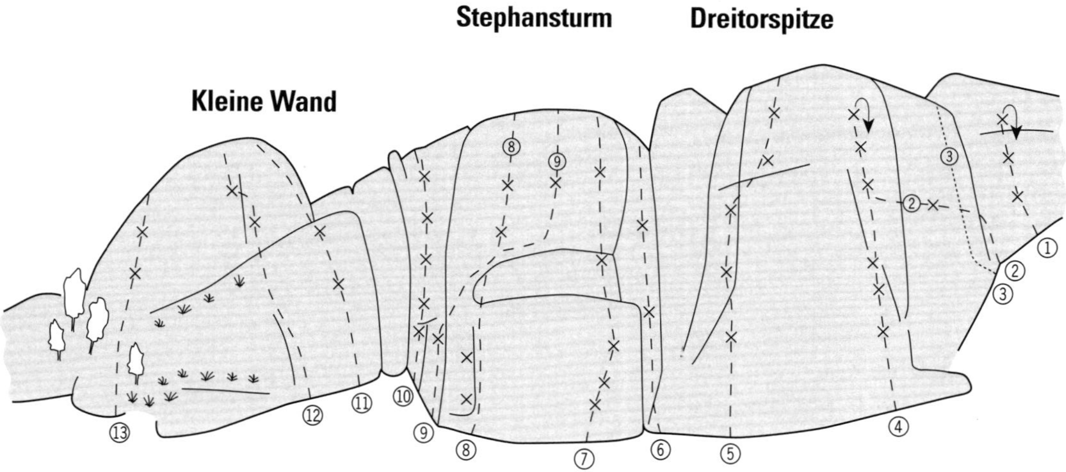

①	Platte	5-
②	Südwand	6
③	Farbeimerweg	3
④	Direkte Südwand	7-
⑤	Südkante	6+
⑥	Risskamin	5-
⑦	*Projekt*	
⑧	?	7-
⑨	Linker Weg	6
⑩	*Projekt*	
⑪	Südkante	6+
⑫	Südwand	5+
⑬	Linker Weg	5+

Zugang
Durch Burglesau immer geradeaus durch fahren und den Berg hoch, bis links ein Schotterweg abzweigt (Wegweiser »Bergwachthütte«). Hier parken und einige min in Richtung Bergwacht laufen. Beim Wegweiser »Zu den Kletterfelsen« geradeaus weiter und dem Weg von der Bergwachthütte aus noch 300 m folgen, bisrechts ein Pfad hinauf zu den Felsen führt.

Besonderheit
Fester, senkrechter Plattenkalk. Die Wand ist sehr sonnig.

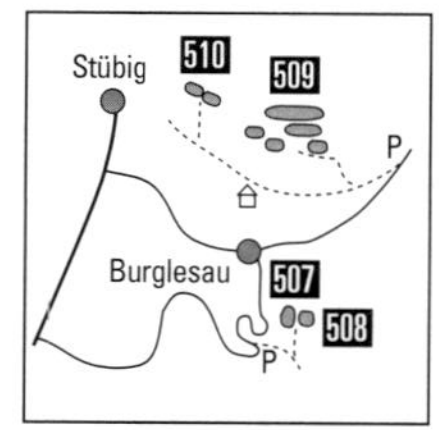

Burglesau
507 Burglesauer Block
508 Gipfelstürmerblock
509 Burglesauer Wand
510 Dreitorspitze und Stefansturm
Übersichtskarte 4 *(S. 18)*

511 Großer Stübiger Turm

| 16 - 35 m | NW + O

Talseite | 35 m | NW

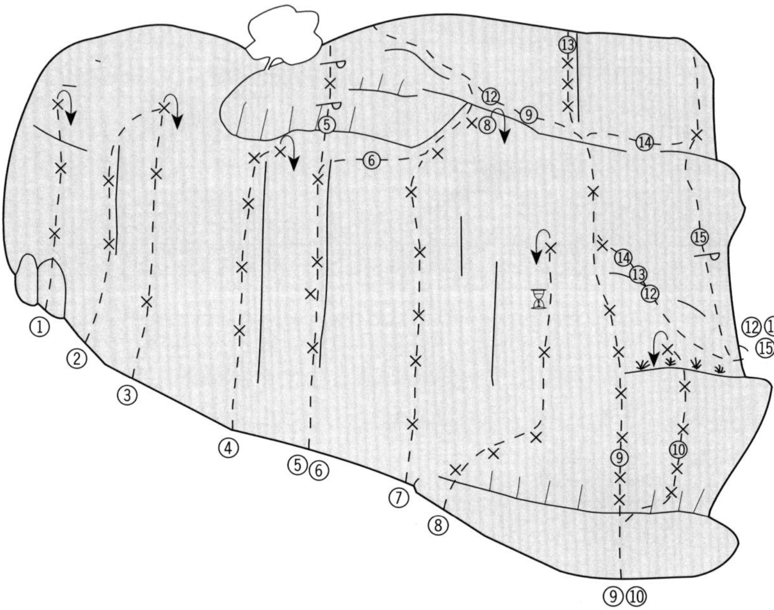

Bergseite | 16 m | O

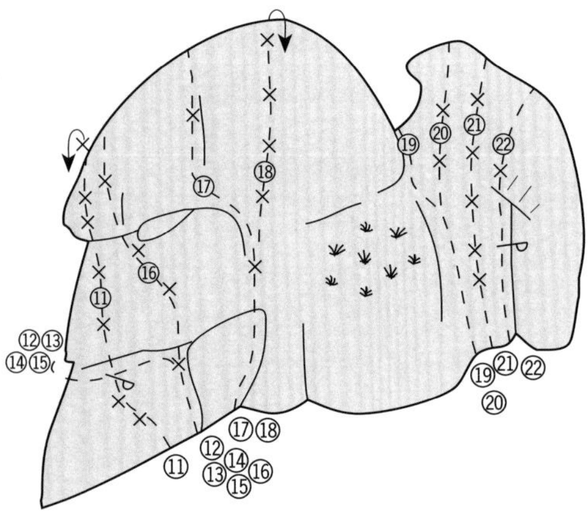

①	Popel Popeye	7+
②	Freiflugriss	6+
③	Vajoletweg	6-
④	Handriss	6+
⑤	Direktausstieg	a1
⑥	Nordostwand	7-
⑦	Leider nur 8	8
⑧	Niklausroute	9+
⑨	Direkter BB-Weg	9-
⑩	?	9-
⑪	Traumprinzessin	8
⑫	Dülferweg original	6
⑬	Frankenländer Ausstieg	9-
⑭	Scheri Kraus Variante	6
⑮	Direktausstieg	6
⑯	Südwestkante	7
⑰	Knochriss	5+
⑱	Crazy Climb	7+
⑲	Bergseite	3
⑳	Variante	7-/7
㉑	Blonder Engel	7-
㉒	Schneck Ged.-Weg	6

Kleiner Stübiger Turm

| 30 m | NW + O

Talseite | 30 m | NW

Bergseite | 15 m | O

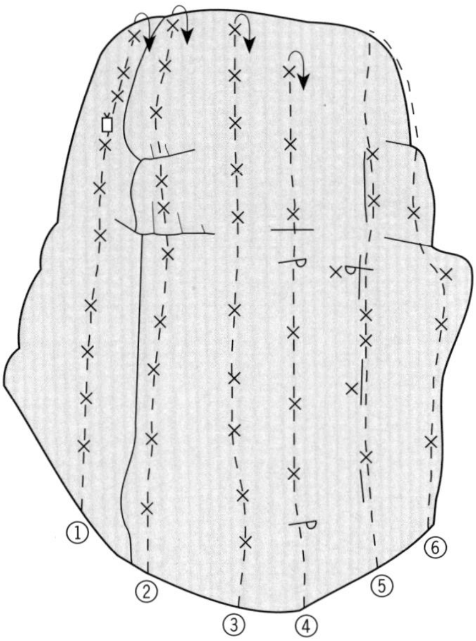

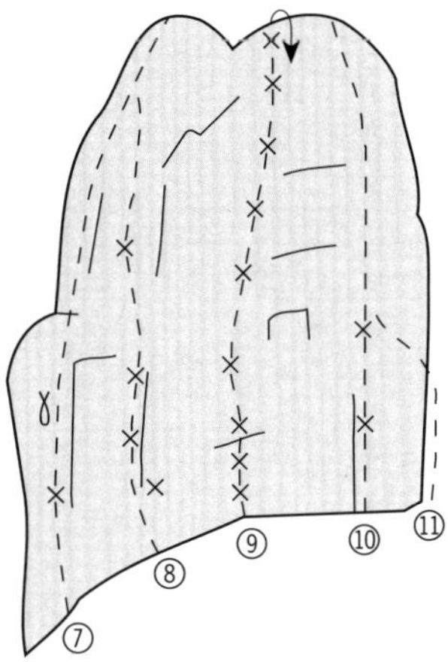

① Dornröschen	8 +	
② Leichte 10	9	
③ N'djamijami	8/8 +	
④ Happy End	8 -	
⑤ Welzenbach Ged.-Weg	7 +	
⑥ Direkter Paul Preuß Ged.-Weg	6 +	
⑦ Karl Groß Ged.-Weg	6 -	
⑧ Alpenvereinsweg	6 -	
⑨ Flechtmöschen	9 -	
⑩ Direkter Einstieg	7 -	
⑪ Nordostkante	4	

Zugang

Parken am Ortseingang von Stübig. Rechts (von Scheßlitz kommend) gepflasterten Feldweg hochgehen und bei einer Gabelung dem linken Weg in den Wald folgen. Dort führt nach einigen 100 m rechts ein Weg zu den Felsen (15 min von Stübig).

Besonderheit

Schöne, teilweise recht lange Wege in löchrigem, senkrechten bis überhängenden Fels.

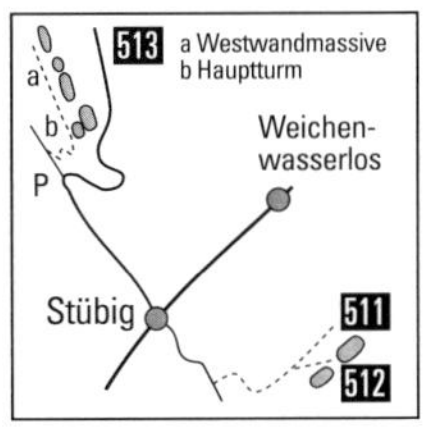

Stübig

511 Großer Stübiger Turm
512 Kleiner Stübiger Turm
513 Katzenbuckel

Übersichtskarte 4 *(S. 18)*

513 Katzenbuckel

| 12 m | W + O

Westwandmassive | Linker Teil

Mittlerer Teil

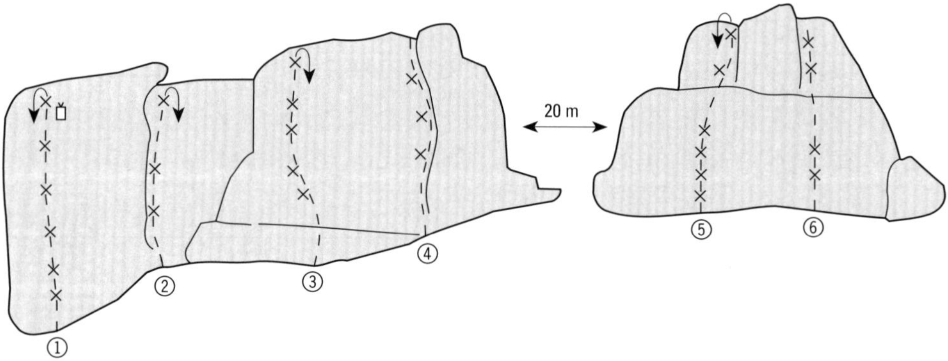

Rechter Teil

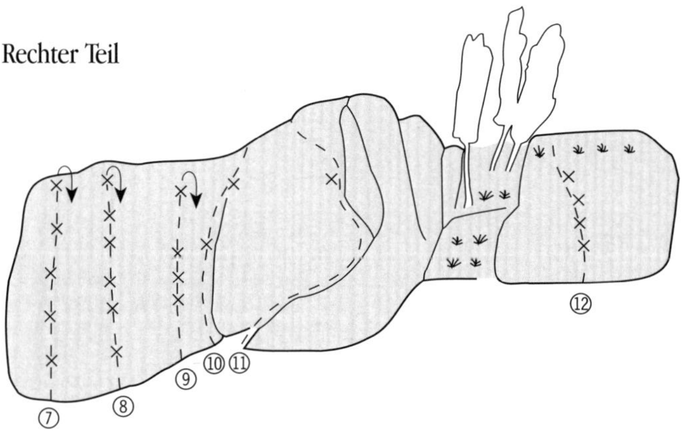

- ① Muffenweg (R 7) . . . . 9/9 +
- ② Nischenweg (R 6) a1/5
- ③ Seufzer (R 5a) . . . . 7 +
  ohne küstl. Griffe 8
- ④ Hummelweg (R 5). 5
- ⑤ Efeuweg (R 4a) 6
- ⑥ Weigelshofer Weg (R 4) . . . . 6 -
- ⑦ Schinderriss (R 1) . . . . 6 -
- ⑧ Via Maria . . . . 7 +
- ⑨ Eidechsenweg (R 2). 6
- ⑩ Altherrenweg (R 3) . . . . 4 +
- ⑪ Rampenweg (R 3a) 4
- ⑫ Freundschaftsweg (R 3b). 7

Zugang

Von Stübig in Richtung Dörnwasserlos fahren und nach 1 km in einer scharfen Rechtskurve links abbiegen und parken. Kurz rechts hoch über Stufen zu den Felsen.

Besonderheit

An den westseitig gelegenen Felsen wird es nachmittags schön warm und sonnig. Viele leichte bis mittelschwere Touren.

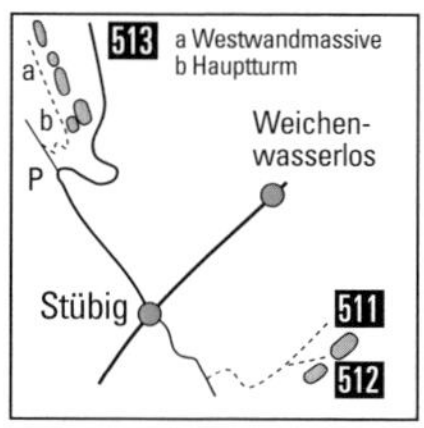

Stübig

511 Großer Stübiger Turm
512 Kleiner Stübiger Turm
513 Katzenbuckel
Übersichtskarte 4 *(S. 18)*

Hauptturm | Talseite | 16 m | W

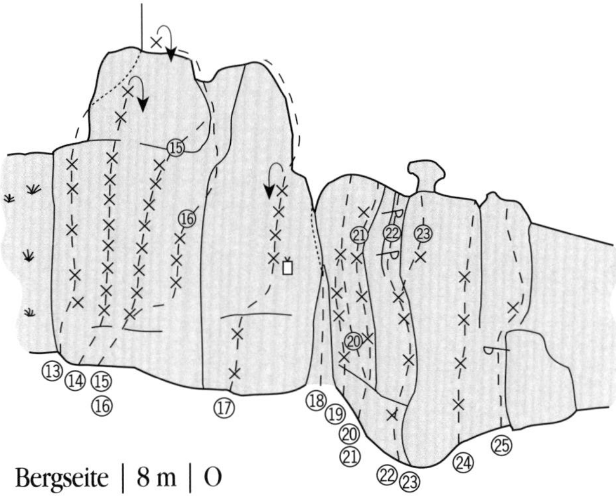

Nebenmassiv

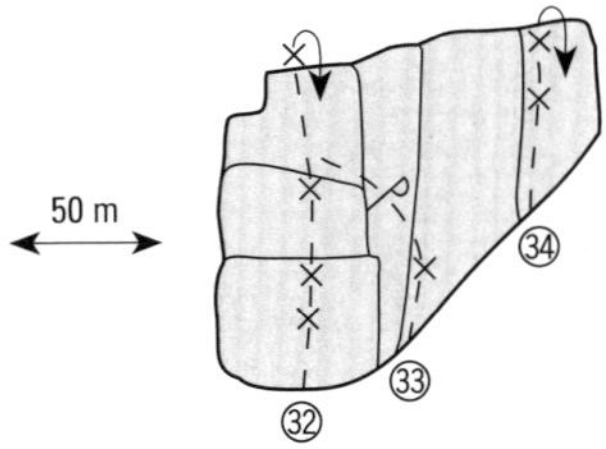

Bergseite | 8 m | O

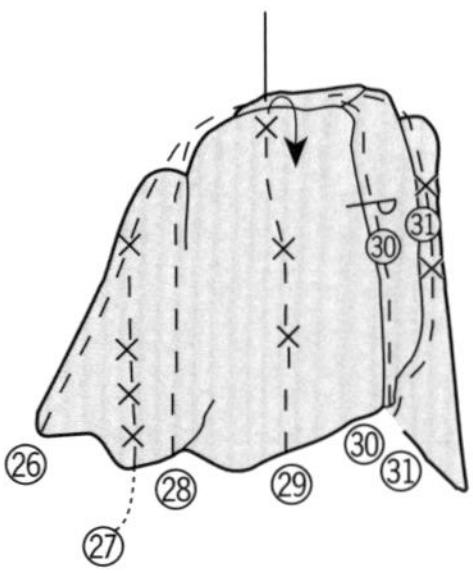

⑬ Linke Talseite	6 +	
⑭ Die Sucht der Träumer	7 +	
⑮ Karl Reinwald Ged.-Weg	7	
⑯ Alte Talseite	6 -	
⑰ Brüchige Talseite	5	
⑱ Talkamin	2	
⑲ Up and away	8 +	
⑳ Westwand (2. H von ㉑ einhängen)	8 -	
㉑ Unentwegtenriss	6 +	
㉒ Südwestkante linker Ausstieg	7	
㉓ Südwestkante	6 +	
㉔ Linke Südwand	6 -	
㉕ Rechte Südwand	4 +	
㉖ Südkante	3	
㉗ Neue Ostwand	7 +	
㉘ Ostwand	3 +	
㉙ Kurze Ostwand	6 +	
㉚ Nordostkante	5 +	
㉛ Nordwand	5	
㉜ R 1	5	
㉝ R 2	5	
㉞ R 3	5	

514 Alpenvereinswand

| 25 m | S

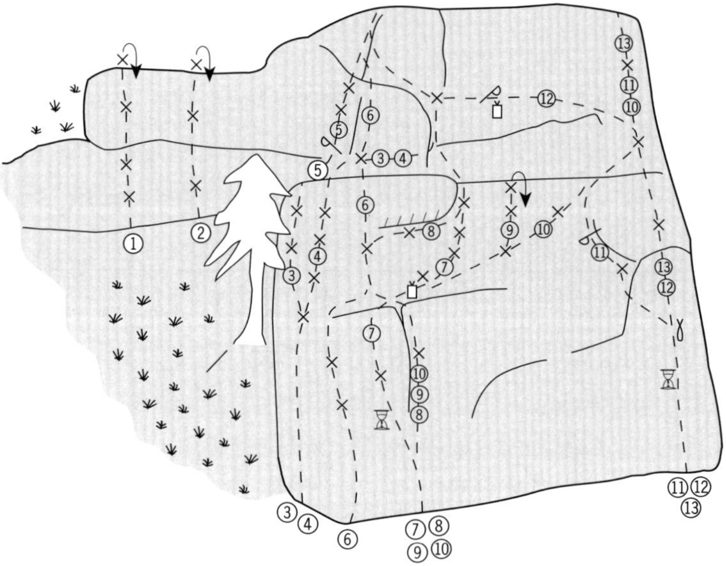

①	Mangled	8+
②	Kaulerpa taxifolia	7-
③	Variante	5
④	Südwestkante	4+
⑤	Hard Rock	8-
⑥	Pfeilerweg	6+
⑦	Elefantenbauch	7
⑧	Riss-Dachl-Weg	6+
⑨	?	7-
⑩	AV-Quergang	6+
⑪	Direkte Südwand	6+
⑫	Alter Weg	3+
⑬	Gerade Südostkante	3+

Zugang

Parken 1,4 km talaufwärts vom Ortsende von Roßdach. Zwischen Leitungsmast Nr. 29 und 30 hochsteigen zur Wand.

Besonderheit

Klassisches Genussklettergebiet mit griffigem, meist festen Fels.

Wattendorfer Wand

☼ | 10 m | SO

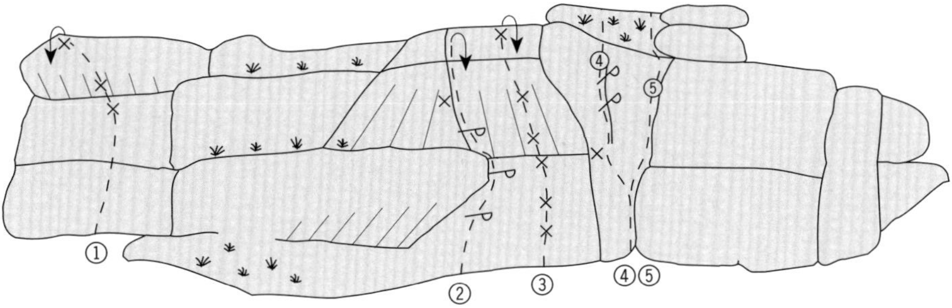

① Gummibär 8
② Wattendorfer Dach 9-
③ Flippo .... 8+
④ Riss a1/5
⑤ Verschneidung 4

Zugang
Von Stübig nach Wattendorf fahren und kurz vor Wattendorf links in Richtung Staffelstein abbiegen und gleich wieder links auf Parkplatz (vorher ist bereits die Wand links der Straße sichtbar). Auf der Straße zurück zur Wand.

Besonderheit
Die schweren Wege sind kurz und überhängend.

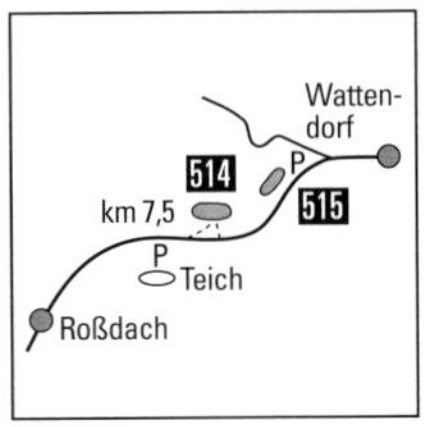

Wattendorf
514 Alpenvereinswand
515 Wattendorfer Wand
Übersichtskarte 4 *(S. 18)*

Linker Wandteil

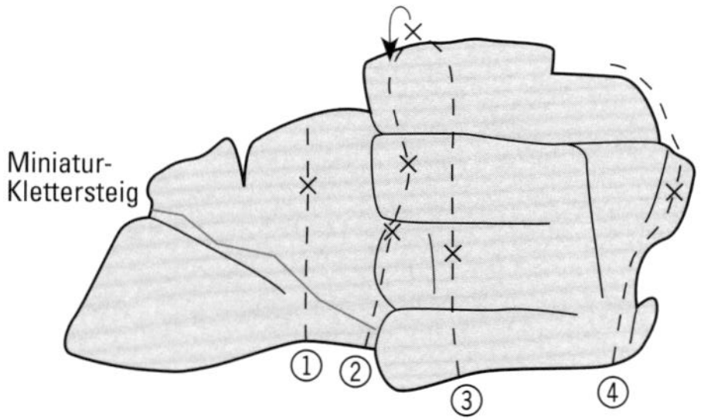

①	Glatte Wand	7
②	Erste Kante	7+
③	Südwand	6+
④	Zweite Kante	7+
⑤	Rinne	3
⑥	Südwand	4+
⑦	Breiter Riss	4
⑧	Überhang	6-
⑨	Erster Riss	6
⑩	Dritte Kante	6+
⑪	Rückseite	6+
⑫	Erstes Wandl	7+
⑬	Überhang	6+
⑭	Zweiter Riss	5+
⑮	Dritter Riss	6
⑯	Zweites Wandl	7
⑰	Erster Kamin	5
⑱	?	6-
⑲	Zweiter Kamin	5
⑳	Drittes Wandl	7
㉑	Leichte Rinne	3
㉒	Vierter Riss	6+

Zugang
In Kümmersreuth in Richtung Staffelstein fahren, die letzte Straße rechts und gleich wieder links abbiegen *(»Zum Kemitzenstein«)*. 800 m auf gepflasterter Straße weiter und vor Gesperrt-Schild parken. 50 m nach dem Gesperrt-Schild kommt eine Wiese mit den Felsen und der Bergwachthütte.

Besonderheit
Idealer Klettergarten für Kinder, alles liegt in Miniatur-Ausgabe vor.

Kemitzenstein
Übersichtskarte 4 *(S. 18)*

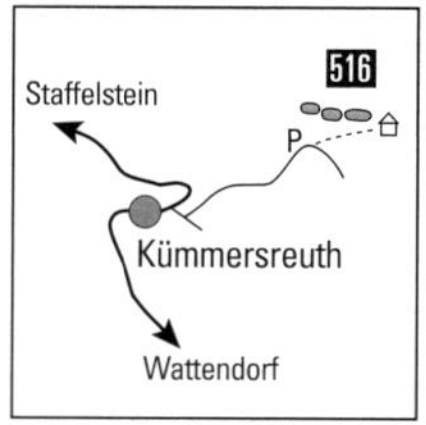

Mittlerer Wandteil

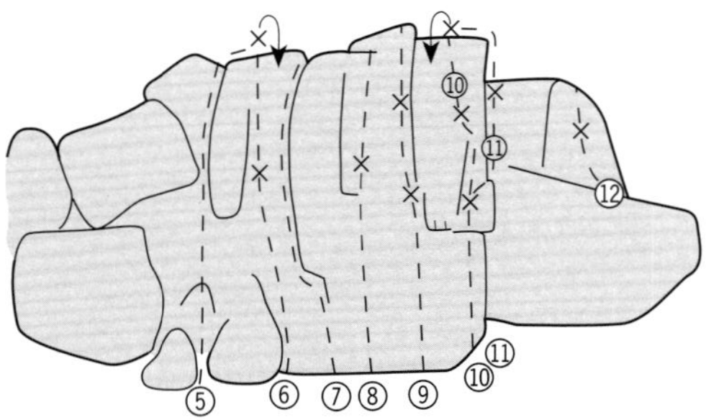

Rechter Wandteil

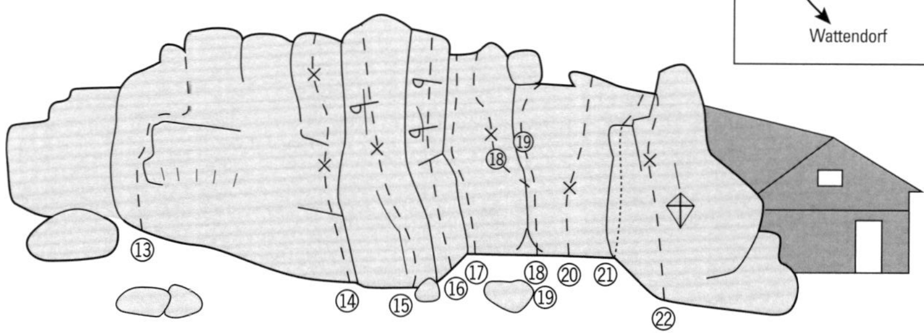

Linker Wandteil | 20 m | SO

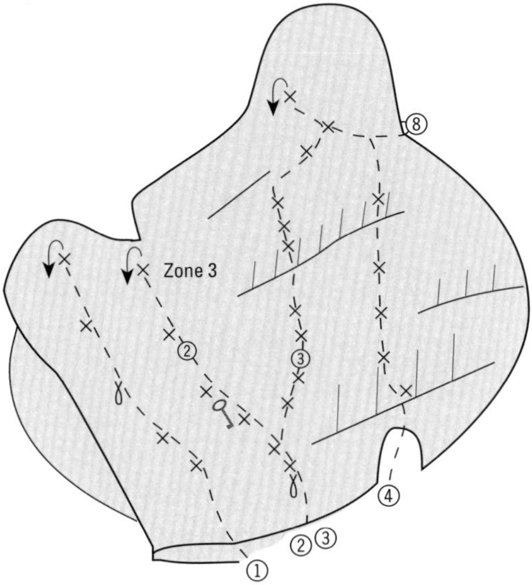

① Weggeschnappt und Spaß gehabt	9+	
② Headline	9+	
③ Space Invader (Weg der Arbeit)	10+/11-	
④ Raise the Roof	10+	
⑧ Großziegenfelder Weg	6	

Besonderheit
Mit der freien Begehung des ehemals technischen »Weg der Arbeit« hat Werner Thon 1992 eine Toproute an der Grenze zwischen zehntem und elften Grad geschaffen.
Nur unwesentlich leichter ist die sehr athletische Dachroute »Raise the Roof« (Martin Elsässer 1998).

Zugang
In Kleinziegenfeld abbiegen in Richtung Großziegenfeld und nach 100 m parken. Man folgt links einem Weg in ein Tälchen hinauf. Links oben im Wald steht die Leumer Ged.-Wand und etwas weiter oben das Lichtenfelser Dach. Gegenüber von ihm geht rechts ein Pfad zu den freistehenden Ziegenfelder Wänden.

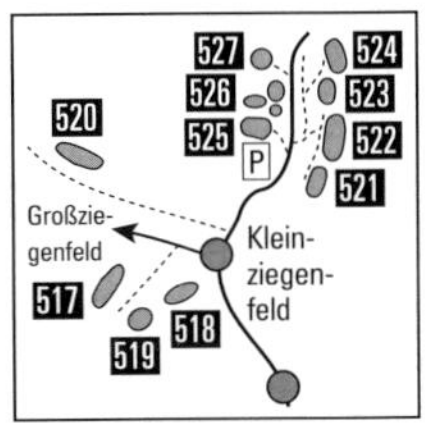

Ziegenfelder Tal
517 Ziegenfelder Wände
518 Leumer Ged.-Wand
519 Lichtenfelser Dach
520 Geierwand
521 Altbabawand
522 Rote Wand
523 Hanfplantage
524 Rolandfels
525 Roter Mönch
526 Diebesloch
527 Hammerschmiedturm
Gebietsübersicht *S. 645*
Übersichtskarte 4 *(S. 18)*

517 Ziegenfelder Wände („Klinge“)

| 20 m | SO

Rechter Wandteil | 20 m | SO

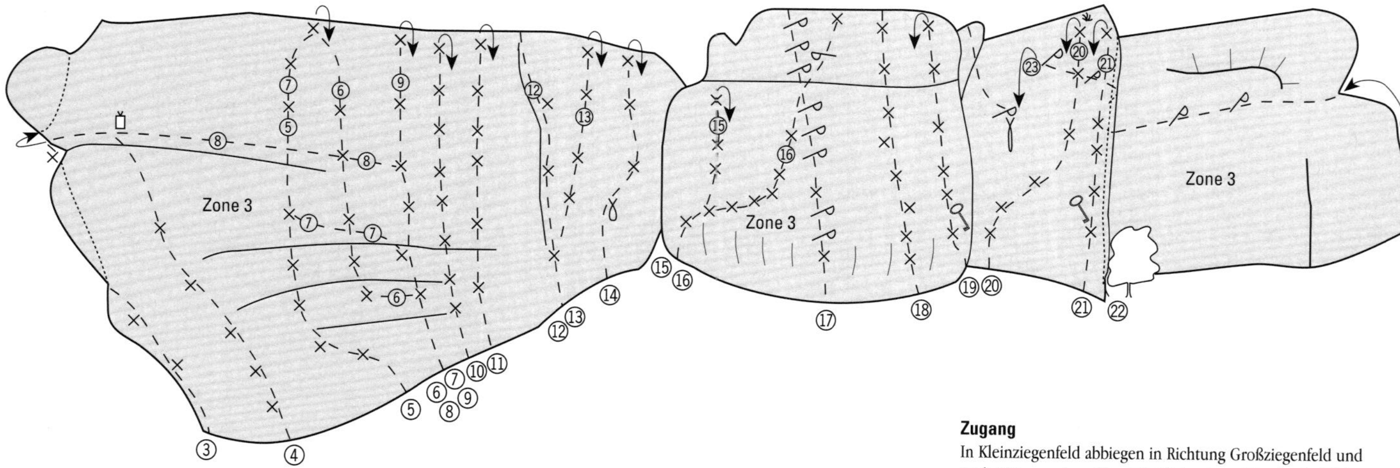

③ Space Invader (*Weg der Arbeit*) . 10+/11-
④ Raise the roof . . . . 10 +
⑤ *Projekt* . . . .
⑥ Dumbo . . . . 9 -
⑦ Rasierklinge. 9
⑧ Großziegelfelder Weg 6
⑨ Saus und Braus . . . . 7 +
⑩ Bärway to heaven . . . . 7 +
⑪ Basic Instinct. . . . . 7 -
⑫ Gemeinschaftsweg. 6
⑬ Stoneball. 7
⑭ More Balance than Power . . . . . 7 -
⑮ Fuck you 8
⑯ Extrabreit . . . . 10 -
⑰ Herbstweg. 5/a2
⑱ *Projekt* . . . .
⑲ Chicken Modul . . . . 9 -
⑳ Knack und Back . . . . 9 -
㉑ Gulaschparty. . . . . 9 -
㉒ Kamintaucher 3
㉓ Leo Maduschka Ged.-Weg 5/a2

Zugang
In Kleinziegenfeld abbiegen in Richtung Großziegenfeld und nach 100 m parken. Man folgt links einem Weg in ein Tälchen hinauf. Links oben im Wald steht die Leumer Ged.-Wand und etwas weiter oben das Lichtenfelser Dach. Gegenüber von ihm geht rechts ein Pfad zu den freistehenden Ziegenfelder Wänden.

Besonderheit
Mit der freien Begehung des ehemals technischen »Weg der Arbeit« hat Werner Thon 1992 eine Toproute an der Grenze zwischen zehntem und elften Grad geschaffen.
Nur unwesentlich leichter ist die sehr athletische Dachroute »Raise the Roof« (Martin Elsässer 1998).

Leumer Ged.-Wand

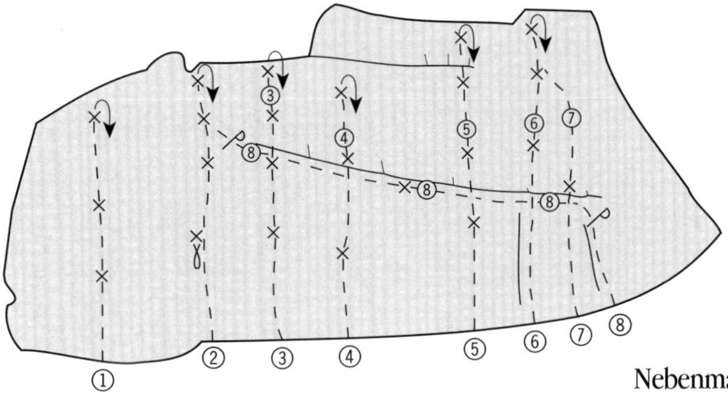

Nebenmassiv rechts

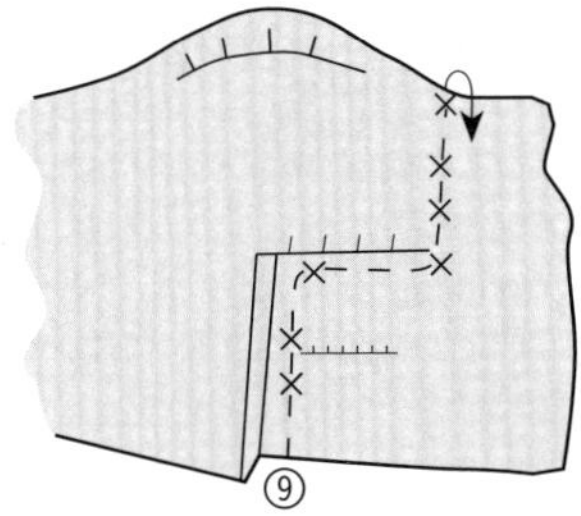

① Kalte Platte	7	
② Third Kind of Blue	9-	
③ Zitterfinger	8-	🍺
④ Heiße Tasse	8	🍺
⑤ Exit	7+	🍺
⑥ Close to the Edge	7-	🍺
⑦ Motivation Leck	7+	
⑧ Leumer Ged.-Weg	8-	🍺
⑨ Schiffe ohne Häfen	8-	

Zugang
In Kleinziegenfeld abbiegen in Richtung Großziegenfeld und nach 100 m parken. Man folgt links einem Weg in ein Tälchen hinauf. Links oben im Wald steht die Leumer Ged.-Wand und etwas weiter oben das Lichtenfelser Dach.

Besonderheit
Schattige Wand mit hübschen Lochklettereien.

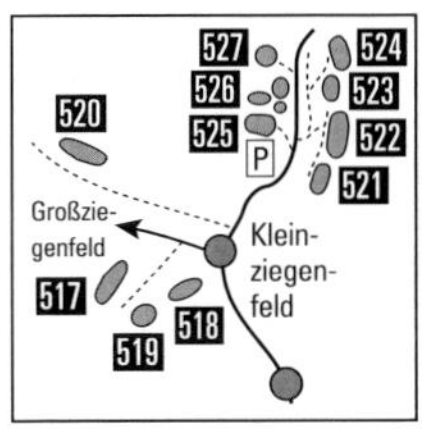

Ziegenfelder Tal
517 Ziegenfelder Wände
518 Leumer Ged.-Wand
519 Lichtenfelser Dach
520 Geierwand
521 Altbabawand
522 Rote Wand
523 Hanfplantage
524 Rolandfels
525 Roter Mönch
526 Diebesloch
527 Hammerschmiedturm
Gebietsübersicht *S. 645*
Übersichtskarte 4 *(S. 18)*

519 Lichtenfelser Dach | 8 - 15 m | N + O

Linker Wandteil | 15 m | N

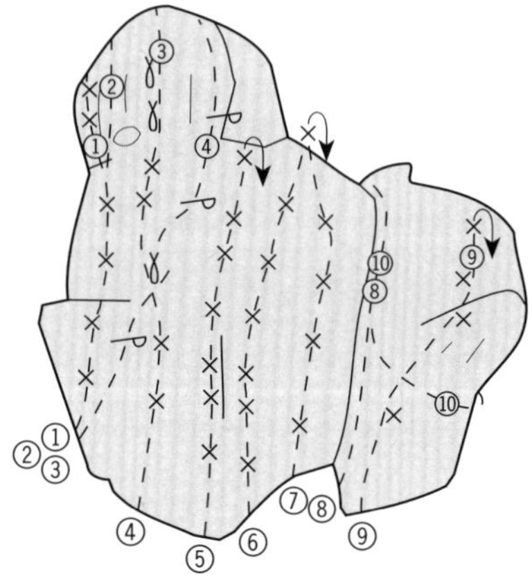

Rechter Wandteil | 8 m | O

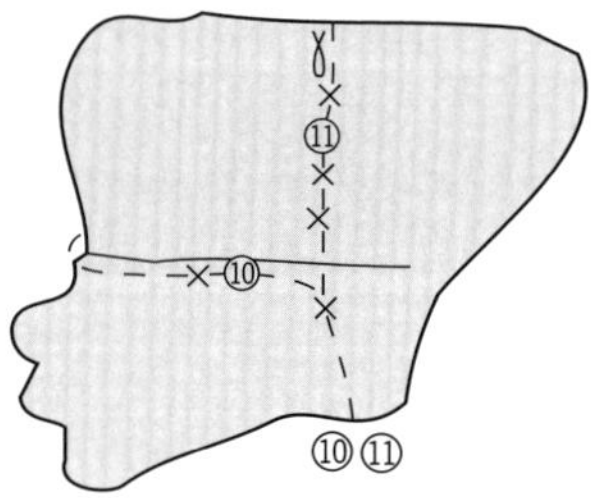

① ? . . . . 7 +
② Variante . . . . 8 -
③ Lichtenfelser Dach (Peters G.-Weg) 9 -
④ Ricardo Cassin Ged.-Weg . . . . . . 8 -
⑤ Bär in the air 8
⑥ Coburger Weg (Haringer G.-Weg) 7/7 +

⑦ Löchel Geröchel . . . . 8 -
⑧ Kamin 5
⑨ ? . . . . 8 +
⑩ Martin Meier Ged.-Weg a2/5
⑪ Ugo Tizzoni Ged.-Weg . . . . 9 -

Zugang
In Kleinziegenfeld abbiegen in Richtung Großziegenfeld und nach 100 m parken. Man folgt links einem Weg in ein Tälchen hinauf. Links oben im Wald steht die Leumer Ged.-Wand und etwas weiter oben das Lichtenfelser Dach.

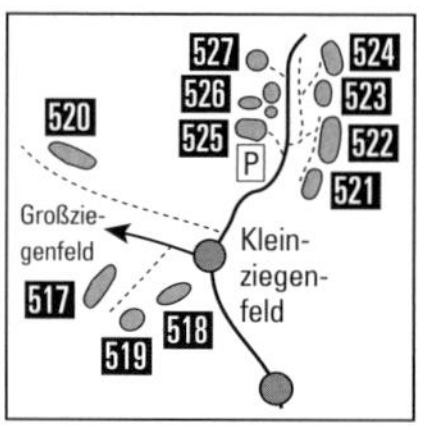

Besonderheit
Schattige Wand mit hübschen Lochklettereien.

Ziegenfelder Tal
517 Ziegenfelder Wände
518 Leumer Ged.-Wand
519 Lichtenfelser Dach
520 Geierwand
521 Altbabawand
522 Rote Wand
523 Hanfplantage
524 Rolandfels
525 Roter Mönch
526 Diebesloch
527 Hammerschmiedturm
Gebietsübersicht *S. 645*
Übersichtskarte 4 *(S. 18)*

Bilderserie »Fränkische Landschaft«; alle Fotos von Bernhard Thum
Bild S. 615: Bärenschluchtwände
Bild S. 627: Rabenfels im Winter
Bild S. 629: Herbstwald im Wiesenttal
Bild S. 631: Abendstimmung am Rodenstein
Bild S. 637: Schwalbenstein bei Schirradorf

520 Geierwand

☼ | 12 m | S

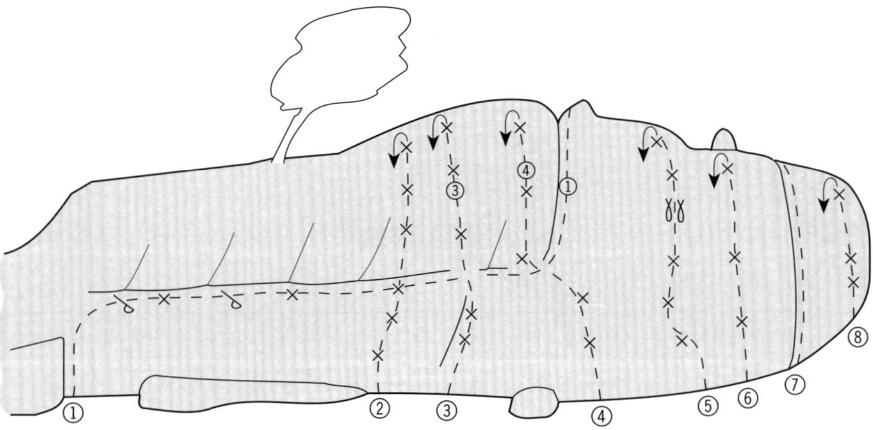

① Alter Weg	7+
② *Projekt*	
③ Geierwalli	8-
④ Schlafmütze	7
⑤ Fingerbrecher	7
⑥ Nick spezial	7
⑦ Für Lisa	4+
⑧ Quacke	6+

Zugang

Von Kleinziegenfeld in Richtung Weihersmühle, an der Abzweigung nach Großziegenfeld noch vorbei, 100 m danach links und parken. Das kleine Tal 500 m hinein laufen und rechts hoch zur Geierwand.

Besonderheit

Kleines, sonniges Massiv in ruhiger Lage.

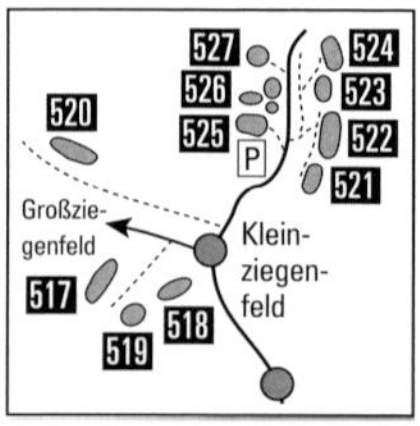

Ziegenfelder Tal

Gebietsübersicht *S. 645*
Übersichtskarte 4 *(S. 18)*

Bild S. 629: Herbstwald im Wiesenttal; *Foto: Bernhard Thum*
Bild S. 631: Abendstimmung am Rodenstein; *Foto: Bernhard Thum*

521 Altbabawand

17 - 26 m | SW

Nebenmassiv | 12 m

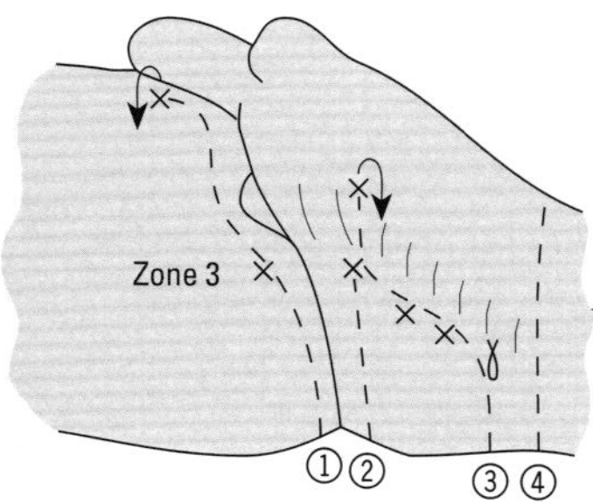

← 20 m →

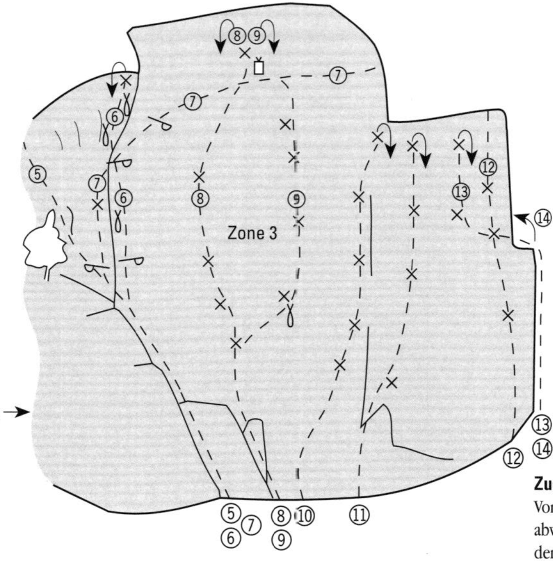

Südseite | 17 m

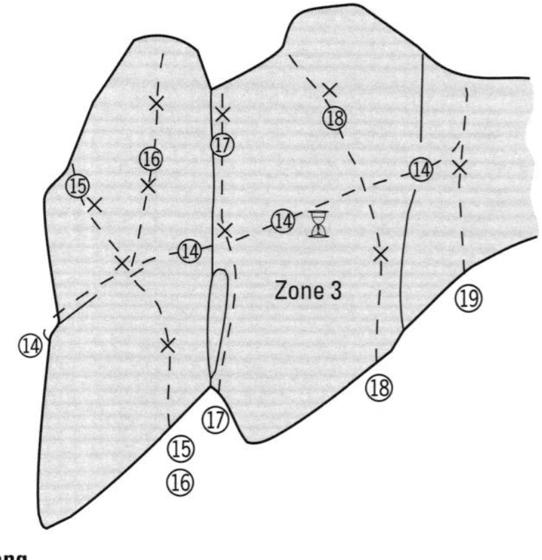

① Fiechtl Ged.-Weg	4	
② Direkter Einstieg	8	
③ Rebitsch Ged.-Weg	8	
④ White Power	6+	
⑤ Rampenweg	3	
⑥ Nordlicht	6+	
⑦ Altbabaquerung	7-	
⑧ Coburger Weg	8+	🍺
⑨ After Eight	10-	
⑩ Natz Bramslinger	6+	🍺🍺
⑪ Spätlese	6+	🍺
⑫ Hosenscheißer	7	🍺
⑬ Bamberger Weg	7-	🍺
⑭ Kulmbacher Weg	5+	
⑮ Nova	6	
⑯ For you	7+	
⑰ AV-Kamin	4	
⑱ Way of Schwuchtel	6+	
⑲ ?	5+	

Zugang
Von Kleinziegenfeld 700 m talabwärts (nördlich) und rechts der Straße parken. Auf schmalem Brücklein den Bach überqueren und 200 m talaufwärts, dann links Weg mit Stufen hoch zur Roten Wand. Rechts von ihr steht die Altbabawand.

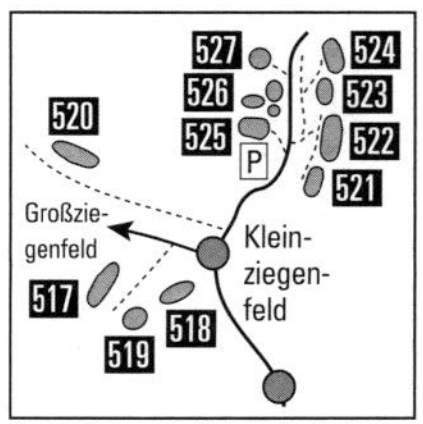

Ziegenfelder Tal
517 Ziegenfelder Wände
518 Leumer Ged.-Wand
519 Lichtenfelser Dach
520 Geierwand
521 Altbabawand
522 Rote Wand
523 Hanfplantage
524 Rolandfels
525 Roter Mönch
526 Diebesloch
527 Hammerschmiedturm
Gebietsübersicht *S. 645*
Übersichtskarte 4 *(S. 18)*

522 Rote Wand

☼ | 40 m | W

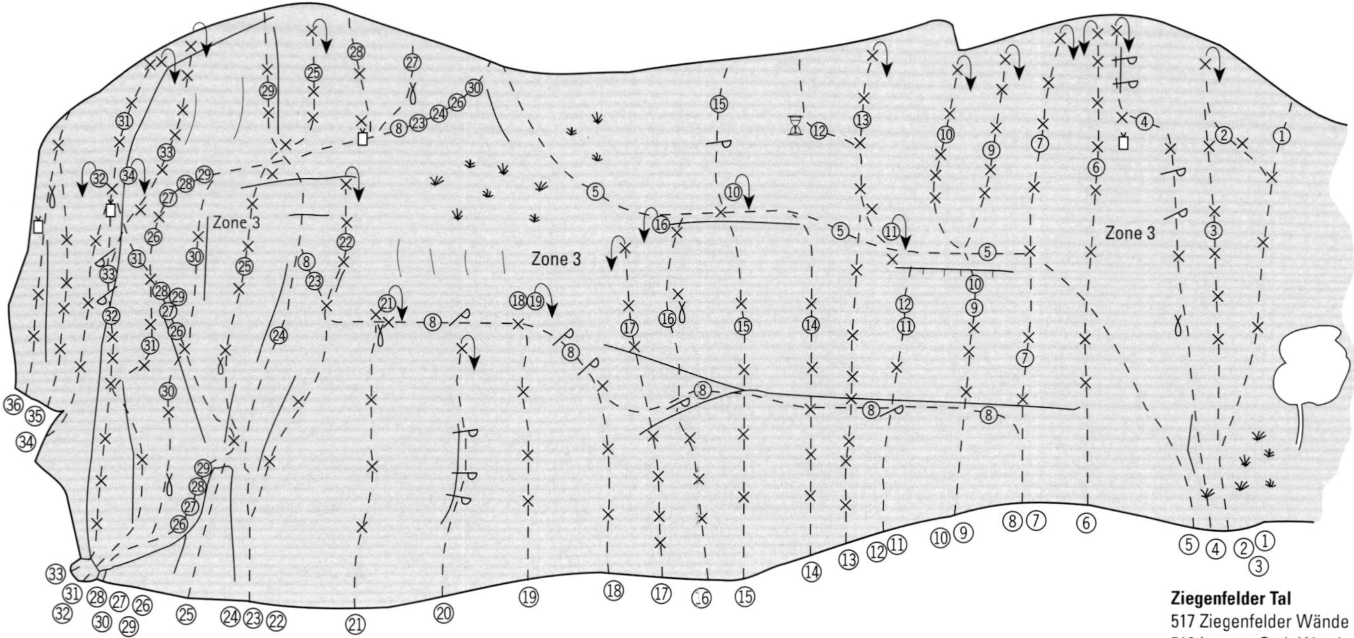

Ziegenfelder Tal
517 Ziegenfelder Wände
518 Leumer Ged.-Wand
519 Lichtenfelser Dach
520 Geierwand
521 Altbabawand
522 Rote Wand
523 Hanfplantage
524 Rolandfels
525 Roter Mönch
526 Diebesloch
527 Hammerschmiedturm
Gebietsübersicht *S. 645*
Übersichtskarte 4 *(S. 18)*

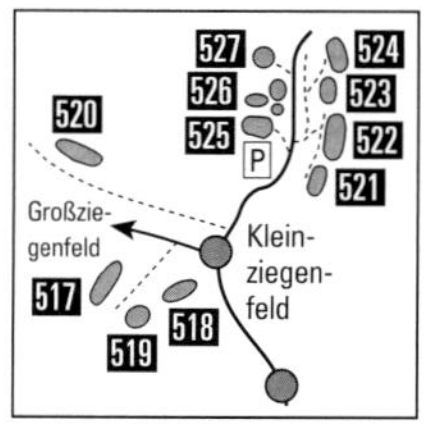

Zugang

Von Kleinziegenfeld 700 m talabwärts (nördlich) und rechts der Straße parken. Auf einem schmalen Brücklein den Bach überqueren und 200 m talaufwärts, dann links Weg mit Stufen hoch zur Roten Wand. Rechts von ihr steht die Altbabawand.

Besonderheit

Das ausgedehnte und bis zu 40 m hohe Massiv bietet eine reiche Auswahl an Wegen in mittleren Schwierigkeitsgraden. Einer der eifrigsten Erschließer der Region, Helmut Andelt *(»der Hausmeister von Ziegenfeld«)*, hat der Wand in letzter Zeit zu weiteren langen Touren im 9. Grad verholfen: »Sportbohrer«, »Immer der Nase nach« und »Bir Uzun Yolculuk«.

①	Reinhard Karl Ged.-Weg	5+
②	Variante	6-
③	Gorecki	6+
④	Knupper Ged.-Weg	7
⑤	Gipfelstürmerweg	3+
⑥	International Bolt Conspirity	8-
⑦	Voice of Miles Davis	8-
⑧	FBB-Querung	7-
⑨	Sportbohrer	9-
⑩	Direkter Gipfelstürmer (*1. SL 6+*)	8
⑪	Pantoffelheld	7
⑫	Direktausstieg	8
⑬	Immer der Nase nach	e1/9
⑭	WAA	7+
⑮	Magnum Opus	7+
⑯	John Lennon	8-
⑰	Jipp Allett	8+
⑱	In Liebe für Gundi	7-
⑲	Blutblase	8+
⑳	Schauervariante	7
㉑	Brothers in Arms	8
㉒	Direkter Coburger Weg	6+
㉓	Coburger Weg (*Direkter FBB-Weg*)	7-
㉔	Rotwandvariante	6-
㉕	Ganz schön luftig	e2/8
㉖	Alte Rotwand	6-
㉗	Rotwand, rechter Ausstieg	7-
㉘	Rotwand, mittlerer Ausstieg	6
㉙	Rotwand, linker Ausstieg	8+
㉚	Supercrack of Ziegenfeld	7+
㉛	Sachsendreier	8
㉜	Stößerkante	7+
㉝	Bir Uzun Yolculuk	9
㉞	Grufty	7+
㉟	?	e1/9
㊱	Willi Merkel Ged.-Weg	7-

Hanfplantage | 12 m | N

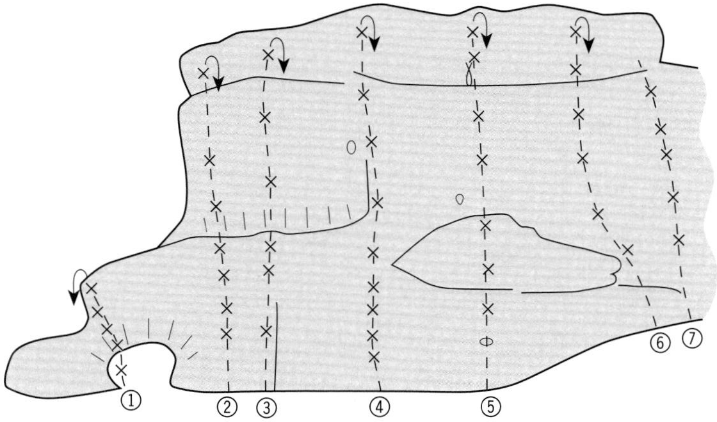

Zugang

Von Kleinziegenfeld 700 m talabwärts (nördlich) und rechts der Straße parken. Auf einem schmalen Brücklein den Bach überqueren und noch 20 m talaufwärts. Links führt ein Pfad den Hang hinauf vorbei an der Hanfplantage zum Rolandfels.

Besonderheit

Gute Ausweichmöglichkeit, wenn es an der Roten Wand zu voll wird.

①	*Projekt*	
②	Hafer-Nuss-Führe (*brüchig*)	6+
③	Handarbeitsladen	7
④	Hanfbauer Schrödl	7+
⑤	Fränkischer Dickkopf	7+
⑥	Handout	8-
⑦	*Projekt*	

524 Rolandfels

| 20 - 27 m | SW

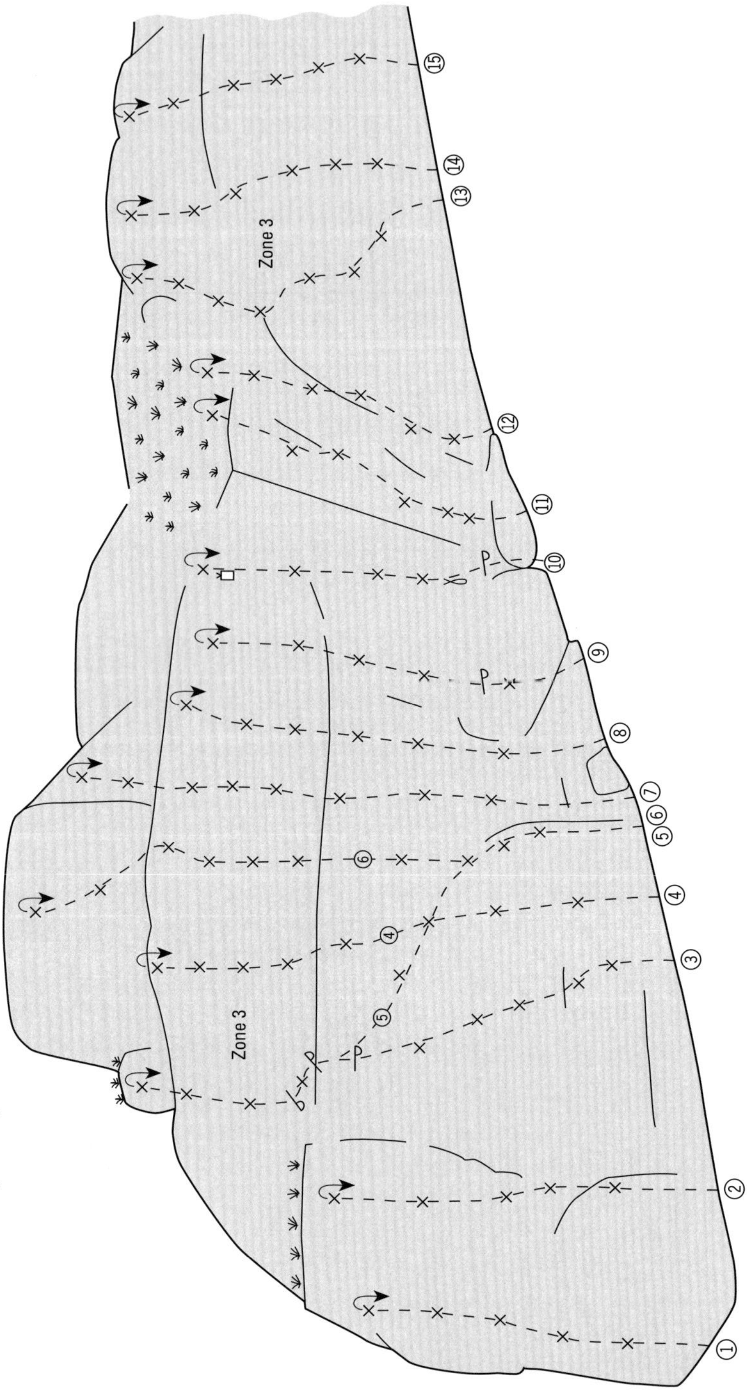

Linker Wandteil | 27 m | SW

Rechter Wandteil | 12 m | W

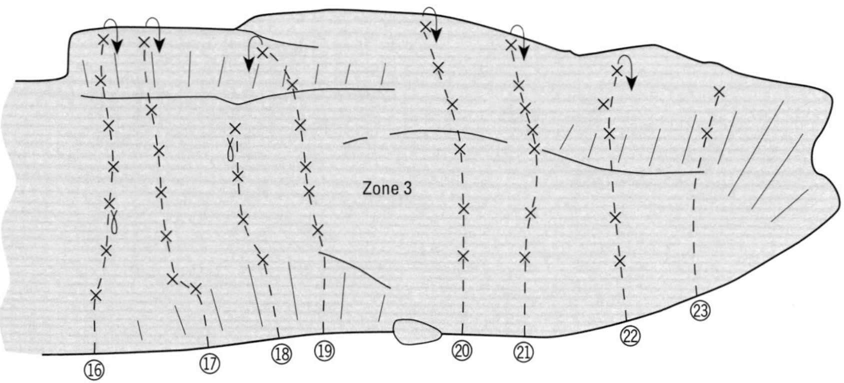

① Lea's Projekt	6+	⑫ Lernpause	9-
② Kleine Menschen brauchen mehr Schlaf	7	⑬ Equipe Tricolore	10-
③ Hofnarr	8	⑭ Infiziert	9+
④ Osama, du Sau	9/9+	⑮ Radikale Umweltsau	9-/9
⑤ Hofer Weg	8	⑯ *Projekt*	
⑥ Die Vollendung	8+	⑰ *Projekt*	
⑦ Plast Consulting	8+	⑱ *Projekt*	
⑧ Carolin Reiber	9-	⑲ Respect	9+
⑨ Ronaldo	8-	⑳ Stelle mit Nix	9
⑩ Jo-Jo	7+	㉑ Cocopelli	10-
⑪ Loveparade	9+	㉒ Clawfinger	9-/9
		㉓ *Projekt*	

Zugang
Von Kleinziegenfeld 700 m talabwärts (nördlich) und rechts der Straße parken. Auf einem schmalen Brücklein den Bach überqueren und noch 20 m talaufwärts. Links führt ein Pfad den Hang hinauf vorbei an der Hanfplantage zum Rolandfels.

Besonderheit
Der mächtige Rolandfels war lange Zeit in Vergessenheit geraten. In den Jahren 1999 bis 2001 wurden hier viele großzügige Wege in den oberen Schwierigkeitsgraden erschlossen. Besonders aktiv waren hierbei Werner Röder, Michael Mürschberger und Philipp Warda. Heute ist das überhängende Massiv ein lohnendes Ziel für teils lange, schwierige Klettereien.

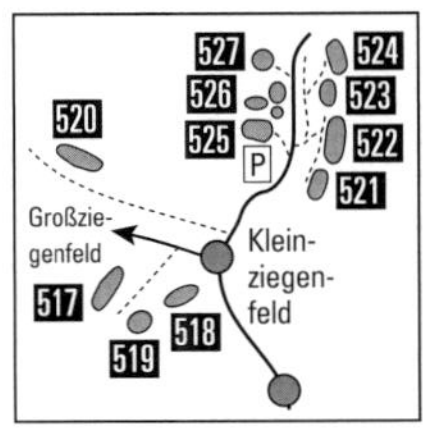

525 Roter Mönch

| 12 - 28 m | SO + N

Tal- und Südseite | 12 - 28 m | S + O

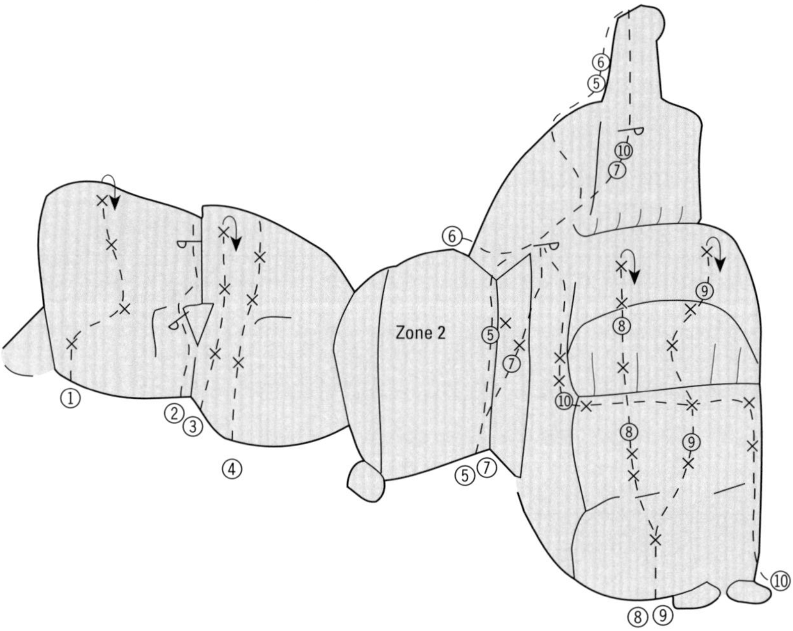

Zugang
Von Kleinziegenfeld 500 m talabwärts (nördlich) und links der Straße parken. Links hoch zu den Felsen.

Besonderheit
Der Rote Mönch ist ein ideales Klettergebiet für die mittleren Schwierigkeitsgrade.

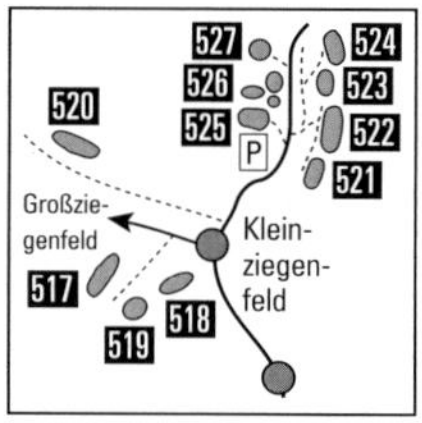

① Der Name der Rose	8
② Emilio Comici Ged.-Weg	6
③ Grisu	7 -
④ Löchlesweg	6 +
⑤ Kulmbacher Weg	4
⑥ Bergseite	3
⑦ Karl Hetz Ged.-Weg	6 +
⑧ Doctor it hurts	8 +
⑨ Freundschaftsweg (Kuttenbrunzer)	8 -
⑩ Klosterweg	6 +

Ziegenfelder Tal
517 Ziegenfelder Wände
518 Leumer Ged.-Wand
519 Lichtenfelser Dach
520 Geierwand
521 Altbabawand
522 Rote Wand
523 Hanfplantage
524 Rolandfels
525 Roter Mönch
526 Diebesloch
527 Hammerschmiedturm
Gebietsübersicht *S. 645*
Übersichtskarte 4 *(S. 18)*

Bild S. 637: Schwalbenstein bei Schirradorf; *Foto: Bernhard Thum*

525 Roter Mönch

| 12 - 28 m | SO + N

Nordseite | 28 m

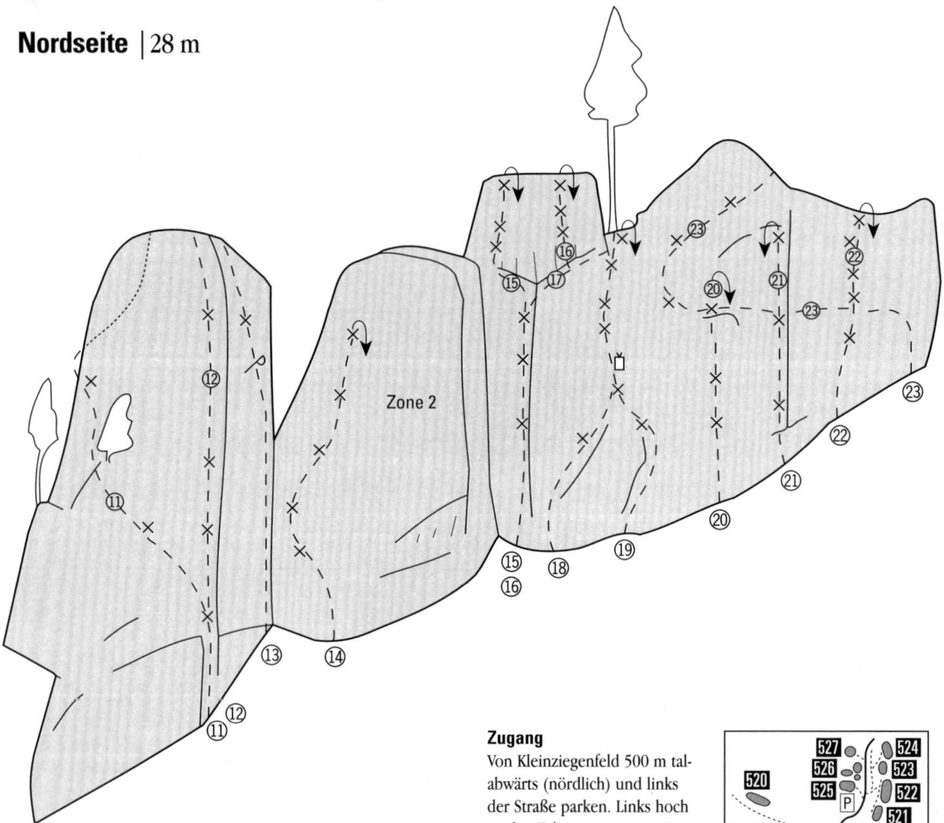

Zugang
Von Kleinziegenfeld 500 m talabwärts (nördlich) und links der Straße parken. Links hoch zu den Felsen.

Besonderheit
Der Rote Mönch ist ein ideales Klettergebiet für die mittleren Schwierigkeitsgrade.

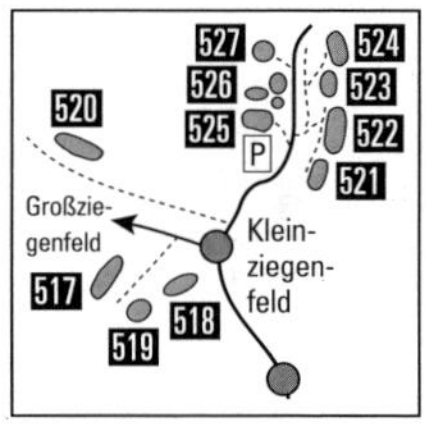

⑪	Talweg	6 -
⑫	Nordrippe	7 -
⑬	Ki now rauf Weg	5
⑭	Luja sog i, mei Manna mog i	7
⑮	Enzianriss	5 +
⑯	Der kleine Hostienschänder	8 -
⑰	Verbindungsweg	6 +
⑱	Adlersteig	6 +
⑲	Einstiegsvariante	6 +
⑳	Spitzentanz	7 -
㉑	Baumdirettissima	6 +
㉒	Der Mönch und die geile Nonne	7 +
㉓	Edelweißsteig	6 -

Ziegenfelder Tal
517 Ziegenfelder Wände
518 Leumer Ged.-Wand
519 Lichtenfelser Dach
520 Geierwand
521 Altbabawand
522 Rote Wand
523 Hanfplantage
524 Rolandfels
525 Roter Mönch
526 Diebesloch
527 Hammerschmiedturm
Gebietsübersicht *S. 645*
Übersichtskarte 4 *(S. 18)*

Bild S. 639: Julia Heil in »Westwand« (7+); Steinfelder Turm
Foto: Bernhard Thum

Turm | 16 m | N

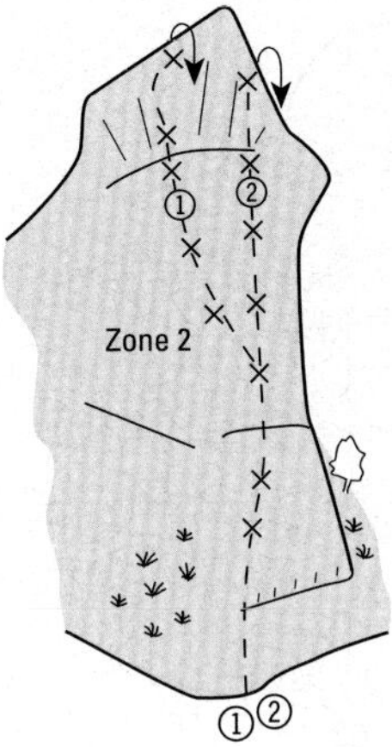

① Hang the caretakers high...... 9-
② Namaste 8
③ Stonehenge................ 8+
④ Liebesspiele................ 7+
⑤ Liebestöter 8-
⑥ Kleine Mary................ 7+
⑦ Enterprise one 7-

Zugang
Von Kleinziegenfeld 700 m talabwärts (nördlich) und rechts der Straße parken. Das Untere Massiv steht direkt an der Straße, der Turm etwas links davon. Zum Oberen Massiv führt ein kurzer Pfad.

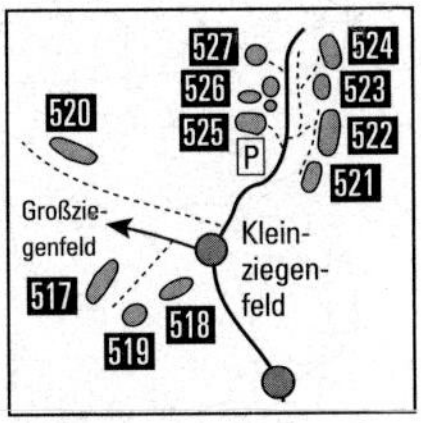

Besonderheit
Steile Klettereien in löchrigem Fels. »Hang the caretakers high« kann auch ganz direkt geklettert werden (dann 9+). *Bitte keinesfalls am Diebesloch übernachten oder Grillfeste abhalten, um Sperrungen vorzubeugen!*

Ziegenfelder Tal
517 Ziegenfelder Wände
518 Leumer Ged.-Wand
519 Lichtenfelser Dach
520 Geierwand
521 Altbabawand
522 Rote Wand
523 Hanfplantage
524 Rolandfels
525 Roter Mönch
526 Diebesloch
527 Hammerschmiedturm
Gebietsübersicht *S. 645*
Übersichtskarte 4 *(S. 18)*

Unteres Massiv | 14 m | O

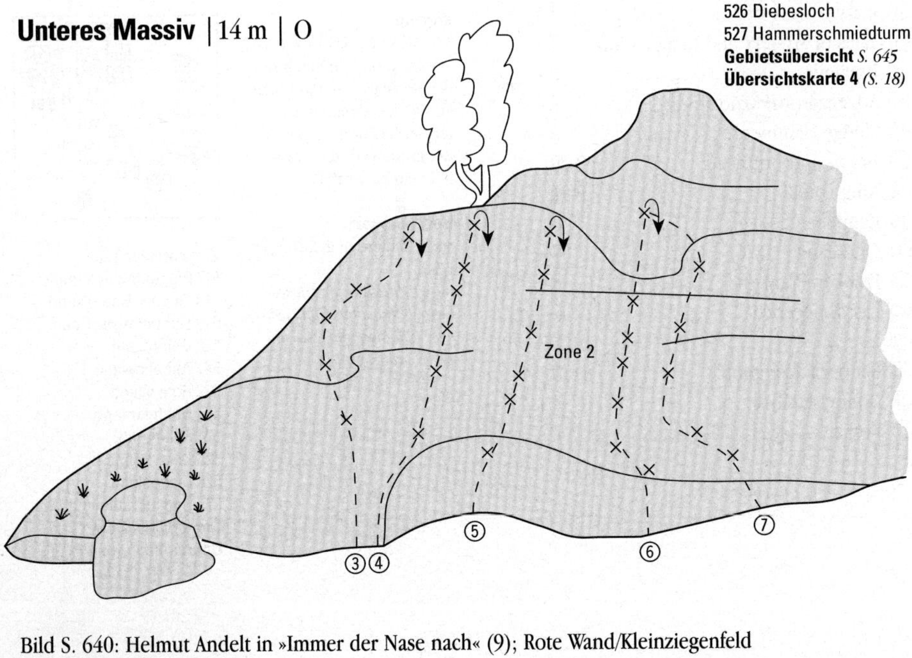

Bild S. 640: Helmut Andelt in »Immer der Nase nach« (9); Rote Wand/Kleinziegenfeld
Foto: Bernhard Thum

526 Diebesloch

| 12 - 16 m | O + N

Oberes Massiv | 12 m | N

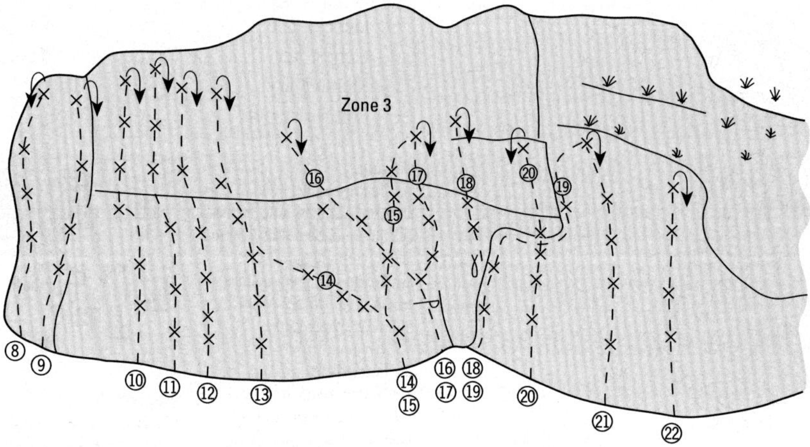

- ⑧ Jazzy Grooves . . . . 7+
- ⑨ Tales of Mystery and Imagination 7
- ⑩ Blutspur 8-
- ⑪ Advenzgronzkäznozündä. 9-
- ⑫ Sledge Hammer. 9-
- ⑬ Beavis and Butthead 9-/9
- ⑭ King Louis. 9-/9
- ⑮ Kampfei. 8
- ⑯ Quergang . . . . 7+
- ⑰ Franken Pranken. 8-
- ⑱ Last Innocence 8-
- ⑲ ? 6
- ⑳ Räuber Fotzenglotz . . . . 8+/9-
- ㉑ Bonny + Clyde. . . . . 7+
- ㉒ Ronja. 7-

Zugang
Von Kleinziegenfeld 700 m talabwärts (nördlich) und rechts der Straße parken. Das Untere Massiv steht direkt an der Straße, der Turm etwas links davon. Zum Oberen Massiv führt ein kurzer Pfad.

Besonderheit
Steile Klettereien in löchrigem Fels.
Bitte keinesfalls am Diebesloch übernachten oder Grillfeste abhalten, um Sperrungen vorzubeugen!

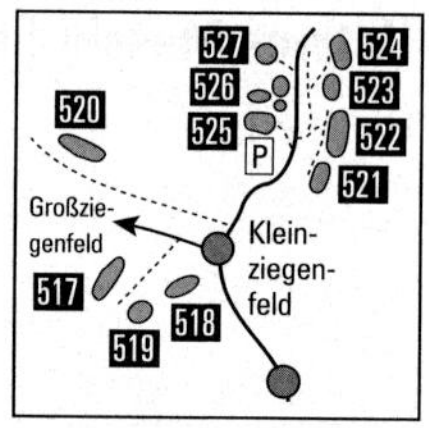

Ziegenfelder Tal
517 Ziegenfelder Wände
518 Leumer Ged.-Wand
519 Lichtenfelser Dach
520 Geierwand
521 Altbabawand
522 Rote Wand
523 Hanfplantage
524 Rolandfels
525 Roter Mönch
526 Diebesloch
527 Hammerschmiedturm
Gebietsübersicht *S. 645*
Übersichtskarte 4 *(S. 18)*

Hammerschmiedturm

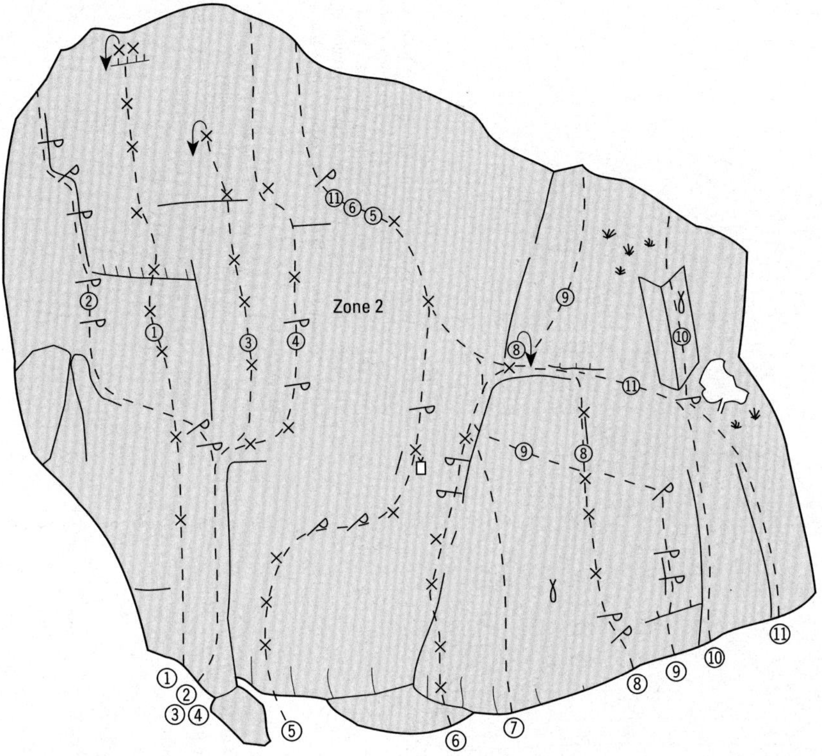

① *Projekt*		
② Vajoletweg	a2/6	
③ Reise zum Regenbogen	8 -	
④ Südostwand	6	
⑤ Girglweg	7 -	
⑥ Höhlenweg	9 -	
⑦ *Projekt*		
⑧ Cross Roads	6 +	
⑨ Pachtner Ged.-Weg	7	
⑩ Schlingenklauweg	5 +	
⑪ Hochlandweg	5 +	

Zugang

Von Kleinziegenfeld 700 m talabwärts (nördlich) und rechts der Straße parken. Auf der Straße noch 200 m talabwärts und links hoch zum gut sichtbaren Felsen.

Besonderheit

Interessante Touren in mittleren Schwierigkeitsgraden, etwas alpin. Die Sonne kommt bei entsprechender Belaubung erst weiter oben in die Wand.

Toni Schmid Ged.-Wand | 23 m | SO

Holzgauer Wand | Ganz links

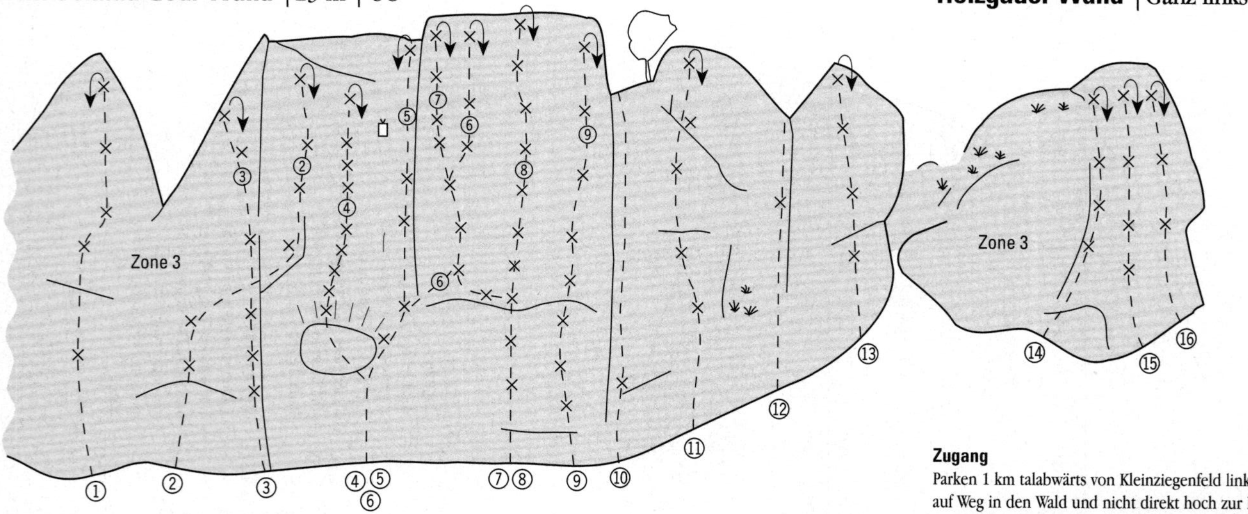

① Punching Judy	7		⑨ Mambo Cavallero	9-	
② Schleifentrick	8+		⑩ Vergessener Riss	7-	
③ Neuer Riss	6+		⑪ Gundi's Wunsch	7+	
④ Poser	9+		⑫ Familienriss	4	
⑤ Höhlenweg	7+		⑬ Henkel Geplänkel	7	
⑥ Hang loose	8+/9-		⑭ Adios a la Pasada	7+	
⑦ Mephisto	9-		⑮ Trane	7+	
⑧ Red skies over paradise	10-		⑯ Gasp	7	

Zugang

Parken 1 km talabwärts von Kleinziegenfeld links der Straße. Kurz auf Weg in den Wald und nicht direkt hoch zur Luisenwand, sondern links haltend weiter zur langgestreckten Holzgauer Wand. An ihr linkes Ende schließt sich die Toni Schmid Ged.-Wand an. Rechts unterhalb von ihr steht die Bauernschmitt Ged.-Wand.

Besonderheit

Sowohl an der Toni Schmid Ged.-Wand als auch an der Bauernschmitt Ged.-Wand findet man wunderschöne Klettereien in löchrigem Fels. Hier ist auch für gemäßigte Kletterer vom 7. Grad aufwärts viel geboten, ebenso wie im linken Teil der nach rechts direkt anschließenden Holzgauer Wand.

Bauernschmitt Ged.-Wand | 20 m | S

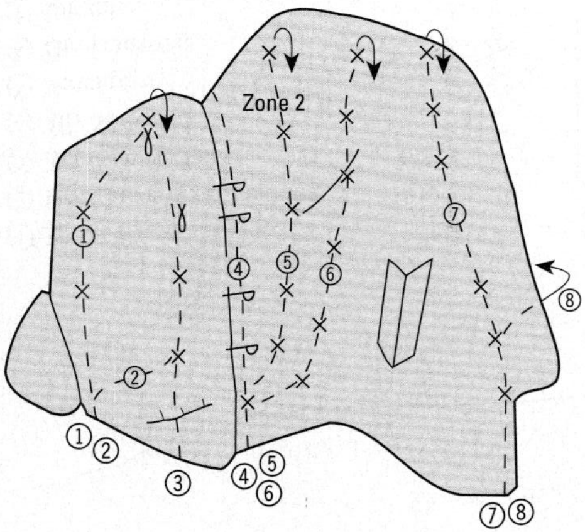

①	Krise	7
②	Back to the Beginning	8-
③	Direkter Einstieg	9-
④	Dülferriss	a1/6
⑤	Fotokante	9-
⑥	Baumarkttour	9/9+
⑦	Macker	8
⑧	Bauernschmitt Ged.-Weg	a1/6

Gebietsübersicht

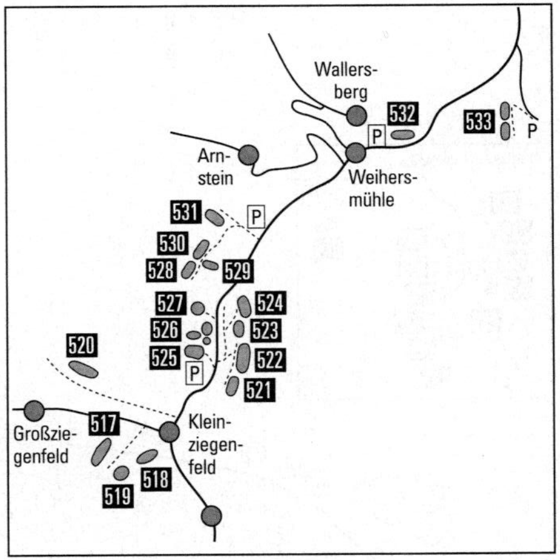

Ziegenfelder Tal
517 Ziegenfelder Wände
518 Leumer Ged.-Wand
519 Lichtenfelser Dach
520 Geierwand
521 Altbabawand
522 Rote Wand
523 Hanfplantage
524 Rolandfels
525 Roter Mönch
526 Diebesloch
527 Hammerschmiedturm
528 Toni Schmid Ged. Wand
529 Bauernschmitt Ged.-Wand
530 Holzgauer Wand
531 Luisenwand
532 Weihersmühler Wand
533 Emporwand und Uhustein
Übersichtskarte 4 *(S. 18)*

Kulinarisches
Zur Einkehr empfehlen sich im Ziegenfelder Tal besonders der Gasthof »Zöllner« in Kleinziegenfeld und der Gasthof an der Weihersmühle, beide mit typisch fränkischer Küche zu vernünftigen Preisen. Besonders schön ist der Biergarten in der Weihersmühle.

530 Holzgauer Wand | 24 m | SO

Sperrung
Wegen Vogelschutz ist der Linke Wandteil von 1.2. - 15.7. gesperrt.

Linker Wandteil | 24 m | SO

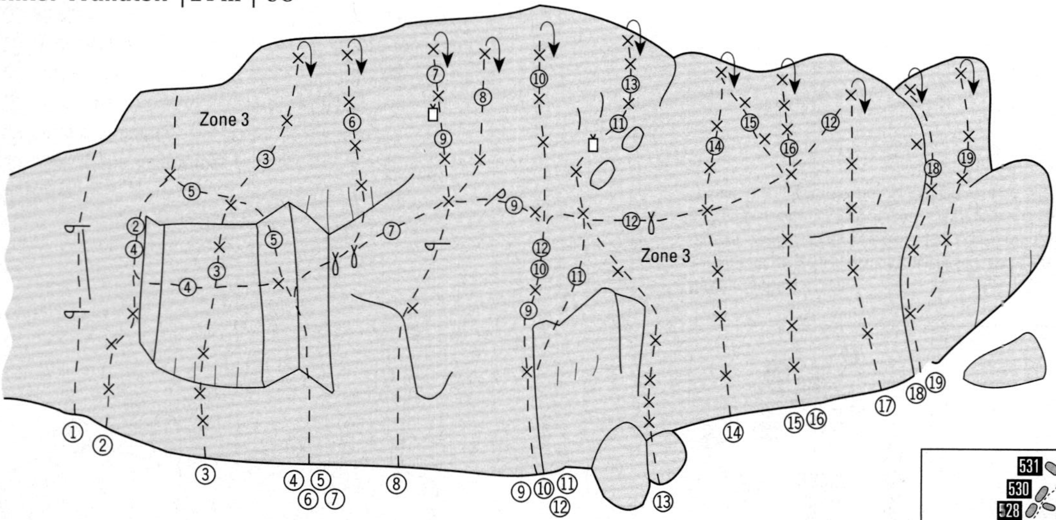

① Linke Verschneidung	6	
② Holzgauer Verschneidung	5+	
③ Angst im Nacken	e1/7+	
④ Alte Südwand	5+	
⑤ Variante	6	
⑥ Direktausstieg	8-	
⑦ Variante	7-	
⑧ Der unmenschliche Polsterer	8+	
⑨ Dohlenweg	7-	
⑩ Nutzlos	9-/9	
⑪ Höhlenweg	7+	
⑫ Klöpfel Ged.-Weg	7	
⑬ Igelweg	7+	
⑭ V. l. g. m.	8	
⑮ Ostwand	8+	
⑯ Äi watt is?	8+	
⑰ Für Charles Mingus	8-	
⑱ Ostriss	6-	
⑲ Golem	7+	

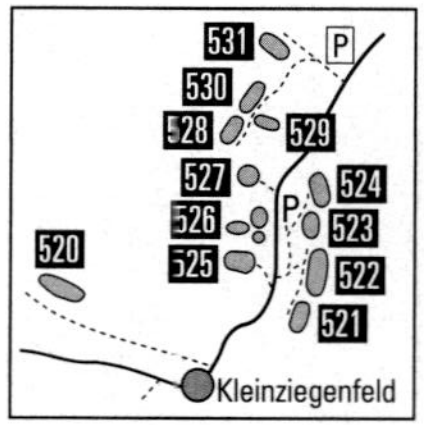

Kleinziegenfelder Tal
520 Geierwand
521 Altbabawand
522 Rote Wand
523 Hanfplantage
524 Rolandfels
525 Roter Mönch
526 Diebesloch
527 Hammerschmiedturm
528 Toni Schmid Ged. Wand
529 Bauernschmitt Ged.-Wand
530 Holzgauer Wand
531 Luisenwand
Gebietsübersicht *S. 645*
Übersichtskarte 4 *(S. 18)*

Rechter Wandteil | 24 m | SO

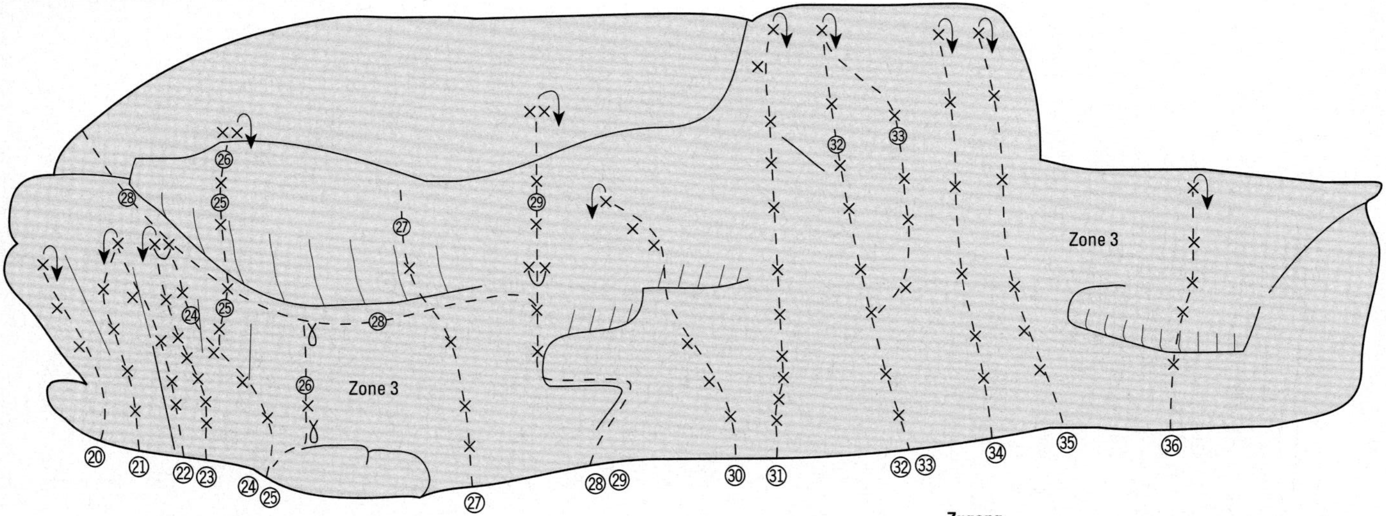

⑳ Milchstraße	9+	
㉑ Snatch away	10-	
㉒ Max und Moritz	10	
㉓ *Projekt*		
㉔ Blow Job	10-	
㉕ Apollofalter	10/10+	
㉖ Plastikfieber	10-/10	
㉗ *Projekt*		
㉘ Holzgauer Dach	8	

㉙ Casablanca	10-	
㉚ Lancelot	10-	
㉛ Highlander	10-	
㉜ Nikita	10-	
㉝ Desmos	10+	
㉞ Hänsel ohne Gretel	10	
㉟ Nimue	9-/9	
㊱ Copa Banana	9-	

Zugang

Parken 1 km talabwärts von Kleinziegenfeld links der Straße. Kurz auf Weg in den Wald und nicht direkt hoch zur Luisenwand, sondern links haltend weiter zur langgestreckten Holzgauer Wand. An ihr linkes Ende schließt sich die Toni Schmid Ged.-Wand an. Rechts unterhalb von ihr steht die Bauernschmitt Ged.-Wand.

Besonderheit

Die Holzgauer Wand bietet im rechten Teil ein reichhaltiges Sortiment an schweren Routen im 10. Grad. Besonders lohnend sind die Ausdauerroute »Nikita« und die Dachkletterei »Casablanca«. »Hänsel ohne Gretel« bekam eine Damenbegehung von Sarah Seger (2003). Wer es nicht ganz so schwer wünscht findet mit »Nimue« und den zahlreichen leichteren Routen im linken Teil ebenfalls lohnende Ziele.
Links der Route ① gibt es noch einen Weg im 7. Grad (4 H).

531 Luisenwand

| 10 - 24 m | O + N

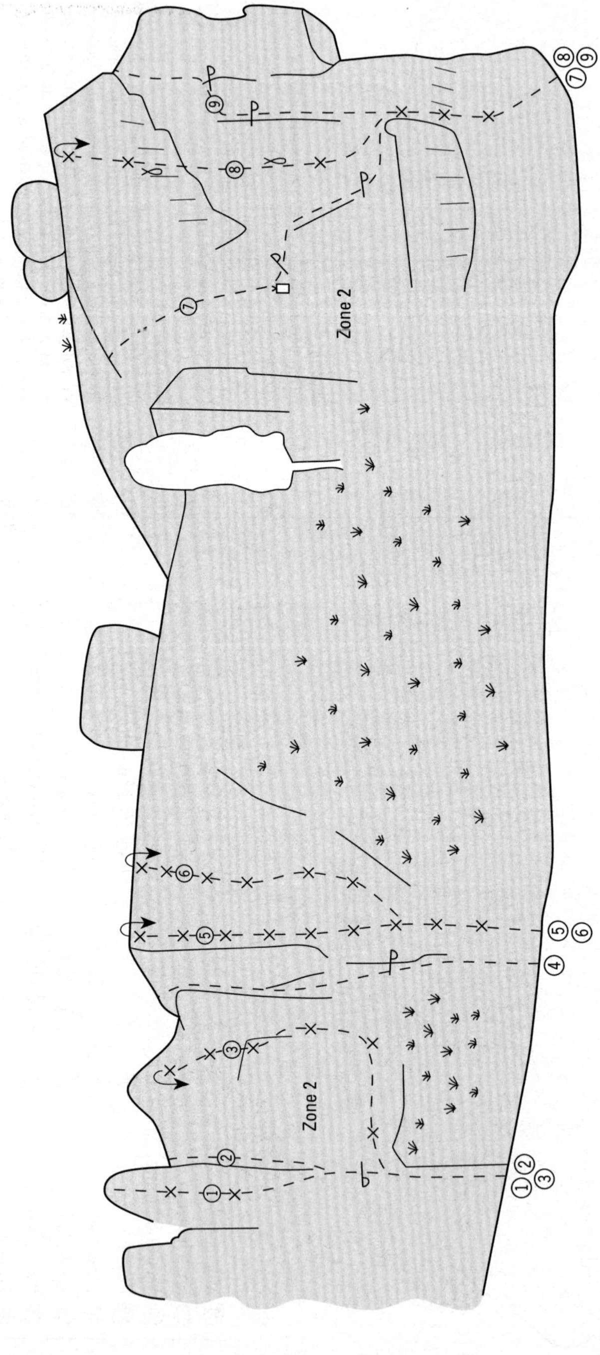

Ostseite | 24 m

Nordseite | 10 m

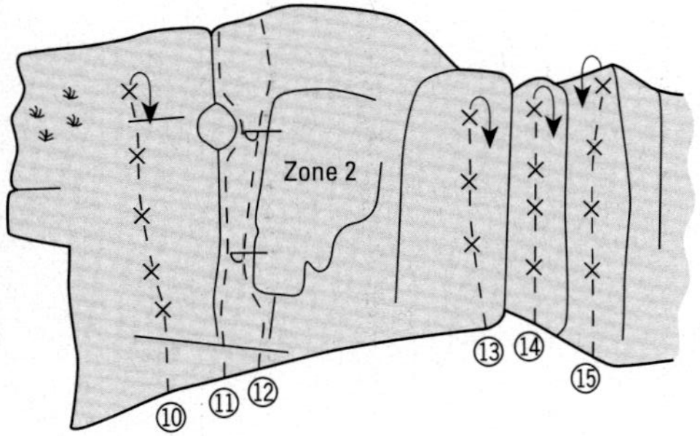

① Pfeiler	7
② R 1	5-
③ *Projekt*	
④ R 2	5
⑤ Painful Edge	8
⑥ Für Corinna	8
⑦ Alter Weg	a2/5
⑧ Kipper Highway	8
⑨ R 4	8-
⑩ Geizmichel	8-
⑪ R 7	6
⑫ Kurzer Bums	7+
⑬ ?	6-
⑭ Belay Bunny	6+
⑮ Geht scho	7-

Zugang
Parken 1 km talabwärts von Kleinziegenfeld links der Straße. Kurz auf Weg in den Wald und auf Pfad 200 m hinauf zum rechten Ende der Ostwand.

Besonderheit
Die Luisenwand ist zwar im mittleren Bereich recht verwachsen, aber links und rechts davon wurden in den letzten Jahren neben den Klassikern einige sehr gut abgesicherte Wege in mittleren Schwierigkeitsgraden erschlossen.

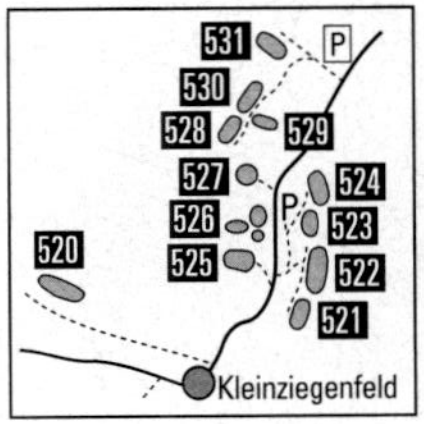

Kleinziegenfelder Tal
520 Geierwand
521 Altbabawand
522 Rote Wand
523 Hanfplantage
524 Rolandfels
525 Roter Mönch
526 Diebesloch
527 Hammerschmiedturm
528 Toni Schmid Ged. Wand
529 Bauernschmitt Ged.-Wand
530 Holzgauer Wand
531 Luisenwand
Gebietsübersicht *S. 645*
Übersichtskarte 4 *(S. 18)*

532 Weihersmühler Wand

☼ | 20 m | S

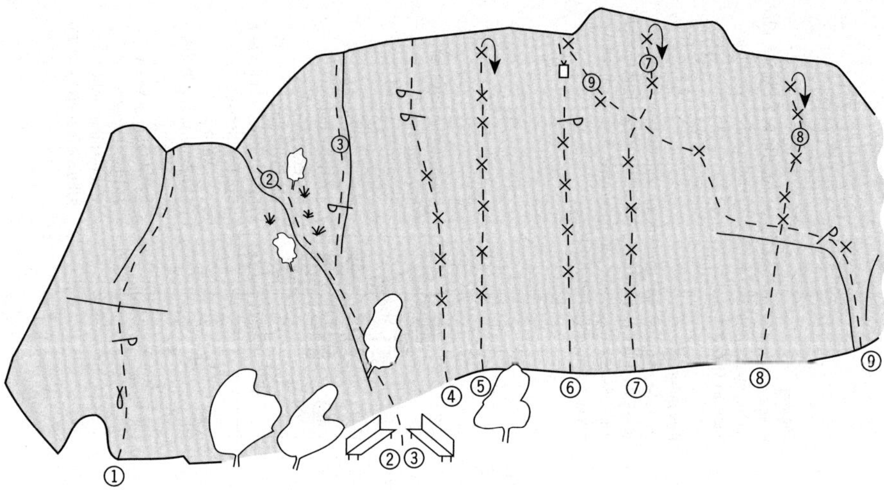

①	Dornenweg	6
②	Rampe (*verwachsen*)	2
③	Narrenriss	7 -
④	Weihersmühler Weg	7 +
⑤	Kletterphoto.de	8+/9 -
⑥	Solidaritätsweg	7
⑦	Das dicke Ende	7 +
⑧	Muffensausen	8 -
⑨	Franz Fischer Ged.-Weg	7 -

Zugang

Am nördlichen Ausgang von Weihersmühle über den Weismain und am Fluss entlang 100 m weiter zur Wand.

Besonderheit

Optimale Wand für Gehfaule, da unweit vom Parkplatz. Auch der Biergarten der Weihersmühle ist in Reichweite.

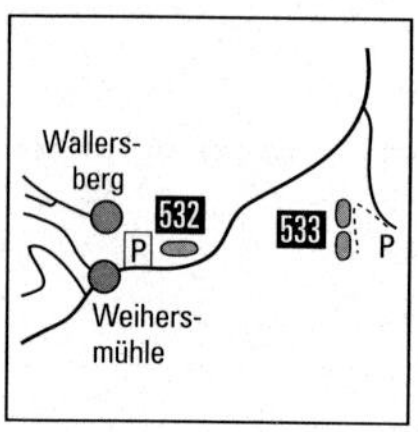

Weihersmühle

532 Weihersmühler Wand

533 Emporwand und Uhustein

Gebietsübersicht *S. 645*

Übersichtskarte 4 *(S. 18)*

Emporwand

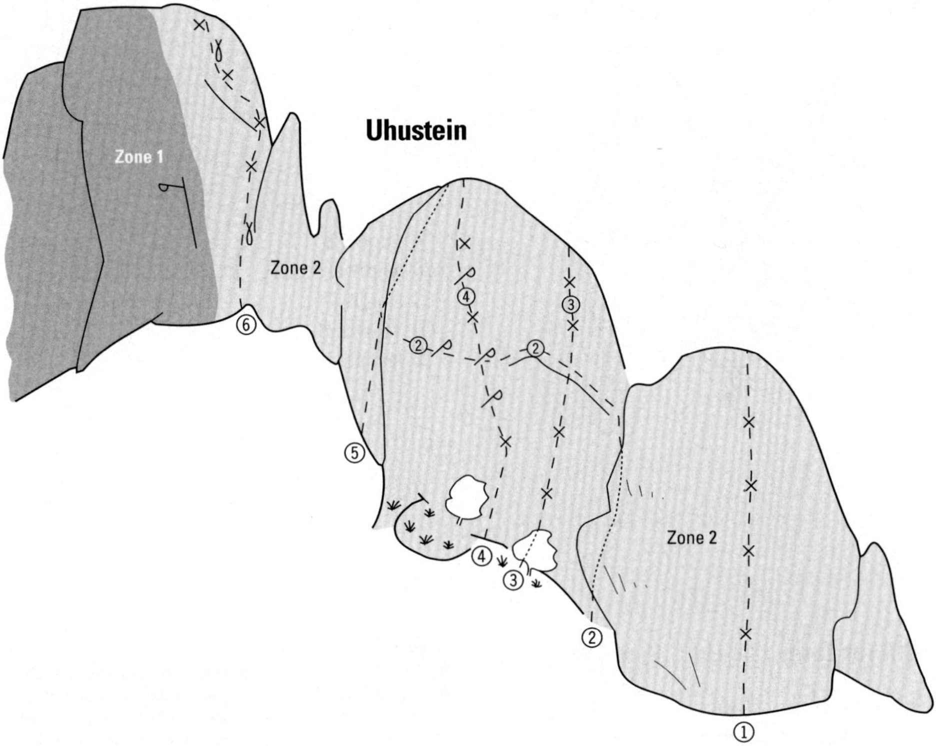

① Schlechte Karten	7+	
② Weidener Steig	6-	
③ Klerryfax	8	
④ Human Nature	9	
⑤ Kamin	4	
⑥ Neuer Weg	6+	

Zugang

Von Weihersmühle talabwärts fahren und nach 1,3 km rechts hoch Richtung Weiden; nach 400 m parken und rechts steilen Hang hoch zu den Felsen.

Besonderheit

Senkrechte Wandkletterei; schöne Linien.

534 Krassacher Türme

| 15 - 18 m | N + W

Nordseite | 15 m

Oberer Turm Unterer Turm

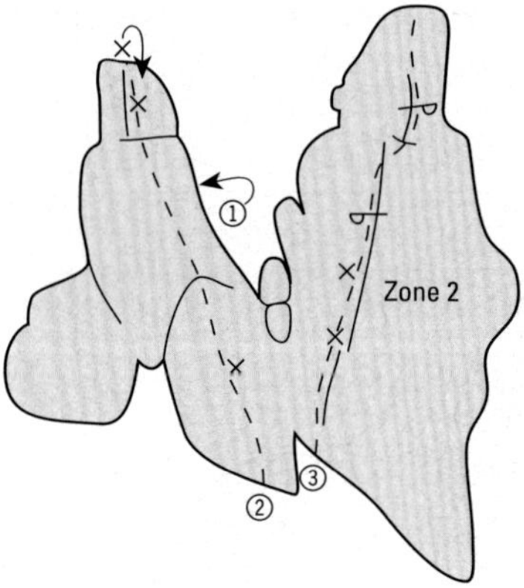

① Bergseite 2
② Nordwestkante 3
③ Nordriss . . . . 7+
④ Westwand 6
⑤ Rampe 6

Oberer Turm | Talseite | 18 m | W

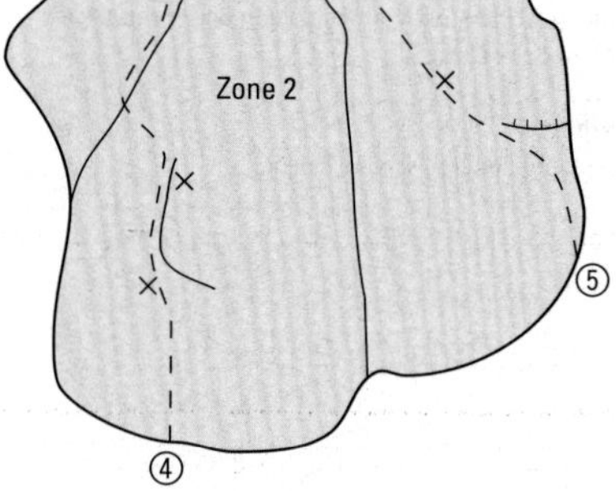

Zugang

Von Weismain nach Neudorf und dort beim Feuerwehrhaus parken. Auf Feldweg 800 m nach Süden und dort, wo er nahe an den Wald herankommt noch ein Stück am Waldrand entlang und auf Steigspuren rechts absteigen zu den Felsen. Von links nach rechts kommen Krassacher Türme, Wunkendorfer Eck, Diagonalriss und Kraftriss, Felsentor und Bärentalwächter.

Besonderheit

Das Bärental ist ein typisches klassisches Klettergebiet mit eindeutigem Schwerpunkt bei leichten und mittelschweren Routen.

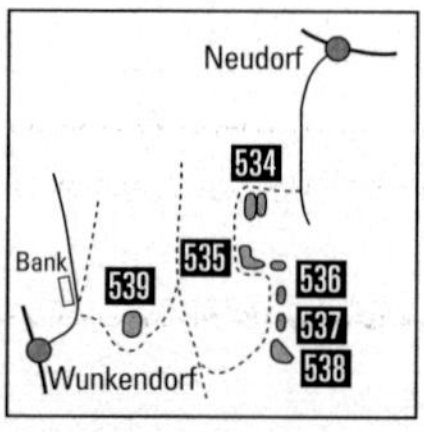

Bärental
534 Krassacher Türme
535 Wunkendorfer Eck
536 Diagonalriss und Kraftriss
537 Felsentor
538 Bärentalwächter
539 Großer Juraturm
Übersichtskarte 4 *(S. 18)*

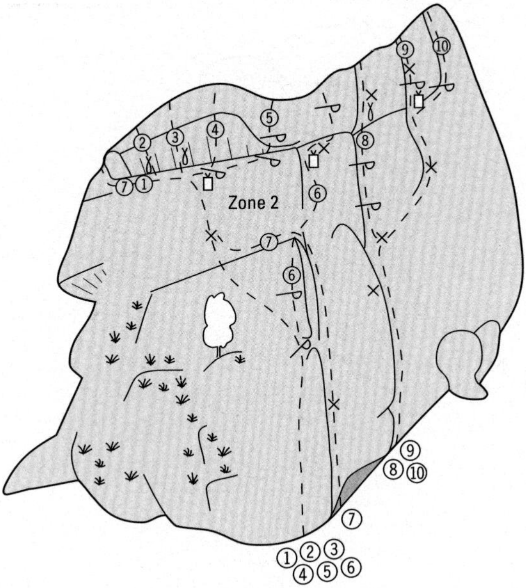

①	Alte Westwand	5+
②	Warmer Kaffee	6+
③	Veni Vidi Vici	7
④	Kalter Kaffee	a2/5
⑤	Variante	6+
⑥	Direkte Westwand	6+
⑦	Risskamin	5
⑧	Südriss	7+
⑨	Makalu	7-
⑩	Variante	7-

Zugang

Siehe bei Krassacher Türme *(S. 652)*.

536 Diagonalriss und Kraftriss

☼ | 15 - 16 m | S + W

Diagonalriss | 16 m | S

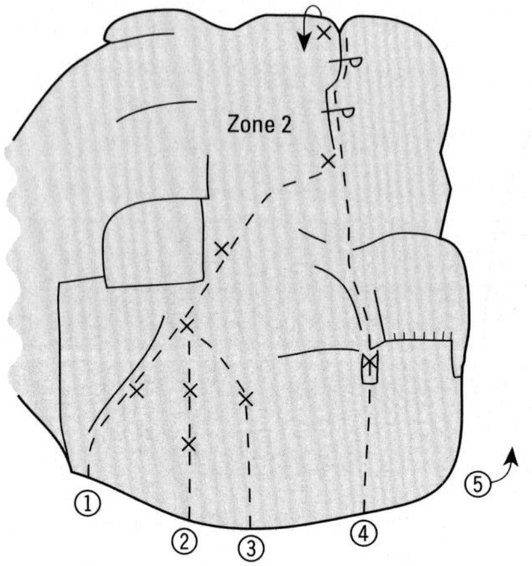

Kraftriss | 15 m | W

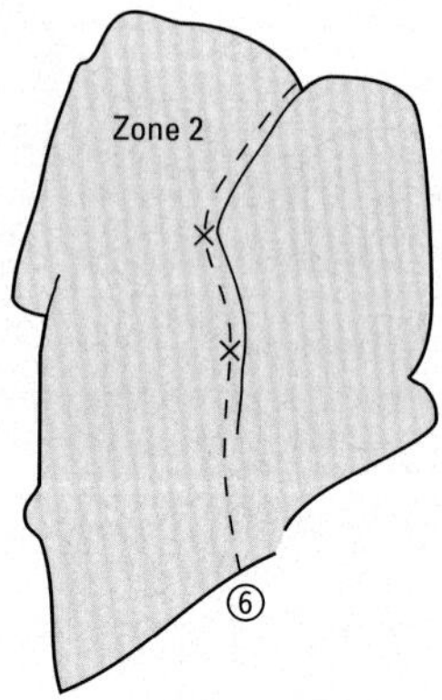

①	Diagonalweg	5-
②	Direkter Einstieg	6-
③	Rechter Einstieg	5+
④	Südwand	5+
⑤	?	8-
⑥	Kraftriss	6-

Zugang

Von Weismain nach Neudorf und dort beim Feuerwehrhaus parken. Auf Feldweg 800 m nach Süden und dort, wo er nahe an den Wald herankommt noch ein Stück am Waldrand entlang und auf Steigspuren rechts absteigen zu den Felsen. Von links nach rechts kommen Krassacher Türme, Wunkendorfer Eck, Diagonalriss und Kraftriss, Felsentor und Bärentalwächter.

Besonderheit

Das Bärental ist ein typisches klassisches Klettergebiet mit eindeutigem Schwerpunkt bei leichten und mittelschweren Routen.

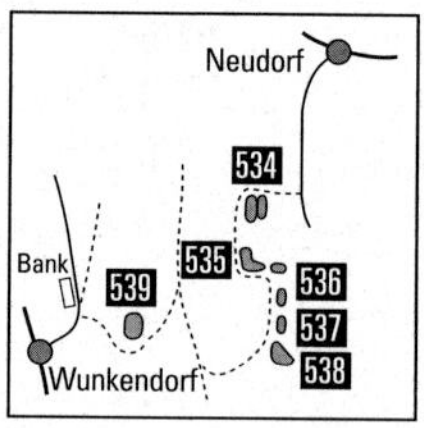

Bärental
534 Krassacher Türme
535 Wunkendorfer Eck
536 Diagonalriss und Kraftriss
537 Felsentor
538 Bärentalwächter
539 Großer Juraturm
Übersichtskarte 4 *(S. 18)*

Bergseite | 10 m | O

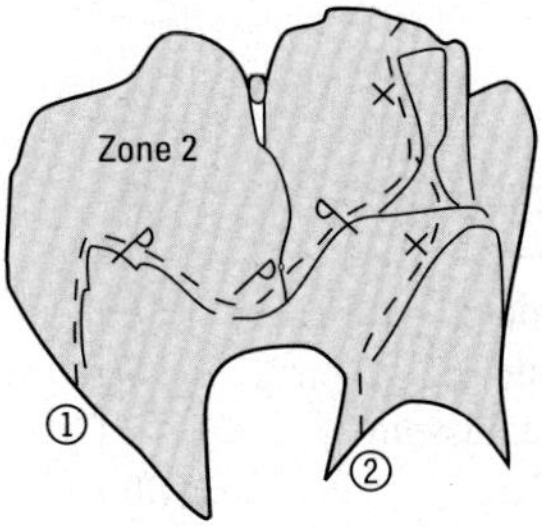

Talseite | 16 m | W

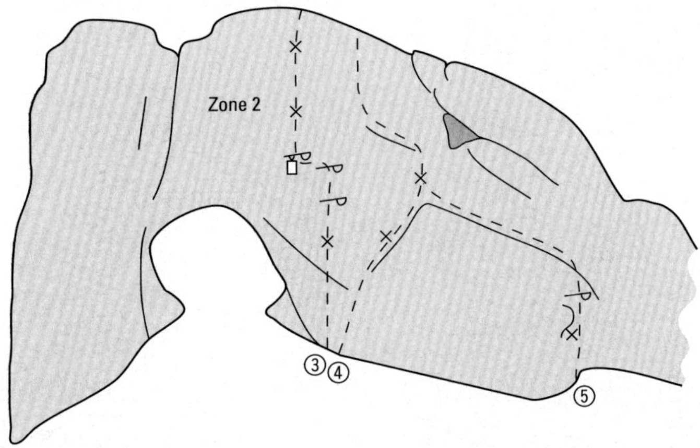

Zugang
Siehe bei Diagonalriss und Kraftriss *(S. 654)*.

①	Felsentorweg	6 +
②	Elefantenrüssel	4
③	Hanni Kerschbaum Ged.-Weg	7
④	Westwand	4 -
⑤	Felsentorquergang	6 +

538 Bärentalwächter

25 m | NW + SO

Nordwestseite

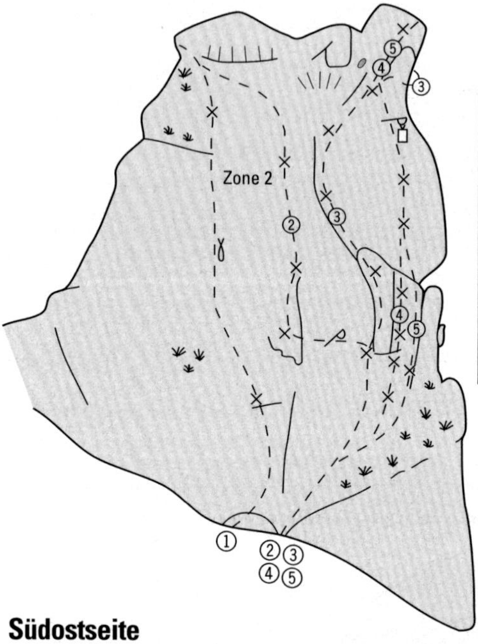

① Dreckfingerweg. 6
② Klötzer Ged.-Weg. 7-
③ Westverschneidung 6-
④ Einstiegsvariante . . . . 7+
⑤ Neue Südwand (Mayon) . . . . . . 7+
⑥ Alte Südwand a1/6
⑦ Langer Weg . . . . 5+
⑧ Sergio Albertini direkt . . . . 7+
⑨ Sergio Albertini Ged.-Weg . . . . . 6+
⑩ Ostriss (*oben verwachsen*) . . . . 5+

Südostseite

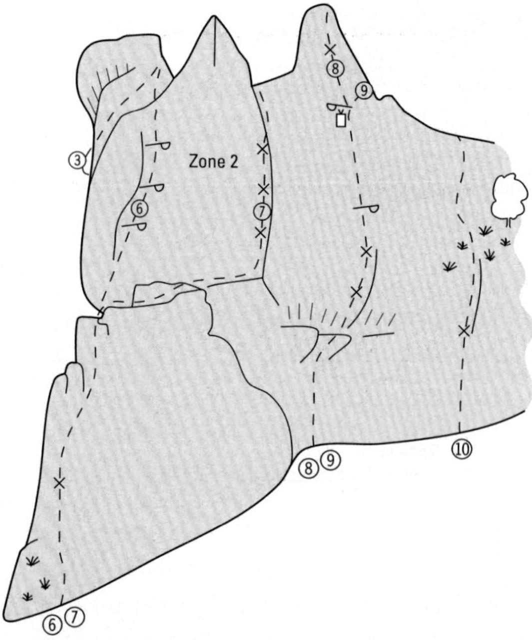

Zugang

Siehe Großer Juraturm *S. 657*.

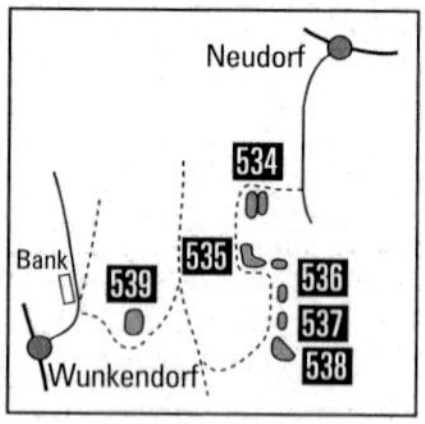

Bärental
534 Krassacher Türme
535 Wunkendorfer Eck
536 Diagonalriss und Kraftriss
537 Felsentor
538 Bärentalwächter
539 Großer Juraturm
Übersichtskarte 4 *(S. 18)*

Nordseite | 20 m

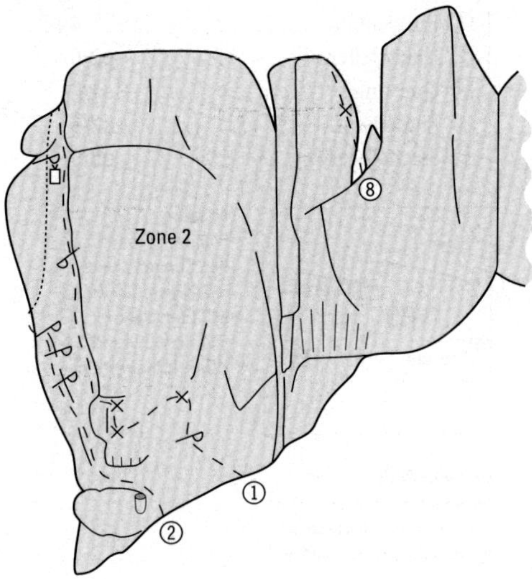

Zugang

• *Von Neudorf:* Von Weismain nach Neudorf und dort beim Feuerwehrhaus parken. Auf Feldweg 800 m nach Süden und dort, wo er nahe an den Wald herankommt noch ein Stück am Waldrand entlang und auf Steigspuren rechts absteigen zu den Felsen. Vorbei an Krassacher Türmen, Wunkendorfer Eck und Felsentor zum Bärentalwächter. Hier absteigen zu einem Wanderweg und diesem auf die andere Talseite folgen. Kurz den Hang empor zum Großen Juraturm.

• *Von Wunkendorf:* Parken in Wunkendorf und in östlicher Richtung einer Schotterstraße folgen. Bei einer Bank mit Wegweisern rechts in den Wald, ca. 100 m nach rechts queren und absteigen zum Großen Juraturm.

Besonderheit

Das Bärental ist ein typisches klassisches Klettergebiet mit eindeutigem Schwerpunkt bei leichten und mittelschweren Routen.

Talseite | 22 m | O

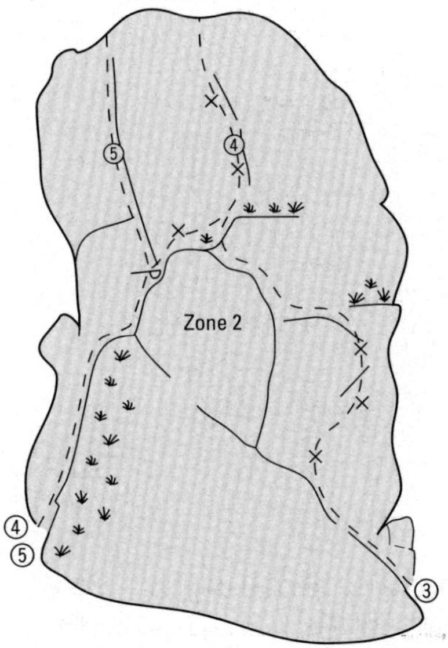

Südseite | 15 m

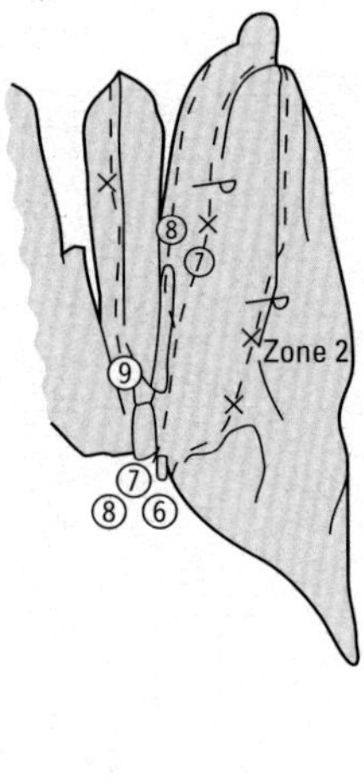

①	Klosterweg	7+
②	Nordverschneidung	a1/6
③	Direkte Talwand	7
④	Talriss	7
⑤	Südostriss	7
⑥	Südkante	a1/5
⑦	Tölzer Weg	5
⑧	Kamin	4
⑨	Pfeiler	5

540 Regenwand

☼ | 9 m | S

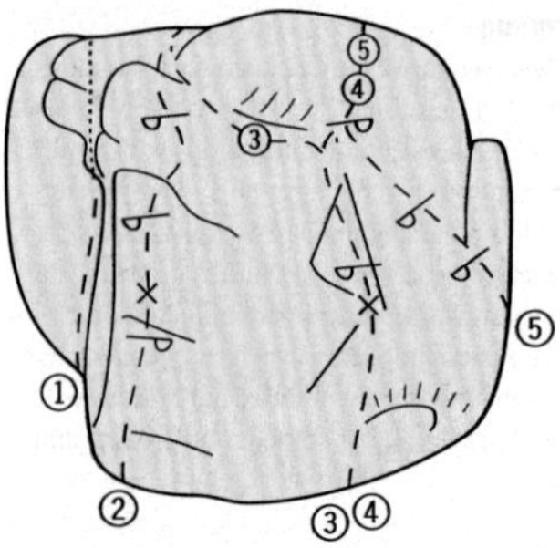

① Burgkamin .... 4+
② Hakenleiter a2/6
③ Querung a1/6
④ Ritterriss a2/6
⑤ Stachelbeerweg a0/5

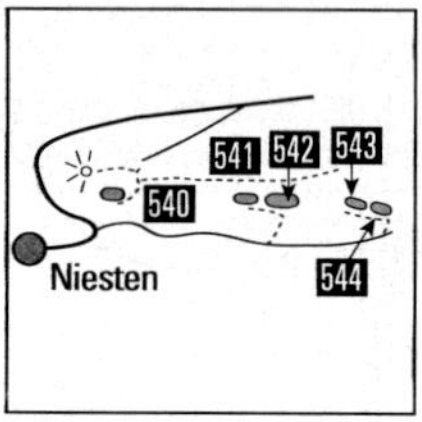

Niesten
540 Regenwand
541 Sonnenwand
542 Niestener Wand
543 Efeuwand
544 Höhlenwand
Übersichtskarte 4 *(S. 18)*

Zugang
Parken in Niesten. Am Ortsende zweigt in einer Haarnadelkurve der Weg zum Klettergebiet ab. In das Tal hinein und nach 300 m links hoch zum rechten Ende der Niestener Wand. Folgt man dem Pfad unterhalb der Wand in Richtung Niesten, so gelangt man zur Sonnenwand. Steigt man auf zu einem Wanderweg, der oberhalb der Felsen verläuft, so gelangt man in 2 min zur Regenwand. Diese kann man auch erreichen, indem man von Niesten in Richtung Görau fährt, bei der Abzweigung zur Burgruine parkt und von dort zum Aussichtspunkt geht.

Besonderheit
Im gesamten Niestener Gebiet findet man viele leichtere Routen in sonnigen Südwänden.

541 Sonnenwand

☼ | 10 m | S

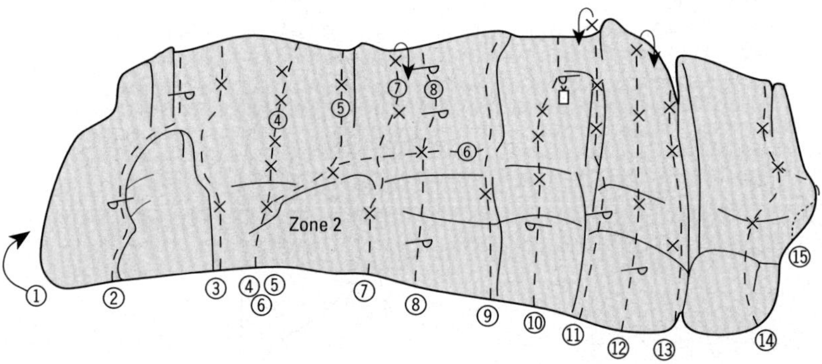

① Raue Spur .... 4+
② Baumstumpfweg 3
③ Zillertalerweg 5
④ Way of Wombel 7
⑤ Wanne 6-
⑥ Saenger Ged.-Weg 4
⑦ Direkte Wanne 7-
⑧ Luc 7
⑨ Direkter Saenger Ged.-Weg .... 5+
⑩ Krafft Ged.-Weg .... 6+
⑪ Sonnenriss 5
⑫ Schmankerl 7-
⑬ Knochenriss .... 5+
⑭ Hedwig's Alptraum 7
⑮ Fensterkante 6

Linker Wandteil | 12 m | S

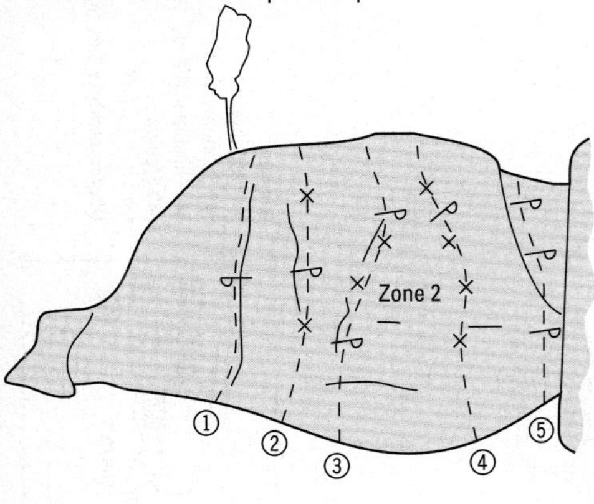

Zugang
Parken in Niesten. Am Ortsende zweigt in einer Haarnadelkurve der Weg zum Klettergebiet ab. In das Tal hinein und nach 300 m links hoch zum rechten Ende der Niestener Wand. Folgt man dem Pfad unterhalb der Wand in Richtung Niesten, so gelangt man zur Sonnenwand. Steigt man auf zu einem Wanderweg, der oberhalb der Felsen verläuft, so gelangt man in 2 min zur Regenwand. Diese kann man auch erreichen, indem man von Niesten in Richtung Görau fährt, bei der Abzweigung zur Burgruine parkt und von dort zum Aussichtspunkt geht.

①	Dachl	6+
②	Lop	7
③	Dachziegelweg	6+
④	Tiroler Weg	7-
⑤	Verschneidung	4

⑥	Südwestkante	5-
⑦	Elaine	6-
⑧	Direktausstieg	6
⑨	Dieter Crukowski Ged.-Weg	6
⑩	Niestener Pfeiler	7
⑪	Feuerweg	6
⑫	Wacholderweg	5+
⑬	Niestenquerung	5
⑭	Johannisriss	5+
⑮	Schlucht (*Schlingen mitnehmen!*)	5+
⑯	Damoklesschwert	6-
⑰	?	7-
⑱	Meisenweg	5+
⑲	S-Kurve (*Opa-Weg*)	6+

Rechter Wandteil | 14 m | S

Besonderheit
Im gesamten Niestener Gebiet findet man viele leichtere Routen in sonnigen Südwänden.

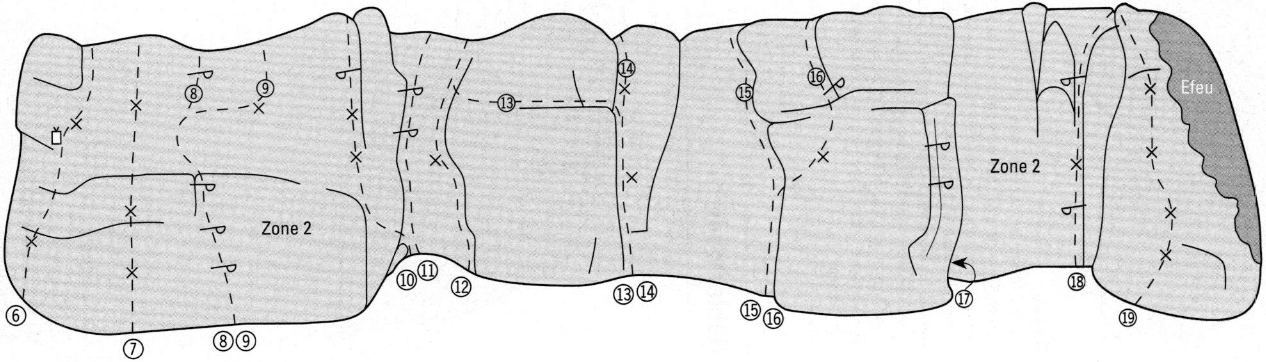

543 Efeuwand

☼ | 10 m | S

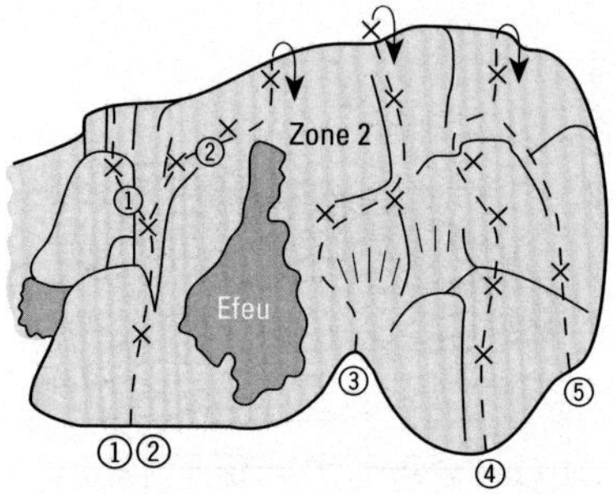

Zugang

Parken in Niesten. Am Ortsende zweigt in einer Haarnadelkurve der Weg zum Klettergebiet ab. In das Tal hinein und nach 300 m links hoch zum rechten Ende der Niestener Wand. Folgt man dem Pfad unterhalb der Wand in Richtung Niesten, so gelangt man zur Sonnenwand. Die Efeuwand und die Höhlenwand stehen 300 m talaufwärts der Niestener Wand am gleichen Hang. Man erreicht sie besser, indem man dem Weg im Talgrund bei der Abzweigung zur Niestener Wand noch 300 m folgt. Dann führt ein Pfad kurz nach links zu den Felsen.

① Efeuwandweg	3
② Efeuwandstürmer	4+
③ Efeuwandverschneidung	6+
④ Direkte Efeukante	5+
⑤ Pfadfinderweg	2

Besonderheit

Im gesamten Niestener Gebiet findet man viele leichtere Routen in sonnigen Südwänden.

544 Höhlenwand

☼ | 10 m | S

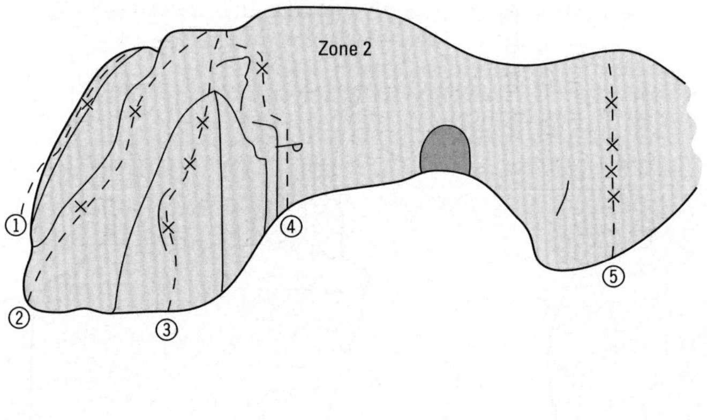

① Südkante	4-
② Südrampe	2
③ Südgrat	4-
④ Südverschneidung	4+
⑤ Rosenweg	3

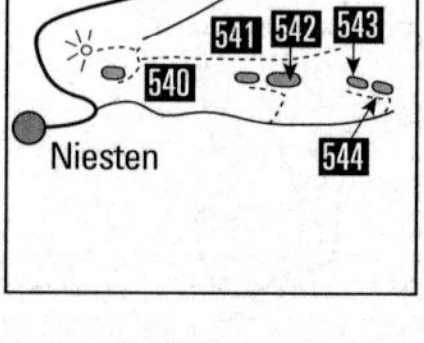

Niesten
540 Regenwand
541 Sonnenwand
542 Niestener Wand
543 Efeuwand
544 Höhlenwand
Übersichtskarte 4 *(S. 18)*

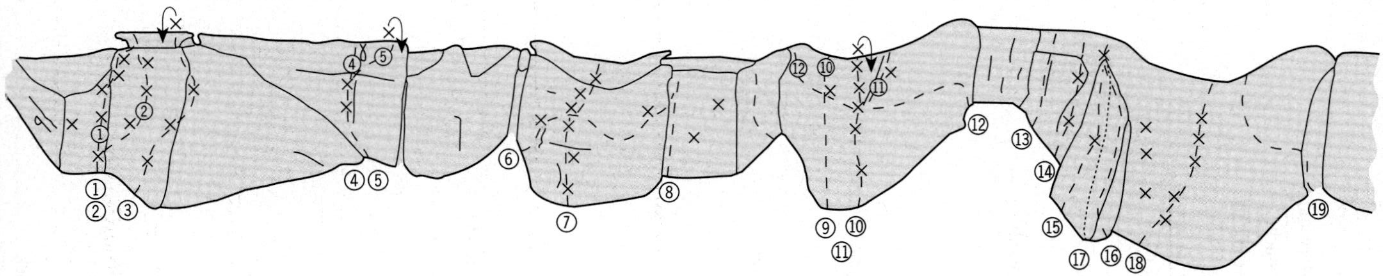

Zugang
Von Staffelstein über Romansthal zum Parkplatz. Auf ausgeschildertem Weg zum Gipfel. Durch eine der Schluchten absteigen zum Wandfuß.

Besonderheit
Eigentlich ist der Staffelfels gesperrt *(Naturschutzgebiet)*, es besteht jedoch eine Ausnahmeregelung für die hier beschriebenen Routen. *Keine anderen Wege klettern, keine Neutouren!*
⑲ »Die Unbenannte« ist in der Zeit von 1.1. bis 30.6. gesperrt. Der Übersicht halber sind die Haken in den gesperrten Routen im Topo eingezeichnet, nicht jedoch deren Routenverlauf.

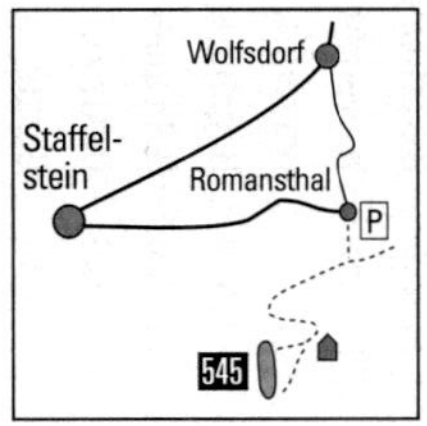

Staffelfels
Übersichtskarte 4 *(S. 18)*

①	Lichtenfelser Weg	6
②	Baby Cacke Walk	7-
③	Nordkante	7+
④	Direktausstieg	6
⑤	Hans Walschleb Ged.-Weg	4+
⑥	Volker Wirth Ged.-Weg	7-
⑦	Höhlen-Diretissima	7+
⑧	Neustadter Weg	4
⑨	Unvollendete	9-
⑩	Klausenweg	8-
⑪	Rechter Ausstieg	6+
⑫	Querkeles-Quergang	6-
⑬	Dreierweg	3
⑭	Kamin bergseits	5
⑮	Wand am Turm	4
⑯	Talkante	3
⑰	Kamin talseits	3
⑱	Räuschlesweg	8-
⑲	Die Unbenannte *(vom 1. 1. bis 30. 06. gesperrt)*	4+

REGISTER

REGISTER

REGISTER

REGISTER

REGISTER

REGISTER

REGISTER